ENCYCLOPÉDIE THÉORIQUE & PRATIQUE DES CONNAISSANCES CIVILES & MILITAIRES

(Publiée sous le patronage de la Réunion des officiers)

PARTIE CIVILE

COURS DE CONSTRUCTION

Publié sous la direction de

G. OSLET, INGÉNIEUR DES ARTS ET MANUFACTURES

DIXIÈME PARTIE

TRAITÉ

DES

CHEMINS DE FER

PAR

AUGUSTE MOREAU

Ingénieur des Arts et Manufactures. — Membre du Comité de la Société des Ingénieurs civils de France.
Ancien chef de section des travaux neufs au chemin de fer du Nord. — Ancien Ingénieur en chef et chef de l'exploitation des
chemins de fer secondaires. — Secrétaire du Congrès international des procédés de construction
à l'Exposition Universelle de 1889.

TOME II. — SUPERSTRUCTURE

PARIS

FANCHON ET ARTUS, ÉDITEURS

25, RUE DE GRENELLE, 25

TRAITÉ

DES

CHEMINS DE FER

TOURS. — IMPRIMERIE DESLIS FRÈRES, 6, RUE GAMBETTA

CYCLOPÉDIE THÉORIQUE & PRATIQUE DES CONNAISSANCES CIVILES & MILITAIRES

(Publiée sous le patronage de la Réunion des officiers)

PARTIE CIVILE

COURS DE CONSTRUCTION

Publié sous la direction de

G. OSLET, INGÉNIEUR DES ARTS ET MANUFACTURES

DIXIÈME PARTIE

TRAITÉ

DES

CHEMINS DE FER

PAR

AUGUSTE MOREAU

Ingénieur des Arts et Manufactures. — Membre du Comité de la Société des Ingénieurs civils de France.
ancien chef de section des travaux neufs au chemin de fer du Nord. — Ancien Ingénieur en chef et chef de l'exploitation des
chemins de fer secondaires. — Secrétaire du Congrès international des procédés de construction
à l'Exposition Universelle de 1889.

TOME II. — SUPERSTRUCTURE

PARIS

FANCHON ET ARTUS, ÉDITEURS

25, RUE DE GRENELLE, 25

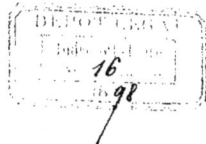

TRAITÉ DES CHEMINS DE FER

II. — SUPERSTRUCTURE

CHAPITRE PREMIER

VOIE

§ I. — RAILS

1. Comme nous l'avons vu dans le premier volume du présent Traité, la voie se compose de deux files de supports métalliques appelés *rails* qui reposent généralement sur des *traverses* soit directement (vol. I. *fig.* 10, rail Vignole), soit par l'intermédiaire de *coussinets* (rail à double champignon, vol. I, *fig.* 9).

L'écartement de ces rails pour les chemins de fer d'intérêt général est à peu près universellement de 1ᵐ,44 à 1ᵐ,45, à l'exception de l'Irlande, qui a adopté la largeur de 1ᵐ,68.

En outre, et pour des raisons purement stratégiques, l'Europe a choisi la voie de 1ᵐ,736, et la Russie 1ᵐ,521.

Les chemins de fer d'intérêt local ont une voie moins large que la précédente, appelée *voie étroite*, et qui est le plus souvent de 1 mètre.

Rails.

2. Les rails constituent, on le comprend, la partie fondamentale de la voie, et cela aussi bien au point de vue de la sécurité de l'exploitation que sous le rapport de la dépense de premier établissement et d'entretien.

Il y a donc lieu d'étudier, avec le plus grand soin, leur forme, leurs dimensions, ainsi que la nature du métal qui les compose. Le problème élémentaire se pose de la manière suivante : obtenir le maximum de sécurité avec le minimum de dépenses d'installation et de renouvellement. Mais on conçoit qu'il est impossible de résoudre la question ainsi posée, car beaucoup de lignes ne présentent pas, dès l'origine, leur maximum de rendement, et sur une même ligne on a souvent des sections, qui ont des trafics fort différents les uns des autres.

Il est bon néanmoins de prévoir, dès le début, une augmentation possible du poids des trains et, par conséquent, des locomotives destinées à les remorquer. Si l'on se contentait de donner aux rails les dimensions strictement exigées à l'origine, ceux-ci deviendraient rapidement trop faibles, s'useraient trop vite, la voie deviendrait détestable, et le matériel roulant lui-même en souffrirait. Pour avoir voulu faire des économies sur la dépense de construction, on s'exposerait à grever pour longtemps l'entretien de la voie et du matériel, de sommes considérables. Quelquefois même on pourrait être forcé de faire un remplacement complet du matériel des voies. Une autre recommandation à faire est de ne jamais employer, pendant les travaux de l'infrastructure, les rails qui devront servir plus tard à la pose de la voie d'exploitation.

Pendant cette période, en effet, les rails fatiguent d'une façon exceptionnelle et tout à fait irrégulière, ils sont exposés à toutes les imprudences et à toutes les brutalités, et s'altèrent d'une façon sérieuse, qui n'est pas toujours visible extérieurement; il n'en résulte pas moins une diminution importante dans la durée future de leur service normal. Nous ne parlons que pour mémoire de tous ceux qui peuvent être brisés, ou faussés ou se trouver mis hors de service.

Le matériel définitif ne doit être employé que pour ballaster la voie et encore est-il indispensable de le manier avec beaucoup de précautions.

3. *Forme du rail.* — La charge verticale constituant le principal effort auquel est exposé un rail, la partie la plus exposée aux détériorations est la plate-forme supérieure de roulement. Il paraît donc que la forme la plus rationnelle à donner au rail doit être celle du fer en Π, puisque les deux bords du chemin de roulement ou champignon sont parfaitement soutenus et consolidés. Mais pour donner à ce rail une raideur suffisante, il faut en élargir démesurément les ailes, ce qui entraîne à avoir un rail trop lourd, et à une mauvaise répartition du métal. Après bien des recherches, les ingénieurs ont toujours été ramenés à adopter une forme voisine du type rationnel commandé par la résistance des matériaux, la forme en I,

4. Aujourd'hui, disons-nous, deux types de rails sont employés sur les chemins de fer du monde entier :

1° Le rail à double champignon symétrique ou non (vol. 1, *fig.* 7);

2° Le rail à patin ou rail Vignole (vol. 1, *fig.* 8).

5. *Rail à double champignon.* — La forme à double champignon est très rationnelle ; c'est celle qui se rapproche le plus de la forme à double I préconisée pour la résistance des matériaux.

On sait, en effet, qu'en reportant le métal le plus loin possible de la fibre neutre, on augmente le moment d'inertie de la pièce ; de plus, la forme évasée en haut et en bas offre l'avantage de présenter aux roues des véhicules une plus large surface de roulement. Il faut cependant réserver, entre les deux renflements

éxtrêmes, une liaison verticale suffisante ou *âme* pour que le rail ne s'écrase pas sous la charge.

Les essieux des locomotives portent généralement de 12 à 13 tonnes ; un rail en fer de 45 à 48 centimètres carrés et du poids de 36 kilogrammes au mètre courant suffit pour supporter les 6 à 7 tonnes qui lui reviennent.

Le cahier des charges type déjà ancien des chemins de fer, est établi d'après ces prévisions et exige un rail d'au moins 35 kilogrammes d'après l'article 19 :

« ART. 19. — Les voies seront établies d'une manière solide et avec des matériaux de bonne qualité.

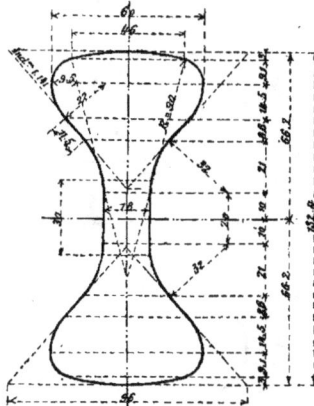

Fig. 1. — État.

« Le poids des rails sera au moins de 35 kilogrammes par mètre courant sur les voies de circulation, si ces rails sont posés sur traverses, et de 30 kilogrammes dans le cas où ils seraient posés sur longrines. »

Nous ne nous préoccupons pas, pour le moment, des efforts latéraux qui agissent sur le rail au passage des locomotives.

Leur importance, sans être négligeable, est tout à fait secondaire par rapport aux charges verticales, et le rail, calculé pour résister à ces dernières, se trouve être largement suffisant pour faire face aux autres. Il n'y a lieu de tenir compte des efforts transversaux qu'au point de vue de la stabilité de la voie, comme nous le verrons plus loin.

Il est clair que lorsqu'on emploie le rail à double champignon, il y a tout intérêt à lui donner la forme symétrique. Les Anglais font quelquefois le contraire, et, à notre avis, tout à fait à tort, car ils se servent du rail dissymétrique en mettant le plus gros champignon en haut afin d'avoir un meilleur roulement et une usure moindre des bandages des roues. Or, la seule raison qui puisse justifier l'emploi d'un champignon plus gros que l'autre, c'est de permettre une assiette plus large et de supporter des charges

Les premiers rails étaient en fonte, on les a faits ensuite en fer; nous avons dit, dans les premiers chapitres de cet ouvrage, qu'ils ne se font plus, aujourd'hui, autrement qu'en acier.

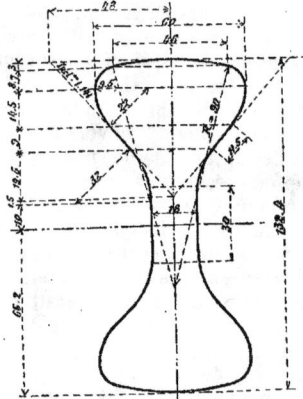

Fig. 3. — Cⁱᵉ d'Orléans.

Cela posé, les figures 1, 2, 3 et 4 représentent les types français de rails à double champignon employés par les Compagnies françaises qui les utilisent encore.

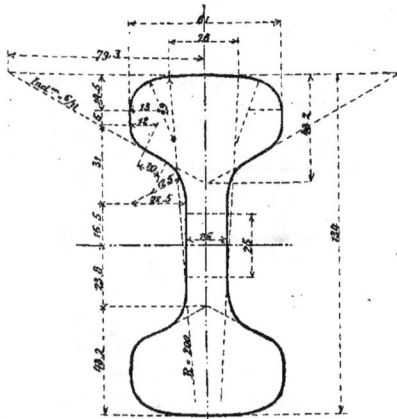

Fig. 2. — Cⁱᵉ du Midi.

plus fortes. Mais, pour cela, il faut précisément mettre le champignon le plus faible à la partie supérieure, contrairement à ce que font les Anglais.

La forme dissymétrique est cependant indiquée par le besoin de ne pas soumettre les fibres inférieures à un travail plus grand que les fibres supérieures au passage d'une charge. Or, dans ce cas, les fibres supérieures se raccourcissent et les fibres inférieures s'allongent, tendant à se désorganiser et à rompre avant les premières.

Mais la possibilité de retourner le rail symétrique, quand il est usé d'un côté, l'a fait généralement préférer.

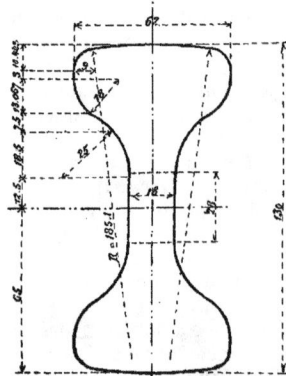

Fig. 4. — Cⁱᵉ de l'Ouest.

(La forme à patin tend à se généraliser de plus en plus.)

On voit que les principales dimensions sont les suivantes, correspondant aux charges vues plus haut :

DÉSIGNATION	ÉTAT	MIDI	ORLÉANS	OUEST
Largeur du champignon............	60ᵐᵐ	61ᵐᵐ	60ᵐᵐ	62ᵐᵐ
Hauteur du rail.................	132.4	134	132.4	130
Épaisseur de l'âme.............. ..	16	16	18	18
Longueur.......................	8ᵐ500	5ᵐ500	5ᵐ500	8ᵐ00
Poids par mètre courant	38ᴷ	37ᴷ600	38ᴷ	38ᴷ75
	(Fig. 1)	*(Fig. 2)*	*(Fig. 3)*	*(Fig .4)*

Notons que la Compagnie de l'Ouest fait également usage, sur ses lignes les moins chargées, d'un type à patin de 30 kilogrammes que nous étudierons plus loin.

On voit, sur toutes ces figures, une grande similitude de formes ne différant que par les cotes des détails.

Les angles des champignons sont partout arrondis pour permettre le roulement facile des véhicules, et l'âme est raccordée au champignon par un plan incliné servant de surface d'appui ou *d'épaulement* à l'éclisse.

6. *Forme du champignon.* — On comprend que la forme du champignon servant de table de roulement ait une grande importance, aussi bien au point de vue de la durée du rail lui-même qu'à celui du bandage des roues.

La surface supérieure du champignon n'est jamais plate, comme on pourrait être tenté de la faire au premier abord afin de répartir la charge supérieure sur une plus grande surface ; cela tient à ce que le bandage des roues est lui-même conique, pour des raisons que nous avons précédemment expliquées (vol. I, *fig.* 9).

Pour éviter des glissements entraînant des accroissements de résistance et d'usure pour la roue et le rail, on donne à la surface supérieure de ce dernier une forme légèrement convexe ; cette courbure est d'autant plus accentuée, que la substance du rail est plus dure.

Il ne faut pas non plus d'ailleurs que ce bombement soit exagéré, car la pression supérieure ne serait plus alors assez répartie. Le rayon de courbure de la partie centrale varie de 90 à 200 millimètres suivant les compagnies.

D'ailleurs, ce bombement est exigé par la pratique même ; la partie centrale du bandage étant celle qui fatigue et qui s'use le plus, elle a tendance à se creuser et à devenir rapidement concave. Pour que l'appui sur le rail continue à être suffisant, il y a donc encore lieu de donner au champignon une forme convexe.

L'expérience a démontré que la surface de roulement peut être formée par une portion de cylindre d'environ 0ᵐ,200 de rayon sur la moitié de la largeur totale du champignon, raccordée avec les faces latérales par des surfaces cylindriques de 0ᵐ,030 et 0ᵐ,012 de rayon.

Le profil des faces latérales elles-mêmes doit présenter un contour tel que son action sur le boudin des roues soit aussi peu destructive que possible. On les compose d'une face plane raccordée par deux portions de cylindre.

Quant au raccordement du champignon avec la tige, il doit satisfaire à une double condition : être tel que le champignon soit parfaitement soutenu et, en même temps, permette un bon éclissage.

Si la surface de raccordement est faiblement inclinée par rapport à l'axe de figure, si elle fait avec cet axe un angle inférieur à 45 degrés par exemple, le champignon est d'autant mieux soutenu que cet angle est plus petit ; mais, d'un autre côté, quand il s'agit d'assembler bout à bout deux rails voisins, c'est-à-dire de leur adapter des éclisses, l'efficacité de celles-ci est d'autant plus grande que l'inclinaison du raccordement est plus forte par rapport à l'axe de la section. On a souvent, pour cela, opéré ce raccordement au moyen de surfaces inclinées à plus de 50 degrés sur l'axe de figure du profil.

Fixation des rails aux traverses.

7. Les systèmes d'attache des rails à leurs supports sont nombreux, mais notre cadre ne nous permet pas de décrire les nombreuses tentatives qui ont été faites dans ce sens, et le plus souvent sans succès ; nous nous bornerons à indiquer ceux qui ont été sanctionnés par la pratique, et qui sont le plus généralement employés.

8. *Coussinets.* — Le rail à double champignon, à cause de sa forme même, ne peut se fixer directement sur la traverse, il a besoin d'être maintenu par un support intermédiaire qu'on appelle un *coussinet* (*fig.* 5), dans lequel il est maintenu par un coin en bois.

Les coussinets sont toujours en fonte, moulés d'une seule pièce, ils présentent à la partie inférieure une partie plane ou *semelle*, reposant sur la traverse et percée de deux trous recevant les attaches, chevillettes, crampons ou tirefonds. On a soin de ne pas disposer ces trous en face l'un de l'autre, afin que les chevillettes ne soient pas enfoncées sur la même ligne transversale de la traverse, ce qui pourrait la faire fendre.

La partie supérieure du coussinet présente un logement pour le rail ; celui-ci s'appuie sur le fond et en deux points de la paroi située du côté de l'intérieur de la voie. Le coin se glisse entre le rail et l'autre paroi. Les deux parois latérales ou mâchoires sont renforcées par des nervures.

Le fond lui-même ne présente pas rigoureusement la forme du champignon, afin qu'il n'y ait pas contact absolu des surfaces. De la sorte, le rail est maintenu dans son coussinet par un contact en trois points, ce qui lui donne une excellente stabilité.

La semelle du coussinet doit résister à la fois à la compression et à la traction ; en effet, elle reçoit directement la pression verticale supportée par le rail au passage des machines, et indirectement la pression latérale des boudins des roues, transmise par les mâchoires. En conséquence, en service ordinaire, la section doit être calculée pour que la fonte ne travaille pas au-delà de sa limite d'élasticité.

Pour augmenter la résistance de cette semelle, on lui donne une forte épaisseur ; en même temps, pour en diminuer le poids, des vides sont disposés à la partie inférieure, de manière à n'en pas compromettre la solidité.

Ces vides présentent cependant l'inconvénient de réduire la surface d'appui de la semelle sur la traverse, en formant sur cette surface, autant de côtes qui, à la longue, pénètrent inégalement dans le bois et le détériorent. A ce moment les coussinets prennent une position plus ou

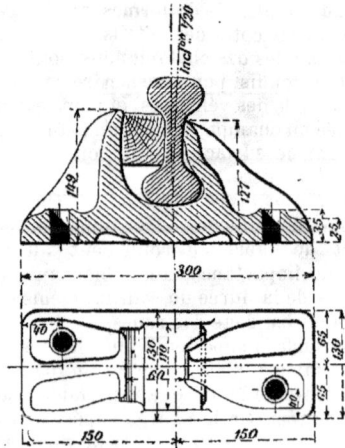

Fig. 5.

moins inclinée qui modifie l'écartement des rails.

La mâchoire, du côté du coin, est soutenue, tantôt par une nervure centrale, tantôt par deux nervures placées à l'entrée. Cela, afin de mieux résister aux efforts du coinçage qui sont plus importants aux bords du coussinet que dans sa partie centrale. En somme, cette dernière complication est peu utile et généralement abandonnée aujourd'hui, on se borne à une seule nervure.

Anciennement, les coussinets pesaient environ 9 kilogrammes. Actuellement, on a reconnu la nécessité de les renforcer et leur poids varie entre 14 et 16 kilogrammes.

9. *Fabrication et réception des coussinets.* — Les coussinets sont fabriqués en fonte grisé, de première ou, mieux, de seconde fusion, d'excellente qualité. Cette fonte doit présenter un grain fin, homogène, avec de légers arrachements dans la cassure ; elle doit être douce à la lime et au burin, et non sujette à s'écraser. On doit rejeter les coussinets en fonte blanche ou truitée, et même ceux qui présentent des parties composées de ces matières. En outre, on sera très sévère pour tous les défauts ordinaires des objets en fonte : gouttes froides, soufflures, coutures, avalures dans les angles rentrants, tassements sous la semelle, etc.

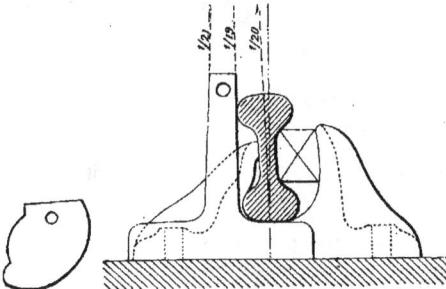

Fig. 6.   Fig. 7.

En dehors de la qualité de la matière première, on recherchera l'irréprochabilité des formes, car la position des joues et de la semelle, qui donne au rail l'inclinaison voulue sur la voie, constitue l'une des conditions les plus importantes de cette fabrication. En conséquence, tous les coussinets doivent avoir leurs surfaces nettes et unies, la semelle parfaitement plane à l'extérieur, les coutures abattues à la lime, les bords ébarbés, les trous des chevillettes réguliers, alésés au besoin, et présentant, sans aucune tolérance, les dimensions exigées par le calibre.

Ce dernier est un tronc de cône en acier dont les bases ont un diamètre différant de 1/2 millimètre du diamètre des trous : ceux-ci doivent recevoir le petit bout du calibre et le laisser passer ; on refuse tout coussinet qui ne présente pas cette condition ou qui laisse passer le gros bout du calibre. La chambre destinée au rail et au coin doit pouvoir être traversée par un gabarit en tôle (*fig.* 6) ayant exactement sa forme intérieure. Un bout de rail et un coin type doivent s'adapter avec précision et sans ballottement dans cette chambre.

L'inclinaison des joues du coussinet, par rapport à la semelle, se vérifie en plaçant le coussinet, armé du rail type coincé, sur une plaque de fonte bien dressée ou *marbre*, et en appliquant contre le rail un gabarit en forme de ⊥ dont la branche verticale est dressée sur ses tranches avec deux inclinaisons limites comprenant entre elles l'inclinaison normale du rail sur la voie, soit 1/19 et 1/21, puisqu'on adopte généralement 1/20 comme règle (*fig.* 7).

Épreuves des coussinets.

10. Les épreuves que l'on fait subir aux coussinets, en outre de l'examen précédent, sont de plusieurs sortes : on en fait au choc et à la pression ; ce sont les deux plus importantes dans le cas actuel. Puis à la flexion et à la traction.

On opère, soit sur les coussinets fabriqués dont on sacrifie un certain nombre, soit sur des barres d'échantillon du métal ayant servi à les mouler et prélevées pendant la coulée par l'agent réceptionnaire. Quelquefois on fait subir les épreuves aux coussinets et aux échantillons à la fois.

11. *Épreuve au choc.* — Pour réussir l'épreuve au choc, voici comment on opère à la Compagnie de l'Ouest : on place le coussinet renversé sur deux points d'appui en saillie, distants de 20 centimètres, fixés à une enclume de 400 kilogrammes. Puis, au milieu de cette distance, et d'une hauteur de 70 centimètres, on laisse tomber sur le coussinet un poids bien guidé de 30 kilogrammes. Il ne doit pas y avoir plus d'une rupture sur deux cents essais et, lorsque cette rupture a lieu, on pousse les essais jusqu'à ce que le nombre des coussinets atteigne dix ; si, sur ce nombre, trois ont été cassés sous le choc, la coulée tout entière est refusée. Si l'usine le réclame, on peut prolonger l'essai jusqu'à vingt coussinets ; le nombre des ruptures ne doit pas atteindre six pour que la coulée soit reçue. On considère comme cassés les coussinets fendus. Mais on admet ceux qui, tout en présentant une fêlure, résistent encore au choc du poids tombant de 30 centimètres de hauteur.

Au chemin de fer du Midi, on dispose le coussinet comme précédemment sur deux chenets en acier trempé, taillés en biseau et emmanchés à 0^m,20 l'un de l'autre dans une enclume de 400 kilogrammes. Ces chenets se trouvent dans l'axe des trous de chevillettes, et sont percés de deux trous à travers lesquels passent des boulons fixant le coussinet sur l'enclume. Le même poids de 30 kilogrammes à base hémisphérique, tombe d'abord d'une hauteur de 0^m,30, puis de 0^m,35, de 0^m,40, et ainsi de suite, en augmentant chaque levée de 0^m,05 jusqu'à 0^m,65. A partir de ce moment on n'augmente plus que de 0^m,025 jusqu'à la rupture. On ne doit pas avoir ainsi plus de deux coussinets sur dix, cassant sous le choc du mouton tombant d'une hauteur maximum de 0^m,60.

Les échantillons de coulée seuls sont soumis aux essais à la Compagnie de Paris-Lyon-Méditerranée. On place un barreau prismatique de 0^m,04 × 0^m,04 de section horizontalement sur deux couteaux espacés de 0^m,16, faisant corps avec une enclume d'au moins 800 kilogrammes Le barreau ainsi placé doit supporter sans se rompre le choc d'un mouton de 12 kilogrammes, tombant librement d'une hauteur de 0^m,60 sur le milieu de la partie suspendue entre les couteaux.

Quelques Compagnies ne font pas subir aux coussinets d'épreuve au choc; nous citerons par exemple celle de l'Est.

12. *Épreuve à la compression.* — La Compagnie de l'Ouest fait également subir aux coussinets des épreuves à la compression.

Pour cela le coussinet placé sur deux couteaux écartés de 0^m,20, comme pour l'épreuve au choc, est soumis à une charge que l'on porte successivement jusqu'à 20 000 kilogrammes. On refuse la coulée si l'un des coussinets essayés rompt sous une charge inférieure à 16 000 kilogrammes,

ou si la moyenne des charges amenant la rupture n'atteint pas 20 tonnes.

13. *Épreuve à la traction.* — La Compagnie du Midi, en dehors des coussinets qu'elle essaye au choc, soumet des échantillons d'essais du métal à la traction.

Pour cela, à chaque coulée, on fabrique dix barreaux cylindriques à anneaux, de 0^m,30 de longueur, et de 0^m,025 de diamètre, ramenés au tour à 0^m,020. L'agent réceptionnaire choisit cinq de ces barreaux pour faire les essais.

On soumet alors chacune de ces éprouvettes à une charge immédiate de 10 kilogrammes par millimètre carré de section, puis successivement à une surcharge de 1 kilogramme par millimètre carré; la coulée entière est refusée si la rupture d'un seul barreau a lieu sous une charge de 15 kilogrammes par millimètre carré de section.

Le chemin de fer de l'Est soumet également aux épreuves à la traction les échantillons du métal de coulée.

Deux échantillons venus de fonte avec chaque coulée de coussinets, sont disposés en barreaux de 0^m,40 de longueur totale, terminés par deux anneaux de 0^m,08 de diamètre extérieur. Le diamètre de la tige brute de fonte étant de 0^m,015 pour l'une des éprouvettes, et de 0^m,020 pour l'autre dimension ramenée au tour à 0^m,011 et 0^m,016.

On fixe un des anneaux à un solide support et on suspend à l'autre un plateau pouvant recevoir des poids.

La tige de 0^m,011 de diamètre doit pouvoir supporter sans se rompre, un effort de 1 500 kilogrammes, soit 15^k,70 par millimètre carré de section ; et celle de 0^m,016 une charge de 3 000 kilogrammes, c'est-à-dire environ 15 kilogrammes par millimètre carré de section.

14. *Épreuve à la flexion.* — Le chemin de fer de Paris-Lyon-Méditerranée fait subir aux lingots de coulée des épreuves à la flexion. On coule pour cela une barre prismatique de 0^m,08 × 0^m,08 de section, qui doit supporter sans se rompre l'action d'un poids total de 960 kilogrammes, agissant sur un bras de levier de 2 mètres de longueur. Cet essai se fait au moyen de l'appareil de Monge (*fig.* 8).

Cet appareil se compose d'un levier de 2 mètres de long, suspendu par l'une de ses extrémités au barreau à essayer ; de l'autre il supporte une cuve en tôle dans laquelle on peut introduire de l'eau représentant la charge plus facile à graduer insensiblement que des poids. A la fin de l'opération, cette eau s'écoule à la partie inférieure au moyen d'une soupape disposée dans le fond de la cuve, et que l'on peut ouvrir par l'intermédiaire d'une chaîne. Le barreau d'épreuve est pris entre deux couteaux, l'un inférieur, l'autre supérieur, distants de 0ᵐ,15 et fixés fortement contre les consoles d'une plaque de support.

Les lingots à essayer reçoivent un numéro d'ordre, qui est le même que celui de la coulée ; on n'en essaye *qu'un seul*, et s'il se brise, toute la coulée est refusée. Le deuxième ne sert qu'à remplacer le premier quand il a été manqué à la coulée.

15. *Poinçonnage, garantie.* — Toutes les épreuves précédentes se font à l'usine de fabrication ; il serait fort inutile de

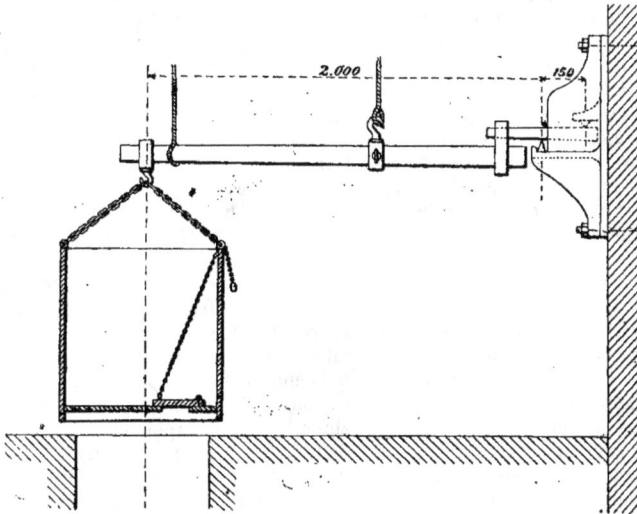

Fig. 8.

faire transporter un lot de coussinets qui devrait être refusé. Les Compagnies entretiennent pour cela pendant toute la fabrication, un agent spécial, nommé *agent réceptionnaire*, qu'il faut choisir très honnête, très consciencieux, et très compétent.

Cet agent devra prendre la fabrication dès l'origine, c'est-à-dire suivre attentivement la marche du haut fourneau, la composition des lits de fusion, la qualité et la provenance du combustible, la pression et la température du vent, la nature des laitiers et scories, etc. Au moindre trouble reconnu dans la marche du haut fourneau, la coulée des coussinets doit être arrêtée jusqu'à reprise de l'allure normale.

Le plus souvent, les coussinets sont en fonte de seconde fusion ; dans ce cas, il y a lieu, en outre, de faire des essais spéciaux sur les fontes servant au mélange, tout en vérifiant leur qualité et leur provenance.

On fera bien d'insister pour que le métal de coulée reste quelques minutes en *poche* avant d'être versé dans les moules. La fonte présente alors plus de solidité que lorsqu'elle est coulée immédiatement à sa sortie du fourneau. Il faut, pour cela, lutter contre les ouvriers, généralement payés aux pièces, et qui n'aiment pas attendre ; de plus, en faisant leur coulée avec un métal très chaud, ils évitent bien des coutures, marbrures, bavures, etc., qu'ils sont obligés d'enlever à froid.

Les coussinets reçus après épreuve sont tous marqués d'un coup de poinçon, généralement aux initiales de la Compagnie.

Les poids sont constatés, à l'origine de la fourniture, sur des coussinets dont on a vérifié toutes les dimensions.

Le reste de la fourniture est réglé avec une tolérance de trois pour cent en plus ou en moins sur le poids théorique.

En outre de la réception à l'usine, il est exigé un certain délai de garantie pendant lequel le fournisseur doit remplacer tout coussinet qui vient à se rompre de son fait pendant toutes les opérations de sabotage, et pour une certaine période d'exploitation. Ce délai est généralement fixé à deux années.

Coins.

16. Les coins sont généralement en chêne, provenant de traverses hors de service ; leurs faces supérieure et inférieure seules sont parallèles, mais leurs faces latérales font entre elles un petit angle. Un coin revient en général à $0^r,10$.

Ils constituent un excellent débouché pour les traverses de rebut présentant des fentes ou des défauts de dimensions ou les vieilles traverses dont le bois n'est pas trop désorganisé. On en retire, par cette utilisation, un produit supérieur à celui qu'on en obtiendrait en les vendant comme bois à brûler.

17. *Fabrication des coins.* — Il faut n'employer, à la fabrication des coins, que des bois bien secs ; sans cela, ils éprouvent en séchant un certain retrait qui dénature leurs dimensions. Le mieux est de débiter d'abord les blocs devant servir à leur fabrication, que l'on peut raboter et fraiser ; puis on les laisse sécher pendant quelques mois dans des hangars, à couvert et bien aérés ; on peut ensuite les débiter en coins.

D'ailleurs, la seule fabrication possible pour être économique et donner des coins réguliers, présentant bien les dimensions requises, est la fabrication mécanique.

Les machines indispensables pour un atelier de fabrication de coins sont : une scie circulaire pour débiter les bois de longueur ; deux machines à raboter pour faire les faces à l'inclinaison voulue ; enfin, une machine à fraiser les bouts. Ces extrémités sont, en effet, munies de chanfreins sur les angles afin de permettre, d'abord l'entrée plus facile du coin dans le coussinet, puis de ramener vers l'axe les chocs qu'il reçoit du chasse-coin, ce qui évite de le fendre. Quant aux têtes elles-mêmes, elles sont perpendiculaires aux faces parallèles à l'axe. On vérifie, d'ailleurs, la forme des coins avec des gabarits.

18. *Inclinaison des faces verticales.* — L'inclinaison des coins varie entre $1/50$ et $1/25$ de leur longueur : c'est-à-dire que, pour une longueur totale de $0^m,250$ entre les deux têtes, la différence d'épaisseur, dans le sens horizontal, varie de 5 à 10 millimètres d'une extrémité à l'autre.

Un bon chiffre paraît être une moyenne entre ces deux limites extrêmes ; le premier, en effet, est un peu faible et si le bois employé n'est pas très sec, la dessication ultérieure, qui réduit les dimensions, entraîne rapidement le jeu du coin dans le coussinet ; d'un autre côté, avec un fruit de $1/25$, ou une différence de $0^m,010$ d'un bout à l'autre, on a une inclinaison trop prononcée. La résistance qui en résulte à l'enfoncement amène invariablement l'avarie du coin ou la rupture du coussinet. Enfin, le coin lui-même exige plus de force pour être mis en place et court beaucoup plus risque d'être fendu par le choc du chasse-coin.

19. *Réception, emploi, etc.* — Les coins doivent être de droit fil, présenter des faces parfaitement lisses et sans flaches, des arêtes bien vives et le profil exact des gabarits, qui sont en acier poinçonné. Chaque coin présenté par la petite tête doit entrer à la main de 1 centimètre dans le gabarit le plus faible et s'arrêter, dans le plus grand, à 1 centimètre de la grosse tête. Il doit enfin épouser exactement les faces du rail et du coussinet qu'il sert à relier entre eux. Réception est faite, d'après ces données, des coussinets fabriqués, et tous ceux qui sont reçus sont poinçonnés sur l'une des têtes.

Les coins fabriqués doivent être conservés dans des hangars clos et couverts afin d'éviter une trop prompte dessiccation, ce qui les ferait fendre.

Le prix des coins varie de 80 à 120 francs le mille, soit 100 francs en moyenne.

La durée d'un coin dépasse rarement quatre ans.

L'approvisionnement des coins pour l'entretien doit toujours se faire pendant l'hiver, car le renouvellement a principa-lement lieu pendant la période de juin à septembre. En outre, comme les travaux de charpente sont généralement suspendus pendant la mauvaise saison, on a encore ainsi des chances d'obtenir la main-d'œuvre à meilleur compte.

Les coins se placent contre la face du rail extérieure à la voie, ce qui permet de les recouvrir de ballast et, par conséquent, de les mettre à l'abri des alternances si fâcheuses de sécheresse et d'humidité.

Le coin doit être enfoncé dans le sens de la marche des trains, sans quoi il se desserrerait très vite.

La paroi extérieure du coussinet doit donc présenter un évasement permettant

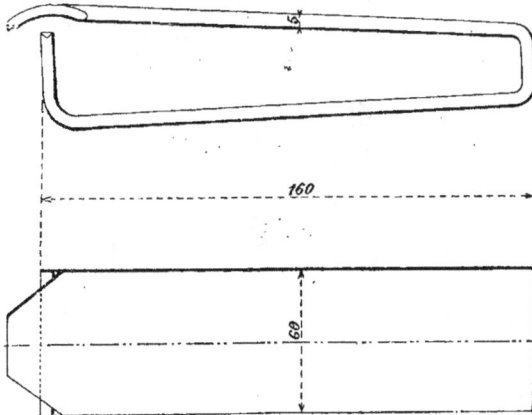

Fig. 9.

l'entrée de ce coin; le plus souvent cet évasement est double, ce qui permet l'entrée du coin indifféremment dans un sens ou dans l'autre suivant les besoins.

20. *Coin métallique système David.* — On a tenté dans ces dernières années de remplacer l'ancien coin en bois par un coin métallique formé d'une lame de ressort en acier repliée sur elle-même en forme de trapèze, de manière à présenter d'une extrémité à l'autre le fruit du coin en bois (*fig.* 9). Ce coin élastique s'enfonce à coups de marteau dans les mâchoires du coussinet, exactement comme le premier, sur lequel il a la supériorité de sa flexibilité au point de vue de la sécurité et de l'énergie du serrage. Il est beaucoup moins sujet à se desserrer sous l'effet des trépidations dues au passage des trains, surtout sur les ouvrages métalliques. En revanche, il revient beaucoup plus cher et ne paraît pas jusqu'à ce jour s'être généralisé. Les coins en bois qui permettent l'utilisation des vieilles traverses dont on ne sait que faire, seront certainement préférés, sauf dans quelques cas spéciaux.

Fixation du coussinet aux traverses.

21. Le mode d'attache des coussinets aux traverses s'est fait successivement au moyen de chevillettes, de crampons, de clous barbelés, de tirefonds.

22. *Chevillettes.* — La chevillette est formée d'une tige cylindrique de 0^m,015 à 0^m,018 de diamètre, ou prismatique de 0^m,018 à 0^m,020 de côté, portant à la partie supérieure une tête renflée s'appuyant sur la semelle du coussinet. L'autre extrémité se termine par un biseau, un tronc de cône, ou une section droite.

On employait à l'origine des chevillettes en bois, afin d'éviter l'oxydation d'une chevillette en métal enfoncée dans le bois

Quelle que soit d'ailleurs leur forme, les chevillettes ont toutes un défaut commun, c'est de comprimer le bois jusqu'au moment où il a perdu son élasticité, et à partir duquel il ne produit plus aucun serrage; la chevillette se décolle d'elle-même alors de son logement, surtout sous l'influence du passage des trains, et la voie ne présente plus aucune solidité.

En outre, il est très difficile de se rendre compte de leur usure qui peut se faire au collet par suite des chocs répétés de la semelle du coussinet, ou en pointe, à cause des réactions chimiques dues à l'at-

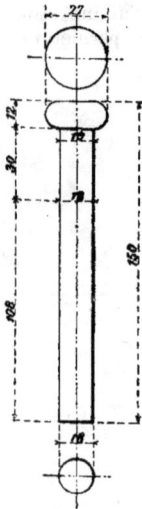

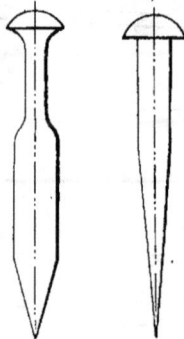

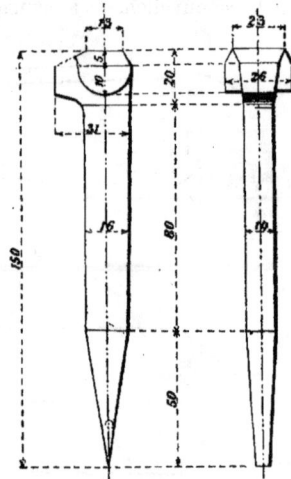

Fig. 10.   Fig. 11.   Fig 12.   Fig. 13.

de la traverse; on espérait en outre que le serrage serait parfait à cause du gonflement du bois, mais on dut rapidement y renoncer : toutes les chevillettes se trouvant au bout de peu de temps décapitées par la semelle du coussinet (*fig.* 10).

On tenta de remplacer le bois par le fer, tout en laissant à la chevillette sa forme générale; la rouille vint alors ronger le fer, donner du jeu dans le trou de la traverse, d'où les chevillettes s'échappaient constamment d'elles-mêmes; en outre, elles étaient, comme celles de bois, fréquemment guillotinées par le patin du coussinet.

taque du fer par les principes du bois (*fig.* 11 et 12). La tête qui recouvre le trou de la semelle empêche absolument qu'on se rende compte de cela, et les chevillettes peuvent être ainsi rongées et ne produire aucun serrage, sans qu'on s'en doute, jusqu'au moment où elles cassent.

23. *Crampons.* — On fit alors usage de *crampons*, gros clous pointus à tête recourbée en forme de crochet; on enfonce ces crampons à coup de marteau dans la traverse; le crochet maintient la semelle ou le patin appliqué sur le bois sous-jacent (*fig.* 13).

Les crampons ont des formes variables

avec cette obligation uniforme d'avoir une tête latérale qui s'appuie sur la semelle du coussinet.

Quant à la tige, elle peut être carrée ou rectangulaire, ou bien octogonale, terminée par une section droite plus ou moins

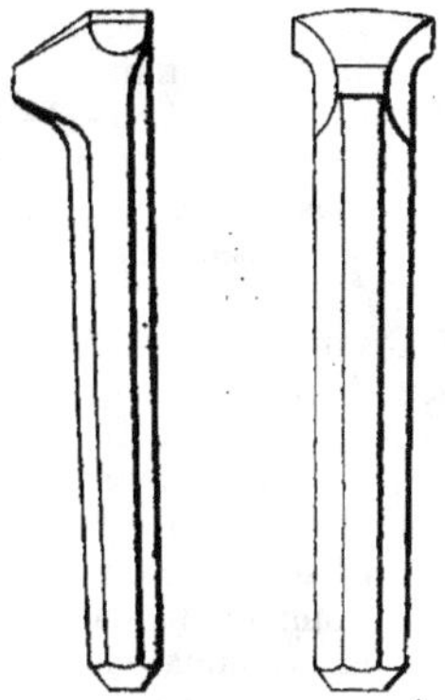

Fig. 14.

chanfreinée, un saillant en biseau ou une pointe en pyramide (fig. 13 et 14).

Quand la pointe est terminée en biseau, il est indispensable que ce dernier coupe le bois perpendiculairement à la direction des fibres ; il faut donc le placer normalement aux traverses, c'est-à-dire parallèle à l'axe de la voie. Si on le plaçait dans le sens des fibres, il ferait coin dans le bois et fendrait la traverse ; cette remarque est bonne à faire également avec les clous et les chevillettes.

Suivant une règle générale adoptée en mécanique, la liaison de la tête à la tige ne doit pas présenter de transition brusque mais se faire au moyen d'une courbe adoucie ou congé ; sans cela des ruptures seraient à craindre dans l'angle vif, sous l'effort de la pression produite par le serrage.

Le poids des crampons varie de 250 à 300 grammes. Certains ingénieurs les préfèrent aux tirefonds généralement employés aujourd'hui, parce que ces derniers présentent certaines difficultés au démontage, arrachent le bois et ne peuvent plus être replacés dans le même trou. Une fois enlevé, le trou restant, dont les parois sont mâchées, ne peut plus être facilement bouché par une cheville de bois.

Néanmoins ces crampons s'usent rapidement comme les chevillettes, prennent du jeu dans leurs trous et sautent en grand nombre, exposant les trains circulant sur la voie aux plus grands dangers ; on y a généralement renoncé.

Le tableau suivant donne les dimensions des crampons employés pendant longtemps sur quelques lignes :

DÉSIGNATION	OUEST	PARIS LYON Méditerranée	EST	BAVIÈRE	BAVIÈRE RHÉNANE	BADE
Longueur totale	162	150	142	145	172	132
Longueur de la tige jusqu'au commencement de la pointe ou du biseau	90	120	74	90	110	72
Largeur de la tige	18	19	17	15	15	15
Épaisseur de la tige	14	19	14	15	13	15
Saillie de la tête..........................	16	15	18	12	10	18

24. *Clous barbelés.* — On a également essayé les clous barbelés, notamment sur les chemins de fer bavarois. Ces clous se composent d'une tige de 0^m,172 de longueur de tête en pointe ; le chapeau a 0^m,048 de diamètre et 0^m,012 d'épaisseur ; la tige est carrée, de 12 millimètres de côté près du chapeau, et de 9 au moment où commence la pointe, avec une longueur de 140 millimètres. Enfin, la pointe, en forme de pyramide, a 20 de longueur. Chacune des arêtes est munie de trois entailles s'ouvrant de bas en haut et qui s'opposent à l'enlèvement du clou une fois planté.

Pour éviter le contact du clou et du

coussinet, et l'usure qui pourrait en être la conséquence, on loge, dans le trou de la semelle, une rondelle en bois percée d'un trou destiné à faciliter l'entrée du clou.

On a rapidement renoncé à ces clous barbelés, parce qu'ils arrachent les fibres du bois quand on les enfonce ; l'effet des barbelures est alors peu efficace.

25. *Tirefonds.* — Aujourd'hui, on fait un usage général de grosses vis à bois

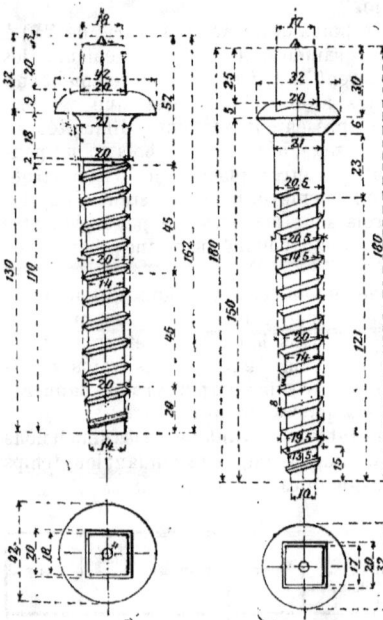

Fig. 15.   Fig. 16.

qu'on appelle des *tirefonds* (*fig.* 15 et 16).

Ces tirefonds se fabriquent en fer ou en acier que l'on galvanise, c'est-à-dire que l'on recouvre d'une couche de zinc, afin de combattre l'oxydation ; quelquefois on se contente de les goudronner ; mais la galvanisation est préférable.

Les tirefonds doivent s'enfoncer méthodiquement en tournant, puisque ce ne sont que des vis ; cette opération se pratique en saisissant la tête, hexagonale ou carrée, au moyen d'une clef à douille à

long manche qui permet à l'ouvrier d'opérer sans se baisser. Pour que cette opération soit plus commode encore, on surmonte, en général, aujourd'hui, la tête plate du tirefonds d'un chapeau carré et allongé qui est seul saisi par la douille de la clef et donne à cette dernière plus de prise.

Les ouvriers, ayant fréquemment la mauvaise habitude d'enfoncer les tirefonds, dans leurs trous préparés à l'avance, en deux ou trois coups de marteau, on conçoit que le pas de vis perd ainsi tout son avantage, qui est de mordre dans la paroi boisée.

Un tirefonds ainsi frauduleusement enfoncé ne peut tenir longtemps et la surveillance la plus sévère doit être établie de manière à éviter cette manière de faire.

Un moyen de s'assurer que ce procédé brutal n'a pas été employé, consiste à surmonter le sommet du chapeau d'une petite pointe qui s'émousse et s'aplatit au moindre coup de marteau.

Quelques Compagnies y placent une initiale ; ainsi, le Nord y met un N qui atteint le même but ; néanmoins, la pointe est plus délicate et préférable.

Les tirefonds sont seuls employés également pour fixer les rails à patin aux traverses. Dans ce cas, le dessous de la tête est légèrement conique sur tout son périmètre afin d'épouser le patin du rail.

Le tirefond le plus employé en France présente les dimensions suivantes :

Longueur totale	0m,178
— du collet à la pointe.	0m,140
Longueur totale du collet au commencement du filetage . . .	0m,030
Épaisseur du collet	0m,010
Diamètre du collet.	0m,032
Hauteur de la tête au-dessus du collet	0m,028
Largeur de la tête à la partie supérieure	0m,015
Largeur de la tête à la partie inférieure.	0m,018
Diamètre de la tige sous le collet	0m,021
Diamètre de la tige à la pointe	0m,014
Diamètre extérieur du filet . .	0m,020
Pas de vis	0m,007

La section du filet a le plus souvent la forme d'un triangle dont la base parallèle à l'axe du tirefond a 0ᵐ,004 de longueur. La projection sur cette base du côté tourné vers la partie supérieure, a une longueur de 0ᵐ,0015, et la projection du troisième côté sur la même base 0ᵐ,0025. Cela permet d'obtenir une plus grande résistance à l'arrachement qu'avec un triangle isocèle.

Le filetage s'exécute à froid, les essais de filetage à chaud ont échoué parce que le tirefond en sort déformé, et n'est plus circulaire, il devient alors difficile à manier à cause des frottements qu'il éprouve contre le bois.

supplémentaire assez importante, chacun d'eux pesant une moyenne de 15 kilogrammes, ce qui fait 30 kilogrammes par traverse, et un total d'environ 4 000 francs par kilomètre de voie.

En outre, ils sont assez fragiles et, comme tous les objets en fonte moulée, assez sensibles au choc des corps extérieurs ; le moindre déraillement peut en mettre hors de service un très grand nombre.

Les coins se desserrent forcément à la longue sous l'effet du passage des trains, et la voie manque de stabilité ; il y a donc là une cause de supplément et de difficulté d'entretien qui demande une surveillance incessante.

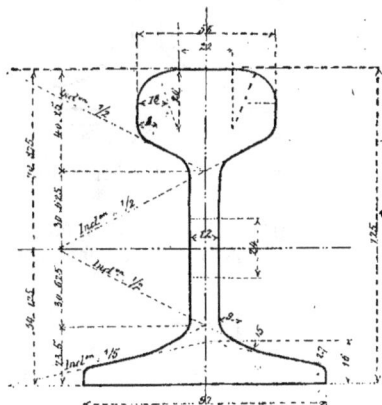

Fig. 17. — Cⁱᵉ de l'Ouest.

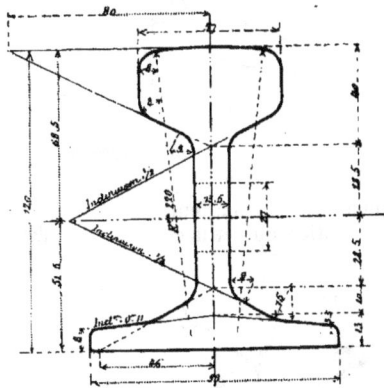

Fig. 18. — Cⁱᵉ de l'Est.

La Compagnie du Nord facilite la pose des tirefonds, en faisant abattre au tour la première spire de l'hélice à partir de la pointe, cela permet à l'ouvrier de placer commodément le tirefond à la main dans son trou, et de continuer à l'enfoncer ensuite en se servant de la clef.

Inconvénients des coussinets.

26. Les coussinets que nous venons d'examiner ainsi que leurs attaches, présentent un certain nombre d'inconvénients, que ne manquent pas de faire valoir les partisans du rail à patin.

Ils constituent d'abord une dépense

En revanche la voie posée sur coussinet est naturellement plus robuste, et plus résistante aux efforts transversaux.

Nous reviendrons d'ailleurs sur ce sujet, en faisant plus loin la comparaison des deux types de rails.

Rail Vignole ou à patin.

27. Le rail Vignole se distingue du précédent, comme nous l'avons dit, en ce qu'un des champignons est remplacé par un patin qui repose sur la traverse, soit directement, soit par l'intermédiaire d'une selle en fer. Le coussinet est donc supprimé.

Ce rail se fixe à la traverse entaillée à l'avance à l'inclinaison du 1/20 au moyen de crampons analogues aux précédents, ou plus généralement au moyen de tire-fonds dont les têtes maintiennent le patin sur la traverse.

Pour que le rail à patin présente la même résistance qu'un rail à double cham-

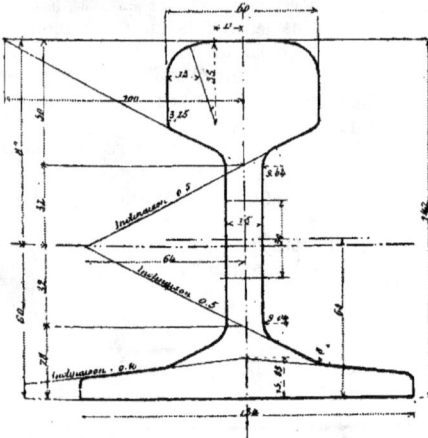

Fig. 19. — Nord. — Type fort.

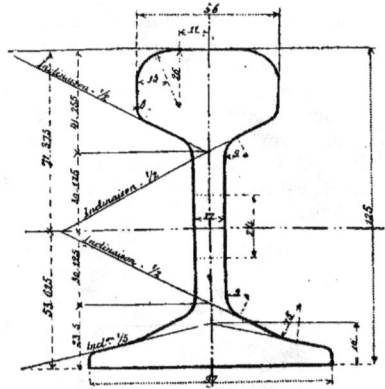

Fig. 20. - Nord. — Type faible.

pignon de même hauteur il faut augmenter la section du patin, et, comme ce dernier doit toujours être aplati, il faut en augmenter la largeur; sinon, il faut pour

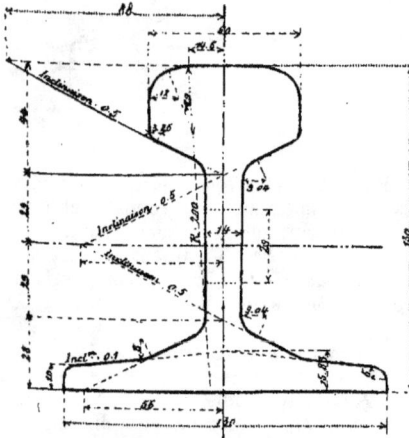

Fig. 21. — Lyon. — Type P. M.

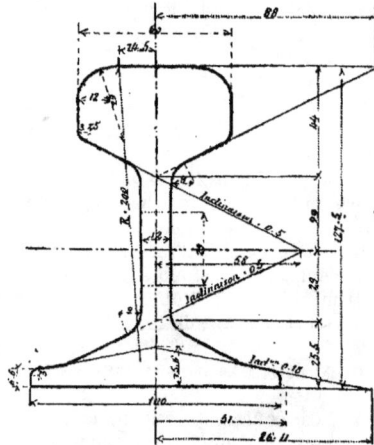

Fig. 22. — Lyon. — Type P. L. M.

un rail Vignole, de même section qu'un rail symétrique, donner au premier une hauteur d'âme un peu plus grande. D'un autre côté, la partie inférieure du rail travaillant à l'extension, l'aplatissement est une bonne condition pour augmenter la résistance sous ce rapport.

Enfin, les éclisses ayant une forme symétrique, les surfaces d'épaulement présentent la même inclinaison en haut près du champignon et en bas à l'amorce du patin.

Le tableau suivant donne les dimensions des types actuellement employés dans les grandes Compagnies (*fig.* 17 à 22).

DÉSIGNATION	EST	NORD		PARIS LYON		OUEST
		TYPE FAIBLE	TYPE FORT	P.-M.	P.-L.-M.	
Largeur du champignon	57	56	60	60	60	56
Largeur du patin..............	99	97	134	130	100	97
Épaisseur de l'âme............	13,5	12	15	14	12	12
Hauteur du rail...............	120	123	142	130	127,5	123
Longueur du rail..............	8^m	8^m	12^m	6^m	12^m	8^m
Poids par mètre...............	30^K	30^K	43^K,215	38^K,400	33^K	30^K

Tous ces types sont en acier, le fer étant actuellement complètement abandonné pour la fabrication des rails.

Rails lourds.

28. Depuis quelques années, étant donné l'accroissement permanent et considérable du trafic de certaines grandes lignes, le matériel roulant, spécialement la locomotive, a dû suivre le mouvement et notablement augmenter de poids. Il en est résulté la nécessité de faire usage de rails plus résistants, c'est-à-dire plus lourds au moins sur toutes les lignes très chargées.

Ainsi, depuis vingt ans, le poids par essieu de locomotive a augmenté de plus d'une tonne ; il est passé de 10 à 12 tonnes à 12 et 13 tonnes, et l'on voit même sur certaines machines à grande vitesse, ou pour lignes à fortes rampes, des essieux chargés de 14 à 16 tonnes.

La Compagnie du Nord a eu la première à se plaindre de la faiblesse de son rail de 30 kilogrammes en acier (*fig.* 20) qu'elle supposait devoir remplacer celui de 37 kilogrammes en fer. Elle dut le reléguer sur les lignes secondaires peu chargées et adopter le type fort représenté par la figure 19, présentant un poids de 43^k,215 par mètre courant, et une longueur de 12 mètres (note de M. Coutamin à la Société des Ingénieurs civils de France, décembre 1888).

La Compagnie Paris-Lyon-Méditerranée s'est trouvée dans le même embarras. Elle commença par adopter un rail de 43^k,50 (type P. M. G., *fig.* 23), différant peu du type P. M. (*fig.* 21) et qui fut encore jugé insuffisant au bout de peu de temps.

Ce rail, déjà renforcé, de 43^k,50, présente les éléments suivants :

Section du profil 0^{m2},0055968

Moment d'inertie $1 = 0,00001427405$

$$\frac{I}{v} = 0,000194$$

$$\frac{I}{v} = 0,000208.$$

C'est un type dont l'existence a été tout à fait éphémère et qui ne se fait plus. Il avait été créé pour être placé sur les fortes rampes et dans les gares où, par suite de l'arrêt des trains et du serrage des freins, l'usure des rails est plus rapide qu'en pleine voie. Il ne différait de l'ancien type courant, que par une hauteur de 10 millimètres en plus au champignon.

Aujourd'hui, on le remplace par le type L.P, qui est destiné aux voies principales de Paris à Marseille, et à toutes celles de grand trafic (*fig.* 24).

Ses données principales sont les suivantes :

Surface du profil 0^{m2},006028

Poids par mètre courant pour une densité de 7^k,82   47 kilogrammes.

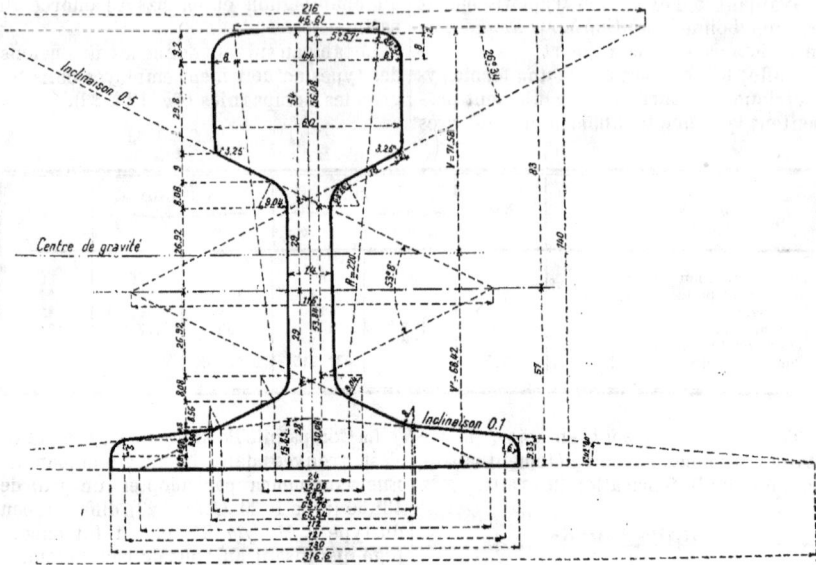

Fig. 24. — Cie de Lyon. — Type P.-M.-G.

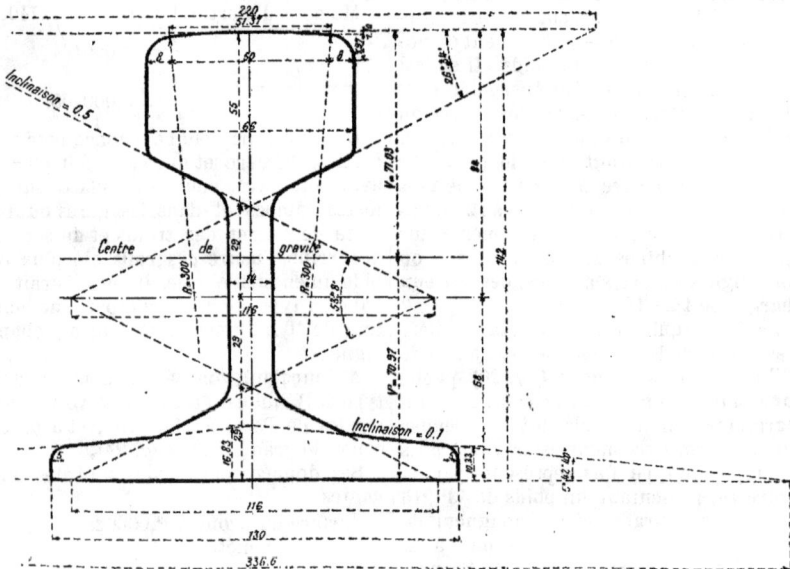

Fig. 25. — Cie de Lyon. — Type L.-P.

Moment d'inertie $I = 0,0000158552$

$$\frac{I}{v} = 0,0002232$$

$$\frac{I}{v} = 0,0002234.$$

On voit, sur la figure, que le champignon a encore été augmenté de 1/10 et porté à 66 millimètres; de la sorte, le rail présente une plus large surface de roulement à des trains plus lourds; en outre, cela permet d'élargir la portée de l'éclisse sur la face inférieure du champignon et, par suite, de diminuer l'usure respective par mattage des deux surfaces en contact.

Enfin, la hauteur était également augmentée de 0,011 et portée à 142 millimètres, toujours pour des motifs analogues. Le patin a toujours la même largeur de 130 millimètres, mais une épaisseur plus forte de 1 millimètre.

Profitant de l'expérience acquise, on s'est en même temps appliqué à donner à la table de roulement du champignon, la forme approximative que présentent les rails déjà usés de quelques millimètres par plusieurs années de service.

En 1888, la Compagnie de l'Est adopta également un rail lourd de 44^k,2 ressemblant beaucoup à celui de Lyon, avec des dimensions légèrement plus faibles. Ainsi le champignon n'a que 60.

Le rail le plus lourd actuellement employé, date de 1887; c'est le type appelé Goliath, en usage sur les lignes de l'Etat belge, qui ont, en effet, à faire face à un trafic énorme. Il pèse 52^k,7 par mètre; le

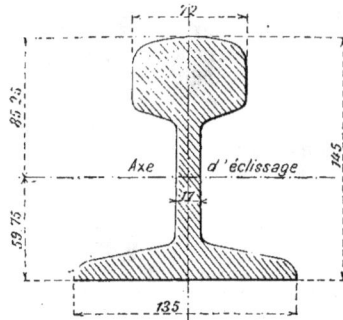

Fig. 25. — Type Goliath (Etat belge).

champignon a 72 de largeur et le patin 135 (*fig.* 25).

29. Le tableau suivant, extrait d'une note de M. J. Michel (*Revue générale des Chemins de fer,* juin 1889), donne la nomenclature des divers types de rails lourds employés en France et à l'Etranger :

DÉSIGNATION		HAUTEUR	LARGEUR			POIDS par MÈTRE
			PATIN	AME	CHAMPIGNON	
		m/m	m/m	m/m	m/m	kil.
FRANCE	Type P. M. renforcé........	140	130	14	60	43,5
	P. L. M., type L. P. nouveau.	142	130	14	66	47
	Nouveau rail du Nord.......	142	134	15	60	43,215
	Nouveau rail de l'Est.......	141	130	13,5	60	44,21
BELGIQUE	État-belge.................	145	135	17	72	52,70
HOLLANDE	Etat néerlandais...........	138,7	102	12	60	40
ANGLETERRE (double champignon)	Great Western.............	141,27	»	17,4	69,84	42,66
	North Western	135	»	20	69	41,66
	Great Northern	130,2	»	17,4	66,7	40,60
	Midland..................	143	»	20	66,7	42,16
ÉTATS-UNIS (rail Vignole)	Philadelphie.............	127	127	17,5	67	44,6
	Pensylvanie..............	127	127	13,5	65	42.2
	New-York Central.........	127	122	12,7	65	39,7

La Compagnie anglaise du Great Northern a adopté, depuis 1889, un rail encore plus fort de 42^k,6 par mètre. La Compagnie du North British en a adopté un de 41^k,66, et celle du North Eastern de 44^k,60.

30. *Légèreté du rail en Amérique.* — De leur côté, les Américains prétendent que les rails légers, de peu de hauteur, ne sont pas seulement de meilleure qualité, avantage dû à une compression plus énergique du métal au laminage, à un rapport plus favorable entre le périmètre et la section, mais ils sont en outre mieux appliqués à l'état des voies américaines, état généralement imparfait, où le ballast a une épaisseur insuffisante et une qualité médiocre, les traverses de dimensions un peu grêles, où l'entretien est souvent fort négligé, etc.

Un rail plus flexible peut, en effet, suivre plus aisément les inégalités de ses supports. et ces conditions, inadmissibles sur nos lignes à grande vitesse, peuvent être tolérables avec le matériel roulant américain qui est muni de trucs ou bogies et se prête mieux aux ondulations du tracé C'est évidemment ce parti pris de flexibilité qui seul peut expliquer l'usage de ces rails à formes trapues, à gros champignons et axes très courts, si répandus dans l'Amérique du Nord, et qu'on appelle des rails en poire (*pear head*) (*fig.* 26 et 27), (Buffalo-Cornay-New-York et Western-Massachussets).

31. *Accroissements successifs des dimensions et du poids des rails.* — Ces principaux types étant connus, nous donnons rapidement ci-dessous l'exposé de l'accroissement des dimensions et du poids des rails dans le monde entier depuis vingt ans.

32. *Poids par mètre courant.* — A cette époque, les poids variaient en France de 30 kilogrammes (Nord et Est) à 39 kilogrammes (Paris-Lyon-Méditerranée). La moyenne était alors d'environ 36 kilogrammes par mètre courant.

Depuis, toutes les grandes Compagnies françaises, sauf le Midi, dont le rail pesait déjà 38 kilogrammes, ont augmenté ce poids et, aujourd'hui, ces chiffres varient entre 38 et 47 kilogrammes, la moyenne étant de 43 kilogrammes pour toutes les lignes principales.

Cela représente une augmentation de 7 kilogrammes ou 20 0/0.

La cause principale de cet accroissement est le désir de diminuer les frais d'entretien qui ont été considérables avec des rails trop faibles ayant à supporter des trains de vitesse lourdement chargés. Puis, l'abaissement du prix de l'acier n'a pas été non plus sans pousser vigou-

reusement les Compagnies dans cette voie.

En Angleterre, le poids variait de 37^k,70 à 42^k,18 (de 75 à 85 livres par yard); la moyenne était d'environ 40 kilogrammes. Aujourd'hui, ces poids varient entre 39^k,70 et 44^k,60 (80 à 90 livres par yard). La moyenne est donc de 42^k,18 avec une augmentation sur l'ancien chiffre de 2 kilogrammes ou 1/20.

Le poids à peu près uniforme des voies allemandes est de 37 kilogrammes; la tendance ne paraît pas être de l'augmenter, malgré les remarques de plusieurs ingénieurs qui ont signalé ce chiffre comme insuffisant pour les besoins de l'avenir.

En Italie, le poids des rails est généralement de 36 kilogrammes, mais tout le monde est d'accord pour les porter le plus tôt possible à 42 kilogrammes.

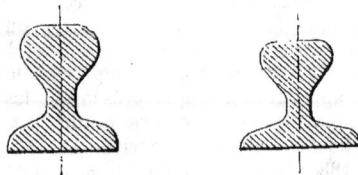

Fig. 26 et 27. — Types américains.

Les Hollandais ont porté ce poids de 33 à 40 kilogrammes.

En Belgique on rencontre le rail le plus lourd qui existe sur la ligne de Bruxelles à Anvers, c'est le rail Goliath, vu plus haut, qui pèse 52^k,7 (*fig.* 25).

Aux États-Unis, l'augmentation a été encore plus rapide qu'en France. En 1876, le poids était presque partout le même de 29^k,70. Actuellement il varie pour les grandes Compagnies entre 39^k,70 et 44^k,60 (80 à 90 livres par yard). C'est donc une augmentation de 12 kilogrammes ou 40 0/0.

En résumé, le poids moyen pour les rails à double champignon est actuellement de 42 kilogrammes. Pour les rails Vignole, de 43 à 44 kilogrammes.

On a été naturellement amené à donner aux rails Vignole un poids un peu plus fort que pour le rail symétrique, car, grâce aux coussinets, ce dernier constitue toujours une voie plus lourde. C'est même un des motifs qui la font encore préférer aujourd'hui par quelques personnes.

33. *Hauteur du rail. Largeur du champignon.* — L'augmentation du poids du rail au mètre courant a eu pour conséquence matérielle et fort heureuse de permettre d'en augmenter la hauteur et la table de roulement.

L'augmentation de la hauteur entraîne celle du moment d'inertie et, par conséquent, de la résistance à la flexion. Et au lieu des hauteurs autrefois en usage de $0^m,100$ pour les rails à patin et de $0^m,127$ pour les autres, les hauteurs des nouveaux types varient de $0^m,127$ à $0^m,143$.

Quant à la largeur du champignon, elle

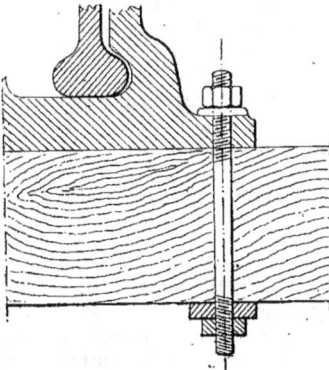

Fig. 28.

est en général de 60 millimètres comme nous l'avons vu sur les nombreux types adoptés en France. Les Compagnies du Nord et de l'Est s'étaient tenues pendant longtemps à 57 ; elles ont augmenté en même temps la largeur du patin auquel on a donné 134 et 130 au lieu de 100 millimètres.

La Compagnie de Lyon a porté de 60 à 66 la largeur du boudin de son nouveau rail de 47 kilogrammes sans augmenter la largeur du patin qui était déjà de 130.

A l'Ouest, le rail à double champignon présente une largeur de 62 au lieu de 60.

Le rail Goliath belge a un champignon de 72 et un patin de 145 millimètres.

En Angleterre, la largeur du champignon varie de 65 à 70 millimètres.

En Amérique, on se contentait encore sur les grandes lignes, il y a une dizaine d'années, de rails à champignons de 59 de largeur ; aujourd'hui on a porté cette dimension à 65 et 67 et l'on donne au patin une largeur de 127 égale à la hauteur.

En somme, pour les lignes à grand trafic, on voit que la tendance est l'accroissement de la hauteur et de la largeur du rail, augmentations qui concordent avec celle du poids par mètre courant.

34. *Attaches diverses.* — Certains ingénieurs ont adopté l'usage des boulons pour fixer les coussinets ou les patins du rail Vignole au joint. Cela se présente encore aujourd'hui, par exemple sur les lignes anglaises du South Eastern Railway. Le boulon pénètre la traverse de part en part à la façon d'un massif de fondation, et la fixité est obtenue à la partie inférieure au moyen d'un œil et d'une clavette, munie de sa contre-clavette (*fig.* 28).

Mais on n'obtient ainsi qu'un résultat provisoire. Un autre système, celui des *fang-bolts* ou boulons à crochets, est ainsi disposé : le boulon pénètre comme précédemment la traverse dans toute son épaisseur, la tête restant en haut et la partie filetée en bas. Un écrou muni d'une platine à crochets recourbés qui entrent dans le bois, se visse à la partie inférieure et produit un serrage plus sûr et meilleur que le précédent (*fig.* 29 et 30), en même temps que le filetage est moins exposé à la rouille.

En résumé, ce système d'attache est irréprochable au point de vue de la solidité, mais il est peu pratique au point de vue de l'entretien.

Pour la commodité du serrage en effet, les têtes de boulons doivent de préférence être au-dessous des traverses, et leur remplacement devient difficile. De toutes façons, la rouille ronge rapidement les pas de vis, et le desserrage devient souvent impossible, on ne peut alors enlever un boulon qu'en faisant sauter la tête d'un coup de ciseau.

Les boulons sont aujourd'hui très généralement réservés à l'éclissage.

35. *Attaches mixtes.* — Pour fixer le rail sur sa traverse on a fait quelquefois usage à la fois de tirefonds et de crampons. Quoique le cas soit assez rare, nous signalerons celui de M. Howe de Newhall (Californie), qui emploie le système suivant pour fixer les rails Vignole sur leurs traverses.

On pose le rail sur la traverse avec une platine intermédiaire en tôle dont la largeur est à peu près triple de celle du patin. Les attaches se composent de deux tire-

Fig. 29.   Fig. 30.

fonds et d'un crampon qui traversent la semelle métallique, et dont les têtes reposent, comme à l'ordinaire, sur le patin du rail. Les deux tirefonds sont placés à l'intérieur et ne présentent rien de particulier ; le crampon placé en dehors est muni d'un ergot qui s'engage sous la tôle. Cet assemblage présente, paraît-il, une grande solidité. Néanmoins l'emploi du crampon nous inspire toujours une médiocre confiance.

36. *Rail Compound.* — On a essayé en Amérique un rail à patin en deux pièces appelé *rail Compound de Bargion*, du nom de son inventeur.

La caractéristique de ce type est que le patin est indépendant du champignon, et ils sont reliés l'un à l'autre au moyen de portions d'âme dont ils sont munis, et qui sont saisies par des joues verticales fortement boulonnées.

A l'endroit des joints les joues sont naturellement éclissées.

L'avantage que l'auteur attribue à ce type, c'est le changement facile du champignon quand il vient à être usé. Mais le supplément de métal nécessité par les deux éclisses continues qui remplacent l'âme doit compenser largement cette économie. En outre, un semblable rail composé doit présenter une rigidité et une résistance beaucoup plus faibles que le type simple à patin ordinaire. La répartition du métal est enfin moins bonne au point de vue de la résistance des matériaux.

Pour toutes ces raisons, nous doutons que ce type devienne jamais courant, même en Amérique.

Assemblage des rails.

37. *Éclisses.* — Les rails qui constituent la voie ne sont pas indépendants les uns des autres ; ils sont solidement reliés en bout au moyen de plaques de fer ou d'acier, qu'on appelle des *éclisses* (vol. I, *fig.* 11).

Le principe de l'éclissage est le suivant : les rails sont forcément interrompus, et même doivent laisser un petit intervalle libre, permettant la dilatation à leurs extrémités. Il est donc indispensable, pour amener la continuité et la solidarité des éléments de la voie, de les assembler bout à bout par des armatures latérales, sorte de moises qui sont logées dans les deux parties rentrantes du profil ; ce sont les éclisses.

Ces éclisses fléchissent avec le rail sous l'effet des pressions réparties par les renflements supérieur et inférieur, sur toute leur longueur, quoique fort inégalement. L'extrémité du rail soumis à la charge entraîne, par l'intermédiaire des éclisses, la flexion du rail conjugué avant que la roue du véhicule ne l'ait atteint. Ce dernier rail est donc lui-même préparé sans choc violent, à recevoir la charge du matériel roulant.

Les éclisses ont été d'abord employées aux Etats-Unis ; elles ont fait leur apparition pour la première fois en Europe au chemin de Dusseldorf à Eberfeld.

38. *Section de l'éclisse*, — A l'origine, les éclisses étaient profilées suivant la gorge du rail, et devaient s'appliquer exactement sur le corps de celui-ci. Cette forme était mauvaise à tous les points de vue. D'abord le renflement obligatoire qui en résultait pour l'éclisse vers le milieu de sa hauteur la rendait incorrecte au point de vue de la théorie de la résistance des matériaux qui recommande au contraire de rejeter le métal vers les extrémités ; ensuite il était complètement impossible, même en serrant énergiquement les boulons, d'assurer le contact des éclisses et des champignons, ce qui est cependant indispensable.

Aujourd'hui on donne aux éclisses une épaisseur à peu près uniforme avec ou sans bombement, qui laisse entre elles et l'âme du rail un espace vide indispensable pour assurer un contact rigoureux aux parties réservées pour le champignon et le patin ; néanmoins, l'éclisse étant soumise, comme efforts verticaux, à un couple, dans les sections comprises entre les boulons du milieu, il conviendrait logiquement que son moment de résistance augmentât, dans chaque moitié, depuis l'extrémité jusqu'au trou intermédiaire, et fût constant à partir de là. Mais l'éclisse d'égale résistance n'est pas pratique, puisque, la hauteur étant nécessairement constante, afin d'obtenir l'appui sur les boudins, l'augmentation ne pourrait être prise que sur la largeur, ce qui, nous le savons, est défectueux.

39. *Éclisses ordinaires.* — Les éclisses présentent donc aujourd'hui une de leurs faces sensiblement verticales et l'autre, celle qui touche le rail, quelquefois un peu concave et munie de deux plans inclinés ; ces derniers viennent épouser exactement les épaulements du champignon et du patin ; quatre boulons traversent le rail et les éclisses, produisant le serrage de l'ensemble, de telle sorte que les rails ainsi juxtaposés se trouvent rigoureusement dans le prolongement l'un de l'autre, aussi bien en hauteur qu'en largeur.

Les trous du rail doivent avoir une forme allongée dans le sens horizontal afin de permettre les mouvements longitudinaux résultant de la dilatation. Dans le sens vertical, ces trous doivent simplement être assez grands pour que le rail ne porte jamais sur le boulon dans ses plus grandes flexions.

Cette dilatation des rails peut atteindre des chiffres très importants, surtout avec les grandes longueurs qui tendent à se répandre aujourd'hui. Il faut donc avoir soin de laisser entre les abouts de deux rails assemblés un petit espace libre de 3 à 5 millimètres, suffisant pour prévoir les écarts les plus grands de température dans nos climats, c'est-à-dire environ 30 degrés en-dessus ou en-dessous de la température de pose.

Cet intervalle se calcule aisément d'ailleurs par la formule élémentaire des dilatations linéaires

$$D = LKt,$$

dans laquelle D représente l'augmentation de longueur ou dilatation de la barre, L la longueur de celle-ci à 0°, et t la température d'écart. En supposant L = 12^m, $t = 30°$ et K = 0,0000122, coefficient de dilatation linéaire du fer, il vient :

$$D = 12^m,00 \times 0,0000122 \times 30°$$
$$D = 0^m,00439.$$

Les éclisses ont en général 84 millimètres de hauteur et 20 millimètres d'épaisseur.

Pendant longtemps, comme pour les rails, on n'a employé que le fer pour leur fabrication. Aujourd'hui on commence à les remplacer par des éclisses en acier, dont la résistance est aisément double des premières.

40. La face extérieure de l'éclisse présente quelquefois une gorge médiane et longitudinale (*fig.* 31) dans laquelle se logent les têtes des boulons et qui a pour but d'empêcher ceux-ci de tourner une fois en place ; cela permet d'abord de les serrer facilement, puis de les empêcher ensuite de se desserrer par rotation de la tige.

Quelquefois on complète ou on remplace ce système par un ergot faisant corps avec la tige du boulon, et se logeant dans une petite cavité supplémentaire que présente le trou de l'éclisse.

Anciennement, une seule des éclisses, l'extérieure, qui reçoit les têtes des boulons, était munie de cette gorge; elle portait le nom d'éclisse *femelle*, en opposition avec celle de l'intérieur de la voie,

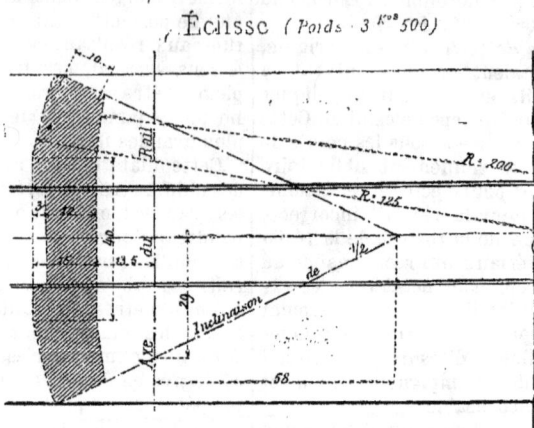

Éclisse (Poids 3 ᴷᵒᵍ 500)

Fig. 31.

recevant les écrous des boulons, et qu'on appelait éclisse *mâle*. Il est certain que cette dernière n'a pas besoin de cette rainure; mais il en résultait à la pose un grand nombre d'erreurs et de confusions, si bien qu'on a pris le parti de fabriquer les éclisses complètement identiques. Il va de soi que les trous percés dans ces éclisses et correspondant aux trous du rail ne présentent rien de particulier; ils doivent seulement livrer un passage libre et facile aux tiges des boulons: un jeu de 1 millimètre sur tout le pourtour suffit; le boulon ayant généralement 25 de diamètre, le trou de l'éclisse a 27; celui du rail a 30 en hauteur.

41. *Boulons.* — Le boulon ressemble à tous les types analogues avec tête carrée ou rectangulaire; l'écrou ne se pose pas toujours directement contre l'éclisse; il en est séparé par une bride qui répartit la pression, comme cela se pratique le plus souvent en mécanique en pareil cas.

Les écrous d'ailleurs ont, comme d'ordinaire, l'inconvénient de se desserrer. Un certain nombre de moyens ont été proposés pour y obvier, et il y en a peu d'absolument satisfaisants; les procédés

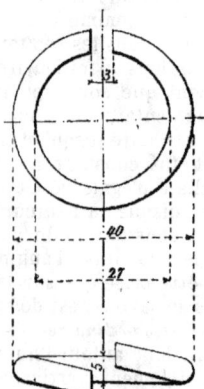

Fig. 32.

doivent être en effet ici très simples, et l'on ne peut mettre en usage les moyens souvent fort ingénieux, mais quelquefois savants et compliqués, de la mécanique d'atelier.

La rondelle *Grover* est souvent employée dans ce cas. C'est une spire d'hélice en acier que l'on interpose entre l'écrou et l'éclisse, et qui fait ressort sous le serrage (*fig.* 32).

42. *Longueur des éclisses.* — Le nombre des boulons de serrage était anciennement de trois, un de chaque côté du joint, et le troisième percé par moitié dans l'about de chaque rail; ce système donnait de mauvais résultats, et a été complètement abandonné. On emploie toujours actuellement quatre boulons, deux de chaque côté du joint, distants entre eux de 100 millimètres, et les plus voisins du joint écartés de 150 millimètres. Si l'on ménage en outre aux deux extrémités de l'éclisse une longueur pleine minimum de 50 millimètres la longueur totale de celle-ci est ainsi fixée et portée à 450 millimètres. C'est la cote adoptée quand le joint est en porte-à-faux entre deux traverses, ce qui, nous le savons, est le cas le plus général aujourd'hui.

En principe, un joint éclissé est d'autant meilleur que l'éclisse est plus longue, car on intéresse ainsi une plus grande pièce à résister à la même charge; mais en écartant les traverses voisines du joint on augmenterait notablement le travail de l'éclisse au joint, travail toujours assez élevé et qui exige une qualité exceptionnelle de métal. Aussi est-il préférable de rapprocher au contraire ces traverses l'une de l'autre.

Quand le joint porte sur une traverse, on peut augmenter la longueur de l'éclisse, car on n'est pas limité de chaque coté du joint par les coussinets voisins que l'on peut rencontrer.

Les rails à patins présentent, sous ce rapport, un avantage sur les autres parce que les coussinets des traverses voisines du joint ne viennent pas gêner la longueur à donner à l'éclisse, qui peut être aussi importante qu'on le désire.

Pour les rails à double champignon, on a préféré quelquefois, à cause de cela, mettre le joint sur une traverse, et faire usage d'éclisses spéciales comme les éclisses cornières et les coussinets-éclisses que nous verrons plus loin.

43. *Joint en porte-à-faux.* — Le joint en porte-à-faux généralement adopté aujourd'hui présente en effet un très grand nombre d'avantages sur le point soutenu.

Malgré tous les soins possibles en effet, les rails sont rarement bien rigoureusement à la même hauteur au joint; il en résulte toujours au passage des trains un ressaut accompagné de bruit qui est très préjudiciable à la voie, au matériel et aux objets ou voyageurs transportés. Le joint soutenu, surtout accompagné d'une semelle intermédiaire sur la traverse, exagère cet inconvénient au lieu de l'atténuer; son rival, au contraire, grâce à son élasticité personnelle, adoucit notablement tous ces chocs; les abouts des rails s'usent moins, les éclisses tiennent mieux, les attaches sur les traverses voisines sont moins ébranlées, etc.

Enfin, au point de vue de la théorie, la résistance de l'éclisse en porte-à-faux est supérieure à celle qu'elle aurait avec un joint sur traverse, à la seule condition que les supports voisins du joint s'en rapprochent autant que possible, et qu'ils soient toujours parfaitement soutenus; on fera bien de veiller soigneusement, dans la pratique, à cette dernière condition qui est essentielle.

Nous devons signaler que, même avec le joint en porte-à-faux, on tend aujourd'hui à augmenter la longueur des éclisses, comme d'ailleurs la plupart des éléments des voies.

La Compagnie de Lyon en emploie de $0^m,75$, munies de semelles inférieures qui s'appuient sur les deux traverses voisines du joint et que l'on fixe elles-mêmes au moyen de tirefonds. Cela permet de combattre le renversement, et en même temps de résister au déplacement longitudinal des rails.

44. *Calcul du travail des éclisses.* — L'éclisse serrée par ses boulons, avec joint en porte-à-faux, peut être considérée comme un solide encastré à l'une de ses extrémités. Lorsqu'un essieu vient à passer sur l'about d'un rail R, cette charge se transmet à l'éclisse qui doit être assez forte pour la supporter. L'éclisse est donc alors dans la position d'un solide encastré à l'une de ses extrémités R', et chargé du côté opposé R resté libre. Cherchons le travail du métal par millimètre carré de section d'après les lois connues de la flexion (*fig. 33*),

Si P est la charge appliquée en un point R, à une distance l + une demi-longueur d'éclisse, on admet, en pratique, que l est égale elle-même à la moitié de la distance AB ou AC; la distance de la charge au point d'encastrement xy est donc les 3/4 de la longueur de l'éclisse, et l en est le 1/4.

Soient, en outre, I le moment d'inertie des deux éclisses réunies qui solidarisent leurs efforts pour supporter la charge en question, et h la hauteur de l'éclisse dépendant du profil du rail. La résistance

par millimètre carré de section sera donnée par la formule

$$R = \frac{Plh}{2I}.$$

En admettant, par exemple, le type d'éclisse de la Compagnie d'Orléans qui donne

$$I = 0,0000014,$$

on trouve :

$$R = 19 \text{ kilogrammes.}$$

Résultat évidemment maximum, car l'éclisse n'est pas seule à supporter la charge dans cette région et le rail en conserve une certaine fraction.

Nous avons vu précédemment, en examinant le profil des rails, que l'inclinaison de l'épaulement du champignon et du patin n'est pas sans importance au point de vue de leur durée. Les mêmes motifs

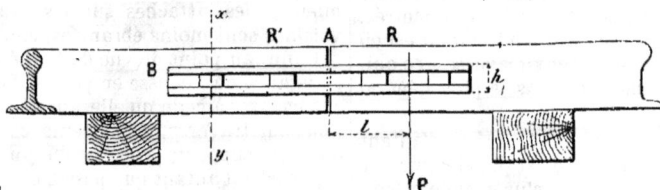

Fig. 33.

s'appliquent aux surfaces de contact des éclisses : si, en effet, ce contact se faisait sur des surfaces trop inclinées par rapport à l'axe du profil du rail, les éclisses tendraient à s'écarter et, par suite, fatigueraient considérablement les boulons. La meilleure inclinaison pour répondre aux besoins d'un bon éclissage paraît être entre 0ᵐ,500 et 0ᵐ,545.

45. *Ruptures d'éclisses.* — En Europe les ruptures d'éclisses ne sont pas très fréquentes. Il n'en n'est pas de même aux États-Unis. En général, nous l'avons dit, en Amérique les rails sont trop légers eu égard à l'importance du trafic ; cependant il arrivait souvent qu'en Europe, avec un rail aussi léger et un trafic analogue, les éclisses mises hors de service étaient beaucoup moins nombreuses.

D'après M. Sandberg, l'ingénieur belge, auteur du rail Goliath, la raison en est

que la section des rails est très différente dans les deux cas. Aux États-Unis, en effet, le rail est bas avec un champignon relativement très fort, ne laissant qu'une très faible hauteur pour l'espace destiné à l'éclisse ; en Europe, cet espace est d'environ un tiers plus grand parce que le rail y est plus élevé avec un champignon plus faible.

Comme la résistance du rail et de l'éclisse est proportionnelle au carré de la hauteur, on voit dans quelles mauvaises conditions se trouve en général le rail américain avec son éclisse étroite et son fort champignon. Chaque train, en passant sur un rail trop faible, amène une ondulation qui, répétée un grand nombre de fois, finit toujours par faire plier la file de rails aux points les plus faibles, c'est-à-dire aux joints. De là les ruptures, beaucoup plus fréquentes d'éclisses.

46. *Boulons d'éclisses.* — Les boulons d'éclisses, avons-nous dit, sont des boulons ordinaires avec cette condition d'avoir au moins 27 millimètres de diamètre, un pas de vis très aplati et des écrous

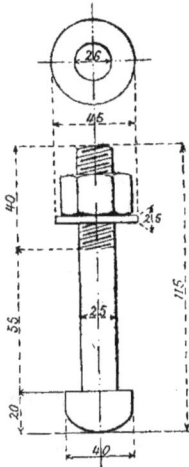

Fig. 34.

assez hauts pour embrasser douze à treize filets (boulons de la Cie d'Orléans, *fig.* 34).

Les différents types employés ne diffè-

Fig. 35.   Fig. 36.

rent entre eux que par la hauteur du pas de vis, la forme des têtes, le moyen d'empêcher le desserrage, etc.

Ainsi, au chemin de fer de Lyon, le pas a 3 millimètres, et le filet 2 millimètres de

profondeur ; le fond et la partie saillante sont décrits par la révolution d'un arc de cercle de 1/2 millimètre de diamètre.

Pour empêcher le boulon en place de se desserrer, la tige est munie près de la tête, de deux ergots ou étoquiaux qui se logent dans les entailles correspondantes des éclisses. Nous avons dit que ce système est préférable et tend à se généraliser, car il permet de n'employer qu'un seul modèle très simple d'éclisses.

Quelquefois on ne met qu'un seul ergot (*fig.* 35), qui étant seul à fatiguer, peut se rompre, ne serait-ce qu'au serrage. Il est préférable d'en mettre deux.

D'autres fois, la tige près de la tête est terminée par une partie carrée qui joue le rôle d'un ergot continu, ou plutôt de

Fig. 37, 38.   Fig. 39.

plusieurs ergots latéraux qui sont arrivés à se réunir (*fig.* 38).

Les écrous sont généralement hexagonaux (*fig.* 36). Quelquefois cependant on les fait carrés (*fig.* 39).

Quant aux têtes, elles se font plates ou arrondies (*fig.* 37 et 38).

47. La figure 40 représente le boulon employé sur les chemins de fer portugais de la Beira-alta, lignes peu chargées constituées par un rail à patin de 30 kilogrammes. Ce boulon serait généralement trop faible pour la plupart des lignes françaises, excepté les lignes secondaires ou à voie étroite. La figure 41 représente la rondelle qu'on interpose entre l'éclisse et l'écrou du boulon suivant la méthode adoptée en France par la Compagnie de l'Ouest. Cette rondelle répartit la pression du boulon sur une plus large surface et, en outre, empêche, dans une certaine mesure, le desserrage de l'écrou.

On a essayé, quelquefois, pour empêcher ce desserrage, de mettre un second écrou après le premier ; la pratique paraît avoir

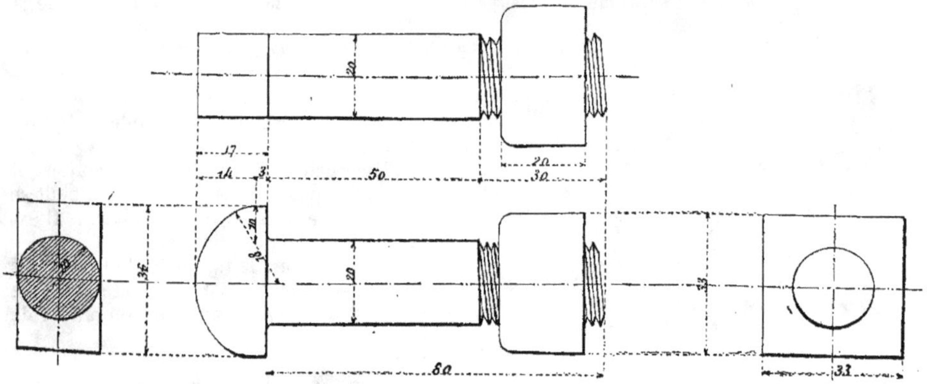

Fig. 40.

démontré que la rondelle produit le même effet, et, qu'au bout de peu de temps, après une pose bien faite, les écrous ne se desserrent plus.

48. Un système d'écrou à calotte protectrice de l'extrémité du boulon a été imaginé et lancé par la maison anglaise

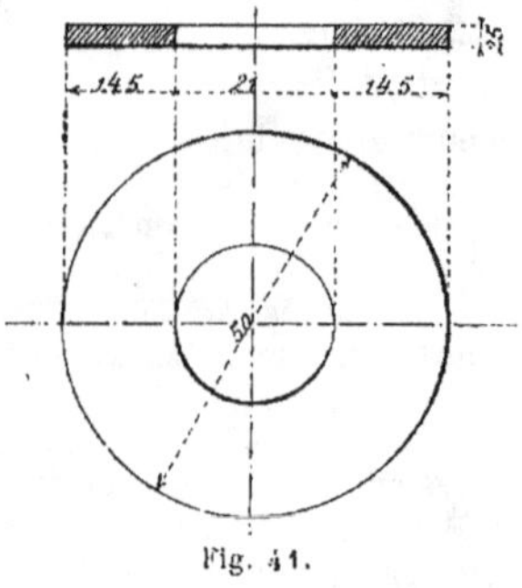

se trouve à l'abri de l'humidité (*fig.* 42 43 et 44).

Les applications de ce système ne sont

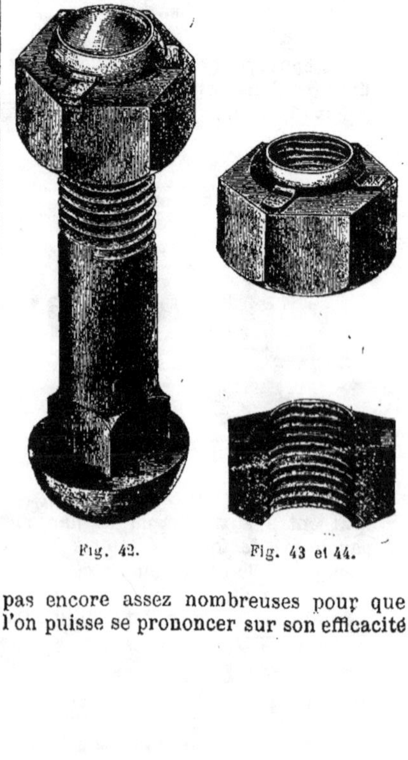

Fig. 41.

Bayliss-Jones. Remarquant que le boulon est entièrement protégé par les éclisses et le rail, sauf en pointe, ces inventeurs eurent l'idée de garantir cette pointe, mais en bout, au moins sur tout son périmètre. De la sorte, la partie délicate et dangereuse à laisser oxyder, le filetage,

Fig. 42.

Fig. 43 et 44.

pas encore assez nombreuses pour que l'on puisse se prononcer sur son efficacité

réelle. Il nous paraît, en somme, qu'il y a
là une complication et un supplément de
dépense n'amenant qu'une protection
incomplète, car les infiltrations d'eau sur
le filetage se font toujours au plan de
contact de l'écrou et de l'éclisse.

49. *Nombre des boulons.* — Il est nécessaire de boulonner les éclisses assez
près des joints, de manière à assurer leur
bon fonctionnement qui est avant tout
d'assurer la coïncidence exacte des bouts
des rails.

Ce résultat a paru, à quelques ingénieurs, plus facile à obtenir par l'emploi
de trois boulons dont un dans l'axe même
de l'éclisse et entaillant par moitié chacune des extrémités des deux rails. On
comptait spécialement sur le boulon intermédiaire pour maintenir les deux rails
voisins bien exactement en face l'un de
l'autre.

Mais il y a là une erreur de principe
contre les conditions essentielles d'un bon
éclissage, dont la principale est précisément la liberté du corps des boulons.
Ceux-ci, en effet, ne doivent jamais travailler au cisaillement dû aux efforts
latéraux, mais uniquement à la traction
produite par le serrage de l'écrou.

D'ailleurs, pour permettre la dilatation,
on est toujours obligé d'ovaliser ce troisième trou lui-même, ce qui enlève à
priori au système toute la précision sur
laquelle on comptait, l'étendue de la portée du rail sur la tige du boulon n'ayant,
dès lors, plus rien d'invariable.

En outre, l'éclisse se trouve, sous l'effet
des charges supérieures, dans la position
d'un solide encastré sur les appuis voisins ;
la section la plus fatiguée est donc celle
du milieu, et il est tout à fait irrationnel,
et même dangereux, de l'affaiblir par un
trou de boulon.

La même observation s'applique aux
extrémités des rails inutiles à affaiblir.

L'objection est moins grave dans le cas
du joint appuyé ; mais nous savons que
ce système est aujourd'hui presque partout abandonné.

Les chemins du Hanovre furent les
premiers à adopter le système d'éclissage
à trois boulons de 22 millimètres de dia-

mètre espacés de 0,157. Les ressauts aux
joints furent rapidement reconnus beaucoup plus désagréables et plus violents
que sur les lignes à éclissage à quatre
boulons, et on dut y renoncer après plusieurs années d'essai pour revenir aux
joints à quatre boulons.

Un autre essai fait sur le chemin de
Berg et Marche, en Prusse, n'eut pas plus
de succès et conduisit à reprendre quatre
boulons. Les chemins de fer d'Orléans et
de Paris-Lyon-Méditerranée employèrent
aussi ce système pendant quelque temps
pour l'abandonner ensuite.

Dans tous les cas, le système à trois
boulons, comme il a été appliqué, présentait toujours un vice rédhibitoire, l'égalité des dimensions des trois boulons.

Il est clair que celui du milieu, qui relie les abouts des rails, aurait dû présenter une section d'un diamètre sensiblement plus grand que les deux autres, à
cause du travail exceptionnel auquel il
est soumis.

Quant au système à quatre boulons, il
a l'avantage de présenter un segment intermédiaire d'éclisse qui fléchit et rachète,
au moins partiellement, la dénivellation
qui peut exister entre les abouts des rails,
si ceux-ci ne sont pas rigoureusement
identiques.

50. *Calcul des boulons.* — Les boulons
d'éclisse ne doivent avoir aucun effort
transversal à subir ; ce sont de simples
tirants qui doivent, grâce à des trous
assez larges, percés dans le rail, être à
l'abri de tout contact et de toute pression
de la part de celui-ci. C'est dire que, contrairement à ce qui a été fait sur quelques
lignes allemandes, il faut non seulement
ovaliser les trous pour permettre la dilatation, mais leur donner également en
hauteur un excédent de diamètre suffisant pour éviter tout contact avec le rail
sous l'effet de la flexion due au passage
des trains. Sinon, le boulon travaille au
cisaillement et il est rapidement détruit.
Aussi se contente-t-on, fréquemment aujourd'hui, de percer les trous de boulons
circulaires en leur donnant un diamètre
notablement plus grand que celui du
boulon dans les deux sens.

Les boulons doivent être en fer doux

afin de mieux résister aux efforts de traction auxquels ils sont soumis.

On peut, d'ailleurs, aisément calculer ces efforts, connaissant la charge P qui passe sur le rail.

Soit α l'angle de l'épaulement du rail avec la verticale (*fig.* 45). La pression P se décomposant en deux autres normales aux faces d'éclissage AF, AF', de telle sorte qu'on a dans le triangle PAF, les angles suivants :

$$PAF = 90 - \alpha$$
$$APF = 90 - \alpha$$
$$AFP = 180 - 2 (90 - \alpha)$$
$$= 180 - (180 - 2\alpha)$$
$$= 2\alpha$$

Il vient donc dans ce même triangle :

$$\frac{P}{\sin AFP} = \frac{F}{\sin APF},$$

ou :

$$\frac{P}{\sin 2\alpha} = \frac{F}{\sin 90 - \alpha} = \frac{F}{\cos \alpha},$$

d'où :

$$F = \frac{P \cos \alpha}{\sin 2\alpha}.$$

Mais on sait que :

$$\sin 2\alpha = 2 \sin \alpha \cos \alpha,$$

donc :

$$F = \frac{P}{2 \sin \alpha}.$$

C'est la composante horizontale Gφ de cette force F qui agit sur le boulon.

Or l'angle :

$$\varphi FG = GAP = 90 - \alpha,$$

donc l'angle :

$$\varphi GF = \alpha.$$

Il vient par suite :

$$\varphi = F \cos \alpha$$
$$\varphi = \frac{P \cos \alpha}{2 \sin \alpha} = \frac{P}{2 tg \alpha}$$

Cependant, dans la pratique, cè chiffre est atténué par le frottement de l'éclisse sur l'épaulement du rail. Soit f le coefficient de frottement de fer sur fer ; le frottement étant proportionnel à la réac-

tion normale, F aura donc pour expression :

$$\frac{Pf}{2 \sin \alpha}.$$

De plus, sa direction est tangentielle aux surfaces en contact en Gf ; donc sa composante horizontale Gf, a pour expression :

$$Gf' = Gf \cos fGf'$$
$$= \frac{Pf}{2 \sin \alpha} \sin \alpha$$
$$= \frac{Pf}{2}.$$

En résumé, l'effort de traction du boulon sera donc :

$$\frac{P}{2 tg\alpha} - \frac{Pf}{2} = \frac{P}{2} \left(\frac{1}{tg \alpha} - f \right),$$

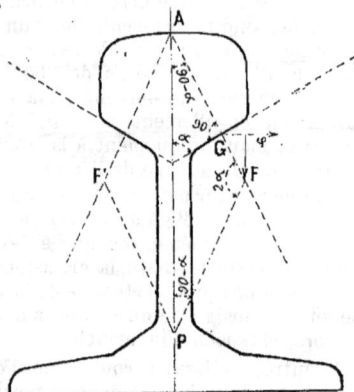

Fig. 45.

sans compter la tension spéciale résultant du serrage de l'écrou. Aussi, en pratique, quoique les boulons soient au nombre de quatre pour supporter la charge P, on les calcule comme si chacun d'eux devait être appelé à y résister seul. Cette circonstance pourrait d'ailleurs se présenter exceptionnellement, et il est en effet bon de la prévoir. Le serrage ne doit donc pas être excessif ; et quant à la traction, elle ne doit pas produire à elle seule un travail moléculaire supérieur à 5 kilogrammes par milimètre carré de section.

51. *Qualités et épreuves des boulons.* —

Les boulons doivent être en fer de première qualité, de préférence à nerf, doux et non cassant à froid. Ils ne doivent présenter aucun allongement permanent sous une charge de 16 kilogrammes par millimètre carré de section, et ne pas rompre sous une charge de 35 kilogrammes. En outre, on fait subir à un certain nombre d'entre eux, au moins 1 pour 100, certaines épreuves mécaniques de torsion, de courbure, etc., analogues à toutes celles qui se font dans les ateliers dans des conditions semblables.

On emploie, depuis quelque temps, des boutons en acier.

52. *Desserrage des écrous.* — Nous avons vu précédemment qu'on avait appliqué un grand nombre de systèmes pour empêcher le desserrage des écrous.

M. James Glover, de South Port, a imaginé une disposition fort simple pour empêcher les boulons d'éclisse de se desserrer. Supposons, par exemple, deux boulons à écrous carrés, comme ils sont souvent en Angleterre ; de chaque côté du joint, M. Glover emmanche une plaque de peu d'épaisseur percée de quatre trous carrés à la demande des écrous. Aux deux extrémités on recourbe la plaque de façon à la munir de sortes de pattes d'arrêt qui viennent s'agrafer entre le rail et l'éclisse.

Ce moyen, ne doit pas laisser que d'être assez coûteux, car c'est une petite éclisse supplémentaire que l'on ajoute à chaque joint.

En somme, malgré les vibrations auxquelles ils sont soumis, les écrous se desserrent en général fort peu quand l'inclinaison des filets des vis n'est pas trop forte ; ils sont en effet rapidement soudés par l'oxydation, et il faut plutôt s'opposer à l'invasion de la rouille qui empêche le jeu de l'écrou et le serrage ultérieur en enduisant les filets d'une bonne couche d'huile renouvelée tant que cela est nécessaire.

53. En Allemagne seulement, on trouve les écrous des boulons à l'extérieur de la voie sur un certain nombre de lignes. Le contraire vaut mieux, surtout si les écrous sont carrés. En recommandant aux poseurs de les serrer jusqu'à ce qu'un de leurs pans soit horizontal, d'un seul coup d'œil on s'aperçoit rapidement si l'un d'eux a tourné et s'il a besoin d'être renversé. Cela serait impossible si l'écrou était noyé sous le ballast.

54. *Coussinets spéciaux.* — Nous pensons que le rail à patin est appelé à être le seul employé dans un certain nombre d'années. Néanmoins, le rail à double champignon étant encore usité par les compagnies anglaises et quelques compagnies françaises, nous décrirons certains perfectionnements apportés aux coussinets lorsqu'ils servent aux joints.

55. *Coussinet-éclisse.* — Le coussinet-éclisse exclut naturellement l'idée du joint en porte-à-faux. Ce n'est que l'éclisse prolongée renforcée par une semelle qui réduit notablement le travail des boulons. La semelle du coussinet-

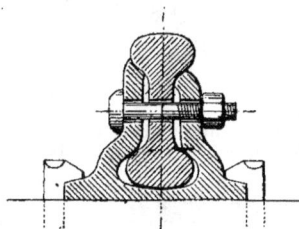

Fig. 46.

éclisse étant en effet fixée sur la traverse par des crampons ou tirefonds, on oppose à la poussée latérale le frottement de la semelle sur le bois, sans compter la résistance propre des attaches (*fig.* 46).

En outre, le rail repose sur la semelle ou n'y repose pas. Dans le premier cas, on réduit ainsi les pressions sur les portées de l'éclisse. La semelle se prolongeant sous le rail, la charge doit se partager entre celle-ci et les portées supérieures, car, les semelles étant horizontales, les pressions qu'elles supportent ne donnent lieu à aucune poussée.

Dans le second cas, on laisse à dessein un certain jeu entre le rail et la semelle du coussinet, ce qui présente l'avantage de diminuer le martellement du champignon inférieur sous l'influence des chocs répétés dus au passage des trains ; les joues du coussinet sont alors soumises à toute la charge et supportent beaucoup plus de fatigue que dans le premier cas.

56. *Coussinet de joint.* — C'est un coussinet assez large pour recevoir les éclisses et le coin ; l'éclissage, d'ailleurs, ne présente rien de particulier.

On a appliqué ce système sur la ligne de Dusseldorf à Eberfeld ; afin de dimi-

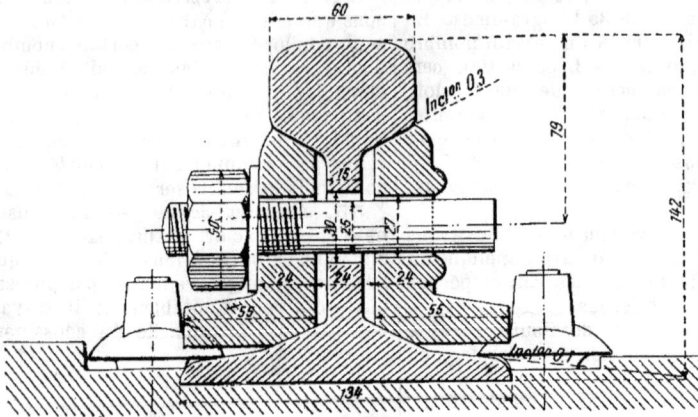

Fig. 47.

nuer la longueur du coussinet, on avait remplacé le coin en bois par une clavette en fer.

On l'a appliqué isolément sur la ligne du Taunus ; il était assez large pour supporter le coin en bois en faisant les têtes des boulons d'éclisse.

57. *Éclisses cornières.* — L'éclisse-cor-

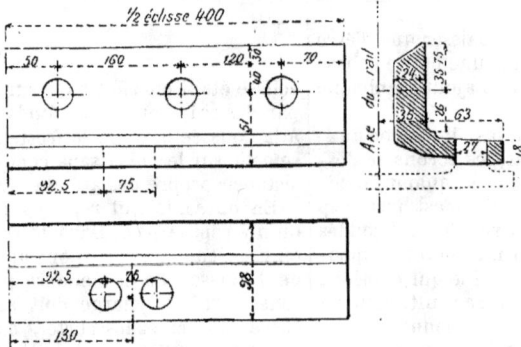

Fig. 48.

nière est née de l'idée fort naturelle de supprimer le coussinet de joint sans aucun remaniement des traverses, en prolongeant jusqu'au bas du rail l'éclisse convenablement infléchie, et lui donnant, par l'addition d'une base assez large, la stabilité qui manque au rail.

Ce système a été appliqué d'abord sur la ligne de Westphalie et les chemins rhénans. Ce sont bien des éclisses ordinaires qui se replient à angle droit sur le patin du rail, si c'est un rail Vignole, ou sur la traverse dans le cas du rail symétrique; des tirefonds les fixent invariablement dans les deux cas (*fig.* 47, Compagnie du Nord, rail de 43 kilogrammes).

Ces éclisses-cornières s'emploient couramment sur certaines lignes, comme celle de Lyon, pour empêcher le mouvement longitudinal des rails.

Nous y reviendrons en traitant de cette question. On comprend, en effet, que cette éclisse-cornière, reliée au rail par sa partie verticale, à la traverse par sa partie horizontale, empêche le cheminement de la voie.

Les conditions du joint, qui est en porte-à-faux, ont été ainsi améliorées. Il se fait

en le fixant au moyen de crampons, ou mieux de tirefonds.

Quand les traverses sont en bois tendre, il est préférable d'interposer entre celles-ci et le rail une plaque de fer ou *selle* qui répartit la pression sur une plus grande surface ; cette plaque est traversée par les tirefonds, et contribue à empêcher le déplacement longitudinal ou latéral des rails et l'élargissement de la voie. Un certain nombre d'ingénieurs recommandent dans tous les cas l'usage de ces selles dans les courbes parcourues à grande vitesse, au moins aux joints, quand ils ne sont pas en porte-à-faux, et aux milieux des rails.

En effet, les deux tirefonds fixant le patin du rail sur le bois, ne traversent pas ce patin, mais ont leurs têtes simple-

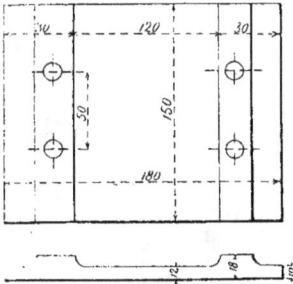

Fig. 49.

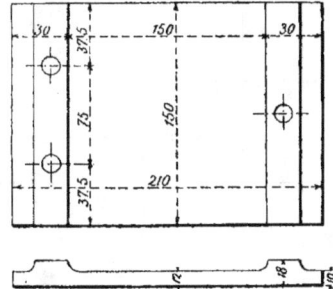

Fig. 50.

au moyen d'une éclisse-cornière de 0^m,80 de long, fixée à chaque rail par trois boulons, c'est-à-dire six boulons pour le joint complet. La distance d'axe en axe des traverses voisines du joint n'est que de 0^m,54 (*fig.* 48). Chaque moitié d'éclisse est fixée à la traverse par deux tirefonds, soit quatre tirefonds de chaque côté du rail.

Les deux éclisses-cornières pèsent ensemble 40 kilogrammes. L'écartement d'axe en axe des rails a été maintenu, de sorte que les nouvelles voies établies avec ce type n'ont que 1^m,444 au lieu de 1^m,450.

Selles.

58. Avec des traverses en chêne de bonne qualité, on peut faire reposer directement le patin du rail sur le bois,

ment posées sur lui, et le maintiennent par serrage. Ces deux tirefonds ne sont donc pas solidaires l'un de l'autre, et les efforts appliqués au rail ne sont jamais supportés que par un seul d'entre eux. Cette solidarité s'obtient en plaçant, de temps en temps, des selles qui sont traversées par les tirefonds. Autrefois on disposait ces selles, de préférence. aux joints; aujourd'hui les joints se font tous en porte-à-faux, et elles se placent sur une traverse quelconque.

Le cisaillement des tirefonds est évité surtout au moyen de talons de butée régnant sur toute la longueur de la selle, et contre lesquels viennent appuyer les bords du patin. Suivant le degré de solidité que l'on veut donner à la voie, on perce les selles de deux, trois ou quatre trous.

La selle à quatre trous présente la disposition de la figure 49 (selle P.-L.-M., A).

Lorsqu'on ne met que trois trous, on en dispose deux du côté de l'intérieur de la voie et un du côté opposé, comme l'indique la figure 50 (P. M). Il en résulte que les trois tirefonds résistent aux efforts horizontaux exercés sur le rail, mais il y en a toujours deux qui s'opposent à l'effort de renversement (poids $2^k,85$).

Quelquefois ces selles ne présentent qu'une seule nervure, et les trous des tirefonds ne sont pas en face l'un de l'autre afin de moins affaiblir la section correspondante (fig. 51, Beira alta).

Sur les chemins de fer du Semmering,

(Poids 1^k500)

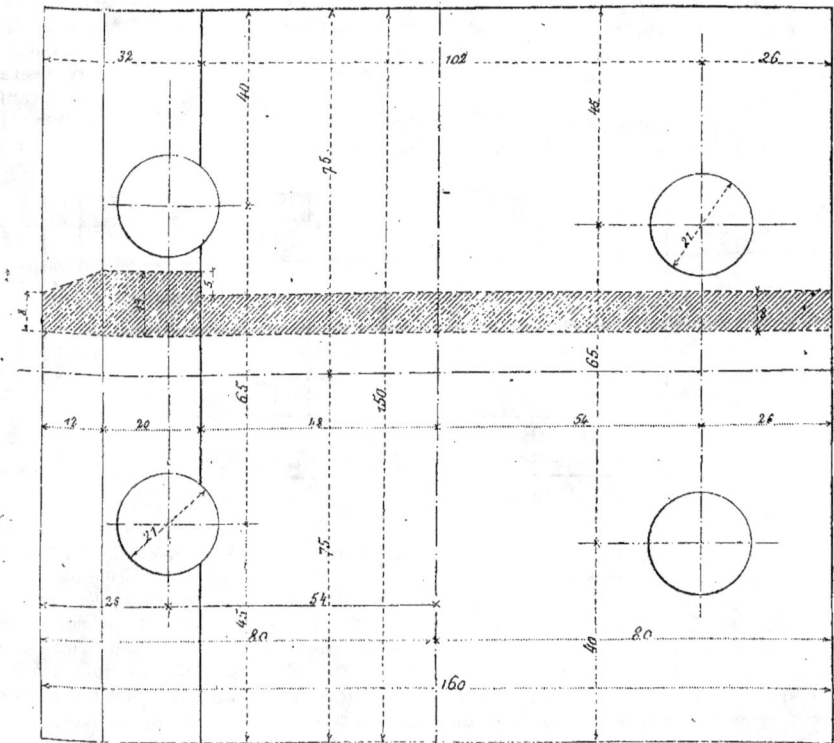

Fig. 51.

la selle est laminée avec une différence d'épaisseur, ce qui permet de donner au rail l'inclinaison voulue tout en entaillant moins profondément que d'ordinaire. Le faible bénéfice qu'on retire ainsi ne nous paraît pas justifier le supplément de matière et de frais de fabrication correspondants.

Au Brenner on a muni les platines d'une nervure inférieure qui, logée dans une rainure ménagée dans la traverse, s'oppose au glissement transversal, et atténue la fatigue des tirefonds. Cette disposition peut rendre quelques services dans les courbes de faible rayon ; néanmoins, elle ne vaut pas la complication, et n'a pas été imitée.

59. Les selles ne s'emploient qu'avec

le rail à patin, et en France, la Compagnie Paris-Lyon-Méditerranée est la seule qui s'en serve. En Allemagne, en revanche, elles sont très employées. Aujourd'hui elles se font toutes en acier, ce qui simplifie les difficultés de laminage. L'acier employé doit être doux afin de ne pas être cassant ; il doit présenter un allongement minimum non permanent de 18 0/0 ; la limite d'élasticité ne doit pas être atteinte sous une charge inférieure à 25 kilogrammes, et la rupture sous une charge de 50 kilogrammes par millimètre carré de section.

Le chemin de fer de Lyon place une selle par traverse.

Au Nord, on se contente d'interposer entre le patin et le bois une plaque de feutre.

Longueur des rails.

60. Grâce à l'emploi de l'acier, on peut aujourd'hui laminer des barres de grande longueur, et qui peuvent atteindre 30 mètres en travail courant dans l'état actuel de la métallurgie.

Comme les joints d'assemblage de deux rails consécutifs constituent toujours des points faibles, quel que soit le mode adopté pour en établir la liaison, le mieux est de profiter de cette faculté d'allonger les barres et de faire les rails plus longs.

En France, les longueurs courantes sont aujourd'hui de 11 à 12 mètres suivant que les Compagnies avaient antérieurement des rails en fer de 5m,50 et de 6 mètres, de manière à ne pas changer les traverses de place si possible.

La longueur la plus généralement adoptée en Angleterre est de 30 pieds ou 9m,146. La Compagnie du Great Western a cependant un rail de 36 pieds ou 10m,96. Le North Western a fait l'essai, à titre de curiosité, d'un rail de 60 pieds ou 18m,30 dans la gare de Crewe.

En Russie et en Autriche-Hongrie, la longueur varie entre 8 et 10 mètres.

L'Etat belge, avec son rail Goliath de 52 kilogrammes a adopté une longueur de 9 mètres, ce qui donne pour chaque rail le poids fort respectable de 468 kilogrammes.

En Italie, la Compagnie de l'Adriatique a également un rail de 9 mètres. La Compagnie de la Méditerranée a au contraire un rail de 12 mètres. C'est d'ailleurs la Compagnie italienne des Chemins de fer méridionaux qui, la première, a fait usage de rails de 12 mètres, donnant ainsi l'exemple de ce progrès très réel.

Les chemins de l'Etat hollandais ont également adopté la longueur de 12 mètres.

On voit que nous sommes loin des longueurs primitives employées à l'origine des chemins de fer. Ainsi les premiers rails en fonte du chemin de fer de Saint-Etienne à Andrézieux (1828) n'avaient que 1m,20 de long et pesaient 17 kilogrammes par mètre courant.

Ceux de la ligne de Lyon à Saint-Etienne (1832) étaient en fer et avaient déjà 4m,60, mais le poids par mètre était un peu plus faible ; il ne s'élevait qu'à 13 kilogrammes. Le poids total de la barre est en effet un facteur important à considérer, car, lorsqu'il devient trop considérable par suite de l'augmentation de longueur, il rend les manutentions et, par suite, l'entretien très pénibles.

Le chemin de fer de Saint-Germain (1837) avait déjà des rails de 30 kilogrammes, mais qui ne présentaient que 4m,50 de long.

Ce n'est qu'en 1860 que l'on commença sur diverses lignes à faire usage de rails de 6 mètres. Le poids par mètre était généralement de 37 à 38 kilogrammes.

Cette longueur fut longtemps conservée, on ne la remplaça que par celle de 8 mètres, maximum pour les rails en fer. Comme nous l'avons déjà dit, ce n'est que l'emploi de l'acier qui a permis de faire usage de longueurs plus grandes. Le fer était en effet difficile à bien souder, lorsqu'on dépassait ces dimensions, et le rail s'exfoliait plus facilement une fois en place. On n'a plus cet inconvénient à craindre avec une matière fondue et forgée comme l'acier.

Nous ne nous étendrons pas sur la comparaison entre le rail en fer et le rail en acier, ce dernier étant actuellement le seul employé. Son usure est homogène, et la température du laminage étant beaucoup plus basse que celle du fer, on peut pratiquement en étirer des longueurs notablement plus grandes.

Au point de vue de la résistance, on admet que le rail de 30 kilogrammes en acier équivaut au rail de 36 à 38 kilogrammes en fer. Ce seul fait permettrait de donner une plus grande longueur au rail d'acier satisfaisant aux mêmes besoins.

L'augmentation de longueur entraînant la suppression d'un certain nombre de joints, il en résulte une économie qui est d'environ 1 franc à 1ʳ,20 par mètre courant de voie.

61. *Dilatation au joint.* — Il ne faut pas oublier que, la longueur du rail augmentant, il faut prévoir un intervalle plus grand pour la dilatation entre deux rails consécutifs. Il y a là une cause de ressaut qui s'accroîtra naturellement avec les longueurs, et empêchera probablement qu'on dépasse certaines limites.

En pratique on ne peut admettre plus de 0ᵐ,010 à 0ᵐ,012 de largeur maximum au joint. Il est vrai que l'acier a un coefficient de dilatation un peu inférieur à celui du fer, 0ᵍʳ,0000107. En admettant un écart de température de —20 degrés à 60 degrés, limites extrêmes dans nos climats, on trouve, par un calcul analogue à celui que nous avons vu précédemment,

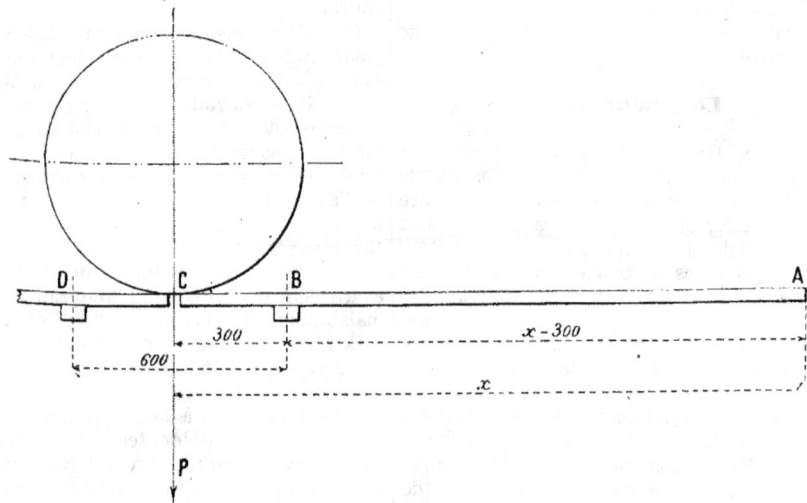

Fig. 52.

que le rail ne doit pas avoir une longueur supérieure à 15 mètres environ.

L'inconvénient résultant de l'augmentation du poids des longues barres est de peu d'importance avec l'acier, car les renouvellements sont rares. De plus, à la pose, on emploie un outillage spécial qui permet de faire aisément face à cette difficulté.

62. *Calcul de la longueur du rail.* — La condition que l'on peut se donner pour calculer la longueur d'un rail est que son poids fasse équilibre à celui d'un essieu monté, placé au droit du joint en porte-à-faux (Deharme, *Superstructure*).

Soient P le poids de l'essieu, p celui du rail par mètre courant; le problème consiste à ce que le rail ne se soulève pas à l'extrémité opposée quand la roue vient à passer au joint (*fig.* 52).

Prenons les moments autour du point d'appui B; d'un côté on a :

1° la force P bras de levier 0,300

2° $p \times 0,300$ id. $\dfrac{0,300}{2}$

Cette dernière est en effet appliquée au centre de gravité de la région BC, c'est-à-dire au milieu de sa longueur.

De l'autre on n'a que le poids de la par-

tie AB du rail $(x — 0,300)$ p appliqué au milieu de la longueur AB, c'est-à-dire à :
$$\frac{x - 0,300}{2}.$$

L'égalité cherchée des moments donnera donc :

$$p \times \frac{(x — 0,300)^2}{2} = P \times 0,300 + p \times \frac{0,300^2}{2}$$

$$p\,(x — 0,300)^2 = P \times 0,600 + p \times 0,09$$

$$(x — 0,300)^2 = \frac{0,600P + 0,09p}{p},$$

d'où l'on tire :

$$x = 0,300 + \sqrt{\frac{0,600P + 0,09p}{p}}.$$

Supposons un essieu courant de 12 000 kilogrammes, soit 6 000 kilo- grammes par roue, et donnons à p les valeurs successives 30, 40 et 50 kilogrammes, on a :

$$
\begin{aligned}
p &= 30 & x &= 11,25 \\
&= 40 & &= 9,75 \\
&= 50 & &= 8,79
\end{aligned}
$$

Et le poids total du rail correspondant sera, dans ces trois cas, de 338, 392 et 440 kilogrammes.

En résumé, c'est le rail le plus long et le plus léger au mètre qui donne la meilleure solution.

Déplacement longitudinal des rails.

63. Les rails une fois posés ne restent pas absolument fixes, comme on pourrait le supposer. Ils se déplacent longitudinalement dans le sens de la marche des trains. Si les trains circulent dans les deux sens, comme cela se présente sur les lignes à voie unique, le cheminement se produit dans le sens de la pente.

Cet effet provient des ressauts des bandages contre les extrémités des rails non encore chargés qui se trouvent toujours un peu relevés par rapport à ceux qui supportent le train. Puis du glissement de la roue extérieure en courbe, car nous savons que dans ce cas la roue la plus éloignée du centre parcourt un chemin plus grand que sa conjuguée.

Enfin, dans les pentes, ces effets se compliquent de l'action des freins qui transforment en glissement le roulement ordinaire des véhicules.

Pour y obvier, on emploie, avec le rail Vignole généralement en usage aujourd'hui, des encoches latérales disposées dans le patin, et recevant des tirefonds fixés aux traverses. La butée du rail se fait contre ces obstacles supplémentaires qui s'opposent alors, par leur liaison aux traverses, au mouvement de progression en avant.

Ces encoches présentent l'inconvénient d'affaiblir le rail; on les remplace quelquefois par des coins barbelés fixés aux extrémités des rails dans des traverses posées de loin en loin à certains joints qui ne sont, naturellement, plus en porte-à-faux (fig. 53).

Pour éviter toute entaille du patin du

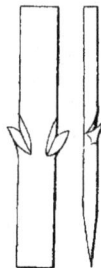

Fig. 53.

rail, même à une extrémité, on fait usage au chemin de fer de Lyon des éclisses-cornières que nous avons vues précédemment. L'éclisse, munie d'une aile horizontale, est reliée comme d'ordinaire au rail dans sa partie verticale, et à la traverse par sa cornière horizontale, au moyen de tirefonds. Il y a ainsi solidarité complète entre la traverse et le rail.

On emploie également les selles-arrêts, composées d'une selle ordinaire munie d'une partie verticale épousant le profil du rail auquel elle est reliée par un boulon comme une éclisse.

Quant à la partie horizontale, elle est fixée à la traverse par trois tirefonds. On obtient ainsi, en même temps, un ensemble qui résiste aux efforts de renversement (fig. 54).

Dans le cas de rails à double champignon on fait usage d'*éclisses de butée* qui s'appuient sur les coussinets des traverses voisines du joint, quand celui-ci est en porte-à-faux.

Si ce joint est soutenu, on fait usage des *coussinets-éclisses* vus plus haut, dont les semelles sont munies d'encoches ou de trous recevant des tirefonds.

En dehors des efforts vus plus haut, le rail est soumis à l'effort tangentiel des roues motrices qui, comme on sait, agissent par adhérence; puis à l'effort tangentiel des roues simplement porteuses, effort égal à la réaction qui détermine la rotation. La première force tendrait à faire reculer le rail, tandis que la seconde tend à le faire avancer. Ces deux forces sont d'ailleurs à peu près égales, la première dépassant la seconde de la résistance de l'air sur la locomotive. En outre, l'une est concentrée généralement sur un seul rail ou deux au plus, tandis que la seconde est répartie sur toute la longueur du train.

Mais la première elle-même ne peut amener aucun entraînement des rails, car l'effort tangentiel des roues sur le rail est toujours un peu inférieur au frottement de celui-ci sur les traverses, les charges étant les mêmes ou plutôt un peu supérieures pour le support. Si l'on ajoute à cet effort de résistance celui du frottement des coins ou des attaches, on conclut que les rails ne peuvent pas glisser sur leur appui sous l'influence du frottement des roues, même des roues motrices.

Il va de soi que les rails peuvent encore moins glisser en entraînant leurs traverses à cause de la butée du ballast qui vient ici s'ajouter au frottement. La pratique a surabondamment montré ce que le bon sens indiquait *a priori*, à savoir: que les traverses ne se déplacent pas.

L'entraînement devrait être maximum dans les courbes de petit rayon, et cependant ce n'est pas ce que montre la pratique.

C'est que ces courbes sont toujours parcourues à des vitesses réduites, ce qui compense, et au delà, le frottement plus grand des boudins des roues.

Pour le même motif, l'entraînement est relativement faible sur les fortes pentes, tandis qu'il est beaucoup plus important sur les déclivités moyennes. C'est que, sur ces dernières, les trains peuvent sans inconvénient marcher à toute vitesse, et les mécaniciens en profitent souvent pour regagner le temps perdu, sans que leur consommation de combustible s'en ressente. Sur les fortes pentes, au contraire, les règlements imposent des mesures

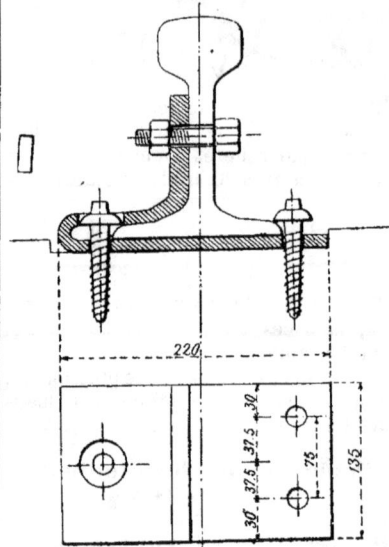

Fig. 54.

sévères pour obliger de les franchir avec une vitesse très faible.

La cause dominante de la marche de la voie est donc en somme la dénivellation du joint, inconvénient auquel on peut obvier en partie au moyen d'un bon éclissage. Il y a donc lieu de soigner tout d'abord ce côté de l'installation de la voie.

Rien de plus simple que d'obvier à l'entraînement de la voie avec le rail Vignole; il suffit de rendre le patin du rail solidaire de la traverse autrement que par ce seul frottement des têtes des attaches sur les patins.

La résistance au mouvement est toujours mieux obtenue avec le rail à patin qu'avec le rail à double champignon muni d'un coussinet-éclisse. Avec le rail Vignole, en effet, l'attache d'arrêt agit directement sur le rail, tandis qu'avec le coussinet-éclisse il agit sur le rail par l'intermédiaire du frottement dû à la tension des boulons et, si ce frottement est insuffisant, par l'intermédiaire des tiges mêmes des boulons, qui dès lors travaillent au cisaillement transversal.

On sait que cette dernière condition est la plus mauvaise qui se puisse voir pour un boulon.

Si le rail symétrique a son joint en porte-à-faux, ce qui implique la suppression du coussinet-éclisse, l'entraînement peut devenir excessivement important. Aussi a-t-on été conduit, sur la ligne de l'Ouest, à appliquer au rail un goujon d'arrêt venant buter contre la joue intérieure d'un coussinet intermédiaire.

Lorsque l'éclissage est bien fait, il suffit, avec le rail Vignole, d'établir la solidarité de chaque rail avec une seule traverse, soit extrême, soit intermédiaire, selon que le joint est appuyé ou non.

Calcul de la résistance du rail.

64. Le rail posé sur ses traverses est, en premier lieu. un solide soumis à la flexion. Mais, à cause des attaches qui le fixent sur ses traverses, on ne peut le considérer comme reposant librement sur deux appuis; il y a lieu d'admettre un encastrement plus ou moins complet.

D'après M. Couche, on doit considérer le rail comme un solide, libre à une de ses extrémités et encastré à l'autre; cette hypothèse convient particulièrement à la première et à la dernière roue d'un train; elle est un peu sévère pour les conditions réelles courantes.

Dans ce cas, si on appelle (fig. 32) :

R la résistance du métal par millimètre carré de section ;

P le poids transmis par une roue supposée au milieu de l'intervalle de deux traverses;

I le moment d'inertie du profil du rail par rapport à sa fibre neutre, c'est-à-dire à la fibre passant par le centre de gravité de ce profil ;

v la distance de cette fibre neutre à la fibre la plus éloignée de la section ;

d la distance entre deux traverses consécutives.

On aura pour l'effort maximum au milieu de l'intervalle des deux traverses :

$$R = 0{,}192 \, \frac{P d v}{I}.$$

Si l'on suppose l'encastrement complet sur le support, l'effort maximum se produit lorsque la charge se trouve au tiers de la portée et il a pour expression :

$$R = 0{,}148 \, \frac{P d v}{I}.$$

Le travail au milieu avec encastrement ne serait que :

$$R = 0{,}125 \, \frac{P d v}{I}.$$

L'encastrement paraît logique au premier abord pour le passage sur le rail des roues autres que la première et la dernière. Mais il faudrait, pour que cette hypothèse fût générale, que la roue de charge fût précédée et suivie de deux roues également chargées s'appuyant en même temps au milieu des travées voisines, ce qui n'a jamais lieu pratiquement. Cette condition d'égalité n'a lieu en effet en pratique ni pour la charge des roues, ni pour la distance entre les traverses; on ne s'en rapproche que dans le cas où l'on a affaire à des roues très petites et des traverses très rapprochées.

En général, il y a toujours plusieurs traverses comprises entre deux roues consécutives ; le rail s'incline donc plus ou moins sur les supports voisins de la charge, et la tangente à la fibre neutre n'est plus horizontale.

D'un autre coté, si l'on admet que le rail repose librement sur deux appuis, en négligeant toutes les conditions qui tendent à redresser la fibre neutre: attaches, charges voisines, etc., la résistance est donnée par la formule :

$$R = 0{,}250 \, \frac{P d v}{I},$$

c'est le cas le plus défavorable.

La moyenne entre les hypothèses de

l'encastrement et de la liberté absolue du rail serait donc :

$$R = 0,199 \frac{Pdv}{I},$$

qui se rapproche sensiblement, comme on le voit, de la formule de M. Couche.

En appliquant la formule moyenne précédente ou celle de M. Couche, qui s'en rapproche beaucoup, aux principaux types du poids de 36 kilogrammes, on trouve que le travail moléculaire du rail sous l'effort vertical du passage des trains varie entre 8 et 9 kilogrammes.

65. *Approximation des formules.* — En réalité, ces formules n'ont pas la rigueur mathématique qu'elles paraissent présenter au premier aspect et telle qu'elle pourrait paraître découler des considérations précédentes.

Les charges en effet sont loin d'être immobiles comme le suppose la théorie *statique* de la flexion appliquée plus haut; en outre, une foule de considérations pratiques viennent en modifier les conclusions : telles sont l'irrégularité du bourrage, les efforts latéraux, les chocs, les surcharges périodiques dues aux contrepoids des roues motrices, etc. C'est pourquoi l'on a été conduit à augmenter de plus en plus la section et le poids des rails au mètre courant sur toutes les lignes un peu fatiguées, augmentations qui ont été surtout imposées par l'expérience.

Comparaison entre les deux types de rail.

66. Les éléments de la voie ont été étudiés en France et en Allemagne avec beaucoup plus de soin qu'en Angleterre où ce que l'on fait aujourd'hui est le plus souvent le résultat d'une imitation servile de ce qui se faisait hier, et cela, parce que l'on trouve plus commode de ne pas changer les habitudes prises, le matériel des usines, etc. C'est là la seule explication, au fond, de la persistance avec laquelle les Anglais conservent obstinément leur rail à double champignon avec coussinet. On pourra ajouter à cela un amour-propre national immense et absolument inattendu dans de pareilles pro-

portions, chez un peuple qui, à juste titre, passe pour être essentiellement pratique et plus accessible aux banknotes qu'au sentiment.

En Allemagne également, il existe une conformité absolue dans le choix du type de rail qui est partout le rail à patin, comme d'ailleurs à peu près dans le monde entier aujourd'hui. Mais c'est le résultat d'une longue et laborieuse étude basée sur de très longs parcours et non l'entêtement qui a logiquement entraîné aux conclusions prises.

En France, les rails à patin ont été surtout lancés et préconisés par le chemin de fer du Nord, que tout le monde a imité depuis, sauf la Compagnie d'Orléans et celle du Midi. Les Compagnies de Paris-Lyon-Méditerranée et de l'Ouest emploient les deux.

Cette persistance à conserver le rail à double champignon de la part d'ingénieurs qui certainement ne manquent pas de compétence en la matière doit avoir des motifs sérieux. Aussi croyons-nous utile de présenter rapidement ici une comparaison sommaire entre les deux profils qui se font concurrence depuis une trentaine d'années, sans que la victoire soit restée d'une manière définitive et complète à l'un d'eux.

Résistance aux efforts verticaux.

67. Nous avons vu plus haut comment on calculait la résistance moléculaire d'un rail au point de vue des efforts verticaux.

A poids égal, le moment d'inertie sera plus grand dans le rail à patin à cause de l'éloignement des éléments inférieurs de la fibre neutre.

Cependant la différence est peu importante, et des expériences faites depuis longtemps en Allemagne ont démontré qu'en pratique elle était encore moins sensible qu'en théorie.

Résistance aux efforts transversaux.

68. Nous verrons plus loin que les bielles de la locomotive animées de mouvements relatifs produisent des déplacements latéraux qu'on nomme *lacets*.

On combat autant que possible le lacet au moyen de contrepoids placés dans les roues en opposition avec les têtes de bielles, mais on ne l'évite jamais complètement, et cela d'autant plus que ces contre-poids sont rarement calculés avec toute la rigueur exigée par la pratique.

Les efforts latéraux sont dus en outre aux inégalités de la voie, à l'usure des bandages des roues, au défaut d'équilibre des ressorts, aux imperfections des attelages, etc.

En courbe, tout cela se complique de la force centrifuge pour les trains marchant à grande vitesse, qui dépassent souvent les exigences du dévers prévu. Il y a, dans ces cas, pression des boudins sur le rail extérieur. Pour les trains de petite vitesse, au contraire, comme les trains de marchandises, la pression se fait sur la file intérieure des rails, car le dévers, qu'on n'a pu calculer pour ces

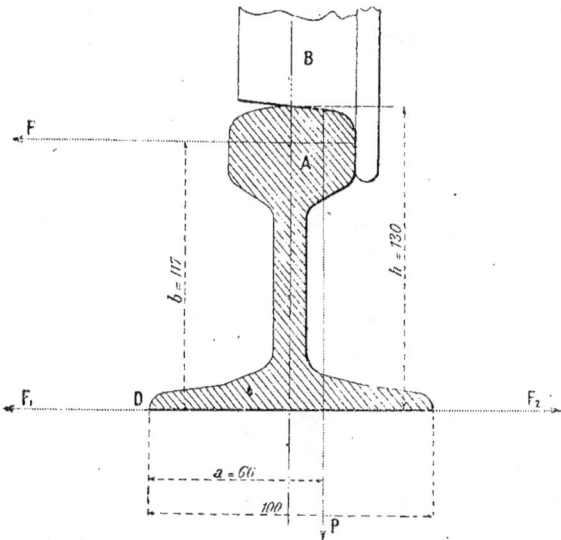

Fig. 55.

cas extrêmes, ramène alors les véhicules vers le centre de la voie. Tous ces efforts sont sensiblement horizontaux.

Il résulte de toutes ces actions deux effets bien distincts :

1° Une tendance à l'élargissement de la voie ;

2° Une tendance au renversement du rail vers l'extérieur de la voie.

69. *Efforts d'écartement des rails.* — Supposons un rail Vignole A soumis à l'effort du lacet précité F qui s'exerce horizontalement vers l'extérieur de la voie par suite de la pression du boudin B

des roues sur le champignon (*fig.* 55). Sans changer en rien l'équilibre du système, on peut appliquer à la surface d'appui du patin, ou semelle du coussinet, deux forces de sens contraire, égales entre elles et égales à F, soient F_1 et F_2.

Le système se compose donc d'une force F_1 qui tend à produire l'élargissement de la voie, et d'un couple formé par les forces F et F_2, qui pousse au renversement du rail par la rotation de celui-ci autour de l'arête D du patin extérieur à la voie. Le bras de levier du couple est d'environ 0m,13 pour le rail à patin et la semelle du coussinet en plus, c'est-à-dire 0ᵐ,17 pour le rail symétrique.

Examinons d'abord le premier de ces effets.

Dans la voie symétrique, l'effort transversal est reçu par le rail, transmis au coin qui le transmet au coussinet, lequel le renvoie aux crampons ou tirefonds. Cet effort a donc en somme le temps de s'affaiblir par ces transmissions successives, surtout grâce à l'élasticité des coins, et les deux attaches, solidarisées d'ailleurs par la semelle du coussinet, ne le reçoivent que partiellement.

Il est clair qu'avec le rail Vignole le tirefond extérieur reçoit directement et immédiatement dans toute sa force le choc auquel il est seul à résister. Son trou présente donc au minimum une paroi deux fois plus fatiguée que dans le cas du coussinet; c'est d'ailleurs ce que confirme la pratique.

Cette sujétion est assez grave et bien équivalente à celle des coins du rail à double champignon. Nous savons qu'on y remédie par l'emploi des selles.

70. *Efforts de renversements.* — Cet effort, dû au couple précité, n'est combattu que par le poids de la charge supérieure et la résistance des attaches.

Or, cherchons d'abord, abstraction faite de la question des attaches, l'effort vertical P à appliquer au champignon du rail pour annuler l'effet de l'effort horizontal, qu'il reçoit du boudin de la roue.

Soit le rail Vignole. Prenons les moments par rapport à l'arête de renversement D (*fig.* 56); on aura :
$$F \times b = P \times a,$$
d'où :
$$P = \frac{Fb}{a}.$$

Avec le rail à double champignon, il faut prendre pour axe des moments l'arête D' du coussinet, et il vient de même :
$$F \times b' = P' \times a'$$
$$P' = F \frac{b'}{a'}.$$

On aura donc avec le même effort horizontal F :
$$\frac{P}{P'} = \frac{ab}{ab'} = \frac{a'}{a} \times \frac{b}{b'}.$$

On voit, *a priori*, que $\frac{b}{b'}$ n'est pas très différent de l'unité, tandis que a' est plus du double de a. En pratique, nous l'avons dit :
$$h = 0,13$$
$$h' = 0,17,$$
ce qui donne affirmativement :
$$b = 0,117$$
$$b' = 0,157.$$

Et la semelle totale du coussinet étant de 0,300, tandis que celle du rail n'est que de 0,100, on a approximativement :
$$a = 66$$
$$a' = 166.$$

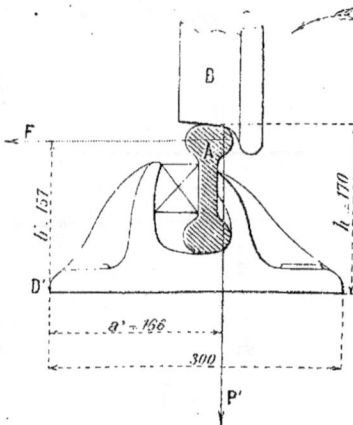

Fig 56.

D'après ces chiffres, si l'on fait le calcul, on arrive à :
$$\frac{P}{P'} = 2 \text{ environ.}$$

Le poids P sera, dans le cas du rail Vignole, double de ce qu'il devra être dans le cas du rail symétrique.

Ainsi, supposons que l'effort latéral soit de 1 500 kilogrammes, chiffre maximum généralement admis, on aura dans le premier cas :
$$P = 1\,500 \times \frac{0,117}{0,066}$$
$$P = 2\,659 \text{ kilogrammes.}$$

Et dans le second :

$$P' = 1\,500 \times \frac{0,137}{0,166}$$

$$P' = 1\,419,$$

ce qui est sensiblement la moitié du chiffre précédent.

Il ne faut pas oublier cependant que le tirefond intérieur résiste pour son compte à ce renversement ; seulement il agit dans le cas de la voie symétrique sur un bras de levier triple de celui du rail Vignole, puisque ce dernier a un patin de $0^m,100$ au lieu de $0^m,300$ présenté par le coussinet.

Le grand avantage de la voie à coussinets sur la voie Vignole est de mieux résister au renversement ; la pratique a bien confirmé d'ailleurs ces exclusions, et l'on est obligé, pour y obvier, d'augmenter le nombre des tirefonds intérieurs.

Stabilité des deux systèmes.

71. Dès 1853, M. Maniel, ingénieur au chemin de fer du Nord, disait : « A poids égal, il est toujours possible de donner au rail Vignole une section telle qu'il présente au moins autant de résistance que le rail à double champignon ; il n'exige donc pas plus de supports que ce dernier. »

Il est incontestable que le rail à double champignon, toujours accompagné d'un coussinet, présentera, dans son ensemble, plus de poids que le rail Vignole, à résistance égale. La différence est d'environ 35 kilogrammes ou 1/5 au profit du rail symétrique.

Et cela sans compter le supplément de ballast qui résulte de l'épaisseur de la semelle du coussinet, soit $0^m,04$, ce qui charge la traverse courante d'environ 40 kilogrammes par mètre courant.

Le supplément total de poids est donc de 75 kilogrammes.

Les partisans de la voie Vignole répondent à cela que le supplément incontestable de poids est dû à un supplément de frais qui n'a pas sa raison d'être. Il en est de même de l'excédent de ballast ; et si l'on maintient la même hauteur de ballast dans les deux cas, c'est l'épaisseur de ce dernier sous la traverse qui diminue,

ce qui est une très mauvaise chose surtout pour les trains très chargés ou à grande vitesse qui exigent plus de stabilité que les autres.

72. *Comparaisons au point de vue de l'entretien.* — Le grand avantage du rail Vignole est de supprimer coussinets et coins.

On n'a pas à se préoccuper des renouvellements et du maintien en place des coins en bois, des ruptures des coussinets et de toutes les conséquences fâcheuses qui en résultent, et cet avantage n'est compensé par aucun inconvénient du même ordre avec la voie Vignole.

D'un autre côté, les attaches du rail à patin fatiguent évidemment un peu plus que celles de la semelle du coussinet.

Mais la distance entre les tirefonds extérieurs et l'axe du rail étant environ deux fois plus faible avec le rail Vignole qu'avec le rail symétrique ($0^m,06$ contre $0^m,12$ environ), on pourrait à la rigueur raccourcir de la différence les traverses à chaque extrémité. On ne s'attache généralement pas à cette économie de détail : mais les traverses résistent mieux à la fente, et leurs extrémités pourrissent moins vite.

73. *Retournement.* — Mais le principal argument des partisans du rail symétrique réside dans la possibilité du retournement.

Les trains ne roulant que d'un seul côté du champignon, on peut, après une certaine usure, non exagérée, retourner la barre bout pour bout, et placer à l'intérieur de la voie la partie vierge du rail. Ce retournement est le seul que l'on puisse effectuer avec le rail à patin, tandis que le rail symétrique permet deux autres retournements dus au champignon enfermé dans le coussinet, et qui n'a pas encore subi d'usage.

Cependant la nouvelle durée du rail ainsi retourné sens dessus dessous est loin d'être égale à la première, car le champignon supérieur s'assujettit mal dans le coussinet ; il en résulte une mauvaise stabilité et une usure beaucoup plus rapide que dans le premier cas.

L'avantage de ce retournement supplémentaire est encore atténué par ce fait que, lorsque le premier retournement a eu lieu, le champignon inférieur est déjà fortement endommagé par les chocs successifs qu'il a eu à subir contre les parois du coussinet, et déjà presque hors de service. La Compagnie d'Orléans a trouvé, par une statistique prolongée, que le retournement ne pouvait s'appliquer au maximum qu'à 33 0/0 des rails primitifs.

Il y a, en plus, à compter le remplacement d'un certain nombre d'attaches.

Enfin, depuis l'usage général de l'acier, le retournement a complètement perdu son importance.

L'avantage de pouvoir retourner les rails à double champignon ne compense pas, tant s'en faut, le surplus de frais d'établissement que ces rails exigent. Il reste donc en faveur des voies Vignole une bonne partie de l'économie de premier établissement et tous les autres avantages signalés plus haut, avantages qui se traduisent, en fin de compte, par une augmentation de sécurité et une diminution des dépenses d'entretien.

Ajoutons que, depuis l'emploi général de l'acier, qui augmente dans une proportion considérable la durée des rails, les avantages du retournement sont à peu près annulés. La comparaison doit donc porter aujourd'hui de préférence sur les autres éléments de la question.

74. *Remplacement des rails.* — Au point de vue du remplacement d'un rail, il est incontestable que le système à coins qui s'enlèvent et se remettent d'un coup de marteau donne plus de facilité et de célérité. Cela peut avoir son intérêt sur les lignes très fréquentées, si l'on a peu de temps pour remplacer un rail entre deux trains.

Le rail à patin demandera toujours trois ou quatre fois plus de temps, car il faut dévisser tous les tirefonds, et les remplacer ensuite au nombre de vingt-deux pour un rail de 8 mètres; d'un autre côté, cette difficulté est un avantage au point de vue de la malveillance. En outre, un grand nombre des anciens trous ne peuvent pas resservir car leurs parois ont été détériorées par le pas de vis; il en faut donc percer autant de nouveaux, ce qui allonge encore l'opération.

75. *Dépenses de premier établissement.* —

Comparons les deux systèmes au point de vue de la dépense de premier établissement.

Prenons, par exemple, le rail de la Compagnie Paris-Lyon-Méditerranée, à patin de 10 mètres de long, type P. M. Le prix du premier établissement se forme comme ci-après:

En comptant les traverses à 80 kilogrammes, le poids total du levier sera donc le suivant:

Acier.	865^k,60
Fer.	35 ,84
Bois	960 ,00
Total	1 861^k,44
Et par mètre. . .	186 ,14

76. Prenons maintenant la voie à double champignon du Midi en rails à double champignon de 11 mètres.

De même en comptant les traverses à 80 kilogrammes et les coins à 0^k,50, le poids total de la voie est de:

Acier.	827^k,20
Fonte	406
Fer.	44 ,51
Bois	1 134
Total	2 411^k,71
Et par mètre. . .	219^k,25

En résumé, le mètre courant de voie à double champignon revient à. . 26^r,46 et pour le rail Vignole. 23,59

Différence en faveur du rail à patin. . . . . 2^r,87

A cela il y a lieu d'ajouter les frais de transport, manœuvres, etc. qui s'élèvent à:

Pour la voie symétrique	6^r,70
Pour le rail à patin	5 ,69

Différence en faveur de la voie Vignole. . . . . 1^r,01

77. Si l'on voulait avoir le prix total du mètre courant de voie dans les deux cas, il y aurait lieu d'ajouter aux chiffres précédents la dépense de 1^m,90 de ballast à 4 francs, soit 7^r,60 en admettant que le cube de ballast soit le même dans les deux cas.

La dépense totale sera donc par mètre courant de:

Pour la voie à double champignon: 26^r,46 + 6^r,70 + 7^r,60 = . . . 40^r,76.

DÉSIGNATION	NOMBRE	POIDS TOTAL	DÉPENSE
	m.	Kil.	fr.
Rail type P.-M. 38^K,40 à 0^f,17	20	768	130.56
Éclisses 5^K,90 à 0^f.21	4	23.60	4.96
Boulons d'éclisses 0^K,76 à 0^f,30	8	6.08	1.82
Rondelles grosses pour les précédents à 0^f,07	8	»	0.56
Selles d'arrêt en acier 3^K,30 à 0^f,30	8	26.40	7.92
Boulons spéciaux n° 497, 0^K,68 à 0^f.62	8	5.44	3.37
Rondelles grosses pour les précédents à 0^f,07	16	»	1.12
Selles à talons en acier 2^K,74 à 0,^{f}21	16	43.84	9.21
Tirefonds en acier 0^K,38 à 0^f,51	72	27.36	13.93
Traverses à 5^f,20	12	»	62.40
Total			235^{f}87
Et par mètre courant de voie			23^{f}59

DÉSIGNATION	NOMBRE	POIDS TOTAL	DÉPENSE
		kil.	fr.
Rail, le mètre 37^K,60 à 0^f,17	22	827.20	140.62
Éclisses 4^K.605 à 0^f,21	4	18.42	3.87
Boulons et rondelles 0^K,461 à 0^f,30	8	3 688	1.11
Coussinets 14^K,50 à 0^f,15	28	406	60.90
Tirefonds en fer galvanisé 0^K,40 à 0^f.40	56	22.40	8.96
Coins à 0^f,10	28	»	2.80
Traverses à 5^f,20	14	»	72.80
Total			291.06
Et par mètre de voie			26.46

Pour la voie Vignole......
23^f,59 + 5^f,69 + 7^f,60 = ... 36^f,88.
Différence en faveur de la voie Vignole .... 3^f,88.

Cette comparaison d'ailleurs n'est pas absolument rigoureuse quoiqu'elle s'approche assez près de la vérité ; cela tient à ce que le nombre des traverses et des attaches n'est pas le même par mètre courant. En résumé, on peut dire que la voie symétrique a en plus les coussinets et les coins et en moins les selles, le reste étant supposé constant. Cela conduit à un supplément de dépense de 3^f,90 à 4^f,20 par mètre courant selon que la voie Vignole est posée ou non sur selles.

78. *Comparaisons des dépenses d'entretien.* — On voit, en somme, que la voie Vignole coûte au minimum 3 francs de moins par kilomètre que la voie à double champignon, ce qui représente un intérêt de 150 francs.

D'un autre côté, la voie symétrique dure plus longtemps, la nécessité du remplacement s'impose moins souvent et entraîne naturellement une plus faible dépense annuelle.

M. Sévène, dans son *Cours de chemins de fer*, a fait le calcul comparatif pour des rails en fer des deux types, de la manière suivante, en supposant les mêmes conditions d'installation et d'exploitation :

1° Si 11 000 francs est le prix du renouvellement de 1 kilomètre de voie Vignole durant n années, la dépense annuelle sera de $\dfrac{11000}{n}$;

2° En admettant 12 000 francs pour prix du renouvellement de 1 kilomètre de voie symétrique, et 1,40 n la durée, à cause du retournement, la dépense annuelle est pour le même motif de $\dfrac{12\,000}{1.40n}$.

Avec la voie Vignole, on dépensera donc par an $\dfrac{11\,000}{n}$ — 150.

Et avec la voie à double champignon :

$$\frac{12\,000}{1,40n}$$

La voie Vignole sera donc plus chère que sa rivale tant que :

$$\frac{11\,000}{n} - 150 > \frac{12\,000}{1,40n}.$$

Il y aura égalité quand :

$$\frac{11\,000}{n} - 150 = \frac{12\,000}{1,40n},$$

ce qui donne $n = 16$ ans.

Enfin la voie Vignole sera moins chère lorsqu'on aura $n > 16$.

La voie symétrique est donc préférable tant que le trafic est tel que le champignon ne peut durer plus de seize ans ou vingt-deux à vingt-quatre ans avec le retournement; avec les rails d'acier cela a toujours eu lieu.

79. *Résumé et conclusions.* — En somme, la voie symétrique résiste mieux aux efforts transversaux ; elle est plus lourde et, partant, plus stable, et son remplacement est plus rapide.

Quant à l'argument du retournement qui était bon à produire quand on faisait usage de rails en fer, il a perdu toute sa valeur depuis que l'on emploie l'acier dont le champignon ne s'use pour ainsi dire pas. Cela est tellement vrai que les Anglais ont renoncé au retournement, et ne se préoccupent même plus de donner à leur rail une forme symétrique ; ils donnent au champignon inférieur une forme rectangulaire qui s'emboîte mieux dans le coussinet.

Mais cette voie est sensiblement plus chère que la voie Vignole de 3 900 à 4 000 francs par kilomètre.

Les partisans, de moins en moins nombreux, de la voie à coussinet préfèrent donc l'employer sur les grandes lignes à trains rapides et chargés. C'est d'ailleurs le seul cas où il soit discutable qu'elle puisse être préférée malgré un prix notablement plus élevé. Sur toutes les autres lignes et à plus forte raison sur les lignes secondaires, il n'y a aucune hésitation à avoir et il faut faire usage du rail à patin.

C'est pour cela que certaines compagnies emploient les deux types ; il est plus malaisé de comprendre pourquoi d'autres persistent à proscrire le rail Vignole.

Les rails à patin ont été d'abord adoptés sur la presque universalité des chemins de fer allemands. En revanche, ils sont totalement inconnus en Angleterre, quoique depuis longtemps on les emploie pour les voies de terrassement. Aussi leur a-t-on donné le nom de *Contractor's rail* ou rail des entrepreneurs. Cette application n'a fait d'ailleurs que le discréditer davantage en le faisant passer pour un rail bon tout au plus dans les voies provisoires.

Les avantages attribués au rail à patin sont, en résumé, les suivants :

1° Résistance plus grande à poids égal par suite de l'éloignement de la matière du patin de la fibre neutre ;

2° Voie plus simple, sabotage et éclissage meilleurs ;

3° Suppression des coussinets et des coins, ce qui entraîne une économie de premier établissement, diminution du ballast au-dessus du plan de pose des traverses ; ce dernier avantage peut d'ailleurs être contesté au point de vue de la conservation des bois;

4° Economie d'entretien correspondant aux suppressions précédentes, augmentation de la sécurité en même temps que de la simplification. On est, en effet, à l'abri des ruptures des coussinets, des coins desserrés ;

5° Le rail Vignole s'oppose mieux aux actes de malveillance, car il ne peut être enlevé qu'après un certain travail et à l'aide d'outils spéciaux.

Le rail à patin est, en somme, le vrai rail de chemin de fer et le seul qui subsistera dans l'avenir.

Durée des rails.

80. *Comparaison avec le fer.* — C'est surtout sous le rapport de la durée que l'acier est préférable au fer pour les rails.

La supériorité de l'acier sur le fer tient aux propriétés suivantes : l'acier possède plus de ténacité, plus de dureté, il est fusible à beaucoup plus basse température que le fer, ce qui permet de couler les rails, et de supprimer la soudure. Ces propriétés étaient connues depuis longtemps, mais il était impossible d'appliquer l'acier à la fabrication des rails à cause de son prix élevé. Mais les derniers grands progrès de la métallurgie de l'acier et particulièrement l'emploi des procédés Bessemer et Martin Siemens ont permis d'obtenir ce produit à un prix très peu supérieur à celui du fer ; dans ces conditions, il n'y avait plus à hésiter, et l'adoption du rail d'acier se généralisa immédiatement.

M. Weber avait comparé, dès 1870, les rails d'acier aux rails de fer, avec l'acier fabriqué à cette époque. Il a montré que l'écartement des points d'appui peut être dans le rapport de 4 à 3, que l'usure est dans le rapport de 3 à 8, enfin que le nombre des chocs qui amènent la rupture est dans le rapport de 7 à 1.

Les rails trempés résistent d'une manière remarquable aux coups répétés qui détruisent ordinairement les extrémités des rails en fer. Une bonne mesure, mais qui est évidemment peu à pratiquer serait de tremper les extrémités des rails d'acier.

Aux essais à la pression, les rails en fer conservent des déformations permanentes sensibles dès que les compressions et tensions des fibres atteignent 17 à 18 kilogrammes par millimètre carré de section. Ces mêmes chiffres atteignent 38 kilogrammes pour les rails d'acier.

Pour la résistance à la rupture, elle est obtenue avec les rails en fer sous une charge de 30 à 38 kilogrammes ; pour l'acier, on peut aller de 65 à 75 kilogrammes.

Au choc les rails en fer résistent peu à un choc de 400 kilogrammètres ; l'acier va aisément à 900 kilogrammètres.

Au chemin de fer de Lyon, des sections d'essais ont été vérifiées après le passage de quarante mille trains, et la hauteur des rails n'avait pas diminué de plus de $0^{mm},8$, soit de 1 millimètre pour cinquante mille trains. En admettant, comme c'est l'usage, que le champignon puisse être réduit sans inconvénient de 10 millimètres dans le sens vertical, les rails ne seront donc hors de service qu'après le passage de cinq cent mille trains.

Avec le fer il serait difficile d'arriver à quatre-vingt mille trains. Lorsqu'on employait les rails en fer, on admettait que, sur une ligne comportant une circulation annuelle de cinq mille trains, la durée des rails était au maximum de quinze ans.

Pour les rails d'acier, les voies qui en sont constituées sont loin d'être usées aujourd'hui, et l'on ne peut encore donner de chiffre exact pour leur durée. Néanmoins, on peut admettre théoriquement qu'ils dureront dix fois plus que les rails en fer ; en pratique, on peut prendre avec certitude au minimum cinq fois.

En pratique d'ailleurs, les rails en fer étaient de plus généralement mis hors de service non pas par usure des champignons, mais par suite de l'exfoliation qui se produisait au chemin de roulement. Cela provenait de la difficulté à avoir une soudure parfaite des mires constituant le paquet de laminage.

Les rails d'acier, au contraire, sont coulés et homogènes, s'usent d'une façon régulière et ne sont mis au rebut que lorsque le champignon a subi l'usure limite compatible avec la sécurité de l'exploitation et le bon entretien du matériel roulant.

81. *Usure des rails.* — L'usure d'un rail comprend trois parties : l'usure du patin ou du champignon inférieur, celle de l'âme et celle du champignon.

L'usure de l'âme ne peut provenir que de l'oxydation ; celle du patin ou du champignon inférieur, du martellement provenant du coussinet, de la selle ou des éclisses. Il est clair que ces deux causes de détérioration du rail sont insignifiantes en comparaison de celles du champignon supérieur qui supporte le roulement, et dans les déclivités, le glissement des roues des véhicules. *A priori*, on s'explique que cette usure sera en raison inverse de la dureté du métal employé.

82. *Influence du tonnage transporté.* — La durée d'un rail ne signifie d'ailleurs rien dans le sens absolu du mot : il est clair qu'il faut la comparer au service auquel il a dû faire face.

Ce service peut s'évaluer en prenant pour base le *tonnage transporté*. C'est ce qui paraît le plus rationnel, quoiqu'en pratique il ne soit pas toujours très aisé à apprécier. En outre, on peut lui objecter que l'usure des rails dépend non seulement du nombre de tonnes qu'il a eu à supporter, mais encore des conditions de leur installation, de la nature des marchandises transportées. etc.

En se basant sur ce mode d'observation, la Compagnie des chemins de fer du Nord a fait des expériences qui ont donné les résultats suivants :

Pour les rails en fer, la durée varie de 14 à 20 millions de tonnes transportées, suivant la qualité du métal.

Pour l'acier, universellement employé pour les rails aujourd'hui, la durée paraît être de 200 millions de tonnes ou, au minimum, dix fois celle du fer. Les champignons sont, en effet, établis de manière à pouvoir s'user de 10 millimètres sans inconvénient. Or la pratique a démontré que l'usure d'un millimètre est obtenue par le passage de 20 millions de tonnes.

82. *Influence du nombre des trains.* — La durée d'un rail peut encore s'évaluer comparativement au *nombre de trains* qu'il a vus passer.

Il est clair que cette base n'est pas non plus irréprochable, et même moins correcte que celle du tonnage, car il y a trains et trains ; il est certain qu'un lourd convoi de marchandises fatigue beaucoup plus les rails qu'un train de voyageurs.

Au chemin de fer du Nord, on a encore évalué la durée probable des rails eu égard au nombre des trains. On a constaté que le passage de cent mille trains use 400 grammes d'acier par mètre courant. Les 10 millimètres d'usure première pour que le rail ne soit pas hors d'usage représentant 3^k,756 par mètre courant, cette usure ne sera obtenue que par neuf cent trente-neuf mille trains (rail de 30 kilogrammes).

En France, on admet en général qu'un rail est usé lorsque le champignon a été réduit de 10 millimètres, et qu'un millimètre d'usure est obtenu par le passage de cent mille trains en moyenne.

La même expérience a été faite par la Compagnie de Lyon sur les rails en fer : on a trouvé que le rail en fer doit être mis au rebut après le passage de quatre-vingt mille trains.

En résumé, la substitution de l'acier au fer a transformé complètement la question de l'usure et de la durée des rails. Avec l'acier, et surtout sur les lignes secondaires, on peut dire que les rails durent presque indéfiniment.

Ainsi, supposons une ligne du second réseau de la Compagnie du Nord où circulent trois trains par jour dans chaque sens ; c'est le cas de la plupart des lignes d'intérêt local. Le nombre annuel des trains sera :

$$2 \times 3 \times 365 = 2\,190.$$

Les rails sont donc appelés à durer, d'après ce qui a été dit plus haut :

$$\frac{939\,000}{2\,190} = 429 \text{ ans,}$$

c'est-à-dire une durée indéfinie sauf accidents, corrosion sous les tunnels, usure supplémentaire en rampe, etc.

84. *Influence des déclivités.* — L'importance des déclivités sur cette usure est considérable ; les chiffres sont actuellement différents suivant que la voie est en rampe ou en pente ; cela tient au frottement de glissement dû au serrage des freins, au patinage des roues, à l'intervention du câble.

Les chiffres suivants indiquent en millions de tonnes les nombres nécessaires pour produire une usure d'un millimètre en pente ou en rampe.

DÉCLIVITÉS EN MILLIMÈTRES	RAMPE	PENTE
De 0 à 3	27	27
3 4	33	33
4 5	33	20
5 7.5	16.6	13.16
7.5 10	16.4	11.16
10 15	16.6	3.33
20 et au dessus	11	2.7

C'est donc à la descente des pentes que les rails s'usent le plus rapidement, et, lorsque la déclivité est très prononcée, elle amène bientôt la destruction du rail.

85. *Résistance des différents aciers à l'usure.* — Des comparaisons ont été faites en 1880 pour étudier la résistance relative des rails en fer, en acier puddlé et en métal Bessemer. Pour cela on releva les rails posés en 1854 sur une des lignes les plus fréquentées de l'Allemagne, celle de

Cologne-Minden, près de la gare d'Ober-hausen.

On a dû supprimer pour cent rails de chaque espèce et après quinze années de service :

82 0/0 de rails à grain fin ;
74 0/0 de rails en fer ;
41,66 0/0 de rails en acier puddlé ;
4,71 0/0 de rails en acier Bessemer.

L'usure se manifeste dans le métal pud-dlé par l'écrasement et les déchirures des champignons; l'acier fondu, au contraire,

provenant d'un seul lingot, ne peut éprou-ver ces détériorations, et n'est usé que par diminution des champignons sous le passage des roues des véhicules.

On a, en outre, déterminé le degré d'u-sure et la durée des rails en mesurant en quatre places différentes, au commence-ment de l'année 1880, la hauteur d'un certain nombre de rails sur chaque sec-tion d'épreuve. La diminution de hauteur fut trouvée en moyenne :

MATIÈRE ET ORIGINE DES RAILS	A L'OUEST de la gare D'OBERHAUSEN	A L'EST de la gare D'OBERHAUSEN
	mil.	mil.
Acier Bessemer de Hosch fils...	7.92	5.67
Acier Bessemer de Krupp..	6.33	5.34
Acier Bessemer de Horde...	6.23	4.99
Acier puddlé Fuucke, Echas et Hosch fils	5.91	6.06
Fer cémenté ou Phénix...	5.89	4.07
Grain fin Frédéric-Guillaume...	5.01	2.94

D'une manière générale, l'usure moyenne de tous les rails d'essai, en acier Bessemer et posés il y a quinze ans à l'ouest d'Ober-hausen sur la voie principale, est de 6mm,08. Il a passé sur cette section depuis 1864 huit millions six cent mille essieux de wagons de voyageurs ou de marchan-dises. Le champignon d'acier Bessemer ne s'est donc usé que de 1 millimètre après le passage de un million quatre cent quinze mille essieux représentant 6 065 000 tonnes de poids brut.

Nature de l'acier pour rails.

86. Les ingénieurs ont été longtemps divisés sur l'opportunité d'employer pour les rails de l'acier dur ou de l'acier doux.

L'acier puddlé et l'acier cémenté ont aujourd'hui complètement disparu dans la fabrication des rails pour faire place au métal obtenu par fusion soit au convertis-seur Bessemer, soit au four Martin, soit enfin, plus rarement, au creuset.

On n'a jamais mis en doute la supério-rité de l'acier sur le fer comme résistance à l'usure; mais cette idée de résistance se confondant avec celle de dureté, on y

associait trop souvent la crainte d'une fragilité dangereuse, et on a été amené, dans certains cas, à demander au début un métal caractérisé surtout par une grande ductilité.

Au bout de peu de temps on a reconnu que les ruptures de rails d'acier étaient très rares et complètement indépendantes du plus ou moins de dureté du métal em-ployé; on s'est alors préoccupé davantage de la question d'usure qui est de beau-coup la plus importante, surtout au point de vue du renouvellement du ma-tériel.

Expériences du chemin de fer d'Orléans. — M. Caillé, en octobre 1886, exposait à la Société des Ingénieurs civils les résultats d'une vérification de rails d'acier posés depuis plus de vingt ans sur le réseau d'Orléans.

Ces rails des types à double champignon, issus des premiers essais de fabrication au procédé Bessemer, en France, avaient été mis en service en 1864. Ils sortaient des usines d'Imphy et Saint-Chamond. Ils ont supporté depuis cette époque un parcours journalier moyen de trente trains et de huit machines isolées. Ils étaient posés, au nombre de six cent soixante-quinze vers le milieu de la route d'Etampes, par moitié en courbe et en alignement et tous en pente de 8 millimètres.

Les rails d'acier peuvent se diviser, comme nous l'avons dit plus haut, en deux catégories : celle des rails dont l'usure est activée par le glissement des roues, et celle des rails qui ne s'usent ou ne paraissent s'user que par le roulement. Ces derniers sont d'ailleurs les plus nombreux.

Les rails expérimentés sur le réseau d'Orléans appartiennent à la première catégorie ; leur durée, comme celle de tous les rails de ce groupe, est relativement courte et peut être déterminée à très peu près. Il en est autrement des rails de la seconde catégorie dont la durée n'a pu être encore évaluée jusqu'ici. Les plus favorablement placés et les meilleurs d'entre eux, si l'on en juge par l'exiguïté de leur usure annuelle, semblent devoir durer plus de cent ans.

87. Cette appréciation se rapporte aux rails en acier dur qui constituent la majorité des rails français. Néanmoins, l'incertitude règne encore sur le choix à faire entre l'acier dur et l'acier doux. Les premières recherches faites en Angleterre, il y a une quinzaine d'années, ont donné des résultats favorables à l'acier doux.

L'étude la plus remarquable, celle du chimiste américain M. Dudley, publiée en 1878 et complétée en 1881, a conduit à des conclusions analogues. Au contraire, les relevés faits sur le réseau de la Compagnie de Lyon de 1868 à 1880 ont paru démontrer que l'acier dur devait être préféré.

M. Dudley a conclu de ses recherches que les rails en acier doux résisteraient mieux à l'usé et à toutes les autres causes de destruction que ceux en acier dur. Il a fixé la composition chimique et les propriétés physiques du meilleur acier pour rails.

M. Gruner a commenté ces travaux dans un savant Mémoire publié en 1881. Il a approuvé les conclusions de M. Dudley en ce qui concerne les aciers communs. Mais il a ajouté que, dans sa pensée, les aciers durs reprendraient leur supériorité s'ils étaient purs, c'est-à-dire composés presque exclusivement de fer et de carbone. Il s'est refusé à admettre la possibilité de fixer invariablement la composition de l'acier à rail, et il a rectifié ou complété l'explication donnée par M. Dudley de l'usure moindre des rails en acier doux. M. Dudley avait basé son explication sur l'existence de rugosités microscopiques à la surface des rails et des bandages, rugosités qui, suivant lui, facilitaient l'adhérence et devaient être d'autant plus fragile que l'acier est plus dur. Sans contester l'exactitude de cette explication, M. Gruner a observé que, si les rugosités de l'acier dur pouvaient être une des causes de son infériorité, elles n'en étaient pas la cause unique, ni même la cause principale ; qu'il en existait une autre, la rouille. L'effet de la rouille est d'autant plus actif que l'humidité est plus grande, que les rails sont plus souvent décapés par le roulement, et que l'acier est plus impur et surtout plus manganésé.

Les rails uniquement carburés et durs sont à peu près inoxydables.

Quant à la contradiction apparente qui existe entre les conclusions de M. Dudley et les expériences de la Compagnie de Lyon, on peut s'en rendre compte de la manière suivante. C'est que les Compagnies françaises ont toujours prescrit pour leurs rails un acier dur caractérisé par sa rigidité et son aptitude à la trempe. L'acier doux à 50 kilogrammes de résistance préconisé par M. Dudley ne trempe pas et ne saurait être rencontré qu'exceptionnellement.

La comparaison n'a donc pu se faire sur le réseau de Lyon entre des aciers durs et des aciers doux : elle s'est faite seulement entre des aciers plus ou moins durs, et elle a donné la supériorité aux aciers les mieux caractérisés, les plus durs. Mais, si l'expérience du réseau de Lyon n'a pas permis d'élucider la question de l'acier dur ou doux, elle a donné la démonstration d'un fait important, celui de la corrélation qui existe entre la durée des rails durs et la qualité de l'acier dont ils sont composés.

88. *Conclusions.* — Cela posé, les expériences du réseau d'Orléans ont amené aux conclusions suivantes :   .

1° Conformément aux prévisions de M. Gruner, les aciers les plus durs jouissent, comme les aciers doux, du principe de l'inoxydabilité relative;

2° Entre tous les aciers durs, la supériorité appartient aux aciers les mieux caractérisés les plus durs ;

3° Que l'acier destiné aux rails, s'il est dur, doit être d'une qualité supérieure à celle qui est définie par la résistance de 70 kilogrammes ;

4° Que l'acier doux est inutilisable pour toutes les formes de rails à doubles champignons évidés analogues à celles des rails du réseau d'Orléans.

M. Caillé conclut enfin qu'à défaut de l'acier doux, dont la valeur en France n'a pu être appréciée jusqu'ici et dont l'emploi est limité aux rails de forme Vignole, on peut se contenter de l'acier dur, à la condition que cet acier résiste à la traction au-delà de 75 kilogrammes et donne un allongement de 6 à 8 0/0.

89. *Acier du chemin de fer de Lyon.* — Au chemin de fer de Lyon, l'acier dur qui sert à la fabrication des rails présente les coefficients de résistance suivants par millimètre carré de section :

Charge de rupture. . . . . 70 à 75 kil.
Limite d'élasticité. . . . .   35 kil.
Allongement (éprouvette
de 100 millimètres). . . . . 12 à 15 0/0.

Pour le rail en acier P. M. de 38^k,930 le mètre courant, la section du rail a été calculée de telle sorte qu'après une usure de 12 millimètres au champignon et de 2 millimètres au patin le métal travaille au plus à 8 kilogrammes par millimètre carré de section. Dans les calculs on a supposé que l'écartement des traverses était de 1 mètre, c'est-à-dire le même que l'écartement des supports employés pour les essais de flexion à l'usine, et que la charge maximum d'un essieu était de 14 tonnes ; celle appliquée au milieu de la portée était donc de 7 tonnes.

Suivant les formules généralement admises, le métal ne doit en aucun cas être soumis à un effort supérieur au tiers de la charge limite d'élasticité ; on devrait donc choisir un acier caractérisé par les coefficients suivants par millimètre carré de section :

Charge de rupture. . . . . . 50 kil.
Limite d'élasticité. . . . . . 25 kil.

Acier qui est classé par les usines dans la catégorie des aciers demi-doux.

Mais en pratique M. Hallopeau, ingénieur de la Compagnie de Lyon, a trouvé que cet acier donnerait de mauvais résultats, car l'usure est souvent trop rapide. Le choix doit porter de préférence sur un métal plus dur, plus résistant, tout en conservant assez de malléabilité pour résister aux charges produites en service, quel que soit l'abaissement de température.

Nous ferons remarquer à nos lecteurs que, depuis quelques années, on a pris pour coutume de désigner sous le nom d'acier le métal susceptible de devenir dur et fragile par la trempe; il est caractérisé par une limite de rupture entre 45 et 48 kilogrammes par millimètre carré de section et un allongement maximum de 20 0/0 sur une éprouvette de 100 millimètres.

On appelle fer fondu le métal qui ne devient pas fragile par la trempe, et qui résiste à la rupture à une limite variant entre 35 et 45 kilogrammes, tandis que l'allongement dépasse toujours 25 0/0 et peut aller jusqu'à 40 0/0 pour une éprouvette de 100 millimètres et 13^{mm},8 de diamètre.

90. *Conclusions.* — Nous donnons ci-dessous les conclusions de M. Hallopeau, cité plus haut (*Revue générale des Chemins de fer*, août 1889).

Les résultats obtenus au service depuis plus de vingt-cinq ans ont démontré que le rail, principal élément de la voie, dont le remplacement sur une ligne en exploitation est onéreux, doit présenter par sa dureté la plus grande résistance à l'usure sans toutefois que cette dureté entraîne la fragilité.

Ces conditions peuvent être obtenues, en fabrication courante, en s'entourant de toutes précautions dans le travail et aussi dans le choix des matières. Il faut n'employer que des matières de bonne qualité et les traiter au four Siemens-Martin, ou au convertisseur Bessemer acide, à l'exclusion du procédé Thomas dit de déphosphoration, produit trop doux renfermant de fortes soufflures, qui donne une usure plus rapide que l'acier acide.

Sur 830 000 tonnes de rails en acier de divers modèles fabriqués dans une période de vingt années, de 1867 à 1888, 700 000 tonnes ont été vérifiées à fin de garantie. La proportion des rebuts a été établie d'après les valeurs fournies par un grand nombre de sections d'épreuve, choisies dans tous les points du réseau; elle ressort à 0,814 0/0.

Cette proportion comprend la totalité des rails rebutés à quelque titre que ce soit, y compris ceux qui ont été conservés dans les voies comme ne présentant que des avaries de peu d'importance, fentes légères, fissures ou criques peu profondes.

La proportion des rails entièrement retirés des voies pendant le délai de garantie ressort seulement à 0,217 0/0.

M. Stevart, ingénieur en chef de l'État belge, conclut qu'entre aciers durs et aciers doux il convient de ne pas discuter pour si peu; il suffit d'éviter d'aller aux extrêmes, en se mettant d'accord sur une dureté moyenne, accessible aux aciers de toutes provenances et aux profils de toutes formes rationnelles.

91. *Conclusions du Congrès International des chemins de fer.* — Le Congrès des chemins de fer réuni à Paris en 1889 mit à l'ordre du jour cette grave question, et nous croyons intéressant de publier le tableau suivant qui donne les charges d'essais du métal employé à la fabrication des rails dans le monde entier.

Il est bon de remarquer cependant que ces essais, pour être comparables, auraient dû être effectués sur les éprouvettes identiques, c'est-à-dire présentant non seulement la même longueur entre les repères, mais les mêmes dimensions en largeur et en épaisseur. Sous cette réserve, voici quelles sont les charges par millimètre carré de section qui entraînent la rupture avec observation de l'allongement correspondant:

COMPAGNIES		CHARGE DE RUPTURE par millimètre carré de la section primitive en kilogrammes	ALLONGEMENT % APRÈS RUPTURE sur 200 millimètres
France. — Compagnie du Nord		70 à 75	13
»	» d'Orléans	75 à 80	11
»	» de l'Est	55 à 60	20
»	» de l'Ouest	70 à 75	13
»	» de P.-L.-M	70 à 75	13
»	» du Midi	80 à 85	8
»	» de l'État	75 à 80	11
Espagne. —	» du Nord	60 à 65	18 à 22
Belgique. —	» de l'État	60 à 70	10 à 15
»	» du Grand-Central	60 à 70	10 à 15
Autriche. —	» du Nord-Ouest	55 à 50	21
»	» du Nord Empereur-Ferdinand	50	»
»	» de l'État Autriche-Hongrie	50	»
»	» de l'État hongrois	47 à 60	16 à 23
Suède. —	» de l'État	55 à 60	15 à 20
Hollande. —	» de l'État	52 à 65	»
Suisse. —	» de l'Occidental-Simplon	60 à 65	18
»	» du Gothard	60	18
»	» du Jura-Berne-Lucerne	55	18
Angleterre. —	» du London-Chatam	60 à 65	15 à 20
»	» du Great-Western	60 à 65	15 à 20
»	» du Middland	60 à 65	15 à 20
»	» du South-Eastern	60 à 65	15 à 20
»	» du North-Eastern	50 à 55	18 à 22
»	» du London and North-Western	50 à 60	17 à 20
Prusse. —	» de l'État	50	»

En Russie, on a d'abord commencé par préconiser un métal très doux qui n'empêche ni les accidents ni les déformations permanentes les plus dangereuses. Il a été décidé qu'une étude attentive serait faite des rails de diverses provenances et de diverses duretés afin de modifier sans retard les cahiers des charges, en demandant plus de résistance au métal.

Comparaison des deux types de rails au point de vue de la dureté de l'acier.

92. *Opinion de M. Gruner.* — La fabrication des rails Vignole, notamment de ceux à fort profil, exige des conditions spéciales. Quelle que soit la vitesse des laminoirs, le patin aminci prend, par le refroidissement pendant le laminage, une sorte de trempe qui modifie la nature de l'acier.

Nous citerons à ce sujet l'opinion de M. Gruner, inspecteur général des mines.

L'acier, dit-il, se comporte autrement au laminoir que le fer doux. Celui-ci n'est pas exposé à durcir lorsqu'on le lamine un peu à froid, tandis que l'acier se trempe au contact même des cannelures et durcit alors d'autant plus que la barre est plus mince. D'après cela, il est très évident que les bords du patin sont plus exposés à durcir que la tête.

Les profils des rails Vignole furent étudiés primitivement en vue du fer doux. On a pensé avec raison qu'à poids égal il vaudrait mieux renforcer la tête que le pied, de sorte que l'on a aminci les bords du patin jusqu'à 6 et 5 millimètres.

Cette faible épaisseur offrait déjà une certaine difficulté lors du laminage des rails en fer soudé. Le bord refroidi se criquait facilement, mais le métal, du moins, n'était pas trempé. Il en est autrement pour l'acier. Lorsque des cannelures sont bien établies et que le métal est bon, il n'y a pas de criques, mais les bords du patin se trempent. Le métal est alors dans une tension moléculaire fort inégale qui tient à sa solidité; il se rapproche des larmes bataviques; un faible choc et, en tous cas, la moindre entaille ou blessure du bord du patin suffit, le plus souvent pour qu'un coup de marteau, et même la simple chute du rail, entraîne sa rupture immédiate. On reconnaît dans ce cas, par la couleur et la finesse du grain, que le métal est réellement trempé le long des bords minces du patin. Il faut donc, ou rendre l'acier moins dur, ou renforcer les bords du patin. Il suit de là qu'un acier convenable pour les rails à double champignon peut être trop dur pour les rails à patin.

Au reste, par la nature même des choses, les difficultés croissent dès que l'acier est dur. Dans ce cas, en effet, le métal devient cassant à une température élevée, sa malléabilité diminue à mesure que sa dureté augmente. Il faut donc chauffer le lingot pour le laminage à une température moindre, tandis que d'autre part il faut un plus grand nombre de passages pour arriver à la cannelure finale, ce qui est une nouvelle cause de refroidissement. Bref, lorsque l'acier est dur, le travail est plus long à moins que les cylindres ne marchent plus vite; aussi presque toujours le métal arrive refroidi à la cannelure et s'y trempe alors si la barre est mince. Ce défaut se manifeste d'une façon frappante dans les forges où, comme à Beaucaire, on fabrique tour à tour des rails Vignole et des rails à double champignon. Quoique l'acier des rails à patin de la Compagnie de Paris-Lyon-Méditerranée soit moins dur que celui des rails à double champignon de la Compagnie du Midi, le nombre des barres rompues lors de la pose par la simple manutention et renvoyées à l'usine pour ce motif est huit à dix fois plus considérable pour les rails à patin que pour les rails à double champignon. Les premiers exigent donc un acier moins dur et un patin moins aminci sur les bords.

93. *Opinion de M. Cazes.* — Dans une note adressée à l'*Iron and steel Institute*, M. Cazes, ingénieur du matériel des voies du chemin de fer du Midi, confirme cette manière de voir comme suit :

« La forme du profil du rail Vignole détermine très facilement, comme on le sait, la trempe des bords du patin et l'existence, dans les diverses parties de la section, de tensions moléculaires irrégulières, qui nuisent à la solidité du rail.

De là, l'impossibilité d'employer, à la fabrication des rails Vignole, des aciers aussi durs que ceux qui peuvent être employés à la fabrication des rails à double champignon, et l'obligation de chauffer à une plus haute température moyenne, ou tout au moins de réchauffer, au cours du laminage, les lingots qui doivent être transformés en rails Vignole.

La résistance élastique des aciers croissant avec leur dureté, les rails à double champignon peuvent être fabriqués avec un métal d'une résistance notablement supérieure à celle du métal le plus dur qui puisse être employé à la fabrication du rail Vignole, et offrir, par conséquent, dans la pratique, un moment de résistance supérieur, malgré l'infériorité théorique apparente due à leur profil.

94. *Opinion de M. Sandberg.* — Enfin M. Sandberg, l'ingénieur belge, donnait lecture à l'*Engineer Institute* de Londres, en 1885, d'une note qui accentuait encore ces conclusions en disant :

« L'influence de la forme du profil sur la dureté du métal et sur la sécurité dans la pratique est un point très important. Un rail à double bourrelet, comme celui qu'on emploie sur les lignes anglaises, peut être obtenu à un état de dureté plus grand qu'un rail à patin large et mince à grand bourrelet, type généralement adopté à l'heure actuelle dans les chemins de fer américains. Les rails de ce dernier type, en sortant du laminoir au rouge, se courbent par le refroidissement et prennent au milieu une flèche qui atteint de 12 à 15 pouces. Que l'on songe à l'effort énorme qui est nécessaire pour accomplir cette flexion. Le patin plus mince se refroidit tellement vite que le bourrelet est encore rouge alors que le reste est déjà noir ; la courbure provenant de ce refroidissement doit être corrigée par un dressage à froid à la presse et au martelage, d'où création de points faibles aux endroits du patin où l'on a donné des coups de marteau. Aussi la nécessité de couler à chaud paraît évidente. »

95. *Conclusions.* — L'expérience a d'ailleurs démontré l'exactitude de ces affirmations. Ainsi la largeur du patin du rail de l'État prussien, qui n'était cependant que 110 millimètres, rendait son laminage difficile ; des criques se produisaient souvent sur le bord du patin. Aussi dès 1880 fut-on amené à réduire cette largeur à 105 millimètres.

Le rail Vignole exige donc l'emploi d'acier plus doux que le rail à coussinet, et le métal doit l'être d'autant plus que le rail est plus court et le patin plus large.

Or la résistance du métal à la rupture augmente en même temps que sa dureté et peut varier de 50 à 55 kilogrammes par millimètre carré (rails Vignole allemands et autrichiens) jusqu'à 85 kilogrammes en moyenne, comme au chemin de fer du Midi (double champignon).

A sections égales, les rails à coussinets peuvent donc offrir une résistance bien supérieure à celle des rails Vignole, et cette augmentation de résistance peut atteindre 20 à 25 0/0 sans inconvénient au point de vue des chances de rupture sous les chocs.

La dureté des rails augmente, d'ailleurs, aussi leur résistance à l'usure. Et c'est pourquoi les ingénieurs sont aujourd'hui à peu près unanimes à préférer l'acier dur pour les rails.

En recherchant l'influence de la nature de l'acier, nous nous sommes placé exclusivement au point de vue de la résistance du rail tant à l'usure qu'à la flexion, sans nous préoccuper de l'usure des bandages. On n'a pas, que nous sachions, jusqu'à présent élucidé la question de savoir le degré de dureté relative que doivent avoir les rails et les bandages pour réduire au minimum l'usure réciproque de ces éléments.

Toutes choses égales d'ailleurs, les avantages restent sous ce rapport au rail Vignole qui, devant nécessairement être fabriqué en acier moins dur que le rail à double champignon, entraînera naturellement une usure moindre des bandages. On voit donc que la supériorité, qui paraissait devoir être acquise de ce fait au rail symétrique, tombe devant cette nouvelle considération.

FABRICATION DES RAILS.

96. Les rails en fer ne sont plus employés nulle part. Nous ne nous en préoccuperons donc pas et consacrerons quelques lignes à la fabrication exclusive des rails d'acier.

Historique de l'emploi de l'acier.

97. On sait que l'acier peut s'obtenir par deux méthodes bien différentes :

Le *puddlage*, ou décarburation de la fonte ;

La *cémentation*, ou carburation du fer.

Depuis longtemps on fabriquait l'acier par affinage au petit foyer, ce qui le mettait naturellement à un prix très élevé et permettait difficilement de l'avoir en quantités importantes à la fois.

L'opération en grand du puddlage fut tentée, pour la première fois, en 1838, dans la Prusse rhénane à Lohe, par la maison Stengel, qui ne put parvenir à le fabriquer régulièrement ; ce n'est qu'en 1847 que les forges voisines du pays de Siegen amenèrent l'opération à être régulière et suivie.

La méthode se répandit rapidement en Belgique (usine Cockerill à Seraing), en France (Hombourg [Moselle] et Creusot), et l'on vit un certain nombre d'échantillons produits à l'Exposition universelle de 1855. Depuis cette époque, les chemins de fer consommèrent une assez grande quantité d'acier pour toutes les pièces de leur matériel soumises à une grande fatigue.

Quand on veut du véritable acier susceptible de prendre la trempe, il faut employer des fontes pures et de qualité supérieure, provenant d'excellents minerais. Pour la fabrication des rails, on peut se contenter d'un produit dur et assez tenace et employer, par suite, des fontes moins coûteuses.

L'acier puddlé dut être bientôt abandonné néanmoins pour la fabrication des rails, car il était impossible d'avoir des loupes assez fortes pour constituer un rail entier. De là, la nécessité de mises successives, comme pour le rail en fer, ce qui enlevait au produit une grande partie de ses avantages.

Aussi est-il préférable d'employer l'acier fondu. Mais celui-ci, connu depuis 1750 à Sheffield, était d'un prix inabordable et ne pouvait être obtenu qu'en petites quantités. L'Angleterre, qui en avait le monopole, le réservait à la coutellerie fine.

Soudain, en 1851, on vit l'usine Krupp, d'Essen, exposer à Londres un lingot comme on n'en avait encore jamais vu, et pesant 2 250 kilogrammes. En 1855, la même maison en envoyait un à Paris de 5 000 kilogrammes ; en 1862, un de 20 000 kilogrammes, et enfin, en 1867, dernière année où les maisons allemandes aient exposé en France, un de 40 000 kilogrammes qui devait servir à fabriquer un arbre coudé de navire. Le marteau-pilon nécessaire à ce travail pesait à lui seul 50 tonnes. On sait qu'aujourd'hui on a fait des marteaux-pilons plus puissants que celui-là, et que le Creusot en possède un plus fort encore : le mouton pèse 120 tonnes.

Depuis on a constamment cherché à réaliser les *desiderata* suivants :

Débarrasser mécaniquement et sans l'intervention de la main de l'homme la fonte du carbone et autres corps qui l'accompagnent. Effectuer cette opération dans des conditions telles que les réactions se fassent en conservant l'élévation de température nécessaire à l'élaboration de la matière, et que le produit puisse se couler en lingots de poids suffisant pour en tirer les pièces que l'on veut obtenir ; employer pour cette fabrication des matières et des méthodes relativement assez peu coûteuses pour rendre les produits abordables à l'industrie.

Les deux procédés les plus usités actuellement dans l'industrie pour atteindre ce but sont le procédé Martin et le système Bessemer. Nous les étudierons sommairement tous les deux.

Procédé Martin.

98. L'acier se fabrique par le procédé Martin, en carburant directement le fer sur la sole d'un four à réverbère. Cette carburation s'opère en ajoutant au fer en fusion une proportion convenable de fonte par portions successives.

Ce procédé (breveté en 1865) repose sur le principe suivant, indiqué par Réaumur en 1722 :

Lorsqu'on met en présence de la fonte liquide, du fer doux ou du fer oxydé, on donne naissance à une réaction dans laquelle le fer, en prenant possession du carbone, se transforme, avec toute la masse, en acier, si les matières en présence sont de bonne qualité.

La haute température nécessaire est obtenue au moyen du four Siemens, où l'on brûle de l'oxyde de carbone au contact de l'air. Ces deux fluides sont amenés méthodiquement à une très haute température au moyen d'une circulation dans le récupérateur du four auquel M. Siemens a attaché son nom. Inversement, les produits de la combustion s'échappent alternativement d'un côté ou de l'autre de ce récupérateur en briques réfractaires qui s'échauffent, et sur lesquelles on vient ensuite faire circuler le mélange combustible.

L'opération dure environ dix heures, pendant lesquelles on prélève, de temps en temps, des échantillons pour reconnaître le métal obtenu ; le résultat est un acier d'excellente qualité, mais l'opération est un peu coûteuse, quoique les frais de premier établissement soient un peu moins élevés que ceux de la méthode Bessemer.

De même que le procédé Bessemer, que nous verrons plus loin, le système Martin s'applique à l'affinage complet de la fonte et à la recarburation par l'addition de fonte pure, aussi bien qu'à l'affinage incomplet de la fonte. Il a, d'ailleurs, sur lui, l'avantage de pouvoir être dirigé au gré de l'opérateur, et, par conséquent, de fournir un produit plus épuré, puisque le bain peut rester soumis à la réaction des scories aussi longtemps que l'affinage l'exige. Il permet, de plus, l'addition, dans le bain de fonte, de minerais riches et purs dont l'oxyde brûle le carbone, addition que n'admet pas le convertisseur Bessemer.

Cependant, le procédé Martin ne fournit, pas plus que les autres, de l'acier avec toutes espèces de fonte ; mais il peut rendre de grands services, en permettant d'utiliser des fers et surtout de vieux rails dont l'utilisation n'est pas toujours facile.

Procédé Bessemer.

99. Le procédé Bessemer, à l'inverse du précédent, est un véritable puddlage : il consiste à décarburer la fonte au moyen d'un multiple jet de gaz oxydant ici l'air, qui brûle d'abord le silicium, puis le carbone. L'opération se fait dans une grande cornue en tôle, ou convertisseur, entièrement garnie d'un revêtement en terre réfractaire, et dont le fond est percé d'un certain nombre de tuyères par lesquelles on amène le vent (air chaud et sous pression) de la machine soufflante. La fonte est d'abord fondue dans un four voisin, versée dans le convertisseur, puis on amène le vent qui entraîne la combustion des métalloïdes et une grande élévation de température.

100. *Marche de l'opération.* — Voici les différentes phases de l'opération :

D'abord, avons-nous dit, la fonte provenant du haut fourneau ou d'un cubilot de seconde fusion est versée liquide dans le convertisseur.

L'air, en arrivant dans le métal fondu par les tuyères du fond, se divise en innombrables bulles qui font bouillonner, boursoufler le bain, et produisent une violente agitation.

L'oxygène de l'air attaque d'abord le silicium, puis le carbone, et élève la température à un degré inconnu jusque-là. De la cornue s'échappent des torrents de flammes rouges, violettes, bleues et enfin blanches. Cette flamme, que l'on peut observer soit à l'œil nu, soit au spectroscope, donne des indications précieuses sur la marche de l'opération et le moment exact où il faut arrêter le vent.

Durant l'opération, le silicium est transformé en acide silicique, qui passe dans les scories recouvrant le bain ; le carbone est entraîné au dehors, dans les flammes, sous forme d'oxyde de carbone et d'acide carbonique. On arrête l'opération lorsque les flammes deviennent blanches, chargées d'étincelles dont les dimensions se sont successivement réduites, et qui, vers la fin, prennent une allure pétillante ; la fonte est alors entièrement transformée en acier.

On renverse le convertisseur et on coule son contenu dans des lingotières.

On conçoit qu'il est indispensable d'arrêter à temps les opérations, sans quoi le fer lui-même s'oxyderait ; on n'aurait plus d'acier ni de fer, mais de l'oxyde de fer. La durée de l'opération est d'un quart d'heure au maximum pour 10 tonnes de fonte. La fonte dure seule doit être employée dans ce procédé et non comme dans beaucoup d'autres, le fer ou les déchets de fer et d'acier.

Souvent la décarburation a lieu d'une manière complète et, pour avoir de l'acier, on est obligé d'ajouter au bain une certaine quantité de fonte dont la teneur en carbone est connue à l'avance. Les fontes employées de préférence dans ce cas sont des fontes blanches miroitantes, riches en manganèse, appelées *spigel-eisen* ou des alliages de fonte et de manganèse nommés *ferro-manganèses*. Le manganèse est toujours à rechercher parce qu'il facilite la réduction de l'oxyde de fer s'il venait à s'en produire dans l'opération.

Cette dernière manière de faire a pour avantage de permettre la restitution à la masse en fusion de la quantité de carbone voulue, par l'addition d'une dose de fonte dont on connaît également à l'avance la proportion de carbone.

Pour plus de détails sur cette intéressante fabrication nous renvoyons aux *Matériaux de construction et leur emploi* de M. OSLET (1re partie du *Cours de construction*. Voir *Acier*, p. 291.)

101. *Coulage de l'acier Bessemer.* — Pour transformer en barres les lingots obtenus, on les chauffe progressivement avec précaution afin que la chaleur se répande également dans toute la masse et ne dépasse pas un certain degré ; trop chauffé, en effet, l'acier devient tendre et cassant. Les lingots, parvenus à la température voulue, passent alors sous le marteau, puis au laminoir. Il faut avoir soin de laminer lentement afin de ne pas détériorer les cylindres.

Pour obtenir des lingots sans soufflures qui produisent la destruction des rails, le métal doit être coulé dans des lingotières munies de masselotes ou surcharges disposées de manière qu'un excédent de métal coulé agissant par un poids fasse pression énergique sur le reste avant sa solidification.

102. REMARQUE. — Il arrive quelquefois que les fabricants, désireux d'utiliser les chutes ou bouts de rails coupés à la longueur prescrite, les remettent dans la poche de coulée, profitant de l'élévation de température du bain pour les faire fondre et utiliser ainsi les déchets : cela donne de mauvais résultats ; les nouveaux tronçons ainsi ajoutés se mélangent mal avec le bain, et les rails qui en résultent se séparent souvent, une fois en place, en longues lanières ; cela peut être particulièrement dangereux dans les appareils de la voie : aiguilles, croisements, etc.

Ces déchets ne peuvent être utilisés que par le procédé Martin.

Les aciers Bessemer sont généralement divisés en sept classes, qui présentent en carbone les teneurs suivantes :

1° Carbone : 1,25 0/0, peu malléable, insoudable ;

2° Carbone : 1,25 0/0, assez malléable, difficile à souder ;

3° Carbone : 1,00 0/0, malléable, peu soudable ;

4° Carbone : 0,75 0/0, bien malléable, soudable ;

5° Carbone : 0,50 0/0, très malléable, assez tendre ;

6° Carbone : 0,25 0/0, très soudable, fer à grain fin ;

7° Carbone : 0,05 0/0, extrêmement malléable et soudable.

Ces deux derniers ne sont en réalité que du fer fondu et sont dans l'impossibilité absolue de prendre la trempe.

Acier
des Compagnies françaises.

103. Nous savons que la question a été longtemps controversée de savoir si l'on devait employer, pour les rails, l'acier dur ou l'acier doux.

En France, nous le rappelons, on préfère l'acier dur, malgré l'avis de M. Grüner, inspecteur général des Mines, qui préfère l'acier doux, présentant une résistance maximum à la traction de 50 kilogrammes par millimètre carré de section.

Néanmoins, les Compagnies françaises diffèrent entre elles sur le degré de dureté de cet acier. Ainsi, au chemin de fer du Midi, le métal ne doit rompre que sous une charge de 79 à 83 kilogrammes, avec un allongement de 4 à 11 0/0, sur une éprouvette de 100 millimètres de long. A la Compagnie du Nord, au contraire, la rupture doit avoir lieu sous un poids de 60 à 74 kilogrammes, avec un allongement de 10 à 20 0/0.

Les Compagnies françaises donnant la préférence aux aciers durs, les opérations de fabrication devront donc être conduites de manière à donner des aciers durs et tenaces. La texture doit être compacte, à grains fins, présenter des arrachements à la cassure et être parfaitement homogène.

Réception des lingots.

104. D'après le cahier des charges du chemin de fer du Nord, l'acier doit être coulé en lingots de section rectangulaire à angles arrondis de $0^m,22$ sur $0^m,22$ de dimension transversale, ou de section circulaire de $0^m,24$ de diamètre minimum. Le poids de ces lingots doit dépasser celui des rails à obtenir d'au moins le poids d'un mètre linéaire du type du rail laminé; la cassure doit, bien entendu, être exempte de soufflures.

On examine avec soin les lingots et l'on rejette ceux qui présenteraient des soufflures, des impuretés ou autres défauts que le laminage ne pourrait pas faire disparaître. Les simples cavités, ainsi que les bavures, sont burinées avec le plus grand soin sur une surface assez étendue pour rendre impossible au laminage la superposition des parois de ces cavités ou bavures.

Les agents réceptionnaires de la Compagnie, qui suivent la fabrication à l'usine, ont le droit de demander qu'on leur présente les essais faits avec les éprouvettes prises au moment de la coulée des lingots d'origine.

On rejette les barres qui présenteraient des reprises, des solutions de continuité ou des criques. On ne tolère que les criques peu importantes, ne pouvant altérer ni la section, ni la résistance de la barre, à la condition qu'elles soient arrondies au burin et à la lime douce, en présence de l'agent réceptionnaire.

On interdira formellement toutes autres réparations à froid ou à chaud et l'on refusera tous les rails ne remplissant pas les conditions précédentes.

105. *Lignes étrangères.* — Au chemin de fer portugais de la Beira-Alta, la longueur exigée pour les rails est de 8 mètres. Cependant, pour les besoins de la pose en courbe, on exige 7 0/0 de la fourniture totale en rails de $7^m,90$; dans la même pensée, et pour faciliter la fabrication, 3 0/0 au plus du poids de la fourniture totale peuvent être livrés à la longueur de 6 mètres.

Une tolérance maximum de 2 millimètres en plus ou en moins est accordée à la longueur des barres, sous peine de refus.

Pour les rails en acier Bessemer, les prescriptions exigées sont les suivantes :

L'acier devra être propre à recevoir la trempe, étant étiré en barreaux de $0^m,020$ sur $0^m,015$ de section transversale.

Les lingots destinés à la fabrication des barres seront d'un seul morceau et sans soufflures ; ils doivent être coulés debout et d'un seul jet; leur surface doit être bien unie, et les bavures provenant des lingotières abattues au burin. Il faut rejeter impitoyablement tout lingot qui présenterait des reprises ou solutions de continuité.

La cassure doit présenter une texture à grain fin, compacte, parfaitement homogène, exempte de points blancs, brillants ou fonteux.

Dressage et ajustage des barres.

106. Les rails doivent être dressés soigneusement sur leurs quatre faces, et, autant que possible, à chaud, à la sortie dés cylindres lamineurs. S'il y a lieu de perfectionner le travail une fois la barre refroidie, l'opération doit être exécutée graduellement, par pression et sans choc, de manière à éviter toute frisure ; on garantit le patin, pendant cette opération, au moyen d'étampes de forme appropriée.

Le dressage des rails sur les quatre faces est exigé des fournisseurs dans l'intention d'avoir une voie aussi régulière que possible.

Pour cela, les rails, à leur sortie des laminoirs, sont placés sur une table en fonte où on les dresse en les frappant à coups de maillets en bois.

Si les rails sont à champignons inégaux ou à larges patins, la courbure de la table doit être telle que les rails appliqués bien exactement sur cette table bombée se redressent par la simple différence de contraction que le refroidissement opère sur les deux bases. Pour connaître la courbure nécessaire à donner à la table de dressage, on fait chauffer un rail de profil en fabrication et on le dresse bien exactement. En se refroidissant, ce rail prend une courbure que l'on relève soigneusement pour la reporter en sens inverse sur le moule de la table de dressage.

A la suite de cette première table cintrée en vient une seconde inclinée qui, à sa partie inférieure touchant la table, présente la même courbure que celle-ci, mais devient complètement plane vers le bas, de sorte que la barre y arrive droite et refroidie.

On doit interdire formellement l'usage du marteau en fer pour ce dressage, car il déforme le profil du rail ; il ne doit être employé qu'à parer quelques défauts du métal.

Si le dressage est achevé à froid, on ne l'exécute qu'en employant un procédé de serrage, procédé tel que la vis de pression.

Les extrémités des rails doivent être coupées à la scie circulaire à chaud, à leur sortie des laminoirs et sans réchauffage, à une distance suffisante des bouts bruts pour que les deux extrémités soient parfaitement saines.

La mise à longueur définitive s'effectue à la fraise ou par tout autre moyen donnant un résultat de précision analogue. La section doit être absolument plane et normale à l'axe du rail.

Les bavures de ces sections sont soigneusement enlevées au burin et à la lime ; il est absolument interdit de les parer au marteau. Le coupage à la scie ou à la tranche par le réchauffage doit être formellement interdit.

Perçage des trous et entailles.

107. Les rails courants sont percés et entaillés à leurs extrémités conformément aux instructions générales fournies par

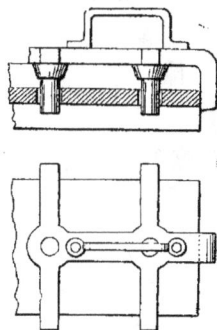

Fig. 57.

la Compagnie. Pour ceux de longueur exceptionnelle, on suit les indications qui accompagnent les commandes.

Le perçage de l'âme pour livrer passage aux tiges des boulons d'éclisses doit être exécuté au foret et non à la poinçonneuse ; les trous doivent avoir rigoureusement les dimensions indiquées, cylindriques ou ovales. Les bavures s'enlèvent à la lime, et la tolérance est de 1/2 millimètre sur la position prescrite au projet.

La vérification de ces trous s'opère au moyen d'un gabarit calibré spécial qui épouse à la fois le champignon et l'about du rail pendant que deux goujons pénètrent dans les trous (*fig.* 57).

Réception des rails.

108. Les rails doivent présenter la forme exacte du gabarit poinçonné remis au fournisseur (*fig.* 58); le profil doit être rigoureusement conservé sur toute la longueur de la barre et spécialement aux extrémités, qu'il faut avoir bien soin d'éviter de comprimer ou d'altérer au coupage.

On accorde généralement néanmoins une tolérance d'un demi-millimètre en plus ou en moins sur les dimensions transversales pour tenir compte de l'usure des cylindres et du plus ou moins de précision du serrage; mais le profil ainsi altéré ne sera admis qu'à la condition d'être parfaitement symétrique.

Le poids normal définitif du mètre courant de rail est constaté pour la première livraison sur cent barres d'une section parfaitement conforme à celle du gabarit. Une tolérance de 2 0/0 sera accordée pour la réception en plus ou en moins. Mais, dans le cas d'un poids inférieur au poids normal, il sera fait une réduction correspondante ; dans le cas d'un excédent il est d'usage de ne rien payer au-dessus de 1 0/0 du poids supplémentaire, ou même quelquefois de ne tenir compte d'aucun supplément.

Généralement on se dispense de formuler dans le cahier des charges la composition chimique de l'acier à rail ; on laisse au métallurgiste la faculté de choisir comme il l'entend les matières premières et leur emploi en prescrivant seulement les diverses conditions de résistance auxquelles le produit doit satisfaire.

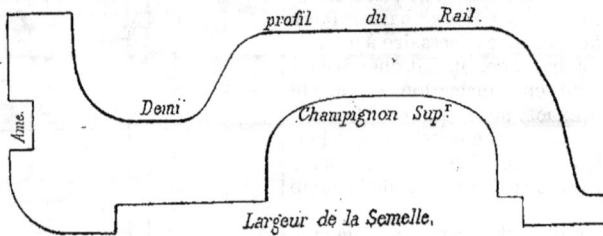

Fig. 58.

Épreuves de réception.

109. La Compagnie des chemins de fer du Nord fait subir au rail Vignole de 30, 35 ou 37 kilogrammes les épreuves suivantes :

Les rails sont d'abord classés avec soin dans l'usine, en séries provenant de la fabrication d'un ou plusieurs jours. Les agents réceptionnaires choisissent dans chaque série un certain nombre de barres s'élevant au maximum à 2 0/0 de la fourniture, et les soumettent à certains essais.

110. *Essai à la pression.* — On place chaque rail à essayer sur deux points d'appui espacés de 1 mètre, et dans cette position il doit supporter pendant cinq minutes, sans conserver de flèche permanente une fois les poids enlevés :

Un poids de 20 tonnes pour le rail de 37 kilogrammes ;

Un poids de 18ᵗ,500 pour le rail de 35 kilogrammes ;

Un poids de 17 tonnes pour le rail de 30 kilogrammes.

En second lieu, la flèche produite dans les mêmes conditions ne doit pas dépasser 25 millimètres sous un poids de :

35 tonnes pour le rail de 37 kilogr,
33 — — 35 —
30 — — 30 —

On augmente ensuite ces poids jusqu'à rupture.

111. *Épreuve au choc.* — On prend les deux moitiés de rails cassés à l'épreuve précédente et on place chacune d'elles sur deux supports espacés de 1ᵐ,10, fixés sur une enclume en fonte de 10 tonnes, reposant elle-même sur un massif de maçonnerie ayant 1 mètre de hauteur et $3^{in2},3$ de surface à la base. Chaque tronçon devra supporter sans se rompre le choc d'un mouton de 300 kilogrammes tombant librement sur la barre au milieu de l'intervalle entre les points d'appui, d'une hauteur de :

$2^m,50$ pour le rail de 37 kilog.
$2^m,40$ —   35
$2^m,25$ —   30

En outre, sous des hauteurs de chutes successives, les flèches prises ne devront pas s'écarter sensiblement des chiffres suivants :

HAUTEUR DES CHUTES	1,00	1,50	2,00	2,25	2,40	2,50
	m/m	m/m	m/m	m/m	m/m	m/m
Flèches pour le rail de 37 kil.....	1	3	6	»	»	11
— 35 kil.....	1	3.5	7.5	»	12	»
— 30 kil.....	2	5	11	16	»	»

On juge du degré d'élasticité de la barre par le rebondissement plus ou moins grand du mouton.

Si l'une des barres essayées casse pour une hauteur de chute inférieure à celles citées plus haut, on continue les essais sur un plus grand nombre de rails, et, si plus du dixième des barres essayées ne résiste pas aux épreuves, la fourniture entière correspondante est refusée.

112. *Essais à la traction.* — Les Compagnies doivent d'ailleurs se réserver le droit de présenter et faire exécuter à l'usine tous les autres essais qu'elles jugent nécessaires pour s'assurer de la qualité des rails, et notamment des essais à la traction pour déterminer la résistance du métal, l'allongement à la rupture, etc.

Les barres d'épreuves ou *éprouvettes*, destinées à ces essais de traction, seront découpées à froid suivant les indications données par les agents de la Compagnie, dans les chutes de rails ou dans les rails qui auront servi à faire les essais au choc.

Le type le plus couramment adopté pour ces éprouvettes à la traction est représenté par la figure 59. On découpe dans l'âme du rail une bande dont les deux dimensions transversales sont telles que la section soit rigoureusement de 1 centimètre carré. La longueur fixée entre deux repères invariables A et B est de $0^m,200$, quelquefois $0^m,100$; mais la plus grande dimension est la meilleure pour faire de saines appréciations.

Aux deux extrémités, et en rabotant ce qu'il est nécessaire du champignon et

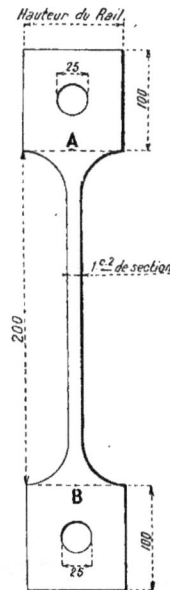

Fig. 59.

du patin, on découpe deux platines de 100/80 percées d'un trou de 25 dans lequel passe le goujon de la machine à essayer.

L'écartement forcé de ces goujons entraîne l'allongement de AB jusqu'à rupture sous l'effort du poids que l'on suspend à la partie inférieure ou que l'on renvoie au moyen de leviers. On constate ainsi les déformations diverses du métal : limite d'élasticité, allongement permanent, résistance à la rupture par millimètre carré de section, etc.

Ces diverses épreuves sont toutes faites en présence du personnel de l'usine et contradictoirement. Les résultats doivent en être consignés sur un procès-verbal rédigé séance tenante et signé par les deux parties.

113. *Épreuves du chemin de fer du Midi.* — Les différentes épreuves que font subir les Compagnies se ressemblent naturellement beaucoup et ne diffèrent que par des nuances.

Ainsi, au chemin de fer du Midi, on fait subir au rail les essais suivants :

1° *Pression.* — Le rail étant posé sur deux appuis espacés de $1^m,10$, comme précédemment, on le charge en son milieu d'un poids de 16 tonnes séjournant pendant cinq minutes. Le poids enlevé, le rail ne doit conserver aucune flèche permanente.

Pour une charge de 35 tonnes, la flèche permanente au bout de cinq minutes ne doit pas dépasser 2 millimètres.

2° *Rupture.* — On augmente ensuite la charge précédente jusqu'à rupture et celle-ci ne doit pas avoir lieu sous un poids inférieur à 50 tonnes.

3° *Choc.* — On emploie comme précédemment un mouton de 300 kilogrammes tombant sur un des tronçons venant d'être rompu et posé sur les mêmes appuis distancés de $1^m,10$ faisant partie d'une enclume en fonte de 10 tonnes, reposant sur un massif en maçonnerie de 1 mètre d'épaisseur et de 3 mètres carrés au moins de surface à la base.

Le mouton doit tomber d'une hauteur de $1^m,75$ sans qu'il y ait rupture, et celle-ci ne doit se produire que sous une chute de 5 mètres.

4° *Élasticité.* — Les bouts de rails provenant des épreuves précédentes servent ensuite à fabriquer au laminage un ressort auquel on fait subir la trempe. On pose ce ressort sur deux chariots roulants et on leur fait supporter pendant cinq minutes un poids amenant une flèche correspondant à un allongement de 4 millimètres par mètre. On enlève la charge, et les lames doivent reprendre leurs formes et leurs dimensions primitives.

5° *Dureté.* — Un des tronçons de rail rompu est employé à fabriquer un burin à main ou un outil de tour que l'on trempe. Cet outil doit, sans s'altérer, être à même de travailler la fonte grise la plus dure.

6° Enfin, à titre de renseignement complémentaire, on trempe un barreau d'épreuve, on en recuit un autre, et on leur fait subir les épreuves à la traction ; on compare ensuite les allongements sous les différentes charges, jusqu'à la rupture.

114. *Épreuves des chemins de fer de l'État.* — Voici quelles sont les épreuves, au nombre de trois, deux statiques et une dynamique, que les chemins de fer de l'État font subir aux rails.

On sait que le rail adopté est le type à double champignon de la Compagnie d'Orléans. La première épreuve statique est une épreuve à la flexion : elle consiste à placer le rail sur deux couteaux distants de $1^m,10$, et à lui faire supporter un poids de 16 tonnes placé en son milieu. Au bout de cinq minutes de flexion, le rail ne doit conserver aucune flèche permanente quand on enlève le poids.

La deuxième épreuve est une épreuve à la rupture dans les mêmes conditions que précédemment : le rail est toujours sur ses appuis à $1^m,10$ de distance l'un de l'autre, et on le charge de poids en son milieu jusqu'à rupture ; cette dernière ne doit pas se présenter sous une charge inférieure à 38 tonnes.

Enfin l'épreuve dynamique se fait sur les fragments de rails cassés dans l'épreuve précédente : chacun de ces fragments doit supporter, sans se rompre, le choc d'un mouton de 300 kilogrammes tombant d'une hauteur de $1^m,50$; de plus, la flèche permanente résultant de ce choc ne doit pas dépasser 8 millimètres.

Lignes étrangères.

115. Aux chemins de fer portugais de

la Beira-Alta, les rails en acier Bessemer sont soumis aux épreuves suivantes, sur 1 0/0 au plus de la fourniture :

Epreuve à la pression. — Chaque rail est placé de champ sur deux points d'appui espacés de 1ᵐ,08. Dans cette position, il devra supporter en son milieu pendant cinq minutes :

1° Une charge de 15 tonnes sans présenter de flèche permanenté lorsqu'on enlève le poids;

2° Une pression de 30 tonnes sans dépasser une flèche de 25 millimètres.

On peut ensuite augmenter les flèches jusqu'à la rupture.

116. *Epreuve au choc.* — On prend chacune des deux moitiés de barre cassée dans l'épreuve précédente et on la place de champ sur deux points d'appui espacés de 1ᵐ,08, comme plus haut, mais fixés sur une enclume de 10 tonnes. Chaque moitié doit supporter, sans se rompre, le choc d'un mouton de 300 kilogrammes tombant au milieu de la barre d'une hauteur de 1 à 2 mètres.

Cela posé, les flèches prises ne devront pas s'écarter sensiblement des chiffres suivants :

Hauteur de chute en mètres	1,000	1,500	2,000
Flèches en millimètres	1	5	10

Si l'une des barres essayées casse au-dessous de 2 mètres, on conserve sous cette hauteur de chute la flèche précédente augmentée de 2 millimètres; on continue ces essais sur un plus grand nombre de barres et, si plus d'un dixième de celles-ci ne résiste pas aux épreuves, on refuse la série correspondante en entier.

117. REMARQUE. — On voit, sans qu'il soit nécessaire d'en citer un plus grand nombre, que les diverses Compagnies ont des analogies et des différences pour toutes ces épreuves. Elles admettent cependant l'équivalence complète des résultats obtenus, et il leur est, en effet, impossible de faire autrement, à cause des échanges de matériel roulant qu'elles sont constamment obligées de faire entre elles.

Les charges que l'on fait ainsi supporter au rail, et qui sont, au minimum, le double de ce qu'il supporte dans la pratique, sont calculées en prévision des mouvements, dont ces charges sont animées pendant la circulation des trains, et qui en rendent les effets beaucoup plus dangereux. De même les traverses sont rarement espacées, actuellement, de plus de 0ᵐ,85 à 0ᵐ,90; mais on a conservé, pour les épreuves, l'ancien écartement de 1ᵐ,10, qui ne peut, naturellement, donner que des résultats plus concluants.

Réception provisoire.

118. La réception provisoire a lieu à l'usine par les agents réceptionnaires de la Compagnie. Elle doit avoir lieu, autant que possible, au fur et à mesure de la fabrication, et elle a pour objet de trier, de peser et poinçonner toutes les barres, sans exception, satisfaisant aux conditions exigées.

L'établissement des appareils d'essai et toute la main-d'œuvre qu'ils comportent pour réaliser les épreuves sont toujours à la charge du fournisseur.

Les barres reçues sont marquées d'un coup du poinçon de la Compagnie à leurs deux extrémités. Celles qui ont été refusées sont poinçonnées de la même manière, mais additionnées d'une marque spéciale, très visible et indélébile, afin de ne plus pouvoir être présentées à la réception.

Délai de garantie.

119. Les épreuves précédentes étant de beaucoup plus dangereuses pour le rail que les efforts auxquels il doit faire face dans la pratique, on peut être tranquille au sujet d'une fourniture dont un certain nombre d'échantillons, pris au hasard, y ont résisté avec succès.

Néanmoins, on a pour coutume d'imposer, en outre, aux usines, une certaine garantie de durée pour prévoir les défauts qui auraient pu échapper à ces épreuves, et qui n'apparaissent qu'à l'usage. Tout rail qui se trouve hors de service pendant cette période par la faute du fournisseur, doit être remplacé par ce dernier, et à ses frais.

On simplifie, d'ailleurs, quelquefois, les choses, en n'appliquant ce délai de garantie qu'à une partie des rails, 5 à 10 0/0 de la fourniture totale par exemple, que l'on place sur certaines sections d'expériences, convenues entre les deux parties. On constate ensuite la proportion des rails avariés sur ces sections à l'expiration du délai de garantie, et on fait la déduction de prix correspondante en appliquant ce chiffre à la fourniture entière.

Ce délai s'estime en nombre d'années dans certaines Compagnies, comme celle d'Orléans qui le fixe à trois ans; d'autres fois c'est un nombre minimun de passages de trains. Ainsi au chemin de fer de Paris-Lyon-Méditerranée ce nombre est de quinze mille trains.

Au chemin de fer du Nord, le fabricant doit garantir les rails pendant six ans à partir de leur date de fabrication quel que soit leur emploi, voie courante ou appareils spéciaux.

Tous les rails qui, pendant ce delai, viennent à se rompre ou à se détériorer autrement que par usure régulière doivent être remplacés par le fournisseur. L'échange des rails avariés contre les neufs destinés à les remplacer s'effectue en un lieu déterminé, spécifié dans le marché que la Compagnie a passé avec l'usine.

Réception définitive.

120. Ensuite a lieu la réception définitive et le payement qui se fait généralement de la manière suivante variable d'ailleurs avec les Compagnies:

85 0/0 de la valeur dans le mois qui suit la réception de fabrication à l'usine;

10 0/0 des rails livrés sur le chantier;

Enfin les 5 0/0 restant, sauf retenue de garantie, après réception définitive.

Surveillance à l'usine.

121. Les ingénieurs et agents accrédités de la Compagnie doivent avoir leur libre entrée de jour et de nuit dans l'usine et assister à toutes les phases de la fabrication. On doit obtempérer immédiatement à toute demande de vérification de leur part sur un point quelconque de la marche des opérations.

Néanmoins, il est bon de spécifier également dans le cahier des charges que la surveillance exercée par le personnel de la Compagnie, les vérifications ou épreuves, les réceptions partielles des rails fabriqués n'auront, dans aucun cas, pour effet de diminuer la responsabilité du fournisseur, qui restera pleine et entière jusqu'à l'expiration du délai de garantie.

Comme recommandations spéciales aux agents réceptionnaires nous indiquerons:

Veiller à ce que les barres passent bien dans toutes les cannelures des cylindres.

Rechercher les défauts dissimulés avec divers mastics et qui se décèlent par des traces de rouille;

Examiner la couleur des deux faces des rails: quand elles présentent deux teintes différentes, c'est qu'il y a eu négligence dans le chauffage. Il faut choisir ces rails de préférence pour faire les essais d'épreuve au mouton ou à la pression.

Le fabricant fera bien d'avoir une deuxième paire de cylindres finisseurs pour n'avoir pas d'interruption dans le travail. Les cannelures peuvent en effet s'agrandir démesurément sous le passage d'un millier de rails et il peut même arriver que l'un de ceux-ci vienne à se rompre.

Le dépôt des rails doit se faire par piles ne contenant que des barres de même longueur; on s'arrange d'ailleurs pour que toutes les piles contiennent le même nombre de rails, ce qui en facilite le contrôle et l'inventaire.

Les rails doivent être autant que possible conservés à couvert; si cela est impossible, on leur donnera une certaine inclinaison longitudinale afin d'éviter le séjour prolongé de l'eau sur le métal.

Les agents réceptionnaires doivent, indépendamment des procès-verbaux de réception, transmettre, à époques déterminées, à leur chef de service un rapport périodique, récapitulant les rails fabriqués, reçus et expédiés. Des registres spéciaux, tenus au courant jour par jour, reçoivent les indications nécessaires et détaillées, pour établir en tout temps la fourniture des rails en nombre, poids et longueurs.

Ces agents, pour conserver toute leur

autorité morale, ne doivent faire de critiques et d'observations qu'après un mûr examen, une absolue certitude, et en s'adressant non pas aux ouvriers, mais au directeur de l'usine qui donne les ordres.

Si ce dernier ne tient pas compte des observations qu'il reçoit, l'agent doit immédiatement en référer à son ingénieur, en lui adressant un rapport spécial.

§ II. — TRAVERSES

122. Le but que l'on cherche à atteindre en employant des traverses est avant tout de répartir sur une surface assez grande la pression supportée par le rail qui à lui seul ferait couteau dans le ballast ; en outre, elles jouent le rôle d'entretoises en reliant invariablement entre eux les deux rails d'une même voie.

Les traverses, malgré le peu de ballast qui les recouvre (quelques Compagnies ne les recouvrent pas du tout entre les rails), sont fort exposées aux alternances de sécheresse et d'humidité, en dehors des fatigues directes qu'elles supportent ; elles se détériorent par suite assez rapidement. Il y a donc intérêt à les choisir de bonne qualité, si l'on ne veut les voir bientôt détruites, ou laisser immédiatement s'enfoncer dans leur bois trop tendre les patins ou les semelles des coussinets.

Bois employés en France.

123. Les bois les plus employés en France pour la fabrication des traverses sont le chêne et le hêtre comme bois durs ; puis, à défaut, les bois résineux : pin, sapin, mélèze, surtout le premier.

Le meilleur bois pour les traverses est le chêne, qui se conserve très bien sans aucune préparation spéciale lorsqu'il ne contient pas d'aubier. Le chêne est d'ailleurs tellement dur que son injection serait fort difficile ; aussi ne se fait-elle que lorsqu'on l'emploie avec l'aubier qui est plus tendre, se pourrirait plus rapidement et a besoin d'être préparé.

Lorsqu'on admet l'aubier dans les traverses, il doit, dans tous les cas, être absolument proscrit de la partie inférieure comme de la partie supérieure, et ne régner que sur les côtés ; il doit, en outre, s'arrêter au moins à 5 centimètres de la base.

Le chêne est celui qui résiste le mieux à la pression des patins ou des coussinets et fixe le mieux les attaches. Il est préférable de le choisir provenant d'un pays sec, où sa croissance est lente ; dans les lieux bas, où sa croissance est plus rapide, son tissu est plus relâché, et il est de qualité inférieure.

Le hêtre, très employé également à la place du chêne, à cause du prix élevé de ce dernier, a toujours besoin d'être injecté ; il fournit alors de bonnes traverses.

Les bois résineux sont des bois tendres, très inférieurs aux précédents et qu'on emploie à défaut de mieux ; quoiqu'ils se conservent mieux que le hêtre, leur injection est indispensable, excepté, peut-être, pour le mélèze, très employé sur les chemins de fer suisses. Ce dernier, bien supérieur au pin et au sapin, est un excellent bois que l'on utiliserait volontiers davantage si son exploitation n'était pas aussi difficile. On sait, en effet, qu'il ne croît que sur les cimes élevées des hautes montagnes.

A l'étranger, on se sert naturellement des bois locaux, exceptionnellement durs, que l'on a à sa disposition ; c'est ainsi qu'au Mexique les traverses se font le plus souvent, en gaïac, qui ne sert guère chez nous qu'à faire les coussinets de certaines pièces frottantes.

La meilleure traverse, en somme, est celle de chêne, et elle doit être préférée, toutes les fois que l'on peut se procurer ce bois à un prix acceptable. Grâce à sa grande rigidité, elle répartit beaucoup mieux que toute autre la pression sur le ballast ; elle résiste au bourrage le plus énergique ; la dureté du bois donne aux attaches une grande fixité et une grande solidité. Enfin sa durée est de beaucoup la plus longue ; elle est d'au moins vingt ans.

Les traverses en bois tendre, malgré

toutes les préparations que nous verrons plus loin, sont toujours inférieures aux traverses en chêne. Les arêtes s'émoussent rapidement sous l'effet du bourrage; la traverse perd donc sa stabilité et répartit mal la pression; l'attache du rail est beaucoup moins résistante. Si les matières injectées sont solubles dans l'eau, elles sont rapidement entraînées par les pluies, et la traverse, ainsi diluée ou *énervée*, est beaucoup moins résistante qu'avant l'injection.

Formes et dimensions des traverses.

124. La forme rectangulaire (*fig.* 60) est la plus usitée, spécialement avec le chêne; on se débarrasse ainsi aisément de l'aubier rien que par l'équarrissage.

Lorsque le chêne conserve son aubier et qu'on l'emploie injecté, on peut alors lui donner la forme demi-ronde (*fig.* 61).

Pour les autres bois, on adopte indifféremment la forme rectangulaire, la forme demi-ronde, ou des formes intermédiaires mixtes (*fig.* 62 et 63).

La longueur minimum doit être de $2^m,50$; elle est commandée par la nécessité d'avoir un excédent de $0^m,40$ à $0^m,50$ au moins dépassant chaque rail vers l'extérieur de la voie, afin de donner à celle-ci la stabilité transversale suffisante.

Ensuite, cette longueur, combinée avec la largeur de $0^m,22$ en moyenne, donne sur le ballast une surface d'appui de

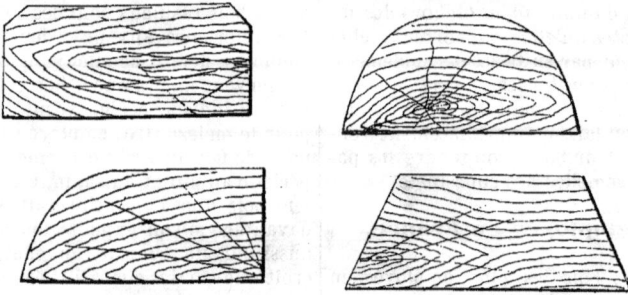

Fig. 60 à 63.

$0^{m2},55$. Or, en supposant un essieu comme on en voit fréquemment aujourd'hui de 13 000 kilogrammes, donnant 6 500 kilogrammes par roue, la pression transmise au ballast est ainsi de $2^k,4$ par centimètre carré à la condition que la traverse soit bien bourrée et porte rigoureusement sur tous ses points. Comme on n'est jamais bien sûr de ce bourrage parfait, la pression peut aisément atteindre le double du chiffre précédent, 4 à 5 kilogrammes, qu'il serait imprudent de dépasser.

Les traverses de faible longueur ne valent rien parce qu'elles se déchaussent rapidement sous l'effet des vibrations dues au passage des trains; si la traverse est trop longue, le bourrage, toujours

difficile, devient tout à fait impossible à faire bien. Une bonne dimension est $2^m,50$ à $2^m,60$.

La largeur varie de $0^m,20$ à $0^m,24$; la moyenne de $0^m,22$ devrait cependant, à notre avis, être un minimum, car $0^m,20$ est trop faible, et la traverse tend à trancher le ballast. Certaines traverses spéciales pour les appareils de la voie, ou pour les joints lorsqu'ils ne sont pas en porte-à-faux, ont jusqu'à $0^m,35$. Les traverses de cette largeur doivent être réservées à ces cas particuliers, car une pareille dimension n'est nullement indispensable pour les besoins courants et de semblables traverses sont difficiles à manier à cause de leur poids.

L'épaisseur varie de $0^m,12$ à $0^m,18$ suivant la forme ; on ne doit pas descendre au-dessous de 0ᵐ,14 sur les grandes lignes.

125. Voici les dimensions de quelques traverses des Compagnies de chemins de fer français :

Compagnie de l'Est :

Traverses équarries :

2ᵐ,55 à 2ᵐ,75 × 0ᵐ,21 à 0ᵐ,26
× 0ᵐ,13 à 0ᵐ,18.

Traverses de joints :

2ᵐ,55 à 2ᵐ,75 × 0ᵐ,27 à 0ᵐ,30
× 0ᵐ,13 à 0ᵐ,18.

Traverses demi-rondes :

2ᵐ,55 à 2ᵐ,75 × 0ᵐ,26 à 0ᵐ,36
× 0ᵐ,14 à 0ᵐ,18.

Compagnie d'Orléans :

Traverses en chêne équarri :

2ᵐ,50 à 2ᵐ,70 × 0ᵐ,20 à 0ᵐ,24
× 0ᵐ,14 à 0ᵐ,16.

Traverses de joints :

2ᵐ,50 à 2ᵐ,70 × 0ᵐ,30 à 0ᵐ,34
× 0ᵐ,14 à 0ᵐ,16.

Traverses en hêtre ou en pin équarris :

2ᵐ,50 à 2ᵐ,70 × 0ᵐ,19 à 0ᵐ,28
× 0ᵐ,12 à 0ᵐ,15.

Traverses de joints :

2ᵐ,50 à 2ᵐ,70 × 0ᵐ,29 à 0ᵐ,35
× 0ᵐ,12 à 0ᵐ,15.

Au chemin de fer de Lyon, les traverses employées ont des dimensions différentes, suivant les lignes auxquelles elles sont destinées.

Ainsi, pour les lignes très fréquentées, on emploie les dimensions suivantes :

Longueur.	2ᵐ,70 à 2ᵐ,90
Largeur.	0ᵐ,19 à 0ᵐ,25
Épaisseur.	0ᵐ,13 à 0ᵐ,16

ce qui donne un cube moyen de 0ᵐ³,0893.

Aux joints, on emploie des traverses un peu plus larges qui ont 0ᵐ,30 à 0ᵐ,40 et présentent un cube de 0ᵐ³,142.

Pour les lignes secondaires, les dimensions sont les mêmes que celles des traverses courantes avec une longueur de 2ᵐ,60 à 2ᵐ,80.

A la Compagnie du Nord, on a :

Longueur.	2ᵐ,50 à 2ᵐ,60
Épaisseur.	0ᵐ,12 à 0ᵐ,14

Quant aux largeurs, elles varient avec la forme des traverses et sont de 0ᵐ,24 à 0ᵐ,30 pour les traverses rectangulaires, et de 0ᵐ,26 à 0ᵐ,32 pour les demi-rondes.

Au chemin de fer de l'État, les traverses équarries ont les dimensions suivantes pour les traverses rectangulaires :

Longueur.	2ᵐ,50 à 2ᵐ,75
Largeur	0ᵐ,20 à 0ᵐ,24
Épaisseur.	0ᵐ,12 à 0ᵐ,16

Pour les traverses demi-rondes, les dimensions transversales sont un peu plus fortes :

Longueur.	2ᵐ,50 à 2ᵐ,75
Largeur.	0ᵐ,20 à 0ᵐ,35
Épaisseur.	0ᵐ,12 à 0ᵐ,18

Ces chiffres donnent un cube de 0ᵐ³,090 pour les traverses équarries et 0ᵐ³,12 pour formes demi-rondes.

Débitage des traverses.

126. La première chose à faire avant de transformer des bois en grume en traverses est de les écorcer et d'enlever l'aubier, ce dernier pouvant cependant rester dans une petite proportion à fixer par la Compagnie.

Puis on s'assure que le bois est exempt de défauts, tels que piqûres, gerces, gelivures, roulures, cadranures, etc. (Voir les *Matériaux de Construction*, de M. Oslet, page 19.)

Les bois préparés au sulfate de cuivre par le procédé Boucherie peuvent conserver leur écorce sans inconvénient, parce que cet antiseptique pénètre l'épiderme et empêche la pourriture.

Le chêne ne doit être abattu que pendant la bonne saison, c'est-à-dire du 15 octobre au 15 mars, et ne servir qu'après un délai minimum d'une année après la coupe.

127. *Divers modes de débitage.* — Les traverses équarries ont leurs larges faces dressées à la scie, et les faces latérales à la scie ou à la hache (*fig.* 64 à 71). Le débitage se fait, comme le montrent les figures, de manière à utiliser le mieux possible la pièce primitive eu égard à sa dimension. Certains arbres peuvent fournir ainsi jusqu'à six traverses normales (*fig.* 64), souvent quatre (*fig.* 65 et 66), et lorsqu'on ne veut pas de traverses demi-rondes ou mixtes (*fig.* 66 et 68), les pièces

d'un diamètre inférieur ne peuvent fournir que deux traverses (*fig.* 67) et même
une seule (*fig.* 68, 69, 70 et 71).

Si on admet les traverses demi-rondes,
on peut avoir le débitage (*fig.* 72) (une
demi-ronde et deux mixtes) ou les figures 73 et 74 suivant que l'arbre peut fournir une ou deux traverses.

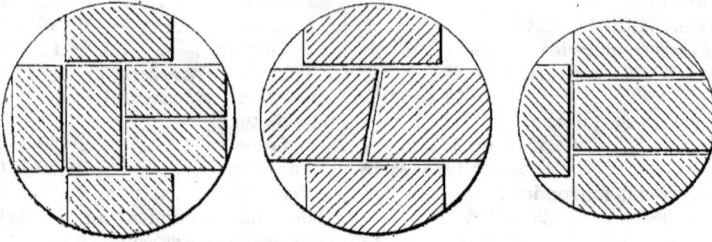

Fig. 64 à 66.

Il est rare que les grands débits (*fig.* 64,
65 et 66) se fassent avec le chêne, qui,
sous de semblables dimensions, est employé de préférence par la marine, et donnerait des traverses trop coûteuses.

Nous rappelons que la face inférieure,

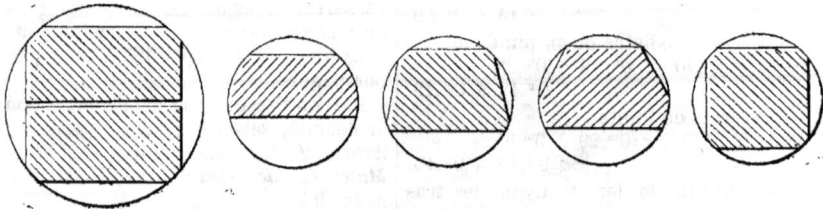

Fig. 67 à 71.

qui repose sur le ballast, doit toujours
être dépourvue d'aubier et à arêtes vives
afin de permettre une excellente stabilité.
L'aubier peut être toléré sur la face supérieure pourvu que la longueur de celui-ci
ne dépasse pas 4 à 5 centimètres.

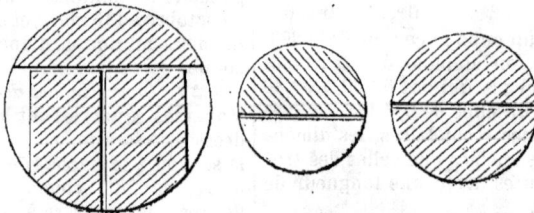

Fig. 72 à 74.

Pour les traverses demi-rondes, l'aubier
ne sera toléré que sur 0ᵐ,025 d'épaisseur.
Ces traverses, qui se détériorent beaucoup
plus vite que les traverses équarries,
surtout aux arêtes, sous l'action du bourrage, donnent un service médiocre. Aussi
lorsque, pour diminuer le prix d'une
fourniture, on est disposé à les admettre,

doit-on en fixer, avec soin, la proportion à l'avance.

Nous verrons, d'ailleurs, plus loin, au chapitre de la *Réception*, les conditions exigées par les grandes Compagnies pour leurs traverses.

128. *Longrines.* — Les voies courantes ne se posent jamais sur longrines, c'est-à-dire sur des pièces de bois dans le sens de la longeur du rail et au-dessous de celui-ci. Cependant les longrines peuvent rendre des services dans quelques cas particuliers, comme sur les ponts métalliques où l'on manque souvent de hauteur pour installer la voie sur ballast. Il en est de même aux encadrements des fosses à piquer le feu des locomotives que nous verrons plus loin.

Ces longrines se font généralement en chêne goudronné ; on les relie invariablement à la charpente métallique ou à la maçonnerie au moyen de cornières et de boulons.

Conservation et préparation des traverses.

129. *Considérations générales.* — Les bois sont composés d'une substance fibreuse, la *cellulose*, dont les éléments sont reliés par une matière incrustante et agglutinative, le *ligneux*. Ce dernier existe en plus grande proportion dans la partie centrale ou *cœur* (que l'on appelle aussi *bois parfait*), qui est d'origine plus ancienne puisque le développement des arbres a lieu, comme celui des os, par couches annuelles successives et concentriques.

Les couches les plus récentes et plus jeunes contiennent, au contraire, moins de matière incrustante et plus de substances albumineuses ; elles constituent ce qu'on appelle l'*aubier* qui, pour ces motifs, résiste moins aux causes d'altération et à la pourriture.

Cette pourriture provient surtout de la décomposition de la sève, et surtout des matières azotées, par la fermentation ; puis de la destruction opérée par des insectes qui y trouvent leur nourriture.

Pour prévenir cette altération, on doit donc faire usage d'agents chimiques et de substances antiseptiques propres à empêcher les fermentations et à tuer les insectes ou les microbes.

En ce qui concerne les bois en général et ceux des traverses en particulier, il faut, en outre, que ces préservatifs se comportent bien dans le milieu où ils sont appelés à séjourner et, de plus, que le prix de la préparation et des matières ne soit pas trop élevé.

Enfin il faut que les fibres ligneuses du bois et les fers de la voie restent absolument indemnes.

Au point de vue spécial de la dépense, il faut évidemment que celle-ci soit inférieure au prix de renouvellement des traverses.

130. *Procédés de conservation.* — Les procédés industriels et pratiques de conservation des bois sont au nombre de trois :

1° Les peintures et enduits ;

2° Le flambage ou carbonisation superficielle ;

3° L'injection.

131. *Enduits.* — On comprend que le premier procédé ne peut s'appliquer aux traverses de chemins de fer : il doit être réservé aux bois aériens de bâtiments.

Cependant, un Américain, M. Shields, écrivait, en 1886, au *Scientific American*, qu'il avait composé une peinture susceptible de préserver les traverses de chemins de fer et de leur assurer une durée d'au moins vingt ans. Cette peinture serait un mélange d'huile de lin, de résine et de poussier de charbon ; elle s'emploie à chaud en y plongeant une minute environ chaque traverse.

Nous n'avons pas connaissance d'une application quelconque de cette peinture qui, dans tous les cas, doit être inférieure à l'injection dans la masse et doit, comme tous les enduits, présenter l'inconvénient d'emprisonner à l'intérieur de la pièce tous les germes de putréfaction.

Le prince Lichtenstein avait exposé à Vienne, en 1872, des tiges et des billes absolument préservées de toutes fentes par un traitement spécial. L'emploi de ce procédé permettrait d'employer le bois presque vert, et rendrait libres les grandes surfaces qui sont nécessaires pour laisser sécher les arbres abattus.

Le traitement consiste en un badigeonnage extérieur avec une substance dont la composition est tenue secrète. Quoi qu'on fasse, ce procédé ne vaudra jamais rien pour les traverses de chemins de fer, car, nous répèterons ce que nous disions pour le procédé Shields : aucun préservatif de surface ne sera suffisant ; il ne fera que renfermer à l'intérieur les causes de pourriture qui y existent toujours à l'état latent.

132. *Carbonisation.* — La carbonisation a été essayée depuis longtemps et n'a donné que des résultats insuffisants. Le flambage de la surface s'opère mieux au moyen du jet de flamme d'un chalumeau à gaz ; mais cela est long et coûteux, aujourd'hui on a mieux.

La carbonisation en surface présente d'ailleurs cet inconvénient que, si une traverse vient à se fendre, le cœur du bois se trouve exposé à l'air et pourrit infailliblement le premier. La carbonisation par jet de gaz est préférable, parce qu'elle pénètre dans les fentes ; elle n'est pas à l'abri cependant des gerçures ou autres accidents qui peuvent se produire une fois la traverse en place, accidents qu'on n'est jamais sûr d'éviter.

133. *Injection.* — Le procédé le plus répandu et le plus efficace est l'injection, qui pénètre l'intérieur même du bois de matière antiseptique.

Cette injection, pour produire tous ses bons effets, doit être effectuée dans certaines conditions, très bien résumées, dès 1868, par l'*Union des chemins de fer allemands.*

Ces conditions sont les suivantes :

1° L'injection bien faite augmente sensiblement la durée des traverses ;

2° Les meilleurs antiseptiques à employer sont : la créosote, le chlorure de zinc et le sublimé corrosif ;

3° La bonne qualité et la dessiccation complète des bois sont les conditions principales pour la réussite de la préparation ; la perméabilité du ballast a ensuite une influence capitale sur la durée des traverses ;

4° Comme exemple de l'efficacité de l'injection des traverses, on cite le relevé fait pendant treize ans sur une voie ferrée. Le nombre des traverses de chêne injectées qui ont dû être remplacées a été d'une contre trois traverses non préparées ; pour les traverses en pin, le rapport a été de 2 à 5.

On a essayé successivement, et depuis longtemps, le pyrolignite de fer, le sulfate de fer, le chlorure de baryum, le sulfate de baryte, le sulfate de zinc, etc. Mais la plupart de ces procédés sont inefficaces, nuisibles ou trop coûteux. On s'en tient aujourd'hui aux trois procédés suivants :

Le sulfate de cuivre ;
Le chlorure de zinc ;
La créosote.

134. *Injection au sulfate de cuivre.* — On a commencé d'abord par injecter au sulfate de cuivre, et la méthode fut longtemps en vogue, d'autant plus qu'elle était supérieure à la carbonisation et qu'on n'en connaissait pas d'autre. Mais l'inconvénient qui en résulte est l'oxydation de toutes les attaches de fer qui entrent dans le bois. Les traverses étaient pourries sur tous les points où le bois était en contact avec le métal, fonte ou fer. Ce défaut était surtout important avec le hêtre, et un peu moins accentué avec le pin. On en est venu à bout, d'ailleurs, au moyen de la galvanisation des crampons ou tirefonds.

La propriété antiseptique du sulfate de cuivre avait été mise en évidence depuis longtemps par la reprise des travaux de mines de cuivre abandonnés par les Romains, et dont beaucoup de bois étaient étonnamment conservés pour l'époque à laquelle ils remontaient. Mais ce procédé n'est réellement industriel que depuis la méthode indiquée par le Dr Boucherie. Aujourd'hui, néanmoins, ce procédé tend à être abandonné de plus en plus et à céder la place au créosotage. Le procédé primitif de Boucherie utilisait un réservoir élevé de 10 mètres, ce qui fournissait une pression insuffisante et rendait l'opération très longue. Aujourd'hui, on emploie des pompes.

Il peut se faire sur l'arbre en pied et sur l'arbre abattu, en profitant de l'ascension de la sève.

On peut l'appliquer également en traverses débitées, posées sur des chariots
très bas, à roues en bronze, dans des chaudières en fer doublé de plomb. On sait en
effet que le fer décompose le sulfate de
cuivre en se substituant au cuivre qui se
précipite. (Voir les *Matériaux de Construction*, de M. Oslet, page 36, première partie
du *Cours de Construction.*)

135. *Chlorure de zinc.* — Le chlorure
de zinc est très employé par l'Amirauté anglaise et par les chemins de fer allemands ;
il a parfaitement réussi avec les traverses
en terrain sablonneux ; il paraît avoir
donné de moins bons résultats en terrain
calcaire. Ses partisans expliquent cet
échec par un mauvais emploi du réactif
qui aurait été introduit par simple coc-
tion à l'air libre ; c'est l'injection sous
pression à laquelle il faut toujours avoir
recours.

Le procédé d'injection au chlorure de
zinc, peu employé en France, a pris surtout
un grand développement en Allemagne. Il
présente des avantages incontestables
pour les bois de hêtre, de pin, de sapin,
de charme et d'érable.

Les bois peuvent être injectés, comme
pour le sulfate de cuivre, aussitôt après
l'abatage, et l'opération peut être exécutée en forêt, ce qui prévient les moisis-
sures et les putréfactions qui se développent si rapidement sur certaines
essences. L'injection peut se pratiquer
d'ailleurs en toute saison ; on n'a donc
pas de précipitation à montrer dans la
marche des travaux ni dans le transport
des arbres abattus.

On peut d'ailleurs mêler à la solution
de chlorure de zinc une matière colorante
quelconque, et l'on donne ainsi au bois
toutes les nuances voulues. Enfin ce sel
injecté rend les bois en grande partie in-
combustibles.

136. *Méthode Pfister.* — Le procédé
connu en Autriche sous le nom de méthode Pfister n'est pas autre chose que
l'injection au chlorure de zinc. L'injection
est le plus souvent faite dans la forêt
même aussitôt après l'abatage. La solution de chlorure employée a une densité
de 1,01 ; elle est injectée au moyen d'une
pompe. Après qu'une pression de 2 à

3 atmosphères a été maintenue durant
quelques minutes au gros bout du tronc,
la sève chassée d'abord, puis la dissolution
saline exsudent à l'extrémité opposée. Il
faut environ 350 litres de solution par
mètre cube de bois.

L'opération est rapide, mais ne paraît
pas répartir le liquide antiseptique aussi
uniformément que les autres.

Voici d'ailleurs quelques détails sur ce
procédé, peu connu en France.

Pfister emploie une pompe de compression. Son appareil se transporte dans la
coupe même, et les tiges sont injectées
sur place. L'injection n'est faite que dans
la portion centrale des arbres en laissant
de côté l'écorce et les parties voisines qui
ne seront pas utilisées.

La manœuvre de la machine exige
deux hommes, et chaque tige, d'après l'inventeur, est injectée en trois ou quatre
minutes. Le liquide employé est le chlorure de zinc de densité 1,008 pour les
arbres secs, et 1,01 pour le travail dans la
coupe même. On peut utiliser de nouveau
la sève mêlée de chlorure qui s'écoule de
l'arbre pendant l'injection et s'en servir
pour étendre la solution concentrée que
l'on transporte seule dans la coupe.

Il est bon de laisser les bois sécher
quelques mois avant de les employer.

Au lieu de chlorure de zinc, on peut
naturellement injecter tel liquide qu'on
voudra et même, comme nous le disions
plus haut, colorer le bois tout en le conservant. Ainsi la couleur rouge sera obtenue au moyen d'une injection d'acide
sulfurique, d'autant plus concentré qu'on
voudra une nuance plus foncée.

La teinte acajou est obtenue au moyen
d'acide azotique additionné d'une solution
très étendue d'iode, si l'on veut une couleur brune. Le noir résulte de deux in-
jections successives, la première de chlorure de fer très faible, la seconde de tannin.

On peut également injecter des solutions
destinées à rendre le bois peu combustible,
par exemple en mêlant à une solution
étendue d'alun de 10 à 25 litres de chlorure de zinc par hectolitre.

L'injection par la machine de Pfister
n'est pas aussi complète qu'on pourrait

le croire. En arrêtant l'opération lorsque le liquide coulant à la partie inférieure a une densité de 1,015, on arrive pour la teneur en chlorure de zinc aux résultats suivants :

Chlorure de zinc pour 100 dans une section à l'extrémité

la plus épaisse	la plus mince
1,12	0,27
1,21	0,59
1,09	0,80

L'appareil Boucherie exige un temps plus long pour une tige seule, mais on peut injecter simultanément un plus grand nombre de tiges, et celles-ci sont imprégnées plus sûrement et plus régulièrement.

137. *Méthode des chemins de fer hongrois.* — Les chemins de fer hongrois injectent leurs traverses au chlorure de zinc par un procédé à pression de vapeur. Deux chaudières peuvent recevoir chacune cent cinquante traverses de chêne ou de hêtre qui sont traitées par la vapeur à 1atm,5 pendant au moins une demi-heure pour le bois sec, et une heure pour le bois frais. La pompe à air fonctionne sur le bois sec pendant une heure, sur le bois frais pendant une heure et demie, et produit un vide de 0m,60 au moins. La compression du liquide antiseptique est prolongée pendant une demi-heure sous une pression de 8 atmosphères pour le hêtre, et pendant 3 heures pour le chêne, à la même pression. On emploie comme liquide du chlorure de zinc dilué ayant un poids spécifique de 1,015.

On détermine la dose du liquide injecté en pesant les traverses avant et après l'opération.

Une traverse de chêne frais prend de 4 à 8 kilogrammes de liquide ; sec, de 8 à 12 kilogrammes. Une traverse de hêtre prend de même de 12 à 30 kilogrammes à l'état frais, et de 30 à 45 kilogrammes à l'état sec.

Pour que toutes les traverses reçoivent le même poids de chlorure, on augmente la concentration en raison inverse de l'augmentation de poids.

On obtient avec ce procédé les résultats suivants :

AUGMENTATION DE POIDS en kilogrammes		CHLORURE DE ZINC POUR 100	
		A L'EXTRÉMITÉ	AU MILIEU
1	13.5	1.055	0.323
2	26	0.86	0.41
3	30.5	1.053	0.358
4	34.1	1.286	0.415
5	34.8	1.222	0.364
9	34.8	1.463	0.481
7	39	1.51	0.46

Les bois pourrissent très vite si on les emploie immédiatement sans attendre qu'ils soient bien secs, ou s'ils sont attaqués avant l'injection. Le bois malade, teinté de rouge, s'imprègne mal et ne prend presque pas de chlorure. En faisant des sections correspondantes dans une traverse saine et dans une malade on trouve les résultats suivants :

Chlorure de zinc pour 100

Bois sain	Bois malade
0,88	0,221
0,83	0,125
0,56	0
0,152	0,078

138. *Appareil Lovenfeld.* — L'appareil de Lovenfeld, basé sur l'action de la vapeur, le vide, puis une compression de chlorure de zinc, est monté sur trucs, et peut ainsi se déplacer sur toute une section de ligne ; cela permet à une Compagnie d'acheter seulement un seul de ces appareils ou du moins un petit nombre d'entre eux.

139. *Créosotage.* — Le bois distillé en vase clos donne un certain nombre de produits carbonés parmi lesquels se trouve le *goudron.* La distillation de ce goudron en sépare une huile incolore très odorante, très vénéneuse, bouillant à 203 degrés, peu soluble dans l'eau, très soluble dans l'alcool et l'éther et dans la potasse. C'est la *créosote*, $C^{26}H^{16}O^4$, qui jouit de la propriété de coaguler l'albumine et d'empêcher la décomposition des matières organiques.

Le charbon de terre, que l'on distille pour avoir le gaz d'éclairage, donne un mélange assez complexe de différents produits que l'on appelle les *huiles lourdes*, et que l'industrie appelle aussi quelquefois, par extension, de la *créosote*.

Les produits de cette distillation sont d'abord les eaux ammoniacales et les carbures d'hydrogène, comme la benzine, volatils entre 30 et 100 degrés. Les huiles lourdes distillent ensuite entre 100 et 200 degrés, donnant des carbures d'hydrogène azotés, comme l'aniline, des carbures d'hydrogène simples, et d'autres oxydés comme l'acide phénique et la créosote. En réalité, il n'y a pas plus de 2 à 3 0/0 de créosote dans ces huiles lourdes.

Enfin, de 200 à 300 degrés, on retire encore des huiles très lourdes et des graisses vertes renfermant des carbures d'hydrogène, comme la naphtaline, et des alcalis comme la quinoléine (Leukol).

Le résidu de l'opération est une matière solide et cassante qu'on appelle le *brai*.

La propriété préservatrice de la créosote industrielle employée paraît devoir être surtout attribuée à l'acide phénique. Aussi certaines compagnies en exigent-elles une proportion déterminée dans le liquide commercial employé ; le Nord en demande 15 0/0, l'Est 8 0/0.

Dès 1835, le Dr Moll indiquait comme spécialement préservatrices les vapeurs d'eupione et de créosote. Le procédé Blythe (1869) n'est en somme que celui du Dr Moll combiné avec le séchage artificiel ou l'étuvage du bois.

140. *Marche de l'opération.* — On commence par faire séjourner vingt-quatre heures les traverses dans les étuves à la température de 90 degrés environ.

On les fait passer ensuite dans des cylindres dans lesquels on fait le vide à 4/5 d'atmosphère. On introduit alors les huiles lourdes pendant une heure sous la pression de 6 atmosphères. L'opération entière ne dépasse pas deux heures.

Une traverse de hêtre peut absorber ainsi de 20 à 22 kilogrammes de liquide créosoté, et l'opération coûte 2 francs par traverse. En Angleterre on se contente d'injecter de 10 kilogrammes d'huiles lourdes les traverses en sapin rouge de la Baltique généralement employées. L'opération revient à 1 franc par traverse.

Le tableau ci-dessous donne les résultats obtenus au chemin de fer de Lyon.

1° SULFATAGE.

ESSENCES	POIDS DE LIQUIDE absorbé	PRIX
	kil.	fr.
Traverse en hêtre....	24 à 32	0.57
— en chêne avec aubier..........	7.5 à 10	0.35

2° CRÉOSOTAGE.

ESSENCES	POIDS DE LIQUIDE absorbé	PRIX
	kil.	fr.
Traverse en hêtre....	20 à 24	1.91
— en chêne avec aubier..........	6.5 à 8	0.98

141. *Procédé Blythe (créosotage).* — M. Blythe, par son procédé, basé sur les propriétés antiseptiques de l'acide phénique renfermé dans les huiles lourdes, affirme non seulement injecter les traverses d'antiseptiques, mais former une combinaison chimique entre le ligneux et le liquide créosoté, combinaison d'où résulte le durcissement de la traverse elle-même.

Les bois en grume ou débités sont soumis, dans une chambre, à l'action de vapeurs légères carburées, c'est-à-dire à de la vapeur d'eau à haute pression, tenant en suspension des hydrocarbures liquides à l'état de gouttelettes sphéroïdales.

Pour les traverses de chemin de fer et autres emplois des bois exposés à l'humidité, une deuxième opération consiste à les injecter sous pression, ensuite, avec les liquides goudronneux produits par l'opération même, et ramenés dans les condenseurs. La quantité d'huile lourde nécessaire au traitement d'une traverse s'élève à 3 kilogrammes, de sorte que M. Blythe expose, comme suit, son prix de revient par traverse, dans ses chantiers que nous avons visités à Bordeaux :

Huile lourde ou coaltar, 3 kilo-
grammes   0,25
Combustible   0,05
Main-d'œuvre   0,10
Divers   0,20

Total.   0,60

Pour le bois de hêtre, dit M. Blythe, on emploie de 20 à 30 kilogrammes d'huile lourde pour ne les injecter qu'en partie. Il est facile, en injectant les huiles après le traitement (opération qui dure dix minutes), de faire pénétrer le liquide dans toutes les parties de la traverse en n'employant que la moitié ou le tiers de matière, et, par ce seul moyen, de réaliser une économie de 10 à 20 kilogrammes d'huiles lourdes par traverse, représentant une somme de $0^f,60$ à $1^f,20$; en outre, cela permet d'employer le cœur rouge, ce qui est impossible sans cela.

Une opération dure une heure en moyenne par l'emploi d'une série de quatre cylindres. Un cylindre est vidé chaque vingt minutes ; on obtient ainsi soixante-quinze traverses par heure pour une série de cylindres de $1^m,25$ de diamètre.

Les appareils de Bordeaux, composés de quatre cylindres de $1^m,80$ de diamètre, traitent en moyenne cent cinquante traverses (même en bois vert) par heure.

142. *Créosotage par le procédé Betkell.* — La Compagnie des chemins de fer de l'Est possède des ateliers de préparation des traverses à Amagnes, à Port-d'Atelier et à Châtel-Nomany.

Voici les procédés employés par la Compagnie pour préparer les traverses par la méthode Betkell, consistant à les injecter d'huiles lourdes de goudrons par l'action successive du vide et d'une pression ultérieure artificielle.

On commence par faire sécher les traverses à l'air libre. Pour cela, on les empile en les entre-croisant, de manière à permettre la circulation de l'air, et on recouvre chaque tas d'un toit incliné vers le sud-ouest, côté des pluies, et formé de deux rangées de traverses jointives.

Au bout de dix-huit mois à deux ans le chêne a perdu à peu près 22 0/0 d'eau. On introduit alors les traverses, chargées sur des wagonnets, dans des étuves chauffées à l'air chaud. La température d'entrée de l'air est de 75 degrés, et celle de sortie de 40. L'étuvage dure deux jours ; chaque traverse perd encore en moyenne $1^k,5$ et rarement 2 kilogrammes.

La dessiccation est alors considérée comme complète.

A la sortie des étuves, les wagonnets chargés sont conduits dans le récipient à injection ; ce dernier est un long cylindre en tôle, terminé à une extrémité par une calotte hémisphérique, et à l'autre par un obturateur. Il peut contenir environ cent quatre-vingts traverses.

Le récipient étant fermé, on y fait le vide avec des pompes à air ; puis on le met en communication, par un tuyau, avec le liquide créosoté contenu dans une grande cuve à l'air libre et amenée à la température de 70 à 75 degrés au moyen d'un courant de vapeur.

Quand le récipient est rempli de créosote, on interrompt la communication avec la cuve, et l'on exerce, à l'aide de la vapeur, une pression de 5 kilogrammes. Chaque opération dure deux heures.

On ne prépare actuellement que des traverses équarries en chêne de France, de Gallicie, de Pologne russe. Comme ce bois contient peu d'aubier, il n'absorbe guère que 5 kilogrammes de liquide créosoté par traverse ; tandis que les traverses en sapin en absorbent 10. Le prix de revient est de 1 franc par traverse.

Ce procédé donne d'excellents résultats. Il est indispensable que les traverses soient bien desséchées et, pour cela, le moyen le plus efficace est l'exposition prolongée à l'air, l'étuvage ne devant servir qu'à enlever les dernières traces d'eau. De plus, elles doivent passer immédiatement de l'étuve dans le récipient ; elles absorbent alors beaucoup mieux la créosote.

Le contrôle de l'injection est facile à faire. Comme on n'opère que sur des bois bien secs, il suffit de peser un certain nombre de traverses avant et après l'opération pour se rendre compte par différence de la quantité de créosote qui a pénétré dans le bois. C'est ce que faisait la Compagnie quand la préparation des traverses était confiée à des entrepreneurs. Actuellement, elle opère elle-même la préparation de ses traverses, et, comme elle peut aisément connaître, à la fin de chaque opération, le poids total de créosote employée, elle se dispense de ces pesées.

On se contente de percer des trous de 20 millimètres à 10 centimètres de la partie entaillée pour le sabotage. L'examen de la sciure et des parois du trou permet de reconnaître si l'injection est bien faite. De temps en temps, on introduit dans le cylindre des témoins que l'on scie en différents points de leur longueur.

Le sabotage des traverses doit se faire avant la préparation.

143. *L'injection en Allemagne.* — M. Funck, ingénieur de la ligne de Cologne-Minden, publiait, en 1880, un intéressant mémoire dans lequel il résumait les résultats acquis par une longue pratique sur les différentes lignes de chemins de fer allemands au sujet de la durée des traverses de chemin de fer en bois ordinaire ou en bois préparé.

D'après les données recueillies dans les diverses compagnies de chemins de fer allemands et autrichiens, la dépense d'injection des traverses s'établirait comme l'indique le tableau suivant :

MODE D'INJECTION	PRIX PAR TRAVERSE		
	EN CHÊNE	EN HÊTRE	EN SAPIN
	fr.	fr.	fr.
Chlorure de zinc............	de 0.29 à 0.67	de 0.59 à 0.96	de 0.33 à 0.62
Sulfate de cuivre............	0.43 à 0.90	1.08 à 1.20	0.72 à 1.02
Créosote..................	1.06 à 1.62	2.16	1.75 à 2.76

Il résulterait de ce tableau que le prix d'injection au chlorure de zinc est de beaucoup le moins élevé, tandis qu'il donne aux traverses une durée égale à celle que procure le créosotage.

On a renoncé en Allemagne, comme partout ailleurs, à tremper seulement les traverses dans des préparations antiseptiques ; l'injection se fait toujours sous forte pression. Le sulfate de cuivre est généralement abandonné comme étant d'une application difficile et coûteuse.

Le hêtre est peu employé en Allemagne, quoiqu'il joue comme essence un rôle important puisqu'il représente 17 0/0 des arbres formant les forêts de l'Allemagne, et de l'Autriche. Malgré cela, les traverses de chemins de fer n'en renferment pas plus de 3 0/0.

D'après un Mémoire de M. Elau, publié en 1883, les traverses de hêtre injectées à la créosote, substance qui a donné le meilleur résultat, ont atteint sur le chemin de fer de Cologne-Minden une durée de près de dix-huit ans. Le chlorure de zinc réussit moins bien, et l'injection au sulfate de baryte est celle qui prolonge le moins la durée du hêtre.

Dans les contrées d'Allemagne où le hêtre est abondant, comme au Hanovre, une traverse de hêtre injectée ne coûte que la moitié du prix d'une traverse en chêne préparé. Le principal obstacle à l'emploi du hêtre semble être l'inégalité d'altération qui fait qu'une traverse peut être profondément attaquée à l'intérieur, alors que l'extérieur paraît être dans un état assez satisfaisant de conservation.

On applique aussi quelquefois la méthode Blythe : l'huile lourde créosotée est refoulée par la pression de la vapeur dans les pores des traverses dont chacune absorbe 10 à 12 kilogrammes d'huile.

144. *Le créosotage par la méthode Rutgers.* — Le procédé précédent n'amenant pas l'imprégnation complète de la traverse, les Allemands lui préfèrent celui de M. Rutgers qui est d'un usage de plus en plus répandu chez eux. Les traverses sont placées dans une étuve progressivement échauffée jusqu'à 130 degrés et y sont laissées jusqu'à ce qu'elles ne laissent plus trace de vapeur d'eau, c'est-à-dire au moins quatre heures. On les introduit ensuite dans des récipients en fer à fermeture hermétique, dans lesquels on fait le vide en y laissant entrer du goudron mélangé de créosote chauffé par des tubes en fer à circulation de vapeur. On établit ensuite la pression avec une pompe foulante, et on la maintient jusqu'à ce que chaque traverse ait absorbé 18 kilogrammes d'huile, chiffre bien supérieur à celui du procédé Blythe, et qui indique, par conséquent, une imprégnation beaucoup plus complète.

Avec le hêtre qui est sujet à la pourriture sèche, l'imprégnation reste sans effet. Il faut alors dessécher le bois à une température assez élevée, ou le laver à la vapeur. La première opération a l'inconvénient de risquer de fendre le bois, de sorte qu'on préfère généralement échauffer celui-ci jusqu'au cœur, avec de la vapeur surchauffée à plus de 100 degrés, et le laver aussi complètement que possible. Si l'on doit injecter ultérieurement les traverses, il faut d'abord les laisser sécher, ce qui demande, au printemps et en été, de deux à trois mois. Les traverses en hêtre ainsi traitées sont excellentes, et leur emploi doit être recommandé, bien que leur prix soit plus élevé que celui des traverses de pin.

145. *Procédé Welhouse.* — Ce procédé au zinc et au tannin est employé en Amérique ; d'après M. Chanule, aucun autre ne pourrait lutter avec lui pour prolonger la durée des bois.

Des traverses de bois tendre préparées à Saint-Louis en 1881 et 1882, et employées sur diverses lignes de chemin de fer sont, après dix ans, dans un état complet de conservation. En outre, et d'après le même auteur, le bois préparé par ce procédé, non seulement se conserve très bien, mais acquiert une plus grande dureté.

146. *Contrôle de l'opération.* — Quel que soit le système d'injection adopté, on dispose en général dans chaque opération deux pièces d'essais ou *témoins*, l'une de longueur double de celle des traverses plus 0m,10, l'autre d'une épaisseur double de celle des traverses.

L'opération terminée, la première pièce est sciée en trois tronçons, les deux extrêmes ayant la longueur des traverses, et celui du milieu les 0m,10 restant ; ce dernier est conservé par l'agent réceptionnaire pour servir de contrôle.

La seconde est sciée à mi-épaisseur, de sorte que chaque fragment présente l'épaisseur normale d'une traverse.

On vérifie alors si ces pièces sont entiè-rement pénétrées ou non, et dans le premier cas on fait la réception des traverses qui les accompagnaient ; dans le cas contraire, c'est-à-dire s'il se présente des zones ne renfermant que peu ou point de matière antiseptique, toutes les traverses sont refusées et doivent subir à nouveau la préparation.

En somme, cette vérification est assez inutile et ne donne que de médiocres garanties aux deux parties intéressées ; l'examen par réactif chimique est préférable.

Le carnet d'attachements de l'agent réceptionnaire doit indiquer :

1° La durée du passage de la vapeur dans le cylindre, quand on pratique cette opération préliminaire ;

2° La durée et le degré du vide obtenu ;

3° La durée de l'introduction du liquide et sa température ;

4° La durée de la pression, sa valeur et ses fluctuations ;

5° Le poids des traverses d'essai avant et après l'opération.

De toutes façons, la préparation des traverses est une opération fondamentale et délicate, que les Compagnies ont avantage à pratiquer elles-mêmes au lieu de l'abandonner à un entrepreneur dont la tendance sera toujours de faire des économies.

Vérification et réception des traverses.

147. A la réception des traverses, on doit se préoccuper de leurs formes et dimensions, de la nature et de la qualité du bois, et enfin du degré de pénétration de l'injection.

148. *Cubage des traverses.* — Les dimensions prescrites pour les traverses sont indiquées dans le cahier des charges spécial à cette fourniture, et contrôlées par un agent réceptionnaire, tantôt avant, tantôt après la préparation. Le plus souvent les traverses qui doivent être préparées sont mesurées après l'injection et font l'objet d'une réception provisoire. Chaque traverse est ainsi examinée avec soin et contradictoirement avec le fournisseur ; ses dimensions sont inscrites sur un carnet, avec l'indication de la date, et le cube en est dressé d'après un barème convenu qui facilite les calculs et donne les résultats d'une manière expéditive.

Voici la forme du carnet de réception usité au chemin de fer du Nord :

DATES de la RÉCEPTION	NUMÉRO d'ordre	DIMENSIONS			CUBE DES TRAVERSES			
		LONGUEUR	LARGEUR	ÉPAISSEUR	rectangulaire	demi-ronde	à 2 faces de sciage et une circulaire	à 3 faces de sciage et une circulaire

Les longueurs sont généralement comptées comme pour les bois de charpente de l'industrie, de 5 en 5 centimètres, c'est-à-dire que l'on néglige tout chiffre inférieur à 0^m,05. Pour les largeurs et les épaisseurs, on adopte l'évaluation au centimètre.

Si les traverses sont payées au volume, le cahier des charges fixe un maximum qui peut être dépassé, et un minimum au-dessous duquel le volume ne doit jamais tomber sous peine de rejet.

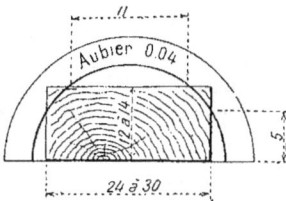

Fig. 75.

On défalque d'ailleurs, du cube obtenu, le volume de laubier quand son épaisseur dépasse la tolérance accordée.

On opère ces mesurages au moyen d'une règle en bois portant à l'une de ses extrémités un retour d'équerre en fer contre lequel on fait buter la traverse. Cette règle est divisée en mètres, décimètres, centimètres et demi-centimètres.

Pour les largeurs et épaisseurs, on emploie de préférence une équerre à deux branches inégales, divisée en centimètres, et qui est plus maniable que la règle, pour ces faibles dimensions.

Au Nord, les épaisseurs sont comptées par demi-centimètres.

149. *Réception des traverses. Compagnie du Nord.* — Au chemin de fer du Nord on refuse absolument les traverses demi-rondes sur les lignes principales.

On y admet le même prix pour les traverses en chêne non préparé et celles en hêtre injecté au sulfate de cuivre ou à la créosote.

Pour avoir des arêtes bien vives à la base en contact avec le ballast, les tra-

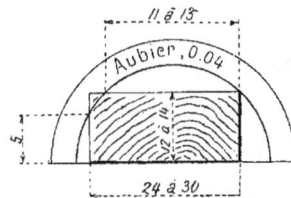

Fig. 76.

verses qui ont les arêtes supérieures arrondies doivent avoir au moins 0^m,05 de hauteur sans aubier, et la face supérieure doit être de même exempte d'aubier sur une largeur minimum de 0^m,11 (*fig.* 75 et 76).

Pour les traverses à une seule face latérale de sciage, la plus grande épaisseur doit se présenter à 0^m,10 au moins de cette face (*fig.* 77).

Quant à la courbure des traverses, on ne tolère qu'une flèche inférieure au 1/20 de la longueur.

Le cubage ne doit pas donner de résultats inférieurs à 0ᵐ,087 pour le chêne et 0ᵐ,088 pour le hêtre.

150. *Compagnie de Lyon.* — A la Compagnie de Paris-Lyon-Méditerranée, les traverses sont en chêne ou en hêtre préparé ; toutes celles de chêne sont équarries et ne doivent pas présenter plus de 0ᵐ,03 de flache ou d'aubier mesurés sur les faces. Les traverses en hêtre peuvent être demi-rondes.

On refuse les traverses présentant une seule dimension inférieure au minimum fixé par le cahier des charges, de même que celles qui sont fendues sur toute l'épaisseur ou toute la largeur.

Le payement se fait à la pièce sans tenir compte du cube excédant le minimum.

151. *Compagnie de l'Est.* — Au chemin de fer de l'Est on emploie exclusivement le hêtre ou le charme injecté au sulfate

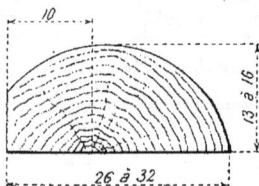

Fig. 77.

de cuivre ou à la créosote. On y admet à peu près toutes les formes de traverses ; pour celle à une seule face de sciage, l'épaisseur maximum est exigée au tiers de la longueur à partir de cette face.

La courbure n'est jamais tolérée dans le sens longitudinal ; on ne l'admet que dans le sens transversal, et avec une flèche inférieure au 1/10 de la largeur. Les faces de sciage, supérieure et inférieure, doivent être rigoureusement parallèles.

Le cube des traverses demi-rondes ne doit pas dépasser 2/7 de la fourniture totale.

152. *Compagnie du Midi.* — A la Compagnie du Midi on emploie fréquemment les traverses en bois de pin préparé, à cause de la facilité qu'a cette Compagnie de se procurer ce bois dans les landes de Gascogne. Pour les mêmes raisons

on est très large sur la proportion des traverses demi-rondes qui atteint souvent les 4/5 de la fourniture totale. Les arbres doivent simplement être entièrement dépourvus de leur écorce, et le rayon doit être au moins de 0ᵐ,13 à 0ᵐ,16.

Les traverses à deux faces latérales courbes (*fig.* 68) ne sont admises que jusqu'à concurrence du 1/10 : elles ont

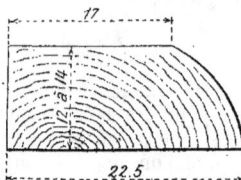

Fig. 78.

de 0ᵐ,22 à 0ᵐ,23 de largeur, et 0ᵐ,12 à 0ᵐ,14 d'épaisseur, déduction faite de l'épaisseur à prendre pour obtenir les plans de pose des coussinets. Toute traverse présentant plus d'une des dimensions minima est refusée, ainsi que celles dont la courbure dépasse 12 0/0 de flèche.

Enfin le chemin de fer de l'Ouest emploie des traverses en chêne non préparé et des traverses en hêtre injectées au sulfate de cuivre.

Celles en chêne sont équarries, privées

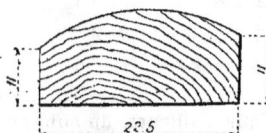

Fig. 79.

d'aubier et ne doivent présenter de flaches de plus de 0ᵐ,03 de largeur.

Les traverses présentant une face latérale courbe doivent avoir une face supérieure de 0ᵐ,17 au minimum (*fig.* 78).

Pour celles qui ont une face supérieure courbe (*fig.* 79), les faces latérales droites doivent avoir au moins 0ᵐ,11 de hauteur ; la largeur pour les deux formes précédentes, pas moins de 0ᵐ,225.

Quant à la courbure, on ne tolère

qu'une flèche ne dépassant pas 1/20 de la longueur dans le sens horizontal.

Le payement se fait à la pièce. On refuse les échantillons présentant une seule dimension inférieure au minimum. Les excédents, au contraire, ne sont pas comptés, comme cela se pratique à peu près dans toutes les compagnies.

153. *Poinçonnage.* — Les traverses reçues d'après les conditions précédentes reçoivent une marque spéciale à une extrémité et quelquefois aux deux.

La marque au fer rouge peut être employée ; mais on peut la remplacer commodément par un coup de marteau-cachet constituant un véritable poinçonnage.

Le marteau employé dans ce cas est à

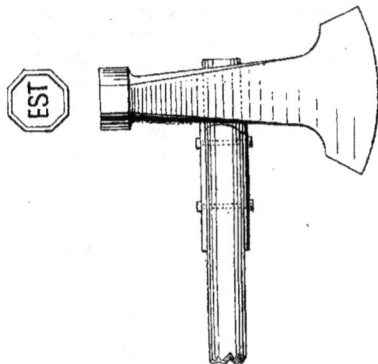

Fig 80.

double usage : il est terminé de l'autre côté par une hachette qui sert à entailler légèrement les bois suspects et à marquer de deux incisions en croix, à une extrémité, les traverses refusées (*fig.* 80).

Si l'on emploie le fer rouge, on peut marquer également les traverses refusées d'un R, comme le fait le chemin de fer de l'Ouest.

154. *Empilage des traverses.* — La réception terminée, les traverses sont chargées sur un wagon et conduites aux chantiers de sabotage ; le fournisseur doit en faire le chargement.

Ou bien, les traverses sont simplement empilées sur place en tas réguliers et par espèces.

Les tas de traverses peuvent être irréguliers, mais ils doivent être numérotés et le carnet de magasin doit contenir exactement le nombre de pièces qu'ils renferment. Les deux premières assises doivent être des traverses de rebut afin que les bonnes traverses ne reposent pas directement sur le sol. Afin d'éviter les éboulements, on monte les extrémités des tas soigneusement et par assises croisées.

Quelques compagnies exigent des tas entièrement réguliers et par assises croisées, des couloirs de circulation entre des piles de traverses de dimensions limitées, etc. Tout cela est, en somme, d'une importance assez secondaire.

Quelquefois l'empilage est exigé avant la préparation lorsqu'elle ne se fait pas en forêt.

Les traverses une fois débitées peuvent se fendre sous l'action du soleil ou du vent. On peut y obvier en partie par certains modes d'empilage tel que celui employé au chemin de fer de l'Ouest, où les bonnes traverses sont abritées des rayons directs du soleil. On répare d'ailleurs quelquefois ces accidents : ainsi, quand la fente n'est pas d'une grande longueur et ne traverse pas complètement la pièce, on peut utiliser encore cette dernière en resserrant les deux parties qui tendent à se séparer au moyen d'un boulon de 8 à 12 millimètres de diamètre.

On peut encore rapprocher les deux bords de la fente au moyen de plaquettes de tôle ou de petites planchettes de bois clouées sur la traverse ; d'autres fois on emploie des S en fer qui ne donnent que de médiocres résultats parce qu'elles forment un ressort qui se détend au fur et à mesure du travail du bois.

Lorsque la fente règne sur toute l'épaisseur de la traverse, le mieux est de la refuser.

Durée des traverses.

155. *Considérations générales.* — D'une manière générale, la durée d'une même essence peut être assez variable suivant le milieu dans lequel le bois est placé, la nature du ballast, le bourrage, la situation en tranchée, en remblai, la nature du sous-sol, l'assainissement et surtout le climat.

Dans les pays chauds, comme la chose a été déjà constatée en Europe et en Algérie, il est, en effet, impossible de conserver longtemps les traverses des meilleurs bois employés dans les climats tempérés. C'est pour cela que l'on cherche à faire usage des essences locales et surtout des traverses métalliques dont nous parlerons plus loin.

Mais avec les traverses préparées il peut être hasardeux de formuler des règles générales. Un procédé donnant de bons résultats sur une essence déterminée et dans certaines conditions locales peut n'en donner ailleurs que de médiocres ou de mauvais. C'est l'étude et l'expérience qui fixeront le mieux en pareil cas.

Ainsi le procédé à la créosote ne paraît pas convenir aux bois exposés à l'air et surtout aux climats chauds et secs. C'est pourquoi le créosotage n'a pas donné de bons résultats au chemin de fer du Midi, tandis que le sulfatage se comporte très bien. Inversement, la créosote est préférable dans les contrées humides, dans le ballast terreux, et son usage devient général dans les régions du Nord, la Belgique, etc.

156. *Durée des traverses non préparées.* — Les traverses en chêne de bonne qualité durent aisément vingt ans lorsqu'elles sont exposées dans un bon ballast permettant un écoulement facile des eaux.

Celles de hêtre ou de sapin non préparées sont hors de service au bout de trois ou quatre ans, et préparées elles se rapprochent de la durée du chêne sans l'atteindre.

Certaines tentatives ont été faites par le Ministère de la Marine pour introduire en France des bois des colonies et, en particulier, de la Guyane. Ces bois, assez jolis d'aspect et assez durs, n'ont pas eu, à notre connaissance, le succès qu'on en espérait ; ce sont :

L'angélique, de ton violet cendré;
Le bagas — violet ;
Le cèdre — jaune ;
Le cèdre — noir;
Le cèdre de ton gris;
Le balata — blanc;
Le balata — rouge;
Le parcoury — jaune.

Des industriels ont tenté d'introduire des bois analogues provenant de l'Amérique du Sud, tel que le Camacho, sans réussir davantage.

Le Ministère présentait les échantillons au prix de $6^f,65$ la traverse cubant 80 décimètres cubes, plus 4 0/0 de frais de manutention.

Les traverses de chêne de Russie reviennent dans les ports français de $5^f,30$ à $5^f,50$, plus 4 0/0 de manutention.

En France, elles coûtent environ 6 francs tous frais compris.

Le nombre des traverses consommé annuellement en France pour le simple entretien des voies existantes s'élève à environ quatre millions ; la moitié de ce chiffre est en chêne ; l'autre, composée environ par parties égales de hêtre et de pin. La durée des traverses non préparées peut s'évaluer environ comme suit :

Chêne équarri, de 15 à 20 ans
Sapin................. 7 —
Pin.................. 5 —
Hêtre............... 3 —

Comme on le voit, c'est le hêtre qui résiste le moins à l'état naturel, tandis qu'il est presque l'équivalent du chêne quand il a été injecté.

157. *Durée des traverses injectées.* — Les résultats les plus sûrs pour se rendre compte de la durée des traverses injectées ont été obtenus par la Compagnie de l'Est, grâce à l'idée qu'elle a eu de fixer à ses traverses un clou de millésime ; c'est un clou à tête plate portant la date de la mise en place de la traverse.

Les proportions de traverses retirées des voies au bout de quinze ans de service ont été les suivantes :

Hêtre injecté à la créosote, 47
Sapin — — 106
Chêne non injecté...... 232
Hêtre injecté au sulfate de
cuivre................ 396

Une expérience spéciale sur le chêne créosoté avait duré treize ans, et la proportion de traverses à remplacer n'était que de 9 0/0. Au bout de quinze ans la courbe paraît indiquer un remplacement de 15 0/0, ce qui est le meilleur résultat qu'on ait jamais obtenu.

On admet généralement en France comme durée des traverses préparées :

Chêne.............. 25 ans.
Hêtre.............. 9 à 10 —
Sapin .... 12 à 14 —
Pin................ 9 à 10 —

A la Compagnie de l'Est on trouve ces résultats un peu trop pessimistes.

158. *Dernière statistique des traverses en bois en France.* — Malgré de nombreuses tentatives, faites surtout par les forges, pour faire adopter les traverses métalliques, les grandes compagnies paraissent ne négliger aucune occasion de montrer leurs préférences pour les traverses en bois, dont elles sont parvenues d'ailleurs, dans ces dernières années, à prolonger sensiblement la durée.

Prenons, par exemple, la Compagnie de Lyon : au 1er janvier 1868, le nombre des traverses était évalué à six millions deux cent quatre-vingt mille avec un renouvellement annuel de trois cent quatre-vingt-douze mille. Au 1er janvier 1890, sur quinze millions deux cent soixante-quatre mille traverses il n'y en avait plus que sept cent quinze mille quatre cent soixante-deux à remplacer par an. La proportion des renouvellements est tombée de 6,2 0/0 à 4,6 0/0.

En 1879, la durée moyenne était de 10,4 ans ; en 1890, elle atteint douze ans sans toutefois que la moyenne de la période de 1880-1890 fût supérieure à 10,5 ans. Le résultat est peut-être dû en partie à ce que les lignes construites pendant ces dix dernières années ont un trafic plus faible et fatiguent moins ; on l'explique d'autre part au moyen des considérations suivantes :

1º Diminution du renouvellement des rails par la substitution de l'acier au fer ;

2º Diminution des voies avec rails en fer ;

3º Surveillance plus minutieuse des voies ;

4º Substitution de la créosote au sulfate de cuivre dans l'injection des traverses en hêtre qui entrent pour moitié dans le total des traverses employées.

D'après les états dressés pendant la période 1880-1890, par les six grandes Compagnies, la durée moyenne serait :

Sur le Midi......... 8,9 ans
L'Est.......... 12,9 —
P.-L.-M........ 11,3 —
Orléans .... 13,1 —
Nord.......... 13,3 —
Ouest .... 13,8 —

On voit que c'est le chemin de fer du Midi le moins bien partagé. Les traverses ont en effet plus à souffrir dans les climats chauds, et en outre cette Compagnie fait un grand usage de pins des Landes qu'elle a à sa portée et à de bonnes conditions, mais qui ne donnent pas les meilleures traverses. Sur la ligne de Cette à Tarascon (P.-L.-M.), où l'on emploie également les traverses en pin, la durée ne dépasse pas huit à neuf ans.

159. *Statistique aux États-Unis.* — D'après une statistique de 1889, on compte aux États-Unis cinq cent seize millions de traverses en bois employées sur tout le réseau. Le renouvellement annuel s'élève à quatre-vingts millions, soit 16 0/0.

Les traverses préférées proviennent d'arbres jeunes ; le chêne y entre pour 60 0/0 de la consommation totale. Il provient généralement des vastes forêts du Kentucky. Le bois de sapin, dont la consommation est également très grande provient du Michigan et du Wisconsin.

En Amérique on injecte très rarement les traverses ; on emploie sans les préparer le chêne blanc, qui dure en moyenne sept ans et demi ; le châtaignier, qui dure six ans et demi ; le hêtre qui dure quatre ans. Il y aurait certainement avantage à se servir de pin créosoté qui coûterait moins cher que le chêne et aurait une plus grande durée. Mais le bois est encore si abondant aux États-Unis que les Compagnies ne paraissent pas disposées à adopter le système d'injection des traverses, en raison des frais de premier établissement des usines et du prix de la main-d'œuvre qui en seraient les conséquences les plus directes.

160. *Statistique en Angleterre.* — En Angleterre il n'existe que peu ou point de statistiques exactes ; aussi les documents fournis par les ingénieurs anglais sont ils très vagues. La durée des traverses serait augmentée de deux à dix ans par l'injection des bois. En moyenne on attribue une durée de quinze ans aux traverses de pin créosoté, ce qui concorderait avec les chiffres reconnus sur les lignes allemandes.

161. *Statistique en Allemagne.* — D'après M. Funck, cité plus haut, en établissant des moyennes sur un grand nombre de traverses posées sur les chemins de fer allemands et autrichiens dans des conditions très diverses, la durée serait la suivante :

DÉSIGNATION	DURÉE DES TRAVERSES			
	chêne	pin	sapin	hêtre
	ans	ans	ans	ans
Bois naturel.......	13.6	7,2	5,1	3
Bois injecté	19,6	15	9	16,5

Ce tableau fait ressortir les avantages de l'injection, surtout pour le pin et le hêtre, qui peuvent avoir ainsi une durée supérieure au chêne non préparé. La durée moyenne de 831 347 traverses en pin ayant subi divers procédés d'injection a été, sur les lignes allemandes, de quatorze ans.

Utilisation des vieilles traverses.

162. Pour tirer parti des vieilles traverses de chemin de fer qui n'ont généralement souffert qu'à leurs extrémités et surtout au-dessous des rails, M. Renson, ingénieur hollandais, propose le moyen suivant.

La partie moyenne de chaque vieille traverse étant généralement restée saine, il prend deux de ces traverses, les juxta-pose bout à bout, et les réunit par une pièce de fer en forme de gouttière. Cette armature recouvre la face supérieure de la traverse d'assemblage, et porte les rails qui ne peuvent plus détériorer le bois ; en outre, sa résistance assure une fixité absolue dans l'écartement de la voie.

Traverses en verre.

163. On a songé plusieurs fois à appliquer le verre à la fabrication des traverses de chemins de fer.

Ainsi un ingénieur anglais, M. Bucknall, a inventé une traverse formée de deux plaques de verre réunies par une barre de fer. Ce verre est obtenu par la fusion d'une variété de granit qu'on trouve en abondance dans le Sud de l'Angleterre.

Ces traverses présentent à l'écrasement et au choc une résistance considérable comme l'ont prouvé des essais faits avec soin à Glascow. De plus, elles ne coûtent pas cher et seraient, à ce qu'affirment les promoteurs, d'une durée indéfinie.

Chemins entièrement en bois.

164. Pour terminer ce chapitre, signalons quelques chemins de fer où il n'y a pas que les traverses en bois, mais les rails eux-mêmes. Cela ne peut évidemment exister qu'en Amérique où les bois sont abondants et à bas prix.

Ainsi une ligne de ce genre existe au Canada, dans la province de Québec, sur 48 kilomètres de longueur. Les rails sont en érable et les trains y circulent sans bruit et sans secousse à la vitesse de 40 kilomètres à l'heure. Ce n'est d'ailleurs qu'une ligne industrielle servant à peu près exclusivement au transport des bois des forêts voisines.

Dans la Caroline du Sud, on rencontre un chemin de fer analogue de 25 kilomètres.

§ III. — EXPLOITATION MÉCANIQUE DES BALLASTIÈRES

165. Nous donnerons ci-dessous, comme type d'installation mécanique de ballastière, celle de Château-Gontier (Mayenne), ouverte pour les besoins de la construction de la ligne de Sablé à Segré (compagnie de l'Ouest).

Le gisement de ballast avait été indiqué à l'avance, comme cela se présente fréquemment, par une ancienne carrière qui traversait la ligne. On savait par des sondages que l'on pouvait compter sur une épaisseur de sable mélangé de cailloux de 4m,50 à 5 mètres. La ballastière ouverte était limitée sur trois côtés par des voies bordées de maisons et de jardins clos ; l'autre côté était attenant au chemin de fer en construction dont le passage sur une voie devait être maintenu (*fig.* 81). L'exploitation en était donc difficile de toutes façons, soit qu'elle se fît à bras d'homme, soit qu'on employât les excavateurs.

La nature du sol se prêtant parfaitement au travail de l'excavateur, c'est ce

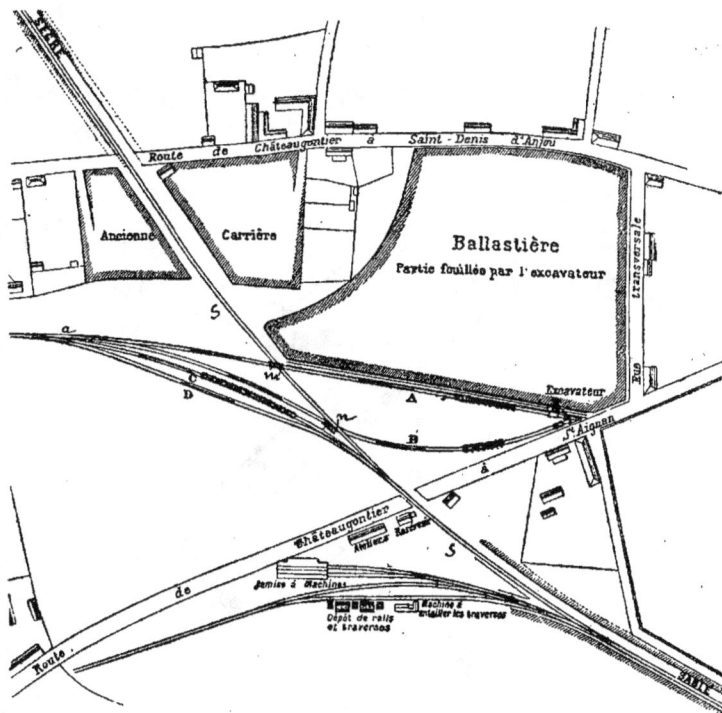

Fig. 81.

dernier qui fut adopté. L'extraction était donc des plus faciles ; mais il n'en était pas de même de la manœuvre des wagons destinés à desservir l'excavateur, surtout lorsque ce dernier se trouvait près d'une des routes.

Ainsi, au moment où l'appareil se trouvait près de la route de Château-Gontier à Saint-Aignan, il n'était plus possible, sans éprouver de grands retards, d'amener au-dessous de lui les wagons vides sur la voie de charge A qui devait forcément s'arrêter à cette route ; cette voie était naturellement posée parallèlement à celle de l'excavateur.

Voici comment on vint à bout de cette première difficulté : on fit embrancher en un point *a* de la voie A une seconde voie B ne recevant que des wagons vides. Cette nouvelle voie s'écartait immédiatement le plus possible de la première pour venir, à son extrémité *b*, relier son rail intérieur avec celui de la voie A et former avec ce dernier un angle d'environ 30 degrés. Un châssis tournant, posé sur un bâtis en bois léger mobile et légèrement en pente, recevait un à un les wagons poussés par des hommes de la voie B. Chaque wagon, par une rotation du châssis était ensuite mis dans la direction de la voie A et poussé sur celle-ci où on le remplaçait par un autre quand l'excavateur avait fini de le remplir. Pendant qu'on le chargeait, d'ailleurs, un autre wagon vide était tout prêt sur le châssis, venant de la voie B et destiné à prendre la place du wagon plein sous l'excavateur.

On procédait ainsi jusqu'à ce que l'excavateur se fût éloigné suffisamment de la route pour laisser entre lui et celle-

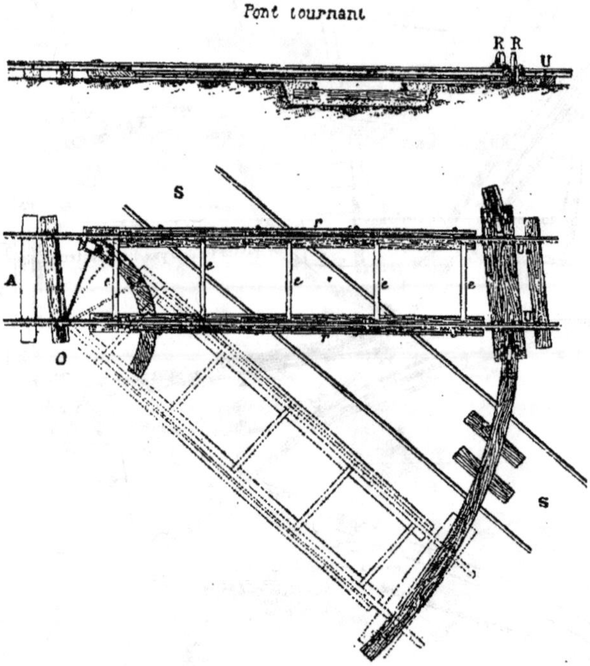

Pont tournant

Fig. 82.

ci un intervalle assez grand pouvant recevoir tout un train vide ou, du moins, la plus grande partie de ce train. Alors le châssis tournant cessait de servir et les wagons étaient amenés directement sous le couloir de l'excavateur par la locomotive de manœuvre.

Les wagons pleins étaient formés en train sur la voie de manœuvre C et de là partaient à la décharge. Au retour, une fois vides, on les garait sur la voie D où ils étaient repris par la locomotive de manœuvre, et ainsi de suite.

Une difficulté spéciale se présentait encore ici : c'est que, pendant toute la durée de l'exploitation de cette ballastière, il fallait maintenir la circulation sur la voie en construction du chemin de fer de Sablé à Segré.

On posa pour cela provisoirement cette

voie, dans toute la traversée de la carrière, à une hauteur telle que le dessus du rail arrivât au niveau du sol de la ballastière. Puis la voie fut entièrement garnie de ballast, de sorte que tout fut au même niveau. Les voies A et B consacrées au service de la ballastière passaient donc au-dessus de la voie S, ce qui permettait de les riper aisément au fur et à mesure des besoins. Le passage des trains sur la voie S était obtenu au moyen d'un pont tournant élémentaire (*fig.* 82), que l'on ramenait parallèlement à cette voie ; deux de ces ponts étaient disposés en *m* et *n*, à la rencontre des voies A et B avec la voie S.

Ce pont tournant est établi de la manière suivante : la voie de la ballastière est interrompue sur une longueur de 8 mètres ; puis les deux rails ainsi enlevés sont placés sur des longrines en bois, dont on augmente la résistance de flexion en y boulonnant latéralement deux autres rails *rr* qui leur donnent de la raideur. L'écartement de ces longrines est maintenu par des entretoises qui les relient invariablement entre elles.

L'ensemble pivote autour d'un axe O

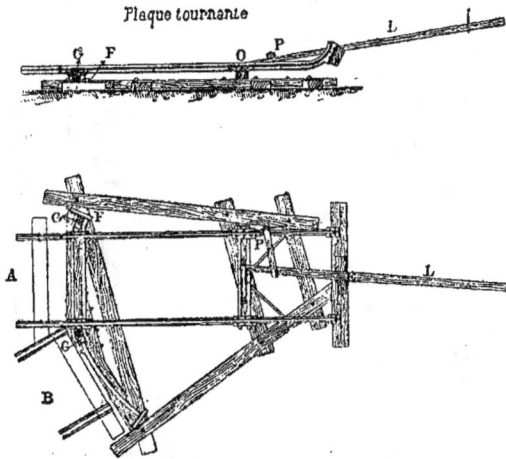

Fig. 8).

fixé sur la dernière traverse de la voie, en s'appuyant sur un galet G qui soutient l'autre rail et roule sur un chemin circulaire spécial, en planches. A l'autre extrémité, un autre chemin de planches reçoit le roulement de deux roues RR qui soutiennent l'about du pont. Les extrémités des rails reposent sur les premières traverses de droite, et des cales mobiles reposant sur les rails de S consolident le tout. Pour faire tourner le pont on n'avait qu'à enlever ces cales ainsi que l'éclissage et à l'amener dans la position indiquée en pointillé sur la figure ; de la sorte, la voie principale S devenait complètement libre.

La plaque tournante servant d'aiguillage aux extrémités se composait simplement de deux rails recourbés de manière à faire butoir et de longueur suffisante pour loger aisément un wagon (*fig.* 83).

Ces rails solidement reliés entre eux formaient un châssis mobile autour d'un axe O et soutenu par deux galets de roulement *bb*, circulant sur un fer plat; ce dernier était fixé lui-même sur une charpente en bois. La plaque se mettait en mouvement sous l'effort d'un seul homme agissant sur le levier L.

On amenait alors les wagons un à un de la voie de service B sur cette plaque;

on calait les roues au moyen d'une pièce P, grâce au levier L mobile autour du point E; puis on orientait le wagon dans la direction de la voie A en manœuvrant jusqu'à ce que le support soit venu heurter le butoir F, et, en dégageant un peu le levier L, les roues se trouvaient décalées; les wagons s'en allaient alors seuls, par suite de la simple déclivité prévue.

Ballastière de Chailloué (Compagnie de l'Ouest).

166. Un excellent type d'exploitation mi-complet de ballastière est encore celui de Chailloué (Orne), exécuté par les entrepreneurs MM. Genève et Laferrière (*Génie civil*, t. XIII, n° 2; M. Max. de Nansouty).

Cette carrière fut ouverte en 1887 pour la fourniture du ballast nécessaire à la construction de la deuxième voie de la ligne de Paris à Granville dans la partie comprise entre Laigle et Surdon. Elle se trouve sur le versant d'un coteau formant deux mamelons (*fig.* 84). Les pierres ne pouvaient être employées directement et avaient besoin d'être cassées.

Le premier de ces mamelons situé vers l'entrée de la carrière en A était formé à sa base d'une épaisse couche de terre; on y ouvrit une tranchée afin de prolonger la voie d'accès dans toute la longueur de la carrière, soit sur 500 mètres de largeur, avec une rampe uniforme de 10 millimètres par mètre; c'est la voie principale de l'exploitation VV.

Une voie d'évitement BB, s'embranchant sur la voie d'accès en A à l'entrée de la carrière, vient rejoindre la voie principale V vers le milieu de sa longueur en C, et forme avec elle une demi-lune. Cette voie d'évitement BB, qui ne reçoit que les wagons vides, a nécessité peu de déblais; aussi a-t-elle, en certains points, des rampes de 25 et même 30 millimètres par mètre.

Les deux autres voies qui s'embranchent, l'une sur la voie principale en E, l'autre sur la voie d'évitement en D, ne sont que des voies de dépôt.

Vers le milieu de la tranchée, en M, sur deux murs, sont installés deux puis-

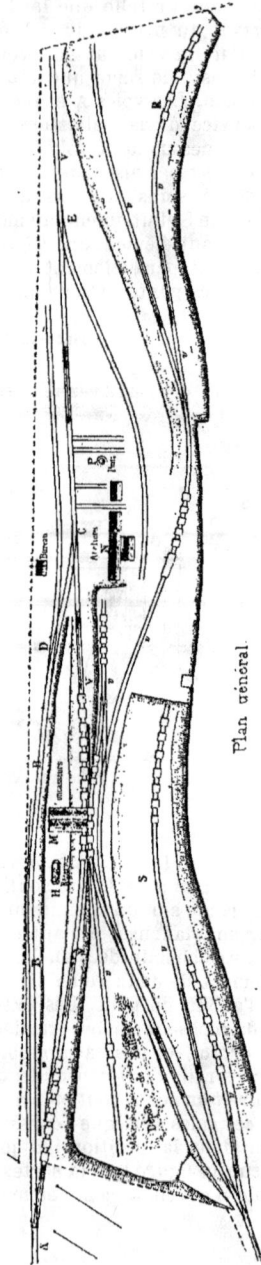

Fig. 84.

Plan général.

sants concasseurs Lego à machines, de 1 mètre de long sur 0ᵐ,85 de large.

Ces concasseurs sont suffisamment élevés pour que les wagons plates-formes

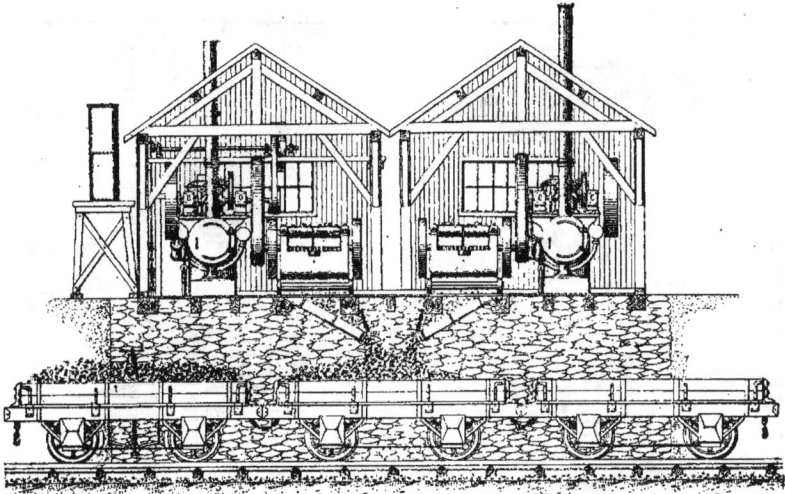

Fig. 85.

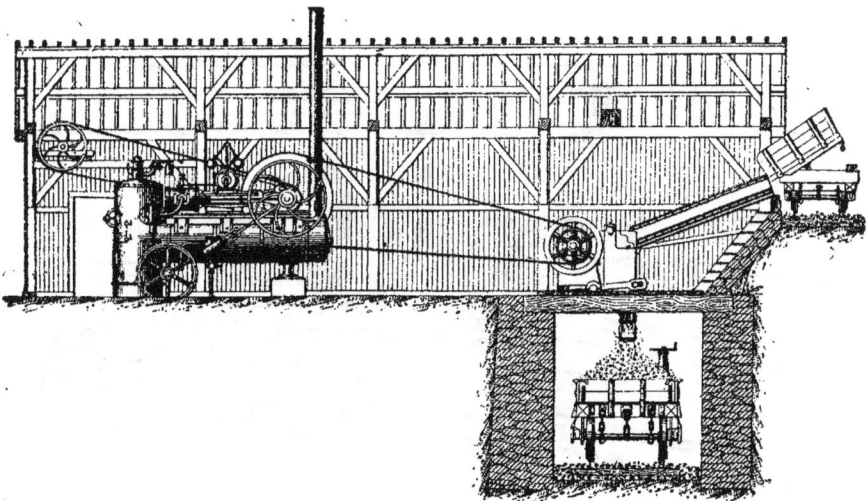

Fig. 86.

puissent passer dessous et se charger directement de pierres cassées (*fig.* 85 à 88). La manœuvre des plates-formes s'opère comme suit :

Lorsque le train vide revient de la décharge, il est refoulé par la locomotive sur la voie d'évitement B jusque sur la voie principale V. La locomotive est

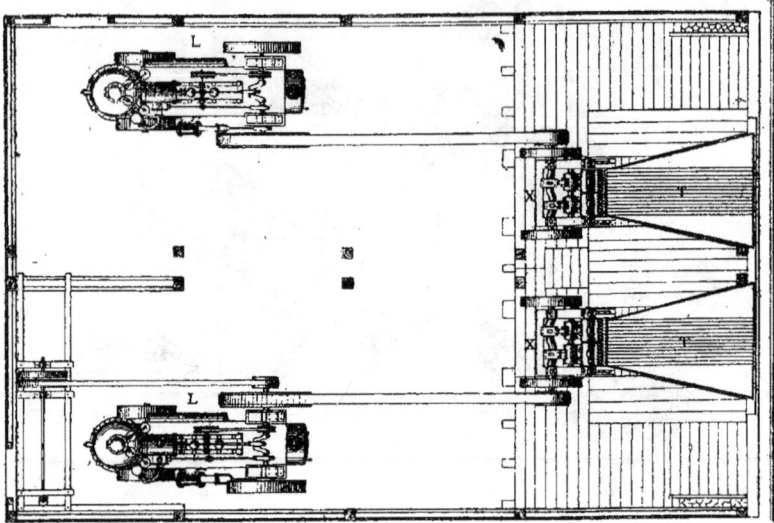

Fig. 87,

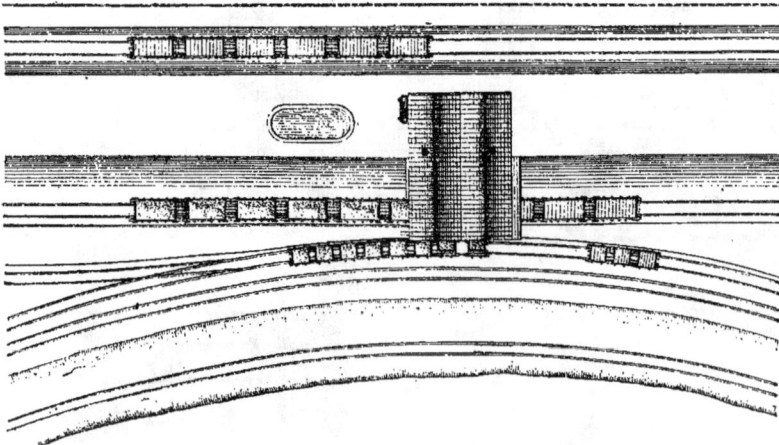

Fig. 88.

décrochée et revient, par la voie d'évitement, se placer à l'entrée de la carrière vers A, en tête du train chargé pour repartir à la décharge. Pendant ce temps, les plates-formes vides, qui ont été laissées sur la voie principale, sont descendues, à l'aide des freins sous les concasseurs. La pente de la voie étant suffisante, ces plates-formes se mettent d'elles-mêmes automatiquement en mouvement; tout se borne à une simple manœuvre de freins ; il n'y a donc aucun arrêt pour les concasseurs pendant cette manœuvre (fig. 88).

Ces deux concasseurs déversent par des couloirs leurs pierres cassées dans la même plate-forme (fig. 83). L'entrepreneur a préféré cette disposition à celle qui eût consisté à charger simultanément deux plates-formes. Le service des concasseurs ainsi conjugués est en effet plus régulier et plus facile à régler ; le chargement est également plus régulier, et la surveillance de l'ensemble plus économique, le personnel se trouvant réduit à son strict minimum.

Lorsqu'une plate-forme a reçu son chargement, ce chargement est régalé à la pelle et disposé géométriquement, en vue du cubage, sous la forme d'un solide déterminé, généralement un ponton.

Le service d'approvisionnement des concasseurs est fait avec une petite machine locomotrice à voie de 1 mètre, et

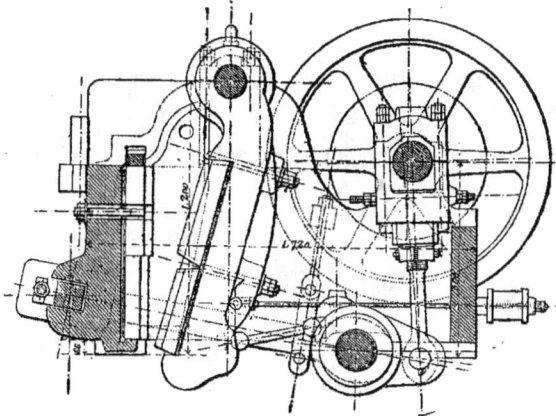

Fig. 87.

des wagonnets à terrassements de la capacité de 2 mètres cubes. Deux chantiers d'approvisionnement R et S, parfaitement distincts l'un de l'autre, fournissent la pierre à casser. Ils sont desservis par la voie OO d'un mètre de largeur (fig. 84).

La même locomotive va constamment et sans interruption d'un chantier à l'autre chercher les wagons chargés pour les conduire devant les concasseurs où elle les abandonne; sans s'occuper des wagons vides, elle repart immédiatement chercher d'autres wagons pleins.

Au fur et à mesure que les wagons sont déchargés dans les couloirs des concasseurs, ils sont refoulés dans un cul-de-sac K, et, dès qu'une rame de wagons est déchargée, un cheval la ramène sur une deuxième voie en face des concasseurs, au point culminant. Les wagons vont ensuite seuls, en raison de la pente des voies, se mettre en charge, soit dans un chantier S, soit dans l'autre R ; cette pente est telle que le mouvement se produit spontanément, la vitesse étant réglée et l'arrêt produit par un garde-frein.

Trois rames de wagons sont attachées au service de chaque chantier ; de la sorte, il y a toujours des wagons en charge, en marche et à la décharge, et le travail est continu sans aucune perte de temps. Afin de faciliter les manœuvres, deux voies de charge *vv* ont été établies dans chaque chantier.

Les ateliers et les forges de réparation sont placés en N, entre les deux chantiers d'extraction. Un puits P fournit l'eau nécessaire au réservoir H, qui alimente les concasseurs.

Concasseurs Lego.

167. Nous croyons utile, pour terminer, de donner une description sommaire des concasseurs employés dans cette exploitation. Ces concasseurs constituent, en effet, une partie très importante de l'outillage mécanique de la ballastière. Les types brevetés en sont nombreux en France et à l'étranger ; ceux qui étaient employés à Chailloué sortent des ateliers de M. Lego, ingénieur au Mans (Sarthe). C'est celui qui paraît jusqu'à ce jour donner le meilleur rendement avec la marche la plus sûre.

Il se compose d'un bâtis principal en fonte, robuste quoique d'un volume relativement faible, sur lequel repose tout le mécanisme. Les conditions d'équilibre et de stabilité sont bien observées, ce qui est très important quand il s'agit d'obtenir une brisure sensiblement régulière de corps

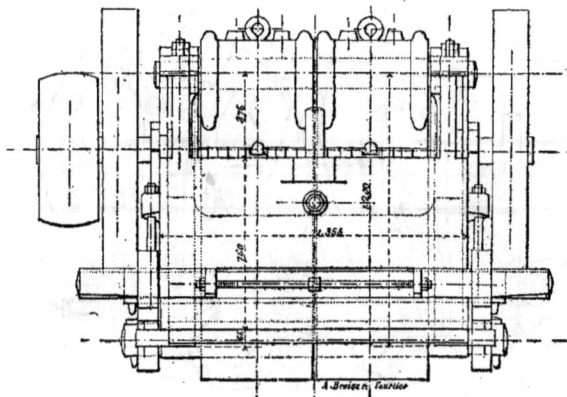

Fig. 90.

très durs, au moyen d'organes à mouvement brusque ; et cela d'autant plus que ces derniers ont à supporter simultanément des efforts de rupture et de flexion et à utiliser des frottements considérables.

C'est un appareil à mâchoires, une machine mobile venant, à un moment donné, se rapprocher d'une machine fixe. Les porte-mâchoires (*fig.* 89 et 90) sont mis en jeu au moyen de deux puissants leviers actionnés par l'arbre excentré des volants auxquels ils sont reliés par des bielles en acier. Ces leviers du premier genre, suivant la théorie mécanique, ont leur point d'appui placé entre la puis- sance et la résistance ; la puissance ici est fournie par les excentriques ; la résistance s'applique sur deux taquets agissant sur les porte-mâchoires ; le point d'appui consiste en un gros arbre d'acier rond placé sous l'appareil (*fig.* 91).

L'arbre rond de ces leviers, qui portent le nom de *chiens*, en raison de leur forme particulière, est relié au moyen de deux fortes bielles en fer à un autre arbre carré, encastré sur le devant de la machine, dans une rainure qui le rend absolument fixe. La disposition de ces deux arbres avec les bielles forme un rectangle d'une grande résistance, entre les côtés duquel tous les efforts viennent se réunir.

Cette disposition permet de diminuer le poids du bâtis et de donner cependant aux appareils la largeur suffisante, ce qui n'est qu'imparfaitement réalisé dans un certain nombre d'autres systèmes.

Ce système de concasseur permet aisément d'obtenir du ballast de grosseurs différentes. Il suffit, à cet effet, de raccourcir ou d'allonger les bielles formant les côtés du rectangle articulé ; ces modifications de longueur s'effectuent au moyen de deux coins d'acier, glissant à volonté par l'intermédiaire de vis de rappel, dans les têtes de bielle sur l'arbre carré de l'avant.

Les deux concasseurs de ce système employés à Chailloué font 250 à 260 tours par minute ; leur production collective est considérable : elle dépasse 500 mètres cubes par jour, grâce à l'organisation et à la production continue du chantier. La force motrice nécessaire, répartie entre deux locomobiles, est de 20 chevaux. Le poids total de chaque concasseur est d'environ 12 tonnes et demie.

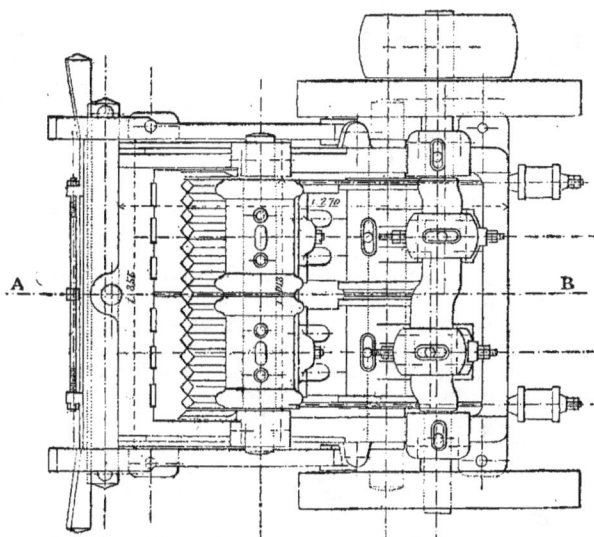

Fig. 91.

Criblage du ballast.

168. Au chemin de fer de Paris-Lyon-Méditerranée, les ingénieurs ont depuis quelques années considéré le ballast comme devant être soigneusement entretenu, exactement comme les rails et les traverses, ce qui ne se fait pas partout, peut-être à tort. Le ballast, en effet, au bout d'un certain temps, perd sa perméabilité, propriété fondamentale, et il est indispensable de la lui rendre.

Ce principe posé, on dut procéder sur d'importantes sections au remplacement du vieux ballast tassé et aggloméré, en ouvrant de nouvelles carrières à proximité de la ligne. Pour éviter de tomber rapidement dans le même inconvénient, il a fallu passer au crible le ballast neuf, afin de le priver du sable plus ou moins terreux accompagnant le gravier ou le caillou et qui devait amener rapidement le même conglomérat. De même, l'ancien ballast peut être utilisé en faisant un triage analogue des matériaux : de toutes façons, pour obtenir aujourd'hui un ballast satisfaisant, il est le plus souvent utile de le faire passer au crible, afin d'en séparer les éléments trop ténus et terreux qui accompagnent le gravier ou le caillou et, une fois en place, contribuent à en former le béton que l'on veut éviter.

Les cribles ordinaires d'abord employés furent rapidement reconnus insuffisants, surtout depuis l'exploitation mécanique des ballastières à l'excavateur et le cube énorme des matières fournies par ces appareils dans un temps donné.

Sur la ligne d'Arrou à Nogent, de 41 kilomètres, MM. Martin frères et James, entrepreneurs, avaient imaginé l'ingénieuse disposition suivante :

La fouille étant faite à l'excavateur, la machine motrice de cet engin mettait en mouvement une pompe envoyant de l'eau en abondance sur une trémie fixe horizontale. Cette eau enlevait, par entraînement, toutes les particules légères : terre, sable fin, etc., et laissait les cailloux et les pierres cassées de diamètre suffisant plus lourdes, qui tombaient dans des wagons de chargement.

Un triage spécial séparait encore, au moyen d'une claie, les moellons utilisables en construction des pierres classiques d'empierrement de 0^m,06 de diamètre maximum. En relevant la claie, on pouvait au contraire laisser tomber le tout pêle-mêle. De toutes façons, le nettoyage absolu et complet de la pierre était assuré, ce qui est très important.

Le prix de revient du mètre cube de pierre cassée s'établit de la manière suivante :

Entretien et chargement sur wagon	1^f,53
Cassage des cailloux ayant plus de 0^m,06 sous certaines dimensions après leur passage à travers la grille.	0 15
Transport moyen à 21 kilomètres à 0^f,05 le kilomètre	1 05
Déchargement	0 15
Indemnité de terrains et d'installation	1 00
Total.	3^f,88

169. *Excavateur avec câble rotatif.* — A la carrière de Pierre-Bénite, près d'Oullins, MM. Delaneau et Pauty, entrepreneurs, furent chargés d'extraire 80 000 000 de mètres cubes de ballast pour l'entretien de la ligne de Lyon à Saint-Étienne (*Revue générale des chemins de fer*, août 1886).

Ils employèrent pour cela un excavateur, dit *universel*, construit par MM. Gabert frères, de Lyon (Pinguely successeur), dont nous avons déjà vu un type dans notre premier volume (voir *Infrastructure, Excavateurs*).

Le chapelet, entraîné par un moteur de vingt-cinq chevaux, portait seize godets enlevant chacun 70 litres, et le couloir de chute était remplacé par un crible rotatif, cylindrique, L, de 2^m,20 de largeur et 1^m,10 de diamètre, formé de tringles en acier de 16 millimètres espacées entre elles de 10 millimètres (*fig.* 92 et 93).

A l'origine, le mouvement de rotation était transmis à ce crible par l'intermédiaire d'une courroie qui, dans toutes ces manipulations faites en plein air, présentait l'inconvénient de se détendre continuellement sous l'effet de l'humidité.

Plus tard, le mouvement fut donné par une couronne dentée M et un pignon m actionnés par la roue d'engrenage F de l'excavateur (*fig.* 94).

On donne à ce cribleur une inclinaison variable et qui dépend de la nature des matières à trier, et une vitesse de trente tours par minute.

Pour empêcher l'encrassement des tringles, quatre marteaux sphériques p viennent frapper alternativement sur le cylindre, grâce à des cames actionnées par un mouvement pris sur l'arbre central du cylindre l (*fig.* 95 et 96). Chacun de ces marteaux donne cinquante chocs à la minute.

L'axe du cylindre est supporté par un cadre en fer lg (*fig.* 94) pouvant osciller autour de l'arbre transversal m. Pour permettre de régler l'inclinaison de l'ensemble, le cadre l' est maintenu par des écrous que l'on arrête à la hauteur voulue dans des coulisses pratiquées à l'extrémité des bras en forme de secteurs L' qui, fixés au bâtis, portent le couloir M'

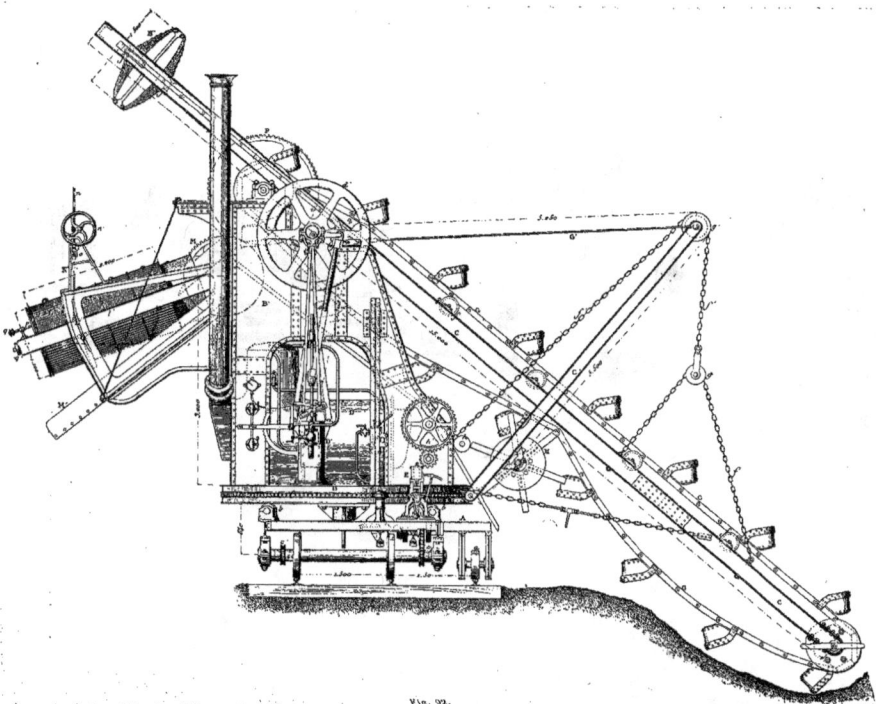

Fig. 92.

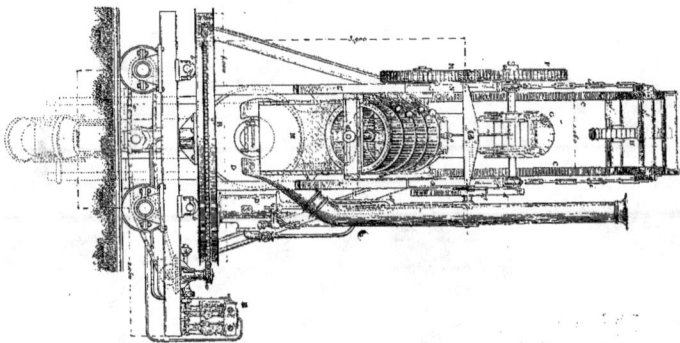

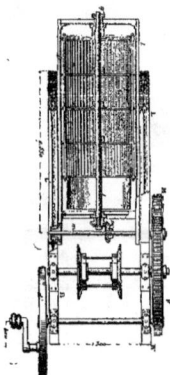

Fig. 94.

Fig. 93.

destiné à recevoir puis à rejeter le sable et les menus déchets séparés des matériaux utiles (*fig.* 92).

Pour faciliter la manœuvre de ce réglage, sur les secteurs L', sont fixées deux petites chaises en fer N reliées par une traverse qui reçoit un pignon formant écrou à la vis *n* (*fig.* 97) et aussi l'axe d'une vis sans fin engrenant avec ledit écrou et pourvu à son extrémité d'un volant à main *n'*.

L'extrémité de la vis *n* est réunie par une menotte O et celle-ci par des tringles au cadre *l'*, de telle sorte qu'en tournant le volant *n'* on peut faire monter ou descendre la vis *n*, et par suite soulever ou abaisser l'extrémité arrière du cylindre cribleur, alors que les écrous qui retiennent son châssis aux secteurs L sont desserrés.

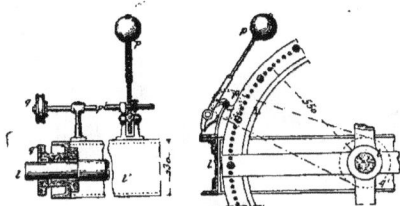

Fig. 95 et 96.

L'excavateur est lui-même monté sur un pivot assis sur un truc qui porte un petit moteur spécial. Grâce à ce dernier, l'appareil peut aller de l'avant à mesure qu'il creuse, et de l'arrière pour se dégager ou se garer d'un éboulement toujours à redouter. Il peut enfin tourner en décrivant un tiers de circonférence, ce qui lui permet de draguer dans les angles. Tous ces mouvements sont commandés par le moteur spécial au moyen d'engrenages et d'une vis sans fin actionnés par des chaînes de galle.

La partie supérieure du cylindre porte deux forts ressorts placés en opposition et bridés par une chaîne amarrée à l'excavateur. Ils permettent une certaine élasticité pour le cas où l'on rencontrerait un obstacle d'une trop grande dureté, opposant une forte résistance et pouvant sans cela amener une rupture.

Le cribleur rotatif peut être facilement enlevé et remplacé par un couloir lorsqu'on travaille suivant la méthode ordinaire. C'est précisément ce qu'on a fait plus tard, une fois les 80 000 mètres au dépôt, pour charger le ballast criblé dans les plates-formes.

Élévateurs.

170. Le ballast est recueilli à la sortie du crible dans un wagon qui l'emporte et les détritus dans un autre. Mais ici il s'agissait d'en faire des tas d'approvisionnement assez importants sur un terrain de surface limitée. Il fallait donc surtout l'accumuler en hauteur.

Pour cela on avait annexé à l'exca-

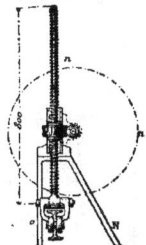

Fig. 97.

vateur une charpente roulante spéciale munie d'une chaîne à godets et portant à la partie inférieure un réservoir en tôle dans lequel le crible laissait tomber les matériaux triés, au lieu du wagon précédent (*fig.* 98).

Le tout constitue un *élévateur ;* il est muni d'une machine de 6 chevaux actionnant la chaîne à godets spéciale qui monte les matériaux assez haut pour qu'on puisse en faire des cavaliers de dépôt de 7 mètres de hauteur. Pendant ce temps les détritus sont emportés, partie également en dépôt, partie à remblayer l'excavation faite par le dragage et à constituer la plate-forme du chantier qui doit avancer au fur et à mesure du travail de déblais de l'excavateur. La charpente de l'élévateur est indiquée en détail avec les cotes correspondantes dans les figures 99 à 102.

Fig. 98.

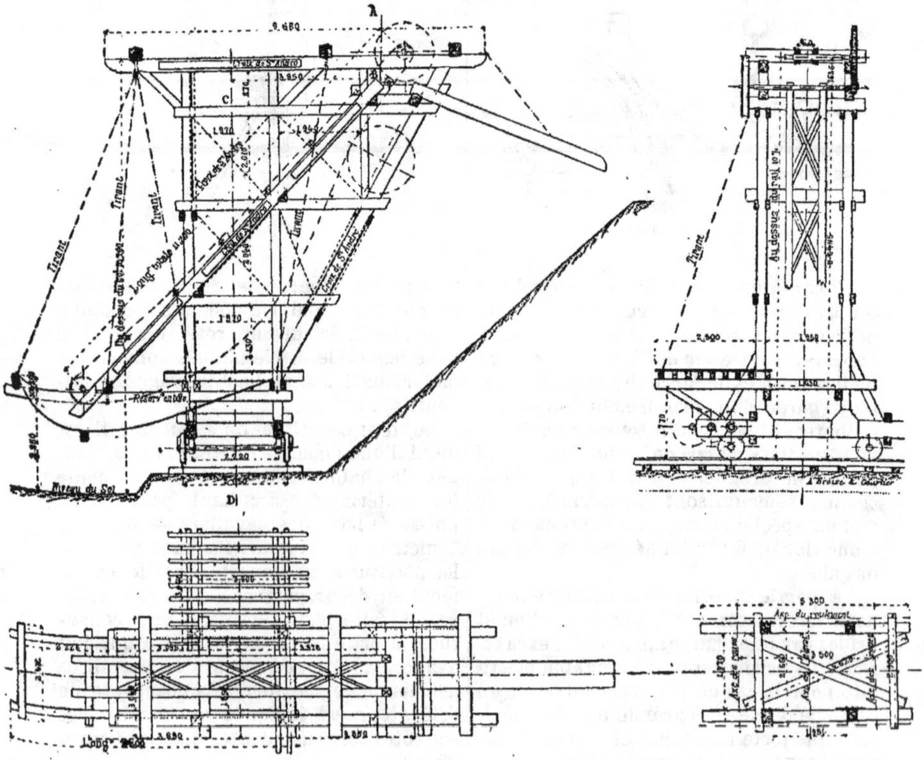

Fig. 99 à 101.

L'élévateur est également monté sur un truc mû simplement par un homme agissant sur un treuil, de manière à suivre tous les mouvements en avant et en arrière de l'excavateur. Sa chaîne compte vingt-sept godets de chacun 140 litres de capacité et débitant vingt et un godets par minute.

La quantité de détritus a atteint la proportion de 35 0/0, ce qui est un gros chiffre.

171. *Résultats généraux.* — Les godets de 0^{m3},070 ne contenaient guère en réalité que 0^{m3},060; comme seize de ces godets étaient versés par minute dans le cylindre, le cube de l'heure était de 57^{m3},600, dont 35 0/0 ou 20^{m3},160 passaient au travers des cribles, dont le reste, 37^{m3},440, fournissait le bon ballast repris par l'élévateur et remis en dépôt.

On perdait quatre heures par jour sur douze pour la manœuvre des trains de résidus et le ripage des voies. Pendant les huit heures restantes, on mettait en dépôt 300 mètres cubes de ballast bien trié.

Le personnel ouvrier se composait de deux mécaniciens, un chauffeur, un chef de chantier, deux charretiers, dix manœuvres et quatre chevaux employés aussi bien à l'entretien des voies et à l'enlèvement du découvert (première couche de carrière généralement argileuse et inutilisable) qu'à la manœuvre de l'excavateur et de l'élévateur.

Pour produire le même travail à la main, c'est-à-dire pour produire journellement 300 mètres cubes de ballast et mettre en dépôt jusqu'à 7 mètres de hauteur, il eût fallut six piocheurs, vingt-cinq claies-grilles à deux hommes, huit chargeurs pour les résidus, vingt chargeurs pour la reprise et le chargement en wagon du ballast criblé, quatre manœuvres à la décharge et à l'entretien des voies et dix chevaux ; ce qui eût entraîné une dépense journalière d'au moins 480 francs, dépense qui a été considérablement réduite par l'emploi des machines.

L'excavateur, de la force de 25 chevaux, et l'élévateur, avec le reste du matériel de l'entreprise, ont coûté 130 000 francs.

Les entrepreneurs estiment l'économie que cette installation mécanique a permis de réaliser sur le travail à la main à 0^f,90 par mètre cube.

Transport et utilisation du ballast.

172. Nous arrêterons là l'étude de l'exploitation des ballastières, les exemples qui précèdent donnant les principaux types d'exploitation perfectionnée employés dans ces dernières années.

Le ballast, chargé dans des wagons plates-formes à bords tombants, est emmené par trains à pied d'œuvre. Arrivé à l'endroit voulu, les trains roulant avec précaution sur les rails posés sur terre, on abat les bords des plates-formes. Une certaine quantité de ballast tombe d'elle-même, puis des hommes montés sur les wagons font tomber le reste à la pelle sur les accotements et entre les rails.

173. *Déversement mécanique du ballast.* — En Amérique, où la main-d'œuvre est assez élevée, on cherche toujours à substituer le travail de la machine à celui de l'homme. C'est ainsi que M. Merill, constructeur de l'Ohio, a imaginé un système pour effectuer mécaniquement le transport de ballast sur les voies posées à terre.

On fait usage pour cela de wagons plates-formes portant en leur axe un rail central continu qui règne d'un bout à l'autre du train (*fig.* 103). Ce rail sert de chemin de glissement à un double versoir de forme triangulaire ayant la longueur des wagons. Ce versoir est commandé par un câble de remorquage fixé à l'arrière de la locomotive, au crochet de traction.

Pour répandre le ballast, on n'a qu'à faire tomber les parois latérales des plates-formes et à abandonner le train en remorquant le versoir seul ; les matériaux sont alors forcément jetés des deux côtés de la voie où on n'a plus qu'à les mettre au profil.

174. *Emploi du ballast.* — Le ballast est quelquefois employé en deux couches : la première suffisante pour permettre d'établir les traverses à la hauteur de pose avec le minimum possible de main-d'œuvre. On a soin alors de bien régaler cette première couche au fur et à mesure du déchargement. La seconde couche n'est répandue qu'après la pose de la voie. Une précaution fondamentale consiste à bien comprimer le ballast contre les extrémités des traverses, spécialement du côté extérieur des courbes et du côté des accotements.

Dans tous les cas, le règlement de la surface du ballast doit être effectué d'après les règles suivantes :

1° Assurer la stabilité de la voie en profil en long et en travers en bourrant et tassant avec soin le ballast contre les traverses latéralement et en bout, et en dressant parfaitement les surfaces ; les accotements sont toujours disposés en pente vers le dehors au moyen de petits glacis de $0^m,04$ par mètre;

2° Si le ballast peut retenir l'eau, faire le nécessaire pour empêcher celle-ci d'y pénétrer, sans quoi le ballast perdrait toute son élasticité. Il n'y a d'exception à cette règle que si le terrain sous-jacent est solide et bien perméable.

Pour faciliter l'écoulement des eaux dans les parties où le ballast n'est pas absolument perméable et forme croûte à la surface, ou n'absorbe pas l'eau très rapidement, on ondule sa surface supé-

Fig. 103.

rieure, on la dresse et on la lisse, en établissant de distance en distance des cassis transversaux amenant dans les fossés les eaux qui resteraient stagnantes.

Bourrage.

175. On appelle bourrage l'opération consistant à comprimer le ballast sous les traverses, de manière à lui donner une compacité suffisante pour bien résister au passage des trains.

Pour donner aux traverses une excellente assiette, il faut que le bourrage soit peu énergique vers le milieu de la traverse, très vigoureux dans les régions supportant les rails et plus intense encore du côté par où arrivent les trains que de l'autre côté.

Sur les lignes à voie unique, bien entendu, on ne tiendra pas compte de cette dernière condition, à moins que le trafic ne soit plus chargé dans un sens que dans l'autre.

On met ordinairement deux hommes par longueur de rail, travaillant simultanément sur les côtés opposés d'une même traverse : ils commencent leur travail vers le milieu de la traverse pour le terminer vers les extrémités.

On commence le bourrage au moyen de battes en fer ou en bois (*fig.* 104 à 106). La

dernière forme (*fig.* 106) permet particulièrement de tasser le ballast sous la traverse.

Puis, lorsque le ballast a pris déjà une
certaine consistance, on termine au moyen

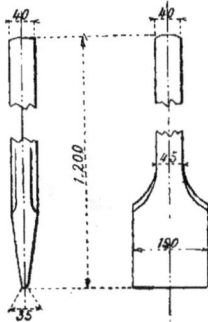

Fig. 104.

dire ne dépassant pas la surface extérieure. C'est la forme la plus employée, à
cause de sa légèreté qui la rend particulièrement maniable.

Dans les parties de lignes où le ballast
est difficile à bourrer et exige des chocs

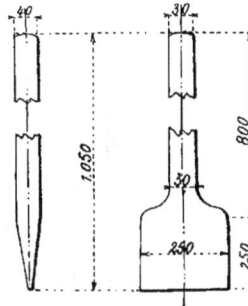

Fig. 105.

d'une pioche spéciale dont les deux
formes les plus ordinaires sont les suivantes :

La première (*fig.* 107) est en bois A, garni de ferrures aciérées B, fixées au moyen
de petits rivets à têtes fraisées, c'est-à-

énergiques pour prendre corps, on emploie
la seconde forme (*fig.* 108), toute en fer avec
pointes aciérées, beaucoup plus lourde
et plus coûteuse que la précédente.

Les coups de pioche doivent avoir d'a-
bord une direction très inclinée de ma-

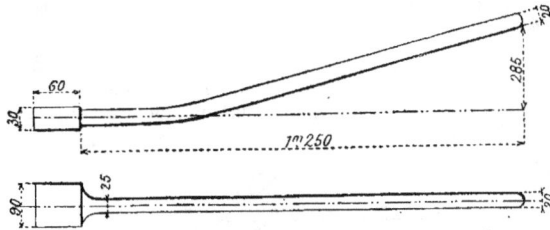

Fig. 106.

nière à tasser le ballast aussi verticalement que possible. Cette direction se rapproche successivement de l'horizontale à
mesure que le ballast est serré sous la
traverse en ayant toujours bien soin de
ne jamais frapper les arêtes de celle-ci
(*fig.* 109).

Quand il s'agit d'une pose nouvelle le
bourrage ne doit pas être forcé, surtout
au début ; il s'agit avant tout d'obtenir

un serrage aussi uniforme que possible
sous toutes les traverses, afin qu'elles
portent toutes également.

Lorsque le bourrage a dépassé la limite voulue et que le rail se trouve surélevé d'une manière anormale, le mieux est
d'enlever un peu de ballast sous la traverse, mais ne jamais frapper sur celle-ci
ni sur le rail.

176. *Bourrage mécanique.* — Sur une

voie de quelque importance, les traverses doivent être bourrées au moins deux fois

mètre courant de voie revient en effet de 0 fr. 18 à 0 fr. 20.

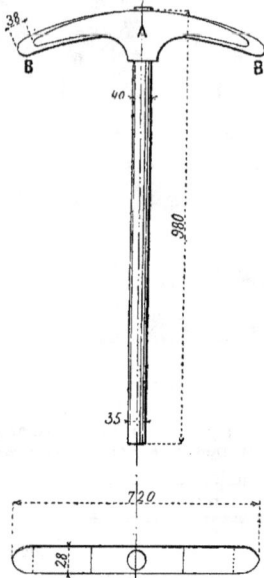

Fig. 107.

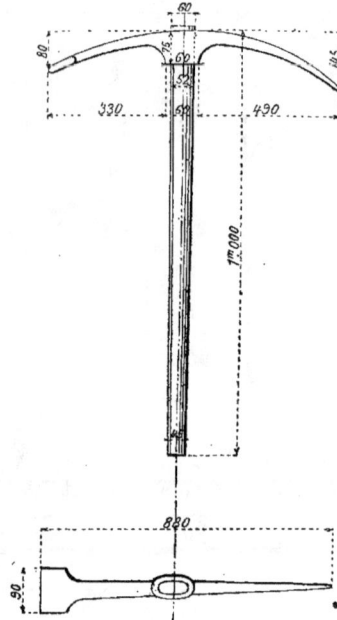

Fig. 108.

par an, ce qui entraîne à une certaine dépense pour un réseau important.

La dépense d'un seul bourrage par

On a donc cherché à remplacer l'instrument rudimentaire employé ordinairement, la pioche à bourrer, par un appareil

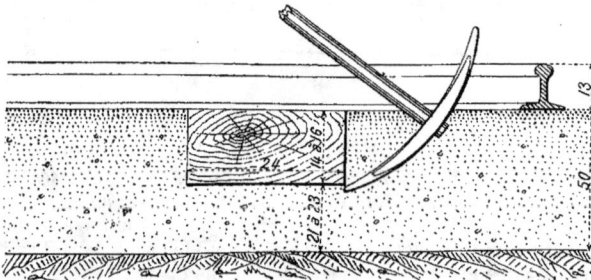

Fig. 109.

un peu plus perfectionné qui est employé sur quelques lignes allemandes (*fig.* 110 et 111).

Il se compose d'un étrier renversé sur lequel l'ouvrier pose son pied pour le faire pénétrer dans le ballast des deux pointes de chaque côté de la traverse. La pénétration se fait par secousses successives en fouillant et imprimant à l'ensemble des mouvements de va-et-vient. On n'a plus ensuite qu'à écarter et rapprocher alternativement les deux leviers articulés à extrémités aplaties pour opérer le bourrage du ballast sous la traverse.

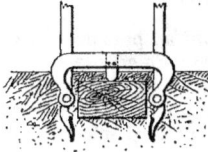
Fig. 110.

Le principal avantage de cet appareil résulte de ce que le ballast n'a pas besoin d'être déplacé et par conséquent d'être remis en place, et que sa compression sous la traverse se fait d'une manière très satisfaisante ; deux ouvriers suffisent avec cet instrument pour relever en peu de temps une voie déformée. Le poids de l'ensemble est de 30 kilogrammes et son prix de 35 francs.

Approvisionnement du ballast.

177. Le ballast doit toujours être exactement au profil sur toute la longueur de la ligne et cela non seulement à la

Fig 111.

réception provisoire, mais même à la réception définitive. Les approvisionnements à portée de la main doivent donc être prévus pour faire face à tous les tassements et maintenir intégralement la hauteur fixée par le profil en long.

Pour ces besoins, le ballast est dé-

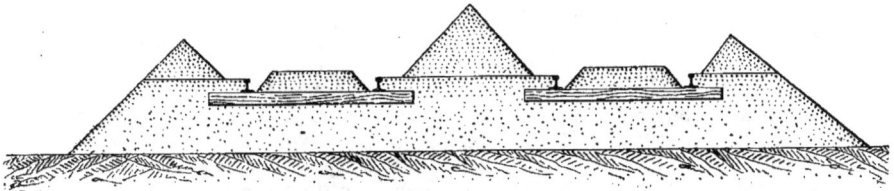
Fig. 112.

chargé sur les accotements, dans l'entrevoie et même entre les rails. Il faut seulement donner à ces dépôts des dimensions et des formes telles qu'ils laissent passer aisément le matériel roulant et ne gênent en rien la circulation (*fig.* 112).

Les dépôts sur les accotements et dans l'entrevoie doivent être placés à une distance d'au moins 0m,25 du rail, avec des talus à 45 degrés ; cela fixe leur hauteur. Entre les rails, la distance à celui-ci ne

doit pas être inférieure à 0m,20, et la hauteur à 0m,10.

En outre, on dépose de loin en loin des tas d'approvisionnements d'entretien en dehors de la voie. On leur donne toujours une forme géométrique simple permettant de les cuber facilement. La mise en tas peut se faire d'ailleurs par les mêmes procédés et avec les mêmes gabarits que pour les matériaux d'entretien des routes.

Cubature et prix du ballast.

178. Le ballast employé à la construction d'une nouvelle ligne est cubé en œuvre et sur place, d'après ses dimensions transversales, et son épaisseur constatée au moyen de sondages. Cette opération se fait à la réception provisoire.

Quelquefois on déduit le volume des traverses à raison de 10 traverses par mètre cube. D'autres fois, on ne fait pas cette déduction, ce volume étant considéré comme une compensation au déchet du ballast sur la plate-forme. Cette concession peut être exagérée, et le ballast est alors d'un prix élevé.

Le ballastage étant un travail à faire avec grand soin, les Compagnies le font généralement elles-mêmes, le rôle de l'entrepreneur se bornant à l'extraction des matériaux en carrière. Cependant quelquefois cette opération se fait également à l'entreprise.

Les prix de transport du ballast, quand ils ne sont pas établis à forfait sur une moyenne, sont déterminés comme pour les terrassements ordinaires et d'après les mêmes formules. Suivant les difficultés de l'extraction et la distance du transport, le prix de revient du ballast rendu à pied d'œuvre sur la voie peut varier de 2 à 8 francs le mètre cube.

Conclusion.

179. Nous avons dit et nous ne saurions trop répéter qu'on a toujours avantage à employer du bon ballast. MM. Piéron et Garnier (*Revue générale des chemins de fer*, janvier et février 1886), ingénieurs au chemin de fer du Nord, ont démontré que l'économie réalisée sur la main-d'œuvre d'entretien de 1 kilomètre de voie atteint de ce fait 50 0/0, soit pour cent journées par an, à 3f,50 la journée, une économie annuelle de 350 francs, intérêt d'un capital de 7 000 francs.

M. Jules Michel, ingénieur au chemin de fer de Paris-Lyon-Méditerranée, donne une appréciation analogue (*Revue générale des chemins de fer*, août 1886) et insiste sur la perméabilité du ballast, question essentielle pour le bon entretien de la voie.

Des ingénieurs de mérite ont eux-mêmes propagé cette erreur que le meilleur ballast est celui qui coûte le moins cher. « Nous ne saurions, disent MM. Piéron et Garnier, trop protester contre une pareille opinion. Généralement, lorsqu'on établit une ligne, il en coûterait fort peu, soit pour épurer le ballast qu'on veut employer, soit pour amener à d'assez grandes distances du ballast de bonne qualité.

En allant au plus près et en acceptant la matière telle qu'elle se présente, on se condamne à perpétuité à n'avoir que des voies instables et médiocres, dormant dans la poussière en été, nageant dans la boue en hiver, exigeant par tous les temps une main-d'œuvre considérable et improductive qui se renouvelle sans cesse et n'amène aucune amélioration dans l'état de la voie. »

Sabotage des traverses.

180. Avec le rail à double champignon, l'inclinaison du rail au 1/20 résulte, avons-nous dit, de la forme même du coussinet; avec le rail à patin, cette inclinaison est obtenue par une entaille faite dans la traverse, au moyen d'une opération dite *sabotage*, qui consiste, en outre, à préparer à l'avance les trous des chevillettes, crampons ou tirefonds. Cette entaille se fait à la main ou à la machine: le fond doit être incliné de 1/20 vers l'axe de la voie, et sa profondeur, du côté extérieur de la voie, doit être assez grande pour s'opposer au déplacement latéral du rail; cette profondeur minimum doit varier de 5 à 10 millimètres.

Quant à la largeur de l'entaille, elle est évidemment égale à celle du patin, avec un jeu de 1 à 2 millimètres.

Lorsqu'on emploie le rail à double champignon, il y a lieu également d'entailler la traverse pour recevoir le coussinet supportant le rail, mais le fond de l'entaille est horizontal.

En résumé, on appelle *sabotage* l'opération qui consiste à entailler les traverses à la place, à la profondeur et à l'inclinaison voulues pour y fixer soit le patin du rail Vignole, soit la semelle du coussinet qui porte quelquefois le nom de sabot.

On emploie pour cela un gabarit en fer d'une forme particulière , qui permet d'atteindre ce but d'une manière facile et précise, et diffère un peu de forme suivant que le rail employé est à patin ou à double champignon.

Dans le premier cas, le gabarit se compose d'une traverse en fer portant à chacune de ses extrémités une petite plaque de tôle présentant la largeur du patin du rail Vignole et une longueur suffisante pour déborder les traverses les plus larges.

Ces plaquettes sont elles-mêmes inclinées de 1/20 sur l'horizontale.

181. Cela posé, on place le gabarit sur la traverse, en ayant soin de choisir pour surface d'appui la partie la plus saine du bois, et on pratique, généralement avec un outil à main, les entailles destinées à

tion. Il ne reste plus qu'à goudronner la surface de l'entaille et les trous précédents.

182. Dans le cas du rail à double champignon, le gabarit (*fig.* 113 à 116) porte à ses deux extrémités des bouts de rails fixés à l'avance d'une manière bien invariable dans la position qu'ils doivent avoir définitivement l'un par rapport à l'autre dans la voie. On fixe ces deux bouts de rails dans des coussinets au moyen de leurs coins, comme dans une voie définitive, et cela permet de fixer la place de ces coussinets sur les traverses. On continue ensuite comme précédemment, en remarquant que toutefois, dans ce cas, les entailles doivent être horizontales, l'inclinaison du rail étant obtenue par le coincement dans le coussinet. On perce les trous des tirefonds comme plus haut, on goudronne,

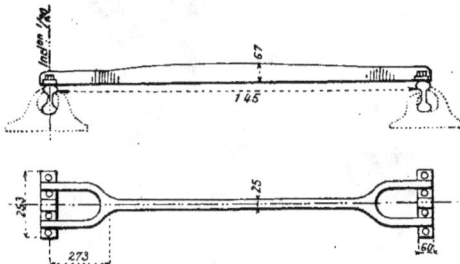

Fig. 113 et 114.

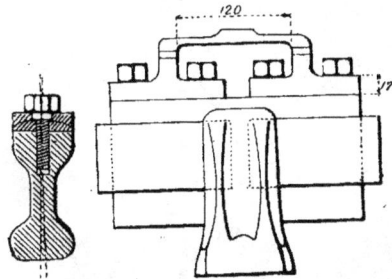

Fig. 115 et 116.

recevoir le patin du rail. La profondeur des entailles, fixée plus haut, doit être, dans tous les cas, assez grande pour que la surface d'appui soit tout entière dans la zone dépourvue d'aubier.

Puis on remet le gabarit en place sur les entailles et l'on perce les avant-trous des tirefonds au moyen d'une tarière qui passe à travers des trous ménagés à l'avance dans les plaquettes du gabarit. On perce ces trous d'une profondeur égale à la longueur des tirefonds diminuée de l'épaisseur des patins et des semelles intermédiaires, s'il y en a, afin d'éviter de faire fendre les traverses au moment de la mise en place des tirefonds. Ces trous doivent être percés bien perpendiculaires à la surface de l'entaille, en plaçant avec soin la tarière elle-même dans cette posi-

on visse les tirefonds en fixant ainsi les coussinets à leur place sur les traverses, puis on décoince les gabarits. L'opération est terminée, et la traverse munie de ses deux sabots est prête à recevoir le rail.

183. *Sabotage mécanique.* — Les entailles peuvent se faire mécaniquement, ce qui donne plus de rapidité et plus de précision au travail, et un grand nombre de machines ont été imaginées dans ce but.

La machine à saboter n'est qu'une raboteuse dont le travail est suivi quelquefois de celui d'une perceuse qui active l'opération en préparant les trous des tirefonds.

La saboteuse se compose essentiellement d'un arbre horizontal tournant à grande vitesse et sur lequel sont fixés, en deux points calculés à l'avance, des rabots circulaires constitués par deux lames montées sur le même porte-outils. Chacun de ces outils pratique une entaille, pendant que de petites scies circulaires exécutent les épaulements latéraux. La traverse est amenée sur ces outils, qui sont fixes, au moyen d'un chariot mobile à mouvement horizontal.

Une simple manivelle commande le mouvement de ce chariot qui se met en branle et amène la traverse en présence des rabots, en même temps que des vis de pression la maintiennent au contact de ces outils,

à mesure qu'ils enfoncent dans le bois. Une demi-minute suffit le plus souvent pour pratiquer ainsi les deux entailles.

Lorsque l'entaille est faite à la machine, il en est le plus généralement de même des trous des tirefonds. La traverse sabotée est amenée sous quatre mèches fixées alors à la même machine, et qui pratiquent instantanément les trous voulus.

184. *Saboteuse mécanique Arbey.* — Comme type de machine à saboter les traverses nous décrirons succinctement

Fig. 117.

celle de M. Arbey, de Paris, qui fait autorité dans les machines à travailler les bois (*fig.* 117).

Les traverses s'appuient sur des rouleaux placés près des outils ; deux crémaillères mues par des pignons à manivelles font avancer la traverse sur les outils et la ramènent en arrière ; deux hommes sont nécessaires à la manœuvre.

La machine opère sur une seule traverse à la fois : les entailles se font en dessous, de sorte que, si l'épaisseur des bois à travailler est plus forte que la moyenne, cette épaisseur est conservée

et les entailles n'en sont pas plus profondes ; dans le cas contraire, les entailles sont entières et complètes.

Les légères courbures ou gauchissements que les traverses peuvent avoir pris en magasin n'influent pas sur la régularité des entailles. Des valets à vis avec volants à mains pressent les traverses sur les outils et les rouleaux. Ces derniers servent surtout à charger et à décharger rapidement les pièces à travailler.

La plus grande partie du temps nécessité par l'opération consiste à mettre la traverse sur la machine et à l'en ôter. Les entailles sont faites très rapidement au moyen d'outils à lames héliçoïdales minces ; ils prennent peu de force et ne font pas d'éclats de bois ; leur entretien est très facile.

Pour opérer le chargement et le déchargement commodes des traverses, on pourrait adjoindre à l'appareil un petit chemin de fer latéral sur lequel roulerait un wagon dont la plate-forme serait à la hauteur de celle de la tailleuse. Il est alors très facile de faire rouler les traverses du wagon sur la machine et réciproquement.

Le prix de cette saboteuse varie de 2 200 à 2 800 francs, suivant ses dimensions.

Le travail mécanique se fait mieux, plus vite et plus économiquement. Le sabotage de chaque traverse ne revient pas à plus de 0^r,08 à 0^r,10, l'entaille seule revient à 0^r,07.

Les traverses sabotées sont mises en tas à la suite du chantier de travail qui se trouve ainsi placé constamment entre la pile des traverses brutes et celle des traverses sabotées.

185. *Suite de l'opération.* — Si la traverse présente des fentes, il faut avoir bien soin que les tirefonds ne tombent

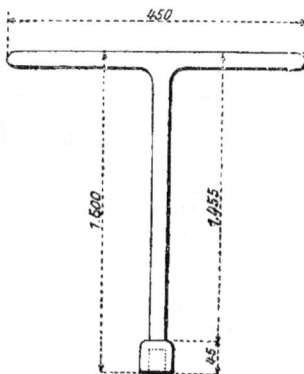

Fig. 118.

pas dans une de ces fentes ni même trop près de l'une d'elles.

Si le bois n'a pas été préparé, il faut purger l'entaille de tout aubier ; dans le

Fig. 119.

cas contraire, on peut accepter l'aubier injecté, ce qui permet de donner aux traverses le maximum de hauteur possible.

Dans aucun cas, la surface d'appui ne doit affecter la forme d'une cuvette tendant à ramener l'eau de pluie vers la semelle ; il faut, au contraire, prendre toutes les précautions pour que l'eau s'écoule en dehors de la traverse ; on fera bien pour cela, sans aller jusqu'à rendre la surface de pose convexe, de la disposer en forme de plans inclinés à pentes opposées, quoique très faibles.

Toutes les précautions recommandées pour le sabotage doivent être bien observées, car de la bonne exécution de cette opération dépendent la solidité, la durée et l'économie d'entretien de la voie.

Pour fixer les attaches des coussinets lorsqu'il y en a, on commence par percer les trous du côté de l'intérieur de la voie,

puis on y place les tirefonds galvanisés que l'on visse partiellement, au moyen d'une clef à douille (*fig.* 118). On perce ensuite les autres trous et on les garnit de la même manière de leurs tirefonds enfoncés jusqu'à la même hauteur que les autres. On complète alors le serrage des tirefonds en les serrant alternativement, de manière à donner le même degré de serrage de part et d'autre.

La tarière employée pour percer les trous doit avoir un diamètre de 5 à 6 millimètres inférieur au diamètre extérieur de la vis du tirefond pour forcer celle-ci à mordre dans le bois.

Les coussinets étant solidement fixés sur la traverse, on desserre les coins et on enlève le gabarit avec deux petits leviers. Lorsque le gabarit se dégage bien, c'est un indice de bon sabotage.

186. *Vérification du sabotage.* — La

vérification se fait d'ailleurs immédiate-ment au moyen d'une jauge. D'abord il est bon de vérifier à la jauge le gabarit de sabotage lui-même.

Cette jauge se compose d'une règle en fer portant des branches en retour d'é-querre dressées suivant l'inclinaison des rails et qui doivent s'appuyer contre les saillies intérieures de ceux-ci, tandis que des talons dans le prolongement recti-ligne de la règle s'appliquent rigoureuse-ment sur la face du champignon inférieur (*fig.* 119). On voit que cette jauge peut servir en même temps à vérifier l'écarte-ment de la voie après la pose.

Pour les tirefonds à tête plate et les écrous des boulons d'éclisses, on emploie la clef de mécanique ordinaire à manche recourbé, afin de laisser le passage de la main près du sol (*fig.* 120).

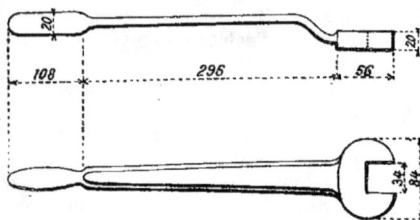

Fig. 120.

Les opérations complètes de sabotage de chaque traverse sont effectuées en même temps pour les deux extrémités

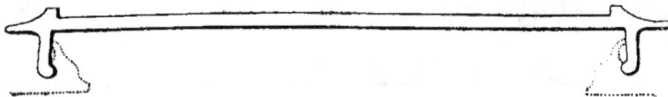

Fig. 121.

par deux hommes. En admettant le sa-laire moyen en France de 3 francs pour une journée de dix heures, pendant les-quelles ces hommes peuvent saboter quarante traverses, le prix de revient de sabotage d'une traverse est d'environ 0',15.

Ce prix comprend le coaltarage des

entailles et tout coltinage nécessaire dans un rayon de 60 mètres.

187. La mise en place des coussinets se vérifie au moyen d'une jauge spéciale formée d'une règle en fer munie à cha-cune de ses extrémités de deux talons (*fig.* 121) de dimensions différentes.

La distance entre les petits talons est

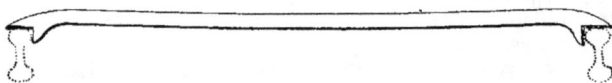

Fig. 122.

de 3 à 4 millimètres plus petite que celle des grands; ce chiffre est en même temps la limite de tolérance que l'on peut admettre pour l'écartement des rails sur la voie. Voici comment on se sert de cette jauge.

Les coussinets étant en place sur la traverse, on leur présente les deux grands talons qui doivent se mouler exactement dans le logement destiné aux rails. S'ils se refusent à y entrer, on donne un peu de serrage aux attaches intérieures du coussinet.

S'ils persistent, la traverse est rejetée

pour les alignements ou les courbes à grands rayons, mais peut encore être utilisée pour les courbes à petits rayons.

Si, au contraire, l'entrée est trop facile, on retourne la jauge et on présente aux coussinets les petits talons supérieurs; s'ils entrent juste, on admet la traverse qui n'a que la tolérance voulue ; s'ils entrent trop facilement, on donne un peu de ser-rage aux tirefonds extérieurs ; si le jeu continue à être lâche, c'est que l'écarte-ment des coussinets est vraiment trop faible et la traverse doit être rebutée.

Pour le rail Vignole, tout cela se simplifie, car ce sont toujours les mêmes gabarits qui servent à toutes les opérations.

Un simple gabarit spécial (*fig.* 122) sert à vérifier l'écartement des rails après la pose.

188. *Observations générales.* — On aura bien soin, dans toutes les manipulations des gabarits, de les manier avec précaution et douceur, car ils sont et doivent rester des instruments de précision. Or ils perdraient immédiatement cette qualité indispensable si l'on venait à les forcer. Il est d'ailleurs prudent, pour éviter tout chômage, d'avoir toujours tout prêts quelques gabarits de rechange.

Quant à la réparation de ceux qui pourraient être détériorés, elle doit se faire avec grand soin d'après des épures rigoureuses exécutées par des contre-maîtres spéciaux.

On fera bien également de surveiller les coins qui servent au sabotage et de les remplacer aussitôt qu'ils donnent le moindre doute sur leur fonctionnement.

Avant le sabotage, le chef de chantier examine avec soin toutes les traverses douteuses et décide s'il y a lieu de les employer ou non, ou bien si l'on peut les réparer, comme dans le cas de certaines fentes. Quand une traverse présente des trous et qu'on veut la faire resservir, on les bouche avec des chevilles de bois très sec goudronnées.

Les entailles et les trous des tirefonds doivent toujours être goudronnés, avons-nous dit. Le goudron doit être appliqué à chaud autant que possible, par un temps beau et sec. L'entaille est enduite au moyen du pinceau, et les trous sont remplis à la cuiller après avoir été tamponnés à leur orifice inférieur, lorsqu'ils traversent le bois de part en part.

Le déchargement des traverses sabotées avec coussinet et leur arrimage par tas, généralement de sept, sur le bord du talus, reviennent de 0f,05 à 0f,06 par traverse, soit 5 à 6 francs le cent.

Le déchargement des coins et leur empilage par tas de cinquante reviennent à 2 francs le mille.

On n'emploie dans les souterrains et sous les halles que des traverses en chêne, les traverses en bois préparé s'y conservant moins bien.

Les traverses en sapin doivent toujours être employées exclusivement en alignement droit.

Quand on a des traverses de natures différentes, on réserve les meilleures, celles de chêne par exemple, pour les courbes de faible rayon, les déclivités les plus fortes, etc., en un mot, pour les parties les plus fatiguées du tracé.

Les autres sont placées indifféremment dans la voie courante.

Utilisation des vieilles traverses.

189. Nous avons déjà vu que l'on emploie souvent les vieilles traverses retirées des lignes en exploitation à la fabrication des coins. On s'en sert encore pour établir des paraneiges.

Mais on peut également les faire resservir comme traverses de voie, si le bois est sain et en bon état et si, la partie pourrie étant enlevée, les dimensions restantes sont encore celles des traverses minima.

Dans ce cas, avant d'être sabotées à nouveau, les vieilles traverses sont rafraîchies par l'enlèvement du bois pourri sur toutes les faces. Puis on bouche complètement les anciens trous, comme nous l'avons dit, en y logeant des chevilles de bois de chêne bien sec goudronnées à l'avance.

On procède ensuite au nouveau sabotage exactement d'après la même méthode que pour les traverses neuves; on aura seulement soin que les nouveaux trous ne tombent pas à la même place que les anciens, de plus on mettra le bois dur complètement à découvert sous la semelle des coussinets ou le patin des rails.

Si l'on fait usage de tirefonds ayant déjà servi, on aura bien soin de rejeter tous ceux qui seront usés au rebut.

Enfin on utilise encore, quoique plus rarement, les vieilles traverses qui présentent encore une partie saine, en les assemblant à mi-bois sur toute leur longueur ou en les ajoutant bout à bout.

§ IV. — *POSE DE LA VOIE*

Organisation d'un chantier.

190. Au chemin de fer du Nord, une brigade de pose comporte généralement vingt-cinq ouvriers. Les outils qui lui sont nécessaires sont les suivants :

Une règle de la longueur des rails, divisée d'après les écartements des traverses à la pose ;

Un petit niveau à bulle d'air en fonte ;

Une règle de 2 mètres de longueur ;

Un double mètre articulé ;

Une équerre en bois à branches de 1ᵐ,35 de longueur ;

Un assortiment de cales pour les joints ;

Un thermomètre ;

Un jeu de nivelettes ;

Six jalons en fer ;

Vingt-quatre pelles en fer (propriété des ouvriers) ;

Vingt-quatre pilons en bois ;

Vingt-quatre pioches à bourrer (en bois ferré pour le sable fin ou le ballast meuble, et en fer pour les cailloux, laitiers, pierres cassées, etc.) ;

Huit pinces-masses ;

Quatre anspects, grands leviers en bois ferré à bec recourbé ;

Quatre clefs pour boulons d'éclisses ;

Douze clefs à gobelet polygonal pour tirefonds ;

Un seau pour la graisse ;

Une burette pour l'huile ;

Une marmite à goudron avec sa brosse ;

Une herminette ;

Un scie à main ;

Deux tarières de 0ᵐ,015 de diamètre ;

Une jauge de vérification d'écartement ;

Un marteau à frapper devant ;

Un marteau à main ;

Un marteau rivoir ;

Deux tranches à froid ;

Deux tranches à chaud ;

Deux burins ;

Deux becs-d'âne ;

Un wagon brouette ou lorry ;

Deux brouettes de terrassier.

Le ballastage et la pose de la voie doivent se faire directement en régie et ne pas être confiés à un entrepreneur à cause de la précision et des soins minutieux qu'exige ce travail. Tout au plus le ballastage seul peut-il être confié à l'entreprise.

La pose en temps de guerre doit avoir avant tout pour objectif la rapidité. Dans cet ordre d'idées, nous donnons page suivante l'organisation des chantiers de pose des bataillons d'ouvriers militaires de chemins de fer du Génie.

Transport des matériaux de la voie.

191. Le transport des rails, boulons, éclisses, tirefonds, etc., se fait au moyen de trains de wagons plate-forme, comme le ballast, et quelquefois au moyen de wagonnets particuliers que l'on pousse sur la voie à bras d'hommes et qu'on appelle des *lorrys*.

192. *Lorrys.* — On nomme donc *lorrys* de petits wagons ou trucks poussés à bras d'hommes et mis à la disposition des équipes de poseurs de voie pour transporter leur matériel à pied d'œuvre.

Lorsqu'un de ces véhicules stationne ou circule sur des voies principales, un employé muni des signaux nécessaires doit se tenir constamment au moins à 800 mètres, et jusqu'à 1 500 mètres sur les voies en pente, à l'arrivée du lorry, pour arrêter tout train ou toute machine qui se présenterait sur la voie.

Ces trucks ne doivent jamais être employés la nuit ou par un temps de brouillard.

Sur les lignes à voie unique, on peut naturellement faire marcher le lorry dans les deux sens, à la condition qu'il soit précédé ou suivi par un homme chargé de faire les signaux à la distance réglementaire. Dès qu'un train est signalé sur la voie, le wagonnet doit être immédiatement culbuté en dehors, ce qui indique qu'il doit être assez léger pour cela. Il

CHEMINS DE FER.

1° VOIE A DOUBLE CHAMPIGNON.

NUMÉROS des sections	SOUS-OFFICIERS	CAPORAUX	OUVRIERS	NATURE DU TRAVAIL	OUTILS
I Poseurs	1	1	16 { 1 / 6 / 3 / 6	Marquer sur le sol l'emplacement des traverses. / Mettre les traverses en place. / Aligner les traverses. / Poser les rails.	1 règle de répartition, 1 pioche. / » » / 1 règle de répartition, 1 jalon, 1 mètre. / Cales de joint.
II Attacheurs	1	1	22 { » / 2 / 6 / 6 / 8	Marquer sur le rail l'emplacement des traverses. / Mettre les éclisses en place. / Éclisser. / Régler et soulever les traverses. / Coincer, dont deux à répartir les coins.	1 règle de répartition, craie. / 2 paniers ou 2 brouettes. / 6 clefs à fourches, 1 broche. / 6 pinces à riper. / 6 marteaux chasse-coins, 2 paniers ou 2 brouettes.
III Dresseurs		1	4	Dresser la voie.	4 pinces à riper, 1 pioche,1 pelle, 1 jeu de nivelettes, 1 règle de surhaussement 1 niveau.
TOTAUX	2	3	42		

2° VOIE EN RAILS VIGNOLE.

NUMÉROS des sections	SOUS-OFFICIERS chefs de sections	CAPORAUX sous-chefs de sections	OUVRIERS	NATURE DU TRAVAIL	OUTILS
I Poseurs	1	1	17 { 1 / 1 / 6 / 3 / 6	Garnir les traverses de leurs tirefonds intérieurs. / Marquer sur le sol l'emplacement des traverses. / Mettre les traverses en place. / Aligner les traverses. / Poser les rails.	1 panier, 1 maillet. / 1 règle de répartition, 1 pioche. / » » » / 1 règle de répartition, 1 jalon, 1 mètre. / Cales de joint.
II Attacheurs	1	1	33 { » / 1 / 2 / 6 / 6 / 18	Marquer sur les rails l'emplacement des traverses. / Mettre les tirefonds extérieurs en place. / Mettre les éclisses en place. / Éclisser. / Régler et soulever les traverses. / Tirefonner.	1 règle de répartition, craie. / 1 maillet, 1 panier. / 2 paniers ou 2 brouettes. / 6 clefs à fourche, 1 broche. / 6 pinces à riper ou 6 pioches à bourrer en fer. / 18 clefs à béquille.
III Dresseurs	1	1	7 { 1 / 1 / 1 / 4	Pour repercer quelques trous de tirefonds. / Pour achever d'enfoncer les tirefonds mal visés. / Pour achever de serrer les boulons d'éclisses. / Pour dresser la voie.	1 tarière. / 1 clef à béquille. / 1 clef à fourche. / 4 pinces à riper, 1 jeu de nivelettes, 1 règle de surhaussement, 1 pelle, 1 pioche.
TOTAUX	3	3	57		

doit même pouvoir être enlevé sans cul-
buter des voies, quand on en a le temps.
Les règlements prescrivent tous, en effet,
d'enlever les lorrys des voies quinze minutes avant le passage des trains.

Dans les gares, on ne doit jamais les
faire circuler sans en avoir prévenu le
chef de station.

Lorsqu'un entrepreneur ou tâcheron
aura à effectuer le chargement ou le déchargement des wagons de ballast, de
terrassements ou de matériaux de la voie,
transportés sur la ligne par trains de service, il aura à se conformer rigoureusement aux ordres et instructions qui lui
seront donnés par le chef de ces trans-

Fig. 123

ports et sera responsable de toute infrac-
tion, soit de sa part, soit de la part de
ses ouvriers, ainsi que de tous les accidents qui pourraient en résulter.

Si les ouvriers accompagnent ces trains,
ce qui est le cas le plus fréquent, ils devront, pendant que le train est en marche,
se tenir dans le wagon qui leur sera
désigné par le chef de train, et ils ne
devront jamais ni monter ni descendre
avant que le train ne soit complètement
arrêté. Quiconque contrevient à cette
consigne doit être immédiatement congé-
dié.

Les entrepreneurs ou tâcherons doivent
d'ailleurs renvoyer immédiatement tout
ouvrier insoumis, dont le congédiement
leur serait demandé par le chef de transport.

193. *Train-tramway Harris.* — Le
transport du matériel de la voie, rails et
traverses, se fait d'une manière assez ingénieuse sur certaines lignes américaines,
au moyen du train-tramway de M. Harris
de New-York.

Ce train se compose d'une suite de
wagons plates-formes (*fig.* 123) portant en
leur centre une série de rouleaux de fonte
dure, et sur les deux côtés longitudinaux
des rails régnant ainsi sur toute la longueur du train BC. Ces derniers servent

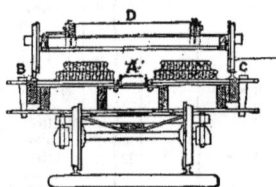

Fig. 124.

de chemins de roulement continu à d'autres
wagons plates-formes D (*fig.* 124), sur lesquels sont posées les traverses, tandis que
les premiers servent au transport des
rails. L'ensemble est poussé, et non re-
morqué, par une locomotive.

Les traverses sont posées les premières

sur terre, au moyen d'un wagon bascu-leur E, sur lequel on les amène les unes après les autres par stocks, et qui se charge de les jeter automatiquement en bas du train où elles sont mises en place par les poseurs (*fig.* 125). On descend ensuite les rails en reculant les plateformes du tramway supérieur à l'autre bout du train et amenant les rails un à un en tête en les faisant avancer sur les rouleaux A. Arrivés au bout du dernier wagon, on les reçoit sur de solides tréteaux munis eux-mêmes de rouleaux, qui permettent de les faire avancer jusqu'au lieu d'emploi.

M. Harris affirme que l'on peut ainsi poser, par jour de dix heures, aisément 2 kilomètres de voie.

Ce système a été d'ailleurs appliqué sur différentes lignes de l'Amérique du Nord et du Canada, entre autres sur les chemins Central Ontario, Ontario à Québec, Rochester à Pittsburg, Westshore à Buffalo, Ohio River, Chicago et Atlantic, etc.

Piquetage.

194. Avant la pose de la voie on opère un piquetage préliminaire spécial donnant exactement la hauteur du rail.

Les piquets employés sont généralement de section carrée de $0^m,08$ à $0^m,10$ de côté, avec un mètre de longueur; leur surface supérieure indique le niveau du rail; quelquefois cette indication est donnée par une pointe latérale ou par une pointe centrale de direction.

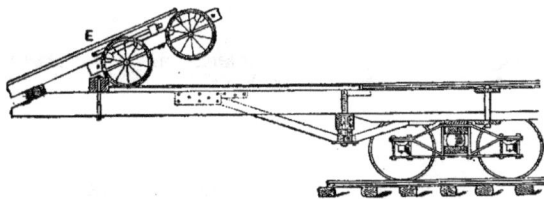

Fig. 125.

On met un piquet semblable tous les 100 mètres dans les alignements droits, tous les 50 mètres en courbe au-dessus de 500 mètres de rayon, et tous les 20 mètres dans les courbes de rayon inférieur à ce chiffre. Comme ils seraient exposés à être déplacés à chaque instant par le passage des trains et les manutentions du matériel, on les pose dans l'axe de la plateforme, mais on les repère souvent sur un des accotements, à la distance constante de 1 mètre du rail extérieur.

On met un piquet à tous les points spéciaux, comme à l'origine des courbes, aux changements de déclivités; on a quelquefois coutume de peindre ces derniers de couleurs qui les signalent à l'attention.

Pose de la voie.

195. La plateforme des terrassements doit d'abord être livrée bien préparée à son profil normal et, autant que possible, n'avoir plus à subir de tassement ultérieur.

On commence alors par poser sur terre, avec les matériaux définitifs approvisionnés dans un chantier voisin, une voie provisoire sur laquelle on fait circuler les wagons qui apportent le ballast et les rails nécessaires pour aller de l'avant.

On répand ainsi le ballast correspondant à une première couche, et on opère un premier bourrage sous les traverses; puis on amène la voie peu à peu à sa hauteur définitive par des apports successifs de ballast et des relevages de 0^m,10 à 0^m,15 d'épaisseur.

Il faut avoir soin de ne pas faire passer plus d'un train de matériaux sur la première voie posée directement sur la plateforme sans ballast ; on risquerait sans cela de fausser les rails.

Lorsqu'on emploie des traverses ayant leurs bases avec une face latérale de sciage et le reste circulaire, l'arête de la face courbe forme couteau dans le ballast, et la traverse pourrait ne pas présenter la stabilité voulue, obtenue ordinairement par les faces verticales. La pose devra donc se faire de manière que cette dernière face soit en opposition avec le ballast dans le sens de la marche des trains.

Ces traverses imparfaites sont d'ailleurs posées le plus souvent sur les lignes secondaires qui sont à voie unique ; dans ce cas, on alternera l'orientation de manière à s'opposer, autant que possible, au mouvement dans les deux sens.

En résumé, les opérations de la pose sont les suivantes :

196. *Alignement de la voie.* — On commence par mettre très rigoureusement à leur place les rails en face des piquets de pose qui, comme nous le savons, sont espacés au maximum de 100 mètres en alignement droit et de 20 à 50 mètres suivant le rayon de la courbe.

Les rails intermédiaires sont ensuite distribués au mieux entre ces repères fixes. Mais on comprend qu'il est généralement impossible de leur donner du premier coup la position définitive qu'ils doivent occuper.

Le chef de pose se place à une certaine distance en arrière de la file et voit parfaitement à l'œil les ondulations prises par la file de rails. Il commande alors à son équipe de déplacer latérale-

Fig. 126.

ment ou *riper* les rails nécessaires en les portant à droite ou à gauche, selon les cas. Les ouvriers exécutent ces ordres en agissant sur les traverses au moyen de longues barres de fer à pointe aciérée et qu'on appelle des pinces (*fig.* 126). Il est très expressément recommandé de ne pas agir ainsi sur les rails et surtout de ne pas les frapper avec la pince. On s'exposerait sans cela à compromettre la solidité de tous les tirefonds d'attache et de tous les boulons d'éclissage.

On répartit les traverses sabotées sur la plate-forme en terre ; on fixe le rail en réservant le jeu nécessaire à la dilatation ; on pose les coins, s'il y en a, sans les serrer à fond, et l'on met les éclisses aux joints, en ayant soin de ne les fixer que par deux boulons serrés à la main.

Tout cela est fait dans l'intention de faire servir au transport du ballast et du matériel utilisé plus loin la voie défi- nitive de la ligne. On comprend l'utilité de cette manière de faire, quand on songe que les matériaux d'un mètre courant de double voie à double champignon représentent un poids d'environ 7 000 kilogrammes avec le ballast.

On relie au moyen d'un plan incliné la voie déjà relevée et ballastée à la voie de terre.

Un train de ballast arrivant sur une partie de voie posée sur terre s'arrête dès qu'il y est engagé de sa longueur et est déchargé sur place. Aussitôt qu'il s'est retiré, on commence à bourrer les traverses que l'on soulève au moyen de longs leviers ou *anspects*. Le ballast est ainsi posé au moins en trois couches, les premières ont de 0^m,10 à 0^m,15 ; à la Compagnie du Nord, on procède par relevage ayant de 0^m,06 à 0^m,12 au maximum. La dernière couche est réglée conformément au profil type de la ligne.

Lorsque les rails ont atteint leur niveau définitif, et à ce moment seul, on serre à fond les boulons d'éclisses.

On vérifie alors bien exactement l'emplacement des traverses qui ont pu varier pendant les manipulations précédentes ; on fait usage pour cela d'une longue règle divisée. Puis on pose et on serre les tirefonds au moyen d'une des clefs vues plus haut.

Ensuite on contrôle la largeur de la voie, l'ouverture des joints et la valeur du surhaussement ou devers en courbe (V. vol. I. *Infrastructure*).

Cette dernière vérification s'opère au moyen d'une règle à gradins, que nous verrons plus loin et d'un niveau à bulle. On place cette règle horizontale à l'aide du niveau, et les crans successifs donnent le devers voulu, suivant les données de la question, vitesse des trains et rayon de la courbe. Aux extrémités de cette règle gabarit, sont disposés six échelons ou crans correspondant à un certain nombre de rayons dont les valeurs sont inscrites sur les faces latérales.

Sur les chemins à deux voies, on ne pose provisoirement sur terre qu'une voie et celle-ci sert pour le transport des matériaux de la seconde, qui est posée immédiatement sur une couche de ballast de 0^m,30 d'épaisseur nécessaire pour atteindre le dessous des traverses. Les wagons déchargent le ballast latéralement.

L'espacement des traverses est d'autant plus faible que la vitesse des trains est plus grande et les locomotives plus lourdes. En alignement droit, cet intervalle varie de 0^m,75 à 0^m,98, excepté au joint où cette distance est réduite à 0^m,60.

Le calcul théorique de la résistance montre que, avec un joint en porte-à-faux, l'écartement à donner aux traverses, pour obtenir la même flexion entre tous les supports, est de 0^m,60 pour les traverses de joint et de 0^m,976 pour les traverses intermédiaires. Ces résultats ont été confirmés par l'expérience, et il convient de prendre pour écartement des traverses 0^m,60 au joint, et 1 mètre couramment.

Pour le bourrage des traverses, on emploie deux hommes à chaque extrémité des traverses, soit quatre en tout. Il faut bourrer simultanément sur les quatre côtés des rails à la fois, et non pas d'un côté en dedans et de l'autre en dehors, par exemple.

Les tirefonds, boulons d'éclisses et coins ne doivent être serrés à titre définitif que lorsque la voie a été relevée au niveau normal et bien exactement dressée, ce qui doit se faire d'ailleurs le plus rapidement possible. On ne doit jamais frapper sur les rails, et les traverses doivent être bourrées plus vigoureusement aux extrémités qu'au centre.

L'éclisse en acier a une fois et demie la résistance de l'éclisse en fer ; mais la jonction formée par les éclisses est, dans tous les cas, plus faible que le rail, puisqu'elles se déforment sous une charge qui est : pour le fer le 1/4, et pour l'acier les 2/5 de celle qui amène la déformation du rail.

197. *Pose des tirefonds.* — Les rails sont fixés sur chaque traverse au moyen de deux tirefonds galvanisés, un de chaque côté ; si le joint est soutenu, comme chaque rail exige ainsi deux tirefonds, cela en fait quatre par joint.

Dans ce dernier cas, les deux tirefonds placés à l'intérieur de la voie sont quelquefois remplacés par un tirefond unique pressant le patin des deux rails par l'intermédiaire d'un crapaud en fonte.

La position des tirefonds est absolument indifférente, à la condition absolue qu'ils ne se trouvent jamais en face l'un de l'autre, pour ne pas entraîner une fatigue par trop caractérisée de la traverse, par suite de l'affaiblissement de section.

Dans le cas d'une traverse de joint il n'en est pas de même : il faut que l'enfoncement des tirefonds ne soit pas gêné par les boulons des éclisses et que les tirefonds ne gênent pas la pose des coins d'arrêt qui s'opposent au mouvement longitudinal de la voie. On arrive à ce résultat en écartant les trous de 0^m,100 à l'extérieur et de 0^m,030 à l'intérieur du rail.

On a soin de laisser entre les tirefonds et les bouts des patins un jeu total de

0^m,001, soit un demi-millimètre de chaque côté pour parer aux irrégularités de la abrication.

198. *Disposition des joints.* — Les joints peuvent se poser en face l'un de l'autre sur les deux files de rails, ou bien *chevauchés*.

Dans ce dernier cas, on doit s'assurer fréquemment, en menant une normale à l'axe de la voie par l'extrémité des rails d'une même file, que la distance de cette normale à l'extrémité des rails correspondants de l'autre file, c'est-à-dire le *chevauchement,* se conserve exactement bien égal à lui-même.

Dans le premier cas, il faut que les joints des deux rails correspondants soient toujours sur une même normale à l'axe de la voie.

Dans tous les cas les traverses doivent être bien d'équerre avec la direction des rails ; sans cette précaution, on produirait des rétrécissements fâcheux de la voie, alors même que le sabotage des traverses aurait été fait avec tout le soin désirable.

199. *Pose en courbe.* — En courbe, les traverses doivent être posées suivant le rayon.

Quant aux rails, ils ont des développements inégaux. Si les joints se correspondent, le rail extérieur a naturellement une longueur plus grande que le rail intérieur qui se développe sur une courbe de rayon plus faible. Pour éviter la complication résultant de la correspondance des joints d'une file à l'autre, ce qui exigerait autant de types de rails courts que l'on emploie de rayons différents, on fait usage de rails de deux longueurs. Ainsi on adopte fréquemment des rails de 6 mètres et de 5^m,76 dont on fait la répartition convenablement.

Pour cela on calcule les développements des deux files de rails en courbe et on évalue le nombre des rails nécessités par chaque file en profitant de ce que chaque rail de 5^m,76 a 0^m,04 de moins qu'un de 6 mètres, ce qui permet de racheter les différences en plaçant un rail court sur deux ou sur trois.

Supposons encore l'emploi en courbe de rails de 6 mètres : on pose ces rails sur la file extérieure comme sur la file intérieure jusqu'à ce que celle-ci soit en avance de 0^m,05 au maximum sur sa conjuguée, ce que l'on contrôle aisément au moyen d'une équerre. On pose alors un rail court de 5^m,70, ce qui donne un retard de 0^m,05 au lieu de l'avance précédente, puis on continue à poser des rails de 6 mètres jusqu'à ce qu'on ait de nouveau une avance de 0^m,05, et ainsi de suite jusqu'à la fin de la courbe.

200. *Pose en courbe au chemin de fer du Nord.* — Comme d'ordinaire le développement des deux files de rails n'étant plus égal, et la file extérieure étant naturellement formée de rails de 8 mètres, on est obligé de composer la file intérieure avec des rails plus courts. La nécessité de ne pas multiplier outre mesure le nombre des types de longueur réduite conduit à n'employer dans cette opération que des rails de 7^m,96. Les rails courts sont alors groupés avec les rails de 8 mètres dans des combinaisons périodiques assujetties à cette condition qu'à la fin de chaque période les joints correspondants des deux files de rails se retrouvent à moins de 5 millimètres dans les positions relatives qu'ils devraient occuper en voie droite.

Ces combinaisons périodiques ont été déterminées à l'avance et sont représentées dans le tableau ci-après.

RAYON de la COURBE	NOMBRE DE RAILS DE 8 MÈTRES		NOMBRE de RAILS DE 7m,96 à l'intérieur	RÉPARTITION DES RAILS EN COURBE Les chiffres seuls indiquent le rang des rails de 7m,96. Les chiffres entourés de [ ] indiquent le nombre des rails de 8 mètres entre ceux de 7m,96.
	A L'EXTÉRIEUR	A L'INTÉRIEUR		
300	1	0	1	1. La file intérieure est entièrement formée de rails de 7m,96.
350	7	1	6	1. 2. 3. [1]. 5. 6. 7.
400	4	1	3	1. [1]. 3. 4.
500	5	2	3	1. [1]. 3. [1]. 5.
600	2	1	1	1. [1].
700	7	4	3	[1]. 2. [1]. 4. [1]. 6. [1].
800	8	5	3	[1]. 2. [2]. 5. [2]. 8.
900	3	2	1	[1]. 2. [1].
1 000	10	7	3	[1]. 2. [2]. 5. [2]. 8. [2].
1 100	11	8	3	[2]. 3. [2]. 6. [2]. 9. [2].
1 200	4	3	1	[1]. 2. [2].
1 300	13	10	3	[2]. 3. [3]. 7. [3]. 11. [2].
1 400	14	11	3	[3]. 4. [4]. 9. [4]. 14.
1 500	5	4	1	[2]. 3. [2].
1 600	16	13		[2]. 3. [4]. 8. [4]. 13. [3].
1 700	17	14	3	[2]. 3. [5]. 9. [5]. 15. [2].
1 800	6	5	1	[2]. 3. [3].
1 900	19	16	3	[6]. 7. [5]. 13. [5]. 19.
2 000	20	17	3	1. [6]. 8. [5]. 14. [6].

Lorsque, par exception, on pose des voies en courbe de 200 mètres de rayon et au dessous, on assure la régularité de la courbure en croisant les joints des deux files de rails, de sorte que le joint d'une des files corresponde au milieu du rail de la file voisine. On modifie alors les portées sur traverses en conséquence.

201. *Pose en courbe au chemin de fer du Midi.* — Le tableau suivant est suivi au chemin de fer du Midi où les rails de 11 mètres et de 5m,50 sont remplacés dans les courbes par des rails de 10m,92 et de 5m,46.

202. *Courbage et redressement des rails.* — Le dressement et le courbage des rails s'opère simplement en laissant tomber sur deux traverses le rail à plat d'une hauteur qui dépend de sa forme, de son poids et de la nature du métal. C'est une question d'expérience que les ouvriers acquièrent bien vite.

Les rails courbés doivent être classés suivant leur degré de courbure et on doit avoir soin d'y inscrire le rayon.

Le moyen le plus simple de redresser un rail courbé consiste à installer sur le chantier une voie de la longueur d'un rail

RAYON DES COURBES	PROPORTION DES RAILS COURTS par rapport au nombre total des rails employés par kilomètre	NOMBRE DE RAILS par kilomètre DE VOIE SIMPLE	
		EN RAILS de 11m,00	EN RAILS do 5m,50
300	34.61 %	63	127
400	25.82	47	95
500	21.25	38	75
600	17.50	32	62
700	15.00	27	54
800	13.10	24	47
900	11.25	21	42
1 000	10.00	18	37
1 100	9.30	17	34
1 200	8.75	16	31
1 300	8.00	15	29
1 400	7.50	14	27
1 500	6.87	12	25
1 800	5.80	11	21
2 000	5.00	9	19
2 500	4.10	7	15
3 000	3.44	6	12
3 500	3.10	6	11
4 000	2.50	5	9
4 500	2.30	4	8
5 000	2.10	3	7
5 500	1.85	3	7
6 000	1.75	3	6

ordinaire ; contre l'un des rails on couche un gabarit en bois A de 0m,12 à 0m,15 d'épaisseur (fig. 127). La face verticale qui s'appuie contre le rail est droite, l'autre est découpée en arc de courbe de 0m,20 de flèche et présente en creux le profil du rail. Ce madrier a ainsi une épaisseur de 0m,50 en son milieu et de 0m,20 à 0m,25 à son extrémité.

Le rail à redresser est placé contre cette partie courbe du gabarit, sa courbure en opposition avec celle du madrier. Deux crics C poussent alors les deux extrémités du rail et les ramènent dans le prolongement du centre. Si le rail présente un angle un peu trop vif on interpose un bloc de bois supplémentaire pour augmenter la flèche du gabarit.

Mais, lorsque le rayon de la courbe est très petit, il y a réellement lieu de courber les rails. Dans ce cas, le mieux est de faire usage d'une petite machine à cintrer, composée de trois rouleaux entre lesquels on fait passer le rail. Un rouleau, situé au milieu de la ligne formée par les deux autres, a son axe mobile et pouvant être rapproché ou éloigné au moyen d'une vis dont l'écrou fixe est situé dans la plaque

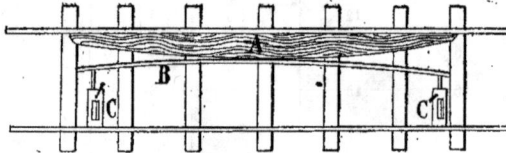

Fig. 127.

reliant les axes des deux autres cylindres. De la sorte on peut faire varier la flèche de la courbe.

En dehors de la machine à cintrer à trois cylindres portant une cannelure profilée suivant la section du rail, on se sert quelquefois d'une presse à vis. Cette vis est montée dans une fourche, comme dans les presses à copier ordinaires, et munie à son extrémité inférieure d'un pointeau qui appuie sur le rail ; son extrémité supérieure, au contraire, est garnie d'un grand levier à mains et à boules. Le tout est fixé au plateau d'un fort établi. Le rail est suspendu sur deux points fixés à une certaine distance de la vis qui

exerce son action énergiquement sur la partie centrale à redresser ou à courber.

On ne doit faire usage de cette presse qu'avec une grande réserve, car son action est souvent trop énergique et dépasse le but en détruisant la cohésion du métal, exposé alors à se rompre. Il ne faut la confier qu'à des agents expérimentés et consciencieux, sans quoi il vaut mieux en proscrire l'usage.

Le redressement ou le courbage des rails revient de 0f,05 à 0f,20 par rail.

203. *Jeu pour la dilatation des rails.* — On sait qu'il est indispensable de ménager aux extrémités des rails un petit espace libre pour la dilatation.

On les éclisse donc bout à bout en laissant simplement entre eux le jeu prévu ; cela s'opère aisément au moyen de cales en fer de l'épaisseur voulue que possèdent tous les chefs de pose. Aux chemins de fer de l'État, ce jeu est de :

2 millimètres, quand la pose est faite à une température supérieure à 15 degrés centigrades ;

4 millimètres, lorsque cette pose est faite entre 5 et 15 degrés ;

Et 5 millimètres, au-dessous de 5 degrés.

Les chiffres suivants sont adoptés aux chemins de fer du Midi où l'on emploie des rails de 11 mètres de long :

Température de pose jusqu'à 10°   8 mill.
—   de 10 à 20°   7 —
—   de 20 à 30°   6 —
Au-dessus de 30°   4 —

On fait également usage dans cette même Compagnie de rails de 5m,50 qui entraînent les chiffres suivants :

Jusqu'à 10°   6 mill.
—   30°   5 —
Au-dessus de 30°   4 —

On a soin de laisser les cales sur une centaine de mètres en arrière afin d'éviter que, dans les manutentions diverses auxquelles on soumet les traverses, le ballast et les rails, ces derniers ne viennent à resserrer les joints réglés et à amener même quelquefois des barres au contact.

A cause de leur position dans le ballast, on admet au chemin de fer du Nord que les plus grandes variations de température auxquelles les rails peuvent être soumis sont comprises entre — 10 degrés et + 30 degrés et correspondent ainsi à un écart maximum de 40 degrés pour lequel l'acier se raccourcit ou s'allonge de 1/2 millimètre par mètre, soit de 4 millimètres pour une barre de 8 mètres.

On règle alors l'intervalle libre des joints d'après la température de l'air observée à l'ombre et de la manière suivante :

Jusqu'à   0° environ   0m,004
De 0 à 15°   —   0 ,003
Au-dessus de 15°   —   0 ,002

On devra toujours avoir, dans les chantiers de pose, des lames de fer de ces dimensions afin de permettre de régler les joints. On ne perdra pas de vue non plus que du matin au soir il peut y avoir dans la même journée des changements de température suffisants pour amener des différences dans les joints au moment de la pose.

Comme nous l'avons vu précédemment, les dimensions des boulons et des trous de rails par rapport à ceux des éclisses ont été combinées de manière à permettre des variations de joints de 0 à 0m,0015. On a voulu par là être sûr que le jeu de dilatation serait toujours possible, même en admettant, dans le travail des rails et des éclisses, les irrégularités comprises dans les limites ordinaires de la tolérance.

Élargissement de la voie en courbe.

204. Une largeur supplémentaire est indispensable à donner à la voie dans les courbes, surtout dans celles de faible rayon, afin d'éviter le frottement des boudins des roues contre les rails. Cet écartement dépend des éléments suivants :

L'empâtement ou écartement des essieux extrêmes des véhicules ;

Le diamètre des roues ;

La conicité et la largeur des bandages ;

La distance entre deux roues calées sur le même essieu ;

Le jeu latéral des essieux.

Le plus souvent, la surlargeur est déterminée au moyen d'épures à échelles suffisantes, sur lesquelles on représente la courbe avec l'inscription d'un véhicule dans les conditions précédentes. C'est généralement la locomotive qui est choisie à cause des exigences maximum qu'elle présente sous ce rapport. Si elle passe convenablement dans une courbe, on est sûr que le matériel courant y passera encore mieux.

Généralement, pour simplifier la question, on néglige les données accessoires du problème et l'on se contente de calculer la flèche d'un arc de cercle de rayon donné dont la corde représenterait la ligne droite passant par les points de contact des rails et des boudins des roues extrêmes des véhicules, ligne qui représente la plus grande ligne droite rigide à inscrire dans la courbe.

Le tableau suivant peut aider dans ces

recherches, en donnant, pour différents rayons de courbes, les valeurs des flèches correspondantes.

RAYON DES COURBES	FLÈCHES EN MILLIMÈTRES POUR DES CORDES SOUS-TENDUES DE		
EN MÈTRES	3 mètres	4 mètres	5 mètres
150	7.6	13.4	20.9
300	3.9	6.7	10.5
400	2.9	5.0	8.8
500	2.3	4.0	10.3
600	1.9	3.4	5.3
700	1.6	2.9	4.5
800	1.4	2.5	3.9
900	1.3	2.3	3.5

Élargissement de la voie dans les Compagnies françaises.

205. A la Compagnie du Nord la largeur de 1^m,450 adoptée avec le rail de 30 kilogrammes laisse aux roues d'un même essieu, eu égard aux dimensions des bourrelets et aux cotes de calage admises par le service du matériel roulant, un jeu latéral de 0,030 pour les wagons et 0,035 pour les locomotives, lorsque les roues sont neuves. Ce jeu est indispensable pour éviter le frottement des bourrelets contre les rails, et permet, en outre, un déplacement latéral des essieux qui facilite le passage des véhicules dans les courbes.

Aussi, grâce à ce déplacement et à la conicité au 1/20 des bandages, deux roues neuves de 0^m,91 de diamètre à la circonférence moyenne de roulement et calées sur le même essieu peuvent parcourir sans glissement les deux files de rails d'une voie courbe de 457 mètres de rayon.

Pour les courbes de rayon inférieur aux précédentes le jeu normal de la voie n'est plus suffisant, à cause de l'obliquité donnée aux roues par le parallélisme des essieux et du diamètre plus grand de certaines roues qui tendent à faire porter les boudins contre les rails. Il faut alors donner à la voie une surlargeur, conformément au tableau ci-après :

RAYON DES COURBES	LARGEUR de la voie
100 à 250 mètres	1.465
250 à 450 —	1.460
450 et au delà, largeur normale	1 450

Néanmoins on maintient la largeur de 1,445 entre les changements et croisements de voie.

Les surécartements ne portent que sur la file extérieure des rails. On les rachète sur les deux ou trois derniers rails voisins des points de contact avec l'alignement. Les traverses correspondantes n'arrivent pas préparées et on les sabote sur place.

Surhaussement ou devers.

206. Dans notre *Infrastructure* (p. 165) nous avons expliqué ce que c'était que le devers et les raisons qui conduisaient à surhausser le rail extérieur dans les courbes. C'est en ce moment, pendant la pose de la voie, qu'il y a le plus à s'en préoccuper. La formule théorique appliquée à différentes vitesses et à différents rayons donne les résultats suivants (v. page 118) :

On voit immédiatement que le maximum de devers possible et pratique étant 0^m,05, ce qui fatigue déjà beaucoup le rail intérieur, on ne peut circuler à très grande vitesse sur les courbes de petits rayons, ce que nous savions déjà.

On remarque, en outre, que, le devers étant très faible pour les petites vitesses, on peut le supprimer aux abords des stations où les trains s'arrêtent. Cependant, quand les rayons des courbes sont très petits, il se produit parfois des déraillements à l'entrée des gares, si peu qu'il y ait un défaut dans le jeu des boîtes à graisse ou un manque de conicité des bandages.

207. *Chiffres adoptés sur différentes Compagnies.* — En pratique, on ne peut rien laisser de douteux à l'esprit des agents de la voie; on leur remet donc un tableau définitif de la valeur des devers en pleine voie.

RAYON DE LA COURBE en mètres	SURHAUSSEMENT POUR LES VITESSES SUIVANTES :							
	30 k.	40 k.	50 k.	60 k.	70 k.	80 k.	90 k.	100 k.
300	35	63	98	142	192	252	318	393
400	27	47	74	106	145	186	238	295
500	21	38	59	85	116	151	191	235
600	18	31	49	71	96	126	159	196
700	15	27	42	61	83	108	135	168
800	13	24	37	53	72	94	120	148
900	12	21	33	47	64	84	106	131
1.000	11	20	29	42	58	76	96	118
1.100	10	17	26	38	52	68	85	106
1.200	9	16	25	35	48	63	80	98
1.300	8	15	23	33	43	58	74	91
1.400	8	14	21	30	41	54	68	84
1.500	7	13	20	28	38	50	64	79
1.800	6	11	16	24	32	42	53	66
2.000	5	10	15	21	29	33	48	59
2.500	4	8	12	17	23	30	38	47
3.000	4	6	12	14	19	25	32	39

Le tableau suivant donne encore les devers appliqués sur des chemins construits et exploité dans des conditions très différentes.

RAYON en MÈTRES	OUEST FRANÇAIS	STEINBORF AUTRICHE	ÉTAT BAVAROIS	CENTRAL SUISSE	HANOVRE
	SURHAUSSEMENT EN MILLIMÈTRE				
114	»	93	»	»	»
133	»	81	»	»	»
152	»	71	»	»	»
171	»	63	»	»	»
200	130	54	»	»	»
250	110	43	»	»	»
300	100	37	116	72	»
350	»	33	102	64	»
400	100	28	93	56	65
450	»	23	88	52	57
500	85	21	85	46	52
550	»	20	78	41	45
600	75	»	67	36	40
700	70	»	56	33	34
800	70	»	45	27	29
900	65	»	35	24	25
1 000	63	»	27	21	22
1 200	50	»	15	18	19
1 500	40	»	»	12	17
1 800	30	»	»	»	16
2 000	30	»	»	»	15
2 300	»	»	»	»	14
2 500	20	»	»	»	13
2 800	»	»	»	»	12
3 000	15	»	»	»	11
3 500	»	»	»	»	8
3 750	»	»	»	»	»
4 000	»	»	»	»	»
6 000	»	»	»	»	»

Les règles générales se modifient d'ailleurs pour une même Compagnie, suivant que la région est plus ou moins accidentée et que les trains prennent plus ou moins de vitesse.

Nous donnons le tableau ci-dessous des surhaussements théoriques correspondant aux différentes vitesses des trains au chemin de fer du Nord.

RAYON des COURBES	VITESSE DES TRAINS à l'heure	SURHAUSSEMENT NORMAL
		m.
500	50 kil.	0.0590
600	60	0.0708
700	60	0.0606
800	75	0.0830
900	80	0.0840
1 000	80	0.0755
1 200	80	0.0629
1 500	80	0.0503
2 000	80	0.0377
3 000	80	0.0251
6 000	80	0.0126

Ce surhaussement est calculé d'après la formule normale :

$$e = \frac{l v^2}{g R}$$

En adoptant ce tableau on est conduit, comme le fait la Compagnie du Nord, contrairement aux autres Compagnies, à supposer que la vitesse croît avec le rayon des courbes. Les devers sont ainsi calculés pour les vitesses maxima ; lorsque cette vitesse n'est pas atteinte, le train en est quitte pour porter un peu sur le rail intérieur, mais au moins on est certain qu'il peut parcourir la courbe en grande vitesse sans risquer de dérailler.

En pratique, au chemin de fer du Nord, le devers adopté est le suivant, d'après la vitesse des trains qui doivent y circuler :

Pour les courbes de 2 000 mètres on adopte :

1° Le surhaussement de $0^m,075$ pour les lignes parcourues par les trains rapides dirigés sur l'Angleterre et sur la Belgique ;

2° Celui de $0^m,050$ pour les lignes parcourues par les trains directs ou de vitesse moindre que les express précédents ;

3° Enfin celui de $0^m,040$ pour les lignes desservies seulement par les trains omnibus.

Pour les courbes autres que celles de 1 000 mètres de rayon, le surhaussement à appliquer est obtenu en multipliant celui de la courbe de 1 000 mètres par le rapport $\dfrac{1\,000}{R}$, R étant le rayon de la courbe dont on cherche le devers.

208. *Devers à la Compagnie du Midi.* — Au chemin de fer du Midi, on suppose une vitesse constante de 22 mètres à la seconde ou de 80 kilomètres à l'heure comme maximum. Le devers ne varie alors que suivant le rayon de la courbe d'après le tableau suivant :

RAYON EN MÈTRES		DEVERS en MILLIMÈTRES
De 300 à 600		150
600 700		125
700 800		107
800 900		94
900 1 000		83
1 000 1 100		75
1 100 1 200		68
1 200 1 300		62
1 300 1 400		57
1 400 1 500		53
1 500 1 800		50
1 800 2 000		42
2 000 2 500		37
2 500 3 000		30
3 000 3 500		25
3 500 4 000		21
4 000 4 500		19
4 500 5 000		16
5 000 5 500		15
7 000 8 000		10

209. *Devers à la Compagnie de l'Est français.* — A l'Est on applique la formule générale en admettant trois vitesses différentes par seconde :

$$v = 18^m,00 \text{ pour les rapides ;}$$
$$v = 14^m,00 \text{ pour les trains omnibus ;}$$
$$v = 10^m,00 \text{ aux abords des gares.}$$

210. REMARQUE. — Dans les déclivités les trains ont évidemment une vitesse plus grande à la descente qu'à la montée ; le devers est donc différent selon la voie considérée : la voie descendante doit avoir un devers plus grand que la voie montante.

Nous avons dit que le devers calculé d'après la formule théorique générale, dans laquelle on supposait n'avoir à combattre que la force centrifuge, n'est pas absolument rigoureuse : le devers ainsi calculé est notablement insuffisant. Cela provient probablement de ce que l'on ne tient aucun compte de l'effort développé par la masse totale des véhicules ou par les roues elles-mêmes, surtout les roues des locomotives qui tendent à conserver leur mouvement dans leur plan de rotation, comme le gyroscope de Foucault. Peut-être faut-il voir encore là un effet du mouvement de rotation de la terre qui est plus influent qu'on ne le pense dans toutes ces questions. Il est très appréciable par exemple sur les fleuves dont la direction est sensiblement du nord au sud, c'est-à-dire parallèle au méridien.

211. *Devers à la Compagnie de Lyon.* — C'est pour ces différents motifs que plusieurs Compagnies ont choisi une autre formule, comme celle que nous connaissons de la Compagnie de Lyon :

$$e = \frac{v}{R}$$

dans laquelle v représente la vitesse des trains en kilomètres à l'heure, et r le rayon de la courbe.

Cela posé cette Compagnie a divisé son réseau en quatre catégories de lignes, savoir :

1° Lignes à courbes de grands rayons parcourues par des trains de très grande vitesse. On prend pour v le chiffre de 70 kilomètres ;

2° Lignes à courbes de grands rayons

parcourues par des trains de grande vitesse, $v = 60$ kilomètres;

3° Lignes à courbes de rayons moyens
parcourues par les trains de vitesses mo-
dérées, $v = 50$ kilomètres;

4° Lignes à courbes de faibles rayons
parcourues par des trains de petite vitesse,
$v = 40$ kilomètres.

Néanmoins, quand il s'agit de trains à
vitesses très faibles, les devers déduits de
ces formules ne satisfont encore pas
complètement la question.

212. *Devers à la Compagnie d'Orléans.*
— Au chemin de fer d'Orléans on applique
les devers suivants sur les nouvelles
lignes, devers calculés d'après la formule
$e = \dfrac{45}{R}$.

Rayons en mètres	Devers en millimètres
300	150
350	130
400	112
500	90
600	75
700	64
800	56
1 000	45
1 200	37
1 500	30
2 000	22

213. *Devers en Allemagne.* — En Allemagne également on ne s'en tient pas
strictement à la formule donnée par la
force centrifuge. Des expériences directes
ont été faites au Mein-Wner-Bahes et on
a relevé successivement le rail extérieur
des courbes tant que le bord intérieur
de ce rail, blanchi à la craie, dénotait un
frottement du boudin des roues au passage des trains de vitesse maximum. On
est arrivé alors au tableau suivant fourni
par une formule empirique qui a le tort
de ne pas renfermer la vitesse quand il
s'agit de lignes n'ayant pas le même
trafic.

Rayons en mètres	Devers en millimètres
300	150
450	135
600	120
750	105
900	90
1 200	60
1 500	30

A l'Est Prussien, qui se trouve, il est
vrai, dans des conditions géographiques
différentes, les surélèvements sont un peu
inférieurs, savoir :

Rayons en mètres	Devers en millimètres
853	52
1 130	39
1 507	26
2 260	18
3 014	13

Ces divergences montrent d'ailleurs
qu'une étude analytique nouvelle du devers s'impose, étude dans laquelle il faudra
faire entrer les forces signalées plus
haut.

214. *Installation pratique du devers.*
— On obtient le surhaussement sans avoir
à modifier le profil en long de la voie par une nivellation relative des
deux files de rails, en abaissant l'une et en
élevant l'autre d'une quantité égale à la
moitié du surhaussement normal. La
transition est ménagée aux deux extrémités de la courbe par des pentes et
rampes amenant ou effaçant graduellement cette différence de niveau.

Le surhaussement est réparti par moitié
sur la courbe et sur la tangente; il est
d'ailleurs obtenu par des pentes et rampes
relatives de $0^m,001$ par mètre, établies sur
chacune des deux files de rails. Les parties
droites et courbes sur lesquelles se for-
mera ou s'effacera le devers sont, autant
que possible, remplacées par une portion
de parabole.

Dans les stations, les plans inclinés
sont installés comme le permettent les
changements, croisements et traversées
de voie.

D'autres fois le devers se fait sentir sur
le rail extérieur seul.

La pose commence toujours par la
file intérieure qui est réglée en hauteur
et en direction sur les piquets; puis on
fait subir le surhaussement au rail extérieur seul, au moyen du gabarit spécial
(*fig.* 128 et 129).

En pratique, on rachète souvent le surhaussement aux deux extrémités de la
courbe au moyen d'un plan incliné dont
la longueur sur l'alignement droit est de
$0^m,50$ à 1 mètre par chaque millimètre de
devers.

Dans les courbes voisines des stations le devers doit être réduit de moitié en raison du ralentissement habituel de tous les trains en ces passages.

Le devers doit être l'objet d'un entretien particulièrement soigné ; cela se comprend du reste, et pour cela il est bon de marquer sur deux piquets, plantés dans l'accotement, les niveaux des deux rails de la même courbe. De cette façon on peut, en tout temps, vérifier le surhaussement, même en cas de tassement de la plate-forme, car on possède toujours bien la différence de hauteur des deux files de rails.

Souvent, à l'origine, c'est-à-dire aux deux points de contact de chaque courbe, on indique les éléments principaux de celle-ci, c'est-à-dire son rayon R', l'écartement intérieur des rails L, y compris

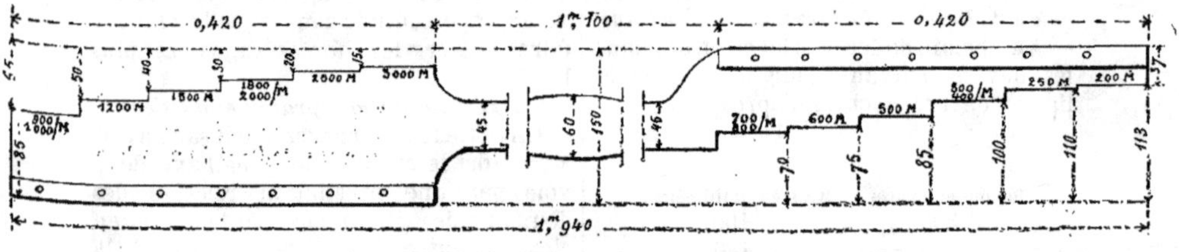

Fig. 128.

l'élargissement, et le devers D. Un tableau peint à l'huile et planté sur un poteau présente les indications suivantes :

$$R = 600 \text{ m.}$$
$$L = 1^{m},445$$
$$D = \quad 75$$

On est quelquefois conduit à donner des devers différents aux rails extérieurs des deux voies ; on les indique alors l'un au-dessus de l'autre en numérotant les voies :

$$D.1 = 84$$
$$D.2 = 76$$

Certaines Compagnies, comme l'Est, ont des poteaux d'origine avec tableaux sur lesquels on indique le rayon de la courbe, son développement et le devers.

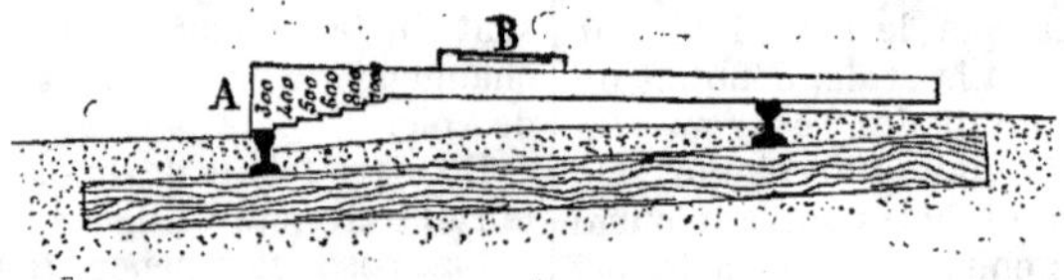

Fig. 129.

Les relevages doivent toujours se faire en agissant sous les traverses et non sous les rails, de manière à ménager les attaches.

Raccordement des déclivités dans le profil en long.

215. Nous avons déjà vu dans le premier volume (*Infrastructure*) que les déclivités du profil en long étaient raccordées entre elles par des courbes d'un très grand rayon afin d'éviter les ressauts brusques correspondants.

Cette précaution, qui ne se prend pas toujours dans les terrassements, est indispensable à observer dans la pose de la voie.

On peut faire ce raccordement au

moyen d'un plan auquel on donne 6 à 12 mètres de longueur pour chaque millimètre de différence de pente, le raccordement se faisant par moitié de chaque côté du point de transition.

D'autres fois, on raccorde les deux alignements droits voisins au moyen d'une courbe de très grand rayon, 3 000 mètres par exemple. Un eépure à grande échelle, faite sur le papier, permet de relever des points de hauteur que l'on reporte au niveau sur le terrain.

Ce raccordement ne peut évidemment se faire qu'entre un palier et une déclivité quelconque ou entre deux déclivités de même nature, mais de valeurs différentes. On sait, en effet, qu'il est absolument interdit de faire succéder une pente à une rampe, ou réciproquement interposer entre les deux un palier de 100 mètres au minimum.

Mais, sans atteindre cette extrémité interdite par les règles de la construction des chemins de fer, le raccordement entre deux pentes ou rampes de valeurs différentes doit être, autant que possible, observé. Il est, dans tous les cas, indispensable sur les lignes accidentées.

Ainsi sur les lignes en pays de montagnes on rencontre fréquemment de fortes rampes succédant à un palier ; or sur ces lignes circulent précisément des locomotives à trois et même quatre roues couplées, présentant un grand empâtement. Au point de transition entre les deux déclivités, la machine se trouverait donc suspendue sur ses deux essieux extrêmes, dont les ressorts seraient très fatigués, tandis que les roues intermédiaires ne porteraient rien et auraient une adhérence nulle au moment, au contraire, où on en a le plus besoin. En outre, la secousse produite par le passage brusque au point de changement peut parfaitement amener le déraillement et, dans tous les cas, fatiguer considérablement la voie et le matériel.

Déplacement latéral de la voie.

216. Les voies tendent quelquefois en courbe à se déplacer latéralement en se portant vers l'extérieur. Des différents moyens qui ont été proposés pour obvier à cet inconvénient le seul pratique est d'avoir un ballast composé d'éléments durs produisant un important frottement contre les traverses. Il faut en outre un bon bourrage et l'observation rigoureuse du devers.

Indépendamment de ce déplacement d'ensemble, les rails éprouvent eux-mêmes un déplacement latéral dû au déversement des attaches extérieures usées par le patin ou qui ont comprimé le bois. Le frottement des boudins des roues de machines mal réglées ou un devers insuffisant en courbe sont les principales causes de cet effet.

On y remédie en augmentant le nombre des tirefonds à l'extérieur à mesure que le rayon de la courbe diminue.

Ainsi, au chemin de fer de l'Est, on place deux tirefonds supplémentaires par rail, dans les courbes de 600 mètres ; ces tirefonds sont fixés à la seconde traverse intermédiaire à partir du joint. Dans les courbes de 500 mètres on emploie trois tirefonds supplémentaires répartis sur chaque traverse contre-joint et sur la traverse du milieu.

Dans les courbes de 400 mètres il y a quatre tirefonds supplémentaires répartis sur la première et sur la deuxième traverse intermédiaire à partir de chaque joint.

Enfin, dans les courbes de 300 mètres et au dessous, on place un tirefond supplémentaire sur chaque traverse intermédiaire.

On peut encore simplement substituer des traverses en bois dur comme le chêne ou le mélèze, aux traverses courantes en bois tendre, comme le pin ou le sapin. Ce procédé suffit sur les lignes à faible vitesse et à machines légères, comme celles de l'Etat Bavarois et du Mein-Necker.

Le mieux est d'employer des selles comme au chemin de fer de Lyon ; ces plaques rendent solidaires les attaches des deux côtés du rail et s'opposent naturellement au mouvement latéral du rail. Le seul inconvénient de ce système, en dehors du supplément de dépenses, est de rendre le roulement bruyant et dur.

Rétrécissement de la voie.

217. L'inclinaison des rails vers l'intérieur amène quelquefois, par suite de la compression du bois, un rétrécissement de la voie qui peut atteindre plus d'un centimètre. Ce rétrécissement est dû à l'augmentation de l'inclinaison du rail par l'usage, inclinaison qui peut atteindre 1/10. Cela ne se présente naturellement que sur les voies en rails Vignole. Comme palliatif on ne peut qu'employer des bois très durs, des selles très longues, ou des cales intérieures appuyées sur les traverses. Le mieux serait de diminuer un peu l'inclinaison du rail et de prendre 1/25 ou 1/30 par exemple dans les alignements droits. L'inclinaison dans ce cas, en effet, n'a aucune raison pour être la même qu'en courbe.

Préparation et manutention du matériel de la voie.

218. Ces principes fondamentaux bien établis nous passerons maintenant rapide-

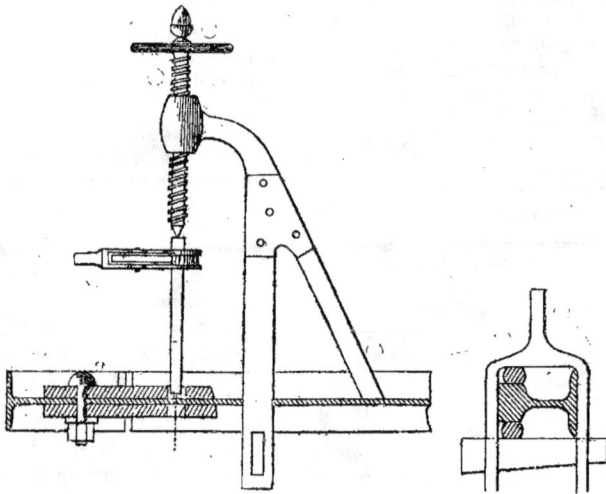

Fig. 130.

ment en revue les opérations à faire subir aux rails et accessoires pour les amener à constituer une voie normale bien établie.

219. *Coupage des rails.* — Les rails arrivent de l'usine coupés de longueurs et munis de leurs deux trous de boulons d'éclisses.

Néanmoins, il peut se faire que, pour des besoins particuliers, il soit nécessaire de raccourcir un rail donné, ou d'y percer quelques trous supplémentaires.

Le coupage se fait à la tranche ou au ciseau, en plaçant le rail à couper sur un chantier de traverses. On frappe sur la tranche (gros marteau tranchant sur le côté) ou sur le dos du ciseau avec un marteau, et on entaille ainsi le rail à mi-épaisseur sur toute sa hauteur. On le retourne alors, et on pratique la même opération de l'autre côté, jusqu'à séparation complète. Cette dernière peut d'ailleurs s'obtenir sans trancher le morceau à fond et d'un dernier coup de marteau, en plaçant la section en porte-à-faux.

Les bouts de rails ainsi coupés sont dépourvus de trous pour l'éclissage ; on conçoit que ceux-ci doivent être percés sur place.

220. *Perçage des trous de boulons.* —

Ce perçage s'opère au moyen d'un foret déclic, constamment appuyé sur le rail, à mesure qu'il descend au moyen d'une vis maniée par un volant à main. Cette vis fait elle-même partie d'une griffe solidement clavetée au rail posé à plat (*fig.* 130).

Cette opération peut se faire au foret ou au poinçon ; mais le premier mode est préférable, car la poinçonneuse peut fréquemment faire fendre le rail.

La machine à percer porte une ou deux mèches, suivant qu'on veut percer un ou deux trous à la fois.

L'opération du perçage des rails a besoin d'être bien organisée, sous peine de devenir très dispendieuse.

Le chantier doit comprendre deux voies pour l'arrivée et le départ des matériaux. Entre ces voies, on réserve un espace de 50 mètres au milieu duquel se trouve la machine à percer, puis d'un côté le dépôt de rails à opérer, et de l'autre ceux qui sont prêts et attendent leur chargement et leur enlèvement par wagons. Il est bon de les expédier immédiatement, afin d'éviter la reprise coûteuse de ce matériel lourd.

L'opération est assujettie à un certain nombre de conditions importantes ; la plus indispensable est l'installation de moyens de manutention efficaces, pour utiliser complètement le mouvement imprimé aux forets. Il faut que l'alimentation de la machine ne souffre aucun retard, que le virement de chaque rail bout pour bout se fasse à peu près instantanément, etc.

Pour que toutes ces conditions soient bien remplies, il faut une équipe de quatorze ouvriers, savoir :

1 chef d'atelier, à . .	5f,00,	soit	5f,00
12 manœuvres, à . . .	3f,00		36f,00
1 enfant, à	1f,00		1f,00
Total par jour.			42f,00

Cette équipe suffit pour prendre les rails en file du côté de la machine, les percer de quatre trous et les charger sur wagons en nombre variable suivant leur longueur et leur poids. Il y a intérêt à ce que les ouvriers travaillent aux pièces.

Le prix de revient du perçage est de 0f,10 par trou, soit 0f,40 par rail. Avec la machine à poinçonner la dépense totale ne serait que de 0f,15 par rail. Mais nous avons dit pourquoi il vaut mieux ne pas l'employer.

Une petite machine à un foret (poids 110k) coûte 400 francs. Une machine double à 2 mèches (poids 210k) coûte 600 francs.

221. *Encochage.* — Nous avons vu précédemment que les patins des rails Vignole reçoivent quelquefois des encoches (Nord), dans lesquelles se logent des coins spéciaux destinés à empêcher le mouvement longitudinal de la voie.

On emploie pour cela un emporte-pièce mû par une vis à trois filets de 0m,07 de diamètre extérieur et de 0m,06 de pas. Elle est mise en mouvement par un balancier de 2 mètres de longueur qui la fait descendre et produire en même temps deux encoches. L'opération est facilitée par un poinçon divisé en deux étages travaillant l'un après l'autre et qui détachent l'encoche par parties successives dans une même descente de l'outil.

La machine, pour être desservie convenablement, exige dix hommes ; la dépense peut être évaluée comme suit pour trois cents rails encochés par jour :

Dix hommes à 2 francs. . .	20f,00	
Prime.	3	00
Graissage.	0	25
Poinçons	0	25
Amortissement sur 600 francs.	0	30
Total.	23	80
A déduire les débouchures. .	2	80
Dépense par jour.	21	00

Soit 0f,07 par rail.

Le même travail fait à la main reviendrait à 0f,11 par rail.

222. *Petit matériel.* — Les selles, coussinets-éclisses, boulons, etc., arrivent en général prêts pour la pose sur le chantier. Il est seulement indispensable d'en faire la vérification avant de les distribuer sur la ligne, car on s'exposerait à ne plus pouvoir en demander le remplacement au fournisseur.

On s'assurera au moyen de gabarits, de règles, etc., que les éclisses, selles, etc., ont des faces ne présentant aucune inégalité ou saillie qui empêcherait le rapprochement des portées. Les pièces qui l'exigent sont ajustées à la lime ou au ciseau à froid. Celles qui ont été trop avariées dans le transport sont confiées à des ouvriers spéciaux bien exercés. Les éclisses et coussinets-éclisses sont réunis par paires munis de leurs boulons.

On examinera également avec soin si les filets de vis des tirefonds et des boulons sont bien sains et non avariés; avant de les livrer aux poseurs, il faut les nettoyer et les graisser. Il en est de même pour les écrous chez lesquels on ne tolérera que strictement le jeu nécessaire pour qu'on puisse les manœuvrer à la main.

Il va de soi que tous ces matériaux doivent être soumis sur le chantier à un magasinage méthodique et sérieux, à une comptabilité sévère tenant un compte rigoureux de leur entrée et de leur sortie.

223. *Coltinage.* — Le coltinage est de toutes les opérations de pose de la voie celle qui occasionne la dépense la plus importante.

En admettant qu'un mètre courant de voie simple se compose de 2 mètres de rails et d'une traverse avec ses attaches, le bardage d'une traverse (enlèvement, transport à 2 mètres et rangement) revient à . . . . 0^f,05

Maniement de 2 mètres de rails. 0 05

Total. . . 0^f,10

On voit donc qu'il y a lieu d'éviter toutes les fausses manœuvres, tous les doubles emplois, parce que cette dépense se reproduisant souvent peut aisément

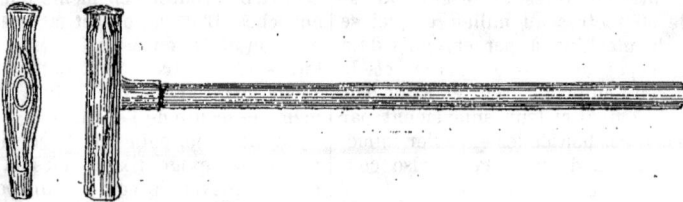

Fig. 131.

atteindre les chiffres de 300 à 400 francs par kilomètre. En résumé, le matériel ne doit faire que *traverser* le chantier de préparation sans s'y arrêter.

224. *Éclissage.* — Lorsque les trous des rails et des éclisses sont mal percés et que l'on éprouve quelque difficulté à y faire pénétrer les boulons, on introduit une broche pointue en fer de 0^m,25 de long et de 0^m,027 de diamètre; on force ainsi les trous à venir bien en regard les uns des autres, à moins que les différences ne soient très importantes, ce qui est rare dans la pratique.

Il faut d'ailleurs fréquemment resserrer ces boulons pendant les premiers temps de la pose, parce qu'ils prennent du jeu par suite du rodage des surfaces. Si l'on attendait trop longtemps, la rouille qui souvent soude les écrous aux tiges pourrait les faire casser lorsqu'on voudrait les resserrer pour chasser le jeu.

225. *Surveillance et entretien.* — L'entretien de la voie est fait par des cantonniers qui généralement sont logés dans les maisons de garde.

Les dépenses d'entretien varient naturellement avec celles de premier établissement de l'infrastructure et de la voie, la fatigue de celle-ci sous l'influence du trafic et du climat, et son ancienneté.

De faibles qu'elles sont au début, ces dépenses augmentent en effet assez rapidement, le ballast venant à être mélangé de terre de la plate-forme sous l'effet des bourrages successifs; les tirefonds finissant par jouer dans leurs trous, etc.

D'après M. Piéron, ingénieur au chemin de fer du Nord, sur les lignes de second ordre non très fatiguées, la dépense annuelle est de 1 200 francs par kilomètre, dont 1 000 francs pour l'entretien proprement dit et 200 francs pour la surveillance. Cette dépense atteint plus tard, au fur et à mesure du remplacement des traverses, 1 500 francs par kilomètre.

Dans la pose des rails à coussinets, les coins doivent être chassés avec précaution à l'aide d'un marteau en bois ferré à bouts plats, dit *chasse-coins* (*fig.* 131). Il est essentiel qu'ils portent bien sur toute la longueur du coussinet et ne soient ni écrasés ni fendus.

Si la voie doit avoir des coussinets-éclisses, on pose ceux-ci sur les traverses, on perce le trou extérieur et on y engage le tirefond.

Si les joints sont en porte-à-faux, on pose les éclisses immédiatement après les coins.

Les ouvriers chargés de visser les tirefonds doivent être exercés à les bien diriger dans le sens du trou, surtout avec le rail à patin où ces trous ont quelquefois eux-mêmes l'inclinaison au 1/20.

Un tirefond mal dirigé aux premiers coups de clef peut dévier et s'ouvrir une fausse voie.

226. *Relevage.* — Au bout d'un temps assez court, une voie nouvellement posée présente des tassements et des inégalités de niveaux qui exigent un relevage avec ripage.

Pour cela on dégarnit de ballast du côté voulu les abouts des traverses et on les bourre à nouveau jusqu'à ce qu'elles aient atteint leur niveau normal. Ensuite on les ripe à la pince, de manière à les remettre en place horizontalement.

Le travail doit être commencé du côté par lequel arrivent les trains, en ayant soin de ne pas relever plus de 1 ou 2 centimètres à la fois et de répartir ce relevage sur une longueur de deux rails au moins.

Pour remplacer une traverse hors de service, brisée, pourrie, etc., on la dégarnit, on la débourre, on ôte les attaches

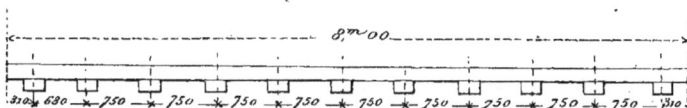

Fig. 132.

et on l'enlève. On introduit alors à sa place sous les rails la traverse neuve qui doit lui être substituée, laquelle est sabotée à l'avance; il reste à y fixer les tirefonds et à la bourrer avec soin.

Lorsqu'il y a lieu de changer un rail on examine avec soin l'état des tirefonds pour savoir s'il y a lieu de dévisser ceux du dedans ou du dehors, ce qui se fait au moyen de la clef à béquille; on enlève alors le rail avec les coussinets, s'il y en a, et on nettoie l'emplacement du patin. Puis on place le nouveau rail et on fixe de nouveau les tirefonds, qu'il est préférable d'enfoncer dans de nouveaux trous en bouchant les anciens au moyen de chevilles en bois.

Plan de pose des grandes Compagnies françaises.

227. *Compagnie de l'Est.* — Le rail uniquement employé est du type Vignole

en acier de 30 kilogrammes au mètre courant avec les longueurs de 8 mètres et de 12 mètres. Le rail est fixé à chaque traverse par trois tirefonds en fer galvanisé, deux à l'extérieur et un à l'intérieur.

Le rail de 8 mètres se pose avec joints en porte-à-faux et traverses espacées de 0m,750, excepté au joint où l'intervalle est réduit à 0m,62 (*fig.* 132).

Le déplacement longitudinal est évité au moyen d'un patin ajouté à l'éclisse extérieure et fixé aux traverses voisines du joint au moyen de deux tirefonds. L'intervalle normal entre les traverses est donc réduit à 0m,75 avec onze traverses par rail, ou 1,37 par mètre courant.

Le poids par mètre courant de voie est de 172 kilogrammes ainsi répartis :

Acier.	64 kil.	687
Fer.	4	040
Bois.	103	

Pour le rail de 12 mètres les traverses sont au nombre de seize, espacées de 0m,770, sauf deux intervalles de 0m,780 et un de 0m,600. Les joints sont toujours suspendus sur des traverses écartées de 0m,600 (*fig.* 133). On compte donc 1,33 traverse par mètre courant.

Le mouvement longitudinal du rail est évité par l'éclisse à patin, comme précédemment.

Le poids par mètre courant de voie est de 167 kilogrammes, savoir :

Acier	63k,125
Fer	3 920
Bois	100 000

Nous savons que la tendance actuelle

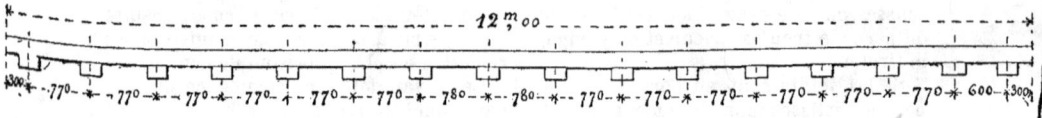

Fig. 133.

est d'employer de plus en plus les rails de grande longueur.

La largeur de la voie entre rails est de 1m,450.

228. *Chemins de fer de l'Etat.* — Ici, nous le savons, on emploie le rail à double champignon en acier, du poids de 38 kilogrammes le mètre courant. Les longueurs adoptées sont de 5m,50 et de 11 mètres.

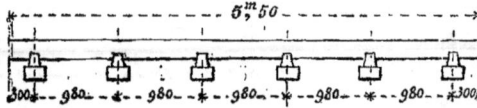

Fig. 134.

Les rails de 5m,50 ont leurs joints en porte-à-faux et en face l'un de l'autre ; ils comportent six traverses espacées de 0m,980 et de 0m,600 aux joints (*fig.* 134).

Le mouvement longitudinal est évité par la simple butée de l'éclisse intérieure contre le coussinet. Le poids total du mètre courant de voie est de 184k,500, savoir :

Acier	76k,000
Fonte	20 727
Fer	4 829
Bois	82 900

Pour les rails de 11 mètres les joints,

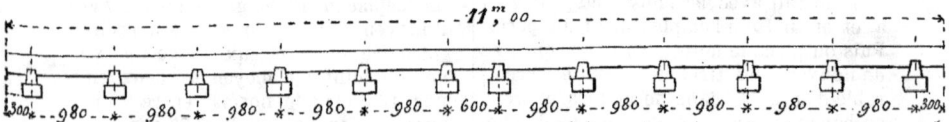

Fig. 135.

toujours en porte-à-faux, sont chevauchés de 5m,50. Il y a douze traverses par rail, espacées de 0m,980 avec un intervalle central égal à celui des joints ou 0m,600 (*fig.* 135).

La longueur de la voie entre rails est de 1m,450.

229. *Compagnie du Midi.* — Le seul rail usité est également le double champignon en acier, mais avec deux poids différents, 37^k,600 et 38^k,750 par mètre courant.

Le premier se pose en deux longueurs : 5^m,50 et 11 mètres.

La pose en 5^m,50 est analogue à celle des chemins de fer de l'État vue plus haut, qui n'a fait que la copier (*fig.* 136). Celle du rail de 11 mètres en diffère un peu. Les traverses, au nombre de quatorze, sont espacées de 0^m,817 et 0^m,818. Le cheminement de la voie est évité simplement par la butée de l'éclisse intérieure contre le coussinet (*fig.* 137).

La longueur de la voie entre champignons est de 1^m,445. Le poids par mètre courant est, pour le rail de 5^m,50, d'envi-

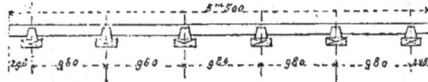

Fig. 136.

ron 186 kilogrammes se décomposant rigoureusement comme suit :

Acier. . . . . 78^k,549
Fonte. 22 690
Fer. . . . . : 2 370
Bois 82 900

Pour le rail de 11 mètres, ce poids est de 213 kilogrammes environ, ou exactement :

Acier. . . . . 76^k,478
Fonte 36 900
Fer. 2 320
Bois 96 700

La Compagnie du Midi emploie aussi des rails de 8 mètres à double champignon avec pose analogue à celle de l'Est (traverses espacées de 0^m,850) et accompagnés de coussinets ordinaires ou de coussinets à larges semelles présentant

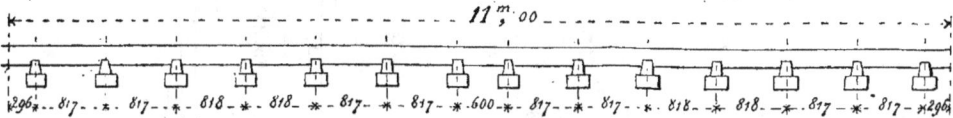

Fig. 137.

une surface d'appui de 0^{m2},4 et pesant 14^k,500.

Le rail de 8 mètres, avec coussinet ordinaire, pèse approximativement 203 kilogrammes le mètre, ou exactement :

Acier. . . . . 80^k,560
Fonte 24 000
Fer. 3 410
Bois 95 000

Avec coussinets à larges semelles, le poids par mètre est de 216 kilogrammes, ou rigoureusement :

Acier. . . . . 80^k,560
Fonte 37 500
Fer. 3 410
Bois 95 000

Les rails de 11 mètres sont posés sur les lignes parcourues par les trains rapides. Ils sont fixés sur des coussinets à larges semelles.

Fig. 138.

230. *Compagnie du chemin de fer du Nord.* — Le rail de 8 mètres de long, employé depuis longtemps et du poids de 30 kilogrammes le mètre, est aujourd'hui de plus en plus remplacé par celui de 12 mètres, du poids de 43^k,215, sur toutes les lignes à grand trafic.

Avec le rail de 30 kilogrammes les joints sont chevauchés par le milieu, c'est-à-dire de 4 mètres. Un essai, qui a récemment réussi, consiste à relier en bout les traverses voisines du joint au moyen de petits madriers de 50 millimètres d'équarrissage.

Le mouvement longitudinal de la voie est empêché au moyen d'un butoir fixé dans l'éclissage, et boulonné à l'intérieur de la voie ; ce butoir s'appuie contre une tête de tirefond.

Le poids de la voie au mètre courant est de 161 kilogrammes, se décomposant comme suit :

Acier. . . . . 60 kil.
Fer. 6
Bois 95

Quant à la distribution des traverses elle se fait tous les 0^m,850, sauf au joint et dans une travée centrale où l'écartement est réduit à 0^m,6 (*fig.* 138).

Le rail de 12 mètres se place toujours avec joints en porte-à-faux, mais sans être chevauchés. Pour le nombre des traverses, il varie suivant la vitesse des trains qui circulent sur la ligne, ce qui est assez rationnel.

PREMIER CAS. — Vitesse maximum de 80 kilomètres à l'heure (*fig.* 139).

L'éclisse est à patin, suivant le type que nous avons vu précédemment ; des encoches, s'appuyant contre les têtes des tirefonds, s'opposent au mouvement longitudinal de la voie.

Le rail repose sur douze traverses espacées de 1^m,0272, excepté au joint, où cet écartement est réduit à 0^m,7.

Le poids de la voie par mètre courant,

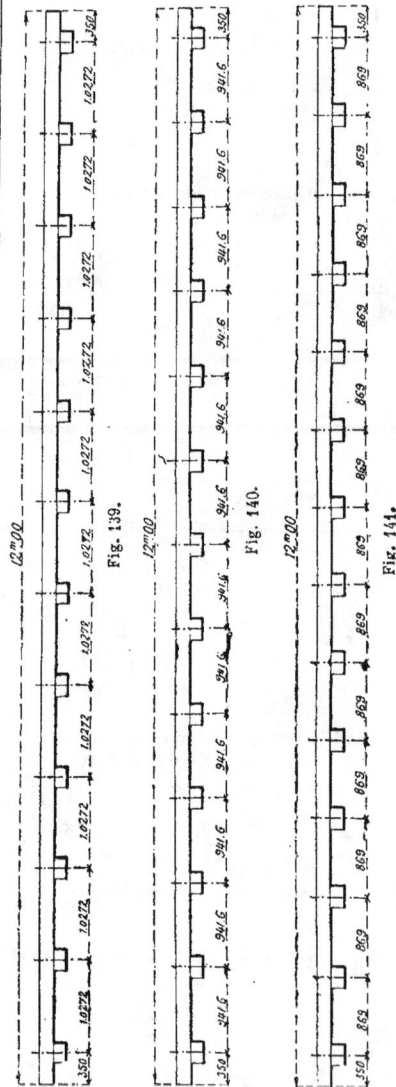

Fig. 139.

Fig. 140.

Fig. 141.

avec des traverses de 88 kilogrammes, est de 178^k,748, savoir :

Acier. . . . . 88^k,560
Fer. . . . . 2 ,188
Bois. . . . . 88 ,000

DEUXIÈME CAS. — Vitesse de 80 à 95 kilomètres à l'heure.

Le rail repose sur treize traverses espacées de 0^m,9416 (*fig.* 140), soit 1,08 traverse par mètre.

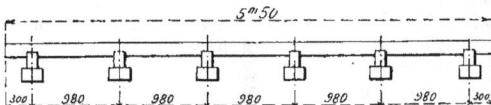

Fig. 142.

Le poids d'un mètre courant de voie est de 186^k,237, soit :

Acier. . . . . 88^k,560
Fer. . . . . 2 ,347
Bois . . . . 95 ,330

TROISIÈME CAS. — Vitesse de 95 kilomètres à l'heure et au dessus.

On emploie alors quatorze traverses dont l'intervalle est réduit à 0^m,869, soit 1,16 traverse par mètre courant (*fig.* 141).

Le poids de la voie est de 193^k,731 par mètre, se décomposant comme suit :

Acier. . . . . 88^k,860
Fer. . . . . 2 ,505
Bois . . . . 102 ,666

231. *Compagnie d'Orléans.* — Au chemin de fer d'Orléans le rail est du type à double champignon du poids uniforme de 38^k,2 le mètre courant.

Les grandes longueurs y sont restées

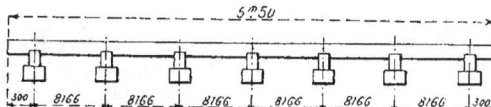

Fig. 143.

longtemps inconnues et on n'emploie couramment que le rail de 5^m,5. Aujourd'hui seulement on fait des essais de rails de 11 mètres.

Le mouvement longitudinal est empêché simplement par la butée de l'éclisse contre le coussinet voisin.

Le rail de 5^m,50 se pose sur six ou sept traverses suivant les lignes.

Avec six traverses l'écartement est de

0^m,980, ce qui représente 1,09 traverse par mètre courant (*fig.* 142). Le poids par mètre est de 186 kilogrammes environ, en comptant les traverses à 75 kilogrammes, savoir :

Acier . . . . 76^k,400
Fonte . . . . 21 ,163
Fer . . . . 5 ,700
Bois . . . . 82 ,900

Avec sept traverses ou 1,27 par mètre

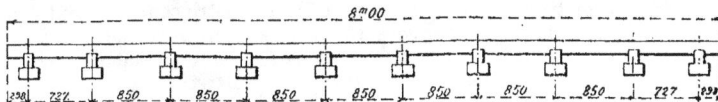

Fig. 144.

(lignes de Paris-Bordeaux, Paris-Limoges), l'écartement des supports est de 0^m,8166 (*fig.* 143).

Le poids par mètre courant devient alors de 204 kilogrammes environ, savoir :

Acier . . . . 76^k,400
Fonte . . . . 24 ,690
Fer . . . . 5 ,927
Bois . . . . 96 ,700

232. *Compagnie de l'Ouest.* — On emploie ici, comme nous le savons, les deux types de rails.

Le double champignon sert de préférence sur les grandes lignes ; son poids est de 38^k,750 le mètre, sa longueur 8 mètres, et il repose sur dix traverses espacées de 0^m,85, soit 1,25 par mètre. Le mouvement longitudinal de la voie est empêché au moyen de la butée de l'éclisse intérieure contre le coussinet. Dans les courbes, on emploie un coussinet à large semelle avec trois trous de tirefonds au lieu de deux (*fig.* 144).

Le poids par mètre courant varie suivant que l'on emploie des coussinets à large semelle ou des coussinets ordinaires. Avec ces derniers, le poids au mètre courant est de 202^k,97, savoir :

Acier . . . . 80^k,560
Fonte . . . . 24 ,000
Fer. . . . . 3 ,410
Bois . . . . 95 ,000

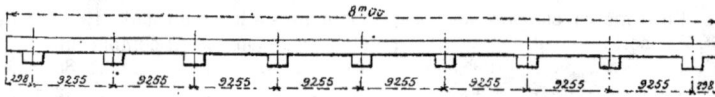

Fig. 145.

Avec les coussinets à large semelle ce poids est de 216^k,47 :

Acier . . . . 80^k,560
Fonte . . . . 37 ,500
Fer. . . . . 3 ,410
Bois . . . . 95 ,000

Avec le rail Vignole le nombre des supports est de neuf, espacés de 0^m,9255 (*fig.* 145).

L'éclisse est à patin à l'intérieur et fixée par deux tirefonds sur chaque traverse contre-joint.

Le poids de la voie au mètre courant est de 174^k,350, savoir :

Acier . . . . 64^k,000
Fonte . . . . 22 ,925
Fer. . . . . 2 ,175
Bois . . . . 85 ,250

Au chemin de fer de l'Ouest on fait également usage du rail Vignole sur les lignes à trafic important en consolidant la voie par l'addition sur chaque traverse d'un coussinet de 13^k,270. La pose se fait alors avec les traverses (*fig.* 146), espacées

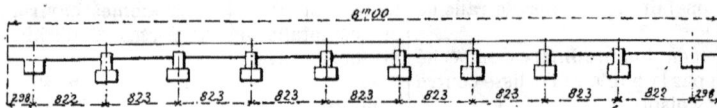

Fig. 146.

de 0^m,823. Les deux traverses voisines des joints sont cependant exemptes de coussinets afin de permettre d'y fixer l'éclisse à patin par deux tirefonds sur chaque traverse.

Le poids de la voie par mètre courant est alors de 187^k,295, savoir :

Acier . . . . 64^k,000
Fonte . . . . 26 ,200
Fer . . . . 2 ,345
Bois . . . . 94 ,750

Écartement normal de la voie : 1^m,450.

233. *Compagnie de Paris-Lyon-Méditerranée.* — Le type Vignole seul est en faveur dans cette Compagnie. Les longueurs courantes employées, quel que soit le poids au mètre courant, sont 6, 8 et 10 mètres. Un essai de rail de 12 mètres se fait en ce moment avec le type P.-L.-M. de 34^k,2.

Le type P.-M. du poids de 38^k,88, le type P.-L.-M. de 34^k,2 ou le type P.-M. renforcé de 43^k,5 et 46^k,2 se posent uniformément suivant leurs longueurs, d'après les figures 147, 148 et 149, lorsque la vitesse du train dépasse 50 kilomètres à l'heure. Le rail de 12 mètres comporte quatorze traverses. Quand la vitesse est inférieure à 50 kilomètres à l'heure, ou dans les voies de service, on supprime une traverse par rail ; le mouvement longitudinal est supprimé au moyen de l'éclisse à patin à l'extérieur fixée par deux tirefonds sur chacune des traverses voisines du joint. Chaque traverse est, en outre, pourvue sous chaque rail d'une selle en cuir fixée par les tirefonds qui maintiennent le patin du rail.

Avec le type P.-M. de 8 mètres de long le poids de la voie en mètre courant est de 186^k,583, savoir :

Acier . . . . 89^k,127
Fer . . . . 3 ,706
Bois . . . . 93 ,750

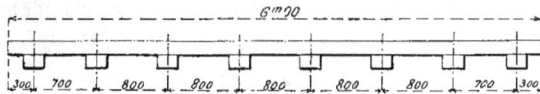

Fig. 147.

Avec la longueur de 10 mètres du même, le poids du mètre courant de voie tombe à 181^k,368, savoir :

Acier . . . . 88^k,404
Fer . . . . 2 ,964
Bois . . . . 90 ,000

Lorsqu'on emploie le type P.-L.-M. de 8 mètres, le poids par mètre courant de voie est de 176^k,581, savoir :

Acier . . . . 79^k,555
Fer . . . . 3 ,276
Bois . . . . 93 ,750

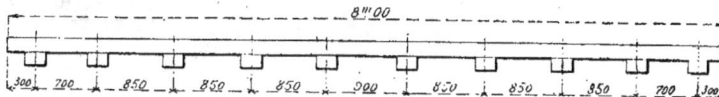

Fig. 148.

Avec la longueur de 10 mètres le poids n'est plus que de 170^k,260, savoir :

Acier . . . . 77^k,640
Fer . . . . 2 ,620
Bois . . . . 90 ,000

Remarques générales sur la pose actuelle de la voie.

234. En dehors de l'adoption générale du rail d'acier que nous avons déjà

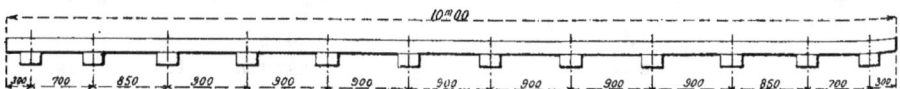

Fig. 149.

signalée à plusieurs reprises, les six grandes Compagnies françaises emploient maintenant toutes le joint en porte-à-faux. La Compagnie du Nord, dans l'intention de consolider les joints et d'augmenter la douceur du roulement et la conservation du matériel, relie les traverses de joint par deux madriers placés en bout.

Toutes les Compagnies ont également supprimé l'usage des chevillettes et des crampons, et les ont remplacés par des tirefonds.

La longueur du rail augmente graduellement et va aisément aujourd'hui de 10 à 12 mètres, ce qui permet de supprimer un certain nombre de joints et amène une économie en même temps qu'une plus grande douceur de roulement.

Il en est de même du poids des rails, comme nous l'avons déjà vu dans un chapitre spécial.

Enfin l'acier tend à remplacer également le fer dans les accessoires de la voie.

Profil du ballast et de la voie définitive.

235. L'épaisseur du ballast employé dans les voies de chemin de fer est ordinairement de 0^m,50, de manière à avoir au moins 0^m,35 sous le rail. Sur beaucoup de lignes, cette épaisseur est de 0^m,35 dans les déblais et de 0^m,50 dans les remblais.

On cherche quelquefois à faire des économies de ballast et à réduire cette épaisseur à 0^m,35 ou 0^m,40 ; c'est peu à recommander sur les grandes lignes, et on s'en trouve le plus souvent très mal. Le moindre inconvénient qui puisse en résulter est le risque d'attaquer le sous-

sol en bourrant les traverses. La terre se mélange alors au ballast, ce qu'il faut éviter à tout prix.

Quand le sous-sol est argileux et peut se boursoufler sous l'effet de l'infiltration des eaux, on a intérêt à porter momentanément l'épaisseur du ballast à 0^m,60 ; on a plus de chance ainsi d'éviter le mélange des deux éléments qui doivent rester étrangers. En même temps, la plus grande hauteur donne un prisme inférieur de répartition des pressions à base plus large, ce qui est d'autant plus utile que le sous-sol est plus mou.

La largeur du ballast est commandée par les exigences du cahier des charges (art. 7), qui demande un accotement de 1 mètre de chaque côté, entre le bord extérieur du rail et l'arête supérieure du ballast. Si l'on ajoute alors à la largeur de la voie, généralement partout

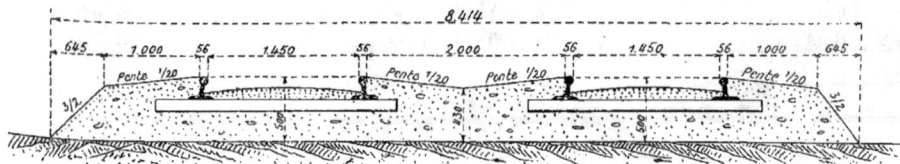

Fig. 150.

aujourd'hui 1^m,450 entre rails, l'épaisseur des deux rails, 0^m,06 $\times$ 2 = 0^m,12, une entre-voie de 2 mètres entre rails on a pour la largeur du ballast en crête :

Lignes à deux voies.. . . . . 7^m,14
Lignes à une voie. . . . . . 3^m,57

La largeur de 7 mètres est fréquemment employée sur les lignes à deux voies. En admettant pour le ballast le talus maximum de 3/2, qu'il prend rarement, et les banquettes latérales de 0^m,50 également exigées par le cahier des charges, on a pour largeur de la plate-forme, non compris les fossés :

Lignes à deux voies . . . . 9^m,64
Lignes à une voie. . . . . . 6^m,07

En réalité, dans la pratique, ces largeurs dépassent rarement les chiffres suivants :

Lignes à deux voies. . . . . 9^m,20
Lignes à une voie . . . . . 5^m,70

dus surtout à ce que le ballast ne prend pas toujours le talus de 3/2, et à ce qu'on lui donne une certaine pente à partir du rail.

En déblais, il faut ajouter les fossés, qui varient, comme nous l'avons vu dans l'*Infrastructure*, suivant le volume d'eau à écouler, mais ont rarement moins de 0^m,60 en gueule.

236. *Profil du chemin de fer du Nord.* — Le profil transversal du remblai de la Compagnie du Nord est réglé comme suit avec le rail de 30 kilogrammes (*fig.* 150) :

A l'intérieur de la voie il est arasé à 0^m,05 environ au-dessus des traverses ;

A l'extérieur ou dans l'entre-voie, la surface est établie, à partir du rail, en pente de 0^m,05 par mètre, le point de contact avec le rail étant à 0^m,02 au-dessous de la surface de roulement. De la sorte l'écoulement des eaux se fait toujours en s'éloignant de la voie.

La largeur de l'accotement est, comme toujours, de 1 mètre depuis le rail jusqu'à la crête du talus, lequel est réglé sur 1/2 de base pour 1 de hauteur.

On exécute en outre, quand il le faut, des rigoles et des saignées pour rejeter les eaux de l'entre-voie et de la voie vers les fossés.

237. *Profil des chemins de fer de l'État.* — Au chemin de fer de l'État, le ballast a le profil suivant (*fig.* 151) (ligne à une voie) :

L'épaisseur normale est toujours de $0^m,50$; l'accotement en dehors du rail étant de 1 mètre, avec une pente de $0^m,05$ par mètre, la largeur totale en crête est de $3^m,36$. Le talus est de 1 sur 1 et 1/2, comme pour les terres ordinaires, l'emprise supplémentaire est de $0^m,67$.

Entre les rails les traverses ne sont recouvertes que de $0^m,05$ de ballast, tandis que celui-ci affleure les rails à l'extérieur ; le bombement central est de $0^m,03$.

Le cube correspondant à ce profil, déduction faite des matériaux de la voie, est de $2^m,03$ par mètre courant ; pour tenir compte des tassements des remblais, des surhaussements du rail extérieur en

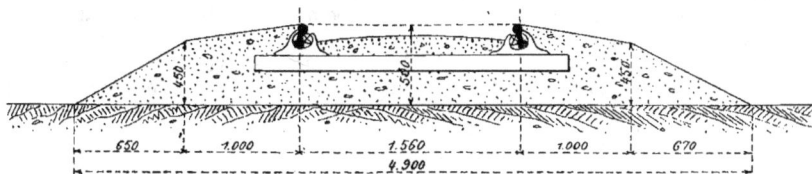

Fig. 151.

courbe et de l'enfoncement des traverses et du ballast dans le sol, on a pour coutume, dans les projets, de porter ce cube à $1^{m3},10$.

VOIES SANS TRAVERSES

238. En résumé, la voie, telle que nous venons de l'étudier, présente un élément de dépense assez élevé : ce sont les traverses en bois. Aussi l'idée est-elle venue à de nombreux inventeurs de supprimer ces traverses et de les remplacer par des supports de différentes formes ou bien par des traverses métalliques.

Nous étudierons rapidement les premières, nous réservant de traiter dans un chapitre à part la question des traverses métalliques.

Voie sur dés en pierre.

239. Ce système est assez ancien, puisqu'il a été mis à l'essai dès l'origine des chemins de fer, en France, en Angleterre et en Allemagne ; il a été abandonné à cause de la difficulté d'avoir un écartement constant des rails et des tassements égaux d'une file à l'autre en terrain mou.

On l'a cependant employé en Bavière, où il n'a jamais été complètement délaissé sur des lignes à faible vitesse et en terrain solide ; il a pu alors donner des résultats assez satisfaisants. Mais il est impossible à pratiquer avec les trains rapides. Son avantage est d'exiger un entretien naturellement beaucoup moindre que celui de la voie sur traverses en bois.

Le système consiste à faire usage de dés cubiques en pierre de $0^m,66$ de côté, sur lesquels on pose des rails Vignole maintenus par des tirefonds. Ceux-ci sont vissés dans de grosses chevilles de chêne goudronné placées dans des trous percés à l'avance et à moitié remplis de goudron. Ainsi un rail de 6 mètres est supporté par cinq dés placés en diagonale par rapport à l'axe de la voie afin de supporter le rail sur la plus grande longueur possible ; les deux extrêmes seulement sont parallèles à cette axe (*fig.* 152).

En bon terrain et avec des trains à faible vitesse, on arrive ainsi à avoir un roulement aussi doux qu'avec la voie sur traverses.

Mais, néanmoins, cette voie n'est jamais sûre ; la position des dés n'étant pas invariable, il faudrait au moins les entretoiser, et alors la dépense supplémentaire ferait perdre au système tous ses avantages sur la voie avec traverses.

Les dés doivent être en matière très résistante, afin d'éviter les ruptures, en bon grès ou en granit. Ce système ne vaudrait d'ailleurs rien avec le rail à coussinets à cause du relâchement des attaches. Il faut, dans tous les cas, pour l'employer avoir à sa disposition des roches dures à bas prix.

En outre, il est toujours défectueux dans les courbes et dans les remblais de confection récente ; les traverses sont incontestablement préférables tant que la plate-forme n'est pas bien consolidée, ou que son assèchement est imparfait.

Il en est de même dans les courbes d'un certain rayon ; l'entretoisement devient alors indispensable, au moins de place en place. Ainsi, en Bavière, une traverse remplace les dés à tous les joints et parfois même au milieu du rail.

La hauteur des dés est de 0^m,30 à 0^m,365, et les deux bases supérieure et inférieure doivent être aussi parallèles que possible.

Le point délicat du système est surtout l'attache ; le gonflement du bois recevant les tirefonds, sous l'effet de l'humidité et de la pluie, fait souvent éclater le dé ; on

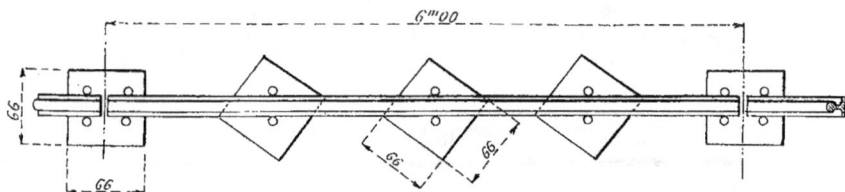

Fig. 152.

ne s'en préoccupe pas d'ailleurs outre mesure lorsque cet accident n'affecte pas plusieurs dés voisins les uns des autres.

Il est inutile en bon terrain d'interposer entre le rail et la pierre aucun intermédiaire, comme feutre, bois, etc., à moins que les dés ne soient en matière tendre ou vieux et usés irrégulièrement en surface.

Un dé en grès avec les dimensions précédentes revient quelquefois en Bavière à 2^f,50 ; dans de semblables conditions, il est clair qu'il y a avantage à employer ce système de préférence aux traverses en chêne ; mais la pose et l'entretien des dés sont un peu plus coûteux que ceux des traverses.

240. *Prix de la voie sur dés.* — Le prix de l'installation de la voie pour un rail de 6 mètres sur la ligne du Taunus en Bavière est le suivant :

Dix dés en grès (0^m, 66 × 0^m, 66 × 0,30) . . . . 38^f,50
Dix semelles en bois préparé. . 4 40
Vingt coins en bois. 0 90
Vingt clous 1 80

Total. . . . . 45^f,60
Et par mètre. 7 60

Ajoutons que les traverses sont très chères dans la région.

Ainsi, la même voie posée sur traverse coûterait :

Sept traverses à 9^f,40. . . . 65^f,80
Vingt-deux crampons. . . 2 50

Total. . . . . 68^f,30
Et par mètre. . . . . . 11^f,38

241. *Traverses en pierre.* — Nous signalons ce mode de pose afin de prévenir les personnes qui seraient tentées de le mettre en pratique qu'il ne peut rendre aucun service. Dès 1847, l'essai en fut fait en Prusse à Gorlitz, où l'on posa des traverses en granit.

Cela n'est acceptable que lorsqu'on peut avoir à bas prix les blocs de pierre dure nécessaires. Mais l'inconvénient fondamental, c'est la rupture forcée de cette traverse en son milieu au bout d'un temps plus ou moins long ; chaque tronçon isolé donne alors une voie dont l'instabilité et la tendance au déversement sont beaucoup plus accentuées qu'avec les dés.

Cette remarque s'applique d'ailleurs aux

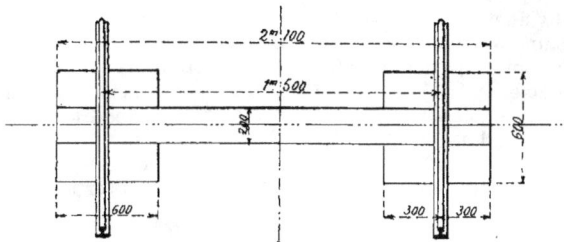

Fig. 153.

essais de traverses en verre que nous avons vues précédemment et qu'il faut garnir d'armatures.

Plateaux Pouillet.

242. Ce système, qui date de 1850, se compose de deux plateaux carrés de 0^m,60, 0^m,60, 0^m,06, composés de deux planches juxtaposées de 0^m,03 d'épaisseur. On les réunit au moyen d'une entretoise en madrier de 2^m,10, 0^m,20, 0^m,06 d'une file de rails à l'autre. Le ballast n'est placé que sous les plateaux, de sorte que cette matière est fort économisée (*fig.* 153).

On a ainsi incontestablement les élé-

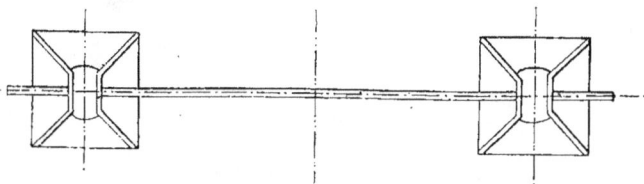

Fig. 154.

ments d'une bonne voie avec un roulement fort doux. Mais l'inconvénient des tra-

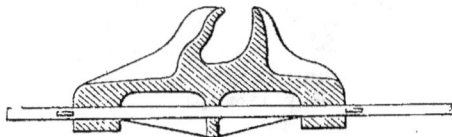

Fig. 155.

verses ordinaires est augmenté par suite du manque d'épaisseur des bois employés qui pourrissent rapidement. Leur durée est donc faible, leur solidité compromise dans un délai très court, et la stabilité de la voie en même temps.

Plateaux en fonte Henry.

243. L'idée est venue à un inventeur, M. Henry, de remplacer les plateaux en bois par des plateaux en fonte de 0^m,30, 0^m,40, 0^m,013, et du poids de 19^k,5 réunis par une tringle de fer de 0^m,02 de diamètre, afin de les maintenir à distance constante.

Les rails sont fixés au moyen de coins dans des coussinets ou mâchoires venus de fonte avec le plateau (*fig.* 154 et 155). Les plateaux de joint ont 0ᵐ,40, 0ᵐ,40, et pèsent 27 kilogrammes.

Le grand défaut de cette voie c'est de manquer de stabilité, car les tringles ne sont pas suffisantes pour s'opposer au renversement individuel des plateaux.

Il faut mettre une véritable traverse pour entretoise, ce qui enlève alors toute l'économie du système.

En outre, ces grands plateaux de fonte sont excessivement fragiles, et aucune réparation n'est possible. Un déraillement, par exemple, peut amener un désastre irréparable sur une grande étendue de voie.

Aussi des essais de ce système tentés sur les chemins de fer de l'Est et de l'Ouest français ont-ils dû être rapidement abandonnés.

Cloches de Greave.

244. Ici le plateau précédent est transformé et prend la forme d'une cloche (*fig.* 156), sur laquelle est venue de fonte le coussinet qui reçoit le rail par l'intermédiaire d'un coin.

Le ballast se bourre sous cette cloche au moyen d'une ouverture latérale, mé-

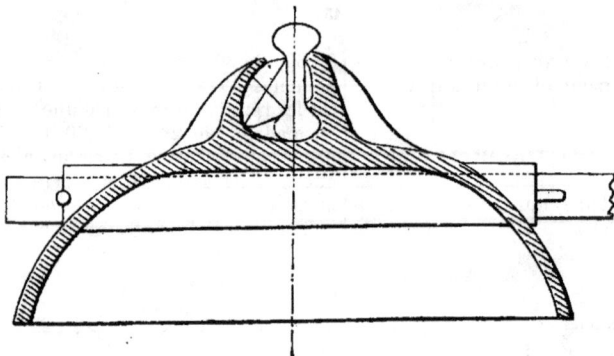

Fig. 156.

nagée à cet effet; une saillie spéciale sert d'attache à une entretoise en fer qui rend solidaires les deux supports conjugués d'une file de rail à l'autre.

Dans les pays chauds, où le bois manque ou se pourrit très vite, comme aux Indes, au Brésil, dans la Plata, ce système peut rendre des services; on l'a employé entre autres avec succès en Égypte. Les cloches bien bourrées ont moins de tendance au renversement que les plateaux.

La cloche Greave n'est en somme qu'un coussinet ordinaire à base très élargie et concave, muni d'ouvertures facilitant le bourrage à l'intérieur et se posant directement sur le ballast.

Une pièce de forme aussi compliquée ne peut naturellement pas se fabriquer en fer; c'est pourquoi on l'a faite en fonte.

L'entretoise en fer qui les relie d'une file de rail à l'autre doit être aussi rigide que possible, de manière à s'opposer à l'élargissement de la voie et au renversement. C'est une barre de fer de section rectangulaire placée de champ, traversant la cloche de part en part et arrêtée par des clavettes. Ce système entraîne un entretien assez dispendieux; le ballast doit être plutôt fin et divisé, ce qui nuit à sa qualité propre et facilite son entraînement par les eaux, surtout sous l'effet des pluies d'orage si fréquentes dans les régions tropicales.

En outre, l'inconvénient spécial des

cloches en fonte est d'être très fragiles, comme les plateaux Henry, et de répartir la charge sur une surface de ballast natu-

rellement plus faible que les traverses et, par suite, tout à fait insuffisante. Pour atténuer cet inconvénient, il faudrait

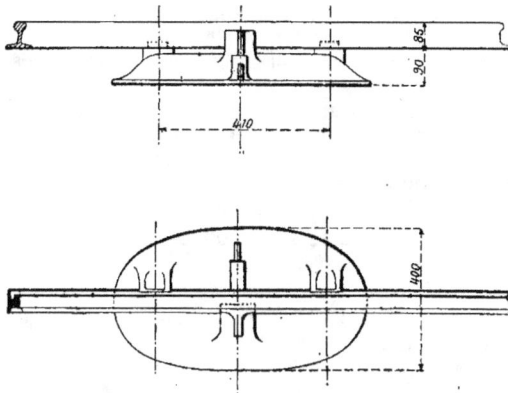

Fig. 157 et 158.

augmenter leur surface d'assise, c'est-à-dire en même temps leur poids et leur prix.

Cloches Livescy.

245. Les cloches Livescy employées au chemin de fer de la Réunion sont en

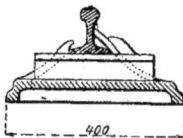

Fig. 159.

fonte et de forme elliptique (*fig.* 157 à 159), le grand diamètre de l'ellipse étant placé dans le sens de la voie, ce qui augmente naturellement la portée d'appui du rail. Celui-ci est serré entre trois ergots qui réalisent, en quelque sorte, l'encastrement. Le serrage s'effectue au moyen d'une clavette en acier strié venant buter contre une autre pièce d'acier noyée dans la fonte au moment de la coulée.

Les cloches jumelles sont rendues solidaires au moyen d'une entretoise.

Ces cloches sont simples, légères et, en

Coupe transversale.

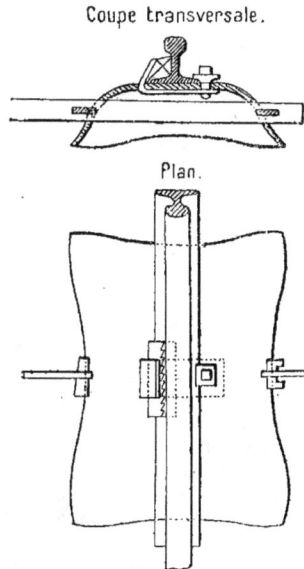

Plan.

Fig. 160.

même temps, solides. Elles peuvent donc

rendre des services dans les pays chauds où le bois n'existe pas.

On les fabrique aujourd'hui en acier étampé, ce qui les rend encore plus légères et plus maniables (*fig.* 160). Le rail est fixé au moyen de rivets.

L'entretoise, semblable à celle des cloches en fonte, est fixée, de part et d'autre, au moyen de clavettes qui permettent de donner les surlargeurs voulues dans les courbes.

Néanmoins ces cloches ne peuvent avoir la prétention d'être employées sur les lignes à grand trafic et parcourues par des trains à grande vitesse. Elles peuvent être utiles sur les lignes secondaires (surtout dans les pays tropicaux) et lorsque le ballast est de mauvaise qualité, composé, par exemple, de sable pur.

L'écartement courant des plateaux d'axe en axe à la Réunion est de 1^m,02 et 0^m,9 au joint (voie de 1 mètre, rail de 13^k,840).

VOIES SANS SUPPORTS

Voie Barlow.

246. Le rail Barlow a la forme d'un U renversé à base élargie. Il a une raideur suffisante et une base assez large pour se passer de tout support et pouvoir être posé directement sur le ballast ; souvent on le double intérieurement d'une fourrure en bois. On comprend donc la tentation que certaines compagnies ont pu avoir de l'adopter, puisqu'il permet la suppression des traverses et des longrines.

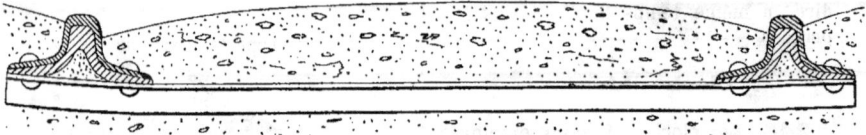

Fig. 161.

Les deux files d'une même voie sont simplement reliées par des entretoises en fer qui les maintiennent à distance constante, et sont elles-mêmes noyées dans le ballast (*fig.* 161).

Cette voie, expérimentée il y a fort longtemps en Angleterre, paraissait donner de bons résultats. La Compagnie du Midi en tenta l'essai en 1855 sur la ligne de Bordeaux à Cette ; elle éprouva l'échec le plus complet.

En dehors du défaut de soudure et de l'aplatissement de la table de roulement, vices inhérents à l'emploi du fer, on constatait un déplacement latéral accentué.

Coussinet-support de Barlow.

247. Il est à remarquer qu'en Angleterre, cette terre classique du fer, on emploie de préférence les traverses en bois, ce qui prouve que la question des supports métalliques n'est pas encore résolue, malgré l'avis intéressé des Forges qui ne

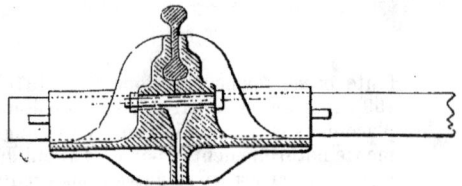

Fig. 162.

seraient pas fâchées d'avoir les importantes commandes correspondantes. Le problème y a cependant été étudié depuis longtemps, mais sans succès complet jusqu'à ce jour.

Dans cet ordre d'idées, nous citerons le *coussinet-support de Barlow*, l'inventeur du rail précédent, qui est un intermédiaire entre la cloche Greave et le plateau Henry. Le coussinet supportant le rail est formé de deux flasques indépendantes et réunies par un boulon (*fig.* 162). La base élargie repose directement sur le ballast.

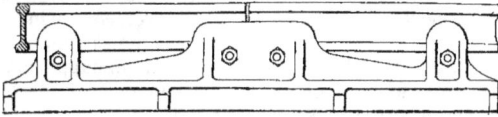

Fig. 163.

Les coussinets sont groupés par deux sur la même barre.

Un type spécial pour les joints est un peu plus long; il porte trois coussinets au lieu de deux (*fig.* 163), et celui du centre supporte le joint avec deux boulons au

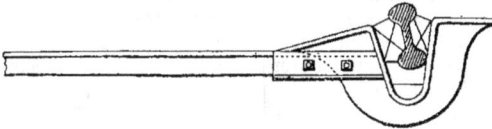

Fig. 164.

lieu d'un. Ces troisièmes coussinets peuvent d'ailleurs être avantageusement remplacés par une éclisse ordinaire.

M. Barlow a modifié de lui-même ce type en faisant le support d'une seule pièce (*fig.* 164). Le rail est alors serré au

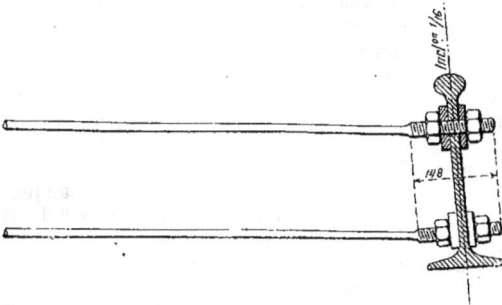

Fig. 165.

moyen de deux coins en bois. Les appareils jumeaux sont toujours reliés au moyen de tringles d'écartement.

Ces deux types essayés sur le Midland Railway et l'Eastern-Countries en Irlande n'ont pris depuis aucun développement et paraissent devoir tomber dans l'oubli.

Rail Hartwich.

248. Le rail Hartwich possède les dimensions ordinaires du rail Vignole courant. Il n'y a que sa hauteur qui est doublée et atteint de 0^m,26 à 0^m,28. Il présente une grande raideur, car son moment d'inertie est quatre fois celui du rail ordinaire, son poids n'étant augmenté que de moitié (*fig.* 165). Cette augmentation de hauteur permet au rail de se passer de tout support, longrine ou traverse.

Cette idée est parfaitement rationnelle et conforme aux principes fondamentaux de la résistance des matériaux. Une seule précaution est à prendre, c'est l'entretoisement suffisant pour éviter le flambement, vu la grande hauteur. Ordinairement on relie les deux files de rails par des tringles de fer de $0^m,0263$ de diamètre, placées les unes au-dessus des autres à deux hauteurs différentes et au nombre de six par rails de 6 mètres ; ces tiges sont filetées en bout, et les parties taraudées s'infléchissent, de manière à se présenter normalement au rail incliné de 1/16. Des écrous extérieurs viennent se visser sur ces extrémités et permettent de régler l'écartement et l'inclinaison des rails.

Le joint se fait au moyen d'éclisses comme à l'ordinaire et par une plaque inférieure réunie par six boulons à autant de taquets serrant le patin du rail. Les boulons s'engagent dans des encoches spéciales permettant de fixer invariablement la position de la plaque de joint par rapport au rail. Les boulons d'éclisses sont posés comme ceux des tringles sur deux étages, quatre en haut et quatre en bas, vu la grande hauteur du rail.

Ce rail, enfoui dans le ballast, est à peu près à l'abri des changements de température et des déplacements latéraux ; seul le cheminement longitudinal est à craindre.

Le bourrage en creux est évité par la base plate du rail, ce qui est un avantage inappréciable et permet l'emploi d'excellent ballast en pierre cassée.

Deux essais de ce type ont été faits sur les lignes de Coblentz à Oberlahustein et de Euschischen à Mechernich, en Allemagne,

sur lesquelles des locomotives de 37 tonnes circulent à la vitesse de 50 kilomètres à l'heure, et, d'après M. Hartwich, auraient donné d'excellents résultats.

L'inconvénient principal du système est en somme, de remplacer des traverses en bois par un supplément de métal d'un prix beaucoup plus élevé. Une certaine économie de ballast, proposée par l'auteur, consisterait à n'employer ce produit que dans une zone étroite au droit de chaque rail, en ne le déposant que dans deux tranchées longitudinales, et couvrant le reste de la plate-forme en terre. Les tranchées doivent être simplement assez larges pour éviter le mélange du ballast avec la terre voisine ; l'assèchement exige alors un drainage spécial. Cette installation n'est pas à recommander, mais n'infirme en rien les autres avantages du système.

Voie Barberot.

249. Dans le système Barberot les traverses sont en bois comme à l'ordinaire, mais le rail est lui-même fixé au moyen de deux pièces de bois obliques qui l'épaulent latéralement. Ces dernières viennent buter dans le fond d'entailles faites dans la traverse et sont maintenues par des tirefonds dont les têtes s'appuient sur des brides.

Cette disposition a été prise pour éviter le martellement du rail à double champignon dans le coussinet de métal qui le supporte.

Mais l'ensemble manque de fixité, par suite de l'usure du bois et du jeu que prennent rapidement les tirefonds.

Les avantages de cette amélioration, en admettant que c'en soit une, seraient d'ailleurs aujourd'hui fortement diminués par l'emploi de l'acier, qui augmente considérablement la dureté du rail et, par suite, la résistance aux chocs successifs qu'il peut éprouver dans le coussinet.

VOIES SUR LONGRINES

250. Dans les voies sur longrines, les rails sont posés sur des supports parallèles à l'axe de la voie.

Les premiers chemins de roulement rudimentaires composés de planches grossières placées sous les roues des véhicules constituaient des chemins de fer sur longrines. Ce système est donc très ancien ; il fut appliqué sur une grande échelle dans les usines pour le roulement des berlines au moyen de pièces de bois encastrées à plat dans le sol.

On augmenta, par la suite, la résistance du bois, dont l'usure était rapide, au moyen d'une feuille de fer posée à la partie supérieure du bois.

Avec des voies à rails ordinaires, la longrine a principalement pour but de renforcer le rail en lui fournissant un support continu, et le transformant en une sorte de poutre armée à poids égal ; il paraît donc que le rail peut supporter des charges plus fortes ou, si les charges restent les mêmes, on peut diminuer le poids du rail au mètre courant.

Mais l'inconvénient de toutes les poutres armées se fait sentir ici comme d'ordinaire, inconvénient dû surtout aux différences des deux matières en présence, dans leurs coefficients de dilatation et d'élasticité. Il en résulte naturellement des dislocations dans les attaches et une voie dépourvue de toute stabilité, si l'on ne donne pas au rail le même poids que s'il était posé sur traverses.

Au premier abord, les longrines paraissent exiger moins de consommation de bois que les traverses. Mais cela est illusoire à cause de la nécessité d'avoir des longrines parfaitement équarries pour réserver la place des attaches ; l'écartement n'est pas constant, la surface supérieure ne reste pas horizontale. Il en résulte que, si avec des longrines on veut avoir une voie suffisante, il est absolument indispensable de faire usage d'entretoises, dont les plus efficaces sont encore les traverses. Les longrines ne constituent plus alors qu'un luxe coûteux.

En résumé, les voies sur longrines ont été abandonnées partout, même en Allemagne et en Amérique, où elles ont joui quelque temps d'une certaine faveur parce que l'on y rencontre aisément des pièces de bois de gros équarrissage.

Malgré les apparences, cette voie exige des rails presque aussi forts que la voie ordinaire, et on ne se trouve nullement dispensé de l'emploi des traverses si l'on veut empêcher l'écartement et le renversement ; le prix de premier établissement est donc plutôt augmenté que diminué.

Les quelques exemples suivants confirment ce que nous venons d'avancer.

Rail Brunnel.

251. On a cherché surtout à placer les rails sur des supports continus ou longrines afin de permettre pour une même résistance de diminuer leur poids par mètre courant. L'essai en a été tenté avec le rail à patin vu précédemment ; mais c'est surtout avec le rail en ∩, connu sous le nom de rail *Brunnel* ou *Bridge rail* (rail

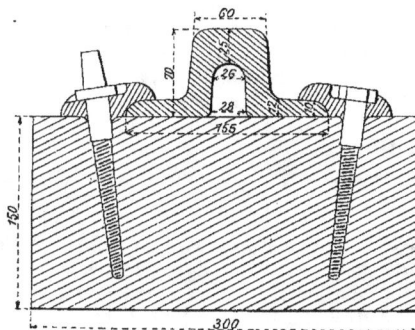

Fig. 166.

à ponts), que l'emploi des longrines a été fait sur une grande échelle aux chemins de fer du Midi, d'Auteuil et, à l'Étranger, en Hollande, dans le duché de Bade, sur le Great-Western en Angleterre, etc. Les rails sont fixés aux traverses par des crampons ou des tirefonds ; leur poids, avons-nous dit, avait pu être ainsi fort diminué et ne dépassait pas 20 à 27 kilogrammes par mètre courant (*fig.* 166).

252. *Application du rail Brunnel au chemin de fer d'Auteuil.* — La voie Brunnel fut appliquée en 1854 sur le chemin de fer d'Auteuil ; le rail en ∩ du poids de 31 kilogrammes était posé sur les longrines elles-mêmes entretoisées par des traverses espacées de 2m,40 (*fig.* 166). Le rail est posé sur la longrine au moyen de crapauds en fonte s'appuyant sur les ailes du rail et fixés au bois au moyen de tirefonds, ce qui. évite de percer le rail en l'affaiblissant. Ces crapauds sont espacés de 0ᵐ,50 et chevauchés de chaque côté du rail.

L'assemblage des rails en bout était fait au moyen de selles fixées à chaque rail par quatre rivets.

Les longrines étaient reliées aux traverses par des boulons de 0ᵐ,32 de longueur et de 0ᵐ,015 de diamètre.

Les longrines de 0ᵐ,15 et 0ᵐ,30 d'équarrissage présentaient une longueur de 6 à 12 mètres.

Dans les courbes la voie était en outre consolidée par des tringles en fer de 0ᵐ,06 × 0ᵐ,01 du poids de 7 kilogrammes et espacées de 2 à 3 mètres.

Le mètre courant de voie est revenu à 37ᶠ,15, savoir :

Rails, traverses, longrines, accessoires. 29ᶠ,19
Main-d'œuvre à l'atelier et au chantier 4 76
Ballastage. 3 20
                                    ———
                                    37ᶠ,15

253. *Voie sur longrines entre Amsterdam et Harlem.* — La ligne de Harlem à Amsterdam, en Hollande, a une largeur de 2 mètres. Le terrain, comme cela se présente presque toujours dans ce pays, est marécageux et tourbeux ; les charges y enfoncent facilement, et la préoccupation a été avant tout de répartir les poids sur la plus grande surface possible afin d'éviter cet inconvénient.

On a fait usage de rails Brunnel de 30 kilogrammes le mètre, fixés à des longrines en sapin de 0ᵐ,23 × 0ᵐ,20 de section, par l'intermédiaire de tirefonds de 0ᵐ,15 de diamètre et 0ᵐ,17 de longueur. Aux extrémités de chaque rail l'attache est complétée par un grand boulon traversant la longrine de part en part et serré par un écrou situé en dessous.

L'assemblage de deux rails successifs se fait au moyen d'un crampon engagé dans leur cavité et fixé à la longrine au moyen de deux petits crampons barbelés. On s'oppose ainsi au mouvement transversal du rail.

Le mètre courant de voie simple est revenu, à l'époque (1840), à 40 francs.

254. *Inconvénients du rail Brunnel.* — Ce rail et la pose sur longrine ont été complètement abandonnés en France. La forme matérielle au point de vue de la résistance des matériaux exige qu'il soit soutenu constamment sur sa longrine, et encore, en pratique, celle-ci suit toujours le mouvement de compression du ballast. De plus l'usage des éclisses est impossible, et les éclisses sont aujourd'hui absolument indispensables.

La résistance au renversement est la seule qualité du système. Mais cette résistance est actuellement suffisante avec les types ordinaires, qu'il y a lieu de préférer.

Aujourd'hui ce système n'est plus guère employé qu'au passage de certains ponts

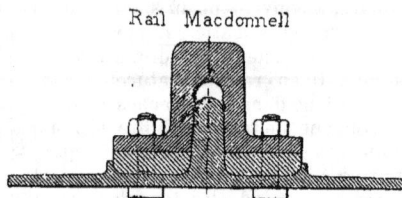

Fig. 167.

métalliques où l'on est gêné par la hauteur, ou quand les points d'appui ne se prêtent pas à l'usage des traverses, comme sur les plaques tournantes, chariots roulants, etc.

Longrine Macdonnell.

255. L'un des inconvénients du rail Barlow était que l'usure de la surface de roulement entraînait le remplacement du rail tout entier.

M. Macdonnell eut alors la pensée de transformer l'ensemble en le faisant en deux pièces et séparant le rail proprement dit de la longrine. Cette dernière (*fig.* 167) est alors un simple patin plan sur lequel repose le rail par l'intermédiaire de fourrures en bois. Les trois pièces, longrines, fourrures et rail, sont reliées ensemble par des boulons.

Cette invention date de 1853 et fut mise immédiatement à l'essai sur la ligne de Bristol and Exeter Railway.

Voici quelques chiffres permettant de se rendre compte de la valeur du système.

En 1861, la voie sur traverses en bois exigeait sur la ligne précédente une dépense de premier établissement de 63 750 fr. par kilomètre ; la voie Macdonnell à la même époque revenait à 43 750 francs, et en 1881, en tenant compte de l'abaissement du prix des matières premières, ce prix serait tombé à 30 600 francs.

Voie Scheffler-Daelen.

256. En 1867 les chemins de fer du Brunswick mirent à l'essai un rail-longrine inventé, en 1866, par M. Scheffler et modifié par M. Daelen. Le rail employé était réduit au seul champignon. Le système eut peu de succès à cause du prix élevé de sa fabrication, du desserrage des boulons, de la difficulté éprouvée à employer ces longrines dans les courbes à

Longrine Daelen

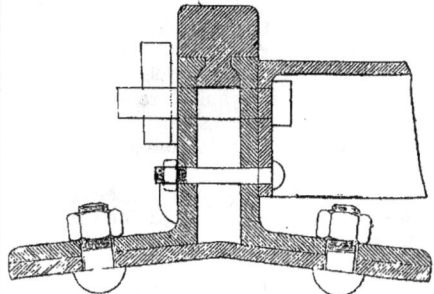

Fig. 168.

cause de la nécessité de cintrer toutes les pièces à chaud, etc. (*fig.* 168).

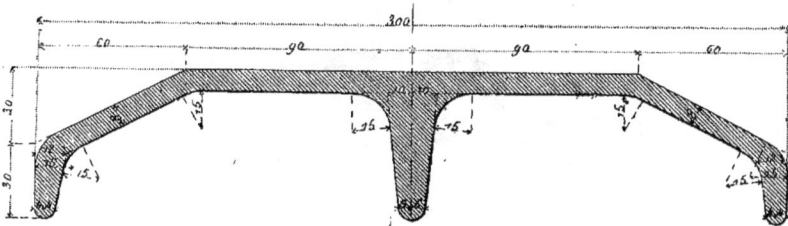

Fig. 169.

Voie système Hilf.

257. Les longrines sont ici en fer en forme d'auge en E renversée avec nervure centrale (*fig.* 169 à 173). Elles sont reliées d'une file de rail à l'autre au moyen de trois entretoises, une centrale et deux aux extrémités.

On renforce la table de cette longrine de manière qu'elle ne se cisaille pas à l'endroit des trous des boulons qui fixent le rail du type Vignole à la longrine. On croise les joints des longrines avec ceux des rails pour n'avoir pas toutes les parties faibles dans la même section.

C'est surtout en Allemagne que ce système est usité.

La voie Hilf, telle qu'elle a été adoptée en Allemagne et partiellement en Bel-

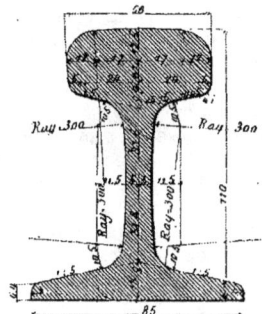

Fig. 170.

gique, se compose d'un rail Vignole d'acier de 25ᵏ,80, fixé à la longrine par l'intermédiaire de crapauds qui saisissent le patin, et qui sont serrés au moyen de boulons, l'écrou en dessus (*fig.* 172).

La figure 170 représente le profil du rail. La figure 171, celui de son éclisse.

Le rail présente une longueur de 9 mètres ; la longrine a 8ᵐ,96, c'est-à-dire 0ᵐ,04 de moins, ce qui laisse entre deux longrines consécutives un jeu minimum de 0ᵐ,04, facilitant la pose et la dilatation.

Les deux files de rail ne sont entretoisées qu'en leur milieu par une tringle de fer rond qui traverse l'âme du rail, ce qui d'ailleurs n'est pas une bonne condition, car cette perforation est toujours une cause d'affaiblissement. Cette tringle est taraudée aux extrémités, et des vis de rappel s'appuyant sur des rondelles

inclinées au 1/20 permettent de donner aux rails l'inclinaison et l'écartement voulus. En outre, les joints sont supportés par deux traverses en fer ayant rigoureusement le même profil que la longrine et qui servent d'entretoises extrêmes. Ces traverses sont seulement courbées à leur extrémité à l'inclinaison de 1/20.

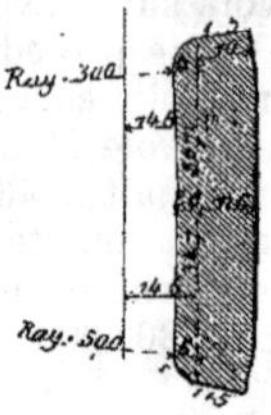

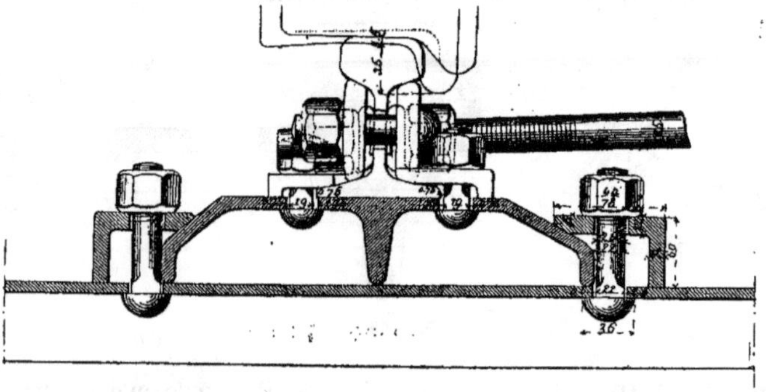

Fig. 171.

Fig. 172.

L'allure générale de la voie est donc présentée par les figures 173 et 174.

La liaison des longrines aux traverses a lieu au moyen de fers d'angles ou cornières et de boulons.

La voie se compose, en somme, de châssis en fer constitués par deux longrines parallèles munies de leurs rails de 9 mètres de long, entretoisées à leurs deux extrémités par des traverses et au milieu par une tringle, le tout en fer.

La jonction de deux rails consécutifs s'opère, comme à l'ordinaire, au moyen d'éclisses et de boulons (*fig.* 175).

Le glissement longitudinal est évité en faisant buter les extrémités des éclisses extérieures des rails contre les crapauds extrêmes qui fixent le rail sur la longrine. On donne à ce crapaud extrême une longueur double, et on le maintient par deux boulons. Mais cette précaution est de pure garantie, car les crapauds qui fixent les rails sur les longrines déterminent une très grande adhérence, et tout glissement, même dans la direction du rail, n'est guère à redouter.

Le poids de la voie se décompose comme suit :

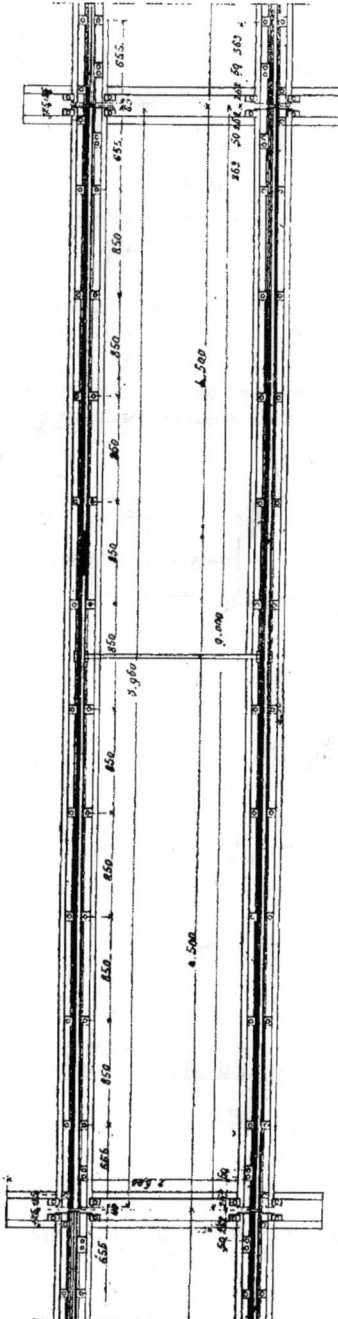

Fig. 173.

2	Rails d'acier de 9 mètres. . .	464^k,40
2	Longrines de 8^m,96.	526 32
1	Traverse de 2^m,60	76 36
1	Entretoise avec accessoires .	7 79
44	Crapauds simples.	7 04
4	— doubles.	2 48
52	Boulons pour crapauds . . .	16 12
2	Paires d'éclisses	15 28
16	Gros boulons, dont 8 pour éclisses et 8 pour fixer les longrines sur les traverses	8 80
8	Fers d'angle pour fixer les longrines sur les traverses	4 72

Poids total pour 9 mètres de voie. 1129^k,31

et par mètre courant. . . . . 125^k,48

La pose s'opère de la manière suivante : les rails sont d'abord assemblés sur leurs longrines, et le tout est entièrement préparé pour la pose dans des chantiers d'approvisionnement. On charge le matériel tout prêt sur des wagons, on ajoute au train une grue également sur wagon plate-forme, et une locomotive placée en queue pousse le train à pied d'œuvre, où le ballast a été préparé d'avance.

On pose d'abord deux traverses à la distance de 9 mètres ; la grue saisit deux rails-longrines sur les wagons et les dépose sur la voie. On fixe les attaches, puis on fait avancer le train d'une longueur de rail pour continuer l'opération. On peut poser ainsi, avec un bon personnel, jusqu'à 1 kilomètre par jour.

D'après un ouvrage publié par M. Hilf lui-même à Wiesbaden, en 1876, les frais d'entretien de la voie, beaucoup moindres que ceux de la voie ordinaire à traverses en bois, s'élèvent de 500 à 1 000 francs par kilomètre et par an.

Le principal avantage du système est en outre une grande élasticité et une bonne assise de la voie. Cela se traduit par un roulement plus doux fort apprécié des voyageurs et favorable à la conservation du matériel.

Voie des chemins de fer rhénans.

258. La longrine des chemins de fer rhénans est une auge renversée dont les côtés inclinés sont renforcés à leur extrémité par un bourrelet (*fig.* 176). Voici la dimension de cette longrine :

Largeur à la base . . . . . . $0^m,300$
Largeur à la tête supérieure $0^m,200$
Hauteur . . . . $0^m,090$
Longueur . . . . $7^m,500$

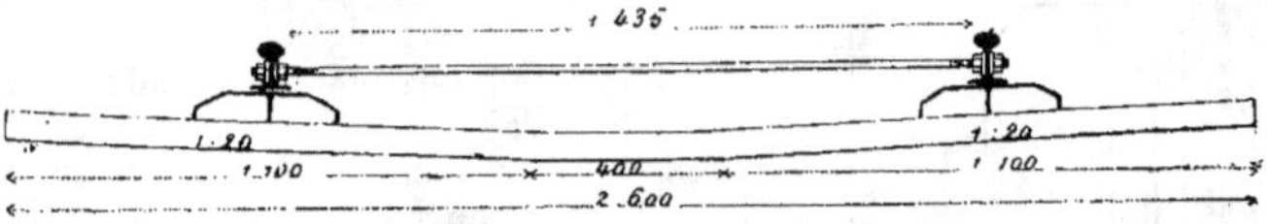
1 435
1:20
1:20
1 100
400
1 100
2 600

Fig. 174.

Le poids par mètre courant est de 36 kilogrammes. Le rail employé conjointement pèse 30 kilogrammes. Les systèmes de joints et d'attaches sont les mêmes

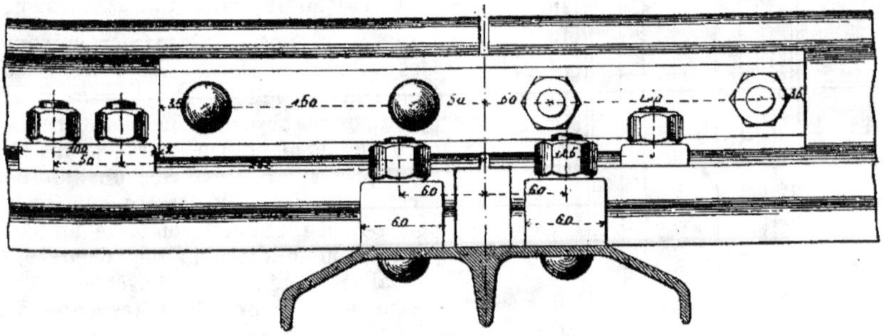

Fig. 175.

que dans le système Hilf. L'entretoisement a lieu au moyen de tringles en fer rond.

L'éclissage s'opère non seulement sur les rails, mais aussi sur les longrines, au moyen d'éclisses intérieures épousant à

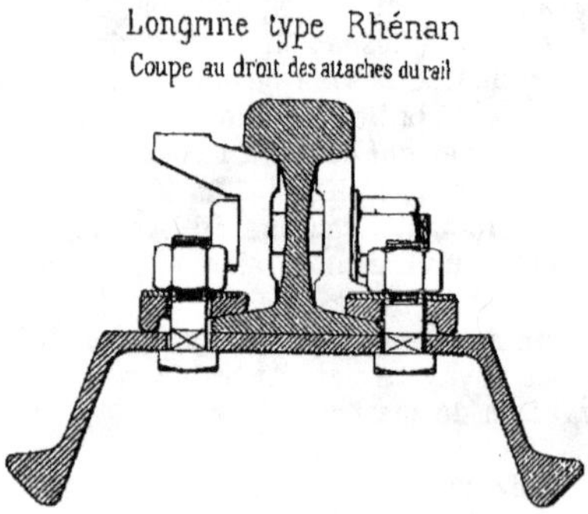
Longrine type Rhénan
Coupe au droit des attaches du rail

Fig. 176.

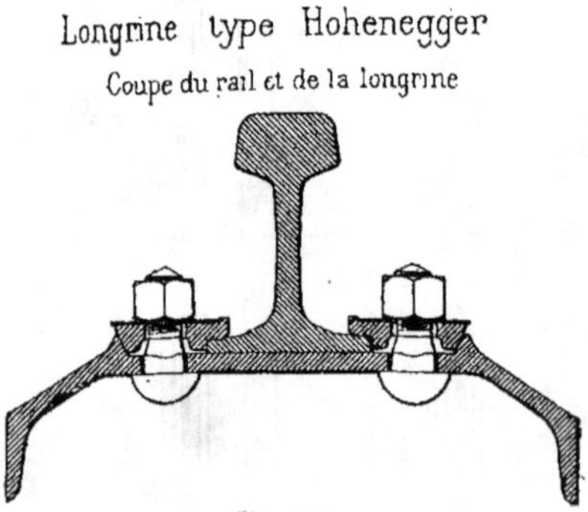
Longrine type Hohenegger
Coupe du rail et de la longrine

Fig. 177.

peu près la forme de l'auge et de $0^m,72$ de longueur. La fixation de ces éclisses a lieu au moyen de boulons eux-mêmes qui fixent le rail à la longrine.

Voie Hohenegger.

259. Les chemins de fer du Nord-Ouest de l'Autriche firent, en 1876, l'essai de cette voie qui est un dérivé du genre Hilf. La longrine a les dimensions suivantes (*fig.* 177) :

Largeur à la base 0ᵐ,300
    — à la table supé--
rieure. 0ᵐ,168
Hauteur 0ᵐ,075
Longueur. 8ᵐ,975
Poids par mètre 29ᵏ,200

Le rail annexé pèse 29ᵏ,87 le mètre courant. Il est fixé à la longrine au moyen de crapauds serrés par des boulons sur le patin, et une nervure que porte la table supérieure.

Les rails sont éclissés au moyen de fortes éclisses, l'une à cornière posée à l'extérieur de la voie, l'autre de forme ordinaire.

Longrine Haarmann

Coupe par les attaches du rail.

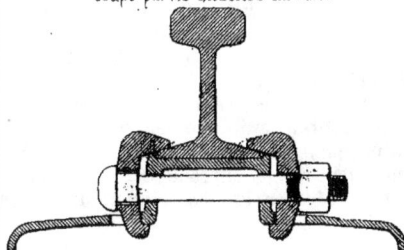

Fig. 178.

Les longrines sont elles-mêmes éclissées au moyen de fortes plaques de 0ᵐ,420

Longrine type Serres et Battig

Coupe transversale du rail et de la longrine suivant **AB**   suivant C D.

Elévation du rail et de la longrine au droit du joint d'une flasque et coupe transvᵉ de l'entretoise

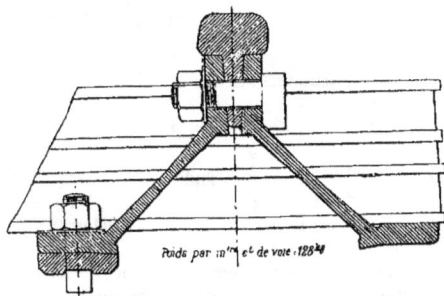

Poids par mᵗᵐ et de voie 128ᵏ⁹

Fig. 179.

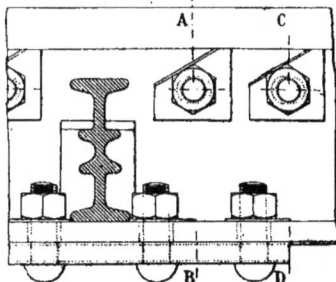

Fig. 180.

de long, épousant leur forme intérieure. Ces plaques sont boulonnées, d'une part, sur un fer cornière servant à maintenir l'écartement normal de la voie ; d'autre part, sur les longrines au moyen des boulons d'attache du rail. Il y a concordance entre les joints des rails et des longrines.

Voie Haarmann.

260. M. Haarmann a imaginé un système de longrine entièrement différent des précédents et employé sur les lignes de la rive droite du Rhin (*fig.* 178).

La longrine a la forme prismatique accompagnée latéralement de deux plats-bords horizontaux ; la largeur est de 0ᵐ,320. Le rail se pose sur la partie centrale surélevée du chapeau et y est calé latéralement par deux saillies ; la fixation complète a lieu au moyen de deux crampons qui s'appuient sur le patin du rail, traversent la longrine dans des ouvertures spéciales et s'appliquent à la partie inférieure contre celle-ci ; ces deux crampons sont maintenus et serrés au moyen d'un gros boulon transversal.

La longrine pèse 23ᵏ,500 par mètre courant.

Longrine de Serres et Battig.

261. Celle-ci est une longrine composée du genre Scheffler-Daelen vu plus haut, datant de 1877. Elle fut mise en œuvre sur quelques lignes de l'État autrichien et peu de temps après abandonnée (*fig.* 179 et 180).

Les inventeurs, s'étant posé le problème sous sa forme la plus complète, ont abouti naturellement à une forme assez compliquée; ils avaient cherché :

1° A séparer le champignon du rail, partie qui s'use, de la partie qui ne s'use pas, tout en la réduisant au minimum de poids ;

2° A permettre la dilatation tout en obtenant un rail continu ;

3° A constituer un assemblage de pièces que la charge d'une roue tende à serrer et non à disloquer ;

4° A supprimer le petit matériel qui, dans les voies à longue durée, devient au bout de peu de temps la cause déterminante des dislocations.

Cela posé, voici comment l'on crut avoir réalisé ces nombreux *desiderata*.

La longrine, au lieu d'être d'une seule pièce (*fig.* 179), est composée de deux flasques qui enserrent à leur partie supérieure l'âme d'un rail très court de 57 millimètres,

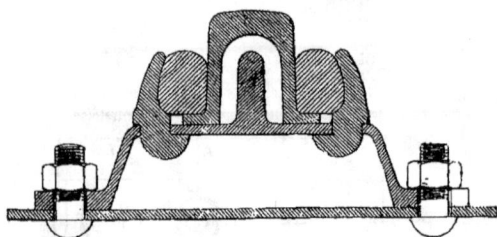

Fig. 181.

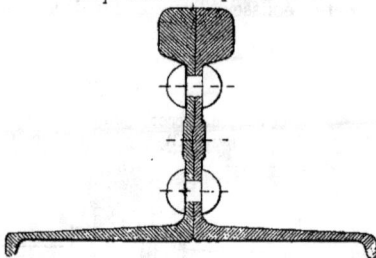

Fig. 182.

dont le champignon est supporté par les rebords supérieurs de ces flasques.

A la partie inférieure, ces dernières vont en s'écartant de manière à former un ∧ renversé. Les trois pièces sont assemblées au moyen de coussinets-selles très robustes qui pénètrent dans des ouvertures ménagées dans les flasques.

On les fait passer et l'on introduit l'âme du rail en redressant l'une des flasques; le serrage se produit dès qu'elles ont repris leur position primitive. Plus la charge est forte sur le champignon, plus les mâchoires supérieures opèrent un serrage énergique sur l'âme du rail. On consolide l'assemblage au moyen de boulons.

Les rails et les flasques sont éclissés, et les joints sont alternés entre ceux des rails à la longrine ; cette dernière est éclissée au moyen de plaques posées sur le rebord horizontal inférieur.

On maintient l'écartement de la voie au moyen de barres d'entretoisement qui ne sont autre chose que le prolongement des coussinets-selles.

Longrine Heusinger de Waldegg.

262. Ce système présentait une certaine originalité en ce qu'il supprimait toute espèce de boulon d'attache (*fig.* 181). Le rail était fixé au moyen de coins serrés entre deux mâchoires placées sur la table supérieure d'une longrine en forme d'auge évasée et posée sur une platine horizon-

tale. Le rail employé était le rail Barlow.

Système Haarmann
(dernier type).

263. M. Haarmann a modifié son
premier système en se rapprochant du type
Hartwich.

Le rail longrine actuel est composé de
deux parties symétriques dont l'une porte
une nervure, et l'autre une rainure correspondante afin d'assurer l'invariabilité
et l'exactitude de l'assemblage. L'ensemble
forme un rail Vignole composé de deux
parties pouvant se séparer ; la hauteur
totale est $0^m,20$, et la largeur du patin
$0^m,30$ (*fig.* 182).

Les joints sont consolidés au moyen de
fortes éclisses et alternés.

L'entretoisement est obtenu au moyen
de bandes de fer plat posées de champ.

Le poids par mètre courant de voie est
de 136 kilogrammes.

Causes de l'abandon de la voie
sur longrines.

264. Au premier abord, la voie sur longrines paraît présenter de nombreux avantages, et il n'est pas étonnant qu'elle ait
séduit, à l'origine, de nombreux inventeurs.

Le rail étant continuellement soutenu,
on pouvait éviter les chocs et, par suite,
réaliser une économie dans l'entretien de
la voie et du matériel roulant.

Mais, en pratique, le rail n'est pas réellement soutenu sur toute sa longueur par
suite des inégalités du bourrage ; cette
première condition sur laquelle on comptait n'étant pas réalisée, il fallut bientôt
revenir à l'emploi des rails lourds, perdant
ainsi une grande partie de l'économie du
système.

L'usure du matériel roulant est certainement moindre avec la voie sur longrine ;
mais la différence n'a pas été aussi importante qu'on l'espérait à cause de l'exagération des mouvements de lacet sur une
voie mal entretoisée.

La longrine doit donner également une
économie sur les frais de premier établis-

sement, car la longueur de support correspondant à chaque mètre courant de
voie est de 2 mètres, tandis que les traverses ne peuvent avoir moins de $2^m,50$, et
il en faut plus d'une par mètre courant à
cause des joints.

Mais cette économie s'est trouvée également de beaucoup diminuée par la nécessité d'employer des tringles d'entretoisement assez fortes pour empêcher
l'écartement des rails et leur déversement.

On essaya bien, avec le système Hilf,
d'obvier à cet inconvénient en introduisant sous les joints des rails et des longrines des traverses de même profil que
la longrine. Mais alors les joints se
trouvent être trop rigides par rapport à
l'élasticité générale de la voie qui s'in-
curve en profil entre deux joints consécutifs. Les flèches constatées au milieu de
ces espaces atteignaient jusqu'à 9 et 12 millimètres au passage des trains. On sup-
prima cette rigidité des joints en remplaçant les traverses Hilf par d'autres formées
d'un fer à $\top$ ou d'une forte cornière. Les
dénivellations diminuèrent en effet, mais
l'avantage économique des longrines dis-
parut.

La voie sur longrines, facile à poser en
alignement droit, est très difficile à poser
en courbe. Il devint alors de toute nécessité
de courber latéralement la longrine, ce
qui ne peut se faire qu'à chaud avec des
gabarits et un matériel spécial, et ne
laisse pas que d'être délicat et très coûteux.
Ou bien il faut distribuer les trous des
attaches sur la tablette inférieure de manière à représenter la courbe, tout en
laissant la longrine droite.

Tout cela constitue de graves inconvénients qui rendent l'emploi du système
peu pratique.

Ainsi il faut trente types différents de
longrines Hilf pour assurer le service
d'une section.

L'entretien de la voie est difficile et dispendieux à cause de la nécessité de maintenir un bourrage irréprochable du ballast,
à cause des eaux qui s'accumulent sur la
plate-forme et dont l'écoulement est rendu
difficile, surtout si le ballast est peu perméable. Il faut quelquefois des travaux
d'assainissement très importants. Le rem-

placement d'une longrine avariée, qui doit se faire rapidement entre le passage de deux trains, devient une opération des plus difficiles par suite du grand nombre d'attaches à desserrer. Cela est d'autant plus dangereux que la voie sur longrines est plus favorable aux déraillements que toute autre à cause de la difficulté qu'il y a à maintenir un bon entretoisement. Les accidents sont alors plus graves qu'avec la voie sur traverses, car les tiges de connexion ne sont jamais assez fortes pour supporter le poids d'un essieu. Elles se plient, attirent les deux files de rails l'une vers l'autre et contribuent à aggraver le danger de la situation.

Voie du Semmering.

265. L'usage des longrines a été fait sur la ligne autrichienne du Semmering d'une manière qui paraît ici justifiée. Sur cette ligne de montagne, en effet, les déclivités sont très fortes, la voie a une disposition naturelle à être entraînée du côté de la pente. Et cela est dû aussi bien à l'adhérence en montant qu'à l'effet des freins à la descente. On a obvié à cet inconvénient, en outre des précautions ordinaires pour s'opposer au cheminement du rail, en faisant reposer les rails sur des traverses qui elles-mêmes sont reliées à deux cours de longrines. L'ensemble constitue alors un châssis boisé qui présente une grande résistance au déplacement et donne à la voie la fixité qui lui aurait manqué sans cela en semblable terrain.

§ V. — TRAVERSES MÉTALLIQUES

Considérations générales.

266. Les longrines devant être rejetées, les partisans de la voie entièrement métallique devaient naturellement se reporter sur les traverses. L'idée d'employer dans la confection des voies des traverses métalliques provient toujours de la préoccupation de supprimer le bois dont la durée est moindre que celle du fer, et aussi d'empêcher la destruction des forêts à cause de l'énorme quantité de traverses qui se consomment par an. On sait que les forêts sont d'une très grande utilité au point de vue de l'aménagement des eaux.

Les essais tentés en France jusqu'à ce jour n'ont pas été couronnés de succès. En Allemagne et en Hollande, au contraire, la traverse métallique tend à se généraliser, et dans d'autres pays on se propose également de les soumettre à l'épreuve de la pratique.

Il y a en France en ce moment environ 35 000 kilomètres de chemins de fer dont la moitié environ est à double voie, ce qui donne un total de voie simple de 52 500 kilomètres. En ajoutant $\frac{1}{5}$ pour les voies de garage et d'évitement, on arrive à un ensemble de 63 000 kilomètres. En adoptant onze traverses par 10 mètres on arrive à un chiffre rond de sept millions de traverses en place pour installer ces voies. En supposant une durée moyenne (chiffre fort) de quatorze à quinze ans pour de bons bois préparés, cela fait un renouvellement annuel d'environ cinq millions de traverses, représentant, à 6 francs l'une, la somme de 30 millions, dont la moitié va à l'Étranger.

On voit donc l'intérêt qu'il y a à remplacer ces traverses par d'autres de plus grande durée ; l'emploi du métal a paru naturellement tout indiqué.

C'est en France qu'ont été faites les premières études pratiques de traverses métalliques par M. Vautherin aux forges de Fraisans (Franche-Comté), et, comme cela arrive souvent, c'est à l'Étranger que la question a été approfondie et appliquée industriellement. Les premiers essais à grande échelle en ont été faits en Allemagne par la Compagnie de Berg et Marche à la suite de l'Exposition universelle de 1867.

Aujourd'hui les défauts des premiers types de traverses métalliques ont été corrigés, et l'on arrive à installer de bonnes voies en métal d'un établissement facile et rapide, résistant parfaitement aux chocs, d'une grande stabilité et très élastiques.

Les frais d'établissement avec des traverses en acier à 120 ou 130 francs la tonne sont à peu près les mêmes que pour les traverses en bois ; mais le vieux matériel des voies métalliques rebutées conserve encore 40 0/0 de sa valeur primitive, tandis que celle des vieilles traverses en bois est réduite presque à rien.

La comparaison des prix varie nécessairement avec les pays ; lorsque les bois appropriés à l'usage des traverses sont abondants, il y a évidemment avantage à les employer. L'inverse se produit dans les pays de production métallurgique. C'est ce qui explique la faveur des voies métalliques en Allemagne, tandis que les Compagnies françaises ne paraissent guère empressées à s'en servir, excepté pour quelques lignes placées dans des conditions particulières, comme les chemins de fer algériens.

Néanmoins, si les bois deviennent de plus en plus rares et plus chers, si l'acier, qui remplace aujourd'hui partout le fer, voit son prix encore s'abaisser, on finira par trouver plus d'avantages à l'emploi de la traverse métallique qu'à celui de la traverse en bois.

La durée de la traverse métallique est aisément le double de celle en bois, soit 30 ans. Il faut signaler ce fait d'expérience qu'elle ne se rouille pas plus que les rails en service, et que, malgré sa faible épaisseur et la grande surface qu'elle expose à l'air, enfouie dans le ballast, elle ne se détériore pas par l'oxydation, comme le feraient des rails emmagasinés à l'air.

Les usines métallurgiques, qui ont naturellement un grand intérêt à l'adoption des traverses métalliques, ont fait une certaine agitation autour de la question. En 1884 il fut question d'ouvrir à Saint-Etienne, notre grand centre industriel, une exposition du matériel fixe et roulant des chemins de fer, où la place d'honneur devait être réservée aux divers types de traverses métalliques. On recula devant la dépense et l'on décida d'attendre l'Exposition de 1889 ; on fit cependant de pressantes démarches auprès du Gouver-

nement et des grandes Compagnies pour faire faire des essais en grand.

Ces essais furent immédiatement tentés au chemin de fer de l'Est. La question fut également étudiée au chemin de fer du Nord. M. Baihaut, ministre des Travaux Publics, poursuivait de son côté, en 1885, d'autres essais sur le réseau de l'Etat. Il fit faire une enquête sur la question, par l'Ingénieur en chef de la voie et du matériel de ces lignes, M. Bricka, qui conclut à la supériorité incontestable de la traverse métallique sur la traverse en bois. Il insistait spécialement sur l'avantage au point de vue du maintien de l'écartement et de l'impossibilité du déversement des rails.

Quoi qu'il en soit, la question est encore fort controversée, et une conclusion ferme n'a pas encore été tirée par la grande majorité des ingénieurs de chemins de fer, surtout des grandes Compagnies françaises. Nous reviendrons sur ce point à la fin du chapitre, la description des principaux systèmes employés devant contribuer à aider nos lecteurs à se former eux-mêmes une opinion.

Conditions d'une bonne traverse métallique.

267. Les traverses métalliques doivent remplir les diverses conditions suivantes :

Elles doivent être constituées horizontalement et verticalement de manière à répartir sur une surface suffisante de ballast les charges verticales et les efforts latéraux dus au passage des trains.

Elles doivent être très rigides sans cependant avoir une forte épaisseur de métal, car cela augmenterait considérablement leur prix.

Elles doivent se prêter à une attache très solide des rails, si l'on veut avoir de la stabilité dans la voie.

Ces diverses conditions, difficiles à réaliser, ont toujours été jusqu'à ce jour la pierre d'achoppement de l'emploi des traverses en métal. En particulier, la considération de légèreté, indispensable pour rester dans des limites acceptables de dépense, est difficilement conciliable avec la stabilité de la voie lorsqu'il s'agit de trains à grande vitesse. Cette stabilité dépend, en effet, en grande partie de la masse des éléments de la voie, au premier rang desquels il faut compter le poids de la traverse.

Premiers essais de traverses métalliques.

268. Le premier essai de traverse métallique est dû à M. Le Crenier et date de 1860. La traverse avait la forme d'un fer en U de 2^m,40 de long sur 0^m,25 de large, se rapprochant autant que possible des dimensions de la traverse en bois. Son poids était de 23^k,500. Le rail, du type Vignole, était fixé sur la traverse au moyen de crampons boulonnés.

Comme nous le verrons plus loin d'ailleurs, c'est du fer en U et du fer Zorès que dérivent presque toutes les traverses employées. Cela est d'ailleurs rationnel, car ce sont ces formes qui, posées à plat, possèdent le plus grand moment d'inertie.

269. *Traverse Couillet.* — En 1862, les forges de Couillet firent un essai analogue avec une traverse de 45 kilogrammes, en Belgique, en Prusse, en Espagne et en Portugal ; le rail employé était encore le rail à patin.

Le succès ne répondit pas aux attentes.

Cette traverse se compose d'un fer à double T posé à plat sur le ballast et rempli à la partie supérieure sous le rail, par une fourrure en bois sur laquelle le rail est fixé. Cette fourrure présente une sur-

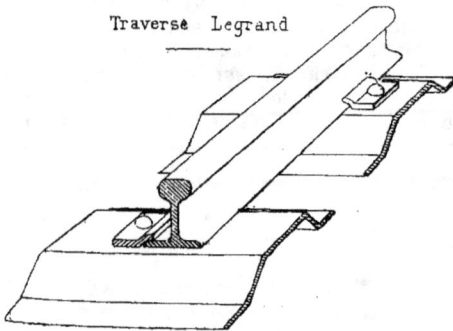

Traverse Legrand

Fig. 183.

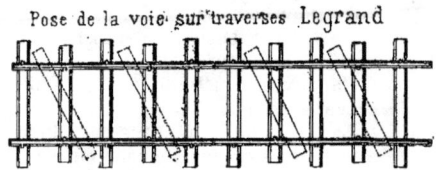

Pose de la voie sur traverses Legrand

Fig. 184.

face supérieure inclinée au 1/20 de manière à donner l'inclinaison voulue au rail.

Le poids de chaque traverse était de 46 kilogrammes, et leur prix, à l'époque, de 7^f,50. L'essai n'en a été fait que sur un embranchement d'usine de quelques centaines de mètres présentant des rampes de 10 millimètres et des courbes de 300 mètres de rayon. Le résultat, qui parut assez bon, n'est pas concluant à cause de la faible vitesse des trains qui supprimait la plus grande difficulté à laquelle ont à faire face les traverses métalliques.

270. *Traverse Reynold.* — Une tentative avec voie à double champignon fut faite en Angleterre par le R. Osborne Reynold.

Les coussinets étaient fondus sur la traverse en ménageant dans celle-ci des ouvertures qui permettaient à la fonte de refluer derrière la table supérieure. Ce type fut rapidement abandonné comme étant surtout très compliqué de fabrication.

271. *Traverse Legrand.* — M. Legrand en 1863 employait à la fabrication des traverses un fer laminé en forme d'auge. Des crampons étaient rivés à l'avance en des points bien vérifiés, et les traverses ainsi constituées présentaient deux types différents, suivant que les crampons serraient les bords intérieurs ou extérieurs des portions des deux files de rail (*fig.* 183).

La pose de la voie s'effectuait de la

manière suivante : on plaçait d'abord des rails sur les traverses à crampons extérieurs, puis entre deux de ces traverses on introduisait une traverse à crampons intérieurs. On frappait avec une forte batte en bois une des extrémités de la traverse, jusqu'à ce qu'elle vînt en place (*fig.* 184).

On voit l'inconvénient capital de ce système : c'est qu'il exige le démontage de deux files de rail pour le remplacement d'un seul rail avarié.

Traverse Vautherin.

272. La plupart des inventeurs de traverses métalliques ont plus ou moins imité ce type qui date de 1864 et qui fut essayé sans grand succès sur les lignes du Nord et de Lyon.

Le type primitif étudié aux forges de Fraisans (Franche-Comté) se composait

Fig. 185.

d'un fer Zorès (*fig.* 185) de 0ᵐ,23 de largeur. Le rail s'appuie non sur une fourrure en bois, mais sur une platine qui a pour but de donner l'inclinaison au rail, et d'assurer la solidité des attaches. La faible épaisseur de la tôle de la traverse et les dimensions voulues de la surface d'appui ne suffisaient pas à assurer ce résultat.

Le point délicat dans toutes les traverses métalliques est toujours l'attache du rail. Ici elle paraît bien éludée. La plaque d'essai est fixée à l'avance à la traverse par trois rivets. Le rivet intermédiaire présente une tête très large et profilée en encorbellement sous laquelle se loge le patin du rail. La liaison est complétée par un boulon dit prisonnier, dont les épaulements inclinés assurent l'application exacte du patin sur la plaque, puis au moyen d'une clavette qui rend solidaires tous les éléments.

Des essais ont été faits de ce système

plus ou moins amélioré sur les lignes de Dijon à Besançon, de Lons-le-Saunier, de Paris à Mulhouse, Paris-Lyon-Méditerranée, aux abords de Paris, dès 1865.

Les poids et les prix étaient de 54 kilogrammes et 14 francs, pour les traverses de joints ; 39 kilogrammes et 10ᶠ,50, pour la traverse intermédiaire ; 40 kilogrammes et 10ᶠ,60, pour les traverses de contre-joint.

L'expérience au chemin de fer du Nord faite en 1867 porta sur cinq mille traverses : on leur reprocha le trop grand nombre de pièces constituant le mode d'attache du rail et l'ancrage insuffisant de la traverse dans le ballast.

Le succès fut cependant plus accentué au chemin de fer de Lyon pour les traverses employées en Algérie.

Ces traverses (*fig.* 185) ont 2ᵐ,40 de

Coupe au droit des attaches.

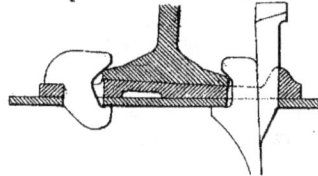

Fig. 186.

longueur, 0ᵐ,26 de largeur à la base, et 0ᵐ,099 de hauteur totale. La largeur de la table supérieure est variable : elle est de 0ᵐ,13 pour les traverses de joints, et de 0ᵐ,08 pour les traverses courantes ; l'épaisseur de la table supérieure est de 7 millimètres. Le poids moyen à raison d'un dixième de joint est de 35 kilogrammes.

Le rail à patin du type Paris-Lyon-Méditerranée est fixé à la traverse par le procédé primitif de Vautherin, c'est-à-dire par clavette et prisonnier (*fig.* 186).

L'inclinaison du rail est obtenue au moyen de selles en forme de coins interposées entre la traverse et le patin. Le plan de pose comporte en moyenne une traverse par mètre courant de voie.

Voici les résultats observées sur cent mille traverses pendant une période de dix-sept ans.

L'ensemble des remplacements a été de $3\,{}^1/_2\,0/0$. Chaque année on ne remplace donc que trois millièmes des traverses en fer, tandis que dans ce climat il faut remplacer $1/10$ des traverses en bois. Par suite de cette inégalité de remplacement, les traverses métalliques ont, à leur quinzième année, compensé le surcroît des prix de premier établissement. Le surplus de leur durée est donc un bénéfice net acquis à l'entretien. On compte que, vu leur état actuel de conservation, les traverses métalliques atteindront aisément trente années de service.

Les causes de remplacement sont surtout : les fentes dans la partie supérieure aux angles, ou les fentes partant de l'extrémité de la traverse vers la portée du rail ; ces fentes peuvent d'ailleurs être aussi bien attribuées à la qualité inférieure du métal employé ou à un bourrage insuffisant qu'à la fatigue supportée par la voie.

273. *Traverse du chemin de fer de l'Est.* — Pendant ce temps, la Compagnie de l'Est mettait à l'essai une traverse en fer étudiée par ses ingénieurs. La platine précédente est supprimée.

La traverse présente elle-même une courbure longitudinale donnant l'inclinaison au $1/20$. Le patin du rail est maintenu à l'extérieur par une agrafe rivée et, à l'intérieur, par un crapaud en fonte boulonné ; une certaine surépaisseur de la surface supérieure de la traverse rachète l'absence de platine ; la largeur de cette partie est de $0^m,05$ pour les traverses intermédiaires, et de $0^m,10$ pour celles de joint.

On s'oppose au déplacement longitudinal au moyen d'une feuille de tôle mince débordant latéralement la traverse et fixée par des agrafes rivées sur cette traverse ; on a ainsi un arrêt de ripage énergique.

Ce système a été essayé sur les lignes de Paris à Strasbourg et de Paris à Mulhouse.

Le poids moyen des traverses de joint et intermédiaires est de 45 kilogrammes ; son prix, d'environ 9 francs, alors que la traverse en bois revenait à 6 francs.

Voici les conclusions de la Compagnie de l'Est, qui présenteront pour nos lecteurs un grand intérêt, si l'on se reporte à l'époque où elles ont été prises (1866) :

« En admettant que la traverse en bois dure au maximum quinze ans, la dépense annuelle en matériel, non compris la main-d'œuvre d'entretien, sera :

« Intérêt et amortissement du capital de premier établissement...........	$6^f,00 \times 0^f,0565 = 0^f,339$	
« Renouvellement......	$6^f,00$	
« A déduire valeur de la vieille traverse....	$1^f,00$	
« Reste.......	$5^f,00$	
« Dont $1/15$ par an...		$0^f,333$
« Total.......		$0^f,672$

« En supposant la durée de la traverse en fer double de celle de la traverse en bois, soit trente ans, on a par an :

« Intérêt et amortissement.................	$9^f,00 \times 0^f,0565 = 0^f,508$	
« Renouvellement......	$9^f,00$	
« A déduire une vieille traverse 45^k à $0^f,12$.....	$5^f,40$	
« Reste.......	$3^f,60$	
« Dont $1/30$ par an...		$0^f,120$
« Total.......		$0^f,628$

« Il n'y aurait donc pas encore lieu aujourd'hui à employer les traverses en fer ; mais, si l'augmentation du prix du bois et l'abaissement de celui des fers continuent à se produire comme dans les dernières années, l'emploi des traverses en fer pourra devenir avantageux. »

274. *Traverses du Nord.* — La Compagnie du Nord fit également des essais sur une traverse analogue à celle du chemin de fer de Lyon et n'en différant que par la suppression de la platine et le poids un peu plus faible de l'ensemble. La traverse courbée à chaud à partir du milieu donne l'inclinaison à $1/20$.

Ce type se rapproche donc de celui de l'Est : seules, les attaches sont différentes et formées ici, à l'intérieur comme à l'extérieur, d'un prisonnier et d'une clavette ; cela permet plus facilement en courbe de donner sans pièces spéciales la surlargeur voulue.

275. *Traverses d'Alsace-Lorraine.* — Les lignes d'Alsace-Lorraine emploient la traverse Vautherin un peu modifiée : c'est toujours une auge renversée, mais dont les côtés auraient été renforcés à leur partie extrême. Ces bourrelets de renforcement ont pour but de faciliter l'installation de la traverse dans le ballast et d'opposer aux coups de batte à bourrer une résistance et une solidité suffisantes (*fig.* 187).

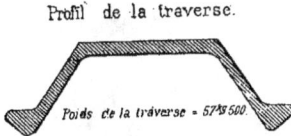

Profil de la traverse.

Poids de la traverse = 57ᵏᵍ 500.

Fig. 187.

Le rail est simplement posé sur la traverse : il est fixé au moyen de deux crapauds serrés sur le patin par des boulons (*fig.* 188). L'inclinaison au 1/20 est obtenue en courbant la traverse sur un gabarit de 1 000 mètres de rayon. L'éclissage des rails se fait de la manière ordinaire.

276. *Traverses des chemins de fer rhénans (Mein-Necker).* — C'est encore une traverse Vautherin, mais dont les rails, au lieu d'être renforcés, portent de

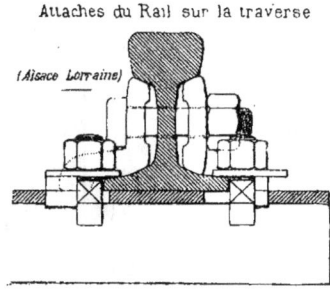

Attaches du Rail sur la traverse

(Alsace Lorraine)

Fig. 188.

petites tables inférieures horizontales, ce qui augmente le moment d'inertie du profil (*fig.* 189). En revanche, c'est un obstacle à la pénétration de la traverse

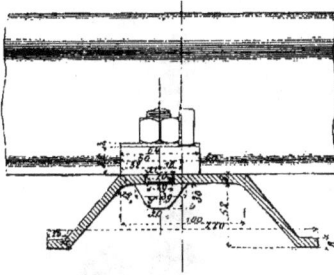

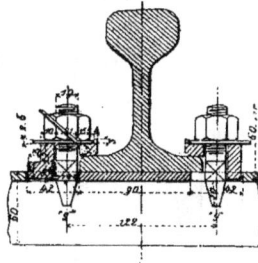

Fig. 189 et 190.

dans le ballast et une gêne pour le bourrage.

Le rail repose directement sur la traverse à laquelle il est fixé par l'intermédiaire de crapauds et de boulons de serrage (*fig.* 190).

L'inclinaison du rail est obtenue par le procédé Hosch Lichtammer, consistant à déformer par emboutissage la table supérieure de la traverse de manière à ménager sous le patin du rail une partie inclinée au 1/20 sur l'horizontale. Cet emboutissage se fait avec d'autant moins d'inconvénients que l'on emploie actuellement pour la fabrication des traverses de l'acier très doux, ou mieux du fer fondu (*fluseissen*) (*fig.* 191, 192, 193).

Le poids de la traverse est de 48ᵏ,520.

277. *Traverse de Berg et Marche.* — Cette traverse, employée d'abord sur la ligne dont elle porte le nom, est actuellement en usage en Prusse sur les lignes de la direction d'Elberfeld, sur les chemins

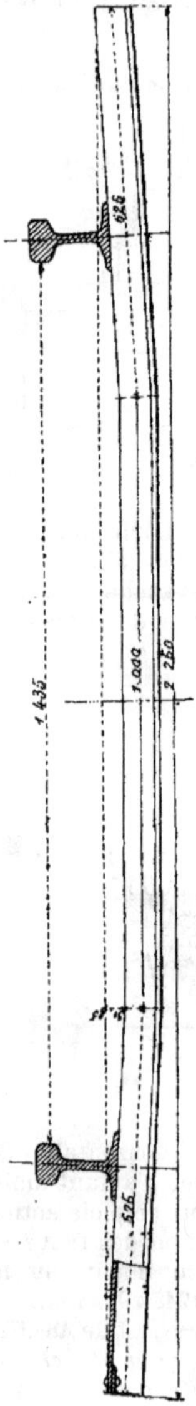

Fig. 191.

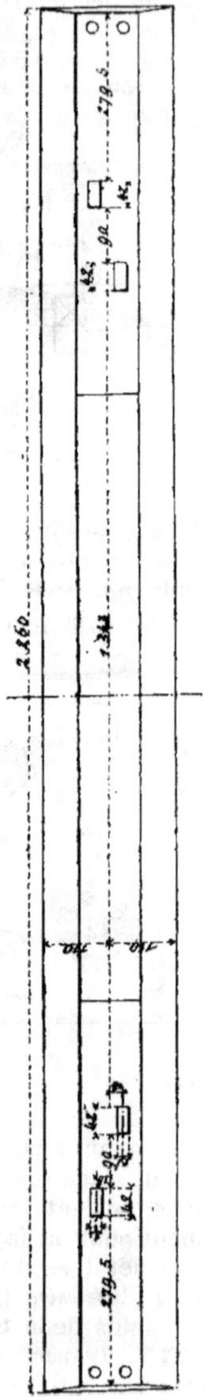

Fig. 192.

de fer Louis de Hesse, du Wurtemberg, du grand-duché de Bade, sur les lignes de

la Suisse occidentale, du Simplon, du Saint-Gothard et du Nord-Est de la Suisse. C'est encore un dérivé de la traverse Vautherin, et elle-même a donné naissance à un autre type très employé aujourd'hui sur les chemins de fer de l'État Néerlan-

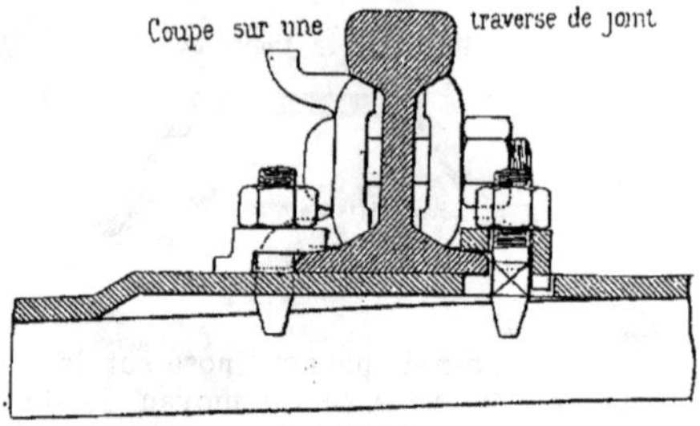

Coupe sur une traverse de joint

Fig. 193.

dais et sur quelques lignes de Prusse, la traverse de M. l'ingénieur Post, que nous verrons plus loin.

Les premiers essais sérieux de traverses métalliques furent faits sur cette ligne en 1867 ; on posa six cent soixante-quatre tra-

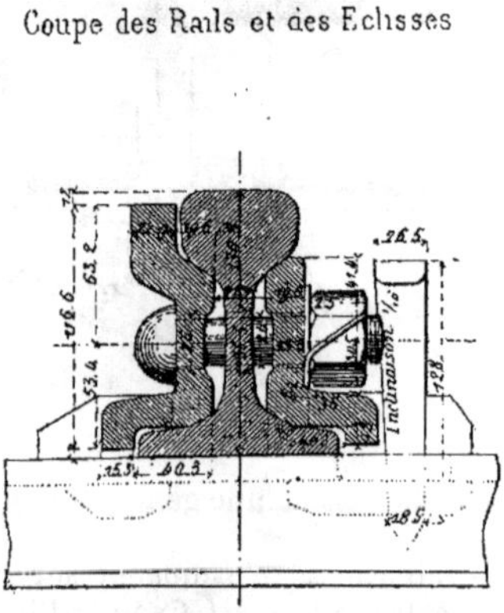

Coupe des Rails et des Éclisses

Fig. 194.

verses de 2^m,20 de longueur, pesant 28^k,5, espacées en moyenne de 0^m,63, dans un ballast en sable bien drainé.

Les rails étaient fixés aux traverses au moyen de clavettes et de prisonniers. Ce fut là le point délicat.

Pendant les trois premières années on n'eut qu'à se louer des résultats obtenus : la voie étant bonne, le roulement doux, l'entretien aussi facile et pas plus coûteux que celui de la voie ordinaire. Mais, au semblables aux précédentes, mais plus fortes, dans un assez mauvais ballast formé de silex de la Ruhr, mélangé d'argile, sur une pente de 5 millimètres par mètre et en courbe de 400 mètres de rayon.

Assemblage des Rails et des traverses

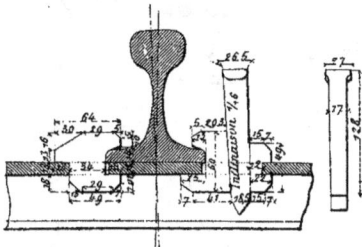

Fig. 195.

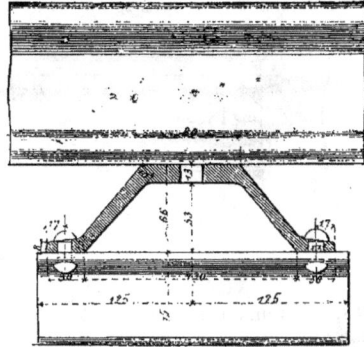

Fig. 196.

bout de ce temps, les trous ménagés dans les traverses pour les attaches du rail s'élargirent, des fentes se produisirent, et l'on abandonna l'expérience.

278. Un nouvel essai plus important fut tenté en 1874 dans la vallée de la Ruhr. On posa vingt-cinq mille traverses

Malgré les soins donnés à la fabrication des attaches, on eut à constater le surélargissement des trous dès la première année.

Ces premiers types avaient conservé la forme Vautherin (*fig.* 194 à 198).

Une observation raisonnée de la façon

Fig. 197.

dont se conduisait le ballast amena les ingénieurs à modifier le profil et à fermer les traverses à leurs extrémités au lieu de les laisser ouvertes.

Le nouveau type n'est, en somme, que la traverse Vautherin dont on aurait rabattu verticalement les côtés sur environ le tiers de leur longueur.

Le moment d'inertie est ainsi incontestablement diminué, mais la nouvelle tra-

verse, grâce à ses côtés verticaux, est plus facile à immerger dans le ballast (*fig.*199).

La traverse a 2^m,30 de long et 0^m,05 de hauteur ; en admettant qu'elle soit bien bourrée de ballast, elle pèse avec celui-ci de 75 à 78 kilogrammes, la partie métallique ne pesant que 45 kilogrammes. Le prix de la traverse revenait ainsi, en comptant l'acier, de 160 à 170 francs la tonne, à 7^f,20 ou 7^f,65, au lieu de 7 francs à 7^f,50, prix de la traverse en bois dans la région.

279. La fabrication de ces traverses est des plus simples ; elles sortent du laminoir en trois, quatre ou cinq longueurs, que l'on débite immédiatement à la scie. Une machine à estamper leur donne, avant le refroidissement, le cintrage voulu ; on la perce à froid, et la traverse est prête à être employée.

Le rail adopté pèse 37^k,8 le mètre, l'éclissage est soigneusement fait pour donner plus de douceur au passage d'un rail sur l'autre ; le petit matériel de la voie est en fer nerveux, afin de résister plus longtemps aux trépidations dues au passage des

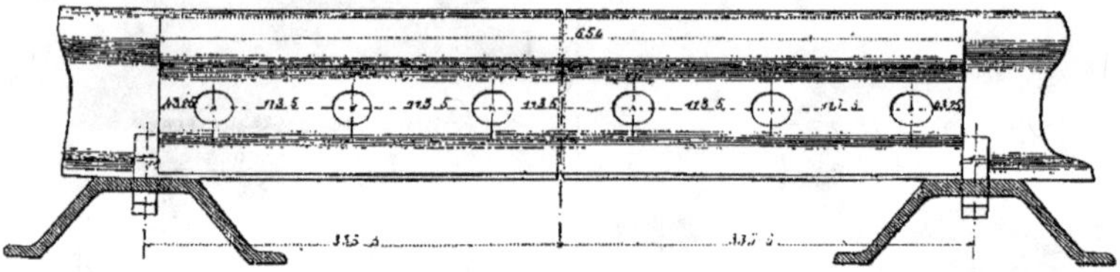

Fig. 198.

trains, qui tendent à modifier la texture du métal.

Enfin, aujourd'hui, grâce à l'emploi de l'acier doux, on est arrivé à éviter presque complètement, ou au moins à atténuer dans une forte mesure le surélargissement des trous et à assurer la fixité des attaches.

280. C'est le type de Berg et Marche modifié qui est employé sur les lignes d'Elberfeld, Louis de Hesse et du grand-duché de Bade, avec des divergences simplement dans le système des attaches.

A Elberfeld en Prusse, le rail est fixé au

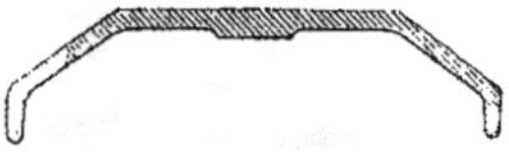

Fig. 199.

moyen du vieux système de Berg et Marche, c'est-à-dire de crapauds prisonniers posés dans des ouvertures ménagées sur la table supérieure de la traverse et serrés au moyen de clavettes (*fig.* 197).

Ce mode d'attache très simple et peu coûteux présente l'inconvénient de céder trop facilement sous l'influence des vibrations dues au passage des trains. Il exige une surveillance de tous les instants.

281. Sur les lignes Louis de Hesse, le rail est fixé à la traverse au moyen de

crapauds serrés contre le patin par des boulons. L'écartement des deux files de rail peut être augmenté ou diminué au moyen d'une portée excentrée du boulon (*fig.* 200).

282. Le mode d'attache est le même sur les chemins de fer du grand-duché de Bade, mais on peut diminuer ou augmenter l'écartement des deux files de rail au moyen d'une platine spéciale.

Coupe par les attaches du rail

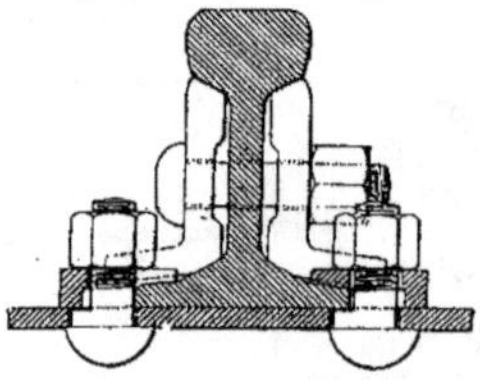

Fig. 200.

Dans tous les systèmes précédents, l'inclinaison du rail est obtenue en courbant la traverse en son centre, ou en coudant légèrement les deux extrémités.

283. *Type du Wurtemberg.* — La traverse wurtembergeoise tient à la fois du type Vautherin et de la forme Berg et Marche (*fig.* 201). Elle tient de la première par la forme des ailes et le renforcement des parties extrêmes devant pénétrer les premières dans le ballast, et de la seconde par le renforcement de la table supérieure et le mode d'attache du rail.

Cette forme a été adoptée à la suite de l'expérience faite sur les lignes d'Alsace-Lorraine. Le poids normal de la traverse est de 59 kilogrammes.

Coupe transv^{le} de la traverse.

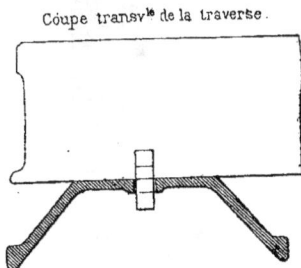

Fig. 201.

L'inclinaison du rail s'obtient, comme précédemment, par les courbures de la traverse.

284. *Traverses des chemins de fer Hollandais.* — C'est une traverse Vautherin dans laquelle l'inclinaison est donnée au rail par l'interposition d'une selle faisant l'angle voulu entre le rail et la traverse. Le rail, la selle et la traverse sont invariablement reliés entre eux au moyen

Traverse Vautherin *(Hollande)*

Coupe par les   Attaches

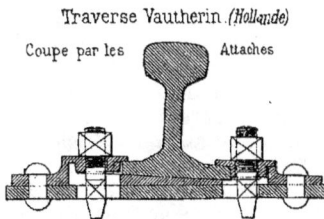

Fig. 202.

de crapauds serrés par des boulons (*fig.* 202).

285. *Traverse Haarmann.* — Cette traverse, qui vient après celle de Berg et Marche dans l'ordre chronologique, est en usage sur les lignes des deux rives du Rhin et quelques lignes d'Alsace-Lorraine.

La forme diffère notablement de celle du type Vautherin et ressemble à la longrine du même inventeur, vue plus haut (*fig.* 203 et 204). Le moment d'inertie est assez important.

On voit immédiatement le reproche, fondé et sanctionné par la pratique, que l'on peut faire à ce type : c'est qu'il est fort difficile de bourrer le ballast dans la partie

Coupe transversale

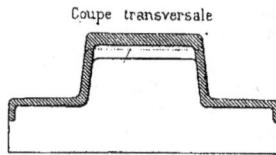

Fig. 203.

supérieure du chapeau. Cette traverse repose surtout sur le ballast par sa base inférieure, et non par sa tablette supérieure comme dans le type Vautherin et ses analogues. Le noyau de ballast renfermé dans la traverse joue un rôle secondaire. Aussi ne peut-on obtenir un ancrage suffisant qu'en faisant descendre au-dessous des tables inférieures les plaques formant les extrémités.

Le rail est fixé uniformément à la traverse au moyen de boulons et de crapauds (*fig.* 204). Mais les procédés diffèrent sui-

Coupe par les Attaches du Rail

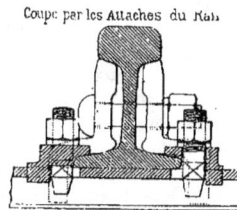

Fig. 204.

vant les lignes pour donner au rail l'inclinaison de 1/20. Le système Hosch-Lichtammer est employé sur la rive droite du Rhin, tandis que sur la rive gauche on se contente de couder les traverses.

En Alsace-Lorraine le système destiné à donner l'inclinaison, comme celui des attaches, diffère absolument des précédents.

La traverse porte un coin muni d'un appendice en forme de S, dont l'une des branches embrasse le patin du rail. Un boulon maintient un crapaud serré à l'intérieur de la voie sur le patin du rail et assure à lui seul l'attache (*fig.* 205).

286. *Traverse Wood.* — La traverse Wood présente le profil de Vautherin avec un peu moins d'empâtement. Le but de l'inventeur a été surtout de réduire à l'indispensable le petit matériel de la voie (*fig.* 206 et 207). Le rail est fixé sur la traverse au moyen d'un crampon-coussinet en acier ayant à peu près la forme d'un fer à cheval. Il serre d'un côté le patin du rail contre la traverse ; de l'autre, il joue le rôle de coussinet, et le serrage du rail contre la mâchoire est obtenu au moyen d'un coin en bois.

L'inclinaison du rail résulte de la cour-

bure de la traverse, comme dans les types précédents.

La traverse a 2^m,59 de long, 0^m,28 de

Coupe par les attaches du Rail.

(*Alsace Lorraine*).

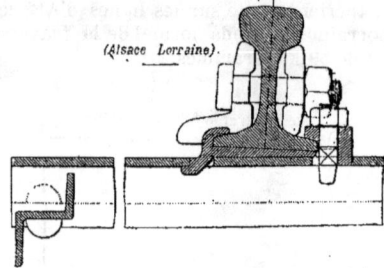

Fig. 205.

largeur et 0^m,01 d'épaisseur sans renforcement.

Les crampons-coussinets ont 0^m,057 de

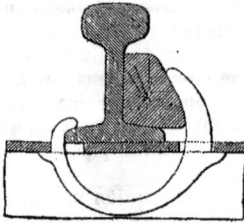

Fig. 206.

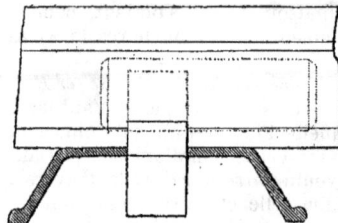

Fig. 207.

largeur ; la partie de la joue contre laquelle bute le patin du rail a 0^m,013 d'épaisseur.

On emploie de l'acier doux pour la fabrication des traverses, et le meilleur acier possible pour les crampons-coussinets qui sont fabriqués au moyen de lames d'acier laminées, puis estampées. Ils présentent ainsi une grande élasticité qui leur permet de suivre la dilatation ou la contraction du coin en bois, et de produire un bon serrage à toute température et sous toutes les influences climatériques.

Ces traverses ont été mises en service sur le North Eastern Railway à Middlesborough.

287. *Traverse Webb.* — C'est encore

le type Vautherin, avec un peu moins d'empâtement, qui a donné la traverse Webb, en usage sur le London and North Western Railway depuis 1880. C'est une des rares traverses confectionnées en vue du rail à double champignon (*fig.* 208 et 209).

La table supérieure de la traverse porte un coussinet formé de trois pièces rivées. L'une sert de selle ou de portée pour le champignon inférieur dont elle embrasse une partie ; l'autre sert d'appui latéral et embrasse une partie du champignon inférieur et de l'âme du rail ; la troisième sert de mâchoire, et reçoit le coin de serrage. La selle a 8 millimètres d'épaisseur et les pièces latérales en ont 12.

La solidarité entre le coin et la mâchoire

est obtenue en réservant dans cette dernière une gouttière dans laquelle vient se loger le bois du coin fortement comprimé; il en résulte la formation sur le bois d'une nervure qui empêche tout déplacement.

La traverse a 2ᵐ,75 de long, et son poids se décompose comme suit, tout armée :

Traverses.	56ᵏ300
Deux coussinets.	12 300
Rivets.	2 300
Deux selles.	6 800
Deux coins en bois.	0 900
Total.	78ᵏ600

288. *Traverses Heindl.* — Le type

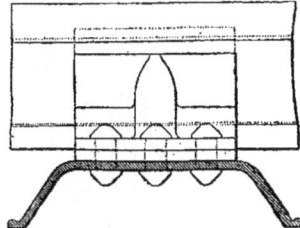

Coupe du Coussinet

Fig. 208

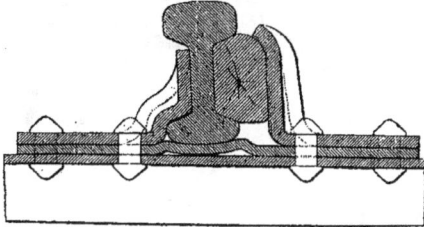

Coupe transversale de la traverse.

Fig. 209.

Heindl expérimenté sur les lignes de l'Etat autrichien est du genre Berg et Marche ; on y a recherché plutôt la stabilité que l'économie, en augmentant son poids. Elle pèse en effet seule 72 kilogrammes (*fig.* 210).

Sa longueur est de 2ᵐ,400 ; elle a 0ᵐ,260

du rail sont rendus solidaires au moyen de crapauds serrés par des boulons.

On peut donc reprocher à ce système, comme à beaucoup d'autres du même genre, la complication des attaches et l'emploi de pièces nombreuses et pesantes (7 kilogrammes par traverse).

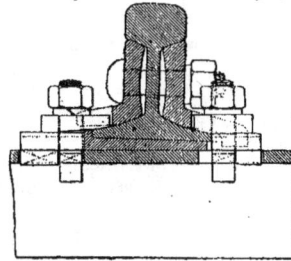

Coupe transversale

Fig. 210.

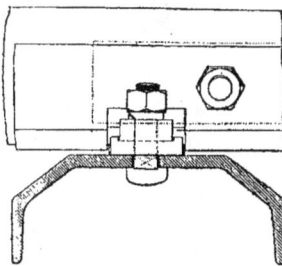

Coupe sur une traverse de joint

Fig. 211.

de largeur à la base, 0ᵐ,150 à la table supérieure et 0ᵐ,100 de hauteur. La table supérieure a 10 millimètres d'épaisseur sans renforcement.

L'inclinaison du rail est obtenue au moyen d'une selle très simple à talon (*fig.* 211). La traverse, la selle et le patin

289. *Traverses Livesey.* — On rencontre dans les colonies anglaises un type de traverse dû à M. Livesey, qui ressemble beaucoup aux cloches du même inventeur examinées précédemment (*fig.* 212).

Elles sont en tôle d'acier emboutie, et portent rivés un crampon de butée à l'extérieur de la voie et un crampon de maintien à l'intérieur. La fixité de l'attache est obtenue au moyen d'un coin en fer strié,

Traverse Livesey

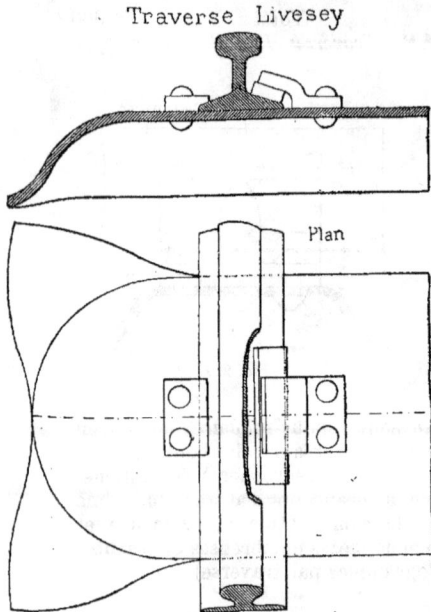

Plan

Fig. 212.

introduit entre le crampon de maintien et le patin du rail (*fig.* 212).

290. *Traverse Post.* — La traverse Post dérive du type Berg et Marche, avec cette différence que les angles en sont arrondis, et que les arêtes inférieures ont été renforcées par des bourrelets (*fig.* 213 à 222).

Coupe longitudinale de la traverse

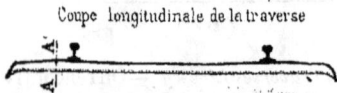

Fig. 213.

Elle a 2ᵐ,55 à 2ᵐ,60 de longueur, 0ᵐ,215 de largeur à la base, 0ᵐ,46 de largeur à la table supérieure et une hauteur variant entre 0ᵐ,064 et 0ᵐ,083. L'épaisseur de la

table est de 6 à 7 millimètres au milieu; elle atteint 9 millimètres sous le patin du rail.

Le rail est fixé à la traverse au moyen d'un crapaud et d'un boulon portant un collier excentré. On peut donc aisément faire varier l'écartement de la voie par la façon dont le boulon est placé dans les

Coupe de la traverse (suivant AA).

Fig. 214.

lumières ménagées sur la table supérieure de la traverse (*fig.* 215).

Son poids est de 50 kilogrammes.

La caractéristique de la traverse Post est son profil brisé à épaisseur variable obtenu immédiatement au laminoir. On donne ainsi au rail l'inclinaison au 1/20 en même temps qu'à son support une surépaisseur à l'endroit où elle est le plus

Coupe sur une traverse de joint

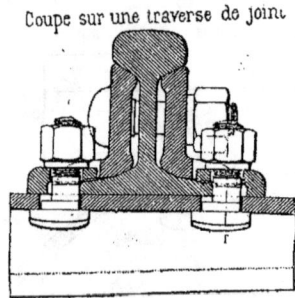

Fig. 215.

utile, c'est-à-dire sous le rail. M. Post supprime ainsi les courbures de traverses qui donnent au ballast une propension à fuir sur les côtés. Une disposition spéciale des laminoirs à l'usine de Hoerde, où se fabriquent ces traverses, a permis d'obtenir ce laminage particulier et très ingénieux.

Cette traverse est employée sur les

chemins de fer de l'Etat Néerlandais et dans les colonies hollandaises.

291. Les considérations qui ame-nèrent M. Post à imaginer son type de traverse sont les suivantes :

Les premières traverses métalliques

Fig. 216.

péchaient surtout par leur faiblesse; on était surtout préoccupé, bien à tort, dit M. Post, de leur donner un poids tel que leur prix de revient ne dépassât point celui des traverses en bois, et on arrivait ainsi à des poids de 25 à 30 kilogrammes tout à fait insuffisants.

La partie sur laquelle repose le patin

Fig. 217.

du rail était surtout affaiblie parce que :

1° Les cornières pour les attaches réduisent sensiblement la section;

2° Le poinçonnage rend l'acier cassant dans le voisinage du trou, surtout lorsqu'on emploie de l'acier dur;

3° Le patin du rail et les attaches s'incrustent à la longue dans la surface supérieure de la traverse;

4° En supposant un bourrage ration-

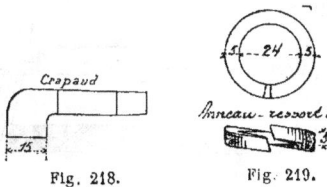

Fig. 218.   Fig. 219.

nel, le moment dû à la résistance du ballast est maximum à l'endroit de la charge;

5° Les chocs dus au passage des roues sont transmis à ces endroits directement sur les traverses;

6° Dans plusieurs systèmes de traverses, cette partie est fatiguée par la fabrication même et par les inflexions, courbures à froid, estampage à chaud, etc., nécessaires pour obtenir l'inclinaison au 1/20.

Tous ces défauts entraînent des flexions exagérées, des débourrages continus,

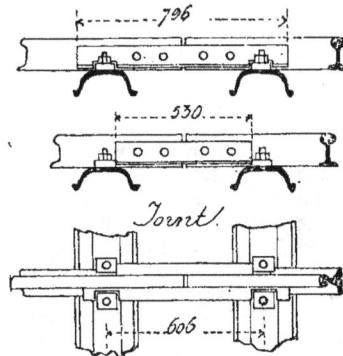

Fig. 220.

des cassures, etc. Ou bien, pour éviter ces inconvénients, on élève le poids des traverses jusqu'à 75 kilogrammes : elles donnent alors d'excellents résultats, mais leur prix élevé les rend peu pratiques.

La plupart des tentatives faites pour renforcer la traverse en ses endroits faibles au moyen de selles fixées par des rivets, boulons, crochets ou coins échouèrent parce que :

1° Ces accessoires plus compliqués augmentent le prix de la traverse ;

2° La solidarité entre le rail et sa traverse devient moins sûre que lorsque le patin repose directement sur cette dernière.

De là l'idée générale de M. Post de renforcer et d'incliner sa tablette au laminage même. Cela peut d'ailleurs se pratiquer aisément sur tous les types en auge renversée. En même temps il apportait un certain nombre de perfectionnements de détails, qui sont pour beaucoup dans le succès de son système.

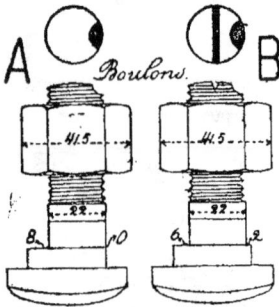

Fig. 221.

Ainsi, pour éviter les criques qui se produisent surtout au poinçonnage avec l'acier dur, on emploie de l'acier doux. Pour le même motif, les trous rectangulaires percés dans la traverse ont tous leurs angles arrondis par des petits congés qui sont naturellement reproduits sur la tête carrée du boulon d'attache. En outre, pour éviter une sorte de recuit, on a pris la coutume sur les chemins de fer néerlandais de poinçonner les traverses avant de chauffer les bouts pour les fermer.

292. Le système d'attache de M. Post est simple et sûr à la fois. Au lieu de supprimer les boulons, dont le desserrage des écrous est à redouter, il les conserve avec certaines précautions. Un crapaud

(*fig.* 218) perforé en regard du trou de la traverse laisse passer le boulon à tête carrée dont l'écrou est serré à fond sur une rondelle-ressort (*fig.* 219). Ce crapaud saisit le patin du rail et le fixe énergiquement sur la traverse.

Le glissement longitudinal des rails est obtenu par l'adjonction sur les deux tra-

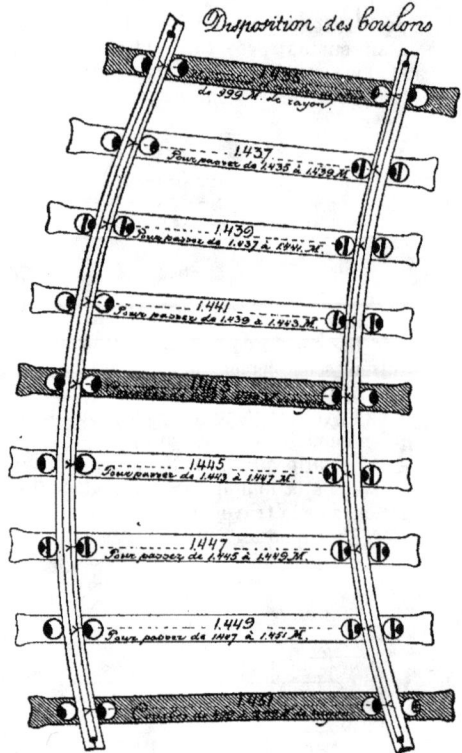

Fig. 222.

verses voisines du joint, qui est en porteà-faux, de crapauds qui viennent buter contre ces éclisses.

L'éclisse de joint ordinaire a 0m,530 de longueur (*fig.* 220). La distance d'axe en axe des traverses de joint est de 0m,606.

Pour les fortes pentes et les courbes de faible rayon, on emploie des éclisses plus longues, de 0ᵐ,796, dans lesquelles les crapauds pénètrent au moyen d'encoches.

Le surécartement dans les courbes est obtenu par l'usage de deux types différents de boulons excentrés dont la combinaison et le rapprochement aux extrémités d'une même traverse, en reculant ou rapprochant un peu le rail vers le centre, donne l'écartement voulu entre les rails de la voie.

Ces boulons sont de deux types différents (*fig.* 221), et on les distingue l'un de l'autre par des marques faites en bout sur la tige ; le boulon A est muni d'une petite entaille latérale ; le boulon B, d'une entaille analogue à la précédente et d'une autre diamétrale.

Dans les alignements et courbes il n'y a que trois écartements différents : 1ᵐ,435, 1ᵐ,443 et 1ᵐ,451. Ces cotes s'obtiennent avec des boulons du type A dont toutes les traverses sont munies d'avance. Les boulons B ne servent qu'à passer d'un de ces écartements à un autre, au commencement ou à la fin d'une courbe de rayon inférieur à 1 000 mètres (*fig.* 222). Ils arrivent sur le chantier dans des caisses. La différence d'écartement sur deux traverses consécutives ne doit jamais dépasser 2 millimètres.

293. M. Post recommande un bourrage provisoire du ballast qui donne à la voie la hauteur voulue ; on dresse ensuite

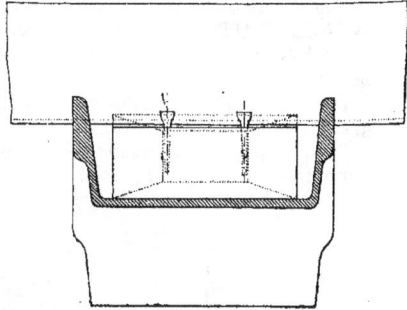

Fig. 223.

la voie et on procède au bourrage définitif ; le creux de la traverse doit être bien rempli de ballast, et celui-ci ne doit pas être compact au milieu de la traverse ; mais sous le patin du rail, au contraire,

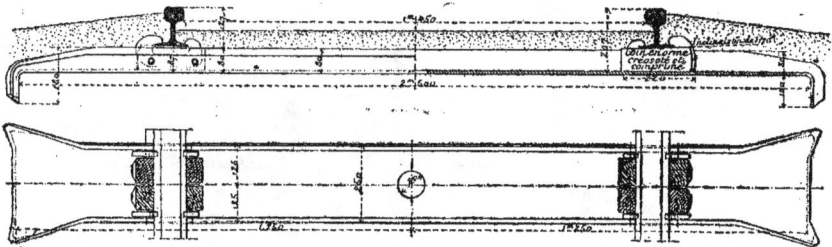

Fig. 224 et 225.

il devra être tassé aussi énergiquement que possible.

Il faut d'ailleurs refaire ce bourrage fréquemment pendant les premiers mois de l'entretien et toujours spécialement à l'endroit où repose le rail. La traverse métallique ne possède en effet son entière stabilité que lorsque le prisme creux intérieur est bien rempli de ballast bien tassé.

294. *Traverse de l'Est français.* — Des essais ont été faits au chemin de fer de l'Est sur une traverse en ∪ placée sur le dos à plat et à ailes renforcées. Les extrémités de la traverse sont recourbées vers le bas afin d'éviter les mouvements latéraux. Les ailes sont entaillées pour laisser le passage du rail. Celui-ci repose sur la traverse par l'intermédiaire d'un bloc de bois comprimé (*fig.* 223) dans lequel pénètrent des tirefonds.

Cette entaille des ailes du fer en ∪ est

un des points faibles du système, car le moment d'inertie dans cette section est sensiblement diminué, et la traverse est affaiblie précisément dans une région où elle aurait plutôt besoin d'être renforcée.

L'assemblage du bois et du fer n'est pas non plus une bonne chose, et avec les systèmes d'attaches actuellement connus cette interposition ne paraît pas indispensable.

La traverse est lourde et pèse 72 kilogrammes.

295. *Traverse Guillaume.* — M. Guillaume, ingénieur du matériel fixe de la

Compagnie des chemins de fer de l'Est, a perfectionné ce type et imaginé une traverse analogue essayée sur ce réseau et basée également sur l'emploi du fer en **U**.

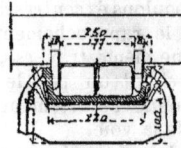

Fig. 226.

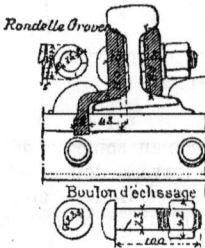

Fig. 227.

Fig. 228.

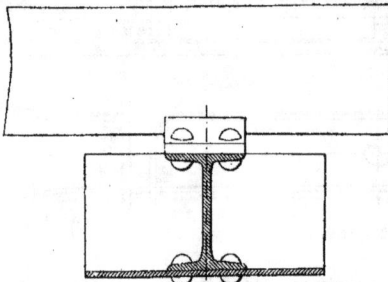

Fig. 229.

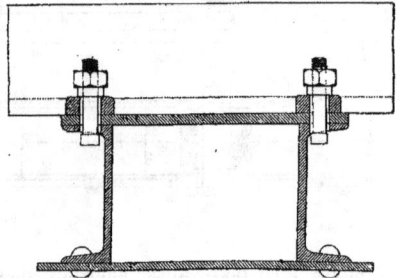

Fig. 230.

Ce fer est posé directement le fond à plat sur le ballast, la traverse entièrement noyée dans celui-ci. Les deux extrémités sont évasées et rabattues verticalement de manière à s'opposer au mouvement latéral de la voie (*fig.* 224 à 228).

Le rail est fixé au moyen de crapauds passant sous le patin et se rabattant sur celui-ci des deux côtés du rail. Ces crapauds, au nombre de deux par rail et de quatre par traverse, sont rigoureusement serrés contre les parois verticales de l'**U** au moyen de coins en orme créosoté (un par crapaud) appliqués contre les crapauds et serrés l'un contre l'autre.

Ces coins, fabriqués en Angleterre, en

orme créosoté et comprimé, ont donné un meilleur service que ceux en chêne non comprimé employés primitivement.

Deux boulons horizontaux opèrent ensuite le serrage de la traverse, des crapauds et des coins en bois.

Nous avons dit précédemment que nous n'étions pas partisan de cette immixtion du bois.

Les crapauds pèsent chacun 1ᵏ,85, soit 7ᵏ,4 pour les quatre pièces d'une traverse.

Le rail du poids de 30 kilogrammes présente 12 mètres de longueur et des joints chevauchés; il repose sur seize traverses

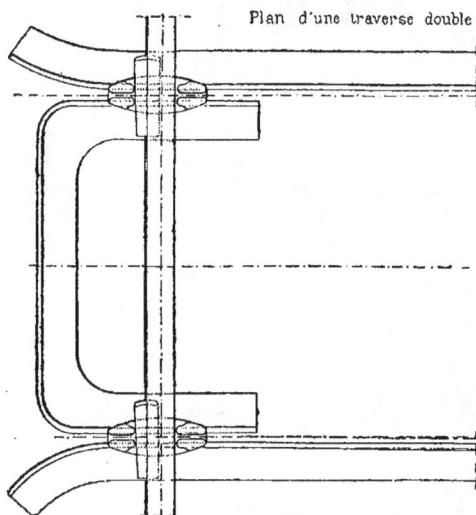

Plan d'une traverse double

Fig. 231.

espacées de 0ᵐ,77, sauf aux joints où cet intervalle est réduit à 0ᵐ,60.

Le mouvement longitudinal du rail est évité au moyen d'une éclisse pendante, c'est-à-dire que l'éclisse intérieure à la voie, après avoir épousé le patin du rail, présente une queue verticale qui vient buter contre les traverses voisines du joint.

Le fer en U de la traverse a pour dimensions courantes 220 × 70 × 10 et pèse 28 kilogrammes le mètre courant.

296. *Traverse Séverac.* — L'emploi du fer à I si répandu aujourd'hui dans la construction métallique suggéra à M. Séverac un type de traverse qui fut mis à l'essai par la Compagnie du Nord.

C'est donc un fer à I sur la semelle inférieure duquel est rivée une plate-bande trois fois plus large que la semelle (*fig.*229).

Cette plate-bande est relevée verticalement aux extrémités de la traverse de manière à s'opposer aux mouvements latéraux. La traverse est entièrement noyée dans le ballast.

Le rail repose sur la semelle supérieure par l'intermédiaire d'une selle rivée sur cette semelle. Le patin du rail s'engage dans deux gorges ménagées dans la selle. L'attache est constituée par un coin serré entre l'une des gorges et le patin du rail. Le poids est d'environ 57 kilogrammes.

297. *Traverse Bernard.* — Ici ce sont deux fers en U placés verticalement et

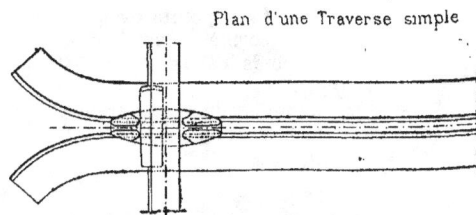

Plan d'une Traverse simple

Fig. 232.

reliés entre eux, sur 2/5 environ de leur longueur, par une tôle servant de base (*fig.* 230).

Le rail est posé sur une autre plaque reliant les deux fers et formant selle ; avec la plaque de tôle inférieure, l'ensemble dans cette région forme un caisson.

Le système d'attache est formé de crapauds serrés par les boulons qui fixent la selle sur les fers en U. Les extrémités de la traverse sont fermées.

L'ensemble est naturellement assez pesant ; une semblable traverse pèse en effet 98 kilogrammes.

Mais, comme le rail trouve deux points d'appui, écartés d'environ 0ᵐ,27, on pourrait diminuer d'un tiers le nombre des traverses par rail. Ces traverses sont à l'essai sur les lignes du Luxembourg Belge.

298. *Traverse Paulet et Lavalette.* — Ce système de traverses a été mis en expérience sur les chemins de fer de l'Etat français entre Tours et Niort.

Elles sont appropriées à l'emploi du rail à double champignon.

Chaque traverse est formée de deux cornières jumelles entre lesquelles sont rivés les coussinets en fonte destinés à supporter le rail.

Dans le type simple du poids de 75 kilogrammes, les cornières conjuguées se suivent sur toute la longueur de la traverse (*fig.* 231).

Dans le type double, elles forment un cadre, dont chaque côté est formé par

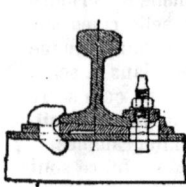

Fig. 233.

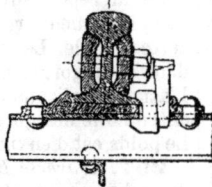

Fig. 234.

une cornière, sauf aux points d'appui du rail où les deux cornières voisines sont jumelles. Le poids s'élève à 136 kilogrammes (*fig.* 232).

Le cadre, au milieu duquel se trouve le joint en porte-à-faux, en un mot, la traverse de joint, pèse 131^k,5.

299. *Essais à la Compagnie de Lyon.* — De 1864 à 1878, le chemin de fer de Paris-Lyon-Méditerranée tenta des essais de traverses métalliques qui portèrent sur quatre types : Menans, P.-L.-M.-A., P.-L.-M.-B. et Brunon.

Le type Menans fut essayé de 1864 à

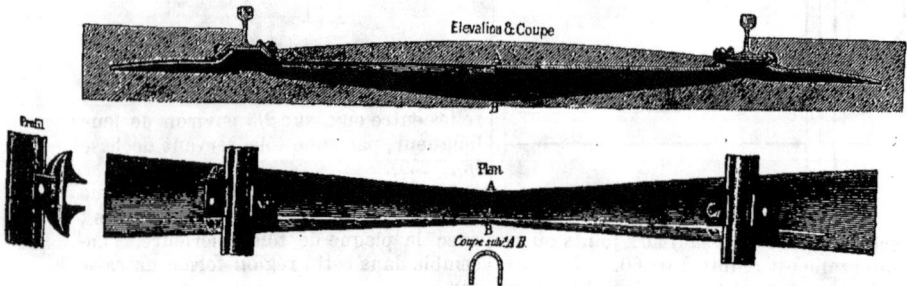

Fig. 235 et 236.

1872, sur 800 mètres de longueur, entre Byans et Tapes. Le type P.-L.-M.-A., qui lui ressemble beaucoup, fut appliqué de 1867 à 1869 entre Maisons-Alfort et Villeneuve-Saint-Georges et entre Malains et Velars (*fig.* 233).

On n'eut pas lieu d'être satisfait des résultats : les attaches prenaient du jour, les traverses se fendaient dans l'angle au droit des rivets d'attache de la selle, et

les traverses de joint se cassaient au-dessus de la cornière destinée à donner de la tenue à la traverse.

Le type P.-L.-M.-B. ne diffère du précédent que par les attaches du rail (*fig.* 234). Il fut essayé sur la ligne de Grasse de 1871 à 1872, sans plus de succès ; les traverses péchaient toujours par le manque de rigidité des attaches.

300. *Traverse Brunon.* — Enfin les

forges de Brunon à Rive-de-Giers (Loire) réussirent à obtenir de la Compagnie un essai de leur type spécial en forme de cloche évasée (*fig.* 235 à 240).

Ces traverses sont en acier plat embouti à la presse hydraulique. Le rail est fixé par deux taquets, un de maintien, un de

sait que cela n'est pas sans présenter quelques inconvénients au point de vue de la stabilité de la voie.

Pour les traverses de joint, les taquets se prolongent le long du corps du rail et forment éclisse (*fig.* 240) ; il y a alors deux boulons courbes.

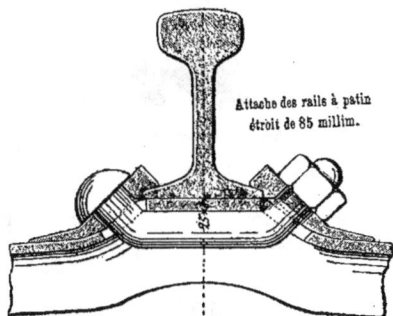

Attache des rails à patin étroit de 85 millim.

Fig. 237.

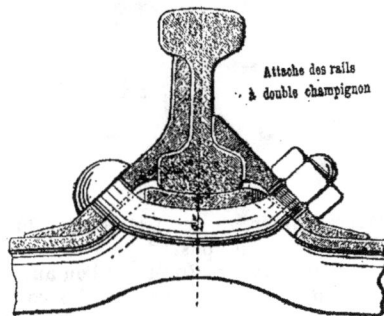

Attache des rails à double champignon

Fig. 239.

serrage, reliés entre eux au moyen d'un boulon coudé qui passe sous la traverse, entre et ressort par des ouvertures spéciales ménagées à cet effet (*fig.* 237 à 239).

Enfin on peut approprier la traverse au rail à double champignon en donnant à la table supérieure une forme légèrement concave, et employant des taquets- attach

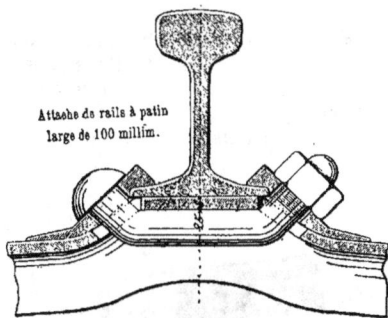

Attache des rails à patin large de 100 millim.

Fig. 238.

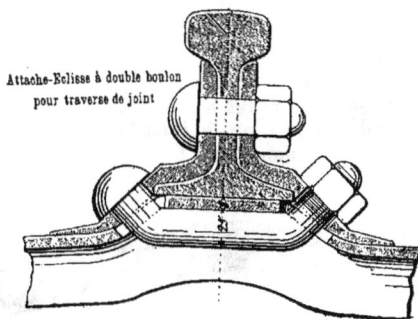

Attache-Éclisse à double boulon pour traverse de joint

Fig. 240.

Le poids total de la traverse armée est de 32 kilogrammes, savoir :

Traverse proprement dite. . .	27 kil.
2 boulons.	2
4 taquets.	3
Total.	32 kil.

C'est donc une traverse légère, et l'on

dont l'un se rabat sur le champignon inférieur, tandis que l'autre se moule tout le long du corps du rail jusqu'au-dessous du champignon supérieur (*fig.* 239).

Le prix d'une de ces traverses est de 10 francs.

Au bout de peu de temps, de nombreuses

ruptures se manifestèrent sous la portée du rail, ce qui empêcha l'essai de s'étendre.

301. *Traverse Boyenval et Ponsard.* — Les chemins de fer de l'État ont mis, il y a quelques années, à l'essai un type de

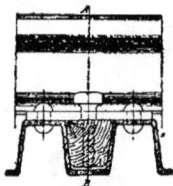
Fig. 241.

traverse différent des précédents, dû à MM. Boyenval et Ponsard.

Ce sont deux fers Zorès que l'on aurait soudés et juxtaposés par l'un des bords de leurs bases. Sur la double plate-forme

Fig. 242.

supérieure ainsi constituée sont rivées à l'écartement de la voie deux plaques d'inclinaison servant à recevoir le patin du rail Vignole ou le coussinet du rail à double champignon. Dans ce dernier cas

l'inclinaison des selles est inutile, puisque c'est le coussinet qui la donne au rail. Ces plaques sont percées aux endroits voulus de deux trous servant au passage des attaches (*fig.* 241 à 243).

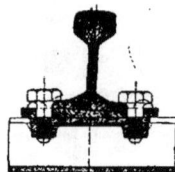
Fig. 243.

La forme cannelée permet d'employer tous les modes de fixation connus des

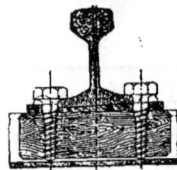
Fig. 244.

rails sur les traverses : crapauds, crampons, boulons, clavettes, etc. Dans la pensée d'éviter les inconvénients inhérents à ces divers systèmes, savoir : le desserrage et les ferraillements qui en résultent, les

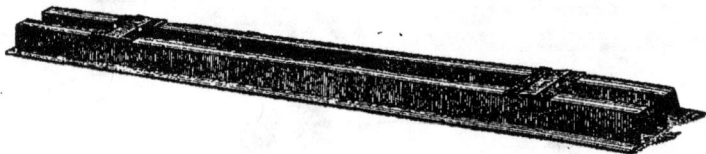
Fig. 245.

inventeurs ont adopté deux attaches qu'ils ont crues plus simples et plus sûres.

La première est une attache purement métallique (*fig.* 243) composée de deux boulons prisonniers qui se vissent dans une plaque-écrou placée sous la platine supportant le rail ; le patin du rail est serré

sur la traverse par les têtes de ces boulons.

La plaque-écrou porte des surépaisseurs aux endroits où les boulons la traversent, et de plus elle présente une forme cintrée de manière à former un ressort vigoureux qui est tendu par le serrage des boulons.

Le ressort maintient le serrage si les boulons ont des dispositions à tourner.

Le second procédé est basé sur l'emploi de tirefonds enfoncés dans un coin en bois de 0ᵐ,25 à 0ᵐ,30 de long, fixé à l'avance dans la rigole centrale que laissent entre eux les deux fers Zorès de la traverse (*fig.* 244).

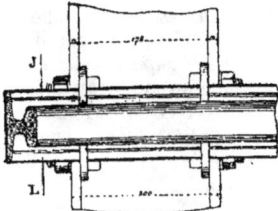

Fig. 246.

On fixerait de la même manière le coussinet du rail à double champignon.

Le poids de cette traverse est d'environ 50 kilogrammes.

302. Il est incontestable que ce type, qui est en acier comme toutes les autres aujourd'hui, est un peu compliqué de fabrication ; cependant, grâce aux progrès de nos forges, on arrive à le laminer couramment, ce qui n'eût pas été possible il y a quelques années, surtout avec le fer, composé de mises réunies en paquet et

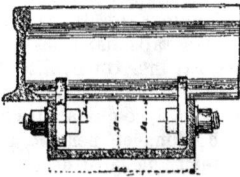

Fig. 247.

toujours difficiles à bien souder. L'insuccès des premières traverses métalliques, des traverses Vautherin en particulier, est dû en grande partie à cet inconvénient actuellement fortement atténué.

Les inventeurs ont cherché une grande résistance à la flexion et une large assiette horizontale sous un poids modéré ne dé-

passant pas celui des autres systèmes de traverses.

D'un autre côté, l'adjonction du bois et du fer est toujours une chose à éviter, ce voisinage étant néfaste aux deux. Le coin de bois n'est pas exposé à se fendre, comme les traverses en bois, au droit des tirefonds, puisqu'il est complètement encastré dans le fer, mais il pourrit, et d'autant

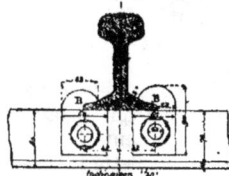

Fig. 248.

plus vite qu'il est renfermé dans une auge en fer dans laquelle l'eau peut parfaitement séjourner. La pourriture du bois entraîne en même temps une oxydation rapide du fer voisin. L'expérience dira si nous nous trompons ; dans tous les cas, il sera prudent d'employer pour ces coins d'excellent bois résistant de longues années à la décomposition ; et encore,

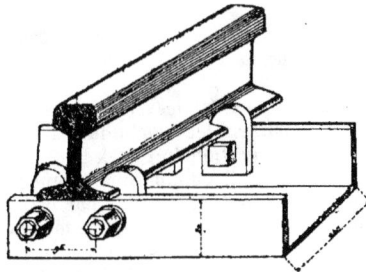

Fig. 249.

dans les pays chauds, il faudra quand même revenir au premier système d'attache, les prisonniers avec platine-écrou sous la traverse.

Lorsqu'on emploie le rail à double champignon, on fixe à la traverse des coussinets en acier rivés, ou des coussinets en fonte boulonnés.

Le coussinet en acier se fabrique aujourd'hui couramment au laminoir en longues pièces, que l'on scie ensuite à chaud à la longueur voulue.

Le coussinet en fonte ressemble à tous ses congénères avec une semelle un peu plus large, et on le fixe sur la traverse au moyen de quatre boulons munis d'écrous indesserrables fendus sur un plan diamétral De plus l'assemblage sur les traverses est fait de manière à éviter le ferraillement qui déterminerait le cisaillement des boulons, l'élargissement des trous et la perte de la traverse.

Pour cela, les coussinets portent venus de fonte, des ergots qui s'engagent sous la traverse en passant dans des trous ménagés dans la tablette supérieure ; les boulons n'ont donc qu'à remplir leur mission, qui est uniquement d'opérer le serrage.

Enfin le bourrage n'est pas très facile, et les inventeurs recommandent de remplir les deux fer Zorès de pierres cassées, quelle que soit la nature du ballast.

On a toujours cherché dans les traverses métalliques à éviter l'inconvénient du bois, et dans cette traverse c'est précisément le bois qui est la base de l'attache.

Le prix de cette traverse est de 7ᶠ,50.

303. *Traverse Cantero.* — Une traverse présentant quelques analogies avec la précédente a été essayée sur la ligne de Médina del Campo à Zamora avec succès. Elle est due à M. l'ingénieur Cantero (*fig.* 246 à 250).

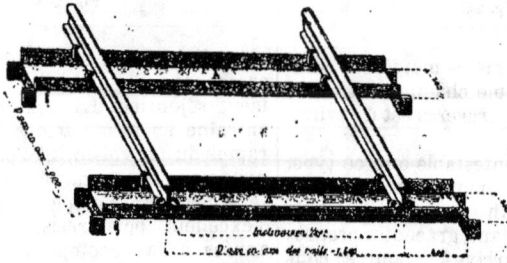

Fig. 250.

C'est encore un fer en **U** posé à plat sur son fond et aux extrémités rabattues verticalement.

Des mâchoires spéciales composées de fer plat recourbées à leur partie supérieure se prêtent à la fixation du rail à patin ou du coussinet du rail à double champignon. Ces mâchoires sont fixées deux par deux sur les parois verticales du fer au moyen de boulons : il y en a quatre par rail, deux de chaque côté, et huit par traverses.

On obtient l'inclinaison du rail soit par une inflexion préalable de la traverse en deux parties convergeant vers l'axe de la voie, soit en entaillant convenablement les ailes du profil, soit enfin en interposant entre le rail et la traverse une semelle à face supérieure présentant l'inclinaison voulue.

Les trous percés dans les traverses pour la fixation des mâchoires sont ovalisés dans le sens horizontal. Cela permet l'entrée des boulons et le réglage de l'écartement des rails dans les courbes suivant leurs rayons. On ovalise également les trous des mâchoires elles-mêmes dans le sens vertical, ce qui facilite encore l'entrée des boulons et permet, par un coup de marteau, de faire descendre la mâchoire jusqu'à ce que son niveau supérieur s'applique fortement contre le patin du rail avant le serrage à fond de l'écrou du boulon.

Le poids de la traverse est de 70 à 75 kilogrammes ; son prix, de 12 francs avec les mâchoires et les boulons.

304. *Traverse Hallopeau.* — La Compagnie Paris-Lyon-Méditerranée a mis à l'essai un autre type de traverse métallique, dû à M. l'ingénieur Hallopeau. Elle se compose encore d'un fer en U, plus haut que large, mais renversé et dont les bords tranchants pénètrent dans le ballast. Les extrémités sont recourbées pour éviter le mouvement transversal.

Sur la plate-forme sont rivées quatre brides recourbées en fer plat servant à l'attache des rails, qui est obtenue au moyen d'un coin en bois comprimé et durci, enfoncé à force sous le patin du rail et passant sous deux brides voisines. Le rail repose sur ce coin par l'intermédiaire de deux demi-selles en fer ou en acier, dont le talon replié vient serrer le patin. L'inclinaison au 1/20 est obtenue au moyen d'une pente correspondante donnée au coin. Il suffit d'enfoncer les deux coins à refus pour fixer solidement le rail à la traverse.

Au bout de quelque temps, la voie a pris son assiette définitive; on peut alors la consolider au moyen de tirefonds traversant les brides, le resserrage des coins n'étant plus nécessaire que de loin en loin.

La traverse, y compris les selles, les brides d'attache et les accessoires, pèse environ 100 kilogrammes.

305. *Traverse de la Compagnie de l'Ouest.* — La préoccupation de M. Clerc, directeur des travaux de la Compagnie de l'Ouest, a été d'augmenter la résistance aux chocs transversaux qui tendent à déformer la voie sur les lignes parcourues à grande vitesse, puis de supprimer les attaches ordinaires formées de clavettes, boulons ou rivets qui ne sont jamais d'une sécurité absolue.

Cela posé, la traverse adoptée a la forme d'un U renversé en acier, de 0m,20 de largeur, 0m,08 de hauteur et 2m,50 de longueur. Elle est disposée pour recevoir le rail à double champignon en usage sur les grandes lignes de l'Ouest; ces dispositions pourraient d'ailleurs être aussi bien appliquées avec le rail à patin.

A l'emplacement du rail, on fait couler sur la traverse elle-même des coussinets en fonte qui sont prolongés de manière à envelopper toute la section de la traverse, sur une largeur de 10 centimètres. De plus, des trous ou des encoches sont pra-

tiqués dans les parois verticales du profil et se remplissent de fonte en faisant corps avec le coussinet; ce dernier se trouve alors fixé d'une manière invariable sur la traverse.

La résistance aux efforts transversaux serait, paraît-il, sept fois plus considérable que celle des traverses métalliques ordinaires, de même surface, et deux fois plus forte que celle de la traverse en bois.

Le rail repose, en outre, dans le coussinet sur une surface deux fois et demie plus grande que celle qu'il rencontre dans les coussinets ordinaires. Le prix de revient est de 14 francs, mais il n'y a rien à ajouter pour attaches et supports.

La Compagnie de l'Ouest, après deux ans d'essais qui lui ont paru satisfaisants, a commandé cinq mille de ces traverses, qu'il sera intéressant d'examiner dans quelques années quand elles auront fait leurs preuves.

306. *Traverse Moeser et Mockel.* — C'est une des rares traverses métalliques américaines, et c'est pourquoi nous la citons, quoique nous possédions fort peu de renseignements sur son compte.

Les inventeurs, MM. Moeser et Mockel, d'Ashland (Wisconsin), lui ont donné la forme du fer à simple T. Elle porte deux coussinets boulonnés, sur lesquels les patins des rails reposent simplement et sont tenus par des crampons spéciaux traversant à la fois le coussinet et la traverse.

Une particularité du système consiste dans l'emploi de petites contre-fiches, partant de l'extrémité de la traverse et venant aboutir sous le champignon du rail, de manière à maintenir l'invariabilité de la voie.

307. *Traverse Whipple.* — C'est encore une traverse américaine. L'auteur a cherché à lui donner surtout de l'élasticité, qualité que ne possède pas toujours suffisamment ce genre de traverses.

Elle a la forme générale d'un double T composé de deux semelles horizontales reliées par deux tôles concaves adossées, rivées entre elles au point de contact. Les bords des semelles sont repliés de manière à venir pincer les bords de ces tôles, et le tout est serré par une rangée de rivets. On peut encore augmenter l'élasticité du système en supprimant la semelle inférieure.

M. Whipple a encore imaginé plusieurs variantes en conservant le principe fondamental de son invention, lequel consiste à donner à l'âme de la traverse une forme courbe favorable à l'élasticité.

Nous ne connaissons point d'application de ce système qui aurait besoin de faire ses preuves, avant que l'on puisse porter utilement un jugement sur son compte.

Essais comparatifs de traverses métalliques.

308. Voici les résultats d'essais à la compression effectués, il y a quelques années, par la Compagnie d'Anzin sur des traverses métalliques des types Boyenval et Ponsard, Post, Hilf et Berg et Marche.

Les traverses étaient posées à plat sur une aire métallique; elles recevaient l'effort d'une presse hydraulique par l'intermédiaire d'une plaque de fer de 700 millimètres de largeur posée sur la platine rivée à la place occupée normalement par le rail.

309. 1° *Traverse Boyenval et Ponsard.* — Le type cannelé de 22 kilogrammes le mètre courant a pu supporter, pendant plusieurs minutes et sans déformation, une charge permanente de 72 000 kilogrammes. Il a été impossible de pousser plus loin l'essai et d'aller jusqu'à l'écrasement, faute de puissance des appareils compresseurs.

La même, un peu plus faible, du poids de 15 kilogrammes le mètre, a donné les résultats suivants :

Essai sur le corps de la traverse sans platines rivées :

Limite d'élasticité. . . . . 45 000 kil.
Ecrasement. 55 000

Essai sur la même avec platines rivées :

Limite d'élasticité. . . . . 55 000 kil.
Déformation 60 000

On comprend, en effet, que la forme cannelée soit bien faite pour résister énergiquement aux efforts de compression.

Mais on sait que ce ne sont pas les seuls à vaincre.

310. 2° *La traverse Post*, de 20 kilogrammes le mètre courant s'est complètement écrasée sous une charge qui a varié, suivant les essais, de 15 000 à 18 000 kilogrammes.

311. 3° *Celle de Berg et Marche* de 22^k,30 s'est déformée sous une charge de 5 000 à 6 000 kilogrammes, et l'écrasement s'est produit sous une charge de 12 000 kilogrammes.

Ballast et accessoires avec les traverses métalliques.

312. *Ballast.* — Une des conditions de succès des traverses métalliques est l'excellente qualité du ballast. La pierre cassée paraît être ce qui convient le mieux comme on l'a constaté en Angleterre sur des voies Mac Donnell, posées sur ces matériaux et sur gravier.

Un ballast composé de mâchefers et de cendres de houille a été également utilisé en Angleterre avec la traverse Webb de 82 kilogrammes. La voie s'y tenait bien, mais on dut y renoncer; au bout de trois ans, les traverses avaient perdu 18 kilogrammes par suite de l'oxydation due à l'action de l'humidité sur les matières riches en sulfure qui les entouraient.

La principale condition est que le ballast soit bien drainé et bien asséché afin que l'eau puisse le traverser rapidement sans y séjourner.

313. En Belgique, on emploie souvent des scories de haut fourneau cassées à l'anneau de 0^m,05.

Dans l'origine, pour rendre la surface du ballast plus unie, on répandait les parties les plus fines à la superficie. Mais la poussière soulevée au passage des trains s'introduisait dans les coussinets et causait de fréquents accidents. On renonça à employer les parties fines.

M. Jungbecker estime que le ballast qui a donné les meilleurs résultats sur la ligne de Berg et Marche, est la pierre cassée à l'anneau de 3 à 4 centimètres. Le gros gravier et les cailloux roulés de grès ou de quartz sont également bons. Il faut se dispenser d'employer des débris schisteux ou argileux.

314. L'expérience du chemin de fer de l'Est, faite sur des lignes à grande circulation et à grande vitesse, a montré cependant que la stabilité des traverses métalliques peut être obtenue au moyen d'un ballast approprié, qui ne soit pas de la pierre cassée. Le meilleur ballast dans ce cas serait composé de gravier renfermant un peu d'argile qui facilite son agglomération. Le défaut de masse de la traverse est bientôt remplacé alors par un bloc central remplissant le creux du support, faisant corps avec le métal et qui reçoit et transmet les pressions.

315. *Utilité d'un bon éclissage.* — Un éclissage soigné est particulièrement indispensable avec les voies métalliques, parce qu'il évite les chocs au passage du joint et accroît la durée du métal. Aussi ne faut-il pas négliger cette cause de succès, aujourd'hui surtout que l'emploi des rails de 10 et 12 mètres a diminué d'une façon importante le nombre des joints. On a spécialement soigné ce côté de la question en Allemagne où les traverses métalliques ont pris le plus de développement. Les éclisses y sont longues et fortes ; quelques-unes embrassent le rail presque sur tout son contour. D'autres embrassent, à l'extérieur de la voie, le champignon du rail jusqu'au niveau du plan de roulement.

Les éclisses-cornières en Allemagne pèsent souvent jusqu'à 20 kilogrammes la paire, soit le double de ce que pèse en France la paire d'éclisses ordinaires.

316. *Utilité de fermer l'extrémité des traverses.* — La traverse métallique a besoin d'être fermée aux extrémités afin d'éviter le déplacement transversal de la voie ou ripage, et le défaut de bourrage.

Cette fermeture permet en effet d'emprisonner dans le corps de la traverse un noyau de ballast qui est intéressé tout entier à la stabilité de la voie. Les déplacements sont alors évités non seulement par le frottement de la traverse contre le ballast dans lequel elle est noyée, mais aussi et surtout par le frottement de ce noyau sur la couche inférieure du ballast.

En outre, cette fermeture maintient le bourrage, le ballast ayant sans cela tendance à s'échapper en dehors de la traverse lorsque celle-ci fléchit sous le passage des trains. Lorsqu'on enlève une traverse fermée depuis longtemps en service, on constate qu'elle renferme un noyau composé de ballast qui supportait bien réellement la voie.

ÉTAT ACTUEL DES VOIES MÉTALLIQUES

Traverses métalliques en Angleterre.

317. Les traverses métalliques n'ont guère été employées dans la Grande-Bretagne qu'à titre d'essai sur le North Eastern et le Midland et sur des sections de peu de longueur.

La Compagnie du London and North-Western, qui avait fait poser des traverses d'acier sur une longueur de 10 mètres en mars et avril 1883, et qui depuis cette époque avait fait également quelques autres essais du même genre, a décidé en 1886 le remplacement des traverses en bois par des traverses en acier sur toute l'étendue de son réseau, qui est de 1 800 milles.

Ces traverses, qui étaient au début en fer puddlé, sont aujourd'hui en acier Bessemer non déphosphoré ; le profil est du type Vautherin avec table supérieure très large et tables inférieures très étroites. La traverse pèse un peu plus de 61 kilogrammes ; quoiqu'elle ne soit pas fermée à ses extrémités, elle ne ripe pas, et la voie se tient bien.

En somme, l'essai paraît avoir réussi. La main-d'œuvre d'entretien qui, pendant les premières années, exigeait une dépense plus considérable (dans le rapport de 5 à 3) que l'entretien de la voie sur traverses en bois, a diminué peu à peu à mesure que les ouvriers ont été plus habitués au nouveau type, et aujourd'hui elle serait sensiblement la même.

Ces traverses sont parmi les rares employées avec le rail à double champignon, et elles offrent un intérêt spécial à cause du grand nombre et de la rapidité des trains qui y circulent ; sur une des sections en expérience, les trains, au nombre de vingt-quatre par jour, marchent le plus souvent à la vitesse de 96 kilomètres à l'heure, et les trains de marchandises sont extrêmement nombreux. Or ces derniers ont des bandages usés qui occasionnent de nombreux chocs.

La bonne tenue de la voie dans ces conditions exceptionnelles, dit M. Bricka, est de nature à lever tous les doutes que la différence de vitesse entre les trains français et les trains allemands, hollandais et suisses, pouvait faire concevoir au sujet de l'application, dans notre pays, des résultats constatés à l'Étranger.

318. Les traverses posées en 1885 sur le North Eastern ont $2^m,70$ de longueur, $0^m,20$ de largeur en crête, 12 millimètres d'épaisseur. Les coussinets sont aussi en acier et rivés à la traverse au moyen de rivets en acier.

On les examina en 1886 après un séjour de dix-neuf mois dans le ballast. Elles ne présentaient aucune trace de corrosion ; la surface de dessous seule présentait de très légères traces d'altération. La rivure était intacte, malgré la fatigue de la ligne.

L'opinion de l'ingénieur est que ces traverses peuvent durer de vingt à vingt-cinq ans, tandis que la durée des anciennes traverses en bois ne dépassait jamais douze à quatorze ans. Quoique coûtant deux fois moins, et plus faciles à poser, ces dernières traverses, en somme, paraissent moins avantageuses.

319. Il faut remarquer cependant que les ingénieurs anglais délégués au Congrès de Bruxelles (1885) ne voulurent pas se prononcer sur la question suivante, qui fut résolue affirmativement par la majorité : « La Section est-elle d'avis que, au point de vue technique, la voie sur les traverses métalliques suffisamment fortes peut être recommandée pour les lignes principales à grande fatigue ? »

M. Fairbairn répondit : « Je n'ai pas pris part au vote parce qu'il m'est impossible de me prononcer sur cette question. Nous n'avons pas encore en Angleterre expérimenté suffisamment les voies entièrement métalliques pour que nous puissions dire

si, même dans l'avenir, les traverses métalliques pourront remplacer les traverses en bois, si elles pourront convenir dans toutes les conditions. »

320. Il faut dire, d'ailleurs, qu'en Angleterre le bois abonde, venant à très bon compte des forêts de la Baltique. C'est pourquoi la question des traverses métalliques y est moins avancée que partout ailleurs, malgré la puissance sidérurgique de ce pays. Cela est d'autant plus à remarquer que l'on fabrique en Angleterre des quantités énormes de traverses destinées à l'exportation. Les usines Thomas du Cleveland en produisent des stocks considérables pour voies Vignole, à profils constants ou variables et attaches simples venues de métal, pour tous les pays exotiques : colonies anglaises, Inde, Afrique, Australie, Amérique du Sud, etc.

En somme, c'est en Angleterre que la question des traverses métalliques est actuellement le moins avancée.

Traverses métalliques en Allemagne.

321. En Allemagne on a adopté différents systèmes. On y compte environ 9 000 kilomètres de voie à superstructure entièrement métallique, dont un peu plus de la moitié de traverses en acier, et le reste en rails posés sur longrines. C'est surtout depuis l'adoption de l'acier doux, qui n'est guère plus cassant que le fer, que de semblables résultats ont été obtenus.

On y emploie néanmoins encore le bois à cause de l'économie de premier établissement et ensuite parce que le Gouvernement allemand veut conserver un débouché pour ses forêts domaniales.

L'Allemagne nous l'avons dit, est le pays où la voie métallique a fait les plus grands progrès. La lutte s'est continuée longtemps entre la longrine et la traverse ; mais aujourd'hui on paraît s'être définitivement fixé, et la longrine est abandonnée. On en rencontre beaucoup sur les anciennes lignes, comme le montre le tableau suivant :

1° Cologne (rive droite du Rhin). .   traverses
2° Cologne (rive gauche du Rhin).   longrines et traverses

3° Elberfeld . .   traverses
4° Hanovre. . .   longrines et traverses
5° Berlin . . . .   longrines
6° Bromberg . .   longrines et traverses
7° Breslau . . .   —
8° Erfurt . . . .   —
9° Francfort-sur-
le-Mein . . . . . .   traverses
10°Magdebourg. longrines et traverses

Les deux profils de traverses auxquels on donne la préférence et qui sont employés presque sur toutes les lignes sont celui d'Haarmann à chapeau et celui d'Elberfeld ; le poids de la traverse varie de 45 à 52 kilogrammes (16^f,08 à 20^f,05 le mètre courant).

Les traverses sont fermées à leur extrémité soit par le recourbement même de la pièce, soit par la rivure d'une pièce supplémentaire.

L'inclinaison au 1/20 est obtenue par l'interposition entre le rail et la traverse de plaques additionnelles en fer forgé du type Haarmann ou Lichtammer.

Les rails sont fixés aux traverses au moyen des deux systèmes suivants :

1° Le système par clavette d'Elberfeld, qui n'est plus employé que dans cette Compagnie, et qui est dangereux à cause de la facilité avec laquelle on peut démonter la voie ;

2° Le système par crapauds et boulons, qui donne d'excellents résultats, surtout depuis qu'on interpose entre la tête du boulon et la traverse un anneau à double spire formant ressort.

322. Les traverses se faisaient primitivement en fer, ce qui amenait des fentes et des ovalisations dans les trous des boulons. Aucun de ces inconvénients ne se produit avec l'acier qu'on utilise aujourd'hui partout.

On paraît préférer aujourd'hui le profil de la traverse d'Elberfeld, qui emprisonne une plus grande quantité de ballast et permet un meilleur bourrage. Dans un profil à chapeau, le sommet seul est bourré, le ballast frotte donc sur une certaine surface de métal.

La tendance est d'augmenter le poids des traverses de manière à donner plus de stabilité à la voie et diminuer les frais d'entretien.

Il faut remarquer que l'exagération en ce sens peut enlever à la voie une certaine partie de son élasticité, sans compter l'augmentation de dépenses qu'elle entraîne.

La vitesse moyenne des trains est, en Allemagne, de 70 kilomètres à l'heure, variant de 75 à 80 kilomètres pour les trains rapides ; cependant certains trains atteignent 90 kilomètres à l'heure.

Le poids des machines à voyageurs est de 35 tonnes, et les trains se composent au maximum de 50 essieux.

323. Les conclusions auxquelles on peut s'arrêter après consultation des ingénieurs des différentes lignes sont les suivantes :

1° Adoption d'une traverse du profil d'Elberfeld ;

2° Branches verticales terminées par une saillie coupante pénétrant dans le ballast ;

3° L'inclinaison au 1/20 obtenue directement au laminage suivant le système Post ;

4° Augmentation du poids des traverses actuelles ;

5° Attaches formées par crapauds et boulons et non par clavettes.

Traverses métalliques en Autriche-Hongrie.

324. C'est certainement l'Autriche-Hongrie le pays d'Europe le plus favorisé sous le rapport des bois ; et cependant on y a fait de nombreux essais de traverses métalliques. Ainsi, dans ces dernières années, la ligne de Vienne à Salzbourg, dans laquelle se trouve le tunnel de l'Arlberg de 10 700 mètres de longueur, a mis sur 12 kilomètres des traverses système Heindl de 72 kilogrammes.

Les mêmes traverses ont été essayées sur la Nordbahn comparativement avec les traverses en bois ; on y a constaté, en particulier, que le bruit n'est pas plus fort ni plus désagréable dans un cas que dans l'autre, et la conclusion de la Compagnie est « qu'avec des traverses métalliques d'un bon profil et d'un poids suffisant les vibrations disparaissent ».

Cependant l'usage des traverses métalliques diminue à mesure qu'on se rapproche des régions forestières du Midi, où le bois est obtenu à des conditions extraordinaires de bon marché.

En Autriche, on compte environ 1 500 kilomètres de voies sur longrines qui ont été posées par petites sections depuis 1876.

Traverses métalliques en Suisse.

325. En Suisse, le chemin de fer central présentait cent neuf mille traverses métalliques à la fin de 1884 et se proposait d'en poser trente mille par an jusqu'au remplacement complet du bois. Le chemin de fer occidental et celui de Simplon ont commencé la pose des traverses métalliques en 1883, et s'en trouvent, paraît-il, satisfaits.

Il en existe encore une grande quantité sur la ligne du Gothard, et le chemin de fer à crémaillère du Pilate en est également muni.

La Suisse tire d'ailleurs ses traverses de la Westphalie, sa voisine, qui les lui livre à très bon compte. Elle serait peut-être sans cela assez embarrassée, car elle ne possède aucune industrie métallurgique.

La ligne du Gothard a mis en service une traverse qui se rapproche beaucoup du type Post des chemins de fer Néerlandais. Les expériences préliminaires faites en 1885 sur 25 kilomètres de longueur ont montré : « que la voie sur traverses métalliques coûte plus cher d'entretien que la voie sur traverses neuves en bois, si le ballast est mauvais ; mais qu'elle est au contraire moins coûteuse si le ballast est bon ».

Traverses métalliques en Hollande.

326. Les chemins de fer de l'État néerlandais ont adopté la traverse Post depuis 1865, et il en existe actuellement sur plus de 150 kilomètres. Des dix mille traverses de ce type posées en 1865 il en restait neuf mille neuf cent cinquante en 1888 et on estimait qu'elles pourraient encore durer une vingtaine d'années.

On a posé en tout cent soixante-deux mille six cent trente-quatre traverses, donc aucune ne s'est brisée quoiqu'un grand nombre fussent d'un type primitif modifié depuis par M. Post. Au commencement de 1888 il existait dans les divers pays européens environ sept cent trente mille traverses métalliques, ou trente-cinq mille tonnes du type Post.

Un grand nombre de lignes hollandaises ont également adopté la traverse métallique, et la Hollande est certainement avec l'Allemagne une des contrées du continent qui ont le plus appliqué la voie métallique, et qui déclarent s'en bien trouver.

Traverses métalliques aux Indes.

327. Les traverses actuellement employées sur les lignes ferrées du Nord de l'Inde, sur la frontière afghane ont été exposées par le colonel Luard au Congrès de Bruxelles. Elles sont en acier forgé et pèsent 60 kilogrammes ; elles sont découpées par estampages dans des barres chauffées au rouge de dimensions telles que, lorsqu'elles sont achevées, elles n'ont nulle part moins de $0^m,0055$ d'épaisseur.

Toutes les pièces de la voie sont en acier forgé, de sorte qu'elle ne peut être détruite par le feu, et qu'il est difficile de l'endommager, propriété précieuse pour un chemin de fer qui traverse des peuplades sauvages et brutales.

On compte environ aux Indes 500 kilomètres de traverses métalliques de divers systèmes.

Traverses métalliques dans la République Argentine.

328. Il existe environ 3 000 kilomètres de chemin de fer dans cette partie de l'Amérique du Sud. On n'y emploie guère que la traverse métallique et principalement le système Livesey, qui donne d'excellents résultats. Il faut remarquer cependant que la raison déterminante de l'emploi du métal est l'élévation du prix d'achat et d'entretien des bois qui ne durent guère que quatre à cinq ans, au moins, dans certaines régions. Dans ces contrées, en effet, le sol est très différent d'une partie à l'autre, et le ballast est rare.

On a pu constater, en même temps, la nécessité absolue d'avoir des traverses fermées, ce qui permet de faire usage du ballast assez médiocre. Ainsi M. Livesey a posé bon nombre de kilomètres de voies sur du ballast qui n'était, à proprement parler, que de l'humus. Les pluies d'été venant à détremper le terrain, la voie sur traverses en bois ou sur traverses métalliques ouvertes était rapidement flottante.

Avec les traverses fermées, on obtenait à l'intérieur de la traverse un noyau compact de terre que les eaux ne pouvaient détremper et qui, soutenant la voie, permettait de continuer l'exploitation sans accident.

Le Buenos-Ayres Great Southern Railway Company, qu'on a commencé à exploiter en 1865, est posé sur traverses en fonte, et la Central argentine Railway Company est dans le même cas.

Traverses métalliques aux États-Unis et en Australie.

329. Aux États-Unis on emploie le plus souvent les traverses en bois à cause du bas prix de celles-ci, qui ne reviennent souvent qu'à 2 francs pièce. Il est impossible, par suite, de trouver des traverses métalliques pouvant soutenir une pareille concurrence.

Différents types ont cependant été imaginés ou essayés, mais sans grand succès jusqu'à ce jour.

Un système spécial de traverses a été inventé pour la pose de la voie sur terrain tout à fait uni, comme celui du Far-west. Avec ce système les Américains affirment pouvoir supprimer le ballast ; on affermit seule la voie en terre ordinaire.

Les inventeurs américains ont fait de nombreux efforts pour répandre les traverses métalliques, mais il ne paraît pas jusqu'à ce jour qu'ils aient obtenu un grand succès auprès des compagnies.

Cependant des essais ont été tentés sur les lignes de Boston and Maine, Maine Central, Long Island, New-York Central et Pensylvania.

Dans le Queensland, en Australie, plusieurs milles de voie sont posées sur des traverses métalliques du système Philipps.

AVANTAGES ET INCONVÉNIENTS DES TRAVERSES MÉTALLIQUES

330. Les considérations générales précédentes et les nombreux exemples que nous avons cités constituent un ensemble déjà suffisant pour que le lecteur puisse se faire une opinion sur l'état actuel de la question des traverses métalliques. Néanmoins, pour terminer ce chapitre, nous donnerons les opinions des ingénieurs les plus autorisés et des Congrès de chemins de fer de ces dernières années.

Nous en tirerons ensuite une conclusion.

Avantages des traverses métalliques.

331. Dès 1884, dans une étude publiée par la *Revue générale des Chemins de fer*, M. Mathieu, ingénieur en chef au chemin de fer du Midi, constatait que l'approvisionnement nécessaire pour la construction et l'entretien du réseau français serait de plus de cinq millions de traverses pour 1886 et atteindrait six millions en 1893. Il se demandait alors s'il ne deviendrait pas plus économique d'employer les traverses métalliques aux lieu et place des traverses en bois. Il signalait dans tous les cas la nécessité qui s'imposait de suivre avec attention les tentatives de substitution du métal au bois qui se font chez nos voisins, de continuer chez nous nos essais, commencés peut-être sur une trop petite étendue, et de les poursuivre de manière à les faire aboutir à des résultats pratiques.

La question du déboisement est en effet de la plus haute gravité ; seulement les

Compagnies objectent avec raison que ce ne peut être leur principale préoccupation, et que d'ici que les forêts viennent à manquer on aura suffisamment perfectionné les types actuels pour que le choix puisse se faire aisément.

Quoi qu'il en soit, admettons le chiffre minimum de M. Mathieu de cinq millions de traverses ; cela représente une consommation quotidienne de treize mille neuf cents traverses ; et, comme un arbre fournit en moyenne dix traverses, cela représente pour la France seulement près de mille quatre cents beaux arbres à abattre par jour ! Si l'on ajoute à cela le bois nécessaire à la construction du matériel roulant et qui s'élève aisément à 250 mètres cubes par an, on arrive à un total de près de deux mille arbres à abattre journellement !

332. Malgré ces considérations, la question des traverses métalliques est encore fort controversée en France et en Belgique.

Le rapport de M. Bricka, à la suite de sa mission en Allemagne, en Angleterre, en Autriche-Hongrie, en Hollande et en Suisse, leur est cependant nettement favorable (1886). M. Bricka cite, entre autres, « qu'en Allemagne, en Hollande et même en Suisse la question est considérée comme entièrement résolue, et qu'un certain nombre de compagnies particulières, qui n'ont aucun intérêt direct à favoriser le développement de l'industrie métallurgique, ont définitivement renoncé à l'emploi des traverses en bois ».

Cependant la plupart des ingénieurs de chemins de fer français et belges sont hostiles encore aujourd'hui à l'emploi des traverses métalliques, et regardent la traverse en bois comme un des éléments indispensables d'une bonne voie.

Parmi les partisans des traverses métalliques, il en est qui se contentent de leur donner un poids d'environ 50 kilogrammes, estimant que leur plus grande durée rachète suffisamment les inconvénients qu'elles présentent au point de vue d'une augmentation dans la main-d'œuvre d'entretien. D'autres n'hésitent pas à reconnaître que le poids d'une traverse métallique doit être le même que celui d'une traverse en bois, et lui donnent la préférence malgré son prix élevé, parce que sa grande durée lui assigne une supériorité sur la traverse en bois.

333. Les partisans les plus convaincus des traverses métalliques sont les ingénieurs allemands, qui en ont en même temps la plus grande expérience. M. Funck, l'un d'entre eux, formulait ainsi leur opinion au Congrès des chemins de fer tenu à Bruxelles en 1885 :

1° On peut obtenir, avec les traverses en fer, un ensemble de voie absolument aussi stable qu'avec les traverses en bois ;

2° En tenant compte des différents prix du travail et de la main-d'œuvre, etc., on n'atteint pas pour la voie sur traverses en fer un prix sensiblement plus élevé que le prix de la voie sur traverses en bois;

3° On a constaté que la circulation des véhicules du matériel roulant sur la voie avec traverses en fer est aussi douce et aussi agréable qu'elle peut l'être sur la voie à traverses en bois ; cela est si vrai que sur certaines lignes construites en partie avec l'un ou l'autre système, il n'est pas possible aux voyageurs de distinguer le moment où ils passent de l'une sur l'autre ;

4° La plupart des ingénieurs allemands qui emploient la traverse en bois considèrent cette question comme purement financière, et ne pouvant être résolue que lorsqu'on aura des données suffisantes pour comparer la durée des traverses en fer à celle des traverses en bois créosotés ou chlorurés.

334. Les maîtres de forges belges, en 1884, firent une agitation en faveur de la traverse métallique repoussée jusque-là par toutes les Compagnies de chemin de fer et écrivirent au Ministre: « que les résultats obtenus en Belgique sont dus à ce que les inventeurs de traverses qui y ont été essayées se sont attachés à fournir une traverse ne coûtant guère plus, avec ses accessoires, que la traverse en bois, et par suite en ont réduit les dimensions à tel point qu'elle n'a pu résister aux efforts qu'elle avait à supporter. Or il faut abandonner l'idée d'avoir une bonne traverse métallique au même prix qu'une bille en bois : c'est la durée plus longue du métal qui fournit la compensation ».

La suite de cette campagne fut une adjudication de 75 000 traverses métalliques faite le 30 décembre 1885; et dans quelques années seulement on pourra juger les résultats de ces nouveaux essais. En attendant les ingénieurs belges n'en restent pas moins en grande majorité hostiles aux traverses métalliques disant «qu'une bonne traverse métallique n'est pas encore trouvée ».

335. Le Congrès international des chemins de fer de Saint-Pétersbourg (1892) avait mis à son ordre du jour l'étude du *prix d'entretien des voies sur traverses métalliques comparé à celui des traverses en bois.*

Un questionnaire avait été envoyé aux diverses Compagnies qui emploient en ce moment les deux systèmes, et de l'ensemble des renseignements fournis il résulte que la dépense moyenne d'entretien par kilomètre a été pour les voies entièrement métalliques inférieure de 30 0/0 à celle des voies posées sur traverses en bois.

Voici la conclusion posée au Congrès: *La traverse métallique, quand elle est posée dans des conditions d'emploi rationnelles, produit une économie dans la dépense d'entretien courant.* On entend par conditions d'emploi rationnelles que le modèle et le poids de la traverse ont été étudiés en tenant compte de toutes les conditions qui peuvent avoir une influence sur le choix à faire, entre autres :

1° Des circonstances du trafic, c'est-à-dire de la vitesse et du poids des trains ;

2° Des conditions d'établissement de la voie et de la nature du sous-sol ;

3° De la nature du ballast.

Les conclusions posées au Congrès de Bruxelles en 1885 avaient établi l'équivalent au point de vue technique des voies sur traverses métalliques et des voies sur traverses en bois, mais elles n'avaient rien précisé en ce qui concerne les frais d'entretien respectifs de ces deux types de voie.

Un certain nombre d'exemples ont été cités au Congrès de Saint-Pétersbourg,

tirés d'essais faits dans des conditions absolument comparables.

Ainsi, aux chemins de fer de l'État français, l'expérience faite sur la ligne de Paris à Chartres a porté sur sept mille huit cent quarante-huit traverses en chêne non injecté, sept mille huit cent quarante-huit traverses métalliques à profil variable et sept mille sept cent cinquante traverses métalliques à profil constant placées dans des conditions identiques de terrain, de tracé, de profil, de pose, de trafic, etc.

La dépense d'entretien a suivi une marche régulière avec les traverses à profil variable, et a donné successivement des économies de 12 0/0 la première année, de 24,5 0/0 la seconde année et de 40 0/0 la troisième, par rapport au coût d'entretien des traverses en bois.

Sur le réseau algérien de la Compagnie Paris-Lyon-Méditerranée , l'observation porta sur trois cent soixante mille traverses en bois dont $\frac{1}{10}$ en pin injecté au sulfate de cuivre et $\frac{9}{10}$ en chêne naturel comparées avec quatre-vingt-cinq mille trois cent cinquante-sept traverses en fer de l'ancien type Vautherin de 38 kilogrammes en voie courante et quatre-vingt-dix mille six cent quatre-vingt-seize traverses en acier genre Hilf pesant 46 kilogrammes avec les attaches. Ces trois types, placés dans des conditions d'expériences identiques, ont permis de constater une économie de frais d'entretien de 34 0/0 en faveur des traverses métalliques.

A la Compagnie du chemin de fer de Bône-Guelma et prolongements, le prix comparatif de l'entretien avec traverses en bois et traverses en métal, établi directement sur une section d'expériences de 14 kilomètres en très mauvais terrain et dans la partie du réseau où l'entretien est le plus onéreux, montre en faveur de la traverse métallique une économie d'environ 26 0/0.

Ces expériences paraissent donc donner des conclusions favorables à la traverse métallique.

M. Kwalski, ingénieur du chemin de fer de Bône à Guelma a présenté le calcul suivant, qui permet, d'après lui, de se rendre compte de l'économie totale réalisée par l'emploi des traverses métalliques.

Il a pris pour base l'exemple un peu spécial du réseau algérien de la compagnie de Lyon, où la durée des meilleures traverses en bois ne peut excéder dix ans, alors que le métal dure trente ans. A cette époque, on aura donc remplacé trois fois les traverses en bois et une fois celles en métal. Dans ces conditions, au bout de trente ans, la dépense, effectuée par kilomètre de voie comportant mille deux cents traverses, aura été, en tenant compte des intérêts composés à 4 0/0 et en admettant le prix de 3 francs pour la revente des traverses métalliques hors de service :

Pour le bois de. . . . . . 103 312 fr.
Pour le métal 57 316

D'où, une économie de 46 000 francs réalisée au bout de trente ans et dont la valeur actuelle serait de 14 168 francs.

Un autre calcul se rapprochant plus de la vérité a été présenté en admettant que les traverses en bois durent onze ans, celles en métal vingt-quatre ans seulement, c'est-à-dire un peu plus du double. Admettant encore que les traverses métalliques coûtent le double et que leur entretien ne soit que de un quart plus économique que celui des traverses en bois, le calcul montre encore que l'économie réalisée au bout de vingt-quatre ans serait de 3 657 francs par kilomètre représentant une valeur actuelle de 1 426 francs.

336. D'après la société Cockerill de Seraing (Belgique), la comparaison entre la traverse en bois et celle d'acier peut s'établir de la manière suivante :

En prenant quatorze ans comme durée moyenne de la traverse en bois, on sait qu'au bout de ce temps le capital est doublé, 5 0/0. En supposant donc une traverse d'acier de 50 kilogrammes toute armée, on a :

NATURE de la TRAVERSE	PRIX INITIAL	COUT après 14 ANS	VALEUR après 14 ANS	COUT RÉEL après 14 ANS
Bois.	6.30	12.60	0.50	12.10
Acier 50 kg. avec accessoire.	7.00	14.00	3.50	11.50
Différence en faveur de l'acier. .				0.60

Supposons maintenant une traverse du poids de 75 kilogrammes et sa durée double de celle du bois, il vient :

NATURE de la TRAVERSE	COUT après 28 ANS	VALEUR	COUT RÉEL après 28 ANS
2 traverses en bois. .	37.80	1	36.80
1 de métal (75 kg.). .	38.40	1.50	33.90
Différence en faveur de l'acier par traverse.			2.90
Main-d'œuvre pour le changement de la traverse en bois.			1.00
Total.			3.90

Il faut croire cependant que les autres inconvénients présentés jusqu'à ce jour par les traverses métalliques ont été suffisants pour annuler l'effet de ces calculs, car beaucoup de compagnies se sont refusées à les adopter, et d'autres les ont abandonnées après essai.

337. Voici les conclusions que donnait en 1887 la Compagnie des chemins de fer de l'Etat Néerlandais à la suite d'un essai de plus de vingt ans sur des traverses posées en 1865 :

1° La rouille n'est pas à craindre : après vingt-deux ans de service, le poids n'a diminué que de 4 0/0 ; le ballast est en gravier et sable ; sur d'autres lignes on constate que les cendrées ordinaires ne rongent pas non plus le fer ;

2° Quoique, en général, l'interposition de selles entre le rail et la traverse *ne soit pas désirable*, parce que le boulon permet, grâce à cette interposition, un ballottement du rail sur la traverse, dans le sens transversal, l'écartement s'est assez bien conservé ;

3° Le boulon rend d'excellents services comme attache du rail sur la traverse. Quoique le fer des boulons n'ait que 17 millimètres de diamètre, il y a actuellement, après vingt-deux ans de service, une grande partie des boulons encore en œuvre ;

4° Une bonne traverse métallique résiste longtemps ; après vingt-deux ans de service, sur la ligne de Deventer-Zwolle, où ont passé en moyenne douze trains par jour (actuellement seize par jour), il reste en œuvre et en bon état neuf mille cinq cent quarante-sept traverses, soit 95 1/2 0/0. Il n'y a aucune raison pour présumer qu'elles ne donneront pas une deuxième vingtaine d'années. Les 4 1/2 0/0 ôtés seraient pour la plupart en service si l'éclissage des anciens rails avait été suffisant.

Nous devons cependant faire remarquer que douze trains, et même seize par jour, c'est peu, d'autant plus que les trains en Hollande ne marchent pas toujours à une très grande vitesse.

338. Pour terminer, nous donnerons sur le même sujet l'opinion d'un Américain, de M. Tratmann, ingénieur du département de l'Agriculture aux États-Unis, qui, dans un rapport publié en 1890, étudiait la question à fond.

Pour lui, la traverse en acier s'impose pour toute voie de première classe, c'est-à-dire devant supporter un fort trafic avec de grandes vitesses ; elle ne doit pas être simplement regardée comme un pis-aller lorsque le bois devient trop rare ou trop cher. Il croit, en outre, que l'insuccès des premiers essais faits en Angleterre provient de la forme à double champignon conservée pour les rails.

L'ingénieur américain précité est d'avis qu'il ne peut plus y avoir de doute quant à la possibilité de fabriquer une traverse en métal supérieure sous tous les rapports à une traverse en bois. Ce qu'il désirerait pour les chemins de fer, c'est d'en amener le prix d'achat à un niveau tel qu'elle devient économique par suite de sa durée plus grande et de la diminution de l'entretien.

Mais les inventeurs auront là plus qu'ailleurs du mal à vaincre les habitudes prises. Or, aux États-Unis, on s'occupe surtout du coût de premier établissement sans trop songer à l'avenir ; le bon marché du prix d'achat l'emporte souvent sur la véritable économie, et les inventeurs eux-mêmes sont trop portés par suite à sacrifier au bon marché la solidité et, partant, la sécurité et la durée.

En résumé, il n'y a pas aux États-Unis d'arguments bien nouveaux fournis en faveur des traverses métalliques. Il faut y voir probablement une tentative analogue à beaucoup d'autres du Continent, faites dans la pensée de développer l'industrie sidérurgique.

Critiques de la traverse métallique.

339. Examinons maintenant les arguments en sens contraire.

Au Congrès de Bruxelles de 1885, M. Lebon, rapporteur de la question de : « Types des voies ferrées les mieux appropriées aux diverses lignes, suivant leur nature et leur importance », expose comme suit les arguments fournis par les partisans de la voie sur traverses en bois :

1º Etant donné que le poids des traverses en bois généralement employées varie de 70 à 80 kilogrammes et que celui des traverses métalliques dont on a fait usage jusqu'ici varie de 45 à 52 kilogrammes, on ne peut obtenir avec les seconds supports une voie aussi solide et aussi stable qu'avec les premiers ;

2º La main-d'œuvre d'entretien des voies sur traverses en bois est plus économique, d'abord parce que ces voies sont plus stables eu égard à leur constitution, et puis parce que le bourrage sur une surface plane en bois est plus facile, plus efficace et plus résistant que le bourrage en creux sous une surface dure et glissante comme le fer ou l'acier ;

3º La voie sur traverses métalliques sera toujours moins élastique que celle sur traverses en bois.

Certes, ajoutent les partisans des supports en bois, on peut, en augmentant suffisamment le poids des traverses métalliques, arriver à obtenir une voie aussi stable que par l'emploi des traverses en bois ; mais leur coût deviendra trop élevé ; et, tenant compte des avantages de ces dernières au point de vue de la main-d'œuvre d'entretien et de l'élasticité, ils persistent à leur donner la préférence.

340. D'après nombre d'ingénieurs des Compagnies françaises, les traverses métalliques ne donnent de bons résultats qu'au début ; la voie est tout à fait remarquable comme douceur et comme bon roulement. Mais ces qualités ne durent pas si ce n'est sur les lignes à faible circulation ; sur les grandes lignes, au contraire, dont le trafic est important, les attaches prennent du jeu au bout de peu de temps et commencent à ferrailler. Malgré toutes les précautions et des réparations continuelles, il est impossible de maintenir la voie en bon état.

La Compagnie de Lyon, qui avait fait des essais en grand à Maisons-Alfort, a dû les abandonner et revenir à l'ancien système. Le Nord et l'Est, qui ont voulu plus tard recommencer l'expérience, ont été obligés de reprendre les traverses en bois.

En Algérie elles rendent des services, parce qu'on est dans l'impossibilité absolue de se procurer du bois convenable et à cause de la chaleur du climat, qui, en moins de quatre ans, détériore complètement les traverses en bois les plus résistantes.

La solidité des attaches est une des premières conditions d'une bonne voie ; or le bois est la matière qui se prête le mieux à l'adaptation des crampons et des tirefonds. Quand la fixation est très facile et que la voie est bien entretenue, il y a toujours adhérence complète entre le rail et la traverse en bois. Il est loin d'en être de même pour les traverses en fer, quoique l'emploi des aciers doux les aient rendues bien supérieures à ce qu'elles étaient précédemment.

La seconde nécessité d'une voie bien établie est la résistance au déplacement latéral, cause de tant de déraillements. On ne peut y remédier qu'en donnant plus de solidité à la voie, c'est-à-dire en augmentant le poids du rail, le nombre et la force des traverses. Or les traverses métalliques, pour que leur prix soit abordable, ne doivent pas dépasser le poids de 50 à 55 kilogrammes, tandis que les traverses en bois pèsent de 75 à 80 kilogrammes, leur résistance n'est alors pas suffisante : il faudrait pouvoir porter leur poids à 80 kilogrammes, et leur prix reviendrait à 11 francs, lorsque celui de la traverse en bois est de 5ᵏ,50 et se revend 1 franc quand elle est hors de service.

Au premier abord, l'avantage paraît être en faveur de la traverse métallique au point de vue de l'économie ; mais on oublie en général, dans ces comparaisons, l'intérêt de l'argent qui, pour une période égale, fait porter la balance en faveur du bois.

341. Nous avons dit que les ingénieurs belges, contrairement à leurs collègues et voisins hollandais, étaient pour la plupart hostiles à l'usage des traverses métalliques. Nous avons signalé que, devant les sollicitations des forges et, spécialement, de la puissante maison Cocherill, de Seraing, le Gouvernement fit faire sur les chemins de fer de l'État un important essai des types Post et Brau, du poids de 75 kilogrammes, qui diffèrent peu l'un de l'autre. On en rencontre sur la ligne d'Anvers à Bruxelles où les rails de 38 kilogrammes le mètre courant et de 9 mètres de longueur sont posés sur douze traverses avec joints en porte-à-faux et éclisses-cornières. Sur la même ligne, et dans les mêmes conditions de pose se trouvent des traverses en chêne. Le ballast est composé partout de fine pierraille de porphyre.

L'ingénieur de la voie, M. Janssen, a rédigé un rapport concernant les dépenses d'entretien sur un essai de cinq années comparativement aux traverses en chêne. Ces dépenses portent sur le ballast et les traverses seulement, les rails n'ayant rien à voir dans la question.

Le ballast exige des ripages pour redressements des petits déplacements de la voie, des bourrages sous les traverses pour leur relèvement, et le remplacement des cailloux usés.

Les traverses, en dehors de leur remplacement, quand elles sont hors de service, demandent le serrage de leurs organes d'attache et leur renouvellement éventuel.

La pulvérisation du ballast au contact des traverses a lieu au bout de peu d'années sur les lignes à grand trafic. Elle a exigé en moyenne 157 mètres cubes de ballast par kilomètre et par an, représentant une somme de 785 francs. Avec les traverses en bois cet inconvénient a été nul.

Le ripage, le bourrage, le serrage des

organes d'attaches ont coûté 600 francs pour la voie métallique et 6ʳ,94 pour la voie sur traverses en chêne, toujours par kilomètre et par an. Il faut compter, en outre de cette main-d'œuvre, le remplacement des crapauds, boulons, rondelles à ressort, qui est revenu dans les mêmes conditions à 36 francs sur la voie métallique, tandis que celui des tirefonds de la voie ordinaire n'est revenu qu'à 4ʳ,14.

Enfin, il a fallu remplacer quatre traverses métalliques qui se sont presque immédiatement trouvées hors de service; de là, une dépense de 1ʳ,30 par kilomètre et par an, tandis que les traverses en bois n'ont exigé aucun frais de ce fait.

En rapportant toutes ces dépenses au kilomètre et par jour, on arrive pour la voie métallique à 4 francs, tandis que le bois n'a coûté que 0ʳ,20, c'est-à-dire vingt fois moins.

Il faut, en outre, ajouter que 39,5 0/0 des traverses métalliques visitées présentaient des fentes de 3 à 70 millimètres et quelquefois de 105 millimètres de longueur au nombre de deux à dix par traverse, la plupart partant des angles des lumières. De plus, la base d'appui du crapaud et le patin du rail ont marqué sur la tablette de la traverse une empreinte de 1 à 2 millimètres de profondeur. Tous ces défauts, s'aggravant avec le temps, exigeront probablement le remplacement d'un nombre assez important de traverses et porteront les frais d'entretien à un chiffre encore plus élevé.

M. Janssen attribue ces ruptures à la qualité du métal qui n'est pas assez doux. Mais, d'un autre côté, s'il était plus doux, l'usure de la tablette due aux empreintes des patins et crapauds serait encore beaucoup plus rapide. Les vibrations des pièces sont évidemment la principale cause de ces altérations, et il y aurait peut-être lieu de rechercher le moyen de les éviter par l'interposition des pièces de feutre, etc.

Les partisans des traverses métalliques objectent à cela qu'une première série d'épreuves a été faite en Belgique avec des systèmes trop variés et des poids trop faibles. Plus tard, quand on s'est décidé à adopter des poids suffisants le métal était trop maigre et supportait mal le poinçonnage. Il n'est pas admissible, disent-ils, qu'on ait réussi en Hollande où le bois est abondant et le métal cher, et que l'on échoue en Belgique où le métal est à bas prix.

342. A l'exposition spéciale des traverses métalliques à Bruxelles en 1886, M. Flamache, ingénieur des chemins de fer de l'Etat belge et professeur à l'Ecole spéciale de Gand, a fait une conférence sur la question. Sans être un adversaire des traverses métalliques, l'orateur a annoncé nettement qu'il ne croyait pas à leur succès immédiat.

Il est convaincu que, le jour où les exploitations de chemins de fer y trouveront réellement un avantage, la transformation se fera d'elle-même, et sans qu'on ait besoin pour cela de créer une agitation plus ou moins factice. A l'heure actuelle la traverse métallique ne lui paraît pas, en général, être en mesure de lutter contre celle de bois.

Pour résister au moment fléchissant qu'elle supporte, une traverse théorique en fer à I doit peser 94 kilogrammes pour une hauteur de 0ᵐ,06 et 63 kilogrammes pour une hauteur de 0ᵐ,10. Ce sont des minima qu'on ne peut obtenir en pratique, avec d'autres profils on arrive même à un poids de 101 kilogrammes.

En résumé, on peut admettre que la traverse doit peser au moins 85 kilogrammes, ce qui, à raison de 130 francs la tonne, donne une valeur de 10 francs, prix qu'on doit admettre pour le cas d'une exploitation intensive. On peut, il est vrai, arriver à un poids mort inférieur pour le support ; on peut adopter un profil différent par usage de pièces rivées ; substituer le fer à l'acier comme dans la traverse Webb, qui ne pèse que 75 kilogrammes. Mais on n'atteint pas le but désiré. Dans la diminution des dimensions, d'autres considérations doivent encore intervenir : la facilité du laminage, les dangers de l'oxydation, de sorte que la diminution du poids obtenue est insignifiante.

M. Flamache détermine ensuite quel est le rapport qui doit exister entre le prix du rail et de la traverse pour obtenir la voie la plus économique possible. Il a ainsi trouvé que le prix du rail avec les éclisses doit être égal à une fois et demie le prix de la traverse, déduction d'accord avec les résultats de la pratique. Avec une traverse métallique, il faut donc faire usage d'un rail lourd.

Il conclut en outre, au point de vue du profil de ce dernier, que l'avantage du rail à patin n'existe même plus; l'attache rationnelle du rail sur le support doit se composer d'un coussinet muni d'un coin de serrage en bois ou en acier; la liaison ne doit pas se faire latéralement à l'aide de crampons ou crapauds, etc.; en outre, il n'est plus nécessaire d'élargir la base d'appui, le fer étant beaucoup plus résistant que le bois. La forme la meilleure serait un profil participant à la fois du rail à double champignon et du rail à patin, c'est-à-dire une section à patin peu développé ou à bourrelet inférieur plat.

Au point de vue purement financier, en admettant qu'une traverse en bois du prix de 5^f,50 neuve et 0^f,70 vieille ait une durée de dix ans, la traverse métallique du prix de 10 francs pour lui être équivalente doit durer seize ans.

Quant à la diminution des prix d'entretien amenée par les supports métalliques, les expériences faites jusqu'à ce jour n'ont guère été concluantes.

Conclusions.

343. Après tout ce qui précède, il y a lieu de se demander quelles conclusions on peut tirer au point de vue économique et technique de l'emploi des traverses en métal.

D'après les opinions émises aux différents congrès des chemins de fer de ces dernières années, opinions qui n'ont pas toujours été admises par beaucoup de compagnies, et des plus importantes, il paraît que l'on peut conclure ce qui suit:

1° Au point de vue technique, il y a équivalence entre la traverse métallique et la traverse en bois;

2° Au point de vue économique, il est clair que tout dépend des prix des fers et des bois dans la région considérée. Toutes choses égales d'ailleurs, si les traverses métalliques sont plus chères comme prix d'acquisition, la main-d'œuvre d'entretien étant moindre et la durée plus grande que pour les traverses en bois, on peut encore dire d'une manière tout à fait générale qu'il y a équivalence entre les deux systèmes.

En résumé, les deux traverses rivales seront encore longtemps employées concurremment sur les voies ferrées; mais, étant donné l'abaissement progressif du prix de l'acier et les perfectionnements qu'apporteront certainement les inventeurs, on peut prédire avec certitude que la traverse métallique est la solution de l'avenir.

CHAPITRE II

MATÉRIEL FIXE ET ACCESSOIRE

§ I. — COMMUNICATIONS ENTRE LES VOIES

344. Il est fréquemment indispensable, spécialement dans les gares, de passer d'une voie sur une autre. Cela s'opère au moyen d'appareils spéciaux, qui sont de trois sortes :

1° Les branchements ;

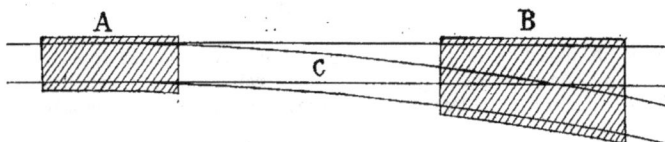

Fig. 251.

2° Les plaques tournantes ;
3° Les chariots roulants.

345. *Branchements.* — Le branchement est une voie spéciale oblique et courbe, qui se relie à ses deux extrémités aux voies courantes qu'il s'agit de réunir.

Le branchement peut être *simple* ou

Fig. 252.

double, selon qu'il donne naissance à une ou deux voies déviées.

Dans le cas du branchement simple, on peut encore avoir une *déviation* de voie *à droite ou à gauche* de la voie principale (*fig.* 251 et 252), ou bien deux voies

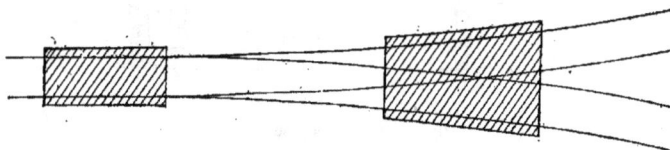

Fig. 253.

qui vont en s'écartant symétriquement de chaque côté et donnent le *branchement symétrique* (*fig.* 253).

Dans le second cas, ce sont deux voies qui se détachent du tronc principal, soit du même côté (*fig.* 254), soit de part et d'autre symétriquement (*fig.* 255).

On voit sur toutes ces figures qu'un

branchement se compose toujours de deux sortes d'appareils distincts :

Un *changement* A, où la nouvelle voie se détache de l'ancienne ;

Et un ou plusieurs *croisements* B, aux points où se rencontrent les rails des voies qui se dévient.

Cela posé, il importe, pour tout ce qui

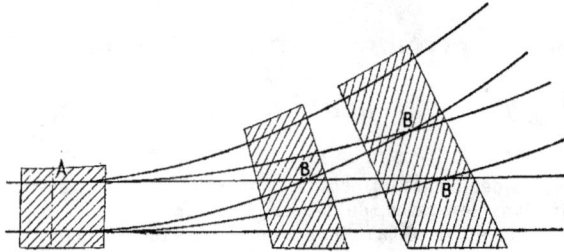

Fig. 254.

va suivre, de bien déterminer le jeu des roues passant sur les rails.

346. *Jeu des roues sur les rails.* — Les roues des véhicules appelés à circuler sur les rails ont des bandages en forme de troncs de cône qui présentent une largeur

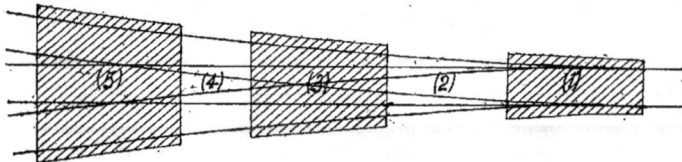

Fig. 255.

totale de 0^m,13 environ avec des boudins de 0^m,035 de longueur (*fig.* 256).

L'écartement des rails varie peu, mais n'est cependant pas absolument constant :

c'est 1^m,435, 1^m,440, 1^m,445. Le plus souvent c'est cependant 1^m,45 correspondant à une longueur de voie de 1^m,51 d'axe en axe des rails.

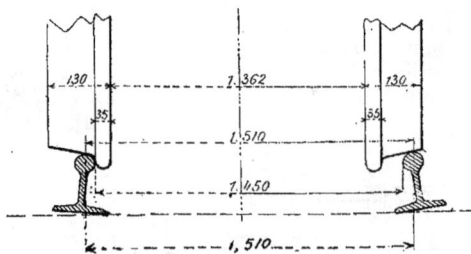

Fig. 256.

Les roues, nous le savons, sont calées toutes deux sur l'essieu commun, et tous les mouvements latéraux de l'une sont transmis immédiatement à l'autre.

L'écartement intérieur des roues est

généralement de 1^m,362, ce qui permet aux boudins de ne pas presser en même temps sur leurs rails. Le jeu de 0^m,028 ménagé au moment du montage augmente naturellement avec le temps grâce à l'usure. De sorte qu'après un certain usage, les roues peuvent subir des déplacements latéraux beaucoup plus considérables qu'au début.

Changements de voie.

347. 1° *Changement à rails mobiles.* — Supposons le changement le plus simple,

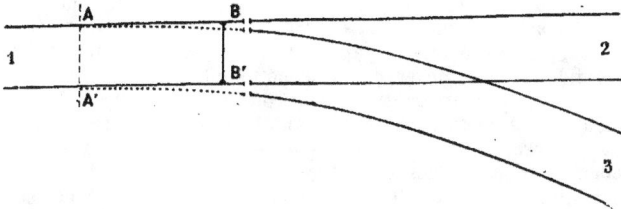

Fig. 257.

en déviation à droite ou à gauche : il s'agit de disposer les choses de telle sorte que l'on puisse circuler indifféremment dans les deux sens sur chaque voie et en même temps passer à volonté d'une voie sur une autre.

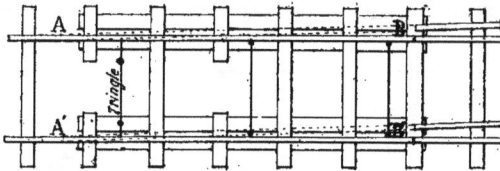

Fig. 258.

Le moyen le plus élémentaire consiste à employer deux rails courts articulés en AA′ et reliés entre eux par une tige transversale appelée tringle de connexion, BB′. On peut donc, en déplaçant un seul rail qui entraîne l'autre, mettre ce châs-

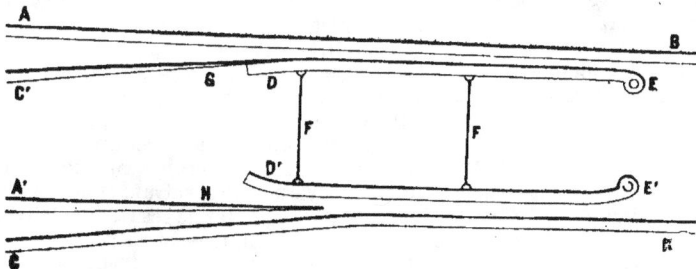

Fig. 259.

sis mobile à volonté en face de l'une ou l'autre voie (2 ou 3) en oscillant autour des éclisses AA′ suffisantes pour permettre l'élasticité exigée par le faible déplacement nécessaire (*fig.* 257 et 258).

Mais on conçoit que, de la sorte, une des deux voies est forcément toujours interrompue : c'est la voie 2, quand les rails mobiles sont en face de ceux de 3, et inversement. Ce système est donc inacceptable sur un chemin de fer destiné à un service public ; il y aurait des déraillements continuels. Il ne s'emploie que sur les chantiers de terrassements.

348. 2° *Changement à contre-rails mobiles.* — Ce changement, employé également à l'origine des chemins de fer, présentait les deux rails extérieurs continus AB-CD (*fig.* 259). On admettait, ce qui n'a pas lieu dans la pratique, que la surface de roulement des jantes des roues est fixe, de sorte qu'en ménageant les intervalles de 0ᵐ,05 nécessaires au passage des boudins le rôle des parties mobiles se borne à diriger les roues sur une voie ou sur l'autre.

Cela posé, les deux rails intérieurs C'G-A'H étaient effilés parallèlement aux rails extérieurs voisins en laissant simplement entre eux une ornière suffisante pour le passage des boudins des bandages. En plus deux contre-rails DE-D'E', reliés entre eux par une tringle de connexion F, de manière à se mouvoir solidairement et articulés en des pointes fixes E-E', permettaient de diriger les trains sur une voie ou sur une autre. Cette direction ayant lieu rien que par la pression d'un contre-rail sur la face interne de la roue correspondante.

Mais on voit qu'une roue, en quittant un rail, était exposée à rester un certain temps sans être soutenue pour passer sur le rail suivant. Cela tient aux lacunes forcées qui sont obligatoires pour laisser passer les boudins des roues venant

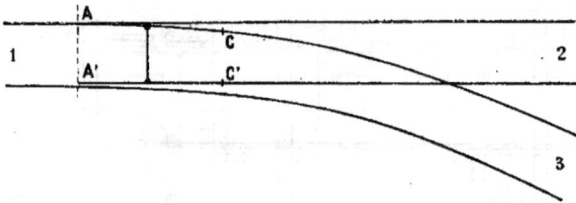

Fig. 260.

de l'autre voie. Il en résultait des ressauts et des chocs fort dangereux, qui ont fait abandonner le système.

Un changement étant toujours un appareil dangereux, il faut en effet que la surface de roulement y soit absolument continue. Aussi a-t-on adopté le système actuel à aiguilles, dans lequel les pièces mobiles portent et dirigent en même temps les roues.

349. 3° *Changement à aiguilles.* — Ici ce sont encore deux rails comme précédemment, mais qui, au lieu d'être articulés en pointes, sont articulés en talon en C-C'. Les deux rails extérieurs des voies sont continus, et les aiguilles disposées à l'extrémité des rails intérieurs (*fig.* 260).

De cette façon, quand les trains suivent du côté 2 ou 3', c'est-à-dire prennent l'aiguille par le talon, les rails mobiles sont plaqués d'eux-mêmes contre les rails fixes voisins ; en un mot, les aiguilles, toujours reliées par une tringle de connexion, se font d'elles-mêmes. On s'en rend compte aisément en suivant le mouvement d'un véhicule venant d'une des voies 2 ou 3 et se dirigeant vers 1.

Quand, au contraire, les trains viennent du côté 1, il faut, au moyen d'un levier spécial, appliquer une aiguille (ce qui écarte sa conjuguée) contre son rail ; le train continue alors sa marche en avant ou dévie à droite, suivant la manœuvre.

Les extrémités de ces rails mobiles sont taillées en pointe de manière à faire corps avec le rail voisin quand elles sont appliquées contre lui. De là vient le nom d'aiguilles qu'on leur a donné (*fig.* 261).

350. Nous ne pouvons naturellement donner en détail la succession des appareils de plus en plus perfectionnés qui ont amené au changement actuellement en usage, et signaler les nombreuses modifications apportées aux aiguilles, rails contre-aiguilles, châssis, leviers, etc. Nous nous bornons à rappeler les grandes phases suivantes :

1° On fit usage d'abord du changement de Stephenson ; il présentait une seule aiguille mobile avec rail contre-aiguille entaillé permettant le logement de l'aiguille appliquée contre lui, puis un contre-rail vis-à-vis ;

2° Ensuite on employa le changement à deux aiguilles mobiles inégales avec rails contre-aiguilles encore entaillés et contre-rails vis-à-vis de l'aiguille la plus petite.

Ces deux systèmes ont comme points communs les encoches pratiquées dans les rails contre-aiguilles et des contre-rails à l'intérieur de la voie. Ces encoches ont pour principal défaut d'affaiblir les rails contre-aiguilles et de déterminer des chocs au passage des roues des véhicules, ce qui occasionne des secousses dangereuses et, de plus, une usure rapide du matériel.

Quant aux contre-rails, placés le long de l'aiguille, à l'intérieur de la voie, à la distance du boudin des roues, ils avaient pour but de pousser les roues vers le rail contre-aiguille en un point où la largeur de la voie dépasse la largeur normale, où les secousses produites par les

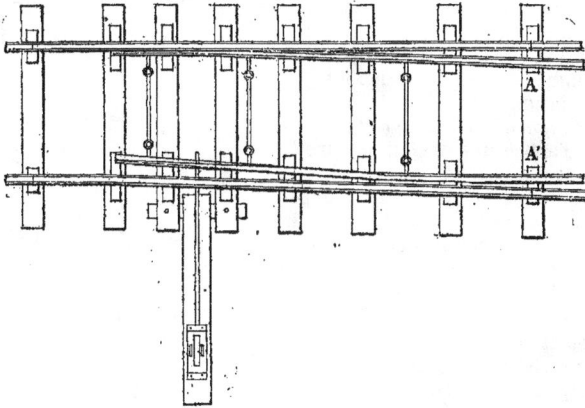

Fig. 261.

encoches peuvent amener des déraillements, et d'assurer la portée des bandages ;

3° Les encoches et les contre-rails ont été supprimés par l'emploi du système Wild dont les pointes des aiguilles, encore inégales, se dissimulent sous les rails contre-aiguilles. Ces pointes sont rabotées de manière à présenter en creux le gabarit du rail et à épouser exactement la gorge du contre-aiguille. Le rail, dans lequel est taillée la pointe, est coudé légèrement à partir de son milieu afin de donner plus de force à celle-ci ; de la sorte, ces pointes, parties faibles, sont mieux protégées, car elles ne sont plus exposées au choc direct des roues.

On avait cru devoir conserver les aiguilles inégales, malgré leurs inconvénients dans la pratiques, dans la crainte que, par suite d'une manœuvre incomplète, les roues d'un même wagon ne vinssent à s'engager à la fois sur des voies différentes. Il fallait donc, avec ce type, deux modèles d'aiguilles, un pour raccorder à droite, l'autre pour raccorder à gauche ;

4° Enfin, aujourd'hui, on a supprimé cette complication : les aiguilles se font toutes égales et symétriques offrant le même écartement normal de la voie et permettant de dévier indifféremment à droite ou à gauche.

351. *Tracé théorique d'un changement*

à deux voies. — En partant du principe généralement admis dans tous les tracés, du raccordement tangentiel des courbes avec les alignements droits, les rayons étant donnés, tous les autres éléments d'un changement s'ensuivent.

Supposons deux voies parallèles à relier ensemble : le raccordement comprend une courbe d'échappement, un alignement droit, tangente commune et une contre-courbe. La tangente commune intermédiaire doit avoir comme longueur au minimum l'empâtement maximum des machines, afin d'éviter la présence de deux essieux de celles-ci sur les courbes de sens contraire qui sont aux extrémités.

Supposons un changement simple, les éléments à considérer sont les suivants :
1° La longueur totale du changement ;
2° L'angle de la pointe du croisement ;
3° La longueur de l'aiguille mobile ;
4° La déviation.

352. *Longueur du changement.* — Supposons d'abord une déviation à droite ou à gauche : les deux voies ont une partie commune AB de longueur *d* appelée longueur du changement ; c'est la distance entre son origine A et le point de croisement B des deux files de rails placés à l'intérieur du système.

Soient *e* la largeur de la voie entre axes des rails, et R le rayon de la courbe. On a, d'après un théorème de géométrie élémentaire (*fig.* 262) :

$$d^2 = (2R - e)\,e$$
$$d = \sqrt{(2R - e)\,e}$$

ce qui est sensiblement égal à :

$$d = \sqrt{2Re} \text{ ou AB.}$$

Si la déviation est symétrique à la même distance, on voit immédiatement que *e* de la formule précédente doit être remplacé par *e*/2.

Il vient donc :

$$d = \sqrt{\left(2R - \frac{e}{2}\right)\frac{e}{2}},$$

ce qui est sensiblement égal à :

$$d = \sqrt{Re}.$$

353. *Angle du croisement.* — Dans le premier cas (déviation à droite ou à gauche), on voit de même immédiatement

que l'angle du croisement est exprimé par la formule :

$$\operatorname{tg} \alpha = \sqrt{\frac{2e}{R}}.$$

Dans le cas de la déviation symétrique :

$$\operatorname{tg} \frac{\alpha}{2} = \frac{d}{R} = \sqrt{\frac{e}{R}}.$$

Or on sait que :

$$\operatorname{tg} \alpha = \frac{2\operatorname{tg}\frac{\alpha}{2}}{1 - \operatorname{tg}^2\frac{\alpha}{2}},$$

donc :

$$\operatorname{tg} \alpha = \frac{2\sqrt{\frac{e}{R}}}{1 - \frac{e}{R}}$$

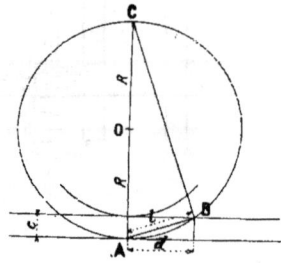

Fig. 262.

ce qui est sensiblement égal à :

$$\operatorname{tg} \alpha = 2\sqrt{\frac{e}{R}}.$$

354. *Longueur de la partie mobile.* — La condition qui détermine cette longueur est basée sur l'exigence suivante : c'est que les deux files de rails placés à l'intérieur ne peuvent devenir fixes qu'à partir du point où la distance qui les sépare du rail extérieur voisin est suffisante pour laisser passer les boudins des roues, c'est-à-dire quand elle atteint 0m,05. Avec des rails de 0m,06 de champignon, la distance au talon sera donc 0m,11.

Les aiguilles, dans la pratique, ne se font pas courbes, car il faudrait en réduire trop l'épaisseur, elles deviendraient trop fragiles, et cela nécessiterait une trop

Sciences générales.

grande diversité d'appareils. La portion de courbe tangente à la voie de départ est remplacée par une droite faisant avec le rail voisin un angle très faible de manière à ne produire aucun choc au passage des roues (*fig.* 262).

De plus, dans le voisinage des talons des aiguilles, il faut toujours laisser le jeu nécessaire au passage du boudin de la roue qui a $0^m,03$, plus un petit jeu (*fig.* 263); généralement on laisse un intervalle de $0^m,05$.

D'après cela, on peut calculer la longueur de l'aiguille qui représente une corde moyenne proportionnelle entre le diamètre et sa projection sur ce dernier (*fig.* 264).

On a donc :
$$AB^2 = AD \times AC.$$
Or, d'après ce qui vient d'être dit, on a :
$$AD = BE = 0,06 + 0,05 = 0,11$$
$$AC = 2R.$$
Donc, si l est la longueur de l'aiguille,
$$l^2 = 0,11 \times 2R$$
$$l = \sqrt{0,22R}$$
Et pour une déviation symétrique :
$$l = \sqrt{2R\left(\frac{0,06 + 0,05}{2}\right)} = \sqrt{0,11R}.$$

Ce calcul exact donne des résultats un peu exagérés pour les besoins de la pratique. Ainsi, pour les rayons de :
R = 300   400   500 mètres
on obtient les longueurs suivantes :
$l = 8^m,10$ $9^m,30$ $10^m,40$.

355. *Réduction de ces longueurs en pratique.* — On est obligé dans la pratique de prendre des dimensions un peu plus faibles, car des aiguilles aussi longues flamberaient, et leur manœuvre serait incertaine. Il ne faut cependant pas réduire trop cette longueur, car alors l'angle de départ α que fait l'aiguille mobile avec le rail contre-aiguille serait trop grand, et il y aurait un ressaut trop brusque au passage de l'un sur l'autre. On adopte généralement de 4 à 6 mètres ; au chemin de fer de Lyon on prend 5 mètres.

En outre, l'application à chaque rayon de la valeur correspondante de l'angle du croisement exigerait une série trop nombreuse de pointes très aiguës pour les grands rayons et avec des lacunes

très longues, et des avaries plus promptes à redouter. Aussi les Compagnies ont-elles pris dès longtemps l'habitude de simplifier le nombre de leurs types : l'Est, le Nord, l'Ouest n'en ont que deux.

Cette application d'une même pointe et d'une même partie mobile à différents rayons n'a pas d'inconvénients en pratique pour la circulation des véhicules ; mais elle évite la complication dans le service de la voie et de l'entretien.

356. *Déviation non symétrique.* — Si la déviation double n'était pas symétrique, ce qui se présente rarement, soient R et R_1 les rayons différents des deux courbes de bifurcation ; le point de croisement n'est

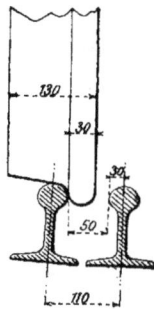

Fig. 263.

plus dans l'axe du tronc commun comme précédemment.

Un calcul assez simple conduirait à la formule :
$$l = \sqrt{0,22\,\frac{RR_1}{R + R_1}}.$$

357. *Angle de déviation.* — En admettant que cette faible longueur de l'aiguille la corde soit substituée à l'arc, la déviation devient alors constante dans toute son étendue et exprimée par :
$$\operatorname{tg} \alpha = \frac{0,06 + 0,05}{l},$$
$$\operatorname{tg} \alpha = \frac{0,11}{\sqrt{0,22R}}.$$
Dans le cas de la direction symétrique :
$$\operatorname{tg} \alpha = \frac{0,06 + \dfrac{0,05}{2}}{l} = \frac{\sqrt{0,085}}{0,11R}$$

358. *Pointe mathématique.* — Le sommet de l'angle α est ce qu'on appelle la *pointe mathématique*. La valeur de la tangente *t* est égale à (*fig.* 265) :

$$t = \text{R tg} \frac{\alpha}{2},$$

comme on s'en rend compte aisément dans le triangle rectangle AOB ou BOC.

359. *Dispositions pratiques du changement.* — Les rails extérieurs des deux voies, directe et déviée, sont continus, comme nous l'avons déjà vu précédem-

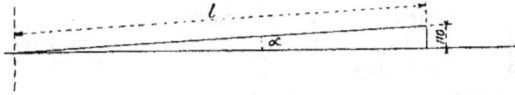

Fig. 264.

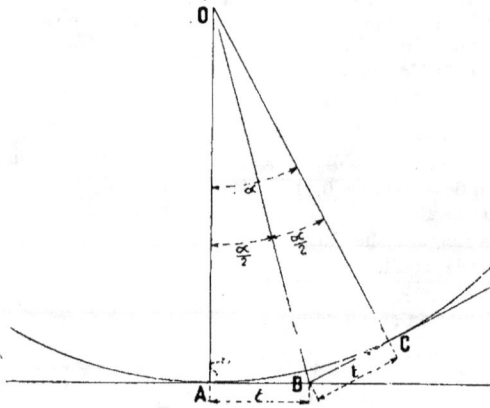

Fig. 265.

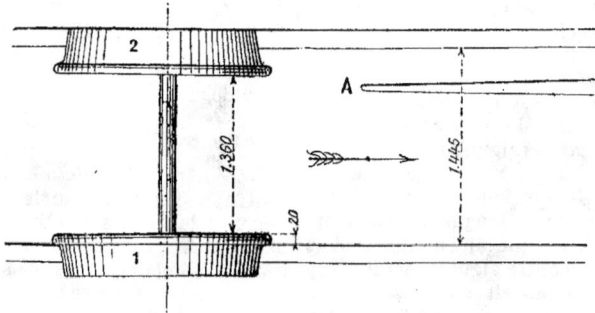

Fig. 266.

ment, et éclissés comme à l'ordinaire. C'est ce qu'on appelle les rails contre-aiguilles.

Le plus souvent ils sont entaillés du patin et quelquefois du champignon, en

forme de biseau très allongé afin de permettre le rapprochement et le contact des aiguilles sans être obligé d'amincir trop celles-ci.

Les deux aiguilles sont à l'intérieur, les

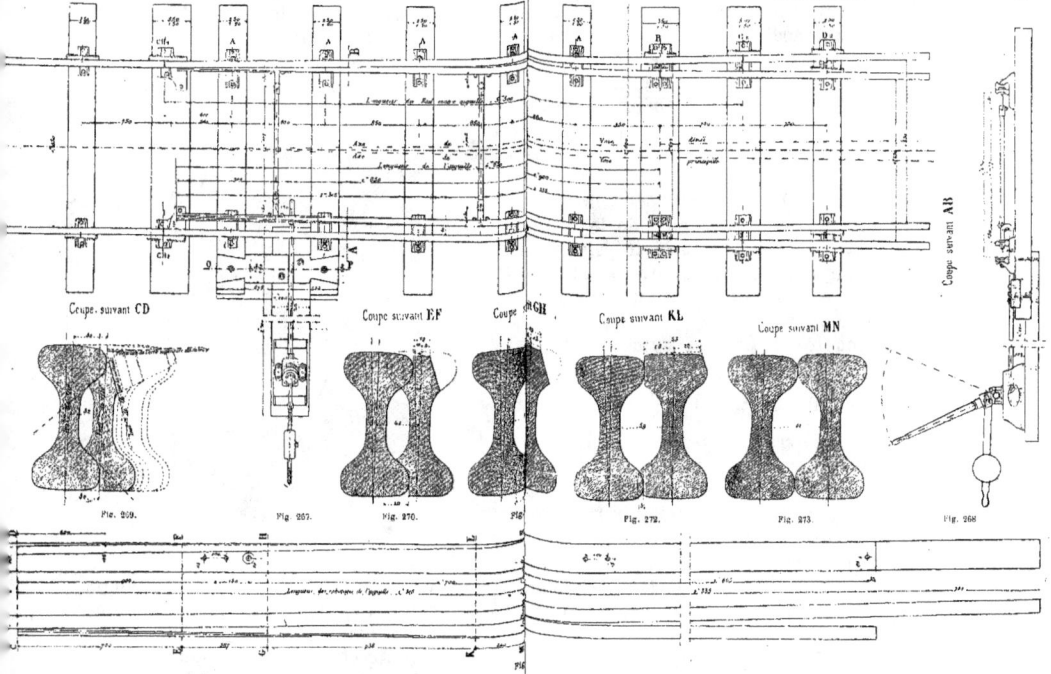

Coupe suivant AB

Coupe suivant CD   Coupe suivant EF   Coupe suivant GH   Coupe suivant KL   Coupe suivant MN

Fig. 269.   Fig. 267.   Fig. 270.   Fig.   Fig. 272.   Fig. 273.   Fig. 268.

talons distants de 0^m,11 du contre-rail, d'axe en axe, et les pointes de 0^m,12, ce qui fait qu'elles convergent un peu l'une vers l'autre.

La pointe mathématique et la pointe réelle se confondent quelquefois, comme à la Compagnie de l'Est ; le contre-rail a 6 mètres, et la pointe commune se trouve à 0^m,50 du joint de chaque côté, l'aiguille n'ayant que 5 mètres.

Au chemin de fer de Lyon la pointe réelle est en-deçà de la pointe mathématique qui se trouve au joint du contre-rail de 0^m,40. On peut ainsi donner à l'aiguille une épaisseur suffisante pour assurer sa conservation. Cela permet en outre la pose de l'éclisse de joint du contre-rail, puisque la pointe théorique est au joint lui-même.

Au chemin de fer de l'Est, le contre-rail du côté de la déviation est coudé et infléchi de 0^m,011 sur 0^m,500 afin de permettre le maintien exact de la largeur normale entre les bords intérieurs des champignons. Le rail contre-aiguille opposé à la déviation est au contraire complètement droit.

Dans les déviations symétriques, les deux contre-rails sont coudés, mais de moitié seulement, soit $\frac{0^m,011}{2}$ ou 0^m,0055.

360. *Course des aiguilles.* — Les deux positions extrêmes d'une aiguille sont :

1° Le contact parfait avec le rail contre-aiguille voisin par la portion rabotée de sa face externe ;

2° L'écartement de celui-ci suffisant pour laisser un libre passage au boudin des roues, soit 0^m,05 en plaçant alors sa face rabotée parallèlement à ce rail contre-aiguille.

Comme l'aiguille, afin de conserver quelque solidité, ne se termine pas en pointe absolue, mais conserve à son extrémité une partie tronquée de 0^m,015 d'épaisseur, sa course totale est définitivement :

0^m,05 + 0^m,06 — 0^m,015 = 0^m,095.

Mais cette dimension est le strict nécessaire, c'est-à-dire qu'elle est trop juste, et on lui donne largement 0^m,11.

Une roue dont le boudin est normalement de 30 à 35 millimètres peut s'user,

et ce boudin être réduit à 20. Supposant une voie de 1^m,445 entre rails et 1^m,36 entre les boudins des roues (*fig.* 266), si une roue est appliquée contre son rail, sa conjuguée présentera entre son boudin et le rail voisin un espace de

1^in,445 — (0^m,02 + 1^m,36) = 0^m,065.

Avec la distance de 0^m,095 vue plus haut entre le rail et l'aiguille, il resterait donc un jeu de 0^m,030 suffisant pour que le boudin de la roue 2 ne vînt point boucher la pointe de l'aiguille A lorsque les trains marchent dans le sens de la flèche. Mais tout cela serait trop juste, trop serré : le décalage partiel d'une roue, l'usure latérale d'un rail, une déformation du boudin d'une roue, etc., suffiraient

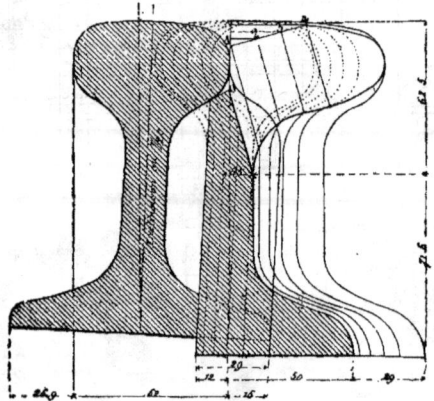

Fig. 279.

pour réduire ce jeu. C'est pour cela qu'on l'augmente légèrement et que l'on donne aux deux pointes d'aiguille une allure convergente et non pas parallèle.

Aussi, en pratique, la course des aiguilles à leurs extrémités est-elle portée à 0^m,12 et quelquefois plus. Il n'y a cependant aucun intérêt, et même quelque danger, à aller au delà. Cette convergence s'obtient généralement au moyen d'une légère inflexion qui présente l'avantage de réduire la partie de tige enlevée par le rabotage. Elle se fait au point où l'aiguille vient s'appliquer sur le rail contre-aiguille.

361. *Disposition d'un changement de voie.* — Supposons le type à double cham-

pignon de la Compagnie d'Orléans Le
changement comprend (*fig.* 267):
Deux aiguilles;

levier avec lentille, contrepoids et col de
cygne, sur lequel nous reviendrons plus
loin et qui sert à la manœuvre.

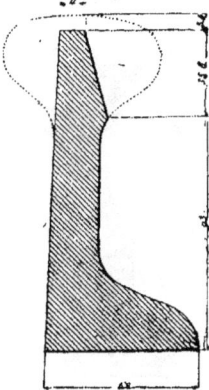

Fig. 280.

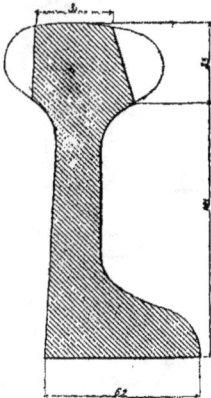

Fig. 282.

Deux contre-aiguilles;
Seize à dix-huit coussinets de support;
Deux ou trois tringles de connexion;
Une tringle de manœuvre aboutissant à
un levier;
Puis un certain nombre de traverses

Les figures 269 à 273 montrent les sections successives de l'aiguille à mesure
qu'elle s'amincit.
La figure 274 donne les détails des
aiguilles et contre-aiguilles.
Le type du chemin de fer du Nord avec
rail de 30 kilogrammes acier est repré-

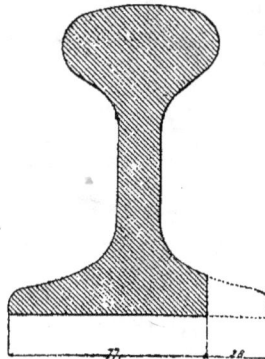

Fig. 281.

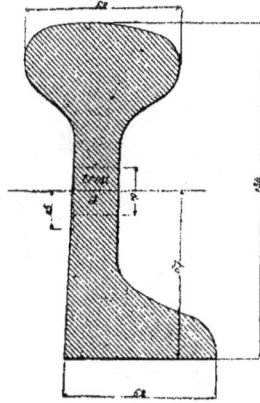

Fig. 283.

de choix, un peu plus rapprochées que
dans la voie courante.
La figure 268 montre la disposition du

senté dans les figures 275 à 278. C'est le
système avec rail à patin.
Les figures 279 à 282 donnent la phy-

sionomie de l'aiguille, et 283 à 284 celle du rail contre-aiguille.

362. *Types d'aiguilles de différentes Compagnies.* — Les aiguilles et les rails contre aiguilles présentent les longueurs suivantes sur quelques lignes :

	aiguilles	contre-aiguilles
Paris-Lyon-Méditerranée	5,00	5,40
Est français	5,00	6,00
Est prussien	4,725	5,652
Est bavarois	4,93	6,00
Grand-duché de Bade	4,50	6,00

363. *Coussinets spéciaux.* — Que le changement soit en rails Vignole ou à double champignon, on fait toujours usage, pour maintenir les rails contre-aiguilles dans une position invariable, de coussinets de support spéciaux, assez larges pour permettre le déplacement latéral de l'aiguille et servant en même temps à faciliter son glissement. Il y a d'ailleurs deux sortes de ces coussinets : ceux de *talons* et ceux de *glissement*.

Les premiers reçoivent les extrémités des rails courants et de ceux du changement ; ils établissent la liaison entre eux. Leur pose doit être faite avec un jeu suffisant pour que le mouvement de l'aiguille puisse se faire sans difficulté. Avec la voie

à double champignon, ce coussinet est assez compliqué, surtout lorsque le joint du rail contre-aiguille ne correspond pas à celui de l'aiguille.

Les choses se simplifient avec la voie

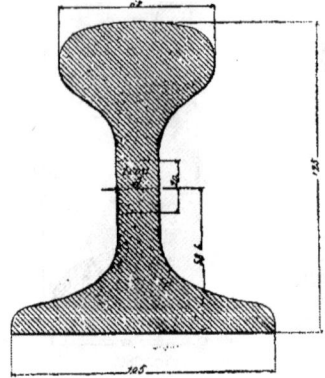

Fig. 284.

Vignole. Ainsi, au chemin de fer de Lyon, ce coussinet est une simple semelle de fonte qui reçoit à la fois les extrémités des rails courants et celles de l'aiguille et du rail contre-aiguille. Le joint est formé

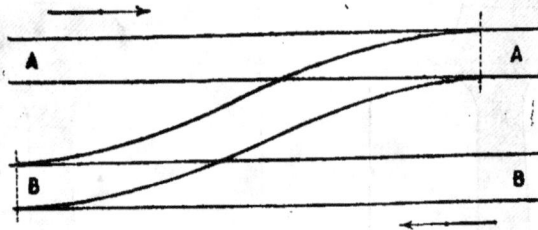

Fig. 285.

par des éclisses ordinaires et un bloc de fonte placé à l'intérieur, le tout consolidé par des boulons.

Les coussinets de glissement sont beaucoup plus simples ; leur semelle doit avoir une surface suffisante pour permettre à l'aiguille d'effectuer son mouvement latéral de déplacement.

364. *Manœuvre des aiguilles.* — Comme

nous l'avons vu précédemment, les deux aiguilles d'un même appareil sont maintenues à distance constante par des tringles de connexion, de telle sorte que, lorsqu'une aiguille est appliquée entre le rail voisin, sa conjuguée laisse entre elle et son contre-rail un espace suffisant pour livrer passage au mentonnet des roues, et réciproquement.

L'ensemble des deux aiguilles avec leurs tringles forme un ensemble pouvant osciller autour des éclisses de talon ; la manœuvre se fait de l'extérieur de la voie au moyen d'un levier à contrepoids opérant sur une tringle spéciale(*fig.* 285).

La tringle qui relie le châssis mobile des aiguilles au levier de manœuvre est boulonnée à l'intérieur de la voie à l'aiguille la plus rapprochée et passe ordinairement sous le rail contre-aiguille voisin au moyen d'une partie recourbée en col de cygne; cela afin de ne pas percer et, par suite, affaiblir ce dernier (voir *types Orléans et Nord*).

La lentille contrepoids, pouvant osciller autour du manche du levier, permet de maintenir, suivant les besoins, les aiguilles préparées soit pour la voie principale, soit pour la voie déviée. Cette précaution est surtout précieuse dans les gares où les aiguilles sont quelquefois nombreuses; il y a alors grand intérêt à diminuer les frais de main-d'œuvre qu'entraînerait la présence d'un agent à chaque aiguille.

365. Mais il peut arriver que l'on ait, au contraire, intérêt à ramener une aiguille constamment dans une position déterminée, le plus souvent la voie principale. On enlève au contrepoids sa mobilité en le calant sur le levier de manœuvre dans la position voulue, généralement au moyen d'un rivet. On dit alors que l'aiguille est rivée sur telle ou telle voie, sur la voie principale par exemple.

Il existe aussi certains branchements qui ne servent que dans de rares occasions et d'une façon toute accidentelle; il est in-

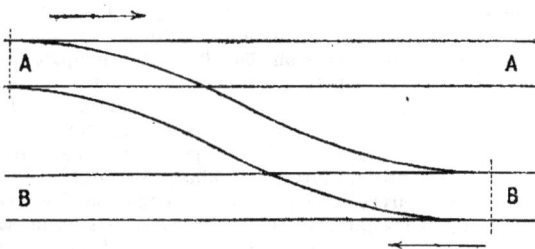

Fig. 286.

dispensable alors de cadenasser l'appareil afin d'empêcher que les aiguilles ne soient déplacées de leur position normale par d'autres personnes que les agents de la Compagnie, lorsque le besoin s'en fait sentir. On obtient ce cadenassement au moyen d'une chaîne ou d'un verrou agissant sur le levier de manœuvre, ou encore par un goujon rivé sur l'aiguille qui doit être normalement fermée. En particulier, ce cadenassement doit être obligatoire pour toutes les aiguilles que les circonstances forcent à prendre *en pointe* sur les voies principales.

366. Quand on cadenasse le contrepoids du levier, il faut avoir soin que cette opération soit sérieusement faite et donne toute sécurité. Cela n'arrive pas toujours quand on se contente de relier le levier de manœuvre à son bâti au moyen d'une chaîne que les agents de l'exploitation peuvent laisser un peu lâche afin de se dispenser d'ouvrir le cadenas lorsque l'aiguille a été manœuvrée. La chaîne, non seulement cesse alors d'être une garantie, mais elle devient un danger, car elle limite la course. La liaison est mieux opérée au moyen d'une tringle rigide munie d'une fourchette qui ne peut recevoir la clavette cadenassée que quand les aiguilles sont à fond de course ; mais il est encore plus sûr d'agir sur l'aiguille elle-même.

367. *Manœuvre des aiguilles à l'anglaise.* — Dans l'aiguille dite *à l'anglaise*, la manœuvre peut être faite automatiquement par le véhicule lorsqu'il aborde l'aiguille par le talon. Une roue se charge elle-même de décaler l'aiguille du contre-rail pour se livrer passage en même temps que l'aiguille conjuguée est appli-

quée le long de son contre-rail par le
l'autre roue du même essieu et la tringle
de connexion. Mais ce système n'est pas
admis sur les lignes françaises. L'aiguille,
en effet, en même temps qu'elle se déplace, supporte les véhicules, qui sont fort
lourds ; cela détermine des frottements
considérables amenant, avec les chocs,
une détérioration rapide du matériel.

La manœuvre à l'anglaise, défectueuse
en principe, est encore plus à redouter
avec les leviers à contrepoids, comme ils
se font tous aujourd'hui. Les aiguilles
sont, en effet, brusquement rappelées par
le contrepoids dès qu'une paire de roues
abandonne leurs pointes, et tout le système éprouve ainsi, lorsqu'il est franchi
par un train, une série de chocs des plus
nuisibles.

368. *Manœuvre à distance.* — Les
leviers de manœuvre précédents n'ont
une longueur que de quelques mètres au
plus. Il arrive fréquemment aujourd'hui
que, dans quelques gares importantes, on
concentre tous les leviers de manœuvre des
aiguilles et des signaux dans une maison-
nette surélevée qui domine la gare. Il n'y
a plus d'aiguilleurs ambulants faisant les
aiguilles à la main et passant d'un levier
au suivant ; tout est manœuvré du poste
des signaux situé en tête de la gare. Tous
les leviers, aiguilles et signaux appartiennent aux voies d'un même groupe, c'est-
à-dire aux voies qui se raccordent par aiguilles, sont ramenées au même *enclanchement*, suivant le principe imaginé en
France par Vuigner et perfectionné en
Angleterre par MM. Saxby et Farmer. En
principe, cela consiste à relier les appareils ensemble de telle façon que, lorsqu'une voie est ouverte, toutes les autres
se trouvent immédiatement fermées. Nous
n'insisterons pas, d'ailleurs, sur ce point
aujourd'hui, nous réservant de traiter
plus loin en détail, dans un chapitre à
part, cette importante question. —

369. *Aiguilles en pointe.* — Un principe absolu dans la pratique des aiguilles,
c'est qu'elles ne doivent jamais être prises
en pointe, car cela est fort dangereux et
peut amener de fréquents déraillements.

Ainsi, supposons deux voies A, B, à relier ensemble par un branchement ; sup-

posons que A et B soient les voies principales d'une grande ligne, par exemple, de
telle sorte que les trains circulent dans le
sens des flèches. Les trains devant prendre
les aiguilles en talon, le branchement devra être disposé suivant les indications
de la figure 285, et non celles de la figure
286.

Ces aiguilles doivent être évitées, car
un train devant filer droit devant lui sur
la voie principale pourrait parfaitement
s'engager sur une voie de garage si l'aiguille est mal faite. Le train prenant l'aiguille en talon, cet inconvénient disparaît
car les roues des trains se chargent elles-
mêmes de faire au besoin l'aiguille à l'*anglaise* en appliquant les aiguilles sur les
contre-rails correspondants.

370. Cela exige seulement que les
trains qui doivent se garer pénètrent sur
la voie qui les attend par refoulement, ce
qui n'est pas sans inconvénients. La locomotive qui est en tête du train avance
sur la voie principale jusqu'à ce que le
fourgon de queue ait dépassé l'aiguille ;
puis il y a arrêt et refoulement sur la
voie de garage une fois l'aiguille ouverte.
Or il faut remarquer que les trains exposés ainsi à se garer, le font le plus souvent
pour livrer passage à des trains rapides, qui
franchissent la station sans s'y arrêter.
Ces trains sont généralement longs et
lourds, le plus souvent destinés au service des marchandises, et leur garage par
refoulement est beaucoup moins commode
et beaucoup moins expéditif que le garage direct.

Néanmoins il est préférable de ne pas
aborder l'aiguille en pointe non seulement au point de vue des accidents possibles, mais aussi dans l'intérêt des aiguilles qui, sans cela, reçoivent toujours
des chocs amenant leur usure rapide.

371. *Déraillement par les aiguilles en
pointe.* — Les déraillements se produisent
dans les aiguilles en pointe pour différents
motifs : la flexion de l'aiguille de déviation y entre le plus souvent comme cause
principale.

Elle est longue de 5 mètres, et du talon
à la pointe est soutenue latéralement par
deux coussinets spéciaux généralement
distants de 1 mètre. Au passage du bou-

din d'une roue, la flèche transversale qu'elle peut prendre entre deux appuis atteindra facilement 3 millimètres, suffisante pour entraîner un déplacement de 20 millimètres à la pointe et amener un déraillement. Et même, en réalité, dans la pratique, une flèche inférieure à la précédente peut parfaitement amener ce résultat à cause du fouettement de l'aiguille et des vibrations de tout le système sous l'influence du passage des trains.

En somme, la pointe de l'aiguille de déviation se trouve libre quand la roue d'arrière d'une machine, manœuvrant seule, arrive sur le talon; le déraillement se produit alors infailliblement, surtout si la machine à grand empâtement, très rigide et marchant en vitesse, exerce une forte pression vers le talon. Si ces déraillements ne se produisent pas plus souvent, c'est que, lorsque l'aiguille est pressée en talon par une roue, elle l'est déjà généralement en pointe par une autre, car sa longueur est plus grande que l'intervalle entre deux essieux consécutifs.

On voit dans tous les cas qu'il est indispensable de donner aux aiguilles le plus de raideur possible dans le sens transversal; et sous ce rapport, comme sous beaucoup d'autres, le rail à double champignon est notablement inférieur au rail Vignole.

De toutes façons, donc, les aiguilles en pointe doivent être évitées; et lorsque cela est impossible, comme aux bifurcations et sur les lignes à voie unique, il est indispensable de ralentir considérablement la vitesse.

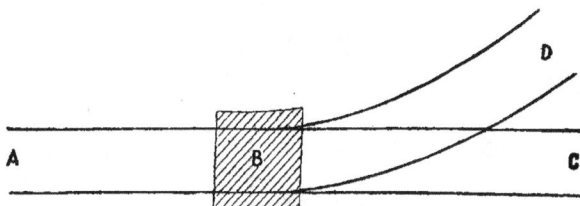

Fig. 287.

372. *Aiguilles en pointe aux bifurcations.* — Il est clair qu'un train venant de Paris en A par exemple, et exposé à se rendre en D après avoir suivi la voie principale jusqu'en B, est bien obligé pour bifurquer de prendre en pointe les aiguilles de l'appareil B. Mais, dans ce cas, on adopte toute une série de précautions, au premier rang desquelles il faut compter le ralentissement de la vitesse (*fig.* 287).

La manœuvre automatique est tout à fait impossible avec les aiguilles en pointe; il faut absolument un homme au levier.

Pour les trains qui suivent la voie principale et qui n'ont pas de déviation à subir, on peut réduire un peu moins la vitesse. Normalement d'ailleurs, l'aiguille est toujours en position pour livrer passage, sans manœuvre, sur la voie non déviée. On comprend alors que la nécessité de ralentir la vitesse soit moindre pour les trains allant droit devant eux que pour les trains déviés. Une des aiguilles est en effet appliquée contre son rail et logée sous le champignon de celui-ci, où elle ne court aucun danger, tandis que l'autre est à un écartement suffisant pour laisser passer le mentonnet des roues. Il faut seulement que l'aiguille soit bien faite à *fond*, c'est-à-dire dans sa position extrême; c'est pour cela, comme nous l'avons déjà vu plus haut, que l'on munit les leviers de manœuvre de grosses lentilles qui, par leur poids, forcent à s'achever le mouvement qui aurait pu n'être qu'ébauché par la main de l'homme.

Lorsqu'on veut faire passer un train de la voie principale sur la voie déviée, on soulève à la main cette lentille contre-

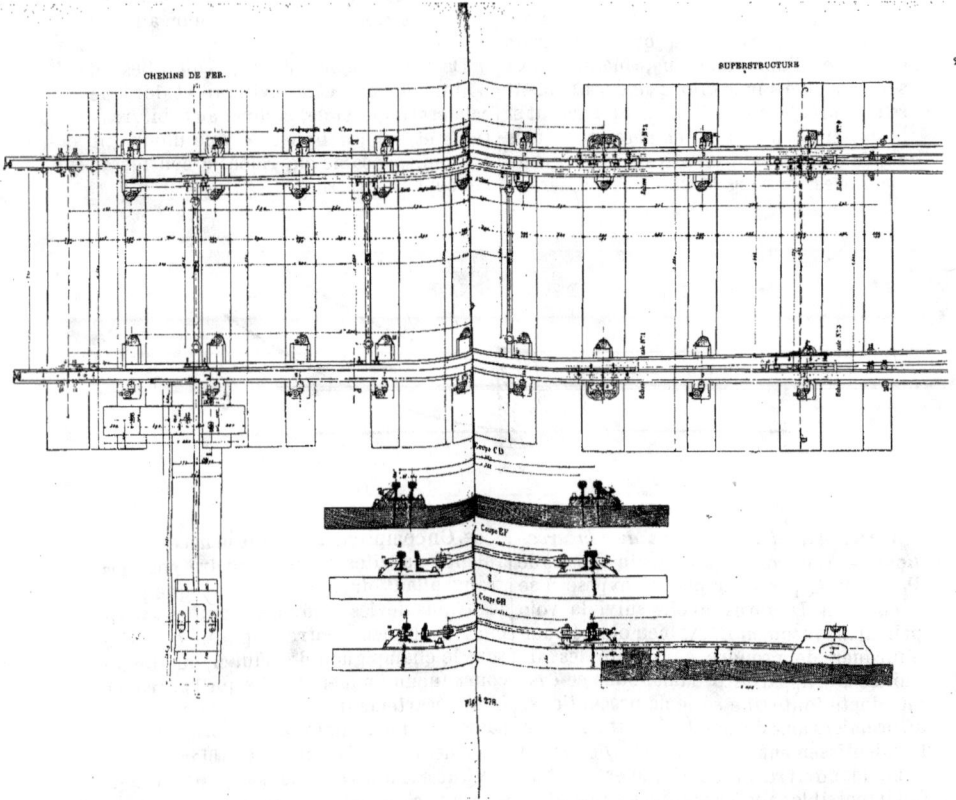

Fig. 278.

poids en lui faisant faire autour du levier une rotation de 180 degrés. En même temps on fait basculer le levier lui-même de manière à ouvrir l'aiguille fermée et à fermer celle qui était ouverte ; le contrepoids achève encore le mouvement en aidant l'homme à le pratiquer. Le train passé et engagé sur l'embranchement courbe, on ramène le levier en arrière, ainsi que la lentille, et on revient à la position normale, la voie principale ouverte.

373. *Précautions aux bifurcations.* — Lorsqu'une ligne d'embranchement se détache en un point de la voie courante d'une ligne principale, le mécanicien doit modérer la vitesse à 500 mètres au moins avant d'arriver à la bifurcation, et cela de manière à ce que le train puisse être complètement arrêté en ce point si cela est nécessité par les circonstances.

De nombreux signaux spéciaux, que nous verrons plus loin, accompagnent d'ailleurs toujours une bifurcation ; il doit y en avoir entre autres qui indiquent nettement dans quel sens les aiguilles sont placées.

Les ordres de service ne rendent cependant pas le ralentissement toujours obligatoire aux abords des voies industrielles ou des raccordements spéciaux qui ne servent qu'éventuellement et dont les aiguilles sont toujours cadenassées. A plus forte raison, ne peut-il être question ici du cas où il s'agit d'un simple croisement de voie destiné à faciliter les manœuvres.

Forme des aiguilles.

374. Nous savons que l'aiguille présente au talon une distance du contre-rail de $0^m,11$ d'axe en axe et qu'il va en

Fig. 288.

se rapprochant de ce dernier en ligne droite (*fig.* 288). En continuant ainsi tout droit de *m* en *n*, l'aiguille n'aurait bientôt plus d'âme. Aussi, à partir du point de contact *m*, on dévie un peu l'âme de manière à ce qu'elle existe jusqu'au bout de *n* avec son épaisseur, tandis que le champignon diminue constamment. Le rail-aiguille doit donc être dévié à partir de *m* et présenter un champignon raboté sur ses deux faces.

Les figures précédentes accompagnant les ensembles de changements montrent les rabotages successifs, nous n'y reviendrons pas. En *m* on a simplement deux champignons qui se touchent, tandis qu'en *n* l'aiguille est presque réduite à son âme ; le champignon ayant à peu près disparu et présentant généralement une inclinaison au 1/5 comme celle de l'intérieur du boudin des roues. De l'autre côté, il épouse le champignon du rail contre-aiguille.

Toute cette partie rabotée de *m* en *n* est, comme nous savons, logée sous le champignon du rail contre-aiguille. On s'arrange de manière que l'aiguille ne supporte les roues des véhicules qu'à partir du milieu de la distance *mn*, c'est-à-dire à partir du moment où elle est assez forte pour pouvoir le faire sans inconvénient.

Le patin est naturellement diminué de la même manière du côté du rail contre-aiguille ; celui-ci, à l'inverse de ce qui se passe pour son champignon qui reste intact, présente au patin des modifications analogues à celles de l'aiguille.

375. *Inclinaisons des aiguilles.* — Tous les rails se posant sur une inclinaison au 1/20 et le mouvement des aiguilles se faisant horizontalement sous l'effet des leviers, on voit exactement qu'il se présente là une difficulté au point de vue de l'installation de ces dernières. Il faudrait, pour satisfaire complètement à cette double condition, des coussinets de glissement présentant le fond en forme de surface gauche, ou d'aile de moulin, ce qui est peu pratique.

Au chemin de fer du Nord on a simplifié la question en fabriquant pour les ai-

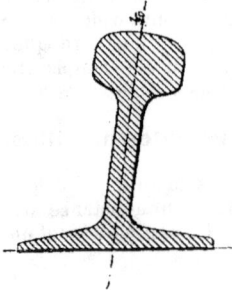

Fig. 289.

guilles des rails spéciaux dont le patin est horizontal et l'âme inclinée au 1/20 (*fig.* 289).

Mais, en général, les autres Compagnies préfèrent laisser l'aiguille verticale; le joint de l'aiguille et du rail au talon exige alors des éclisses spéciales.

A la Compagnie d'Orléans, les aiguilles

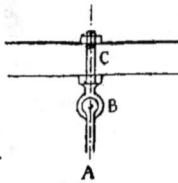

Fig. 290.

se font aujourd'hui avec des barres à section rectangulaire ou en forme de trapèze.

376. *Accessoires des aiguilles.* — Les aiguilles étant forcément mobiles, il est nécessaire de les soutenir transversalement, car elles ne le sont pas comme des rails fixes ordinaires, excepté lorsqu'elles

butent à fond contre la paroi du coussinet de glissement; elles pourraient donc fléchir latéralement.

D'abord, elles sont reliées entre elles au moyen de tringles de connexion dont nous avons déjà parlé plus haut. En outre, on les munit de trois ou quatre boulons butoirs vissés dans l'aiguille et allant s'appuyer entre le rail contre-aiguille voisin. Le plus souvent aujourd'hui, ce sont des boulons, fixant ce rail au coussinet de

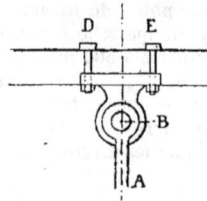

Fig. 291.

glissement, qui se prolongent de l'autre côté et forment butoirs pour l'aiguille.

Quant aux tringles de connexion, elles doivent être articulées de manière à permettre les mouvements des aiguilles sans

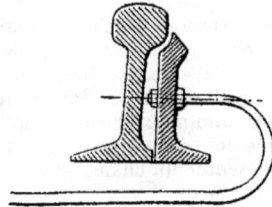

Fig. 292.

éprouver d'autre effort que la traction à laquelle elles sont soumises.

On a commencé par mettre un boulon, avec articulation (*fig.* 290), qui présentait l'inconvénient de permettre à la tringle de tourner sur elle-même. Aujourd'hui, on adopte d'une manière générale le système du **T** (*fig.* 291), muni de deux boulons et qui ne peut tourner comme le premier.

cédemment, afin d'éviter de percer le contre-rail, la tige de manœuvre se rendant au levier passe en dessous et forme un col de cygne (*fig.* 292); et, si la tringle du levier correspond à une tringle de connexion, on fixe l'extrémité du col de cygne sur une articulation commune (*fig.* 293).

Les aiguilles tendent à se déplacer longitudinalement comme les voies; on prévient ce mouvement en faisant venir une saillie dans le fond du coussinet de talon. Le rail courant et le talon de l'aiguille sont alors munis d'encoches qui viennent buter contre cette saillie. En plus on éclisse comme à l'ordinaire.

377. *Levier de manœuvre. Châssis.* — Le levier de manœuvre oscille autour d'un pivot horizontal posé sur les deux flasques d'une boîte en fonte. Celle-ci est posée et boulonnée sur deux traverses prolongées du châssis général. Pendant

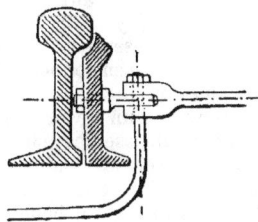

Fig. 293.

longtemps, on a relié les traverses composant ce châssis par des longrines, que l'on plaçait de préférence au-dessus des traverses, afin de faciliter la surveillance, l'entretien et l'écoulement des eaux. Aujourd'hui, la tendance est de supprimer ces longrines.

On doit goudronner avec soin toutes les entailles, les surfaces de pose, les trous des tirefonds, etc.

378. *Changement américain.* — M. Malézieux, dans son rapport sur les travaux publics aux États-Unis, a décrit un changement spécial imaginé par M. Wharton et perfectionné dans ces dernières années; il présente le grand avantage de laisser complètement intacte la voie principale. La voie déviée n'existe pour ainsi dire pas, lorsque l'aiguille n'est pas disposée pour faire face à ses besoins; il

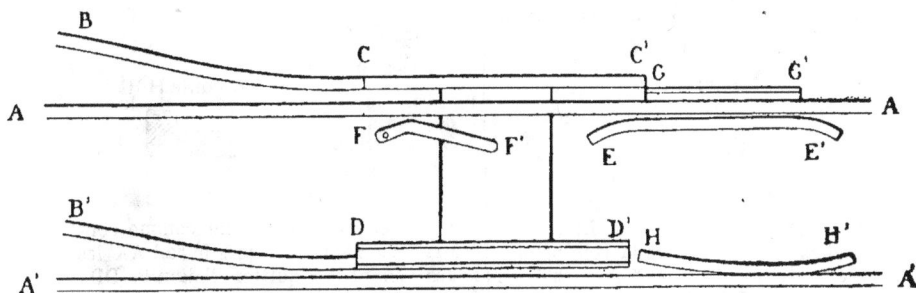

Fig. 294.

Comme nous l'avons également dit précédemment,

en résulte que les trains qui suivent la voie principale peuvent franchir l'aiguille sans aucun ralentissement, ce qui est presque impossible avec les systèmes ordinaires. Il faut cependant, pour appliquer ce système, des bandages de roues assez larges, $0^m,14$ au moins, comme on les emploie en Amérique. Avec les bandages de $0^m,12$ à $0^m,13$, généralement en usage sur les lignes françaises, il serait inapplicable.

Voici en quoi consiste le système Wharton.

Supposons les deux rails AA' de la voie courante qui, comme nous venons de le dire, restent absolument intacts et ininterrompus (*fig.* 294), et ceux de la voie déviée BB'. Ces derniers se raccordent à ceux de la voie principale AA' au moyen d'une aiguille extérieure CC' ayant la forme ordinaire du rail Vignole, et d'une aiguille intérieure DD' ayant une forme spéciale, en cuvette (*fig.* 295). En outre, ces deux aiguilles présentent une inclinaison régulière et ascensionnelle de la pointe jusqu'au talon.

Lorsqu'au moyen d'un levier comme à l'ordinaire, on a disposé les choses de manière à faire passer les trains sur la voie déviée, les aiguilles ont été rapprochées des rails voisins. Le boudin des roues des véhicules s'engage alors du côté DD', dont la cuvette est formée par l'aiguille spéciale, et monte la rampe correspondante; il en résulte qu'au bout de peu de temps la roue cesse de porter sur le rail A'A', mais sur l'aiguille seule, qui la conduit sur le rail B' de la voie déviée.

Pendant ce temps, la roue conjuguée,

en talon, le contre-rail FF' est écarté du rail A par les boudins des roues des véhicules, et ce mouvement entraîne l'ouverture des aiguilles CC' et DD'.

Avec les seules pièces décrites précédemment, un train venant de la voie déviée BB' traverserait toujours la voie coupée si l'aiguille n'était pas faite pour cette direction, et il en résulterait sûrement un déraillement. Primitivement on évitait ce danger en établissant parallèlement à la voie déviée une troisième aiguille mise en communication avec le levier de manœuvre du changement; un train venant de cette voie prenait donc cette aiguille en talon, la refoulait dans le sens convenable et entraînait en même temps la position correcte des deux autres.

M. Wharton a changé son système dans ces dernières années, il ajoute à son changement les deux pièces fixes GG' et HH'

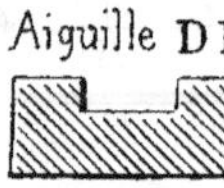

Aiguille C C'

Aiguille D D'

Aiguille H H'

Fig. 295.

Fig. 296.

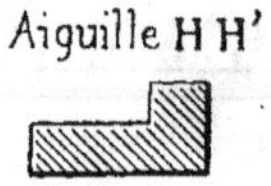

Fig. 297.

guidée par un contre-rail EE', porte d'abord sur le rail AA de la voie principale et sur l'aiguille CC' (*fig.* 296) en rampe comme DD'. Il résulte de cette rampe que le bandage abandonne à un moment donné le rail AA, quand la différence de niveau entre ce dernier et l'aiguille atteint la hauteur du boudin des roues. A ce moment, la roue passe par-dessus le rail de la voie principale et suit le rail dévié BC.

Un contre-rail FF', mobile autour d'un point fixe F, a son mouvement solidaire de celui des aiguilles CC', DD'. Il en résulte qu'une aiguille de ce type prise en talon par un train venant de la voie principale se manœuvre d'elle-même. Quand le changement est préparé pour envoyer les trains sur la voie déviée, le contre-rail FF' se trouve appliqué à fond contre le rail AA; si alors un train venant de la voie principale prend l'aiguille

dont l'une, HH', fonctionne comme contre-rail en ramenant vers le rail AA' les roues venant de quitter l'aiguille DD'. L'autre, dont la coupe est représentée (*fig.* 297) et dont le fond présente une rampe progressive jusqu'au niveau du rail AA sert à faire monter insensiblement les roues venant de l'aiguille CC' au-dessus du rail AA. De la sorte, on évite les déraillements des trains venant de la voie déviée sans faire subir aucun déplacement aux aiguilles du changement.

Changements avec traverses métalliques.

379. Le prix des bois spéciaux pour appareils de changements étant beaucoup plus élevé que celui des traverses courantes de la voie, il fallait s'attendre à voir les partisans des traverses métalliques faire valoir cet argument. Ils n'y ont pas manqué et proclament bien haut que la différence entre les frais de premier établissement devenant alors insignifiante, il n'y a pas lieu à hésitation, et que tous les branchements devraient être sur traverses métalliques.

Les Allemands, qui, on se le rappelle, sont les plus avancés dans la question des traverses métalliques, les ont naturellement appliquées dans ce cas particulier et s'en déclarent très satisfaits sous tous les rapports.

M. Brika, à la suite de son voyage revint, comme nous l'avons dit, tout à fait convaincu de l'avantage des traverses métalliques, et ne pouvait manquer de faire faire des essais de changements aux chemins de fer de l'État dont il est l'ingénieur du matériel.

Aussi cette administration présentait à l'Exposition de 1889 un branchement double en rails de son type, à double champignon, avec croisement de tg 0,10. en acier coulé, le tout posé sur traverses métalliques : changement simple, croisement et zone intermédiaire. Cela nécessite quarante et une traverses en comptant celle du joint précédant immédiatement la pointe de l'aiguille. Ces traverses en acier ont, au nombre de trente-deux, le profil courant des traverses ordinaires de la voie.

Les neuf restantes sont en forme d'U renversé dont l'âme à 0ᵐ,250 et sont fermées à leur extrémité par des cornières rivées. Ces neuf traverses spéciales sont simplement coupées de longueur dans une barre d'acier du profil précité.

Ces larges traverses en ∩ sont indispensables pour certains points particuliers où les coussinets ont de larges bords et ne trouveraient pas une assiette suffisante avec les traverses ordinaires. Cela se présente, par exemple, au talon de l'aiguille et à la pointe de cœur.

Le bâti de manœuvre du levier d'aiguille est posé sur une de ces traverses spéciales qui se prolonge de la longueur voulue en dehors de la voie. On pourrait aussi prolonger un ou plusieurs autres de ces fers en , selon les besoins, pour supporter d'autres appareils, bâti, etc.

Les longueurs des traverses varient,

suivant leur position, de 2ᵐ,50 à 4ᵐ,10. Le perçage de trous doit être fait pour chacune d'elles d'après une épure spéciale dans laquelle l'espacement de ces trous est tracé géométriquement.

Les coussinets sont fixés sur les traverses au moyen de boulons par l'intermédiaire de talons.

380. *Fabrication de choix.* — Etant donnée la fatigue exceptionnelle que supportent les aiguilles, il est bon de les fabriquer en acier de bonne qualité, en bon Bessemer par exemple. On rabote chaque aiguille de manière qu'elle puisse se loger sous le champignon du rail contre-aiguille, sans cependant présenter à la partie supérieure de la pointe une épaisseur inférieure à 12 millimètres. L'aiguille est ainsi protégée dans la région où elle est le plus faible, et on n'a pas à redouter de la voir se briser lors du passage des trains.

De même les traverses sont plus rapprochées dans les appareils que dans la voie courante ; et on n'y emploie que des traverses de choix. Enfin toutes les traverses sont souvent reliées par deux longrines de 6ᵐ,50 de long et de 0,20/0,20 d'équarrissage.

Les aiguilles sont toutes pourvues de numéros d'ordre ou de signes spéciaux ayant pour but de les désigner d'une manière précise pour en faire faire la manœuvre ou pour la réparation. Elles sont aussi fréquemment pourvues de signaux particuliers indiquant clairement leur position et la voie sur laquelle un train est exposé à s'engager en continuant sa marche.

Leur entretien doit être excessivement soigné ; il faut que les aiguilles soient toujours nettoyées et graissées avec soin. Toutes les parties en sont visitées chaque jour par l'aiguilleur, qui fait lui-même toutes les réparations nécessaires quand elles sont simples. Il a bien soin, en outre, d'enlever tous les corps étrangers qui pourraient gêner les manœuvres, et d'assurer l'écoulement des eaux.

C'est surtout en temps de neige et de gelée que ces appareils doivent être l'objet des soins les plus vigilants ; la neige et la glace peuvent, en effet, donner des bour-

relets entre les aiguilles et les rails, empêcher le fonctionnement normal de l'appareil et entraîner des accidents.

En cas de réparation grave, l'aiguilleur
doit prévenir immédiatement le service
de la voie ; le chef de gare est également
prévenu toutes les fois qu'une aiguille
subit la moindre réparation dans la gare
afin qu'il puisse organiser une surveillance toute spéciale sur les points dangereux.

En temps de brouillard et pendant la
nuit, les aiguilles doivent toujours être
munies d'une lanterne à signal.

Prix de revient des branchements.

381. La Compagnie d'Orléans fournit à
l'État des branchements simples pour rails
à double champignon au prix de 517 francs
se décomposant comme suit (M. Humbert) :

CHANGEMENT SIMPLE : LONGUEUR, 5^m,50.

INDICATION DES OUVRAGES	POIDS		PRIX	
	PAR UNITÉ	TOTAL	DE L'UNITÉ	TOTAL
	kil.	kil.	fr.	fr.
1° MATÉRIAUX				
2 rails à double champignon de 5^m,50 chacun et en acier................	210.10	420.20	0.17930	75.34
2 rails rectangulaires de 4^m,50, en acier, formant les deux aiguilles...............	260.19	520.38	0.15246	79.34
3 tringles de connexion........................	»	21.20		48.18
16 boulons de coussinets.......................	»	13.14	pour	
1 tringle de jonction de 1 mètre col de cygne avec boulons spécial.................	10	10		
14 coussinets de chargement..................	»	235.20	0.12697	29.86
4 coussinets intermédiaires..................	9.70	38.80	0.10519	4.08
42 tirefonds goudronnés en acier.............	0.316	13.27	0.45956	6.10
1 levier de manœuvre, son contrepoids, sa boîte et ses boulons....................	167.50	167.50	0.31363	52.53
3 boîtes de recouvrement de tringles.........	10.15	30.45	0.552	16.81
2 paires d'éclisses.........................	9.30	18.60	0.15791	2.94
8 boulons d'éclisses de 0^m,025..............	0.6827	5.66	0.26572	1.45
8 traverses de joints.......................	»	»	6.73	53.84
Pièce de bois supportant la boîte de manœuvre cubant 0^m,120......................	»	»	69.03	8.29
6 coins en chêne............................	»	»	0.06752	0.40
PRIX de la fourniture des matériaux...........				379.16
2° TRANSPORT ET MAIN-D'ŒUVRE				
Façon d'un changement compris les boulons d'assemblage.	»	»	»	37.11
Transport des matériaux......................	»	»	»	48.73
Sabotage du changement......................	»	»	»	15
Pose du changement..........................	»	»	»	37
PRIX TOTAL (fourniture et pose)...........				517.00

§ II. — CROISEMENTS DE VOIES

382. Nous avons vu précédemment ce
que c'était que le *croisement* de voies,
venant forcément à la suite du *changement*.

Pour ne pas multiplier les types, on a
coutume, dans chaque Compagnie, d'en
avoir un certain nombre, assez restreint,
que l'on dispose d'ailleurs symétriquement
par rapport à la bissectrice de l'angle
de croisement de manière qu'ils puissent
être utilisés dans les deux sens indistinctement.

On les distingue les uns des autres par
la tangente de l'angle de croisement ; c'est

ainsi qu'au chemin de fer de Lyon, par exemple, on rencontre les croisements de 0ᵐ,07, 0ᵐ.09, 0ᵐ,11 et 0ᵐ,13 (angle dont la tangente est 0ᵐ,07, etc.).

Supposons donc deux voies dont les rails intérieurs se croisent comme cela se présente dans un branchement ordinaire (*fig.* 298). Le croisement ne doit pas se faire sous un angle trop aigu, afin, comme nous allons le voir, de ne pas trop amincir le métal, ce qui le rendrait fragile.

Cela posé, il faut disposer les rails de

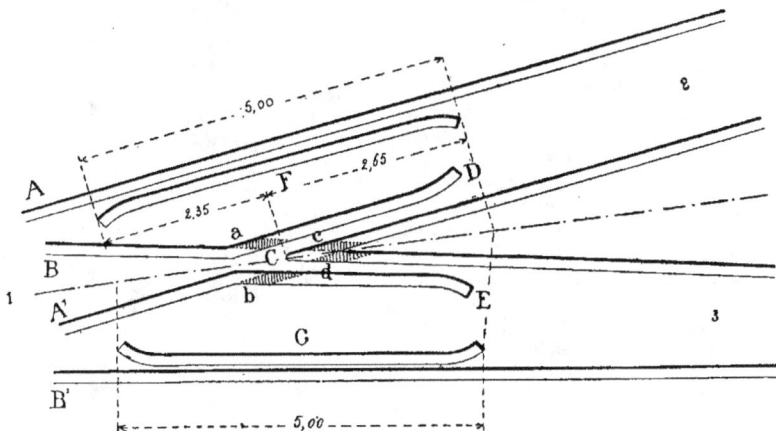

Fig. 298.

manière qu'un véhicule venant du tronc commun 1 puisse aller indistinctement du côté 2 et du côté 3.

Or un essieu venant de 1 présentera une roue gauche qui roulera toujours sans difficultés sur le rail A, et une roue droite pour laquelle il en sera de même sur le rail B'. La difficulté se présente donc seulement quand l'une ou l'autre de ces roues vient à passer au croisement proprement dit, ou *cœur* C.

Dans ce cas, la roue gauche de l'essieu doit pouvoir circuler au besoin sur le rail B, et la roue droite sur le rail A. Il faut

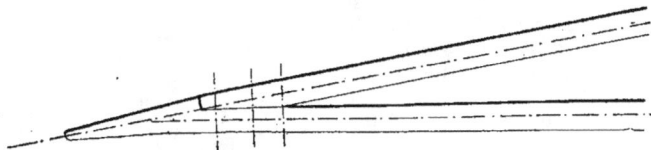

Fig. 299.

donc *a priori* que les rails A et B soient tous deux interrompus de 0ᵐ,05 dans le voisinage du cœur afin de permettre le passage des boudins des roues. En pratique, au lieu de s'interrompre brusquement, ils vont en s'écartant et règnent tout d'abord à une distance de 0ᵐ,05 le long de la pointe, puis s'éloignent un peu plus de cette dernière sous forme évasée : c'est ce qu'on appelle les *pattes de lièvre*, CD et CE. L'écartement à l'extrémité de ces pattes est de 0ᵐ,12; il se réduit rapidement à 0ᵐ,08, et ne tombe à 0ᵐ,05, cote normale, qu'un mètre plus loin.

Il résulte, en outre, de ces interruptions de rails dans le sens de la circulation, une discontinuité dans la voie pouvant entraîner des déraillements. On évite ces accidents en posant le long des rails symétriques des contre-rails F et G, qui retiennent la roue conjuguée de celle qui passe sur le cœur : de cette façon, le déraillement est impossible. Ces contre-rails sont, comme toujours, posés à 0ᵐ,05 de distance, et évasés à leurs extrémités comme les pattes de lièvre.

Ces dernières, dans le voisinage de la pointe de cœur, ont principalement pour but de conduire les roues en les prenant à distance et sans choc, sur la pointe ; en outre, de soutenir les bandages que l'on fait pour cela plus larges que les rails, au moment des interruptions vues plus haut. Quand le rail est interrompu et que le boudin n'est plus soutenu, le bandage l'est encore en roulant sur les parties hachées abcd. Les pattes de lièvre ont leurs extrémités évasées afin qu'un choc quelconque ne vienne pas à les arracher. Les contre-rails ont généralement 5 mètres de long ; ils s'étendent un peu plus du côté de la pointe que du côté opposé.

La pointe réelle PR du croisement est un peu en arrière de la pointe théorique ou mathématique PM.

Fabrication du croisement.

383. D'après ce qui précède, on voit que la partie principale, en même temps que la plus délicate, d'un croisement est la pointe : les contre-rails et les pattes de lièvre peuvent être des rails courants que l'on a convenablement cintrés à leurs extrémités. La seule précaution à prendre avec les pattes de lièvre, c'est qu'elles soient bien invariablement liées à la pointe de cœur, sans quoi l'ensemble du système pourrait présenter de grands dangers.

D'ailleurs, le point principal dans un croisement, c'est que tous les éléments qui le composent soient complètement solidaires les uns des autres. Ce sont toujours des appareils pour ainsi dire de précision, dont il faut régler le niveau des

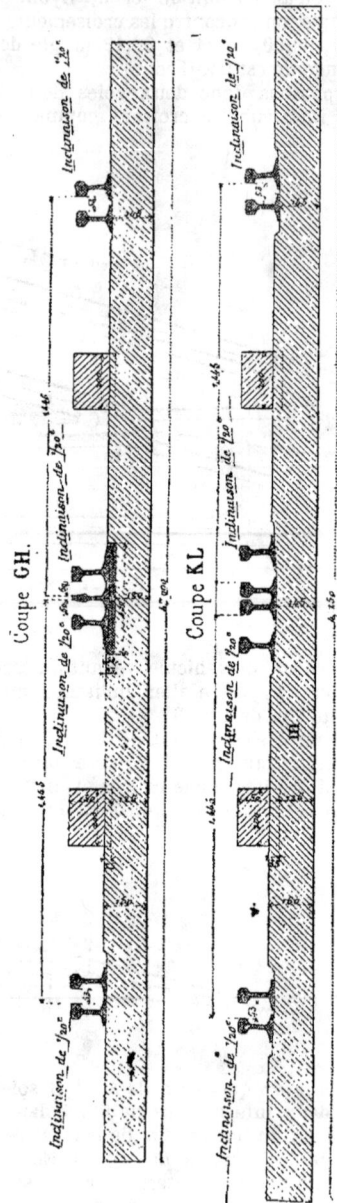

Fig. 301 et 302.

différentes pièces avec le plus grand soin. Leur invariabilité est toujours mise plus ou moins en défaut au bout d'un certain temps par l'usure des rails et des bandages des roues. Mais il faut que ces causes de perturbation, que l'on surveille d'ailleurs avec soin, soient les seules, et qu'il ne vienne pas s'y ajouter l'aléa des tassements inégaux provenant d'une installation défectueuse. La liaison parfaite entre la pointe et les contre-cœurs est la première des conditions à remplir pour assurer le succès.

384. Cela posé, on a commencé par constituer la pointe avec un rail effilé un peu dévié à son extrémité pour conserver son âme jusqu'au bout, et recevant le second rail dans une encoche latérale, (*fig.* 299) le tout rigoureusement boulonné transversalement.

Les figures 300 à 302 donnent l'ensemble

et deux coupes transversales d'un croisement de rails ainsi assemblés, usité au chemin de fer du Nord avec le rail de 30 kilogrammes acier.

D'autres fois, on emploie une pointe supplémentaire rapportée qui a été faite successivement en fer forgé, en fonte, en acier et qui vient se fixer au bout des deux rails courants au moyen d'éclisses (*fig.* 303).

Le plus souvent, dans ce cas, on fait venir d'une seule pièce avec la pointe, deux oreilles latérales servant de butoir aux pattes de lièvre. Nous donnons également dans les figures 304 à 310 un type de ce genre de 0^m,13 usité au chemin de fer du Nord. Nous ne nous étendrons pas sur les détails; il suffit de suivre attentivement les différentes coupes pour bien s'en rendre compte.

Ou bien encore les deux rails étaient taillés en biseau de manière à enserrer

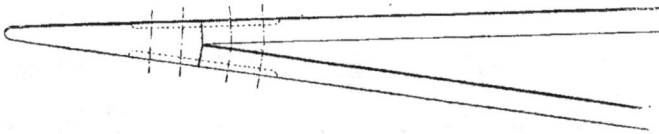

Fig. 303.

une queue d'ironde venue avec la pointe (*fig.* 311).

385. *Croisement Gruson.* — Un certain progrès a été réalisé d'abord en Allemagne aux usines de Buckau, près Magdebourg. On a coulé en fonte durcie Gruson, et d'une seule pièce, la pointe de cœur et les pattes de lièvre, avec une amorce de la voie courante. On applique les rails ordinaires à l'extrémité de l'appareil au moyen de pénétration dans des encoches de la fonte ou des sabots ménagés à cet effet; on boulonne ensuite énergiquement (*fig.* 312, 313 et 314, chemin de fer du Midi, rail à double champignon).

Mais ce système est mauvais pour les grandes vitesses à cause de la fragilité de la fonte, même durcie. Il n'y a donc lieu de ne l'employer que sur les voies secondaires, garages, services, etc.

386. *Croisement de Pétin et Gaudet.* — On eut alors l'idée de substituer l'acier

fondu à la fonte, et, dans cet ordre d'idées, MM. Pétin et Gaudet imaginèrent un type réunissant encore dans un seul bloc la pointe de cœur et les pattes de lièvre; mais, de plus, réversible, c'est-à-dire présentant sur sa face inférieure les mêmes profils que sur sa face supérieure, et par conséquent permettant de retourner l'appareil sens dessus dessous quand il était suffisamment usé pour ne plus offrir un bon service sur une face.

L'inconvénient est que la pose de ces croisements exige des coussinets spéciaux dans lesquels ils sont fixés au moyen de coins, ce qui n'a pas lieu avec le système Gruson; ces divers coussinets, qui ne sont pas tous pareils, entraînent une assez grande complication.

En outre, l'avantage du retournement est nul en pratique, car, en même temps que le croisement s'use à la partie supérieure, il se martelle par dessous dans son

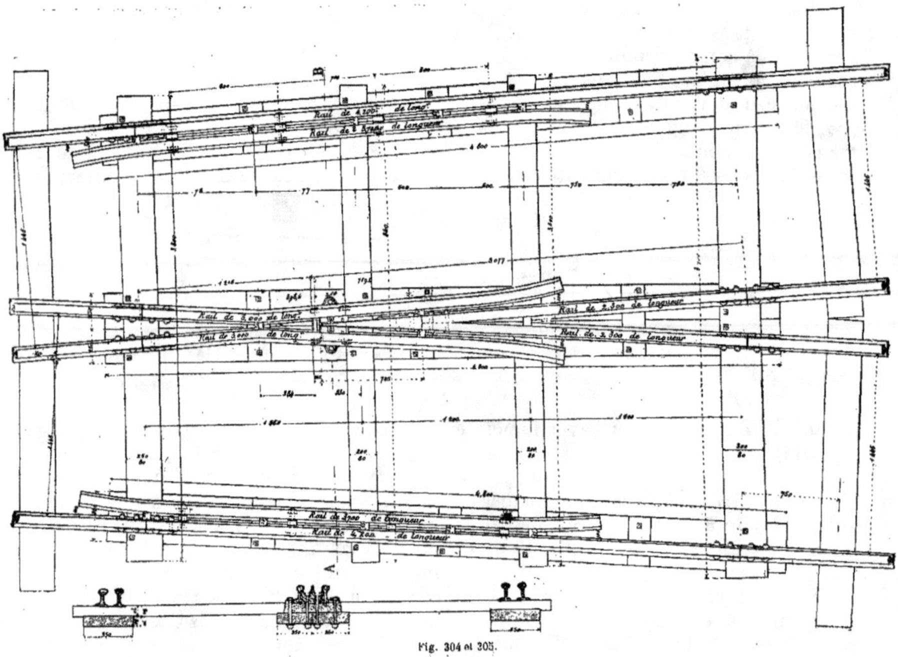

Fig. 304 et 305.

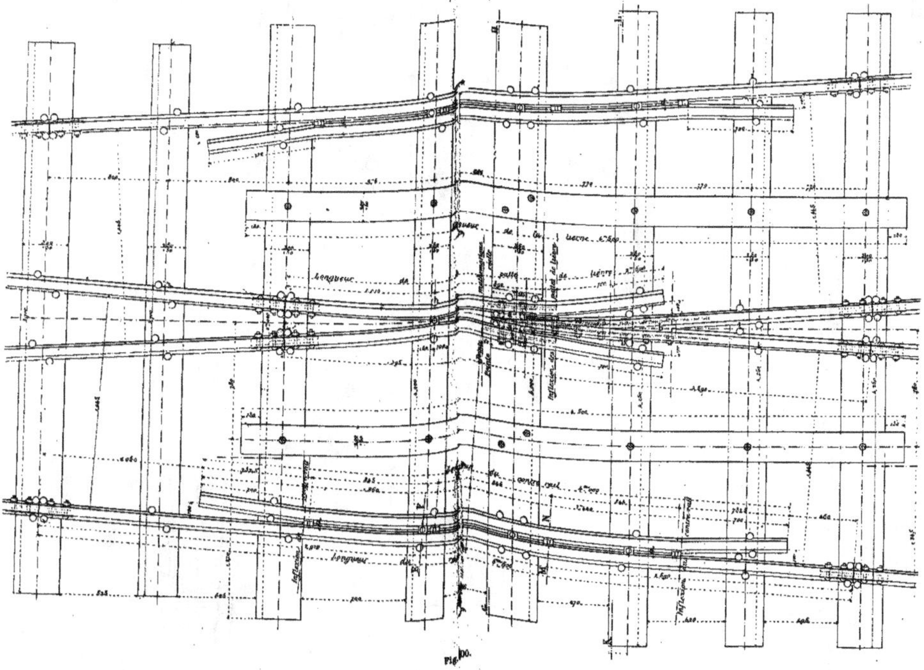

Fig. 100.

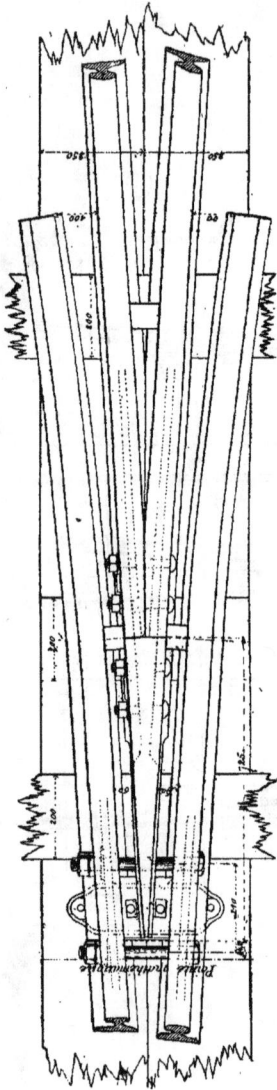

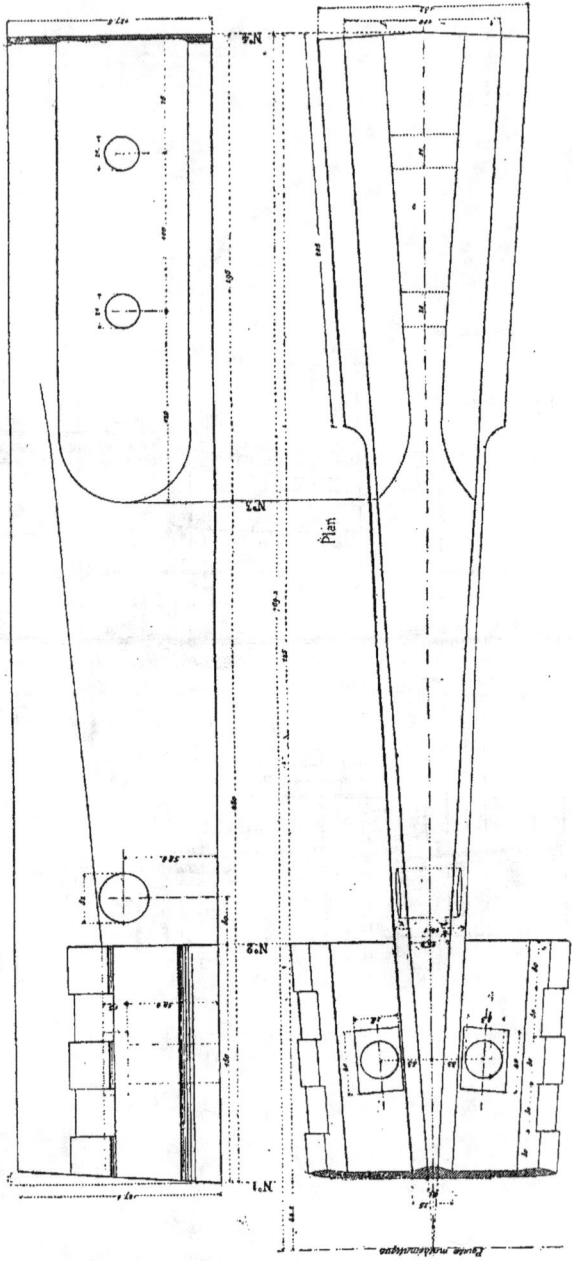

Fig. 306.

Fig. 307.

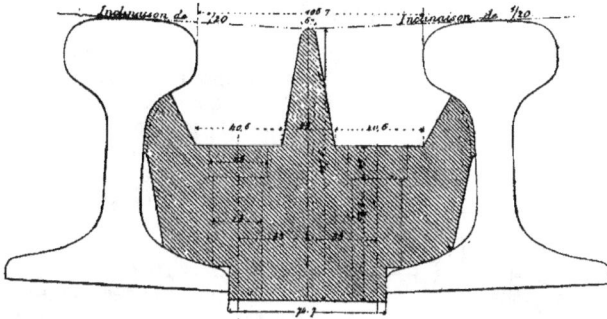

Fig. 308.

coussinet, de sorte que le retournement
devient illusoire. Il en est de cela comme
du retournement du rail à double champignon, auquel on a dû renoncer.

387. *Croisement en acier.* — Aussi,
tout en conservant l'acier, on en est revenu au croisement non réversible, coulé
et martelé; le martelage a pour but de
faire disparaître les bulles qui se rencontrent souvent dans les aciers Bessemer
ou autres et que le laminage combat suffisamment dans la fabrication des rails.
On coule donc le bloc d'acier nécessaire,
et on l'étampe dans des moules en le frappant avec le marteau-pilon.

Quelquefois, comme à la Compagnie de
l'Ouest, on termine l'opération par un

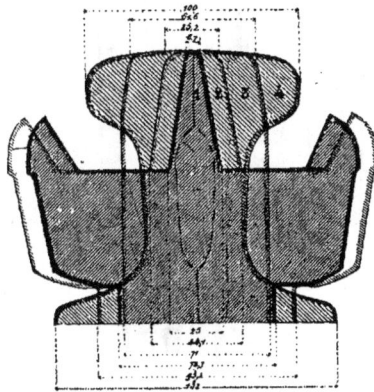

Fig. 309.

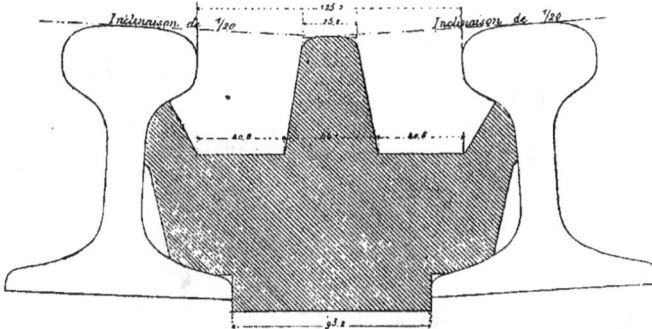

Fig. 310.

Fig. 311.

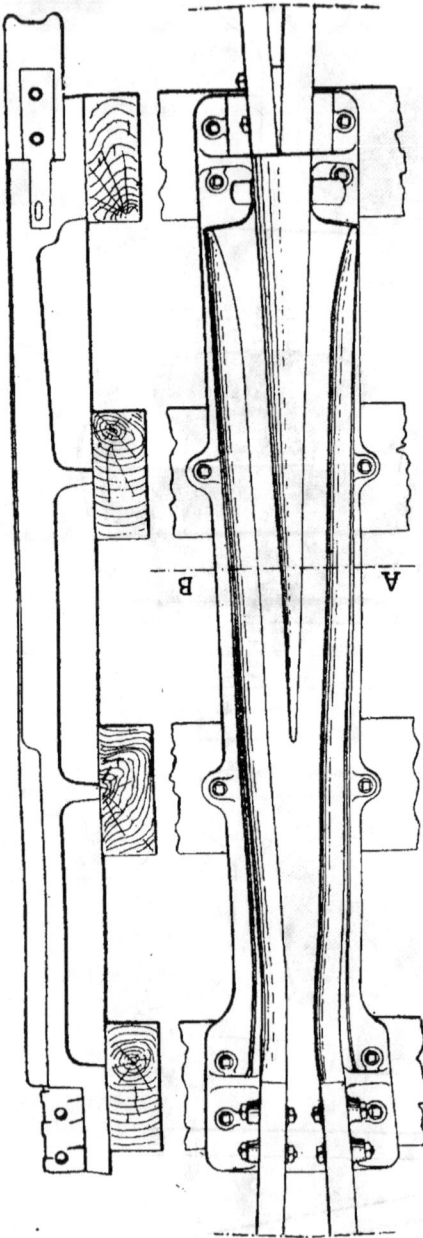

Fig. 312 et 313.

rabotage, ce qui augmente la dépense, mais donne un appareil beaucoup plus précis et qui dure plus longtemps.

Dans tous les cas, on donne toujours à ces appareils une épaisseur assez grande pour qu'ils puissent être rabotés plusieurs fois après usure, avant d'être jetés au rebut.

388. *Châssis.* — Comme pour les aiguilles, tous les éléments du croisement sont solidement fixés par des boulons sur des traverses de choix constituant un châssis d'ensemble.

Courbe de raccordement entre un changement et un croisement.

389. Étant admis que la courbe de raccordement entre un changement et le croisement qu'il entraîne est un arc de cercle, on peut se proposer de chercher quel est le cercle de rayon maximum qui permet cette liaison.

Les aiguilles sont des lignes droites de 5 mètres de long, $0^m,06$ d'épaisseur et dont le talon est à $0^m,05$ du rail ; cette aiguille constitue la tangente inférieure à l'arc cherché T.

En appelant δ l'angle formé par cette aiguille avec le rail voisin, on a *(fig.* 313) :

$$\operatorname{tg} \delta = \frac{0.11}{5.00}.$$

Le croisement est donné aussi par son angle α ou, en pratique, par la tangente de cet angle, ce qui revient au même. On se fixe en plus une certaine longueur l à partir de la pointe de cœur jusqu'à l'extrémité du croisement. Cette droite l constitue la seconde tangente au cercle cherché T'.

Et comme la courbe de raccordement est un cercle, les tangentes T et T' issues d'un même point extérieur sont égales, T = T', et l'angle qu'elles font entre elles est $\alpha - \delta$ *(fig.* 34h).

La courbe de raccordement commençant au talon de l'aiguille et se terminant à l'orifice du croisement, projetons toute la figure sur un axe perpendiculaire à la direction du rail XX', on a :

l'entrerails :

$$1.45 = 0.11 + \mathrm{T} \sin \delta + \mathrm{T} \sin \alpha + l \sin \alpha,$$

d'où :

$$T = \frac{1.34 - l \sin \alpha}{\sin \delta + \sin \alpha}.$$

En outre, sur la figure 316, on voit que:

$$T = R \operatorname{tg} \frac{\alpha - \delta}{2},$$

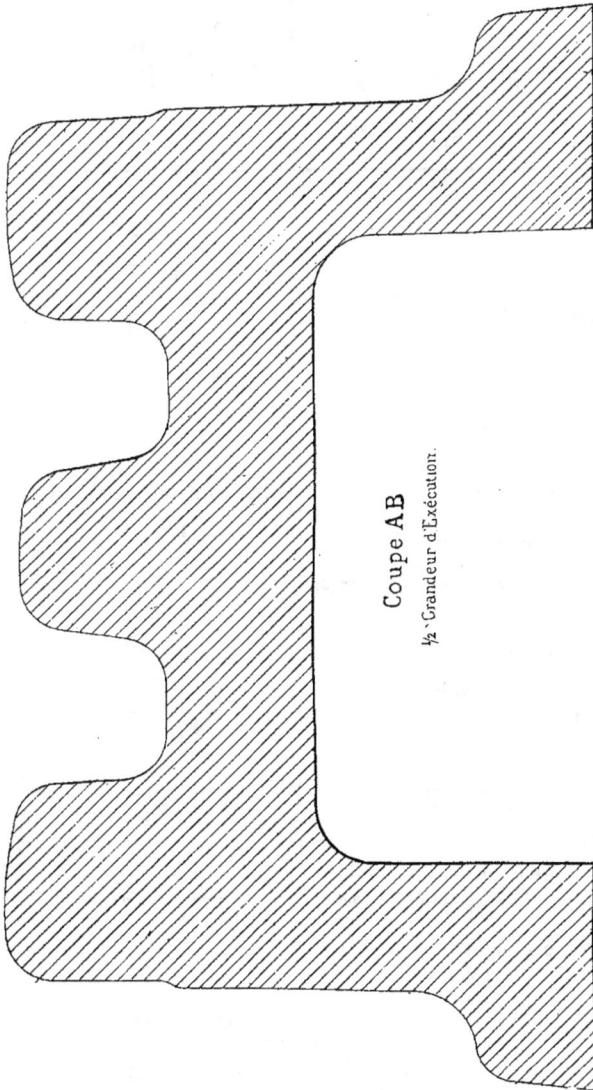

Coupe AB

½ Grandeur d'Exécution.

Fig. 314.

donc :

$$R = T \cotg \frac{\alpha - \delta}{2}.$$

On n'aura donc qu'à remplacer T par sa valeur pour avoir le rayon cherché.

390. Comme exemple nous donnerons le calcul suivant présentant cet intérêt spécial qu'il a été effectué sur la voie portugaise de 1^m,67 entre rails que les

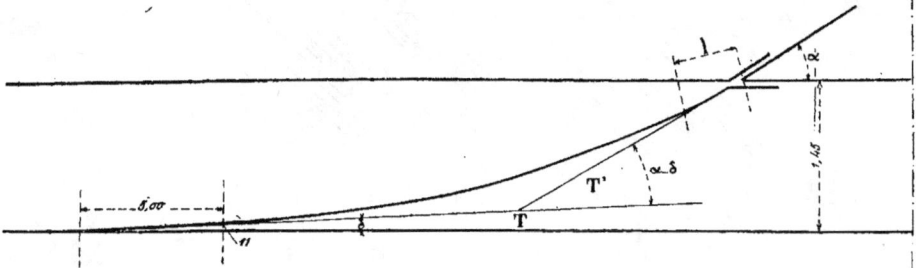

Fig. 315.

ingénieurs sont appelés à rencontrer dans la péninsule Ibérique.

On ne rencontre donc nulle part ce calcul, qui n'est établi en France et en Europe, en général, que pour la voie de 1^m,45 entre rails (*fig.* 316).

Note de calculs sur le croisement de 0^m,09.

Voie d'axe en axe des rails — 1.730.
Entre-rails 1.730 — 0.054 = 1.676.

$$\tg \alpha = 0.09.$$

$$\tg \delta = \frac{0.054 + 0.056}{5} = \frac{0.11}{5}.$$

$$l = 1.444 \qquad CT = TD = T.$$

Soit CD le raccordement circulaire cherché, et CT = DT les tangentes issues de C et D.

Projetons toute la figure sur la droite AB perpendiculaire à la voie, on a :

$$1.676 = (0.054 + 0.056) + T \sin \delta$$
$$+ T \sin \alpha + l \sin \alpha$$

$$T = \frac{1.676 - 0.11 - l \sin \alpha}{\sin \delta + \sin \alpha}.$$

Or, d'un autre côté, on a :

$$R = T \cotg \frac{\alpha - \delta}{2},$$

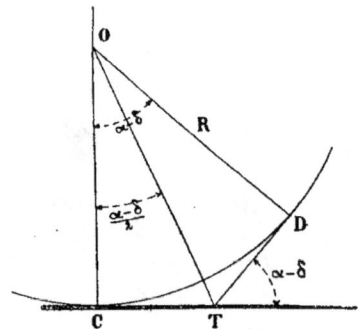

Fig. 316.

donc :

$$R = \frac{1.676 - 0.11 - 1.444 \sin \alpha}{\sin \delta + \sin \alpha} \cotg \frac{\alpha - \delta}{2}.$$

Calculons les divers éléments de cette formule :

1° Angle α :

tg $\alpha = 0.09$ log tg $\alpha = \overline{2}.9542425$,
donc $\alpha = 5° 8' 34''$.

sin $\alpha = 0.0896379$ log sin $\alpha = \overline{2}.9524918$;

2° Angle δ :

$$tg\ \delta = \frac{0,11}{5} = 0.022$$

$$lg\ tg\ \delta = \overline{2}.3424227$$
$$\delta = 1° 15' 37''$$

log sin $\delta = \overline{2}.3423084$ sin $\delta = 0.0219942$;

3° Angle $\alpha - \delta$;

$$\alpha = 5° \ 8' \ 34''$$
$$\delta = 1° \ 15' \ 37''$$
$$\alpha - \delta = 3° \ 52' \ 57''$$
$$\frac{\alpha - \delta}{2} = 1° \ 56' \ 28''$$

$$lg\ cotg\ \frac{\alpha - \delta}{2} = 1.4699061$$

$$cotg\ \frac{\alpha - \delta}{2} = 29.5057 \cdot$$

Remplaçons alors dans la valeur de R :

$$R = \frac{1.566 - 1.444 \sin \alpha}{\sin \delta + \sin \alpha} cotg\ \frac{\alpha - \delta}{2},$$

il vient :

$$R = \frac{1.566 - 1.444 \times 0.0896379}{0.0219942 + 0.0896379} \times 29.5057$$
$$R = 379^m,70.$$

Développement de la courbe.

Angle au centre : $\alpha - \delta = 3° 52' 57''$
$$\alpha - \delta = 13977''.$$

On a donc :

$$\frac{x}{13\ 977''} = \frac{\pi R}{648\ 000''} ;$$

car : $180° = 648\ 000''$·

$$x = \frac{\pi R.13\ 977}{648\ 000}$$
$$x = \frac{3.14159 \times 379.70 \times 13\ 977}{648\ 000}$$
$$x = 25^m,7294.$$

Prix d'un croisement.

391. Les chemins de fer de l'État reçoivent des croisements (angle de 0,10) de $5^m,50$ de longueur revenant à 583 francs, ainsi décomposés (M. Humbert) (prix comprenant implicitement les frais généraux) :

INDICATION DES OUVRAGES	POIDS		PRIX	PRIX
	DE L'UNITÉ	TOTAL	DE L'UNITÉ	TOTAL
1° MATÉRIAUX	kil.	kil.	fr.	fr.
2 rails à double champignon de 5m,50 en acier	210.10	420.20	0.17930	75.34
2 contre-rails à double champignon de 3m,30 chacun en acier	126.06	252.12	0.17930	45.20
2 rails rectangulaires de 4m,25 chacun en acier pour pattes de lièvre	245.79	491.58	0.15246	74.95
2 rails à double champignon de 1m,87 chacun en acier pour les deux branches de pointe	71.43	142.86	0.17930	25.61
Pointe de cœur angle de 0,10 forme fer de lance de 1m,10 de long en acier fondu	62	62	0.6201	38.45
18 coussinets de croisement	»	275.10	0.12697	34.93
8 coussinets intermédiaires	9.70	77.60	0.10519	8.16
48 tirefonds goudronnés en acier	0.316	15.17	0.45956	6.97
2 paires d'éclisses	9.30	18.60	0.15791	2.94
8 boulons d'éclisses de 0m,025	0.6827	5.46	0.26572	1.45
2 paires d'éclisses coudées avec leurs boulons	20	40	0.43015	17.20
9 longrines de croisement cubant ensemble 1m,620	»	»	69.03	111.83
36 coins en chêne	»	»	0.06752	2.43
TOTAL pour la fourniture des matériaux				445.46
2° TRANSPORT ET MAIN-D'ŒUVRE				
Façon d'un croisement compris les boulons de jonction des deux branches	»	»	»	26.71
Transport des matériaux	»	»	»	58.83
Sabotage d'un croisement (angle de 0,10)	»	»	»	15.00
Pose d'un croisement (angle de 0,10)	»	»	»	37.00
PRIX TOTAL (fourniture et pose)				583.00

Le branchement complet revient donc à 517 + 583 = 1 100 francs.

Branchements complets.

392. D'après ce qui précède, on possède tous les éléments pour constituer un branchement complet avec son changement, son croisement et le raccordement intermédiaire.

Ainsi le branchement à gauche (le branchement à droite serait symétrique) employé au chemin de fer du Nord avec le rail à patin de 30 kilogrammes acier est représenté (*fig.* 317). On a coutume de joindre au plan de pose précédent un schéma théorique (*fig.* 318) et un état des rails et des bois employés. Ces éléments sont les suivants :

État des rails.

Longueur.	Nombre.
8^m,000	3
7 960	1
7 000	6
6 920	1
6 985	1

Réserve pour les joints.

De....	S....	en....	H....	0,012
De....	I....	en....	J....	0,010
De....	K...	en....	J....	0,017
De....	M...	en....	N....	0,010

État des bois exceptionnels compris entre les divers appareils.

Désignation.	Longueur.	Nombre.
A	2^m,80	8
B	3 10	5
C	3 30	4
D	3 50	3
E	3 70	4

Largeur des traverses..... 0,24 à 0,28
Epaisseur   id.   ..... 0,12 à 0,14

Les figures 319 et 320 représentent le même branchement avec croisement de 7° 30′ et rail à double champignon de 37^k,600 (Compagnie de l'Ouest).

Enfin, un type de branchement symétrique est représenté (*fig.* 321 et 322). Il est encore extrait des types du chemin de

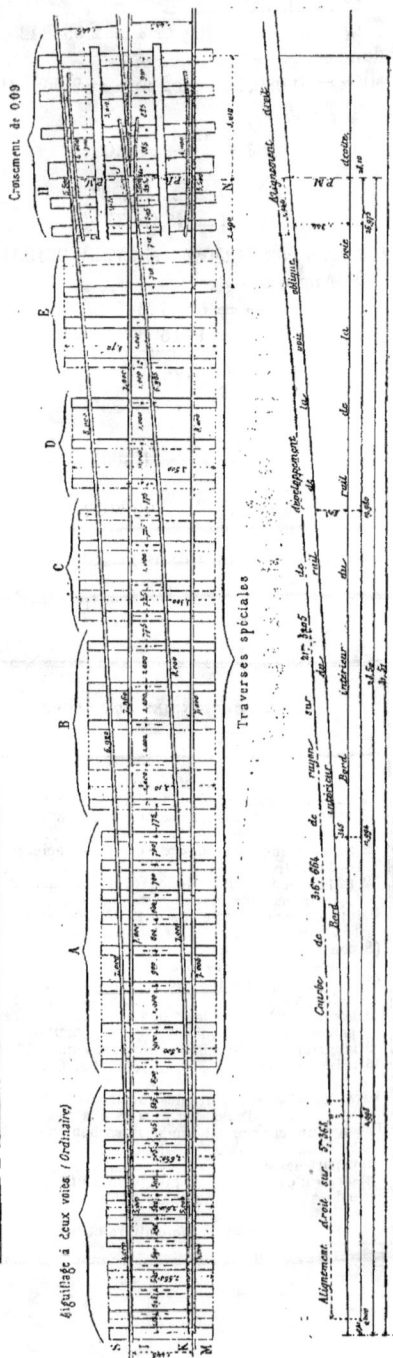

Fig. 317 et 318.

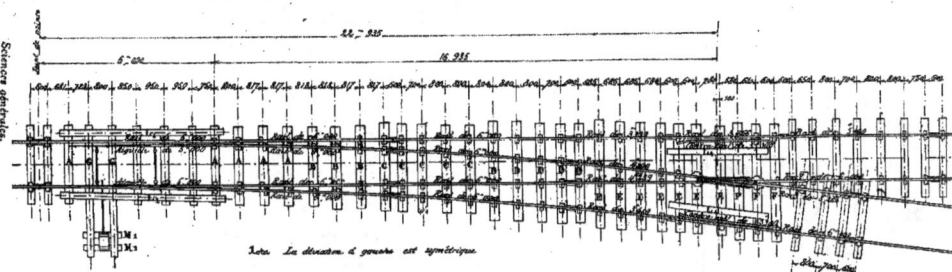

Nota. La déviation à gauche est symétrique.

Fig. 319.

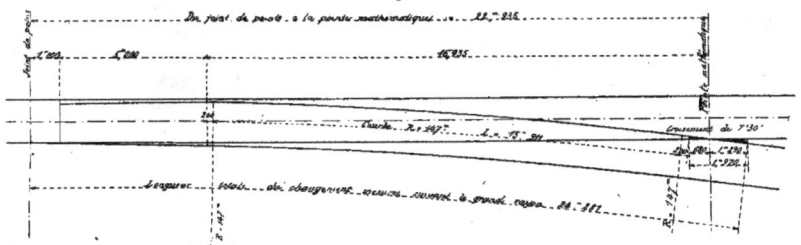

Fig. 320.

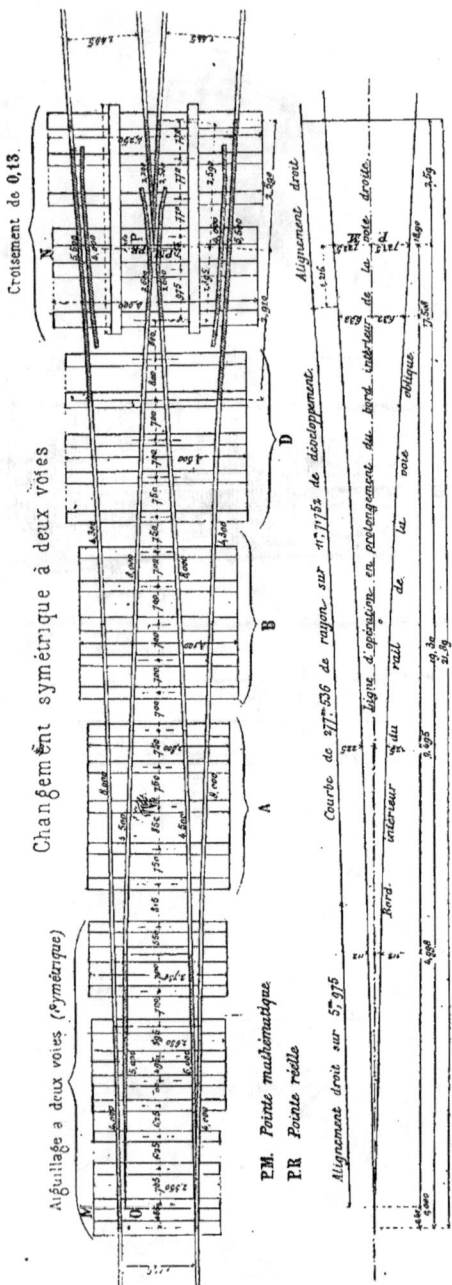

Changement symétrique à deux voies

Croisement de 0,13 — Aiguillage à deux voies (Symétrique)

PM. Pointe mathématique
PR Pointe réelle

Alignement droit sur 5m,975 — Courbe de 277m,556 de rayon sur 11m,7755 de développement. — Alignement droit

Fig. 321 et 322.

fer du Nord (rail Vignole de 30 kilogrammes acier). Les accessoires utiles à connaître sont les suivants :

État des rails.

Longueur.	Nombre.
8m,000	4
4 500	2
4 300	2

Réserve pour les joints.

De.... M.... en.... N.... 0,015
De.... O.... en.... P.... 0,013

État des bois exceptionnels compris entre les divers appareils.

Désignation.	Longueur.	Nombre.
A	2m,80	5
B	3 10	5
D	3 50	5

Largeur des traverses..... 0,24 à 0,28
Épaisseur   id.   ..... 0,12 à 0,14

393. *Changement à trois voies.* — Lorsqu'on a trois voies à raccorder au même point, on se sert d'un branchement double construit d'après les mêmes principes que les branchements simples.

Les changements à trois voies offrent quatre aiguilles, égales et symétriques deux à deux : les aiguilles appartenant à la voie du milieu sont plus courtes. Ces changements ont passé successivement par les mêmes perfectionnements que les changements à deux voies.

Les quatre rails intérieurs ne peuvent, comme précédemment, devenir fixes qu'à partir du moment où les distances entre les champignons voisins atteignent 0m,05. Entre l'origine de la déviation et ce point, chaque rail est remplacé, comme dans le changement à deux voies, par une aiguille mobile autour de son talon.

Ces aiguilles sont, comme toujours, reliées deux à deux par des tringles de connexion ; une aiguille extérieure est rattachée à l'aiguille intérieure de l'autre côté de l'axe de la voie. Ainsi, en supposant ouverte la voie du milieu, il suffit, pour ouvrir l'une des deux autres, de manœuvrer l'un des groupements d'aiguille sans toucher à l'autre.

Les quatre aiguilles sont ici de longueurs

différentes puisqu'il faut que l'aiguille d'une des voies extérieures, lorsqu'elle ouvre cette voie, laisse entre elle et le rail fixe la place nécessaire pour loger l'aiguille appartenant du même côté à la voie du milieu. Il y a donc de chaque côté de l'axe une aiguille longue et une courte ; mais l'ordre dans lequel elles sont placées peut varier, cet ordre pouvant d'ailleurs être le même des deux côtés ou être différent.

On peut donc avoir les trois dispositions suivantes :

1° Les deux aiguilles courtes à l'intérieur ;

2° Les deux aiguilles courtes à l'extérieur ;

3° Une aiguille courte à l'intérieur d'un côté et à l'extérieur de l'autre.

Chacune de ces combinaisons a ses avantages et ses inconvénients ; la première, qui n'est peut-être pas la meilleure, est la plus usitée.

Les quatre rails intérieurs sont disposés en aiguilles et rendus solidaires deux par deux au moyen des tringles de connexion ordinaires. Comme on ne peut superposer les pointes des quatre aiguilles, on dispose deux de ces aiguilles un peu plus courtes que les deux autres, généralement celles du milieu. Leurs pointes touchent donc les rails extérieurs dans une région où leur distance est plus grande que l'écartement normal de la voie ; elles présentent donc elles-mêmes un surcroît d'écartement.

En pratique, ce surcroît d'écartement est un inconvénient assez grave, qui peut provoquer des déraillements. Il sera donc préférable, toutes les fois que ce sera possible, de remplacer le changement triple par deux aiguilles simples placées à la suite l'une de l'autre.

394. *Changement triple du chemin de fer du Nord.* — La figure 323 donne le type de changement à trois voies usité au chemin de fer du Nord avec le rail de 30 kilogrammes en acier. La figure 324 donne son schéma théorique, avec les trois croisements qui l'accompagnent.

On a continué de dresser à côté du projet l'état des rails et des bois spéciaux employés.

L'état des rails est le suivant :

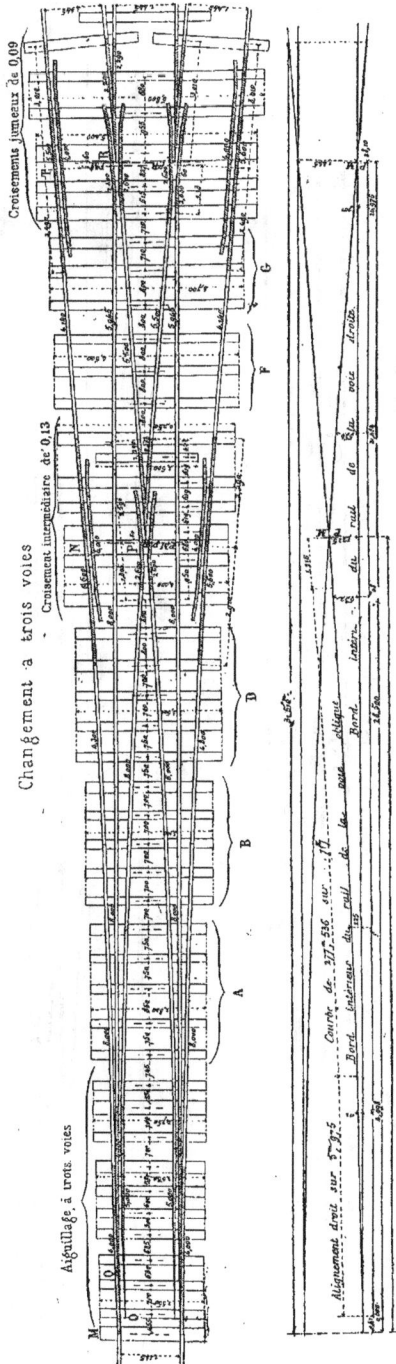

Fig. 323 et 324.

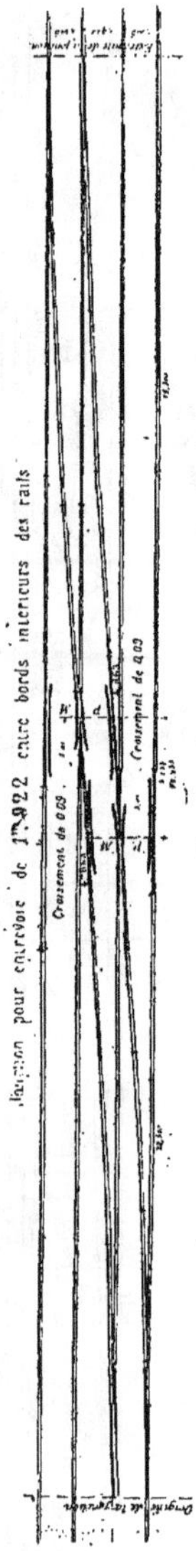

Fig. 325.

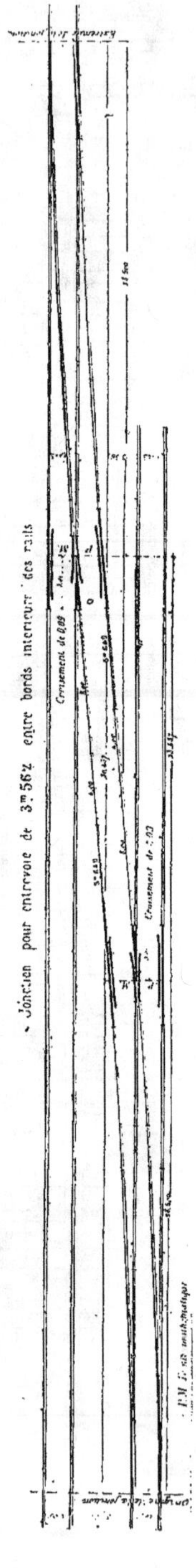

Fig. 326.

État des rails.

Longueur.		Nombre.
8		

Longueur.	Nombre.
8^m,000	8
5 945	2
5 500	2
4 500	2
4 300	2
4 140	2

Les joints à ménager, qui ont ici une grande importance, sont indiqués dans le relevé suivant :

Réserve pour les joints.

De.... M.... en.... N....	0,015
De.... O .... en.... P....	0,013
De.... Q .... en.... R....	0,015
De.... N .... en.... T....	0,009
De.... P..... en.... R....	0,009

Enfin les traverses spéciales employées sont indiquées dans le tableau suivant :

Désignation.	Longueur.	Nombre.
A	2^m,80	5
B	3 10	5
D	3 50	5
F	4 50	3
G	4 70	3

395. *Prix d'un branchement triple.* — Le prix d'un branchement triple à la Compagnie d'Orléans est le suivant :

Changement double	880
Croisement angle 0,14	604
Deux croisements de 0,10	1 166
Total.	2 650

Jonctions.

396. On appelle jonction un appareil composé de deux branchements opposés et symétriques, destinés à relier entre elles deux voies parallèles voisines.

Ces appareils se rencontrent dans les gares où l'entrevoie n'est pas toujours de 2 mètres ; mais, pour les besoins du service, la manœuvre des plaques tournantes, etc., peut dépasser notablement cette cote.

Ainsi, au chemin de fer du Nord, le minimum d'entrevoie entre bords intérieurs des rails est 1^m,922 et donne lieu à l'appareil représenté (*fig.* 325) (rail de 30 kilogrammes).

Le maximum représenté (*fig.* 326) correspond à l'entrevoie de 3,562.

De toutes façons, on voit qu'une jonction se compose de deux changements à aiguilles posés en sens inverse et de deux croisements, chacune de ces parties représentant un branchement complet tel qu'il a été étudié précédemment. Il reste entre les deux une partie droite qui seule est à calculer. Ce qui est facile, connaissant les éléments du branchement et, en particulier, l'angle α du croisement (*fig.* 327).

Supposons donc les deux voies parallèles à relier entre elles par une jonction AB, A'B', les aiguillages; et, CD-C'D', les croisements avec les cœurs C-C'. Tout revient, en somme, à calculer la longueur de voie droite CE qui sépare les deux pointes de cœur. Soient a la largeur de la voie, e celle de l'entrevoie, et α l'angle du croisement, on a :

$$\text{tg}\,\alpha = \frac{GE}{CE} = \frac{GE}{x},$$

d'où :

$$x = \frac{GE}{\text{tg}\,\alpha}.$$

Reste donc à évaluer GE.

Mais GE = C'E — C'G.

$$GE = e - C'G.$$

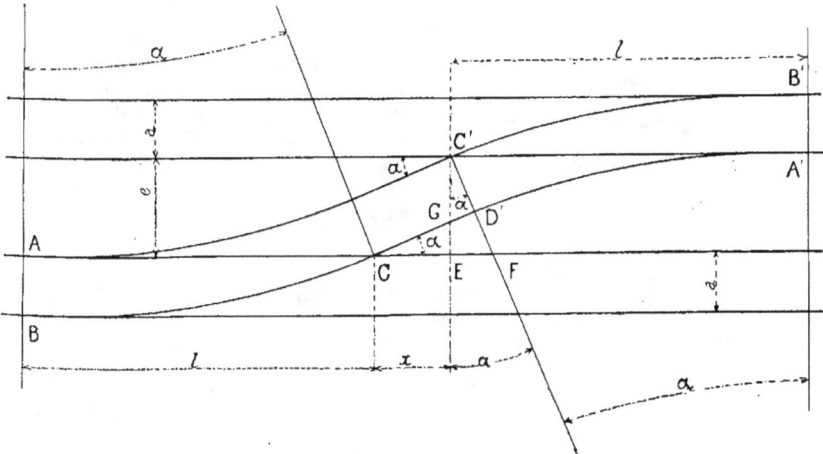

Fig. 327.

Or :

$$C'G = \frac{C'D'}{\cos\alpha} = \frac{a}{\cos\alpha},$$

donc :

$$GE = e - \frac{a}{\cos\alpha},$$

et par suite :

$$x = \frac{e - \dfrac{a}{\cos\alpha}}{\text{tg}\,\alpha} = \frac{e\cos\alpha - a}{\sin\alpha}.$$

Telle est l'expression qui donnera la largeur cherchée.

Comme il est utile et économique de réduire le plus possible la longueur de ces appareils dans les gares, on peut chercher quel est l'angle de croisement α qui permettrait d'avoir le minimum pour x, c'est-à-dire $x = 0$.

Pour avoir $x = 0$, il faudrait :

$$e\cos - a = 0,$$

d'où :

$$\cos\alpha = \frac{a}{e}.$$

En pratique courante :

$$\cos\alpha = \frac{1,50}{2,00}$$

$$\cos\alpha = 0,75,$$

Ce qui correspond à un angle de 41 degrés, beaucoup trop grand et impossible à adopter en pratique. Cherchons, en effet, le rayon correspondant de la courbe, en appelant l la distance de l'aiguille au croisement. On a :

$$l = R \sin \alpha,$$

d'où :

$$R = \frac{l}{\sin \alpha}.$$

Or il est impossible en pratique de descendre au-dessous de 150 mètres pour R, si l'on veut que les locomotives puissent y passer sans déformer la voie. En outre, le type le plus raccourci de branchement connu (type de l'Est) comporte $l = 22$ mètres environ. On a donc :

$$R = \frac{22}{\sin \alpha} = 150,$$

Ce qui donne $\alpha = 8° \, 25'$.

Avec la valeur de $\alpha = 41$ degrés trouvée plus haut, on aurait :

$$R = \frac{22}{\sin 41} = 33^{m},00 \text{ environ},$$

rayon absolument impossible.

En admettant $\alpha = 8° \, 25'$, on a :

$$r = \frac{e \cos \alpha - a}{\sin \alpha} = \frac{2,00 \cos 8°25' - 1,50}{\sin 8° \, 25'},$$

d'où :

$$x = 3^{m},47,$$

valeur qui est sensiblement la même pour CG, à cause de la petitesse de l'angle α.

Cette valeur de x est un peu faible, car elle est inférieure à la distance des essieux extrêmes d'une locomotive, ce qu'on appelle l'empâtement.

En adoptant le rayon de 300 mètres, qu'on se pose généralement comme minimum avec la voie normale sur les grandes lignes, et un angle de croisement encore plus faible que le précédent, 5° 30', on arrive à $x = 5^{m},12$, valeur plus grande que l'empâtement précité. La machine ainsi n'est pas exposée à avoir ses essieux extrêmes sur deux courbes de sens contraires, ce qui peut être fort dangereux.

TRAVERSÉES

397. *Traversée oblique.* — Lorsque deux voies se rencontrent et se traversent sous un angle quelconque, autre qu'un angle droit, l'appareil correspondant porte le nom de *traversée oblique*. Voyons de quoi se compose cet appareil.

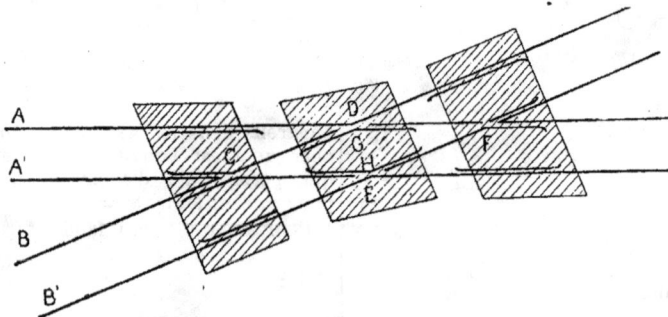

Fig. 328.

Quand deux voies se croisent ainsi obliquement, les deux rails intérieurs A' et B se trouvent les premiers en contact et fournissent un premier croisement C (*fig.* 328). Puis les deux rails extérieurs d'un même côté AB' et A'B se rencontrent à leur tour et donnent mutuellement deux croisements dont l'ensemble DE

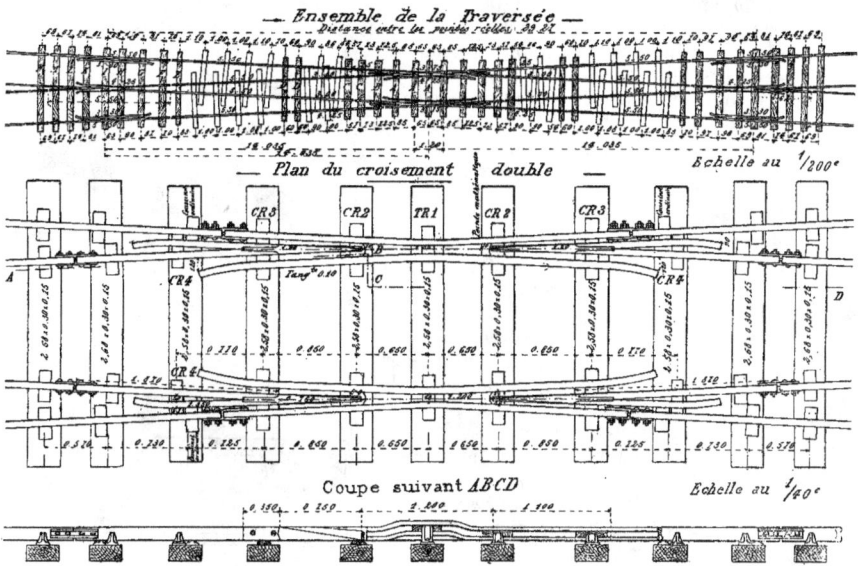

— Ensemble de la Traversée —

Plan du croisement double —   Echelle au $1/200^e$

Coupe suivant *ABCD*   Echelle au $1/40^e$

Fig. 329 à 331.

constitue la traversée proprement dite. Enfin les deux rails extérieurs A et B′ se rencontrent à la sortie et donnent un dernier croisement symétrique du premier F.

En résumé, on obtient ainsi quatre croisements, dont deux extrêmes, C et F, identiques à ceux que nous avons déjà vus précédemment, avec pointes de cœur et pattes de lièvre. Examinons les deux autres.

En D et E, les rails courants doivent être forcément interrompus, afin de livrer passage aux boudins des roues. Il en résulte des intervalles pendant lesquels la roue n'est plus soutenue, et, afin d'éviter un déraillement, on est obligé de placer en G et H des contre-rails, qui maintiennent la roue conjuguée dans la bonne direction, exactement comme aux croisements.

Mais la sécurité ainsi n'est pas complète, puisqu'il y a quatre tronçons de rails qui se croisent en E ou D ; il faudrait, en réalité, quatre contre-rails. On corrigeait ce défaut primitivement, en surhaussant fortement les contre-rails G et H. On se décide aujourd'hui à ajouter les deux contre-rails supplémentaires, comme l'indique la figure 329, représentant la traversée oblique tg 0,10 (angle 5° 42′ 38″) adoptée aux chemins de fer de l'État.

La partie métallique de cette traversée complète pèse 4 493 kilogrammes et revient à 2 975 francs. Il y a, en plus, 4 634 mètres cubes de bois, coûtant 615 francs. En tout, le prix total est de 3 590 francs.

Le rail employé aux chemins de fer de l'État est, comme on voit, à double champignon. Dans la traversée proprement dite, le rail prend la forme d'un rectangle un peu éventré (*fig.* 332 et 333).

Le contre-rail est toujours un peu surélevé, grâce à un coussinet de forme spéciale, dans lequel les rails sont, comme d'ordinaire, maintenus par des coins.

Ce coussinet pèse 22ᵏ,500 et coûte environ 8 francs.

398. Le contre-rail coudé de la traversée dirige bien la roue, mais pas d'une façon aussi efficace que celui du croise-ment ; il imprime bien la direction, mais il s'interrompt trop tôt pour la maintenir à coup sûr. Il en résulte des chocs difficiles à éviter, surtout dans les traversées très obliques où les lacunes sont très longues.

C'est pour ces motifs que l'on place généralement le contre-rail à un niveau plus élevé que les rails.

Ces contre-rails surhaussés s'appliquent sur un segment plus grand de la roue et la dirigent mieux : ils ne cessent alors pas de la guider si elle vient à sauter sous l'action d'un choc.

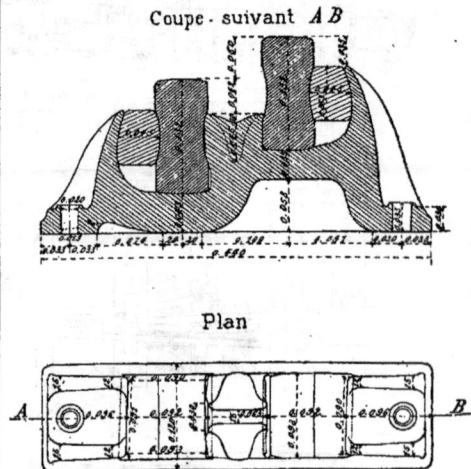

Coupe · suivant *A B*

Plan

Fig. 332 et 333.

Ces contre-rails ont, plus que nulle part ailleurs, besoin d'être fixés d'une façon bien invariable, car ils éprouvent de la part des roues des pressions très considérables qui tendent à les rectifier et à les repousser vers l'intérieur de la voie.

Le fond des lacunes a été quelquefois garni dans les traversées, comme dans les croisements, d'une plaque métallique à hauteur du boudin et sur laquelle roule celui-ci quand le bandage n'est plus supporté par le rail (croix Burleigh). Mais l'usage a condamné cette précaution, dont les avantages étaient contestables et les inconvénients fort nombreux. On lui re-proche de fatiguer les essieux, de déter-miner des glissements des jantes, surtout pour les machines à six et huit roues couplées, l'égalité des diamètres des roues assujetties à prendre une vitesse angu-laire commune étant gravement compro-mise par cette rotation de l'une d'elles sur son boudin. En outre, par suite de cette inégalité, le véhicule tend à se placer obli-quement sur la voie et à dérailler.

396. *Traversée rectangulaire.* — Il y a plusieurs façons de comprendre les tra-versées rectangulaires : les deux voies peuvent être coupées afin de laisser pas-ser les boudins des roues des véhicules circulant sur l'autre (*fig.* 334), ou bien l'une des deux reste continue ; les rails de l'autre doivent être alors surélevés d'un peu plus de 0ᵐ,035, de manière que les boudins puissent passer par-dessus ces rails non interrompus (*fig.* 335).

On s'y prend à l'avance de manière à avoir une pente douce avant et après l'appareil sur environ 1ᵐ,75.

Lorsque ces traversées se trouvent sur les voies principales, on préfère laisser ces dernières continues.

L'interruption des rails de la voie suré-levée doit être suffisante pour laisser

Fig. 334.

passer non seulement les boudins des roues, mais aussi la largeur entière du

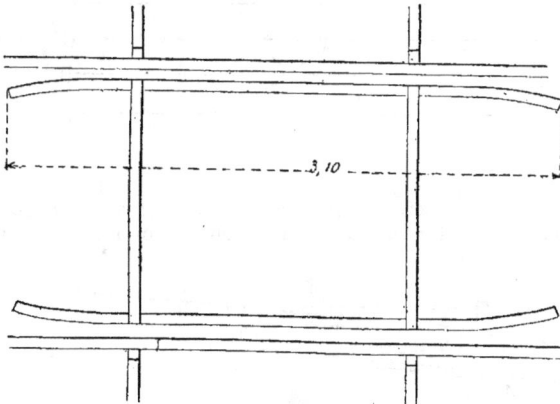
Fig. 335.

bandage. Il faut pour cela un vide de 0ᵐ,15 environ (*fig.* 336).

Le contre-rail peut être recouvert par le rail croiseur; le rail de la voie princi-pale seul doit toujours être libre.

400. *Prix de revient.* — Les traversées rectangulaires ne comportent aucune dé-pense spéciale en dehors de celles de la voie courante puisqu'elles n'exigent aucun appareil particulier.

La traversée oblique de 0,10 coûte à la Compagnie d'Orléans (deux croisements et une traversée, en tout 17ᵐ,64 de longueur) :

Traversée.   902
Deux croisements 1 166
                                ─────────
Total. 2 068

Traversée-jonction.

401. La *traversée-jonction* sert à volonté de branchement pour faire communiquer deux voies, ou de *traversée :* de là lui vient son nom.

Ce n'est qu'une traversée oblique, à laquelle on a ajouté les changements né-

Fig. 336.

cessaires pour permettre non seulement aux voies de se traverser, mais aussi de communiquer entre elles si on le désire.

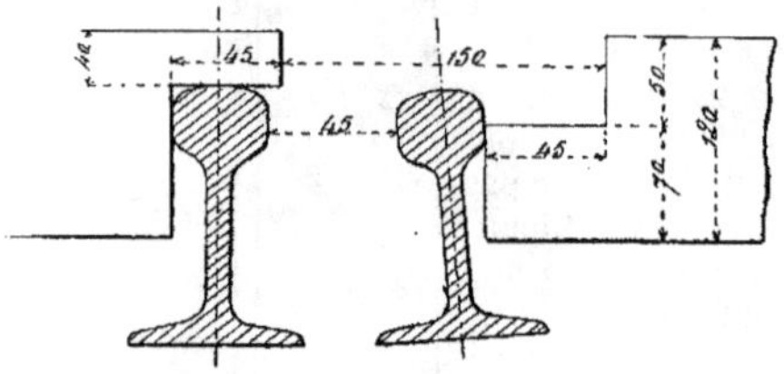

Avec un faisceau de voies ABCD, etc., réunies ainsi par une voie oblique munie de traversées-jonctions, on voit qu'on peut

Fig. 337.

faire circuler un wagon indifféremment sur n'importe quelle voie, et remplacer

avantageusement les plaques qui constituent toujours un appareil à éviter, parce

Fig. 338.

qu'il est par lui-même bruyant, imparfait et fait perdre trop de place dans les gares (*fig.* 337).

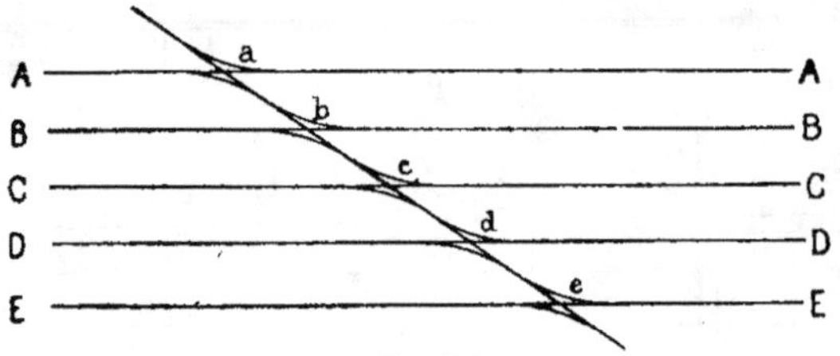

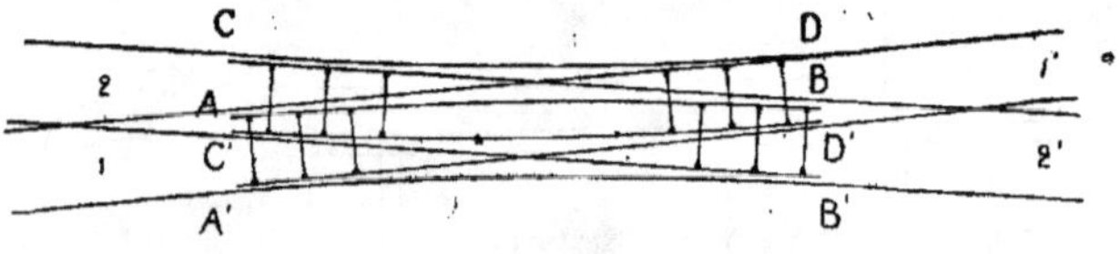

La figure 338 montre le schéma d'une de ces traversées. Une simple manœuvre des aiguilles permet de faire passer un

wagon de 1 sur 2, et inversement ; ou de lui faire traverser la voie 1 1′ ou, en revenant, la voie 2 2′.

En se bornant à cela, on a la *traversée-jonction simple.* Généralement on dispose un second jeu d'aiguille, CC′ et DD′. On obtient alors ce qu'on appelle la *traversée-jonction double*.

Les aiguilles sont manœuvrées par des leviers, comme précédemment. Il est bon, comme toujours, d'éviter que les aiguilles soient faites à l'anglaise par le véhicule lui-même qui les prend en talon. Donc on rend d'ordinaire solidaires les aiguilles qui se trouvent opposées par le talon AA′ et BB′ que l'on attelle à un même levier central dont le mouvement est transmis par des tringles et des leviers coudés. Les aiguilles CC′ et DD′ sont solidaires d'un autre levier analogue, situé de l'autre côté de la traversée. Pour le reste, ces appareils sont entièrement formés de pièces déjà connues et décrites : changements, croisements, traversées obliques, et rendent les plus grands services dans les gares.

402. *Prix de revient.* — Le prix de la traversée-jonction simple revient à la Compagnie d'Orléans à 3 545 francs.

Traversées à aiguilles	2 379
Croisements simples	1 166
Total.	3 545

La traversée double coûte 4 600 francs, savoir :

Traversées.	3 434
Croisements.	1 166
Total.	4 600

PLAQUES TOURNANTES

403. Le second moyen employé pour passer d'une voie à une autre consiste dans l'emploi des plaques tournantes.

Ce sont des tronçons de voie, généralement au nombre de deux, placées rectangulairement sur une plateforme circulaire mobile, autour d'un pivot central. On peut ainsi relier aisément un nombre

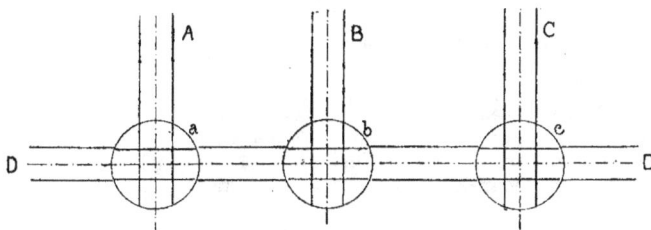

Fig. 339.

aussi grand qu'on le désire de voies parallèles en les reliant transversalement par une voie unique et plaçant aux points de rencontre avec les premières des plaques tournantes (*fig.* 339).

On conçoit, en effet, qu'un wagon arrivant de la voie A pour passer sur une quelconque des voies B, C, etc., n'a qu'à avancer jusqu'à la plaque *a*. On fait ensuite faire un quart de tour à cette plaque, et le wagon est poussé sur la voie transversale D. On l'arrête sur la plaque voulue *c*, par exemple, en faisant effectuer de même un quart de tour à cette dernière ; on dispose le wagon de manière à se trouver en position pour avancer sur la voie C ; on n'a plus qu'à le pousser sur celle-ci.

Lorsque les deux voies primitives font entre elles un angle assez faible, on peut employer une plaque à une seule voie (*fig.* 340) que l'on oriente sur l'une ou l'autre des voies données suivant les besoins.

Le diamètre des plaques se détermine d'après la distance des essieux qui est une cote variable suivant les Compagnies ; on a d'autant plus de stabilité que cette distance ou *empâtement* est plus grande.

Il ne s'agit ici, bien entendu, que des essieux des véhicules et non des locomotives, qui exigent des plaques spéciales et des *ponts tournants*.

Lorsqu'on a seulement deux voies à relier entre elles, mais qu'elles sont parallèles, on les courbe à leurs extrémités de

manière à les ramener normalement à une plaque unique placée dans l'axe de l'entrevoie (*fig.* 341). On peut ainsi employer la plaque ordinaire à deux voies à angle droit (gare Saint-Lazare).

Il est bon, si les voies données ne sont pas suffisamment écartées, de les ramener

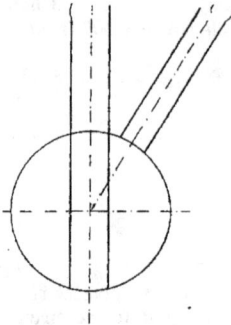

Fig. 340.

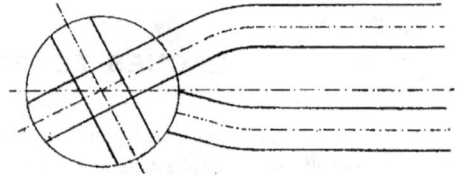

Fig. 341.

sur la plaque de manière à éviter un croisement, c'est-à-dire en rapprochant les deux rails intérieurs jusqu'à contact simple.

404. *Dimension des plaques.* — Le diamètre des plaques dépend, avons-nous dit, de l'empâtement des véhicules, c'est-à-dire de la distance entre les essieux. On adopte généralement deux dimensions :

3 mètres à 3^m,25 pour les wagons à marchandises, et 4^m,25 à 5^m,25 pour les voitures à voyageurs. La tendance générale est d'ailleurs de ne plus faire que ce dernier type, car sur les lignes secondaires il y a souvent des trains mixtes.

Cela posé, soit E l'empâtement (*fig.* 342); il faut, pour avoir la longueur du rail sur plaques, ajouter à E la demi-longueur l

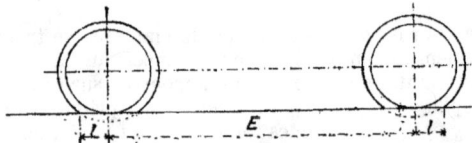

Fig. 342.

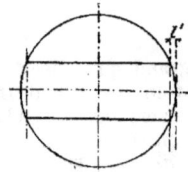

Fig. 343.

embrassée par le boudin des roues et, en plus, un certain jeu de 0^m,30 au minimum.

Enfin, pour passer de la longueur du rail à celle du diamètre de la plaque, il faut encore ajouter à cette dimension la projection l' (*fig.* 343). On aura donc finalement :

$$D = E + 2l + 2l' + 0,60.$$

405. *Construction des plaques tournantes.* — Une plaque tournante se compose, dans l'ensemble, d'un plateau supérieur supportant les rails, d'un plateau inférieur très résistant formant assise solide en même temps que chemin de roulement, et d'un appareil de roulement intermédiaire. Enfin le tout est renfermé dans une cuve reposant sur le plateau dormant inférieur.

406. *Plateau inférieur.* — Quelle que soit la nature des matériaux qui le composent, le plateau dormant doit être posé sur des fondations stables et élastiques formées le plus généralement de sable arrosé et bien pilonné afin d'être parfaitement incompressible. La Compagnie de Lyon, qui a un matériel un peu lourd, consolide encore cette fondation au moyen de cadres en charpente qui répartissent mieux la pression et empêchent les tassements inégaux. Mais ces pièces de bois pourrissent au bout d'un certain temps et sont difficiles à remplacer et même à surveiller. Aussi cet exemple n'a-t-il pas été suivi.

Cela posé, le plateau dormant inférieur se fait en fonte et en deux pièces afin d'être plus facilement transportable et maniable vu ses grandes dimensions. Il est circulaire, comme la plaque supérieure, et chacun de ces morceaux représente un demi-cercle.

Anciennement on faisait ce plateau inférieur en maçonnerie; mais cela fut rapidement abandonné à cause des dislocations qui se produisaient immédiatement en service. C'est toujours aujourd'hui un plateau en fonte à jour composé d'un noyau central formant moyeu et recevant le pivot du plateau supérieur, puis d'une couronne réunie au moyeu par l'intermédiaire d'un certain nombre de bras (*fig.* 344, Compagnie d'Orléans, plaque de 5^m,25).

Le chemin de roulement venu de fonte

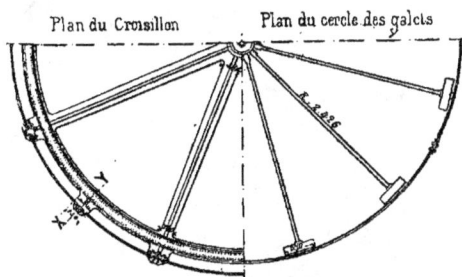

Plan du Croisillon   Plan du cercle des galets

Fig. 344.

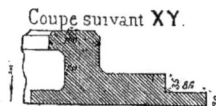

Coupe suivant **X Y**.

Fig. 345.

avec le reste a quelquefois la forme d'un rail genre Barlow ∩ intérieurement bourré de ballast. D'autres fois, il affecte la forme d'un rail à patins (*fig.* 345).

407. *Appareil de roulement.* — Le chemin de roulement est composé de galets tronconiques qui, primitivement, étaient fixés à la cuve faite en maçonnerie. Il en résultait des tassements inégaux qui mettaient rapidement les galets à des niveaux différents et rendaient le roulement difficile.

Ensuite on les a fixés au plateau tournant ou au plateau fixe; il en résultait toujours des frottements dans les coussinets.

Aujourd'hui, on les réunit en un faisceau au moyen de tringles axiales toutes

reliées à une couronne centrale, pouvant elle-même tourner autour du moyeu du plateau dormant. De la sorte les galets sont tous indépendants des plateaux et ne présentent qu'un frottement de roulement. On les maintient à distance constante du centre au moyen de la couronne centrale et des tringles y aboutissant; puis, à écartement constant entre eux, ce qui est très important, au moyen d'une seconde couronne extérieure, simple fer posé de champ, qui réunit les axes des différents galets (*fig.* 344).

Par cette double liaison, les galets sont obligés de décrire tout le cercle de roulement avec la même vitesse.

408. On a quelquefois essayé d'employer des galets en forme de tores ou des boulets complètement sphériques roulant à leur gré dans une ornière demi-circulaire. Ces solutions sont mauvaises parce que, sous l'effet de l'usure, les formes rondes deviennent rapidement polyédriques et nuisent au roulement au lieu de le faciliter ; ces galets de roulement sphériques sont toujours à éviter et admissibles tout au plus dans le cas de très faible pression, comme dans les paliers de vélocipèdes par exemple, à la condition d'être fréquemment changés aussitôt qu'ils ne présentent plus rigoureusement la forme sphérique. Il est clair, alors, qu'ils substituent le roulement au glissement, ce qui est toujours préférable quand c'est possible.

409. *Plateau dormant supérieur.* — Ce plateau doit présenter un chemin de roulement inférieur, symétrique de celui du plateau dormant et roulant sur les mêmes galets. Il se compose, comme le plateau fixe, d'un pivot et d'une couronne reliée au moyen de bras disposés de manière à supporter les rails de la voie. Le tout se fait aujourd'hui en fonte, avec vides remplis au moyen d'un platelage en bois ou en tôle et quelquefois, comme dans les tramways, en pavage.

L'inconvénient de ce plateau entière-

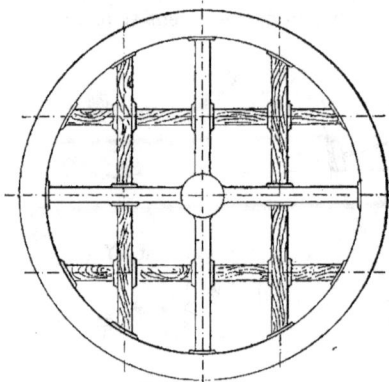

Fig. 346.

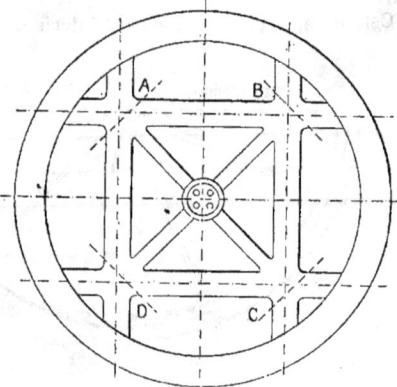

Fig. 347.

ment en fonte est son grand poids ; de plus, la fonte est très fragile. Aussi, au chemin de fer du Nord, on a cru préférable de ne faire en fonte que deux grands bras croisés, à angle droit, et d'employer le bois pour tous les autres (*fig.* 346). Toutes les pièces de bois sont logées dans des sabots venus de fonte, avec les pièces métalliques correspondantes. Le bois étant une matière élastique, on a ainsi évité bien des chocs et des ruptures. La seule objection à faire à ce système, c'est son coûteux entretien. D'une manière générale, le plateau présente au centre une ouverture circulaire, dans laquelle pénètre le pivot tenu par quatre boulons et, à la circonférence, le chemin de roulement. La nécessité s'imposant de placer des bras sous les rails de la voie, on a d'abord adopté le type à bras croisés (*fig.* 347). Les angles ABCD étaient réunis au centre au moyen d'une croix de Saint-André partant du pivot. L'accumulation de fonte en ces quatre points entraînait un refroidissement plus lent qu'ailleurs et, par suite, des retraits inégaux qui donnaient à ces nœuds une tendance spéciale à la rupture. Effectivement, c'est toujours en ces points que l'on voyait casser les plaques.

L'idée vint alors de produire une rupture artificielle, c'est-à-dire de disposer en ABCD quatre joints serrés par des boulons, la pièce centrale étant fondue à part. Mais la pratique a montré qu'il se produisait constamment des desserrages qui rendaient peu sûr le maniement de la plaque de ce système.

On a, en somme, remédié plus sûrement à ce défaut, à la Compagnie de l'Ouest, en reliant les quatre grands bras croisés au centre au moyen de quatre bras plus

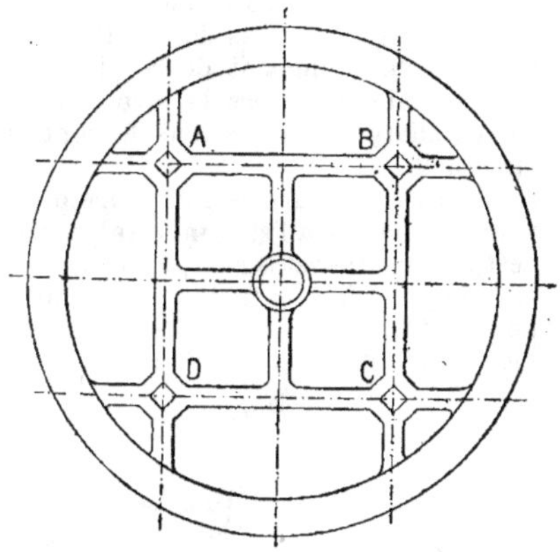

Fig. 348.

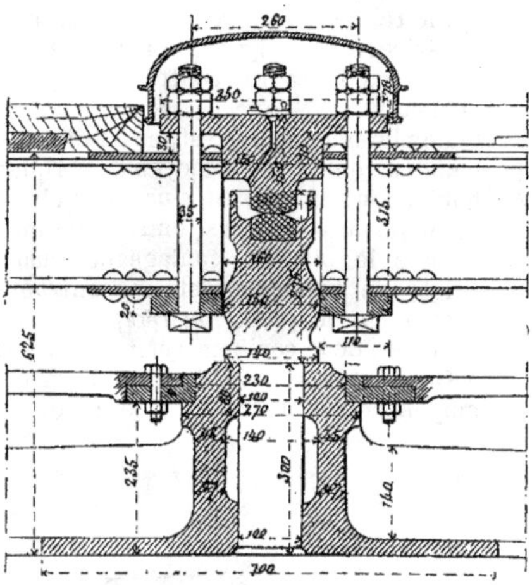

Fig. 349.

petits parallèles aux premiers et en évidant les nœuds ABCD, qui ne présentent dès lors plus d'excès de fonte compromettant (*fig* 348). La dépense première est assez forte, mais l'entretien est beaucoup diminué.

Au chemin de fer de Lyon, on emploie une combinaison de fer et de fonte ; on a conservé le croisillon central en diagonale, mais venu de fonte séparément du reste, comme il a été expliqué plus haut. La couronne est en fonte, et on complète le plateau au moyen de bras en tôle. On évite encore ainsi l'excédent de fonte aux quatre nœuds de croisement ; mais, comme dans les plaques du Nord, la multiplicité des pièces reliées simplement entre elles par des boulons rend ce plateau dislocable.

410. *Pivot.* — Le pivot est toujours une pièce indépendante que l'on fixe au plateau supérieur au moyen de boulons, de manière qu'il fasse le moins possible saillie au-dessus de la plaque, car il pourrait provoquer la chute du personnel, surtout la nuit. De même une saillie trop

forte pourrait heurter au passage les cendriers des locomotives ; aussi a-t-on pour

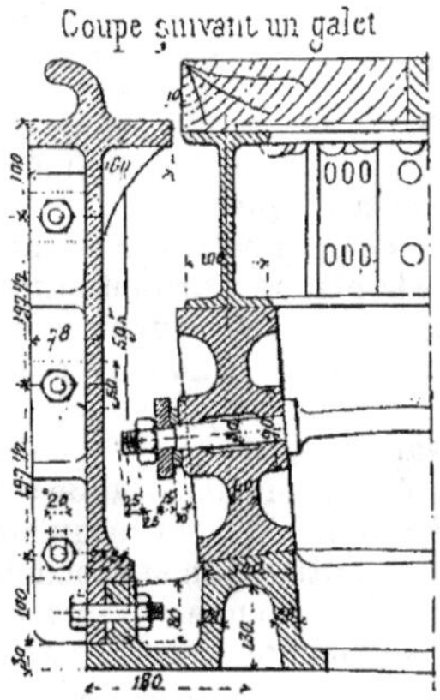

Coupe suivant un galet

Fig. 349 bis.

coutume de mettre ce pivot absolument au niveau de la plaque elle-même. Il présente un large disque plat, venant se

boulonner sur le centre du plateau supérieur (*fig.* 349, Compagnie du Midi).

Le centre du disque présente une partie renflée, reposant sur un grain d'acier,
puis sur la tête du pivot proprement dit,
cylindre en fer forgé, renflé à la partie
supérieure avec grains d'acier, et reposant dans la cavité centrale du plateau
dormant.

Le plateau mobile est, en réalité, suspendu à ce disque au moyen de ses quatre
boulons et, en serrant plus ou moins les
écrous de ces derniers, on soulève ou on
abaisse le plateau, soulageant ainsi les
galets de roulement et concentrant la
charge sur le pivot, ou réciproquement.
On opère de la sorte un véritable réglage.

On comprend cependant qu'il y a là un
moyen terme à obtenir; le pivot trop
chargé s'use rapidement, et la plaque trop
suspendue fait un bruit des plus désagréables au passage des trains, lorsqu'elle
est placée sur les voies principales;
d'un autre côté, si les galets (*fig.* 349 *bis*)
sont trop chargés, la manœuvre de la
plaque peut devenir difficile.

Dans ce même ordre d'idées, il ne faut
pas disposer les galets de manière que la
surface de roulement de la plaque soit
horizontale, car alors le pivot n'est pas
assez chargé et les galets le sont trop
(*fig.* 350).

Si c'est la surface inférieure qui est
horizontale, on a l'effet inverse : la plaque
est trop centrée et la charge trop renvoyée
sur le pivot (*fig.* 351). Il faut prendre un
moyen terme entre ces positions extrêmes;
les deux surfaces de roulement étant

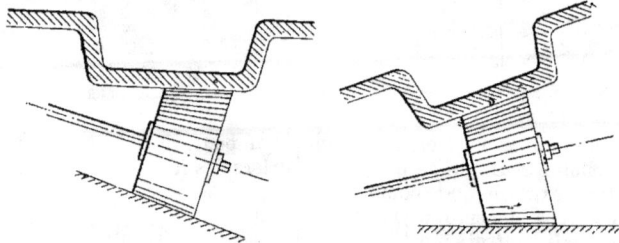

Fig. 350 et 351.

toutes deux légèrement inclinées vers le
centre de la plaque.

411. *Verrous ou valets.* — Le mouvement de la plaque tournant autour de son
pivot et son arrêt dans une position déterminée sont obtenus au moyen de verrous
basculants, qu'on appelle des *valets.*

Ces valets (*fig.* 354 à 356) sont articulés
sur la plaque mobile (*fig.* 354) et parti-
cipent à son mouvement jusqu'au moment
où ils rencontrent une encoche ménagée
sur le bord de la cuve; ils s'y logent alors
après avoir monté sur un petit plan incliné qui précède cette encoche et prédis-
pose à la chute dans celle-ci (*fig.* 356).

412. *Plateau mobile en tôle rivée.* —
Aux chemins de fer de l'Est et du Midi, le
plateau mobile est une charpente en tôle
rivée qui présente plutôt des inconvénients que des avantages.

La flexion des différentes pièces entraîne le cisaillement des rivets, et cela
d'autant plus que la plaque en tôle est
plus légère. Il faut en pratique augmenter
les dimensions résultant du calcul, afin
d'avoir un peu de poids et d'atténuer
l'effet funeste produit par les vibrations
dues au passage des trains.

L'économie obtenue, qui avait paru
d'abord un avantage, et poussé les Compagnies dans cette direction, est donc plutôt ici un inconvénient. Cet inconvénient
est encore aggravé lorsque, comme il se
présente aujourd'hui, on fait usage de
tôle d'acier plus résistante et pouvant
donner des plaques encore plus légères à
résistance égale.

413. *Cuve.* — Toutes les pièces énu-
mérées précédemment sont renfermées
dans une vaste cuve circulaire qui se fai-

Plaque tournante en fonte de 4ᵐ50. (État.)

Coupe suivant *ABCDE*

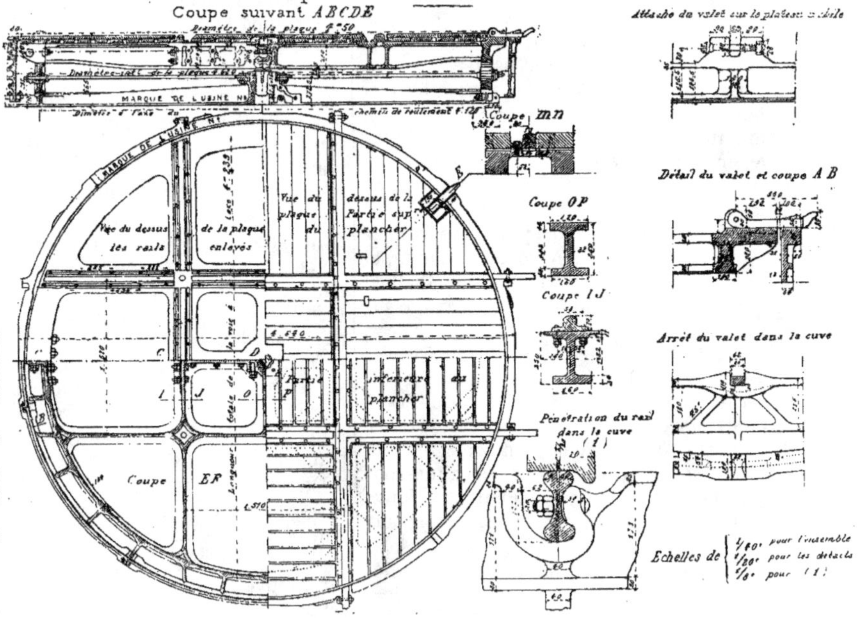

Fig. 352 à 360.

sait primitivement en maçonnerie, comme le plateau inférieur, et présentait les mêmes inconvénients de dislocation, surtout aux points de raccordements des rails courants avec la cuve.

Aujourd'hui on fait toutes les cuves en fonte (*fig.* 352 et 353), avec un rebord assez élevé pour empêcher la chute du ballast de la voie courante dans son intérieur. Les bords sont simplement échancrés afin de laisser passer les rails et les boudins des roues (*fig.* 357); en dehors de ces points spéciaux, ils servent encore, tout autour de la plaque, de garde-roue, pour empêcher les essieux de sortir de la plaque, sauf quand les véhicules sont en face des voies sur lesquelles ils doivent passer.

Ce sont des panneaux assemblés et boulonnés ; le rail de la voie courante est maintenu au niveau de celui de la plaque au moyen d'une poche en forme de coussinet venu de fonte sur un panneau de la cuve (*fig.* 357).

On donne quelquefois plus de résistance au sol dans le voisinage de la plaque, et on empêche encore la chute du ballast dans la cuve en établissant du pavage sur 1m,50 de largeur.

414. *Installation des rails sur les plaques.* — Il est bon de ne pas installer directement les rails sur la fonte de la plaque, car cela donnerait une matière dure sur une autre et produirait un mauvais résultat. Il est préférable d'interposer une planchette de bois entre les deux.

Quand le rail à patin est en usage sur la ligne, on peut l'employer sur les plaques tournantes; quand c'est le rail à double champignon, il est impossible à appliquer, à cause de la sujétion des coussinets. C'est dans ce cas que l'on fait usage du rail à ponts (*bridge-rail*) ou rail Brunnel, qui est ici très commode et qui se pose, comme le rail à patin, directement sur les bras de la plaque (coupes *mn*, *op*, *ij*, *fig.* 358 à 360).

Quant à la disposition des rails sur la plaque, c'est celle de la traversée rectangulaire ordinaire : chaque rail est interrompu de 0m,05 à la rencontre du rail perpendiculaire, afin de laisser passage aux boudins des roues ; il y a donc, à la solution de continuité, un petit ressaut

occasionnant quelques chocs. On peut atténuer ceux-ci en plaçant dans l'ornière l'équerre à quatre branches de Burleigh, qui soutient, momentanément, le boudin à défaut de bandage. Nous avons dit, précédemment, ce que nous pensions de ce système.

415. *Moyen de réduire l'écartement des plaques.* — Un grand inconvénient des plaques est la place importante qu'elles exigent et qui agrandit en pure perte la surface des gares.

Aussi, avant l'idée de les supprimer et de les remplacer par d'autres appareils, commença-t-on par employer plusieurs dispositions qui permettaient, au moins en partie, de remédier à cet inconvénient.

La plupart furent d'abord mises l'une à côté de l'autre en amorce au lieu d'être tangentes. On y gagnait (*fig.* 361) simplement la différence existant entre la longueur de l'axe et celle du rail qu'il faut forcément conserver. Les plaques sont donc posées au contact des rails et non au contact des extrémités des diamètres, mais on voit qu'on y gagne, en somme, bien peu de chose, et le système ne s'est pas répandu.

On a aussi essayé de rapprocher les voies en disposant les plaques sur deux lignes avec liaisons à 45 degrés, en maintenant les voies rectangulaires sur les plaques. Cela n'est pas très commode.

On a également fait usage de plaques à trois voies à 60 degrés disposées sur une voie oblique reliant les voies principales sous ce même angle.

Ce moyen essayé n'a pas réussi, on est revenu de préférence au branchement à 45 degrés.

416. On ne construit plus depuis longtemps de couvercles de pivot en fonte comme étant trop fragile, on les fait tous en tôle (*fig.* 349).

Il faut éviter les installations des plaques tournantes sur les voies principales, car cela présente de graves inconvénients au point de vue de la sécurité.

Lorsqu'on est forcé de satisfaire à cette exigence dans une gare, les trains doivent tous s'y arrêter ou, au moins, ralentir leur marche de manière à ne pas franchir ces appareils avec une vitesse supérieure à 2 mètres par seconde.

417. *Entretien des plaques.* — L'entretien des plaques est une chose délicate qui a été, comme le reste, soumise au service du contrôle (Circulaire ministérielle du 15 avril 1850).

Il consiste à balayer soigneusement le dessus de la plateforme des plaques, de manière à empêcher les pierres, le sable, la terre, la paille, etc., de pénétrer dans la cuve.

Ce balayage doit se faire plusieurs fois par jour dans les temps de neige.

En outre on doit visiter et nettoyer au moins deux fois par mois l'intérieur des cuves; on apporte un soin particulier à la visite du chemin de roulement et des galets dont la propreté doit être irrépro-

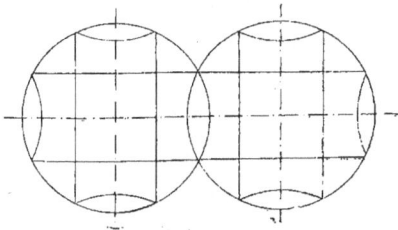

Fig. 361.

chable, sans quoi la rotation se ferait mal. Il faut, en outre, de temps en temps munir d'huile de graissage le pivot central et les axes des galets. Il en est de même de l'intérieur de la boîte du pivot.

On examine en même temps tous les boulons et l'on resserre les écrous, s'il y a lieu.

Certains poseurs, pour relever des plaques qui tassent posent des cales en fer ou en bois entre le châssis et les fontes.

Ce moyen de relevage partiel est très mauvais et fait casser les croisillons des plaques. Il doit être formellement proscrit, et on ne doit relever les plaques qu'en bourrant le sable sous le châssis.

418. *Plaques pour locomotives.* — *Ponts tournants.* — Lorsqu'on veut faire changer de voie à une locomotive, il peut

se présenter deux cas: ou bien on la débarrasse de son tender, ou bien on laisse ce dernier attelé.

Dans le premier cas, il suffit de faire usage de plaques tournantes de 6 mètres de diamètre, qui servent le plus souvent aux gares principales à retourner la machine de manière à la renvoyer d'où elle vient.

En supposant ainsi une locomotive A accompagnée de son tender B, et le problème étant de renverser cet ordre, en mettant A à la place de B, on s'y prend de la manière suivante (*fig.* 362):

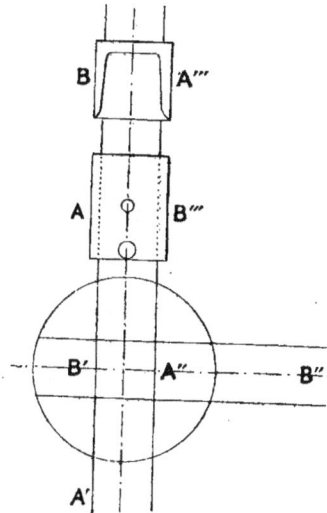

Fig. 362.

On amène la locomotive seule en A' pendant qu'on gare le tender B' sur une voie perpendiculaire en B".

On ramène alors la machine sur la plaque en A", et on lui fait faire un demi-tour complet ou 180 degrés de manière à placer la cheminée du côté A. On la fait ensuite avancer en A‴ de sorte qu'elle se trouve à la place occupée primitivement par son tender B; on n'a plus qu'à ramener ce dernier par une rotation à angle droit sur la plaque, de B" en B‴: le problème est résolu.

419. Le plus généralement aujourd'hui on évite ces manœuvres longues et pénibles par l'emploi de *ponts tournants* de 12 à 17 mètres de diamètre, qui permettent de supporter à la fois la locomotive et son tender. Il est alors impossible de suivre, pour ces grandes plaques, le mode de construction employé pour celles que nous avons vues précédemment.

Les plus économiques sont formées de deux longrines qui peuvent être en bois avec un équarrissage de 0,45/0,45, mais qu'il est préférable de faire en tôle, et qui sont placées sous les deux rails de la voie unique, ici employée. Ces deux longrines sont fixées sur une plaque tournante ordinaire installée au centre d'une grande fosse; leurs extrémités sont portées par des fourchettes en fonte munies de galets roulant sur un petit chemin de fer circulaire fixé au fond de la fosse (*fig.* 363).

On les appelle ponts tournants parce qu'on les fait à une seule voie; on les faisait anciennement à deux voies comme les plaques tournantes.

Avec une seule voie, on ne dispose de

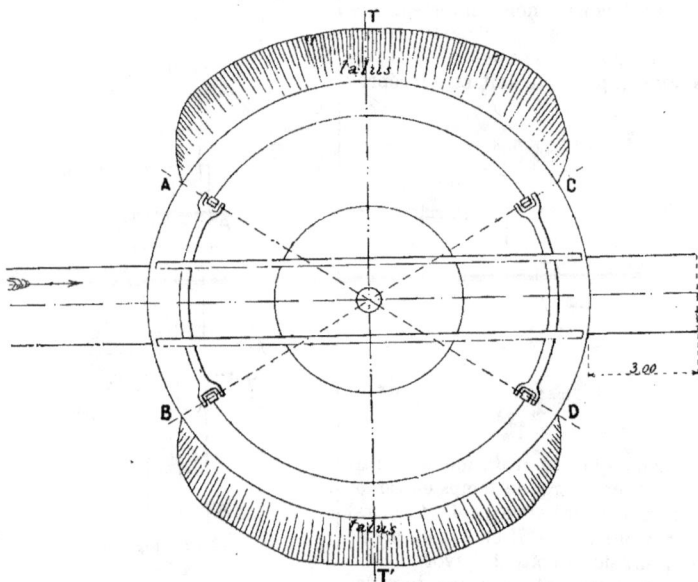

Fig. 363.

platelage pour couvrir la fosse qu'entre les rails et une bande de 1ᵐ,50 à 2 mètres de chaque côté de ceux-ci pour la facilité de la circulation.

Quand le pont tournant est uniquement destiné à retourner la machine dans une gare, la cuve présente deux petites culées maçonnées, AB, CD, dans l'alignement de la voie; le reste est un simple talus en terre TT'.

Si, au contraire, le pont tournant est adapté à une rotonde, il doit pouvoir desservir un grand nombre de voies venant aboutir au même point; la cuve a besoin d'être maçonnée sur tout son pourtour.

Dans le premier cas, la manœuvre s'opère au moyen de deux treuils à main. Dans le second, où ces manœuvres sont fréquentes, on préfère employer une locomobile fixée sur une petite plateforme attenante au pont roulant lui-même. Cette machine actionne une roue dentée qui engrène avec une crémaillère intérieure fixée, le plus souvent, sur le couronnement de la cuve et fait, par suite, tourner la plaque.

On ménage généralement au fond du cul-de-sac un bout de voie de 3 mètres, qui joue le rôle de voie de sûreté pour le cas où la locomotive trop lancée ou mal calée dépasserait la longueur du pont.

420. *Pont équilibré.* — Le pont équilibré est basé sur cette remarque qu'une plaque tournante reposant uniquement sur son pivot et non sur ses galets devient très douce à manœuvrer. On a alors construit des ponts reposant entièrement sur leur pivot qui porte sur les fonda-

tions par l'intermédiaire d'un disque en fonte.

Les deux longrines ont chacune 14 mètres de longueur avec la forme d'un solide d'égale résistance en fer à $\mathbf{I}$.

Afin d'abaisser l'axe neutre et de combattre le flambement, on donne à la semelle inférieure une largeur et une épaisseur plus grandes qu'à la semelle supérieure.

Cela posé, le problème revient à faire avancer la locomotive qui pèse 50 tonnes et le tender qui en pèse 20 dans des positions telles que la résultante de leurs deux poids passe encore par le pivot

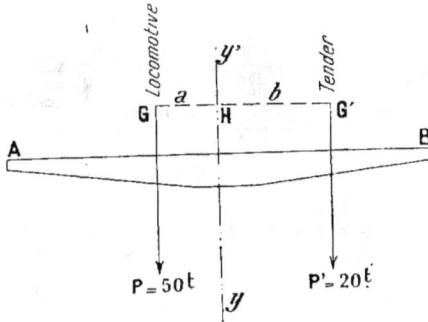

Fig. 364.

comme le poids entier du pont. Il faut naturellement que le bras du levier a correspondant à la locomotive soit plus faible que celui b exigé par le tender, puisqu'on doit avoir pour l'équilibre (*fig.* 364) :

$$50 \times a = 20 \times b.$$

Après quelques tâtonnements, on arrive rapidement à reconnaître cette position, qui est contrôlée en pratique au moyen de deux verrous horizontaux situés aux extrémités du pont et pénétrant dans des gâches ménagées dans les parois de la cuve ; ces verrous peuvent être dégagés au moyen de leviers à main qui permettent de les retirer en arrière.

Or, tant que la machine et son tender n'occupent pas sur le pont la position

voulue pour l'équilibre, la différence des composantes de la charge presse les verrous dans leurs gâches, l'un en haut, l'autre en bas, et il est impossible de les décrocher. Ce décrochement s'opère, au contraire, avec la plus grande facilité lorsqu'on a atteint la bonne position (*fig.* 365 et 366, Cie de l'Ouest).

Les poutres sont munies de galets extrêmes reposant, comme précédemment, sur un chemin circulaire de roulement, qui servent à supporter la machine et son tender tant qu'ils n'ont pas atteint la position d'équilibre. Lorsque cette position est atteinte, les roues se trouvent alors soulevées et à une distance de 6 millimètres du rail. Ce jeu est indispensable pour prévoir les tassements du pivot

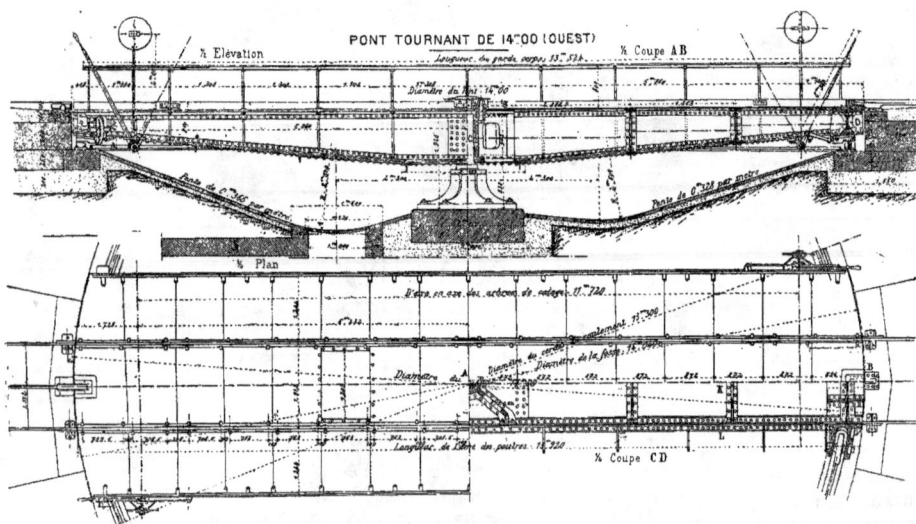

PONT TOURNANT DE 14ᵐ00 (OUEST)

½ Elévation

½ Coupe AB

½ Plan

½ Coupe CD

Fig. 365 et 366.

et la flexion des poutres, qui est de 2 millimètres au moins. Les verrous ont pour effet d'annuler les chocs qui se produiraient, grâce à ce jeu, au moment de l'entrée de la machine sur le pont.

421. D'après ce qui précède, on voit que la longueur du pont est forcément plus grande que l'empâtement extrême des véhicules.

Ces ponts sont calculés de manière que le travail moléculaire du fer soit par millimètre carré de section de :

6 kilogrammes pour les poutres ;
8 kilogrammes pour les boulons ;
5 kilogrammes pour le pivot.

Avec ce système, il suffit de deux hommes pour tourner une locomotive et son tender. On y emploie généralement le mécanicien et son chauffeur. C'est dire que ce type ne peut être appliqué que dans les gares peu importantes, et où l'on a du temps devant soi pour toutes ces manœuvres.

La position relativement aux essieux du centre de gravité de l'ensemble d'une machine et du tender varie d'un type à l'autre. Il varie également dans un même type avec l'état plus ou moins complet de remplissage de la chaudière, et l'approvisionnement de son tender. On conçoit donc qu'une certaine latitude soit nécessaire pour que le pont puisse être amené dans tous les cas à la position d'équilibre pour un matériel donné ; ces plaques doivent donc avoir un diamètre plus grand que les autres, et c'est pourquoi on fixe leur longueur à 14 mètres.

Ce système a été appliqué d'abord en Angleterre, en Allemagne et en Belgique. Il a été introduit en France par la Compagnie du Nord.

Les galets de roulement ne sont, comme nous l'avons dit, que de simples en-cas ; on leur donne néanmoins d'assez fortes dimensions, afin d'éviter une rupture dans le cas où l'on aurait omis de pousser les verroux.

422. *Ponts américains.* — Les ponts américains sont établis sur un principe analogue au précédent, mais la charge n'est pas absolument reportée sur le pivot ; elle est reçue par une couronne de galets coniques en acier.

Puis on n'emploie pas de verrous fixes de calage ; on se sert de simples cales à main. L'ensemble des galets extrêmes peut d'autant moins atteindre ce but que leur jeu, très considérable, atteint 0m,02 à 0m,03.

Les poutres sont souvent en fonte, ce qui nous paraît défectueux pour une longueur de 15 mètres.

Quand le système est en équilibre, un seul homme agissant sur un levier tourne la plus lourde machine.

423. *Systèmes divers.* — On a fait quelquefois usage, en Angleterre et en Allemagne, de ponts tournants à une seule volée, le pivot étant transporté à une extrémité. Ainsi, au chemin de fer de Stargard à Posen, on rencontre un pont de ce type dans la gare de Stettin, pour rattacher la remise des wagons à la voie principale.

Nous ne parlons que pour mémoire de ces types peu à recommander et qui n'ont pas été imités.

Installation des ponts tournants.

424. On comprend que l'installation de ces ponts tournants doive être encore plus soignée que celle des plaques ordinaires, spécialement en ce qui concerne les fondations. Ces dernières sont toujours coûteuses, même en bon terrain, à cause des nombreux scellements qui exigent de la pierre de taille. Mais en mauvais terrain, ou en terrain rapporté, comme un remblai par exemple, il est indispensable de descendre les fondations jusqu'au terrain solide, et le cube des maçonneries peut devenir considérable. Lecas s'est présenté pour la plaque du dépôt de la gare de Paris au chemin de fer de Lyon, qui était en remblai de 5 mètres et dont les fondations ont dû aller chercher le terrain solide à cette profondeur.

Ces fondations comprennent trois tours et un massif central en moellons bruts sur libage avec couronnement en pierre de taille. La première tour supporte l'enceinte de la fosse ; la seconde, le cercle de roulement des galets extrêmes ; la troisième, un second cercle de roulement de galets intermédiaires. Au centre est le

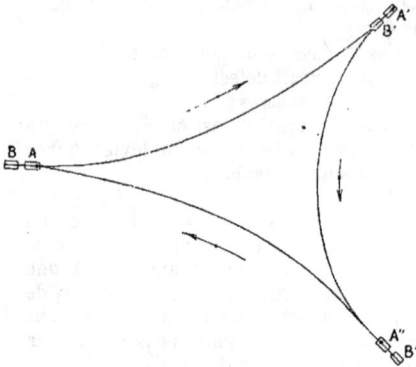

Fig. 367.

massif supportant le pivot. Il est rendu solidaire de la tour intérieure par quatre murs rayonnants.

Aujourd'hui, les poutres sont toujours assez solidement constituées et présentent par elles-mêmes assez de raideur pour pouvoir se passer de galets intermédiaires.

On adopte quelquefois, comme au chemin de fer du Nord, la forme d'un radier général. On combine une plateforme en béton d'épaisseur variable, mais de 0m,50 au minimum, avec des pièces de charpente assemblées avec des boulons, remplaçant la pierre de taille pour les scellements, et répartissant les pressions sur le béton dans lequel les bois sont noyés.

Les ponts tournants équilibrés, dont la charge entière repose sur le pivot n'apportent pas dans les fondations l'économie qu'on pourrait supposer au premier abord. En effet les galets, malgré leur rôle secondaire, exigent toujours un cercle de roulement solidement établi et, quant au pivot, il doit reposer sur un massif de maçonnerie beaucoup plus important que dans les ponts ordinaires.

425. *Triangle curviligne.* — Lorsque la place ne manque pas et que le terrain

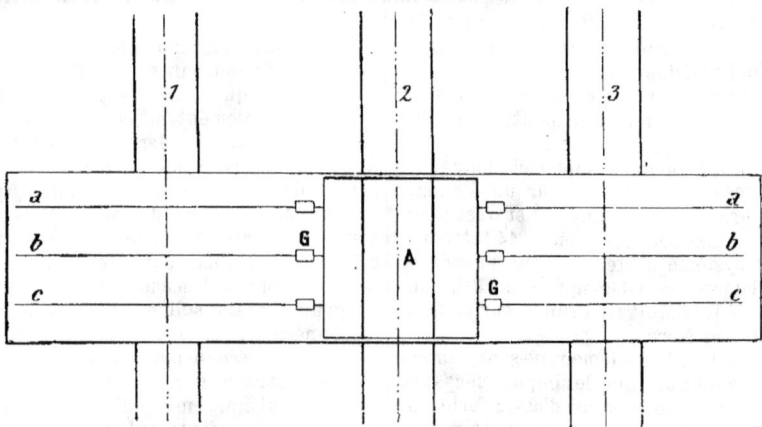

Fig. 368.

n'est pas cher, le retournement de la locomotive suivie de son tender peut se faire simplement au moyen de trois voies courbes en triangle reliées par trois aiguilles (*fig.* 367).

On comprend en effet qu'un attelage arrivant en AB peut se diriger en A'B' pour de là se rendre en refoulant en A"B" et se retrouver alors machine en tête pour repartir en sens contraire de celui d'arrivée.

Ce système est surtout usité en Amérique où le terrain est bon marché, et en Russie où les plaques fonctionnent mal à cause des neiges.

PLAN

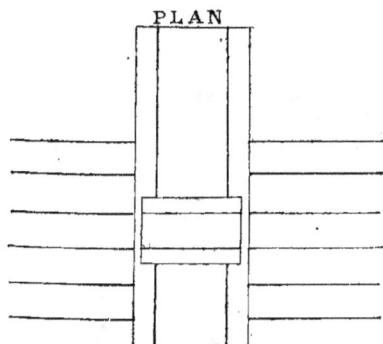

COUPE

Fig. 369.

En France, ce système est peu répandu car le prix du terrain y est généralement trop élevé.

Chariots.

426. A mesure que nous avançons, nous rencontrons des moyens de communication de moins en moins perfectionnés, mais de plus en plus économiques, tels sont les chariots.

La façon de faire communiquer entre elles des voies parallèles au moyen de chariots consiste à placer normalement aux voies intéressées 1, 2, 3, etc. (*fig.* 368),

Fig. 370.

une série de rails, généralement au nombre de trois, sur lesquels roule le chariot proprement dit A, par l'intermédiaire de galets G. Ce chariot n'est qu'une plate-forme présentant à la partie supérieure des rails un prolongement de ceux des voies interrompues 1, 2, 3. On place ce tronçon de voie mobile en face de l'une quelconque des voies considérées; on amène le véhicule, généralement voiture ou wagon, sur le chariot, et l'on fait

Fig. 371.

avancer ce dernier en face de la voie voulue.

427. *Chariot à fosse.* — On voit que la condition essentielle est que la voie du chariot soit bien à la même hauteur que celle des voies courantes, et par conséquent le chariot lui-même doit se mouvoir dans une fosse disposée au-dessous de celles-ci.

On a alors adopté le chariot formé par une paire de rails posés sur les longerons

réunissant les essieux des roues circulant dans la fosse (*fig.* 369).

L'inconvénient du système est de présenter une fosse trop profonde qui constitue toujours un danger, surtout la nuit.

La hauteur à laquelle se trouve le rail est, en effet, par cette disposition, maximum pour une même hauteur de roue du chariot. On arrive difficilement à placer le dessus des rails au-dessous de la partie supérieure de la roue.

CHARIOT ROULANT A FOSSE DE 4.50 (ÉTAT)

Elevation longitudinale.   Coupe par **B C**

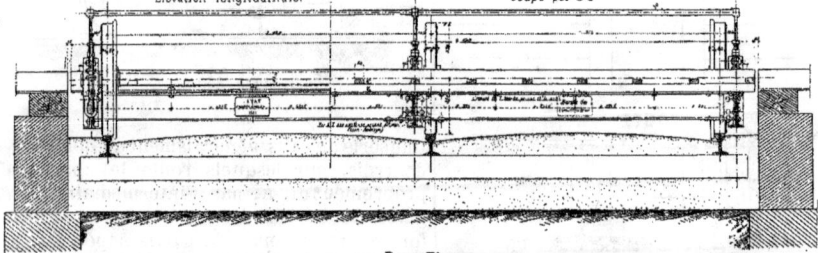

Demi Plan.

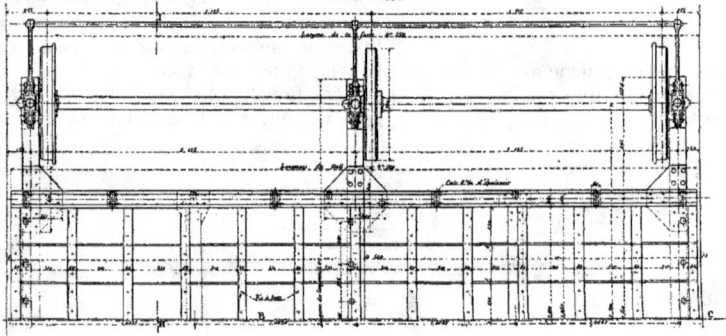

Fig. 372 et 373.

Or celle-ci ne peut avoir moins de 0ᵐ,30 de rayon, donc la fosse ne peut avoir moins de 0ᵐ,60 de profondeur.

Aussi la première préoccupation fut-elle de diminuer la profondeur de cette fosse.

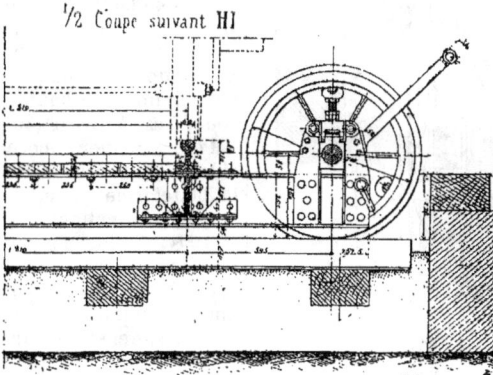

Fig. 374.

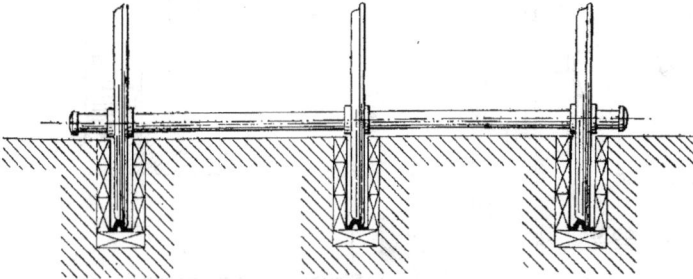

Fig. 375.

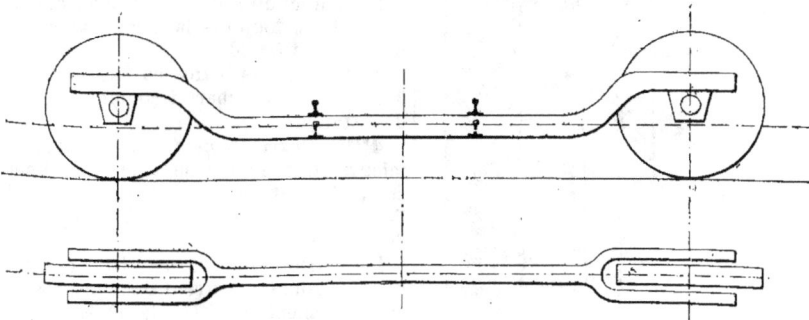

Fig. 376 et 377.

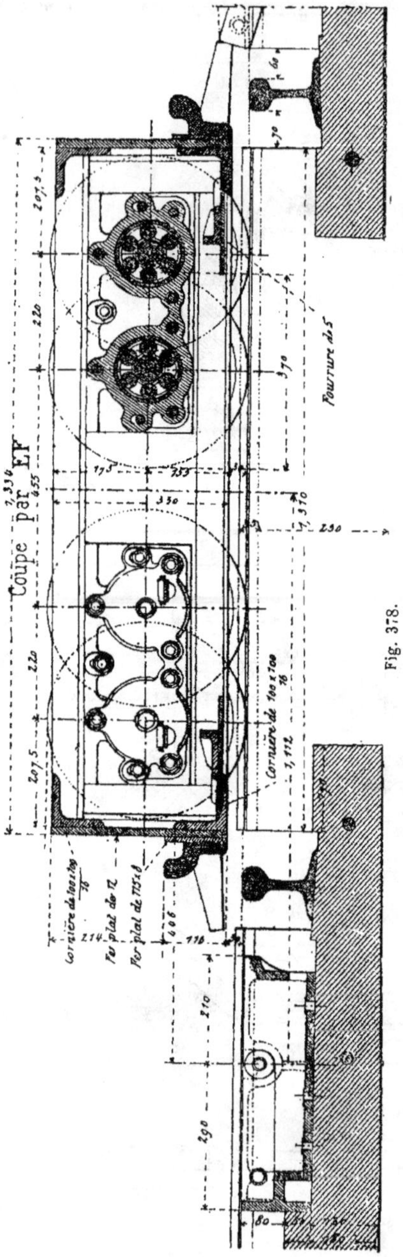

Pour cela, au lieu de faire porter les longerons sur la boîte à graisse de la roue, on les adapta au dessous, suspendus au moyen de boulons. Le dessus des rails se trouve à une distance beaucoup plus faible du fond de la fosse, qui a par suite beaucoup moins de profondeur et atteint au maximum la hauteur du centre de la roue, c'est-à-dire $0^m,30$ (*fig.* 370).

Pour atténuer encore les chances d'accident, on raccorde le fond de la fosse à la plateforme de la voie au moyen de longs plans inclinés en pente douce.

428. Enfin, comme le longeron est toujours mieux supporté lorsqu'il est appuyé sur la boîte à graisse de l'essieu que lorsqu'il est suspendu au dessous, on a fait usage ensuite d'un longeron à col de

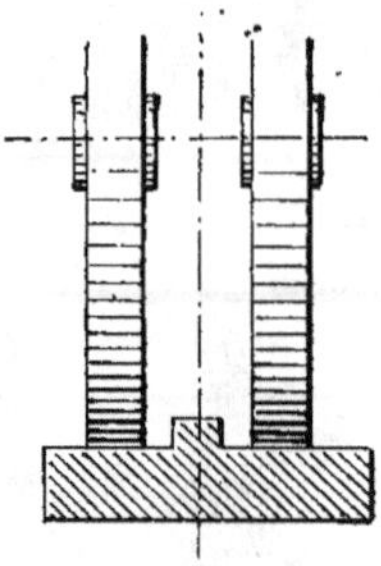

Fig. 379.

cygne s'appuyant sur l'essieu, mais venant raser le fond de la fosse à faibles intervalles, comme précédemment (*fig.* 371).

La hauteur du rail du chariot au-dessus du fond est toujours la même, approximativement $0^m,30$.

Nous donnons, dans les figures 372 à 374, un type de chariot roulant à fosse, de l'État.

429. *Chariot sans fosse.* — Mais le mieux était évidemment de supprimer complètement la fosse. Voici comment l'on obtient ce résultat à la Compagnie de l'Ouest.

Le chariot est porté par trois essieux dont les roues pénètrent dans des fosses excessivement étroites, de $0^m,06$, et ne présentent, par conséquent, pas plus de $0^m,04$ à $0^m,05$ de largeur. Ces trois petites

Coupe par EF

Fig. 378.

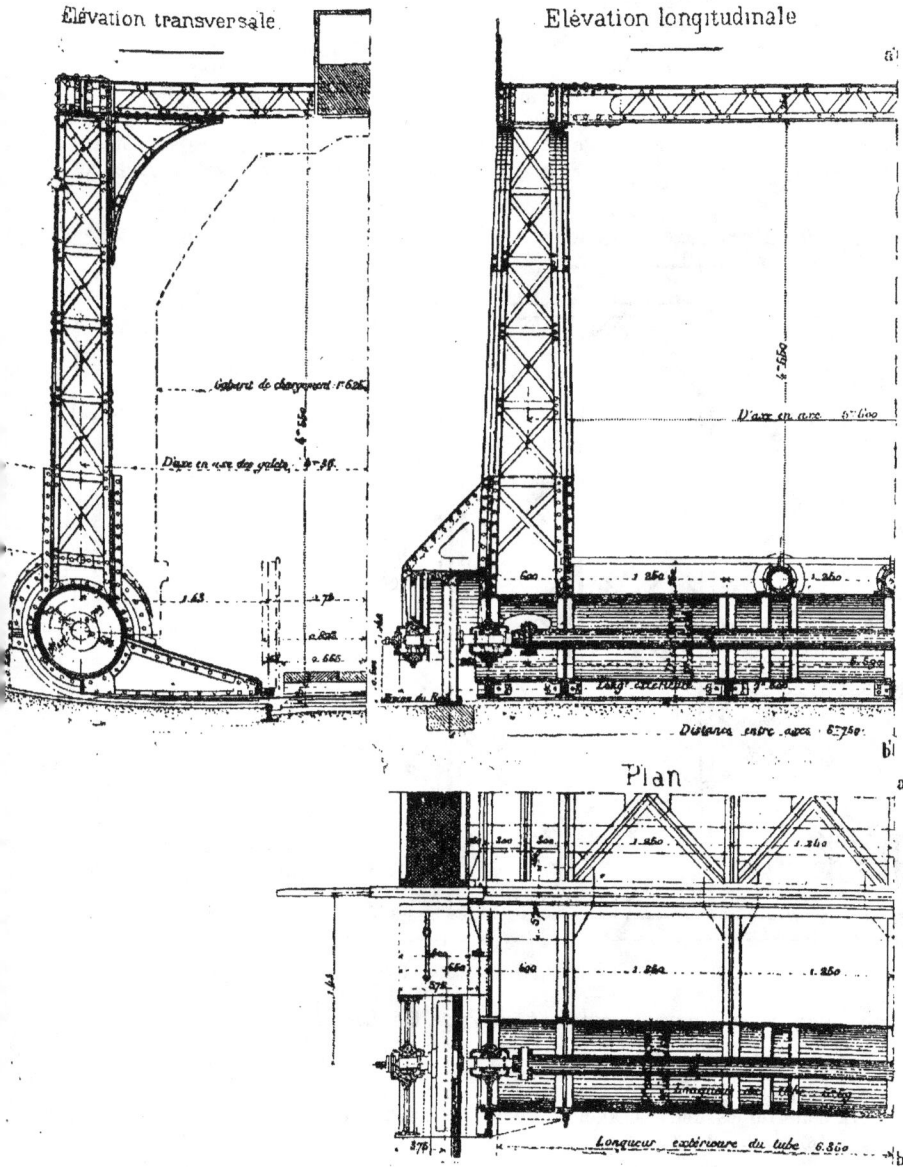

Élévation transversale.

Elévation longitudinale

Plan

Fig. 380 à 382.

fosses sont tellement étroites que les véhicules des voies courantes peuvent les
franchir sans le moindre inconvénient,
ces voies n'étant presque pas interrompues, si ce n'est sur cette faible largeur.
On se trouve ainsi dans les mêmes conditions générales que s'il n'y avait pas de
fosse, au point de vue des accidents à redouter.

Ces trois petites fosses à roues sont
blindées intérieurement avec du bois qui
a l'inconvénient de pourrir assez rapidement sous l'influence de l'eau qui vient y
séjourner (fig. 375).

Les rails prolongeant ceux des voies à
relier entre elles sont portés par le chariot au moyen de trois maîtresses poutres
métalliques venant ensérer les roues au

Élévation perpendiculaire à l'axe de la voie principale

Coupe MN

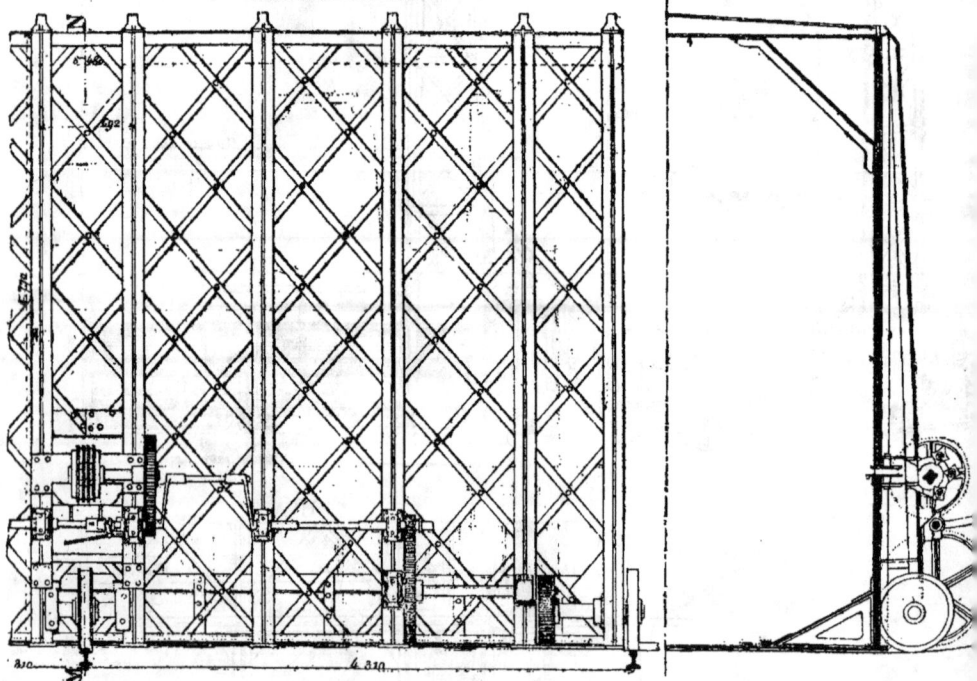

Fig. 383 et 384.

moyen de bielles à fourches reposant sur
les boîtes à graisse (fig. 376 et 377) par
l'intermédiaire de cols de cygnes, comme
précédemment.

Au point où les deux branches de la
bielle se réunissent en une seule, on la
fait plonger dans la fosse, de telle sorte
que le dessus de cette flasque soit surélevé
de 1 à 2 centimètres au-dessus du rail de
la voie courante, c'est-à-dire le moins

possible. Les rails du chariot sont amincis à leurs extrémités, de manière à former une sorte de plan incliné permettant
l'ascension facile des wagons qui l'abordent pour en faire l'ascension.

En somme, ce système, qui constitue
un perfectionnement réel sur les précédents, présente encore l'inconvénient
d'interrompre un peu les voies et de placer les rails du chariot à un niveau supé-

rieur aux autres, Ensuite, les fosses, qui doivent être complètement indéformables à cause de leur peu de largeur, et doivent, par suite, être blindées en bois ou en ciment, sont coûteuses.

Un chariot de ce type pour cinq voies revient de 40 000 à 50 000 francs.

Le nombre des roues varie naturellement avec le poids des véhicules à transporter.

Ainsi, pour les wagons ordinaires ou les locomotives seules, il suffit de trois files de rails ou six galets.

Pour une locomotive avec son tender, il faut de quatre à cinq files de rails, soit huit à dix galets.

430. *Chariot Dunn.* — Le chariot Dunn (*fig.* 378) permet de conserver intégralement les rails des voies principales. Il se compose d'une caisse en tôle munie intérieurement de roues de $0^m,30$ à $0,40$ de diamètre, marchant par paires sur un chemin de roulement muni d'une saillie de guidage (*fig.* 379). Les parois latérales de la caisse sont à une distance de $1^m,36$, permettant aux roues des véhicules ordinaires de monter par leurs boudins sur des saillies horizontales *b* situées en prolongement des rails courants.

La caisse est ainsi soutenue par deux groupes de quatre essieux portant huit galets sans saillie disposés sur deux files

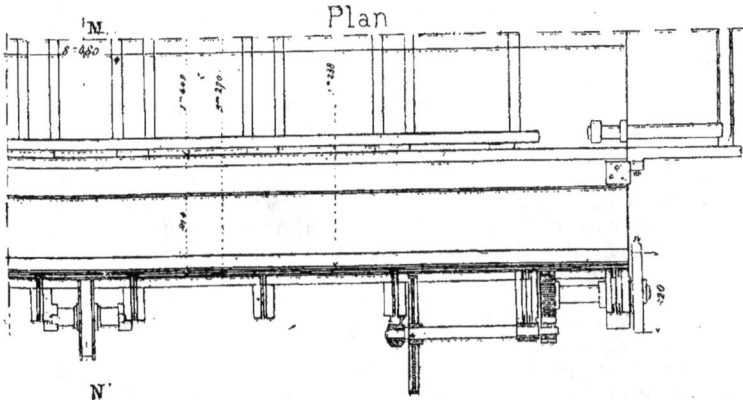

Fig. 385.

pour que le guidage dû à la nervure centrale soit plus efficace.

Les chemins de roulement du chariot sont forcément interrompus aux points de rencontre avec les voies principales, puisqu'on s'est posé pour obligation de ne pas interrompre celles-ci. Mais le chariot n'en reste pas moins pour cela suspendu et horizontal, car il conserve trois essieux sur quatre supportés par le chemin de roulement, le quatrième seul franchissant la coupure. Les chocs résultant de ce fait sont donc beaucoup moins importants qu'on ne l'aurait supposé au premier abord.

Les galets du chariot sont à jantes plates, précisément pour pouvoir circuler sur les

rails des voies principales sans les endommager.

De toutes façons, les wagons ont besoin, pour passer d'une voie courante sur celle du chariot, de regagner la petite hauteur de $0^m,08$ à $0^m,10$ environ qui les sépare. Cela se fait au moyen de rails amincis, sortes d'avant-becs, que l'on peut relever à volonté ou qui se relèvent et s'abaissent automatiquement sous l'action d'un ressort. Il faut simplement donner au wagon une certaine puissance vive suffisante pour l'amener sur le chariot, mais non trop forte pour ne pas le faire descendre à l'autre bout de celui-ci.

431. *Coussinets de galets.* — Le faible diamètre des galets de roulement imposé par la hauteur des essieux des véhicules et le poids considérable qu'ils ont à supporter entraînent, pour leurs fusées, un frottement énorme. Aussi, les coussinets ordinaires en bronze, à frottement de glissement, ont-ils été remplacés par des couronnes de petits galets bien graissés qui tournent en même temps que l'essieu du galet principal ; on a donc ainsi substitué un frottement de roulement au glissement des coussinets ordinaires.

432. L'inconvénient principal de ce chariot est la difficulté qu'on a à le mettre en mouvement, à cause de la petitesse obligatoire de ses galets porteurs.

On a essayé de reporter les roues du chariot en dehors de la caisse, mais on est toujours gêné par le peu de hauteur qu'on a à sa disposition, les rails du chariot devant toujours rester à très faible distance de ceux de la voie ; on ne peut donc commodément installer une poutre de hauteur suffisante au-dessous des chariots.

Aussi, au Nord d'abord, puis à l'Est, a-t-on pris une solution radicale qui consiste à faire de l'ensemble un véritable caisson dans lequel entre le wagon tout entier. On a, en effet, renoncé à relier les rails par une poutre en dessous, et on a remplacé celle-ci par une arcade croisillonnée passant par-dessus le véhicule (*fig.* 380 à 382, Compagnie du Nord pour wagons ; *fig.* 383 à 385, Compagnie de l'Est, pour locomotives).

Le chariot dans son ensemble est alors composé de deux gros cylindres horizontaux de 0^m,700 de diamètre. Aux axes de ces cylindres sont fixées les roues porteuses qui sont à l'extérieur et aux extrémités du chariot (*fig.* 381). Les rails mobiles de l'appareil sont soutenus de distance en distance par des consoles que portent ces cylindres de place en place.

On dispose aux extrémités des cylindres des tampons de chocs comme au matériel roulant ordinaire.

Ces chariots sont mis en mouvement à la main, par des chevaux, des cabestans hydrauliques ou des moteurs à vapeur.

433. Lorsque le chiffre des manœuvres dépasse trois cents par jour, comme dans les gares de triage, on emploie, (Cie du Nord) des chariots remorqués par une petite locomotive spéciale, ou mus par une machine à vapeur établie sur la plateforme même du chariot.

La différence de hauteur entre les rails du chariot et ceux de la voie est un peu plus grande que précédemment et atteint 0^m,18 ; mais cela ne présente ici que peu d'inconvénient puisqu'on dispose d'une force supérieure au besoin pour faire monter le wagon, même chargé, sur le chariot.

Chariot pour locomotives.

434. Les chariots spécialement destinés au service des locomotives portent le plus souvent le nom de *ponts roulants*.

Par suite de la plus grande hauteur qu'il est nécessaire de donner aux longrines à cause du poids plus considérable du véhicule transporté, la fosse est le plus souvent indispensable. Cette fosse est d'ailleurs beaucoup moins dangereuse dans les dépôts où se font ces manœuvres que sur les voies où se meuvent ordinairement les chariots.

Cependant on a aussi quelquefois construit des ponts roulants sans fosse dans l'esprit du chariot Dunn à arcade du Nord. Les longerons sont remplacés par deux poutres de pont en treillis. La manœuvre en est faite au moyen d'une petite locomobile (*fig.* 383 à 385, Cie de l'Est).

435. *Prix divers.* — Nous donnerons, pour terminer, les prix ci-dessous de quelques types de plaques, ponts tournants et chariots :

Plaque tournante en fonte de 4^m,20.................. 3 200^f, »

Plaque tournante en fonte de 5^m,60.................. 5 000 »

Plaque tournante en fonte de 6^m,20.................. 5 800 »

Pont tournant de 14 mètres à une voie avec passages latéraux et talus gazonnés...... 18 700 »

Pont tournant de 14 mètres à une voie avec galerie circulaire complète.............. 23 400 »

Pont tournant de 14 mètres à une voie avec charpente métallique et plancher.......... 29 200 »

Chariot avec fosse pour voitures ordinaires et wagons, largeur 4ᵐ,90.............. 900 »

Chariot avec fosse pour grandes voitures, largeur 6 m. 2 400 »

Avec les chariots à fosse, il y a lieu de compter en plus :

Mètre courant de fosse et fondation.................. 30

Chemin de roulement en rails Brunel.................... 10

Chariot sans fosse pour voitures et wagons............ 4 250 »

Avec le chariot sans fosse il y a lieu de compter en plus :

Pour chaque traversée de voie...................... 750 »

Chemin de roulement, le mètre courant................ 55 »

Taquets d'arrêts, la pièce... 45 »

Le détail d'une plaque tournante de 4ᵐ,50 de diamètre peut s'évaluer comme suit (Etat) :

	Poids	Prix	
Partie métallique.....	10 266ᵏ	3 480	
Bois, plancher........	750	250	
Croisillons en acier....	73	144	
Total.....	11 089	3 874	3 874ᶠ »

§ III. — PASSAGES A NIVEAU

436. Lorsque le chemin de fer est rencontré à niveau par une voie de terre, il y a lieu de prendre certaines précautions pour assurer le passage des véhicules

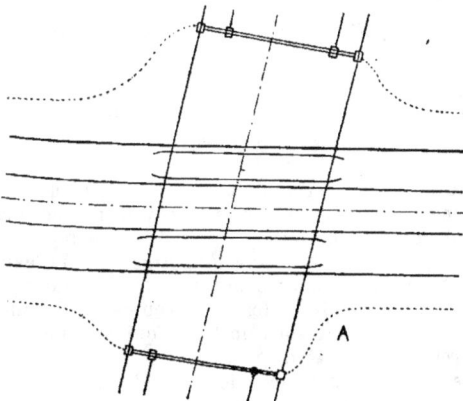

Fig. 386.

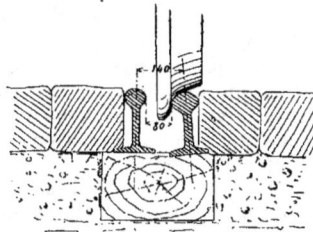

Fig. 387.

ordinaires en même temps que ceux du chemin de fer.

A tout passage à niveau, on ajoute d'ailleurs un passage spécial pour les piétons ; et, pour mieux délimiter l'espace à réserver aux voitures, on installe toujours des trottoirs sur les chemins d'accès.

Pour permettre les deux circulations, il faut nécessairement supprimer toute saillie des rails du chemin de fer, tout en ménageant cependant le passage des boudins des roues dans la plateforme ainsi préparée.

Pour cela, on place, le long des rails de

la voie et à l'intérieur, des contre-rails un peu plus écartés des rails aux extrémités que vers le centre, afin d'éviter le choc des boudins à leur entrée sur le passage (*fig.* 386 et 387).

La largeur de l'ornière à ménager entre le rail et son contre-rail peut s'évaluer simplement : c'est la demi-différence entre la largeur de la voie et l'écartement intérieur des roues 1^m,36, soit :

$$\frac{1,45 - 1,36}{2} = 0^m,045,$$

c'est-à-dire encore la somme de la largeur du boudin et du demi-jeu de la voie.

En réalité, dans la pratique, il est néces-saire de donner à ce jeu une plus grande largeur, soit 6 à 8 centimètres. Cela permet de prévoir les irrégularités qui peuvent se présenter, dans les cotes de calage des roues, des boudins un peu forcés, etc. En courbe, bien entendu, cette largeur est augmentée de la moitié du surécartement des rails ; il est important de faire attention à ce point spécialement dans les courbes de petit rayon.

Le plus généralement, surtout sur les routes très fréquentées, la partie de l'emprise du chemin de fer, sur toute la largeur de la route qui le traverse, est garnie de pavés, dans la crainte qu'un

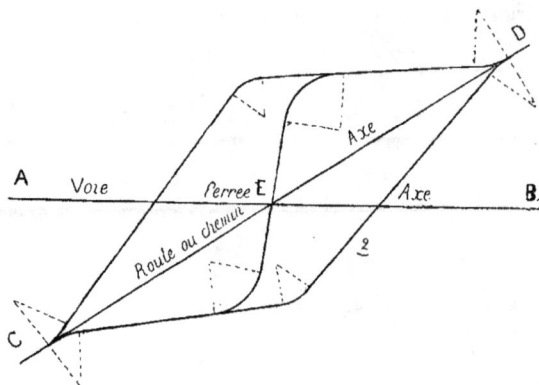

Fig. 388.

morceau de pierre cassée, se logeant dans l'ornière, ne détermine un déraillement. Dans un passage très fréquenté, d'ailleurs, le pavage est indiqué, malgré son prix de revient un peu plus élevé que l'empierrement, à cause de son entretien beaucoup moins coûteux.

Mais, dans les passages ordinaires, on s'affranchit souvent aujourd'hui de l'exigence du pavage, et l'on se contente du macadam ; la surveillance spéciale dont sont constamment l'objet les passages à niveau fait peu redouter les accidents dus aux pierres tombées dans l'ornière.

Le contre-rail n'est que le rail ordinaire de la voie posé sans inclinaison à la distance vue précédemment. On le place souvent un peu plus haut que le rail afin d'éviter autant que possible à celui-ci les chocs des roues des voitures circulant sur la route.

437. *Angle du passage.* — Le cahier des charges autorise le croisement du chemin de fer et des routes ou chemins à niveau sous un angle qui peut aller jusqu'à 45 degrés.

Au-dessous de cet angle, il faut absolument dévier la route de façon à lui faire traverser le chemin de fer le plus normalement possible (*fig.* 388).

Le passage des voitures ordinaires sous un angle trop aigu pourrait entraîner l'arrêt des roues dans les ornières des rails et amener, par suite, des accidents. En outre, la traversée normale des voies donne le minimum de largeur de passages à niveau entre les emprises de la ligne, c'est-à-dire entre les barrières. Enfin, avec les passages trop obliques, les chevaux peuvent, par mégarde, s'engager sur la voie au lieu de suivre leur trajet sur la route.

Lorsqu'on est ainsi obligé de dévier une route, on a trois moyens de le faire, et l'on s'arrête généralement à celui qui se prête le mieux aux conditions locales.

Ainsi on peut conserver le point de croisement E de l'axe de la route avec celui du chemin de fer en déviant la chaussée de chaque côté de la voie avec une courbe et une contre-courbe. Cela donne en tout quatre courbes qui doivent avoir 25 mètres de rayon minimum pour les routes nationales et 12 mètres pour les autres. On raccorde ces courbes au moyen d'alignements tangents intermédiaires (fig. 388).

On peut supprimer une des courbes précédentes et les réduire à trois au lieu de quatre en employant le mode indiqué en 1 ou 2. Cela peut avoir son intérêt si la circulation est active sur la route ou si les attelages se font surtout en longueur. Dans ce cas, d'ailleurs, on fera bien, en même temps, de choisir les rayons de raccordement les plus grands possibles.

438. *Largeur des passages à niveau.* — Les largeurs réglementaires adoptées pour les passages à niveau sont les mêmes que celles des ouvrages d'art entre culées, savoir :

Route nationale. . . . . . . 8 mètres.
Route départementale . . . . 7 —
Chemin de grande communication . . . . 5 —
Chemin vicinal ordinaire ou rural. . . . . 4 —

Le chemin, surtout quand c'est un chemin rural, est quelquefois loin de présenter la largeur précédente ; il faut toujours, aux abords du passage, lui donner une largeur suffisante pour qu'il puisse recevoir deux voitures de front. On regagne ensuite la largeur normale par un rétrécissement gradué.

Quand le chemin est en remblai de plus de 1 mètre, on prévient les accidents possibles en garnissant les bords de banquettes de sûreté gazonnées à plat.

On donne à ces banquettes 0m,40 de hauteur, 0m,50 de largeur en crête, une pente de 1/5 vers l'intérieur. Des saignées pratiquées de loin en loin permettent l'écoulement des eaux.

439. *Profil en long.* — Les pentes qu'il est bon de ne pas dépasser sur les routes et chemins sont de 0m,05 par mètre pour les premières, et 0m,03 pour les seconds. Il faut donc, autant que possible, ne pas atteindre ces limites aux abords du passage, car il y a toujours danger à voir les voitures se précipiter sur la barrière. On a soin, en outre, de ménager un palier de 12 à 15 mètres, ou au moins une pente insignifiante sur cette longueur, de chaque côté du passage. Quant à ce dernier, lui-même, il doit toujours être en palier.

Les pentes doivent, en outre, être adoucies quand elles correspondent à des courbes de très petit rayon.

Barrières.

440. Les barrières sont exigées sur les chemins de fer d'intérêt général ; sur les lignes d'intérêt local on peut s'en passer. Sauf dans des cas tout à fait spéciaux, les barrières ont pour longueur la largeur même du chemin, c'est-à-dire 4, 5, 7 ou 8 mètres.

Les barrières sont de trois types :

1° *Barrières pivotantes.* — Les barrières pivotantes peuvent être à un vantail ou à deux vantaux suivant leurs dimensions.

Celles de 4 et 5 mètres ne se font jamais qu'à un vantail. Pour les longueurs de 7 et 8 mètres, on peut hésiter à cause des dimensions à donner à un vantail unique d'une aussi grande portée.

Néanmoins, on arrive, aujourd'hui, à construire facilement, en bois ou en fer, ces barrières pivotantes de 8 mètres de longueur en forme de poutre armée fixée, à l'une de ses extrémités, sur un pivot solidement posé sur de bonnes fondations. Cette porte unique est préférable aux deux portes doubles, car, au moment du passage d'un train, on n'a que deux manœuvres à faire au lieu de quatre, ce qui peut avoir son importance.

L'ouverture des vantaux doit toujours se faire sur la voie, afin de ne pas gêner la circulation à l'extérieur. Et, comme dans sa partie la plus voisine du rail, la barrière doit encore laisser un intervalle de 2 mètres entre elle et ce dernier, on voit que cette barrière doit être fixée assez loin, ce qui augmente notablement l'emprise du chemin de fer (16 mètres pour les routes) et la responsabilité de la

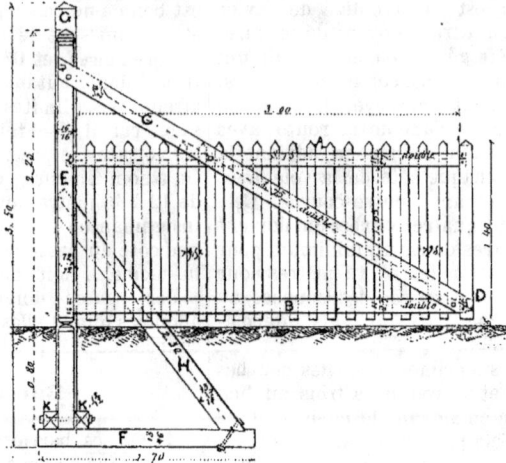

Fig. 389.

Compagnie en même temps. Enfin, cela peut empêcher une propriété voisine A (*fig.* 386), que l'on n'a pas eu besoin d'acheter pour l'emprise de la ligne, d'avoir accès direct sur la route.

Les barrières pivotantes sont quelquefois disposées, à l'intérieur des villes, de manière à se développer vers les voies en fermant leur accès aux voitures ordinaires.

Les barrières ouvrant vers l'intérieur ont, par contre, l'inconvénient, lorsqu'elles sont insuffisamment fermées, de céder sous la pression et de livrer passage aux bestiaux.

Les barrières fermant la voie quand elles ouvrent la route présentent des dangers pour les garde-barrières qui se précipitent quelquefois trop tard pour les ouvrir, et les laissent briser par les trains. Le plus dangereux alors n'est pas la rupture de la barrière, mais les nombreux éclats qui sont projetés alors de tous côtés et forment projectiles.

· **441.** *Barrières en bois.* — Les figures 389 à 393 représentent une petite barrière

en bois à un seul vantail pour passage de 3 mètres d'ouverture. Le vantail est formé en haut et en bas de deux pièces horizon-

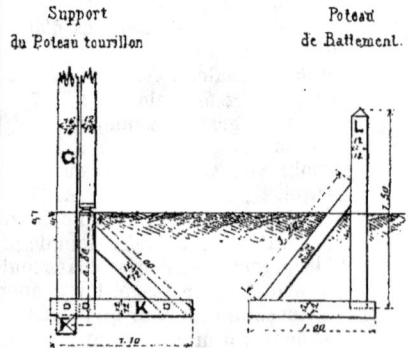

Fig. 390 et 391.

tales A, B, de 0,11×0,027×3,00 d'équarrissage, soit quatre en tout, enserrant entre elles des montants plats de 1^m,40 × 0^m,05 × 0^m,015 régnant à 0^m,05 du sol ;

avec une longueur de barrière de 3 mètres, cela donne vingt et un intervalles
de 0ᵐ,095 de largeur.

Deux contrefiches obliques C, de 3ᵐ,75
× 0ᵐ,14 × 0ᵐ,027, soutiennent la barrière à son extrémité traînante D pour

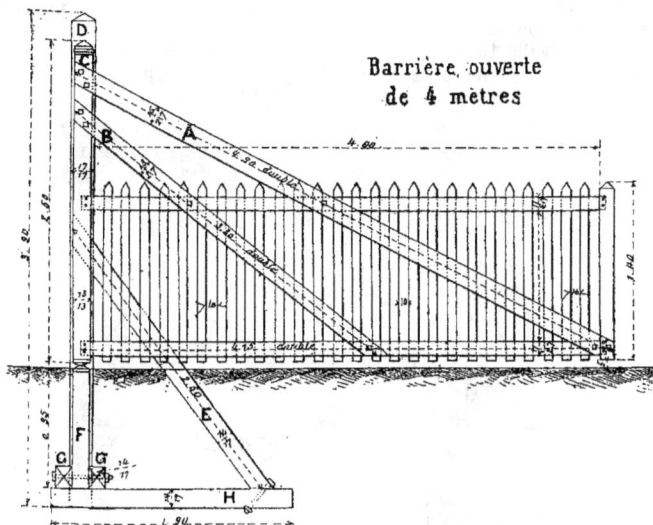

Barrière ouverte
de 4 mètres

Fig. 392.

la rattacher au poteau tourillon E de
2ᵐ,25 × 0ᵐ,12 × 0ᵐ,12. Ce dernier pivote
sur un autre identique, mais de 0ᵐ,80 de
hauteur, enterré dans le sol, sauf la crapaudine.

La fondation est formée d'un trépied dont
deux branches sont dans le prolongement
l'une de l'autre, et la troisième à angle
droit ; le bras dans le sens perpendiculaire
à la barrière F a 1ᵐ,70 × 0ᵐ,13 × 0ᵐ,16
et sert de point d'appui au poteau du
portillon G de 3ᵐ,37 × 0ᵐ,16 × 0ᵐ,16, et
à une contre-fiche H de 2ᵐ,30 × 0ᵐ,13
× 0ᵐ,16, posée dans le sens opposé à l'ouverture.

Dans le sens de la barrière elle-même,
le poteau fixe et le poteau tourillon sont
serrés par une moise K, formée de pièces
de 1ᵐ,40 × 0ᵐ,12 × 0ᵐ,12 (voir également figure 390).

Enfin, la figure 391 représente le poteau
de battement situé à l'autre extrémité,
qui a naturellement beaucoup moins
d'importance, L.

Les figures 392 et 393 représentent

Support
du Poteau tourillon

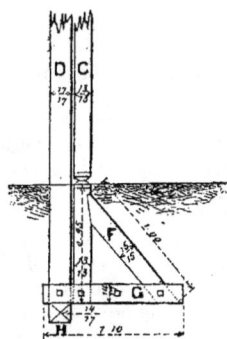

Fig. 393

une barrière en bois analogue, mais de
4 mètres d'ouverture. Les pièces sont, en

général, un peu plus fortes que dans la précédente, et le vantail est soutenu par deux jambes de force, une extrême A et une moyenne B.

Les lames verticales courantes sont identiques à celles de la barrière précédente et espacées de 0ᵐ,10 ; il y a seulement vingt-six lames au lieu de 20 (vingt-sept intervalles).

Avec une barrière de 5 mètres, on aurait trente-trois lames analogues, espacées de 0ᵐ,1015 (trente-quatre intervalles).

Avec une barrière de 6 mètres, qua-rante lames, espacées de quarante et un intervalles de 0ᵐ,0975.

442. Les figures 394 à 399 représentent des types de barrières pivotantes en fer appartenant à la Compagnie d'Orléans.

Les figures 394 et 395 donnent le type à un seul vantail, qu'il est difficile alors d'employer au-dessus de 4 mètres à cause du poids que cela entraîne.

On est obligé au dessus de faire usage de deux vantaux ; on ajoute alors simplement à la barrière précédente un poteau butoir central, formé, comme les autres,

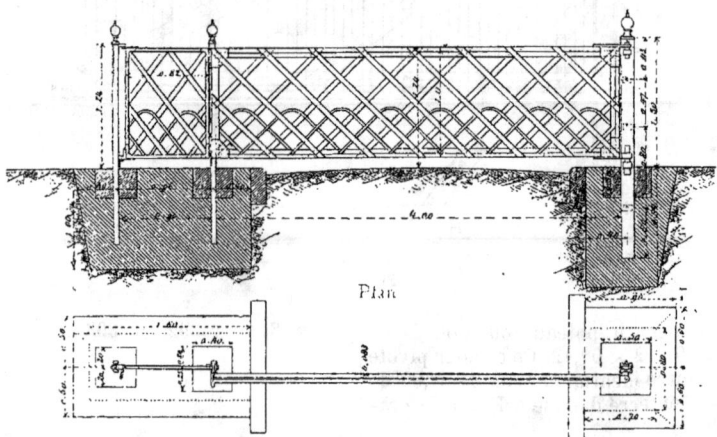

Fig. 394 et 395.

de vieux rails et recevant les abouts des deux vantaux (*fig.* 396 à 399).

Nous ne nous étendrons pas davantage, les dessins indiquant, avec suffisamment de détails, la disposition et les fondations employées.

On voit à gauche le portillon permettant aux piétons de traverser les voies jusqu'au moment de l'arrivée du train.

Les barrières en bois à un vantail exigent le cube de bois suivant :

Ouverture		Cube du bois
3 mètres (passages privés)		0,40
4 —	—	0,55
5 —	—	0,69
6 —	—	0,73

En résumé, les barrières pivotantes sont encombrantes et difficiles à manœuvrer. On ne peut les faire se développer en dehors du chemin de fer, car le terrain n'appartient pas à la Compagnie et parce que cela forcerait à reculer chevaux et voitures qui se sont avancés de confiance jusqu'à la voie. Elles doivent se développer à l'intérieur de la voie, ce qui exige alors que, dans la position la plus dangereuse, elles permettent encore le passage des trains. Cela augmente donc considérablement la traversée en pure perte En somme, il est préférable, et c'est ce qu'on fait partout aujourd'hui aussitôt qu'un passage à niveau présente une certaine circulation, d'employer des barrières roulantes.

443. 2° *Barrières roulantes.* — La barrière roulante se place à 2 mètres du rail. Elle se fait aujourd'hui très légère, en treillis métallique, si bien qu'un seul homme suffit à manœuvrer une barrière de 8 mètres (*fig.* 400 et 401).

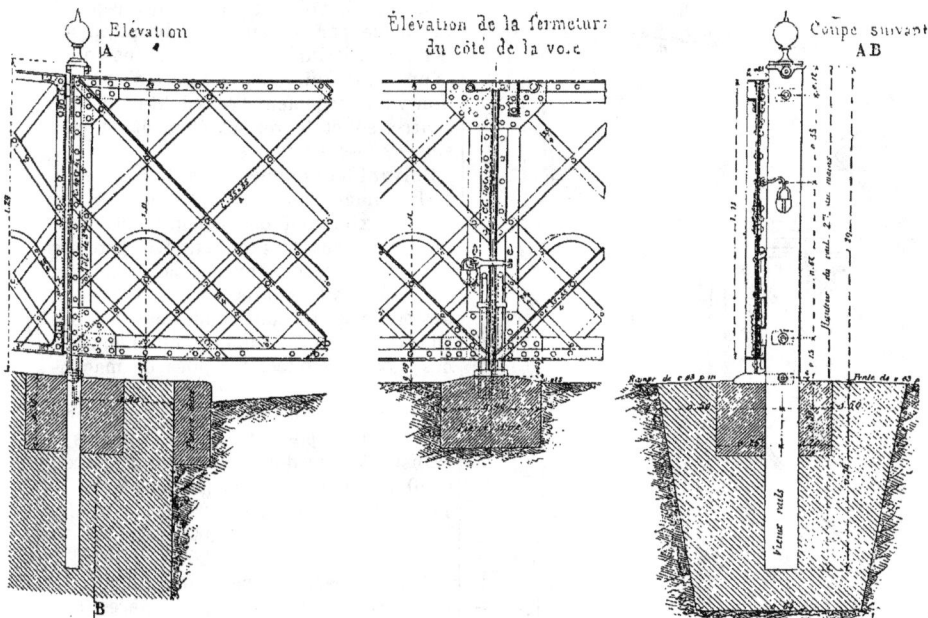

Fig. 396 à 398.

Ce sont généralement deux fers à **T**, l'un en haut, l'autre en bas, réunis par un treillis suivant le mode adopté pour la construction des ponts métalliques (*fig.* 402 à 405). Les roues, munies d'un boudin central, roulent sur deux rails laissant entre eux l'ornière nécessaire analogue à celle du passage lui-même, mais moins

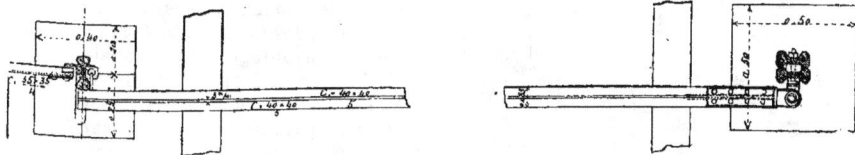

Fig. 399.

large. La roue inférieure reste dans l'axe de la barrière au moyen d'une déviation du fer à **T** formant poche.

Le fer à **T** supérieur, terminé en avant-bec, passe entre deux rangs de galets fixés à des consoles rivées sur les poteaux-guides placés aux extrémités (*fig.* 405 et 406)

La barrière en fer devient aujourd'hui

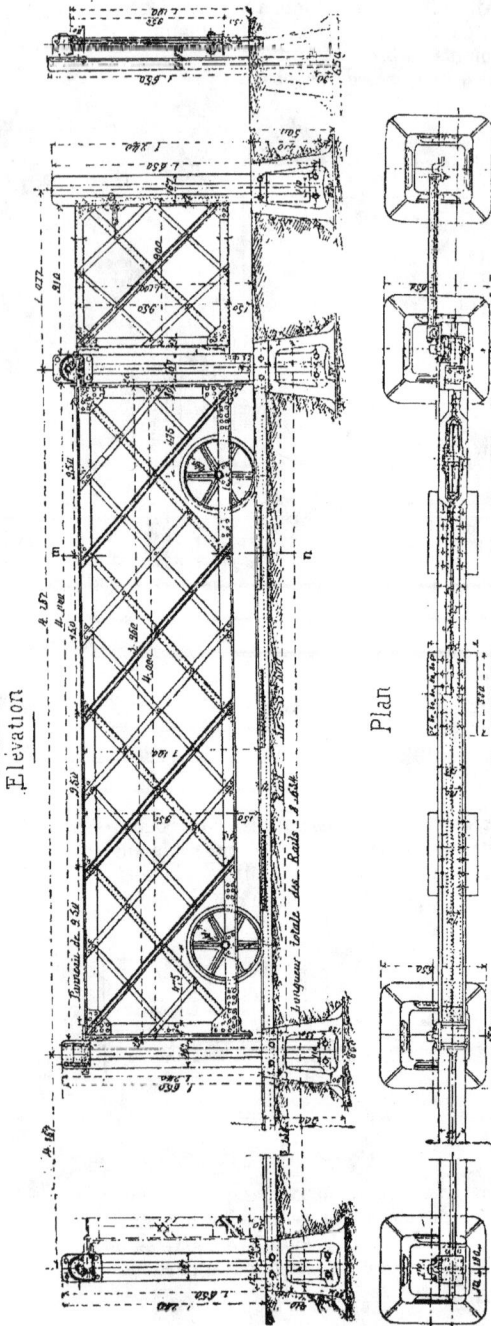

Élévation

Plan

Fig. 400 et 401.

de plus en plus générale, surtout grâce aux prix modérés auxquels on peut se la procurer. De plus, la solution métallique est bonne dans les endroits où l'on ne redoute pas de fréquentes avaries ; sans cela, le bois est plus facile à réparer sur place par les ouvriers du pays. En revanche, il dure beaucoup moins longtemps, et la différence des prix d'acquisition vaut largement l'excédent exigé par l'entretien et le renouvellement du bois ainsi exposé à tous les temps.

Suivant leurs dimensions, la résistance et la raideur que doivent présenter les fers, ceux-ci sont des méplats, des cornières ou des fers en U. Les poteaux fixes extrêmes sont formés, par économie, de vieux rails réunis par des étriers ou des boulons. Ils sont fondés sur des dés en béton ou en maçonnerie, ou mieux sur des cloches évidées remplies de maçonnerie.

Le prix des barrières en fer, compris fondation et pose, mais non compris le transport à pied-d'œuvre, est d'environ 0^r,70 le kilogramme, ce qui donne :

Pour les barrières de 4^m,00..... 520 fr.
—   5^m,00..... 570
—   6^m,00..... 620

Pour les barrières roulantes qui doivent être rigides et cependant légères afin d'être manœuvrées facilement, l'emploi du fer est indispensable. Malgré le diamètre aussi grand que possible donné aux roues, la manœuvre de ces barrières est toujours plus pénible que celle des vantaux tournants, et il est difficile de la confier à des femmes.

Le treillis a besoin d'être plus serré dans le voisinage du sol afin de s'opposer à l'entrée des enfants, des bestiaux de petite taille, des chiens, etc. Cela présente un autre avantage, c'est d'abaisser le centre de gravité et de rendre le panneau plus stable pendant le roulement.

Le principal inconvénient des barrières roulantes est en effet leur tendance à se déverser et à se gauchir ; dans ce cas, la manœuvre est rendue fort difficile par suite des frottements des boudins des roues sur les bords de l'ornière.

On augmente quelquefois leur stabilité en les installant sur deux rangs de galets roulant sur deux rainures parallèles, comme à la gare de Schaffouse. Mais cette

complication a été peu imitée. Quelquefois, comme au chemin de fer de la Ruhr,

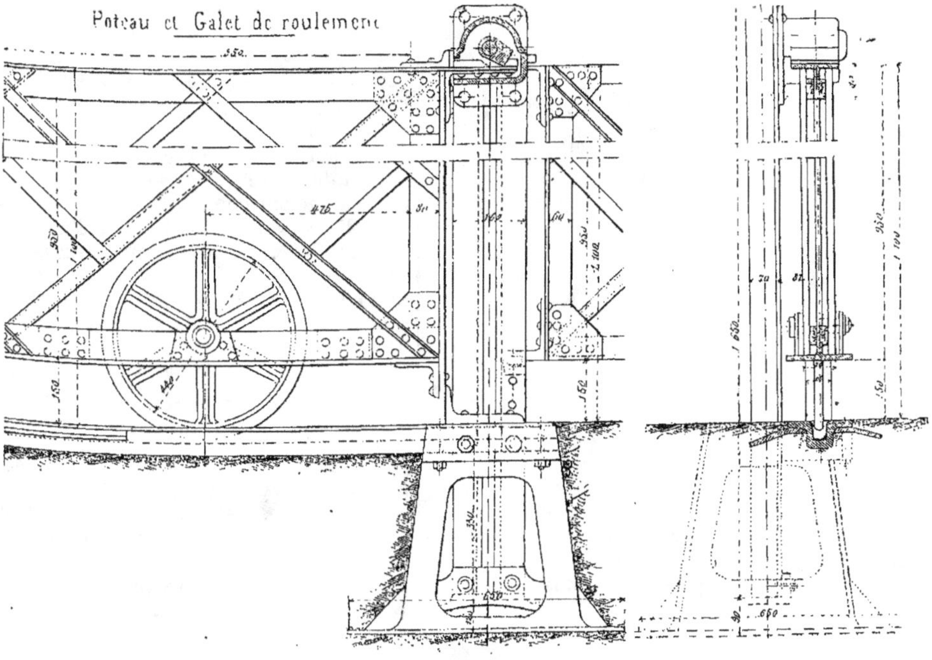

Poteau et Galet de roulement

Fig. 402 et 403.

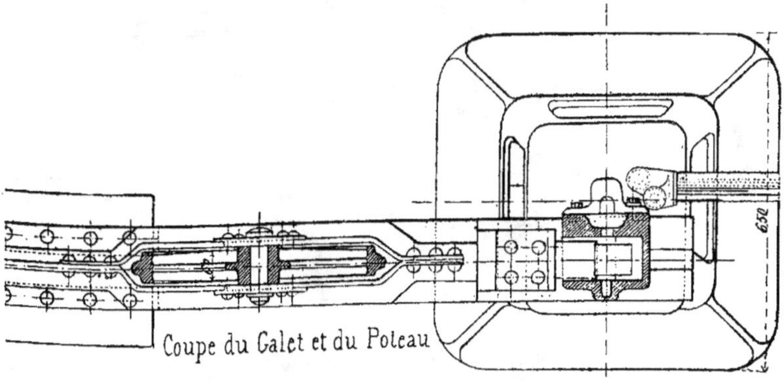

Coupe du Galet et du Poteau

Fig. 404.

on a ajouté des roues-supports à jantes plates ; tout cela n'a pas prévalu, et l'on

s'en tient actuellement à la barrière à galets roulant sur une seule ornière.

Quolquefois, comme à la Compagnie du Nord, la barrière roulante est en fer, et le guidage, poteaux, etc., sont entièrement en bois.

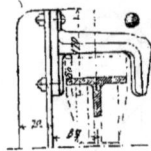

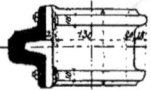

Fig. 405 et 406.

Les figures 407 à 409 donnent les types d'installation des barrières de ce genre présentant de grandes dimensions, comme on en rencontre dans les grandes villes (8, 10, 12 mètres).

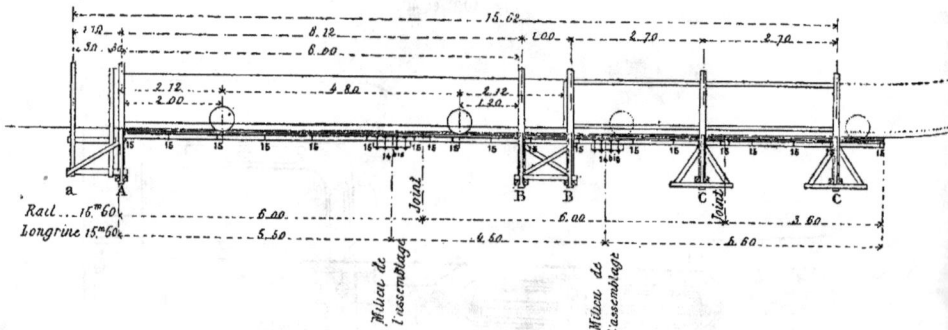

444. 3° *Barrières oscillantes.* — Les barrières oscillantes sont peu employées sur les chemins de fer ordinaires, elles ne servent que sur les lignes à faible circulation et sont le plus souvent manœuvrées à distance.

Elles se composent généralement d'une lisse munie d'un contrepoids et renforcée vers le talon. La lisse est articulée en queue sur un poteau et repose à son extrémité libre sur un autre poteau muni d'une fourche.

La lisse principale est munie d'une ou de deux lisses secondaires auxquelles elle est reliée au moyen de tringles en fer, le tout constituant un grand rectangle suspendu. Pour ouvrir la barrière on fait basculer le tout autour de l'articulation, et le parallélogramme se trouve redressé le long du poteau, son long côté devenu vertical.

Cette manœuvre se fait au moyen d'une corde ou d'une chaîne actionnée par un treuil. Ce dernier peut être à côté de la barrière, mais aussi être placé plus loin, ce qui permet la manœuvre à une distance pouvant atteindre 1 500 mètres.

Le prix d'une semblable barrière est d'environ 750 francs.

Fig. 407.

L'ouverture de la barrière est demandée par une sonnette, qui est surtout utile quand le passage est éloigné du gardien. Une autre sonnette, maniée par ce dernier, prévient les passants qu'ils aient à se garer, et que la barrière va tomber.

C'est là d'ailleurs le plus grand inconvénient de ces sortes de barrières qui peuvent, malgré toutes les précautions possibles, tomber mal à propos sur un piéton ou sur une voiture. En outre, elles ferment la voie d'une façon assez

Barrière de 10^m00 d'ouverture

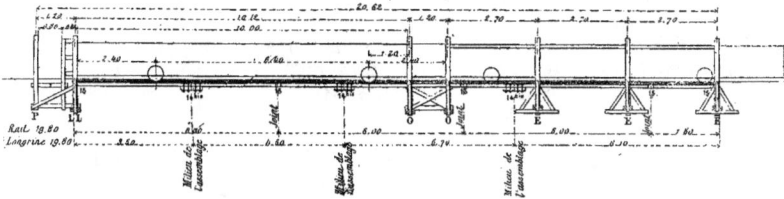

Fig. 408.

Barrière de 12^m00 d'ouverture

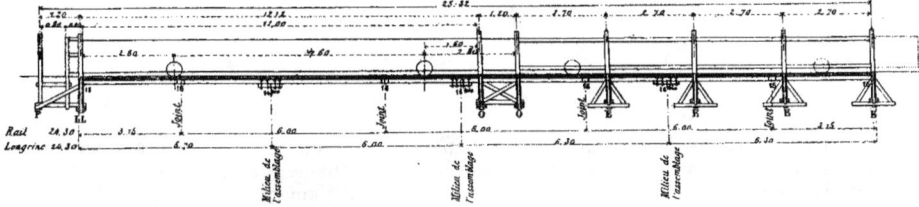

Fig. 409.

sommaire, vu leur construction même, et ne peuvent, nous le répétons, être considérées que comme des fermetures élémentaires. L'avantage, c'est qu'un même gardien peut suffire pour plusieurs passages, ce qui peut être avantageux quand ceux-ci sont nombreux.

Ces barrières sont d'ailleurs de moins en moins employées, parce que le développement des chemins de fer d'intérêt local a accoutumé les populations à s'en passer, sans qu'il en résulte d'inconvénients sérieux, lorsque les trains circulent à petite vitesse. Dans les autres cas, il faut un gardien spécial au passage qui a tout intérêt alors à être muni d'une barrière moins rudimentaire.

445. *Portillons pour les piétons.* — Dans les passages à niveau de petites dimensions, on ne met pas de portillons spéciaux, les piétons passent par la barrière.

Le portillon le plus simple est le tourniquet, simple croix tournant autour d'un poteau ; cela suffit quand on n'a pas à redouter l'introduction des bestiaux sur la voie. Les moutons, par exemple, peuvent très bien passer par le tourniquet.

On a mis alors une porte simple de 1 mètre de largeur, fermant au loquet. Mais, si le passant oublie de la bien fermer, les moutons ou les enfants peuvent encore s'introduire sur la voie et se faire écraser.

On évite cet inconvénient, avec la porte se mouvant sur une fourche ménagée dans la clôture. Le voyageur venant du chemin en A trouve la porte ouverte et n'a qu'à la pousser devant lui en A' (*fig.* 410), ce qui lui permet de se loger

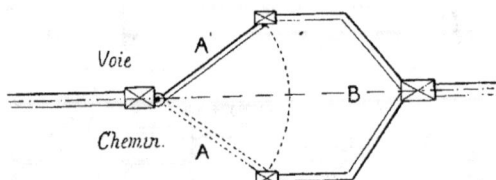

Fig. 410.

momentanément en B. Il ramène alors la porte en A, et entre sur la voie par l'intervalle A', devenu libre.

446. *Passerelle de 2 mètres de largeur.* — Lorsque la circulation des piétons est très active, comme aux abords d'une grande ville, on ménage un passage permanent aux piétons au moyen de passerelles en fer de 2 mètres de largeur.

On en rencontre un grand nombre dans la banlieue de Paris. Leur prix varie de 10 000 à 14 000 francs.

La hauteur sous poutre est de 4^m,80 ou mieux de 5 mètres, afin de laisser passer les plus hautes cheminées de locomotives.

On y monte au moyen d'un escalier dont les marches en fer sont recouvertes en bois ou en tôle striée, et qui sont établies perpendiculairement à l'axe du chemin de fer. Cependant, lorsqu'on est gêné par la place ou par les édifices voisins, on peut ramener un ou deux des rampants parallèlement à la clôture.

447. *Maison de garde.* — Comme pour les barrières, l'obligation sur les lignes d'intérêt général est de garder le passage et d'installer par suite une maison de garde à proximité, sur le terrain appartenant à la Compagnie. Le plus souvent, lorsqu'ils sont peu fréquentés, ces passages ne sont gardés que le jour, par la femme d'un cantonnier de la voie. D'autres sont fermés la nuit, et on peut les faire ouvrir en sonnant. Dans les passages à niveau importants, il faut un gardien de jour et un de nuit.

En principe, il est bon que la maison de garde ne présente pas sa porte d'entrée du côté des voies, car, en se précipitant au signal d'un train, le garde peut parfaitement se faire broyer sous les roues.

Il faut donc placer cette porte sur une des faces latérales.

Si, pour un motif quelconque, on a été obligé de mettre la porte ainsi en face des voies, il faut, pour éviter des accidents, disposer une barrière fixe devant cette porte de manière qu'en sortant de la maison on ne puisse accéder directement sur les rails.

Cela fait, la route et le chemin de fer se croisant déterminent quatre angles, A, A', B, B', et l'on peut se demander quel est celui qui convient le mieux à la maison de garde.

Supposons les deux voies sur lesquelles circulent les trains au rebours des voies de terre, c'est-à-dire du côté gauche comme l'indiquent les flèches (fig. 411). Il ne faut pas oublier que le mécanicien d'une locomotive est toujours placé à la droite de sa machine et, par conséquent, du côté de l'entre-voie. Pour qu'il puisse voir le garde-barrière et les signaux que ce dernier est appelé à lui faire constamment, il faut donc que ce garde se tienne le long de la voie opposée, celle sur laquelle circule le train.

Cela fait, la maison du garde doit être placée dans les angles B ou B', et jamais en A ni A'; on choisit d'ailleurs en B ou B' la parcelle la plus facile à acquérir. C'est qu'en effet la maison en B', par exemple, se trouve alors au-delà du passage à niveau par rapport au train qui arrive de la voie la plus voisine, et, si le garde a tendance à oublier l'heure, il a plus de temps pour voir le train arriver.

Pour le train qui peut venir sur la voie symétrique 2, le garde n'a qu'à sortir de chez lui et à se placer en D pour être à son poste.

La maison d'un garde doit contenir tout ce qu'il faut pour exiger de la part de son hôte le moins possible de déplacement ; il lui faut absolument un puits et, si possible, un four de boulanger lorsqu'on se trouve loin des localités habitées.

Les passages de peu d'importance n'ont qu'un garde. Les passages importants en ont deux. Les passages exceptionnels en ont jusqu'à quatre : deux de jour et deux de nuit ; il faut donc quatre logements de gardiens.

La maison doit être placée perpendiculairement au chemin de fer, son pignon-cuisine regardant la voie, et le garde en entrant dans cette cuisine doit pouvoir apercevoir un train venant de chaque côté.

Dans les courbes on place les maisons du côté de la convexité de la courbe de manière que la vue des gardes puisse s'étendre le plus loin possible.

La distance à la maison du rail le plus voisin doit être au minimum de $3^m,50$, et, dans le cas où une deuxième voie est prévue pour l'avenir, la maison doit être établie comme si cette deuxième voie devait être posée immédiatement.

Nous verrons plus tard, en traitant des bâtiments, comment doivent être distri-

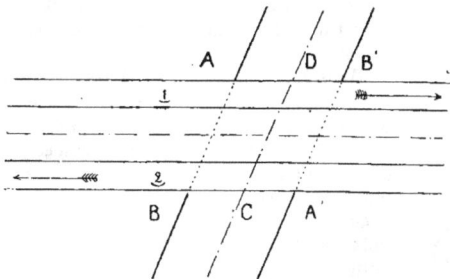

Fig. 411.

buées les maisons de garde ; nous ne nous y arrêterons donc pas pour le moment.

Nous renvoyons en outre au premier volume de ce traité (Infrastructure, pages 218 et suivantes), pour les compléments à cette question et, entre autres, la comparaison entre la dépense exigée par un passage à niveau et un pont.

Service des passages à niveau.

448. La plupart des compagnies ont adopté un type de règlement à peu près uniforme pour les passages à niveau, règlement qui doit être approuvé par le ministre, d'après l'ordonnance de 1846.

En voici les points principaux :

On distingue les passages généralement en cinq catégories, suivant leur importance :

Première catégorie. — Passages pour voitures ouverts plus de cent fois en vingt-quatre heures.

Les barrières sont ordinairement ouvertes le jour et fermées seulement à l'approche des trains. La nuit, elles restent toujours fermées et ouvertes seulement à la demande. Elles sont gardées par des agents à poste fixe; dans le jour seulement on peut y employer des femmes.

Deuxième catégorie. — Passages pour voitures ouverts de cinquante à cent fois en vingt-quatre heures.

Ici les barrières restent au contraire fermées jour et nuit quand la ligne a un trajet important, on les ouvre à la demande des passants et lorsque le passage d'un train n'est pas à redouter.

Sur les lignes à moyenne et faible circulation, on les laisse ouvertes, comme dans la première catégorie. La nuit, elles sont toujours fermées, et un garde répond au signal.

Troisième catégorie. — Passages pour voitures ouverts moins de cinquante fois en vingt-quatre heures.

Les barrières sont encore fermées jour et nuit, et ouvertes par le garde à la demande des passants.

Quatrième catégorie. — Passages pour voitures et piétons concédés à des particuliers.

Les barrières sont fermées à clef par les propriétaires et manœuvrées par eux sous leur responsabilité.

Cinquième catégorie. — Passages publics pour piétons, isolés ou accolés à des passages pour voitures.

Les barrières sont ouvertes par les passants à leurs risques et périls.

Dans le cas où il n'y a pas de service de nuit, les barrières d'un passage quelconque restent naturellement ouvertes entre le dernier train du soir et le premier train du matin.

Heurtoirs.

449. Comme leur nom l'indique, les heurtoirs sont des appareils destinés à arrêter les véhicules arrivant avec une certaine vitesse sur des voies en cul-de-sac, ou des voies terminus dans les gares

de tête. A la vérité le heurtoir ne doit être là que comme instrument de garantie, et les véhicules, machines ou wagons doivent toujours s'arrêter à une certaine distance sans le toucher; sans cela, malgré la solidité de sa construction, il se trouverait bientôt avarié.

Néanmoins, il faut le prévoir capable de résister au choc provenant d'un wagon circulant avec sa vitesse ordinaire.

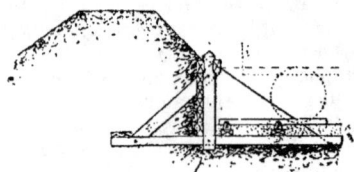

Fig. 412.

Quant aux locomotives, il vaut mieux que ce soit elles qui démolissent le heurtoir, que de venir elles-mêmes se briser contre lui. Ce dernier ne devra pas être prévu pour résister complètement au choc de celles-ci.

Cela posé, les heurtoirs se font en bois ou en fer; mais la pièce principale, celle

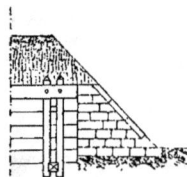

Fig. 413.

qui reçoit le choc, est une poutre horizontale toujours en bois.

Cette pièce est solidement fixée sur deux poteaux verticaux placés devant chaque tampon de wagon; ces poteaux sont eux-mêmes énergiquement reliés à un cadre en charpente noyé dans le sol, et se prolongeant en avant et en arrière des poteaux, de manière à recevoir le poids du véhicule à arrêter. Ce dernier vient alors lui-même s'opposer au renversement du heurtoir. Le tout est consolidé par des tirants en fer.

De l'autre côté du véhicule, on pilonne avec soin un lourd massif de terre, retenu latéralement par un petit mur (*fig.* 412 et 413).

Au lieu de montants et de cadre en bois, on peut les faire en vieux rails; on a alors le heurtoir métallique.

450. La disposition des heurtoirs varie naturellement avec la destination des voies qui les précèdent, la nature des chocs auxquels ils peuvent être exposés, et la nécessité plus ou moins impérieuse de protéger ce qui se trouve au delà.

Ainsi, dans les gares têtes de lignes, comme à Paris, les heurtoirs établis aux extrémités des voies principales, devant protéger le bâtiment de la gare et ses abords, sont constitués très solidement et pourvus de tampons à ressort comme les véhicules et à hauteur de ces derniers, pour atténuer la violence d'un choc qui peut se produire, quoique rarement.

Les heurtoirs disposés sur des voies de garage ont évidemment une moindre importance. Si ces voies ne reçoivent que des wagons isolés, le heurtoir est peu de chose : ce sont deux rails recourbés seuls ou munis d'une traverse. Mais toutes les voies de garage en cul-de-sac servant à la manœuvre des trains doivent avoir des heurtoirs très solides, type terre et charpente vu précédemment.

Arrêts sur les voies, taquets, etc.

451. Il suffit d'un vent violent pour mettre en mouvement un wagon de chemin de fer, surtout s'il est peu chargé et si la caisse présente une grande surface. Un coup de tampon dans une manœuvre, une rupture d'attelage peuvent amener le même résultat et entraîner les conséquences les plus graves si la gare se trouve au sommet d'une pente. Un wagon ainsi lancé peut descendre très loin sur la voie principale et venir heurter contre un train en marche. Si les vitesses sont contraires, on sait de plus que celle du choc est égale à leur somme. Le télégraphe est alors le seul moyen de prévenir un accident si aucun train n'a quitté la gare la plus voisine.

Il y a donc lieu, en dehors des freins, dont tous les véhicules ne sont pas pourvus et que l'on ne peut pas toujours faire fonctionner quand le véhicule est déjà en marche, d'assurer l'immobilité d'un wagon avant sa sortie de la gare.

Le moyen le plus élémentaire est l'embarrage des roues ; mais, outre que ce procédé ne peut s'appliquer aux roues à disque plein qui sont généralement adoptées aujourd'hui pour le matériel à voyageurs, le wagon est souvent déjà loin, et on ne peut plus l'arrêter en courant après lui pour enrayer les roues.

On peut employer une cale à main portative en forme de sabot de frein et qui se pose sur le rail en avant de la roue. Quelquefois même cette cale est double, formée de deux blocs de bois réunis par une entretoise en fer (chemin de Brunswick).

Ces cales sont lourdes, peu portatives, s'égarant facilement, et, comme pour l'embarrage il faut arriver à temps, il faut donc en somme sur la voie même des appareils sûrs pouvant arrêter d'une manière certaine ou laisser passer les wagons en mouvement sur les voies pour une cause quelconque.

Dans tous les cas, les taquets ou arrêts mobiles pouvant à volonté ouvrir ou fermer la voie ne sont eux-mêmes efficaces que s'ils ne sont pas trop éloignés des véhicules en mouvement qu'ils sont chargés d'arrêter. Sans cela, la vitesse acquise aidant, ils seraient bientôt franchis, le wagon restant quand même sur les rails et continuant sa route. Le déraillement, dans ce cas, serait plutôt à désirer qu'à redouter.

Hauteur théorique de l'obstacle.

452. La hauteur de l'obstacle est liée à la vitesse et à la masse du véhicule par une relation très simple, lorsque l'on suppose les corps non élastiques et le centre de gravité placé sur la ligne des centres des roues (Couche).

Considérons d'abord une seule paire de roues de rayon r. Soient $\dfrac{P}{g}$ la masse totale, roues et charges ; $\dfrac{p}{g}$, celle des roues et de l'essieu ; K, le rayon de gyration des parties tournantes, roues et essieu ; V, la vitesse. Supposons le centre de gravité général placé sur l'axe de l'essieu.

La force vive avant le choc est (*fig. 414*) :

$$\left(\frac{P}{g} + \frac{pK^2}{gr^2}\right) V^2 \text{ ou } \frac{P'}{g} V^2$$

en posant :

$$P + p \frac{K^2}{r'^2} = P'.$$

Les corps étant supposés non élastiques, le choc des roues animées de la vitesse V contre l'obstacle de hauteur h détruit la composante $V \sin \alpha$. Pour que l'obstacle ne soit pas surmonté, il faut que la demi-force vive après le choc $\frac{P'}{2g} V^2 \cos^2 \alpha$ soit

inférieure au travail résistant de la gravité Ph ; d'où à la limite et en remarquant que :

$$\cos \alpha = \frac{r - h}{r},$$

on a :

$$V = \frac{r}{r - h} \sqrt{2ghr \frac{P}{P'}}.$$

Si l'on fait $r = h$, on a V $= \infty$, ce qui est évident.

Si V dépasse la valeur donnée par cette formule, le système continue son mouvement et décrit avec la vitesse initiale V $\cos \alpha$ une trajectoire parabolique. La pesanteur détruit graduellement sa vitesse verticale V $\cos \alpha \sin \alpha$ et lui en imprime une égale et contraire, de sorte

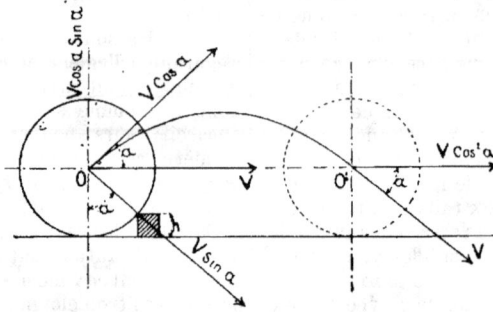

Fig. 414.

que, à l'instant où les roues, arrivées en o' à la distance oo' :

$$oo' = \frac{2v^2 \cos^3 \alpha \sin \alpha}{g}$$

retombent sur les rails, elles ont, comme à l'instant qui suivait le choc contre l'obstacle, la vitesse V $\cos \alpha$, mais faisant avec l'horizontale l'angle 360 — α. La composante verticale V$\cos \alpha \sin \alpha$ est brusquement détruite par le choc sur la voie ; après ce second choc, le système ne possède donc plus que la vitesse horizontale V$\cos^2 \alpha$.

La perte totale de force vive due à la rencontre de l'obstacle est donc :

$$\frac{P'}{g} V^2 (1 - \cos^4 \alpha) = \frac{p'}{g} V^2 \left[1 - \left(1 - \frac{h}{r} \right)^4 \right].$$

453. *Cas d'un véhicule à deux essieux.* — Ici les conditions sont un peu différentes (*fig. 415*).

Soient encore $\frac{P}{g}$ la masse totale, $\frac{p}{g}$ celle des roues et des essieux ; supposons le centre de gravité G placé sur la ligne des centres et m son milieu, et admettons qu'à la masse $\frac{P}{g}$ on peut substituer deux masses $\frac{P}{2g}$ concentrées respectivement sur l'axe de chacun des essieux.

Après le choc des roues antérieures contre le butoir, leur vitesse est V$\cos \alpha$, faisant avec l'horizontale l'angle α ; celle des roues d'arrière est V$\cos^2 \alpha$ horizontale. Tout le système tourne donc en réalité, pendant l'instant qui suit le choc, autour du centre de rotation instantané T, point de concours des rayons TM, AT, dont | les longueurs sont entre elles comme 1 est à cos α, c'est-à-dire, comme les vitesses Vcos α, Vcos²α des centres A et B : vitesses

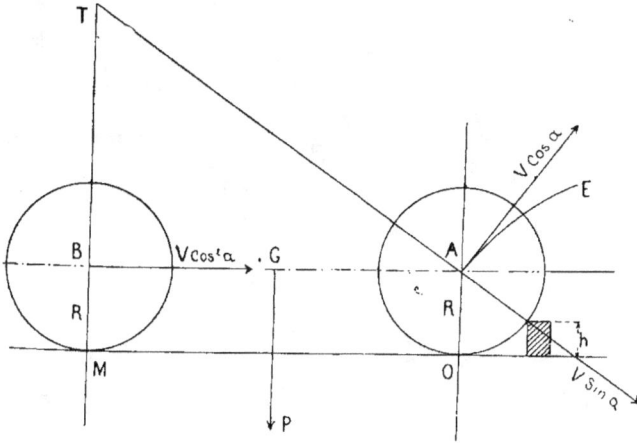

Fig. 415.

qui sont aussi respectivement, dans l'hypothèse admise, celles de la moitié antérieure et de la moitié postérieure du système. La demi-force vive après le choc est donc :

$$\frac{P'}{4g} V^2 \cos^2\alpha (1 + \cos^2\alpha),$$

en admettant toujours que :

$$P' = P + p \frac{h^2}{r^2}.$$

Pour que l'obstacle ne soit pas surmonté, cette valeur doit être au plus égale au travail résistant de la pesanteur, c'est-à-dire à $P \frac{h}{2}$, le centre de gravité général G ne s'élevant que de $\frac{h}{2}$ quand les roues antérieures s'élèvent de h, d'où :

$$V = \frac{r}{r-h} \sqrt{\frac{2gh}{1 + \left(\frac{r-h}{r}\right)^2} \frac{P}{P'}}$$

Mais l'obstacle peut suffire, quoique la première paire de roues l'ait franchi, pourvu qu'il ne soit pas surmonté par la seconde, ralentie, ainsi que toute la masse, par les premiers chocs des roues anté-

rieures sur l'obstacle, puis sur le sol. Tout le système n'a plus alors, comme on l'a vu, qu'une vitesse horizontale Vcos²α avec laquelle les roues d'arrière abordent l'obstacle. Cette vitesse est brusquement transformée pour elles en Vcos³α inclinée

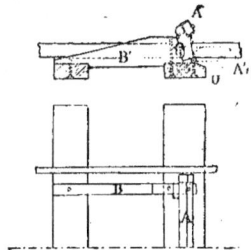

Fig. 416.

de α sur l'horizontale, et pour les roues d'avant en Vcos⁴α horizontale.

Et la demi-force vive du système est, après ce nouveau choc :

$$\frac{P'}{4g} V^2 \cos^6\alpha (1 + \cos^2\alpha).$$

Cette force vive sera complètement détruite par le travail $\frac{Ph}{2}$ de la pesanteur, et, par suite, l'obstacle de hauteur h sera efficace tant que la vitesse ne dépassera pas la limite :

$$V = \sqrt{\frac{2gh}{\cos^6\alpha\,(1 + \cos^2\alpha)}\,\frac{P}{P'}} =$$

$$= \frac{r^3}{(r-h)^3}\sqrt{\frac{2gh}{1 + \left(\frac{r-h}{r}\right)^2}\,\frac{P}{P'}}.$$

En pratique, la hauteur variable du centre de gravité au-dessus de la ligne des centres, les ressorts de suspension, l'élasticité de la matière des roues et des heurtoirs, modifient les données du problème. Aussi, en plus des calculs précédents, fera-t-on bien, en pratique, de tenir compte, dans une large mesure, des données de l'expérience.

Taquet d'arrêt.

454. Cela posé, le modèle de taquet

Fig. 417 et 418.

auquel on s'est arrêté généralement en France, a été adopté en premier lieu par le chemin de fer de Lyon (*fig.* 416).

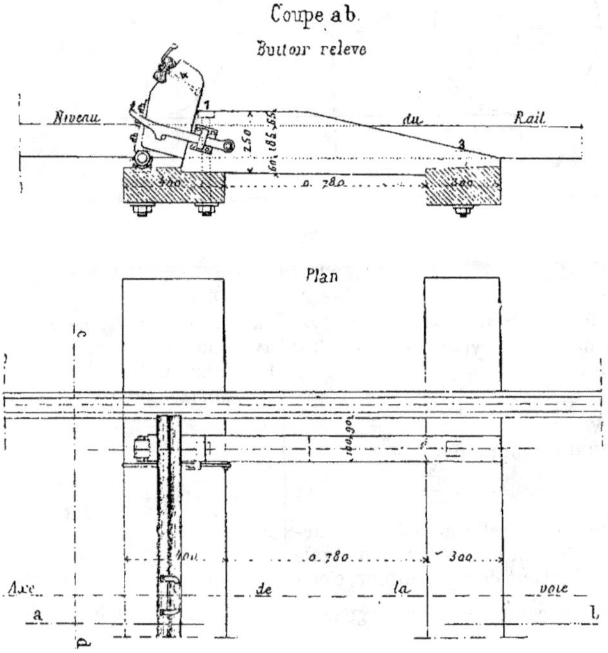

C'est une simple traverse formant arrêt pour les boudins des roues A, et qui empêche celles-ci de passer quand elle est relevée et appuyée contre deux cales fixes B, posées sur les traverses de la voie. Les deux bras qui portent la pièce A sont articulés en O sur la traverse inférieure, de sorte que le taquet peut être couché sur le ballast en A'. Dans cette position, les boudins des roues peuvent passer librement, l'épaisseur de la pièce A étant calculée pour cela. Donc, on peut laisser passer ou arrêter les roues d'un véhicule rien qu'en abaissant ou en relevant la traverse taquet A.

La face recevant le choc est munie d'une plaque de fer pour éviter l'usure. La saillie au-dessus des rails varie de 0ᵐ,25 à 0ᵐ,28. Cette hauteur est suffisante dans la pratique. Lors même que le taquet serait franchi par la première paire de roues, il arrêterait la seconde par suite de la perte de vitesse due au premier choc. Mais il vaut mieux que le taquet soit constitué assez solidement pour résister au premier choc.

Sur quelques lignes allemandes, on

Coupe cd

Fig. 419 et 420.

amarre un wagon par sa chaîne de sûreté à un bout de chaîne fixée à un gros boulon planté dans une traverse. Mais le décrochage est souvent difficile si la chaîne est tendue, ce qui arrive infailliblement quand on a plusieurs wagons garés.

Au chemin de fer du Nord, ce butoir est très perfectionné. La traverse butoir

Fig. 421.

est constituée par un rail du vieux type à double champignon, de 30 kilogrammes (fig. 417 à 421), et le butoir relevé est maintenu en place au moyen d'un loquet spécial (fig. 421). Le rail est muni d'une poignée centrale à main tournante, qui permet de manœuvrer aisément l'appareil à la main. Le poids total des fers employés, y compris le rail de 30 kilogrammes le mètre, est d'environ 66 kilogrammes.

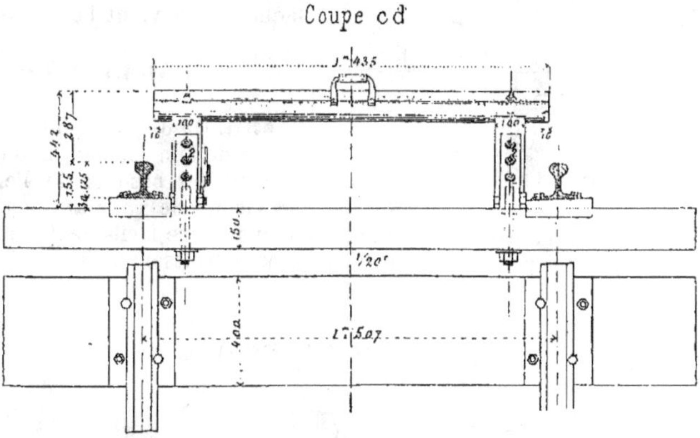

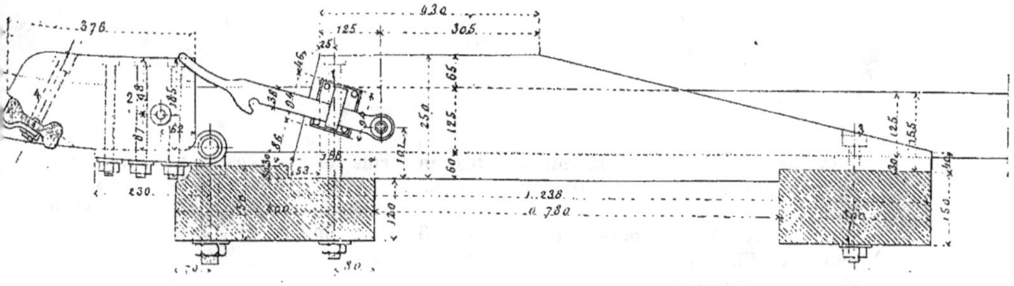

Arrêt mobile.

455. Ce sont des pièces de bois qu'on place perpendiculairement au rail, et qui empêchent les roues des véhicules de passer. Pour cela, elles sont articulées à

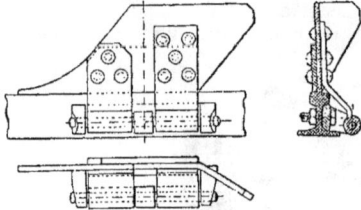

Fig. 422 à 424.

une extrémité, et à l'autre tombent entre les branches d'une poupée verticale à

fourche, qui assure leur fixité dans une position invariable.

D'autres fois, cette pièce de bois est remplacée par un secteur en forte tôle galvanisée, pouvant tourner autour d'un axe parallèle au rail. En se relevant il se présente à la roue comme une cale contre laquelle elle vient buter (*fig.* 422 à 424).

Râteliers à rails.

456. On dispose, soit en magasin, soit plutôt de loin en loin le long de la voie et pour les besoins de l'entretien, des provisions de rails aménagés de façon à pouvoir être facilement maniés et portés aux endroits où ils sont nécessaires.

Râtelier pour rails vignole

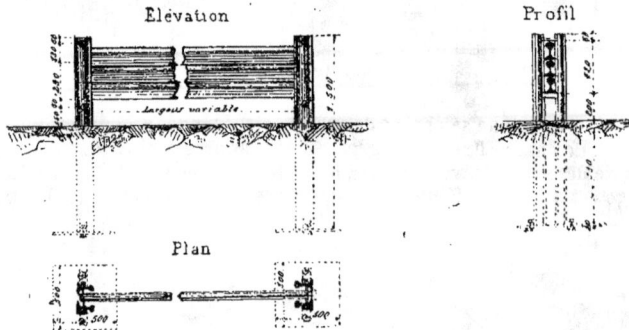

Fig. 425.

Ce sont toujours de vieux rails plantés en terre qui servent d'ossature à ces râteliers.

La figure 425 représente un type simple pour rail Vignole; le poids total est de 257 kilogrammes et le prix de 30 francs.

La figure 426 montre le type généralement usité pour rails à double champignon.

L'agencement est le même que précédemment; seule, la disposition des rails emmagasinés diffère un peu et exige de place en place la présence d'un coussinet.

La figure 427 montre enfin un type mixte composé de deux rails développés en forme de fourches et pouvant servir aussi bien aux rails Vignole qu'aux rails à double champignon. Le poids est de 70 kilogrammes, et le prix d'environ 12 francs.

Poteaux-limites.
Supports de lanterne, etc.

457. Enfin, à l'origine et à la fin des cantons d'entretien, on dispose souvent des poteaux indicateurs en bois (*fig.* 428 à 430), dont le prix est de 5 francs.

Les signaux sont encore accompagnés d'un poteau formé d'un rail supportant une plaque de tôle indiquant la limite de protection du disque (*fig.* 431 et 432). Le | prix est de 7 francs, non compris le rail support.

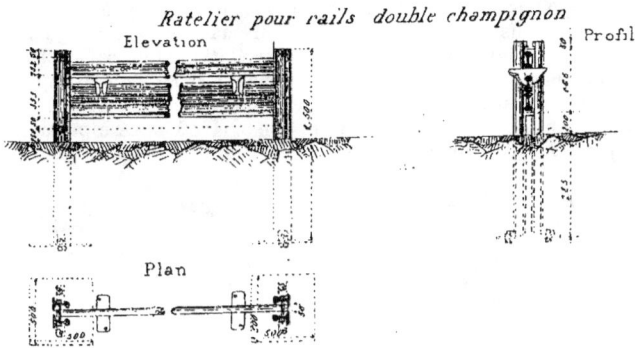

Ratelier pour rails double champignon

Elevation — Profil

Plan

Fig. 426.

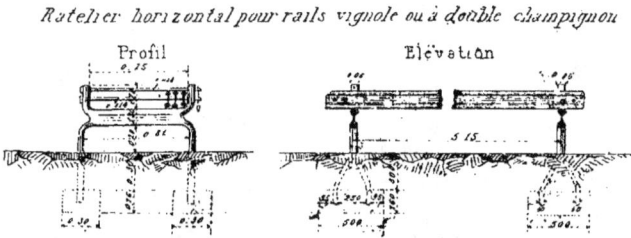

Ratelier horizontal pour rails vignole ou à double champignon

Profil — Élévation

Fig. 427.

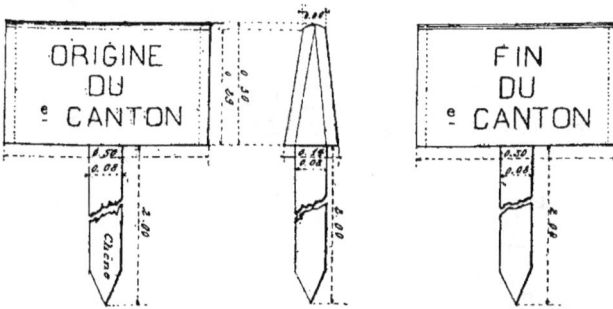

ORIGINE DU e CANTON

FIN DU e CANTON

Fig. 428 à 430.

Les lanternes, dans lesquelles on place des lampes, quand on n'a pas le gaz dans | la gare, sont fixées sur des supports en fer boulonnés eux-mêmes sur de vieux rails et cadenassées (*fig.* 433 et 434). Le prix est de 7f,50, non compris le rail support et le cadenas.

458. *Éclisses coudées du chemin de fer de Lyon.* — Nous avons vu précédemment que les rails d'acier s'usaient progressivement sous le passage des trains et perdaient une partie de leur hauteur. Nous savons également que l'on peut tolérer une diminution de cette hauteur atteignant jusqu'à 10 millimètres sans

C'est qu'en effet le rail neuf ainsi posé entre deux rails moins hauts que lui, présente à ses deux extrémités des ressauts amenant au passage des trains des chocs très préjudiciables à la voie aussi bien qu'au matériel roulant. Pour que cette dénivellation soit sans inconvénient appréciable il ne faut pas qu'elle dépasse 1 millimètre.

On arrive à ce résultat au moyen d'une

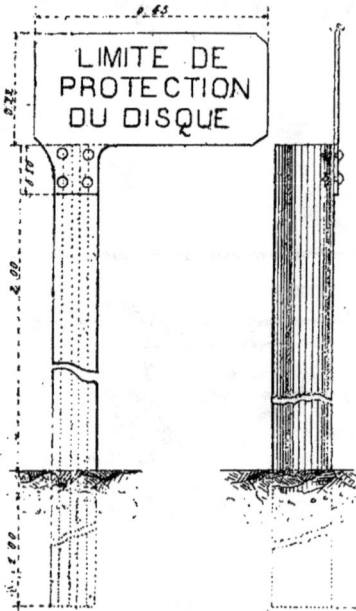

Fig. 431 et 432.

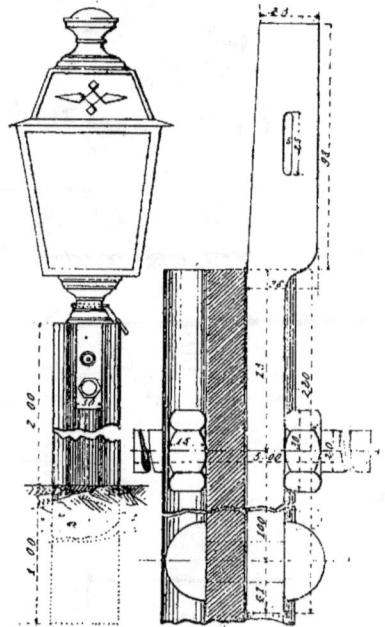

Fig. 433 et 434.

inconvénient et sans être obligé de changer de rail.

En outre, cette usure se montre très régulièrement et sensiblement la même pour tous les rails posés à la même époque et dans les mêmes conditions.

Mais il peut arriver qu'à la suite d'un accident quelconque un rail vienne à manquer dans une voie déjà ancienne et uniformément usée de quelques millimètres. Si l'on n'a que des rails neufs à sa disposition pour faire le remplacement, il peut en résulter certains inconvénients.

éclisse coudée qui rachète la différence de niveau des champignons et supprime le décrochement en question.

459. Ces éclisses sont de quatre modèles différents et donnent respectivement des dénivellations de 2, 4, 6 et 8 millimètres de hauteur (les figures 435 à 437 représentent l'éclisse à dénivellation de 6 mill.). Le modèle primitif comportait une rainure centrale destinée, comme nous savons, à loger une goupille devant arrêter le desserrage de l'écrou.

ÉLÉVATION

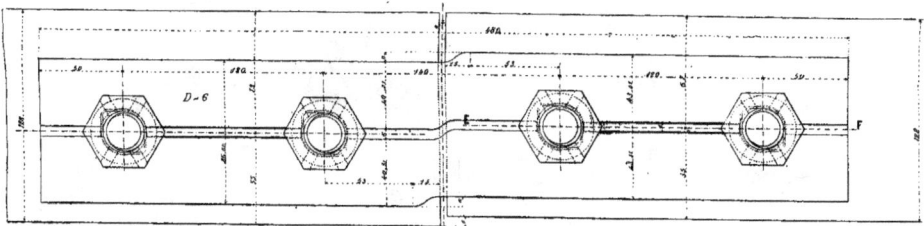

VUE EN PLAN   COUPE PAR EF

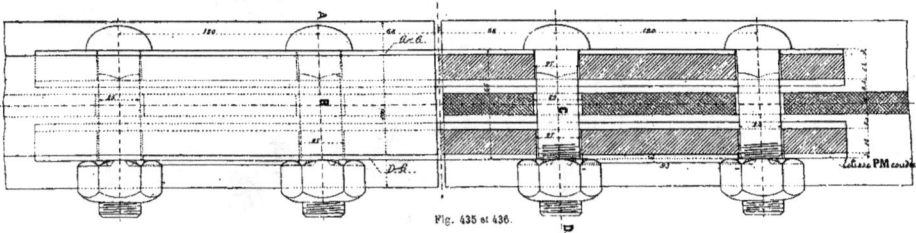

Fig. 435 et 436.

Aujourd'hui, ces éclisses, comme toujours percées de trous de boulons, portent une saillie contre laquelle viennent buter les têtes de ces boulons.

Pour que cette saillie ne soit pas touchée par le boudin des roues, les éclisses sont disposées, dans la mise en place, de manière qu'à l'intérieur de la voie, la saillie se trouve près du patin du rail, et qu'à l'extérieur de la voie elle soit près du champignon (*fig.* 438 à 441).

L'éclisse coudée de 2 millimètres permet de racheter, dans la pratique, les différences de 1 à 3 millimètres.

Avec l'éclisse coudée à 4 millimètres, on rachètera les différences de 3 à 5 millimètres.

Avec l'éclisse coudée à 6 millimètres, on rachètera de 5 à 7 millimètres.

Enfin, avec l'éclisse coudée à 8 millimètres on rachètera de 7 à 9 millimètres.

On sera donc toujours en mesure, avec ce jeu d'éclisses, de réduire à un minimum d'un millimètre le ressaut entre les rails d'une voie courante, quel qu'en soit le degré d'usure, et le rail neuf de remplacement que l'on aura dû intercaler entre les rails usés.

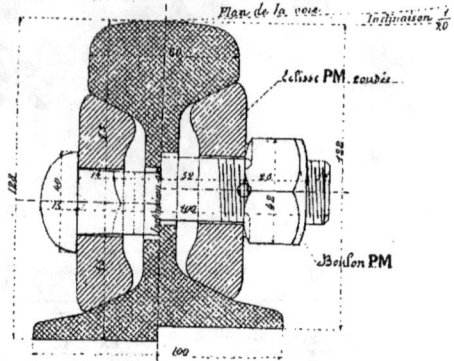

Fig. 437.

460. *Gabarit d'usure.* — Pour pouvoir mesurer d'une manière simple et rapide

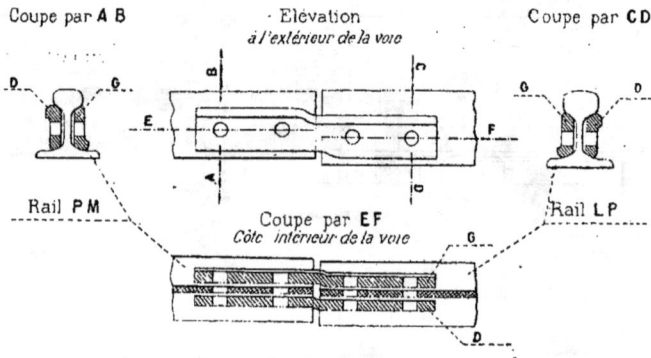

Fig. 438 à 441.

l'usure d'un rail, on emploie un gabarit spécial avec coulisse graduée, donnant d'une manière expéditive la hauteur du champignon d'un rail en service (*fig.* 442 et 443).

On appuie le gabarit avec soin contre l'âme du rail et la face d'éclissage du champignon en le maintenant dans une position normale au rail. La partie supérieure du gabarit ne porte pas sur le sommet du champignon et laisse un jour plus ou moins grand, selon que le rail est plus ou moins usé.

On fait alors glisser la coulisse sur la

surface de roulement du rail, et le degré | mètres la hauteur dont le champignon
auquel elle s'arrête exprime en milli- | du rail se trouve diminué.

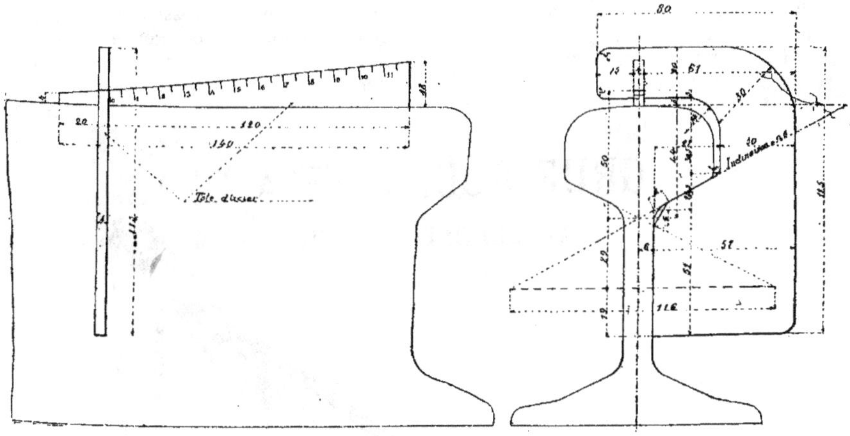

Fig. 442 et 443.

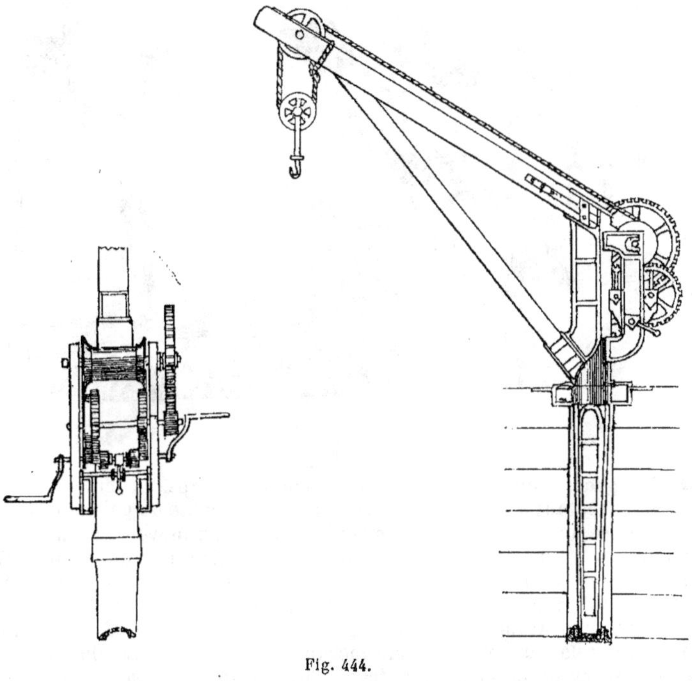

Fig. 444.

Appareils de levage.

461. Les appareils de levage employés dans les gares pour la manutention des marchandises sont :

1° Les grues fixes ;
2° Les grues mobiles ;
3° Les grues roulantes ;
4° Les treuils roulants.

462. Les grues fixes sont de la force de 3 à 8 tonnes et ressemblent à tous les types connus de ce genre d'appareils. Leur révolution autour du pivot est généralement complète (*fig.* 444).

GRUE ROULANTE A BRAS
ATTELABLE AUX TRAINS

Fig. 445.

463. Les grues mobiles peuvent se déplacer soit en roulant sur un socle-chariot spécial, soit, ce qui se fait couramment aujourd'hui, en les montant sur des wagons-plateformes d'un type particulier.

La figure 445 représente une grue à bras pouvant être attelée aux trains et montée pour cela sur une plateforme munie des appareils de choc et de trac-tion ordinaires. Le crochet est soutenu par une chaîne de galle, et la flèche peut s'abaisser au moyen d'un mécanisme spécial actionné par un volant. Ce même mécanisme commande à volonté un contrepoids mobile, et le rapproche du pivot en même temps que la flèche s'abaisse ou indépendamment. Le châssis repose, par l'intermédiaire de ressorts de suspension, sur des essieux garnis de boîtes à graisse comme dans les wagons.

L'appareil construit par la maison Caillard, du Havre, a une portée de 4 mètres. La puissance est de 5 tonnes, libre sur rail, et de 6 tonnes, agrafée.

464. Ces grues sont souvent manœu- vrées à la vapeur, et la chaudière est portée sur la plateforme même de l'engin. Le treuil est actionné par un petit cylindre latéral.

La consommation en charbon est de 500 grammes par tonne élevée à 9 mètres de hauteur.

Fig. 446.

Un mécanisme spécial, engrenage et pignon, sert au mouvement de progression de l'appareil lui-même sur les rails (fig. 446).

465. Enfin, quelquefois, une grue importante est agencée au point de vue du mécanisme automoteur, comme une véritable locomotive et peut se rendre elle- même d'un point à un autre assez éloigné sans remorquage.

La figure 447 représente un type de ce genre de la force de 11 tonnes. On voit au-dessous de la plateforme le mécanisme composé des tubes, manivelles, coulisses, etc., actionnant les roues comme dans une locomotive ordinaire; aux quatre angles, des vérins à vis permettent de caler l'appareil sur ces roues à l'emplacement où il doit fonctionner.

466. *Grue Nepveu.* — Les grues roulantes du type Nepveu sont employées exclusivement dans les halles à marchan-

GRUE-LOCOMOTIVE DE 11 TONNES

Fig. 447.

dises, pour la manutention des fardeaux pesant moins de 3 000 kilogrammes.

La flèche de la grue est maintenue en équilibre au moyen d'un contrepoids *b*, et

le tout est suspendu à deux flasques de fer fixées à un chariot *a* roulant sur des fers à **T** (*fig.* 448). Le déplacement de la grue est facilité au moyen d'un galet *c*

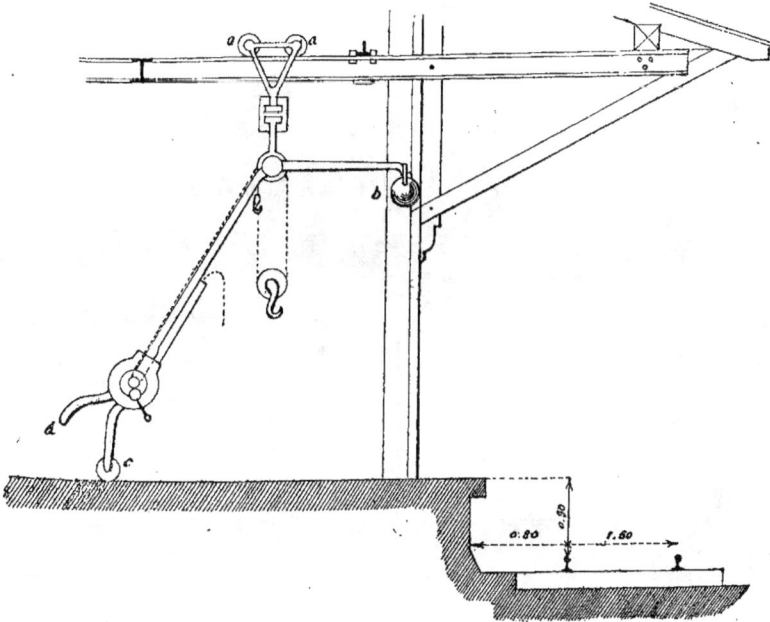

Fig. 448.

roulant au niveau du sol'et d'une poignée *d* qui permet de soulever le treuil. On peut d'ailleurs faire varier la longueur du bras de levier du contrepoids *b* suivant la charge appliquée à la flèche.

467. *Treuil roulant.* — Enfin les treuils roulants sont plus particulièrement destinés à la manœuvre des pierres de taille.

Leur force est de 15 à 20 tonnes. Ils se composent d'un treuil auquel est suspendue la charge (*fig.* 449) et qui peut rouler sur une plateforme surélevée dont les montants sont ordinairement espacés de 12 mètres.

Ces montants sont eux-mêmes munis de galets et peuvent rouler dans une direction perpendiculaire à celle du treuil. Les fardeaux sont ainsi soulevés et transportés des camions qui les amènent dans les wagons, et réciproquement.

Appareils de pesage.

468. Les appareils de pesage sont partout des bascules ou des ponts à bascule,

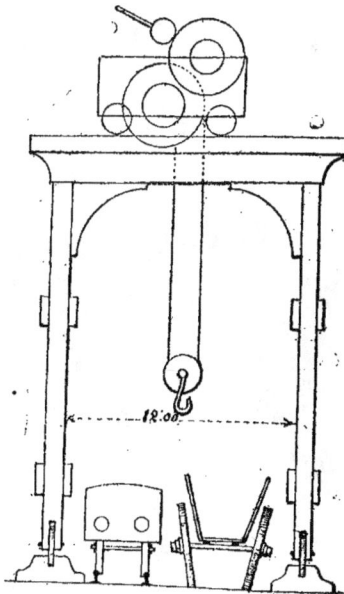

Fig. 449.

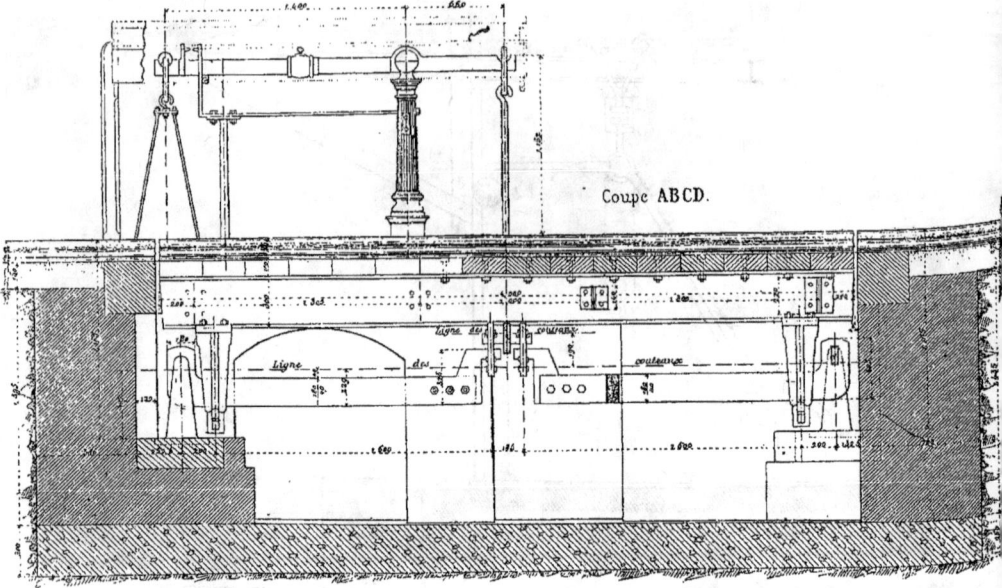

Coupe ABCD.

Fig. 450.

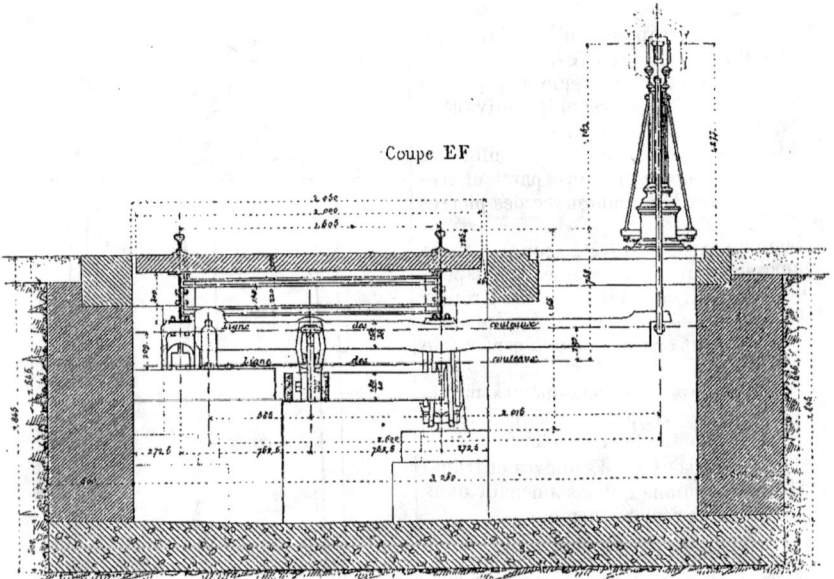

Coupe EF

Fig. 451.

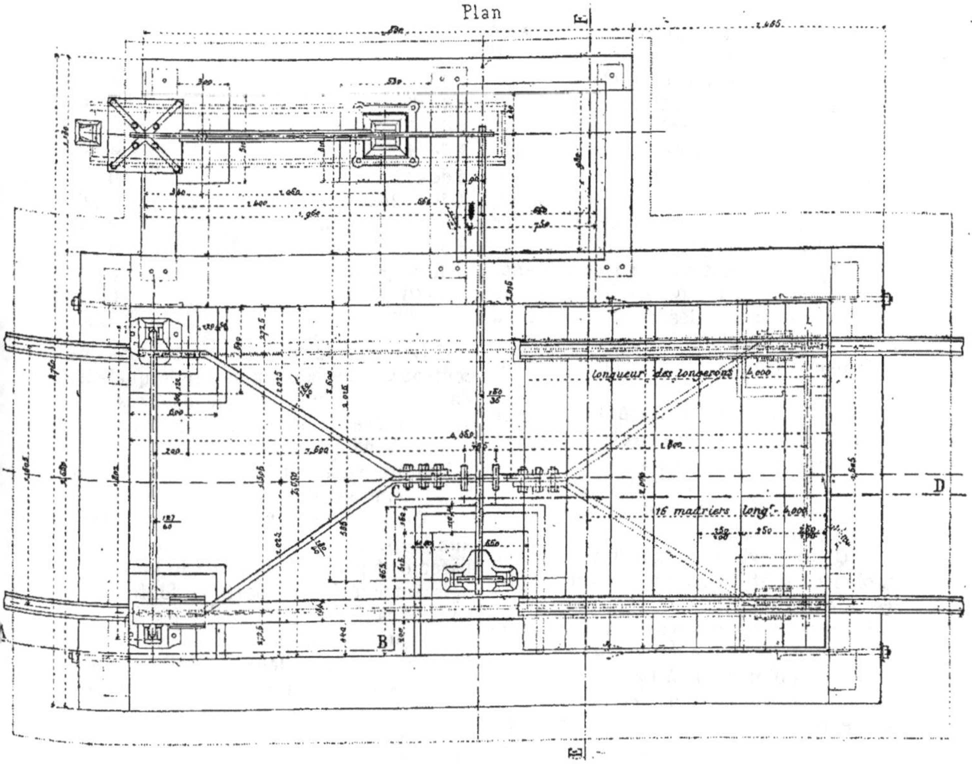

Plan

Fig. 452.

Fig. 453.

ces derniers permettant de peser un wagon complet avec son chargement, et quelquefois même une locomotive.

Nous ne pouvons naturellement nous étendre sur ces appareils qui nous entraîneraient en dehors de notre sujet. Nous nous contenterons de donner une description sommaire du pont-bascule de 30 tonnes employé au chemin de fer du Nord pour peser les wagons.

Cet appareil, basé comme tous ses analogues sur le principe de Quintenz, se compose de deux parties distinctes (*fig*. 450 à 452) :

D'abord, l'appareil de pesage, qui comprend :

1° Un tablier en chêne de 3 mètres de longueur sur 2 mètres de largeur, portant extérieurement deux rails à l'écartement normal de la voie 1^m,445 et à chaque angle de la face inférieure un support en fonte;

2° Quatre leviers partant des angles du tablier où sont les supports en fonte précédents.

Les leviers partant des deux angles correspondant à chaque extrémité de la voie sont reliés d'un angle à l'autre du tablier par des traverses en fer, à couteaux; leurs extrémités opposées se réunissent deux à deux au centre de l'appareil sur des pièces de fer en col de cygne, munies de couteaux. Les points d'appui d'angle sont donnés par une construction en maçonnerie couronnée par des supports en fonte;

3° Une petite traverse en fer recevant la pression totale du tablier par l'intermédiaire de deux chapes en fer dans lesquelles aboutissent les cols de cygne à couteaux des quatre leviers ci-dessus;

4° Un levier central ou communicateur. Ce levier reçoit la pression totale du tablier par l'intermédiaire de la traverse précédente, et il transmet cette pression au levier indicateur par l'intermédiaire d'une tringle verticale à laquelle son autre extrémité est fixée;

5° Un levier indicateur, auquel est fixé le plateau destiné à recevoir les poids;

6° La série des poids comprenant vingt-sept pièces d'un poids total de 300 kilogrammes qui, multiplié par 100, donne bien les 30 000 kilogrammes pour l'appareil.

Ces poids sont les suivants :

14 de 20 kilogrammes produisant :	280^k,00
1 de 10 »	....	10 ,00
1 de 5 »	....	5 ,00
1 de 2 »	....	2 ,00
2 de 1 »	....	2 ,00
1 de 1/2 »	....	0 ,50
1 de 2 hectogrammes	....	0 ,20
2 de 1 »	....	0 ,20
1 de 1/2 »	....	0 ,05
2 de 20 grammes	....	0 ,04
1 de 10 »	....	0 ,01
Total	....	300^k,00

7° Les axes de rotation, les boulons, les couteaux et les coussinets sur lesquels ils s'appuient ; enfin une série d'accessoires de moindre importance indispensables pour le bon fonctionnement de la bascule.

Ensuite viennent les appareils de calage, comprenant :

1° Quatre leviers à excentriques fixés aux supports d'angle des leviers de la bascule et pouvant soulever le tablier en agissant sur les supports en fonte qui y sont fixés ;

2° Quatre bielles en fer reliant les leviers ci-dessus à deux autres leviers sur un arbre de transmission de mouvement ;

3° Un arbre de transmission et trois supports en fonte servant à le maintenir en place ;

4° Un levier pour communiquer le mouvement à l'arbre de transmission ;

5° Les boulons et accessoires nécessaires au complément de l'appareil.

Le rapport de 1 à 100 donné par les leviers se décompose comme suit :

Levier triangulaire : $\dfrac{1,800}{0,200} = 9\ 000$

Levier communicateur : $\dfrac{2,600}{0,585} = 4\ 444$

Levier de la romaine : $\dfrac{1,400}{0,560} = 2\ 500$

Le rapport total est donc :

9,000 × 4,444 × 2,500 = 100.

469. En Amérique, on fait fréquemment usage de ponts analogues pour peser les locomotives. La figure 453 représente une machine américaine avec son *bissel* et son chasse-neige à l'avant, et supportée par un pont-bascule de la maison Riehle Bros, de Philadelphie.

§ III. — ALIMENTATION

470. Dans chaque gare, il est nécessaire d'avoir une installation d'eau pour les menus besoins courants, ainsi qu'un écoulement des eaux vannes. Il y a là une installation élémentaire analogue à celle qui se fait partout. Les eaux sont fournies par la ville voisine ou par un puits quand on est trop éloigné de toute habitation.

Aussitôt que la gare prend une certaine importance, l'eau doit arriver en abondance et sous pression en différents points déterminés pour les besoins du service. En particulier, les locomotives doivent pouvoir, pendant leurs quelques minutes d'arrêt, prendre la provision d'eau qui leur est nécessaire; il faut donc des appareils spéciaux permettant de remplir les tenders.

Et dans les grandes gares où l'on trouve des remises de machines et où l'on a souvent plusieurs locomotives à remplir sans compter les nettoyages, le service hydraulique doit être encore plus complet.

Un réservoir central, dans lequel une pompe à vapeur fait monter l'eau, est chargé de la distribuer dans tous les points de la gare où elle est utile.

L'alimentation des locomotives se fait en charbon et en eau. Nous verrons plus loin comment se fait l'approvisionnement de charbon ; nous allons étudier pour le moment les moyens employés pour leur fournir l'eau indispensable.

Sur les petits parcours et lorsque les arrêts ont lieu à chaque instant, les locomotives portent avec elles leur soute à charbon et leur réservoir d'eau. Tel est le cas de la plupart des lignes de banlieues où l'on ne fait usage que de *locomotives-tenders*.

Sur toutes les grandes lignes, au contraire, le *tender* doit être séparé de la machine et constituer un véhicule spécial susceptible d'emmagasiner les provisions d'eau et de charbon nécessaires à un long trajet.

La consommation d'une locomotive est naturellement variable avec le travail qu'elle est appelée à produire, travail qui dépend de nombreuses conditions spéciales : la charge à remorquer, la vitesse adoptée, les pentes et rampes du profil en long, la raideur des courbes, etc.

On admet, en général, qu'une locomotive consomme par heure 400 à 500 kilogrammes de charbon et 3 à 4 mètres cubes d'eau. Afin de ne jamais être exposé à manquer d'eau, on porte à 5 ou 6 mètres cubes les dimensions de la soute du tender.

Les machines spécialement destinées au service des trains express et qui restent souvent deux heures sans s'arrêter présentent des tenders dont les soutes atteignent 10, 12 et même 15 mètres cubes.

Emplacement des prises d'eau.

471. Pour fixer l'espacement des prises d'eau, il faut se régler sur la marche des trains les moins rapides : ce sont les trains de marchandises qui ne font guère que 25 kilomètres à l'heure. Les prises d'eau devront donc être établies en général à une distance de 25 à 30 kilomètres les unes des autres.

Sur les chemins à forte déclivité, la vitesse de ces trains peut descendre à 15 ou 16 kilomètres à l'heure. Dans ce cas, les prises d'eau devront donc être distantes de 15 à 20 kilomètres seulement.

472. Cela posé, il y a lieu d'examiner si la localité choisie présente des cours d'eau ou des sources pouvant suffire aux besoins de l'alimentation, et si cette eau présente la pureté voulue pour être employée à cet usage.

En admettant que l'on rencontre des cours d'eau ou des sources, on devra se renseigner avec soin sur leur débit, surtout pendant la saison chaude. Si l'on achète des sources ou le droit d'y puiser, il faut tenir dans une légitime suspicion les indications données par les propriétaires toujours intéressés.

Et entre une prise en rivière plus

éloignée et une acquisition de source plus rapprochée, il y a généralement avantage à choisir la première, malgré les travaux plus importants qu'elle exige. On est toujours plus tranquille et à l'abri des procès qui surgissent presque toujours avec les propriétaires ou usagers.

473. En même temps, il faut étudier la qualité de l'eau qui, pour servir à l'alimentation des locomotives, ne doit contenir qu'une faible proportion de substances étrangères, en suspension ou dissoutes. Il se formerait, sans cela, dans les tubes de la chaudière d'abondants dépôts qui nuiraient à la transmission de la chaleur et entraîneraient à une consommation anormale de houille en pure perte. Quant aux incrustations, on sait quels sont leurs inconvénients spéciaux, inconvénients particulièrement graves dans une chaudière tubulaire de locomotive.

On se débarrasse assez facilement des matières en suspension par un dépôt et une décantation préalables. Cela nécessite seulement l'installation de réservoirs assez étendus et assez coûteux ; lorsque les eaux ont suffisamment déposé les boues qu'elles tenaient en suspension, on les refoule dans le réservoir de la gare ; pour les dépôts, on les évacue généralement à la rivière d'où ils proviennent.

Quant aux matières dissoutes, comme toujours du carbonate et du phosphate de chaux, on doit d'abord faire des essais hydrotimétriques pour voir si leur proportion ne dépasse pas celle qui a été reconnue admissible en pratique, soit 200 à 300 grammes par mètre cube.

Si la proportion dépasse ce chiffre, il y a lieu de procéder à une épuration chimique préalable qui nécessite encore des installations spéciales toujours coûteuses et qu'il faut éviter autant que possible.

Si l'on a l'occasion de se trouver en face de deux prises d'eau de qualités à peu près égales, il faut sans hésiter prendre la meilleure, c'est-à-dire la moins chargée en carbonates et en sulfates de chaux, alors même que les dépenses d'installation correspondantes seraient plus élevées.

474. Lorsque l'alimentation d'une gare ne peut pas se greffer sur la distribution de la ville voisine, elle se présente de deux façons différentes :

1° La source d'eau est supérieure au niveau de la gare, et l'alimentation se fait simplement en posant les conduites de la longueur et du diamètre nécessaires ;

2° Cette source est, au contraire, placée plus bas que la gare, et l'eau y est amenée au moyen d'une machine élévatoire.

Ce dernier cas est évidemment le seul qu'il soit intéressant d'examiner.

La prise a lieu dans une rivière ou dans un puits ; elle nécessite dans les deux cas une machine à vapeur actionnant une pompe, refoulant l'eau dans des conduites qui l'amènent au réservoir de la gare. Enfin, de ce dernier, de nouvelles conduites la distribuent suivant les besoins.

Lorsque la prise a lieu dans un puits, on se trouve dans le cas le plus simple : on installe machines et pompes à l'orifice du puits ou à l'intérieur de celui-ci quand la profondeur l'exige ; généralement on est obligé de disposer dans ce but une chambre spéciale, qui fournit aux pompes une assiette commode et solide.

En outre, cela permet de nettoyer et de curer le puits plus facilement. Cette solution est donc préférable, quoique un peu plus coûteuse.

Dans le cas d'une prise en rivière, on dispose normalement au cours d'eau et en contre-bas de l'étiage (plus basses eaux) une galerie remplie de galets, de gravier et de sable constituant un filtre élémentaire pouvant arrêter les boues, matières végétales et détritus de toutes sortes. Le radier de cette galerie est incliné vers la terre ferme et aboutit à un puisard au-dessus duquel se trouve un puits de 1m,50 de diamètre dans lequel descend le tuyau d'aspiration de la pompe. La crépine extrême de ce tuyau plonge au fond du puisard de manière à fournir de l'eau même par les plus grandes sécheresses.

Le bâtiment renfermant les pompes peut être placé au-dessus du puits lui-même ; la pompe est alors installée dans ce puits. Si, au contraire, le bâtiment d'alimentation est éloigné du puits, ce

qui arrive souvent, le tuyau allant au pui- | c'est-à-dire à 0^m,80 ou 1 mètre sous terre
sard doit être placé assez profondément | pour avoir toute certitude.
dans le sol pour être à l'abri de la gelée, | Il est bon cependant que ce bâtiment ne

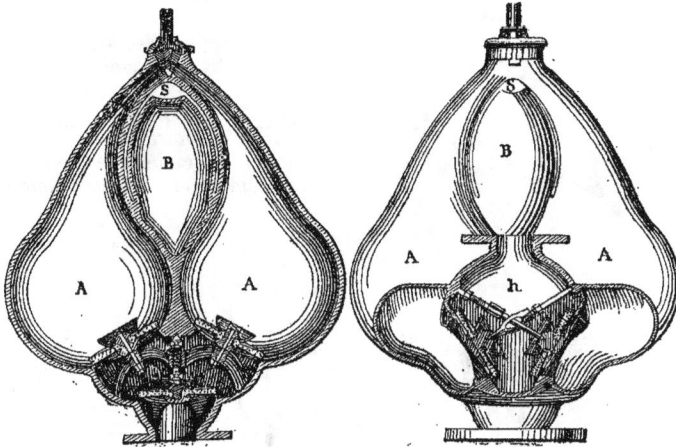

Fig. 454 et 455.

soit pas trop éloigné du puits et du cours | régulièrement avec une certaine force, on
d'eau. Il y a, en effet, intérêt à ce que | peut actionner les pompes au moyen d'un
la conduite ne soit pas trop longue, non | moteur à vent (*fig.* 457).
seulement à cause de l'augmentation de | La conduite de refoulement qui envoie
dépense que cela peut entraîner, mais à
cause des frottements ou pertes de charge
que l'eau éprouve en circulant dans leur
intérieur.

475. Le moteur est une locomobile ou
une machine mi-fixe ; dans les petites
installations, la pompe peut être annexée
à la machine ; la pompe peut même dans
ce cas être quelquefois mue à bras
d'homme.

Dans certains chemins de fer secondaires, on dispose de plus de temps pour
l'alimentation, et l'on vise avant tout à
l'économie dans les frais de premier établissement. Dans ces conditions, on peut
supprimer la pompe, le moteur et le réservoir en employant un pulsomètre placé au
fond du puits et actionné par un jet de
vapeur envoyé par la locomotive elle-
même (*fig.* 454 à 456).

Enfin, dans certaines gares bien exposées et dans des régions où le vent souffle

Fig. 456.

l'eau de la pompe au réservoir a besoin
d'être disposée sous le sol de manière
qu'on puisse en faire aisément l'inspection
pour les réparations ; c'est dire qu'il faut
éviter de la placer sous les voies.

Réservoirs.

476. La consommation d'eau d'une machine varie donc de 3 à 4 mètres cubes, suivant la vitesse de sa marche et quelquefois plus dans les express.

Connaissant le nombre des machines

Fig. 457.

alimentées dans une gare et y ajoutant les quantités exigées par les services accessoires, on en conclut aisément le volume à donner aux réservoirs. Leur capacité varie de 25 à 100 mètres et même 150 mètres cubes.

Généralement cependant on préfère ne pas leur donner plus de 50 mètres cubes, et lorsque les exigences de la gare

entraînent un cube de 100 mètres, on préfère souvent en placer deux de 50 mètres. Cette division, assez usitée dans l'industrie, a son bon côté quand on peut l'employer : elle permet d'être à l'abri des accidents. Car, si une avarie vient à se produire à l'un des réservoirs, on peut toujours momentanément se servir de l'autre; sinon on serait exposé à un chômage complet.

Ces réservoirs sont cylindriques, ils se font en maçonnerie, en fonte ou plus généralement en tôle avec fond sphérique,

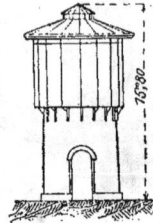
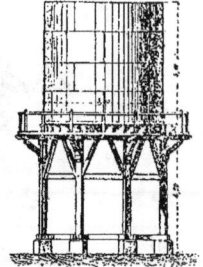

Fig. 458.   Fig. 459.

placés à 5 mètres au-dessus des rails de manière à donner la pression nécessaire pour vaincre aisément le frottement dans les tuyaux, fournir un remplissage rapide, et donner des jets d'une force suffisante pour permettre un bon nettoyage du matériel.

477. Les réservoirs reposent soit sur une tour en maçonnerie (*fig.* 458), soit sur un beffroi en charpente ou en fer (*fig.* 459), soit simplement sur un terrain ou bâtiment placé au-dessus du niveau de la gare.

Voici quelles sont leurs principales dimensions :

			20ᵐ³	50	75	150
Capacité en mètres cubes			20ᵐ³	50	75	150
Diamètre			2.50	4.00	5.00	7.00
Hauteur du cylindre			3ᵐ,91	3ᵐ,91	3ᵐ,91	3ᵐ,91
Épaisseur des tôles de la partie cylindrique	1ʳᵉ tôle du bas		2	4	4	4
	2ᵉ » »		2	3	3	3
	3ᵉ » »		2	2	2	2
	4ᵉ tôle du haut		2	2	2	2
Calotte sphérique	Hauteur ou flèche		0.43	0.50	0.60	0.80
	Épaisseur		2 mil.	3 mil.	4 mil.	5 mil.
Poids du réservoir en kilogrammes			920	2 100	2 900	4 900
Poids de la couronne de fonte			250	770	1 450	2 050

478. Pour les réservoirs de grande durée, il est bon de ne pas employer de tôle de moins de 3^{mm},5, en partie cylindrique, et de 6 millimètres au fond.

La calotte sphérique du fond est formée de tôles rayonnantes en forme de trapèze venant toutes s'assembler sur une tôle emboutie ou sur une plaque de fonte.

Une cornière circulaire générale règne tout autour de la partie cylindrique à laquelle elle est fortement rivée (*fig.* 460). Elle sert à poser le réservoir sur son support, une couronne de fonte présentant une forte embase boulonnée et scellée, sur la tour ; une partie plate supérieure reçoit la cornière précitée du réservoir fixée également au moyen de boulons (*fig.* 461).

Afin de ne pas puiser la boue qui se dépose infailliblement au fond du réser-

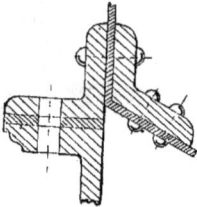

Fig. 460.

voir, le tuyau de prise remonte toujours à 0^m,30 ou 0^m,40 dans l'intérieur. Un autre tuyau part du fond lui-même afin de permettre la vidange complète; il se relie extérieurement à un autre tuyau ayant un orifice à 0^m,05 au-dessous du couronnement et qui sert de trop-plein.

Enfin le niveau dans l'intérieur est constamment indiqué au dehors au moyen d'un flotteur muni d'un curseur extérieur se mouvant le long d'une échelle graduée.

On peut monter le long des parois intérieures et extérieures du réservoir, afin d'en visiter toutes les parties, au moyen de deux échelles en fer.

479. Dans nos climats, les réservoirs ont besoin d'être garantis de la gelée et contre la chute des feuilles (*fig.* 458). Aussi on les double d'une chemise en

maçonnerie ou en bois laissant un petit intervalle dans lequel on bourre de la mousse, de la paille ou du foin. Au-dessus on dispose une toiture en zinc. Dans le beffroi inférieur on place quelquefois un petit poêle dont le tuyau traverse toute l'eau du réservoir. Quand le moteur occupe cet emplacement, on peut faire servir la cheminée de son générateur à cet usage. Dans les pays chauds, le réservoir n'a aucunement besoin d'enveloppe (*fig.* 459).

480. *Réservoirs du chemin de fer du Nord.* — La capacité des réservoirs de la Compagnie du Nord est de 50, 75 ou 150 mètres cubes.

La cuve est toujours composée d'une partie cylindrique et d'un fond sphérique en tôle réunis entre eux par une cornière à angle obtus de 70 millimètres de branches sur 8 millimètres d'épaisseur (70/70/8) (*fig.* 460).

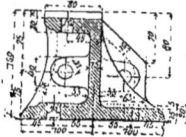

Fig. 461.

La paroi cylindrique est, comme toujours, formée de quatre anneaux de tôle superposés dont les épaisseurs, en commençant par le bas, sont 4, 3, 2 et 1 millimètres. La rive supérieure est consolidée par une cornière de 40 millimètres de branches placée à l'intérieur de la cuve.

Une seconde cornière à angle droit est fixée à l'extérieur et sur la rive inférieure de la paroi cylindrique pour servir à l'appui de la cuve sur la couronne. Chaque cornière est composée de deux ou trois segments réunis entre eux par de petits couvre-joints, ayant au moins la même résistance que la cornière. Enfin un fer à $\top$ de 59/56 est fixé verticalement à l'intérieur de la cuve pour consolider le point où doit être établi le support du levier manœuvrant la prise d'eau.

La calotte sphérique est construite sui-

vant les dimensions et formes vues pré- | variable pour chaque type. Mais les deux
cédemment, l'épaisseur des tôles étant | tôles sur lesquelles viennent s'assembler

Coupe longitudinale suivant GH

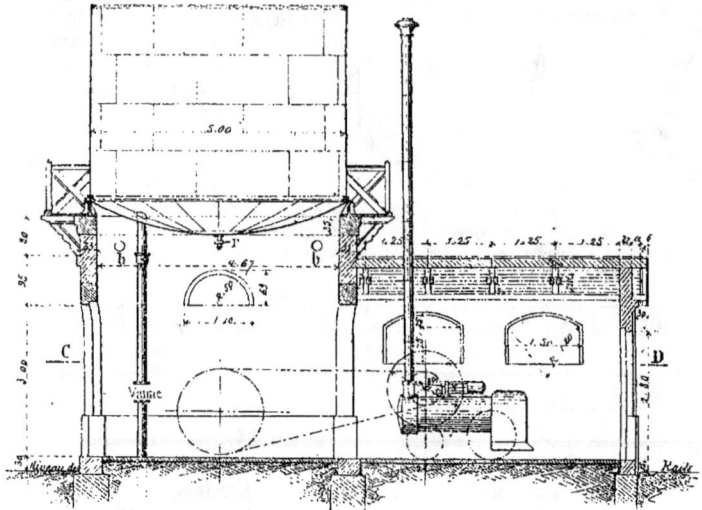

Fig. 462.

Coupe horizontale suivant CD

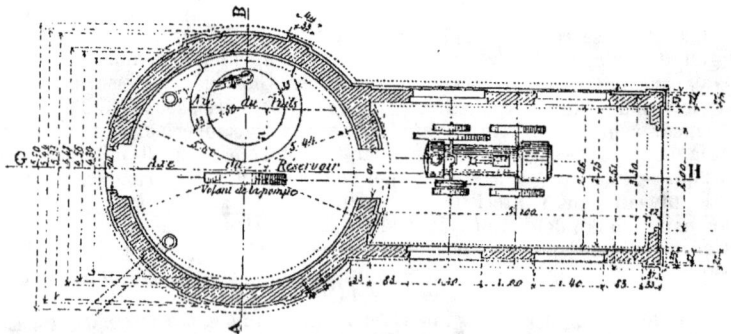

Fig. 463.

les colonnes d'ascension et de distribution | avec une tolérance de 2 0/0 en plus des
doivent toujours avoir 5 millimètres | chiffres résultant des dessins. On ne tient
d'épaisseur. | aucun compte du poids du plomb employé
    Toutes ces matières se payent au poids | dans la confection des joints, cet emploi

n'étant admis que par tolérance pour faciliter au constructeur l'obtention de l'étanchéité. Quelquefois le poids de l'ensemble est évalué d'après un métré, en supposant que le mètre cube de fer pèse 7 800 kilogrammes.

481. Les figures 462 à 465 représentent ce type avec bâtiment annexe pour la locomobile.

Les trous *bb* sont des barbacanes pour l'aérage du fond : ce sont des tuyaux en fonte de 0^m,108 de diamètre intérieur et de

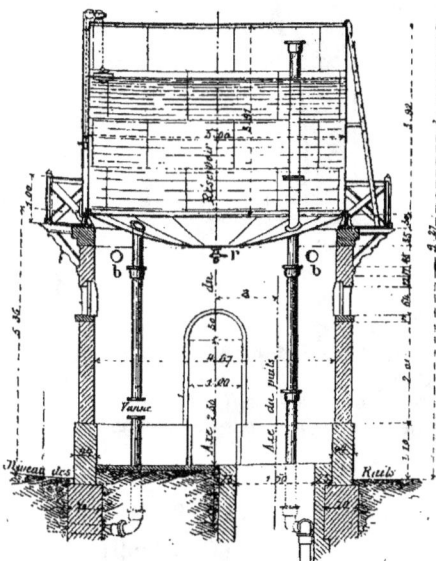

Fig. 464.

482. Remarque. — Les réservoirs et leurs machines à vapeur font partie intégrante du chemin de fer et sont soumis, sous l'autorité du ministre et du préfet du département, à la surveillance des ingénieurs du contrôle de la ligne.

Lorsqu'il s'agit d'un cours d'eau navigable ou flottable, les projets de prises d'eau sont soumis à une enquête préalable rappelée par une circulaire ministérielle du 16 novembre 1834. La demande de prise d'eau doit être adressée directement au préfet, qui consulte les ingénieurs des

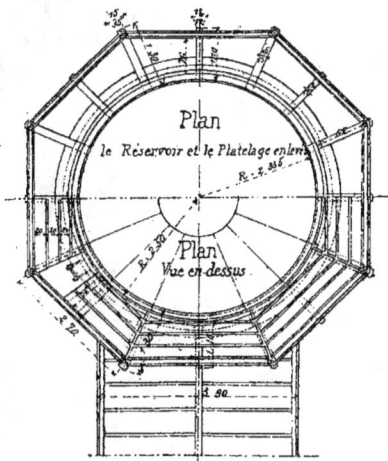

Fig. 465.

services intéressés, préside aux enquêtes et à toutes les opérations nécessaires.

330 de longueur ; le robinet de vidange est indiqué en *r* au fond de la calotte sphérique.

La toiture de l'annexe doit être faite avec le même soin que celle d'un bâtiment ordinaire. Ainsi le voligeage doit être en planches jointives, et, si la couverture est en tuiles, on devra établir un plafond.

La prise se fait ici dans un puits dont la distance *a* à l'axe du réservoir varie avec la force de la pompe. Cette distance est de 1^m,25 avec les pompes de 0^m,16, et de 0^m,80 avec celles de 0^m,08 et 0^m,12.

Grues hydrauliques.

483. On appelle grue hydraulique une longue borne ou plutôt une colonne-fontaine présentant un bras supérieur à angle droit fixe ou mobile et dont l'ouverture recourbée vient déboucher au-dessus de la caisse d'eau du tender. Aussi donne-t-on à ces grues une hauteur de 3 à 4 mètres au-dessus du rail.

On en place une le long de chaque quai à voyageur, à côté de l'emplacement où s'arrêtent normalement les locomotives,

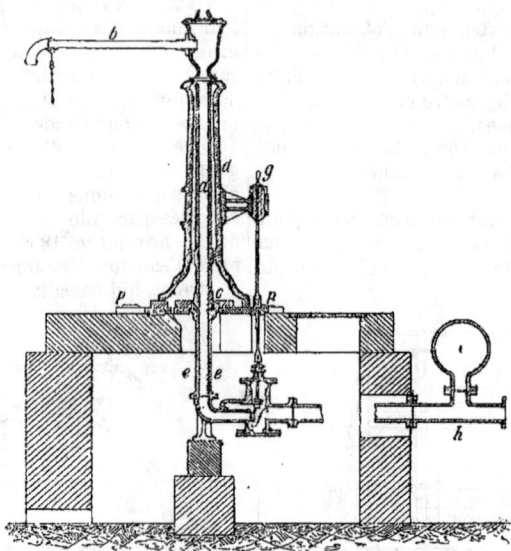

Fig. 466.

Elévation de la Vanne

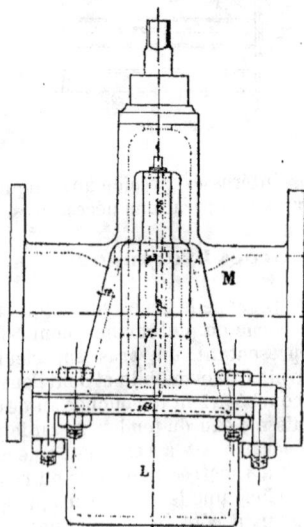

Fig. 467.

afin que celles-ci puissent s'alimenter aisément.

On en dispose aussi quelquefois d'une manière analogue le long de certains quais

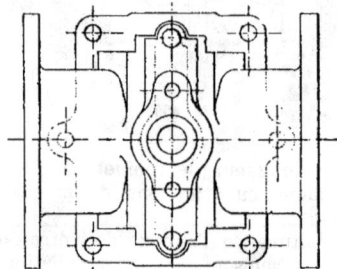

Fig. 468.

à marchandises et toujours à la sortie des remises de machines.

484. Pour l'alimentation des trains express, qui n'ont que peu de temps à séjourner dans la gare, il est indispensable que le tender soit rempli en très peu de temps. On surmonte alors les grues cor-respondantes de réservoirs de 6 à 10 mètres

Coupe **AB**
de la Vanne (*le coin étant enlevé*)

(a) Rondelle en liége.

Coupe **EF**

Fig. 469 et **470.**

cubes, c'est-à-dire de la capacité du tender, que l'on remplit en hâte dans l'intervalle entre le passage de deux trains. Le tuyau

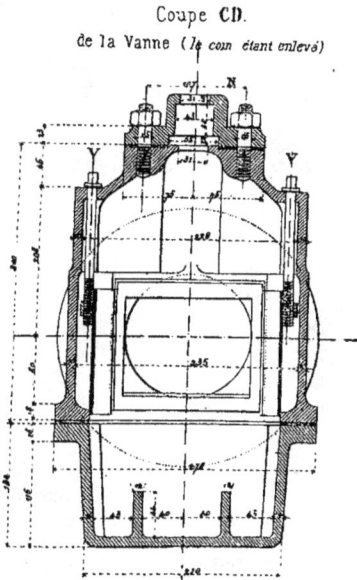

d'arrivée doit être calculé en conséquence. On appelle ces appareils des *grues-réservoirs*.

485. *Description de la grue ordinaire.* — La grue courante employée dans les gares se compose d'un bâtis en maçonnerie formant cave et dissimulant au-dessous de lui toute la tuyauterie d'ascension et la conduite générale d'arrivée. Une plaque de fondation *p*, en fonte, sert à fixer toute la grue sur la maçonnerie (*fig.* 466).

La conduite d'arrivée *h* pénètre par une

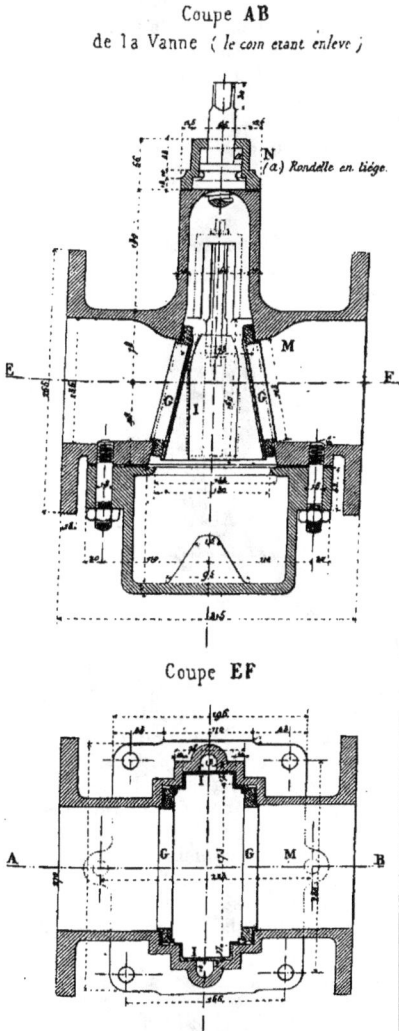

Coupe **CD.**
de la Vanne (*le coin étant enlevé*)

Fig. 471.

ouverture spéciale dans ce bâtis et doit avoir un diamètre suffisant pour débiter rapidement en quelques minutes la quantité d'eau nécessaire à l'approvisionnement d'une machine. Un réservoir d'air *i* forme matelas compressible qui atténue ces chocs appelés coups de bélier, se produisant quand on ouvre la prise.

Une vanne-tiroir *f*, manœuvrée au moyen d'un volant à main extérieur *g* à portée du mécanicien sur sa machine, sert à régler l'admission de l'eau dans la colonne ascendante en fonte *a* reliée au tuyau de la vanne au moyen d'un coude *c*. Cette colonne est munie d'un bras *b* fixé latéralement à un petit réservoir supérieur amortissant encore les chocs. Ce bras peut être fixe, ce qui suffit quand la grue n'alimente qu'une voie ; ou mobile autour d'un collet, quand elle se trouve entre deux voies. Ce

et contre la gelée. Anciennement, on se contentait d'envelopper tous les organes précédents de torons en paille. Mais ce moyen a été rapidement reconnu insuffisant. Il faut même quelquefois, l'hiver, pour lutter contre le froid, faire passer un courant d'air chaud dans la couronne annulaire formée par les deux colonnes, au moyen d'un poêle inférieur. Au minimum, faut-il remplir cet intervalle de mastic isolant.

Coupe du coin

Elévation du coin

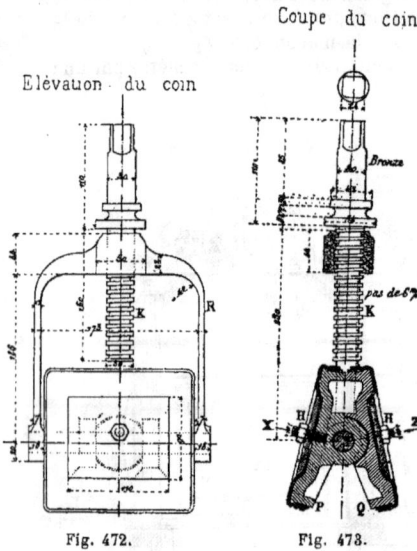

Fig. 472.

Fig. 473.

Coupe du coin
suivant **XYZ**

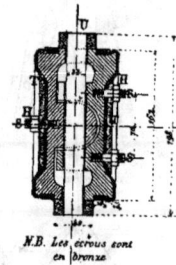

N.B. Les écrous sont en bronze

Fig. 474.

dernier système est toujours préférable, surtout quand on est pressé, la locomotive ne s'arrêtant pas toujours absolument en face de la grue. De toute façon, l'ouverture de ce bras est terminée par un tuyau en toile imperméable qui peut s'obliquer à volonté dans la direction voulue.

Enfin le tout est entouré d'une seconde colonne en fonte *d* servant à préserver l'eau qui est à l'intérieur contre les chocs

486. *Vanne Schroo.* — Les figures 467 à 474 représentent une des vannes les plus employées dans les conduites d'eau des gares, et adoptée d'une manière générale au chemin de fer du Nord. C'est la vanne Schroo, à coin triangulaire. Nous ne nous attarderons pas sur sa description, les différentes élévations et coupes indiquant d'une façon suffisamment claire la disposition des pièces et leur fonctionnement. Nous donnerons seulement ci-dessous les dimensions et poids des principaux types :

TABLEAU DES DIMENSIONS PRINCIPALES ET POIDS DES VANNES SCHROO.

DIAMÈTRE INTÉRIEUR	DIAMÈTRE DES BRIDES	ÉCARTEMENT ENTRE LES BRIDES	POIDS TOTAL DE LA VANNE	DIAMÈTRE INTÉRIEUR	DIAMÈTRE DES BRIDES	ÉCARTEMENT ENTRE LES BRIDES	POIDS TOTAL DE LA VANNE
mm	mm	mm	k	mm	mm	mm	k
81	180	245	29	162	320	354	109
108	255	290	54	180	340	382	125
135	265	315	62	200	360	410	150
150	315	340	100	250	410	440	240

Celle qui est représentée sur les figures précédentes, de 62 kilogrammes pour conduites de 0ᵐ,135, présente les poids suivants des différentes matières, fonte, fer, bronze, cuir.

ÉTATS DES PIÈCES.

DÉSIGNATION	DÉNOMINATIONS	POIDS PARTIELS	TOTAUX
		kil.	kil.
	BRONZE		
G	2 Glissières....................................	1.624	
H	3 Écrous..	0.062	
I	2 Coins de serrage...........................	1.300	
K	1 Vis..	1.460	
	POIDS DU BRONZE...........		4.446
	FONTE		
L	1 Cuvette.......................................	12.630	
M	1 Corps de vanne............................	32.087	
N	1 Chapeau......................................	1.430	
P	1 Flasque du coin............................	2.574	
Q	1 »	2.338	
	POIDS DE LA FONTE........		52.073
	FER		
R	1 Étrier...	1.470	
S	3 Goujons......................................	0.048	
T	2 Plaques......................................	0.975	
U	1 Tige...	0.490	
V	2 Vis..	0.135	
	4 Goujons.....................................	0.400	
	4 Écrous.......................................	0.284	
	4 Boulons avec écrous......................	1.160	
	POIDS DU FER...............		4.962
	CUIR		
	2 Pièces pour joint de glissière..............	0.056	
	2 » pour recouvrir les flasques.............	0.320	} 0.519
	1 » pour le joint du chapeau	0.027	
	1 » » de la cuvette..............	0.115	
	2 rondelles	0.001	
	POIDS TOTAL...............		62

487. *Diamètre des conduites.* — On calcule le diamètre des tuyaux en supposant l'eau descendue à la base même du réservoir, c'est-à-dire la pression réduite au minimum, et on admet que le remplissage du tender doit avoir lieu en trois minutes.

Borne-fontaine.

488. Les besoins courants de la gare au point de vue du personnel sont assurés au moyen d'une ou plusieurs bornes-fontaines.

Les figures 475 à 480 représentent le type employé aux chemins de fer de l'État. C'est une colonne creuse en fonte avec soupape à vis, mue par une manivelle ou un volant à main supérieur. L'eau sous pression arrive par la partie inférieure et s'échappe par un col de cygne latéral; l'excédent retourne à la fosse en passant à travers les barreaux d'une grille.

Le poids total de l'appareil est d'en-

viron 50 kilogrammes, et son prix de
2 francs le kilogramme, c'est-à-dire, approximativement, de 95 à 100 francs.

Dépense d'une alimentation d'eau.

489. On comprend que cette dépense
soit très variable suivant l'installation à

Élévation

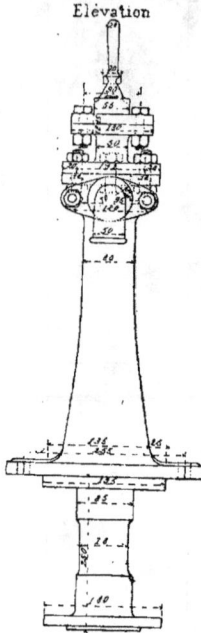

Poids . 49ᵏ
Prix . 94ᶠ

Fig. 475.

laquelle on a affaire. Supposons le cas
d'une prise au-dessous de la gare. D'après
M. Sevene, on peut prendre pour base les
chiffres suivants :

1° *Prise d'eau :*

Prise d'eau proprement
dite................... 2 000
Machine de 4 chevaux,
cheminées, pompes, etc. 9 000   17 000
Bâtiment de la machine
fixe.................. 6 000

Coupe suivant l'axe

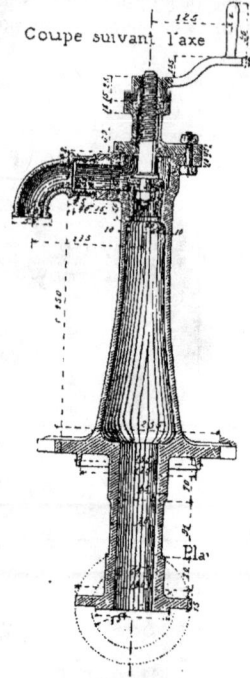

Fig. 476.

Plan

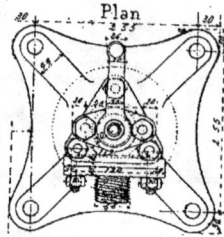

Fig. 477.

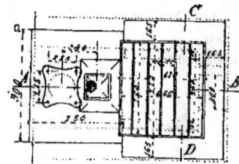

Fig. 478.

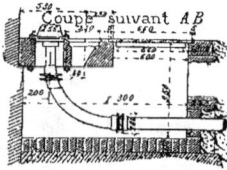

Fig. 479.

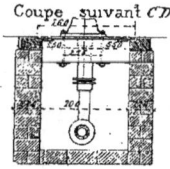

Fig. 480.

2° *Conduite de refoulement :*

Hypothèse de 1 500 mètres de
tuyaux D = 0ᵐ,108............ 15 000

3° *Réservoir :*

Cuve de 100 mèt. cubes
et tuyauterie.......... 5 000 ⎰
Tour supportant la   ⎱ 13 000
cuve.................. 8 000

4° *Distribution :*

Deux grues......... 3 000 ⎫
Deux fosses......... 2 000 ⎪
Tuyaux D=0ᵐ,15, lon-   ⎬ 20 000
gueur 500 mètres...... 7 000 ⎪
Bornes, conduites se-   ⎪
condaires, divers....... 8 000 ⎭

TOTAL............... 65 000

CHAPITRE III

GARES ET STATIONS

Généralités.

490. Nous avons déjà exposé sommairement dans notre premier volume ce que l'on appelle une gare, c'est-à-dire l'ensemble des voies, bâtiments et installations accessoires nécessité par l'arrêt des trains.

En réalité, la station n'est que le bâtiment spécial devant lequel s'arrêtent les trains de voyageurs. En pratique, cependant, on appelle souvent station une gare de peu d'importance.

Cela posé, en dehors des *voies principales* qui ne sont que la continuation des voies courantes de la ligne, une gare présente toujours des voies supplémentaires destinées à recevoir les trains qui ne doivent pas aller plus loin, sont contraints à subir des remaniements ou doivent se

garer pour laisser passer les trains rapides.

On appelle plus particulièrement *voies de garage* les voies qui reçoivent les trains entiers, et *voies de service*, celles sur lesquelles on remise des portions de trains.

D'après l'ordonnance de 1846, le nombre des véhicules d'un train est, au maximum, de :

Vingt-quatre voitures à voyageurs ;
Quarante-cinq wagons pleins de marchandises ;
Soixante wagons vides de marchandises.

On en peut déduire par suite les longueurs à donner aux voies de garage.

La plus grande longueur sera évidemment exigée par un train de wagons vides. Or, la plus grande dimension entre tampons étant 7ᵐ,50, cette longueur sera :

$$7,50 \times 60 = 450 \text{ mètres} ;$$

à laquelle il faut ajouter deux locomotives et leurs tenders (une normale et une de renfort), de 15 à 18 mètres, soit 35 mètres pour les deux.

La longueur totale sera donc de 485 mètres ou, en chiffres ronds, de 500 mètres.

Pour les trains de voyageurs, il suffirait de :

$$7,50 \times 24 = 180$$

plus deux machines   35

    Total . . . .   215 mètres.

491. *Entrevoies.* — D'abord, pour les voies principales, la largeur de l'entrevoie est de 2 mètres, comme d'ordinaire.

Lorsque ces voies principales comportent des plaques tournantes, ce qui est rare, mais peut se présenter cependant aux gares terminus et dans les grandes gares de passage où tous les trains s'arrêtent, l'entrevoie est nécessairement plus considérable.

Avec les plaques de 4ᵐ,80 de diamètre de la Compagnie du Nord, l'entrevoie est de 3ᵐ,50 (5 mètres d'axe en axe).

Au chemin de fer de l'Ouest, les plaques ont 5ᵐ,25, et l'entrevoie est de 4 mètres. Mais ces entrevoies ne permettent la rotation d'un véhicule sur une plaque que si la voie voisine est absolument libre.

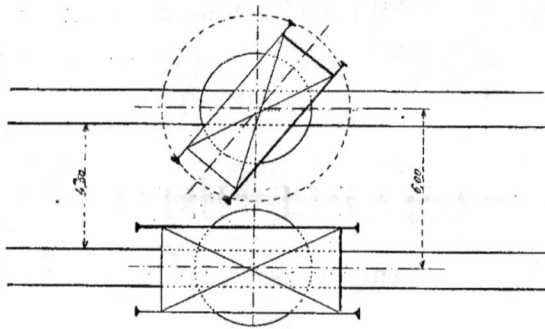

Fig. 481.

Il est bon que les voies restent aussi rectilignes que possible, afin que la vue du mécanicien s'y étende de loin. Pour passer de l'écartement normal de 2 mètres à celui qui est exigé par la plaque tournante, s'il y en a, il y a donc lieu de n'infléchir qu'une voie et non les deux.

492. Dans les voies de garage, l'entrevoie doit toujours être porté, au minimum, à 2ᵐ,50, afin de permettre le passage facile du visiteur, et cela en admettant qu'il n'y ait pas de manœuvres.

Lorsqu'il se fait des manœuvres par plaques, il faut au moins 4ᵐ,50 d'entrevoie pour permettre à un wagon sur une plaque de tourner, sans que sa plus grande dimension, la diagonale, vienne heurter un wagon qui peut se trouver, même en long, sur la voie voisine (*fig.* 481).

Il faut donc la longueur de cette diagonale plus la demi-largeur du wagon voisin et enfin un espace libre de 0ᵐ,70 pour la circulation des hommes, et cela représente en tout 6 mètres d'axe en axe, ou 4ᵐ,50 d'entrevoie.

Au-delà de la file de plaques, on peut réduire l'entrevoie à 3ᵐ,50. Le rétrécissement se fait, comme toujours, au moyen de courbes et de contre-courbes de 300 mètres au minimum de rayon, séparées par un alignement droit de 100 mètres.

Si cela est impossible, il faut prendre

de grandes précautions dans les manœuvres, et empêcher l'arrivée d'un wagon ou d'un train sur deux plaques consécutives, au moyen de signaux.

Comme nous l'avons déjà dit précédemment, les aiguilles en pointe étant à éviter sur les voies principales, le garage d'un train se fait par refoulement.

493. *Voies de remises de voitures.* — L'écartement des voies dans les remises de voitures à voyageurs dépend des manœuvres que l'on fait subir à celles-ci.

Si les voitures sont simplement remisées dans un bâtiment spécial sur plusieurs voies parallèles, et sans qu'on leur fasse subir aucune manutention, l'entrevoie peut rester, comme d'ordinaire, égal à 2 mètres.

Si l'on désire pouvoir circuler aisément entre les véhicules afin de les nettoyer, il y a lieu de ménager un entrevoie de $2^m,50$.

Si enfin la gare est disposée de telle sorte que l'on y puisse faire les réparations de voitures, il faut encore un peu plus d'espace de manière que l'on puisse aisément circuler dans les entrevoies, avec un seau de peinture, et procéder aux grattages, lavages, etc., nécessaires. Dans ce cas, il est bon de laisser 3 mètres entre rails.

494. *Voies de remises de machines.* — Dans les remises de locomotives, il faut toujours prévoir la circulation facile entre les machines, et l'entrevoie doit être d'au moins 3 mètres ($4^m,50$ d'axe en axe).

Dans l'atelier où les machines sont

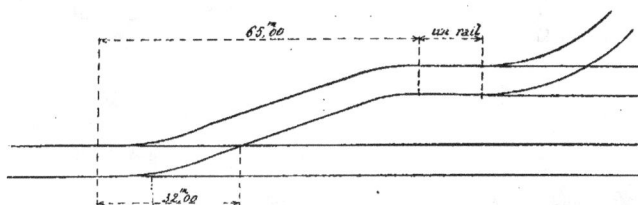

Fig. 482.

réparées, démontées, etc., l'espace doit être, naturellement, beaucoup plus grand, et l'entrevoie est porté à $4^m,50$, soit 6 mètres d'axe en axe.

495. *Longueur et largeur des gares.* — De même que les longueurs des voies de garage vues plus haut servent à fixer les longueurs minima des gares, de même les écartements de voies que nous venons de déterminer servent, avec les accessoires que nous verrons plus loin, à en préciser la largeur.

Raccordement des voies entre elles.

496. Il nous reste maintenant à examiner comment se font les raccordements de toutes ces voies entre elles et aux voies principales.

Nous ne parlons pas des jonctions que ces voies peuvent présenter entre elles et qui sont établies conformément aux types vus précédemment.

Mais le cas qui nous intéresse actuellement est le raccordement de toutes les voies de garage, généralement parallèles, d'abord entre elles, à leurs extrémités, puis à une voie unique, le plus souvent une des voies principales.

On peut d'abord employer la jonction simple de 65 mètres pour relier chaque voie à la suivante (*fig.* 482).

On laisse simplement entre la fin d'une jonction et le commencement de la suivante la longueur d'un rail.

Ce moyen est peu usité, à cause des nombreuses courbes et contre-courbes qu'il exige et qui occasionnent de grands frottements au passage des trains. Puis il est très dispendieux, car il demande un grand nombre d'aiguilles, de croisements, un grand développement, beaucoup de place et allonge considérablement les gares.

497. On obvie à cet inconvénient au moyen d'un type représenté (*fig.* 483), qui consiste à échapper la voie principale par un premier branchement, amorce d'une voie oblique sur laquelle viennent à leur tour se brancher toutes les autres.

Si *e* est la largeur de l'entrevoie, et α

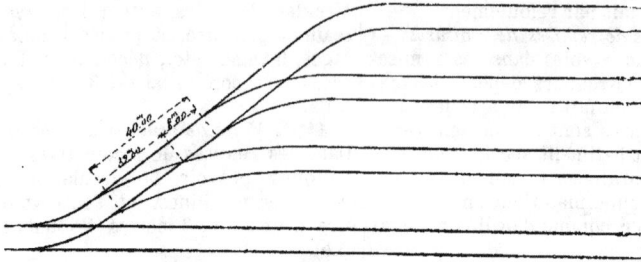

Fig. 483.

l'angle du changement toujours fixé à l'avance, on a (*fig.* 484) :

$$\sin \alpha = \frac{e}{l},$$

ce qui détermine *l* :

$$l = \frac{e}{\sin \alpha}.$$

On a avantage ensuite à employer la pose de voie la plus raccourcie et, par conséquent, à mettre bout à bout les appareils successifs de croisement et d'aiguillage. Cependant il est préférable de laisser entre le croisement de l'un et l'ai-

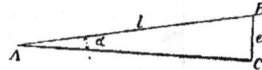

Fig. 484.

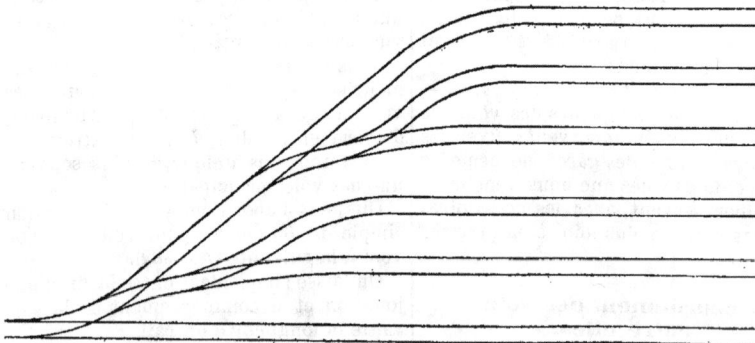

Fig. 485.

guille du suivant la longueur d'un rail, soit 8 mètres. La distance complète entre deux aiguilles consécutives est donc de 40 mètres.

Si l'on a un grand nombre de voies parallèles à relier entre elles, on obtient ainsi encore un appareil beaucoup trop encombrant.

498. Alors on maintient le premier branchement de départ avec voie oblique ; seulement, on ne soude les voies secondaires sur celle-ci que de deux en deux. Celles qui restent sont branchées à leur tour sur ces dernières (*fig.* 485).

L'angle α a besoin naturellement d'être choisi en conséquence.

499. En somme, tous les systèmes précédents ont le défaut commun d'allonger inutilement les voies de la longueur d'un branchement à chaque extrémité, c'est-à-dire d'au moins 32 mètres, ou 64 mètres en tout. Ainsi la première voie de garage, celle qui est la plus éloignée des voies principales, ayant déjà la longueur voulue, la suivante présente une longueur supplémentaire inutile de 64 mètres ; pour la seconde, ce sera encore 64 mètres en plus, soit 128 mètres par rapport à la première, et ainsi de suite. On voit aisément que, si les voies de garage étagées sont nombreuses, on peut être ainsi entraîné, rien que pour les besoins des raccordements, à poser des longueurs considérables de voies inutiles, ce qui allonge démesurément la gare et augmente la dépense.

On peut alors obvier à cet inconvénient en conservant les raccordements étagés,

Fig. 486.

du second type vu plus haut, à une extrémité. Quant à l'autre, on dispose les choses de manière à faire aboutir les voies de garage les unes après les autres sur une seule et même voie (*fig.* 486). Il en résulte que les voies successives sont ainsi allongées d'autant plus qu'elles sont plus éloignées de la première voie, et par consé- quent elles ont toutes, finalement, à peu près la même longueur.

Cependant ce dernier moyen présente également un inconvénient, c'est le grand nombre d'aiguilles ainsi posées sur la même voie, ce qui rend impossible que cette dernière soit une voie principale. Aussi préfère-t-on quelquefois le premier système.

GARES DE VOYAGEURS

500. Il nous faut d'abord distinguer les lignes à voie unique de celles à double voie.

Les premières sont employées sur tous les chemins de fer qui rapportent au-dessous de 20 000 francs par kilomètre.

La double voie est adoptée à coup sûr lorsque la recette atteint 40 000 francs par kilomètre.

Entre 20 000 et 40 000 francs, ce sont les conditions spéciales, le trafic espéré dans l'avenir, etc., qui décident de l'adoption d'une ou de deux voies.

En montagne, on adopte deux voies lorsque le trafic atteint seulement 15 ou 20 000 francs, à cause des sujétions spéciales que comporte alors le service.

Nous commencerons par étudier les stations de la voie unique.

1° Voie unique.

501. Il est difficile de poser des principes absolus pour l'emplacement d'une gare : cela dépend surtout de la configuration du sol, car il faut le moins de travaux possible et ne pas acheter des parcelles trop coûteuses à exproprier. Or cette dernière, difficulté se présente souvent, car les stations sont naturellement toujours dans le voisinage de localités habitées, où les terrains sont plus chers qu'ailleurs.

Les règles suivantes ne constituent donc que des principes généraux qui sont soumis à bien des exceptions.

502. Lorsque les trains s'arrêtent à une station, si minime que soit son importance, l'arrêt a toujours lieu près d'un chemin conduisant à la localité à desservir.

Il existe donc, pour le moins, en cet endroit un passage à niveau, avec sa maison de garde. Si les trains s'arrêtent sans se croiser, les installations se bornent alors à un trottoir devant cette maison et le long du train arrêté, une pièce sert de salle d'attente dans la maison du garde elle-même. Les billets sont donnés par le garde-barrière ou par le conducteur du train.

Si la station a plus d'importance, on

annexe à la maison du garde un petit bâtiment spécial B pour la salle d'attente (*fig.* 487).

Ou bien l'on peut être amené à construire un véritable petit bâtiment avec logement pour le garde chef de station,

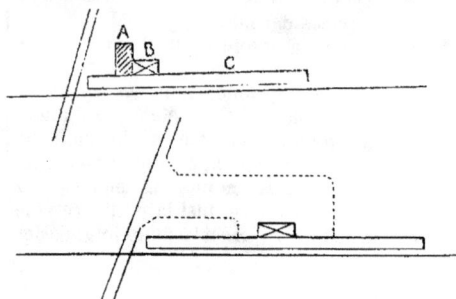

Fig. 487 et 4.8.

Ce bâtiment se place alors au milieu de la longueur du quai, tandis que la maison de

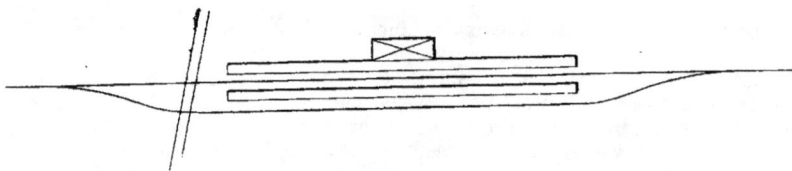

Fig. 489.

garde se trouvait naturellement à l'extrémité, à côté du passage à niveau. La station peut alors faire le service des messageries, c'est-à-dire des marchandises expédiées en grande vitesse, en même temps que celui des voyageurs. On attend

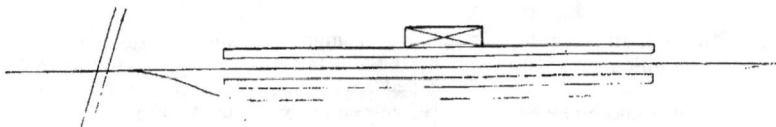

Fig. 490.

généralement pour faire cette installation que la recette atteigne de 8 000 à 10 000 francs par an (*fig.* 488).

503. Lorsque les trains se croisent à la station, c'est-à-dire lorsque deux trains

peuvent s'y arrêter à la fois, il faut forcément une voie de garage en plus de la voie principale, afin de recevoir le deuxième train.

Il est à remarquer, d'ailleurs, que, la

ligne étant à voie unique, ces croisements de trains marchant dans des directions opposées doivent se faire obligatoirement dans les gares.

Il faut donc une deuxième voie présentant la longueur maximum des trains et reliée à la voie principale au moyen de deux aiguilles, dont l'une est forcément rejetée au-delà du passage à niveau (*fig.* 489), car sans cela on s'exposerait à reporter trop loin du chemin le bâtiment des voyageurs et les quais (*fig.* 490).

Il est en effet préférable de ne pas couper la route par une seconde voie ; mais, comme les barrières restent constamment fermées tant qu'il y a un train en gare, et qu'il n'y a jamais de manœuvre dans ces petites stations, cela présente ici peu d'inconvénients. Aussi le Contrôle commence-t-il à se montrer moins rigoureux et à tolérer cette solution.

Cette deuxième voie exige naturellement l'interposition d'un deuxième quai à voyageurs, ce qu'on appelle un trottoir, qu'il est plus avantageux de placer entre les deux voies, de manière à raccourcir le chemin à parcourir sur les rails pour permettre la sortie des voyageurs. Il faut seulement surveiller la descente des voitures, car, ces derniers ne trouvant pas le quai du côté habituel, il arrive que quelques-uns descendent à tort sur la voie du côté opposé, et il peut en résulter des accidents.

2° Chemin à deux voies. — Gares de passage.

504. Ici les trains circulent individuellement sur deux voies distinctes, on n'a donc qu'à munir chacune d'elles d'un quai à voyageurs.

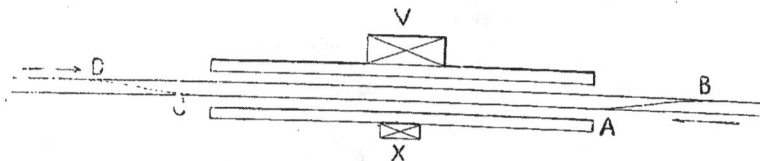

Fig. 491.

Dans les stations de dernière catégorie, où l'on cherche avant tout à éviter la dépense, une des voies est légèrement déviée, de manière à permettre entre les deux voies courantes l'interposition du deuxième quai. Les voyageurs restent alors jusqu'à la dernière minute dans les salles d'attente, et ne gagnent le second quai qu'au moment où le train arrive

505. Dans les stations un peu plus importantes, les deux voies principales sont maintenues droites, ce qui est toujours préférable ; les deux quais sont de part et d'autre de ces voies, et les voyageurs des salles d'attente gagnent le second quai en traversant la ligne cinq minutes avant l'arrivée du train. Cela exige un petit abri supplémentaire X le long du second quai (*fig.* 491).

Dans le cas où un accident se produirait sur une des voies, il faut pouvoir diri-

ger le train sur l'autre. Il y a donc lieu de les relier au moyen d'une jonction ordinaire AB en ayant soin de ne pas mettre les aiguilles en pointe, ce qui aurait lieu en CD, étant donné le sens normal de la marche des trains.

506. La position de cette jonction est, en général, indifférente pourvu qu'elle se trouve en tête d'un train. Mais elle peut avoir son importance dans les gares situées au sommet de fortes rampes, et où l'on est obligé de faire usage de machines de renfort qui ont besoin de se dégager rapidement pour retourner au dépôt.

Si cette machine est en queue du train, ce qui se fait dans les rampes très fortes afin de soulager les attelages et de résister au besoin à la rupture de l'un d'eux, elle se dégage plus facilement au moyen d'une jonction en amont de la gare. Elle serait sans cela obligée d'attendre le départ du train pour gagner la jonction de tête AB.

Dans le cas plus général où la machine de renfort est attelée en avant de la locomotive même du train, ce qui permet une entente plus facile entre les deux mécaniciens, la jonction de tête est plus indiquée. La machine de renfort se dégage en refoulant et gagne la seconde voie.

507. Si la circulation est un peu plus importante et si l'on a à prévoir que les deux voies seront occupées à la fois, on dispose une voie d'évitement en dehors du second train (*fig.* 492).

508. Dans toutes les gares de moindre importance, on ne dispose qu'une seule entrée qui sert en même temps de sortie pour les voyageurs; il n'y a alors qu'une seule cour d'accès, ce qui simplifie les installations de gare en même temps que le personnel.

Dans les stations plus importantes,

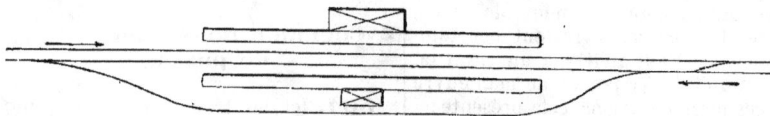

Fig. 492.

comme les gares de banlieue où il descend à certaines heures des trains entiers de voyageurs sur chaque quai, et où les deux quais peuvent se trouver à la fois encombrés, il faut avoir une entrée de gare toujours unique, mais deux sorties.

Cela posé, il peut se présenter deux cas ou bien la gare est voisine d'un passage à niveau, ou bien le chemin conduisant à la localité traverse la ligne au moyen d'un ouvrage d'art.

Dans le premier cas, qui est le plus

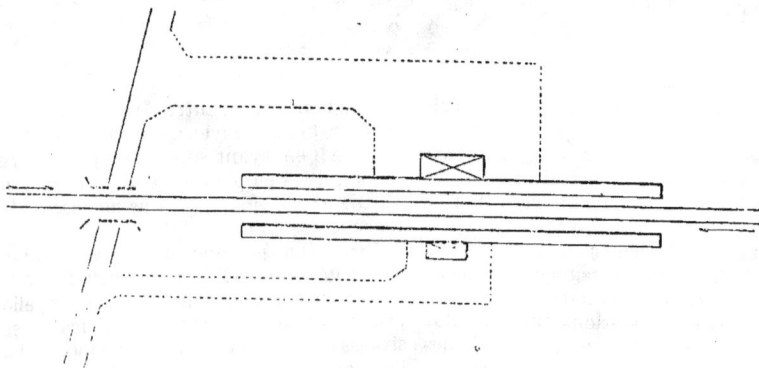

Fig. 493.

simple, on peut encore faire sortir les voyageurs par le passage à niveau sous la surveillance du garde-barrière.

Mais dans le second, il faut relier le second quai au passage supérieur ou inférieur au moyen d'une rampe ou d'une pente (*fig.* 493).

Cette disposition est impossible à appliquer si la gare ne comporte qu'un chef de station et un facteur; il faut, en effet, à certains moments, quand il y a deux trains en gare, un chef de gare et deux agents recueillant les billets à la sortie. Et comme le service dure dix-huit heures, ce personnel élémentaire doit être doublé pour faire face à tous les besoins ou au moins porté à cinq personnes.

Emplacement du bâtiment des voyageurs.

509. Une question toujours importante à examiner est l'emplacement à choisir pour placer le bâtiment des voyageurs.

510. *Premier cas.* — Lorsque la gare est voisine d'un passage à niveau, il n'y a pas d'hésitation possible, il faut mettre le bâtiment de la station du côté de la localité à desservir. De cette façon on évite les traversées inutiles de la voie et les accidents qui peuvent en résulter.

511. *Deuxième cas.* — Lorsque le passage à niveau est remplacé par un ouvrage d'art, passage supérieur ou inférieur, l'inconvénient précédent n'existe plus.

La station doit donc être placée du côté des grands départs, car on a remarqué que les voyageurs partant en foule sont beaucoup plus à redouter au point de vue de l'ordre et de l'écoulement facile, que ceux qui arrivent et débarquent du train.

Ces derniers, si nombreux soient-ils, en effet, attendent toujours patiemment le départ de leur train pour traverser la voie et s'écoulent ensuite paisiblement.

Le côté des grands départs peut d'ailleurs ne pas être celui de la ville ; c'est ce qui arrive, par exemple, pour beaucoup de gares de banlieue où les grands départs se font généralement sur Paris (Rueil, etc.).

La question des grands départs peut avoir son influence également pour le premier cas (voir plus haut) où la station est

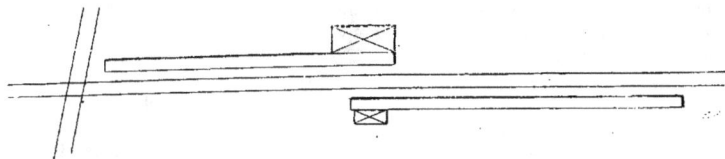

Fig. 494.

voisine d'un passage à niveau. Si le côté des grands départs n'est pas le même que celui de la localité, et que ces grands départs prennent parfois une importance considérable, il est impossible de faire attendre les nombreux voyageurs qui arrivent dans les dernières minutes, devant un passage à niveau fermé. On est alors obligé de relier les deux côtés de la gare au moyen d'une passerelle supérieure ou d'un passage souterrain sous les voies.

512. *Troisième cas.* — Dans les gares de peu d'importance, mais où cependant le service des bagages est assez développé, les petits wagons à bagages, qu'on pousse à bras d'homme sur les quais, ont quelquefois un chemin très long à faire pour rejoindre le fourgon qui est toujours derrière la machine, en tête du train. Cela peut amener des pertes de temps et des retards.

On peut alors adopter une disposition qui consiste à placer le bâtiment de la station à l'extrémité du trottoir en face de l'abri situé également en tête du second trottoir croisé avec le premier (*fig.* 494).

De la sorte, les deux fourgons à bagages sont à peu près en face l'un de l'autre, lorsque les trains sont normalement arrêtés devant leurs quais, et les manutentions de bagages peuvent se faire très facilement de l'un à l'autre.

Mais on voit immédiatement les inconvénients de ce système. D'abord le bâtiment des voyageurs est à la distance maximum du chemin conduisant à la localité, 150 mètres au moins, et le chemin d'accès à la cour de la gare est allongé d'autant. Les voyageurs ont un chemin beaucoup plus long à parcourir pour rejoindre certaines voitures. Enfin, le second quai est reculé lui-même à 150 mètres plus loin, ce qui allonge considérablement la gare.

En résumé, nous le répétons, ce type ne

convient que dans des gares de peu d'importance, à faible mouvement de voyageurs, et où, cependant, le service des marchandises expédiées par grande vitesse est assez fort.

513. *Quatrième cas.* — Dans certaines gares de banlieue, où le nombre des trains est très grand, il faut une disposition permettant aux voyageurs de ne jamais traverser les voies.

Ce cas se présente pour bon nombre de gares du chemin de fer d'Auteuil, dont les voies sont encaissées dans des tranchées, la gare étant surélevée au niveau des rues environnantes.

On place alors la station à cheval trans-

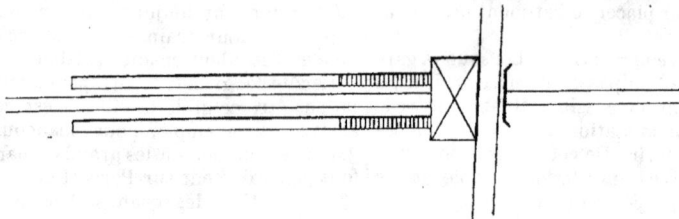

Fig. 495.

versalement sur les voies, comme à la Porte Maillot, au Trocadéro, au bois de Boulogne, etc., et chacune des voies principales est desservie par un escalier spécial descendant du bâtiment (*fig.* 495). Les voyageurs attendent le départ des trains sous une marquise assez développée.

Ce système présente l'inconvénient d'être très incommode pour les bagages quand il y en a ; mais, en général, dans ces stations, le plus important, c'est le service des voyageurs.

514. *Cinquième cas.* — Quelquefois les deux escaliers précédents sont remplacés par un seul, débouchant sur un quai placé entre deux voies, muni de bancs et d'une marquise. C'est le cas de la station des Batignolles, à Paris (*fig.* 496).

Ce type est le plus mauvais qu'on puisse rêver, car les voyageurs arrivants

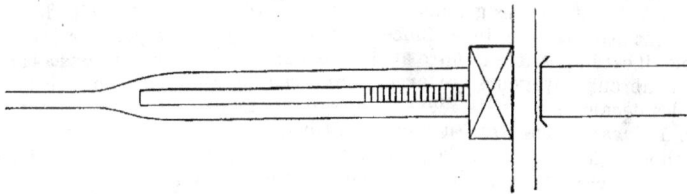

Fig. 496.

croisent constamment ceux qui partent, et de plus on est toujours exposé à se tromper de direction.

Deuxième catégorie : stations où les trains subissent des remaniements.

515. On appelle remaniements des trains les opérations consistant à leur ajouter ou leur retrancher des voitures à voyageurs (nous ne nous occupons pas encore du service des marchandises). Il est toujours facile de retirer des véhicules, il n'y a qu'à les atteler primitivement en queue du train, et à les décrocher dans la gare voulue où on les remise.

Dans le cas où il s'agit d'ajouter des voitures, c'est un peu moins simple. D'abord il faut que la gare soit munie d'une remise couverte, bâtiment renfermant un certain nombre de voies parallèles sur lesquelles sont placées les voitures qui attendent en cas de besoin. Un chariot roulant relie toutes ces voies, et permet de prendre un véhicule sur l'une quelconque d'entre elles.

Quelquefois on n'a pas de remise, mais

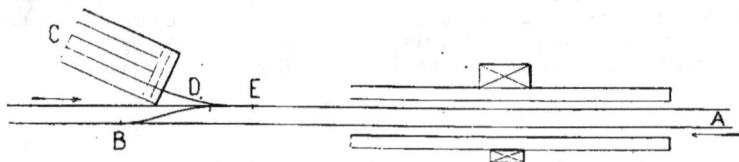

Fig. 497.

simplement quelques voies découvertes où l'on tient en réserve un certain nombre de voitures des trois classes et même quelques fourgons. C'est ce qu'on appelle un remisage.

516. *Premier cas.* — Cela posé, il faut établir la remise ou le remisage de manière que l'addition d'une voiture à un train se fasse le plus rapidement possible.

Or, quels sont les trains qui ont le plus besoin de suppléments de véhicules? ce sont évidemment ceux qui sont du côté

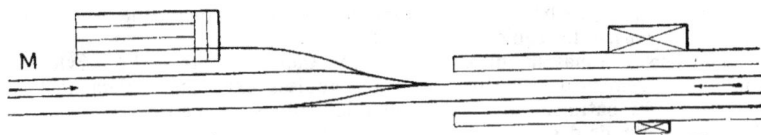

Fig. 498.

des grands départs, généralement la direction de Paris. C'est donc de ce côté qu'il faudra placer la remise et en arrière des trains qui s'arrêtent, de manière que le wagon supplémentaire soit rapidement et facilement accroché (*fig.* 497).

On dispose donc les voies de remisage, généralement couvertes, en C en queue des trains allant sur Paris, et l'on raccorde une des voies par un tronçon D et une aiguille à la voie principale. Le meilleur moyen de relier entre elles les autres

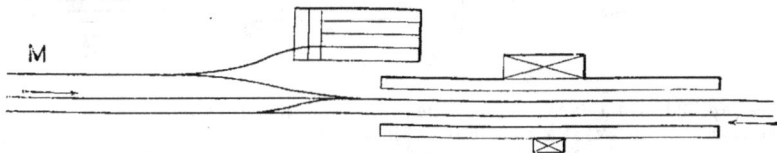

Fig. 499.

voies est le chariot sans fosse. Cependant, suivant les besoins, on emploie quelquefois des plaques et des aiguilles.

On relie ensuite, si elles ne le sont déjà en ce point, les deux voies principales au moyen d'une jonction BE. Pour ajouter un wagon au train venant sur la voie A, on est obligé de faire avancer ce dernier au-delà de B, en entier ou partiellement en le coupant au point voulu. De même pour en retirer un, qu'on renvoie rapidement en C par le chemin ED.

517. *Deuxième cas.* — L'inconvénient de la disposition précédente est l'obliquité de la remise par rapport aux voies principales, obliquité qui donne un assez vilain aspect au plan de la gare, et qui, en outre, élargit en pure perte la surface qu'elle occupe.

Le plus souvent, on ramène donc cette remise à être parallèle à la direction générale des voies, et on relie le chariot à la voie principale au moyen d'une courbe et d'une contre-courbe terminées, comme précédemment, par une aiguille.

Lorsqu'il y a dans la gare un service

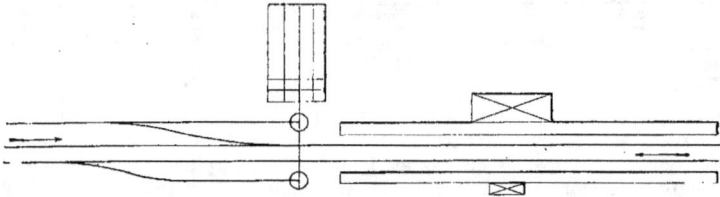

Fig. 500.

de marchandises, une voie spéciale M doit encore s'y rendre et venir se raccorder en queue des trains (*fig.* 498).

518. *Troisième cas.* — Lorsqu'on a ainsi l'annexe d'un service à marchandises, on place souvent la remise des voitures en retour du côté du bâtiment des voyageurs (*fig.* 499), afin de dégager complètement et de rapprocher du centre le service en question. La manœuvre pour ajouter ou retirer un wagon est un peu plus longue, car il faut lui faire rebrousser chemin, pour regagner la voie principale.

519. *Quatrième cas.* — Le service des marchandises exige généralement l'emploi de plaques tournantes ; dans ce cas, on met le plus souvent la remise des voitures normale à la direction des voies principales et en relation directe avec ces

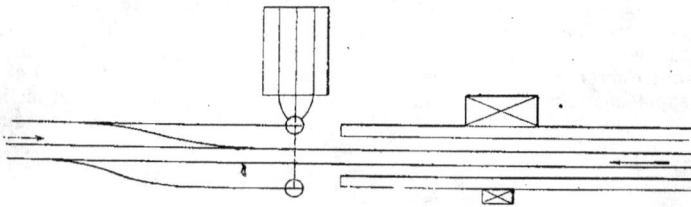

Fig. 501.

plaques (*fig.* 500). On a deux plaques, une en relation directe avec la voie qui se rend aux marchandises M, et l'autre symétrique par rapport aux voies principales, qui est reliée à celle-ci par un bout de voie courbe.

Il faut que le terrain ne soit pas cher pour adopter cette solution, car la disposition de la remise perpendiculaire aux voies développe la gare en largeur. Si le terrain est tout à fait bon marché, on peut même remplacer le chariot par trois voies courbes qui relient la voie de la remise à la plaque voisine, mais qui, naturellement, exigent un certain développement et repoussent encore plus loin la remise déjà encombrante (*fig.* 501).

520. *Cinquième cas.* — Si l'on est, au

contraire, gêné par l'emplacement, que le terrain coûte cher, ou que l'on veuille quand même pousser à l'économie comme cela se présente sur les petites lignes, on peut employer une remise à une seule voie parallèle aux voies principales (*fig.* 502).

Une voie en S permet la liaison à ces dernières. La remise peut contenir six voitures, une de première classe, deux de seconde et trois de troisième, ce qui est à peu près la proportion des besoins.

L'inconvénient principal est l'obligation pour avoir une voiture déterminée de faire sortir toutes celles qui sont devant elle. On dispose pour cela un tronçon de

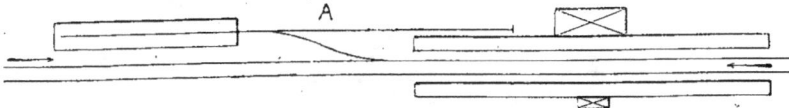

Fig. 502.

voie A sur lequel on pousse provisoirement les wagons inutiles pour les rentrer ensuite (*fig.* 502).

Enfin il est évident que ce système ne pourrait convenir à une gare où le remaniement des trains serait tant soit peu important. Il est donc réservé aux lignes secondaires.

521. *Remarque.* — Une remise de voitures est nécessaire tous les 30 kilomètres environ. Il y en a nécessairement dans toutes les grandes gares finales terminus embranchement, banlieues importantes, etc.

Gares comportant un service local.

522. Les gares à service local sont celles qui, tout en servant de gares de passage pour des trains qui ne font que les traverser avec ou sans arrêt, constituent, en outre, de véritables têtes de lignes pour d'autres, qui ne vont pas plus loin et retournent d'où ils viennent.

Ces sortes de gares doivent donc être agencées de manière à faire face aisément à ces deux sortes de service.

Si le service local est très peu impor-

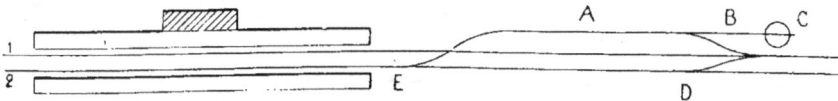

Fig. 503.

tant, on forme simplement les trains sur un tronçon de voie en cul-de-sac en relation avec la remise des voitures et, les trains formés, on les amène avec la locomotive le long du quai à voyageurs.

Les trains qui arrivent tout formés et ne repartent pas tout de suite sont simplement garés sur une voie spéciale, d'où on les retire au moment voulu.

Dans le cas où le service local est plus important et où les trains doivent repartir aussitôt, le minimum d'installa-

tions nécessité par le service est le suivant :

Une voie spéciale A greffée, à ses deux extrémités, sur les voies principales avec aiguilles non en pointe, sert à dégager la locomotive et à la retourner grâce à un tronçon de voie B aboutissant à un pont tournant C. La locomotive, prête alors à repartir dans la direction d'où elle vient, se remet en tête de son train, le conduit sur l'autre voie et le ramène (*fig.* 503).

A cet effet, le train, après avoir débarqué ses voyageurs sur le quai de la voie 1 s'avance jusqu'en D, et passe sur la voie 2 en refoulant par la jonction D.

La locomotive reprend alors la jonction D, puis la voie A se retourne sur le pont C et va reprendre son train en tête en E, sur la voie 2.

523. Dans le cas où les trains du service local sont encore plus fréquents,

une voie spéciale est indispensable pour garer ces trains, indépendamment de la voie de dégagement de la locomotive (*fig.* 504).

Le type de ce genre de gare est la station de Lunéville (Est). En dehors du service général qui s'effectue sur les deux voies principales 1 et 2, un train du service local, arrivant sur la voie 1 par

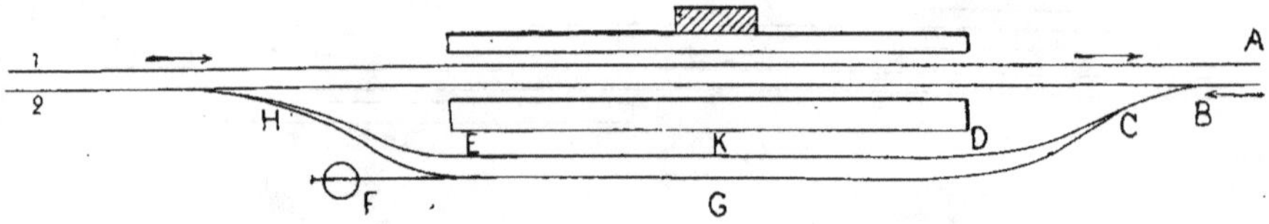

Fig. 504.

exemple, débarque ses voyageurs et refoule sur la voie DE par la jonction ABC. La locomotive restée jusque-là en queue du train passe, au moyen de l'aiguille C, sur la voie G et se retourne sur le pont F au bout d'une petite voie en cul-de-sac. Elle passe alors par l'aiguille H pour se remettre en tête de son train et le ramener dans la direction 2. On a eu soin de faire traverser les voies principales aux voyageurs au moment voulu, et le quai K,

qui est à double face, leur permet de monter dans les wagons sur la voie DE.

Les trains sont généralement pourvus de deux fourgons : un de tête, immédiatement après la locomotive, et un de queue, en arrière du train. Quelquefois, dans ces petits services locaux, on se contente du premier, afin de ne pas remorquer en pure perte un poids inutile. Dans ce cas, il faut avoir soin de le détacher et de le faire passer à l'autre bout du train, par la

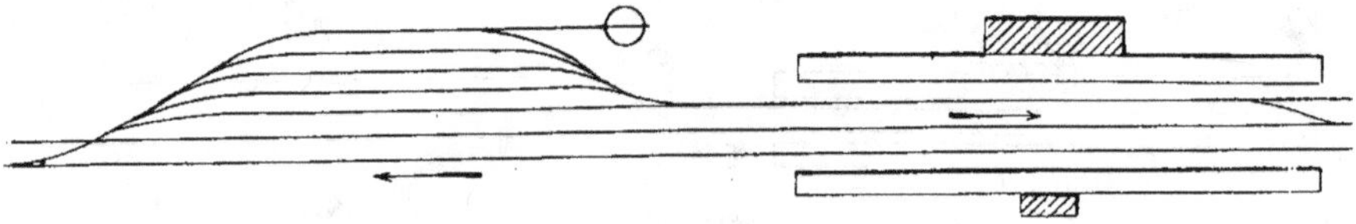

Fig. 505.

voie G, tandis que la machine est en train d'opérer sa rotation sur le pont tournant.

Pour que la locomotive, dans ses manœuvres, ne risque jamais d'atteindre les voies principales, il faut laisser de B en C un espace d'au moins 20 mètres.

Tout ce qui précède suppose que le service local n'est composé que d'un seul train faisant plus ou moins souvent la navette entre deux gares.

524. *Service local de plusieurs trains.* — Arrivons maintenant au cas plus compliqué où la gare présente un service local de plusieurs trains, quelquefois en grand nombre comme les jours de fête ou en semaine, à certaines heures où les voyageurs vont tous dans la même direction : tel est le cas à Enghien, à Asnières, etc.

On dispose alors, le long des voies principales, une troisième voie en relation elle-même avec des voies de garage en aussi grand nombre qu'il le faut (*fig.* 505). On fait attendre sur celles-ci les trains vides que l'on amène sur les voies principales aux heures voulues, aussi rapprochées qu'on le désire, au moyen de deux jonctions extrêmes reliant la troisième voie aux deux principales. Les aiguilles sont, comme toujours disposées, de façon à ne pas

être prises en pointe, et placées en dehors de la gare ; les trains regagnent donc les voies principales en dehors de celle-ci.

Comme toujours, la dernière voie du faisceau est uniquement destinée aux manœuvres de la locomotive, et un pont tournant y est annexé sur un bout de voie supplémentaire.

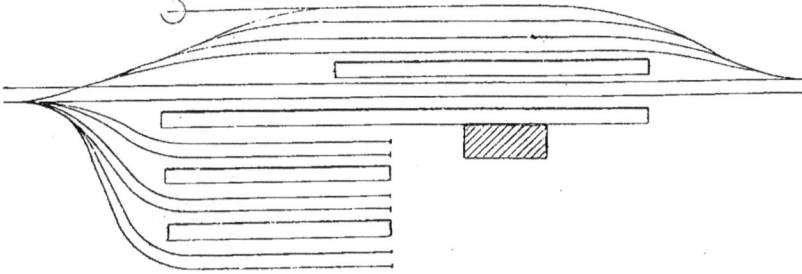

Fig. 506.

525. *Service local très chargé.* — Enfin le service local peut prendre une très grande importance, comme dans certaines localités les jours de course, à Chantilly par exemple. Dans cette station, on a quelquefois jusqu'à douze trains bondés de voyageurs à l'heure du retour pour Paris.

Les départs se succèdent sans interruption de cinq minutes en cinq minutes.

Les trains qui arrivent de Paris sont reçus sur trois voies de garage situées du côté opposé au bâtiment des voyageurs (*fig.* 506) ; chacune de ces voies est assez longue pour recevoir deux de ces trains. Pour cela, après la descente des voyageur, les trains sont emmenés et refoulés, comme précédemment, sur ces voies. Puis la locomotive se détache et s'engage sur la

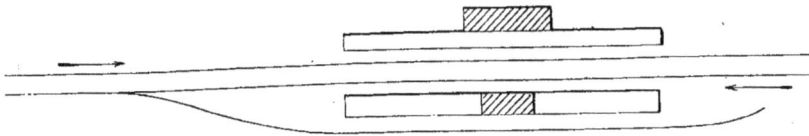

Fig. 507.

voie de manœuvre qui lui est spécialement destinée, tourne sur le pont spécial affecté à son usage et revient se mettre à la queue de son train, devenue la tête pour le départ.

Cela posé, ces trains sont alors amenés sur trois faisceaux de deux voies séparées par des quais à double face et en relation

directe avec le bâtiment des voyageurs. Le nombre de ces faisceaux, qui se jonctionnent les uns sur les autres au moyen d'aiguilles, peut d'ailleurs être aussi grand qu'on le désire et proportionné aux besoins. De la sorte, les voyageurs arrivent et se dirigent vers les trains prêts à les recevoir et montent dans les voitures à mesure qu'ils se présentent. Les employés les dirigent vers les trains vides, et ceux qui sont pleins partent au fur et à mesure : c'est la solution la plus complète et la plus rationnelle du genre.

Gares de bifurcation.

526. Les gares de bifurcation, sauf exception rare, sont presque toujours des gares principales de la ligne. Une localité comportant, en effet, un service de voyageurs et de marchandises dans plusieurs directions est généralement d'une certaine importance ; le cas contraire est l'exception.

En outre des services ordinaires que l'on rencontre dans les gares de premier ordre, on se trouve ici en face de sujétions spéciales exigées par les voyageurs

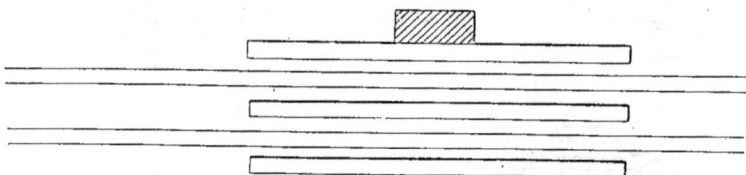

Fig. 508.

et les marchandises qui passent d'une ligne à une autre ; c'est ce qu'on appelle le *transit*.

527. Supposons d'abord un seul embranchement en plus de la ligne principale ; cet embranchement unique a une voie supplémentaire, ce qui porte à trois le nombre des voies principales en gare. Un quai à double face peut suffire pour deux de ces voies, c'est-à-dire que l'on emploie à cet usage, un des quais primitifs (*fig.* 507). Généralement, on ajoute à ce quai une marquise dont l'auvent s'avance sur la voie de l'embranchement.

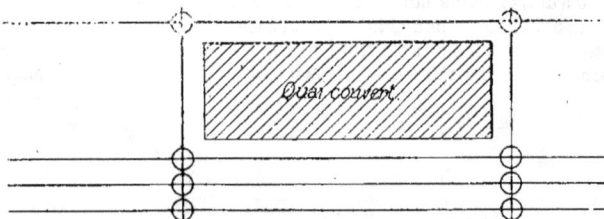

Fig. 509.

Si un second embranchement vient s'ajouter au premier, on dispose alors une quatrième voie principale le long de la précédente, et un troisième quai est indispensable (*fig.* 508).

Un dernier embranchement exigerait une cinquième voie ; et ainsi de suite, mais il est rare que l'on ait plus de trois embranchements, ce qui entraîne déjà un service d'exploitation assez compliqué.

528. Quant aux marchandises, il leur faut également une disposition spéciale, permettant d'en faire le triage afin de pouvoir expédier les colis arrivant d'une direction dans l'une quelconque des autres.

On adopte pour cela des quais de transbordement, qui doivent être couverts afin de permettre les diverses manutentions auxquelles doivent être soumises les marchandises (*fig.* 509), manutentions indispensables pour opérer les décompositions et recompositions des trains. Ce quai, d'une longueur suffisante, est bordé de voies de tous les côtés ; les voies des embranchements arrivent parallèlement suivant l'un des longs côtés du rectangle, et elles sont reliées entre elles et aux voies du service central au moyen de deux voies transversales et de deux batteries de plaques. En outre, toutes ces voies communiquent entre elles à leurs extrémités au moyen d'aiguilles.

529. Le bâtiment des voyageurs, au lieu d'être placé sur le tronc commun comme précédemment, peut être dans la fourche formée par les deux lignes, avec un quai intermédiaire entre les deux quais ordinaires. Les voyageurs y arrivent alors par un chemin souterrain passant sous la ligne ; ils n'ont plus ensuite que deux voies à traverser dans les cas les plus défavorables (Ermont, Nord).

Mais les voyageurs qui arrivent sur un des quais extérieurs et doivent passer sur l'autre, ont quatre voies à traverser, ce qui devient dangereux. Dans ce cas, il est préférable de les conduire dans leur direction au moyen de nouveaux passages inférieurs (Asnières).

530. *Gare de bifurcation terminale pour une direction.* — Il arrive fréquemment, dans les bifurcations, que la gare est simplement de passage pour la direction la plus importante, et qu'elle est, au contraire, gare de tête pour la ligne secondaire.

Ce cas se présente, par exemple, à Noyelles, station de la ligne de Paris à Boulogne, où s'embranche le tronçon de Noyelles à Saint-Valéry, qui passe la baie

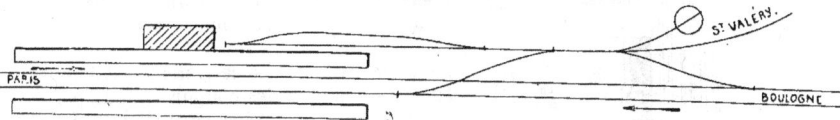

Fig. 510.

de la Somme sur une estacade en bois classique.

La voie spéciale à cet embranchement vient longer le quai sur lequel descendent les voyageurs venant de Paris (*fig.* 510), de sorte que le transbordement a lieu avec la plus grande facilité. Une voie de manœuvre avec un pont tournant complètent l'installation. Deux jonctions, disposées de manière à n'avoir pas d'aiguilles en pointe, relient cette voie aux deux principales. De cette façon, et sans que nous ayons besoin de nous y attarder davantage, on voit aisément que les trains peuvent se présenter et être reçus dans la gare, soit qu'ils continuent leur route sur Boulogne ou Saint-Valéry, venant de Paris, soit, au contraire, qu'ils se dirigent de l'un de ces deux points vers la capitale.

531. *Gare de la bifurcation avec remaniement de trains.* — Ce sont des gares dans lesquelles le train de chaque direc-

tion peut passer pour aller plus loin ou s'arrêter pour y subir des remaniements comme dans les têtes de ligne.

Ces gares sont de trois types : deux français et un suisse-allemand (Deharme).

532. 1° *Types français.* — Toutes les directions I, II, III, à gauche, et IV, V, à droite etc., aboutissent à un même tronc commun TT' ou T_1T_1', d'où elles se séparent pour longer des trottoirs à deux faces qui leur sont spécialement destinés (*fig.* 511).

Il faut un nombre de voies et de quais égal au nombre des trains que l'on peut ainsi recevoir simultanément. Ainsi, dans le cas actuel, la gare peut être exposée à recevoir trois trains de la gauche et deux de la droite, soit cinq à la fois. Et cela est d'autant plus vraisemblable qu'il y a toujours lieu de se préoccuper dans ces gares de la correspondance rapide et facile entre les trains des diverses directions.

Une deuxième voie de manœuvre avec

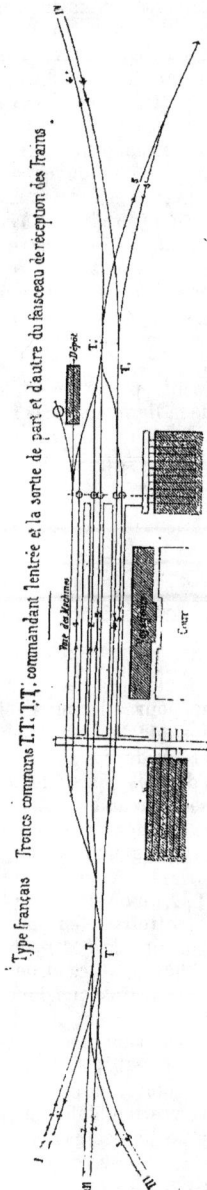

Type français   Troncs communs T T' T₁ T'₁ commandant l'entrée et la sortie de part et d'autre du faisceau de réception des Trains

Fig. 511.

un pont tournant permet le retournement

de la machine, si bien que les trains de gauche, par exemple, peuvent aussi bien retourner en arrière et reprendre la direction d'où ils viennent que poursuivre de l'avant en continuant par la voie de droite. Il en est de même pour les trains venant par la droite.

Les quais sont généralement établis de deux en deux voies, ce qui exige des voyageurs un moins long parcours que lorsque chacun d'eux dessert une seule voie. Néanmoins, quand les voies étagées sont nombreuses, ces traversées sont toujours une cause de dangers, et il est préférable qu'elles ne se fassent pas à niveau, mais, comme nous l'avons déjà dit, au-dessus ou au-dessous de la ligne.

Enfin, pour les remaniements, ces différentes voies de voyageurs sont reliées au moyen d'une série de plaques ou d'un chariot, à une ou deux remises de voitures permettant, selon les besoins du service, d'ajouter ou de retrancher les véhicules nécessaires.

L'inconvénient de ce système est d'obliger les trains à des coupures, pour permettre le passage des voyageurs qui se rendent sur les quais les plus éloignés des voies principales. En revanche, l'avantage est de concentrer les services et de permettre une surveillance facile.

Ce type, employé de préférence à la Compagnie d'Orléans, présente un autre inconvénient : ce sont les troncs communs de part et d'autre de faisceaux de voies convergentes ; ces dernières peuvent fournir, à un moment donné, une circulation très active, et, par suite, l'obligation du tronc commun peut entraîner des accidents.

533. 2° *Type de la Compagnie du Midi.* — Au chemin de fer du Midi on a jugé prudent de se libérer de cette inquiétude, et on a préféré prolonger les voies des divers embranchements jusqu'au long des trottoirs de la gare (*fig.* 512).

La difficulté qui se présente alors est celle des raccordements des divers embranchements avec les voies de garage des marchandises correspondant à ces diverses directions. On s'en tire au moyen d'une voie oblique coupant le faisceau des voies principales et reliée à celles-ci

à chaque point de rencontre par une traversée-jonction.

En somme, les voyageurs ont encore
à faire un certain parcours à travers les
voies, ce qui est toujours périlleux.

534. 3° *Type suisse-allemand.* — Les
trains arrivant par les diverses lignes
viennent s'arrêter le long d'un seul et
même trottoir longeant le bâtiment des
voyageurs. Les deux voies principales
sont reliées au milieu de leur longueur par
deux jonctions croisées afin de gagner de
la place pour les trains, et constituent, à
cause de leur forme, ce qu'on appelle une
paire de *ciseaux* ou de *bretelles*. De part et
d'autre de cette bretelle, on donne aux
voies la longueur d'un train. De sorte que
celles-ci peuvent contenir chacune deux
trains dans leur longueur. A droite et à
gauche du bâtiment des voyageurs, on
établit encore un petit quai spécial le
long d'une voie en cul-de-sac pouvant
recevoir un train (*fig.* 513), et relié de
l'autre côté aux voies principales. Des
voies de manœuvres pour les locomotives,
avec leurs ponts tournants, accompagnent
ces dernières ; une ou deux remises de
voitures sont reliées aux voies principales
au moyen d'un chariot roulant. Enfin, le
tout est complété par un certain nombre
de jonctions simples ou croisées qui
permettent aux trains d'une direction
queconque, arrivant ou partant, de venir
se ranger le long des quais.

On supprime bien ainsi l'inconvénient
de faire traverser les voies aux voyageurs ;
mais, en revanche, on allonge considérablement la gare ; on éloigne en même
temps le bâtiment des voyageurs des routes
ou chemins traversés par la ligne, on
augmente notablement le chemin à faire
parcourir aux bagages: Enfin la surveillance est fort difficile à cause de la dissé-
mination sur des voies éloignées dans la
gare de quatre trains différents.

Ce système a été appliqué à Olten en
Suisse. Avec un plus grand nombre de
voies en cul-de-sac et de quais entre les
voies, on peut naturellement garer un
plus grand nombre de trains. On a alors
le type de la gare d'York, qui présente en
plus cette particularité d'être en courbe.

Trois postes d'enclenchement Saxby,

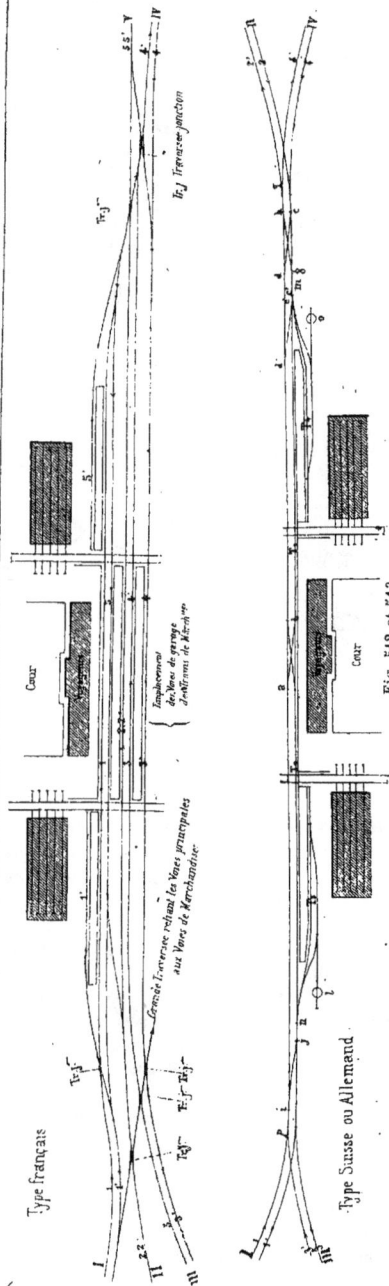

Fig. 512 et 513.

l'un au centre de la gare, les deux autres aux extrémités, commandent les nombreux aiguillages nécessaires.

Gares terminales.

535. Ces gares, établies dans des points où la ligne prend sûrement fin pour ne pas aller plus loin, ne se rencontrent guère qu'à Paris, au bord de la mer et au fond de quelques vallées encaissées dans de hautes montagnes et formant une impasse. Il peut donc y en avoir de très peu importantes dans ces dernières localités, et de premier ordre dans les grandes villes comme à Paris, par exemple.

536. *Gares de vallées.* — Celles-ci constituent le type des gares terminales de peu d'importance ; elles sont générale-

ment situées dans des localités vers lesquelles se dirigent des embranchements détachés d'une grande ligne voisine pour des besoins spéciaux. Telles sont, par exemple, la plupart des stations balnéaires des Pyrénées.

La disposition générale (*fig.* 514) est celle des gares ordinaires de passage de peu d'importance ; le tronçon de ligne aboutissant à la gare est souvent à voie unique, quelquefois à deux voies ; de toute façon, dans la gare il faut deux ou trois voies permettant de recevoir à la fois plusieurs trains. Une dernière voie est réservée, comme toujours, aux manœuvres de la locomotive ; elle est, de plus, en relation avec un dépôt où la machine peut être remisée. En général, on évite la dépense toujours élevée du pont

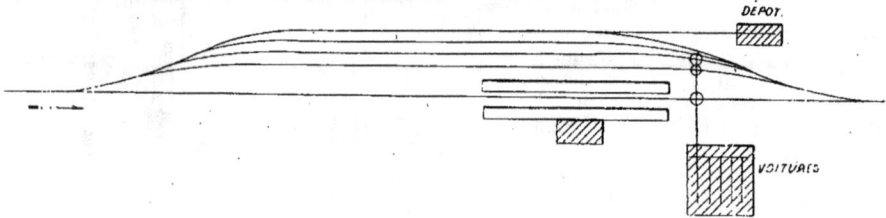

Fig. 514.

tournant, le contrôle permettant le retour de la machine, foyer en avant, quand la longueur de la ligne ne dépasse pas 15 à 20 kilomètres.

Le service des voyageurs est fait au moyen de deux trottoirs et d'un bâtiment disposé le long de l'un d'eux. Enfin, une remise de voitures est reliée aux différentes voies de garage des trains au moyen d'une série de plaques tournantes.

537. *Gares maritimes.* — La gare maritime est bien *a priori* le type de celle dans laquelle les trains doivent absolument s'arrêter pour ne pas aller plus loin.

Cependant, la gare peut être disposée parallèlement ou obliquement à la côte de manière à pouvoir éventuellement lancer un embranchement de ligne se prolongeant

le long de celle-ci. Tel est le cas, par exemple, des gares d'Arcachon, de Fécamp, etc.

Mais, la gare nettement terminale peut arriver normalement à la côte avec des dispositions analogues à celles des grandes gares de Paris. Ces gares présentent généralement deux bâtiments parallèles aux voies, l'un pour le départ, l'autre pour l'arrivée, desservis par des cours indépendantes. Ces deux ailes latérales sont souvent reliées par un bâtiment central, dans lequel on dispose les bureaux de l'exploitation et de l'entretien.

Dans l'enclos ainsi formé on fait aboutir les voies de voyageurs au moins au nombre de trois, une le long de chacun des quais accompagnant les bâtiments latéraux, et une intermédiaire sur laquelle se trouvent toutes prêtes des voitures qu'on peut ajouter aux trains voisins en cas de besoin.

Tels sont les types de Dieppe, de Saint-Malo (*fig.* 515). L'ensemble de ces voies et quais est recouvert par un hall métallique vitré, et lorsque le bâtiment transversal n'existe pas, on le remplace par un pignon de fermeture, également vitré et empêchant les courants d'air, la chute de la pluie ou de la neige fouettées par le vent, et qui laisse néanmoins passer la lumière.

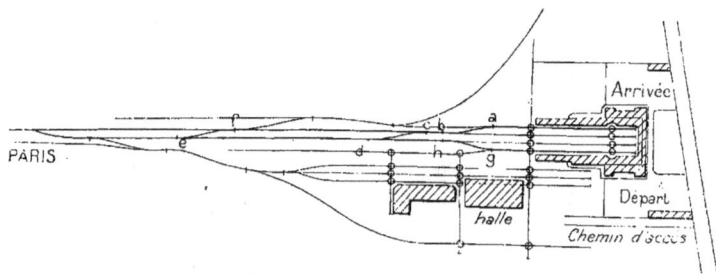

Fig. 515.

Avant d'entrer en gare, le train est arrêté devant un quai spécial, quelquefois une simple estacade en bois, sur lequel circulent les agents chargés de recueillir les billets et de faire le contrôle, c'est-à-dire de constater si chaque voyageur est bien dans la classe à laquelle il a droit d'après le prix qu'il a payé.

Pendant cette opération, la locomotive se détache, passe par la voie de manœuvre qui lui est affectée, et va se mettre en queue du train, qu'elle refoule jusqu'au point terminus, se trouvant en même temps en place pour repartir (Bordeaux le Havre, etc.).

Enfin, une voie se détache souvent

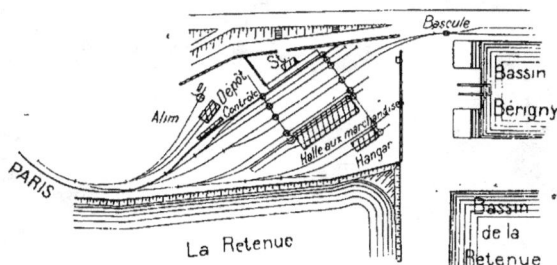

Fig. 516.

comme à Dieppe, à Calais, à Fécamp (*fig.* 516), etc., et se prolonge jusqu'au bord d'un bassin où se trouve le débarcadère d'un paquebot. Les voyageurs de mer n'ont ainsi aucun trajet à faire en dehors des wagons qui les conduisent ou les prennent avec leurs bagages au pied du navire.

Gares de grandes villes avec rebroussement.

538. Un certain nombre de grandes villes qui ne sont cependant pas des têtes de lignes présentent des gares terminales parce que le tracé primitif du chemin de fer s'en est trop écarté à l'origine. Et cette erreur, qui se rencontre plus fréquemment qu'on ne le supposerait, n'est pas entièrement imputable aux Compagnies ; les municipalités et les populations elles-mêmes, ignorantes, au début, des services que devaient leur rendre les chemins de fer, étaient les plus hostiles à leur rapprochement des villes, y trouvant une foule d'inconvénients signalés officiellement dans les enquêtes. Plus tard, on s'aperçut de ces erreurs, et l'on vint solliciter les Compagnies afin de réparer le mal autant que possible, en construisant un embranchement de pénétration.

C'est ainsi que l'on voit ces inexpli-

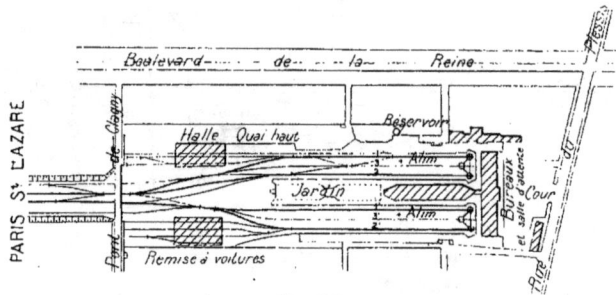

Fig. 517.

cables gares de rebroussement d'Orléans et de Tours, par exemple, les véritables gares de grande ligne de ces villes étant les Aubrais et Saint-Pierre-des-Corps.

539. *Gare de Versailles. Rive droite.*

— Nous signalerons la disposition spéciale de la gare de Versailles (R. D.), qui présente, comme aux Batignolles, un bâtiment unique et transversal aux voies. mais de niveau avec elles (la gare est en

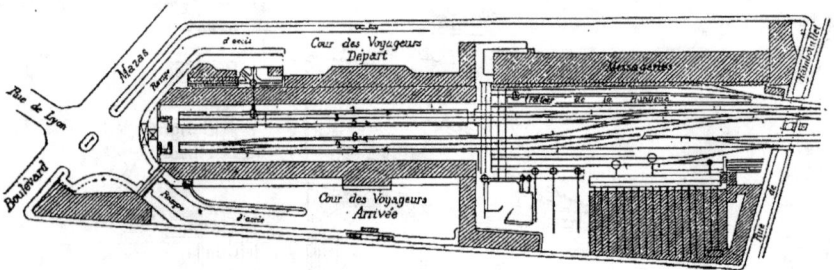

Fig. 518.

remblai) ; puis des salles d'attente situées en longueur sur un quai unique et central (*fig.* 517). Ces salles sont munies de portes sur leurs deux faces, de sorte qu'elles peuvent servir indistinctement pour le départ des voyageurs d'un côté ou de l'autre, suivant les besoins, l'affluence les jours de grandes eaux, etc.

Les voies sont distribuées en deux faisceaux en cul-de-sac de chaque côté de ce quai central, et reliées par des plaques tournantes suffisantes pour opérer la rotation de la locomotive-tender, qui seule est en usage sur cette ligne de banlieue. La machine retournée va se mettre en queue de son train, qui devient alors la tête, et le tout est prêt à repartir vers Paris. Il | chaque extrémité du train, afin de ne pas est clair qu'il faut deux fourgons, un à | avoir à faire la manœuvre d'un de ces

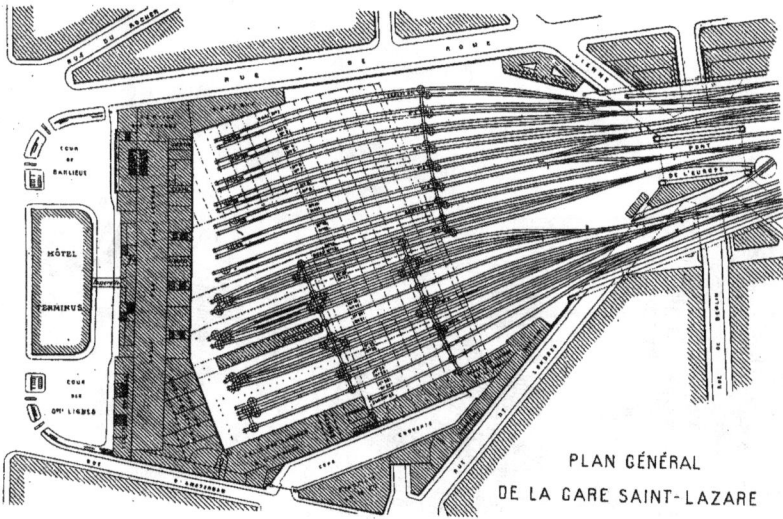

PLAN GÉNÉRAL
DE LA GARE SAINT-LAZARE

Fig. 519.

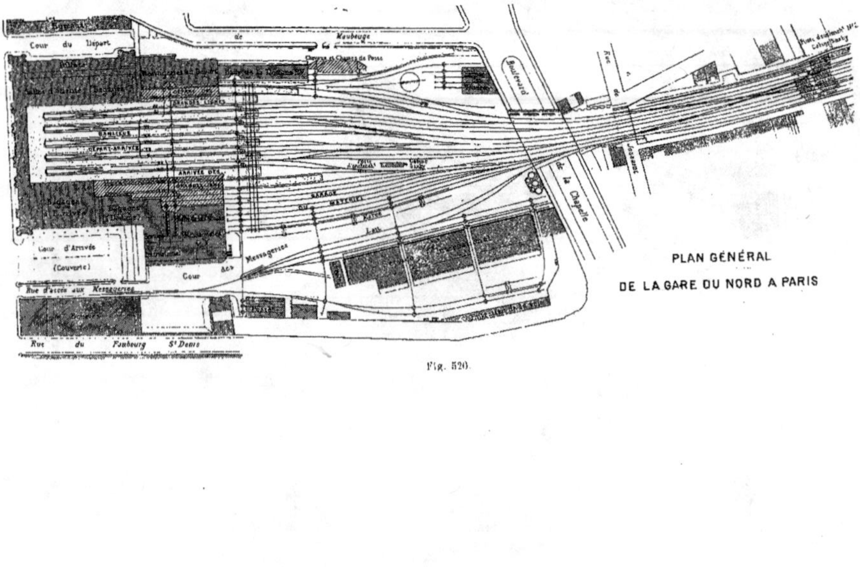
PLAN GÉNÉRAL
DE LA GARE DU NORD A PARIS
Cour du Départ
Boulevard
de la Chapelle
Cour d'Arrivée
(Couverte)
Cour des Messageries
Rue d'accès aux Messageries
Rue du Faubourg St Denis

Fig. 520.

véhicules en plus de celle de la machine.

540. *Grandes gares des capitales.* — Les chemins de fer aboutissant à de grandes villes doivent y pénétrer aussi loin que possible ; cela est de toute évidence et d'une grande commodité pour les voyageurs. Quant aux marchandises, dont les services exigent une très grande surface, elles sont toujours rejetées au dehors, et à la vérité cela ne présente aucun inconvénient.

Cela est avantageux non seulement pour les voyageurs de grande ligne, mais aussi et surtout pour cette population laborieuse qui habite la banlieue, et a besoin d'être rapidement rendue à son travail le matin, et à son domicile le soir. Or, pour cela rien n'est plus incommode que ces gares éloignées du centre, comme à Paris celles de Lyon ou d'Orléans qui mettent les voyageurs à une heure de voiture de leurs affaires. Les gares du Nord, de l'Est, de Montparnasse présentent en partie ce défaut, et n'ont vu que médiocrement se développer leurs banlieues. Tandis que la gare Saint-Lazare

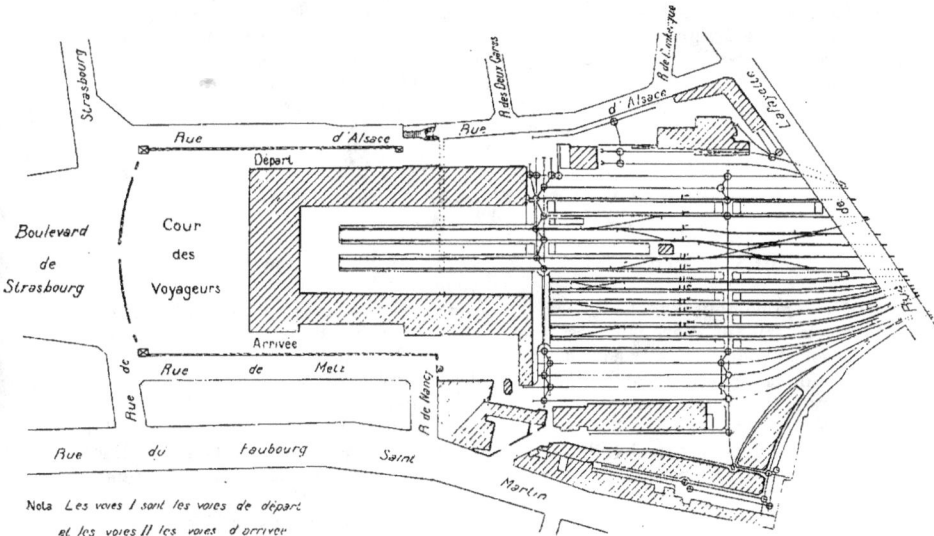

Fig. 521.

a un service de banlieue extrêmement chargé, et qui prend tous les jours de l'importance. Cela tient exclusivement à ce qu'on y débarque au cœur même de la capitale, et puis aussi, il faut le reconnaître, à la tendance marquée qu'ont toutes les grandes villes à se développer vers l'Ouest.

541. Les grandes gares terminus de chemins de fer ont généralement la disposition d'un fer à cheval (*fig.* 518, gare de Lyon), qui entoure l'extrémité des voies. Le bâtiment des voyageurs, le service des bagages, des messageries, de la poste, etc., sont placés du côté des voies de départ les salles de distribution des bagages, l'octroi, les magasins, bureaux de surveillance, etc., sont, au contraire, du côté de l'arrivée. Ces deux branches parallèles aux voies sont reliées par un bâtiment transversal d'aspect plus ou moins monumental et dans lequel on place souvent les bureaux et dépendances de l'administration centrale.

C'est le système qui permet aux voyageurs de faire le moins de chemin inutile.

Lorsqu'on a beaucoup de départs simultanés, comme cela se présente dans
les gares ayant un important service de
banlieue (gare de l'Ouest, Saint-Lazare,
fig. 519), ce système n'est plus aussi commode. Il est préférable alors de disposer
le bâtiment des voyageurs perpendiculairement aux voies. De la sorte, et en multipliant, suivant les besoins, les quais de
départ, les voyageurs ont bien quelque
chemin de plus à faire, mais ils n'ont aucune voie à traverser, ce qui est ici fort
important.

542. Il y a, en résumé, deux services
bien distincts dans les gares de tête terminales : le service des grandes lignes et celui de banlieue ; les dispositions de la gare
varieront donc suivant que l'un ou l'autre
de ces services sera prédominant. Le premier cas se présente pour les gares de Lyon,
d'Orléans, de Montparnasse, dont le type
est la gare en fer à cheval cité plus haut ;
le second, pour les gares de l'Ouest,
Saint-Lazare (*fig.* 519), du Nord (*fig.* 520)
et de l'Est (*fig.* 521).

Dans ce dernier cas, d'une manière générale, il faut un nombre de voies et de
trottoirs proportionné au nombre des
trains, et, comme on ne peut pas faire
traverser aux voyageurs un grand nombre
de voies pour gagner un train, il faut que
tous ces trottoirs soient soudés, à une extrémité, à un trottoir commun au centre
de la gare. Cela ne présente qu'un inconvénient : c'est l'allongement du parcours
des bagages. Mais ce service est peu important sur les lignes de banlieue.

Le service des grandes lignes est alors
disposé sur les deux ailes de la gare.

SERVICES ACCESSOIRES DE LA GRANDE VITESSE

Messageries.

543. Comme nous l'avons dit, on appelle messageries les marchandises transportées en grande vitesse ; c'est le nom
qu'on donnait à ces transports primitivement lorsqu'ils se faisaient par voie de
terre.

En dehors de ces marchandises qu'il
peut plaire à un voyageur de faire transporter en grande vitesse en payant le tarif correspondant, il y a encore certaines
denrées, comme le lait, le beurre, les pri-
meurs, le poisson, les viandes fraîches, etc.,
qu'il est indispensable de transporter le
plus rapidement possible du lieu de production au lieu de consommation ; en général, c'est la banlieue, et même la province, à une assez grande distance, qui expédie au grand consommateur, la grande
ville voisine.

Ce sont les trains de voyageurs et quelquefois même les trains express qui sont
chargés de ces transports.

Quelquefois cependant ils exigent des
trains spéciaux, comme la marée.

Dans les gares secondaires, le service
des messageries est annexé à celui des bagages. Il se fait dans le bâtiment des
voyageurs.

Si le service est important et se trouve
dans une grande gare, comme au chemin
du Nord, à Paris, il y a lieu de prendre
des dispositions particulières. On consacre
un bâtiment spécial parallèle à l'axe de la
gare et desservi par plusieurs voies ai-
guillées sur les voies principales. Deux
batteries de plaques complètent l'ensemble
et permettent tous les mouvements nécessaires de wagons pleins ou vides (*fig.* 520).

Dans une grande gare où ce service spécial est cependant moins important que
dans le cas précédent, on dispose, comme
au chemin de fer de Lyon, le bâtiment
spécial des messageries perpendiculaire
aux voies (*fig.* 522). Il suffit alors pour les
manœuvres, de deux voies munies de
plaques parallèles à ce bâtiment. On voit
aisément comment un wagon A est dirigé
sur les voies principales, tandis qu'un
autre B regagne le quai de chargement.

Cette disposition, d'ailleurs, est devenue
rapidement insuffisante, à la gare de
Lyon ; aujourd'hui, on emploie presque
partout deux bâtiments distincts : un
pour les expéditions du côté des départs,

et un autre pour les arrivées du côté opposé.

Le plus souvent il est utile d'éloigner ces bâtiments spéciaux du service usuel des voyageurs, car certaines de ces denrées, comme le poisson, la volaille vivante, etc., sont d'un voisinage peu agréable.

544. *Chevaux et chaises de poste.* — Une organisation spéciale doit être établie pour le transport des chevaux et des voitures.

Pour ces dernières, on les fixe sur des wagons-plateformes sur lesquels on les fait monter au moyen de plans inclinés; le chargement se fait en bout.

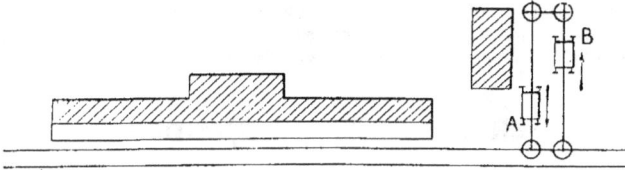

Fig. 522.

Il en est de même des chevaux, qui se chargent en long ou en travers, selon que ce sont des chevaux ordinaires ou des chevaux de luxe. Ces derniers se placent par trois en longueur dans un wagon, l'homme qui les accompagne se tenant du côté des têtes. Les autres se placent en travers, au nombre de six dans le même wagon ; l'homme se tient alors au centre, dans une septième case ou boxe. Les cloisons séparatrices sont à charnières, afin de ne pas rompre sous les chocs et les poussées que leur font subir les animaux.

Les manœuvres nécessaires se font en établissant à côté du bâtiment des voyageurs un quai découvert à hauteur de la plate-forme des wagons, auquel on accède au moyen d'un chemin en pente de

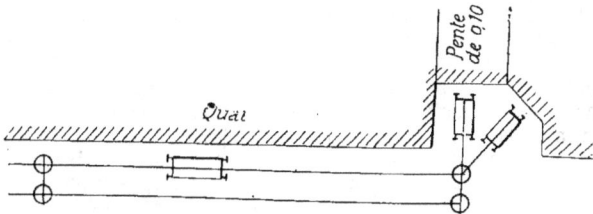

Fig. 523.

0m,10 par mètre. Le service est assuré au moyen de deux voies munies de plaques ; le chargement sur le côté (chevaux ordinaires), se fait sur le quai parallèle aux voies ; celui des chevaux fins, qui se fait en bout, exige deux petits tronçons de voie reliés à la plaque la plus voisine (*fig.* 523).

Service de la douane.

545. Toutes les marchandises provenant de l'Étranger et qui payent un droit d'entrée en France sont expédiées en wagons plombés et subissent la visite des douaniers seulement à l'arrivée. C'est ce qu'on appelle le service international.

Cela nécessite souvent des locaux très importants, que l'on place généralement à côté de ceux des messageries. La gare du Nord de Paris présente un exemple caractéristique de ce genre d'installation à cause des provenances d'Angleterre et de Belgique (*fig.* 520).

Service des postes.

546. L'article 16 du cahier des charges des Compagnies leur impose le service gratuit des postes au point de vue du transport. Si le service est assez important pour exiger des installations de bureaux, la location en est payée à la Compagnie par l'Administration des postes ; mais le transport se fait toujours gratuitement dans des wagons spéciaux appartenant à l'État sur les grandes lignes. dans des compartiments réservés de deuxième classe sur les petites.

Les wagons-postes doivent être remisés sur une ou plusieurs voies contiguës à la cour des voyageurs et permettant de les ajouter facilement aux trains.

SERVICE DES MARCHANDISES

1° Lignes à voie unique.

547. Les services à voyageurs, que nous avons étudiés précédemment, se présentent rarement seuls dans une gare ; cela n'arrive que dans certaines grandes gares terminales, des gares de banlieues ou de toutes petites haltes.

Mais, en général, un service de marchandises est toujours annexé à toute

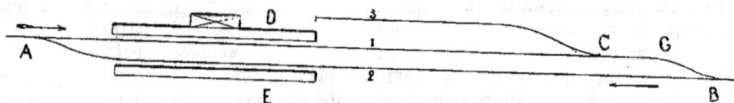

Fig. 324.

gare, même de peu d'importance. Il consiste en un certain nombre de voies de garage sur lesquelles on remise les wagons pleins ou vides, en quais de chargement et de déchargement avec leurs accessoires, grues, etc., et en magasins ou halles, dans lesquels les colis restent à l'abri des intempéries en attendant leur expédition ou leur camionnage à domicile.

548. *Service des marchandises dans une halte.* — Dans ces petites stations de dernière catégorie, où le service des marchandises n'est généralement pas prévu, il peut cependant être demandé et accordé par la Compagnie, si les besoins en sont justifiés.

Comme nous supposons une ligne à voie unique, la voie principale doit être accompagnée a priori d'une voie d'évitement pour permettre le croisement possible des trains de voyageurs. Le mieux, dans ce cas, au lieu de raccorder à ses deux extrémités une voie supplémentaire à la voie principale, est de donner à la gare une disposition symétrique en reliant ces deux voies au moyen de deux jonctions parallèles (*fig.* 324) ; de la sorte, les trains arrivant de chaque direction s'avancent en ligne droite jusque devant les trottoirs qui leur sont affectés.

Puis une troisième voie en cul-de-sac, posée du côté du petit bâtiment de la halte, sert de garage aux wagons de marchandises. La jonction avec les précédentes doit se faire de manière qu'il n'y ait pas d'aiguille prise en pointe. Une chaussée empierrée règne tout le long de cette voie et permet l'approche des charrettes, tombereaux, camions, etc., qui apportent et emportent les marchandises.

Lorsque le service est relativement important, on simplifie les manutentions en élevant le long de cette voie un véritable quai en remblai, soutenu par des murs de 1 mètre à 1ᵐ,10 de hauteur, de manière à se trouver au niveau de la plate-forme des wagons.

549. Cela posé, sur les lignes à voie unique, il est rare qu'il y ait des trains spéciaux pour les marchandises; on ne met en circulation que des trains mixtes contenant un certain nombre de wagons à marchandises derrière la locomotive, et des voitures à voyageurs en queue Pour prendre ou laisser des wagons sur la voie de garage 3, on devra donc procéder de la manière suivante.

Supposons, par exemple, un train arrivant de gauche sur la voie 1, et auquel on veut ajouter les wagons chargés remisés sur la voie 3, et provenant d'une usine locale. Pendant que les voyageurs descendent sur le quai D, on coupe ce train derrière le dernier wagon à marchandises et la machine avance jusqu'à la jonction C, refoule sur la voie 3, y recueille les wagons à emmener, et retourne en tête de son train en suivant le même chemin en sens inverse.

Si, en outre, les wagons amenés par le train doivent rester en gare, la locomotive reprend la route précédente en emmenant les wagons voulus qui sont toujours derrière elle et qu'elle a remorqués dans tous les mouvements précédents. Elle les dépose sur la voie 3 et peut se remettre seule en tête du train, qui a ainsi échangé ses wagons contre ceux qui étaient en gare.

Mais, pour les trains qui arrivent de droite sur la voie 2, le manœuvre est forcément incomplète. Le train une fois en gare, la machine ne peut que se détacher avec les wagons voulus, gagner la

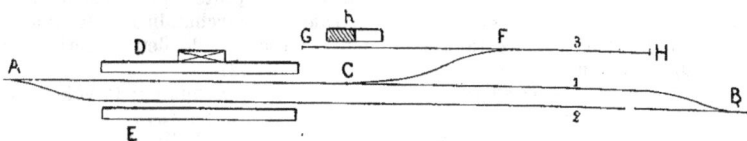

Fig. 525.

voie 1 par l'aiguille A et refouler sur cette dernière voie jusqu'à l'aiguille C. Là, elle avance un peu vers la gauche sur la voie 1, de manière à dégager l'aiguille C. Mais quant aux wagons à prendre sur 3 ou à y conduire, ils ne peuvent être manœuvrés qu'à bras d'hommes ou au moyen de chevaux. La machine ne peut les reprendre qu'amenés sur la voie 1.

Le seul avantage de cette installation est donc d'être économique. Encore faut-il, même pour les manœuvres des trains de la voie 1, éviter d'engager une partie des trains sur la voie 2; cela exige que la partie de voie CG soit assez longue pour contenir un train.

550. *Station à marchandises : type Michel.* — Les manœuvres à bras ou par chevaux, ex gées par la station précédente, ont été supprimées dans le type suivant proposé par M. Michel, ingénieur de la Compagnie de Paris-Lyon-Méditerranée.

La voie 3 est reliée à la voie 1 par une jonction de milieu qui la divise en deux tronçons, GF et FH.

Pour les trains accédant sur la voie 1, la machine, emmenant avec elle les wagons à marchandises, s'engage sur le tronçon FH en passant par la jonction CF; puis elle refoule en G où elle prend les wagons qu'elle doit emmener (*fig.* 525). Elle retourne ensuite en tête de son train en effectuant les mêmes manœuvres en sens inverse. Si elle a des wagons à laisser, elle recommence les mêmes mouvements et abandonne en GF les wagons voulus.

Pour les trains venant de la voie 2, la machine regagne avec ses wagons la voie 1 d'où elle refoule en FH, et y prend les wagons préparés à l'avance. Elle les reporte en tête du train et revient, si elle a des wagons à laisser, pour les abandonner également en FH.

Si les circonstances locales empêchent

de placer le quai à marchandises avec sa petite halle couverte K du même côté que le bâtiment des voyageurs, on renvoie tout ce service spécial du côté opposé avec une disposition symétrique de la précédente ; la jonction médiane se fait alors sur la voie 2 au lieu de la voie 1.

Cette disposition peut être commode lorsque les marchandises arrivent surtout sur la voie 2. Mais elle rend la surveillance plus difficile pour le chef de station et entraîne à de plus grandes dépenses. Il faut, en effet, une cour spéciale et un nouveau chemin d'accès.

551. *Station à marchandises : type du Midi.* — La Compagnie du chemin de fer

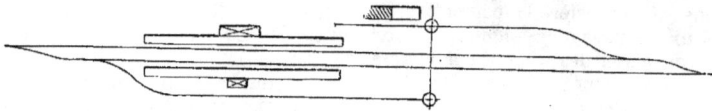

Fig. 526.

du Midi appliquait anciennement un type simple comportant une voie analogue à celle de la figure 524, et une seconde voie à marchandises de l'autre côté. Ces deux voies, reliées aux voies 1 et 2 par des aiguilles, sont en outre réunies entre elles au moyen d'une traversée rectangulaire et de plaques tournantes.

De cette façon, les trains arrivant sur la voie 2 peuvent recevoir de la halle des wagons pleins, et y envoyer des wagons à décharger (*fig.* 526).

552. *Station à marchandises : type Brière (Cie d'Orléans).* — Les dispositions assez économiques précédentes ont l'in-

convénient d'entraîner des arrêts prolongés et des manœuvres assez longues. M. Brière, ingénieur en chef à la Compagnie d'Orléans, y a apporté une amélioration importante, qui consiste à relier la voie des marchandises à la voie principale au moyen de deux jonctions extérieures (*fig.* 527).

Un train arrivant sur la voie 1, après avoir débarqué ses voyageurs sur le quai D, longeant le bâtiment V, envoie sa machine avec ses wagons à marchandises en M_1 ; là, on refoule sur la voie 3, et on abandonne les wagons à laisser sur l'embranchement wl ; il faut pour cela

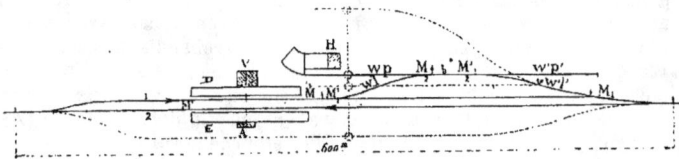

Fig. 527.

qu'il n'y ait pas plus de deux ou trois de ces wagons au plus pour ne pas atteindre le croisement. Puis la machine prend en wp les wagons tout prêts qu'elle doit emmener, et reprend le chemin par lequel elle est venue pour retourner sur la voie C.

Pour les trains venant sur la voie 2, la machine commence par regagner la voie 1 par l'intermédiaire de la jonction exté-

rieure, puis elle refoule ses wagons sur la voie 3 par la jonction M'_1. Elle dépose les wagons à laisser sur l'autre jonction $w'l'$ et en prend de tout chargés et préparés à l'avance sur le cul-de-sac $w'p'$.

Mais il est nécessaire, pour cela, nous le répétons, que la machine ne remorque derrière elle que deux ou trois wagons de marchandises. S'il y en a davantage, on est obligé de faire usage d'un système de voies reliées par des plaques, indiqué en pointillé.

Enfin le service des marchandises peut être quelquefois rejeté du côté opposé au bâtiment des voyageurs.

Dans ce cas, la gare prend une disposition symétrique de la précédente et indiquée sur la figure 528.

553. *Type actuel de la Compagnie du Midi.* — C'est un type fort simple dans lequel le bâtiment des voyageurs est accolé

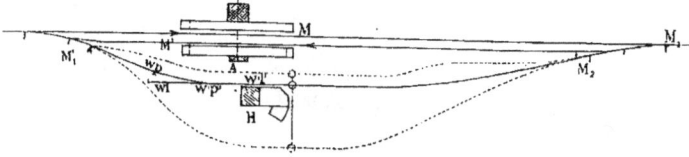

Fig. 528.

à la halle aux marchandises (*fig.* 529). La voie des marchandises 3 est jonctionnée à la voie principale à ses deux extrémités, et au fond de la cour d'entrée une voie D

ou voie de *débord* sert spécialement au chargement direct des camions dans les wagons, et réciproquement.

Un train arrivant sur la voie 1 s'arrête,

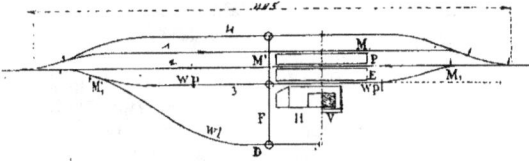

Fig. 529.

comme toujours, devant un trottoir P; puis la machine, suivie des wagons à marchandises, part de M pour regagner la voie 3 par l'intermédiaire des jonctions

extrêmes de droite. Elle prend en *wpl* les wagons à emmener, va les porter à son train, puis revient à la même place pour y laisser ceux qui sont indiqués pour

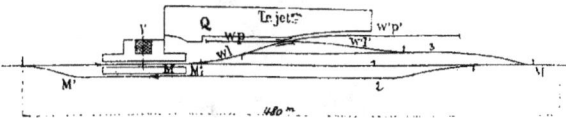

Fig. 530.

cela. Elle retourne ensuite se mettre en tête de son train.

Pour les trains pairs ou arrivant sur la voie 2, la locomotive accompagnée de ses wagons s'avance, après l'arrêt devant le trottoir E, jusqu'à la jonction M'₁, et

refoule sur la voie de débord D où elle abandonne les wagons à laisser; elle-même revient en M'₁, et refoule sur la voie 3, où elle prend les wagons à emmener, puis elle rejoint son train par le chemin inverse du premier

Aussitôt que la gare prend la moindre importance, il faut une nouvelle voie d'évitement 4, et une série de plaques tournantes avec une traversée F reliant tout en faisceau.

554. *Type de la Compagnie du Nord avec traversée-jonction.* — Le type employé par la Compagnie du Nord, lorsque les voyageurs et les marchandises sont du même côté, est représenté dans la figure 530; cette station est assez avantageuse au point de vue des manœuvres.

La voie 3 des marchandises jonctionnée à ses deux extrémités avec la voie principale lance vers le quai spécial Q deux embranchements wp et $w'p'$ au point de

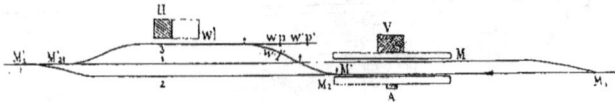

Fig. 531.

croisement desquels se trouve une traversée-jonction permettant les manœuvres dans toutes les directions.

On suivrait aisément, d'après les mêmes principes que précédemment, la marche d'une locomotive venant du train 1 ou 2 et la façon dont elle laisse ou prend des wagons. Nous ne nous y attarderons donc pas.

L'inconvénient du système est l'emploi de la traversée-jonction, appareil délicat et coûteux, surtout pour une si petite gare; en outre, il faut un quai à marchandises Q de grande longueur, qui est toujours imparfaitement utilisé aux abords de la traversée-jonction.

555. *Type exceptionnel de la Compagnie de Lyon.* — Il arrive quelquefois à la Compagnie de Lyon que le service des marchandises n'a pu être placé, comme dans tous les types précédents, à l'aval de la gare dans le sens de la marche des trains. Ce service se trouve alors en amont (*fig.* 531).

La gare présente les jonctions extrêmes symétriques vue plus haut; une voie spéciale 3, avec halle et quai, sert aux marchandises, elle est reliée aux voies 1 et 2

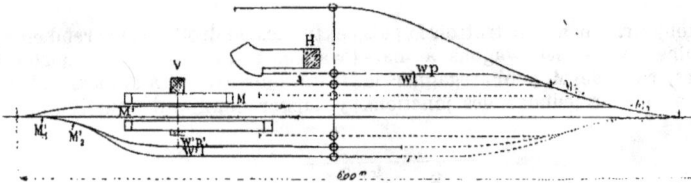

Fig. 332.

par des aiguilles et d'un côté par une traversée oblique qui évite une aiguille en pointe. Enfin une impasse wp contient les wagons à prendre.

La locomotive ayant amené son train sur la voie 1, devant le trottoir V, se détache avec ses wagons, gagne la voie 2 par la jonction M_1, refoule en M_2 et s'engage sur la voie 3 en laissant ses wagons en wl.

Elle revient ensuite en $w'l'$, où il faut lui amener à bras d'homme ou par des chevaux, les wagons à prendre déposés sur le cul-de-sac $wpw'p'$. Elle s'en retourne ensuite en tête de son train.

Quant aux trains de la voie 2, le service est encore plus simple : la machine gagne la voie 3 par les jonctions M'_1, M'_2 et refoule les wagons à laisser en $w'l'$.

Puis elle prend elle-même les wagons à

emmener déposés sur le cul-de-sac. Elle retourne ensuite, comme précédemment, en tête du train.

Il est de toute évidence que ce type ne doit être employé que dans le cas où il est absolument impossible de faire autrement.

556. *Stations plus importantes.* —

Types de la Compagnie d'Orléans. — Lorsque la gare doit faire face à un certain mouvement de marchandises, les types simples précédents deviennent insuffisants.

Pour les stations d'importance moyenne la Compagnie d'Orléans adopte encore la

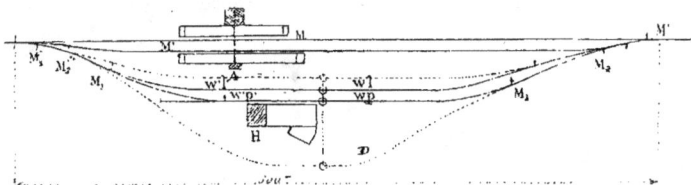

Fig. 533

disposition de M. Brière vue plus haut avec jonction aux deux extrémités (*fig.* 532 et 533). Un certain nombre de voies spéciales sont disposées pour recevoir les wagons à prendre, et d'autres pour les wagons à laisser, et un certain espace vide est ménagé dans la gare pour prévoir des voies supplémentaires dans l'avenir.

La halle aux marchandises peut être située du côté du bâtiment des voyageurs ou du côté opposé; dans tous les cas il est avantageux de réunir toutes les voies par une batterie de plaques tournantes, batterie qui devient obligatoire si les voies

de marchandises sont de part et d'autre des voies principales.

Enfin, si la station est réellement importante, il y a cette fois intérêt à ce que le service des voyageurs et celui des marchandises soient placés de part et d'autre de ces voies. Un certain nombre de voies sont disposées, comme précédemment, en vue de recevoir les wagons à prendre et ceux à laisser; mais on prévoit, en outre, pour l'avenir, l'emplacement d'un certain nombre de voies en prévision d'un agrandissement ultérieur. Toutes ces voies sont réunies par une batterie de plaques. Enfin

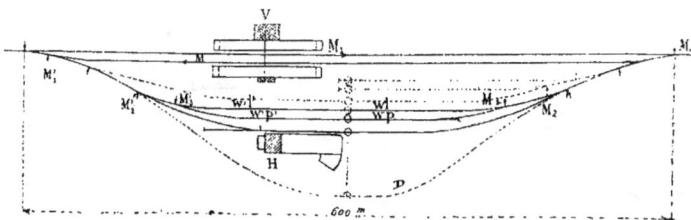

Fig. 534.

il faut, dans tous les cas. adjoindre à ce système une voie de débord D pour le chargement et le déchargement direct des wagons (*fig.* 534).

2° Lignes à double voie.

557. Généralement, le service des

marchandises n'est plus fait par des trains mixtes, ou du moins c'est l'exception rare, car l'exigence qui a entraîné l'adoption de deux voies indique des services assez importants pour être séparés. Nous supposerons donc des trains de marchandises distincts de ceux des voyageurs, ce qui supprime certaines sujétions spéciales que nous avons rencontrées dans les gares à voie unique.

Cela posé, nous suivrons la même filière que précédemment en commençant par les gares les moins importantes.

558. *Stations peu importantes : type P.-L.-M.* — Dans ces stations, une seule voie est généralement posée pour rece-

voir les wagons, et une seconde est prévue pour l'avenir; en outre, on trouve toujours l'emplacement exigé par la voie de débord D pour les chargements directs (*fig.* 535).

Cela posé, dans le type P.-L.-M. les deux services, voyageurs et marchandises, sont du même côté, et la voie des marchandises est raccordée à ses deux extrémités

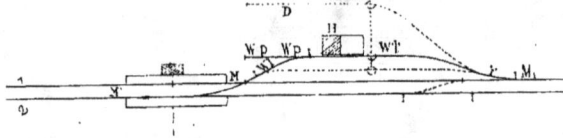

Fig. 535.

avec les voies principales de manière qu'il n'y ait pas d'aiguilles en pointe ce qui peut ici être facilement évité avec une traversée oblique.

On se rend compte aisément rien, qu'à l'inspection de la figure, des manœuvres à exécuter pour prendre et laisser des wagons pour les trains venant des voies 1 ou 2, ce qu'on appelle les trains impairs et les trains pairs.

Cependant, pour les rares trains mixtes qui peuvent se présenter sur la voie 2, le système est défectueux, à moins de

décrocher les deux quais de voyageurs. Mais si l'on veut les maintenir en face l'un de l'autre, lorsqu'un train arrive par la voie 2, la machine doit s'en séparer avant l'arrivée au quai 2, afin d'emmener et de ramener les wagons à marchandises nécessaires sur les voies spéciales, en suivant la jonction correspondante M'. Ce n'est qu'après ces divers mouvements qu'elle peut venir se remettre en tête de son train, et le remorquer devant le quai à voyageurs.

Ces derniers, la plupart du temps, des-

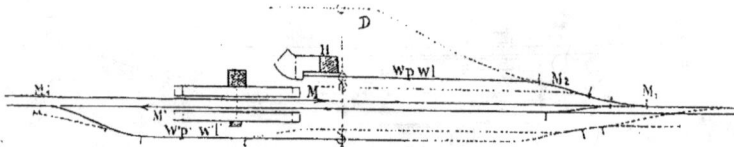

Fig. 536.

cendent au premier arrêt, croyant être arrivés à destination, et il peut en résulter des accidents.

Quant au décrochement des trottoirs, nous avons vu précédemment que c'est toujours une solution à éviter excepté lorsqu'il est exigé par un important service de bagages.

559. *Type de la Compagnie d'Or-*

léans. — La Compagnie d'Orléans fait usage dans les petites gares d'un type assez rationnel qui varie un peu suivant que les exigences locales forcent à mettre la halle aux marchandises d'un côté ou de l'autre du bâtiment des voyageurs (*fig.* 536 et 537).

Dans le cas où les deux services sont du même côté des voies principales, (*fig.* 536), une ou deux voies de garage se détachent de la voie 1, pour se diriger vers la halle; si les nécessités l'exigent on ajoute une voie de débord D. Puis de l'autre côté de la voie 2, d'autres voies de garage sont reliées à une ou deux extrémités avec une ou deux voies principales, d'un côté, par une aiguille et, de l'autre, par une traversée oblique de manière à éviter toujours les aiguilles en pointe.

Une série de plaques avec traversée rectangulaire complète le système.

La machine M d'un train 1 va d'abord prendre, puis une seconde fois laisser, des wagons sur la voie, *wp*, *wl*. Le service se fait là très simplement, en passant par les jonctions M_1 M_2.

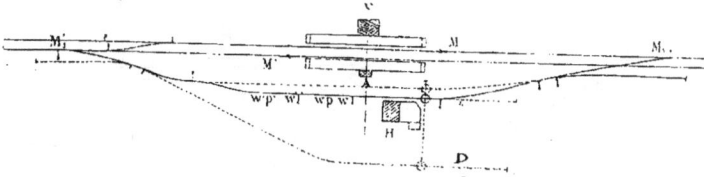

Fig. 537.

Pour les trains de la direction 2, la locomotive se détache et refoule sur la voie *w'p'*, *w'l'* par la jonction M'_1, puis elle prend et laisse des wagons en deux manœuvres comme précédemment. Les wagons abandonnés sont ensuite ramenés sous la halle au moyen de la batterie de plaques sur laquelle ils sont manœuvrés à bras d'homme. Cette manœuvre à travers les voies principales est le seul inconvénient du système, qui, sans cela est fort bien compris et fait rationnellement face aussi bien aux besoins du présent qu'à ceux de l'avenir.

560. Lorsque les services des voyageurs et des marchandises sont de part et d'autre des voies principales, on adopte la disposition représentée dans la figure 537.

Les choses peuvent alors être fort simplifiées, car il suffit d'une seule voie

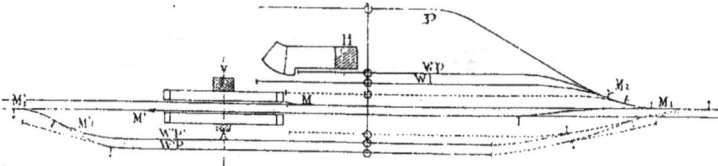

Fig. 538.

reliée aux deux principales et d'un cul-de-sac pour faire face à tous les besoins; on peut réserver pour l'avenir la place d'une seconde voie et d'une voie de débord D.

Les machines des trains 1 ou 2 prennent, l'une, l'aiguille M_1 et la traversée oblique, l'autre l'aiguille M'_1, et refoulent sur la voie de garage, où elles laissent et prennent des wagons en deux manœuvres, comme précédemment. Les plaques ne sont pas indispensables, mais il vaut mieux les employer quand on a plusieurs voies de garage. Tout cela est simple et facile.

Cependant, le premier type est toujours préféré, car il évite, au moins dans les premiers temps, la traversée oblique, appareil toujours délicat et coûteux. Puis, dans le second type, la surveillance est moins commode pour le chef de station, les allées et venues à travers la voie fréquentes pour le personnel ; enfin, le service des marchandises exige une nouvelle cour d'arrivée et un chemin d'arrêt spécial.

561. *Stations d'importance moyenne.*

— Lorsque le service des marchandises prend une certaine importance, les dispositions précédentes deviennent insuffisantes, mais on peut les conserver dans leur ensemble en les amplifiant.

Ainsi la Compagnie d'Orléans a conservé ses deux types précédents en employant un plus grand nombre de voies (*fig.* 538 et 539). On peut ainsi conserver certaines

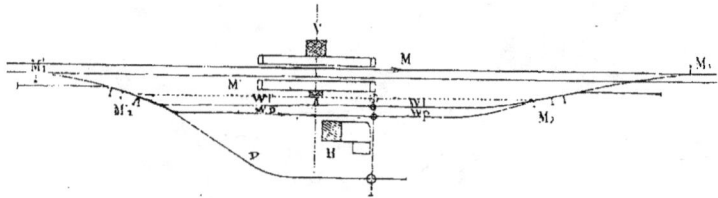

Fig. 539.

voies entièrement aux wagons à prendre et à laisser. La voie de débord D est obligatoire.

562. *Stations importantes.* — Lorsqu'on a affaire à une gare importante, on emploie aussi les dispositions pécédentes sur lesquelles nous n'insisterons plus.

La tendance actuelle est de reporter toutes les voies de garage d'un seul côté des voies principales, avec traversée oblique pour rejoindre l'une de ces voies et éviter l'aiguille en pointe.

Le service des marchandises étant important, il y a ici moins d'inconvénients à avoir un chemin et une cour d'arrêt distincts de ceux des voyageurs ; il y a même à cela un certain avantage pour les deux services. La halle aux marchandises doit donc être de préférence reportée du côté opposé au service des voyageurs.

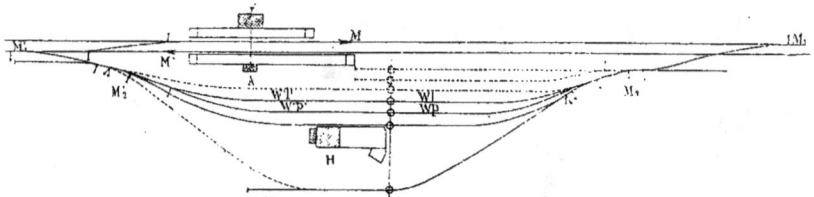

Fig. 540.

La figure 540 représente le type de ce genre adopté à la Compagnie d'Orléans.

Gares de triage.

563. Lorsqu'on se trouve dans un centre commercial de premier ordre ou à la rencontre de plusieurs lignes importantes, il se présente généralement une très grande affluence de wagons pleins et vides. On arriverait rapidement à l'encombrement et à la confusion, et, si l'on ne prenait des mesures spéciales, il en résulterait des retards considérables dans la livraison des marchandises ou bien des pénuries tout à fait inattendues de matériel.

On obvie à ces inconvénients au moyen

des *gares de triage*, comme on en rencontre sur le P.-L.-M., à Villeneuve-Saint-Georges, Lyon, Dijon, Nîmes, Terre-Noire, etc.; sur l'Est, à Pantin, à Noisy-le-Sec ; en Allemagne, à Copenick, Guntershausen, Wansdorff, etc.

Les *voies de triage* doivent être directement assemblées aux voies principales, et toutes les manœuvres nécessaires doivent pouvoir s'y effectuer sans interrompre la circulation.

On peut se demander s'il est utile, dans une grande station, de séparer la gare de triage de la gare ordinaire des marchandises. Leur réunion est, au contraire, préférable pour les raisons suivantes :

1° Économie sur les dépenses de premier établissement et surtout sur celles d'exploitation par la diminution de parcours du matériel ;

2° Rapidité des manœuvres par suite du rapprochement des centres d'opérations, de l'utilisation immédiate du matériel vide ;

3° Efficacité et réduction des frais de surveillance.

En revanche, la séparation des deux services est préférable aux bifurcations, qui n'ont pour ainsi dire aucun trafic local et ne servent que de points de transit.

564. *But des gares de triage.* — Dans les grandes stations de marchandises, il est indispensable de répartir rapidement les wagons qui arrivent en un certain nombre de catégories, suivant leur destination, et d'en faire des trains spéciaux.

Inversement, un train sur son départ doit être composé de manière à pouvoir déposer tout le long de son parcours des wagons dans l'ordre voulu.

Tout cela nécessite une série d'opéra-

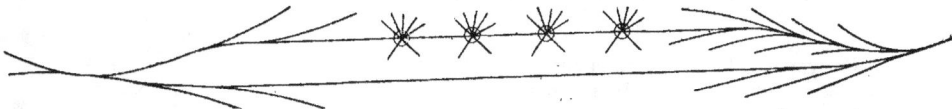

Fig. 541.

tions qu'on appelle le *triage* et un certain nombre de voies spéciales, portant également le nom de *voies de triage*. Nous allons voir comment ces voies doivent être disposées.

En résumé, une gare de triage doit faire face à trois sortes d'opérations :

1° La réception des trains arrivant et leur garage ;

2° Le triage des wagons par directions et quelquefois par catégories de marchandises ;

3° La formation des trains, c'est-à-dire le classement des wagons suivant l'ordre des différentes stations où ils doivent être déposés.

565. *Disposition des gares de triage.* — Les voies de triage affectées à cet usage sont des faisceaux de voies parallèles ou en éventail et débouchant toutes sur une voie maîtresse. Le tout doit être disposé de façon à n'apporter aucune perturbation dans le mouvement général de la gare.

Le nombre et la longueur de ces voies dépendent naturellement des besoins du service. En général, lorsqu'on le peut, il vaut mieux établir beaucoup de voies, même courtes, que peu de voies de grande longueur. Sur ces dernières, en effet, les manœuvres sont longues, fatigantes et dangereuses, aussi bien pour les agents que pour le matériel.

Il est toujours préférable, quand c'est possible, de faire aboutir le groupe des voies de triage à deux files de changements permettant de trier en deux sens opposés. Ces deux files d'aiguillages communiquent avec la voie maîtresse de formation qui, à son tour, est en communication directe avec les voies principales ; cela permet aux trains formés de partir immédiatement sans passer par les voies de la station.

Lorsque le triage s'opère sur des wagons isolés, on peut se contenter de voies parallèles reliées par une file de plaques ou un chariot. Lorsqu'ils sont disposés en groupes de quatre au minimum, les raccordements par aiguilles sont préférables.

Les manœuvres se font, suivant leur importance, par des hommes, des chevaux, des machines, et en profitant de l'effet de la pesanteur.

Quand le nombre des trains à trier est très considérable, on abandonne forcément les faisceaux en cul-de-sac et les plaques tournantes, on les remplace par des faisceaux de voies réunies à leurs deux extrémités par des chariots qui sont ici mus à la vapeur. Enfin l'action des chevaux et des machines est remplacée en grande partie par celles des machines et de la gravité.

566. *Triage système David.* — Dans les gares de triage de faible importance, les opérations de décomposition et de recomposition de trains peuvent être effectuées au moyen d'un système spécial n'exigeant qu'une surface restreinte et des manœuvres réduites (gare de Morcenx, figure 541, Cⁱᵉ du Midi).

Ce système, dû à M. l'ingénieur David, de la Compagnie du Midi, est composé d'*arêtes de poisson* et d'*étoiles* ou *rouets* (*fig.* 541).

Les premières sont des voies groupées de part et d'autre des voies principales, auxquelles elles sont reliées par des aiguilles; les autres sont des voies rayonnantes autour d'une série de plaques. On donne à toutes ces voies supplémentaires la longueur exigée par le nombre des wagons qu'elles sont appelées à recevoir.

La décomposition d'un train se fait en amenant d'abord celui-ci sur la voie centrale, puis on détache les wagons qui peuvent aller par groupes, et on les emmène à la machine sur les voies en arête; ceux qui sont manœuvrés isolément vont de préférence sur les voies des plaques tournantes, et sont manœuvrés à la main ou par des chevaux. Le triage est ainsi bientôt et facilement fait.

De même on procède en sens inverse pour composer un train de départ. On prend les wagons sur les plaques ou sur les voies en poussant, quand il le faut, ceux qui gênent sur une autre voie. On dispose ainsi facilement chaque wagon à

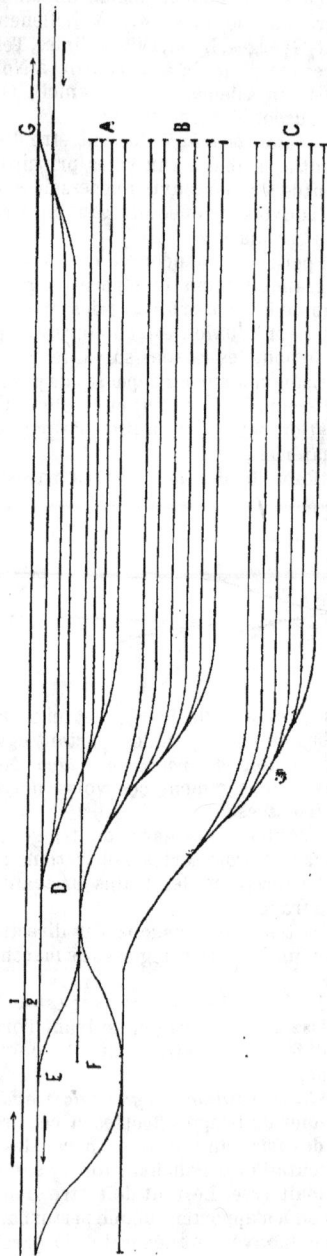

Fig. 542.

la place qu'il doit occuper dans le train pour être laissé ensuite dans l'ordre successif des stations.

On remarquera sur le plan de la gare de Cologne-Saint-Géréon une adaptation un peu plus rationnelle de ce système.

Tel que nous venons de le décrire en effet, il ne permet qu'un débit assez restreint à cause de l'usage de la voie centrale unique sur laquelle viennent converger toutes les autres, servant à la fois à la décomposition et à la recomposition des trains.

Dans tous les cas, cette disposition est toujours coûteuse à cause du grand nombre d'aiguillages et de plaques tournantes indispensables.

567. *Emploi des faisceaux.* — La disposition générale d'une gare de triage sera donc la suivante (*fig.* 542) :

Un premier faisceau de voies de classement en impasse A, quatre par exemple, est relié à la voie principale voisine et peut contenir huit trains, deux sur chaque voie, c'est là que l'on forme les trains après triage.

Un train de marchandises arrivant sur la voie 2 est refoulé pas la machine sur une des voies A par l'aiguille D. Puis les wagons sont abandonnés, et la machine s'en retourne.

On opère alors, au moyen d'un cul-de-sac F, le triage des wagons, et on les envoie sur l'une des voies d'un faisceau de six

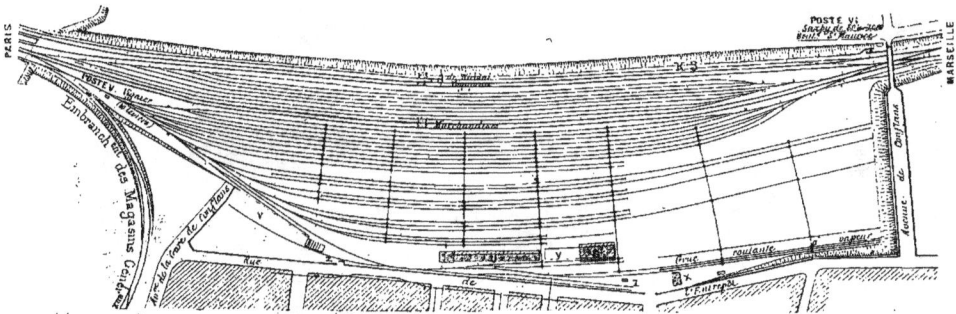

Fig. 543.

B, branchées sur un tronçon unique en relation avec le même cul-de-sac. Une jonction spéciale E met en communication directe les voies de triage B avec la voie principale.

Quant aux trains venant sur la voie 1 ils regagnent le faisceau de classement au moyen d'une aiguille G et d'une ou deux voies de service spécial sur l'une desquelles on les refoule. Puis la machine reprend la voie 1 et s'en va. Une machine de manœuvre prend les wagons, et les repousse sur l'une des quatre voies de classement, en fait le triage et dirige les wagons, comme précédemment, sur l'une des six voies du faisceau B.

Si un premier faisceau ne suffit pas, on en ajoute un second C, un troisième si

c'est nécessaire, etc. Théoriquement on peut en ajouter autant qu'on veut; en pratique il est rare que deux ne suffisent pas.

Ce type se rencontre très fréquemment; nous citerons comme exemple, les gares de Pantin, de la Plaine-Saint-Denis, etc., où toutes les manœuvres sont faites à la machine ou par des chevaux.

568. Nous avons dit que le mieux, quand cela est possible, est de relier les voies de triage aux voies principales à leurs deux extrémités ; on a ainsi ce qu'on appelle des groupements de voies en *fuseaux* à cause de la forme générale qu'ils affectent (Villeneuve-Saint-Georges, gare des Matelots à Versailles, Conflans-Charenton *fig.* 543).

Néanmoins, ces liaisons extrêmes ne suffisent généralement pas pour effectuer toutes les opérations du triage et l'on est obligé de relier entre elles, en un ou plusieurs points, les voies des fuseaux par des files de plaques ou des chariots à vapeur, quelquefois des traversées-jonctions posées en diagonale.

La figure 543 montre la disposition de ces fuseaux à la gare de Conflans-Charenton située aux portes de Paris, sur le chemin de fer de Paris-Lyon-Méditerranée. C'est là que se fait le triage des wagons destinés à toutes les gares de Paris et aux nombreux établissements industriels du voisinage.

On y compte trente voies parallèles reliées à leurs extrémités et formant deux fu-

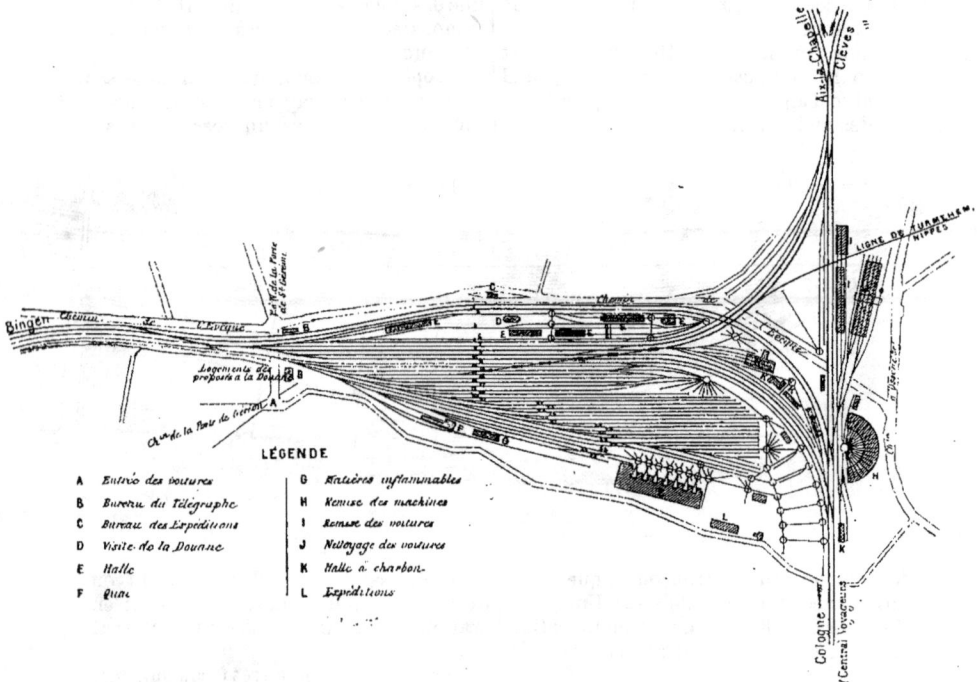

Fig. 544. — Gare de Cologne-Saint-Géréon.

seaux séparés par deux voies de circulation. Les trains à remanier entrent d'un bout et sortent recomposés par l'autre au lieu de rebrousser chemin vers leur point d'arrivée comme dans les voies en cul-de-sac.

569. *Manœuvre par plaques.* — On y remarque jusqu'à six rangées de plaques intéressant les voies de triage, et espacées d'environ 80 mètres les unes des autres.

Ces plaques suffisent dans le cas où les mouvements à effectuer sont, comme ici, peu importants.

Les manœuvres par plaques s'effectuent à l'aide de chevaux. Vu l'activité du service, il est indispensable de consolider le sol par un pavage d'au moins 10 mètres de largeur près des plaques.

Si les manœuvres deviennent pressantes, on a intérêt à substituer à ce système primitif l'emploi d'un cabestan hydraulique ; c'est ce qui a été fait à la gare du Nord-La-Chapelle, à la gare maritime d'Anvers, etc.

Les plaques ont d'ailleurs l'inconvénient de ne permettre que des manœuvres assez peu rapides et en nombre restreint.

570. *Manœuvres par chariots transbordeurs.* — Lorsque les manœuvres sont plus nombreuses, les plaques deviennent tout à fait insuffisantes au point de vue de la rapidité. On fait usage alors des chariots transbordeurs à vapeur et sans fosse, que nous avons étudiés précédemment.

Ces chariots se meuvent sur des voies perpendiculaires à la direction des voies de triage ; le wagon est amené sur la plate-forme du chariot au moyen d'un treuil que porte celui-ci. Après le déplacement et l'arrêt devant la voie voulue, on fait descendre le wagon intéressé au moyen d'un levier.

On peut ainsi couper par des chariots les longues voies des fuseaux en plusieurs tronçons, comme le font d'ailleurs les batteries de plaques, avec cette différence que les manœuvres y sont beaucoup plus expéditives. Certains sont aussi quelquefois mus par la force hydraulique.

Le prix de revient du travail du chariot est de 35 francs pour vingt heures de service, y compris l'entretien, les réparations, le renouvellement du câble. A cette somme il y a lieu d'ajouter environ 5 francs par jour pour intérêt du capital représentant le prix du chariot et de sa voie de roulement.

Ce système est employé à la gare du Nord et à Villeneuve-Saint-Georges.

571. *Emploi des traversées-jonctions.* — Les manœuvres de portions de trains ou groupements de wagons, et non de wagons isolés, ne peuvent se faire par plaques ou chariots. Elles exigent des jonctions ou mieux des traversées-jonctions. Ces manœuvres sont faites par des machines de gare, soit des machines-tenders, soit des locomotives spéciales avec treuil. Il faut alors des longueurs considérables de voies de triage.

On trouve cet exemple également à Villeneuve-Saint-Georges et à Cologne-Saint-Géréon (*fig.* 544). Mais le type du genre est la gare actuelle de Strasbourg, organisée, comme tout ce qui est allemand, surtout en vue des transports militaires ; on y rencontre des jonctions et des faisceaux en cul-de-sac reliés obliquement par deux batteries de plaques tournantes et deux traversées-jonctions.

Triage par la gravité.

572. Les manœuvres précédentes sont toujours longues et coûteuses à cause des retours en arrière qu'il faut faire à chaque instant ; l'emploi de la gravité permet de réaliser de sérieuses économies.

Le triage des wagons, en profitant de l'action de la pesanteur sur les déclivités, a pris naissance pour ainsi dire spontanément, par suite de la disposition du profil des voies dans certaines gares. On a simplement profité de la facilité pour les wagons de descendre seuls les pentes présentées et, de là, par extension, on en a conçu tout un système fort ingénieux et très pratique pour faire d'une façon très économique l'importante opération des décompositions et recompositions de trains.

Le système fut employé pour la première fois il y a fort longtemps, en 1846, en Saxe, à la gare de Dresde-Neustadt. La voie principale est en rampe de 18 millimètres par mètre, et dès l'origine on fit la remarque qu'il était fort simple de conduire les wagons sur la rampe, et de les laisser ensuite redescendre jusqu'aux aiguilles sous l'action de la pesanteur.

La méthode se répandit alors un peu partout, d'abord en Allemagne et surtout en Saxe, à Zwickau, Leipsig, etc., puis en Belgique, en France, en Angleterre. Le chemin de fer du Nord français, entre autres, reconnut rapidement les avantages de ce procédé : quatre faisceaux de voies de triage par la gravité sont installés à la gare de La Chapelle ; on a créé ou modifié des installations analogues à Tergnier, Fives-Lille, Lens, Arras, Jeumont et Saint-Martin près Charleroi.

En Angleterre, on peut citer les gares d'Edge-Hill, Shildon, Newport et Newcastle, qui ont un mouvement journalier de deux mille à deux mille cinq cents wagons.

Ces manœuvres peuvent se faire par l'emploi de la gravité seule ou par l'usage simultané de la gravité et des locomotives.

1° Emploi de la gravité seule.

573. *Gare de Dresde-Neustadt.* — La gare de Dresde-Neustadt est la tête de ligne du chemin de fer de Silésie ou de Dresde à Gorlitz. C'est la première gare où ait été appliqué, il y a près de cinquante ans, le principe du triage par la gravité (1846) (A. Jacqmin, *Revue générale des Chemins de fer*, mars 1883).

Les voies principales AB et CD, en rampe de $0^m,01818$ par mètre, dans la direction de Gorlitz, ont été utilisées, dès le début de l'exploitation, pour manœuvrer les wagons sur le premier faisceau des voies de triage (*fig.* 545).

Quelques années plus tard, pour éviter l'emploi des voies principales, une voie spéciale EF, en pente de $0^m,005$ seulement, fut établie parallèlement à la voie d'arrivée ; mais cette voie n'est jamais utilisée par suite de l'insuffisance de la pente qui exige la manœuvre à la machine comme sur les voies en palier.

Enfin, dans ces dernières années, il devint nécessaire de construire un second faisceau de triage de l'autre côté de la gare ; ce faisceau fut relié à une voie de tiroir nouvelle, GH, en rampe de $0^m,018$, comme les voies principales.

Il faut remarquer que, pour arriver sur cette dernière voie, les trains doivent encore suivre la voie principale jus_

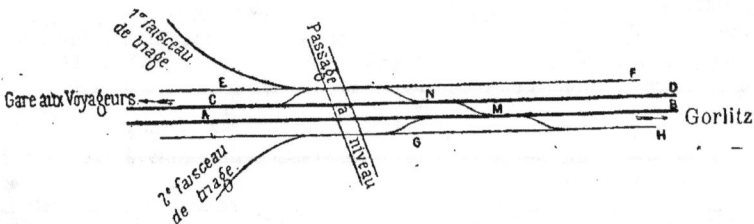

Fig. 545.

qu'au point M, lequel se trouve à environ 700 mètres de l'axe du bâtiment des voyageurs, et que, si les wagons à classer sur le deuxième faisceau ne sont plus obligés de repasser par les voies principales, il n'en est pas de même des wagons destinés au premier ; ces derniers traversent en M la voie de départ, puis en N celle d'arrivée. En outre, au bas des voies de manœuvre inclinées, voies principales ou autres, se trouve un passage à niveau desservant une des rues de Dresde.

Il y a là un ensemble de circonstances assez dangereuses, et pourtant on n'a point eu encore d'accident un peu sérieux à constater, bien que le mouvement soit actuellement de près de mille wagons par jour et que le nombre de trains réguliers dont le mouvement vient entraver les opérations de triage dépasse soixante-dix par vingt-quatre heures.

Le véritable intérêt offert par la gare de Dresde-Neustadt réside dans l'ancienneté et la hardiesse de ses installations. Il faut cependant signaler que tout wagon, ou toute rame isolée, est accompagné, depuis le point où il est lancé jusqu'à l'extrémité de sa course, par un homme chargé d'assurer le ralentissement, soit avec le frein, soit au moyen du bâton. Dans les autres gares, en général, on se contente d'avoir quelques hommes pour surveiller l'ensemble des mouvements ; ici, tous les wagons ou rames ont leur pilote. Il y a là une augmentation de dépenses, mais, par contre, la sécurité est beaucoup plus grande.

574. *Gare de Zwickau.* — Une des gares les plus intéressantes à étudier au point de vue du triage par la gravité est incontestablement celle de Zwickau, située sur la ligne de Dresde à Munich, à 129 kilomètres de Dresde. De Zwickau, se détache l'embranchement qui dessert Schwartzemberg et le bassin houiller de la région avec ses nombreuses lignes spéciales (*fig.* 546).

Cette gare reçoit tous les trains de marchandises des environs, et presque tous y subissent des remaniements. Aussi le développement des voies y est-il très important (*fig.* 547).

575. Les groupes de triage y sont au nombre de quatre, bien distincts les uns des autres, ce sont :

1° Le groupe de Zwickau proprement dit, l'un des plus anciens de la gare ; il date de 1861 ; il comprend dix-sept voies de triage, placées à droite de la gare et faisant face à un mouvement journalier de douze cents à treize cents wagons. La dépense par wagon est de 0^f,752 ;

2° Le groupe de Cheimnitz placé à gauche de la gare, avec onze voies de triage et deux voies spéciales au service des halles à marchandises.

Les trains venant de Dresde gagnent les voies de triage au moyen de l'aiguille en pointe A.

Au-delà du faisceau de triage se trouvent encore six voies, affectées aux wagons complets pour le trafic local.

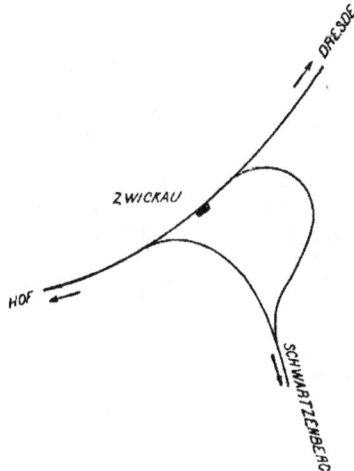

Fig. 546.

Le mouvement journalier sur ce groupe est de mille wagons, avec un prix de revient de 0^f,2952 par wagon ;

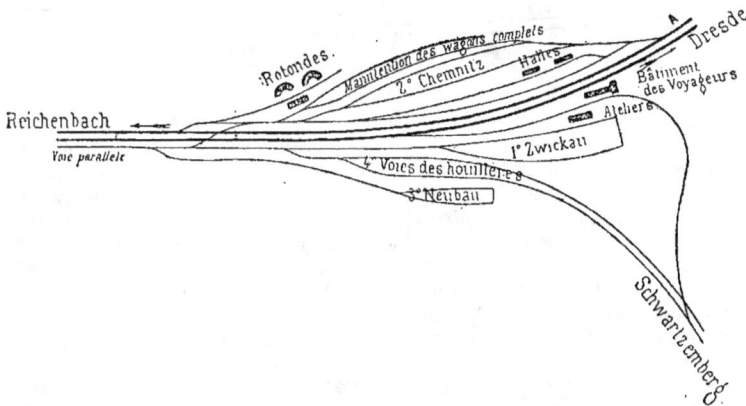

Fig. 547.

3° Le groupe de Neubau, composé de onze voies, au sud de la gare. Ces voies sont plus courtes et ont deux aiguilles plus ramassées que dans les autres groupes.

Aussi, pour un mouvement journalier de neuf cents wagons, le prix de triage ne s'élève-t-il qu'à 0^f,1128 par wagon ;

4° Groupe des voies houillères, au nombre

de sept, entre les groupes Zwickau et Neubau. On y envoie le matériel vide destiné aux mines de houille.

576. Les voies de branchement de ces différents groupes sont toutes situées du même côté des faisceaux, à l'extrémité de la gare côté Reichenbach. Elles présentent, comme les voies principales, une rampe de 0^m,00909 par mètre et se réunissent en une dernière voie unique parallèle à ces dernières et qu'on appelle, pour ce motif, *voie parallèle*. Un train amené sur cette voie peut donc être lancé sur n'importe quel faisceau.

Suivant la règle établie, tous les wagons lancés sont accompagnés par un homme d'équipe.

Les accidents ont été fort rares.

577. *Gare de Tergnier.* — L'une des plus anciennes gares françaises où l'on ait fait usage de la gravité pour le classement des wagons est celle de Tergnier, sur la ligne du Nord, rencontre des lignes de Paris à Maubeuge et d'Amiens à Laon (*fig.* 548).

Les voies de triage sont distribuées en deux faisceaux : l'un de onze voies, la dernière reliée à la voie principale voisine par une aiguille, ici en pointe ; et l'autre de dix voies. Ces deux faisceaux sont en rampe vers la droite de 5 millimètres par mètre sur 228 mètres de longueur et se terminent chacun par une voie unique parallèle aux voies principales.

Ces deux voies finales, ou voies de tiroir, sont reliées, près des faisceaux précédents, au moyen de bretelles, et à l'autre extrémité par une jonction ordi-

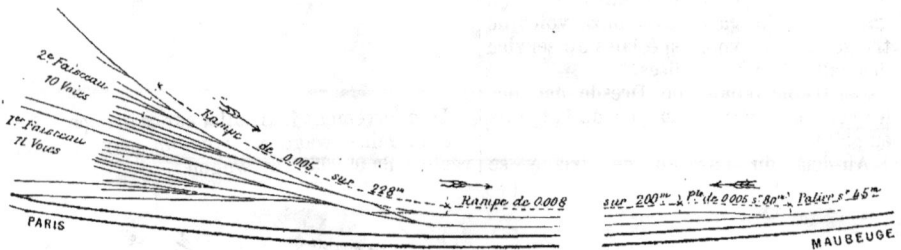

Fig. 548.

naire. A la suite de la rampe de 0^m,005 précédente, elles présentent une nouvelle rampe plus forte, de 8 millimètres sur 200 mètres, puis une pente de 7 sur 80 mètres, enfin un palier sur 45 mètres, sur une petite voie en cul-de-sac.

Cela posé, un train arrivant est dirigé sur l'une des voies de tiroir par le branchement vu plus haut, et s'y arrête. On serre alors le frein du fourgon de queue, la machine recule pour relâcher les attelages qui se sont tous tendus pendant l'ascension de la rampe ; puis on serre les freins de tous les véhicules. La machine se dégage ensuite par le cul-de-sac et la seconde voie de tiroir.

On procède alors à un premier triage, qui consiste à classer les wagons par directions, grâce à des indications à la craie qui ont été mises sur ces wagons, donnant le nom de la station à laquelle ils sont destinés et, par suite, la direction à leur faire suivre. On détache alors successivement les attelages, et l'on desserre le frein : grâce à la déclivité, le wagon se met en marche, et des aiguilleurs le dirigent sur une des voies du faisceau. Chacune de ces voies ne renferme donc que des wagons correspondant à une seule direction : si une voie ne suffit pas, on en adopte plusieurs pour le même motif.

Il reste une seconde opération à effectuer : c'est le classement des wagons, déjà triés par directions, dans l'ordre des stations qu'ils doivent rencontrer.

Pour cela on prend tous les wagons d'une des voies précédentes, et on les ramène à la machine sur l'une des voies de tiroir ; on serre de nouveau le dernier frein, on détend les attelages par un léger recul de la locomotive, et cette dernière s'éloigne.

On procède ensuite exactement comme plus haut en desserrant successivement les freins, en envoyant les wagons sur des voies différentes affectées chacune à une seule station du parcours.

Il ne reste plus qu'à reprendre à la machine, et dans l'ordre indiqué par la succession des stations, les groupements de wagons ainsi classés, pour constituer définitivement un train. Il est clair que le premier groupe, celui qui doit être le plus voisin de la machine, est en même temps celui qui doit être abandonné à la dernière station sur la ligne. Le dernier, au contraire, celui qui est en queue du train, doit être celui qu'on laisse à la première gare rencontrée.

578. *Gare de La Chapelle (Nord)* (A. Jacqmin, *Revue générale des Chemins de fer*, 1883, p. 102). — La gare de La Chapelle (*fig.* 549) est, comme on le sait, la gare de marchandises, à Paris, de la Com-

pagnie du Nord ; elle comprend une gare

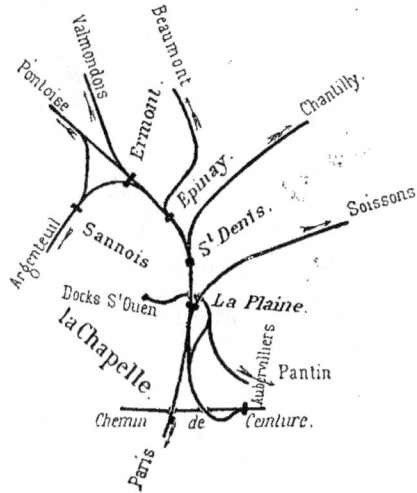

Fig. 549.

centrale de manœuvres dite gare de la

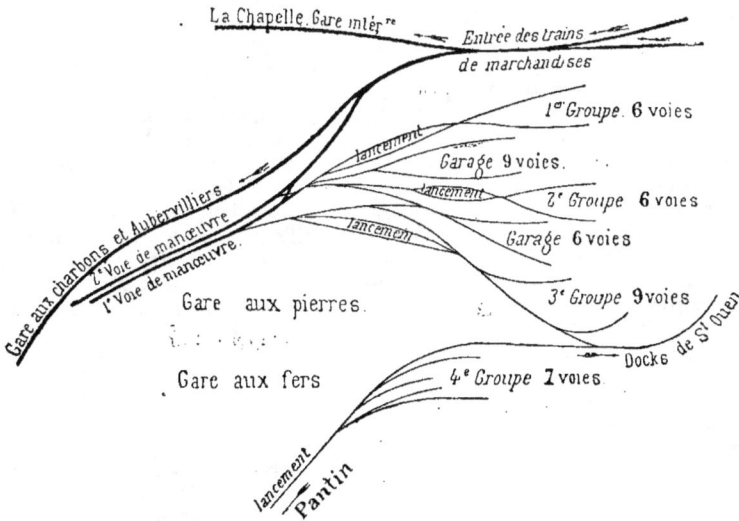

Fig. 550.

Plaine et une série de gares locales, savoir : la gare de La Chapelle proprement dite ou gare intérieure, servant pour les expéditions et les arrivages des marchandises en général ; la gare aux charbons ; la gare aux pierres et aux fers ; enfin des raccordements partant de la Plaine conduisent aux docks de Saint-Ouen, à Aubervilliers et à Pantin.

C'est à la gare de la Plaine que se trouvent les installations du triage par la gravité (*fig.* 550).

Un premier groupe de six voies, commandé par deux voies de manœuvre en pente de 9 millimètres par mètre, sert au triage des wagons divers et du matériel réformé ; la pente se prolonge jusqu'à l'extrémité du faisceau d'aiguilles.

Un deuxième groupe entièrement semblable au précédent est utilisé pour la formation des trains expédiés sur le chemin de fer de Petite-Ceinture.

Le troisième groupe comprend neuf voies au lieu de six, il est également commandé par deux voies en pente de 9 millimètres ; il sert à la décomposition des trains qui renferment des wagons pour le chemin de fer de Grande-Ceinture et pour diverses gares locales.

Une voie de manœuvres spéciales permet d'aborder l'un quelconque de ces trois groupes ; une deuxième voie de manœuvres réunit, en outre, les deux premiers.

Le quatrième groupe de triage par la gravité, complètement séparé des précédents, est formé de sept voies qui viennent aboutir à la voie principale de départ des trains pour le raccordement de Pantin, et c'est précisément cette voie de départ qui sert de voie de manœuvre par la gravité. Ce groupe sert à la formation des trains à envoyer sur les réseaux de l'Est et de Lyon par Pantin.

Entre les deux premiers faisceaux de tirage, de même qu'entre le second et le troisième, on trouve un groupe de voies servant pour le garage des trains.

Lorsqu'à son entrée en gare un train ne trouve pas libre les voies d'accès du faisceau de triage sur lequel il doit être décomposé, il est amené sur une de ces voies de garage pour être conduit ensuite aux voies de manœuvres inclinées. Les rames triées sont également ramenées sur une des voies de garage où se font alors la reconnaissance des trains et la visite du matériel avant le départ. Ces deux opérations ne pourraient s'exécuter que difficilement sur les voies de triage à cause des chocs auxquels les wagons stationnant sur ces voies sont constamment exposés.

Le personnel affecté au service du triage à la Plaine comprend quarante-six agents par période de travail : un sous-chef de gare pour l'ensemble du service; un surveillant chef pour les trois premiers groupes, et un pour le quatrième. Le surveillant chef remplit les fonctions d'un agent du mouvement, c'est-à-dire qu'il est chargé spécialement de veiller à la circulation des trains.

Un reconnaisseur et un marqueur sont attachés à chaque groupe. Les chefs de trains, à l'arrivée, remettent une feuille indiquant l'ordre dans lequel se trouvent les wagons composant leur train ; le reconnaisseur vérifie les indications de la feuille, et les complète s'il y a lieu ; le marqueur inscrit sur la paroi du wagon, la direction à lui donner, pierres, fers : Est, Lyon, etc.

Un chef de manœuvre pour les deux premiers groupes, un pour le troisième et un pour le quatrième, secondés dans chaque groupe par un sous-chef de manœuvres, dirigent le travail de classement du groupe. Deux accrocheurs par groupe défont les attelages et inscrivent sur les tampons, pour faire connaître, au moyen de signaux conventionnels, au moyen de la corne d'appel, les numéros des voies. Enfin, quatre hommes dits *bâtonnistes* au premier groupe, quatre au second, six au troisième et six au quatrième, surveillent le mouvement des wagons.

Le mouvement moyen par vingt-quatre heures comporte :

Au premier groupe. .	600 wagons.
Au deuxième groupe.	800 »
Au troisième groupe .	1 200 »
Au quatrième groupe.	1 200 »

Total . . . . 3 800 wagons.

579. *Gare de Cologne-Saint-Géréon.* — Cette méthode a été appliquée à la gare de Cologne-Saint-Géréon, que nous avons vue précédemment (*fig.* 544) et où on fait journellement un triage de plus de deux mille wagons.

En dehors des voies utilisées directement par les divers services de la gare, le débranchement des trains et leur recomposition se font sur deux faisceaux : le premier de huit voies, n°ˢ 11 à 18, pour les trains du service intérieur; le second de treize voies, n°ˢ 19 à 31, pour les trains directs.

Les trains peuvent arriver de quatre directions différentes, et sont reçus sur l'une des voies n°ˢ 7 à 10. Puis on les conduit sur la voie de débranchement voisine de la direction Brugerbrück, qui est en pente de 0^m,010 sur 90 mètres, et de 0^m,0037 sur 212 mètres. Cette dernière déclivité est un peu faible pour que le système présente toute son efficacité. De là, on envoie les wagons sur les voies qui leur conviennent et qui sont toutes commandées par la précédente.

Cependant la disposition de la gare en impasse est un obstacle à la rapidité, car toutes les opérations de triage doivent être suspendues au moment du départ

d'un quelconque des trains recomposés. Ce défaut disparaîtrait si les voies de triage étaient soudées par leurs deux extrémités aux voies principales de telle

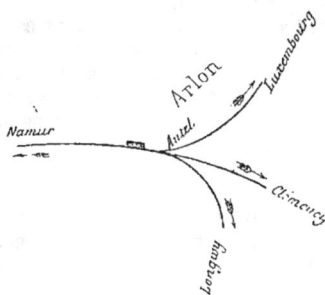

Fig. 551.

sorte que les trains une fois formés puissent s'écouler par l'extrémité opposée à celle de leur arrivée.

Enfin, le passage à niveau placé à

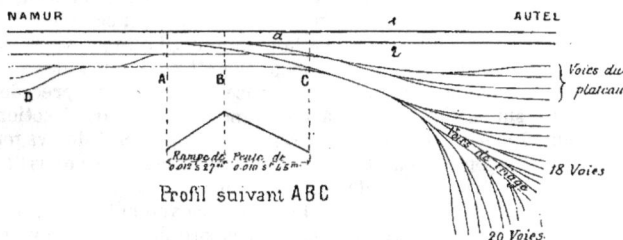

Fig. 552.

l'origine même du triage oblige encore à de fréquentes interruptions.

580. De toutes façons, le système des voies en pente a l'inconvénient d'exiger deux voies de tiroirs de 200 à 300 mètres de long, en pente de 0^m,010, et exigeant une importante dépense de terrassement et de terrain.

Aussi emploie-t-on aujourd'hui de plus en plus le mode suivant qui atténue ce défaut.

Emploi simultané de la gravité et des machines.

581. Nous citerons comme exemple de

ce type la gare d'Arlon, sur la ligne de Bruxelles à Luxembourg (État belge).

A 5 kilomètres d'Arlon, du côté de Luxembourg, se détachent deux embranchements : le premier se dirige vers Athus et Longwy ; le second vers les minières du grand-duché de Luxembourg par Clémency. Le point de bifurcation est à Autel; mais toutes les opérations de décomposition et de recomposition de trains se font à Arlon (*fig.* 551).

Le mouvement est assez important puisqu'il atteint en moyenne deux mille quatre cents wagons par jour.

Les opérations de triage sont d'autant

plus difficiles que les trains qui circulent entre Arlon et Namur ne peuvent contenir plus de vingt-cinq wagons chargés de 10 tonnes, tandis que dans les autres directions on peut mettre jusqu'à quarante wagons par train.

582. La voie de débranchement est en palier, sauf sur une longueur de 100 mètres, à son extrémité voisine des faisceaux de triage. Et sur ces 100 mètres, elle présente un dos d'âne, c'est-à-dire une rampe immédiatement suivie d'une pente minimum de 10 millimètres par mètre (*fig.* 551 et 552).

Les trains arrivant sur la voie 2, c'est-à-dire de Luxembourg en France, se dirigent sur la voie de tiroir soit par refoulement au moyen de l'aiguille *a*, soit par une aiguille en pointe placée à l'autre bout de la première voie de plateau. La machine de manœuvre vient les y prendre et les emmène sur les voies de garage D. Les wagons étant bien marqués comme précédemment, on desserre les tendeurs, et l'on décroche les chaînes de sûreté (chaînes placées de part et d'autre de l'attelage) aux points où il y a lieu de faire des coupures.

Puis la machine refoule le train sur le dos d'âne composé d'une rampe de 12 millimètres sur 27 mètres, suivie d'une pente de 10 millimètres sur 46 mètres, au bas de laquelle se trouve le tronçon commun à deux groupes de voie de triage, l'un de dix-huit, l'autre de vingt voies, soit trente-huit voies pour les trains venant d'Autel. Il y en a quarante autres pour la direction de Namur (Belgique).

La machine refoule ainsi les wagons à la vitesse d'un homme au pas; un agent placé au sommet du dos d'âne et muni d'une perche fait sauter les attelages à tous les points de coupure indiqués. Le ou les wagons devenus libres descendent alors la pente, et le préposé ci-dessus dit à l'aiguilleur le numéro de la voie à ouvrir. D'autres fois ce numéro est inscrit sur un des tampons avant du wagon qui descend, ou sur le flanc du dernier wagon du groupe antérieur.

Les hommes d'équipe en nombre suffisant sur le faisceau de triage arrêtent les wagons à l'endroit voulu pour éviter les chocs contre ceux qui sont déjà en place. Cet arrêt se fait au moyen de petits bâtons qui enrayent les roues en les plaçant entre le ressort et le châssis dans le sens opposé à la marche; on se sert aussi de sabots.

Le sabot est en acier : il présente à la partie supérieure un profil courbe recevant la roue de 0^m,08 de largeur ; à la partie inférieure une gorge de 68 millimètres de large et de 30 de profondeur lui permet de se tenir sur le rail ; une poignée latérale sert à le tenir à la main et à le fixer en long sur le rail.

Pour arrêter un wagon en marche au moyen de ce sabot-frein, on le place indistinctement sur l'un des deux rails de la voie et à une dizaine de mètres (5 au moins) du dernier wagon en repos. En courbe il faut toujours le poser sur le rail extérieur.

Le wagon qui descend du dos d'âne par suite de la vitesse acquise monte un peu sur le sabot et l'entraîne avec lui pendant quelques mètres. Mais le frottement de ce sabot sur le rail l'arrête bientôt, et le wagon retombe alors sur ce dernier par suite de la pesanteur. Le sabot se trouve ainsi dégagé et prêt pour une autre opération.

On procède alors, comme précédemment, à un premier triage par directions ; puis on reprend les groupes de wagons ainsi distribués, et on les classe dans l'ordre des stations successives.

Le seul inconvénient capital de ce système est encore dû aux voies ou impasses; chaque fois qu'un train est prêt à partir il doit reprendre le chemin par où il est venu. Les opérations de triage doivent donc dans ce cas être forcément interrompues; c'est le même défaut qu'a la gare de Tergnier, de Cologne, et en général toutes les gares qui n'emploient pas le système des fuseaux reliés aux voies principales à leurs deux extrémités.

Emploi des fuseaux.

583. *Gare de Dijon-Perrigny.*—Au lieu de faisceaux, on peut employer, disons-nous, des fuseaux en reliant les voies de triage aux voies principales à leurs deux extrémités; on a alors le type employé aujourd'hui à la Compagnie de Lyon et représenté par la gare de Perrigny, près Dijon (Deharme, *fig.* 553).

Les légendes qui accompagnent la figure suffiront pour donner toutes les indications nécessaires, et nous ne nous y arrêterons pas plus longtemps.

Des dispositions analogues ont été employées par la Compagnie d'Orléans à Orléans, à Périgueux, et par la Compagnie de l'Est à Châlons-sur-Marne.

A Périgueux, la dépense par wagon s'élève à 0^f,285 pour sept cent soixante-cinq wagons triés par jour; elle pourrait descendre à 0^f,20 si l'on manœuvrait onze cents wagons, ce qui est prévu et possible. En une seule année on a ainsi réalisé une économie de 40 000 francs sur la manœuvre des trains, soit la moitié du remaniement de la gare, qui a coûté 80 000 francs.

584. *Emploi des fuseaux successifs ou grils anglais.* — Il peut arriver qu'un seul fuseau comme celui de Dijon ne suffise pas et qu'on soit obligé d'en employer plusieurs successifs. C'est ce qui arrive, par exemple, dans la plupart des gares charbonnières, où l'on est constamment appelé à décomposer et à recomposer des trains nombreux, dans le moins de temps possible. Un fuseau sert alors au triage des wagons par direction, et un autre, suivi du premier et à la suite, à leur classement dans l'ordre des stations rencontrées. Il peut d'ailleurs y avoir plus de deux fuseaux. On obtient ainsi ce qu'on appelle le système des *grils anglais*, dont les gares d'Edge-Hill, de Newport, etc., offrent des exemples caractéristiques.

585. Le principe de l'établissement des grils est celui-ci : un wagon amené par un train, et jusqu'au moment où il est placé dans le train qui doit le conduire à sa destination, doit toujours être poussé en avant et ne jamais retourner en arrière, c'est-à-dire ne jamais faire de fausses manœuvres.

Une gare de triage de ce type se compose de quatre groupes de voies en fuseaux : un premier groupe, véritables voies de garage dans lesquelles on reçoit tous les trains de marchandises qui, arrivant du réseau, doivent être décomposés ;

un second groupe où les voies sont nombreuses, chacune d'elles correspondant à une direction du réseau ou à des embranchements. On y conduit successivement un à un, ou par groupe, les wagons arrivés sur le groupe précédent, et on les place sur la voie qui correspond à leur direction ; mais les wagons sont encore pêle-mêle : il faut les classer par ordre de stations.

C'est ce qu'on fait sur le troisième groupe, contenant autant de voies qu'il y a de stations différentes.

Enfin la composition du train est terminée en faisant passer dans un quatrième groupe tous les wagons placés sur chaque voie du groupe précédent, et par ordre de numéros des stations.

Comme on le voit, de la sorte un wagon marche toujours de l'avant, jamais il ne revient sur ses pas.

Suivant la nature du trafic, les circonstances locales, etc., le nombre des groupes peut être réduit à trois, et même quelquefois à deux, les groupes extrêmes étant remplacés par une voie qui suffit quand les trains à décomposer et à recomposer sont peu nombreux.

Pour bien comprendre la chose, prenons un exemple.

Supposons une gare située en un point central où aboutissent un nombre quelconque de directions.

On fait arriver les trains sur une voie A (*fig.* 554) à laquelle se soude un fuseau renfermant autant de voies qu'il y a de directions : ce sont les voies de triage. Les wagons du train A sont pris un à un ou par groupes, si c'est possible, et sont emmenés à la machine sur la voie du faisceau B qui leur convient. Les voies peuvent être en palier ; mais on comprend qu'une pente continue de A ou D ne peut que faciliter les manœuvres.

Lorsque les wagons sont ainsi triés par direction, on prend ceux d'une de ces voies et on les fait passer sur le second fuseau C, renfermant autant de voies qu'il y a de stations dans la direction qui en compte le plus. Et, pendant que l'on fait cette opération de classement, on continue et on arrive à trier un nou-

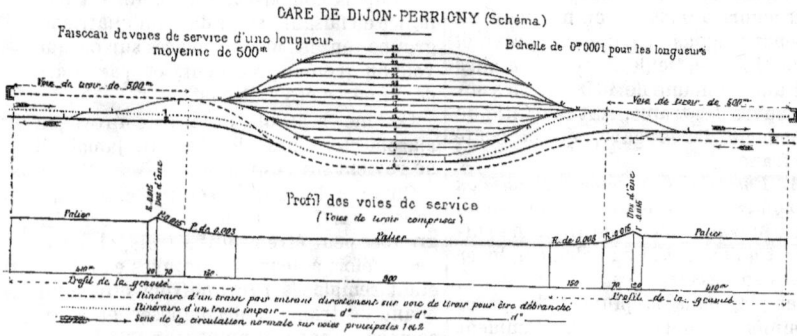

CARE DE DIJON-PERRIGNY (Schéma)

Faisceau de voies de service d'une longueur
moyenne de 500ᵐ

Echelle de 0ᵐ0001 pour les longueurs

Profil des voies de service
(Voies de tirage comprises)

Fig. 553.

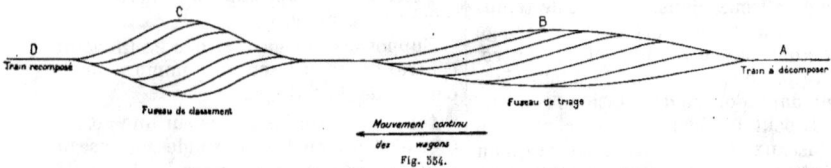

Fig. 554.

veau train sur les voies B, de sorte que le travail n'est jamais interrompu.

Au bout de quelque temps, les différentes voies du fuseau C contiennent toutes des wagons à destination de la même station. Il ne reste plus alors qu'à pousser successivement et dans l'ordre voulu ces groupes de wagons pour composer en D un train partant. Ces dernières manœuvres se font au moyen d'une locomotive de manœuvre qui refoule les wagons devant elle.

586. *Gare d'Eage-Hill* (M. *Mathieu Société des Ingénieurs civils*, 6e *cahier* 1876). — La station d'Edge-Hill, sur le London-North-Western, est située dans la banlieue de Liverpool. C'est le point de réunion de tous les chemins de fer qui aboutissent aux nombreuses gares desservant la ville, le port et les docks.

Edge-Hill est donc une station centrale d'où partent le plus grand nombre des wagons destinés aux divers lieux que nous venons d'indiquer et qui en reviennent. Il était dès lors essentiel d'avoir là une gare de triage pour décomposer les trains arrivant de tous les points du royaume, pour en composer de nouveaux, uniquement avec les wagons à destination de chacune des gares ou entrepôts divers de Liverpool, et pour faire l'opération inverse.

587. Le garage d'Edge-Hill comprend les quatre groupes de voies définis plus haut, et les manœuvres s'y font par gravité.

Les voies du premier groupe sont au nombre de six pouvant recevoir de cinq à six trains à la fois. On comprend d'ailleurs que les opérations du triage se font surtout avantageusement, économiquement et rapidement lorsqu'on a plusieurs trains à décomposer à la fois.

Les wagons sont amenés sur le premier groupe par les locomotives titulaires des trains, et, lorsque ces trains sont garés à leur place, les machines rentrent au dépôt. L'inclinaison de ces voies est de 8 à 11 millimètres par mètre, de manière à faciliter le départ des wagons vers le deuxième groupe.

Ce deuxième groupe présente l'allure d'un losange renfermant sept voies, et chacune d'elles reçoit huit à dix wagons ; en outre, à chacune de ces voies correspond une des grandes directions du réseau, en sorte que tous les wagons avant de passer du premier groupe dans le deuxième doivent être reconnus et porter la marque de la voie qu'ils doivent occuper dans ce dernier.

Pour cela, aussitôt que le train arrive dans le premier groupe, on fait la vérification de la destination de chaque wagon, et on inscrit à la craie, sur la paroi du bout, le numéro de la voie du deuxième groupe correspondant à la direction qu'il doit suivre.

588. Les manœuvres se font de la manière suivante : chaque wagon du premier groupe est poussé à bras par les hommes d'équipe ; une fois en marche, la

Fig. 555

déclivité de la voie accélère sa vitesse, et lui permet de franchir les aiguilles qui séparent les voies des deux groupes. Un homme accompagne chaque wagon, et l'arrête à sa place, soit à l'aide du frein à mains, soit à l'aide du bâton.

Un aiguilleur, placé entre les deux groupes, ouvre à chaque véhicule la voie sur laquelle il doit s'engager. La pente des voies du deuxième groupe est de 11 à 12,5 millimètres, et les entrevoies assez larges pour permettre sans danger la circulation des hommes.

Le troisième groupe renferme également sept voies correspondant chacune à une station déterminée. Les wagons y sont envoyés d'après la station à laquelle ils sont destinés.

Enfin lorsque tous les wagons sont ainsi triés et classés par direction et par sta-

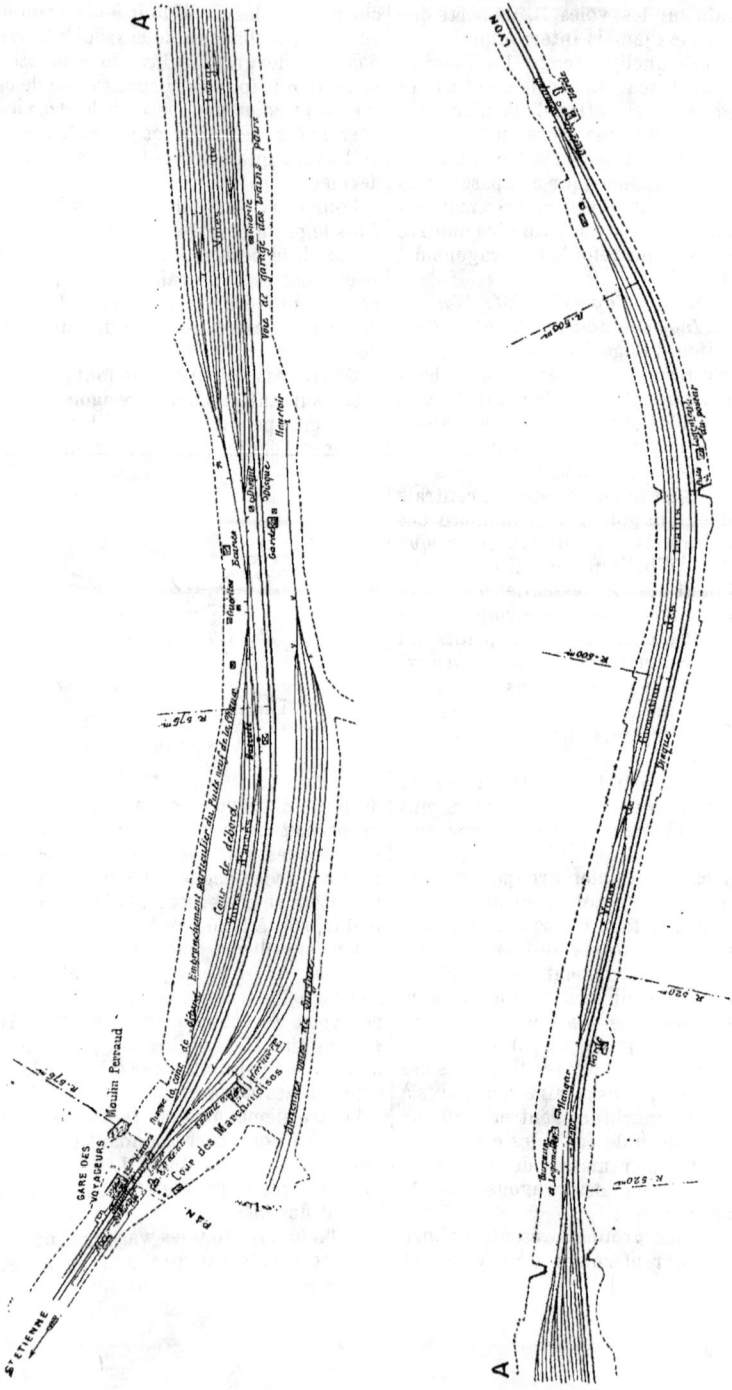

Fig. 556.

tion, on compose les trains définitifs sur une voie du quatrième groupe, d'où ils partent pour le réseau.

589. Le trafic auquel peut satisfaire la gare d'Edge-Hill correspond à un mouvement de cent trains ou de trois mille wagons par jour.

Les gares de Shildon, Newport, Newcastle, établies d'après les mêmes principes, ont un mouvement journalier de deux mille à deux mille cinq cents wagons. A Shildon, le prix de la manœuvre revient à $0^r,21$ par wagon plein, et $0^r,13$ par wagon vide.

590. *Gare de Terrenoire.* — La gare de Terrenoire, dans le bassin houiller de Saint-Étienne, présente également un type complet des fuseaux successifs. Ils sont ici au nombre de trois, en pente continue de 14 millimètres par mètre comme les voies principales, afin de permettre le raccordement à ces dernières en un point quelconque de la gare (*fig.* 555). C'est une des plus anciennes gares de ce type : elle date de 1863.

Cette gare est la première station de la ligne de Saint-Étienne à Lyon après Saint-Étienne.

Les voies du triage sont à gauche des voies principales dans la direction de Saint-Étienne à Lyon. Elles forment trois faisceaux désignés sous les noms de : voies d'accès, voies de triage, voies de formation.

Le premier faisceau, dit des voies d'accès, comprend six voies reliées vers Saint-Étienne à la voie principale par une aiguille en pointe (*fig.* 556).

Les trains venant de Saint-Étienne s'arrêtent à l'entrée de cette aiguille. La machine et le fourgon de tête sont décrochés et conduits immédiatement à 2 kilomètres plus loin à la sortie du faisceau de formation pour y prendre un train composé tout prêt et continuer avec ce train dans la direction de Lyon. Puis on desserre les freins et le train amené de Saint-Étienne entre sur le faisceau des voies d'accès, où il subit un premier triage.

Le second faisceau comprend treize voies. Sur certaines d'entre elles, des aiguilles prises en pointe à la descente établissent une nouvelle jonction avec les

voies adjacentes, de manière à diviser celles-ci en deux ou trois, côté Saint-Étienne et côté Lyon. Chacune de ces sections est affectée à un lot de wagons spécial, et les treize voies du faisceau de triage servent en réalité à constituer dix-huit catégories différentes.

Enfin le faisceau des voies de formation comprend quatre voies pouvant recevoir chacune deux trains.

591. Tous les wagons sont munis de freins à main ; l'emploi du bâton pour enrayer les roues est donc l'exception.

Le personnel se compose de trente-cinq hommes et deux chevaux, de jour, et autant la nuit, auxquels il faut ajouter le chef de gare, deux sous-chefs, trois

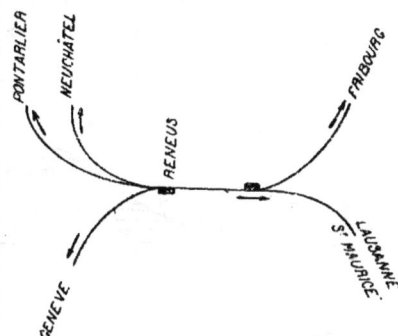

Fig. 557.

aiguilleurs, deux lampistes et quatre surveillants. Il n'y a pas de machine de manœuvre.

Avec ces éléments, on peut trier jusqu'à mille deux cents wagons par jour, un par un. La dépense, d'après les calculs de M. J. Michel, ne serait que de $0^r,167$ par wagon.

Il est indispensable pour installer une gare dans ces conditions que le terrain, aux abords du chemin de fer, présente une pente générale permettant d'obtenir, à peu de frais, la plateforme voulue pour relier aux voies principales l'entrée du premier fuseau et la sortie du dernier. Les circonstances locales ne le permettent pas toujours.

592. *Gare de Renens.* — Les lignes de

Pontarlier et de Neuchâtel se relient à Renens à la ligne de Genève à Lausanne (*fig.* 557).

La caractéristique n'est pas ici la grande importance comme pour certaines gares de triage étudiées précédemment, mais l'emploi simultané de la gravité et du chariot transbordeur.

Un faisceau de dix voies de triage est relié du côté Lausanne à une voie de tiroir en rampe de 10 millimètres du côté opposé. Toutes ces voies se réunissent également en une reliée aux voies principale par une aiguille en pointe (*fig.* 558). Enfin un chariot à vapeur réunit toutes ces voies en leur milieu.

Tous les trains arrivant en gare sont conduits sur la voie de tiroir, où on opère leur décomposition et leur triage sur les voies du faisceau central. Lorsqu'on a ainsi obtenu la décomposition par direc-

tion, le classement par stations s'opère au moyen du chariot qui se meut devant toutes les voies du faisceau.

Tout wagon, ou groupe de wagons manœuvré, est accompagné d'un homme qui annonce à l'aiguilleur la voie que doit prendre le wagon ou groupe *suivant*. Les manœuvres de l'aiguilleur sont ainsi plus sûres que lorsque l'indication de cette voie est donnée par l'homme même qui accompagne ce wagon.

Le mouvement de la gare est de sept cents à huit cents wagons par jour, avec une dépense de 0f,15 par wagon.

Dispositions de détail des gares de triage.

593. 1° *Réception des trains.* — Nous avons vu que l'entrée des trains sur les voies de débranchement peut se faire par

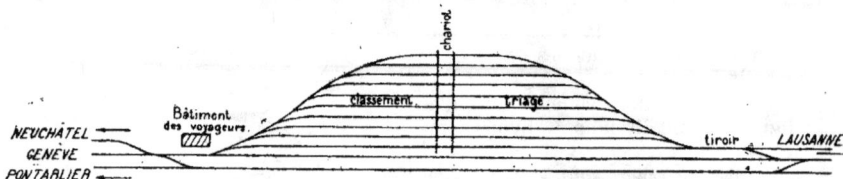

Fig. 558.

refoulement ou au moyen d'une aiguille en pointe.

Cela posé, dans les gares d'importance secondaire, on envoie les trains à décomposer immédiatement sur la voie de débranchement.

Dans les gares importantes cela n'est plus possible, car les trains qui arrivent peuvent se succéder à des intervalles assez faibles. La voie de débranchement peut donc être occupée par un train au moment où un autre arrive : il est alors indispensable d'avoir une ou plusieurs voies de réception spéciales.

Le mieux, quand on le peut, est naturellement de recevoir les trains sur la voie de débranchement, excepté quand ces trains sont nombreux parce que cette voie pourrait être alors occupée pendant longtemps. C'est là, en effet, que se font toutes

les opérations préliminaires de coupures, indications des stations à la craie, etc. Dans le cas d'un grand nombre de trains il vaut mieux faire toutes ces opérations sur les voies de réception.

Quant à l'aiguille en pointe, nous en avons précédemment signalé les inconvénients, et il ne faudra se décider à l'adopter que si la gare est assez importante pour cela. Sinon, il est préférable d'amener les trains par refoulement sur la voie de tiroir.

Enfin, la meilleure manière d'effectuer la décomposition des trains est l'emploi de la locomotive elle-même du train. Dans les gares les plus importantes, en effet, les trains n'arrivent que rarement d'une manière assez continue pour que la machine de manœuvre affectée au débranchement ne soit pas exposée à de longs chômages pendant lesquels elle consomme du charbon en pure perte.

594. *Voies de débranchement ou de tiroir.* — Ces voies, qui sont les premières à recevoir les trains à décomposer, doivent avoir pour longueur celle d'un train augmentée d'une cinquantaine de mètres pour être à l'aise dans les manœuvres.

Lorsque cette voie est en pente continue, nous savons que le débranchement se fait par la seule gravité. Il faut, en réalité, alors deux voies de débranchement réunies par une jonction croisée aux faisceaux ou aux fuseaux de triage, et à l'autre bout par un branchement simple et une voie en impasse. La pente à donner varie suivant le mode de chargement et de construction des wagons, la force du vent dans la région, etc. Elle oscille toujours entre 6 et 14 millimètres par mètre.

Quand la voie de tiroir est en dos d'âne, exigeant des manœuvres par l'action combinée de la gravité et d'une machine, une voie unique suffit. Le dos d'âne placé du côté du faisceau de triage a $0^m,50$ à $0^m,75$ de hauteur, et les déclivités voisines 10 à 12 millimètres par mètre. De la sorte, tous les wagons reçoivent la même impulsion calculée d'avance, et l'on n'est pas obligé de les reprendre avec des chevaux, comme cela arrive parfois avec la pente continue seule, pour les faire arriver au fond des voies de triage.

595. *Voies de triage.* — Les voies de triage, qui se trouvent à la suite de la voie de tiroir précédente, doivent être commandées par un appareil de branchement en pente de 4 millimètres par mètre, permettant aux wagons de maintenir leur vitesse et de vaincre aisément les résistances supplémentaires, courbes et contre-courbes, de ces appareils. Au delà, les voies de triage sont généralement en palier ; leur longueur dépend naturellement du nombre de wagons qu'elles doivent recevoir.

Il y a grand intérêt, en outre, pour la simplification et la sécurité du service des aiguilles, à grouper tous les leviers au même point au moyen de transmissions à distance ; un seul homme peut ainsi, dans une cabine surélevée placée en un point convenable de la gare, suffire pour faire toutes les manœuvres.

Enfin on avait cru pouvoir utiliser sur les voies de triage les vieux rails en fer, qu'on n'emploie plus dans la voie courante ; on s'est rapidement aperçu que c'était une erreur, les exfoliations du fer rendant souvent impossible l'emploi du sabot-frein. Or ce dernier est indispensable pour ne pas être astreint à munir de freins tous les wagons de marchandises indistinctement.

D'ailleurs, on obtient aujourd'hui les rails d'acier à si bas prix que cette considération perd beaucoup de sa valeur.

Résultats du triage par la gravité.

596. *Rapport du professeur Kœpcke.* — Dès 1871, M. Kœpcke, professeur à l'École polytechnique de Dresde, donnait sur le triage par la gravité les résultats suivants :

A Dresde, un train de seize wagons a été conduit sur la voie de débranchement inclinée et décomposé en huit tronçons ; l'opération complète n'avait pas demandé plus de onze minutes, et elle s'achevait à peine que la locomotive se représentait à la voie de tiroir avec un nouveau train. La décomposition proprement dite n'avait exigé que cinq minutes.

A la gare centrale des marchandises de Dresde, un train de trente-neuf wagons est décomposé en douze groupes par la gravité en neuf minutes et demie, y compris deux minutes pour le dégagement de la machine et son retour, avec un nouveau train à décomposer.

Les frais d'entretien du matériel s'élèvent sur les chemins saxons à $0^f,0045$ par wagon et par kilomètre ; sur les chemins prussiens, où il n'existait pas à l'époque d'installation de ce genre, la même dépense atteignait $0^f,0092$, c'est-à-dire le double.

597. *Rapport de la Commission allemande.* — En 1874, une Commission d'agents supérieure des chemins de fer allemands était chargée de comparer les résultats obtenus au moyen du triage par la gravité à ceux des moyens ordinaires sur voies horizontales.

La Commission visita les neuf gares suivantes : Halle, Leipsig-Magdebourg, Leipsig-Dresde, Leipsig-Bavière, Dresde, Neustad, Chemnitz, Wickau et Cologne-Saint-Géréon.

Le rapport est divisé en trois parties dans lesquelles on étudie :

1° Le triage par la gravité ;

2° Le triage par les chariots transbordeurs à vapeur;

3° Le triage par les plaques tournantes.

La durée moyenne de la manœuvre d'un wagon fut reconnue de trente-sept secondes. Voici d'ailleurs les conclusions du rapporteur :

« Le triage par la gravité constitue le meilleur système que nous connaissions et le mieux approprié aux besoins des lignes allemandes, pour assurer l'important service de classement dans le délai le plus court, avec l'emplacement le plus restreint, la plus grande économie et le moins de dangers pour les hommes et le matériel. »

Le fait est que le procédé paraît tout d'abord présenter un certain danger pour le personnel et le matériel. La pratique a démontré l'inexactitude de cette double préoccupation.

L'économie de temps est de moitié, ce qui permet une économie de place pour les mêmes manœuvres; il suffit d'une longueur de voie de 2^m,60 par wagon manœuvré journellement, tandis que les autres systèmes exigent près de 5 mètres.

La dépense est également réduite de plus de moitié : à 0^f,1425 au lieu de 0^f,345 par wagon.

598. *Chariots transbordeurs.* — Quant à l'emploi des chariots transbordeurs à vapeur, il est avantageux pour la manœuvre de wagons isolés sur des voies déjà occupées par d'autres wagons en chargement ou déchargement. Ils conviennent très bien pour desservir les ateliers, les halles, les voies affectées à la manutention de grosses marchandises transportées par wagons complets comme la houille, les pierres, les bois, etc. Il faut éviter de faire traverser les voies principales au chariot, et se borner à le faire circuler dans les voies de marchandises.

Mais il est impossible de trier plus de quinze wagons à l'heure; on voit donc à quel point ce système est inférieur à celui de la gravité.

Les chiffres suivants fixeront les idées : ils donnent le prix de la manœuvre d'un wagon :

Chariot transbordeur. . . . 0^f,1725
Triage avec voie horizontale. 0^f,3450
»   par la gravité. . . . 0^f,1424

599. La conclusion du rapport en ce qui concerne les plaques est que ce système se prête également très bien à la manœuvre des wagons isolés.

Les conclusions finales sont les suivantes :

« Le triage par la gravité donne le plus grand rendement avec le plus d'économie et le plus de sécurité.

« Devant les grandes halles à marchandises, les voies de chargement ou de déchargement direct, etc., les chariots transbordeurs à vapeur conviennent pour obtenir un échange rapide de wagons avec une faible dépense. »

« Enfin, pour les gares de déchargement à gros trafic, le système des plaques tournantes présente encore le meilleur moyen pour conduire ou enlever les wagons chargés ou vides, ce qui, en particulier, permettra une bonne utilisation du matériel. »

600. *Rapport de M. Jules Michel.* — M. Jules Michel, ingénieur des Ponts et Chaussées et de la Compagnie du chemin de fer Paris-Lyon-Méditerranée, publiait, en 1876, dans les *Annales des Ponts et Chaussées* (2e semestre, page 531), une notice sur les gares de la Guillotière à Lyon, Portes près de Valence, et Terre-Noire que nous avons vue plus haut.

Dans les deux premières, le triage se fait au moyen de machines et de chevaux, et M. Michel a constaté les résultats suivants, que nous croyons utile de donner en entier afin de fournir un ensemble des éléments pouvant intéresser sur le travail de ces grandes gares.

Pour les deux gares réunies, la moyenne des frais de triage s'élève donc à 0^f,2729.

A Terre-Noire, où le triage se fait au moyen de la gravité, ce prix descend à 0^f,167.

DÉTAIL DES MANOEUVRES	LA GUILLOTIÈRE	PORTES faisceau pair
Nombre de wagons triés par jour....................	1 242	1 150
Nombre de wagons manœuvrés à la machine..............	775	800
Nombre de wagons manœuvrés par chevaux..............	467	350
Nombre de coups de machines.	85	133
Nombre de wagons par rame.	9 à 12	6
Durée moyenne de la manœuvre par machine..............	12'	18'
Durée moyenne de la manœuvre par chevaux..............	9'	12'
Nombre de wagons par batterie de plaques et par heure....	12	17
Prix de revient d'un wagon trié par machine..........	0ᶠ,2620	0ᶠ,315
Prix de revient d'un wagon trié par chevaux..........	0,2475	0,237
Moyenne générale............	0,2560	0,290

MANŒUVRES	A LA MACHINE	GRAVITÉ
Manœuvre pour amener les wagons des voies de garage sur les voies de tiroir.....	0ᶠ,049	0ᶠ,049
Triage.............	0 ,072	0 ,018
Manœuvre pour emmener les wagons aux voies de formation	0 ,082	0 ,082
TOTAL...............	0ᶠ,203	0ᶠ,149

Les conclusions du rapport de M. Michel sont les suivantes :

« Le système le plus économique est celui qui permet l'introduction des trains par une aiguille en pointe sur une voie de tiroir en pente de 8 à 12 millimètres par mètre, de manière à opérer le triage par la gravité, comme cela se fait à Terre-Noire.

« Cette installation serait utilement complétée par l'adjonction d'un chariot à vapeur au milieu du faisceau. »

« Si les wagons sont pourvus de freins convenables, on peut estimer la dépense de triage par wagon de 0ᶠ,14 à 0ᶠ,16 environ. »

601. Citons encore les chiffres suivants donnant, d'après les relevés faits dans les gares allemandes, le prix du triage, amortissement compris, pour les divers systèmes employés :

Chevaux et plaques tournantes. 0ᶠ,375
Machine et voies horizontales. 0ᶠ,346
Chariot à vapeur. 0ᶠ,220
Gravité 0ᶠ,142

602. *Expériences du chemin de fer du Nord.* — La comparaison des manœuvres à la machine et par la gravité a été faite à la Compagnie du Nord, à la gare de la Plaine, qui est une dépendance de la gare aux marchandises de La Chapelle.

Elle a donné les chiffres suivants : pour la dépense par wagon :

On voit qu'avec le triage seul l'économie est de 75 0/0 et encore de 25 0/0 sur la dépense entière concernant toutes les manutentions.

603. En résumé, la durée des manœuvres à la gravité est deux fois moindre que celle qui est nécessitée par une machine manœuvrant sur un faisceau de voies horizontales.

La longueur des voies nécessaires est réduite également à peu près de moitié, elle est de 2ᵐ,64 par wagon manœuvré, au lieu de 4ᵐ,88 dans les gares ordinaires.

La dépense nécessitée par la manœuvre d'un wagon est d'environ 0ᶠ,15, ce qui est très inférieur à tous les autres moyens employés.

Et les dépenses de réparation du matériel sont également fort diminuées, car on supprime les efforts et les chocs violents et réitérés que nécessite le triage par les moyens ordinaires.

Gares communes.

604. On appelle gares communes celles qui sont établies au point de rencontre de plusieurs lignes appartenant à des compagnies différentes. Quand c'est la même compagnie qui a en un point plusieurs embranchements, nous avons vu précédemment que la gare prend le nom de bifurcation.

Le service des voyageurs et des marchandises est alors assuré par des installations communes faites d'accord entre les deux (rarement trois) compagnies.

Les dépenses d'installation et d'exploitation sont réparties entre les compagnies de différentes manières.

La plus ancienne, mais certainement la

moins équitable, consistait à partager les dépenses de la gare commune au prorata des embranchements. C'est par cette méthode que les grandes compagnies françaises ont étranglé et fait disparaître successivement toutes les petites établies à la suite de la loi de 1865. On comprend, en effet, tout ce qu'il y avait d'inique à attribuer à chaque branche la même dépense, quelle que soit l'importance de son trafic.

On remplaça cette base par celle des *unités de trafic*, un voyageur ou une tonne de marchandises étant comptés pour une unité, et les unités de passage n'entrant pas en compte; on se rapprochait ainsi un peu plus de la vérité, ainsi qu'avec le système du nombre des essieux ayant circulé sur chaque ligne avant d'arriver à la gare commune.

Le système le plus récent consiste à faire payer à une ligne qui vient se brancher sur une autre plus ancienne, exclusivement les dépenses nécessitées par sa propre installation.

Quelquefois ces dépenses sont insignifiantes ou nulles : alors la compagnie arrivée la dernière paye simplement à l'autre un loyer basé sur le chiffre des dépenses qu'elle aurait eu à faire pour s'installer si elle eût été seule.

605. Au point de vue de l'exploitation, la gare commune est généralement dirigée par la compagnie la plus ancienne, à l'exception cependant des services de traction, qui restent toujours distincts et nécessitent des dépôts spéciaux.

Dispositions générales des gares à marchandises.

606. *Quais à marchandises.* — Les quais sont destinés à recevoir les marchandises en attendant leur chargement soit dans les wagons, soit dans les camions, quand ces opérations ne se font pas directement sur la voie de débord. Il y a donc obligatoirement, sauf dans les petites stations, deux espèces de quais : ceux d'*expédition* et ceux d'*arrivage*.

En outre, certaines marchandises ont besoin d'être abritées et ne peuvent rester exposées aux intempéries tant qu'elles sont sous la responsabilité de la compagnie. Les quais précédents doivent donc toujours, même dans les gares les plus minimes, présenter une partie couverte; de là la nouvelle subdivision en quais *couverts* et quais *découverts*.

D'une manière générale, ces quais sont disposés entre les voies qui amènent les wagons, et une cour charretière permettant la circulation et l'approche des voitures de marchandises.

607. Un quai spécial, appelé quai de *transbordement*, est disposé dans les gares de bifurcation pour recevoir les marchandises arrivant de différentes directions et permettre leur reconnaissance et leur classement, pour repartir par stocks dans une direction unique. La nécessité d'une bonne utilisation du matériel empêche en effet, le plus souvent, d'avoir des charges par wagons complets.

Le quai de transbordement est alors placé entre les voies qui amènent les wagons à décharger et celles qui emmènent les wagons chargés à nouveau. Dans les grandes gares communes ou de service international, ce service peut exiger plusieurs quais.

Dans les gares où ce service est au contraire peu important, on ne lui consacre pas de quai spécial; on se contente de poser, du côté de la cour et le long du quai existant, une voie pour les wagons à décharger. Cette voie est munie de contre-rails et de pavage, afin de permettre l'approche des tombereaux et charrettes du quai comme à l'ordinaire.

608. *Surface des quais.* — La surface à donner aux quais dépend naturellement du tonnage de la gare, qui est toujours évalué à l'avance autant que faire se peut et en majorant les chiffres obtenus afin de tenir compte des imprévus et du développement du trafic dans l'avenir.

Lorsque ce tonnage est connu comme quantité et nature de marchandises, on répartit, d'après les différentes sortes de marchandises, la part afférente au quai et à la voie de débord.

Si l'on ne possède pas de renseignements suffisamment précis à ce sujet, on divise simplement le tonnage en deux parties égales et l'on obtient ainsi ce qui revient au quai. Enfin on admet encore, ce qui est généralement exact, que les arrivages égalent les expéditions. Evidemment cela serait faux dans une grande ville comme Paris qui consomme beaucoup plus qu'elle ne produit, et où les expéditions sont de beaucoup inférieures aux arrivages.

Cela posé, il y a encore lieu de faire une autre distinction entre les marchandises d'arrivée et celles d'expédition. Ces dernières, en effet, sont expédiées le plus rapidement possible et restent rarement plus d'un jour en gare. Celles d'arrivée, au contraire, sont exposées à séjourner beaucoup plus longtemps en attendant que les destinataires viennent les chercher ; on estime en moyenne que le temps d'écrire au destinataire et que celui-ci vienne reconnaître et enlever sa marchandises doit être estimé à trois jours au minimum.

Enfin, il faut encore tenir compte de l'inégale répartition du mouvement des marchandises à certaines époques de l'année. Bref, on obtiendra une approximation suffisante du tonnage journalier à prévoir en divisant le tonnage total non pas par 365, mais par 100.

Le chiffre auquel on arrive permet de trouver la surface de quai nécessaire, connaissant le nombre de mètres carrés exigés par les différentes natures de marchandises. On suppose généralement qu'il faut :

8 mètres carrés par tonne de céréales ;
5 mètres carrés par tonne de vin ;
3 mètres carrés par tonne de coton ;
2 mètres carrés par tonne de fer.

On répartira enfin la surface ainsi obtenue, c'est-à-dire les 4 à 5 centièmes du tonnage total, entre le quai couvert et le quai découvert, suivant l'importance relative des marchandises qui craignent ou non les intempéries.

Pour les quais de transbordement on compte, en général, 30 à 35 mètres carrés par 1 000 tonnes annuelles transbordées.

609. *Dimensions des quais.* — La surface d'un quai étant connue, on en déduit sa longueur et sa largeur, ou plutôt l'une de ces dimensions, le centre étant fixé arbitrairement.

Il y a là un double inconvénient à évi-

ter et auquel il faut prêter toute son attention. Si le quai est très long et peu large, les marchandises ont peu de manutentions à subir sur le quai lui-même entre le camion qui les apporte et le wagon qui les emmène. Mais la cour d'accès et la voie d'approche sont beaucoup plus longues et, par suite, constituent une dépense supplémentaire importante.

Avec un quai très large, on supprime ces inconvénients, mais, en revanche, on augmente d'une façon exagérée le trajet à faire faire aux marchandises sur le quai où se font des manœuvres exclusivement à bras toujours assez pénibles.

En général, on adopte les chiffres suivants :

Gares exceptionnelles. 15 à 20 mètres
Grandes gares. . . . . 8 à 15 »
Petites gares . . . . . 7 à 8 »

qui permettent d'effectuer facilement les manœuvres à bras indispensables sur le quai.

De là, avons-nous dit, on déduit la longueur, qui n'est pas sans limites si l'on veut pouvoir dégager la voie parallèle des wagons vides ou pleins qui l'encombrent. De toutes façons des batteries de plaques seront utilement placées aux extrémités pour relier cette voie aux voies principales ou à celles qui y conduisent directement et à la voie de débord.

En somme, la longueur maxima ordinairement donnée aux quais de marchandises est de 80 à 90 mètres correspondant à douze wagons.

Si la gare est importante, il y a deux quais distincts : un d'arrivage et un d'expédition, qui sont placés à la suite l'un de l'autre et séparés par une voie transversale. Le quai d'expédition, le moins large des deux, comme nous savons, doit être mis de préférence le premier à l'entrée de la cour qui se trouve ainsi un peu plus large à l'endroit où elle en a le plus besoin.

610. *Longueur des voies de marchandises.* — Cette longueur dépend évidemment du tonnage de la gare et de la facilité avec laquelle les voies peuvent être débarrassées par les trains partant. Elle dépend encore de la nature des marchandises d'où résulte le chiffre du tonnage par wagon.

Le chargement maximum d'un wagon est de 10 tonnes. En admettant, comme la pratique paraît l'indiquer, que l'on doive avoir 6 mètres de voie par tonne quotidienne en gare, la longueur des voies sera donc : $10 \times 6 = 60$ mètres de voie par wagon, sans compter, bien entendu, les appareils, changements, croisements, etc., et les voies de garage ou de triage.

Mais il est rare que le trafic s'effectue ainsi par wagons complets, et il est plus prudent de prévoir un chiffre inférieur, 5 tonnes au minimum, pour le chargement; la longueur précédente serait alors exagérée du double puisqu'un wagon plein ne prend pas plus de place qu'un wagon à moitié chargé. Le chiffre

à adopter dépendra donc, entre ces limites, de la nature des marchandises et des chargements.

Ensemble d'une gare à marchandises.

611. D'après les différents principes précédents, on peut concevoir le plan général d'une grande gare de marchandises (*fig.* 559).

Les deux voies principales sont comme toujours réunies, à leurs deux extrémités, par des jonctions; le service des marchandises exige généralement deux halles HH, la première la plus étroite pour les expéditions, la seconde un peu plus large pour les arrivées. A une extrémité, tout de suite en entrant et près du bâtiment des voyageurs, le quai décou-

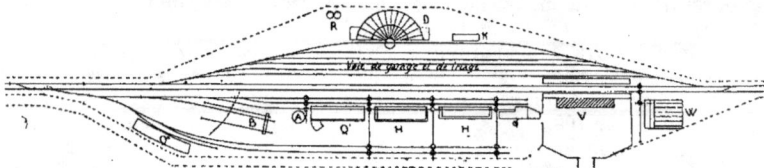

Fig. 559.

vert avec rampe pour les chaises de poste et les chevaux expédiés et reçus par grande ou petite vitesse. A l'autre extrémité un autre quai découvert, avec rampe d'accès pour les marchandises qui n'ont pas besoin d'être abritées.

Ces halles et quais sont desservis par trois voies parallèles réunies entre elles par des voies transversales et des plaques tournantes aux extrémités de chaque quai.

Puis le faisceau est réuni à la voie principale voisine par un tronçon unique sur lequel viennent se greffer les voies de débord, reliées encore aux voies à marchandises par les prolongements des voies transversales des plaques. Ces voies de débord sont établies à la limite opposée de la cour, de manière à laisser entre elles et les halles un espace central suffisant pour permettre la manœuvre com-

mode des charrettes, tombereaux, camions, etc., qui font le transport des marchandises. Le quai à bestiaux, avec rampe inclinée, longe les voies de débord en Q″.

L'ensemble est complété par une grue pivotante A et par une grue roulante B destinées au chargement des pierres, etc., un gabarit et un pont bascule. Ce dernier, spécialement utile pour constater que l'on n'a pas dépassé le poids permis par le type de wagon employé, et en même temps arrêter le prix du transport qui varie, en général, de 0ᶠ,03 à 0ᶠ,06 par tonne et par kilomètre.

La gare est, en outre, munie d'un dépôt de locomotives D, d'une remise de voitures avec chariot roulant W, d'un réservoir R et d'un quai à coke K.

612. Ce type présente l'inconvénient d'interposer les voies principales entre la gare des marchandises et les voies de garage et de triage. Cela est fort peu commode pour les manœuvres des wagons de marchandises qui doivent toujours traverser les voies principales pour subir le triage et le classement.

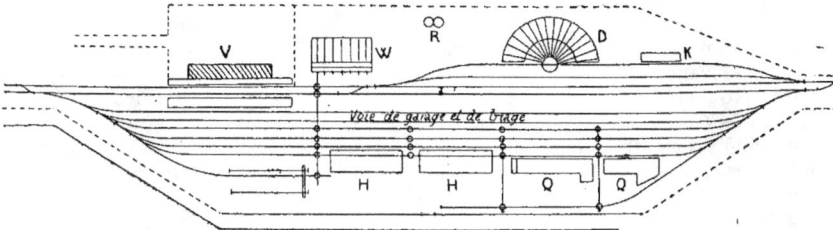

Fig. 560.

Il est donc préférable, quand on le peut, d'employer le type représenté (*fig.* 560), dans lequel tout le service des marchandises est rejeté du côté opposé au bâtiment des voyageurs. C'est le système qui doit être préféré dans toutes les gares importantes.

613. *Gabarits de chargement.* — Les gabarits de chargement sont des armatures en fer établies de manière à présenter en profil les saillies extrêmes de tous les obstacles rencontrés sur la ligne. En faisant passer sous ces gabarits les wagons chargés, on est certain que les marchandises qu'ils contiennent ne seront pas exposées à heurter les ouvrages d'art, les

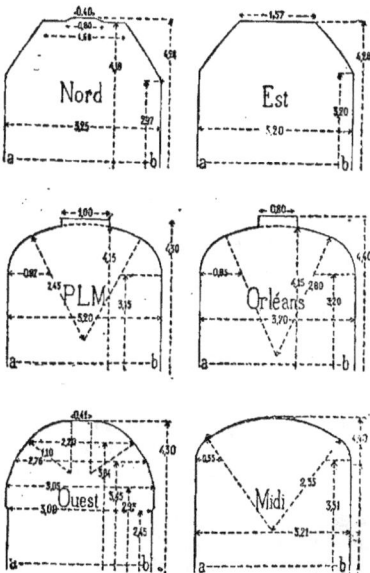

Fig. 561 à 566.

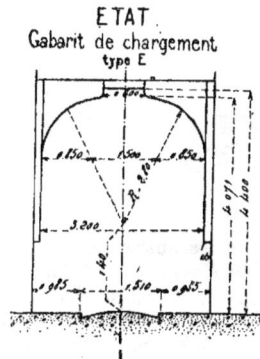

ETAT
Gabarit de chargement
type E

Fig. 567.

ponts, les signaux, etc., pour le plus grand dommage des deux.

Les gabarits ne sont pas rigoureusement les mêmes dans toutes les compagnies françaises (*fig.* 561 à 566).

La figure 567 donne celui des chemins de fer de l'État, imité de la Compagnie d'Orléans.

Les figures 568 et 569, ceux des lignes portugaises et espagnoles. Les cotes de hauteur sont prises au-dessus du rail; *ab* représente le dessus des plates-formes à environ 1ᵐ,30 du rail.

Celui des chemins de fer de l'État pèse 584 kilogrammes, et son prix de revient est de 180 francs.

614. *Gares très importantes, disposition des halles.* — Lorsque le service des marchandises est très important et que le nombre des halles et des quais augmente, il est impossible de continuer à adopter la disposition précédente dans laquelle les quais successifs sont placés au

PORTUGAIS

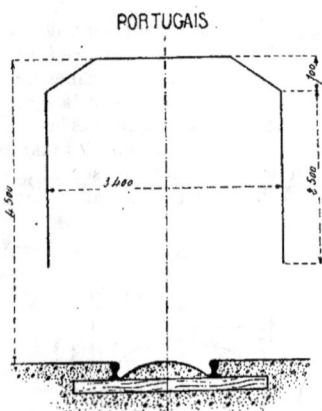

Fig. 568.

bout les uns des autres, entre la cour et les voies. On s'exposerait à faire faire un trop long parcours aussi bien aux charrettes qu'aux wagons.

On remédie à ces inconvénients en disposant les halles de différentes manières, qui sont les suivantes :

1° Halles parallèles aux voies principales ;

2° Halles normales aux voies principales ;

3° Halles en éventails ;

4° Halles en redans.

615. 1° *Halles parallèles.* — Au lieu de placer les halles et quais nécessaires à la suite les uns des autres, on ne pratique ce moyen que pour deux halles au maxi-

mum. Quant aux suivantes, on les étage sur un certain nombre de lignes parallèles aux voies principales, en les séparant alternativement par une cour et par des voies (*fig.* 570, Bercy-Nicolaï).

On reçoit les trains sur un certain nombre de voies interposées entre les voies principales et celles de la première rangée de halles. Puis, sur ces premières voies viennent se souder successivement, au moyen de branchements, tous les groupes existant entre les halles. Les

ESPAGNOL

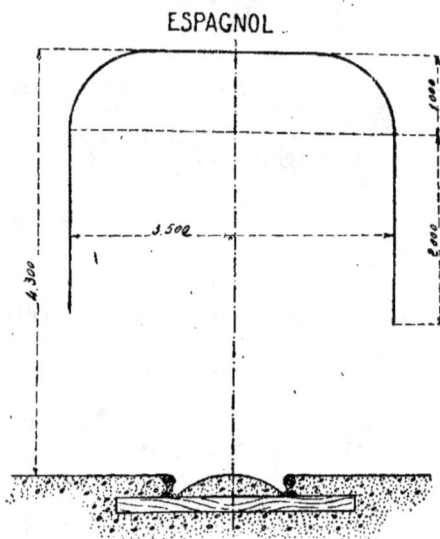

Fig. 569.

choses sont disposées de manière que chaque groupe de voies, au nombre de deux pour chaque face de quai ou quatre par groupe, dessert les halles ou quais placés de part et d'autre. Les voies les plus éloignées du quai servent aux mouvements des wagons arrivant et partant ; les plus rapprochées, au chargement et au déchargement.

Les diverses cours aboutissent elles-mêmes à une cour unique avec une bonne chaussée, de préférence pavée, où l'on a groupé tous les services nécessaires, tels que l'octroi, les écuries, etc.

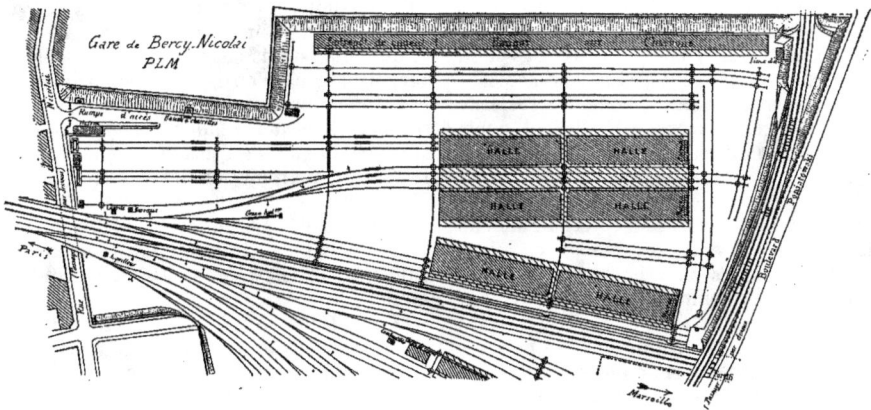

Fig. 570.

Enfin les différentes voies de quais sont reliées entre elles au moyen de voies transversales et de plaques tournantes entre chaque quai et à l'extrémité du dernier. Les quais sont spécialisés par nature de marchandises, et l'on y conduit successivement les wagons qui arrivent des premières voies; inversement, les wagons en partance sont conduits sur les voies principales par le même chemin. Avec cette disposition, la cour des marchandises présente une forme assez avantageuse, et les manœuvres peuvent se faire aisément à la machine. En revanche, la gare a l'inconvénient d'occuper une grande place en longueur; il faut donc, pour adopter ce type, que les terrains soient faciles à acquérir dans cette direction.

C'est la disposition adoptée aux gares de Conflans, Bercy-Nicolaï, etc.

616. 2° *Halles normales.* — Lorsqu'au contraire on ne peut s'étendre qu'en largeur, comme à la gare de Paris-Bercy (*fig.* 571), on dispose les halles et quais perpendiculairement aux voies principales.

Les groupes de voies, au moins au nombre de trois, se succèdent alternativement avec les cours entre les quais successifs; toutes les cours aboutissent à une cour longitudinale commune donnant sur l'entrée de la gare.

Les voies de réception des trains arrivant ou partant sont placées entre les voies principales et les abouts des quais; elles sont reliées à ces dernières, à leurs deux extrémités, au moyen d'aiguilles, et aux voies transversales par des batteries de plaques tournantes.

Mais on voit immédiatement l'inconvénient capital de ce système. On se trouve en effet dans de mauvaises conditions pour les manutentions des wagons, celles-ci ne pouvant s'effectuer que par des chevaux ou à bras d'homme à cause de l'emploi obligatoire des plaques. Tout au plus peut-on faire usage de chariots, de sorte que ce type est à éviter autant que possible toutes les fois que les acquisitions de terrains ne forceront pas à l'employer.

617. 3° *Halles en éventail.* — Le principal inconvénient des dispositions précédentes est de présenter des cours ayant partout la même largeur alors que l'encombrement des charrettes se produit toujours vers l'entrée; il y aurait donc lieu rationnellement de disposer les halles et quais en éventail, de manière à se rapprocher à une extrémité en s'écartant à l'autre.

De même, des voies desservant des files de trains à la suite les uns des autres sont exposées à être mal utilisées, car les quais les plus éloignés peuvent être obligés d'attendre que les précédents aient achevé leur manutention pour livrer passage aux wagons qui se rendent plus loin.

Un plus grand nombre de voies courtes longeant des halles en éventail supprimerait également cet inconvénient.

En pratique, il est impossible dans une grande gare d'avoir une série de halles ou quais desservis chacun par une seule voie, de sorte qu'on ne peut supprimer ce dernier inconvénient. Mais on peut très bien obvier au premier en élargissant les cours du côté de l'entrée, ce qui rend plus facile la circulation des voitures.

Une autre difficulté consiste alors à avoir des voies transversales courbes, sur lesquelles la circulation est moins facile que sur les voies rectilignes ordinaires.

618. 4° *Halles en redans.* — On supprime le second inconvénient signalé plus haut en même temps que le premier, c'est-à-dire qu'on les fait disparaître tous les deux en même temps, par l'usage des *halles en redans*.

Cela consiste à disposer les quais successifs en retraite les uns par rapport aux autres, de manière que chacun d'eux puisse être desservi par une voie spéciale complètement indépendante et qui lui est uniquement consacrée.

Chaque quai est donc en saillie sur le précédent de la largeur d'une voie, ce qui permet, en même temps, de donner à la cour la forme rationnelle d'un couloir allant en se rétrécissant à mesure qu'on s'éloigne de la porte d'entrée (*fig.* 572, gare de Pantin, Compagnie de l'Est).

Les manœuvres sont ainsi rendues plus faciles et plus rapides, aussi bien pour les

GARE DES MARCHANDISES (Départ)

Cour supérieure du Pont aux Vins

Cour intérieure du Pont aux Vins

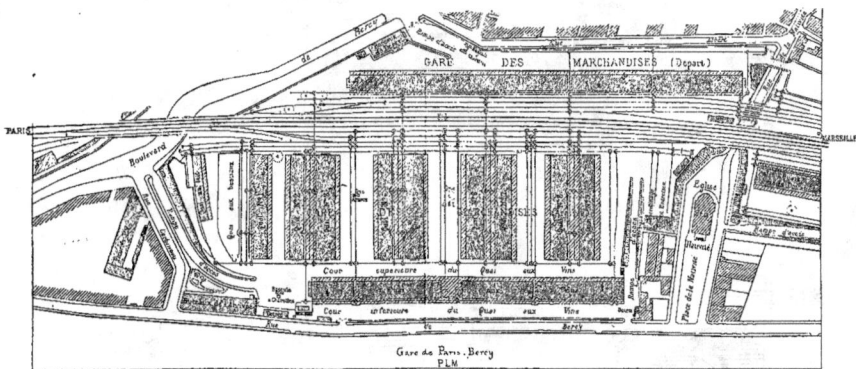

Gare de Paris-Bercy
PLM

Fig. 571.

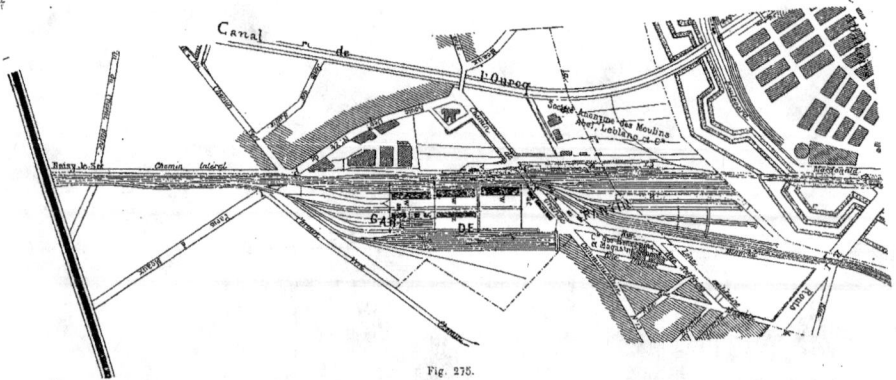

Fig. 275.

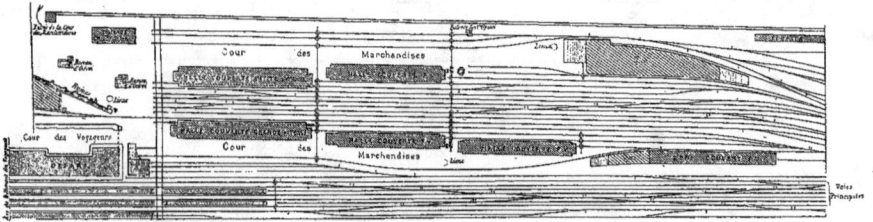

Fig. 573. — Gare de Rome (Terminus).

wagons que pour les charrettes, et l'on regagne largement l'intérêt des sommes,
évidemment un peu fortes, exigées par le
premier établissement.

Nous citerons encore comme type de
gare de ce genre la gare terminus de
Rome (*fig.* 573).

619. 5° *Quais en dents de scie et en
marches d'escaliers.* — Une autre nécessité
impérieuse au point de vue de la bonne
utilisation du personnel employé sur les
quais, aux manutentions des marchandises, est de rendre indépendantes les différentes équipes chargées de ce travail.

Nous avons déjà dit précédemment que
les wagons, généralement construits pour
porter 10 tonnes, reçoivent rarement
ce chargement dans la pratique. Il arrive
souvent qu'ils n'ont que 3 ou 4 tonnes.

De plus, les chargements déjà différents

sont encore le plus souvent constitués
par des marchandises de natures très
différentes elles-mêmes et qui exigent
des manutentions extrêmement variées.

En résumé, le temps nécessaire au

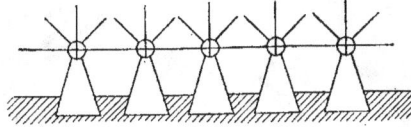

Fig. 574.

chargement d'un wagon est très variable,
et il est impossible d'arriver à terminer
dans les mêmes délais cinq ou six opérations voisines.

On évite les retards et la mauvaise uti-

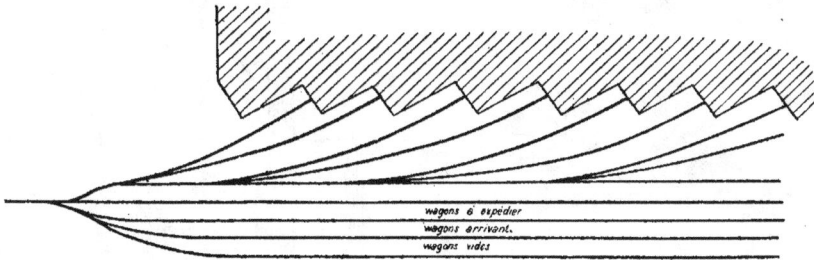

Fig. 575.

lisation correspondante des hommes par
l'usage des quais dentelés.

Ces quais se font de deux manières.

Dans le premier genre, la voie qui longe
le quai, au lieu d'être accessible seulement
aux extrémités est raccordée avec une série de voies intermédiaires au moyen de
plaques tournantes (*fig.*574). De ces plaques
se détachent, en outre, des voies de chargement et de déchargement qui vont à
peu près normalement à la rencontre du
quai. Ce dernier doit donc être taillé en
dents de scie pour permettre le chargement latéral des wagons, et c'est la méthode adoptée à la gare de Cologne-Saint-
Géréon vue précédemment.

Le raccordement des voies secondaires

peut se faire, au contraire, au moyen d'aiguilles.

Elles viennent alors obliquement à la
rencontre du quai et exigent des gradins
en véritables *marches d'escalier*. C'est encore un profil de scie, mais chaque dent
présentant une face sensiblement plus
longue que la voisine (*fig.* 575).

Ces quais, qui présentent naturellement
une utilisation bien supérieure à celle
des quais ordinaires, doivent être adoptés
spécialement dans les grandes villes pour
recevoir et débiter, par exemple, les trains
de denrées qui arrivent la nuit et doivent
être immédiatement livrées à la consommation.

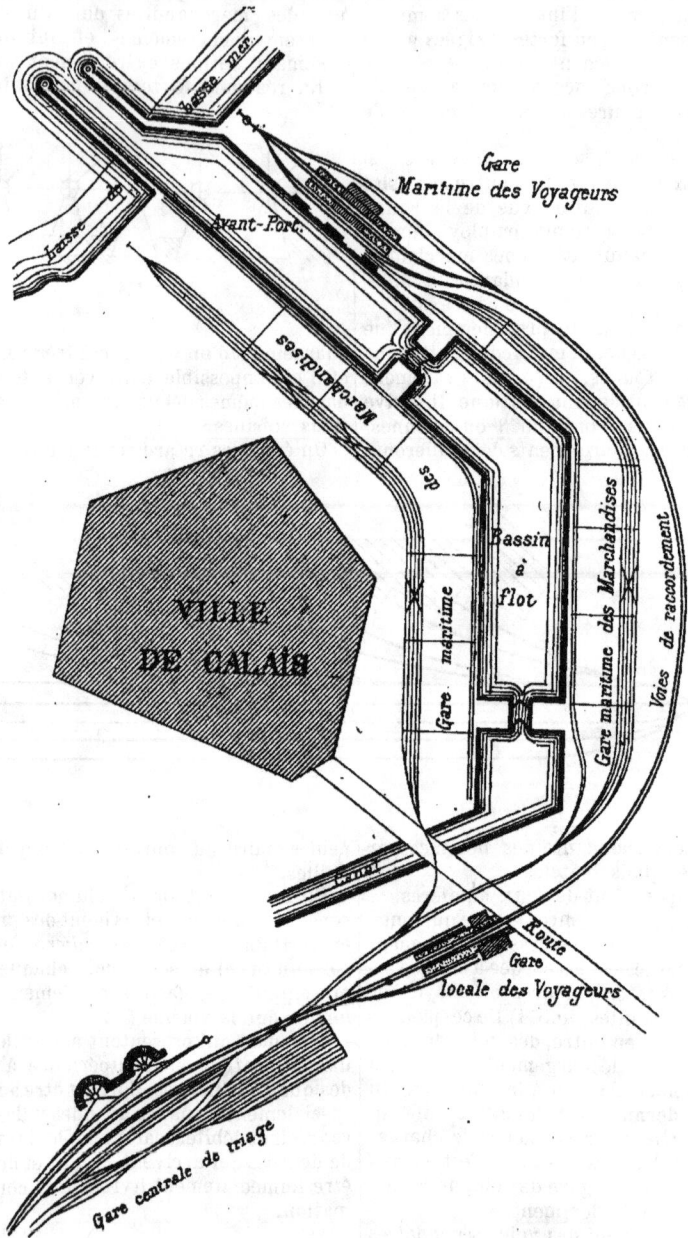

Fig. 576.

Gares fluviales et maritimes.

620. On appelle *gare fluviale* le point de concours d'une voie de fer et d'une voie d'eau, et *gare maritime* celui d'une voie de fer et d'une mer ou d'un océan. Toutes proportions gardées, les besoins sont d'ailleurs les mêmes dans les deux cas.

Il existe naturellement une grande analogie entre ces gares et les gares terminus, sauf sur quelques points spéciaux. Elles peuvent comporter, comme ces dernières, un service de voyageurs ou un service de marchandises et quelquefois les deux.

Service des voyageurs. — Ce service doit être complètement distinct de celui des marchandises, sans quoi ils pourraient se gêner mutuellement.

Les paquebots ont des heures d'entrée variables suivant les marées, l'état de la mer, etc., et ils seraient trop souvent exposés à voir la place prise par les navires de commerce en chargement ou en déchargement, dont les opérations sont beaucoup moins expéditives. L'accostage des quais doit donc se faire en des points différents, quelquefois assez éloignés l'un de l'autre.

Les installations varient naturellement suivant l'importance du service.

Sur les fleuves et les rivières où la marée ne se fait pas sentir, on a néanmoins à redouter les crues et les périodes de sécheresse. Il faut donc prévoir des installations qui permettent l'embarquement et le débarquement des voyageurs à des niveaux différents suivant les besoins. On emploie généralement des pontons flottants reliés à la rive au moyen de passerelles inclinées qui peuvent suivre le mouvement de hausse ou de baisse des eaux du fleuve.

Dans les gares maritimes, ces mouvements sont encore plus fréquents à cause des marées, et cependant les voyageurs doivent pouvoir être embarqués ou débarqués aussitôt qu'ils se présentent.

Le type de ce genre de gare est celui qui vient d'être terminé à Calais (*fig.* 576), par la Compagnie des chemins de fer du Nord pour suffire à un mouvement annuel de plus de deux cent mille voyageurs français ou anglais.

En dehors de la gare locale des voyageurs, on a installé une gare maritime avec une jetée d'accostage à trois étages, parallèle au quai. Les paliers correspondants sont reliés au moyen de larges escaliers en fer au niveau supérieur du quai. Des passerelles mobiles relient, suivant les circonstances, l'un ou l'autre de ces paliers au pont du navire.

Quant à la disposition des voies, c'est celle des gares terminus ordinaires ; leur nombre doit être suffisant pour leur permettre de faire face, aussi bien au départ qu'à l'arrivée, aux besoins des paquebots.

Enfin le bâtiment des voyageurs, en dehors des locaux appropriés aux services ordinaires, doit présenter des installations spéciales pour le service de la douane, la visite des voyageurs et de leurs bagages, un bureau de change de monnaie, quelquefois un hôtel terminus.

621. *Service des marchandises.* — Comme pour les voyageurs, les installations doivent être suffisantes ici pour permettre l'échange rapide et économique des marchandises entre la voie ferrée et le bateau, ou réciproquement. En outre les choses doivent être disposées de manière que les voies, l'outillage et le personnel correspondant ne chôment jamais, ce qui entraînerait la perte de fortes sommes. Un navire de 1 000 tonneaux représente, en effet, une dépense totale de 300 à 400 francs par jour et la *surestarie* (surtaxe payée par un capitaine qui dépasse le temps accordé pour son déchargement) atteint souvent 0ᶠ,75 par tonne et par jour.

Il y a donc lieu de disposer les voies des quais d'une manière rationnelle, afin de leur donner le maximum d'utilisation, et ensuite de bien les relier aux voies de garage et de classement de la gare centrale.

622. 1° *Voies des quais.* — La disposition de ces voies, qui doit être aussi pratique que possible, dépend de l'importance du trafic de la gare maritime.

La disposition la plus simple consiste en une voie reliée à la gare et régnant tout le long des quais à desservir. Elle reçoit les wagons en travail, c'est-à-dire en chargement ou déchargement. Une seconde voie raccordée à la précédente par deux aiguilles extrêmes sert de dégagement pour les wagons dont le travail est terminé. Généralement une troisième voie, la plus voisine du bord de quai, sert au mouvement des grues opérant les manutentions des marchandises du bateau dans les wagons, et réciproquement.

C'est le type présenté par les petites gares maritimes comme Fécamp (*fig.* 577).

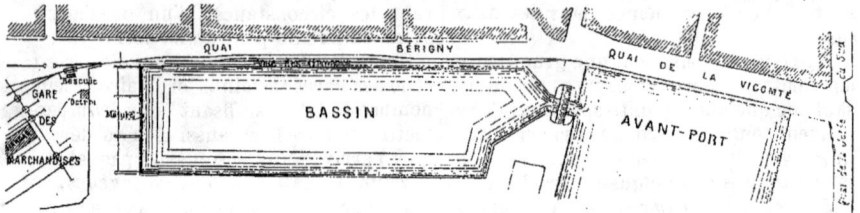

Fig. 577.

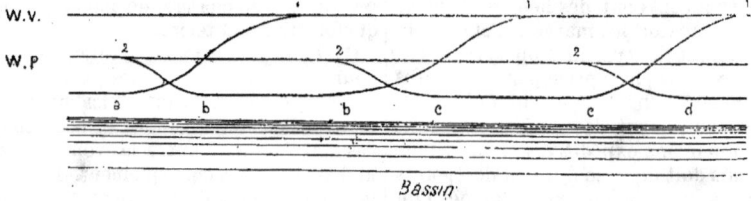

Fig. 578.

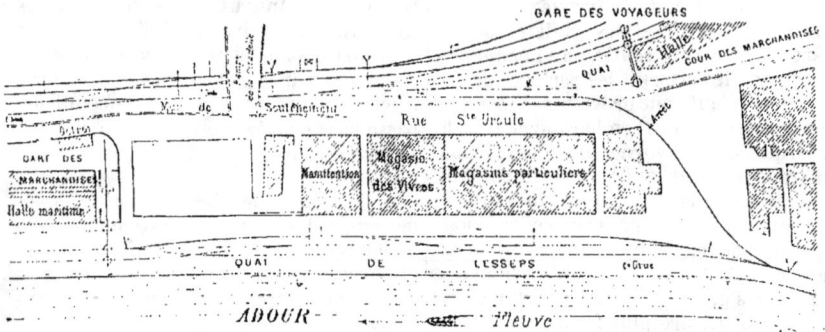

Fig. 579.

Lorsque le trafic maritime prend un peu plus d'importance, comme à Dieppe, à Bayonne, on emploie généralement trois voies parallèles au quai. La première, la plus éloignée du bord, sert aux wagons vides (WV); la seconde, aux wagons pleins (WP) (*fig.* 578). Quant aux wagons en travail, ils sont amenés sur une série de tronçons formant, par leur ensemble, une troisième voie *aa*, *bb*, *cc*, *dd*, etc., au moyen des aiguilles 1 raccordées à la voie des wagons vides. Leur travail terminé, c'est-à-dire une fois chargés, on les retourne par les aiguilles 2 sur la voie des wagons pleins.

Inversement, s'il s'agit de wagons à décharger, on les fait venir de la voie WP au bord du quai par les aiguilles 2, et ils retournent ensuite par les aiguilles 1 sur la voie des wagons vides (type gare de Bayonne (*fig.* 579).

Gares importantes.

623. Lorsque le service des marchandises est important, il y a lieu de prévoir les dispositions suivantes :

La gare doit faire aisément face aux besoins de l'embarquement et du débarquement des marchandises, opérations qui, le plus souvent, se font en même temps.

On installera donc d'abord, le plus près possible de l'arète du quai, une voie pour les grues et appareils de levage nécessaires pour les opérations de transbordement de ballots. Puis, une voie immédiatement voisine de la précédente recevra les wagons vides ou pleins, suivant le cas,

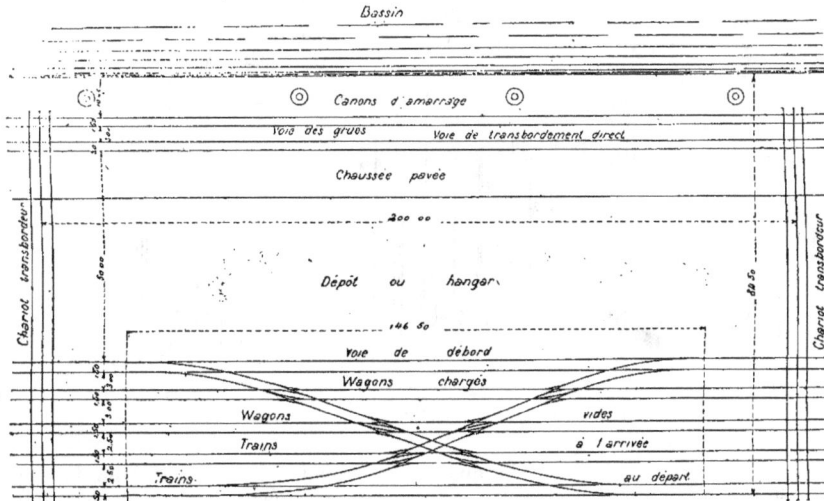

Fig. 580.

et destinés à un transbordement direct avec le bateau.

Mais, le plus généralement, les marchandises ne peuvent être ainsi transbordées directement et passer du bateau dans les wagons, et réciproquement. Elles doivent, au préalable, être déposées à terre pour y subir certaines formalités de reconnaissance, de douane, etc. Il faut donc laisser entre les voies qui les amènent et le bord du quai un certain espace, quelquefois couvert, pour y effectuer le dépôt des caisses et ballots. Une cinquantaine de mètres de largeur est ordinairement nécessaire pour cet emplacement.

Une chaussée empierrée, ou mieux pavée, dans le voisinage du bord du quai, permettra l'approche des charrettes pour l'enlèvement des marchandises débarquées. Au-delà de cet espace libre, la première voie nécessaire est une voie de débord permettant l'approche directe des camions et tombereaux.

Après celle-ci, il faut une voie pour les wagons vides, et une autre pour les wagons chargés, c'est-à-dire deux voies

pour les wagons ayant subi les manutentions qu'ils attendaient ; ce sont de
véritables voies de garage. En outre, et
pour ne pas gêner le service, il faut encore
deux autres voies permettant le station-
nement des trains qui arrivent ou qui
sont prêts à partir.

Cela fait donc en tout cinq voies au-
delà de l'emplacement de dépôt ou hangar de reconnaissance ; bien entendu,
sans compter les deux premières vues
plus haut, indispensables sur le bord du
quai. Ces dernières sont reliées aux
autres environ tous les 200 mètres, par

des chariots transbordeurs, qui sont dans
ce cas bien préférables aux plaques,
mais il faut au moins ces dernières. Le
faisceau des cinq voies est lui-même muni de bretelles obliques de traversées-
jonctions, qui établissent des communications faciles entre toutes les voies. Ces
traversées sont naturellement comprises
entre deux chariots consécutifs, car elles
ne développent pas plus de 150 mètres
entre aiguilles extrêmes.

En résumé, l'espace exigé par ces différentes voies et le terre-plein nécessaire
aux manutentions sera, au minimum, le

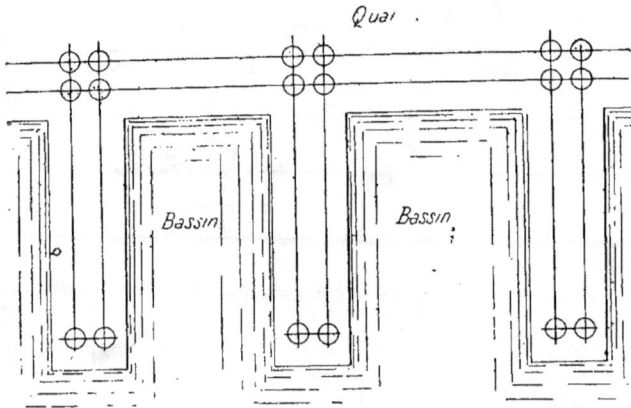

Fig. 581.

suivant, à partir de la crête du quai
(fig. 580) :

Zone libre	10m,00
Voie des grues	1 ,50
Entre-voie	3 ,00
Voie de transbordement direct	1 ,50
Dépôt ou hangar	50 ,00
Voie de débord	1 ,50
Entre-voie	3 ,00
Voie des wagons chargés	1 ,50
Entre-voie	3 ,00
Voie de wagons vides	1 ,50
Entre-voie	2 ,50
Voie d'arrivée des trains	1 ,50
Entre-voie	2 ,50
Voie de départ des trains	1 ,50
Total	**84m,50**

La largeur nécessaire est donc de 80 à
100 mètres suivant les cas et pour un
quai à une seule face.

Si le quai est double, le terre-plein de
manutention, les deux voies de crête à la
voie de débord sont seuls à doubler, les
quatre voies des trains servant pour les
deux faces du quai. C'est donc une
soixantaine de mètres au moins à ajouter
au chiffre précédent, ce qui donne un
total de 140 à 150 mètres.

Il est clair que, si les circonstances
ne l'exigent pas on pourra réduire ces dimensions, ou ne les employer qu'au fur et
à mesure des besoins.

Quais spéciaux. — Jetées.

624. Les marchandises ont quelquefois besoin d'être plus spécialisées que ne l'indique l'exemple précédent, et il est pré- férable de supprimer ou de réduire con- sidérablement l'aire de dépôt vue plus

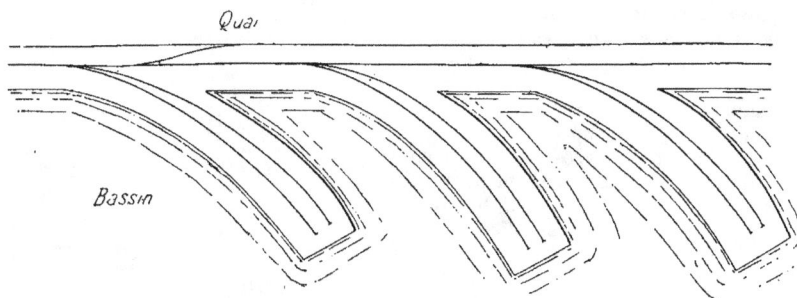

Fig. 582.

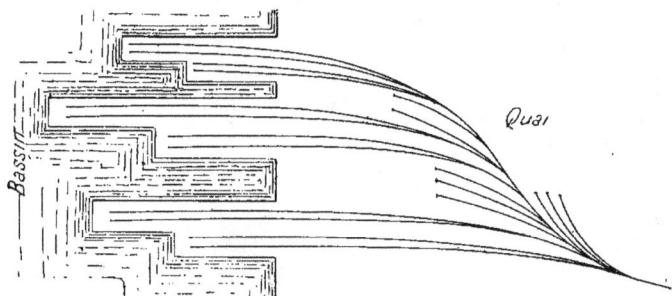

Fig. 583.

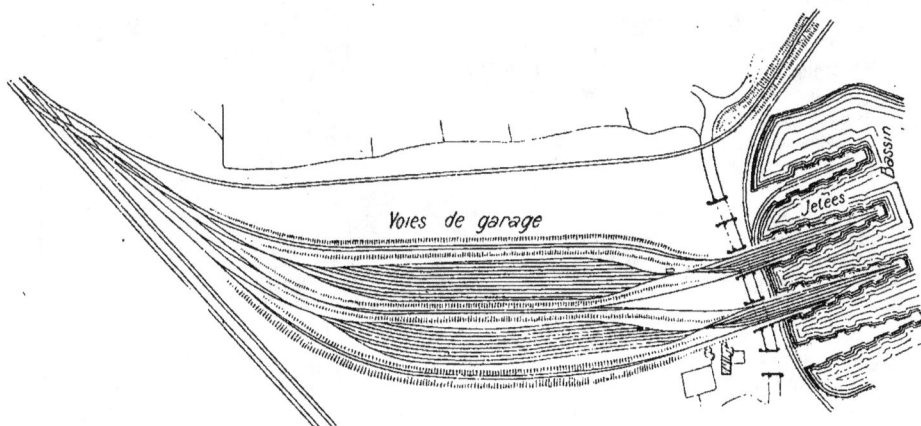

Fig. 584.

haut. On la remplace alors par des quais particuliers destinés à chaque espèce de marchandises et qui s'avancent dans les bassins de manière à pouvoir être accostés aisément sur leurs deux faces ; c'est ce qu'on appelle des *jetées*. La première manière de disposer ces jetées consistait à les poser normales à la rive. C'est, en effet, l'idée la plus simple qui vient en pareil cas, mais ce n'est pas la plus pratique.

Les voies desservant ces jetées, en effet, ne peuvent alors être reliées à celles des quais que par des plaques tournantes, ce qui rend les manœuvres excessivement lentes et pénibles. Les wagons ne peuvent, dans ce cas, être envoyés sur les voies principales qu'un à un et le plus souvent à bras d'hommes ou par le moyen de chevaux. Depuis quelques années, cependant, et dans quelques ports bien outillés comme à Marseille, et plus tard à Anvers, ces manœuvres se font par la force hydraulique. Mais, de toutes façons, l'obligation de faire passer les wagons sur les plaques les uns après les autres rend le service très long, et le procédé inapplicable dans un port à trafic très chargé (*fig.* 581).

625. Le moyen d'obvier à cet inconvénient est cependant bien simple et il a été proposé depuis fort longtemps ; à maintes reprises, les praticiens avaient signalé ce défaut et le remède à la Société des Ingénieurs civils de France, mais s'étaient constamment heurtés à la légendaire routine qui paralyse trop souvent chez nous les efforts les plus intelligents.

Enfin, aujourd'hui, la vérité a fini, comme toujours, par prévaloir, et l'on dispose les jetées obliquement par rapport à la rive (*fig.* 582).

Les voies peuvent alors se raccorder directement entre elles au moyen d'aiguilles, et l'on peut, sans perte de temps, faire amener sur les jetées des trains entiers de wagons vides ou pleins selon les besoins.

626. Il y a déjà là un grand progrès ; mais, cependant, on constate aisément que les manutentions exigées par un navire sont subordonnées à celles qui se font avant lui ; les manutentions de chargement ou de déchargement effectuées, le mouvement des trains correspondant peut être fort gêné par ce fait qu'un bateau voisin, accosté sur la même série de quais, n'a pas terminé en même temps les opérations qui le concernent.

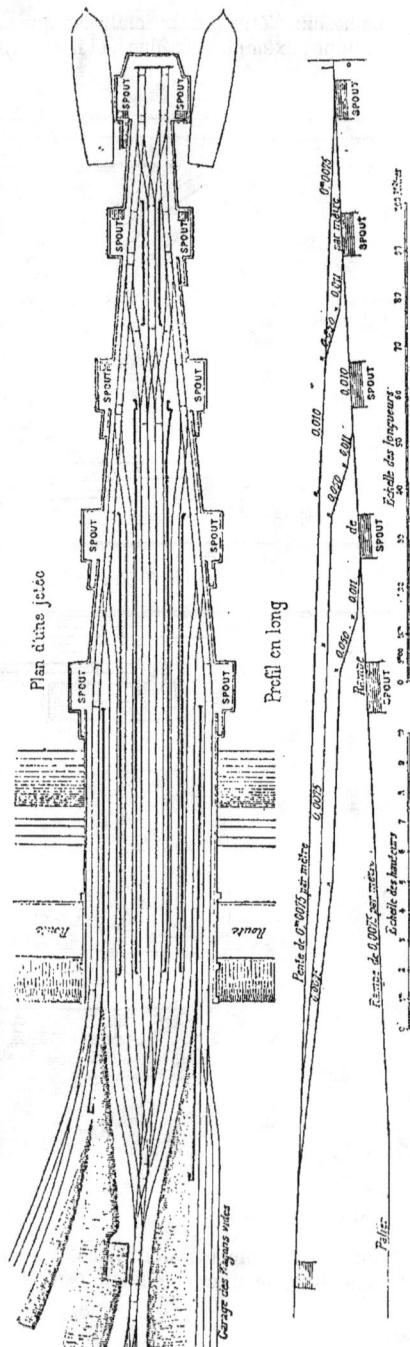

Plan d'une jetée

Profil en long

Fig. 585 et 586.

On supprime cet obstacle au moyen de quais en redans desservis par des voies spéciales, comme à Philadelphie (*fig.* 583).

627. *Gare de South-Fields.* — On peut encore employer le système des trapèzes allongés en forme de fuseau, tels qu'on les rencontre à la gare de South-Fields Tyne-doks en Angleterre (Deharme).

Cette gare est spécialement destinée à recevoir des quantités considérables de houille, et présente pour le chargement et le déchargement de ces matières des dispositions spéciales et fort pratiques que nous croyons utile de signaler à nos lecteurs (*fig.* 584 à 587).

En tête de chacune des jetées se trouve un fuseau dont les voies reçoivent les trains chargés de houille ; chaque fuseau se termine par une voie conique du côté de la jetée, et de cette voie en partent d'autres en pente de 0^m,0075 par mètre aboutissant à des appareils basculeurs à couloirs appelés *spouts* (*fig.* 586 et 587) à l'aide desquels les wagons vident directement leur contenu dans les navires.

Les wagons vides s'échappent par deux voies de ceinture en rampe de 0^m,0075 comme la précédente. L'arrivée, le vidage et le dégagement des wagons se font donc avec une grande rapidité, la gravité servant de moteur à l'aller et au retour.

L'embarquement des charbons dans ces

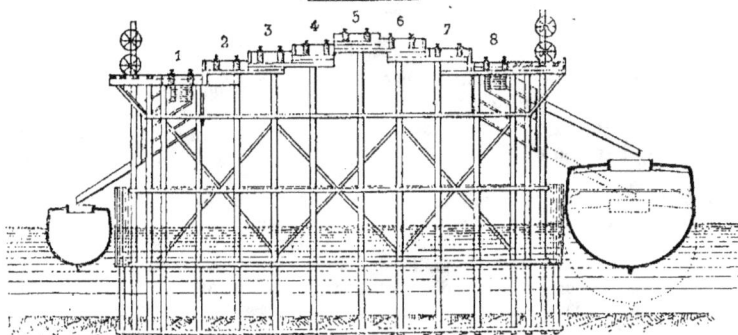

Coupe transversale d'une jetée

Fig. 587.

conditions se fait à raison de 0^f,043 la tonne.

Gares internationales.

628. Les gares frontières ou internationales doivent satisfaire à peu près aux mêmes exigences que les gares maritimes ; il y est fait, en dehors des services courants, un service de douane, un hôtel des changeurs pour la monnaie, etc., et toutes ces installations doivent être prévues naturellement pour faire face aussi bien au service des voyageurs qu'à celui des marchandises.

Quelquefois, comme à la frontière suisse, il n'y a qu'une seule gare servant de ter-

minus commun. Quand il existe à la frontière un changement de largeur de voie, comme en Espagne, où la largeur de 1^m,50 devient 1^m,72, il y a le plus souvent deux gares distinctes, une sur chaque territoire. Elles sont réunies par un tronçon commun appartenant aux deux compagnies et présentant deux voies, une pour chaque largeur.

Les trains arrivant de chaque pays conduisent ainsi leurs voyageurs et leurs marchandises jusqu'à la gare de l'autre. De là d'autres trains tout prêts les emmènent plus loin.

Pour les marchandises, chaque gare présente des installations beaucoup plus importantes pour le service d'importation que pour celui d'exportation, car ce dernier se fait comme importation dans l'autre gare au-delà de la frontière.

Embranchements industriels.

629. Les usines, manufactures, etc., qui se trouvent dans le voisinage immédiat d'un chemin de fer ont grand intérêt à se raccorder à la gare voisine au moyen d'un embranchement qui permet aux wagons de la Compagnie de pénétrer jusque dans la cour de l'usine.

Si l'éloignement de l'usine est assez grand et dépasse un kilomètre, il vaut mieux installer un petit railway économique à voie aussi étroite que possible, qui remplace les charrettes et tombereaux ordinaires, et ne pas redouter le transbordement.

Nous reviendrons plus tard sur ce sujet en traitant de la voie étroite.

D'après leur cahier des charges, les Compagnies sont tenues d'établir des raccordements pour tous les industriels qui en font la demande. La matière est, en effet, régie par l'article 62 ainsi conçu :

« ART. 62. — La Compagnie sera tenue de s'entendre avec tout propriétaire de mines ou d'usines qui, s'offrant de se soumettre aux conditions prescrites ci-après, demanderait un nouvel embranchement; à défaut d'accord, le gouvernement statuera sur la demande, la Compagnie entendue.

« Les embranchements seront construits aux frais des propriétaires des mines et d'usines, et de manière qu'il ne résulte de leur établissement aucune entrave à la circulation générale, aucune cause d'avarie pour le matériel, ni aucun frais particulier pour la Compagnie.

« Leur entretien devra être fait avec soin aux frais de leurs propriétaires sous le contrôle de l'Administration. La Compagnie aura le droit de faire surveiller par ses agents cet entretien, ainsi que l'emploi de son matériel sur les embranchements.

« L'Administration pourra à toutes époques prescrire les modifications qui seraient jugées utiles dans la soudure, le tracé ou l'établissement de la voie desdits embranchements, et les changements seront opérés aux frais des propriétaires.

« L'Administration pourra même, après avoir entendu les propriétaires, ordonner l'enlèvement temporaire des aiguilles de soudure, dans le cas où les établissements embranchés viendraient à suspendre en tout ou en partie leurs transports.

« La Compagnie sera tenue d'envoyer ses wagons sur tous les embranchements autorisés destinés à faire communiquer les établissements des mines ou usines avec la ligne principale du chemin de fer.

« La Compagnie amènera ses wagons à l'entrée des embranchements.

« Les exploiteurs ou destinataires feront conduire les wagons dans leurs établissements pour les charger ou décharger, et les ramèneront au point de jonction avec la ligne principale, le tout à leurs frais.

« Les wagons ne pourront, d'ailleurs, être employés qu'au transport d'objets et marchandises destinés à la ligne principale du chemin de fer.

« Le temps pendant lequel les wagons séjourneront sur les embranchements particuliers ne pourra excéder six heures, lorsque l'embranchement n'aura pas plus d'un kilomètre. Le temps sera augmenté d'une demi-heure par kilomètre en sus du premier, non compris les heures de la nuit, depuis le coucher jusqu'au lever du soleil.

« Dans le cas où les limites de temps seraient dépassées nonobstant l'avertissement donné par la Compagnie, elle pourra exiger une indemnité égale à la valeur de loyer des wagons, pour chaque période de retard après l'avertissement.

« Les traitements des gardiens d'aiguilles et des barrières des embranchements autorisés par l'Administration seront à la charge des propriétaires des embranchements.

Ces gardiens seront nommés et payés par la Compagnie, et les frais qui en résulteront lui seront remboursés par lesdits propriétaires.

« En cas de difficulté, il est statué par l'Administration, la Compagnie entendue.

« Les propriétaires d'embranchements seront responsables des avaries que le matériel pourrait éprouver pendant son parcours ou son séjour sur ces lignes.

« Dans le cas d'inexécution d'une ou de plusieurs des conditions énoncées ci-dessus, le préfet pourra, sur la plainte de la Compagnie, et après avoir entendu le propriétaire de l'embranchement, ordonner, par un arrêté, la suspension du service et faire supprimer la soudure, sauf recours à l'Administration supérieure et sans préjudice de tous dommages et intérêts que la Compagnie serait en droit de réclamer pour la non-exécution de ces conditions.

« Pour indemniser la Compagnie de la fourniture et de l'envoi de son matériel sur les embranchements, elle est autorisée à percevoir un prix fixe de 0ᶠ,12 par tonne pour le premier kilomètre, et en outre 0ᶠ,04 par tonne et par kilomètre en sus du premier, lorsque la longueur de l'embranchement excédera un kilomètre.

« Tout kilomètre entamé sera payé comme s'il avait été parcouru en entier.

« Le chargement et le déchargement sur les embranchements s'opéreront aux fins des expéditeurs ou des destinataires, soit qu'ils les fassent eux-mêmes, soit que la Compagnie de chemin de fer consente à les opérer.

« Dans ce dernier cas, ces frais seront l'objet d'un règlement arrêté par l'Administration supérieure sur la proposition de la Compagnie.

Tout wagon envoyé par la Compagnie sur un embranchement devra être payé comme wagon complet, lors même qu'il ne serait pas complètement chargé.

« La surcharge, s'il y en a, sera payée au prix du tarif légal et au prorata du poids réel. La Compagnie sera en droit de refuser les chargements qui dépasseraient le maximum de 3 500 kilogrammes en raison des dimensions actuelles des wagons. Le maximum sera revisé par l'Administration de manière à être toujours en rapport avec la capacité des wagons.

« Les wagons seront pesés à la station d'arrivée par les soins et aux frais de la Compagnie. »

630. D'après ces indications générales, les frais d'établissement du raccordement sont à la charge des industriels. Lorsque c'est la Compagnie qui les exécute, elle prélève une majoration de 10 0/0 comme frais généraux.

Il en est de même des frais de remise en état des lieux, lorsque le raccordement vient à être supprimé.

Les voies qui donnent passage seulement aux wagons doivent présenter un rayon minimum de 100 mètres. Si elles doivent être parcourues par les locomotives, il ne faut pas descendre au-dessous de 200 mètres.

Les pentes et rampes ne doivent pas être supérieures à 20 millimètres par mètre.

La mise en service de l'embranchement doit être précédée d'un procès-verbal de récolement par les agents de la Compagnie. On ne peut établir ni modifier aucune voie sans autorisation préalable de la Compagnie.

Les bords des quais de chargement ou de déchargement doivent être placés à 1ᵐ,60 de l'axe de la voie adjacente. Le dessus des quais ne doit pas être à plus de 2 mètres au-dessus du niveau du rail.

La Compagnie se couvre par une redevance annuelle des frais d'entretien et de renouvellement du matériel.

Les travaux en dehors de la clôture de la gare sont exécutés et entretenus par les voies et aux frais de l'industriel sous la surveillance des agents de la Compagnie.

Quelquefois les Compagnies se réservent le droit de se servir pour leur propre usage, et gratuitement, de la voie d'embranchement sans nuire au service de l'industriel.

631. Pour terminer ce chapitre, et faciliter la tâche à nos lecteurs qui pourraient avoir des embranchements industriels à construire, nous donnons ci-dessous le projet de traité en cours dans ce cas à la Compagnie du chemin de fer de Lyon.

Chemins de fer de...

Ligne de

TRAITÉ

POUR L'ÉTABLISSEMENT D'UN EMBRANCHEMENT PARTICULIER

Entre les soussignés :
La Compagnie des chemins de fer de dont le siège est à représentée par M. son Directeur, stipulant au présent sous réserve de la ratification du Conseil d'Administration, d'une part;
Et d'autre part ;
Il a été expliqué et convenu ce qui suit:
  demandé à la Compagnie du chemin de fer de l'autorisation d'établir un embranchement particulier
Cet embranchement prendrait naissance
Il aurait pour objet de mettre en rapport avec le chemin de fer
La Compagnie du chemin de fer, après avoir reconnu l'utilité de cet embranchement et s'être assurée qu'il pouvait être établi dans des conditions techniques convenables, en a autorisé la construction conformément à l'article 62 de son cahier des charges, sous les conditions suivantes :

ARTICLE PREMIER. — L'embranchement sera

établi conformément au plan et aux profils annexés au présent traité.

L'embranchement se raccordera

Il comportera:

Une voie d'embranchement...

ART. 2. — Pour toutes les voies nouvelles que l embranché pourrai avoir à établir en prolongement de celles ci-dessus décrites, comme aussi pour toutes les modifications qu' désirerai apporter à ces dernières, à quelque époque que ce soit, ser tenu de se conformer aux conditions suivantes:

Pour toute voie ou portion de voie sur laquelle la traction des wagons sera faite par machine, le rayon des courbes sera au moins de deux cents mètres (200ᵐ); sur les autres, il ne sera pas inférieur à cent mètres (100ᵐ).

La déclivité ne sera, dans aucun cas, supérieure à vingt mètres (20ᵐ) par kilomètre.

Le profil en travers du chemin de fer d'embranchement présentera, au niveau du rail, une largeur d'au moins trois mètres vingt-cinq centimètres (3ᵐ,25) pour une voie, non compris les fossés dans les tranchées et les gares pour les piétons.

Dans la partie à deux voies la largeur de l'entre-voie sera, au moins, d'un mètre quatre-vingts centimètres (1ᵐ,80).

La largeur des accotements sera d'un mètre (1ᵐ), au minimum. Dans les parties en remblai, les talus auront, au moins, trois mètres (3ᵐ) de base pour deux mètres (2ᵐ) de hauteur.

Aucune voie nouvelle ne pourra être établie ni aucune voie ancienne modifiée sans autorisation préalable de la Compagnie.

A cet effet, l embranché fournir à la Compagnie du chemin de fer un plan suffisamment coté pour qu'il soit possible de reconnaître le rayon des courbes. Ce plan sera accompagné du profil en long des voies, ou, du moins, portera des cotes d'altitude du rail à chaque changement de déclivité. Ces pièces resteront entre les mains de la Compagnie du chemin de fer.

ART. 3. — Aucune voie nouvelle ni aucune voie modifiée ne pourra être mise en service avant d'avoir fait l'objet d'un procès-verbal de récolement contradictoire entre les agents de la Compagnie du chemin de fer et ceux d

ART. 4. — barrière de mètres ( ) d'ouverture ser établi à de l'origine de l'embranchement et des clôtures en treillage, faisant suite à ce barrière , se raccorderont avec les clôtures du chemin de fer, de manière à isoler les voies de l'embranchement des voies et dépendances du chemin de fer.

ART. 5. — Le profil en travers du chemin de fer d'embranchement sera déterminé conformément aux conditions générales ci-dessus

rappelées, pour tout ce à quoi il n'est pas dérogé par les indications spéciales du plan joint au présent traité.

ART. 6. — La largeur de la voie, entre les bords intérieurs des rails, sera d'un mètre quarante-cinq centimètres (1ᵐ,45).

Les voies de l'embranchement devront présenter une résistance équivalente à celle des voies principales du chemin de fer, dans les parties susceptibles d'être parcourues par les machines; sur le reste de l'embranchement, les voies présenteront la même résistance que les voies de gare qui se trouvent dans des conditions analogues.

ART. 7. — Le bord des quais de chargement ou de déchargement sera placé à un mètre soixante centimètres (1ᵐ,60) de l'axe de la voie adjacente. Toutefois, dans le cas où les quais seraient placés au droit de parties de voies en courbe, cette distance serait modifiée, pour tenir compte du devers de la courbe, de telle sorte qu'il y ait toujours un mètre soixante centimètres (1ᵐ,60) de largeur de passage entre l'axe des véhicules et le bord des quais. Le dessus des quais de chargement ne sera pas à plus de deux mètres (2ᵐ) au-dessus du niveau du rail.

ART. 8. — La location du terrain occupé par l'embranchement dans l'enceinte du chemin de fer fera l'objet d'un bail d'autre part.

ART. 9. — La Compagnie du chemin de fer établira et entretiendra, sous les réserves indiquées ci-après, les appareils et voies dont le détail suit :

barrière de mètres ( ) d'ouverture, fermant à clef, ainsi que la clôture destinée à isoler la ligne du chemin de fer des installations d embranché ;

arrêt mobile posé à l'extérieur de la clôture, sur la voie d'embranchement, à mètres ( ) de la barrière, afin d'empêcher les wagons de pénétrer inopinément sur la voie;

appareil d'enclanchement rendant solidaire le signa et l aiguille de l'embranchement.

ART. 10. -- La Compagnie du chemin de fer sera couverte de ses dépenses, en ce qui concerne la fourniture et la pose du matériel, les terrassements, maçonneries, ballastage, frais d'étude, etc., par le remboursement de la dépense produite sur facture, et évaluée approximativement dès aujourd'hui à

y compris une majoration de dix pour cent (10 0/0) pour frais généraux.

Avant tout commencement des travaux, l embranché devr verser entre les mains du chef de section ladite somme de

à titre de provision et sauf règlement ultérieur.

Art. 11. — En ce qui regarde les frais d'entretien et de renouvellement du matériel, de manœuvre des appareils, etc., la Compagnie du chemin de fer sera couverte par le payement d'une redevance annuelle de
composée comme suit :

1° Entretien et renouvellement des voies et appareils détaillés ci-dessus :

2° Manœuvre des aiguilles, disques, barrières, arrêts mobiles, graissage des divers appareils, éclairage des signaux, etc.

Total pareil . . .

Cette redevance a été évaluée en supposant l'embranchement desservi journellement par

La redevance annuelle de
sera payable par semestre et d'avance, les premier janvier et premier juillet. Elle sera due :

1° En ce qui concerne l'entretien et le renouvellement des voies et appareils, à dater du jour où ces appareils seront posés et prêts à être mis en service ;

2° En ce qui concerne la manœuvre et le graissage des appareils, l'éclairage des signaux, à dater du jour de l'ouverture de l'embranchement.

Art. 12. — Tous les autres travaux à faire pour prolonger l'embranchement au-delà de barrière , tels que terrassements, ouvrages d'art, ballastage, voies, y compris fourniture du matériel, etc., seront exécutés et entretenus par les soins et aux frais de embranché sous la surveillance des agents de la voie de la Compagnie du chemin de fer.

Art. 13. — L embranché devra remplir les formalités nécessaires pour obtenir de qui de droit l'autorisation de traverser ou de modifier, s'il est besoin, les chemins coupés par l voie de l'embranchement.

Art. 14. — L'embranchement. . . .

Art. 15. — Cet embranchement est exclusivement affecté au transport. . . . .
. .

Art. 16. — L embranché ser soumis à toutes les prescriptions de l'article 62 du cahier des charges de la Compagnie du chemin de fer, en date du 11 avril 1857, notamment en ce qui concerne la location des wagons.

Il ser également soumis à toutes les conditions des tarifs spéciaux de ladite Compagnie, homologués par l'Administration supérieure.

Toutefois, la Compagnie du chemin de fer sera dispensée de l'avertissement spécial qu'elle devrait donner a embranché conformément aux prescriptions des articles 62 du cahier des charges et 7 du tarif spécial n° 31, dans le cas où le séjour des wagons sur l'embranchement dépasserait les limites de temps fixées par lesdits articles, de sorte que, par la seule expiration desdits délais, l embranché ser en demeure, dans les termes de l'article 1139 du Code civil. Dans ce cas, il sera perçu pour chaque période ou fraction de période de retard une taxe de 12 centimes (0f,12) par tonne, calculée sur le chargement complet du wagon.

Art. 17. — L embranché ser responsable de toutes les avaries et dégradations que pourront éprouver les wagons depuis le moment où ils auront été livrés jusqu'à celui où ils seront rendus. En conséquence, l'état des wagons sera constaté contradictoirement à l'entrée et à la sortie de l'embranchement, et les frais de l'avarie reconnus imputables à embranché seront payés par

Art. 18. — Lorsque l'une ou l'autre des parties jugera utile à ses intérêts de faire procéder à la reconnaissance de tout ou partie des marchandises à destination ou en provenance de l'embranchement, la reconnaissance aura lieu sur l'embranchement. Les frais de cette opération seront à la charge d embranché qui devr , en conséquence, rembourser à la Compagnie du chemin de fer le traitement de l'agent de cette Compagnie préposé à ladite reconnaissance.

Ce remboursement sera fait en tenant compte du déplacement de l'employé chargé de la reconnaissance, à raison de cinquante centimes (0f,50) par heure ou fraction d'heure passée sur l'embranchement et employée à se rendre de son lieu de travail ordinaire audit embranchement et à en revenir.

Art. 19. — L embranché ser soumis, sans indemnité, à toutes les modifications qui pourraient l être prescrites par l'Administration et même à la suppression de embranchement si cette suppression était jugée nécessaire.

Dans le cas où il voudrai même supprimer embranchement, il devrai en prévenir la Compagnie du chemin de fer au moins trois mois à l'avance.

Lorsque, pour une cause quelconque, l'embranchement viendrait à être supprimé, les matériaux qui ont servi à la construction de la partie de l'embranchement située en dedans des clôtures du chemin de fer seront laissés à la disposition de embranché , ou bien repris, sur demande, par la Compagnie du chemin de fer, mais à la charge, en tout cas, par embranché , de rembourser les frais que la Compagnie du chemin de fer aura été obligée de faire pour l'enlèvement de ces matériaux et pour la remise des lieux en l'état primitif, lesdits frais étant également majorés de dix pour cent (10/0) pour frais généraux.

Art. 20. — L'embranchement ne sera mis en service qu'après la réception des travaux par les ingénieurs chargés du contrôle de la ligne. Cette réception sera faite en présence des agents de la Compagnie, ou eux dûment convoqués. Elle sera constatée par procès-verbal en double expédition.

Art. 21. — Les clefs d barrière et d arrêt mobile resteront en permanence entre les mains de l'agent de la Compagnie du chemin de fer chargé des manœuvres.

Fait double, à Paris, le

Approuvé suivant décision du Conseil d'Administration en date du

Le Directeur de la Compagnie,

632. En résumé, cet embranchement est toujours formé d'une voie spéciale se rendant à l'usine et raccordée à l'une des voies de service de la gare. Ce raccordement se fait soit par une plaque tournante, soit, ce qui vaut mieux quand c'est possible, par une aiguille. Cette dernière a toujours l'avantage de simplifier les manœuvres et de permettre au besoin le passage d'une voie sur l'autre d'un train entier.

L'embranchement se rendant à l'usine doit être autant que possible en rampe dans la direction de la gare. Un accident pourrait sans cela facilement arriver par suite de l'emploi inattendu, sur les voies courantes du chemin de fer, d'un wagon ou d'un train descendant de l'usine sous l'effet de la gravité, du vent ou d'une mauvaise manœuvre.

Lorsque cela est impossible à cause de la configuration du sol, il faut toujours, au moins, placer à l'entrée de la gare et branchée sur la voie de raccordement, une petite longueur de voie en cul-de-sac; la rampe est terminée par un heurtoir en terre. Le contrepoids de l'aiguille de cette voie dite de *sécurité* est toujours cadenassé de manière à ce que normalement les wagons descendant de l'usine s'engagent sur ce tronçon et ne poursuivent pas leur chemin en gare.

L'entrée en gare doit se faire au moyen d'une porte ménagée dans la clôture, ayant 4^m,50 au moins de largeur. A l'intérieur de la gare et près de cette porte se trouve un taquet d'arrêt cadenassé. Les clefs de la porte et du taquet restent constamment entre les mains du chef de gare ou de l'agent chargé des manœuvres, mais jamais ne se trouve en la possession de l'industriel raccordé. En outre, pour plus de tranquillité, les arrivées ou départs de wagons ne se font qu'à certaines heures arrêtées d'un commun accord entre les parties intéressées.

REMISE DES MACHINES, DÉPOTS, ATELIERS

633. Comme nous l'avons déjà dit, il est indispensable d'établir de temps en temps sur le parcours de la ligne des dépôts pour les locomotives en service courant, ou celles de réserve et de secours. On y adjoint toujours un atelier de réparations plus ou moins important.

Ces dépôts ou remises de machines sont situés dans les gares principales à une distance d'environ 100 kilomètres.

Chaque dépôt est sous la direction immédiate d'un chef de dépôt, qui dépend du service de la traction. Ils surveillent l'entretien toujours si délicat des machines et sont chargés, en outre, des petites réparations des locomotives, tenders et matériel roulant. Ils ont autorité sur tout le personnel spécial: mécaniciens, chauffeurs, chefs de manœuvres, graisseurs, monteurs, nettoyeurs, etc.

Dans les dépôts importants, on leur adjoint un ou plusieurs sous-chefs qui les aident dans leurs fonctions, et au besoin les remplacent.

Les chefs et sous-chefs de dépôt sont logés dans les bâtiments de la gare. Outre la surveillance et l'entretien des machines, ils doivent ordonner le service de chaque machine et renvoyer immédiatement dans un atelier spécial les locomotives ou wagons qui exigeraient une réparation trop importante au-dessus des moyens de leur atelier local.

Ils surveillent aussi les machines fixes

d'alimentation, dirigent le service des mécaniciens et chauffeurs, et remplissent au besoin les fonctions de mécanicien pilote, par exemple en cas de secours. Ce sont eux qui font passer les examens aux candidats mécaniciens.

Dans certains dépôts indiqués d'avance par le chef de service, le chef ou sous-chef de dépôt doit être présent au passage de chaque train afin de s'assurer que la machine peut fournir le travail qu'elle a encore à faire.

Les dépôts sont placés de préférence dans les grandes villes points de concours de plusieurs lignes ou, à défaut, dans les bifurcations. Il en faut, en outre, quoique de moindre importance, dans toutes les gares terminus, même les plus petites des fonds de vallées, en pays de montagnes. Dans ce dernier cas, en effet, un train peut facilement tomber en détresse, et une machine de secours doit lui être envoyée immédiatement. On a pour cela de petits dépôts ou *réserves* espacés de 20 à 30 kilomètres au plus.

634. *Choix de l'emplacement.* — La gare fixée pour recevoir un dépôt, le choix de son emplacement est une chose assez importante. Il faut de préférence le mettre sur une partie de la gare en déblai afin de pouvoir assurer de bonnes fondations au pont tournant, au chariot, aux fosses à piquer le feu, etc., qui l'accompagnent toujours.

Lorsque les nécessités obligent de le mettre en remblai, il faut bien surveiller ces fondations, celles du pont tournant en particulier, car il suffit d'un tournant insignifiant du sol pour le mettre hors de service.

Dépôts secondaires.

635. Le dépôt le plus simple est un bâtiment abritant une voie sur laquelle les

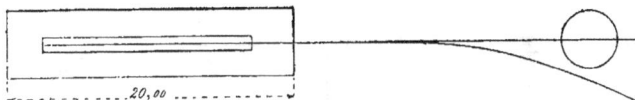

Fig. 588.

machines se placent au bout les unes des autres au nombre de deux au maximum. La dernière exige en effet que l'on dérange la première pour sortir à son tour.

Un bout de voie en cul-de-sac muni du pont tournant sert au retournement des machines qui arrivent et sont obligées de se remettre cheminée en tête pour repartir (*fig.* 588).

Lorsque le nombre des machines dépasse deux, on est obligé de les mettre sur deux rangs au moyen de voies parallèles raccordées par des aiguilles.

Une fosse à piquer le feu de 20 mètres de largeur moyenne règne sous chaque machine pour permettre d'en visiter les dessous et de faire tomber le feu. Les voies doivent être espacées de 4^m,50 à 5 mètres d'axe en axe afin de permettre une circulation facile entre les machines, leur examen, leur nettoyage, etc. (*fig.* 589).

Sur le côté du bâtiment se trouvent trois annexes: un petit atelier de réparations avec les outils indispensables, forge, enclume, un ou plusieurs étaux, un petit tour ;

Un bureau pour le chef de dépôt ;

Un magasin d'approvisionnement et de pièces de rechange.

Le pont tournant doit toujours être au dehors sur une voie spéciale, distincte de la voie d'entrée afin de ne pas empêcher la sortie des machines en cas d'avarie.

Un quai à combustible doit être également placé de préférence le long d'une voie spéciale, la même que celle du pont tournant par exemple, afin de dégager la voie de sortie.

Enfin l'alimentation des machines en eau se fait au moyen de grues hydrauliques placées de deux en deux voies, de manière que chacune d'elles desserve les deux voies voisines. Ici il n'y en a qu'une entre les deux voies d'entrée du dépôt.

Le réservoir doit être le plus près possible de ce dépôt qui est le grand consommateur d'eau. Cependant il y a lieu de le
reléguer dans un coin de la gare où il ne
soit pas une gêne dans l'avenir si l'on
vient à augmenter le nombre des voies.

En résumé, le bâtiment du dépôt présente une longueur de 17ᵐ,50 à 21ᵐ,50, et
une largeur de 4ᵐ,50 à 5 mètres par machine. Mais cette disposition n'est pratique que jusqu'à un nombre de machines
ne dépassant pas six. Sans cela, le raccor-

dement extérieur des différentes voies
parallèles exige un développement très
important qui augmente considérablement la surface de la gare.

Il a donc fallu songer rapidement à
employer d'autres dispositions.

Celles-ci sont au nombre de deux :

1° Les dépôts rectangulaires comme les
précédents, mais desservis par un chariot
roulant ;

2° Les dépôts circulaires ou rotondes,
aujourd'hui les plus employés.

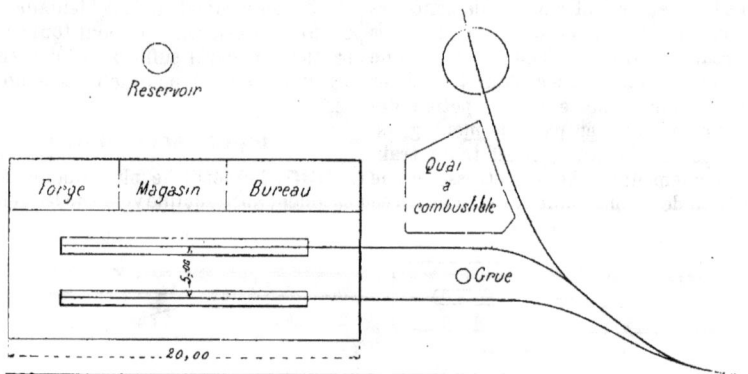

Fig. 589.

Dépôts rectangulaires importants.

636. Lorsque le nombre des locomotives dépasse six, avons-nous dit, il faut
une autre disposition que la précédente.
Si l'on veut conserver la forme rectangulaire du bâtiment, on dispose les machines sur chacun des longs-pans et perpendiculairement au grand axe du hangar. Un chariot roulant central, placé
dans l'axe et entre les deux rangées de
locomotives, dessert le dépôt d'un bout à
l'autre et permet d'amener au dehors et
réciproquement une machine quelconque.
Tel est le dépôt de Caen (*fig.* 590), celui
de Béziers, de Châlons, etc.

On remarquera que chacune des voies
intérieures aboutissant au chariot peut
recevoir deux et quelquefois trois machines, quand on est gêné pour donner

au dépôt du développement en longueur.

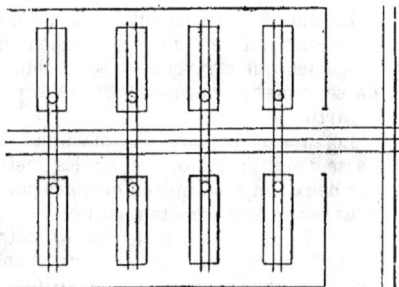

Fig. 590.

Dans le cas contraire, il est préférable de
n'en mettre qu'une afin de faciliter le ser-

vice. Telle est la grande remise de la gare de la Chapelle au chemin de fer du Nord (*fig.* 591).

Enfin, pour les dépôts moins importants que les précédents ou bien pour ceux dont l'étendue en longueur est plus facile, on ne met qu'une rangée de machines le long d'un chariot transbordeur qui peut alors être en dehors du hangar, ce qui procure une économie importante sur ce dernier (*fig.* 592, dépôt de Tarbes).

On obtient, au moyen de ces remises rectangulaire, sun très bon service et une bonne utilisation de la place dont on dis-

Fig. 591.

pose. Il faut seulement avoir soin de donner d'excellentes fondations au chariot roulant, car tout dépend de lui. Un chômage de cet appareil entraîne l'immobilisation de toutes les machines du dépôt.

Dans tous les cas, on peut faire face aux accidents qui peuvent arriver au chariot lui-même, au point de vue mécanique, en prolongeant la voie qui le porte au-delà du bâtiment. On laisse là au repos un chariot supplémentaire prêt à fonctionner immédiatement en cas de dérangement du premier. Il est incontestable néanmoins que c'est là une dépense supplémentaire importante, et à laquelle on se résout rarement. En outre, elle ne dispense pas de soigner exceptionnellement les fondations du chariot.

L'entrée et la sortie des machines peuvent se faire soit par l'extrémité du dépôt, soit par le milieu. Ce dernier moyen permet de réduire le chemin à parcourir par le chariot.

Un pont tournant est toujours une chose indispensable, en dehors de la remise,

sur une voie annexe, afin de pouvoir retourner les locomotives dans une direction quelconque.

Dépôts circulaires.

637. Dans les dépôts circulaires, les machines sont disposées suivant les rayons

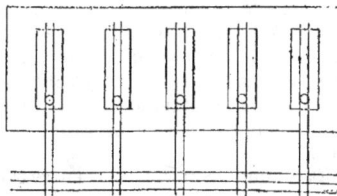

Fig. 592.

d'un cercle dont le centre est occupé par un pont tournant pouvant servir à toutes les locomotives du dépôt. L'emplacement occupé par les machines doit être forcément couvert, mais celui de la plaque centrale ne l'est pas toujours : d'où deux sortes de dépôts circulaires, ceux qui sont entièrement clos et ceux où la plaque centrale est à découvert.

Enfin le cercle n'est pas forcément complet : il peut se réduire à un demi-cercle ou à une portion quelconque d'anneau. Lorsque le cercle est entier, le dépôt prend le nom de *rotonde*. Le demi-cercle s'appelle aussi quelquefois une *demi-rotonde*.

638. *Rotonde complète à plaque couverte.* — Lorsque la plaque centrale est couverte, cela implique forcément l'idée de manœuvres fréquentes pendant lesquelles on ne peut laisser les machines et le personnel exposés aux intempéries. On n'adopte ce système que dans le cas de rotondes entières contenant un nombre respectable de machines.

Au chemin de fer de Paris-Lyon-Méditerranée, où l'on est cependant moins qu'ailleurs exposé à un mauvais climat, ce type s'emploie de préférence, presque à l'exclusion de tout autre.

Il y a un autre motif qui exige un grand nombre de machines pour adopter la rotonde entièrement couverte, c'est la place perdue qui est d'autant plus importante que le rayon est plus petit. Deux machines voisines disposées suivant le rayon et présentant un écartement minimum obligatoire du côté le plus rapproché du centre, vont naturellement en s'écartant du côté opposé et présentent là un espacement bien plus considérable ; et cette différence est d'autant plus accentuée que le rayon de la rotonde est plus faible. A mesure que ce rayon augmente, en effet, le trapèze, qui reste ainsi libre entre les machines, se rapproche de plus en plus du rectangle, les locomotives tendant elles-mêmes à se rapprocher du parallélisme.

Et comme ces rotondes à centre couvert coûtent naturellement fort cher, il est important de ne pas avoir en pure perte une grande surface inutilisée ; le prix de l'ensemble se répartira alors plus avantageusement sur un nombre important de machines.

Ajoutons enfin qu'avec une petite rotonde il faut toujours, comme avec une

grande, sacrifier une et quelquefois deux voies pour l'entrée et la sortie ; si la rotonde ne contient que sept à huit places, il y en a immédiatement une ou deux de sacrifiées, et les inconvénients que nous venons de signaler se manifestent alors avec leur maximum d'intensité (*fig.* 593).

Il peut ainsi facilement arriver, dans une petite rotonde pour huit machines, par exemple, que la surface utile n'atteigne pas le quart de la surface totale, ce qui est loin d'être avantageux.

639. D'un autre côté, quand le nombre

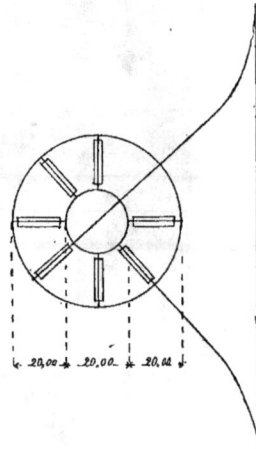

Fig. 593.

des machines augmente, la surface des trapèzes intermédiaires diminue bien, mais la surface centrale à couvrir en pure perte augmente en même temps. Pour une rotonde de trente-six locomotives, par exemple, il faut une cour intérieure de 60 mètres de diamètre, alors que dans le cas précédent 20 mètres suffisaient. Comme il faut ménager encore 20 mètres de largeur d'anneau pour loger les machines, ces 20 mètres ajoutés de chaque côté aux 60 mètres précédents donnent à la rotonde entière un diamètre total de 100 mètres. La surface inutile correspondant à la plaque centrale devient alors le tiers de la surface utile, comme on pourrait s'en rendre compte par un calcul fort simple. Cette solution n'est alors plus praticable.

On pallie en partie, dans ce cas, ce mauvais résultat en utilisant la zone annulaire de 20 mètres voisine de la plaque pour y placer une seconde couronne de machines en dépôt. On ne peut cependant se servir de toutes les voies de la première zone, car elles ne laisseraient pas dans la partie la plus rapprochée du centre l'espace minimum de $4^m,50$ qui doit exister entre deux locomotives voisines : on ne les utilise donc pas toutes, mais de deux en deux par exemple, et en général seulement lorsqu'elles présentent cet écartement indispensable. La rotonde reçoit alors deux machines sur un certain nombre de voies. Ainsi, à la Compagnie de Lyon, on met sur un second anneau un nombre de machines moitié du nombre de la couronne extérieure (*fig.* 594).

Mais on retombe alors dans l'inconvénient cité plus haut à propos des petites remises rectangulaires.

Les machines du second rang ne peuvent servir qu'en chassant devant elles celles du premier.

640. *Dépôts avec plaque découverte.*

— En somme, les dépôts à plaque couverte offrent l'avantage de permettre

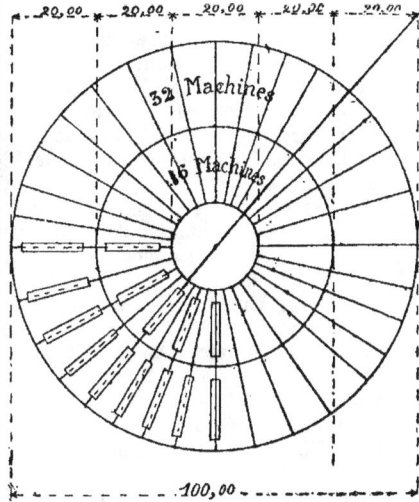

Fig. 594.

de faire à l'abri les manœuvres ; ils conservent mieux la chaleur, et la surveil-

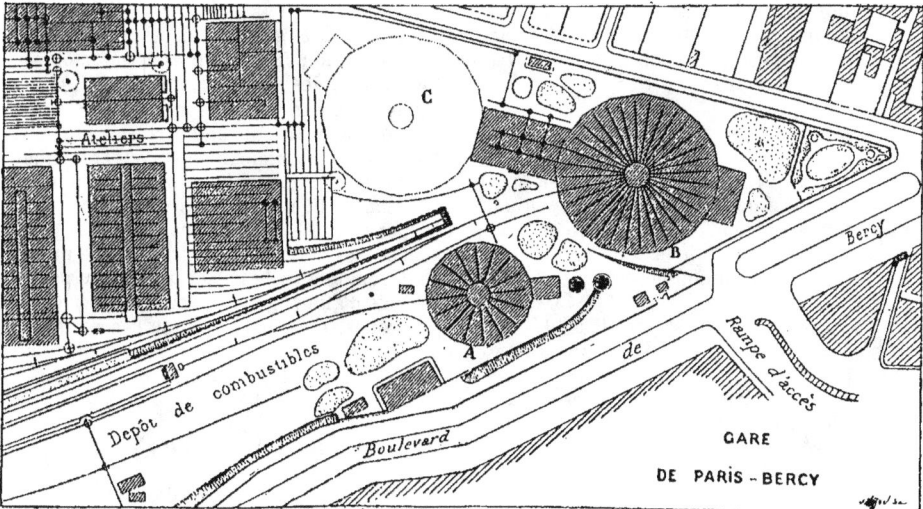

Fig. 595.

lance y est plus facile. lls présentent, par contre, un certain nombre d'inconvénients, au premier rang desquels il faut compter leur prix élevé et disproportionné avec les services rendus.

Aussi, le plus généralement renonce-t-on à couvrir la plaque centrale, ce qui permet l'usage plus aisé de dépôts demi-annulaires ou en fraction d'anneau.

Deux remises A, B en forme de rotonde ou d'anneau complet sont ainsi installées à la gare de Paris-Bercy (fig. 595). Une place vide C est réservée pour une troisième grande rotonde analogue, si les besoins l'exigent dans l'avenir.

Souvent aussi le dépôt a la forme demi-annulaire. Ainsi la gare de la Chapelle à la Compagnie du Nord présente deux dépôts demi-circulaires voisins indépendants de la grande remise rectangulaire que nous avons vue plus haut.

La gare de Toulouse présente, de la même manière, deux dépôts de quinze machines (fig. 596).

On peut enfin rencontrer des fractions d'anneau plus ou moins grandes. Tel est le cas de la gare d'Agen, côté de la Compagnie d'Orléans, où il existe une remise d'un quart de cercle (fig. 597).

Il est bon, dans ce dernier cas, de prévoir un agrandissement possible de la remise dans l'avenir ; on se contente alors de monter simplement en bois et non en maçonnerie le pignon qui devra être démoli plus tard.

Dimensions des dépôts.

641. La surface à ménager par machine est de 100 mètres en moyenne. Elle tombe quelquefois à 87m,40, comme dans certains dépôts de la Compagnie du Nord, grâce à l'emploi de colonnes en fonte (Arras).

Elle s'élève aussi parfois à 161 mètres ; ce dernier cas se présente lorsqu'on emploie un rayon trop court pour tracer le cercle intérieur ; les trapèzes existant entre les machines deviennent alors trop évasés à l'extérieur.

Lorsque le dépôt ne comporte qu'un petit nombre de machines, trop élevé cependant pour employer une remise rec-

tangulaire simple, il vaut mieux employer une fraction d'anneau qu'une rotonde demi-circulaire.

On ne devra donc pas craindre d'allonger le rayon sans cependant rien exagérer, car cet allongement entraîne un accroissement de longueur de la voie comprise entre la plaque et la remise ; il en résulte une augmentation dans la dépense et dans la durée des manœuvres. D'un autre côté, les trapèzes élargis vus plus haut présentent l'avantage de faciliter les nettoyages et l'entretien des machines.

En résumé, on fixera le rayon d'après toutes ces considérations réunies et bien pesées.

642. La longueur à réserver aux machines à l'intérieur du dépôt varie suivant les Compagnies entre 17m,50 et 20m,50. On ajoute 0m,50 pour le mur du bâtiment lorsqu'il y a lieu.

La largeur d'axe en axe des voies varie de 4m,50 à 5 mètres, soit 3 mètres à 3m,50 d'entre-voie.

Si le dépôt est circulaire, la circonférence intérieure doit présenter au moins 4m,20 d'axe en axe des piliers, soit 3m,40 pour la largeur de la porte et 0m,80 de pilier.

Accessoires des dépôts.

643. Les grands dépôts dont nous venons de nous occuper présentent, comme les petits, des bureaux, un atelier, etc., toutes choses en proportion avec leur importance. Il faut, en outre, un dortoir pour les mécaniciens qui arrivent, une salle de bain, un lavabo, des cabinets d'aisance, une lampisterie, un four, un dépôt de sable pour garnir les boîtes spéciales des machines, et empêcher le patinage en temps de gelée; un hangar pour le bois d'allumage, une fosse à descendre les roues, et quelquefois une bascule spéciale pour vérifier la charge sur chacune des roues des locomotives (fig. 598, gare du Teil, P.-L.-M.).

Agrandissement des dépôts.

644. Lorsqu'un dépôt demi-circulaire devient insuffisant, on peut le doubler en construisant le second demi-cercle accolé symétriquement au premier, comme à la gare de Bordeaux-Saint-Jean (*fig.* 599). Souvent alors on réunit les deux moitiés de cercle par un petit bâtiment rectangulaire.

D'autres fois, on les place à côté ou dans le prolongement l'un de l'autre, sur le même diamètre, comme à la gare de Toulouse (*fig.* 596), qui présente aussi deux demi-rotondes pour quinze machines.

Dans les gares de grandes villes où l'on est gêné par la place, on s'agrandit comme on peut. C'est ainsi qu'à la gare de la Chapelle (Cie du Nord) les deux demi-rotondes signalées précédemment sont placées à 90 degrés l'une de l'autre.

Dans la figure 598 représentant la gare du Teil, on voit, comme à Paris-Bercy, à droite de la rotonde actuelle de trente-deux à quarante-huit machines, un emplacement réservé pour une rotonde analogue indiquée seulement à l'état de projet.

Fosses à piquer le feu.

645. Nous avons dit précédemment que sous chaque machine en dépôt et en certains points des voies courantes comme dans le voisinage des grues d'alimentation, il faut installer des fosses à piquer le feu.

La destination de ces fosses est multiple : dans les dépôts, elles servent à vider l'eau de la chaudière, le feu du foyer, à visiter le mécanisme, à nettoyer le véhicule. Dans les ateliers, elles sont indispensables pour permettre les réparations et le montage.

Placées sur les voies principales, elles servent, pendant l'arrêt des trains et le renouvellement des approvisionnements des tenders, à nettoyer la grille et le cendrier des locomotives ; de là leur vient le nom de *fosses à piquer le feu*. Elles servent également à visiter et à graisser les parties du mécanisme inaccessibles autrement que par dessous.

Les fosses placées sur les voies principales doivent présenter une grande résistance nécessitée par la sécurité de la circulation. Aussi leur donne-t-on une lar-

geur minimum de 0^{m},87 à 1 mètre. Dans les dépôts ou ateliers, au contraire, on a intérêt à donner au vide intérieur la largeur maximum qui est de 1^{m},15 à 1^{m},25, afin de faciliter la circulation sous le véhicule, et de permettre de faire commodément les réparations. Quelquefois on restreint cette largeur dans le bas de manière à donner un certain fruit aux murs et à augmenter leur solidité.

Sur les voies principales, la longueur de la fosse doit être également aussi réduite que possible, 7 à 12 mètres. Malgré toutes les précautions que l'on peut prendre, il y a là en effet une cause permanente d'accidents, surtout la nuit.

La profondeur ordinaire est de 0^{m},85 à 1 mètre. Des escaliers ménagés aux extrémités permettent d'y descendre. Un seul de ces escaliers est généralement suffisant, car l'une des extrémités de la fosse est presque toujours recouverte par le tender (*fig.* 600 et 601, Cie de Lyon).

Si la voie est unique et parcourue dans les deux sens, il faut prolonger la fosse de manière à ce qu'elle présente une entrée dans les deux directions ; ou bien établir deux fosses séparées par un terre-plein au droit de la grue d'alimentation.

646. *Construction des fosses.* — Les fosses se construisent en briques ou en pierres selon les matériaux que l'on a à sa disposition dans la localité ; mais les briques sont préférables. Dans tous les cas, le cendrier et les parois intérieures des murs doivent toujours être garnis d'une rangée de briques ou de pierres réfractaires. Cette précaution est indispensable à cause des charbons incandescents qui tombent du foyer.

Une communication doit être établie avec l'égout collecteur de la station ; on dispose pour cela un fond en pente vers la partie opposée à l'escalier de manière à permettre l'écoulement des eaux tombant de la locomotive ou du tender. Il suffit d'une pente d'un centimètre par mètre pour atteindre ce but. L'origine du conduit d'écoulement doit être munie d'un puisard avec une grille pour arrêter les escarbilles.

Le fond de la fosse est tantôt convexe, tantôt concave. Le fond convexe pré-

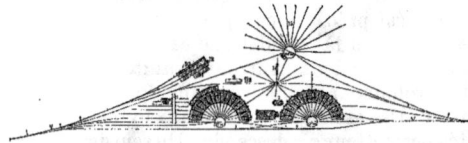

Fig. 296. — 1 et 2, Remises pour 30 machines; 3, Atelier du petit entretien; 4, Lampisterie; 5, Bureaux; 6, Lieux; 7, Fours à tremper; 8, 9, Fosse à sable; 10, Dépôt d'Orléans; 11, Bureaux; 12, Lieux; 13, Chariot roulant; 14, Grue du dépôt; 15, Remisage des machines à découvert.

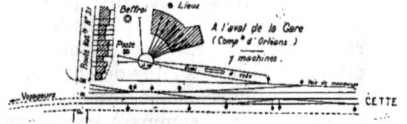

Fig. 297.

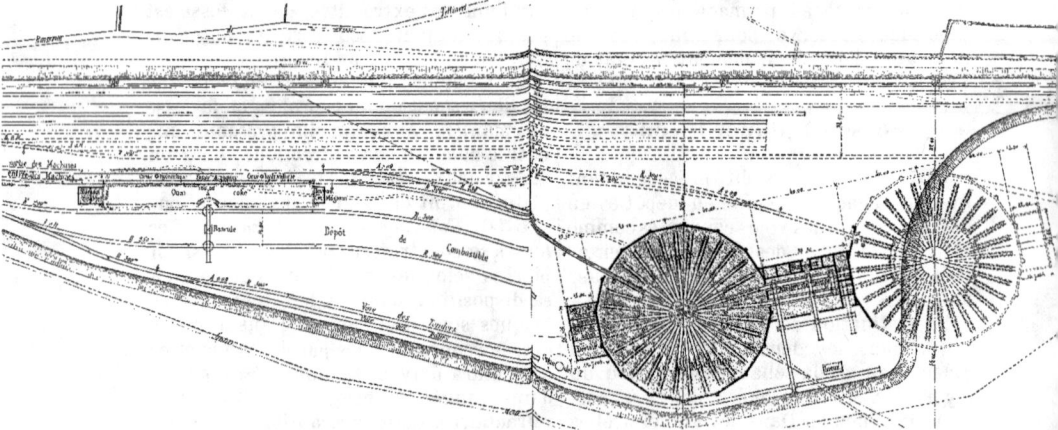

Fig. 298. — (P.-L.-M.).

sente cet avantage de rejeter les eaux sur les deux côtés latéraux, et de permettre la circulation des hommes les pieds à sec. Avec le fond concave, au contraire, les eaux s'écoulent par le centre, et les hommes chargés de la visite peuvent être très gênés, surtout si, par suite d'une cause quelconque, ces eaux ne s'écoulent pas très rapidement.

D'un autre côté, avec le fond concave et les eaux au centre, les escarbilles sont plus rapidement éteintes; en outre, au point de vue de la construction, le fond forme alors une voûte renversée qui consolide les murs longitudinaux, et donne à l'ensemble une constitution plus solide.

647. La position des fosses à piquer le feu sur les voies principales doit être choisie de manière à permettre la visite et l'approvisionnement de la machine

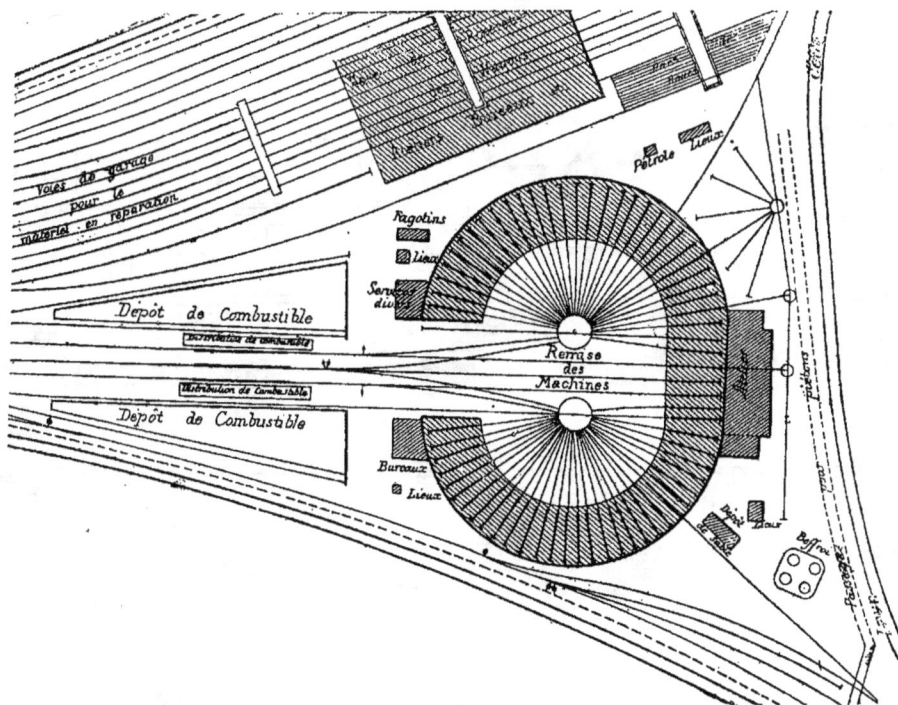

Fig. 599.

pendant l'arrêt du train. On ménage entre la grue hydraulique d'alimentation et l'extrémité de la fosse, généralement de 12 mètres, une distance de 1 mètre, soit 2 mètres entre la fosse et le trottoir des voyageurs. Avec une fosse de 7 mètres, cette distance peut être portée à 3 mètres (*fig.* 602).

Dans le mur extrême opposé à l'escalier, on ménage une petite niche pour mettre une lanterne à feu rouge destinée à avertir le public et les agents de la présence de la fosse et à empêcher les accidents. Néanmoins, ce moyen est insuffisant, et l'on a tenté de remédier à ce grave inconvénient en recouvrant les fosses d'un plancher mobile, ou en les entourant d'une petite barrière. Mais ces deux moyens sont très gênants pour le service, et on a dû y renoncer. Le mieux est,

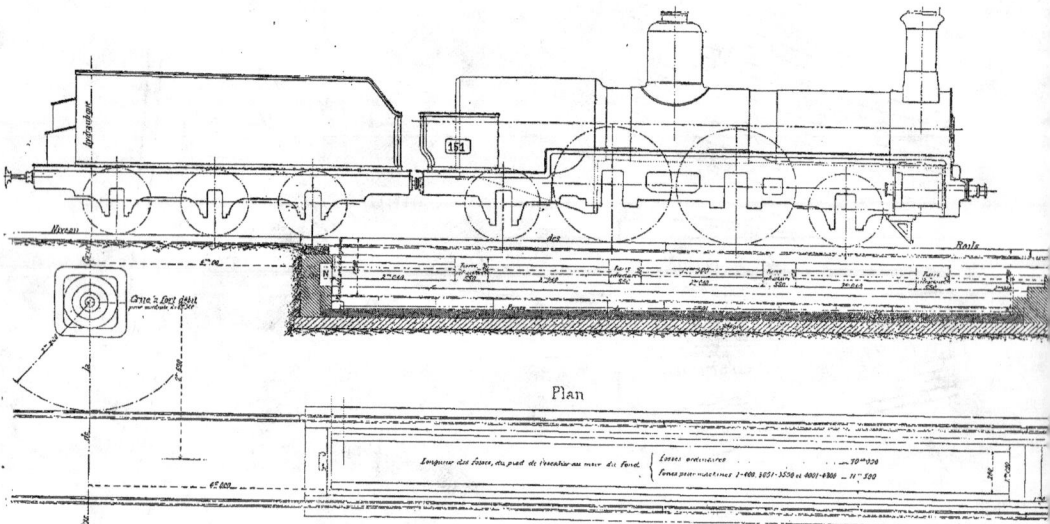

Plan

Longueur des fosses, du pied de l'escalier au mur du fond.

Fosses ordinaires 70m024

Fosses pour machines 1-600, 3051-3550 et 4001-4300 — 11m500

Fig. 600 et 601.

d'abord, d'éloigner ces fosses autant que possible du trottoir des voyageurs ; mais il faut se résoudre à mettre un garde spécial à l'arrivée des trains pour empêcher d'approcher les personnes étrangères au service. Sans cela, les voyageurs qui doivent traverser les voies pour gagner la sortie peuvent se précipiter dans une fosse et se blesser grièvement : un exemple typique de cette fâcheuse dispo-

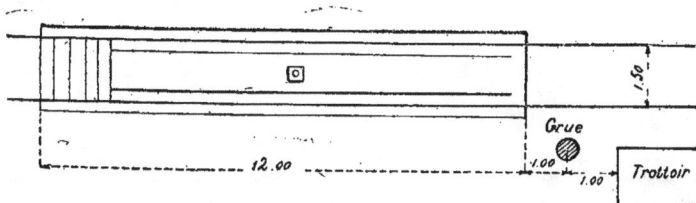

Fig. 602.

sition est la gare d'Abbeville où la fosse à piquer des machines venant du Nord barre absolument la route des voyageurs venant de Paris.

Les murs latéraux sont surmontés de longrines en chêne reliées à la maçon-

Les rails, par l'intermédiaire de leurs coussinets, reposent sur les longrines de l'encadrement. Les murs ont uniformément 0^m,50 d'épaisseur.

Les figures 605 et 606 montrent les dis-

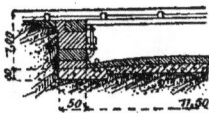

Fig. 603.

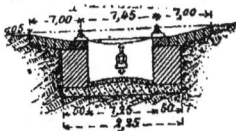

Fig. 605.

nerie au moyen de tirefonds en fer et destinées à supporter les rails.

648. *Fosses à piquer le feu des Compagnies françaises.* — Les figures 603 et 604

positions d'une fosse de la Compagnie de l'Est, à fond concave. La profondeur au fond du bateau atteint 1^m,05.

Les figures 600-601 et 607-608 représentent en plan et en coupe la fosse à

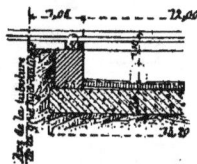

Fig. 604.

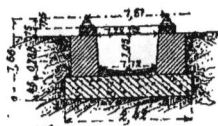

Fig. 606.

représentent en coupe longitudinale et transversale une fosse à fond convexe (type de la Compagnie d'Orléans). Le plafond et les murs sont posés sur un radier général en béton, comme cela se fait aujourd'hui pour tous les ouvrages d'art.

piquer le feu employée sur les voies principales à la Compagnie des chemins de fer de Paris-Lyon-Méditerranée.

On voit que la machine en position ne laisse en tête que le strict passage nécessaire pour la descente par l'escalier, le

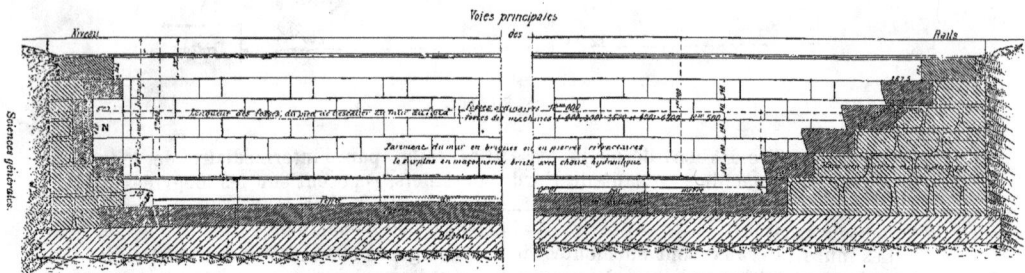

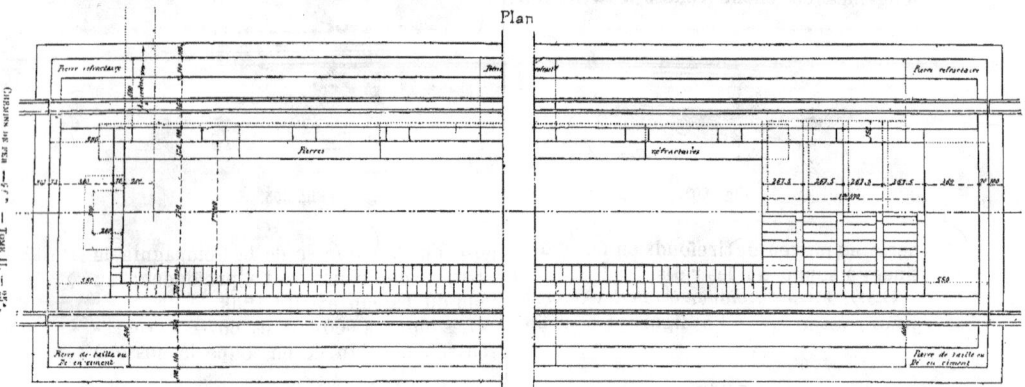

Voies principales
des
Niveau
Rails

Plan

Fig. 607 et 608.

tender restant est entièrement en dehors
de la fosse. Dans ces conditions, il suffit
de donner à cette dernière une longueur
de 10 mètres à 11^m,500 suivant le type des
machines, pour faire face aux besoins
du service.

Toutes les maçonneries sont en moellons bruts hourdés au mortier de chaux
hydraulique ; les parements et le plafond
sont en briques ou en pierres réfractaires.
Le tout repose sur un bloc général de
béton de 0^m,200 d'épaisseur et dépassant
partout de 0^m,100 la maçonnerie de fondations.

L'emmarchement de l'escalier n'est que
de 0^m,2675 au lieu de 0^m,320, dimension

ordinaire des bâtiments. Mais il y a lieu
de remarquer que l'escalier tient inutilement de la place, et augmente la longueur de la fosse en pure perte. Il y a
donc intérêt à le réduire autant que possible : cela ne présente, d'ailleurs, ici que
peu d'inconvénients, les marches ne servant qu'au personnel de l'atelier, et non au
public.

Les longrines de chêne présentant à
leur partie supérieure l'inclinaison voulue au 1/20 supportent le rail, que l'on
fixe au moyen de tirefonds à scellement.
A l'extrémité opposée à l'escalier est la
niche N pour la lanterne. Le fond étant
concave, on a disposé, pour permettre aux

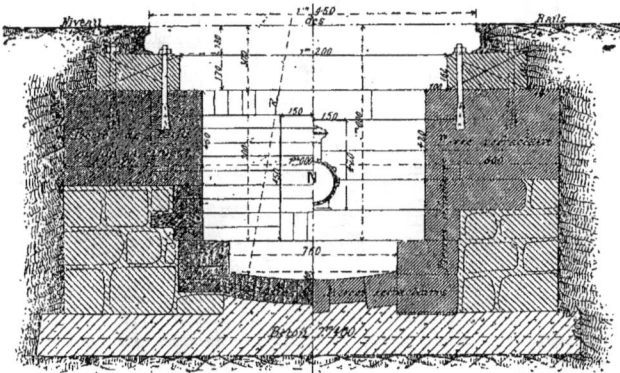

Fig. 609.

hommes de poser les pieds là sec, deux
saillies à 1 mètre de profondeur et écartées de 0^m,76 qui enserrent une nouvelle
petite fosse dans la grande (fig. 609, coupe
en travers). Enfin, le radier est en pente
de 0^m,01 par mètre, et les eaux s'écoulent
à l'extrémité dans un aqueduc spécial
destiné à les recevoir.

649. *Fosses des remises et dépôts.* —
Dans les remises et dépôts, les fosses sont
analogues, mais sensiblement plus longues,
car elles doivent permettre la visite de la
machine et de son tender (fig. 610 à 613,
chemins de fer de Lyon). Un escalier est
toujours réservé du côté de la tête. Il présente des marches encore plus étroites
que celles des fosses des voies principales

0^m,2625 ; la dernière marche en bas est en
tôle striée, scellée dans la maçonnerie
et permet l'accumulation des eaux
qui s'écoulent ensuite par un aqueduc
sous le massif de l'escalier. Les marches
et le radier sont formés de briques et de
pierres réfractaires posées de champ,
comme dans le type en voie courante qui
ressemble à celui-ci dans tous ses autres
détails.

On se dispense ici de placer sur le couronnement de la fosse un encadrement en
chêne comme sur les voies principales.
On se contente de percer dans la pierre
des trous que l'on remplit au moyen de
tampons de bois de 0^m,16 de long sur
0^m,05 de diamètre. C'est dans ces tam-

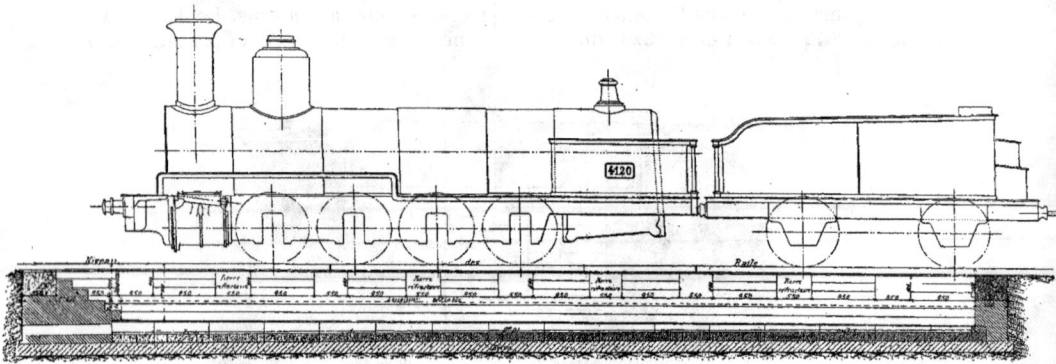

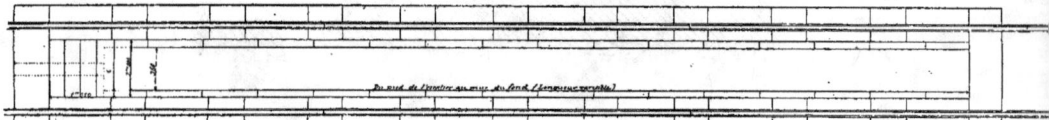

Plan

Fig. 610 et 611.

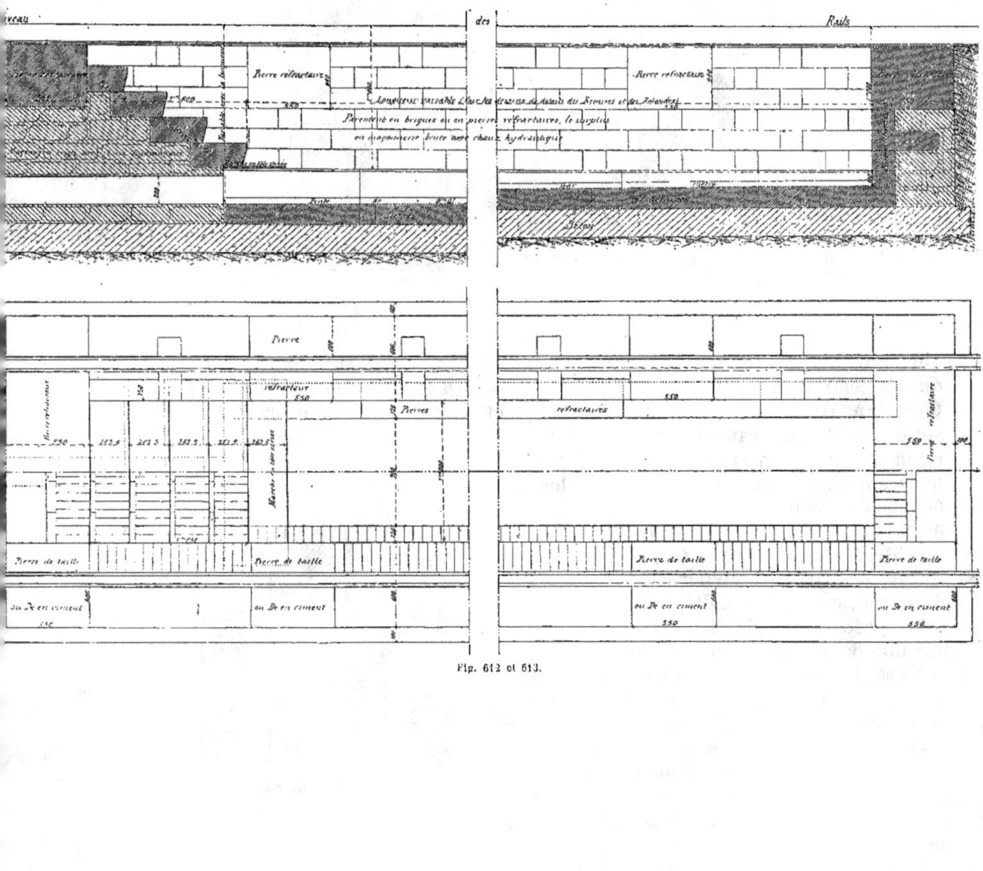

niveau   des   Rails

Pierre réfractaire   Pierre réfractaire

Longueur variable L'arc du dessous et dessus du Renvers et du Rolandes
Parement en briques ou en pierres réfractaires, le surplus
en maçonnerie brute avec chaux hydraulique

Pierre   réfractaire

Pierres   réfractaires

Pierre de taille   Pierre de taille   Pierre de taille

ou Béton en ciment   ou Béton en ciment   ou Béton en ciment

Fig. 612 et 613.

pons qu'on fixe les crampons maintenant le patin du rail (coupe en travers, *fig.* 614).

Une disposition spéciale est cependant souvent prise pour fixer les rails à la maçonnerie lorsque la pierre réfractaire employée, souvent d'origine volcanique, ne permet pas d'obtenir des trous de scellement réguliers.

On fixe alors dans le trou au moyen d'excellent ciment un tube en fer de 0^m,045 de diamètre intérieur, 2 millimètres d'épaisseur et 0^m,130 de long, dans le-

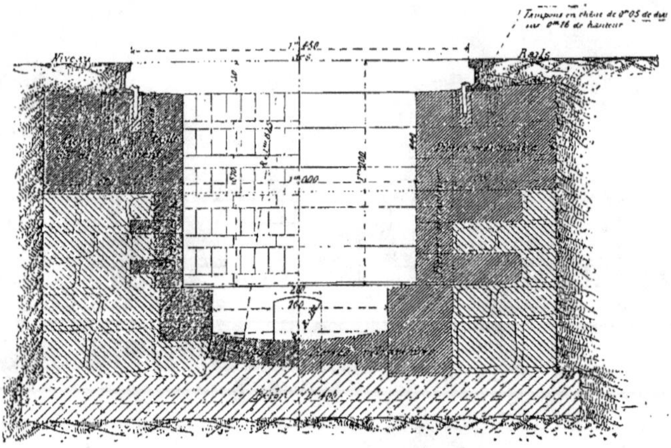

Fig. 614.

quel on enfonce des tampons de chêne qui les remplissent exactement (*fig.* 615). C'est dans ces tampons que l'on vient ensuite planter les crampons qui fixent le patin du rail, comme précédemment. C'est le parement supérieur de la pierre taillée convenablement qui, comme précédemment, donne l'inclinaison au 1/20.

650. *Fosses des ateliers de montage et de levage.* — Dans les ateliers de montage, il est bon, en outre des dispositions générales précédentes, de disposer, au moins sur une bonne moitié de la longueur de la fosse, un pavage solide, que la Compagnie de Lyon fait en pavés de bois (*fig.* 616 et 617-620). Ce pavage doit régner sur 1 mètre au moins de largeur à partir du rail. Il sert d'assise solide aux outils de manutention dont on peut avoir besoin pour effectuer le montage et le démontage des machines.

Nous ferons la même observation au sujet des fosses des ateliers de levage. Ces dernières ont cependant besoin d'être beaucoup moins profondes que les autres;

0^m,50 à 0^m,60 suffisent généralement (*fig.* 618 et 619-621). Le fond est également muni de pavés en bois.

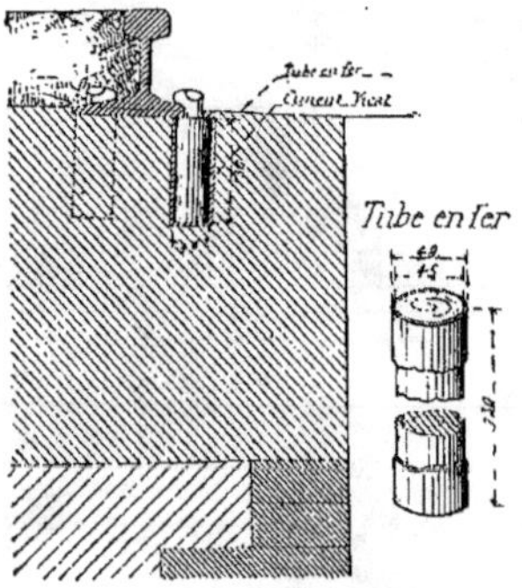

Fig. 615.

Notons que dans ces derniers cas les fondations doivent être particulièrement solides, et que le massif de béton inférieur peut prendre une importance tout à fait exceptionnelle.

Dans ces deux derniers types, d'ailleurs, les radiers ne sont plus courbes, l'écoule-

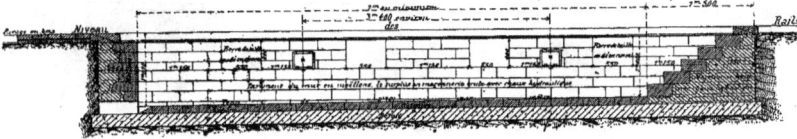

Fig. 616.

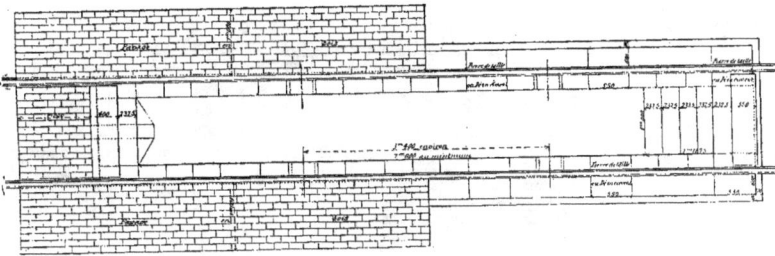

Fig. 617.

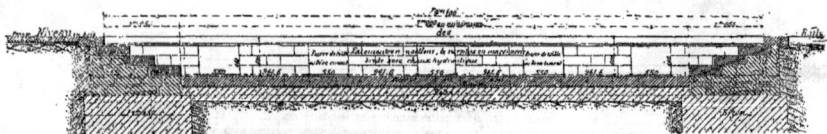

Fig. 618.

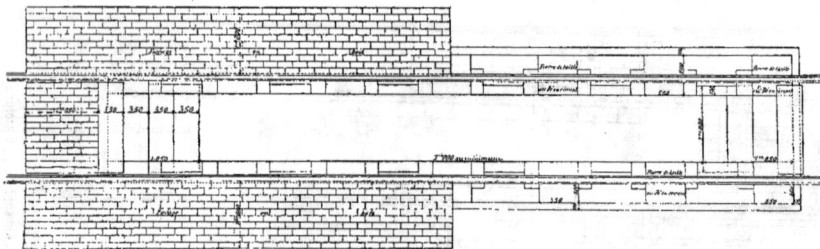

Fig. 619.

ment des eaux, qu'il faut cependant toujours prévoir, n'étant plus qu'une chose tout à fait secondaire.

651. Nous terminerons cette série de dispositions accessoires en donnant dans les figures 622 et 623 la manière de disposer les grues de petit et de grand débit par rapport au tender (Cie de Lyon).

652. *Prix des fosses à piquer le feu.* — Le tableau suivant donne le prix d'une

Montage

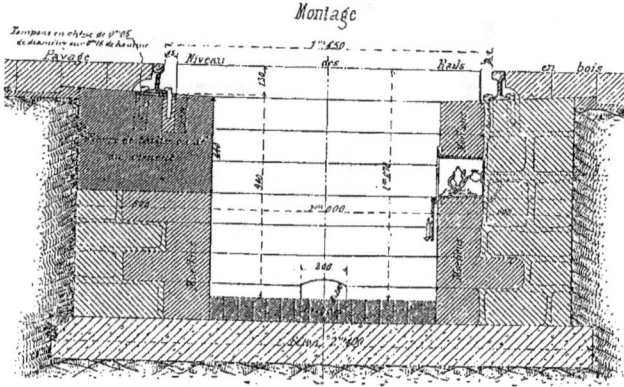

Fig. 620.

Levage

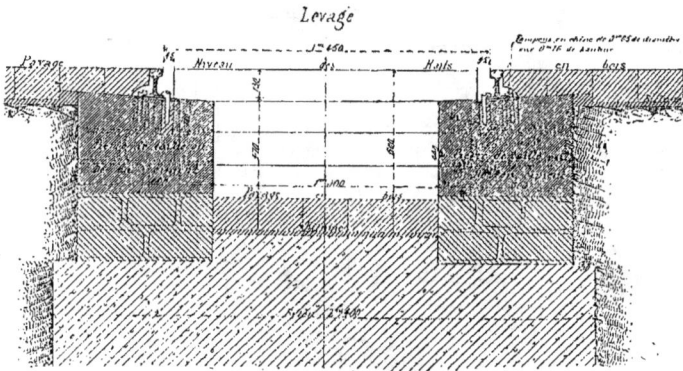

Fig. 621.

fosse à piquer le feu de 12 mètres de long (Goschler).

Terrassements, 21 mètres cubes à 0^f,70. . . . . 14^f,70

Béton, 8$^m3$,75 à 13 francs . . 113 ,75

Moellons semillés, 4$^m3$,40 à 23 francs . . . . 101 ,20

Pierre de taille, 0$^m3$,20 à 50 fr. 10 ,00

A reporter . . . . . . 239 ,65

Report. . . . . 239^f,65

Moellons ordinaires, 4$^m3$,75 à 15 francs. . . . . 71 ,25

Parements vus et taillés, 1$^m2$,65 à 4^f,30 . . . . 7 ,10

Charpente en chêne, 0$^m3$,75 à 82 francs . . . . 61 ,50

Pavage, 11$^m2$,10 à 4^f,50. . . . 50 ,00

TOTAL. . . . . 429^f,50

Soit 33 francs par mètre courant intermédiaire, et 50 francs par tête avec escalier. Quand on se contente d'un seul escalier, la dépense est réduite à 25 francs.

Voici un autre type où les murs sont en briques, ce qui, avons-nous dit, est préférable.

Il s'agit d'une fosse de 10 mètres de longueur.

Terrassements, fouille, transport, 24 mè-

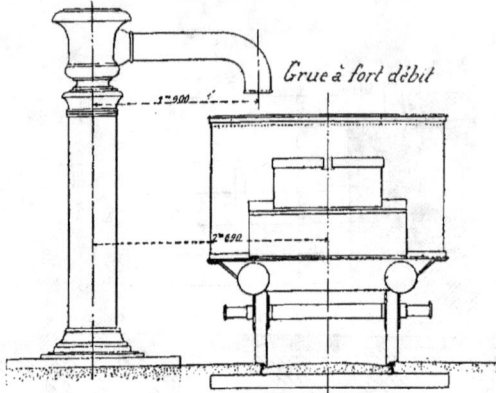

Fig. 622.

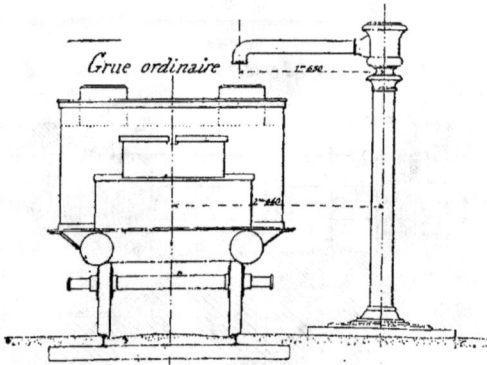

Fig. 623.

tres cubes à 0f,60	14f,40
Maçonnerie de fondation en moellons et mortier hydraulique, 10 mètres cubes à 12 francs . .	120 ,00
Maçonnerie des murs en briques et mortier, 11m3,25 à 18 fr.	202 ,50
Escaliers et couronnement de la fosse en pierre de taille posée à bain de ciment, 2 mètres cubes	
A reporter	336f,90

Report	336f,90
à 80 francs.	160 ,00
Rejointoiement, 33 mètres carrés à 1f,60	52 ,80
Fers pour crampons, 11 kilogrammes à 0f,50.	5 ,50
Pavage, 6m,50 à 2 francs . . .	13 ,00
Somme à valoir.	22 ,40
Total.	590f,70

On réduirait cette dépense à 560 francs en construisant les escaliers en briques, et le cadre supérieur en charpente, comme cela se fait partout aujourd'hui.

Dans le prix total les deux têtes compteraient pour 240 francs, et chaque mètre courant intermédiaire pour 40 fr.

CHAPITRE IV

BATIMENTS DIVERS

Maisons de gardes.

653. Sur les lignes d'intérêt général, les passages à niveau doivent être tous gardés, et les maisons de garde sont distantes les unes des autres de 1 200 à 1 500 mètres.

La répartition des habitations des gardes sur la ligne est une chose fondamentale qui exige une étude très approfondie ; il faut, en effet, que les hommes puissent être constamment présents où leur service les appelle pour assurer la surveillance et le bon entretien de la voie ; c'est pourquoi il est préférable de les loger sur le terrain appartenant à la Compagnie et dans des maisonnettes spéciales faites exprès pour eux.

Cette habitation peut être une guérite en bois, une loge en maçonnerie ou une maison suffisante pour donner asile au garde et à toute sa famille.

L'abri le plus simple doit permettre à l'homme d'être préservé contre les intempéries, de conserver un certain nombre d'instruments dont il est responsable, et de tenir quelques écritures très simples. Il faut donc un local clos, couvert et muni de fenêtres vitrées : quant à son importance, elle dépend du nombre des personnes qu'il doit renfermer.

654. *Guérites.* — Les guérites en bois, encore employées quelquefois aujourd'hui (passage à niveau des Ormonds à Bois-Colombes, Cⁱᵉ de l'Ouest), ont généralement pour dimensions intérieures 2ᵐ,05

de long, 1ᵐ,15 de large, 2ᵐ,30 de hauteur aux naissances, et 2ᵐ,50 sous faîtage.

Une tablette avec un tiroir tient lieu de bureau pour écrire quelques notes. Un coffre dans lequel on remise les outils sert de siège. Une autre tablette supérieure sert de débarras, de dépôt aux objets à sécher, etc.

Cette guérite présente des semelles et montants en chêne, et le reste en sapin. A la partie supérieure, un bout de cheminée en tôle sert à la ventilation et à recevoir l'extrémité du tuyau d'un poêle indispensable l'hiver. En plus, une fenêtre vitrée sur un long pan, et une autre sur un pignon faisant face à la porte, vitrée elle-même.

Le prix de cette guérite, y compris l'ameublement intérieur, sauf le fourneau, est de 315 francs. Elle présente l'inconvénient d'avoir une durée assez courte, étant donné surtout son contact immédiat avec le sol. En outre, son prix, qui revient à 133 francs le mètre carré, est assez élevé, et il y a lieu de n'employer ce type que lorsque la guérite doit être déplacée.

655. *Loge en maçonnerie.* — Lorsque sa position est définitive, il vaut mieux employer une loge en maçonnerie, qui peut au besoin et exceptionnellement servir d'abri la nuit.

Les dimensions dans ce cas sont de 3ᵐ,10 de long sur 2ᵐ,10 de large ; les murs sont formés de briques à plat et présentent deux fenêtres dans chaque long pan.

A l'intérieur se trouvent un lit et une cheminée.

On pose ces maisonnettes perpendiculairement à la voie.

Leur prix atteint 200 francs, soit environ 45 francs par mètre carré d'espace clos.

656. *Maison proprement dite.* — Dans les deux cas précédents, la guérite ou la

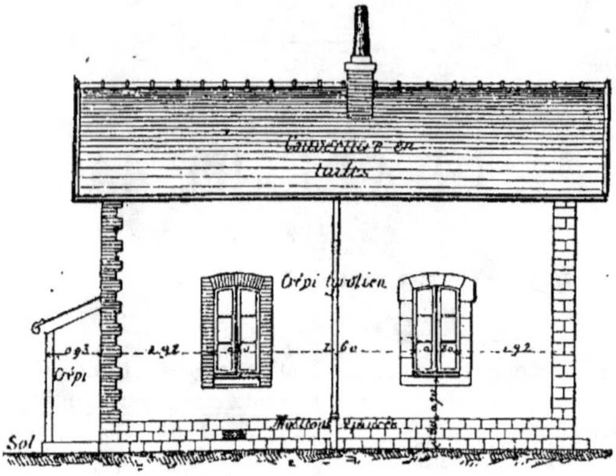

Fig. 624.

loge sert d'abri au garde pendant les heures de service; sa femme et ses enfants logent dans la localité voisine. L'usage s'est répandu de plus en plus de construire une maison spéciale qui permet de loger le garde et tous les siens: on obtient ainsi un service plus sûr et plus régulier.

C'est la femme qui est spécialement chargée du service du passage à niveau, de l'ouverture et de la fermeture des bar-

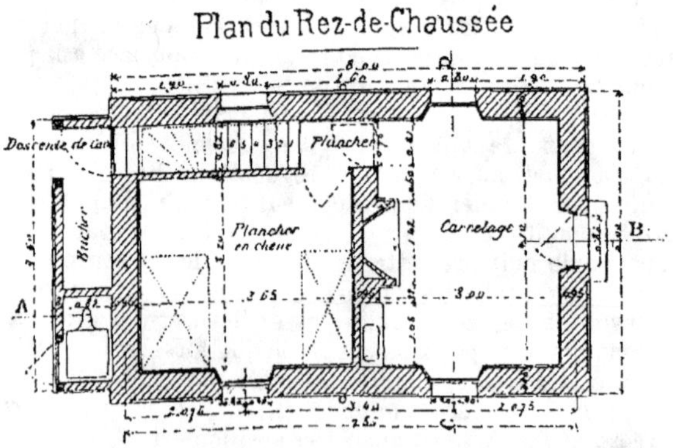

Plan du Rez-de-Chaussée

Fig. 625.

rières, des signaux à faire aux trains qui passent, etc. Quant à l'homme, il est attaché à l'entretien et à la surveillance de la voie dans le canton voisin.

L'habitation du garde exige, au minimum, trois ou quatre pièces: une cuisine et une chambre au rez-de-chaussée; deux chambres à coucher au premier afin de pouvoir séparer les enfants de sexes différents.

La surface occupée sur le sol doit être au moins de 40 mètres carrés ; la hauteur des étages $2^{m},80$; on évitera les mansardes autant que possible.

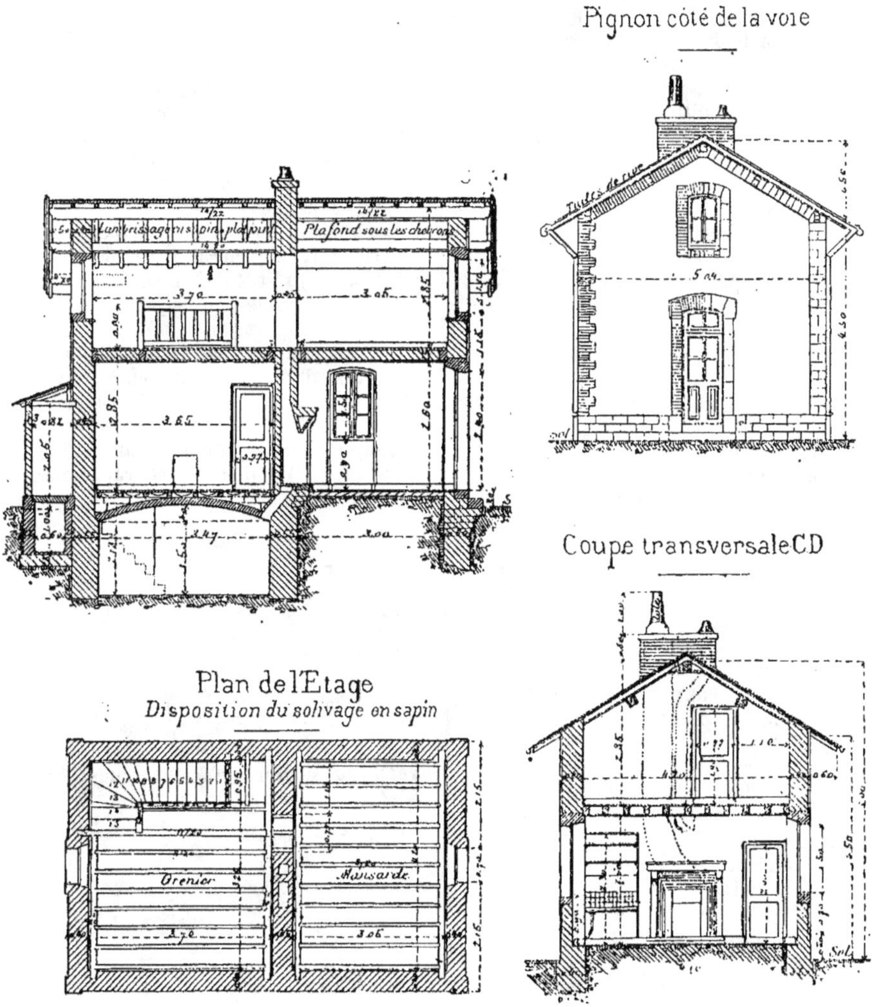
Pignon côté de la voie
Coupe transversale CD
Plan de l'Etage
Disposition du solivage en sapin
Plafond sous les chevrons
Grenier
Mansarde
Sol

Fig. 626 à 629.

S'il n'existe pas de prise d'eau potable dans le voisinage, il faudra creuser un puits. Il y a toujours lieu d'annexer à la maison un jardin aussi grand que le permettent les lieux. Ce jardin est généralement établi dans la partie de terrain appartenant à la Compagnie et restant entre la voie et le chemin latéral qui aboutit ordinairement au passage à niveau.

Enfin une cave et des cabinets d'aisances complètent cette installation.

Nous rappelons que la distance de la maison au rail le plus voisin doit être au minimum de 3^m,50. Le seuil est à 0^m,20 ou mieux 0^m,40 au-dessus du niveau des rails afin de rendre la maison plus saine.

Dans ces conditions, la maison du garde la plus simple est représentée *fig.* 624 à 629 (type de la Compagnie des chemins de fer de Paris-Lyon-Méditerranée).

Elle se compose d'un rez-de-chaussée renfermant une cuisine faisant face à la voie et une pièce de fond montée sur cave ; un escalier conduit au premier étage où se trouve un grenier sous chevron séparé par un mur de refend régnant de haut en bas du bâtiment ; d'une pièce mansardée et plafonnée constituant encore une chambre habitable. Le tout est complété par un bûcher et une fosse d'aisances sur le pignon opposé à la voie, et généralement un puits dans le jardin.

L'escalier de la cave est formé de marches, en libages de pierre dure avec parements non piqués. Les encadrements des fenêtres sont en pierre dure ou en briques suivant les régions. Le soubassement de la maison jusqu'à 0^m,50 du sol est en moellons épincés, les murailles recouvertes extérieurement d'un crépi tyrolien, et la couverture en tuiles.

Le plancher du premier étage est en sapin de 0^m,22 sur 0^m,27 rainé et cloué sur solives de 0^m,08 sur 0^m,20.

La hauteur totale du sol au faîtage est de 6 mètres ; la cave a 1^m,50 aux naissances avec une flèche de 0^m,40, soit 1^m,90 au sommet de la voûte ; le rez-de-chaussée 2^m,60 entre planchers, et le premier 2^m,85 du plancher au faîtage. Les murs ont 0^m,55 en fondation, 0^m,45 au rez-de-chaussée, et 0^m,40 au premier, sauf le mur de refend qui conserve 0^m,45 jusqu'au toit pour donner facilement passage à la cheminée.

L'appentis, présentant un bûcher et des cabinets d'aisances, est en briques du pays posées entre des poteaux de chêne rainés de 0^m,13 sur 0^m,13. Le pourtour de

la dalle de chute est enduit en ciment sur 0^m,50 de hauteur. Dans le grenier, les chevrons sont garnis intérieurement d'un lambrissage en sapin à plat joint ; dans la pièce voisine d'un lattis plafonné. La descente de cave est placée sous l'escalier conduisant au premier étage.

Dans les passages où le mouvement des trains de jour et de nuit est important, il faut deux gardes : il y a donc lieu de prévoir deux logements absolument distincts. Dans certains passages à niveau très fréquentés de l'ancienne banlieue parisienne, il y en avait même jusqu'à quatre (Vincennes).

Une maison de garde du type précédent revient, en général, à 100 francs le mètre carré, soit 4 000 francs pour les 40 mètres exigibles. A cela il y a lieu d'ajouter 500 francs pour le puits, 500 francs pour le terrain et l'aménagement du jardin ; soit en tout 5 000 francs, quelle que soit la largeur du passage à niveau.

Pour la dépense complète afférente à ce passage, il y a lieu, nous le rappelons, d'ajouter :

1° Pour un passage de 4 mètres :

Deux barrières.	600 fr.
Pavage.	350
Contre-rails, bois spéciaux, pose.	300
A valoir	250
TOTAL.	1500

Ce qui met le prix total du passage à niveau tout compris, à 6 500 francs ;

2° Passage de 8 mètres :

Deux barrières.	1200 fr.
Pavage.	600
Contre-rails, bois spéciaux, pose	500
A valoir	300
TOTAL.	2600

Le prix total du passage est donc alors de 7 600 francs.

Il faut bien remarquer que ces prix ne comportent pas les terrassements et ouvrages d'art du chemin et de ses abords.

BATIMENTS DES VOYAGEURS

657. L'importance des bâtiments de voyageurs dépend du nombre des habitants de la localité desservie.

On peut diviser ces bâtiments en quatre catégories :

1° Les haltes ;

2° Les stations de petite importance ou de troisième classe ;

3° Les stations de moyenne importance ou de deuxième classe ;

4° Les stations de première classe et les gares terminales.

Il n'est pas nécessaire d'y faire, d'ailleurs, arrêter tous les trains qui circulent sur la ligne. De plus, l'installation d'une halte provoque bien souvent un accroissement d'activité dans le voisinage.

La pièce d'entrée du garde-barrière constitue, en général, à elle seule toute la station. On peut y placer un bureau pour cet agent. Souvent cette pièce est annexe au bâtiment du garde et sert à la fois de salle d'attente, de bureau à billets, de bureau télégraphique ; c'est là que se

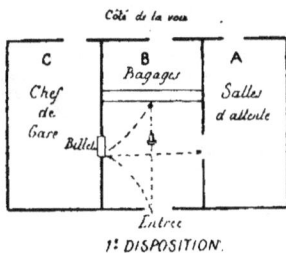

1ʳᵉ DISPOSITION.

Fig. 630.

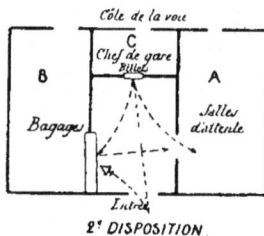

2ᵉ DISPOSITION.

Fig. 631.

Haltes.

658. Les haltes sont de simples points d'arrêt. Nous savons qu'elles se trouvent en général installées auprès d'un passage à niveau, et le garde-barrière est chargé des différents services ne comportant ici que la distribution des billets et les messageries. Ces installations de haltes se répandent depuis quelques années en France ; on avait pensé longtemps que la dépense nécessitée par l'établissement d'une halte n'était pas couverte par les recettes provenant du trafic ; de plus, on redoutait les arrêts fréquents qui prolongeaient la durée du voyage. On a reconnu cependant que, dans bien des, cas les haltes rendent de très grands services à certaines localités et apportent au chemin de fer un trafic qui n'est pas négligeable.

trouve également la bascule pour le service de la gare et des messageries.

Stations de troisième classe.

659. Le bâtiment des voyageurs ne comprend ici que la distribution des billets, l'enregistrement des bagages et la salle d'attente. On n'a pas à se préoccuper de la sortie des voyageurs, qui s'effectue, en général, extérieurement. Les stations de troisième classe conviennent à un mouvement de dix mille à vingt mille voyageurs par an au départ. La surface de la construction est de 80 à 100 mètres carrés.

En général, pour les stations de troisième classe il n'est pas important de considérer les croisements des flots de voyageurs, car il est bien rare que les stations soient encombrées. On a admis, à ce sujet, deux dispositions principales.

Dans la *figure schématique* 630 les voyageurs sans bagages et munis de leurs billets se rendent à la salle d'attente et croisent les chariots à bagages qui vont vers B. Dans la figure 631 ce sont les voyageurs qui ont enregistré leurs bagages qui croisent ceux qui viennent prendre leurs billets en C.

Les stations de troisième classe se composent le plus souvent (*fig.* 632) d'un vestibule d'entrée pouvant servir de salle

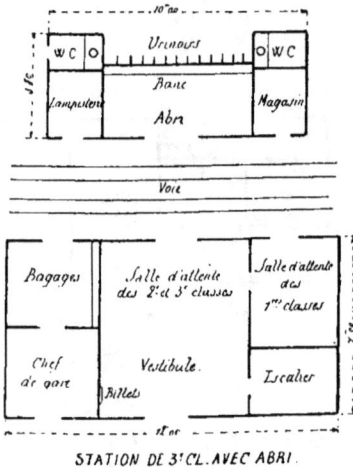

STATION DE 3ᵉ CL. AVEC ABRI.

Fig. 632.

d'attente pour les voyageurs de deuxième et troisième classe, d'un bureau pour le chef de station C pouvant servir de distribution de billets, d'un espace réservé à l'enregistrement des bagages, et d'une salle d'attente de voyageurs de première classe. Un escalier conduit au premier étage réservé au logement du chef de gare.

De l'autre côté de la voie se trouve un abri, qui peut ne comporter qu'une marquise ; quand la station est un peu plus importante, on peut y ajouter une lampisterie et un magasin. Enfin la halle aux marchandises est généralement accolée aux bâtiments des voyageurs (*fig.* 633 à 636).

Stations de deuxième classe.

660. La surface des bâtiments varie de 150 à 200 mètres carrés (*fig.* 637).

Le chef de gare a son bureau spécial ; un employé est préposé à la distribution des billets, un autre au service des bagages ainsi qu'à la télégraphie. Il existe toujours une salle d'attente pour les voyageurs de première et deuxième classe, et une deuxième salle pour la troisième classe. Souvent la salle d'attente pour les voyageurs de première et deuxième classe est en même temps le buffet. Si la station est d'une importance relative, on peut réserver un cabinet pour le commissaire de surveillance comme dans la station de Romorantin (Compagnie d'Orléans (*fig.* 638).

Stations de première classe et gares terminales.

661. Les gares importantes comportent une installation beaucoup plus considérable. Il y a trois services principaux à considérer (*fig.* 639 et 640).

662. 1° *Service du départ.* — On pénètre d'abord dans un *vestibule*, qui peut prendre le nom de *salle des pas perdus*, comme à la gare Saint-Lazare. Le voyageur se rend ensuite à la *distribution des billets*, puis à l'*enregistrement des bagages*, qui comporte une *bascule*. De là le voyageur passe à la *salle d'attente* de la classe correspondant à son billet, et ensuite sur le *quai*. Il se peut aussi que le voyageur veuille laisser ses bagages en *consigne* à la gare, ou bien les expédie par *messagerie*. Autant de services spéciaux.

663. 2° *Service à l'arrivée.* — A sa descente du train, le voyageur gagne la *sortie*. S'il a des bagages avec lui, il se rend à la salle d'*attente des bagages*. Dès que tous les colis se trouvent rangés sur le *banc de bagages* de la *salle de distribution*, le voyageur est admis à y pénétrer. S'il a envoyé ses bagages à l'avance, il doit se rendre soit à la *consigne*, soit à la *messa-*

gerie à l'arrivée. Si ses bagages ont été égarés, il se rend aux *souffrances.*

664. 3° *Services généraux.* — Le *chef de gare* est aidé dans son service par un ou plusieurs *sous-chefs* et des *surveillants.* Le nombre des *hommes d'équipe* varie avec l'importance de la gare. Toutes les stations de première classe ont un *buffet* et des *buvettes.* C'est dans ces gares également qu'on installe les bureaux des *agents du service de l'exploitation* d'une portion du réseau dont la gare forme le centre. Il faut un cabinet spécial pour le *commissaire de surveillance administrative ;* il est bon de placer un *bureau de poste* avec le *bureau de télégraphe.* Souvent un *médecin*

Plan du Rez-de-Chaussée

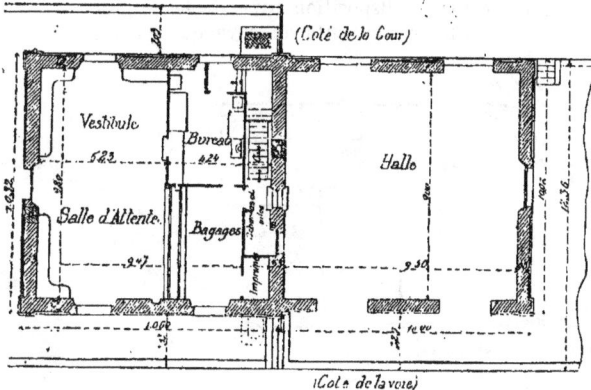

Plan de l'étage

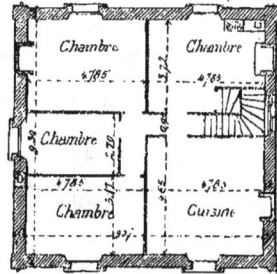

Fig. 633 à 636.

spécial est attaché à la gare. La *lampisterie* et la *chaufferetterie* sont deux services importants. Il ne faut pas oublier de placer les *cabinets d'aisances* à l'intérieur et à l'extérieur de la gare. Les *agents de la voie* et les *agents des trains* ont leurs postes spéciaux. Si un incendie se déclarait en un point quelconque de la gare, il faut, avant qu'il ne puisse prendre une grande extension, l'attaquer vigoureusement ; aussi ne saurait-on trop recommander dans les gares les *pompes à incendie.*

Nous allons passer rapidement en revue ces différents services comme conditions générales. Il faut que les salles d'attente, le bureau du chef de gare, celui des sous-chefs, le buffet, aient accès direct sur les quais ; que la sortie des voyageurs soit voisine de la salle des bagages à l'arrivée, que les salles d'attente soient voisines du vestibule de distribution des billets.

Il faut éviter également dans ces gares les croisements des flots de voyageurs, qui peuvent se produire à certains trains.

665. *Vestibule et salle des pas perdus.* — C'est dans le vestibule qu'il faut surtout satisfaire à cette dernière considéra-

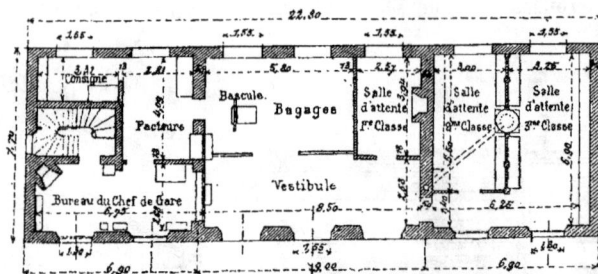

Fig. 637.

tion. On est alors souvent amené à compliquer la distribution comme à la gare de Lyon à Paris, où l'on a supprimé le banc à bagages et où on l'a remplacé par des tricycles : cela nécessite un plus grand nombre de chariots, mais économise la main-d'œuvre.

Une heureuse disposition existe dans la gare de Moulins où l'on évite les démarches inutiles des voyageurs et les croisements des flots (fig. 641).

A la gare du Nord, à Paris, on a également une disposition qui évite les croisements des courants de voyageurs ; cette

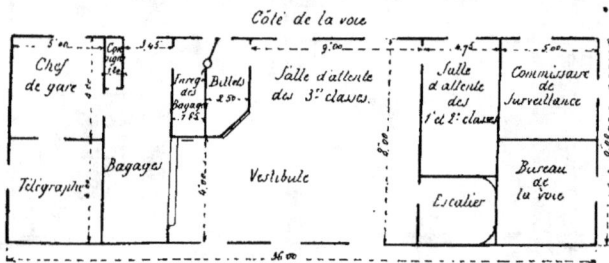

STATION DE 2ᵉ CLASSE.

Fig 638.

disposition plus simple est empruntée aux Anglais et figure également à la gare de Roubaix (fig. 639 et 640).

Dans la plupart des gares allemandes, la gare de Strasbourg, par exemple, ainsi qu'à la gare Saint-Lazare, à Paris, le rez-de-chaussée est réservé à la distribution des billets, à l'enregistrement des bagages (à la gare Saint-Lazare cela n'a cependant lieu que pour les grandes lignes). Les voies se trouvent à hauteur du premier étage.

666. *Billets.* — Le bureau des billets renferme des armoires à tickets, et, dans les gares importantes il faut des billets spéciaux pour chaque classe, à pleins tarifs, à demi tarif et à quart de tarif.

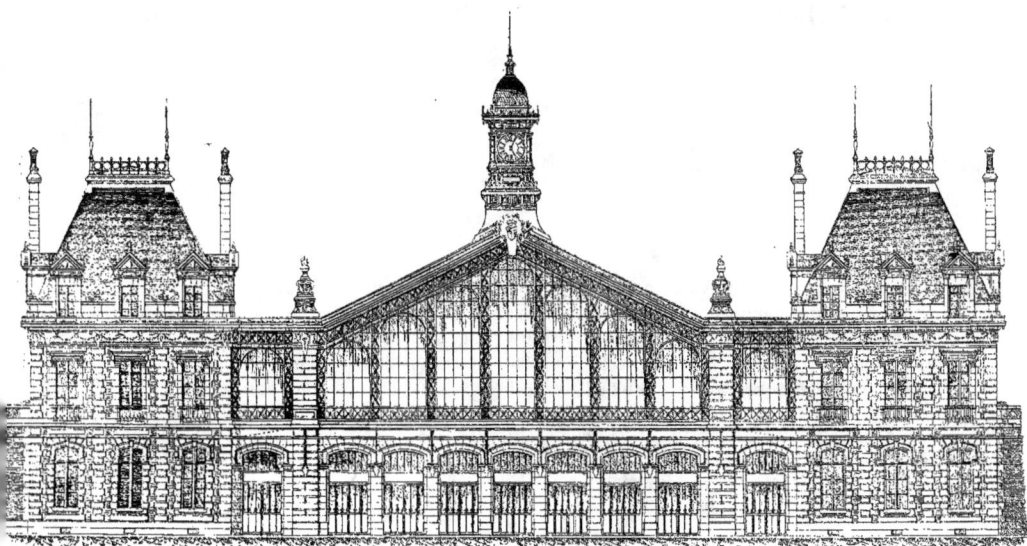

Fig. 639.

Dans les stations de troisième classe et les haltes, au contraire, on emploie des billets qui n'ont d'imprimé que la station de départ ; l'employé préposé écrit à la main la station d'arrivée ainsi que le prix de la place.

Un composteur imprime en creux le numéro du train et la date du jour. L'usage des billets à souche présente des inconvénients dont le principal est de demander plus de temps pour la distribution.

667. *Bureaux des bagages.* — Dans les gares importantes, il y a plusieurs bu-

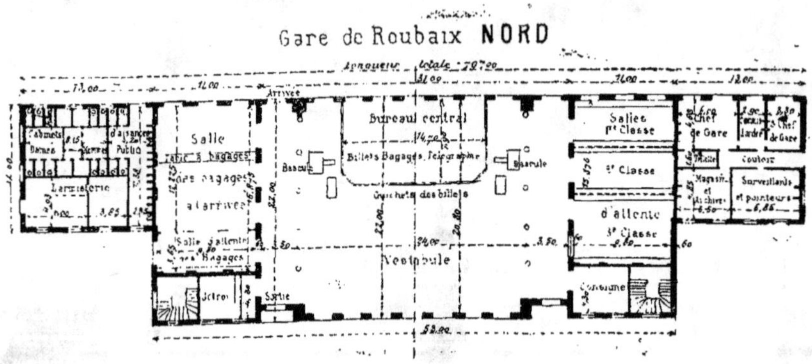

Fig. 640.

reaux de bagages. Le bureau proprement dit doit être bien éclairé et muni d'une table assez large afin que l'employé puisse étendre son registre. Ce registre, à souches, comporte pour chaque colis trois bulletins : l'un pour le voyageur, l'autre pour le conducteur du train, et le troisième pour l'administration centrale afin d'assurer le contrôle en cas de réclamation.

Près de ce bureau, se trouve la bascule et le banc à bagages, s'il y a lieu. L'homme d'équipe chargé de la pesée des colis doit avoir à proximité un casier d'étiquettes pour les destinations ainsi qu'un casier d'étiquettes pour les numéros qui permettront de distinguer le bagage de chaque voyageur. On groupe ensemble dans le fourgon tous les bagages qui ont une même destination, en ayant soin de placer au fond du fourgon ceux dont le point d'arrivée est le plus éloigné.

Les bancs de bagages ont une hauteur de 0m,65 environ et une largeur de 0m,85 en moyenne. Ils sont munis de rails ou barres de fer demi-ronds, qui les protègent contre les chocs des colis et l'usure.

668. *Salles d'attente.* — Depuis qu'en France l'usage se répand de laisser passer le voyageur sur le quai en attendant le train, ou bien dans les gares terminales quand le convoi est en place sur la voie, les

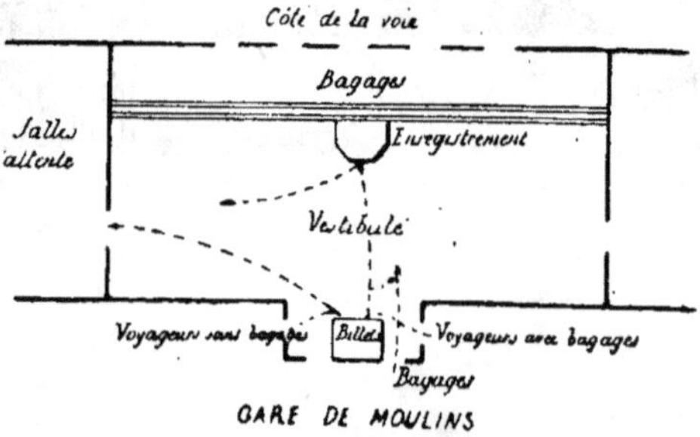

GARE DE MOULINS
Fig. 641.

salles d'attente ont perdu beaucoup de leur importance.

Elles doivent en tout cas satisfaire aux deux conditions suivantes : donner accès sur le quai, d'une part, et dans le vestibule ou salle des pas perdus, de l'autre.

Pour faciliter le contrôle des billets, on les place, en outre, toutes du même côté du vestibule.

Dans les gares terminales, il y a souvent intérêt à placer plusieurs groupes de salles d'attente correspondant aux principales directions desservies.

La meilleure disposition des salles d'at-

différentes classes sont dans le rapport de :

1 pour les	1res	classes
2	— 2^{es}	—
8	— 3^{es}	—

C'est l'hiver surtout que les salles d'attente sont fréquentées; aussi faut-il y installer un système de chauffage spécial.

Dans les grandes gares, on a adopté

Gare frontière

Élévation Côté de la Voie

Élévation Côté de la Cour

Plan du rez-de-Chaussée

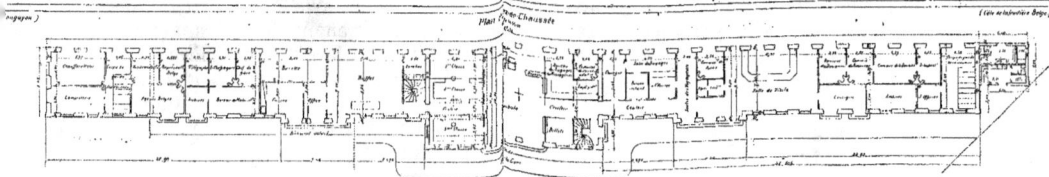

tente est celle de la figure 637. Quant à la surface à leur donner, elle dépend du nombre des voyageurs expédiés annuellement; une bonne surface est celle qui correspond à 1 mètre carré pour 125 voya-

geurs par mois, c'est-à-dire que les salles d'attente auront autant de fois un mètre carré, qu'il y a de fois 125 voyageurs expédiés pendant le mois le plus chargé.

Les dimensions relatives des salles des

presque généralement le chauffage au calorifère ou à la vapeur d'eau. Dans les stations moins importantes, un poêle est placé dans la salle de première classe, et les tuyaux passent successivement dans

les deuxièmes et les troisièmes classes.

Les portes qui donnent accès sur les quais doivent nécessairement s'ouvrir toujours du côté de la voie. On emploie donc avantageusement des portes à coulisses.

669. *Consigne.* — Le bureau de consigne pour les bagages existe afin que les voyageurs qui veulent faire un court séjour dans une ville puissent laisser leurs colis à la gare, et les reprendre au moment du départ : aussi faut-il que ce bureau soit à proximité du bureau d'enregistrement et du bureau des billets.

670. *Messageries au départ.* — Dans les petites gares ce service se confond avec celui des bagages.

Dans les gares importantes, il y a intérêt à séparer le service des messageries du service des voyageurs mêmes. En effet, quand on installe la gare, on ne peut pas se rendre compte immédiatement de l'importance que prendra l'envoi des colis par grande vitesse. Aussi faut-il se préoccuper de l'agrandissement du service, s'il y a lieu.

A la gare du Nord, à Paris, le service des messageries est dédoublé.

Les messageries au départ se placent à gauche de la gare, du côté des trains partant ; les messageries à l'arrivée se placent à droite, du côté des trains arrivant.

671. *Sortie des voyageurs.* — Dans les haltes la sortie se fait généralement par un portillon établi sur le passage à niveau. Dans les stations de troisième classe, une barrière donne, en général, passage direct du trottoir du quai à la cour où se tiennent les voitures.

Dans les gares importantes, il faut considérer deux cas :

Ou bien les voyageurs n'ont pas de bagages (trains de banlieue, de plaisir) et alors il faut ménager au travers du bâtiment une travée spéciale qui conduit dans la cour.

Ou bien les voyageurs ont des bagages; ils passent alors dans la *salle d'attente des bagages.* A la gare du Nord, à Paris, cette salle fait défaut. Les voyageurs venant de l'Étranger sont obligés d'attendre que leurs colis aient été placés sur les bancs de la salle des bagages de la douane; ils se tiennent alors dans un passage entre la sortie des grandes lignes et la salle des bagages à l'arrivée.

Salle des bagages à l'arrivée. — Il n'y a, en général, qu'une salle unique pour les différents trains et les diverses directions. Aussi, dans les gares importantes, doit-on donner de grandes dimensions à ces salles. Les bancs doivent avoir le plus grand développement possible, afin de permettre d'y placer un grand nombre de colis. La forme généralement adoptée pour ces bancs est la forme repliée ou serpentine (gare du Nord, de l'Est, d'Orléans, de Lyon à Paris).

On emploie souvent deux bancs parallèles (gare du Nord), séparés par un couloir d'un mètre de large environ. Les colis déchargés du fourgon sont placés sur le premier banc, et, dès que le voyageur a reconnu ses bagages, l'homme d'équipe qui circule dans le couloir passe le colis sur le deuxième banc et de là dans le tricycle qui doit le conduire à la voiture.

672. *Douane et octroi.* — Dans les grandes villes, comme à Paris, les employés de l'octroi visitent les bagages des voyageurs. Les gros bagages sont vérifiés sur le banc ; les autres, à la porte de sortie. Il faut réserver également un bureau pour le receveur. Dans les gares frontières et les gares terminales, il y a, en général, une *salle des bagages de la douane* (gare du Nord à Paris). Sur cette ligne, les voyageurs venant de l'Étranger subissent à la frontière une première visite pour les bagages à la main. Les gros colis sont rangés sur le banc de la salle des bagages de la douane, dès l'arrivée du train à Paris. Les employés de l'octroi de Paris visitent ensuite à la sortie des voyageurs les bagages à la main (*fig.* 642 à 644).

673. *Chef de gare.* — Nous avons vu que dans les haltes le chef de gare fait en même temps fonction de distributeur de billets, chargé de l'enregistrement des bagages, des messageries, du télégraphe.

Aussi le cabinet du chef de gare décroît-il à mesure que l'importance de la gare augmente, car les différents services sont abandonnés, et le chef n'a plus qu'une fonction de surveillance générale et de contrôle.

Le chef de gare est aidé dans son service par le ou les sous-chefs et les surveillants. Leurs bureaux doivent, par conséquent, être annexes du cabinet du chef.

674. *Télégraphe.* — Il en est de même pour le service télégraphique. Il faut éviter de faire suivre aux télégrammes l'ordre hiérarchique; ils doivent être remis directement au chef de gare, qui, dans les petites stations, s'occupe seul de la réception des dépêches ainsi que de leur envoi.

Le télégraphe doit être également à la disposition du public dans les gares importantes. Il peut donner accès soit sur le quai, soit sur la cour.

675. *Hommes d'équipe.* — Les hommes d'équipe font le nettoyage des wagons, la manœuvre des tricycles et des voitures, le service de l'éclairage et du chauffage. Leur présence continuelle nécessite le fonctionnement de postes de nuit et de jour et l'établissement d'un réfectoire et d'une salle de repos.

676. *Buffets, buvettes.* — Le concessionnaire n'habite généralement pas le bâtiment de la gare. On n'installe de buffets que dans les gares recevant des trains de grande ligne aux heures des repas, à Tergnier, par exemple, sur la ligne de Bruxelles, qui est en même temps une gare d'embranchement.

Les gares terminales ont obligatoirement un buffet, et souvent, dans ce cas, le buffetier a son logement dans la gare même. En outre, il peut aussi disposer quelquefois d'un certain nombre de chambres pour les voyageurs (gare du Tréport-Mers). Dans le même ordre d'idées, on a été conduit à la construction d'hôtels terminus.

Un hôtel qui peut servir de modèle de ce genre est celui de la gare Saint-Lazare, à Paris. Une passerelle le relie directement à la gare ; le voyageur n'est pas obligé de passer dans la cour de la gare ni dans la rue, et peut se rendre directement à sa chambre.

677. *Cabinets d'aisances.* — Autant que possible, on installera les cabinets dans des pavillons isolés. Suivant l'importance de la gare on les disposera aux deux extrémités du bâtiment ou à une extrémité seulement.

Ils doivent être très aérés, aussi éclai-rés que possible, tenus propres et alimentés d'eau par le réservoir dans les stations, ou l'eau de la ville dans les grandes gares.

Les urinoirs doivent satisfaire aux mêmes conditions; ils sont revêtus d'une dalle en ardoise ou en céramique. La peinture à l'huile et à la chaux est insuffisante.

En Allemagne, en Angleterre, en Amérique et dans d'autres pays, les trains possèdent une ou plusieurs voitures toilettes, et les voyageurs peuvent se rendre d'un bout à l'autre du train pendant la marche. Il en est de même pour les trains de luxe organisés par la Compagnie des wagons-lits. Aussi, dans ces circonstances, le nombre des stalles d'urinoirs peut-il être réduit dans les gares. En France, au contraire, toutes les gares doivent en posséder un nombre suffisant.

678. *Lampisterie et chaufferetterie.* — Ces deux services se groupent, en général, dans le même pavillon que les water-closets. Dans les stations ordinaires, le service de la lampisterie se réduit au service intérieur et extérieur de la gare. Dans les gares d'embranchement et les grandes gares, il faut y ajouter l'éclairage des trains. Pour éviter les dangers d'incendie, on emploiera comme revêtement de la lampisterie soit du métal (zinc en général), soit de l'ardoise ou des carreaux céramiques.

Il en est de même pour la chaufferetterie, qui doit avoir une surface suffisante pour la circulation facile des tricycles et autres engins de transport des chaufferettes.

Elle renferme, en outre, une ou plusieurs chaudières pour l'alimentation des bouillottes ou pour le réchauffement de la matière employée (acétate de soude).

679. *Commissaire de surveillance.* — Le commissaire de surveillance représente l'autorité administrative. Il veille à l'application de la loi et des règlements. Son bureau doit donc être aussi rapproché que possible de celui du chef de gare avec lequel il a des rapports continuels; de plus, il doit donner accès direct sur les quais.

Si la gare dessert plusieurs Compagnies, chaque Compagnie a son représentant ; enfin, une gare importante demande quelquefois deux ou même trois commissaires de la même Compagnie.

680. *Pompes à incendie.* — Le nombre et la puissance des pompes varie avec l'importance de la gare et la nature des produits expédiés. On leur donne, en général, un pavillon spécial afin de pouvoir les diriger soit du côté de la cour, soit du côté des quais ; il faut alors une porte de chaque côté du pavillon. Il est bon de placer la pompe, si elle est à vapeur, à proximité de la chaufferetterie. On a alors à sa disposition du combustible et de l'eau chaude, ce qui permet de mettre immédiatement la machine sous pression.

681. *Services divers.* — Pour les agents des trains, on n'a qu'à suivre les indications données dans le cas des hommes d'équipe, c'est-à-dire former deux postes, l'un de nuit, l'autre de jour.

Si la gare est le lieu de résidence d'un inspecteur de la voie, il faut lui ménager un bureau spécial, soit dans le bâtiment principal soit dans un bâtiment annexe suivant l'importance de ce service.

Dans certaines gares importantes un médecin spécial est attaché à la Compagnie : on lui réserve un cabinet et, s'il y a lieu, une salle d'attente distincte pour les hommes et pour les femmes.

682. *Logement du chef de gare.* — Il n'y a pas lieu de s'étendre sur ce sujet, la distribution des pièces pouvant être arbitraire. Il faut seulement veiller à ce qu'il y ait un escalier distinct pour le chef de gare et son ou ses subordonnés habitant dans le même corps de bâtiment.

683. *Dispositions générales.* — Il faut autant que possible placer la gare au centre de la ville. On a reconnu depuis longtemps l'inconvénient des gares lointaines, telles que celles de Lyon-Mazas, de Sceaux, de Vincennes, etc.

Dans les petites localités, la gare étant un des monuments principaux est précédée d'une vaste cour qui en fait ressortir l'importance. L'avenue qui mène à la gare est, en général, large et placée perpendiculairement à la façade (gare de Soissons, chemin de fer du Nord).

Lignes espagnoles. Gares terminales.

684. Comme compléments aux types de bâtiments précédents, nous donnons les vues des gares principales de certains chemins de fer espagnols ; ces lignes, construites parmi les dernières du continent, ont largement profité des enseignements et de l'expérience des autres Compagnies.

La figure 645 représente la gare terminus, à Madrid, des chemins de fer du Nord de l'Espagne ; la façade sur la cour des voyageurs, d'une architecture très appropriée, fait un excellent effet au fond d'une grande place qui fait ressortir le monument.

La gare de Madrid, tête de ligne du chemin de fer de Madrid à Ciudad-réal est représentée dans les figures 646 à 648 En dehors des différents services renfermés dans le bâtiment proprement dit, toutes les voies sont couvertes par une grande halle de 35 mètres de portée.

Le comble est formé de poutres en treillis reliées directement à des piliers métalliques suivant le type de Dion adopté à l'Exposition universelle de Paris de 1878. Les poussées sont ainsi ramenées à être verticales, et non horizontales comme dans l'ancien comble Polonceau.

Les diverses coupes qui accompagnent la figure principale montrent très distinctement les détails des charpentes, marquises, les trottoirs, les égouts, etc.

Types de la Compagnie d'Orléans.

685. Pour aider le lecteur chargé d'une étude de bâtiments, nous donnons encore la collection complète des types de stations employées par la Compagnie d'Orléans à la construction de la ligne de Marmande à Bergerac, depuis la plus modeste halte jusqu'aux gares les plus importantes comme celles d'Eymet et de Miramont (*fig.* 649 à 674).

Chemin de fer de grande ceinture de Paris.

686. D'excellents types de bâtiments sont encore ceux qui ont été installés sur le chemin de fer de Grande ceinture de Paris.

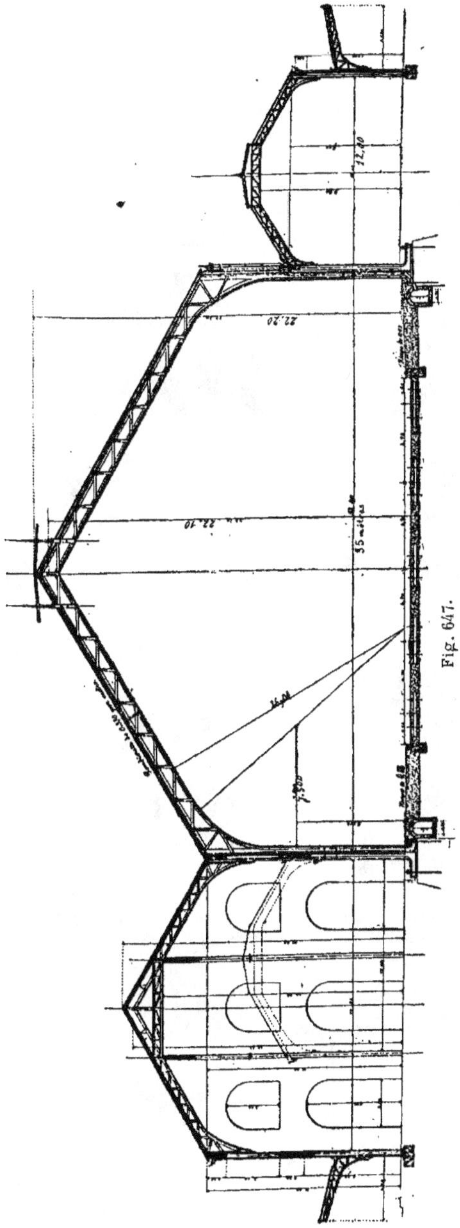

Les figures 675 à 679 représentent la station de Saint-Cyr-l'École. Afin d'éviter l'humidité, les soubassements des lieux habités, comme les fondations, ont été exécutés en meulière suivant l'usage adopté dans les constructions parisiennes.

Les angles et l'encadrement des baies sont formés d'assises alternatives de pierre de taille et de briques. Tous les murs sont construits en moellons bruts hourdés au mortier de chaux hydraulique ; ils sont recouverts à l'intérieur

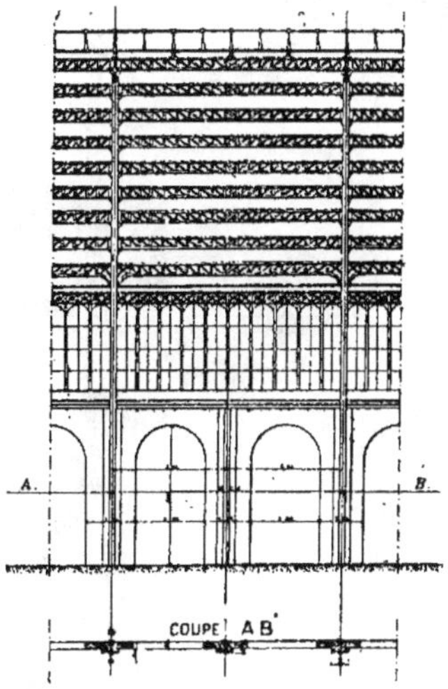

COUPE AB

Fig. 648.

d'un enduit en plâtre et à l'extérieur par un crépi tyrolien fouetté au balai.

Ce crépi tyrolien doit être l'objet de soins tout particuliers, principalement en ce qui concerne l'extinction de la chaux dont les incuits d'un volume très mince, si on ne les recherche et rejette pas, éclatent souvent six mois et même une année après l'achèvement du travail, et désagrègent la surface du crépi, comme s'il eût été atteint par des projectiles d'arme à feu. Il faut employer du sable assez fin, tamisé, d'égale grosseur, et faire le fouettis à quatre reprises, en sens

Fig. 647.

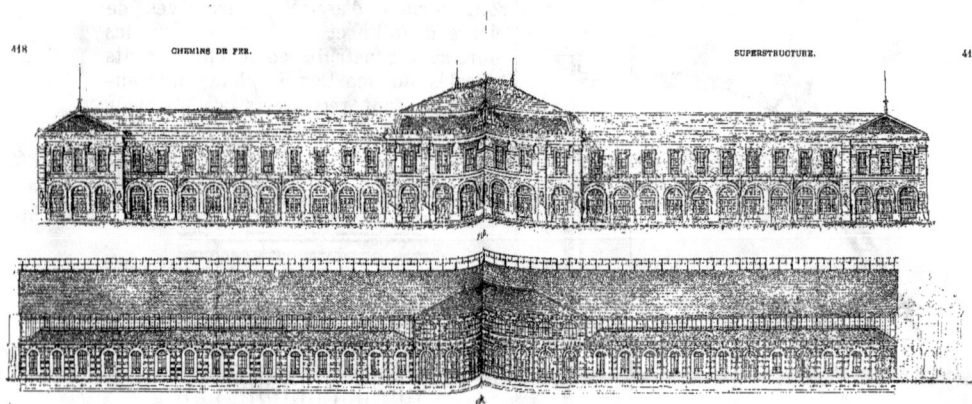

Fig.

Fig.

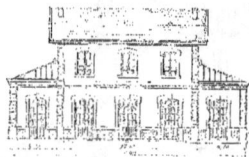

Fig. 649.

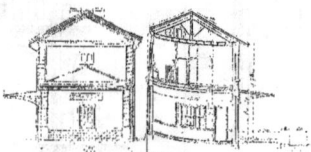

Fig. 651.

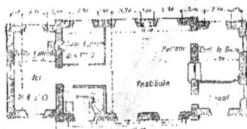

Fig. 652.

Élévation sur la voie.

Fig. 653.

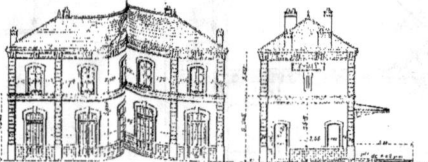

Fig. 654.

Fig. 655 et 656.

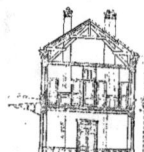

Fig. 657.

Plan du Rez-de-Chaussée

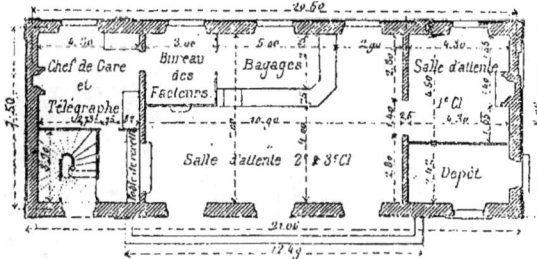

Fig. 658.

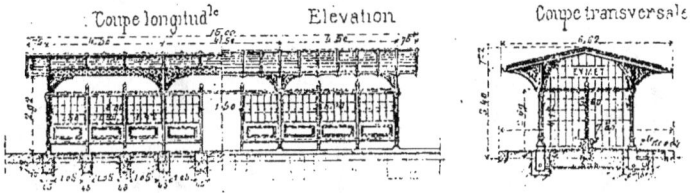

Coupe longitud^le　　　Élévation　　　Coupe transversale

Fig. 659 à 661.

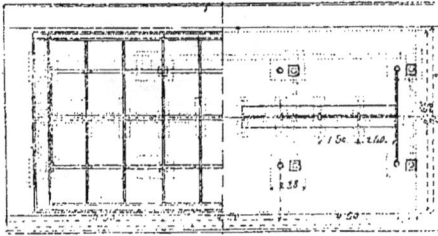

Fig. 662.

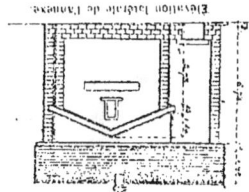

Fig. 663

Façade. (voir.)

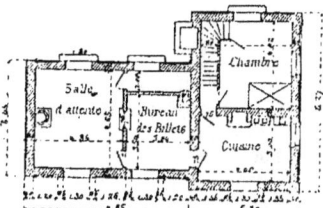

Plan du rez-de-chaussée.

Élévation latérale du pavillon.

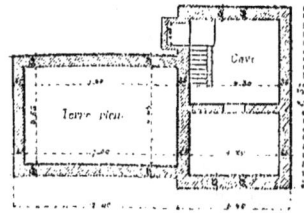

Plan des fondations

Fig. 664 à 667.

contraire afin d'obtenir des aspérités dans lesquelles l'air puisse circuler librement.

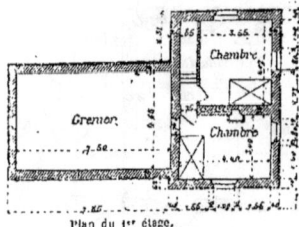
Plan du 1er étage.
Fig. 668.

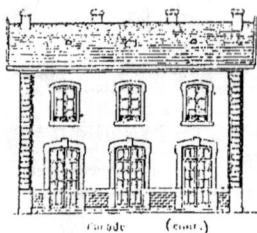
Façade (suite).
Fig. 669.

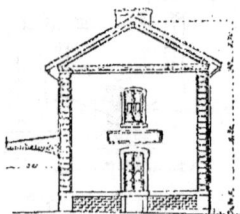
Fig. 670.

Façade (vue).
Fig. 671.

Toutes les charpentes de combles et de planchers sont en fer.

Sciences générales.

La couverture des bâtiments est en tuiles plates mécaniques de Montbard, qui résistent bien aux gelées ; celle des marquises et abris est en zinc.

Dans certaines gares comme à Epinay-

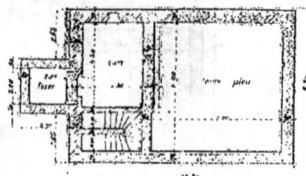
Plan des fondations
Fig. 672.

sur-Seine et au Bourget une grande différence de niveau existe entre la voie et la cour des voyageurs. Les bâtiments ont

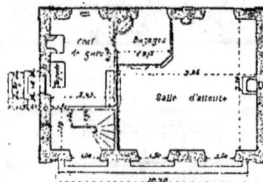
Fig. 673.

alors un étage de plus (*fig.* 680, gare d'Épinay).

Dans certaines gares plus importantes,

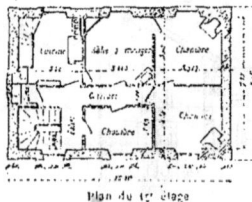
Plan du 1er étage
Fig. 674.

comme Argenteuil, Palaiseau, Saint-Germain, les bâtiments des voyageurs ont été construits avec des dimensions plus grandes à cause des besoins.

Le bâtiment d'Argenteuil a 21^m,50 de

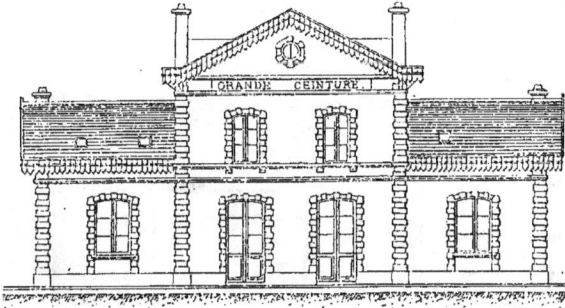

Fig. 675. — Élévation côté de la cour.

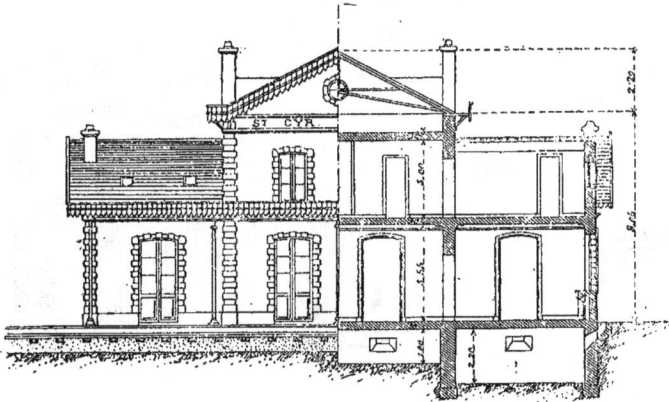

Élévation côté de la voie.   Fig. 676.   Demi-coupe longitudinale

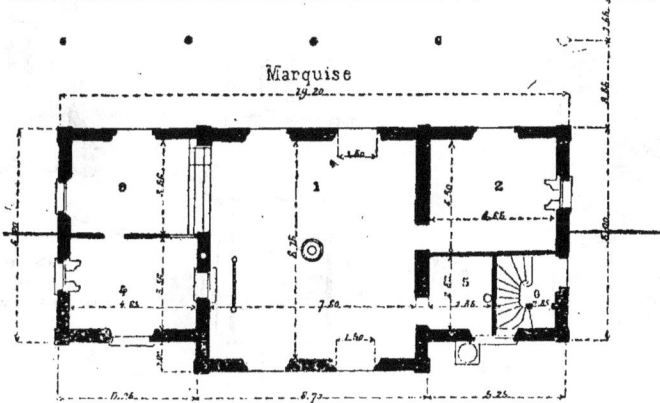

Fig. 677. — Plan du rez-de-chaussée.

Plan du 1ᵉʳ étage.

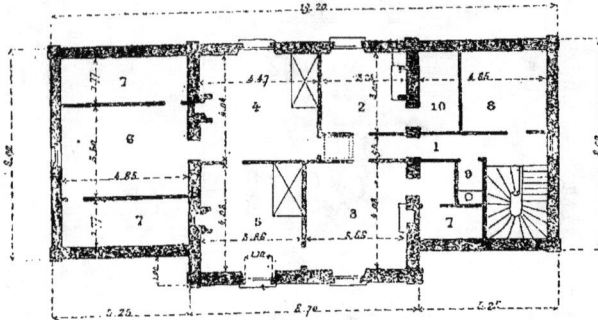

Fig. 678.

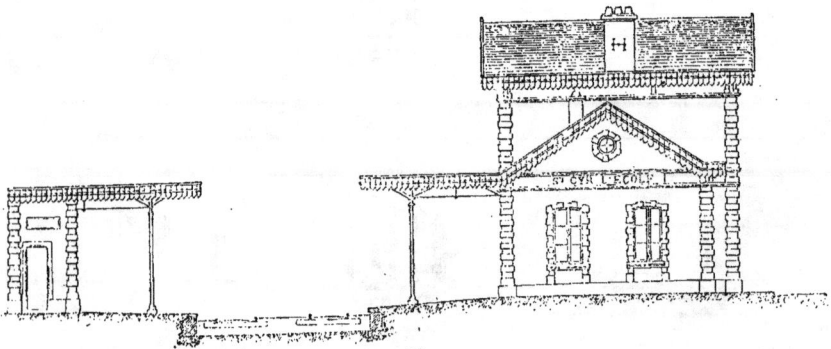

Fig. 679

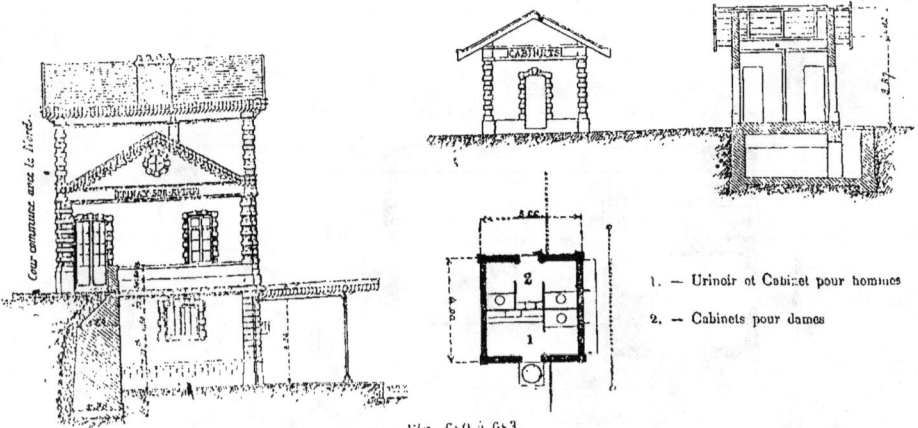

Fig. 680 à 683.

1. — Urinoir et Cabinet pour hommes

2. — Cabinets pour dames

long sur 8ᵐ,50 de large, et une partie centrale en saillie de 0ᵐ,90 sur la cour.

Celui de Massy-Palaiseau a 24ᵐ,60 de long sur 8ᵐ,50 de large avec pavillon central formant avant-corps de 13 mètres de long en saillie de 1 mètre.

Celui de Saint-Germain, le plus important de la ligne, a un pavillon central de 20ᵐ,50 de long sur 12ᵐ,15 de large avec des ailes de 8 mètres de long sur 9 mètres de large, soit une longueur totale de 36ᵐ,50.

Les fenêtres des logements des chefs de gares sont munies de persiennes sur la façade exposée au soleil couchant.

Le sol des abris de voyageurs, des marquises et des vestibules, formant salles d'attente de deuxième et de troisième classe, est en asphalte.

En outre du bâtiment des voyageurs, les installations d'une station comprennent généralement :

Un abri de voyageurs (fig. 679) ;

Deux quais à voyageurs, dont la lon-

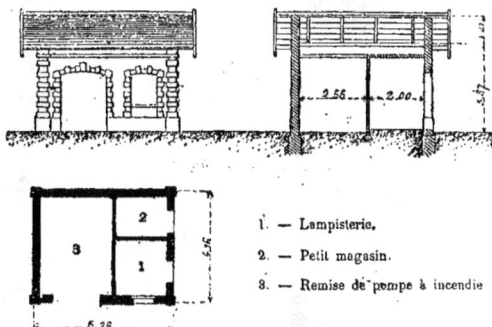

1. — Lampisterie.

2. — Petit magasin.

3. — Remise de pompe à incendie

Fig. 684 à 686.

gueur a été portée à 250 mètres pour satisfaire aux nécessités militaires ;

Une halle aux marchandises ;

Un quai découvert ;

Un pavillon pour cabinets d'aisance (fig. 681 à 683) ;

Un autre pavillon pour lampisterie et remise de pompe à incendie (fig. 684 à 686) ;

Un pont à bascule ;

Une grue de chargement ;

Trois voies de garage avec plaques tournantes ;

Un enclos à charbon pour l'approvisionnement de la gare, et nécessairement une alimentation d'eau avec fosses à piquer le feu (Argenteuil, Saint-Germain, Massy-Palaiseau).

Cela posé, le prix moyen d'une station peut s'établir de la manière suivante en remarquant que l'on se trouve là, aux portes de Paris, dans des conditions exceptionnellement coûteuses, surtout sous le rapport des achats de terrains.

Terrains, 2 hect. 50 à 19 800 fr...	49 500 fr.
Terrassements, 10 000ᵐ³ à 1ᶠ,80	18 000
Ballastage, 3 000ᵐ³ à 3ᶠ,14	9 420
Voie simple 1 250 mètres à 34ᶠ,77	43 463
Appareils de la voie..... { Appareils de changement et traversées	12 000
{ Plaques tournantes	8 400
A reporter	140 783 fr.

	Report......................	140 783 fr.

	Bâtiment des voyageurs avec marquise..	42 300	
	Lampisterie......................	3 500	
	Abri des voyageurs..................	13 500	
	Cabinets........................	4 300	
	Quais à voyageurs.................	10 600	
Bâtiments	Halle à marchandises..............	18 000	
et accessoires.	Quai découvert...................	3 800	112 500
	Cour des voyageurs................	8 000	
	Cour des marchandises.............	3 500	
	Aqueducs d'écoulement.............	3 500	
	Puits ou citernes	1 000	
	Boîtes à charbon	500	
	Ponts-bascules de 20 tonnes...........	2 300	
	Grue de chargement de 6 tonnes........	6 500	
Matériel fixe..	Gabarit de chargement..............	135	9 735
	Taquets mobiles....................	300	
	Heurtoirs........................	500	
	Appareils télégraphiques...........	1 000	
Mobilier	Régulateur.......................	360	
et télégraphe..	Signaux et sonneries...	3 900	10 660
	Mobilier et outillage.............	4 200	
	Matériel d'éclairage................	1 200	

	Total................................	273 678 fr.

Gare de Chicago.

687. La gare du Grand Central de Chicago, où se tient en ce moment l'Exposition universelle américaine, est une des plus vastes et des plus coûteuses qui aient été construites dans le monde entier.

Le bâtiment des voyageurs occupe une longueur de 67 mètres sur la rue Harrisson et une façade de 204 mètres sur la cinquième avenue. Les fondations forment une succession de piliers en maçonnerie dont la profondeur moyenne est de 15 mètres.

Au centre s'élève une tour colossale de 70 mètres de hauteur ; cette tour, à base carrée, a des côtés de 8 mètres et pèse 6 000 tonnes ; elle compte dans son intérieur quinze étages dont neuf sont réservés aux bureaux ; on accède aux derniers étages par un ascenseur électrique. Le sommet est couronné d'une horloge dont le cadran a plus de 4 mètres de diamètre, et dont la pendule pèse près de 400 kilogrammes. Un marteau vient frapper les heures sur une cloche du poids de 5 tonnes. La salle des pas perdus, en même temps salle d'attente, a 80 mètres de long, $21^m,30$ de large et $7^m,50$ de hauteur. Elle est éclairée par deux cent quarante lampes à incandescence et communique avec un salon réservé aux dames d'un côté, avec le buffet de l'autre, par un escalier de marbre à double évolution.

A proximité de la tour, se trouvent deux machines d'une puissance de 330 chevaux, trois appareils hydrauliques pour les ascenseurs, et trois locomobiles mettant en action les dynamos qui fournissent un éclairage de cent vingt-sept mille bougies. Il y a encore des moteurs à air comprimé qui servent à la manœuvre des signaux, des aiguilles, des enclanchements, des ponts et des barrières jusqu'à une distance de 5 kilomètres de la station.

Les voies aboutissant à la gare sont recouvertes d'une grande halle vitrée de 108 mètres de longueur. Les quais, au nombre de quatre, ont chacun $5^m,70$ de largeur ; entre ces quais sont établies trois doubles voies au milieu desquelles on a creusé des égouts, des fosses et des prises d'eau. Cette immense halle est éclairée par soixante groupes de lampes à incandescence auxquels s'ajoutent sept arcs électriques très puissants. A chacun des quais sont placés des appareils pour annoncer le départ des trains, et un système de tuyaux pour amener, au moyen de raccords, l'air chaud dans les wagons.

SERVICE DES VOYAGEURS. — DÉTAILS DE CONSTRUCTION

Trottoirs, quais.

688. On appelle plus particulièrement *trottoirs* les quais de peu de hauteur, 0ᵐ,30 environ, destinés généralement aux voyageurs ; on réserve le nom de *quais* aux plateformes surélevées atteignant le plancher du matériel roulant et ayant en moyenne 1 mètre de hauteur.

Les quais hauts présentent un avantage incontestable pour les voyageurs qui peuvent plus facilement se rendre compte des places disponibles dans les compartiments et avoir accès dans les voitures. Ces conditions sont très commodes pour un service chargé avec des trains fréquents et des arrêts très courts, comme celui d'un chemin de fer métropolitain ; et c'est, en effet, la disposition qui a été adoptée à Londres. Aux gares de bifurcation, cependant, les avantages disparaissent à cause du besoin de traverser les voies pour passer d'un embranchement sur l'autre. Il faut alors monter et descendre des escaliers, ou franchir des passages supérieurs ou inférieurs, ce qui est plus long et plus pénible pour les voyageurs.

D'un autre côté, les services intérieurs de la Compagnie sont peu commodes avec

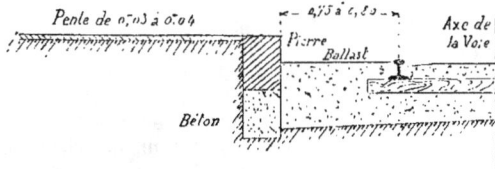

Fig. 687.

les quais hauts. Ainsi, les manutentions des bagages sont fort difficiles et exigent aux deux extrémités du quai des pentes douces qui allongent considérablement le parcours, les dépenses de manutention et le temps nécessaire. Quelquefois même on peut être gêné par la place et être obligé d'avoir recours à des galeries souterraines ou des monte-charges. Il est également fort difficile alors de placer au milieu d'un quai haut une tranchée pour livrer passage aux plaques tournantes ou chariots roulants nécessaires aux remaniements des trains.

Enfin il est impossible avec un quai haut de visiter les essieux et le mécanisme des véhicules, ou de faire le graissage en cours de route, ce qui a cependant une très grande importance.

Aussi les trottoirs sont-ils la généralité, sauf sur le métropolitain de Londres où il y a peu ou point de bagages et aucun remaniement de trains en cours de routes. Le quai haut conserve alors ses avantages, et ne présente plus les inconvénients cités plus haut.

689. *Construction des trottoirs.* — Chaque fois que la dépense n'est pas trop forte, il est utile de donner aux trottoirs une bordure en maçonnerie (*fig.* 687). La longueur des trottoirs est de 100 mètres environ pour les stations. Dans les petites stations seulement, le trottoir est ensablé, et la bordure seule est en pierre. Il est bon de donner aux trottoirs une légère pente vers la voie pour faciliter l'écoulement des eaux et de plus tenir le seuil du bâtiment à 0ᵐ,05 au-dessus du niveau des trottoirs pour empêcher l'eau de pluie d'envahir l'intérieur. Pour la sortie des bagages cette marche est remplacée par un plan incliné. Les trottoirs établis comme nous avons vu précédemment sont en terre damée avec une pente de 0^m,03 à 0^m,04 par mètre du bâtiment vers la voie; la terre est surmontée d'une couche de sable de 0^m,10 à 0^m,15, et le tout d'une chape en ciment.

Cette surface supérieure peut se faire d'ailleurs avec les matériaux qu'on a sous la main : gravier, asphalte sur béton, débris de carrières, briques, carreaux de champ ou à plat, dalles. La meilleure est le bitume dans les climats où la chaleur de l'été ne le ramollit pas.

Les bordures se font ordinairement en pierres de taille, mais peuvent être en béton comprimé, briques de champ, bois, etc.

La largeur des quais de 4 à 6 mètres est la plus employée et se trouve généralement suffisante; dans les gares de grande circulation, cette dimension atteint 8 à 10 mètres; au chemin de fer du Nord, les quais de banlieue ont jusqu'à 15 mètres.

Les quais à leurs extrémités ne sont pas conservés avec leur hauteur, ce qui pourrait occasionner des chutes; on les termine par un plan incliné allant rejoindre le niveau du ballast; il faut pour cela un développement de 3^m,50 au plus.

Les trottoirs desservant deux voies doivent naturellement présenter une bordure de chaque côté et une double pente pour l'écoulement des eaux. Il leur faut comme aux autres au moins 4 à 5 mètres de largeur et jusqu'à 10 mètres dans les grandes gares.

Clôtures de gares.

690. — Les clôtures d'une gare aux abords des quais doivent être particulièrement solides, faites en planches plus larges et plus hautes que le treillage ordinaire, car il y a lieu de s'opposer à la pression produite par l'affluence des voyageurs à certains jours.

Nous décrirons ici le type de clôture employé au chemin de fer du Nord.

Elle se compose de panneaux ou palissades de 2 mètres environ de longueur,

fixés contre des poteaux carrés de 0^m,08 sur 0^m,08 fichés en terre également tous les 2 mètres. La hauteur de ces panneaux est de 1^m,30 au-dessus du sol une fois en place.

L'extrémité supérieure de ces poteaux est taillée en pointe de diamant; l'extrémité inférieure est assemblée à tenon et mortaise sur une semelle de 0^m,80 de long et de 0^m,08 d'équarrissage, dont les extrémités sont réunies aux poteaux par deux contrefiches de 0^m,67 de long et de 0^m,08 sur 0^m,05 d'équarrissage Les contrefiches sont assemblées à tenon et mortaise avec embrèvement dans le poteau et dans la semelle, et sont réunies à ces deux pièces par des pointes de 0^m,10 de long et de 0^m,006 de diamètre.

La hauteur totale d'un poteau du dessous de la semelle à l'extrémité de la pointe de diamant est de 2^m,05 dont 0^m,75 au-dessous du sol, et 1^m,30 au dessus.

Ces poteaux sont munis de trois goujons qui les traversent de part en part et sur les extrémités libres desquels viennent s'assembler, au moyen de boulons, les lisses des panneaux.

Ces goujons sont placés à l'extérieur de la clôture et fixés aux poteaux par des chevilles en bois.

Le goujon supérieur a 0^m,01 d'épaisseur et 0^m,19 de long. Il traverse le poteau de part en part au milieu de l'épaisseur de ce dernier, en faisant de chaque côté une saillie de 0^m,055.

Les deux autres goujons ont 0^m,02 d'épaisseur et 0^m,51 de longueur; ils traversent également le poteau et sont en saillie de 0^m,215 de chaque côté. Ils sont placés en dehors de l'axe du poteau; les faces supérieures de ces goujons sont inclinées à 45 degrés.

Les panneaux doivent avoir une longueur suffisante pour remplir l'espace de 1^m,92 laissé libre entre les poteaux distants de 2 mètres d'axe en axe.

Chaque panneau est formé de trois rangs de lisses horizontales, le rang supérieur double, les autres simples, espacés entre eux de 0^m,40, après lesquels sont clouées des lames en bois verticales au nombre de dix-neuf par panneaux de 2 mètres.

Les lisses ont 0^m,02 d'épaisseur et 0^m,08

de hauteur ; leur longueur minima est de 1^m,94, afin de pouvoir entrer de 0^m,01 par chaque extrémité dans des entailles de 0^m,012 de profondeur, préparées à l'avance dans les poteaux. Ces lisses se fixent, en outre, au moyen de petits boulons, aux goujons vus plus haut, chacune des extré-

mités de la lisse supérieure au moyen d'un boulon, chacune de celles de la lisse intermédiaire et de la lisse inférieure au moyen de deux boulons.

Les lames ont 0^m,01 d'épaisseur, 0^m,05 de large, et 1^m,35 de long ; leur extrémité supérieure est taillée en pointe, elle fait

Profil

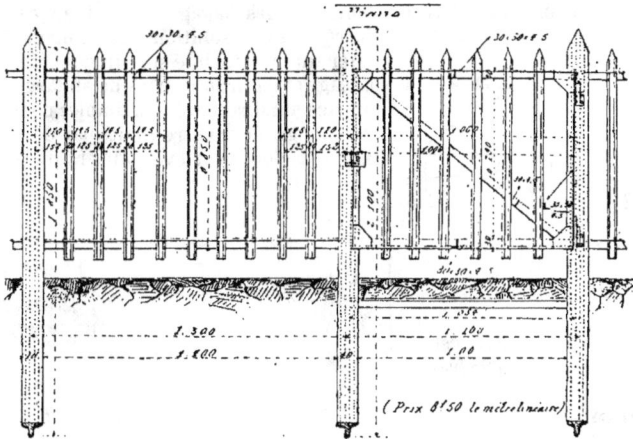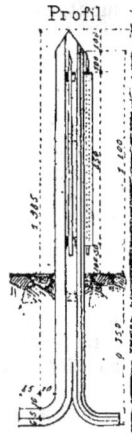

Fig. 688.

Fig. 689.

saillie au-dessus du sol de 1^m,30. La partie inférieure est enterrée de 0^m,05. Chaque lame est fixée aux lisses au moyen de huit pointes à tête plate de 0^m,041 de long et un fil de fer n° 15 de 0^m,0024 de diamètre, pesant 24 grammes par centimètre.

De ces huit pointes, deux sont pour la lisse inférieure, deux pour la lisse moyenne,

et deux pour chacune des lisses formant le rang supérieur.

Les bois employés peuvent être de toutes essences, préparés au sulfate de cuivre.

Les poteaux, goujons et lisses doivent être en bois dur, les lames en bois tendre.

691. *Clôture métallique.* — Une clôture simple et économique, quoique très solide,

Plan

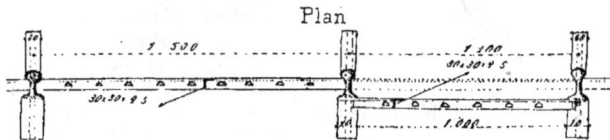

Fig. 690.

a été employée aux chemins de fer de l'État. Elle est entièrement métallique et composée de poteaux montants verticaux formés de vieux rails reliés par des fers cornières. Ces derniers servent eux-mêmes de guidage à des fers demi-ronds et de

petites cornières qui remplacent le treillage ordinaire (*fig.* 688 à 690).

Le métal est également employé à la même Compagnie pour la confection de ces petites barrières ou écrans que l'on dispose en face des maisons de garde pour

éviter que leurs habitants ne se précipitent sous les roues au passage des trains.

La figure 691 représente un type qui a
4 mètres de long, 1 mètre de hauteur, et
se compose exclusivement de fers carrés
ou rectangulaires, et d'une lisse supérieure
demi-ronde fixée par des rivets à tête
fraisée. La figure 692 montre l'assemblage
par cornières de la lisse sur les poteaux
montants. Ces derniers sont fixés à scel-

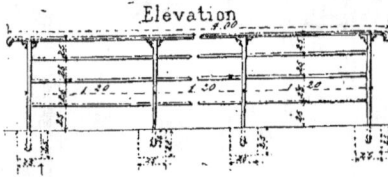

Fig. 691.

lement dans des dés en maçonnerie de
0ᵐ,25 de côté.

Le poids total de cette barrière est de
55 kilogrammes, et son prix de 25 francs.

Passages reliant les trottoirs.

692. Il y a lieu de disposer d'un trottoir à l'autre des passages pour permettre
le mouvement des voyageurs à travers

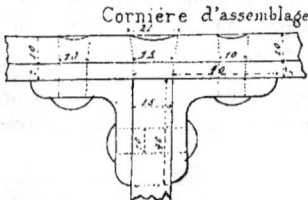

Fig. 692.

les voies à l'arrivée ou au départ de certains trains.

Il faut donc constituer au milieu des
voies une sorte de passage à niveau intérieur suffisant pour les piétons et les
brouettes à bagages. C'est ordinairement
une forte planche en bois, en madriers
jointifs et dont la surface supérieure
effleure le niveau du rail. Un jeu de 0ᵐ,06
est ménagé comme toujours à l'intérieur

de la voie pour permettre le passage du
boudin des roues.

Le quai étant à environ 0ᵐ,30 au-dessus des rails, il y a lieu, au départ et à
l'arrivée, de racheter la différence par une
marche d'escalier de 0ᵐ,15 à 0ᵐ,16 de
hauteur sur 0ᵐ,32 de largeur ou un petit
plan incliné. L'escalier est préférable pour
les voyageurs, et le plan incliné pour les
véhicules des bagages : le mieux est de
s'arrêter à une solution mixte, et de disposer un plan incliné sur un des côtés du
passage et environ le tiers de sa largeur ;
l'espace ainsi réservé aux diables chargés
des bagages devra être limité par de forts
tasseaux cloués sur les madriers du plan-

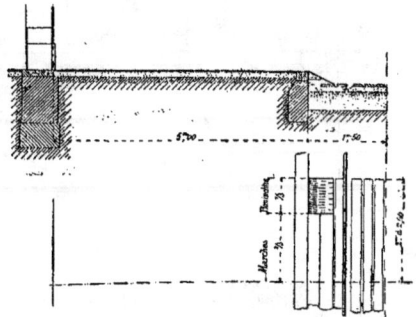

Fig. 693 et 694.

cher, et qui empêchent les roues de dévier, surtout quand le bois est humide
(*fig.* 693, 694).

Avec des locomotives dont les roues
sont petites, les bielles peuvent venir
heurter le plan incliné ainsi disposé, et il
y a lieu de l'abaisser un peu. Pour cela on
abaisse le quai lui-même à partir du milieu de sa largeur de manière qu'il ne
présente plus en bordure que 0ᵐ,15 à
0ᵐ,20 au-dessus du rail, et qu'il se termine
à ses deux extrémités par des quarts de
cône concaves. Le reste du plancher s'installe comme précédemment. Le prix de
revient est de 15 francs le mètre carré
(*fig.* 695 à 698).

Lorsque la circulation est très active,
ou le nombre des voies assez grand, il faut
remplacer le passage à niveau par un pas-

sage souterrain ou une passerelle supérieure.

693. *Passages souterrains.* — Le passage souterrain est généralement préférable pour les voyageurs parce qu'ils ont
moins de marches à monter ; il suffit, en
effet, de 2ᵐ,25 sous la voûte pour passer
largement le chapeau sur la tête et permettre une certaine ventilation. La passerelle, au contraire, doit présenter la cote
des ouvrages d'art au-dessus de la voie,
c'est-à-dire 4ᵐ,80 sous poutre à partir du

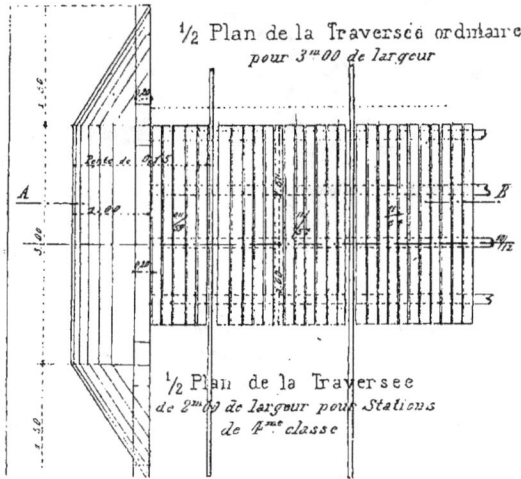

½ Plan de la Traversée ordinaire
pour 3ᵐ00 de largeur

½ Plan de la Traversée
de 2ᵐ00 de largeur pour Stations
de 4ᵐᵉ classe

Fig. 695.

rail. C'est aux passages souterrains qu'on
donne actuellement, en effet, la préférence
quand des raisons spéciales ne s'y opposent
pas, c'est ce qu'on a fait à la nouvelle gare
d'arrivée de Bécon-les-Bruyères (Cⁱᵉ de
l'Ouest), à celle de la Plaine (Cⁱᵉ du
Nord), etc.

Un escalier donne accès au passage

Coupe transversale suivant *AB*

Fig. 696.

souterrain, dont la hauteur doit être au
moins de 2ᵐ,25. C'est par l'escalier que
se fait l'aération du couloir; c'est par
l'escalier également que pénètre la plus
grande quantité de lumière qui se trouve
réfléchie par les murs blancs de celui-ci.
Un bon revêtement consiste en l'emploi
de carreaux de faïence blanche qui remplissent le triple rôle de bien réfléchir la
lumière, d'empêcher les exsudations, et
d'assurer la propreté.

Quand le couloir souterrain est long,

il faut lui assurer un éclairage et un aérage plus complets. A cet effet on ménage aux bordures des trottoirs entre-voies des espèces de soupiraux. On peut également creuser des ouvertures dans les trottoirs eux-mêmes, et les recouvrir de carreaux de verre épais.

694. *Passerelles.* — Quant aux passerelles, on les fait aujourd'hui toujours mé-

talliques avec platelage et dessus des marches en bois. Nous signalerons à ce propos un type d'escalier que nous avons eu l'occasion d'employer dans certaines grandes constructions industrielles, comme les ateliers de l'artillerie de Puteaux, et qui rend de très bons services. Ce sont des cadres en fonte présentant à leur surface supérieure un damier d'al-

Coupe longitudinale suivant *CD*

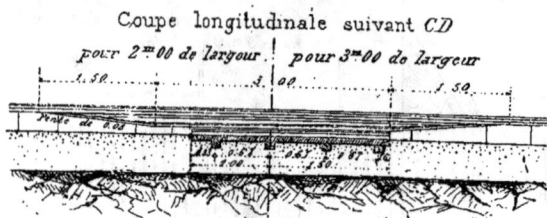

Fig. 697.

véoles dans lesquelles on enfonce des petits cubes en bois debout, faciles à remplacer.

Les passages aériens ont le tort d'empêcher à certains points de la gare la vue des signaux. Leur construction est cependant plus facile et souvent moins coûteuse, car on n'a à s'occuper ni des infiltrations, ni de l'aérage, ni de l'éclairage.

L'inconvénient de former obstacle aux

signaux est en partie supprimé en plaçant ces signaux sous le tablier même ou l'arc de la passerelle.

L'emploi des passerelles est surtout répandu en Angleterre. En Allemagne on donne la préférence aux passages souterrains.

Voyageurs. Surfaces occupées par les différents services.

695. Il n'est pas commode de fixer *a*

Elevation de la bordure de trottoir

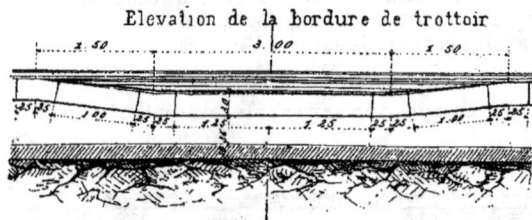

Fig. 698.

priori les surfaces exigées par les différents services. A titre de renseignement cependant, nous donnons les chiffres présentés par M. Goschler à la suite de statistiques qu'il avait dressées quand il construisait les lignes du Bourbonnais.

Le tableau ci-après ne s'applique qu'aux stations secondaires. Les catégo-

ries A et B desservent les agglomérations de faible importance ; G se rapporte aux petites villes, chefs-lieux de cantons de deux mille à quatre mille habitants.

D représente les villes de six mille à huit mille âmes.

E correspond à une ville de quinze mille habitants.

DÉSIGNATION DES LIEUX OCCUPÉS	SURFACE DES LOCAUX OCCUPÉS EN MÈTRES CARRÉS				
	A	B	C	D	E
BATIMENT PRINCIPAL					
Vestibule...	»	14	26	38	45
Salles d'attente 3e classe...				31	46
» 2e » ...	27	26	33	24	35
» 1e » ...					22
Bureau du chef de gare...			14	15	15
Bureau de vente des billets...	10	17	8	10	10
Facteurs employés...			11	16	25
Télégraphes...					13
Bagages...					50
Messageries...	11	14	20	28	24
Magasin et consigne...	2	2	5	20	2
Commissaire de surveillance...	»	»	»	»	13
Hommes d'équipe...	»	»	»	»	24
Dégagements et escaliers...	3	3	5	8	18
Surface du rez-de-chaussée...	53	77	126	190	336
ÉTAGE					
Logement du chef de gare...	53	64	80	100	101
» du sous-chef...	»	»	»	60	60
» d'un facteur...	»	13	36	30	»
Surface de l'étage...	53	77	116	190	161
ANNEXES					
Bagages à l'arrivée...	»	»	»	»	40
Consigne...	»	»	»	»	12
Service des bouillottes...	»	»	»	»	12
Abri des voyageurs...	12	12	18	24	36
Lampisterie...	5	5	5	7	15
Cabinet d'aisances. — Dépôt...	5	5	5	22	15

En Allemagne où les déplacements sont favorisés par des tarifs sensiblement moins élevés que les nôtres, on donne plus de surface aux divers locaux des stations. Le service de la poste, souvent annexé à la station, demande des locaux plus importants, surtout par l'expédition des petits paquets dont on s'est chargé depuis fort longtemps à la grande satisfaction du public.

Le tableau en tête de la page 433 indique les surfaces appliquées aux divers services dans les stations intermédiaires.

Quant aux stations principales et aux grandes gares, les conditions locales peuvent seules déterminer les chiffres applicables à chaque cas particulier.

Marquises.

696. Il y a deux sortes de marquises à considérer:

Les marquises extérieures et les marquises intérieures.

Dans toutes les grandes gares on a été amené à construire des marquises pour abriter les voyageurs à leur arrivée. La marquise peut n'exister qu'à l'entrée principale de la gare ou même le long de toute la façade (gare du Nord à Paris). La marquise extérieure peut être remplacée par un portique (gare d'Orléans à Paris).

Les marquises intérieures des gares s'imposent, car il faut protéger contre la pluie les voyageurs à leur montée et à leur descente des voitures; on protège également les bagages et les colis, ce qui augmente l'emplacement des salles d'attente ou des salles de bagages.

Quand on a établi une marquise intérieure, il est bon de lui donner la largeur suffisante pour garantir le voyageur; aussi faut-il lui faire dépasser la bordure du trottoir d'environ 0^m,80. La distance du bord de la marquise à la surface du champignon du rail doit être de 5 mètres environ, afin de recouvrir les voitures à impériale également.

DÉSIGNATION DES LOCAUX	STATIONS RURALES	STATIONS URBAINES
	SURFACE EN MÈTRES CARRÉS	
Vestibule..............	25 à 30	40 à 50
Salles d'attente 3ᵉ classe	20 à 25	30 à 40
Salles d'attente 2ᵉ et 1ʳᵉ classe.	12 à 18	20 à 30
Bagages...............	12 à 15	15 à 20
Télégraphes...........	6 à 9	12 à 15
Bureau des billets et écritures.............		30 à 40
Chef de gare..........	25 à 30	10 à 12
Poste-lettres..........		20 à 30
Poste-paquets.........		10 à 12
Buffet................	12 à 13	10 à 15
Chambre..............	»	10 à 15
Cuisine...............	»	12 à 20
Pièces disponibles pour l'exploitation..........	10 à 12	20 à 30
Concierge.............	»	6 à 10
Surface totale du rez-de-chaussée...........	122 à 152	243 à 349
1ᵉʳ ÉTAGE		
Logement du chef de station	80 à 90	100 à 130
» d'employé......	20 à 25	»
2ᵉ ÉTAGE		
Logement d'employé.....	40 à 45	80 à 90
» »	»	25 à 30

Pour recouvrir un trottoir intermédiaire, on emploie des marquises doubles inclinées vers l'intérieur et portant sur un seul rang de colonnes (station de Batignolles-Ceinture). Quand ce trottoir est plus large, on est amené à construire deux marquises doubles accolées (*fig.* 699).

Il y a deux façons de soutenir les marquises:

1° Par colonnes;

2° Par consoles (*fig.* 700).

On ne doit employer le premier procédé que quand les consoles ne peuvent convenir, car il faut autant que possible laisser les quais entièrement libres pour la circulation des voyageurs et des tricycles.

Halles métalliques.

697. Dans les gares importantes, où les trains stationnent pendant un certain temps et où la circulation est très grande,

on remplace les marquises intérieures par une halle métallique qui recouvre trottoirs et voies. Ces halles ont, en général une grande portée, qu'on franchit soit par une série de fermes, soit par un arc métallique unique.

Dans le premier cas, les fermes employées les plus couramment sont les fermes Polonceau (gare St-Lazare à Paris, gare du Nord, etc.). Les fermes reposent alors sur des colonnes intermédiaires qui reçoivent l'écoulement des eaux des toitures.

Dans le deuxième cas, on supprime ces colonnes, ce qui est un grand avantage. Une des plus grandes portées de halles de voyageurs est celle de la gare de Saint-Pancras à Londres. En Angleterre, presque toutes les halles sont formées par un arc métallique unique (*fig.* 701).

Les halles peuvent atteindre une certaine longueur. A la gare Saint-Jean de Bordeaux, la halle a 300 mètres de long. Pour empêcher la pluie de pénétrer aux extrémités des pignons, à la faveur du courant d'air provoqué par le passage des trains, on construit souvent à l'entrée et à la sortie un rideau qu'on contrevente par des poutres armées.

L'éclairage des halles est assuré au moyen d'un dos d'âne vitré qui occupe le milieu ou la partie supérieure de la ferme. Le reste de la halle est recouvert de zinc plat ou ondulé. Quand on emploie des feuilles de zinc plat, on les soutient par un voligeage en bois, afin de les préserver contre l'action corrosive des fumées.

La tôle ondulée travaillant à la fois comme couverture et comme ferme présenterait un grand avantage. Elle supprimerait les voliges ; mais il faudrait la galvaniser avec soin, et la recouvrir à l'intérieur de la halle d'une épaisse couche de peinture. Dans ces conditions, l'économie serait notable.

698. *Prix des halles.* — Voici, d'après le chemin de fer du Midi, le prix de revient d'un certain nombre de halles du système Polonceau, non compris les fondations et les canalisations.

DÉSIGNATION des GARES	ANNÉE de Construction	TYPES	NOMBRE DE NEFS	APPUIS	HAUTEUR sous EXTRAIT	LONGUEUR	LARGEUR des NEFS	TOTALE COUVERTE	SURFACE TOTALE	RAPPORT DE LA MATIÈRE SOUS ENTRAIT A L'OUVERTURE	ÉCLAIRAGE DU TOIT PAR MÈTRE	PRIX TOTAL	PRIX PAR MÈTRE
					mét.							fr.	fr.
Toulouse.	1865	Polonceau avec pignons vitrés et auvents............	1	Bâtiment des voyageurs, une rangée de colonnes........	8.20	97.00	halle.. 20.95 auvent 2.00	22.95	2 226.15	0.391	0.40	142.580	64.04
Agen	1865	id.	1	id.	7.20	94.80	halle.. 23.00 auvent 2.00	25.00	2 370.00	0.313	0.40	164.932	69.59
Bayonne.	1867-68	id.	1	Bâtiment de voyageurs avec rangée de demi-colonnes et une rangée de colonnes.	8.40	97.20	halle.. 25.30 auvent 3.00	28.30	2 750.76	0.332	0.30	135.611	49.29
Cette	1868-69	Polonceau avec pignous vitrés......	2	Bâtiment, une rangée de colonnes, mur avec contreforts....	7.70	94.90	halle.. 16.30 halle.. 16.00	32.30	3 093.74	0.472	0.40	132.552	42.84
Béziers...	1868-69	Polonceau avec pignons vitrés et auvents............	1	Bâtiment, une rangée de colonnes........	7.70	94.90	halle.. 16.50 auvent 1.90	18.40	1 746.16	0.465	0.40	72.680	41.62
Pau......	1871-72	Polonceau avec pignons vitrés	1	id.	7.80	110.66	halle.. 25.20	25.20	2 788.63	0.309	0.40	139.013	49.85
Tarbes...	1874	Polonceau avec pignous vitrés et auvents............	2	Bâtiment avec rangée de demi-colonnes, deux rangées de colonnes............	7.50	78.70	halle.. 31.16 auvent 2.30	33.46	2 833.30	0.482	0.60	143.533	34.50
Hendaye.	1879-80	id.	1	Bâtiment et rangée de colonnes..........	6.80	127.65	halle.. 21.00 auvent 3.00	24.00	3 063.66	0.394	0.46	118.754	38.73

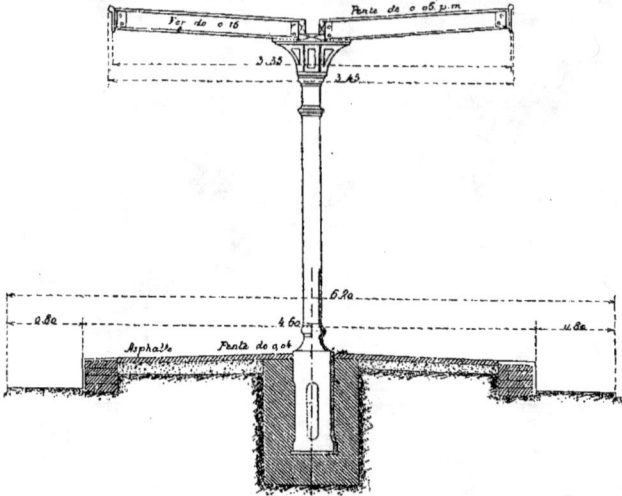

Fig. 699.

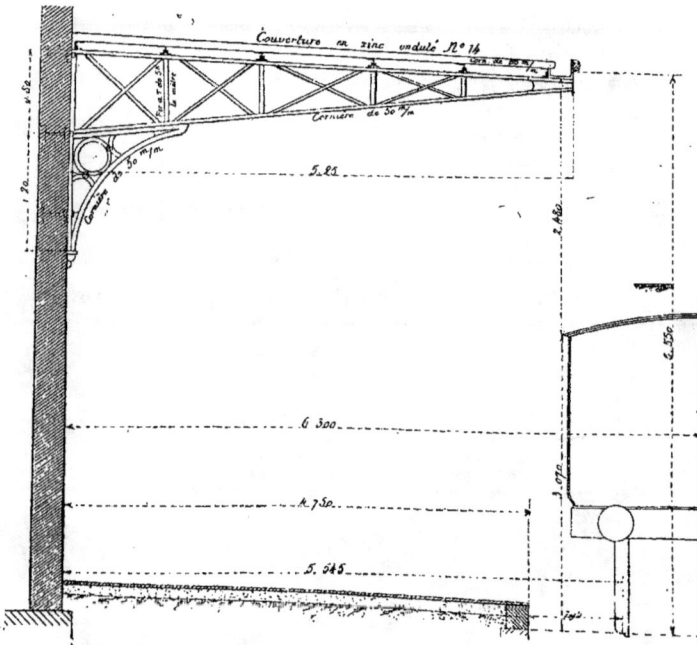

Fig. 700.

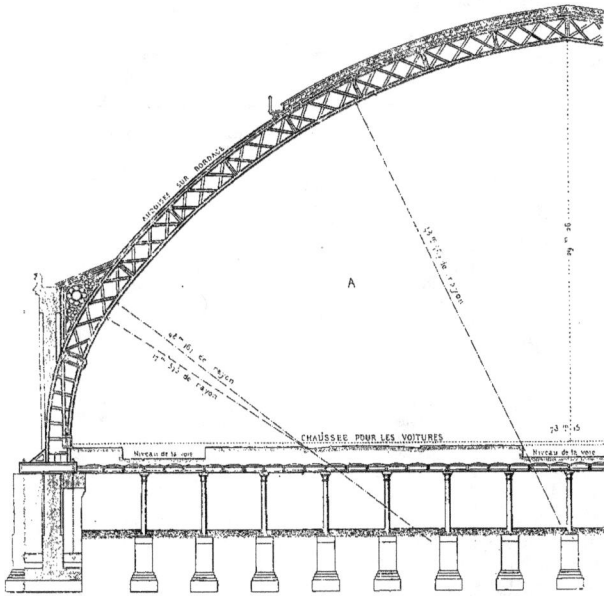

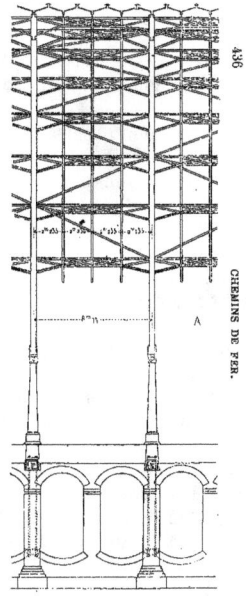

CHAUSSÉE POUR LES VOITURES

Niveau de la voie

Niveau de la voie

A

A

COUPE LONGITUDINALE

Fig. 701.

Prix de revient approximatif d'une station de voyageurs.

699. Voici, d'après un certain nombre d'ouvrages exécutés et mis en place, le prix de revient moyen pour l'établissement d'une station (M. Humbert) :

Bâtiments de voyageurs (sans étage), le mètre carré. . . . . 140 fr.

Bâtiments de voyageurs (avec étage), le mètre carré. 230

Cabinets d'aisances, le siège . 600

Urinoirs, la stalle. 75

Trottoirs, le mètre courant. . 25

Marquise adossée au bâtiment des voyageurs le m. carré. . . 30

Empierrement des cours, le mètre carré . . . . . . 2f,50 à 3

On peut y ajouter :

Halle de voyageurs, système Polonceau, le mètre carré. . . . 50

Halle de voyageurs, fermes rigides, le mètre carré. 40

TRAVAUX DE MENUISERIE.

700. Les menuiseries des bâtiments des stations comprennent trois sortes de travaux :

1° Les menuiseries intérieures et extérieures : portes, fenêtres, etc ;

2° Les cloisons et revêtements extérieurs des pans de bois et les planchers pour voligeage des combles ;

3° Les escaliers de toutes catégories.

Les bois employés dans nos climats sont : le chêne, l'orme, le sapin, le peuplier, le bois blanc et le noyer.

Ces bois doivent présenter les qualités requises pour les bons bois de construction et être exempts des défauts classiques. Nous ne nous étendrons pas sur ces questions, qui nous entraîneraient en dehors de notre sujet. Nous donnerons seulement le tableau des bois débités pour menuiserie, avec leurs dimensions, pour le chêne et le sapin qui sont les plus employés.

A ces bois il y a lieu d'ajouter les accessoires suivants dont nous donnons la nomenclature d'après les exigences du cahier des charges du chemin de fer du Nord :

La colle forte de l'espèce dite colle de Givet ou colle qui porte le nom de colle de Flandre ;

Des clous, pattes, broches, vis de toute espèce en fer fort et nerveux, de première qualité, parfaitement fabriqués et bien finis.

Les clous fabriqués à froid avec du fil de fer comprennent :

1° Les clous d'épingles ordinaires assortis ;

DÉNOMINATION	LARGEUR	ÉPAISSEUR
1° Bois de chêne		
	m	m
Feuillet..............	0.24	0.013
Entrevous.............	0.24	0.027
Planches..............	0.24	0.034
d°	0.22	0.011
Doublette.............	0.32	0.054
Membrure.............	0.16	0.080
Battants	0.32	0.110
Chevrons.............	0.08	0.080
2° Sapin rouge		
Feuillet..............	0.22	0.013
Planches.............	0.22	0.027
d°	0.22	0.034
Madriers.............	0.22	0.080
Bastaing.............	0.16	0.054 à 0.065
Chevrons.............	0.08	0.080
3° Sapin blanc		
Feuillet..............	0.22	0.013
Planches.............	0.22	0.027
d°	0.32	0.034
d°	0.25	0.041
Bastaing.............	0.16	0.054
Madriers.............	0.22	0.080
Chevrons.............	0.08	0.080

2° Des clous fins de 0m,014 à 0m,034.

En outre, les clous doux et les pattes sont en fer forgé ; enfin des vis à tête ronde et à tête plate de 0m,02 à 0m,11 de longueur et provenant des meilleures fabriques.

Cloisons, parquets, tablettes, etc.

701. Les procédés de construction suivants sont en usage dans les grandes

Compagnies françaises et particulièrement au chemin de fer du Nord.

Les cloisons, tablettes, etc., et autres ouvrages sans emboîtures ni assemblages s'exécutent soit avec des planches dressées seulement sur les rives, coupées de longueur et posées jointives, soit avec des planches posées à rainures et languettes, et collées dans les joints. Elles peuvent, de plus, dans chaque cas, être brutes sur les deux faces ou blanchies (rabotées) sur une face, ou enfin blanchies sur les deux faces.

Les entailles à deux ou trois arasements doivent être faites avec précision ; celles pour la réunion des tablettes à bois debout ou en retour d'équerre sont exécutées à mi-bois et les arrondissements d'angle parfaitement adoucis à la lime et poncés.

Toutes les parties adhérentes au mur sont ajustées avec traînées et doivent s'adapter exactement au profil des parties saillantes ou concaves.

702. *Revêtements et cloisons.* — Les cloisons et les revêtements extérieurs des pans de bois sont généralement en planches de sapin rouge de 0ᵐ,027 d'épaisseur, coupées de longueur, corroyées ou non suivant les prescriptions, dressées de rive, assemblées à joint plat et solidement clouées. Chaque joint doit être recouvert d'un couvre-joint de sapin de 0ᵐ,013 à 0ᵐ,020 d'épaisseur sur une largeur de 0ᵐ,054, fixé avec clous et chanfreiné sur chaque rive.

Ces couvre-joints sont absolument indispensables pour dissimuler le jeu et l'écartement des planches les unes des autres sous l'effet de la sécheresse et de l'humidité, etc.

703. *Voligeage.* — Le voligeage des combles est un plancher composé de planches de sapin de 0ᵐ,027 à 0ᵐ,034 d'épaisseur, suivant les portées, assemblées à rainures et languettes, et consolidées au besoin, pour les portées de grandes dimensions, par des clefs en chêne rapportées et fortement chevillées. Le parement nu doit être proprement corroyé, et les joints munis de moulures simples ou de baguettes bouvetées si cela est jugé nécessaire pour dissimuler le jeu des voliges et l'écartement des joints.

Les planches de 0ᵐ,027 doivent avoir une longueur minimum de 3 mètres, à moins de prescriptions contraires. La pose se fera de manière que les joints de deux planches consécutives ne se coupent pas sur le même arbalétrier ou chevron.

La longueur des planches de 0ᵐ,034 d'épaisseur varie de 5 à 8 mètres.

Chaque planche est fixée par deux clous à chacune de ses extrémités et à la rencontre des arbalétriers ou chevrons formant travées.

704. *Cloisons de caves.* — Dans les caves, les cloisons sont en planches de chêne de 0ᵐ,027 à 0ᵐ,034 d'épaisseur, coupées à la demande de l'emplacement et fixées avec des clous de 6 à 7 centimètres de longueur sur des bois et poteaux également en chêne. Il en sera de même des portes ouvertes dans ces cloisons ; ces portes doivent être, en outre, assemblées au moyen de deux barres horizontales et consolidées par une écharpe oblique, qui auront 0ᵐ,034 d'épaisseur sur 0ᵐ,040 à 0ᵐ,012 de largeur ; elles seront fixées comme ci-dessus et chanfreinées sur les rives.

705. *Planchers et parquets.* — On emploie généralement trois sortes de parquets :

1° Le parquet en planches entières ;

2° Le parquet en frises posées à l'*anglaise* ;

3° Le parquet en frises posées à *point de Hongrie.*

L'épaisseur des éléments varie de 0ᵐ,027 à 0ᵐ,034.

Le parquet en planches entières est assemblé à rainures et languettes ou à joints plats suivant les prescriptions ; la longueur des planches ne doit pas être inférieure à 2 mètres ; les joints doivent toujours tomber sur le milieu des lambourdes.

Le parquet à l'anglaise s'exécute en planches refendues par frises de 0ᵐ,11 de largeur sur une longueur de 1ᵐ,50 à 2 mètres, joints à rainures et languettes dans tous les sens.

Le point de Hongrie s'établit en planches

refendues par frises, comme pour le parquet à l'anglaise mais débitées, par longueurs d'environ 0^m,50 à 0^m,65 au moyen de coupes biaises formant à la pose des onglets bien réguliers.

Les cadres des foyers de cheminées sont également assemblés d'onglet et élégis de fortes rainures d'embrèvement pour recevoir le parquet.

La largeur de chaque rainure est égale au tiers de l'épaisseur de la planche; sa profondeur est de :

10 millimètres pour les planches de 0^m,027
12 » » 0^m,034

La joue supérieure a toutefois une épaisseur d'un tiers plus forte que celle de la joue inférieure pour mieux faire face à l'usure. La languette doit s'adapter rigoureusement dans la rainure.

Les joints de planches ou frises du parquet à l'anglaise doivent être contrariés, et les joints de deux frises voisines doivent se couper de deux intervalles de lambourdes ou solives au moins, chaque joint tombant toujours au milieu de l'épaisseur de l'une d'elles.

Les planches ou frises sont assujetties sur les lambourdes ou les solives au moyen de clous à tête perdue ayant une longueur égale à deux fois et demie environ l'épaisseur des planches. On en mettra sur la rive de chaque planche portant languettes à la rencontre de toutes les solives ou lambourdes. Le calage des frises ou planches lors de la pose doit être parfait et exécuté avec le soins les plus rigoureux. Le travail terminé, les parquets ne doivent offrir aucune trace de clous.

Tous les parquets doivent être raclés au vif et parfaitement replanis après peinture faite.

706. *Lambourdes.* — Les lambourdes sur lesquelles sont fixés les planches ou parquets sont toujours en chêne, mais d'un équarrissage variable en raison de l'importance des pièces; leur longueur doit être d'un seul morceau pour toutes les pièces ne dépassant pas 6 mètres.

Elles doivent être parfaitement posées de niveau en observant soigneusement les cotes nécessaires pour se raccorder exactement avec les parties carrelées ou arrivées d'escalier.

707. *Ébrasements.* — Les ébrasements unis de portes ou fenêtres sont exécutés en planches corroyées sur un parement, assemblées à rainures et languettes, et collées.

Ces planches doivent être d'une seule pièce sur toute la hauteur de l'ébrasement. Elles sont fixées à rainure et languettes aux chambranles des portes et calées par derrière contre le mur, au moyen de fourrures et tampons sur lesquels on les fixera avec des broches. Les portées excédant 0^m,30 de largeur et pour lesquelles on redouterait l'action de l'humidité doivent être assemblées avec clefs rapportées.

Portes pleines, volets et autres ouvrages emboîtés ou barrés.

708. Les portes fermant les cabinets, couloirs et dégagements peuvent être en sapin ou en chêne de 0^m,027 ou 0^m,034 d'épaisseur avec traverses d'assemblages, emboîtures ou barres haut et bas.

Les issues extérieures sont fermées par des portes entièrement en chêne de 0^m,027 ou de 0^m,034 d'épaisseur suivant les besoins, avec traverses d'assemblages ou emboîtures dans le haut, et munies ou non de jet d'eau embrevé ou élégi dans la traverse du bas.

Les volets sont en planches de chêne ou de sapin de 0^m,027 d'épaisseur avec barres et écharpes en chêne ou en orme.

Tous ces ouvrages sont formés de planches dressées ou rainées et collées, corroyées sur les deux parements, et assemblées au moyen d'emboîtures et de barres. Les emboîtures sont toujours en chêne de 0^m,12 à 0^m,15 de largeur; elles sont d'une seule pièce sur toute la longueur ainsi que les jets d'eau: ces derniers ont une épaisseur de 0^m,08, compris languettes d'embrèvement. On peut ajouter, suivant les dimensions des portes, des barres à queue perpendiculairement ou diagonalement, ou encore rapporter des clefs pour consolider le système.

709. *Portes charretières.* — Ces portes avec ou sans guichet sont établies tout en chêne, tout en sapin, ou partie en chêne et partie en sapin suivant le cas.

Pour les portes de grandes dimensions, les bâtis ont 0ᵐ,08 d'épaisseur sur une largeur de 0ᵐ,20 à 0ᵐ,25. Les panneaux ont généralement des épaisseurs de 0ᵐ,027, 0ᵐ,034 ou 0ᵐ,041. Ces panneaux sont consolidés par des croix de Saint-André de 0ᵐ,041 d'épaisseur sur 0ᵐ,08 à 0ᵐ,10 de largeur.

Les bâtis sont corroyés à vif sur les quatre faces, de manière à enlever toute trace de sciage, élégis de rainures et feuillures nécessaires. Les assemblages exécutés avec précision arrivant parfaitement à joints et très solidement chevillés. Toutes les parties composant ces bâtis doivent être d'une seule pièce.

Les panneaux sont en planches entières assemblés à rainures et languettes collées ou consolidées par des clefs. Ils peuvent être débités par frises de 0ᵐ,11 de largeur rainées et collées comme plus haut. Dans ce dernier cas, l'emploi des clefs n'est pas indispensable ; mais, de toutes façons, ces panneaux doivent être élégis de languettes d'embrèvement au pourtour s'adaptant exactement dans les rainures des bâtis.

Les portes des remises ou de halles à marchandises sont construites d'après les mêmes règles. Les pièces destinées à porter ou diriger les portes roulantes doivent être d'un seul morceau, ou, dans le cas contraire, chacun d'eux aura au moins 6 mètres de long.

710. *Lambris. Portes à bâtis et panneaux.* — On comprend sous la dénomination générale de *lambris* tous les ouvrages de menuiserie assemblés par bâtis et panneaux ; ces ouvrages sont de trois sortes :

1° Les lambris d'assemblage, c'est-à-dire sans moulures ;
2° Les lambris à petits cadres ;
3° Les lambris à grands cadres.

Dans chacune de ces trois catégories on distingue :

1° Les lambris à un seul parement et bruts par derrière, pour revêtement de murs ;
2° Les lambris arasés au parement et à glace derrière, pour portes d'armoires, etc. ;

3° Les lambris à doubles parements, pour portes, cloisons, etc.

Dans les lambris d'assemblage les bâtis sont sans moulure, et les panneaux sans plates-bandes. Les épaisseurs de bâtis varient depuis 0ᵐ,027 jusqu'à 0ᵐ,054 sur une largeur qu'on fixe suivant les proportions des lambris. Les panneaux sont d'une épaisseur de 0ᵐ,027 à 0ᵐ,041 suivant la force des bâtis.

Dans les lambris à petits cadres, les bâtis portent plusieurs moulures sur la rive jusqu'à 0ᵐ,06 de largeur, et les panneaux sont élégis sur les bords de manière à former une plate-bande qui règne sur tout le pourtour.

Les bâtis ont de 0ᵐ,027 à 0ᵐ,054 d'épaisseur sur une largeur proportionnée.

Les panneaux ont de 0ᵐ,013 à 0ᵐ,034 d'épaisseur.

Enfin, dans les lambris à grands cadres, les bâtis et panneaux ont la même épaisseur, et les cadres ont un profil qui varie suivant l'épaisseur du bâtis ou du panneau, depuis 0ᵐ,041 jusqu'à 0ᵐ,080. Ces cadres ne font pas partie du bâtis, ils y sont embrevés par une double languette, et font saillie sur le bâtis ainsi que sur le panneau.

Les portes vitrées et les parties pleines des châssis sont considérées comme lambris d'assemblage.

Tous ces lambris sont entièrement en sapin rouge ou en panneaux de sapin rouge et bâtis en chêne, ou enfin tout en chêne, suivant les instructions des ingénieurs ; ils doivent être assemblés solidement, et les moulures soigneusement poussées suivant les profils indiqués et parfaitement soignés.

Les planches formant les panneaux n'ont pas plus de 0ᵐ,16 de largeur ; elles sont jointes à rainures et languettes et collées.

Les lambris à appliquer contre des murs y sont fixés par des broches chassées dans des tampons de bois, que l'on enfonce de force dans des trous de tarière pratiqués dans la maçonnerie. Quand les panneaux de ces lambris ont plus de 1ᵐ,50 de hauteur, ils sont fortifiés par une barre à queue entaillée et assemblée dans les montants ; ils sont de plus consolidés au moyen de fourrures et de cales partout où cela paraît nécessaire.

711. *Croisées et châssis vitrés.* — Les croisées sont généralement à deux vantaux et en chêne.

Pour les croisées de dimensions ordinaires les montants et les traverses des dormants ont de 0^m,041 à 0^m,054 d'épaisseur sur 0^m,08 à 0^m,16 de largeur. Ceux des battants ont la même largeur et de 0^m,034 à 0^m,041 d'épaisseur.

Les petits bois soutenant les vitres ont de 0^m,027 à 0^m,035 d'équarrissage.

Les châssis dormants sont garnis de pièces d'appui, et les battants, de jets d'eau à noix et gueules de loup.

Le battant formant gueule de loup peut être rapporté, assemblé par embrèvement et formant saillie de 0^m,005 à 0^m,007 sur chaque face du battant du châssis. L'équarrissage de ce battant sera en rapport avec les autres dimensions de la croisée sur laquelle il sera appliqué.

Pour les portes de grandes dimensions, le battant formant feuillure pourra être rapporté comme il a été dit ci-dessus.

Les croisées-portes et châssis vitrés sont à grands carreaux ou à petits carreaux suivant les besoins et prescriptions.

Les bois employés à ces travaux doivent être sans aucun défaut, proprement corroyés sur toutes les faces et assemblés à tenons et mortaises.

712. *Persiennes-jalousies.* — Les persiennes sont entièrement en chêne, en sapin, ou avec bâtis en chêne et lames en sapin. Les lames sont en feuillets de 0^m,06 à 0^m,08 de largeur sur 0^m,014 d'épaisseur; l'épaisseur des bâtis est déterminée d'une manière spéciale et varie de 0^m,27 à 0^m,41 sur une largeur de 0^m,8 à 0^m,11. Les lames sont solidement fixées aux montants par embrèvements, et assemblées au moyen de tourillons à chaque extrémité.

Les jalousies sont composées de lames ou feuillets de sapin de 0^m,005 d'épaisseur sur une largeur de 0^m,08 à 0^m,10, parfaitement corroyées et dressées en tous sens. Elles sont garnies de cordes et de rubans croisés, de la qualité dite tirants de bottes.

Les jalousies sont ordinairement surmontées d'une tête formant pavillon, laquelle est en chêne et garnie de tous ses accessoires.

Escaliers.

713. Les escaliers de bois sont entièrement en chêne ou en orme; les bois doivent être proprement corroyés sur toutes leurs faces, les marches et contremarches assemblées par embrèvement entre elles et avec le limon; les marches sont, en outre, élégies d'une moulure formée d'une baguette et d'un filet formant astragale.

Sièges d'aisances.

714. Les sièges intérieurs ordinaires seront formés d'un dessus en chêne de 0^m,034 d'épaisseur, corroyé d'un parement, rainé, collé, consolidé par deux barres à queue. Ce dessus est percé d'un trou de lunette garni d'un tampon à feuillure muni d'un bouton à main, ou d'un volet dit à battants, en chêne, se mouvant latéralement sur charnières, et emboîté d'onglet.

Pour les sièges particuliers dits à l'anglaise, on établit un dessus en chêne semblable au précédent, mais présentant en plus des moulures sur le devant; le soubassement au dessous est en lambris à petits cadres, à bâtis de 0^m,027 d'épaisseur et panneaux de 0^m,20, embrevés avec le dessus consolidé derrière au moyen de barres ou tasseaux, et ornés par le bas d'une petite plinthe en chêne de 0^m,013 d'épaisseur sur une largeur de 0^m,08, et moulurée sur la rive supérieure.

Bâtis, huisseries, chambranles, plinthes, moulures, corniches.

715. On divise ces menuiseries en cinq classes:

1.° *Bois bruts, sans assemblages*, comprenant les lambourdes, fourrures ou tasseaux, chevrons, barres, tringles, poteaux, etc.

On les débite simplement aux largeurs et épaisseurs prescrites; ils sont coupés et cloués, et ne comportent aucun autre assemblage que ceux à mi-bois ou en bec de flûte ;

2° *Bois bruts avec assemblages*, comprenant les poteaux, bâtis divers, emboîtures coulisses, barres, etc. ;

Ces ouvrages sont employés sans être corroyés, assemblés à tenon et mortaises, ou rainés et posés à queue d'hironde, les rives dressées ;

3° *Bois blanchis sans assemblages* : ce sont les plinthes, bandeaux, ébrasements unis, tringles, barres, coulisses simples, etc.

Ces ouvrages sont corroyés sur trois ou quatre faces ajustées d'onglet, et les angles en tête arrondis à la lime douce ;

4° *Bois blanchis avec assemblages*, comprenant les bâtis et huisseries de portes, de contrevents et les emboîtures, entretoises, poteaux de remplissage, etc.

Ces pièces sont corroyées à trois ou quatre parements avec ou sans feuillure, moulures, rainures et congés, et assemblées à tenon et mortaise ;

5° *Bois blanchis avec moulures*, destinés aux cymaises, stylobates, chambranles, cadres corniches, moulures de toutes espèces, baguettes d'angles, etc.

Ces ouvrages sont exécutés aux profils donnés, ajustés d'onglet et les angles bien soignés.

Généralement, dans tous les bâtis formant chambranles, les chambranles rapportés, les moulures et les socles seront en sapin.

Mains-courantes, barres d'appui.

716. Les mains-courantes d'escalier sont en noyer ou en acajou, profils olive ou à gorge selon qu'il sera prescrit. Les épaisseurs de bois sont précisées dans chaque cas particulier.

Les barres d'appui sont en chêne de $0^m,034$ d'épaisseur sur $0^m,06$ de largeur profilées à gorges et élégies d'une forte rainure pour recevoir la barre d'appui en fer ou le balcon.

Instructions générales sur la confection des ouvrages en menuiserie.

717. Tous les ouvrages de menuiserie doivent être exécutés avec le plus grand soin suivant les règles de l'art, conformément aux projets.

Les assemblages, joints d'onglets, coupes, etc., doivent être parfaitement corrects, les tenons remplir les vides des mortaises, et y être enfoncés de force à coup de maillet. Pour s'en assurer, les Ingénieurs se réservent toujours le droit d'exiger le démontage de tout ou partie des pièces. Les rainures et languettes ont la moitié de l'épaisseur des bois sur une profondeur égale à la largeur de la languette qui doit avoir $0^m,012$.

Les tenons ont généralement le tiers de l'épaisseur pour les lambris à deux parements, les onglets sont faits avec flottage.

Tous les parements doivent être parfaitement dressés et rabotés de manière à n'offrir aucune tache ni aucune trace des outils employés au travail.

Il ne doit être toléré aucune pièce rapportée, ni l'emploi de colle, pointes ou mastic pour dissimuler des vices ou malfaçon.

Les menuiseries en chêne qui ne doivent pas recevoir de peinture doivent offrir un fini parfait, être bien soignées poncées ou polies.

Dans toutes les menuiseries, d'ailleurs, tous les bois d'un même ouvrage doivent être d'une seule nuance et sans aucune tache.

718. *Pose des menuiseries.* — La pose des menuiseries doit se faire en la combinant avec le montage des maçonneries ; les menuiseries posées doivent être bien inébranlables.

Cette pose doit d'ailleurs être faite avec précaution de manière à n'altérer aucune partie des enduits ou parements de maçonnerie ou de pierre de taille, etc.

Après les travaux de peinture entièrement terminés, on devra donner le jeu nécessaire à toutes les portes et croisées afin de les faire fonctionner librement.

719. *Évaluation des ouvrages.* — Les ouvrages de menuiserie sont comptés généralement au mètre carré, tous vides déduits, plus rarement au mètre linéaire, et enfin quelques-uns à la pièce. Toute partie excédant $0^m,16$ de large est toujours comptée au mètre carré.

1° Parmi les ouvrages estimés au mètre superficiel, on compte les cloisons, portes, tablettes, planchers, parquets, volets, cloisons, revêtements extérieurs, etc.

On ne tient compte que de la surface effective des parquets ou planchers, et on déduit, par conséquent, dans le métré l'emplacement des cheminées, etc. Le prix est établi de telle sorte qu'il n'est rien alloué en sus pour les parquets à raison du cadre qui doit être installé autour des foyers de cheminées.

Le prix des portes charretières et des remises ou halles à marchandises, basé également sur la superficie, comprend la valeur de toutes les pièces accessoires.

Les lambris de portes vitrées ou non vitrées sont mesurés sans développement de moulure; le prix des lambris comprend les barres, fourrures et tampons destinés à les isoler des murs et à recevoir les vis ou broches devant les maintenir.

Il n'est alloué aucune plus-value quelle que soit la quantité de panneaux par mètre; il en est de même pour les plate-bandes.

Aux portes vitrées on déduit la valeur des panneaux de bois remplacés par des verres, et on ajoute alors les petits bois comme bâtis moulurés et assemblés, lorsqu'ils ne forment point un réseau de losanges.

Les croisées sont également mesurées au mètre superficiel avec les traverses d'imposte, le dormant, la pièce d'appui et le jet d'eau et payées au prix fixé d'après l'épaisseur du bois.

On considère d'ordinaire comme croisées et châssis à petits carreaux ceux qui ont de six à dix carreaux par mètre carré, et comme châssis à grands carreaux ceux qui n'ont pas plus de six carreaux par mètre carré.

Lorsque les portes vitrées et les châssis ont des réseaux de losanges, chaque grand compartiment, un losange et ses accessoires, est payé à la pièce, et les châssis sont payés comme étant à grands carreaux.

Les persiennes sont également payées au mètre carré.

Les jalousies sont mesurées et payées

au mètre de hauteur sans plus-value pour la tête, le pavillon et les accessoires; le prix doit être établi en conséquence de façon à en tenir compte et à simplifier les décomptes.

2° Les ouvrages qui s'estiment au mètre linéaire sont les bâtis, huisseries, chambranles, plinthes, moulures, corniches, lambourdes, etc., suivant des prix différents selon catégories.

Les entretoises, poteaux, montants et coulisses existant dans la cloison sont également souvent comptés à part au mètre linéaire, et on leur affecte un prix spécial dans la série.

3° Les ouvrages comptés à la pièce sont : les marches d'escalier, compris contre-marches et limons, les potences et goussets chantournés pour tablettes, les socles, les tablettes d'angle, les percements de jour ronds ou carrés, les rosettes de porte manteaux dont le prix doit comprendre la traverse les recevant, enfin les sabots cintrés pour plinthes et stylobates, les tiroirs, consoles de tablettes à payer, etc.

720. *Plus-values diverses.* — Il ne sera alloué aucune plus-value pour les trous, entailles, joints d'onglets, coupes, chanfreins, arrondissements et moulures, poussées sur les rives; ces façons doivent être implicitement comprises dans les prix des ouvrages.

La surface des parties cintrées en élévation sera payée le double des parties droites. Pour les châssis vitrés dont le bâtis supérieur sera mal cintré, on n'appliquera la plus-value qu'au bâtis cintré proprement dit, à l'exclusion de la surface intérieure de remplissage.

Les surfaces des parties d'ouvrages cintrés en plan sont payées, quand elles sont unies, une fois et demie la valeur des parties droites; quand les parties cintrées de ces ouvrages sont moulurées, elles se payent le double des parties droites.

Les ouvrages circulaires mesurés linéairement, savoir : barres, cerces, plinthes et autres menuiseries cintrées, se payent comme suit:

Les ouvrages cintrés ou débillardés sur deux rives sont payés le double de la valeur des parties droites; ceux qui sont cintrés ou débillardés seulement sur une rive se payent la valeur des parties droites plus un dixième.

Les ouvrages en bois minces ployés au moyen de traits et d'immersion sont payés également la valeur des parties droites plus un dixième.

TRAVAUX DE COUVERTURES

721. Les couvertures en usage dans les chemins de fer français sont de trois sortes :
1° La couverture en zinc;
2° » en tuiles ;
3° » en ardoises.

Couverture en zinc.

722. Les matériaux nécessaires pour couvertures en zinc sont les suivants :
Zinc en feuilles;
Zinc en tuyaux;
Plomb pour manchons;
Matières pour soudure;
Tasseaux;
Clous;
Crochets de gouttières;
Crépines;
Gravois, plâtre et plâtras.

723. *Zinc.* — Le zinc en feuilles employé est des numéros 12, 13, 14 et 15, suivant les cas ; les feuilles ont, en général, 2 mètres de longueur sur 0^m,80 de largeur.

Ces numéros et ces dimensions correspondent aux épaisseurs et aux poids suivants :

NUMÉROS	ÉPAISSEURS en MILLIMÈTRES	POIDS DES FEUILLES en kilogs	POIDS par MÈTRE CARRÉ en kilogs
12	0.69	7.50	4.65
13	0.78	8.50	5.30
14	0.87	9.50	5.95
15	0.96	10.50	6.55

La tolérance admise en plus ou en moins sur le poids de chaque feuille ne doit pas atteindre 0^k,25.

L'épaisseur des feuilles doit être uniforme dans toute leur étendue, sans dépression ni surépaisseur; leur texture doit être homogène et vive, sans trace de cendrures, nervures ou autres défauts,

Le zinc employé en tuyaux présentera les mêmes qualités que le zinc en feuilles précédent.

724. *Plomb, soudure.* — Le plomb pour manchons doit avoir une épaisseur bien régulière de 2 millimètres et peser 25 kilogrammes le mètre carré ; il doit être de la meilleure qualité, uni et doux, sans aucune soufflure, fissure, crevasse, ni défauts d'aucune sorte.

La soudure est généralement composée en poids de moitié plomb et moitié étain.

725. *Tasseaux.* — Les tasseaux de couvre-joints et de faîtage sont en sapin rouge ou blanc, bien vifs, sans aubier, nœuds vicieux ni autres défauts; ils doivent être parfaitement droits, en bois non tranché et de droit fil.

Les tasseaux de couvre-joints ont 0^m,04 de hauteur, 0^m,03 de largeur et 0^m,05 à la base. La largeur de chaque tronçon régulier ne doit pas être inférieure à 4 mètres.

Les tasseaux de faîtage ont 0^m,06 de hauteur totale, 0^m,06 de largeur à la base et 0^m,04 de largeur à la tête; leur surface inférieure est délardée suivant la pente du toit.

Leur longueur minimum doit être de 5 mètres.

726. *Clous et pointes.* — Les pointes pour tasseaux ont 0^m,075 de long, et il en faut cent quatre-vingts au kilogramme.

Les clous pour agrafes en zinc ont 0^m,03 de longueur, et il y en a sept cents au kilogramme. Ces clous sont à tête plate et renforcés au collet.

Les clous de couvre-joints sont à forte tête ronde de l'espèce dite clou à piston ;

ils ont au moins $0^m,02$ de longueur, et il y en a mille au kilogramme.

Tous ces clous et pointes doivent être en fer fort et nerveux, de première qualité, parfaitement fabriqués et bien finis.

727. *Crochets de gouttières.* — Les crochets de gouttières sont en fer galvanisé de première qualité, doux, nerveux, malléable à chaud et à froid, sans pailles, gerçures ni autres défauts.

Ces crochets ont $0^m,027$ de largeur sur $0^m,003$ d'épaisseur ; la partie appliquée sur les chevrons a $0^m,25$ de long et se trouve percée de trois trous chevauchés pour recevoir des vis. La partie saillante a la forme circulaire de la gouttière.

728. *Crépines.* — Les crépines sont des grillages placés à l'origine des tuyaux de descente pour les empêcher de s'engorger par la chute des feuilles ou les déchets de matériaux solides. Elles sont en fil de fer galvanisé de $0^m,0025$ d'épaisseur ; elles ont la forme d'une demi-sphère ; les vides doivent avoir au plus $0^m,03$ et être disposées de manière à bien écouler les eaux, tout en retenant les corps étrangers.

Elles portent, en outre, une forte charnière en cuivre étamé. Le diamètre de ces crépines est de $0^m,04$ plus grand que celui des tuyaux de descente placés au dessous

729. *Gravois, plâtres, plâtras.* — Les gravois ou plâtras pour fond de chéneaux seront des matières poreuses, non susceptibles de produire ou de retenir l'humidité.

Le plâtre à employer pour pentes de chéneaux, a besoin d'être d'excellente qualité.

Mode d'exécution des ouvrages en zinc.

730. Les couvertures en zinc sont généralement composées de chéneaux, de noues, de couverture proprement dite, de gouttières, de moignons, manchons de tuyaux de descente, de crépines et de châssis à tabatière.

731. *Chéneaux-pentes.* — On exécute les chéneaux comme suit : on commence d'abord par repérer les pentes à partir des tuyaux de descente, en les réglant à raison de $0^m,01$ par mètre avec ressauts de $0^m,03$ par chaque longueur de 5 mètres.

Les pentes sont massées en gravois sec ou poreux jusqu'à $0^m,03$ en-dessous de la surface inférieure qui est poussée en plâtre passé au tamis, puis gâché et réglé au calibre, suivant un profil légèrement concave destiné à faciliter la dilatation du zinc, et à rassembler les eaux en un seul point milieu. Les angles sont légèrement arrondis sur toute leur longueur, les pentes ne doivent présenter ni bosses ni dépressions de manière que l'eau ne puisse séjourner nulle part et que le zinc passe partout. Les pentes sont séparées à leur sommet par un tasseau saillant de $0^m,05$ de largeur à la base, $0^m,03$ en tête et $0^m,04$ de hauteur.

732. *Feuilles de zinc.* — Les feuilles de zinc pour chéneaux sont du numéro immédiatement supérieur à celui de la couverture qui est généralement du n° 14. Ces feuilles garnissent tout le développement du chéneau ; latéralement elles se relèvent contre la corniche ou le socle du chéneau qu'elles recouvrent en les débordant par un ourlet rond de $0^m,01$ de diamètre ; du côté opposé, elles s'étendent sur le voligeage jusqu'à $0^m,05$ au-dessus de la hauteur du bord supérieur du socle du chéneau ; elles sont bordées d'un ourlet plat de $0^m,035$ replié en dessus. Des agrafes en zinc de $0^m,05$ sur $0^m,09$ de développement, espacées entre elles de $0^m,20$, portent un pli de $0^m,025$ s'engageant entièrement dans l'ourlet et sont fixées au moyen de trois clous sur le voligeage.

A chaque ressaut, les feuilles se relèvent de $0^m,03$ avec ourlet plat de $0^m,02$; la feuille supérieure porte un pli de $0^m,015$ qui s'agrafe avec l'ourlet de la feuille inférieure.

Au sommet des pentes les feuilles se relèvent contre le tasseau où elles sont fixées par une patte en zinc du type que nous verrons plus loin ; ce tasseau est garni d'un couvre-joint analogue à ceux de la couverture et que nous verrons également plus bas.

Les noues sont en zinc de même numéro que les chéneaux, et façonnées de la même manière à l'exception des ressauts qui seront remplacés par des agrafures semblables à celles des feuilles de la couverture détaillées ci-dessous.

733. *Couverture proprement dite.* — La couverture en zinc se fait en feuilles n° 13 ou n° 14 suivant les prescriptions.

Les agrafes, pattes et couvre-joints seront toujours en zinc du numéro employé pour la couverture. Celle-ci, dans les conditions normales, est composée :

De tasseaux, de couvre-joints, de faîtage et d'arêtiers avec pattes en zinc ;

De feuilles de zinc façonnées ;

D'agrafes en zinc ;

De couvre-joints en zinc ;

De clous à agrafes, à tasseaux et à piston.

734. *Tasseaux.* — Les tasseaux de couvre-joints sont posés perpendiculairement au faîtage suivant la ligne de plus grande pente. Ils doivent être parfaitement droits sur toute leur longueur, du faîtage au chéneau, et se correspondre

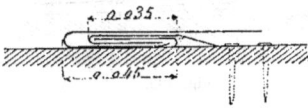

Fig. 702.

d'un versant à l'autre. On les espace de 0ᵐ,78 d'axe en axe ; ils sont fixés sur le milieu de la largeur de chaque volige, à chaque intervalle de 0ᵐ,20 environ, par une pointe placée alternativement à 0ᵐ,01 à droite ou à gauche du milieu du tasseau ; ces pointes sont inclinées alternativement à droite ou à gauche.

Les tasseaux s'avancent de 0ᵐ,04 sur le zinc des chéneaux et des noues.

Des pattes en zinc de 0ᵐ,030 de largeur sur 0ᵐ,17 de longueur développée sont placées sous les tasseaux à des intervalles de 0ᵐ,40 environ au droit des pointes fixant les tasseaux ; elles se relèvent de 0ᵐ,037 contre chaque face latérale des tasseaux, pour se replier en agrafes sur elles-mêmes, et maintenir le relief de la feuille le long du tasseau.

735. *Feuilles de zinc.* — Les feuilles de zinc formant la couverture ont 2 mètres de longueur développée. Les rives de ces

feuilles dans le sens de la largeur sont relevées suivant l'angle du tasseau sur 0ᵐ,035 de hauteur.

La partie supérieure de la feuille est repliée en dessus de 0ᵐ,035 ; le bord inférieur est replié en dessous de 0ᵐ,045 (*fig.* 702).

Le pli inférieur de la première feuille contre le chéneau s'engage dans l'ourlet supérieur en le pénétrant jusqu'au fond.

736. *Agrafes.* — La partie supérieure de chaque feuille est fixée au voligeage au moyen de deux agrafes en zinc de 0ᵐ,04 de largeur sur 0ᵐ,10 de longueur développée. Le repli des agrafes doit avoir 0ᵐ,025 de longueur ; il embrasse le pli supérieur de la feuille (*fig.* 703).

Ces agrafes sont espacées entre elles du tiers de l'intervalle entre les tasseaux, et fixées chacune sur le voligeage par trois clous.

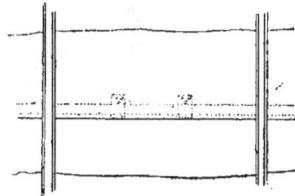

Fig. 703.

Le pli inférieur de chaque feuille pénètre dans le pli supérieur de la feuille précédente, en couvrant ces agrafes, et ainsi de suite, depuis le chéneau jusqu'au faîtage.

737. *Joints des feuilles.* — Les joints des feuilles de zinc doivent être bien horizontaux et s'aligner parfaitement entre eux sur toute la longueur des toits.

Les feuilles sont posées par longueurs entières ; on n'admet qu'une seule fraction de longueur pour compléter la longueur du pan de couverture. Cette fraction est placée immédiatement contre le chéneau. De même on ne doit admettre qu'une seule fraction de la largeur irrégulière pour finir la longueur du toit ; elle se trouve contre une extrémité.

La couverture doit être établie sur des

surfaces de voligeage parfaitement libres et unies ; on devra procéder à un dressage parfait des parties qui présenteraient des ressauts ou des irrégularités.

738. *Couvre-joints.* — Les tasseaux et le relief des feuilles contre leurs faces latérales sont recouverts par des couvre-joints en zinc de 0^m,10 de largeur développée ayant la forme des tasseaux avec plus d'évasement, et portant sur chaque rive un biseau de 0^m,08 plié à demi en dedans à angle obtus (*fig.* 704).

Ces couvre-joints sont étirés en barres dans le sens du laminage, parallèlement au fil du zinc, ils ont la forme plus fermée que la forme définitive, afin de faire ressort contre les faces latérales des tasseaux.

Ils sont posés par bouts de 1 mètre de long en se recouvrant de 0^m,04 et sont

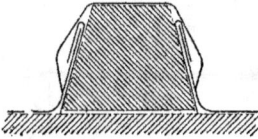

Fig. 704.

fixés sur les tasseaux d'abord par un clou à tête plate de 0^m,027 de longueur placé à 0^m,03 de l'extrémité supérieure (*fig.* 705) puis par une patte en zinc de 0^m,04 de longueur sur 0^m,02 de largeur soudée en dessous et à 0^m,045 de l'extrémité inférieure. Cette patte pénètre de 0^m,025 entre le tasseau et le dessous de la partie supérieure ; de cette façon, le couvre-joint supérieur recouvre l'inférieur et abrite le clou.

Chaque cours de couvre-joints est terminé à sa partie inférieure par un talon en zinc fermé et soudé aux angles et embrassant toute l'extrémité du tasseau. A sa partie supérieure le dernier bout de couvre-joint est soudé contre celui de faîtage ou contre l'aubier.

739. *Faîtages.* — L'arête du faîtage est garnie d'un tasseau de faîtage fixé latéralement et de chaque côté par des pointes de 0^m,08 de longueur espacées sur chaque côté de 0^m,30.

Le tasseau doit être parfaitement dressé et aligné sur toute sa longueur.

Les dernières feuilles de zinc de la couverture sont relevées de 0^m,04 contre ce tasseau ; elles sont maintenues par des pattes en zinc passant sous les tasseaux comme il est dit pour les couvre-joints de la couverture.

Le couvre-joint de faîtage à 0^m,15 de développement ; il est façonné et posé suivant le système des couvre-joints de la couverture.

Les arêtiers sont exécutés comme les faîtages.

740. *Costières.* — Le long des costières de lanternes, de cheminées ou autres reliefs, les fenêtres se relèvent verticalement en angle sur 0^m,07 de hauteur, et sont maintenues par des pattes repliées analogues à celles des tasseaux, et clouées

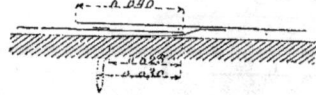

Fig. 705.

chacune par trois clous sur le voligeage. Les couvre-joints vont buter par le haut contre le relief des feuilles, et y sont soudés. La surface extérieure de la costière est recouverte par une bande de zinc descendant jusqu'à 0^m,03 plus bas que le relief des feuilles et se terminant par un demi-onglet plat de 0^m,008 analogue à ceux de rive des couvre-joints. Les parties susceptibles par leur usage, de recevoir la pluie sont traitées comme les chéneaux.

741. *Solins.* — Des bandes de solins en zinc de 0^m,09 de largeur développée garnissent les pourtours des cheminées, les saillies des maçonneries, etc. Ces bandes de solins sont engagées de 2 centimètres dans le joint de la maçonnerie, et terminées à leur partie inférieure par un demi-onglet plat comme ci-dessus.

Ces bandes de solins sont maintenues dans les maçonneries par des clous à pattes en fer de 0^m,05 de longueur, et par un rejointoiement en bon ciment de Portland, appliqué sur un joint bien nettoyé à vif et arrosé ; il doit pénétrer jusqu'au fond du joint et y être pressé avec force.

742. *Ouvrages divers en zinc.* — Les bandes de zinc pour recouvrements de cordons, corniches, appuis de fenêtres, etc., sont en zinc n° 16 ; elles sont terminées par un boudin à la dimension prescrite. Les différentes feuilles se recouvrent à leur jonction de $0^m,06$; elles sont fixées par des attaches en zinc du même numéro, placées en dessous. Ces attaches, qui ont une largeur de $0^m,10$, règnent sur toute la largeur de la bande de zinc jusqu'au fond du boudin ; elles sont fixées chacune aux maçonneries des corniches ou appuis par quatre clous galvanisés de $0^m,06$ de longueur. Il y a une attache à chaque joint et des attaches intermédiaires également espacées de $0^m,50$ au plus d'axe en axe.

743. *Prescriptions communes à tous les ouvrages en zinc pour chéneaux et couvertures.* — Dans l'exécution des couvertures en zinc, tous les plis des feuilles, des agrafes, des couvre-joints, etc., sont faits avec précaution pour ne pas briser le fil du zinc et ne point altérer son élasticité. A cet effet, on exécute ce travail à une température de plus de 10 degrés centigrades au-dessus de zéro, en travaillant au besoin dans des locaux fermés et chauffés. Les plis ne seront jamais à angle vif, mais en légère courbure.

Toute pièce de zinc présentant des altérations d'élasticité ou des traces de brisures ou de déchirures doit être rejetée. On n'admettra jamais la soudure pour réparer ces défauts.

Le zinc ne doit jamais être exposé à l'humidité en contact avec du fer ; il en résulterait en effet un élément de pile dont l'action galvanique décompose l'eau, et ronge le zinc.

Pour des raisons analogues, le zinc ne doit jamais être en contact avec du bois de chêne, pas plus qu'avec du mortier ou du plâtre frais ; dans les cas inévitables, on interposera une couche de sciure de bois blanc, de plâtre sec en poudre, de sable ou de papier goudronné, entre le le zinc et les enduits frais.

Les chéneaux et couvertures doivent être parfaitement étanches dans toute leur étendue ; toute partie laissant filtrer l'eau doit être démontée et refaite immédiatement.

744. *Gouttières en zinc.* — Les gouttières sont en zinc n° 14 ; elles ont la forme d'un demi-cylindre creux, bordé sur chaque rive d'un onglet creux, rond de $0^m,01$. Leur diamètre varie de $0^m,10$ à $0^m,20$ suivant les besoins. Elles sont exécutées par parties de 2 mètres de longueur, et soudées bout à bout.

Elles sont portées sur des crochets espacés de $0^m,80$ et fixés chacun au chevron

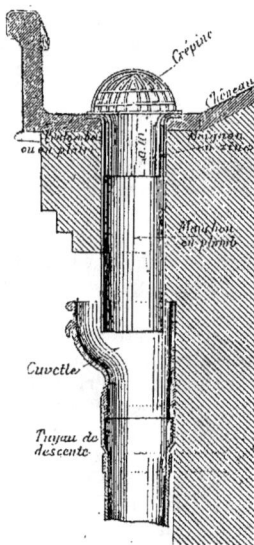

Fig. 706.

correspondant par trois vis de $0^m,034$; leurs pentes sont réglées à raison de $0^m,005$ par mètre.

745. *Moignons et manchons.* — Les moignons sont en zinc n° 14 ; ils sont soudés à leur partie supérieure avec le chéneau : leur longueur est de $0^m,10$ et leur diamètre inférieur de $0^m,01$ à celui des manchons, ou tuyaux dans lesquels ils s'emboîtent.

Les manchons ne sont employés que lorsqu'il faut traverser les maçonneries pour se raccorder avec les tuyaux ; ils sont en plomb de $0^m,002$ d'épaisseur et portent un collet battu de $0^m,04$ au niveau de la pente en bois ou en plâtre. Leur longueur est déterminé par l'épaisseur de la corniche à traverser pour atteindre la cuvette, et leur diamètre est égal à celui des tuyaux de descente (*fig.* 706).

746. *Tuyaux de descente, en zinc.* — Les tuyaux de descente en zinc sont en feuilles du n° 14. Ils présentent les coudes, les diamètres et les formes exigées par les circonstances. Ils doivent être parfaitement soudés sur toute leur longueur.

Le bout du tuyau supérieur doit pénétrer dans le bout inférieur de 0ᵐ,03.

De forts arrêts cylindriques en zinc, sont fortement soudés sur la face principale des tuyaux et espacés environ de mètre en mètre.

Ces arrêts servent à empêcher le glissement des tuyaux dans les crochets en fer galvanisés de 0ᵐ,015 sur 0ᵐ,25.

747. *Tuyaux de descente, cuvettes, dauphins etc., en fonte.* — Les tuyaux de descente, cuvettes, dauphins, etc., en fonte, sont généralement fournis par la Compagnie, et l'entrepreneur n'est chargé que de la pose.

Les tuyaux de descente sont emboîtés les uns dans les autres, en faisant emboîter le petit bout du tuyau supérieur dans le grand bout de l'inférieur. Les cuvettes sont établies à la partie haute des tuyaux de descente sous les chéneaux. Des dauphins sont placés à la partie basse. Les tuyaux doivent être bien dressés et alignés ; ils sont fixés au mur au moyen de crochets en fer scellés ou vissés.

L'espacement de ces tuyaux est généralement de 15 mètres, en les plaçant de préférence dans les angles rentrants et à l'abri des chocs ou frottements.

Une crépine recouvre la partie supérieure de chaque descente ; elle est disposée de telle sorte qu'elle retienne toute ordure dans les chéneaux, en laissant toutefois un écoulement d'eau complètement libre.

748. *Châssis à tabatière.* — La couverture est parsemée de place en place de châssis à tabatière, généralement fournis par la Compagnie, et posés seulement par l'entrepreneur.

749. *Mode d'évaluation des ouvrages.*

— Les ouvrages composant la couverture en zinc s'évaluent généralement de la manière suivante :

Les pentes des fonds de chéneaux en gravois, plâtras et plâtre sont payées au mètre carré, quelles que soient la largeur et la profondeur des chéneaux.

Les chéneaux et noues sont payés au mètre superficiel développé.

Ces prix comprennent la valeur des pattes, clous, soudures.

La couverture en zinc proprement dite est payée au mètre superficiel mesuré sans développement.

Les prix comprennent la valeur des tasseaux de couvre-joints, ainsi que celle des pattes, agrafes, couvre-joints, talons, clous, soudures, etc.

Les faîtages et arêtiers sont payés au mètre linéaire ; les prix comprennent la valeur des tasseaux, clous, soudures.

Les costières de lanternes, les bandes de zinc pour recouvrements de corniches, bandeaux, appuis de croisées, bandes de solins et autres ouvrages analogues sont payés au mètre superficiel développé ; les prix comprennent la valeur des pattes, clous, attaches, soudures, etc.

Les entailles dans les maçonneries et autres corps durs, pour le scellement des bandes de solins en zinc, sont payées au mètre linéaire ; les prix comprennent le jointoiement au ciment.

Les gouttières sont payées au mètre carré suivant leurs dimensions, sans tenir compte des recouvrements ; les prix comprennent la valeur des coudes, soudures, raccords d'angle, etc.

Les crochets de gouttières sont payés à la pièce ; les prix comprennent la pose des vis, etc.

750. *Moignons, manchons, tuyaux de descente, etc.* — Les moignons sont payés à la pièce quelle que soit leur dimension ; les prix comprennent la valeur des collets soudés, le percement des trous, etc.

Les manchons en plomb sont payés au kilogramme quelles que soient leurs dimensions ; les prix comprennent la valeur du collet battu, des soudures, coudes, percement des trous, scellements, raccords et tous accessoires.

Les tuyaux de descente en zinc sont

payés au mètre superficiel, sans tenir compte des recouvrements; les prix comprennent la valeur des coudes, soudures, crochets en fer galvanisé, etc.

La pose des tuyaux de descente, dauphins et coudes en fonte est payée au mètre linéaire ; les prix comprennent le montage à toute hauteur, la pose et le scellement des crochets, solins, crampons, etc., nécessaires pour fixer les tuyaux.

La pose de chaque cuvette, comprenant tout ajustement, scellement, montage à toute hauteur etc., sera payée à la pièce.

Les crépines en fil de fer galvanisé sont payées au kilogramme; les prix comprennent la charnière, les soudures, etc.

La pose des châssis à tabatière est payée à la pièce.

751. *Vérification du poids des feuilles de zinc.* — L'estampille des feuilles de zinc ne doit pas être considérée comme un indice suffisant pour la reconnaissance du numéro et du poids. Toutes les feuilles de zinc apportées sur le chantier doivent être pesées avant d'être mises en œuvre.

L'entrepreneur est tenu de fournir les moyens de pesage qui lui sont indiqués pour reconnaître si les feuilles ont bien le poids voulu; on rebute toutes celles dont le poids n'est pas dans les limites de la tolérance admise.

Si le pesage contradictoire indique des poids moindres, et que l'on juge néanmoins convenable d'employer les feuilles, le prix du mètre superficiel est diminué en proportion. Si, au contraire, le pesage accuse des poids plus forts, le prix n'est pas augmenté.

2° Couvertures en tuiles.

752. Les matériaux à employer pour la couverture en tuile sont:

Le zinc pour chéneaux, gouttières et tuyaux;

Le plomb pour manchons;

Les tuiles à emboîtement ;

Les tuiles faîtières, les arétiers, etc. ;

Les tasseaux ;

Les clous ;

Les crochets de gouttières;

Les crépines ;

Les gravois, plâtre, plâtras, mortier, etc.

753. *Tuiles diverses.* — Nous ne parlerons pas du zinc, plomb, soudure, etc., qui seront les mêmes que précédemment.

Les tuiles sont du type dit à emboîtement qui se fabrique aujourd'hui partout. L'échantillon doit être fixé et pris dans une des meilleures maisons spéciales qui les produisent. En outre, on devra se procurer des tuiles de toutes formes pour faîtages, arétiers, noues, raccords de zinc, lucarnes de ventilation, toits de rotondes, etc., de manière à exclure autant que possible le plâtre ou le mortier [et tous autres matériaux de la surface de la couverture; toutes ces tuiles spéciales doivent être fabriquées pour être posées à sec; à cet effet, elles portent tous les crochets, agrafes, recouvrements, etc., nécessaires pour atteindre ce but.

Toutes les tuiles doivent être bien cuites, sonores, saines, entières, non gélives ni feuilletées; elles doivent, pour cela, avoir été moulées avec une pâte bien homogène et exempte d'impuretés.

Leurs formes doivent être parfaitement pures et régulières, non gauchies et bien égales d'épaisseur. Les tuiles fendues, écornées et dont les mentonnets seraient affaiblis devront être rejetées. Les faîtières, arétiers, etc., doivent être de la même qualité que les tuiles ordinaires.

754. *Latteaux, clous, crochets, etc.* — Les latteaux sont en sapin de $0^m,04$ de largeur sur $0^m,02$ d'épaisseur : ils doivent être de droit fil, bien sains, sans aubier ni nœuds vicieux ; leur longueur minimum est 3 mètres.

Les clous à latteaux ont $0^m,05$, et on en compte deux cent trente au kilogramme. Ces clous sont en fer et de première qualité, parfaitement fabriqués et bien finis.

Les crochets de gouttières, crépines, gravois et plâtras sont identiques à ceux de la couverture en zinc.

Le plâtre à employer pour pentes de chéneaux et de noues, tranchis, solins, ruelles, filets, parements cintrés, crêtes, etc., doit être de la meilleure qualité, parfaitement pur et passé au tamis.

Les mortiers et ciments employés pour le même usage sont de la meilleure qua-

lité et aux dosages fixés par les ingénieurs.

755. *Couverture en tuiles.* — Les couvertures en tuiles comprennent des chéneaux et noues en zinc, la couverture proprement dite en tuiles à emboîtements, des
gouttières en zinc, des moignons, des manchons, des tuyaux de descente, des crépines et des châssis à tabatière.

Les chéneaux et noues sont en zinc et
exécutés conformément aux prescriptions précédentes sur ce genre de couverture.

La couverture proprement dite en
tuile à emboîtement comprend :

Des latteaux ;

Des tuiles à emboîtement;

Des faîtières et arêtiers;

Des tranchis droits ou biais ;

Des filets et solins.

756. Les latteaux sont posés par rangs
droits et parallèles; ils sont fixés sur
chaque chevron par un clou, chaque extrémité devant tomber sur un chevron.

Les tuiles à emboîtement sont posées de
bas en haut par rangées parallèles et parfaitement droites. On les dispose de telle
façon que chaque pan soit composé d'un
nombre entier de tuiles; on n'admet
qu'une seule fraction de la longueur régulière, pour finir la longueur du toit;
elle est contre une des extrémités.

Les faîtières et arêtiers sont posés avec
le plus grand soin et scellés par des embarrures et crêtes en mortier ou plâtre
suivant les prescriptions.

Les tranchis droits ou biais doivent être
parfaitement coupés ou sciés.

Les filets et solins en mortier ou plâtre
doivent être également très finis d'exécution, de manière à rendre la couverture
bien étanche.

Enfin les gouttières, tuyaux de descente, etc., sont exécutés suivant les prescriptions indiquées précédemment pour
la couverture en zinc.

757. *Mode d'évaluation des ouvrages.*
— Les couvertures en tuiles sont mesurées
au mètre carré, déduction faite de tous
les vides et parties en saillie, tels que
tuyaux de cheminées, pans de murs, chàs-
sis à tabatière, etc.

Les prix du mètre carré de couvertures

comprennent les latteaux et les clous, mais
ne tiennent pas compte des déchets pour
tranchis de noues, arêtiers, solins, etc.

Les faîtages en tuiles, faîtières et arêtiers sont payés au mètre linéaire, compris crêtes et embarrures en plâtre ou
en mortier.

Les tranchis, filets et solins sont payés
au mètre linéaire ; les prix comprennent
les déchets, la fourniture du plâtre ou du
mortier et la façon.

Les chéneaux, noues, gouttières, tuyaux,
crépines, etc., sont payés comme il est
dit à la couverture en zinc.

Couvertures en ardoises.

758. Les matériaux à employer pour
la couverture en ardoise sont:

Le zinc pour chéneaux, gouttières et
tuyaux ;

Le plomb pour manchons ;

Les ardoises ;

Les faîtières et arêtiers ;

Les voliges ;

Les clous;

Les crochets de gouttières ;

Les crépines ;

Les gravois, plâtres, plâtras, mortiers, etc. ;

Le zinc et le plomb comme pour les
couvertures précédentes.

759. *Ardoises.* — Les ardoises proviennent des meilleures carrières les plus voisines de la ligne, et généralement des
carrières d'Angers, de Fumay, de Rima-
gne, de Monthermé, etc.

Ces ardoises ont généralement 0^m,30 à
0^m,33 de longueur, sur 0^m,18 à 0^m,22 de
largeur et 0^m,003 d'épaisseur uniforme et
moyenne, avec tolérance de 0^m,0005 en
plus ou en moins.

Les ardoises, quelle que soit leur provenance, doivent être d'excellente qualité,
sonores, saines, entières, sans écornures
ni exfoliations ; toutes celles qui sont gauches doivent être rebutées.

Les faîtières et arêtiers sont en poteries
comme pour la couverture en tuile.

760. *Voliges, clous, crochets de gouttières, gravois, crépines, plâtres, mortiers,
etc.* — Les voliges sont en feuillets de bois
blanc, généralement de sapin, de 0^m,10 à
0^m,11 de largeur et de 0^m,013 d'épaisseur.

Ces voliges doivent avoir au moins un an de débit, être en bois parfaitement sain, exempt de fentes, nœuds vicieux et de tous autres défauts; la longueur minimum doit être de 3 mètres.

Les clous à voliges ont 0ᵐ,04 de longueur, et il y en a cinq cents au kilogramme.

Les clous pour ardoises sont en cuivre et ont 0ᵐ,03 de longueur, et il y en a quatre cent cinquante au kilogramme.

Tous ces clous doivent être de très bonne qualité, parfaitement fabriqués et bien finis.

Les crochets de gouttières et crépines ont les formes, dimensions et qualités exigées pour la couverture en zinc.

Mêmes conditions pour les plâtres, plâtras, mortiers, ciments, etc.

761. *Couvertures en ardoises.* — Ce genre de couverture comprend :

Des chéneaux et noues en zinc ;

La couverture en ardoises proprement dite ;

Des gouttières en zinc ;

Des moignons, manchons, tuyaux de descente ;

Des crépines et châssis à tabatière.

Les chéneaux et accessoires et les noues sont conformes aux types exposés dans la couverture en zinc.

La couverture proprement dite comprend :

Des voliges ;

Des ardoises ;

Des faîtières et arétiers ;

Des tranchis droits ou biais ;

Des filets ou solins.

762. *Voliges-ardoises.* — Les voliges sont posées par rangs droits et de largeur uniforme, séparées par un intervalle de 0ᵐ,04, et prennent à chaque extrémité un appui de 0ᵐ,03 au moins sur le chevron. Chaque volige est fixée à chacun des chevrons sous-jacents par deux clous ; ces clous doivent être éloignés de 0ᵐ,025 des bords longitudinaux de la volige.

Les ardoises sont posées bien jointives, par rangs parfaitement droits et en liaison de 0ᵐ,10 au moins d'un rang au voisin.

La face apparente de l'ardoise ou pureau doit avoir 0ᵐ,11 de longueur.

Dans un même rang l'épaisseur des ardoises doit être bien uniforme, et on a soin qu'il n'y ait aucun porte-à-faux.

Chaque ardoise est fixée à la volige au moyen de trois clous disposés en triangle.

763. *Faîtières, arétiers, etc.* — Les faîtières et arétiers sont posés avec le plus grand soin et scellés par des embarrures et crêtes en mortier, plâtre ou ciment, suivant les prescriptions.

Les tranchis droits ou biais doivent être parfaitement faits.

Les filets et solins en mortier ou plâtre doivent être exécutés avec beaucoup de soin, de manière à rendre la couverture bien étanche.

Les gouttières, tuyaux de descente, etc., sont exécutés suivant les prescriptions de la couverture en zinc.

764. *Mode d'évaluation des ouvrages.* — Les couvertures en ardoises sont mesurées au mètre carré, déduction faite de tous les vides et parties en saillie, tels que tuyaux de cheminées, pans de murs, châssis à tabatière, etc.

Le voligeage est compris dans le prix du mètre superficiel, sans déduction des vides des joints. Il n'est tenu compte d'aucun déchet résultant des arêtes que présentent les toits, ou d'un espacement de chevrons, non en rapport avec les longueurs ordinaires des voliges ; les clous sont aussi compris dans ce prix.

Les faîtages en tuiles, faîtières et arétiers sont payés au mètre linéaire, comme il est dit dans la couverture en tuiles.

Les tranchis, filets et solins sont payés au mètre linéaire ; les prix comprennent les déchets, la fourniture du plâtre ou du mortier et la façon.

Les chéneaux, noues, gouttières, tuyaux, crépines sont payés ainsi qu'il a été dit pour la couverture en zinc.

CAS PARTICULIERS INTÉRESSANTS

Escalier mobile de la gare de Pensylvania à New-York.

765. On a souvent employé les ascenseurs pour monter les étages verticaux d'une construction. Quant au mouvement de translation horizontal sans véhicules, il a été imaginé sous la forme de trottoirs mobiles, dont il a été fortement question à l'Exposition de 1889 et qui n'ont pas

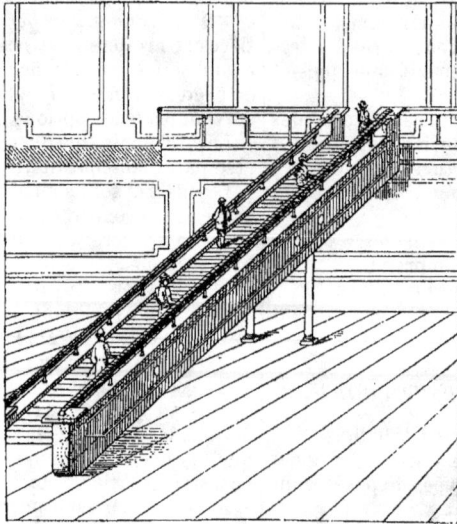

Fig. 707.

abouti. On les a cependant essayés à l'Exposition de Chicago (1893), et l'avenir nous dira s'ils y ont rendu les services qu'on en attend.

Mais on n'avait pas encore pensons-nous, appliqué la mécanique au mouvement de propension oblique destiné à remplacer l'ascension toujours pénible en escalier : cela vient d'être réalisé à la gare de Pensylvania-Railroad à New-York de la manière suivante (M. Max de Nansouty, *Génie civil*, t. XXII, p. 150).

L'escalier automatique dont il s'agit n'est qu'une plate-forme sans fin A, tournant à chacune de ses extrémités sur une roue dentée à la façon de toutes les courroies, toiles de transporteurs, etc. Une rampe mobile B tourne en même temps sur deux autres roues extrêmes et suit régulièrement le mouvement de la plate-

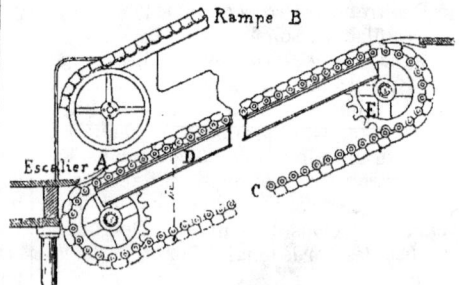

Fig. 708.

forme à laquelle elle est mécaniquement reliée. Comme dans la montée d'un escalier ordinaire, les voyageurs se tiennent debout, la main appuyée sur la rampe, et se trouvent transportés de bas en haut sans aucun effort (*fig.* 707 et 708).

La plate-forme mobile se compose d'une série de plaques de fer de 0^m,090 d'épaisseur sur 0^m,600 de longueur, striées de rainures de 0^m,025 de largeur sur 0^m,025 de profondeur. Ces stries sont garnies de bandes de caoutchouc, qui empêchent le pied de glisser sur le métal.

Cette plate-forme roule sur des cylindres en fer de 0^m,055 de diamètre qui roulent eux-mêmes sur les semelles de fer à $\mathbf{I}$ fixes servant de guides. Le mouvement est donné à l'ensemble par deux paires de roues dentées E placées aux deux extrémités, dont les dents s'engagent entre des saillies ménagées dans les plaques du tablier à la façon d'une crémaillère.

Le tablier mobile a 12^m,50 de long et rachète une hauteur de 6 mètres d'un étage à l'autre. La vitesse est de 0^m,30 à 0^m,35 par seconde, suffisante sans être trop grande et dangereuse pour les vieillards et les enfants.

Le moteur indispensable peut être na-

Fig. 709.

turellement quelconque ; ici c'est un moteur électrique, très commode pour obtenir instantanément l'arrêt et la mise en marche.

Comble de la gare du Pensylvania-Railroad à Jersey-City.

766. Un travail très intéressant sur la même ligne se rencontre à Jersey-City (M. Richou, *Génie civil*, t. XXII, p. 126, d'après l'*Engeneering News*).

Le comble de cette gare a été construit d'après le système des fermes articulées employées au Palais des Machines de l'Exposition de 1889, système qui tend d'ailleurs à se généraliser dans tous les combles à grande portée.

Cependant les pylônes latéraux reposent sur une série de huit rouleaux au lieu de s'appuyer sur une seule rotule. En outre, les ingénieurs américains n'ont pas osé, comme l'a fait M. Contamin, supprimer le tirant en fer reliant entre eux les massifs de fondation des pylônes opposés. Sous ce rapport, ils se rapprochent plutôt du type de la gare de Saint-Pancrass à Londres.

La surface couverte a 180 mètres de long sur 77 de large, soit 13 680 mètres carrés. La poutre a une forme en anse de panier à cinq centres ; la portée entre les

axes des piliers a 75^m,80, et la hauteur de
la rotule supérieure d'articulation est de
25 mètres au-dessus du sol. Celle du faîtage

du lanterneau atteint 33 mètres. Les
fermes sont posées par paires espacées de
4^m,35, et la distance d'une paire à la sui-

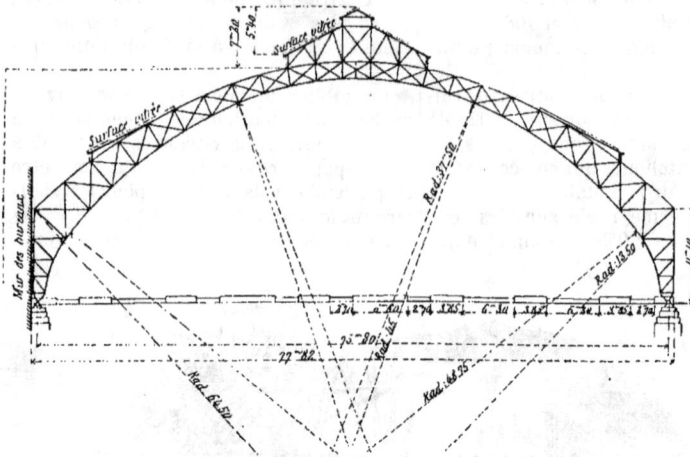

Fig. 710.

vante est de 17^m,40 d'axe en axe. Le
nombre total des paires de fermes s'élève
ainsi à dix pour la longueur de la gare qui
est, nous l'avons dit, de 180 mètres.

Il faut remarquer que cette disposition
est peu économique au point de vue du
poids de la matière employée et du prix
du montage; il eût été certainement préférable de procéder par fermes uniques
comme à Paris (fig. 709 à 711).

Les membrures supérieures et inférieures de la rotule du sommet sont
pourvues de joints à glissières qui permettent à toute l'ossature de se relever
ou de s'abaisser suivant les variations de
la température. Comme nous l'avons dit
plus haut, la poussée au vide est combat-
tue par un tirant inférieur, formé de
poutrelles en fer à ⊥ de 0^m,30 de hauteur:
il passe sous les voies, et est ancré dans
les massifs de fondation (fig. 710).

Le montage a été fait à l'aide d'un
échafaudage roulant porté par des trucks
circulant sur les voies ferrées. Cet échafaudage, tout en bois, a 24 mètres de hauteur, 70^m,50 de longueur et 18 mètres de

largeur. Il repose sur douze plates-formes

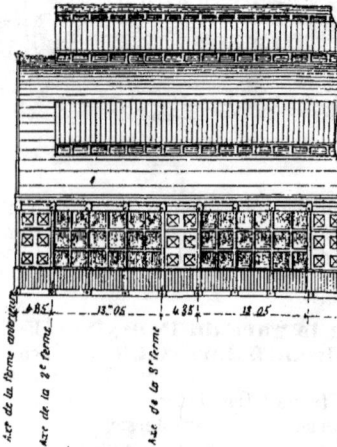

Fig. 711.

à marchandises disposées deux à deux
l'une derrière l'autre (fig. 709).

L'ensemble est constitué par six pylônes dont chacun repose sur une semelle de 0m,30 × 0m,35 et de 18 mètres de long, portée par les deux trucks ; à ses deux extrémités elle bute contre des sabots en fonte, et est maintenue latéralement par des tasseaux cloués sur les plates-formes. Aux extrémités s'assemblent deux pièces de même équarrissage qui montent jusqu'au toit ; il n'y a pas de supports intermédiaires : les pylônes sont reliés dans le sens latéral par des madriers, sans aucune liaison métallique. Le toit a 0m,03 d'épaisseur ; il présente la forme que doit affecter la poutre, et c'est sur lui qu'elle est montée.

Le bois de charpente employé s'élève à 3 000 mètres cubes, et l'ensemble pèse 140 tonnes ; chaque plate-forme supporte donc une charge d'environ 12 tonnes, sans compter le poids des fermes en cours de montage, et la composante verticale due à la pression du vent.

Le montage a été exécuté d'après le même principe que celui de la partie du Palais des Machines confiée à la Société des anciens ateliers Cail, c'est-à-dire en n'opérant que sur des pièces d'un poids relativement faible montées au-dessus du pont de service précédent prêt à les recevoir. Le procédé employé par la compagnie de Fives-Lille, qui opérait le montage d'une ferme en trois pièces préparées sur le sol à l'avance, l'arc et les deux montants, était certainement beaucoup plus hardi et plus élégant.

Ici on opère le montage à la fois sur trois fermes, deux pour former une paire, et la troisième pour amorcer la paire suivante ; on les contrevente immédiatement, puis on enlève les cales qui les maintiennent sur le toit, et on fait avancer tout le pont de service de 17m,40. A cet effet, les plates-formes sont reliées par des câbles au tambour d'un treuil à vapeur ; la traction est exécutée directement à l'aide de trois câbles attachés sur trois seulement des trucks, en ayant soin d'alterner les attaches. Il serait plus rationnel d'agir indirectement en plaçant des treuils sur chacun des trucks et en faisant passer leurs câbles sur des poulies fixes, comme on l'a fait pour le déplacement des échafaudages qui ont servi à l'édification du Palais des Machines de 1889. L'effort exercé est ainsi beaucoup plus facile à régler, et le déplacement s'opérerait avec plus de régularité qu'à l'aide d'un seul treuil dont les câbles ne commandent même qu'une partie des plates-formes.

Quant au levage des pièces composant les fermes, il s'effectue, comme d'ordinaire, au moyen de chaînes posées sur le toit de l'échafaudage et mises en action par le treuil à vapeur qui sert à d'autres moments, à déplacer tout le système, ou encore par des treuils mobiles. Ici encore les dispositions adoptées par la maison Cail à Paris étaient bien supérieures comme facilité de mouvements et comme sécurité. On se souvient qu'un plancher horizontal, accolé à un plancher courbe analogue à celui des ingénieurs américains, portait des grues roulantes spéciales, susceptibles d'amener les pièces au point précis qu'elles devaient occuper, par la combinaison de deux déplacements de la grue perpendiculaires entre eux, et dont l'un était parallèle à l'axe du bâtiment.

BATIMENTS DE MARCHANDISES

767. Suivant l'importance de la gare, le service des marchandises se fait sur des quais découverts, des quais couverts ou halles à marchandises.

Quais découverts.

768. Les quais découverts ne sont autre chose que de hauts trottoirs, dont le bord supérieur est à 1 mètre du niveau du rail. L'un des bords du quai donne accès direct dans les wagons, l'autre sur la cour, et permet le chargement dans les voitures ainsi que le déchargement.

Le quai le plus simple est un terre-plein limité par deux murs de soutènement. Ces murs ont une épaisseur variant de 0m,55 à 0m,65 suivant la poussée des terres.

Les quais découverts doivent être empierrés ou pavés afin que la circulation y soit facile par tous les temps. La bordure est, en général, en bois équarri (du chêne) soigneusement goudronné ; cette bordure est fixée au moyen de boulons sur des pièces transversales en forme de coins noyées dans le maçonnerie et fixées par des boulons de scellement. On emploie ces bois pour la bordure afin que les chocs pendant le chargement ou le déchargement des marchandises ne détériorent pas celles-ci (*fig.* 712).

La longueur des quais varie avec l'importance du trafic ; la largeur, avec la durée de séjour des marchandises en gare. Dans certaines localités, en effet, le transbordement des colis se fait directement soit du wagon à la voiture, soit réciproquement. Dans ces cas, le quai doit avoir le minimum de largeur possible. Dans d'autres localités les colis séjournent, au contraire, longtemps en gare ; alors non seulement il faut une surface de quai suffisante pour la réception de ces marchandises, mais il est bon de les abriter contre les intempéries.

Pour l'embarquement des chevaux, des voitures et des bestiaux, l'extrémité du quai, donnant sur la cour, est munie d'un plan incliné, et le quai est disposé de telle sorte que la plate-forme du wagon puisse approcher tout près de la bordure de ce quai. L'embarquement se fait par l'extrémité du wagon, et les tampons se trouvent alors sous la bordure du quai (*fig.* 713).

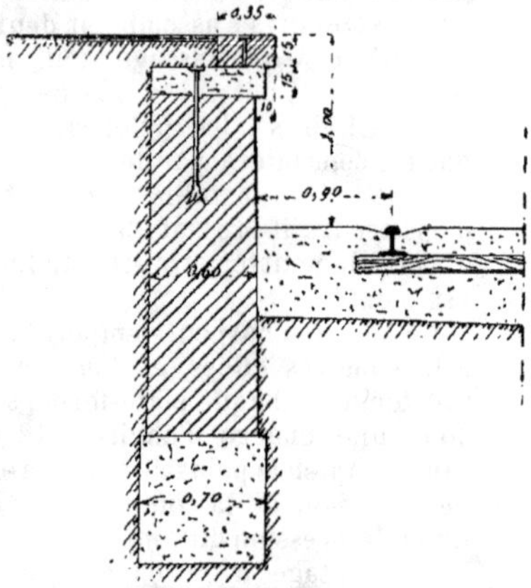

Fig. 712.

Halles.

769. Il y a à distinguer parmi les halles les *quais couverts* et les *halles proprement dites.*

Les *quais couverts* se distinguent des

Fig. 713.

quais ordinaires en ce que les marchandises sont à l'abri de la pluie ; on emploie à cet effet une charpente en bois ou en fer hourdée de maçonnerie, de plâtras, de briques, ou simplement garnie de planches.

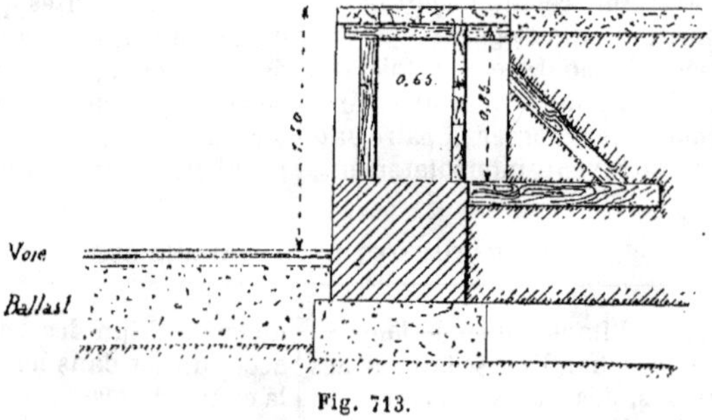

Pour éviter les incendies il est préférable de faire un peu moins économique et plus durable par l'emploi du fer comme charpente. On peut, avec avantage, employer pour la construction, des briques perforées en laissant entre elles un espace suffisant pour la circulation de l'air comme on le fait pour les caves.

La couverture se fait d'ailleurs en tuiles sans voligeage jointif.

Pour mettre les marchandises à l'abri

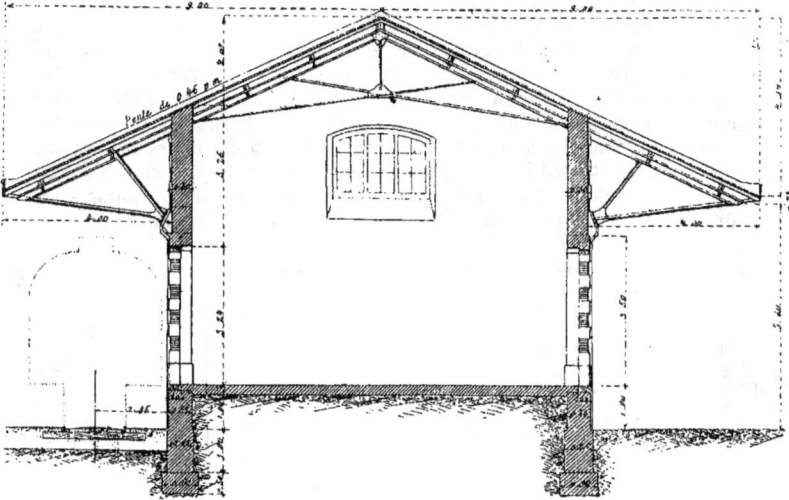

Fig. 714.

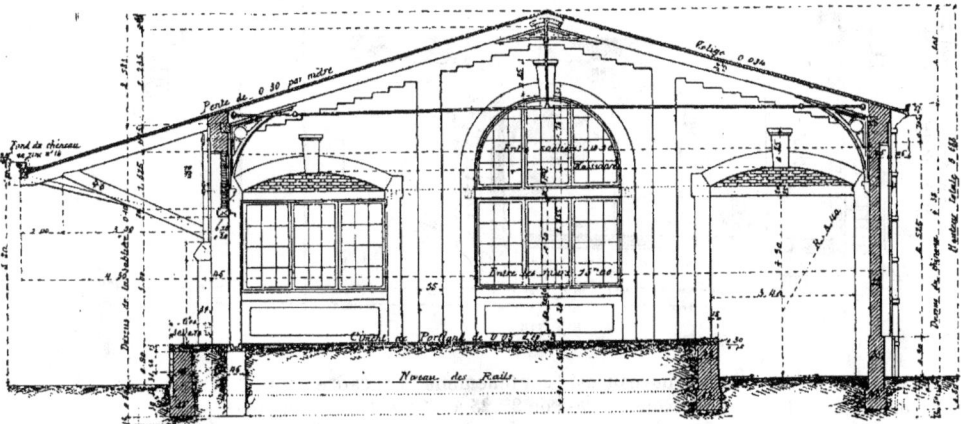

Fig. 715.

des vols, on munit fréquemment les halles de portes; pour ne pas gêner le mouvement et le transbordement des marchandises, ces portes roulent sur des galets suspendus et s'effacent dans les murs.

La toiture est prolongée de chaque

côté, tant du côté de la voie que du côté de la cour, par des auvents destinés à recouvrir les voitures; on leur donne 4 mètres de saillie environ (fig. 714).

Les *halles proprement dites* sont plus importantes. Leur longueur varie avec le trafic de la localité. Elles reçoivent à l'intérieur les wagons qu'il s'agit de charger ou de décharger. De l'autre côté, un auvent suffisamment large permet d'abriter les voitures qui viennent se placer contre le quai couvert, et dont le chargement se fait simultanément (fig. 715 et 716, type du chemin de fer du Nord).

Dans les gares importantes on divise même le service en grande vitesse et petite vitesse, chacune avec ses hommes d'équipe, son bureau spécial et ses surveillants.

Le *bureau* peut consister en une simple cabane en planches placée dans un coin de la halle pour les services de petite importance. Dans les grandes gares, des agents spéciaux chargés du service des écritures sont réunis dans un bureau spécial sous les ordres d'un chef. Dans ce cas, le bureau forme bâtiment annexe à la halle sur un excédent de quai.

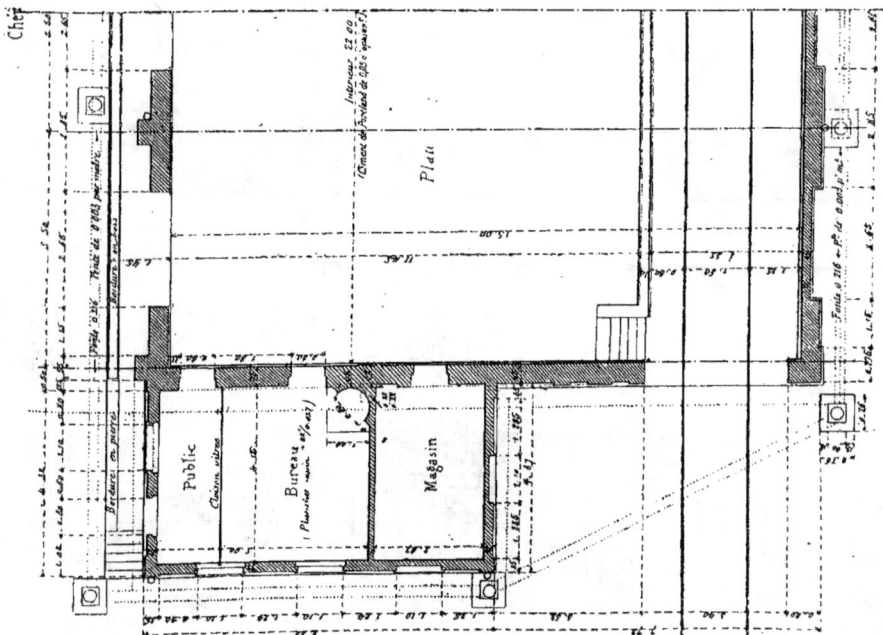

Fig. 716.

Dans les petites gares, ce bureau est placé dans le bâtiment même des voyageurs, et le chef de gare tient lui-même les écritures.

Détails de construction.

770. Dans les quais couverts, les poteaux montants sont fixés sur le mur de soutènement d'encadrement. Les baies de 2m,25 à 2m,80 de largeur sont placées en face les unes des autres sur les deux longs pans et sont formées, avons-nous dit, par des portes roulantes, les portes ordinaires étant trop incommodes ici à cause de l'espace qu'elles exigent pour leur ouverture. Ces portes peuvent être placées en dedans ou en dehors de la halle; les portes extérieures sont les plus commodes, car elles ne sont jamais exposées à être immobilisées par les marchandises. D'un autre côté, les portes intérieures ferment mieux ; pour éviter l'inconvénient précédent, il faut alors les faire glisser dans une double paroi.

Dans les halles proprement dites, on fait pénétrer, surtout en pays pluvieux, les wagons à l'intérieur du bâtiment ; il est en, effet, indispensable d'abriter complètement les marchandises une fois qu'elles sont en possession de la Compagnie, et que les avaries qu'elles supportent peuvent faire l'objet de demandes d'indemnités. L'entrée et la sortie des wagons se font par les deux pignons au moyen de portes pivotantes. Quant aux portes roulantes sur galets, elles n'ont plus alors de raison d'être que du côté de la cour ; du côté de la voie, le mur est plein ; on ajoute simplement aux pignons des châssis vitrés pour donner accès à la lumière.

771. Il faut ménager entre le rail extérieur de la voie et la paroi voisine 1^m,25 au minimum, c'est-à-dire 2 mètres à partir de l'axe de la voie.

La hauteur pour permettre des manutentions faciles doit-être au moins de 4^m,50 à 5 mètres sans retrait.

Les halles en charpentes exigent un grand entretien, et se prêtent facilement au vol. Ou doit avoir soin, quand on les emploie, de disposer un blindage en tôle au bas des poteaux et des encadrements des portes de manière à les préserver des chocs des wagonnets, etc.

Mais les halles en maçonnerie ne coûtent généralement pas plus cher et sont bien préférables : le fer et la brique, dont l'association donne des constructions si légères et si pratiques, peuvent rendre ici de grands services.

La couverture est ordinairement en tuiles dont l'entretien est minime. Quand les portées sont grandes, on emploie le zinc, qui a l'avantage d'être plus léger et de donner des combles moins coûteux.

Les baies situées dans les pignons suffisent généralement pour fournir l'air et la lumière nécessaire. Un lanterneau de fai-

tage est ici tout à fait inutile pour assurer la ventilation. Quand la halle est très longue, on peut ajouter dans la toiture des châssis vitrés de loin en loin pour compléter l'éclairage. On peut de même faciliter la ventilation en remplissant le segment supérieur des baies par un damier de briques à claire-voie (*fig.* 714 et 715, Cie du chemin de fer du Nord).

La face intérieure des murs des halles ne devra jamais recevoir aucun enduit, car il serait de trop courte durée sous l'effet des chocs et des manutentions des marchandises : il faut se contenter d'un simple rejointoiement.

Les portes sont des cadres en chêne avec remplissage en sapin : elles glissent au moyen de galets sur un chemin métallique, et sont en même temps guidées à la partie supérieure par une rainure ou mieux par un autre système de galets.

Un inconvénient de placer les portes à l'extérieur est qu'elles s'y trouvent moins à l'abri des influences atmosphériques.

Inutile de dire que les fondations des halles et quais doivent être des plus solides, étant donnés les services qu'ils sont appelés à rendre. On est quelquefois obligé, en remblai par exemple, de descendre assez bas pour trouver le terrain solide. Il peut être avantageux dans ce cas de construire des caves éclairées par des soupiraux percés dans les murs des quais. L'exploitation peut trouver là un magasin ou un débarras commode pour bien des objets.

772. *Hauteur des quais à marchandises.* — La hauteur des quais est indiquée par celle du plancher des wagons qu'on n'est pas toujours exactement la même sur tous les réseaux. Il faut s'arrêter dans la pratique, et connaissant à l'avance les échanges possibles du matériel, à une cote moyenne eu égard aux véhicules qui doivent aborder le plus souvent les quais en question.

On peut se rendre compte, d'après le tableau suivant, de l'embarras dans lequel on peut se trouver pour fixer cette cote : ce tableau donne la hauteur des quais au-dessus des rails dans les différentes exploitations suivantes :

Nord français . . . . 0^m,90
Ouest   »   . . . . 1 ,00

Est »	. . . .	1^m,10
Suisse	. . . .	1 ,11
Hanovre	. . . .	1 ,17
Palatinat.	. . . .	1 ,20
Nord-Espagne	. . . .	1 ,20
Prusse	. . . .	1 ,33

En résumé, la hauteur de 1 mètre paraît la plus indiquée.

On peut faire d'ailleurs des quais à deux étages en prenant du côté de la voie charretière la cote qui se rapproche le plus de la hauteur des chariots de la localité.

773. Généralement, les quais de la halle ne s'arrêtent pas strictement au mur du bâtiment; le petit trottoir supplémentaire ainsi obtenu est très utile en effet pour permettre de circuler en dehors de la halle lorsque l'intérieur est encombré. Et puis cela permet le chargement ou le déchargement d'une charrette à n'importe quel point de la longueur de la halle tandis qu'avec un quai s'arrêtant au mur d'élévation une voiture ne peut être chargée ou déchargée que lorsqu'elle s'arrête devant une porte.

Ces quais se terminent, dans tous les cas, à leurs extrémités par des escaliers en pierre ou en bois. Il est bon, du côté des voitures, de disposer au sommet du quai et en bordure sur toute la longueur de la halle, un madrier en bois tenace, de l'orme par exemple, résistant bien au choc des véhicules, et peu coûteux à remplacer.

774. L'aire du quai peut se faire en un platelage de madriers de 0^m,21/0^m,08 ou de bastaings de 0^m,15 à 0^m,18 sur 0^m,05 à 0^m,06; un pavage en bois à fibres debout; d'un pavage en pavés ou en briques de champ; d'un dallage en pierres dures ou artificiel, en bitume ou en asphalte, posé sur une couche de béton.

Le bois sous forme de platelage ou de pavage présente le grave inconvénient de se laisser pénétrer par les liquides qui peuvent être accidentellement répandus sur la plate-forme.

Il faut donc préférer le pavage en pavés ordinaires ou en briques ou le dallage en bon ciment. Le dallage en pierres dures est le meilleur à employer quand on le peut; s'il est plus coûteux de premier

établissement, il est aussi le plus résistant, le plus propre et le plus facile à entretenir et à nettoyer.

L'asphalte, appliqué comme dans la confection des chaussées, est également très convenable pour former l'aire des quais. Il se nettoie facilement et ne conserve aucune trace des matières qui ont séjourné dans les halles et pourraient avarier celles qui viennent après elles.

Les combles s'exécutent suivant les localités et les prix des matériaux, en bois ou en fer, et la couverture, comme nous l'avons dit, en tuiles, zinc ou ardoises. Des gouttières sont indispensables pour empêcher l'eau de tomber sur les voitures pleines de marchandises.

Lorsque l'inclinaison du toit le permet, on ménage sous le faîtage un grenier qui peut être fort utile pour renfermer quelques marchandises ou servir de magasin à divers objets d'exploitation.

775. La plate-forme du quai est généralement horizontale : quelquefois cependant le chargement de certaines marchandises exige qu'il soit incliné vers la cour de 5 centimètres par mètre; tel est le cas, par exemple, du chargement des fûts vides dans les pays vignobles, des bestiaux dans les pays d'élevage, etc. De toutes façons, la surface surélevée des quais est toujours raccordée à la cour au moyen d'un plan incliné permettant au besoin l'ascension des charrettes sur le quai.

Pour d'autres marchandises, l'aire du quai peut être établie à un niveau supérieur à la plate-forme du wagon, pour la facilité du chargement. C'est ce qui a lieu souvent quand on a un aliment à peu près constant de betteraves, de pommes, de houille, de minerais, d'engrais, etc.

Le chargement des wagons se fait alors au moyen de grands entonnoirs appelés *trémies*, qui raccordent le quai avec la plate-forme des wagons et permettent une manœuvre facile et économique.

Ces installations ne seraient d'ailleurs d'aucune utilité dans une petite gare où il est impossible d'affecter certains quais à une catégorie de marchandises bien déterminée et en quantité insuffisante pour justifier cette installation spéciale.

Remises des voitures.

776. Les dispositions des remises de voitures dépendent des dimensions de ces véhicules qui varient peu comme largeur et hauteur: la longueur seule change suivant le type et la Compagnie ; sur les grandes lignes, la largeur est généralement de 3^m,20, et la hauteur permise par le gabarit, de 4^m,28. Quant aux longueurs, on peut se baser sur les chiffres suivants qui sont des maximums.

777. *Compagnie de l'Ouest.*
— Salon-lit, hors tampons. . .   8^m,52
Voiture mixte pour trains légers, hors tampons. . . . . .   8 ,36
778. *Compagnie de Paris-Lyon-Méditerranée.* — Salon-lit, hors tampons. . . . .   10 ,73
Voitures de 1re classe, hors tampons. . . . .   10 ,13
Voitures de 3e classe, hors tampons. . . . .   8 ,99
779. *Compagnie d'Orléans.*
— Voitures de 1re classe à 4 compartiments, hors tampons.   9 ,972
Fourgon à bagages à guérites extérieures, hors tampons. . .   9 ,972
780. *Compagnie de l'Est.* —
Voitures de banlieue à deux étages, hors tampons. . . . .   9 ,50

Il existe, en outre, aujourd'hui des voitures à couloir du type américain, et dont les caisses sont portées sur des boggies : les Compagnies de Lyon et d'Orléans, entre autres, ont commencé à en mettre en service. Ces voitures ont malheureusement des longueurs exceptionnelles exigeant des dispositions spéciales.

Les voitures dont les longueurs atteignent les dimensions du tableau précédent ne s'emploient d'ailleurs que sur les grandes lignes ; sur les lignes de second ordre ou les embranchements, les Compagnies continuent à employer leur ancien matériel dont la longueur entre tampons ne dépasse pas 7^m,50 et c'est le chiffre qui sert le plus souvent de base pour l'établissement des remises.

La largeur de l'entrevoie est, comme nous l'avons vu, de 3 mètres, au lieu de 2 mètres. La distance entre le rail le plus voisin de la voie extérieure à la remise et le panneau du mur doit être de 1^m,50. La hauteur sous entrait, 4^m,80 au minimum.

781. Le bâtiment se construit en bois, en maçonnerie, comme cela se fait de plus en plus aujourd'hui, en pans de fer avec remplissage en briques.

La charpente du comble est en bois ou en fer, selon le mode de construction des murs. La couverture est le plus souvent en tuiles, quelquefois en ardoises: la tuile est préférable quand elle est de bonne qualité, car elle exige peu d'entretien ; de toute façon elle est peu conductrice de la chaleur, de sorte qu'elle maintient une température à peu près constante dans l'intérieur de la remise, ce qui est d'une grande importance pour la conservation du matériel roulant.

L'entrée des voitures a généralement lieu par un pignon, les trois autres faces étant complètement fermées à l'exception des baies nécessaires pour l'éclairage ; si la remise a une grande longueur, ces baies ne suffisent pas et il faut y ajouter quelques châssis vitrés dans la toiture.

Le pignon servant d'entrée aux voitures reste ouvert, ne présentant que de simples poteaux ou piliers pour soutenir les fermes des combles; dans tous les cas les espaces libres à réserver pour l'entrée des voitures doivent avoir un minimum de 3^m,40 de largeur sur 4^m,80 de hauteur.

Remises des machines.

782. Nous ne reviendrons pas sur les dimensions en plan que nous avons fait connaître antérieurement.

Comme pour les bâtiments précédents, la construction se fait en bois et maçonnerie ou en fer et briques. La hauteur sous entrait doit être de 6 mètres à 6^m,50 (*fig.* 717 et 718, rotonde des Batignolles, Cie de l'Ouest).

Le comble se fait ici le plus souvent en fer, mais quelquefois aussi en bois ou en fer et bois; la couverture en ardoises ou en tuiles : ces dernières sont toujours préférables quand on peut les avoir bonnes, résistantes et ne s'effritant pas; les ardoises ont encore l'avantage d'être plus légères et d'exiger, par suite, des char-

Fig. 717.

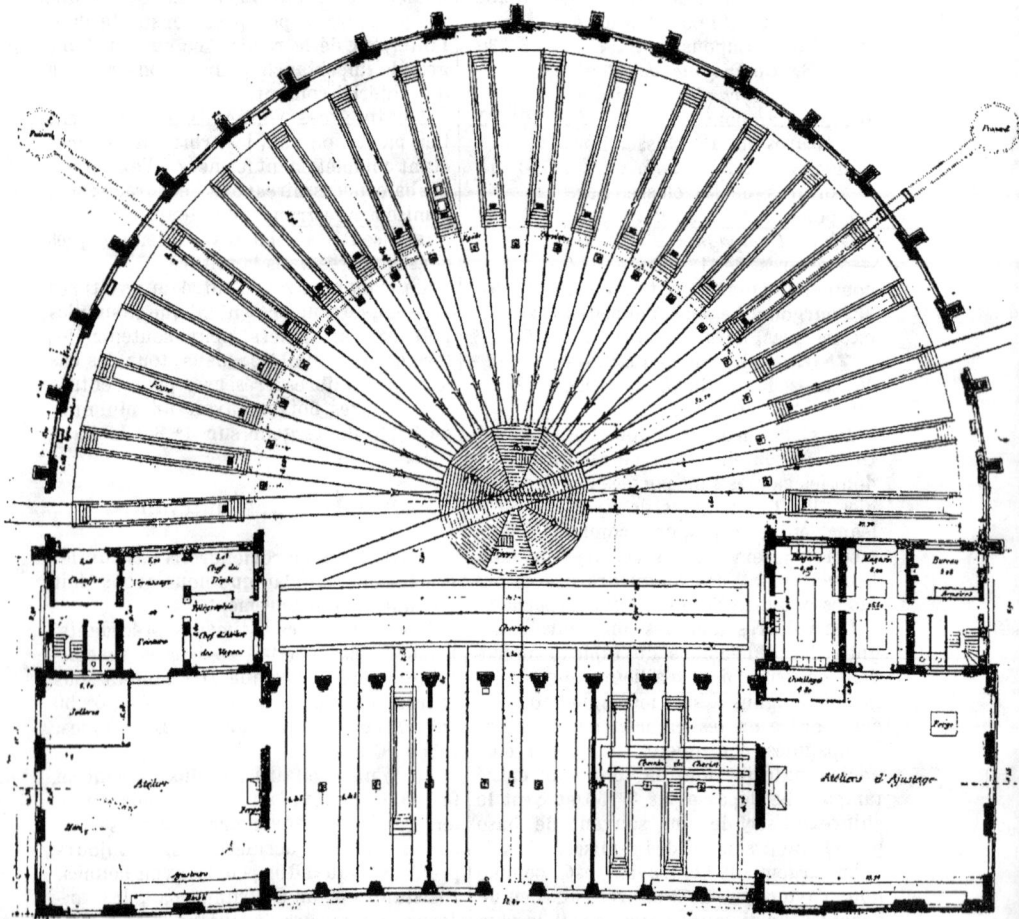

Fig. 718.

pentes de combles moins fortes ; mais elles sont bien plus coûteuses à entretenir. Les tôles ondulées ou galvanisées que l'on emploie quelquefois pour les halles sont absolument à rejeter ici car elles se corrodent rapidement sous l'effet des fumées sulfureuses des combustibles pyriteux. Le soufre contenu dans ces charbons donne, en effet, en brûlant, de l'acide sulfureux qui, au contact de l'air et de l'humidité, se transforme en acide sulfurique ; la tôle est alors rapidement criblée de trous.

Un tuyau est placé au-dessus de chaque cheminée de locomotive pour permettre l'échappement des fumées pendant l'allumage ; ce tuyau a environ 0^m,60 de diamètre ; il se termine en bas par une hotte recouvrant la cheminée de la machine et en haut par un capuchon tournant pour faciliter le tirage (fig. 719).

783. Généralement, un lanterneau est placé au faîtage ou au sommet du dôme central dans les rotondes ; des œils-de-bœuf de grand diamètre sont ménagés à la partie supérieure des pignons des remises rectangulaires, de manière à produire les courants d'air nécessaires à l'échappement des fumées des machines.

L'éclairage se fait au moyen de portes qui souvent restent ouvertes, et aussi par de grandes fenêtres percées dans les murs et devant lesquelles on place les étaux destinés aux menues réparations des locomotives. Les châssis vitrés que l'on

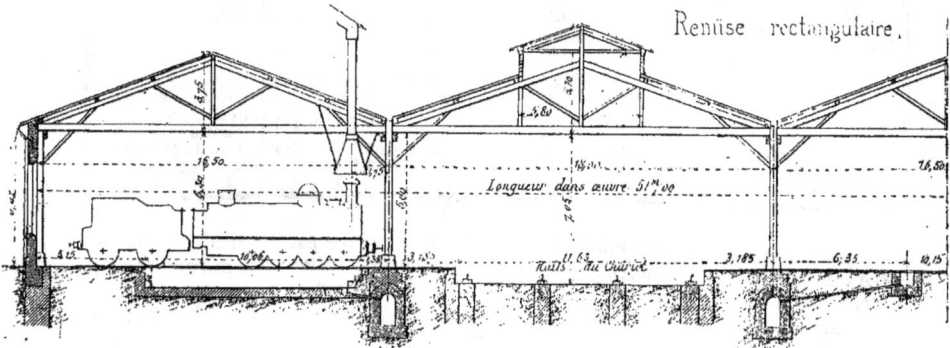

Fig. 719.

établit aussi quelquefois sur la toiture ne rendent que peu de service, parce qu'ils sont rapidement obstrués par les dépôts de suie apportés par la fumée.

Le sol des remises est généralement pavé de manière à permettre un lavage facile et à éviter les boues qui résulteraient constamment de l'usage de l'eau ; des égouts reçoivent toutes ces eaux de lavage en même temps que les eaux pluviales des toitures, par l'intermédiaire des colonnes creuses qui les supportent.

Des grues hydrauliques, des fosses à piquer le feu disposées comme nous l'avons déjà dit, complètent cette installation.

Le tableau, page suivante, donne le prix, par machine et par mètre carré, de différentes remises appartenant aux grandes Compagnies françaises (M. Deharme).

Montage des rotondes.

784. Pour terminer ce chapitre nous croyons intéressant de signaler les procédés employés à la Compagnie du chemin de fer de Paris-Lyon-Méditerranée pour opérer le montage des grandes rotondes de 90 mètres (M. Hallopeaux, Revue générale des chemins de fer, septembre 1885).

En 1885 cette Compagnie adoptait un nouveau type de rotondes pour le remisage et l'entretien des locomotives, en te-

COMPAGNIES	STATIONS	NATURE des MATÉRIAUX	SURFACE OCCUPÉE par MACHINE	PRIX DES REMISES par m2	PRIX DES REMISES par MACHINE	OBSERVATIONS
			m2	fr.		
Orléans ..	Busseau-d'Ahun....	Granit...........	101 »	105 »	10.597	Rectang. 4 mach.
	St-Sulpice-Laurière.	Granit, Pierre d'Argenton,Chancelade	102 »	96 »	9.844	Circul. 16 mach. Fondations difficiles.
	Montluçon.........	Celle-Bruière......	100 »	89 »	8.933	Circul. 12 mach.
	La Presles	Grès............	99 »	73 »	7.289	Rectang. 4 mach.
	Trogel.............	Grès............	114 »	86 »	9.906	Rectang. 4 mach.
Nord	Anor	Colais, en fonte ... Colombage........	89.25	90 »	8.032	Circul. 22 mach.
	St Pol.............	Maçonnerie ordin..	87.40	80 »	6.992	Rectang. 4 mach.
Est	Châlons...........	Maçonnerie ordin..	120 » chariot et atelier compris.	59 »	7.066 chariot et atelier compris	Rectang. 30 mach. chariot couvert.
	Nancy	id.	115 »	70-90	8.157 chariot compris	Rectang. 25 mach.
	Nancy	id.	»	»	9.500	Circul. 14 mach.
	Wissembourg......	id.	»	»	6.000	Rectang. 16 mach.
P.-L.-M...	Ambérieu	Maçonnerie ordin., tuiles...........	»	»	8.000	Rotonde complète, 32-48 machines.
	Petits dépôts	id.	»	»	12.900	Circul. 8 mach.
Midi.....	Agen	id.	128 »	82.35	10.745	Circul. 13 mach.
	Tarbes.............	Maçonnerie ordin..	105 »	50 »	5.250	Rectang. 8 mach.
	Tournemire	Menuiserie sans soubassement	119 »	51.61	6.155	Circul. 14 mach. provisoire.
	Castros...........	Maçonnerie ordin..	130 »	82 »	11.613	Circul. 12 mach.
	Toulouse...........	Maçonnerie........	116 »	62.84	7.291	Circul. 2 $\times$ 15 mach.

nant compte de la longueur de 16^m,70 entre tampons, tender compris, que présentent les machines à grande vitesse, mises en service dans ces dernières années.

La charpente de la rotonde se compose d'une coupole centrale de 50 mètres de diamètre reposant sur 18 colonnes en fonte, et d'une partie annulaire formant autour de la coupole une travée circulaire de 20 mètres de largeur ; le cercle inscrit dans le mur d'enceinte, qui est de forme polygonale, a ainsi un diamètre total de 90 mètres.

A chaque rotonde est annexé un atelier de réparation et de petit entretien de 30 mètres de longueur et de largeur variable.

Toutes les pièces de la charpente entièrement métallique sont composées pour la plus grande partie de simples fers plats et cornières, le tout d'une grande légèreté.

La couverture est en ardoises pour la coupole et en tuiles pour la partie annulaire, le tout posé sur des voliges reposant elles-mêmes sur des chevrons en bois.

785. Les opérations du montage sont exécutées suivant l'ordre indiqué ci-après.

1° Vérification des maçonneries, murs d'enceinte et dés d'appui des colonnes ;

2° Bardage des matériaux ;

3° Montage de la partie annulaire ;

a. Dressage des colonnes ;

b. Pose et assemblage des entretoises des colonnes ;

c. Levage des fermes ;

d. Pose des pannes ;

4° Montage de la coupole ;

a. Montage d'un pylone central en charpente supportant la couronne centrale supérieure et mise en place de cette couronne ;

b. Levage des fermes circulaires ;

c. Pose et assemblage des pannes de la coupole ;

d. Pose des barres de contreventement ;

e. Pose de la toiture de la lanterne ;

5° Montage de la charpente de l'atelier annexe ;

a. Levage des fermes et pose des pannes dans leur ordre successif.

786. *Vérification des maçonneries.* — Cette vérification préliminaire se fait facilement en tendant deux cordeaux, AB CD, entre les sommets opposés du polygone que forme le mur d'enceinte, et de manière qu'ils soient dans des directions à peu près perpendiculaires. L'alignement déterminé par chacun des cordeaux doit passer par le centre O du cercle inscrit dans le polygone et aussi par le centre de deux dés d'appui des colonnes. On vérifie ensuite l'emplacement de chacun des autres dés.

On s'assure en outre que les surfaces d'appui des fermes sur la corniche du mur sont bien de niveau, et que les surfaces d'appui des colonnes sur les dés en pierre ont été également bien nivelées.

787. *Bardage des matériaux.* — Une voie à l'écartement normal permet l'accès des wagons depuis la gare voisine jusque dans l'intérieur de la coupole.

De plus, un petit chemin de fer portatif est disposé dans la partie annulaire, près des colonnes, pour le bardage des matériaux dans cette partie.

788. *Montage de la partie annulaire.*

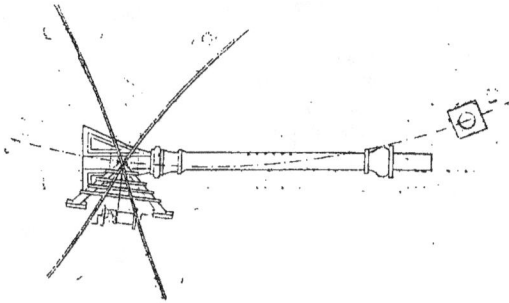

Fig. 720.

— Le plus souvent la partie annulaire est mise en place en premier lieu. On assure ainsi d'une manière certaine la stabilité et la fixité des poutres qui établissent l'entretoisement des colonnes d'appui intermédiaires, le polygone formé par ces poutres devenant indéformable.

En outre, une fois les fermes de la partie annulaire bien réglées en leur position exacte, dans des plans verticaux passant tous par l'axe de la coupole, il devient plus facile pour le monteur de dégauchir le plan des fermes en arc de la coupole elle-même, au fur et à mesure de leur mise en place.

a. *Dressage des colonnes.* — Une chèvre de 10 mètres de hauteur, amarrée par quatre haubans, deux sur le mur et deux sur des pièces en chantier, permet d'enlever la colonne au-dessus du dé en pierre qui doit la recevoir (*fig.* 720).

Les consoles additionnelles ont été au préalable boulonnées sur la colonne. Une feuille de plomb est intercalée entre la colonne et la pierre, et on lâche au treuil jusqu'à ce que la partie inférieure se trouve encastrée dans le refouillement qui a été pratiqué dans le dé en pierre. Dès que deux colonnes sont en place, on monte de suite la première entretoise.

b. *Pose et assemblage des entretoises des colonnes.* — Une seconde chèvre également de 10 mètres de hauteur, placée au milieu de l'intervalle entre deux colonnes, permet de soutenir l'entretoise, au moyen d'un palan, à la hauteur voulue (*fig.* 721). Lorsqu'elle repose sur les colonnes, on monte les sommiers et les goussets et l'on place les boulons.

Toutes les colonnes et entretoises sont ainsi placées successivement jusqu'à fermeture complète du polygone qui forme l'enceinte inférieure de la coupole.

Lorsque toute cette première partie de

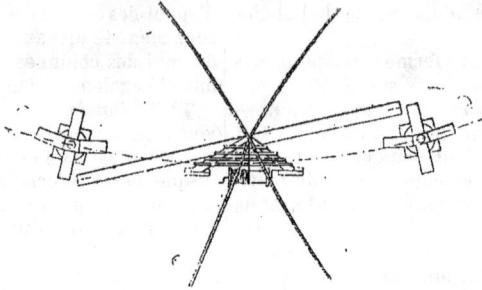

Fig. 721.

la construction est posée, on procède à un premier réglage, on rectifie l'aplomb des colonnes, on s'assure que les parties en contact portent exactement et on serre à fond tous les boulons d'assemblage.

La manœuvre de chacune des chèvres exige le concours de six ouvriers et il faut deux heures en moyenne pour lever une colonne et son entretoise.

c. Levage des fermes de la partie annulaire. — Les arbalétriers étant assemblés sur des tréteaux en bois, en nombre

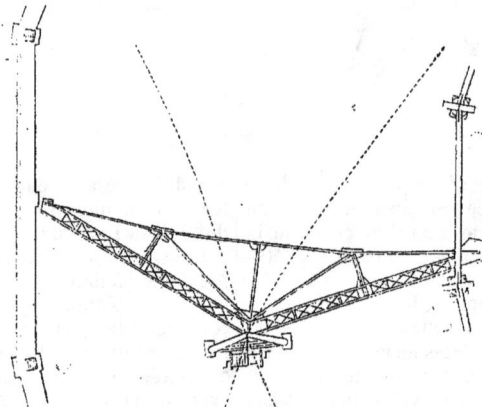

Fig. 722.

suffisant, au moyen de boulons, avec les sous-tendeurs inférieurs, les tirants, les sous-tendeurs supérieurs, le poinçon et les contrefiches, le tout est réglé dans un plan bien horizontal et ensuite rivé.

On prépare tout d'abord les trois premières fermes, puis on commence le levage. Une chèvre de 5 tonnes, de 15 mètres de hauteur, amarrée aux colonnes et aux maçonneries par quatre haubans, enlève

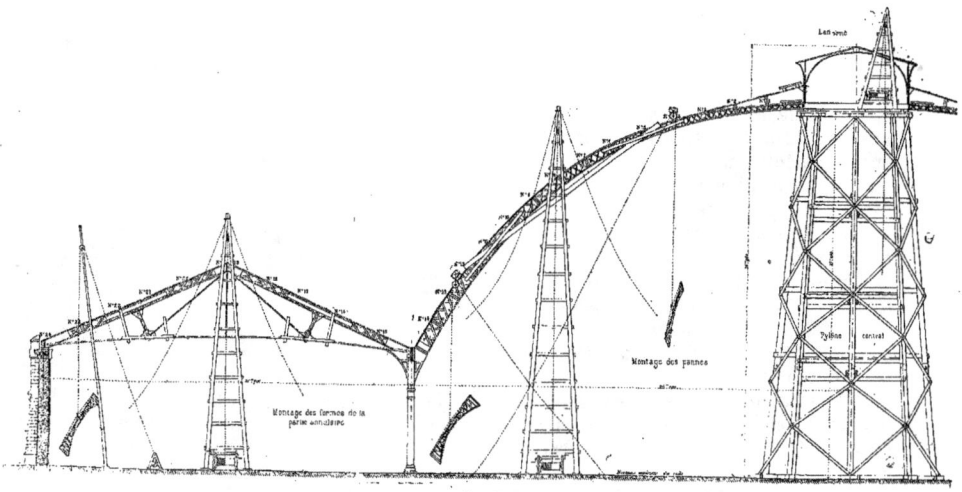

Lan tered

Montage des pannes

Pylône central

Montage des fermes de la
partie annulaire

Fig. 723.

la ferme par le sommet, le faîtage étant disposé au pied de la chèvre pour faciliter la manœuvre (*fig.* 722 et 723).

Pour éviter toute déformation de la ferme, chacun des arbalétriers est consolidé en appliquant près de l'âme une pièce de bois de 0ᵐ,180 sur 0ᵐ,180 et de 4 mètres de longueur, maintenue à distance par des cales de 0ᵐ,100 d'épaisseur, le tout étant solidement serré avec une chaîne munie d'un levier (*fig.* 724). De plus, les tirants sont également protégés par deux pièces de bois, l'une reliant l'arbalétrier au sous-tendeur inférieur, et l'autre le sous-tendeur supérieur au tirant : ces deux pièces sont reliées par une autre transversale, et le tout attaché au moyen d'une chaîne passée autour du gousset d'attache des tendeurs et serré avec un levier.

La ferme est ainsi enlevée et ensuite amenée dans son emplacement définitif sur la console d'une part et sur l'appareil de roulement d'autre part, puis soutenue avec deux étais en sapin. Elle est alors reliée à la colonne d'appui au moyen de boulons.

Une seconde ferme est montée dans les mêmes conditions. On place alors deux pannes seulement, la sablière et la faîtière, en les rattachant aux deux extrémités par quatre boulons.

Puis on continue ainsi en posant, dans leur ordre successif, les autres fermes et deux pannes par intervalle jusqu'à ce que ce cercle soit fermé.

On place enfin toutes les autres pannes.

Huit ouvriers sont nécessaires pour l'assemblage des fermes, et trois équipes de riveurs les suivent en rivant en moyenne trois fermes par jour.

Huit hommes avec une chèvre montent deux fermes par jour avec les deux pannes intermédiaires.

d. — Pose des pannes intermédiaires des fermes de la partie annulaire. — Les pannes sont levées à la hauteur voulue au moyen de perches de 15 mètres munies chacune d'une poulie à leur partie supérieure et desservies par un petit treuil de 60 kilogrammes (*fig.* 723).

Chaque perche est fixée par des cordes contre un arbalétrier, à l'intérieur de la travée et un peu au-dessus du gousset correspondant à la panne mise au levage. Cette panne est suspendue à une chaîne passée dans les barres de treillis, à chacune des extrémités, et de telle façon que la pièce reçoive, une fois soulevée, la même inclinaison que les goussets.

La panne mise en place est reliée aux arbalétriers par quatre boulons aux deux extrémités en ayant soin de ne serrer les écrous que légèrement.

Après avoir terminé ainsi la pose de toutes les pannes, on met en place le complément des boulons sans exception, et on serre tous les écrous.

La pose des pannes de la partie annulaire, au moyen de deux perches et de deux treuils, exige une équipe de quatre hommes et se fait à raison de deux travées par jour.

Consolidation d'une ferme en vue du montage.

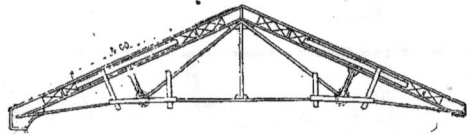

Fig. 724.

789. *Montage de la coupole. — a. — Montage du pylône central en charpente* (*fig.* 725). — La base du pylône a la forme d'un octogone inscrit dans un cercle de 10 mètres de diamètre. Cette base est formée de huit pièces de bois de 0ᵐ,30 sur 0ᵐ,15 posées à plat et assemblées entre elles par un entaillage à mi-bois. Sur chacun des joints sont dressés huit poteaux en sapin de 0ᵐ,30 sur 0ᵐ,30 et de 6ᵐ,50 de hauteur, sur lesquels sont assemblés d'autres poteaux de 15ᵐ,50 de hauteur ayant à la base une section de 0ᵐ,30 sur 0ᵐ,30 et au sommet une section de 0ᵐ,22 sur 0ᵐ,22. Chaque poteau vertical est relié au poteau opposé par des moises de 0ᵐ,25 sur 0ᵐ,12 et au poteau voisin par des cours de madriers de 0ᵐ,150 sur 0ᵐ,070 formant contreventement ; le tout est d'ailleurs solidement boulonné.

A la partie supérieure, à 22 mètres au-

dessus du sol est disposé un plancher reposant sur des poutres de $0^m,22$ sur $0^m,22$,
qui forment un octogone inscrit dans un
cercle de 6 mètres de rayon ; sur ce plancher est placée une petite chèvre.

Tous les bois ayant été découpés à l'a-
vance, le montage exige trois jours
avec douze charpentiers.

La couronne supérieure est alors montée en trois parties sur le plancher du
haut au moyen de la petite chèvre, puis
rivée. Ensuite on en détermine la position
bien exacte, de manière que l'axe soit vertical et bien au centre de la rotonde, ce que
l'on constate au moyen d'un fil à plomb
placé au-dessus du point central déterminé au préalable et marqué sur le sol
par un piquet (*fig.* 723).

b. — *Levage de fermes circulaires.* —
Les arbalétriers sont amenés sur le chantier en trois tronçons, que l'on assemble à
plat avec des boulons sur des tréteaux en
bois pour procéder à la rivure. Une fois
rivés, les arbalétriers sont levés deux à
deux simultanément suivant un même
diamètre, un de chaque côté de la coupole,
de telle sorte que la couronne centrale,
toujours contre-butée, ne soit pas déplacée.

Le levage est effectué au moyen de
deux chèvres de 21 mètres de hauteur
amarrées aux colonnes par quatre haubans et placées chacune dans le plan de
la pièce à soulever. L'arbalétrier est
d'ailleurs attaché à une distance de l'extrémité supérieure choisie de telle sorte
que la pièce une fois suspendue prenne
d'elle-même l'inclinaison voulue; il est
ensuite guidé avec des cordes.

On évite toute déformation en fixant
sur l'arbalétrier avant de l'enlever, une
moise en bois de 11 mètres de longueur,
maintenue sur des cales par des petites
chaînes en fer ou en acier (*fig.* 723).

Une fois en place et boulonné, en bas
sur la console et en haut sur la couronne,
chacun des arbalétriers est soutenu en
deux points avec deux étais.

Deux autres arbalétriers, contigus à
ceux qui ont été montés les premiers, sont
ensuite mis en place toujours suivant
un même diamètre, puis reliés aux précédents seulement par les deux pannes

intermédiaires (n°s 8 et 9 de la figure 723) ;
ces deux pannes sont provisoirement
fixées par quatre boulons. On poursuit
dans ces conditions le levage de la totalité
des arbalétriers, puis celui du complément
des pannes.

Six ouvriers peuvent assembler trois
arbalétriers par jour et trois équipes de
riveurs, composées chacune de quatre
hommes, peuvent river six arbalétriers en
une journée. Il faut huit hommes pour la
manœuvre de chacune des grandes chèvres
en posant quatre arbalétriers par jour
avec leurs deux pannes (n°s. 8 et 9).

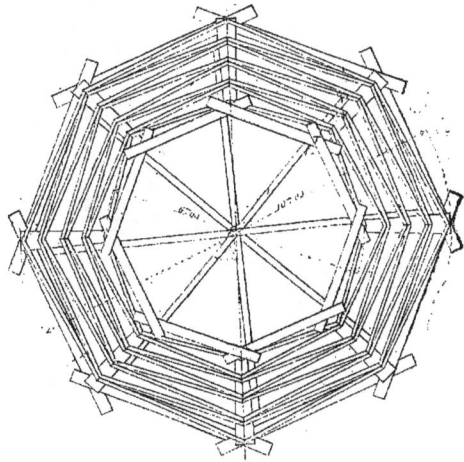

Fig. 725.

d. — *Pose et assemblage des pannes de
la coupole.* — Les pannes inférieures (n°s 10
et 14 de la figure 723) sont élevées au niveau convenable à l'aide d'une poutre
fixée sous un madrier horizontal reposant
lui-même sur les deux arbalétriers à relier
et attaché par des cordes à $0^m,25$ environ
au-dessus du gousset devant recevoir la
panne. En attachant cette dernière à l'aide
d'une chaîne passée entre les treillis
dans les conditions convenables, elle prend
l'inclinaison voulue et deux hommes placés sur les arbalétriers peuvent facilement l'amener dans son emplacement définitif, en l'introduisant entre les saillies

de l'arbalétrier suivant une certaine obliquité (*fig.* 726).

Pour les autres pannes n°s 1 à 7, le madrier n'est plus placé directement sur les fermes; il est surélevé d'environ 0^m,25 au moyen de cales en bois disposées alors au-dessus des goussets eux-mêmes qui recevront la panne.

Il faut douze hommes pour poser en moyenne vingt-huit pannes par jour.

e. — *Pose des barres de contrevente-* ment. — Le fermes de la coupole sont reliées par une série de barres de fer plat rivées par dessus, qui prennent un certain nombre de pannes et de fermes et forment contreventement.

Ces fers ne sont posés qu'après le réglage définitif des pannes et le serrage nécessaire de tous les boulons d'attache de ces pannes sur les fermes; cela pour assurer la pose de toutes les parties de la charpente suivant des lignes parfaitement régulières,

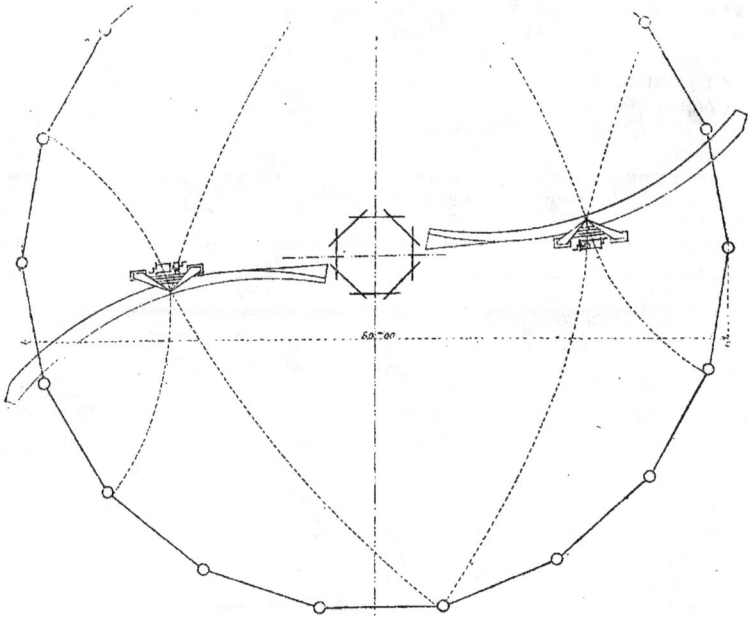

Fig. 726.

sans aucun gauchissement ni aucune tension anormale.

f. — *Pose de la toiture de la lanterne.* — Pour le montage des pièces composant la toiture de la lanterne, on installe un petit échafaudage à l'extérieur et tout autour de la couronne au moyen de longrines et de madriers.

On dispose, d'autre part, sur le plancher supérieur du pylône, une petite chèvre légère pour le levage des pièces.

790. *Montage de la charpente de l'atelier annexe. Levage des fermes et pose des pannes.* — Le montage de l'atelier annexe est conduit dans les mêmes conditions que celui de la charpente de la partie annulaire de la rotonde. Seulement, la portée des fermes étant de 30 mètres, les dispositions de détail varient légèrement. Chaque ferme étant assemblées sur des chevalets en bois, et suivant un plan horizontal, on procède à la rivure, puis la ferme est armée avec des pièces de bois et redressée au moyen de cinq à six étais.

On place alors une seconde ferme et on procède à la mise en place des pannes que l'on monte au moyen d'une troisième chèvre de petite dimension; on met la panne faîtière en place la première.

Avec vingt hommes, dont deux équipes de riveurs, cette charpente est complètement montée dans une quinzaine de jours.

791. *Épreuve des fermes.* — L'épreuve des fermes, au moins pour une partie d'entre elles, s'opère de la manière suivante :

A l'extrémité de tringles rigides ou de chaînes, attachées aux cornières inférieures des arbalétriers, à l'aplomb de la partie inférieure des pannes, sont suspendus une série de plateaux dans lesquels sont placés des bouts de rails en quantité suffisante pour parfaire les surcharges portées sur la figure 727.

La surcharge correspondant au sommet de la ferme est attachée à l'aplomb de la panne faîtière sur le tirant et sur le contre-poinçon.

Au-dessous de la couronne de la coupole, la surcharge a été appliquée dans l'axe de la rotonde.

D'autre part, de l'autre côté des fermes, sont fixés contre les arbalétriers, des lattis en bois descendant à environ 1 mètre du sol et frottant librement contre des piquets en bois enfoncés en terre; au moyen de repères tracés sur les piquets inférieurs, il est facile de relever les

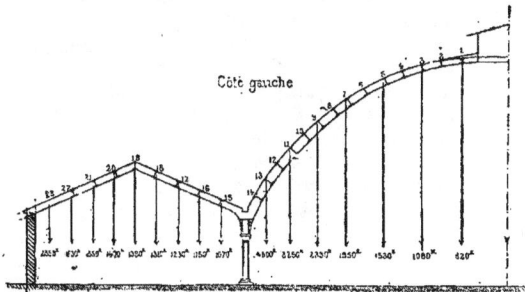

Fig. 727.

flèches mobiles déterminées par l'action de la surcharge dans les différents points d'application.

On fait quelquefois ce relevé au moyen d'un théodolite placé dans un plan perpendiculaire à celui de la ferme dont on fait l'essai.

Le chargement est fait d'une manière rationnelle et symétrique en plaçant d'abord les poids additionnels en même temps aux deux extrémités opposées de la ferme, et en s'approchant successivement du faîte (*fig.* 727).

Deux heures après le chargement total les flèches constatées ont été relevées comme suit:

Au-dessous de la panne 10 droite..............	4 millimètres	
» » 5 »	15	»
» coupole ...:..........	10	»
» panne 5 gauche..........	15	»
» » 10 »	4	»
» » 16 »	3	»
» » 18 »	4	»
» » 19 »	2,5 pour faîtière	
» » 20 »	5	
» » 22 »	2,5	

Après seize heures les flèches sont restées les mêmes.

Enfin, après déchargement, la ferme a repris sa position première.

792. *Observation générale.* — En résumé, lorsqu'il est conduit avec méthode, le montage de la charpente métallique des grandes rotondes de 90 mètres de diamètre s'effectue d'une manière très simple et au moyen d'engins peu coûteux et d'un emploi facile.

Malgré les dimensions assez considérables des pièces, la mise en place se fait sans aucun aléa et dans un délai très court.

Ainsi, la surface totale étant de 6 361 mètres carrés et le poids total, couverture non comprise, de 405 000 kilogrammes, le poids de la charpente proprement dite est de 64 kilogrammes par mètre superficiel de surface couverte.

Pour l'atelier annexe de réparation et d'entretien de 30 mètres de largeur, dans le cas d'une rotonde unique, le poids total est de 80 000 kilogrammes pour une longueur de 48m,30, ce qui correspond au poids de 55 kilogrammes par mètre carré de surface couverte ; pour un atelier annexé à deux rotondes conjuguées d'une largeur maxima de 60 mètres, le poids total est de 105 000 kilogrammes. Mais, eu égard à la disposition du bâtiment, le poids par mètre superficiel de surface couverte reste sensiblement égal à celui de 55 kilogrammes obtenu précédemment.

Avec des équipes d'ouvriers bien choisis, ayant l'expérience de cette sorte de travaux, la charpente de la coupole proprement dite est montée, rivée et mise en place, les fermes et les pannes, dans un délai total de onze jours.

Pour la partie annulaire, colonnes, entretoises, fermes et pannes, le délai nécessaire en totalité est de vingt-quatre jours.

Si l'on ajoute le temps employé au bardage des premières pièces, à la pose des fourrures additionnelles destinées à régler la longueur des pannes, à la vérification des rivets et boulons d'attache, soit quinze jours, on obtient un délai total de cinquante jours de travail effectif pour l'exécution complète du montage de la charpente.

ATELIERS

793. *Emplacement des ateliers.* — Nous avons dit précédemment que les ateliers ordinaires, toujours annexés aux remises des machines, étaient insuffisants pour faire face aux grosses réparations. Il est donc indispensable de distribuer de loin en loin sur la ligne, des ateliers spéciaux permettant l'entretien des chaudières, cylindres, essieux, etc., et renfermant l'outillage nécessaire pour entretenir également voitures et wagons.

Cela posé, un atelier de ce genre doit d'abord toujours être à proximité du dépôt des machines, de manière que celles-ci puissent facilement passer de l'un à l'autre, et réciproquement ; ensuite que la surveillance puisse en être faite par un même chef.

Le terrain sur lequel il est élevé doit être aussi sec que possible et les fondations elles-mêmes bien à l'abri de l'eau, car les transmissions sont souvent souterraines. Enfin le terrain en déblai sera choisi de préférence de manière à donner aux outils le maximum de stabilité et de solidité, avec le minimum de travaux de consolidation possible.

794. Au point de vue de leur emplacement sur la ligne, les grands ateliers doivent être de préférence aux grandes gares d'embranchement et aux extrémités des réseaux. C'est là, en effet, que converge et aboutit naturellement la plus grande quantité de matériel ; c'est, en outre, dans ces grandes localités que l'on rencontre le plus commodément les matériaux et le personnel exigés par le travail de réparation et d'entretien.

Enfin, dans les grandes villes, on trouve le plus souvent des ateliers locaux appartenant à l'industrie privée et qui, le cas échéant, peuvent être appelés à prêter leur concours à la Compagnie pour la plus grande partie des gros travaux : les réparations délicates et exigeant un grand soin sont seules dans ce cas conservées pour le personnel du chemin de fer.

Quelquefois, ces ateliers sont chargés d'un certain nombre de travaux neufs, ce qui peut être un avantage pour la Compagnie si elle est bien outillée et bien organisée pour ce genre de travail, en encourageant son personnel au moyen de primes. On gagne ainsi évidemment le bénéfice que les industriels prélèvent toujours au passage; d'un autre côté, ceux-ci sont généralement mieux entraînés à produire à bon compte, et malgré ce bénéfice on peut avoir intérêt à les employer. Il y a

à là une question à examiner dans chaque cas particulier; il en est de même de celle de l'importance à donner à l'atelier: cela dépend naturellement des travaux qu'il est appelé à effectuer, aussi bien comme entretien que comme travaux neufs.

795. Dispositions générales. — Les différents bâtiments constituant un atelier doivent être groupés d'une manière absolument méthodique et surtout de façon à éviter les fausses manœuvres et les transports inutiles. Quelques exemples cités plus loin nous permettront de mieux préciser ces conditions.

La même précaution doit être prise à

des accidents dus à la rotation des arbres, des poulies et des cornières; en outre, l'atelier est ainsi dégagé et plus accessible aux mouvements des grues, des transbordeurs, etc.

Les meilleures transmissions sont aujourd'hui des arbres en acier sans rainures, sur lesquels on fixe au moyen de boulons des poulies en deux pièces.

Les ateliers n'ont jamais qu'un rez-de-chaussée.

Bâtiments d'économat.

796. Le service de l'Économat forme une des divisions de la direction centrale des Compagnies de chemins de fer. Ce service est chargé, dans la limite de ses attributions, des acquisitions de mobilier, d'objets et de matières nécessaires à la construction et à l'exploitation des lignes comprises dans chaque réseau. Aucune règle uniforme n'existe d'ailleurs à cet égard pour les diverses Compagnies, où les agents de l'économat ont des attributions plus ou moins étendues.

Nous rappellerons seulement qu'en général le service central de l'économat est chargé de livrer aux divers services de la Compagnie, les imprimés de toute nature, les fournitures de bureau, papier, plumes,

Matériel roulant.　　　　　Économat.　　　　　Traction.

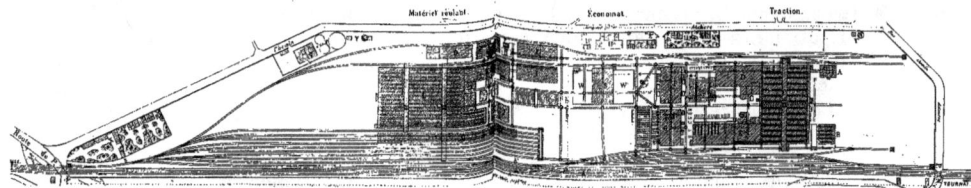

Fig. 728. — 1° *Matériel roulant.* — H, Magasin de bois; J, Ébénistes, Ferblantiers, Corderie, Buanderie, Magasin de crins; ... et Machines-outils; L, Atelier de réparations et de Peinture; M, Atelier des apprentis; N, Brulerie; O, Voiliers; P, Fumage et Flambage; Q, Hangar pour l'entretien courant; RR' Logement du chef et du sous-chef d'atelier. — 2° *Économat et* ... S, Magasin; T, Épicerie, Logements, Service médical; UU', Réfectoire, Logements, et Lampisterie; V, Usine à gaz; X, Logement de chef de district et de cantonnier; YY', Réservoirs avec compteurs; Z, Compteur à gaz spécial pour le travail des ... tages; WW', Cours diverses. — 3° *Traction.* — A, Bureau des Ingénieurs, Inspecteurs et Comptables, Dessin, Télégraphie, Photographie et modèles; B Peinture; C, Montage; D, Ajustage; E, Chaudronnerie et Tenders; F, Forges; G, Roues de ... HH', Logements des chefs et sous-chef d'atelier.

l'intérieur de l'atelier pour le groupement de toutes les machines de manière à permettre une bonne exécution, en même temps que d'obtenir de la rapidité et de l'économie.

La largeur d'axe en axe des voies doit être au moins de 6 mètres dans les ateliers de réparation de voitures et même 6m,25 dans ceux des machines, afin de donner toute commodité pour les réparations et lavages.

Les murs sont généralement en pans de fer et briques. La hauteur sous entrait ne peut être inférieure à 7 mètres. La

toiture adoptée le plus souvent aujourd'hui est la crémaillère ou *shed* permettant, par un vitrage constamment orienté vers le nord, d'être à l'abri permanent du soleil, ce qui est fort important. Le comble est en fer porté par des colonnes en fonte ou des poteaux métalliques. Le versant le plus long du toit en *shed*, qui n'est pas vitré, est couvert en tuiles avec plafond en plâtre ou plancher en voliges et baguettes rainées.

Les transmissions se font de plus en plus souterraines à cause des avantages que cette solution présente au point de vue

encre, crayons, etc., de toutes espèces, les chemises, portefeuilles de bureau et de voyage, les cartons pour archives, les timbres et griffes, enfin tous les objets de papeterie et de cartonnage à l'usage des différents services; et même quelquefois à prix coûtant, des denrées alimentaires pour la consommation du personnel, employés et ouvriers.

Les bâtiments d'économat, contrairement aux ateliers qui n'occupent généralement qu'un rez-de-chaussée, peuvent comporter plusieurs étages.

Une bonne disposition consiste à établir

ces bâtiments par groupes de deux, séparés par un chemin central de 10 mètres vitré à la partie supérieure. Les wagons à charger ou à décharger sont amenés dans cet espace sur une voie spéciale qui en occupe toute la longueur: un chariot roulant, avec treuil et palan, roule à la partie supérieure des dernières baies du bâtiment et permet de faire immédiatement et économiquement toutes les manutentions de marchandises.

797. Ateliers de Sotteville (Cie de l'Ouest). — M. Clairaut, dans une note accompagnant l'exposition de la Compagnie de l'Ouest en 1889, donne les renseignements suivants sur les ateliers de Sotteville, près Rouen.

Ces ateliers datent de 1842 et ont été fondés par MM. Allevard, Buddicom et Cie pour la construction et l'entretien du matériel des Compagnies de Rouen, du Havre et de Caen. Ils ont été repris en 1880 par la Compagnie de l'Ouest, qui en a encore d'autres aux Batignolles, à Rennes et à Levallois-Perret.

Les ateliers de Sotteville ont été depuis cette époque considérablement augmentés. Ils comprennent deux groupes de constructions : dans l'un se fait la réparation des locomotives, et dans l'autre celle des voitures et des wagons. Certaines parties sont communes aux deux ateliers : tels sont les forges, fonderies de fer et de cuivre, le tournage et l'embattage des roues, la peinture.

Ces ateliers sont en outre chargés de la construction des chaudières et de la fabrication des pièces de rechange pour le magasin central du matériel et de la traction.

Leur surface est d'environ 13 hectares : ils peuvent contenir soixante machines, cinquante tenders, deux cents voitures à voyageurs, quatre cent cinquante wagons à marchandises.

Ateliers du chemin de fer du Nord à Hellemmes, près de Lille.

798. Les ateliers d'Hellemmes s'étendent sur un terrain de 18 hectares le long de la ligne de Lille à Tournai, distants d'un kilomètre et demi de la gare de Fives et de 3 kilomètres de Lille (P. Mathias, *Revue générale des chemins de fer*, janvier 1882).

La ville de Lille était indiquée parce que, après Paris, c'est elle qui renferme la plus grande agglomération d'ouvriers de toutes les spécialités mécaniques. C'est en même temps un dépôt de près de cinq cents machines qui dessert les deux bassins houillers du Nord et du Pas-de-Calais, le port de Dunkerque, une partie de celui de Calais et assure les relations avec la Belgique par la frontière, de Dunkerque à Tournai, et la plus grande partie de celle-ci avec l'Est de la France par Busigny.

Le mouvement des wagons y est extrêmement important et les seuls ateliers de réparation du matériel roulant se trouvaient auparavant à la Chapelle et à Tergnier.

Enfin les ateliers sont placés entre les trois communes de Fives, d'Hellemmes et de Ligerines où les logements et la vie sont relativement bon marché ; les ouvriers qui habitent Lille ont à leur disposition deux trains gratuits, un le matin pour le départ, un le soir au retour.

Les ateliers d'Hellemmes sont reliés directement à la gare de Fives par une voie spéciale sur laquelle les communications sont assurées par des trains réguliers. Les relations entre le dépôt de machines et les ateliers sont desservies par d'autres trains à heure fixe, dirigés directement des rotondes sur les voies principales de la ligne de Tournai.

Les trains de la gare entrent directement par l'aiguille S sur les voies de manœuvre et de garage (*fig.* 728), tandis que les trains du dépôt ne pénètrent que plus loin par les aiguilles A et M sur un autre faisceau de voies. Les premiers desservent l'atelier des voitures et l'économat, les seconds sont affectés au service de la traction, et l'on voit que les manœuvres peuvent s'effectuer simultanément sur les deux côtés nord et sud pour chacune des grandes divisions de l'établissement.

799. *Description générale.* — Le terrain a la forme d'un trapèze dont les deux bases seraient 1 095 mètres et 715 mètres, et la hauteur 170 mètres. Une rue de 10 mètres de largeur, communiquant avec Lille et les communes environnantes, existe le long du mur de clôture du nord et est bordée de nouvelles et nombreuses constructions (*fig.* 728).

L'installation générale des ateliers comprend trois groupes : les ateliers du matériel roulant à l'ouest, ceux de la traction à l'est, et l'économat entre les deux.

De plus, il existe une usine à gaz, une lampisterie, un réfectoire, une épicerie et des maisons d'habitation pour les chefs et sous-chefs d'ateliers, surveillants, service médical, concierge, etc.

Les bâtiments, suffisamment indiqués par la légende qui accompagne le tableau suivant, occupent une surface couverte de 34 600 mètres carrés se décomposant comme suit :

LETTRES correspondantes DU PLAN	DÉSIGNATIONS	SURFACES COUVERTES	
		PAR BATIMENT	PAR DIVISION
	1° VOITURES ET WAGONS	m. c.	
L	Atelier de réparation et de peinture......................	8.660	
K	Machines-Outils et Forges..............................	1.600	
O	Bureaux et Magasin	540	
M	Voiliers..	900	
I	Atelier des apprentis.................................	650	
I'	Magasin des bois en grume............................	1.020	
J	Magasin des bois unis...............................	1.020	
Q	Atelier des ébénistes, ferblantiers, etc................	820	
RR'	Hangar d'entretien courant...........................	2.040	
	Deux maisons d'habitation...........................	200	
	Dépendances	350	17.800
	2° ÉCONOMAT ET DIVERS		
S	Magasin...	1.200	
T	Épicerie et logements................................	350	
U	Réfectoire..	600	
U'	Lampisterie..	50	
V	Usine à gaz...	500	2.700
	3° TRACTION		
C	Moulage...	6.400	
D	Machines-Outils......................................	1.380	
E	Chaudronnerie.......................................	2.080	
B	Peinture..	500	
A	Bureaux...	300	
F	Forges..	1.210	
G	Roues et Bandages...................................	1.210	
	Annexes des Machines-Outils.........................	280	
	D° de la Chaudronnerie..............................	240	
HH'	Deux maisons d'habitation............................	200	
	Divers	310	14.100
	Total....................	34.600 m².	

Tous ces bâtiments sont très complètement reliés entre eux et avec les voies de manœuvre et de garage par des voies et des plaques tournantes de diverses dimensions. La longueur totale des voies établies à Hellemmes est de 11 963 mètres.

Les besoins de l'avenir ont été prévus en ménageant aux deux extrémités ouest et est et au sud de l'économat, des terrains libres qui permettent l'installation ultérieure des ateliers nécessaires suivant les circonstances.

800. *Toits en crémaillère ou sheds.* — On a fait ici largement application du toit en forme de shed, signalé précédemment et qui a l'avantage de ne jamais laisser pénétrer dans l'atelier que la lumière du nord et jamais le soleil. Cela permet en même temps de supprimer toutes les fenêtres, si on le désire, et d'employer exclusivement des murs pleins dont l'utilisation est facile et avantageuse.

Ces fermes sont supportées par des colonnes creuses, qui reçoivent les eaux de pluie de chéneaux régnant entre deux fermes consécutives, et les conduisent dans des égouts spéciaux. La partie vitrée

Sciences générales.

étant à pente très raide n'a rien à redouter des surcharges de neige pendant l'hiver
(*fig.* 729 et 730).

La hauteur est de 6 mètres sous entrait;
la portée des fermes est variable suivant les
besoins : les ateliers d'ajustage et de chaudronnerie en ont de 12^m,50. On a été
jusqu'à 19^m,30 dans l'atelier du matériel
roulant.

801. *Service de l'eau.* — Le service de
l'eau est assuré par un puits muni d'un
jeu de pompes à vapeur, et par une prise
directe à Fives sur la conduite municipale
des eaux d'Emmerin, au moyen d'une conduite de 0^m,150 de diamètre.

Cette eau est envoyée dans deux réservoirs Y Y', l'un à l'ouest, l'autre à l'est, et
de là, distribuée dans tous les bâtiments
au moyen d'une canalisation intérieure
qui porte, en un grand nombre de points,
des dispositions utiles pour pouvoir recevoir rapidement des boyaux à raccords.
Ceux-ci sont ordinairement suspendus
aux murs et permettent, même aux surveillants de nuit, de combattre rapidement
un incendie naissant.

En outre, une puissante pompe à vapeur

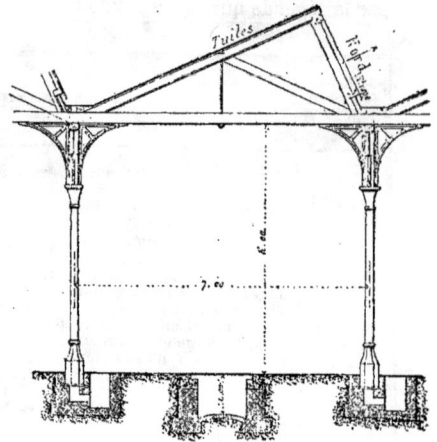

Fig. 729.

possède à sa disposition cinq prises d'eau
disséminées un peu partout, et une com-

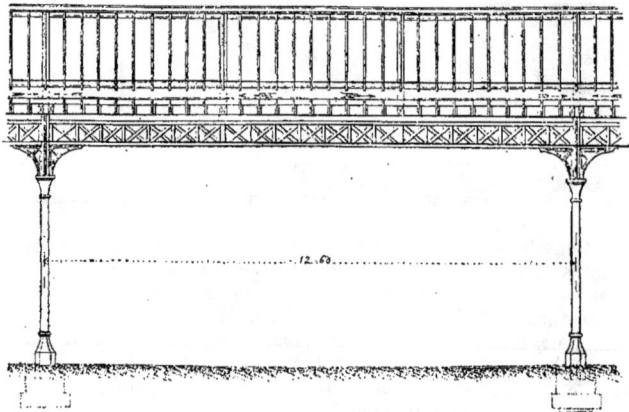

Fig. 730.

pagnie spéciale d'ouvriers s'exerce à la
manœuvrer sous la direction d'anciens
sous-officiers de sapeurs-pompiers pari-
siens.

Enfin, sur divers points sont encore réparties des pompes à incendie à bras que
trente-sept bornes-fontaines ou prises spéciales, appliquées sur les conduites, peu

vent alimenter au moyen de raccords disposés pour recevoir les demi-garnitures de boyaux.

Quant à l'alimentation des chaudières, elle se fait, la plus grande partie de l'année, au moyen d'eau de pluie.

Pour cela, une citerne de 350 mètres cubes a été construite pour chacun des deux ateliers, et on y rassemble, par les colonnes creuses des bâtiments et par des aqueducs spéciaux, l'eau tombée sur les toits dont la surface totale est de 17 800 mètres carrés pour le matériel roulant et de 16 800 mètres carrés pour la traction, y compris le magasin de l'économat. Comme il tombe annuellement à Lille une hauteur d'eau de 0ᵐ,670, on voit que l'alimentation est assurée dans d'excellentes conditions.

L'eau de pluie, avant de pénétrer dans les citernes, traverse deux filtres composés de pierres à chaux, de gravier et de charbon de bois.

Cela posé, nous allons étudier les bâtiments concernant le service le plus intéressant et le plus important, celui de la traction.

Ateliers de la traction.

802. Les ateliers spéciaux pour réparation des locomotives et tenders comportent essentiellement quatre grandes divisions :

La forge ;

La chaudronnerie ;

L'ajustage ;

Le montage ;

Et, de plus, quelques accessoires comme la peinture, les bureaux, le dessin, etc. En cas de besoin, on peut encore ajouter la construction et la réparation des essieux montés et des ressorts, voire même une fonderie de cuivre et de fer.

Les machines, dès leur arrivée, passent au montage où elles sont placées sur des fosses et démontées par les ajusteurs. Les pièces du mécanisme, les boîtes à graisse, les ressorts, etc., sont nettoyés ou lessivés, examinés et enfin rebutés ou réparés dans l'ajustage et dans la forge.

Les essieux montés passent au parc à roues : le remplacement des bandages des essieux, des boutons de manivelles, se fait dans un atelier spécial et le rafraîchissage des roues se fait généralement dans l'ajustage.

L'alésage complet ou partiel des cylindres et le dressage des tables de tiroirs se font souvent sur place.

La tuyauterie, les enveloppes, les cheminées etc., sont réparées ou remplacées en temps utile par les tôliers, les chaudronniers en cuivre ou en fer.

La chaudière enfin ne subit quelquefois que de légères réparations sans déplacement. Mais souvent il faut qu'elle soit mise en chantier dans la chaudronnerie même.

On voit, en résumé, que le montage est en relation constante avec les ateliers d'ajustage et de chaudronnerie. La forge, au contraire, envoie les pièces qu'elle a réparées ou construites, non pas au montage, mais aux machines-outils où elles sont tracées et mises à dimensions. C'est la division du travail ainsi entendue qui a été réalisée à Hellemmes par la disposition des bâtiments donnée par la figure 731.

803. *Disposition des bâtiments.* — Un vaste bâtiment, composé d'un corps principal flanqué de deux ailes, comprend le montage, l'ajustage et la chaudronnerie.

Le montage est un grand rectangle de 98 mètres de long sur 62ᵐ,10 de large, dimensions prises à l'intérieur. Il est en communication directe, au nord avec l'atelier d'ajustage et les machines-outils, et au sud avec la chaudronnerie de fer et de cuivre.

La figure 733 (vue AB) représente la vue des façades ouest de tous ces bâtiments. La figure 737 (vue CD), montre au contraire l'aspect des bâtiments vus des voies.

Le bâtiment de la chaudronnerie est plus long que celui de l'ajustage et dans l'espace resté libre par ce dernier on a installé un parc à roues.

Enfin, à l'ouest des précédents se trouve la forge, devant l'ajustage (*fig.* 732 et 736 vues JK et LM).

Un autre atelier pour la construction et la réparation des essieux montés de machines, tenders, voitures et wagons est installé symétriquement au précédent

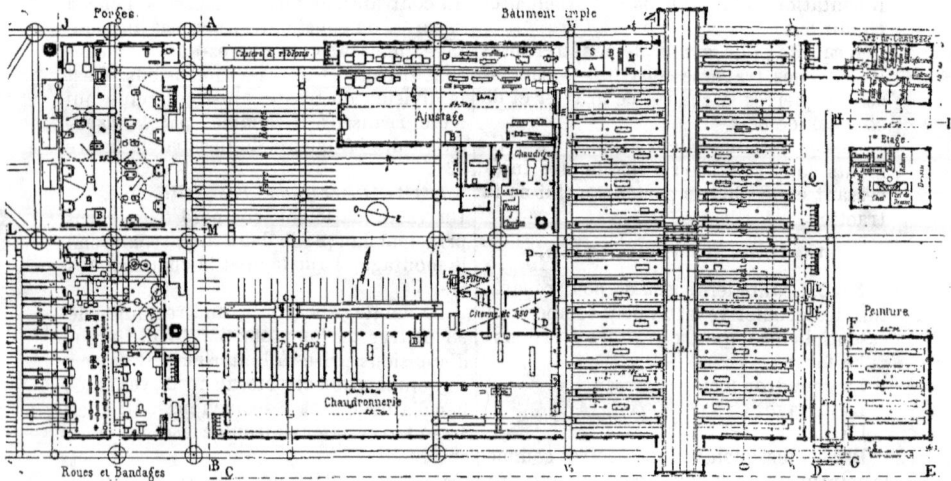

Fig. 731.

devant la chaudronnerie avec un petit parc à roues spécial sur le côté.

Tous ces bâtiments sont reliés entre eux aussi bien à l'intérieur qu'à l'extérieur, au moyen de voies et de plaques tournantes, et la circulation des wagons, des lorrys et des essieux montés, s'y fait avec une très grande facilité.

804. La réparation des tenders ne se fait pas dans un atelier spécial : on leur a réservé une place suffisante dans la chaudronnerie. On les gare d'abord sur les voies existant au sud du montage, puis ils sont amenés, en temps utile, par la voie à plaques tournantes sur le chariot C″ dont la fosse à la largeur de la façade nord de l'atelier de chaudronnerie.

De là les tenders passent, soit sur l'une des huit fosses peu profondes de l'intérieur, soit sur l'une des voies extérieures perpendiculaires à la fosse du chariot.

Ramené toujours dans l'axe de la grande voie transversale à plaques en T, le chariot C″ établit pour les lorrys une communication facile de tous les ateliers avec la chaudronnerie.

L'expérience a démontré que ce groupement satisfait aux meilleures conditions du travail ; il réalise une économie de main-d'œuvre et d'hommes de peine, et favorise singulièrement la surveillance générale et les rapports entre le chef d'atelier et les trois contremaîtres dont les bureaux sont en A, B, B, B.

805. A l'extrême droite se trouve l'atelier de peinture (*fig.* 734, vue FG). C'est une annexe du montage, aussi en est-il très proche. Les machines y arrivent et en sortent directement et mécaniquement.

Pour y entrer, elles sont placées sur le chariot C du montage au moyen d'un treuil à cabestan vertical mû par une petite machine à vapeur, sur lequel s'enroule une corde attachée à la traverse la plus éloignée ; puis elles sont conduites dans l'avant-corps sud. Une corde plus longue, passant sur une poulie de renvoi accrochée en R, fait arriver les machines sur le chariot C′ muni d'un mouvement de translation et d'un treuil à bras. Arrivées devant l'une des cinq portes de l'atelier,

elles sont mises en place au moyen du treuil et d'une poulie de renvoi portée par un crochet fixé au mur est.

A sa sortie, la machine ramenée à l'extrémité sud de la fosse du chariot C′, remplie par la grue hydraulique *g*, allumée, accouplée à son tender, se dégage par l'aiguille extrême : elle arrive ainsi directement sur les voies de garage et est essayée en feu.

806. Enfin les bureaux occupent un bâtiment symétrique de celui de la peinture et relié au montage par un passage couvert (*fig.* 735, vue HI).

En dehors du plan du rez-de-chaussée et du premier étage indiqués (*fig.* 731), il existe une cave avec un calorifère à air chaud, et un grenier dans lequel sont contenus les modèles. Le tambour central éclairé par le toit donne beaucoup de jour à l'intérieur et permet de desservir, au moyen d'un palan, le mouvement de modèles et de pièces qui s'opère entre les ateliers, le magasin du grenier et le bureau de dessin.

Des cours assez spacieuses séparent tous les bâtiments et facilitent le dépôt des pièces encombrantes : cheminées, caisses à eau des machines ou des tenders, enveloppes et dômes, cendriers, etc.

Elles sont parcourues par une grue à vapeur indiquée (*fig.* 730) dans la cour des forges ; cette grue de 5 tonnes, à mouvements automoteurs et à flèche mobile de 5 mètres de portée maximum, peut entrer dans les bâtiments et rend de très grands services.

Le parc à roues établi devant l'atelier d'ajustage est uniquement consacré aux locomotives et tenders ; l'autre devant l'atelier des roues et bandages est destiné aux voitures et wagons.

En dehors des plaques tournantes de 4^m,20 de diamètre qui ne présentent rien de particulier, on emploie un certain nombre de plaques de 2^m,02 de diamètre pour les lorrys. On fait usage également de simples tourniquets servant à tourner les essieux montés de machines ou de wagons.

807. L'expérience a démontré que l'écartement d'axe en axe des fosses d'un montage ne devait pas s'éloigner beau-

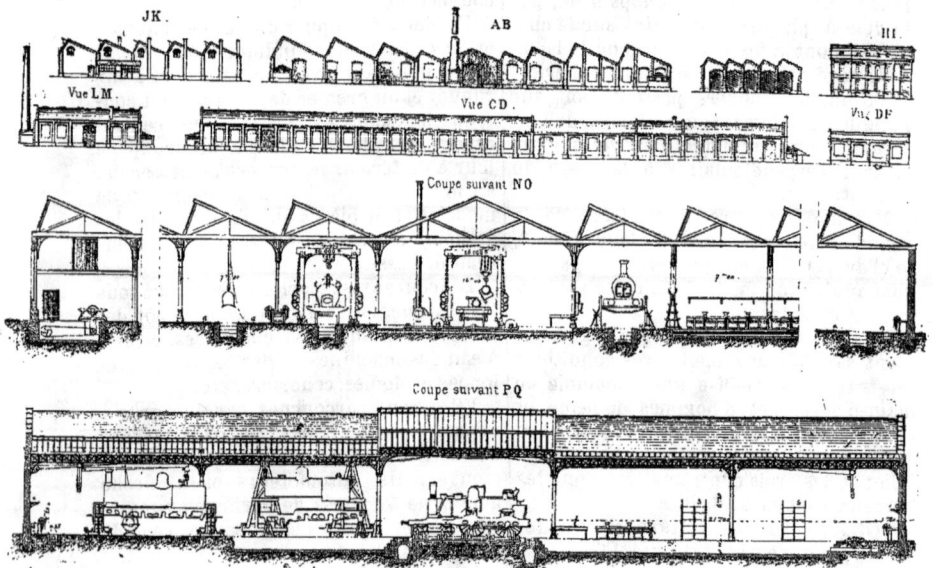

JK.

AB

Vue LM.

Vue CD.

HI.

Vu. DF

Coupe suivant NO

Coupe suivant PQ

Fig. 732 à 742.

coup de 7 mètres, lorsqu'on veut les munir de voies de grue roulante, installer un établi d'ajusteur et conserver une place suffisante pour un travail facile et pour le dépôt momentané des pièces. Ici on a adopté 7 mètres.

Le terrain disponible ayant 98 mètres à l'intérieur du bâtiment, cela donne quatorze axes de fosses sur chacun desquels on place quatre machines. Pour cela les fosses sont suffisantes pour supporter deux machines (21 mètres de long), et entre deux rangées de fosses se trouve un chariot roulant circulant d'un bout à l'autre du bâtiment. De cette façon, cependant, il y a lieu de prendre certaines dispositions, que nous verrons plus loin, pour que la locomotive côté mur puisse être complètement démontée et remontée, sans perte de temps résultant de l'absence d'un chariot.

Sur les vingt-huit doubles fosses on a dû en consacrer une à la menuiserie et à des bureaux, ce qui réduit le nombre des places de machines à cinquante-quatre. En tenant compte des vides qu'il est impossible d'éviter et d'une durée moyenne de réparation de trois mois, on voit qu'il est possible de réparer dans le montage près de deux cents machines par an.

808. *Chariot à vapeur.* — La fosse du chariot à vapeur C divise, comme nous l'avons vu plus haut, le rectangle en deux parties tout à fait symétriques et aboutit à chaque extrémité à un avant-corps donnant accès à une voie longitudinale, par laquelle machines et tenders, wagons, lorrys et essieux montés peuvent entrer et sortir.

Nous avons décrit précédemment comment les machines arrivent à la peinture et en reviennent ; la manœuvre au treuil à vapeur est la même pour tous les autres mouvements à droite (*fig.* 743). Nous ferons seulement remarquer ici que la position centrale du chariot correspond à la voie qui traverse tout l'établissement dont elle forme pour ainsi dire l'axe (*fig.* 730 et 731).

Celle-ci n'est pas munie d'une voie à grue roulante ; mais, en plaçant un véhicule sur le chariot, on peut, en y amenant cet engin, opérer facilement tout chargement et déchargement. On a obtenu la place nécessaire pour l'établissement de cette voie en supprimant une rangée de colonnes.

Le chariot en repos est placé soit dans le prolongement de cette voie centrale, soit dans l'un des deux avant-corps donnant du dehors accès dans l'atelier, et une cheminée fixe avec trémie inférieure est établie à chacun de ces emplacements afin de dégager la fumée produite au moment de l'allumage ou des chargements du feu.

La fosse du chariot est sans rainure pour les galets et n'a qu'une profondeur de 0^m,305. Quoique certains ateliers aient encore réduit cette cote, on peut dire qu'elle n'est pas trop gênante pour la circulation des ouvriers.

Le chariot a une longueur de 8^m,500, il est muni d'une voie de grue, pourvue d'une machine à vapeur verticale à grande vitesse à deux cylindres surélevés genre Pilon, et d'un treuil à cabestan pour manœuvrer les machines.

De chaque côté de la fosse centrale du chariot se trouvent les fosses à piquer du montage ; leur longueur de 21 mètres leur permet de recevoir aisément deux machines sans tenders.

Contre chaque mur longitudinal est placée une rangée d'établis munis d'étaux.

Entre ces établis et les fosses sont installées les deux voies VV_1, V_2V_3 (*fig.* 731 et 743) qui donnent à cet atelier son caractère spécial.

Au point de vue du travail de l'ouvrier elles mettent les essieux tout à fait à sa portée ; il faut ajouter les coussinets des boîtes à graisse, les poulies et les colliers d'excentrique, etc., presque sans se déranger.

Mais ces voies ont encore cet avantage important de desservir la machine côté mur sur la fosse, difficulté qui nous préoccupait plus haut, et de permettre qu'elle puisse être démontée et remontée sans aucune gêne.

En effet, l'inspection des figures 742 et 743 montre que la voie de la fosse est prolongée jusqu'au rail extérieur de la voie VV_1 et qu'au centre du carré ainsi

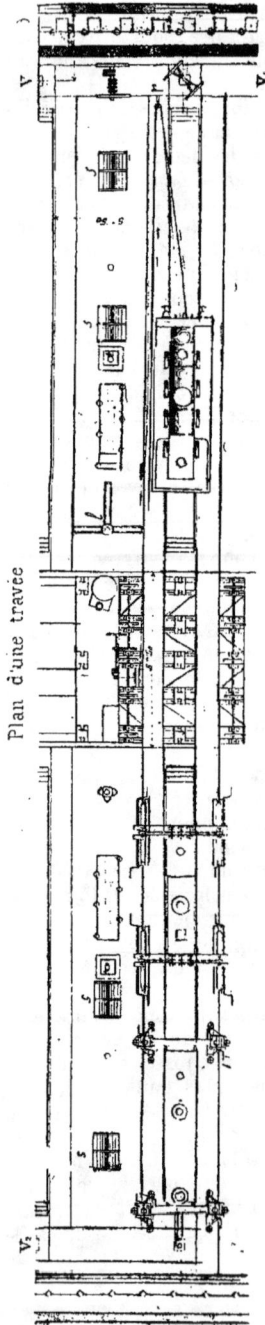

Plan d'une travée

Fig. 743.

formé se trouve une crapaudine pouvant
recevoir un tourniquet à roues de machines. On apporte cet engin lorsqu'il
s'agit de retirer ou de placer des essieux ;
ces opérations sont ainsi rendues indépendantes du chariot et s'effectuent au
moment voulu avec la plus grande facilité.

On remarquera sans doute que, pour
les machines placées côté mur, les voies
longitudinales ne permettent pas la manœuvre des chaudières qu'il peut être nécessaire d'envoyer à la chaudronnerie ou
de replacer sur les longerons après réparations. Cette lacune eût été comblée si
l'on avait prolongé les voies de la grue
roulante, comme celles des fosses, jusqu'au rail extérieur des voies longitudinales, ou plutôt jusque près des établis.
Le crochet de la grue serait ainsi arrivé
au centre du lorry à plate-forme tournante, et le retrait, comme la mise en
place des chaudières, se peuvent accomplir sans le secours du chariot.

Mais l'interruption du travail des ajusteurs et la manœuvre des essieux eussent
été plus fréquentes ; la multiplicité des
bouts de rails eût gêné la circulation, et,
au début, on a préféré réserver cette
installation à l'avenir.

L'expérience prouve qu'on s'en passe
aisément. Les réparations comportant de
gros travaux de chaudronnerie sont connues d'avance, et l'on peut presque toujours assigner à la machine une place
côté chariot. Si la nécessité de passer une
chaudière dans l'atelier spécial se montre
après la mise en chantier côté mur, il
est encore facile de lui faire place, en
garant la machine qui gêne, soit au moyen
du cabestan à vapeur du chariot si elle
est sur la roue, soit, dans le cas contraire,
par deux grues roulantes qui tiennent
suspendu le châssis chargé de sa chaudière.

De tout ce qui précède, on peut tirer cette
conclusion que les voies longitudinales
installées entre les établis et les fosses, la
manœuvre des tourniquets à essieux, le
treuil à corde du chariot à vapeur, ont
débarrassé à Hellemmes la disposition
des fosses à deux machines des inconvénients qu'on aurait pu être tenté de lui
imputer à première vue.

809. *Étaux entre les fosses.* — Les étaux installés le long des murs au nombre de cent vingt seraient insuffisants, et d'ailleurs il est nécessaire, pour éviter d'incessants dérangements aux moteurs, d'en avoir d'autres à côté des machines.

A cet effet, un établi à six étaux se trouve entre deux fosses, à l'exception des fosses voisines de la voie transversale du milieu. On y a placé, dans l'espace disponible, des marbres à tracer et à vérifier (*fig.* 731 à 743). On a ainsi, sur dix-neuf établis, cent quatorze étaux portant le nombre total de ces derniers à deux cent trente-quatre ou 8,6 par fosse.

Dans ces conditions, on peut même détacher des réparations un certain nombre d'ouvriers pour les affecter à des travaux spéciaux de construction, etc.

810. *Consoles murales, servantes.* — Au-dessus des établis sont disposées des consoles en fonte fixées au mur *c* (*fig.* 742) et sur lesquelles on a boulonné des planches. Cela forme une sorte d'étagère sur laquelle on peut déposer nombre de pièces encombrantes, qu'on a ainsi à portée de la main.

Les figures 740 et 742 montrent en outre un certain nombre de servantes triangulaires en fer *s*, sur lesquelles on peut placer toutes les pièces de mécanisme, les coussinets, la robinetterie, les boulons, etc., d'une machine, soit sur les tôles horizontales ou sur les crochets, soit contre les chevalets. Les longues tringles et la tuyauterie se posent dans la corbeille du haut. Il y a grand avantage à isoler ainsi tous les tuyaux après leur nettoyage, pour les retrouver sans perte de temps lorsque le moment de les réparer ou de les remonter est arrivé.

811. Le plan d'une travée de fosse (*fig.* 743) montre encore la manière de remorquer une machine froide, du chariot sur la fosse au moyen d'une poulie de renvoi *p* dont la chape, munie d'un crochet plat, se fixe sur le rail le plus voisin de la voie VV₁.

L'opération consistant à prendre une machine sur une voie conduisant à l'avant-corps, à l'amener sur le chariot, à la transporter devant la fosse et à la mettre en place exige de dix à douze minutes et trois hommes.

Un certain nombre de lavabos sont disposés pour permettre aux ouvriers de se laver les mains (*fig.* 740, 742, 743).

Ce sont des auges en bois relevées pendant le travail contre une colonne et qu'on abaisse et remplit d'eau à l'heure de la sortie. L'eau sale s'écoule par une petite soupape dans l'aqueduc général au moyen d'une cuvette circulaire entourant la colonne et communiquant, d'un côté, avec le fond de l'auge et, de l'autre, avec un tuyau se rendant à l'aqueduc.

Le chauffage se fait au moyen de tuyaux à vapeur (*fig.* 742) entre les fosses et les établis rangés le long des murs. Ces tuyaux sont logés dans des caniveaux à plancher grillagé; les grilles permettent le passage de la chaleur et la visite permanente des tuyaux dans toute leur étendue.

Comme appareils de levage on emploie à Hellemmes des grues roulantes et des verrins à vis de 2 mètres de hauteur.

Comme moyen de levage on peut encore citer un fer à I fixé aux entraits des fermes au-dessus de l'axe de chaque fosse et encastré dans le mur longitudinal.

Sur les ailettes inférieures de ce fer à I, roulent deux petits galets dont les axes taraudés portent les deux yeux d'un étrier entretoisé pouvant recevoir le crochet d'un palan.

On saisit ainsi (*fig.* 740 à gauche) et transporte les pièces de machines pesant moins de 500 kilogrammes: cheminées, boîtes à graisse, dômes, enveloppes, pistons, etc., et on les manœuvre aisément.

L'ouvrier travaillant à l'atelier mural se sert également de ce palan, soit pour manipuler les pièces un peu lourdes qu'il doit ajuster à l'étau ou sur les essieux montés, soit pour les placer sur l'étagère ou les en retirer, etc.

812. On fait un fréquent emploi de transmission de force par cordes dans le montage comme à la chaudronnerie, et partout où se manifeste le besoin d'exécuter un travail mécanique à une distance quelconque du moteur ou sur un point quelconque de l'atelier.

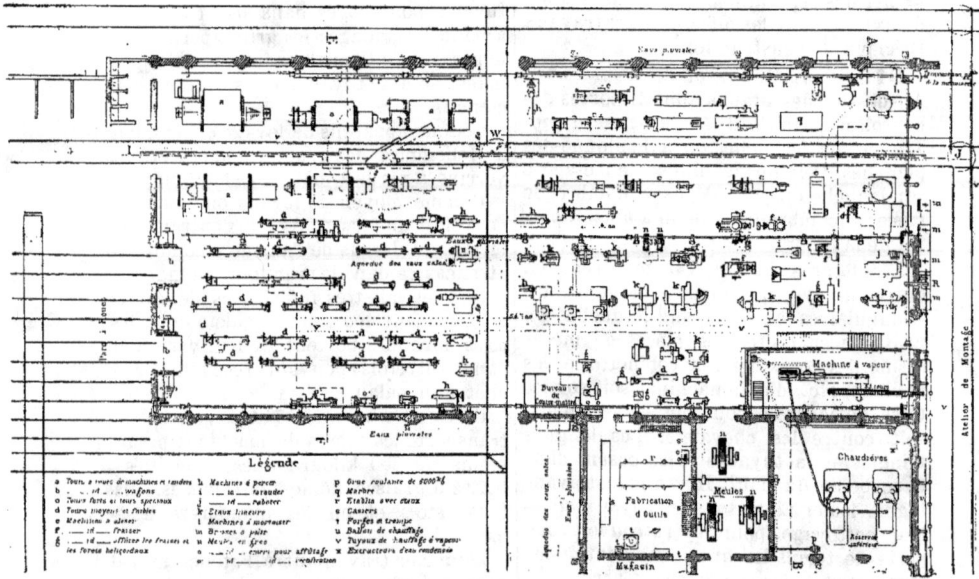

Fig. 744.

Quels que soient le nombre, la puissance et la variété des machines-outils réunies dans un atelier de réparation de locomotives, il y aura toujours certaines parties que l'on ne pourra pas soumettre à leur action et sur lesquelles on devra exécuter à bras des travaux nombreux et importants. Il serait même souvent beaucoup plus expéditif et plus économique de travailler sur place certaines pièces qu'il est impossible de transporter.

Tel est le cas, par exemple, du remplacement des entretoises des foyers de locomotives, du perçage des trous de ri-

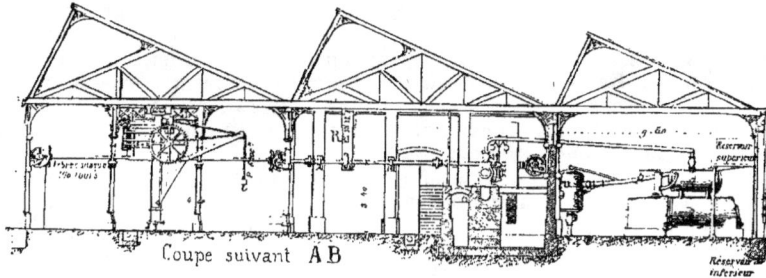

Fig. 745 à 747.

vet dans les parties ordinairement cachées ou peu accessibles, etc. Une petite machine portative et une transmission par corde suffisent pour donner au problème une solution des plus commodes.

A notre avis, cette transmission, par cordes, de faibles forces à grandes distances, doit pénétrer dans tous les ateliers de réparation de machines ou wagons et dans beaucoup d'ateliers industriels. Elle est appelée à y rendre de signalés services.

813. *Ateliers de menuiserie.* — Cet atelier n'a que 8^m,70 sur 6^m,80, mais il est

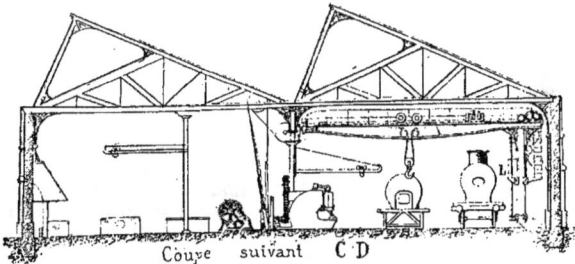

Fig. 748 et 749.

suffisant pour la confection des modèles et pour les travaux relatifs aux machines, aux engins, etc.

Il contient une scie circulaire, une scie à ruban et un petit tour actionnés par une transmission en sous-sol (*fig.* 739), recevant son mouvement de l'arbre porté par le mur nord de l'atelier d'ajustage.

Au-dessus de la menuiserie et des bureaux sont installés des magasins pour le bois, les courroies et diverses pièces relevant de l'atelier d'ajustage. On y accède par une trappe dans le plancher et par une porte donnant sur le chariot, ou bien sur l'escalier ménagé à côté du bureau du contremaître.

814. *Atelier d'ajustage.* — L'atelier d'ajustage a une longueur de 45 mètres et une largeur de 25 (*fig.* 744). Il est formé de deux travées de 12^m,50 de portée, couvertes par une toiture à crémaillère éclairée au nord comme les précédentes et par quelques fenêtres percées dans le mur du même côté (*fig.* 745, 746, 750, 751).

La charpente de la toiture est ici en bois et présente ainsi l'avantage de fournir des points d'attache très solides aux nombreuses transmissions intermédiaires pour lesquelles il faut établir un système spécial de colonnes et de poutres, lorsqu'on a préféré la charpente ordinaire en fer, légère, mais dépourvue d'entraits rigides.

Le rampant plein du shed est couvert en zinc et plafonné au plâtre à l'intérieur ; nous avons déjà insisté précédemment sur l'intensité et la douceur de la lumière qu'on obtient de la sorte.

Ce bâtiment est en communication avec une annexe dans laquelle sont installés : deux chaudières à vapeur, l'atelier de montage avec trois grosses meules, l'atelier de fabrication d'outils, et un magasin dans lequel les pièces brutes, prises d'avance au magasin pour les besoins prévus des réparations, sont à la disposition du contremaître de l'ajustage (*fig.* 744 et 747).

Le chauffage de cet atelier s'opère, comme pour le montage, par un tuyau en tôle recevant, soit la vapeur d'échappe-

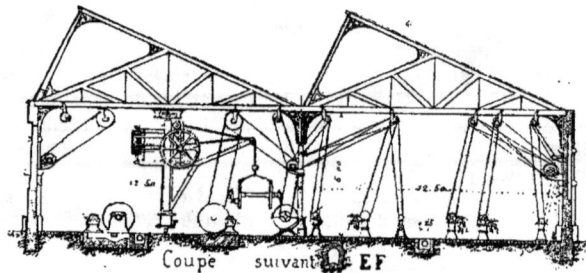

Fig. 750 et 751.

ment de la machine à vapeur Corliss, soit de la vapeur vierge, le plus souvent cette dernière, car la machine marche plutôt à condensation.

La conduite de vapeur est logée dans un caniveau VV couvert d'une grille en fonte et fait le tour de l'atelier (*fig.* 744). L'eau condensée passe par des extracteurs dans le réservoir inférieur de la chambre des chaudières.

815. *Machines et chaudières. Alimentation.* — Une seule machine à vapeur donne le mouvement à toutes les transmissions de l'ajustage, du montage et de la chaudronnerie ; elle est installée dans l'angle sud-est de l'ajustage même (*fig.* 744), tandis que les deux générateurs à vapeur qui l'alimentent se trouvent dans l'annexe.

Cette machine est horizontale et du système Corliss à quatre tiroirs circulaires. Le cylindre a 0^m,508 de diamètre et 1^m,143 de course du piston ; réglée pour cinquante-trois tours par minute, elle a, marchant à condensation, à 4 kilogrammes de pression et 1/8 de détente, une force d'environ 100 chevaux indiqués.

Elle peut, par une simple manœuvre de soupapes, fonctionner soit à condensation, soit à échappement libre. Dans ce dernier cas la vapeur est dirigée d'abord dans le ballon (*fig.* 747), d'où elle se rend, par un jeu de vannes et de robinets, soit directement dans la cheminée, soit dans les tuyaux de chauffage.

Les générateurs sont d'anciennes chaudières de locomotives ayant 9^m,60 de surface de chauffe de foyer et 109^m,30 de surface de tubes. Un seul suffit pour fournir la vapeur à la machine.

L'alimentation de cette chaudière se fait à volonté, soit exclusivement avec l'eau de pluie amenée de la citerne dans le réservoir supérieur (*fig.* 747) par

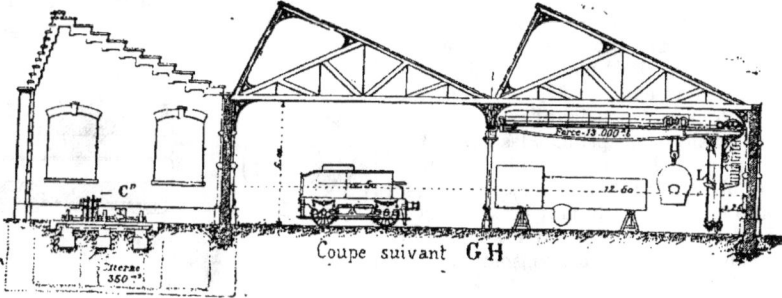

Coupe suivant **GH**

Fig. 752 à 754.

Coupe suivant **IJ**.

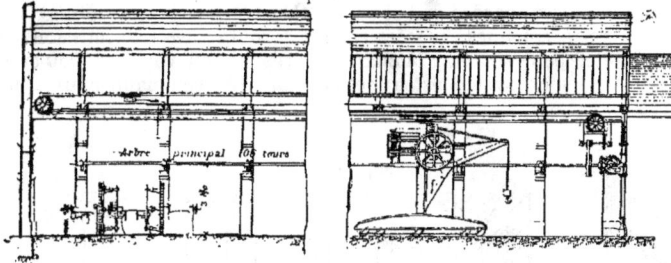

Fig. 755 et 756.

Coupe suivant **KL**.

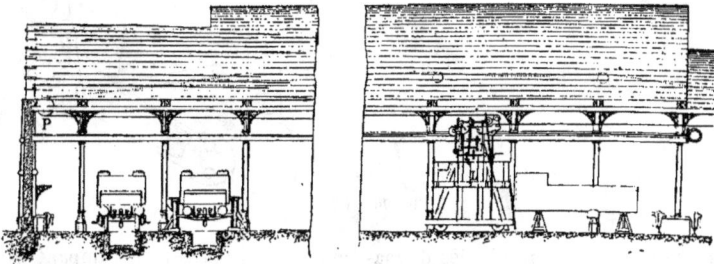

Fig. 757 et 758.

une petite pompe centrifuge, soit par l'eau crue seule ou mélangée à l'autre. L'eau chaude provenant de la condensation de la vapeur de chauffage, ramenée par des extracteurs dans le réservoir inférieur (*fig.* 747), sert également l'hiver à l'alimentation des chaudières.

La citerne d'eau de pluie est **rarement**

vide et c'est à la pureté de l'eau consommée qu'il faut attribuer, en grande partie, la conservation remarquable des pistons et des tiroirs circulaires de la machine Corliss.

816. *Transmissions.* — Le volant de la machine Corliss pesant 10 tonnes a 4ᵐ,70 de diamètre. Il est placé à 3ᵐ,05 au dessus du sol et engrène avec un pignon de 2ᵐ,35 de diamètre calé sur l'arbre d'attaque des transmissions principales (*fig.* 744), et faisant cent six tours par minute. Cet arbre qui a 3ᵐ,40 de hauteur, est soutenu, sur toute la longueur du mur est de l'atelier, par des paliers posés sur des massifs de maçonnerie et par des consoles en fonte (*fig.* 745 et 746).

Trois couples d'engrenages coniques égaux, de 0ᵐ,90 de diamètre, mus par l'arbre d'attaque, font tourner trois arbres mus par les deux murs nord et sud et par la rangée de treize colonnes, placées au milieu de l'atelier pour soutenir la charpente. Ces arbres sont assemblés par des

manchons sans boulons ni clavettes. Deux demi-cylindres en fonte, alésés à la grosseur de l'arbre, sont tournés en dehors avec une inclinaison de 1/50. Deux bagues en fer, élevées au diamètre et à l'inclinaison du manchon, sont serrées sur ce

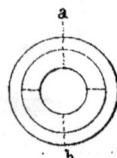

Fig. 759.   Fig. 760.

dernier à coups de maillet et fournissent un assemblage des plus solides et des moins dangereux (*fig.* 759 et 760).

Ces trois arbres suffisent largement pour toutes les transmissions intermédiaires, et l'on voit (*fig.* 750 et 751) qu'il est facile de commander ainsi un grand

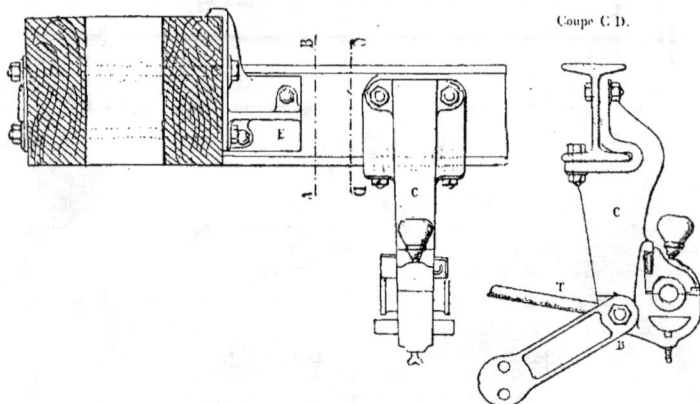

Fig. 761 et 762.

nombre de rangées longitudinales de machines-outils.

On voit sur les mêmes figures que les transmissions intermédiaires sont attachées directement aux entraits par des chaises pendantes sans l'intermédiaire de planchers, et cela dans la pensée de ne pas intercepter, même partiellement, la lu

mière arrivant par le rampant vitré, et d'éviter l'ébranlement des boulons dans le bois.

Pour cela, un fer à ⊥ est assemblé avec les entraits des fermes, écartées de 4 mètres, au moyen d'équerres en fonte E et reçoit les chaises C qui en épousent la forme. Ces chaises portent une embase B avec cannelures radiales ; les supports des tringles du débrayage sont munis d'une embase B' semblable, de sorte qu'il est facile de donner à ces supports l'inclinaison nécessaire (*fig.* 761 à 764).

Les chaises pendantes ont $0^m,280$ et $0^m,450$ de hauteur. Lorsque plusieurs transmissions sont appliquées sur le même fer à ⲓ, il est nécessaire, surtout avec les grandes chaises et un tirage oblique des courroies, de consolider l'ensemble au moyen de tirants T, pris d'un côté dans le trou de l'embase mentionnée ci-dessus, et de l'autre, soit dans un fer à ⲓ voisin, soit dans un mur.

Ces transmissions intermédiaires offrent encore l'avantage de pouvoir être entièrement ajustées sur l'établi : les chaises avec l'arbre garni de ses poulies, cônes et débrayages, sont fixées sur le fer à ⲓ qui porte déjà les équerres d'assemblage.

On n'a besoin de travailler sur la ferme que pour boulonner les équerres contre les entraits.

Dans les poulies de plus de $0^m,900$ de diamètre, d'ailleurs très rares, on attache, sous les entraits des fermes, des chaises, sous poutre de la hauteur voulue.

L'arbre principal sud porte à son extrémité ouest un engrenage conique conduisant un arbre le long du pignon pour actionner des tours à roues.

L'arbre d'attaque transmet son mouvement à l'arbre de transmission du montage au moyen d'une courroie double R (*fig.* 744), de $0^m,180$ de largeur. Cet arbre, au moyen d'une paire de roues d'angle, donne le mouvement à la transmission qui pénètre dans la chaudronnerie.

Nous avons déjà dit, en parlant de la menuiserie, que les outils de cet atelier étaient conduits par un arbre souterrain, mû par une poulie calée au bout de l'arbre de la transmission principale du mur nord (*fig.* 744).

Il reste à faire remarquer que la poulie Q, près de la chambre de la machine, commande l'arbre de trois grosses meules établies dans l'annexe sud, et que cet arbre, à son tour, conduit la pompe centrifuge P de la citerne d'eau de pluie.

817. *Répartition des machines-outils.* — La travée nord est affectée aux tours à roues des machines ou tenders, et aux machines-outils recevant des pièces lourdes ou volumineuses. La travée sud ne renferme que des machines destinées à travailler des pièces de faibles dimensions.

Dans la première se trouvent, à l'extrémité ouest (*fig.* 744), les cinq tours à roues de machines et les gros tours cc, le marbre y, l'alésoir pour cylindre e, la machine à fraiser universelle à outil horizontal f, etc. etc. Cette travée nord est garnie en son milieu d'une voie longitudinale, à l'ouest va au parc à essieux et à la forge, à l'est communique par la plaque J avec l'atelier de montage et, par une seconde plaque, avec la voie extérieure conduisant à la fosse du chariot. Une voie transversale relie les deux ailes du bâtiment triple entre elles et avec les voies extérieures.

Coupe A B.

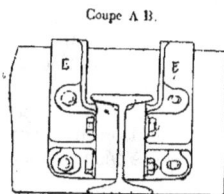
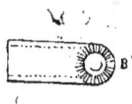

Fig. 763.   Fig. 764.

En se reportant à l'ensemble des voies représentées (*fig.* 731), on voit que la circulation s'opère dans toutes les directions d'une manière simple, rapide et économique.

Pour manipuler dans la travée nord des pièces lourdes, comme les essieux montés, les cylindres, les bâtis de machines-outils, etc., il fallait des appareils mécaniques. Il eût été impossible de munir chaque outil, soit d'une potence, soit d'une installation définitive de treuil ou de palan. Avec ces procédés élémentaires on eût dû se résigner à user beaucoup de main-d'œuvre et à subir toutes les pertes de temps et d'argent qui en sont la conséquence.

Une heureuse solution de cette difficulté a été trouvée par l'emploi de la grue Ramsbottom, déjà employée auparavant en Angleterre, dans la fabrique de locomotives de Winterthür (Suisse) et de Florisdorf, près de Vienne (Autriche).

Celle d'Hellemmes est la première introduite en France. Construite à Winterthür pour lever un poids de 6 tonnes avec une portée de 4 mètres, elle donne les meilleurs résultats, sans nécessiter ni réparation ni entretien coûteux, quoique sa force soit supérieure à celle des types courants (*fig.* 745, 750 et 756).

Le caractère distinctif de la grue Ramsbottom est sa mobilité ; elle peut parcourir en ligne droite une longueur quelconque et desservir une bande de 4 mètres de largeur de chaque côté. Un seul homme la met en marche et dirige le mouvement de translation et celui du treuil. L'orientation de la flèche se fait sans efforts par un ou deux hommes, quel que soit le poids suspendu au crochet. Nous regrettons que sa description sorte des limites de notre cadre et ne pouvons que nous contenter de la recommander.

Toutes les machines-outils de la travée nord, les plaques de fondations et les bâtis des plus gros tours ont été déchargés, mis en place et nivelés à l'aide de cette grue et d'un très petit nombre d'hommes.

Sur la machine à fraiser universelle, deux cylindres à vapeur accouplés sont ajustés complètement sans descendre du plateau, si ce n'est pour être portés au marbre et retournés en tous sens par le fraiseur et le conducteur de la grue.

Tous les tours à roues de machines sont avantageusement desservis ; car, en combinant le mouvement circulaire de la flèche avec le mouvement rectiligne de la grue, on arrive sans difficulté à faire parcourir au crochet une ligne perpendiculaire au rail. Par conséquent, après avoir soulevé un essieu monté, soit sur la voie centrale, soit entre les pointes du tour, on l'introduit entre les plateaux ou on l'en retire comme s'il roulait sur des rails. Le tourneur, le conducteur et un manœuvre suffisent pour cette opération très sûre et très rapide.

Les grosses lunettes nécessaires pour les essieux à manivelles extérieures se manipulent toujours à l'aide de la grue

et peuvent être déposées assez loin du tour pour ne pas gêner.

En résumé, la grue Ramsbottom fait les manœuvres pour tous les outils placés à sa portée ; elle travaille de deux à cinq heures par jour et donne la plus entière satisfaction.

818. Dans la travée sud, les machines-outils sont desservies par des palans attachés aux fermes ou bien à un étrier roulant sur des fers à ⊥ dont nous avons parlé dans la description du montage.

Les deux tours à roues *bb* (*fig.* 744), placés contre le pignon ouest de l'atelier, ne reçoivent que les essieux de support de machines et de tenders, essieux non munis de contrepoids et qui peuvent, par conséquent, être manipulés facilement.

A cet effet, ces tours sont établis devant une ouverture haute de 1ᵐ,700, percée dans le mur et fermée par des portes roulantes.

Pour monter un essieu entre pointes, on place les bouts d'une barre de fer dans une rainure de chacun des plateaux du tour, après y avoir suspendu deux fourches. En faisant tourner un peu les plateaux ces fourches saisissent les fusées qu'elles retiennent au moyen de clavettes. Puis on remet le tour en mouvement, la barre soulève l'essieu et, lorsqu'elle est arrivée à donner aux fourches une position verticale, les centres des fusées se trouvent en face des pointes qu'il n'y a plus qu'à serrer.

Le retrait de l'essieu se fait de la même façon et avec les mêmes appareils.

Cette opération, qu'on retrouvera dans l'atelier des roues et bandages, s'accomplit par le tourneur et supprime une perte de place et une circulation fâcheuse dans l'intérieur de l'atelier.

La disposition des machines-outils est clairement indiquée par la figure 744 et sa légende, et une description plus détaillée serait impossible ici.

Nous rappellerons seulement que la Compagnie du Nord emploie avec avantage des forets hélicoïdaux ou tors, des fraises et de petites meules à l'émeri, qui lui rendent les plus grands services.

819. *Forets hélicoïdaux, fraises, meules.* — Les forets hélicoïdaux s'emploient pour les trous qui ont plus de 4 millimètres d'épaisseur. Ils consomment beaucoup moins de force que les forets à tranchant plat et ne sont jamais retirés ni arrêtés pour permettre l'enlèvement des copeaux, qui se dégagent par les évidements. Lorsque le fer est homogène et la vitesse uniforme, on obtient ainsi des copeaux en tire-bouchon présentant jusqu'à 2 mètres de longueur.

L'emploi des fraises se développe également de plus en plus. Les machines à fraiser remplacent celles à raboter, à chantourner, à percer; elles livrent les pièces tellement finies que l'ajusteur n'a le plus souvent rien à y faire. Les applications de la fraise sont innombrables et ses formes varient avec elles. A une époque où la main-d'œuvre devient rare et chère, l'usage de cet outil s'impose à tous les grands ateliers. Il faut seulement pour cela des aciers d'une qualité spéciale et une trempe des plus soignées, ce qui s'obtient couramment aujourd'hui.

Enfin, l'emploi de plus en plus général dans la construction des locomotives de l'acier et du fer cémenté et trempé a imposé, sous peine de dépenses considérables, la nécessité de préparer les pièces du mécanisme sans les détremper, et de corriger les déformations que la trempe occasionne souvent aux pièces neuves. On atteint ce but avec de petites meules à l'émeri ou en silex, de 30 à 300 millimètres de diamètre, d'épaisseur variable et tournant avec une vitesse d'environ 25 mètres à la circonférence. On les installe soit sur des outils existants, soit sur des machines spéciales généralement très simples. Du reste, il en est des meules comme des fraises et des cadres : lorsqu'on a fait pénétrer dans un atelier cette conviction qu'un procédé est prompt, économique et qu'il supprime la main-d'œuvre, les applications surgissent de tous côtés.

L'usage des meules se développera donc de plus en plus dans tous les ateliers de construction et de réparation, où il remplacera avantageusement le rodage.

Atelier de chaudronnerie et de réparation des tenders.

820. Cet atelier, formant l'aile sud du bâtiment triple vu précédemment, a reçu un allongement dont on avait prévu l'emplacement dans le plan primitif. Il a aujourd'hui une longueur de 82 mètres ; sa largeur, comme celle de l'atelier d'ajustage, est de 25 mètres, divisée en deux travées par une rangée de colonnes au milieu et présente des fermes en sheds recevant comme toujours la lumière uniquement du nord. Diverses coupes et élévations de ces ateliers sont indiquées sur les figures précédentes ; en outre, le plan en est représenté (*fig.* 765).

821. La travée sud de l'atelier est consacrée à la mise en chantier des chaudières. Celles-ci peuvent y avoir accès par la dernière voie sud du groupe ouest des fosses du montage; mais elles y arrivent également par la voie longitudinale extérieure correspondant à l'avant-corps sud. Elles entrent sur leur lorrys par la plaque tournante de $4^m,20$ de la voie transversale. Elles sont alors prises par le crochet de la grue roulante p vue en plan (*fig.* 765) et en élévation dans les figures précédentes. Cette grue est de la force de 13 tonnes.

L'épreuve administrative à la presse hydraulique est imposée pour toutes les chaudières ayant reçu une réparation importante. Afin d'éviter de détremper le sol naturel en terre de l'atelier, on a ménagé deux fosses gg, de $0^m,250$ de profondeur, à fond concave, sur lesquelles la grue apporte les chaudières à essayer. Après l'opération, l'eau s'écoule par une grille dans la conduite générale.

822. Nous avons déjà vu que l'arbre d'attaque de la machine Corliss faisait tourner l'arbre de transmission du montage. C'est ce dernier arbre qui actionne, par l'intermédiaire de deux roues d'angle CC_1, l'arbre principal de la chaudronnerie. Cet arbre est supporté par des chaises fixées, comme il a été dit plus haut, contre les consoles du chemin de roulement supérieur de la grue.

On commande ainsi les tours, les machines à percer, à cisailler, à poinçonner, à cintrer les tôles, les meules à émeri, etc., desservis pour la plupart par des potences ou par des fers à I avec étriers à galets, comme dans l'atelier du montage.

823. En passant de la travée sud, formant chantier, à la travée nord, on rencontre l'atelier proprement dit.

En travers de l'ouverture débouchant dans le montage sont les établis des tôliers avec quelques petites cisailles et poinçonneuses. Les ouvriers, employés surtout aux enveloppes de chaudières, de

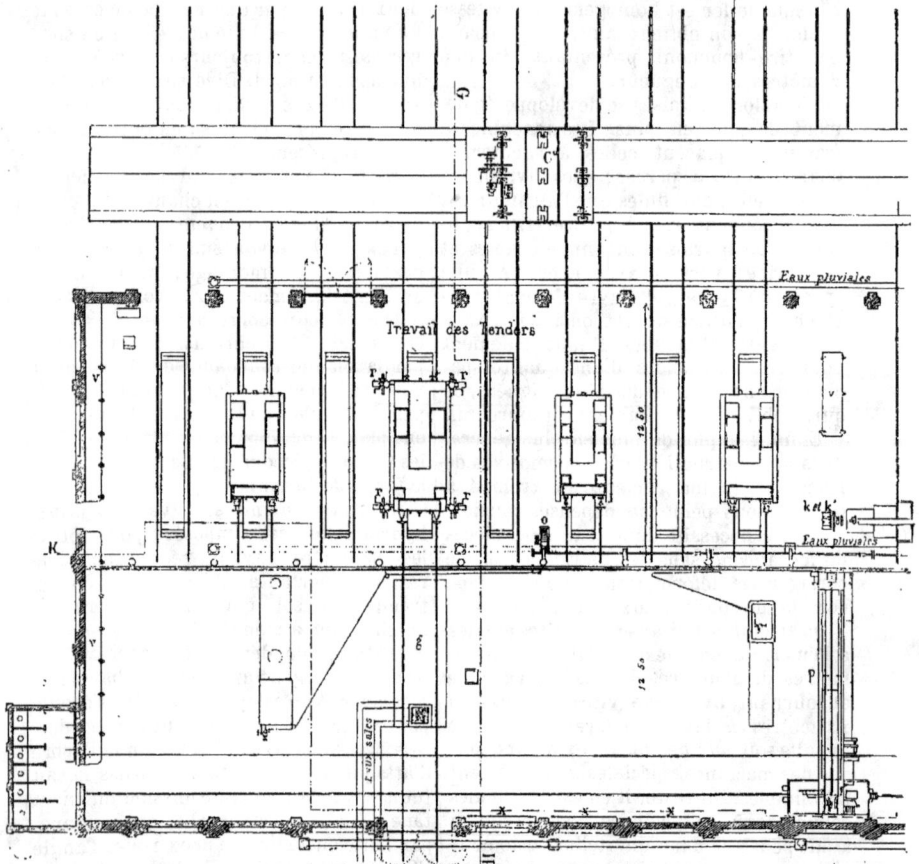

Fig. 765. — a_1, Forge à deux feux ; a_2, Forges à deux tuyères ; a_3, Forge simple ; a_4, Chalumeau ; b, Fours à cémenter ; b_1, Four à recuire ; c, Fourneaux ; d, Prise d'air ; e, Ventilateur ; f, Conduites de vent ; g, Fosses d'essai des chaudières ; h, Machine à cintrer les tôles ; i, Machine à cintrer les tuyaux ; j, Presse à emboutir ; k, Cisailles ; k', Poinçonneuses ; l, Machines à percer ; m, Tour ; n, Meules en émeri ; o, Meules en grès ; p, Grue roulante de 13 tonnes ; q, Potences ; r, Vérins pour tenders ; s, Poteaux ; t, Tas ; u, Marbres ; u', Table à tracer ; v, v_1, Établis avec étaux ; x, Casiers ; y, Supports d'outils ; z, Chaudière à lessiver.

cylindres, dômes, etc., et au travail des tôles minces de fer, cuivre ou laiton, relèvent du contremaître du montage.

Immédiatement après l'emplacement de la petite tôlerie vient celui de la chaudronnerie en cuivre compris entre les deux établis vv_1 (*fig.* 765). Il est garni de deux forges rondes a_2a_3, d'une paire de | fours chalumeaux a_4, d'une potence si pour dresser les tuyaux, et d'une machine

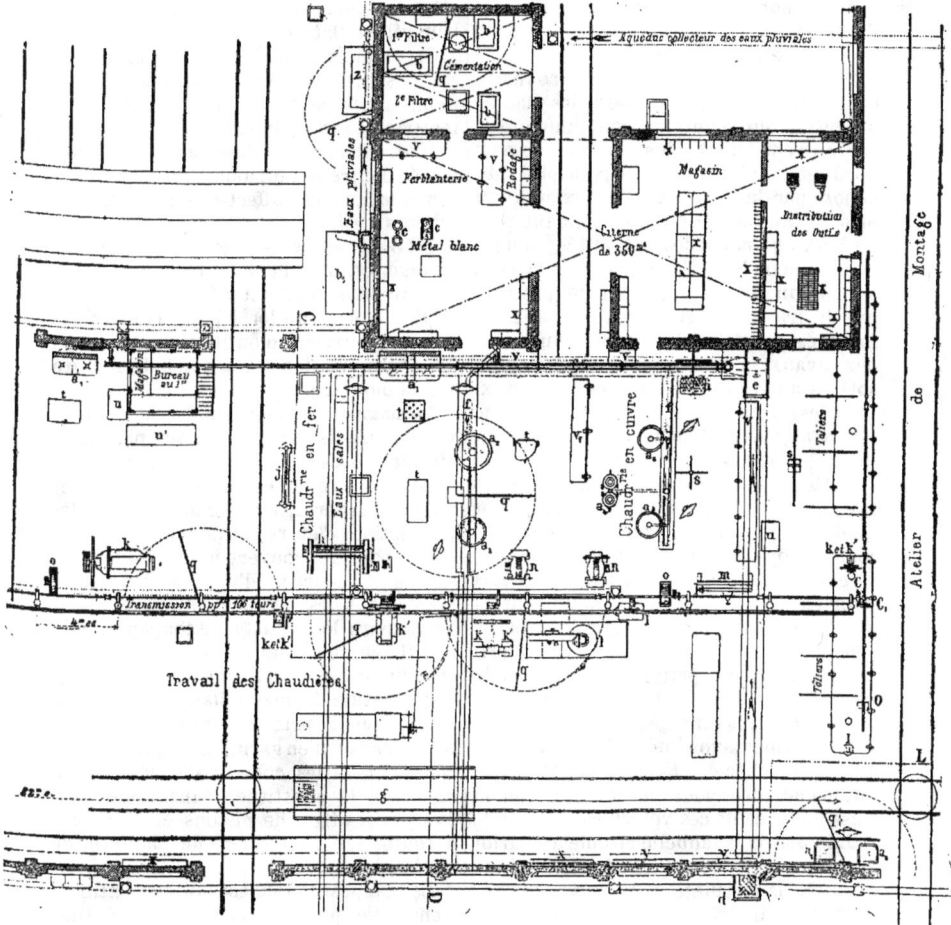

Fig. 766.

pour les courber. Cette opération se fait au moyen d'une vis mue à bras par un volant et portant une tête qui presse sur le tuyau convenablement appuyé contre deux broches placées dans les trous du plateau.

L'espace réservé à la tuyauterie est incontestablement ici un peu restreint et doit occasionner certaines gênes lorsque les travaux neufs s'ajoutent aux réparations.

La chaudronnerie de fer occupe toute la place disponible depuis l'établi v_1 jusqu'à la première fosse à tender. Elle renferme deux forges doubles rectangulaires a_1a_1, deux forges rondes, dont une à trois feux, une presse à vis j mue à bras et des machines-outils indiquées sur la figure 765 (voir en outre la légende).

Au dehors, contre le mur ouest de l'annexe, est un four à recuire en tôle b_1 avec couvercles mobiles.

Toutes les forges de la chaudronnerie en cuivre et en fer, et même celles placées à l'entrée du montage, sont alimentées par un ventilateur c installé entre le mur nord et l'établi v. Le vent aspiré du dehors par la fosse à grille d existant au pied du mur sud a circulé pendant plus de deux ans dans des conduites souterraines ; mais les fuites inévitables avaient amené un tel abaissement de pression que le travail en souffrait. On a alors installé, pour la distribution du vent, des tuyaux en tôle, les uns au-dessus du sol, les autres logés dans des caniveaux. La pression a remonté à $0^m,15$ et une légère augmentation de vitesse du ventilateur l'a amenée à $0^m,210$.

Cette chaudronnerie suffit à la réparation de vingt chaudières à la fois, dont quelques-unes comportent le remplacement du foyer, des plaques tubulaires, etc., et elle effectue encore des travaux neufs pour l'atelier des wagons et pour d'autres services. Mais on peut dire que des retards sensibles se manifesteraient si l'on supprimait l'usage des petites machines à la corde dont nous avons signalé plus haut les nombreux avantages.

824. Nous avons déjà indiqué la position de l'atelier des tenders et les dispositions adoptées pour la manœuvre et la mise en place de ces véhicules.

La fosse dans laquelle circule le chariot C' n'a que $0^m,30$ de profondeur et ne gêne pas la circulation des ouvriers. Les huit voies intérieures à fosses et les 12 voies du dehors suffisent aux besoins.

Les caisses à eau des tenders et des machines sont, au moyen de la grue auto-mobile, placées sur des tréteaux installés devant le pignon ouest de l'atelier, soit pour y subir des travaux, soit pour y attendre leur entrée en réparation ou leur réinstallation.

On emploie, pour le levage des tenders, soit des crics, soit des vérins à manivelles moins hauts que ceux usités pour les locomotives et sans galets.

Une chaudière à lessiver x (*fig.* 765), placée contre le mur ouest du local de la cémentation, est affectée à l'atelier des tenders.

825. *Annexes.* — Comme l'atelier d'ajustage, celui de la chaudronnerie a une annexe dans l'angle nord-est.

On y trouve un local pour la distribution aux ouvriers d'outils et des matières de consommation. Le guichet s'ouvre sur le montage.

Le magasin contigu renferme des approvisionnements de rivets, boulons, tôles, etc., les cordes, galopins et machines spéciales ainsi que les pièces rebutées et vieilles matières, qui donnent lieu à des inscriptions d'entrée et de sortie.

Un passage couvert muni d'une voie sépare ce magasin d'un troisième local renfermant des établis et des casiers pour les rodeurs de robinets, de soupapes, etc., l'outillage nécessaire aux ferblantiers et enfin les appareils de fabrication et d'application de métal blanc. L'emploi de cet alliage a pris un grand développement, car on n'en garnit pas seulement les coussinets et les colliers d'excentriques, mais on le substitue, dans les presse-étoupes des tiges de pistons et de tiroirs à toutes les garnitures de chanvre, de cordes, à talc, etc.

La composition de cet alliage antifriction varie pour chaque atelier ; à Hellemmes on emploie depuis longtemps les proportions suivantes dont on se déclare très satisfait :

DÉSIGNATION	PLOMB	ÉTAIN	ANTIMOINE	CUIVRE
Pour colliers et coussinets......................	70	10	20	»
Pour garnitures de presse-étoupes...............	76	14	10	»
Pour bagues de têtes de bielles.................	»	80	10	10

Toute cette partie de l'annexe se trouve au-dessus de la citerne d'eau de pluie, de 350 mètres cubes, dont nous avons parlé dans notre premier chapitre. A l'emplacement des filtres correspond un local ouvert destiné à la cémentation.

FORGES. Vue en plan

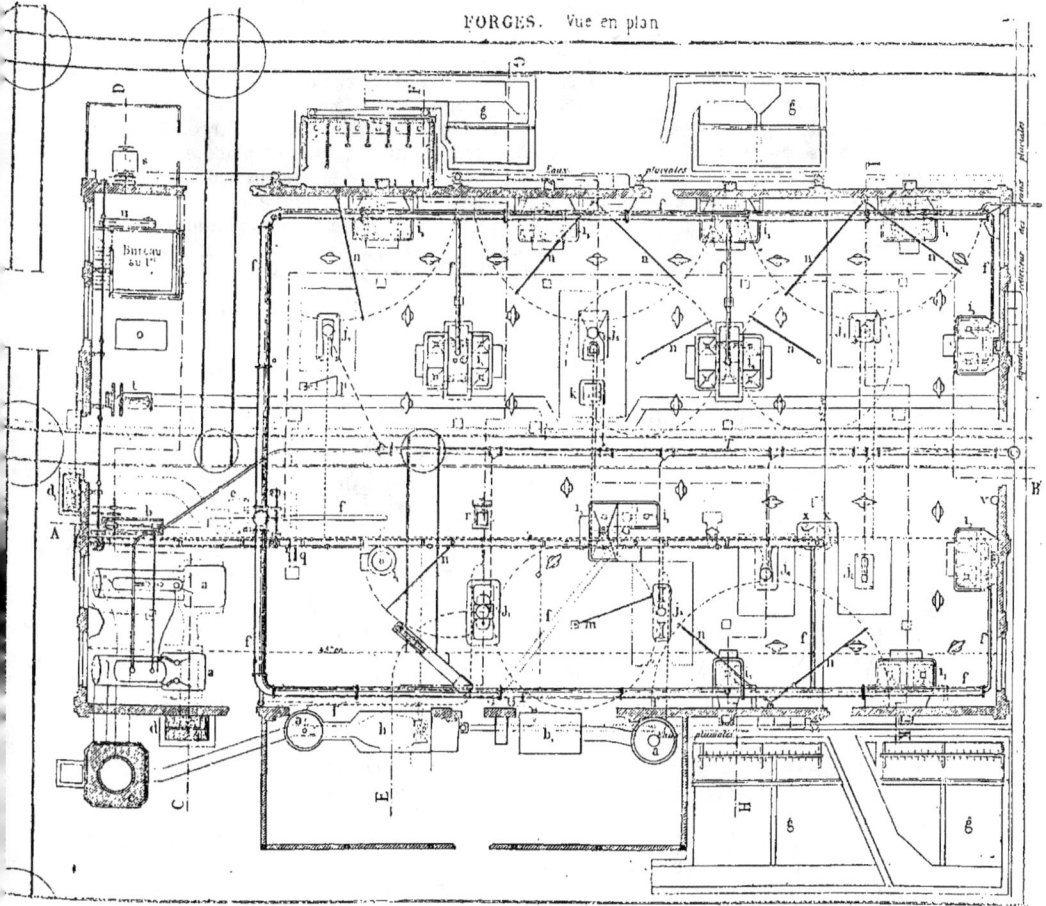

Fig. 766. — *a*, Chaudières ; *b*, Machine à vapeur ; *c*, Cheminée ; *dd*₁, Prises d'air ; *e*, Ventilateur ; *f*, Tuyaux de vent ; *g*, Fosses à charbon ; *hh*₁, Fours à réchauffer ; *i*₁, Forges simples ; *i*₂, Forge à trois tuyères avec hotte mobile ; *i*₃, Forges à deux feux ; *i*₄, Forges à quatre feux ; *j*₁, Pilon de 2 500 kil. (sans effet) ; *j*₂, Pilon de 1 000 kil. (sans effet) ; *j*₃, Pilon de 700 kil. (sans effet) ; *j*₄, Pilon de 1 200 kil. (demi-effet) ; *j*₅, Pilon de 1 000 kil. (demi-effet) ; *j*₆, Pilon de 700 kil. (demi-effet) ; *k*, Marteau à ressort de 60 kil. ; *l*, Grue en arc de 3 000 kil. ; *m*, Potence de 1 000 kil. ; *n*, Servantes ; *o*, Marbre ; *p*, Bascule de 1 000 kil. ; *q*, Meule en grès ; *r*, Scie circulaire à chaud ; *s*, Tambour à riblons ; *t*, Cisaille ; *u*, Chevalets pour parquets ; *v*, Extracteur ; *x*, Fours pour petites pièces.

826. *Cémentation.* — Cette dernière opération, si délicate et si importante à la fois, réussit bien à Hellemmes avec des procédés assez rustiques. Des caisses en forte

vieille tôle reçoivent les pièces à cémenter et sont remplies de charbon de bois
auquel on ajoute des déchets de cuir
quand il s'en trouve. Une ou plusieurs
caisses sont placées dans un espace entouré de murs en briques réfractaires ;
l'intervalle restant libre est réservé au
combustible qui couvre ainsi les caisses.
Des ouvertures au niveau du sol permettent de régler le tirage.

La consommation de coke est évidemment assez forte et nous savons qu'un
four a été étudié pour remplacer les foyers
primitifs existant. L'une des difficultés du
problème consiste à loger le corps des
bielles, des barres d'excentriques, arbres
à levier, etc., dont on ne veut cémenter

qu'un bout, et qui, avec le four ouvert,
se dressent verticalement hors de la
caisse dont le couvercle est suffisamment
luté.

Atelier des forges.

827. La forge forme un bâtiment rectangulaire indépendant ayant 45 mètres
de long sur 25 mètres de large. On a vu
précédemment qu'il est placé entre l'atelier d'ajustage et l'économat et pourvu
d'une cour dans laquelle sont déposés
les grosses matrices, les enclumes et marteaux des pilons, etc. Une grue automo-
bile fait économiquement les manœuvres
et transports de toutes ces pièces.

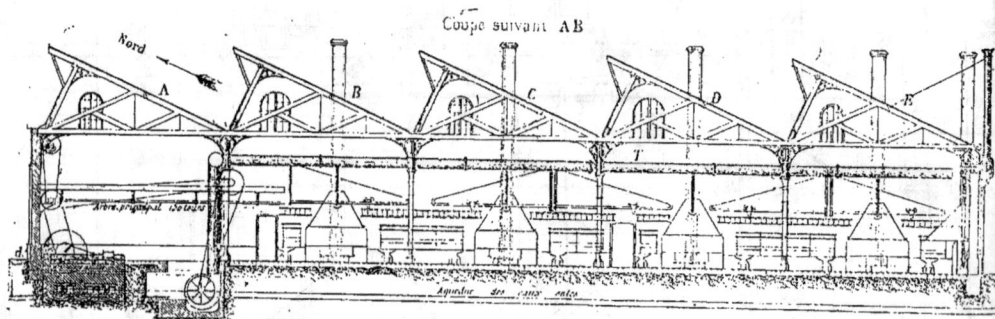

Coupe suivant AB

Fig. 767.

L'inspection de toutes les figures d'ensemble précédentes fait suffisamment
ressortir les liaisons que des voies munies de grandes et petites plaques établissent entre tous les ateliers.

L'atelier des forges (fig. 766) présente
déjà quelques modifications et additions
sur les indications du plan d'ensemble
vu antérieurement ; on y remarque entre
autres l'addition d'un four à réchauffer et
d'un pilon. Il comprend en somme actuellement :

Un four à réchauffer, pour faire avec
des riblons, des vieux bandages ou des
essieux réformés, des massiaux d'environ 150 kilogrammes ;

Un four à réchauffer pour ébaucher les

grosses pièces ou produire des massiaux
moins gros.

Ces deux fours sont munis de chaudières à tube du système Field, chauffées
par les flammes perdues, de 35 mètres
carrés de surface de chauffe ;

Deux forges simples ;

Une forge à trois feux à hotte mobile ;

Sept forges doubles à hotte placée contre
les murs ;

Deux forges quadruples sans hottes ;

Deux fours pour petites pièces ;

Le tout formant vingt-neuf feux de
forge.

Les fours à réchauffer sont placés en
dehors de l'atelier sous un hangar ventilé
par le toit et par des châssis vitrés. Le

principal four *h* est desservi par une grue en arc *l* de 3 000 kilogrammes et un marteau à vapeur *j₁*, à simple effet, de 2 500 kilogrammes (*fig.* 766 et 769). Ce pilon est mis, par la servante *n* et la potence *m*, à la portée de la forge ronde *i* et du second four *h₁*. Ce dernier dispose en outre du marteau *j₂* de 1 000 kilogrammes, qui arrive aussi à la grosse forge carrée.

Il existe encore cinq autres marteaux pilon, à vapeur et un marteau à res-

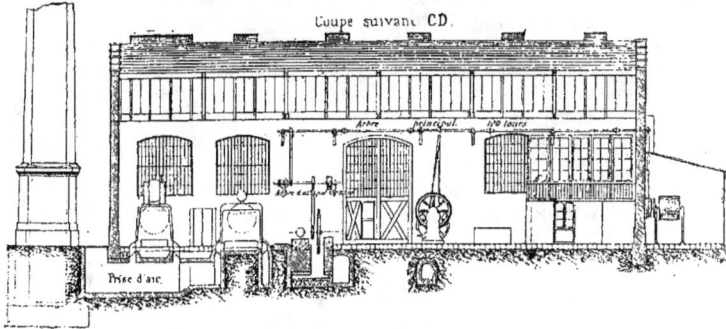

Fig. 768.

sort Bouhey, soit huit en tout (*fig.* 766, légende).

A l'extérieur, contre l'angle |nord-est (*fig.* 766) se trouve un petit hangar abritant un tambour *s* à nettoyer les riblons.

A l'intérieur, sous le bureau du contremaître est le banc à faire les paquets. Le marbre *o* et la cisaille *t* sont placés de l'autre côté du bureau et en *r* se trouve une scie circulaire pour le fer chaud.

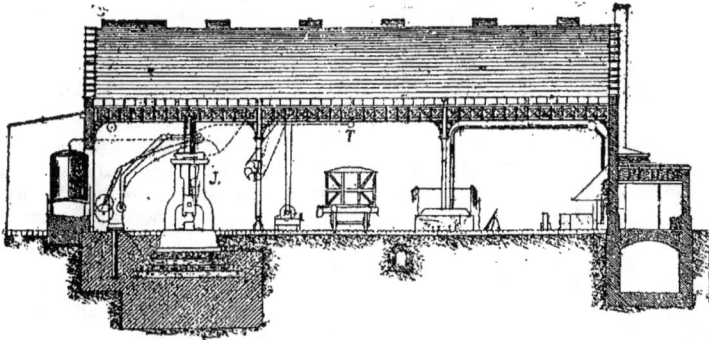

Fig. 769. — Coupe suivant EF.

828. *Eclairage, ventilation.* — La lumière du jour ne pénètre dans l'atelier que par le rampant vitré de la ferme exposée au nord, et, comme l'axe longitudinal est orienté du nord au sud, il a fallu installer non pas deux travées comme dans l'atelier d'ajustage et dans la chaudronnerie, mais cinq travées transversales.

Les sablières des fermes reposent sur deux rangées de colonnes creuses en fonte (*fig.* 767). Quelques fenêtres sont percées dans le mur nord, et deux autres ont dû être ouvertes dans le mur sud pour activer la ventilation en été et donner plus de jour aux ouvriers travaillant aux foyers placés dans les angles correspondants du bâtiment.

La ventilation générale s'opère par des lucarnes établies au haut du rampant vitré de chaque travée et munies de châssis. Six lucarnes par travée (*fig.* 767 et 770) produisent une évacuation de fumée et un renouvellement d'air suffisant.

On pourrait d'ailleurs, suivant les besoins, établir une ventilation plus complète.

De plus, sur les murs est et ouest sont pratiquées des ouvertures, garnies de châssis vitrés pivotants (*fig.* 767), qui contribuent encore à la ventilation.

829. *Générateurs, moteurs, transmission.* — La vapeur est fournie à la machine et aux marteaux pilons par deux anciennes chaudières de locomotives et par les deux chaudières de fours, dont les tuyaux se réunissent à la même conduite.

Les chaudières *aa* sont placées à l'intérieur dans l'angle nord-ouest et desservies par la cheminée commune *c* ; la flamme du four à réchauffer *h* peut, par un jeu de registres, arriver à cette cheminée soit directement, soit après avoir traversé le foyer de la chaudière Field. Le tirage du second four s'opère par une

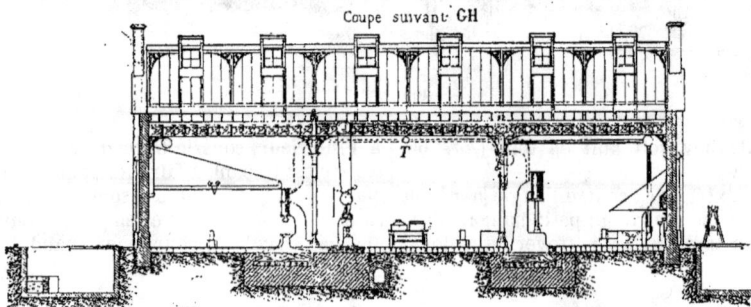

Fig. 770.

cheminée en tôle faisant partie de la chaudière verticale.

Il est indispensable de ne pas prendre dans l'atelier même l'air nécessaire aux foyers des chaudières *aa*. La ventilation mentionnée plus haut se ferait à rebours, l'air frais entrant par les lucarnes et rabattant la fumée vers le sol. On a donc complètement fermé les cendriers et pratiqué au dehors (*fig.* 768) une prise d'air aboutissant aux deux grilles ; on obtient ainsi un résultat très satisfaisant.

830. La force motrice est donnée par une machine à vapeur *b* de trente chevaux sur l'arbre, tournant à cent cinquante tours par minute et qui a conduit l'ancien atelier de Fives depuis 1850. Elle commande directement (*fig.* 768) un premier arbre attaquant la transmission intermédiaire du

ventilateur (*fig.* 767, A) et actionnant un arbre supérieur à cent tours qui porte les poulies conduisant la cisaille et le tambour à riblons (*fig.* 768). L'arbre d'attaque est muni à son extrémité ouest d'un engrenage conique qui fait tourner un arbre dont les chaises sont fixées sur deux fers ⌐⌐ fixés aux colonnes. Cet arbre commande les transmissions intermédiaires de la scie et du marteau à cornière.

831. L'échappement de la vapeur provenant de la machine et de tous les marteaux se fait par un tuyau unique en tôle T (*fig.* 769 et 770) attaché aux sablières en fer des fermes. Ce tuyau de $0^m,350$ de diamètre se termine en dehors du bâtiment (*fig.* 767, E) par une bouteille en tôle portant une cheminée d'évacuation et munie en bas d'un tuyau plongeant dans un seau placé dans l'aqueduc et faisant écouler ainsi l'eau condensée.

Cette disposition supprime les nombreux tuyaux d'échappement qui traversent le toit et les projections d'eau qui salissent la face extérieure du vitrage. Elle permet aussi d'appliquer un condenseur par surface.

832. *Ventilateur. Distribution du vent.* — Le ventilateur a $1^m,300$ de diamètre et fait sept cents tours par minute. Il est absolument silencieux, ce qui est une condition indispensable dans un atelier et donne une pression de vent de 200 à 240 millimètres. La prise d'air se fait en dehors en *d* (*fig.* 766) et la transmission intermédiaire est fixée à deux colonnes (*fig.* 767).

Le ventilateur débite le vent par une tubulure verticale surmontée d'un tuyau en tôle de $0^m,800$ de diamètre (*fig.* 766 et 767), qui aboutit à un tuyau horizontal de $0^m,650$. Ce dernier va de chaque côté jusqu'à un petit mur où il est prolongé par d'autres tuyaux de diamètre décroissant, faisant ainsi à peu près le tour de la forge. Des prises de vent pratiquées sur ces conduites principales alimentent toutes les forges ainsi que les fours. Un embranchement partant de l'angle sud-est (*fig.* 766) a été dirigé dans l'atelier des roues et bandages.

Ce mode de distribution du vent pré-

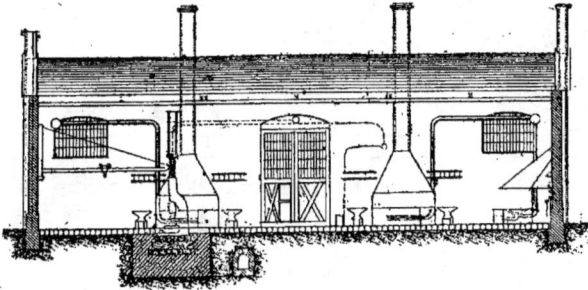

Fig. 771. - Coupe suivant IK.

sente sur celui des conduites souterraines en maçonnerie des avantages importants qui compensent l'augmentation du prix d'installation. La maçonnerie n'est, en effet, jamais imperméable au vent même à de faibles pressions, à plus forte raison lorsque le travail des marteaux ébranle sans cesse le sol de l'atelier. Le mortier s'émiette et des fuites très importantes se déclarent sur tout le parcours. Il faut procéder à des réparations fréquentes et augmenter continuellement la pression initiale, c'est-à-dire dépenser de la force motrice sans jamais obtenir un bon rendement.

Ce sont les mêmes motifs qui, dans la chaudronnerie, ont fait substituer des conduites métalliques aux caniveaux souterrains en briques. D'un autre côté, toute nouvelle prise d'air nécessite la démolition d'une partie de la voûte pour l'introduction d'un tuyau qui, à son tour, constituera une nouvelle cause de fuite.

Avec les conduites en tôle, la pression reste constante, la quantité de vent (air sous pression) fournie par ce ventilateur arrive tout entière aux tuyères. Le frottement de l'air contre les parois est moindre et, par suite, les pertes de charges plus faibles. Les tubulures nécessitées par les nouveaux branchements s'appliquent aisément sans dérangement et sans conséquences fâcheuses; enfin l'entretien est plus facile.

La différence de dépenses d'installation est largement compensée par la fixité de la pression, l'augmentation du rendement du ventilateur équivalant à une ré-

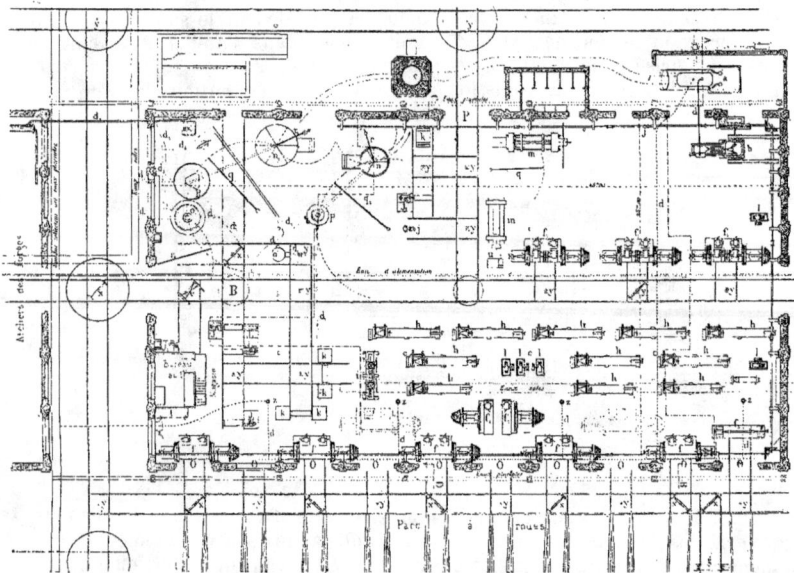

Fig. 772. — Roues et bandages. — Plan. — Légende : *a*, Chaudières; *b*, Machine à vapeur; *c*, Cheminée; *d*, Conduites de vapeurs; d_1, Conduites d'eaux; d_2, Conduites de vent; d_3, Conduites de gaz; *e*, Fosse à charbon; *f*, Tour double à roues de wagons; f_1, Tour double à centres de roues; f_2, Tours à aléser les bandages; f_3, Tour double à fusées; *g*, Appareil à vérifier les essieux montés; *h*, Tours forts à charioter; *i*, Machine à rainer les essieux; *j*, Machines à percer fines; j_1, Machines à percer les bandages; j_2, Machine à percer à corde; *k*, Fosses pour tourneurs; *l*, Meules en grès; *m*, Presses hydrauliques; nn_1, Fours à chauffer les bandages; oo_1, Cuves à désembattre au gaz; pp_1, Cuves à refroidir les bandages; qq_1q_2, Grue à portée variable; rr_1r_2, Grues à potences; *s*, Forge simple; *t*, Établi avec deux étaux; *u*, Bascule; *v*, Tourniquet pour roues de machines ; *x*, Tourniquet pour roues de wagons; *y*, Crapaudines pour tourniquet ; *z*, Poêles; z_1, Extracteur.

duction de la force motrice, et par la suppression des réparations et des interruptions du travail.

On pourrait placer les conduites métalliques dans le sol et faire quelques économies sur la longueur des tuyaux distributeurs du vent aux diverses forges ; mais on aurait à craindre l'oxydation et les trépidations, et les fuites seraient plus difficiles à découvrir.

Atelier des roues et bandages.

833. Cet atelier, placé en face de la chaudronnerie, symétriquement à celui des forges, a 45 mètres de long sur 25 de large. Il comporte cinq fermes en bois supportées par deux sablières en fer appuyées sur colonnes et formant deux rampants inégaux, dont l'un, vitré comme toujours, est exposé au nord.

Il est en communication avec tous les autres ateliers, avec les parcs à roues des machines et des wagons, au moyen de voies et plaques tournantes et de tourniquets, comme on peut s'en rendre compte sur les figures d'ensemble précédentes.

Les figures 772 à 776 représentent, en outre, le plan et les coupes concernant spécialement cet atelier dans lequel on exécute les travaux suivants :

1° Construction d'essieux montés neufs pour voitures et wagons ;

2° Désembattage des bandages de roues de machines, tenders, voitures et wagons, retreignage de bandages ;

3° Alésage et embattage de bandages neufs pour ces mêmes roues ;

4° Démontage et remontage de ces mêmes roues pour changement d'essieux ;

5° Rafraîchissement des bandages d'essieux montés pour voitures et wagons.

En un mot, cet atelier est destiné à un certain nombre de travaux neufs en même temps que d'entretien.

834. *Force motrice. Transmissions.* — La force motrice est fournie par une machine horizontale *b* de 30 chevaux marchant à cent dix tours par minute et sans condensation.

La détente est à double vis du système Meyer. La vitesse qu'il a fallu ici donner à cette machine et l'absence de condensa-

tion ont entraîné l'abandon du système Corliss.

Le générateur *a* est une chaudière de locomotive installée en dehors de l'atelier, dans un appentis construit à l'extrémité du mur sud. La cheminée *c* produit le tirage et reçoit aussi les gaz des fours à bandages.

L'arbre de la machine est muni d'un volant et de deux poulies de 1 mètre de diamètre qui en commandent deux autres égales, calées sur l'arbre d'attaque fixé au mur sud. Cet arbre porte à chaque bout une paire d'engrenages coniques faisant tourner : l'un, l'arbre principal de transmission ouest ; l'autre, celui plus court du mur est.

Ces deux arbres suffisent pour donner le mouvement à toutes les transmissions intermédiaires des diverses machines-outils présentes et futures (*fig.* 772 à 776).

Pour supporter les transmissions intermédiaires, on a fixé aux entraits en bois des fermes des fers à $\mathbf{I}$ de 0m,200 de hauteur (*fig.* 775 et 776) au moyen d'équerres en fonte. Deux paliers ordinaires, fixés chacun sur l'ailette supérieure d'un fer, reçoivent l'arbre porteur des cônes, poulies et débrayage. Ce système très simple n'intercepte pas la lumière venant du toit et présente une grande rigidité.

L'ailette inférieure des fers peut servir de chemins de roulement aux galets d'un étrier entretoisé, semblable à celui déjà signalé précédemment, mais un peu plus fort.

Il suffit de placer l'un des fers à $\mathbf{I}$ dans une position convenable pour obtenir d'excellents services du palan accroché dans cet étrier. Ainsi sur les tours à essieux *h* (*fig.* 772 et 773), le tourneur seul saisit, avec le crochet du palan P, un essieu du tas placé devant l'outil, pour le monter entre pointes, pour l'en descendre et le mettre sur un lorry ou à terre. Un manœuvre lui donne un coup de main simplement pour bien poser l'essieu entre les pointes, enrouler et fixer au toc la corde d'entraînement.

Tous les essieux, bandages, centres de roues, sont ainsi manipulés avec économie de temps et d'argent, sans dérangement d'ouvriers et sans danger.

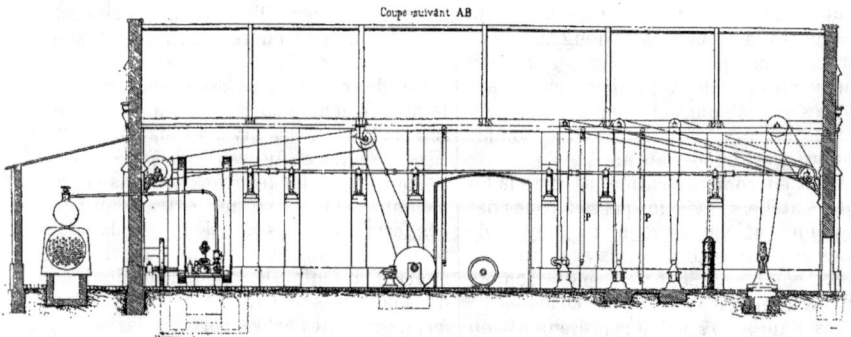

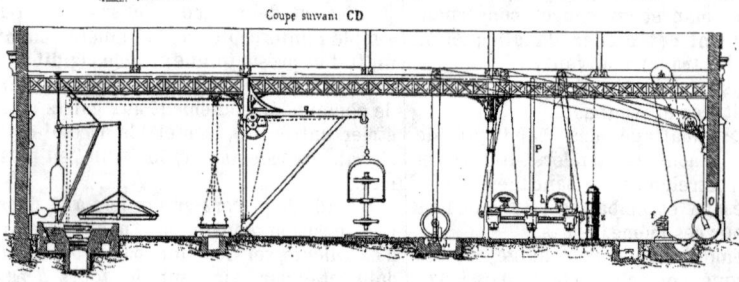

Coupe suivant AB

Coupe suivant CD

Fig. 773 et 774.

835. *Machines-outils.* — La figure 772 et sa légende montrent d'une façon suffisamment claire la disposition des machines-outils. Les onze tours *h* de 0^m,350 de hauteur de pointes peuvent livrer chacun, par jour, deux essieux finis de wagons ou voitures. En rehaussant leurs poupées on y tourne aussi les centres pleins qui doivent être ajustés sur toutes leurs faces.

Trois autres tours *f₁* opèrent simultanément l'alésage des moyeux, le dressage d'une de leurs faces et le tournage de la jante. Chaque plateau de tour travaille indépendamment de l'autre, au moyen du débrayage du pignon engrenant avec leur couronne dentée. Chaque tour peut livrer par jour quatorze centres finis de wagons. On y alèse aussi les bandages, mais cette opération s'accomplit surtout sur les deux tours en l'air *f₂* construits pour un diamètre intérieur maximum de 1^m,67. Les bandages plus grands sont alésés sur l'un des gros tours à roues de l'atelier d'ajustage.

Les essieux pour wagons sont emmanchés par les presses hydrauliques *mm₁* et rainés sur la machine à deux fraises *i*.

Le tour *f₃* sert à araser les clavettes et la seconde face du moyeu à tourner des fusées ovales ou grippées.

Toute la façade ouest est affectée aux cinq tours doubles à roues de wagons et voitures *f*. Cette façade est percée de dix ouvertures O (*fig.* 772 et 774) hautes de 1^m,70 et fermées par des portes à quatre vantaux. Cinq de ces ouvertures sont occupées par les tours *f*; deux autres sont réservées à des tours semblables indiqués en pointillé; le tour à fusées et le couple de tour en l'air *f₂* en occupent chacun une. La dixième pourra être utilisée plus tard.

La disposition adoptée supprime tout encombrement à l'intérieur.

836. Le travail des bandages est concentré dans l'angle nord-est de l'atelier. Les essieux montés sont, après leur embattage, déposés par la grue *q₂* sur la voie centrale. De là ils passent par une petite plaque à boulets B ou par les tourniquets *x* placés dans les crapaudines *y*, sur la fosse de l'une des trois machines *j₁*

(*fig.* 772 et 774) qui percent jusqu'à 0^m,40 de profondeur dans le bandage ordinaire en acier les quatre trous destinés à recevoir les vis d'attache.

Pour les roues à centre plein, l'une des machines *j₁* perce obliquement les trous et fraise la portée de la tête de vis. Dans la jante des centres à rayon, les trous correspondants ont été percés à la machine à forer *j* placée entre la presse *m* et la machine fixe *b* (*fig.* 772). Après ce perçage, l'essieu est amené sur les fosses à tarauder *kk*, où l'on place aussi les vis.

L'essieu sort alors de l'atelier par la porte nord pour être garé sur l'une des voies du parc à roues. Il est remonté ensuite au moment voulu sur un tour à roues par une des portes O (*fig.* 774).

Un système semblable pour la pose des

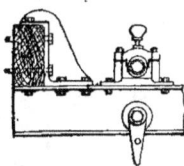 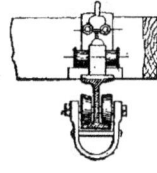

Fig. 775.   Fig. 776.

vis aux roues montées des machines et tenders est installé près du mur est. La voie qui, passant par la porte P, réunit la voie centrale au parc à roues de ces essieux, porte deux crapaudines à tourniquets forts, dont l'un conduit à la machine *j*, à percer les jantes, l'autre à une machine *j₁* à percer les bandages, et à la fosse *k* à tarauder et à poser les vis.

Ces diverses dispositions assurent une circulation méthodique des essieux, empêchent l'encombrement, et permettent à chaque ouvrier de faire lui-même le service de son outil: tout cela assure l'ordre, diminue les dépenses et augmente le rendement.

Ce dernier est journellement d'au moins vingt essieux montés pour wagons. Les tours à roues fournissent cinq à six essieux chacun par jour, et l'embattage suffit à la même production.

837. *Chauffage.* — Les ouvriers sédentaires du groupe des machines-outils de la moitié ouest sont chauffés au moyen de quatre poêles à vapeur z (*fig.* 772 et 774), consistant chacun en un cylindre en fonte de 0^m, 320 de diamètre intérieur, garni au dehors de nervures en ailettes de 40 millimètres.

L'eau condensée est recueillie par un extracteur et s'écoule dans la citerne d'eau

la cuve en tôle p et un fer à $\mathbf{I}$ avec étrier roulant à palan, dirigé du centre du four au centre de la cuve.

La figure 774 montre ces appareils en élévation à un certain moment de l'opération. Le couvercle du four a été levé et écarté ; les trois chaînes à crochet du palan ont saisi l'un des bandages chauffés au rouge très sombre dans le four, et l'étrier, roulant sur le fer à $\mathbf{I}$, au moyen d'une corde à poulie, l'a amené au-dessus de la cuve.

Le bandage va être descendu sur trois

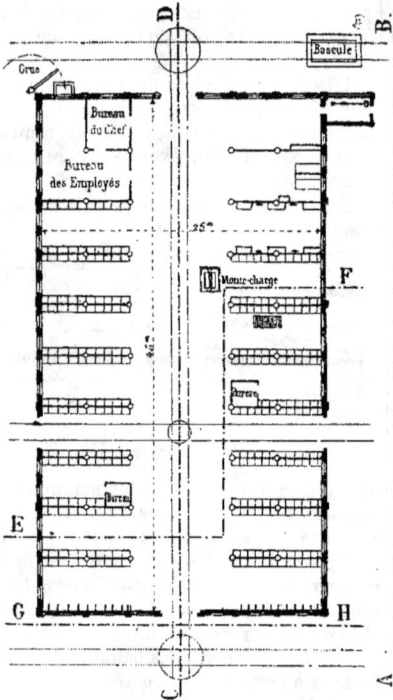

Fig. 777. — Économat. — Plan du rez-de-chaussée.

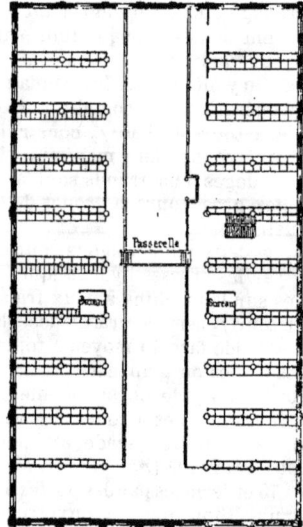

Fig. 778. — Économat. — Plan du premier étage.

de pluie. Il serait facile d'augmenter le nombre de ces poêles en cas d'insuffisance.

838. *Embattage, désembattage des roues.* — Les appareils nécessaires à l'embattage au four des roues de wagons et voitures sont (*fig.* 772) :

Le petit four n avec une potence à contrepoids r pour la manœuvre du couvercle, la grue q_2 de 1 000 kilogrammes,

supports à vis et aussitôt la grue q_2, munie à l'avance de l'essieu, sera tournée pour que le centre inférieur puisse entrer dans le bandage. Dès qu'on s'est assuré qu'il est bien placé, on le refroidit par des jets d'eau provenant de trous percés dans la paroi circulaire de la cuve.

A ce moment intervient un *basculeur* qui se voit (*fig.* 774) suspendu à une grue. C'est une poutre horizontale munie d'un piton tournant pour recevoir le crochet de la grue et terminé à chaque extrémité par une tige verticale. Une traverse très robuste, à tourillons engagés dans les ailes de ces tiges, porte en son milieu une encoche dans laquelle l'essieu se trouve serré au moyen d'une mâchoire à charnière. On remarquera la simplicité de la manœuvre, car l'ouvrier prend très vite l'habitude de trouver, pour saisir un essieu, les deux positions à donner à la traverse, c'est-à-dire le milieu quand les deux roues ont le même poids, ou un point plus rapproché de la roue qui seule porte un bandage. Le centre de gravité étant ainsi obtenu, un essieu monté pesant 4 500 kilogrammes, une fois soulevé par la grue, tourne sous le plus petit effort et reste dans toutes les positions qu'on lui donne.

Cela posé, les opérations en étant où nous les avons laissées plus haut, on descend le basculeur afin de saisir l'essieu par son nouveau centre de gravité, on tourne un peu la grue, et l'on fait la même opération pour le second bandage au moyen d'une jauge, et en se servant des supports à vis. L'essieu embattu est remis sur la voie centrale d'où il passe aux perceurs et taraudeurs.

On peut ainsi aisément procéder à l'embattage de vingt essieux en dix heures.

839. Un système tout à fait semblable est installé pour l'embattage des essieux de machines et tenders à côté du précédent (*fig.* 772).

Le four à bandages n_1, dont le couvercle est manœuvré par une potence à contrepoids r_1, peut chauffer des bandages ayant jusqu'à 2m,300 de diamètre.

Un étrier à palan roulant sur un fer à **I** amène le bandage du four à la cuve p_1 et la grue q, de 5 000 kilogrammes, munie d'un basculeur, saisit l'essieu sur la voie et dessert la cuve. Cette dernière, toujours pleine d'eau jusqu'à un certain niveau, est à plateau plongeant : en effet, lorsque ce plateau a reçu le bandage et l'essieu, on l'accroche à la grue, on le dégage des supports qui le soutenaient, et on le fait descendre dans l'eau si l'on veut opérer un refroidissement rapide.

Le trou indiqué au centre de la cuve p_1 reçoit les fusées manivelles, poulies d'excentriques, etc., portées par les essieux.

840. On appelle *rétreignage* l'opération par laquelle on diminue le diamètre d'un bandage chauffé au rouge, en l'immergeant jusqu'à moitié de sa hauteur seulement dans l'eau.

On répète au besoin l'opération deux ou trois fois.

On traite ainsi les bandages encore épais qui se sont lâchés, et même des bandages neufs trop grands qu'il faut employer.

Les appareils mentionnés précédemment pour l'embattage des roues de machines et de tenders, à l'exception du basculeur, servent à ce travail.

841. *Embattage et désembattage au gaz.* — Dans la plupart des ateliers, les bandages usés ou avariés sont détachés des centres des roues soit par une trainée faite au bec d'âne, soit par le perçage à la machine d'un certain nombre de trous, et l'emploi d'un coin pour amener la séparation.

Ici on a préféré le travail au gaz avec l'air sous pression, qui permet de retirer trente-six bandages en dix heures.

Ce travail est d'autant mieux indiqué à Hellemmes que le gaz n'y revient qu'à 0f,10 le mètre cube. La dépense pour un bandage de wagon est de 2m3,500 ou 0f,25 et va jusqu'à 5 et 7 mètres cubes, c'est-à-dire 0f,50 à 0f,70 pour les grands bandages de machines (*fig.* 772).

Pour cela, on emploie des tuyaux de gaz d_3 arrivant d'un compteur spécial qui permet d'obtenir une pression convenable, 60 millimètres, sans laisser en charge pendant toute la journée la canalisation générale d'éclairage.

Le vent vient de la forge par le tuyau d_2 et ces deux conduites de gaz et de vent arrivent aux deux appareils spéciaux oo, que notre cadre ne nous permet pas de décrire ici.

L'embattage se pratique sur ces appareils aussi bien que le désembattage et on évite ainsi d'allumer le grand four pour un petit nombre d'essieux à réparer à la fois, ce qui est le cas le plus général pour les ateliers de réparation. Il faut de dix-huit à vingt-deux minutes pour chauffer à la température voulue un bandage de 2m,10.

842. *Conclusion.* — L'atelier de roues et bandages, avec l'aide de quelques machines-outils de l'ajustage, peut livrer vingt essieux montés de roues de wagons par jour, et suffire au remplacement de bandages nécessité par le service de quatre cent cinquante machines. On y tourne les bandages de 25 à 30 essieux de wagons ou voitures.

La fabrication des roues à centres pleins n'arrive qu'à huit essieux par jour. Mais alors on utilise les appareils pour garnir de bandages neufs les essieux des wagons et voitures retirés du service.

Économat.

843. Nous avons vu précédemment que le service d'économat était installé, à

Vue **AB**.

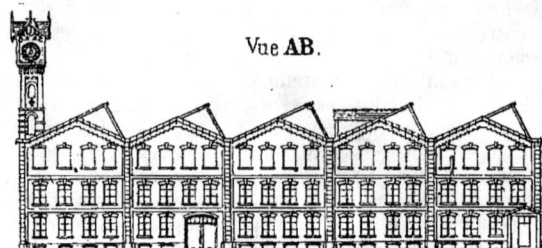

Fig. 779. — Économat.

Hellemmes, entre les deux groupes de la traction et du matériel roulant qu'il est chargé d'approvisionner.

Il comprend un bâtiment de 45 mètres de longueur, 25 de large, formant magasin, un réfectoire avec une cuisine et une épicerie. Les figures 777 à 790 donnent en plan, coupe et élévation toutes les indications concernant ce bâtiment.

844. *Magasin.* — Les magasins (*fig.* 777 à 782) représentent un édifice entièrement monté sur caves et comportant deux étages avec une nef centrale.

Une voie transversale, reliée par des

Coupe suivant **CD**

Fig. 780. — Économat.

plaques à tout le système circulatoire, reçoit les wagons pleins ou vides, et une petite plaque permet aux lorrys d'arriver de tous les points des ateliers et d'y ramener les matières ou pièces fabriquées.

De chaque côté de la nef sont établies des cloisons formées soit par des caisses, soit par des surfaces d'appui. Au bout du magasin, ces étages ont été supprimés sur la largeur d'une division, afin de pouvoir placer les tubes de machines, les longs tuyaux, les barres de fer ou de cuivre, etc.

On y voit une bascule de 30 tonnes, une grue extérieure et un monte-charge mû par une transmission en fil de fer actionnée par la machine de la forge.

845. *Réfectoire.* — Beaucoup d'ouvriers ne peuvent pas rentrer chez eux à l'heure du déjeuner qui coupe en deux la journée de travail; leurs domiciles sont trop éloignés. Il était cependant de toute nécessité de ne pas les laisser devenir la proie des nombreux cabarets qui pullulent dans la région du Nord en général, et dans les centres industriels en particulier. On a pour cela établi un réfectoire où ils peuvent prendre leur repas à des prix très modérés.

Une salle rectangulaire de 32ᵐ,50 de long sur 10 mètres de large, formant rez-de-chaussée et très éclairée par de grandes fenêtres, est garnie de tables et de bancs, de manière à recevoir trois cent vingt ouvriers. Elle est chauffée par deux grands poêles calorifères.

Coupe suivant EF

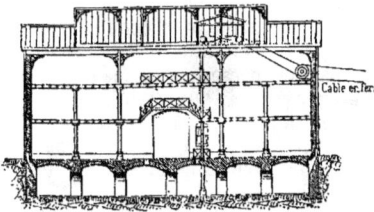

Fig. 781. — Économat.

Derrière cette salle se trouvent la cuisine et ses dépendances, avec caves et un étage pour logements. Le fourneau A est tout en tôle, avec robinets d'eau, pour chauffer quatre chaudières et deux fours à rôtir. Les fours B et C sont formés d'une plaque de tôle ou de fonte chauffée à feu nu. Le premier sert, en hiver, à tenir chaudes les gamelles remplies d'avance; le second réchauffe les victuailles que quelques ouvriers apportent de chez eux et déposent le matin avant la cloche.

La distribution se fait par trois guichets à couloir *g*: à celui de droite on donne le pain et la bière, à celui du milieu la soupe et la viande, au dernier les légumes. Des verres, des cuillères et des fourchettes sont disposés sur les planchettes des guichets, ainsi que la moutarde. Des salières pleines se trouvent sur les tables.

Le tableau suivant donne un aperçu des prix des comestibles livrés aux ouvriers :

1/2 litre de soupe grasse ou maigre 0ᶠ,10
1/2 litre de soupe et 70 grammes de viande de bœuf cuite et désossée . 0,20

Vue GH

Fig. 782. — Économat.

vue en plan

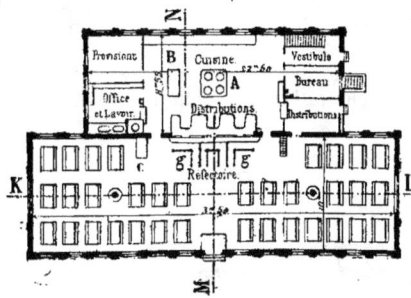

Fig. 783. — Réfectoire. — Plan.

50 grammes de viande de bœuf sans soupe 0,10
40 grammes de viande de mouton 0,10
Légumes, pommes de terre, haricots blancs, etc 0,10
1/4 de pain rond, environ 250 grammes 0,10
1/2 litre de bière. 0,10
60 grammes de jambon 0,20

50 grammes de viande d'Améri-
que (corn-beaf). . . . . 0 ,10
40 grammes de fromage de
Gruyère ou de Hollande. . . . . 0 ,10
1/8 de litre de café et 10 grammes de sucre . . . . 0 ,05

Le payement se fait avec des jetons
délivrés à l'épicerie.

L'utilité de ce réfectoire est démontrée

Vue IJ.

Fig. 784. — Réfectoire.

par le nombre des ouvriers qui le fréquen-
tent : environ deux cents sur douze cents
(700 à la traction, 500 aux voitures).

Les deux conditions nécessaires au succès sont : la liberté absolue pour l'ouvrier
et la variété des aliments.

Ce réfectoire est confié à un sommelier
et à sa femme, qui fait la cuisine. A
l'heure du repas, le chef du magasin fournit quelques hommes aidant à la distribu-

Coupe suivant KL

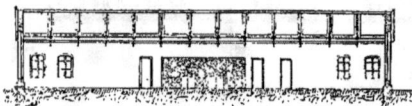

Fig. 785. — Réfectoire.

tion, et dans l'après-midi une femme est
employée au nettoyage et à la remise en
état de la salle et des tables.

Malgré cette institution du réfectoire,
on n'empêche pas complètement les ouvriers de fréquenter les cabarets voisins ;
mais il a exercé sur ces derniers mêmes
une influence salutaire, par la concurrence
qu'il leur fait en les obligeant à fournir

de meilleurs aliments et à modérer leurs
prix.

846. *Épicerie et logements.* — Enfin les
figures 787 à 790 montrent suffisamment
ces bâtiments spéciaux, sans que nous
ayons besoin de nous y arrêter davantage.

847. *Chauffage par la vapeur.* — Le
chauffage à la vapeur a été installé dans

Coupe suivant MN

Fig. 786. — Réfectoire.

les ateliers de montage et d'ajustage par
M. Simon, de Saint-Dié (Vosges).

Dans le montage, une conduite logée
dans un caniveau, fait le tour de l'atelier en passant presque sous les pieds des
ouvriers travaillant aux établis fixés aux
murs. Des cloisons en briques divisent ce
caniveau en compartiments dont chacun
communique avec une prise d'air froid

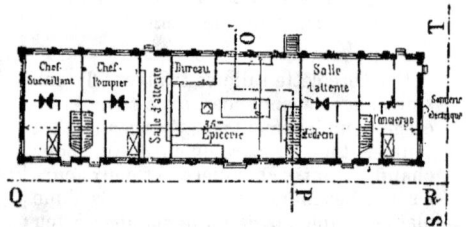

Fig. 787. — Épicerie et logements. Plan.

formée de tuyaux en grès débouchant
dans la fosse.

Dans l'atelier d'ajustage, la conduite
fait aussi un circuit complet et quelques
prises d'air sont pratiquées sur le parcours.

Des grilles en fonte couvrent tous les caniveaux. Un jeu de robinets et de vannes,
établi près des brosses à émeri, permet de

chauffer à volonté l'une ou l'autre conduite ou toutes deux, soit par la vapeur d'échappement, soit par la vapeur directe d'une chaudière de la machine fixe.

Les tuyaux en fer étiré de 0^m,0025, formant les conduites, ont 0^m,260 de diamètre et 8 mètres de long. Ils sont essayés à 20 kilogrammes et ne donnent lieu qu'à des réparations insignifiantes au corps ou aux joints. Ils reposent sur des supports à rouleaux qui permettent la dilatation.

Leur longueur est de 296 mètres pour le montage et de 110 mètres dans l'ajustage, ce qui donne 242 mètres carrés et 90 mètres carrés de surface de chauffe. Dans les angles des bâtiments, les coudes sont faits en tuyaux de fonte de 0^m,260 de diamètre.

Coupe suivant **OP**

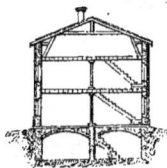

Fig. 788. — Épicerie et logements.

Des pentes de 2 millimètres par mètre rassemblent l'eau condensée dans des extracteurs qui l'évacuent dans le réservoir d'alimentation des chaudières.

Ce système maintient dans les ateliers une température moyenne de + 6 degrés pendant les froids de —10 à —12 degrés. Il serait d'ailleurs facile d'y ajouter des poêles à vapeur.

Atelier de préparation des bois de wagons.

848. Pour terminer ce qui concerne les bâtiments, nous croyons utile de donner la description et les dessins relatifs à un bâtiment spécial qui peut être fort utile dans certains cas. Il a été installé, comme les précédents, à Hellemmes, et sert à la pré-

paration des bois des wagons (*Annales industrielles*, 14 mars 1880).

Les bois destinés à la construction des wagons doivent être très secs, afin de présenter le maximum de durée et de solidité, tout en évitant le jeu dans les assemblages. Le but des bâtiments en question a donc été l'installation d'étuves

Vue **QR**.

Fig. 789. — Épicerie et logements.

destinées à opérer en quelques jours le séchage complet des bois, résultat qu'on n'obtenait autrefois qu'en les laissant séjourner sous des hangars pendant un temps très long (*fig.* 791 à 793).

On emploie pour cela une étuve à deux foyers pouvant contenir 20 à 25 mètres cubes de bois. On y introduit le bois et on laisse séjourner dans l'intérieur le vert pendant cinq jours et le demi-sec pendant trois jours et demi. Le plan-

Vue **ST**.

Fig. 790. — Épicerie et logements.

cher de l'étuve est construit avec de vieux rails et des plaques de tôle striée percées de trous de 5 millimètres de diamètre. Sur ces rails on installe des madriers en rangs croisés, de façon à ce que la fumée des foyers puisse circuler entre eux.

Ces foyers, situés aux deux extrémités du bâtiment, se composent de deux grilles

placées à l'entrée de caniveaux en briques | vertures pratiquées dans les côtés avec
réfractaires communiquant par des ou- | deux autres caniveaux en briques ordi-

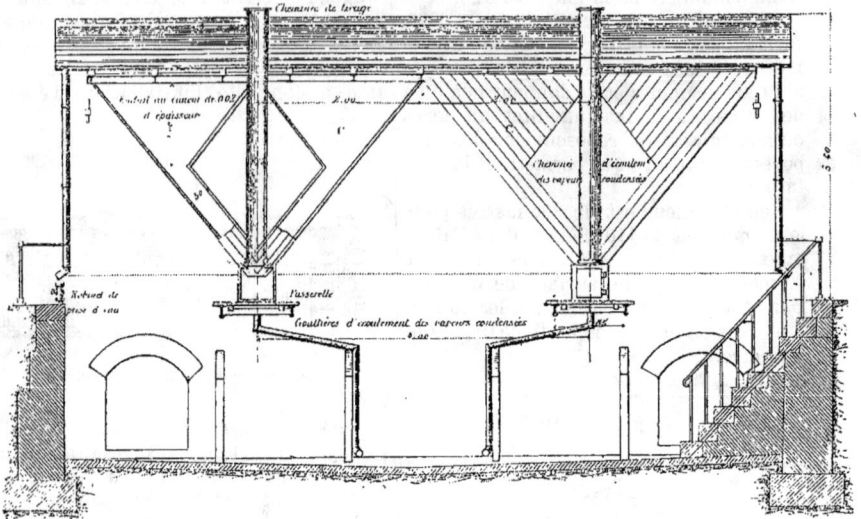

Fig. 791. — Élévation.

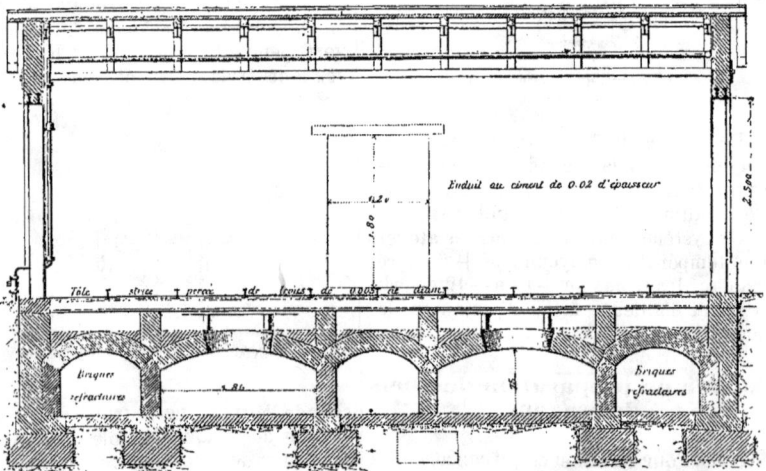

Fig. 792. — Coupe longitudinale.

naires. Ces derniers sont percés à leur | laires destinés à laisser échapper la cha-
partie supérieure de deux trous circu- | leur et la fumée ; ces trous sont couverts

de plaques de tôle, afin d'empêcher les
coups de feu.

Les trous de 0^m,005 percés dans la
tôle striée du plancher livrent passage à

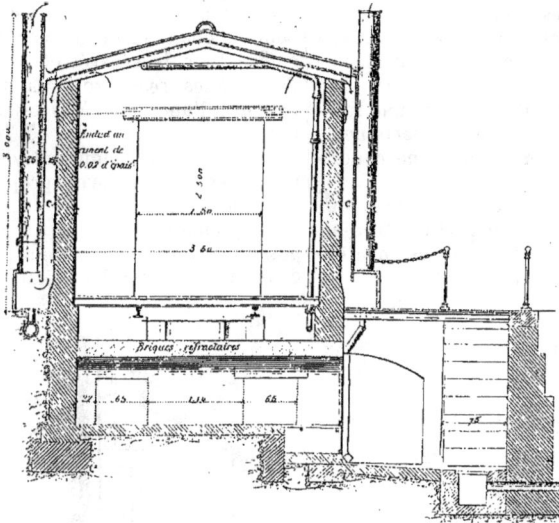

Fig. 793.

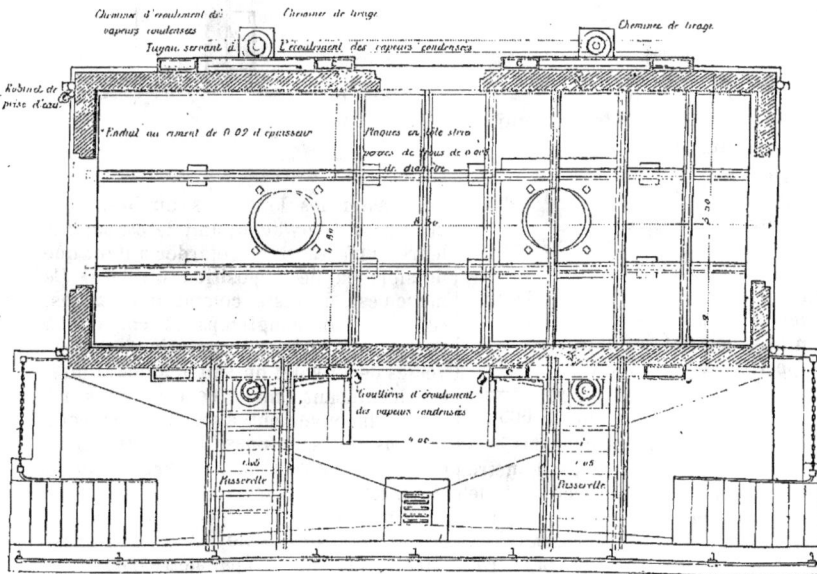

Fig. 794.

la chaleur qui fait évaporer la sève du bois. La vapeur pénètre dans l'épaisseur de la toiture en traversant des feuilles de tôle percées de trous ; elle se condense et passe dans les cheminées C d'écoulement des vapeurs condensées. Le tirage du foyer est obtenu au moyen de cheminées D.

L'étuve en activité présente une température de 50 à 60 degrés. La maçonnerie des murs est préservée par une couche de ciment de 0m,02 d'épaisseur.

La figure 795 montre la toiture, qui est d'une construction particulière, en deux parties, laissant entre elles un intervalle ; de cette sorte, la fumée et la vapeur peuvent circuler et s'échapper facilement.

La construction de l'étuve à deux

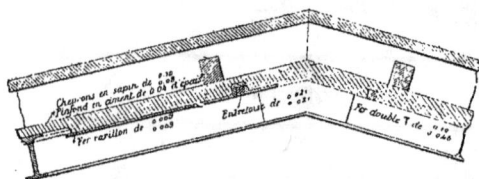

Fig. 795.

foyers revient à 5 600 francs, qui se décomposent ainsi :

Terrassement . . . .   60 fr.
Maçonnerie 1 960
Charpente en fer et serrurerie. 2 450
Charpente en bois et menuiserie.   280
Couverture   250
Cheminées de ventilation et d'appel   600

Total. . .   5 600 fr.

Le prix de revient du séchage des bois par ce système est de 4 francs le mètre cube, y compris le chargement et le déchargement, en employant comme combustible la sciure, les copeaux et autres débris des ateliers de menuiserie et de charpente.

Bâtiment des fourneaux à flamber le bois.

848. Enfin, un dernier bâtiment (*fig.* 796 à 798) sert à flamber le bois ; il contient deux fourneaux placés dans deux compartiments séparés et se compose de deux salles rectangulaires de 3m,85 sur 3m,95 et d'une fosse à coke construite à l'intérieur.

Le fourneau comprend deux pièces distinctes : le fourneau proprement dit et la cheminée.

Le premier, alimenté avec du coke, possède à sa partie supérieure une grande ouverture rectangulaire dans laquelle on

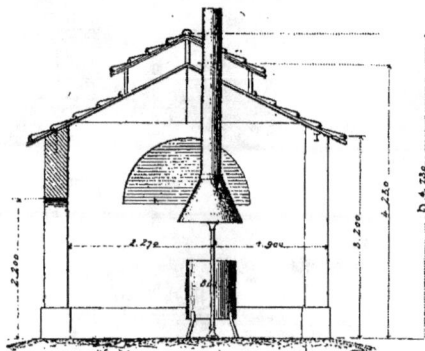

Fig. 796

fait passer les longerons ou brancards des châssis de wagon, afin de carboniser leurs surfaces et de retarder autant que possible la décomposition du bois. Ce moyen est, du reste, comme nous savons, connu depuis longtemps et employé à l'origine pour la préservation des traverses de la voie ; on sait d'ailleurs qu'il est insuffisant, mais cela ne présente aucun inconvénient avec les bois pour wagons qui sont aussitôt recouverts de plusieurs couches de peinture à l'huile et constamment surveillés.

Le prix total de ce petit bâtiment de 11m,31 sur 4m,50 s'élève à 2 400 francs, soit 47 francs environ par mètre carré. Il y a lieu, en outre, d'ajouter à cette dépense

600 francs pour les deux fourneaux, ce qui donne un total de 3 000 francs.

Le principal avantage de ces installations est de supprimer les anciens hangars de séchage qui exigeaient un temps très long, un approvisionnement considérable et par suite un surcroît de dépense : l'intérêt des capitaux engagés dans ce terrain occupé par les bois et les hangars destinés à les recevoir.

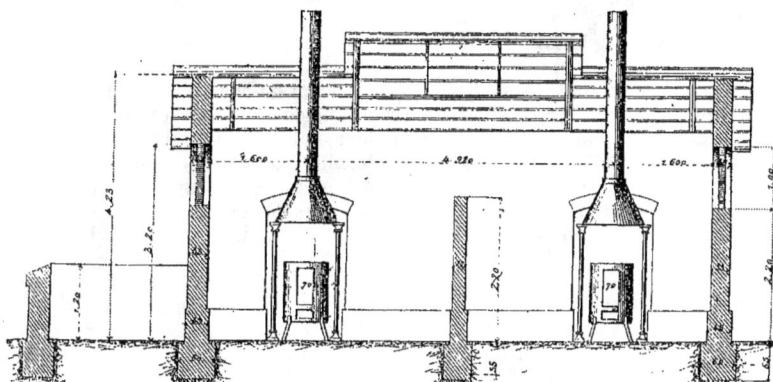

Fig. 797.

Surveillance et police des ateliers.

849. Les ateliers couverts et non couverts annexés aux grandes gares sont soumis à la surveillance générale de l'Administration et sont considérés comme faisant partie intégrante des dépendances du chemin de fer dans le sens que nous avons défini quand nous avons parlé du

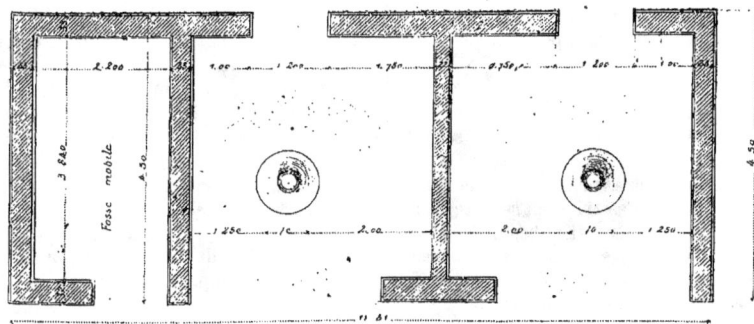

Fig. 798.

bornage (*Circulaire ministérielle du 15 avril 1850*). Il est donc nécessaire, dans l'intérêt de la sécurité, que les personnes étrangères au service de la Compagnie en soient exclues et que les ouvriers occupés aux ateliers soient munis, lorsqu'ils se rendent à leurs travaux ou qu'ils en reviennent, d'un permis de circulation délivré par l'un des ingénieurs de la Compagnie.

Les ateliers sont soumis, en outre, aux lois et règlements concernant le travail des femmes et des enfants dans les manufactures.

850. Les accidents survenus dans les ateliers des Compagnies de chemins de fer ne sont pas compris dans la statistique des accidents de l'exploitation proprement dite. Mais les fonctionnaires et agents administratifs, qui ont des cartes de circulation qui leur permettent de se rendre dans les ateliers et qui ont pour mission d'y surveiller les réparations aux machines et au matériel, ont évidemment qualité pour faire dans ces établissements toutes les constatations nécessaires.

Des situations périodiques fournies par les ingénieurs des mines attachés au service du contrôle et ordinairement insérés dans les rapports mensuels à fournir au ministre des Travaux publics, font connaître les diverses pièces entrées et réparées dans les ateliers du matériel.

Une circulaire ministérielle du 21 juin 1856 a permis d'insérer dans le rapport fourni par l'ingénieur en chef des mines, chargé du service du contrôle, au mois de décembre de chaque année, un état faisant connaître le mouvement des ateliers et la nature des réparations affectées pendant l'année aux divers ateliers.

Les colonnes de l'état portent les titres suivants :

1° Année ;

2° Parcours annuel des machines ;

3° Nombre des machines en service (entrée aux ateliers, annuel 0/0) ;

4° Ayant eu des avaries (par année 0/0) ;

5° Nombre d'avaries par catégories (fuites à la chaudière et tubes crevés, pistons et cylindres cassés, bandages cassés, essieux coudés brisés, bielles cassées, ruptures de pièces secondaires) ;

6° Observations.

Par une circulaire du 27 février 1857, le ministre avait demandé spécialement, pour l'étude de la question de l'amélioration des *tubes calorifères* un relevé, pour les années 1853 à 1856, des ruptures qui s'étaient manifestées dans les machines mises en circulation, avec l'indication du parcours desdites machines. Aujourd'hui, c'est l'état dont nous venons de donner le modèle qui comprend simplement une colonne pour ce renseignement.

851. *Établissements dangereux ou insalubres.* — Le décret du 31 décembre 1866 portant un nouveau classement des établissements insalubres, dangereux ou incommodes, a compris dans la seconde catégorie, comme présentant les inconvénients du bruit et de la fumée, certaines machines à vapeur en subordonnant leur établissement à l'approbation préfectorale. Nous ne pouvons, au sujet des machines à vapeur employées sur les chemins de fer, que renvoyer à la législation spéciale résumée plus loin en traitant des locomotives.

Il est admis d'ailleurs par la jurisprudence, que les dispositions des devis communs, relatives aux établissements dangereux, insalubres ou incommodes, n'ayant d'autre but que de prescrire l'observation de certaines précautions et formalités à observer avant d'accorder l'autorisation de former des établissements insalubres, sont sans application aux chemins de fer, dont la création est autorisée par une législation spéciale.

852. *Contributions.* — D'après l'article 63 du cahier des charges, le chemin de fer paie l'impôt foncier comme un simple particulier à raison du sol qu'il occupe et des bâtiments qu'il a élevés. Voici cet article :

ART. 63. — La contribution foncière sera établie en raison de la surface des terrains occupés par le chemin de fer et ses dépendances ; la cote en sera calculée comme pour les canaux, conformément à loi du 25 avril 1803.

Les bâtiments et magasins dépendant de l'exploitation du chemin de fer seront assimilés aux propriétés bâties de la localité. Toutes les contributions auxquelles ces édifices pourront être soumis seront, aussi bien que la contribution foncière, à la charge de la Compagnie.

853. Par application de la loi du 20 février 1849, relative à la taxe de mainmorte, le Conseil d'État a décidé que les Compagnies sont exemptes de cette taxe pour la voie de fer et de ses dépendances ; mais elles la doivent sur les immeubles passibles de la contribution foncière qu'elles possèdent à titre de propriétaire en dehors de la voie ferrée et des dépendances de cette voie faisant partie du domaine public (Conseil d'État, 6 janvier 1853). ·

854. Divers arrêts du Conseil d'État ont établi ainsi qu'il suit, les droits proportionnels à payer pour les Compagnies en vertu de l'article 63 du cahier des charges précité et des lois du 25 avril 1844 et du 4 juin 1858.

Aux termes de ces lois, les Compagnies de chemin de fer sont soumises :

1° A un droit fixe de patente de 200 francs, plus 20 francs par myriamètre en sus du premier jusqu'à un maximum de 5 000 francs ;

2° A un droit proportionnel du 1/20 sur la maison d'habitation et du 1/40 sur l'établissement industriel.

855. 1° *Logements des agents.* — Le logement occupé dans les bâtiments d'une gare de chemin de fer est considéré comme un des locaux servant à l'exercice de la profession et est sujet au droit proportionnel du 1/20 (Conseil d'État du 18 mars 1857 et du 6 décembre 1860). Une Compagnie est soumise également au droit proportionnel à raison des maisons de garde des passages à niveau et des quais attenant à ses gares de marchandises, comme constituant des dépendances du chemin de fer (Conseil d'État du 26 décembre 1860.)

856. 2° *Contribution foncière.* — Le revenu net imposable des maisons d'habitation doit être déterminé sous la déduction du quart de la valeur locative, celui des manufactures et usines sous la déduction du tiers. En appliquant cette distinction aux bâtiments d'une gare de chemin de fer on doit assimiler aux maisons d'habitation les salles d'attente, les bureaux, les logements des employés, les magasins de bagages et de marchandises, les cabinets d'aisances et les remises de voitures ; et aux usines, les ateliers, châteaux d'eau, rotondes de locomotives, locaux renfermant les machines à vapeur ou hydrauliques.

Il y a lieu aussi de comprendre dans l'é-valuation du revenu cadastral d'une gare pour l'imposition à la contribution foncière, les rails, plaques tournantes, fosses à chariots et à piquer le feu des voies qui conduisent dans les ateliers, ainsi que l'outillage ferré desdits ateliers, les réservoirs, les conduites de souterrains, les chantiers de dépôt.

Il n'y a pas lieu de comprendre parmi les locaux imposables d'une gare, une remise de sciage, les bâtiments loués à des marchands de bois qui n'appartiennent pas à la Compagnie, et les bâtiments affectés au service public des dépêches, les quais à coke et à bestiaux, les murs de soutènement, fondations extraordinaires, aqueducs et égouts, halles, buffets.

Les quais à bestiaux attenant à la voie ferrée, les quais découverts et trottoirs établis le long d'une voie ferrée pour le service des voyageurs ou des marchandises et les guérites des aiguilleurs et des surveillants, ne doivent être soumis à la contribution foncière qu'à raison de la superficie des terrains qu'ils occupent. Il n'y a pas lieu de comprendre dans le revenu imposable les guérites en bois des aiguilleurs et les grues à pivot non scellées au sol.

857. *Portes et fenêtres.* — Une gare de chemin de fer qui renferme des salles d'attente, des buffets, des bureaux, des logements d'employés, ne peut être exemptée de la contribution des portes et fenêtres comme n'étant pas une maison d'habitation proprement dite. Mais les remises servant à abriter les véhicules et les pompes à incendie, ainsi que les greniers au-dessus de la remise, ne donnent pas lieu à imposition ; il en est de même des bureaux d'octroi, de poste et, en général, de tout local affecté à un service public.

Les ouvertures des magasins sont imposables, et l'on doit considérer comme magasin un hangar à marchandises pour le roulage. Les grandes portes des remises à locomotives doivent être imposées comme portes cochères. Certaines Compagnies avaient demandé que ces portes ne fussent considérées que comme des ouvertures ordinaires et ont vu leurs demandes rejetées. Et cela, malgré le motif invoqué consistant à dire que ces portes donnaient sur des cours appartenant à la

Compagnie et non pas sur la voie publique et sur les champs.

Les remises de locomotives et de wagons ne doivent pas être considérées comme des ateliers lorsque le matériel n'y reçoit que des modifications peu importantes.

Les vitrages formant toitures au-dessus des halles, ateliers, magasins d'une gare, ne constituent pas des ouvertures imposables, la loi n'assujettissant à la taxe des portes et fenêtres que les ouvertures donnant sur les rues, cours et jardins.

Les meneaux en bois divisant les ouvertures qui éclairent, tant les bureaux de la voie qu'une forge ou une remise de machines, ne peuvent avoir pour effet de faire considérer chacune des baies pratiquées dans les façades du bâtiment comme constituant plusieurs fenêtres distinctes.

858. *Bases de la patente.* — Nous avons vu plus haut que le chemin de fer était astreint comme un industriel ordinaire au paiement de la patente; nous en avons indiqué les coefficients généraux.

L'article 45 de l'Instruction générale sur les patentes, du 31 juillet 1858, est ainsi conçu :

« Les bâtiments servant à l'exploitation d'un chemin de fer n'étant point généralement affermés, et ne pouvant guère être comparés à d'autres bâtiments affermés, on estimera partout, afin d'arriver autant que possible à des résultats uniformes, la valeur locative pour laquelle ils doivent entrer dans les éléments du droit proportionnel, à raison de 5 0/0 de leur valeur de construction augmenté de la valeur du sol. »

Cependant, d'après divers arrêts du Conseil d'État pour déterminer la valeur locative d'une gare servant de base au droit proportionnel de patentes, on doit calculer le prix de location que peut produire la gare, d'après l'usage auquel elle sert présentement, et on fixe le revenu de l'immeuble à 5 0/0 du prix total des constructions.

859. Ne doivent pas être compris dans l'évaluation de la valeur locative d'une gare de chemin de fer pour l'assiette du droit proportionnel de patente :

Les quais et trottoirs couverts ou découverts attenant aux voies ferrées ou reliant la gare des marchandises à la voie principale établie pour le service des voyageurs, des chaises de postes, des bestiaux ou des marchandises, les quais pour le chargement de longs bois, comme les sapins, et la guérite de l'aiguilleur faisant partie de la voie ferrée, les estacades, quais et terrains découverts où sont déposés le charbon et le coke : ce sont les annexes de la voie principale;

La portion de la voie ferrée s'étendant sous la halle d'arrivée d'une gare : c'est une dépendance de la voie publique ;

Les terrains des cours, les halles, quais, trottoirs, voies de garage, entrevoies, murs de soutènement, fondations extraordinaires, aqueducs et égouts; la toiture dite marquise recouvrant un embarcadère de voyageurs; les grilles et clôtures des cours, emplacement des voies ferrées reliant une gare de terre à une gare d'eau;

Une cour des voyageurs et des marchandises, un jardin, des quais et entrevoies intérieurs : ils n'ont pas de destination industrielle;

Un buffet occupé par un tiers : il ne fait pas partie de l'établissement industriel de la Compagnie;

Les bureaux de l'octroi, du télégraphe, du commissaire de surveillance dans une gare : ils sont affectés à un service public et ne font point non plus partie de l'établissement industriel de la Compagnie;

Les logements d'un employé, du conducteur des travaux, d'un chef de section, de l'ingénieur et de l'inspecteur de la traction, du receveur principal, du chef de service de la grande vitesse et du contrôleur ambulant ; ces agents, dont les fonctions ne nécessitent pas l'habitation dans les gares, ne font pas partie de l'établissement industriel;

Ni enfin une maison possédée par une Compagnie de chemin de fer et servant de logement temporaire à des ouvriers et surveillants de travaux.

860. On doit comprendre dans l'évaluation de la valeur locative d'une gare de chemin de fer, pour l'assiette du droit proportionnel de patente, les locaux et objets suivants, imposés au quarantième :

Prises d'eau, machines de prise d'eau et accessoires, châteaux d'eau, conduites et réservoirs à grues hydrauliques, emplacements des remises, hangars, magasins, terrains contigus avec remises, forges; quais et voies pavés situés dans les gares à marchandises servant à la Compagnie de lieux de dépôts et de chantiers; voies et cours intérieures conduisant aux ateliers de réparations et celles placées soit dans ces ateliers, soit dans les remises, plaques tournantes, fosses à chariot et à piquer de ces voies, ateliers, outillage de chariots, terrains dépendant des ateliers ou cabanes, parcs aux wagons ou aux roues; les cabinets, les maisons des garde-barrières, logements occupés par les chefs et sous-chefs de gare, celui des sous-chefs de gare attachés au service de la petite et de la grande vitesse, du chef de dépôt, du chauffage de la machine fixe et des charbonniers employés, des mécaniciens, du garde-magasin, du chef lampiste, des concierges, des contrôleurs surveillants, de l'homme d'équipe chargé d'annoncer les trains, du surveillant pompier; tous ces agents, chargés d'une surveillance constante et dont, par suite, l'habitation dans la gare est nécessaire pour l'exercice de l'industrie de la Compagnie, font intégralement partie de l'établissement industriel; appareils pour le gaz et les bouillottes; grues, ponts à bascule, lieux de dépôts ou chantiers.

L'outillage de réparations de la gare; une plaque tournante établie sous une remise; le bureau compris dans le logement d'un employé; les logements du surveillant chargé du dépôt de combustible; les conduites d'alimentation.

861. On doit comprendre dans l'évaluation au vingtième les logements exclusivement affectés à l'habitation des agents et ne faisant pas partie de l'établissement industriel, notamment ceux de l'agent commercial, des chefs de gare chargés de la surveillance, de l'homme d'équipe logé avec eux, des employés de la Compagnie chargés de la surveillance, des ouvriers mécaniciens.

Les concessionnaires de chemin de fer, en effet, d'après la loi du 25 avril 1844, sont imposables au vingtième sur la maison d'habitation; et ce droit proportionnel s'applique non seulement à la maison dont le patentable fait sa résidence habituelle et principale, mais à toutes les autres habitations qu'il possède et qui servent à l'exercice de sa profession; or les agents de surveillance d'un chemin de fer représentent la Compagnie, et leurs logements dans la gare servent à l'exercice de son industrie.

862. *Entrepreneurs (sous-traitants), architectes, camionneurs.* — D'après différents arrêtés du Conseil d'État (19 janvier 1860, 10 mars et 4 juin 1862), il y a lieu d'imposer à la patente en qualité d'entrepreneur de travaux publics le sous-traitant d'une Compagnie concessionnaire d'un chemin de fer qui exécute pour son compte, au moyen d'un matériel à lui appartenant et avec des ouvriers payés par lui, une partie des travaux dudit chemin.

Le sous-traitant d'un entrepreneur de chemin de fer qui s'est chargé à forfait et à ses risques et périls d'une partie des travaux est devenu par ce fait entrepreneur de travaux publics et patentable comme tel.

Mais, en revanche, un architecte attaché à un service de chemin de fer et n'exerçant aucun travail particulier en dehors de son service ne peut être porté au rôle des patentables d'une ville comme exerçant cette profession (Conseil d'État du 8 février 1860).

Est soumis à la patente comme commissionnaire de transports un contribuable dont l'industrie consiste, en vertu d'un traité passé avec une Compagnie de chemin de fer, à transporter sous sa propre responsabilité, les marchandises de la gare chez les particuliers et réciproquement, qui reçoit des particuliers une indemnité calculée d'après le poids des marchandises et qui occupe dans la gare un bureau où il reçoit les ordres d'enlèvement (Conseil d'État du 30 avril 1862).

Quai à charbon.

863. Le combustible employé pour les locomotives se compose de houille ou de coke renfermés dans des paniers ou des sacs, et de briquettes agglomérées que l'on range par tas comme des pierres.

Tous ces matériaux sont déposés sur des quais spéciaux afin de pouvoir être chargés sur les tenders qui accompagnent toujours les machines sur les grandes lignes, ou dans les soutes spéciales des locomotives-tenders sur les banlieues.

Le quai spécial peut être une simple estacade en bois ou un véritable quai en maçonnerie ; dans les deux cas, il se composera d'une plate-forme sur laquelle on dépose, tout prêts à être enlevés, les paniers de combustibles ou les briquettes.

Les paniers sont pesés à l'avance, de manière à intéresser le mécanicien à faire des économies dans la consommation ; une prime lui est allouée de ce fait.

Le quai peut être fait à deux étages : l'un, à la hauteur de la plate-forme des wagons et permettant le déchargement

Lorsque ce quai est en bois, il ressemble à toutes les estacades connues, c'est-à-dire se compose d'un plancher en bois, porté par des poteaux posés sur une fondation en maçonnerie et reliés par des croix de Saint-André formant contreventement.

864. *Parc à charbon.* — En dehors de ces quais et à proximité, sont disposés des parcs à charbon destinés à les alimenter. Le combustible est entassé le plus régulièrement possible, affectant des formes géométriques faciles à contrôler du premier coup d'œil et permettant aisément et rapidement de se rendre compte d'un vol. D'autres fois on saupoudre la surface du tas, de plâtre, afin de signaler du premier coup un vide résultant d'un larcin quelconque.

Elévation

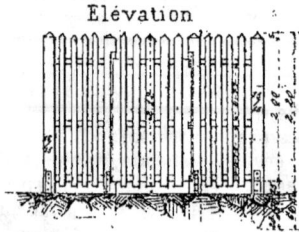

Fig. 799.

Plan

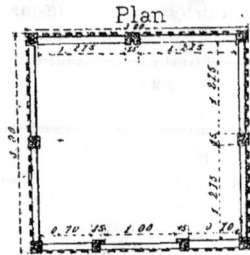

Fig. 800.

facile de ceux-ci ; et l'autre, à la hauteur du tender pour rendre plus commode le déversement dans ce dernier.

Il va de soi que ces quais doivent être à proximité des fosses à piquer le feu et des grues hydrauliques pour faciliter l'alimentation des machines.

Le quai en maçonnerie analogue à ceux que nous avons étudiés précédemment est un mur d'enceinte et de soutènement avec un remblai intérieur. Quelquefois ce remblai est remplacé par un plancher en fer recouvert d'une aire en béton et ciment. Les solives du plancher ne sont que de vieux rails et sont reliées par des voûtes en briques hourdées au mortier de ciment, ce qui permet de leur donner une très faible flèche. Ce système est très généralement employé au chemin de fer de l'Ouest.

En somme, ces précautions sont illusoires et le tas de charbon est fortement exposé à diminuer et à attirer des malfaiteurs qui s'introduisent nuitamment dans les gares en passant par-dessus les clôtures. Le mieux est d'installer une enceinte fermée au moyen d'une véritable palissade composée de poteaux et de planches de 2m,30 de hauteur ; on n'y pénètre que par une porte fermée à clef et qu'un agent responsable peut seul ouvrir.

Un parc semblable carré de 3 mètres de côté coûte 150 francs et économise certainement beaucoup plus que cette somme (*fig.* 799 et 800).

Le combustible se paie en général 12 à 15 francs la tonne de houille tout venant prise au lieu de production ; le gros de 19 à 20 francs ; pour les agglomérés ce prix est de 20 à 24 francs, et pour les cokes lavés de 20 à 25 francs; dans le centre de la France ce prix atteint jusqu'à 33 francs.

865. *Droits d'octroi.* — D'après un arrêté de la Cour de cassation, en date du 7 janvier 1852, les Compagnies concessionnaires sont redevables envers l'octroi des droits à percevoir sur les charbons consommés non seulement dans les bureaux ou par la machine d'alimentation de la gare, mais encore par les locomotives de service.

D'après un autre arrêt de la même Cour du 28 avril 1862, le droit d'octroi paraît devoir s'étendre aux charbons employés dans les ateliers établis dans le rayon de l'octroi pour la réparation du matériel roulant. Les Compagnies ne peuvent prétendre pour ces matières à l'exemption admise pour celui employé à la préparation d'objets destinés au commerce général. Ce dernier arrêt, spécialement applicable à la consommation faite par les compagnies dans les ateliers situés dans la zone suburbaine annexée à Paris, semble infirmer au moins partiellement la décision antérieure de la Cour supérieure du 8 juillet 1861 qui avait exonéré d'une manière générale des droits d'octroi les charbons employés par les compagnies, soit pour la réparation du matériel roulant, soit pour la construction ou l'entretien de leur outillage.

Les droits d'octroi ne peuvent s'appliquer à la quantité de houille consommée par les machines locomotives de passage à une gare située dans le périmètre d'octroi d'une commune (Cour d'appel d'Aix, 20 avril 1864, jurisprudence définitive).

Cet arrêté est confirmé par le suivant de la Cour de cassation (27 avril 1870) :

« Une Compagnie de chemin de fer ne peut être soumise à des droits d'octroi pour la quantité de houille, de coke, d'huile et de suif que ses machines consomment pendant leur trajet sur le périmètre d'octroi d'une commune. Une telle consommation se distingue profondément des consommations purement locales, en vue desquelles ont été rendus les règlements de l'octroi. »

Écuries.

866. Enfin pour terminer tout ce qui est relatif à la question des bâtiments nous dirons un mot de l'établissement des écuries qui sont indispensables dans les grandes gares.

Généralement, les voyageurs et les marchandises sont transportés par des voitures étrangères à l'administration du chemin de fer. Quelquefois des entreprises de transports ont des conventions spéciales avec la Compagnie qui devient responsable vis-à-vis du public, mais n'a pas le souci de l'entretien et de l'exploitation des véhicules ni de la cavalerie.

Mais il peut arriver que le service local soit si important, que la Compagnie soit obligée de se résoudre à avoir elle-même les véhicules et les chevaux nécessaires à ces transports. En dehors de cela on peut avoir à loger d'une manière temporaire des chevaux transportés par le chemin de fer; la question des écuries est donc intéressante à traiter ici sommairement.

867. Le terrain sur lequel on s'établit doit être sec et pouvoir être assaini par canaux ou drainage, car l'humidité est aussi préjudiciable aux chevaux qu'aux hommes. Il faut que la lumière pénètre à l'intérieur sans frapper les yeux et que l'air circule sans exagération, afin de ne pas refroidir trop brusquement les chevaux qui rentrent couverts de sueur. Les ouvertures doivent être de préférence percées au midi et à l'est, côtés du soleil. La nuit, le mieux est de supprimer toute lanterne mobile, qui constitue toujours un danger d'incendie. L'éclairage sera obtenu de préférence au moyen de lanternes fixes placées dans des niches grillées à l'intérieur et dont l'accès ne peut avoir lieu que de l'extérieur du bâtiment.

Le sol doit être toujours parfaitement sec; en même temps il doit être composé de matériaux durs pouvant résister au choc des sabots des chevaux. Le pavé de grès, de granit, ou de briques posées sur champ est tout indiqué et la pose en sera faite à bain de mortier de chaux hydraulique, de ciment ou d'asphalte, qui s'oppose autant que possible à l'infiltration des urines.

En outre, on disposera de la tête, c'est-à-dire près du mur, vers la queue des chevaux, une pente de $0^m,02$ à $0^m,03$, aboutissant à une rigole générale conduisant à un puisard spécial. La rigole doit elle-même présenter une pente au moins égale à $0^m,02$ par mètre.

868. Le plafond doit être plein afin de conserver la température de l'écurie ; il doit être, en outre, bien étanche, afin de ne pas se laisser traverser par la buée des animaux. Sinon, il est impossible d'utiliser l'étage supérieur comme magasin à fourrage. Enfin il peut facilement être brûlé en cas d'incendie si on le fait en bois.

Le type le meilleur paraît avoir été adopté par la Compagnie des Omnibus de Paris ; il se compose de solives en fer reliées entre elles par de petites voûtes en briques creuses, c'est-à-dire légères, hourdées au mortier de ciment, le tout recouvert d'une aire en mortier sur laquelle on étend une couche d'asphalte. L'asphalte a l'avantage, non seulement de préserver l'avoine et les fourrages des émanations de l'écurie, mais encore, en cas d'incendie, d'arrêter la propagation du feu.

Quand on tient à employer le plancher en bois, pour des raisons de facilité, d'économie ou autres, on peut obtenir le même résultat en étendant sur le plancher une couche de terre à four de $0^m,025$ d'épaisseur recouverte d'une couche d'asphalte de $0^m,015$.

869. La question de ventilation est une des plus importantes dans l'installation d'une écurie et celle qui est généralement le plus négligée.

La quantité d'air pur nécessaire à l'entretien hygiénique d'un cheval dans une écurie est de 30 mètres cubes par heure, afin de renouveler l'air vicié par la respiration, la transpiration cutanée, les émanations, et déjections de toutes natures.

Lorsque le nombre des chevaux devient important, on voit qu'il faudrait, d'après ce chiffre, des locaux énormes pour les abriter. En pratique, on est obligé de conserver des dimensions raisonnables à ces locaux, et la ventilation s'obtient au moyen d'ouvertures bien réparties, placées vers le haut des murs et munies de grillages métalliques ou de châssis vitrés ouvrant vers le bas. Ces appels doivent être distribués de manière que l'air pur qu'ils laissent entrer ne vienne jamais frapper directement les chevaux.

Quant à l'air vicié, il s'écoule par le plafond dans des ouvertures aussi éloignées que possible des appels d'air frais. Ces ouvertures sont surmontées de tuyaux d'évent en poterie ou en plâtre qui montent jusqu'au-dessus du toit.

870. Les harnais doivent être conservés dans une sellerie spéciale où ils sont très bien abrités, visités et réparés au besoin. On doit à tout prix abandonner la coutume barbare qui consiste à les suspendre au mur à des crochets fixés en arrière des chevaux. Cette manière de faire est préjudiciable à la conservation des harnais et à l'atmosphère de l'écurie, viciée par l'odeur et les apprêts des cuirs.

Le palefrenier chargé de surveiller les animaux pendant la nuit doit être lui-même à l'abri des émanations de l'écurie ; il faut donc lui établir à côté, et non dans l'écurie même, un cabinet vitré et fermé, assez élevé au-dessus du sol, pour permettre à la vue de s'étendre aussi loin que possible.

871. On fera bien d'établir une stalle à chaque cheval, car les animaux prennent un repos plus complet quand ils se sentent isolés. Les séparations flottantes suspendues au plafond sont les plus pratiques, car elles sont moins sujettes à se briser sous les chocs et les coups de pied des animaux. La hauteur de la séparation va en décroissant de la tête, où on lui donne environ 2 mètres, vers la queue où elle n'a plus que $1^m,50$ sur une longueur totale de $2^m,50$. La largeur des stalles, c'est-à-dire la distance entre les séparations, varie selon la taille des chevaux, de $1^m,50$ à 2 mètres.

Il est non moins indispensable, pour que chaque cheval mange sa ration sans trouble, de la séparer de celle de son voisin. Les mangeoires en bois s'altèrent rapidement et produisent elles-mêmes, par leur corruption, des émanations fâcheuses ; les meilleures sont en fonte ou en pierres. On les met à 1 mètre ou 1ᵐ,10 au-dessus du sol, suivant la taille des animaux. La partie inférieure doit être arrondie pour empêcher les chevaux de se blesser lorsqu'ils portent la tête ou les genoux dans cette région. On leur donne généralement 0ᵐ,20 de profondeur sur 0ᵐ,35 à 0ᵐ,40 de largeur.

Le foin, les fourrages, etc., sont posés sur des râteliers à hauteur de la tête des animaux ; les râteliers en fer sont les meilleurs, à barreaux très peu inclinés, espacés de 0ᵐ,10 environ ; le fond est en pente du haut vers le bas pour amener le fourrage à la partie inférieure.

872. Les écuries peuvent être simples ou doubles, c'est-à-dire à un ou deux rangs de chevaux. Lorsque le nombre des chevaux dépasse dix à douze, on préfère, pour la facilité du service et la surveillance, les mettre sur deux rangs.

La hauteur sous plafond varie de 3ᵐ,50, pour une petite écurie, à 6 mètres, pour une grande.

Quant à la largeur nécessaire, elle est pour une écurie simple :

Mangeoire et râtelier   0ᵐ,50   à   0ᵐ,60
Stalle . . . .   2ᵐ,50   à   2ᵐ,75
Couloir. . . . .   2ᵐ »   à   2ᵐ,50

     Total . . .   5ᵐ »   à   5ᵐ,85

Dans une écurie double, les chevaux sont de chaque côté, face au mur, et il n'y a qu'un couloir central ; la largeur nécessaire devient alors :

Mangeoire. . . . . .   1ᵐ »   à   1ᵐ,20
Stalle . . . .   5ᵐ »   à   5ᵐ,50
Couloir. . . . .   2ᵐ,50   à   3ᵐ »

     Total . . .   8ᵐ,50   à   9ᵐ,70

D'après ces chiffres, le volume attribué à chaque cheval varie entre 26ᵐ³,50 et 58ᵐ³,20, suivant l'ampleur de l'installation.

CHAPITRE V

SIGNAUX

873. Les signaux constituent le langage échangé entre les agents sédentaires de la voie et ceux des trains.

Ces derniers ont à leur disposition le sifflet de leur locomotive, et nous parlerons plus loin, au chapitre *Exploitation*, de ce genre de signaux que les agents des trains peuvent faire à ceux de la voie et des gares.

Pour le moment, il s'agit au contraire des signaux de la voie, de ceux qui doivent être compris par le personnel des trains en marche, surtout le mécanicien et le chauffeur montés sur la machine.

L'exploitation des chemins de fer se fait en France d'après le système dit de la *voie ouverte*, c'est-à-dire que la voie doit toujours être libre, en principe, pour la circulation normale ; et cela est indiqué par l'absence de signaux. Des signaux ne ne doivent être faits que si la voie est *occupée*.

Dans plusieurs pays étrangers, et dans quelques cas exceptionnels en France, on rencontre le système de la *voie fermée*, dans lequel les signaux interdisent normalement la circulation ; il faut donc, pour pouvoir passer, que ces signaux soient effacés, si rien ne s'y oppose.

Les signaux sont donc en somme des appareils destinés à indiquer aux agents si la voie est libre ou occupée ou, plus généralement, l'état de la voie au point de vue de la sécurité de la circulation des trains.

Le but poursuivi par un signal est de couvrir un obstacle qui se trouve sur la voie et ne permet plus la circulation, comme un train qui circule à une distance rapprochée, un train arrêté, un éboulement sur la voie, etc.

L'emploi des signaux n'est d'ailleurs pas facultatif; il est exigé depuis la fondation des chemins de fer par l'Administration supérieure, et le premier règlement sur la matière se rencontre dans les articles 27 à 37 de l'ordonnance du 15 novembre 1846 sur la police, la sûreté et l'exploitation des chemins de fer, et dont voici quelques extraits :

ART. 27. — Des *signaux* seront placés à l'entrée de la station, pour indiquer aux mécaniciens des trains qui pourraient survenir si le délai déterminé (d'après le départ du train précédent) est écoulé.

Dans l'intervalle des stations, des signaux seront établis, afin de donner le même avertissement au mécanicien sur les points où il ne peut pas voir devant lui à une distance suffisante. Dès que l'avertissement lui sera donné, le mécanicien devra ralentir la marche du train. En cas d'insuffisance des signaux établis par la Compagnie, le ministre prescrira, la Compagnie entendue, l'établissement de ceux qu'il jugera nécessaires.

ART. 31. — Il sera placé le long du chemin, pendant le jour et pendant la nuit, soit pour l'entretien, soit pour la surveillance de la voie, des agents en nombre assez grand pour assurer la libre circulation des trains et la transmission des signaux ; en cas d'insuffisance, le ministre des Travaux publics en réglera le nombre, la Compagnie entendue.

Ces agents seront pourvus de signaux de jour et de nuit, à l'aide desquels ils annonceront si la voie est libre et en bon état, si le mécanicien doit ralentir sa marche ou s'il doit arrêter immédiatement le train.

Ils devront, en outre, signaler de proche en proche l'arrivée des convois.

ART. 32. — Dans le cas où soit un train, soit une machine isolée, s'arrêterait sur la voie pour cause d'accident, le signal d'arrêt indiqué à l'article précédent devra être fait à 500 mètres au moins à l'arrivée.

Les conducteurs principaux des convois et les mécaniciens conducteurs des machines isolées devront être munis d'un signal d'arrêt.

ART. 33. — Lorsque des ateliers de réparation seront installés sur une voie, des signaux devront indiquer si l'état de la voie ne permet pas le passage des trains, ou s'il suffit de ralentir la marche de la machine.

ART. 35. — La Compagnie sera tenue de faire connaître au ministre des Travaux publics le système de signaux qu'elle a adopté ou qu'elle se propose d'adopter pour les cas prévus par le présent titre. Le ministre prescrira les modifications qu'il jugera nécessaires.

ART. 37. — A 500 mètres au moins avant d'arriver au point où une ligne d'embranchement vient croiser la ligne principale, le mécanicien devra modérer la vitesse, de telle manière que le train puisse être complètement arrêté avant d'atteindre ce croisement, si les circonstances l'exigent.

Au point d'embranchement ci-dessus désigné, les signaux devront indiquer le sens dans lequel les aiguilles sont placées.

874. Comme dispositions pratiques, les signaux mobiles se font au moyen du drapeau le jour et de la lanterne la nuit. L'arrêt, le ralentissement, la voie libre sont commandés et indiqués par les différentes manœuvres du drapeau ou les différentes couleurs de la lanterne. Ces signaux sont employés par tous les agents de la ligne ; ils servent à protéger les points où l'on fait des travaux d'entretien ou de réparation, aussi bien que les manœuvres dans les gares. Les cantonniers et garde-ligne annoncent, en outre, l'approche des trains au moyen d'un certain nombre de coups de cornet.

875. *Signaux destinés à maintenir l'écartement réglementaire entre les trains.* — Sur certaines lignes, des disques manœuvrés à la main et pouvant donner le jour et la nuit les mêmes signaux que les disques avancés sont placés près des bâtiments des stations ou des postes d'aiguilleurs ; ils sont destinés à maintenir entre les trains circulant dans le même sens les intervalles réglementaires. Ce sont le plus souvent des sémaphores.

876. *Signaux de ralentissement.* — Dans le but de permettre aux mécaniciens de ralentir leur marche à la traversée de certains tunnels, de manière à être maîtres de leur vitesse à la sortie, il est d'usage, sur quelques lignes, d'établir des signaux de *ralentissement* à chaque tête des dits souterrains. Ces signaux sont ceux qui indiquent ordinairement partout la nécessité de ralentir l'allure de la marche : ils se composent d'un disque d'un mètre de diamètre, peint en vert d'un côté, en blanc de l'autre, posé perpendiculaire-ment à la voie, à 4 mètres au-dessus du rail; la nuit, d'une lanterne à feu vert d'un côté, blanc de l'autre, surmontant le disque.

D'ailleurs, la traversée des tunnels de plus de 1 000 mètres de longueur, celle des gares importantes, des bifurcations et des autres parties dangereuses de la ligne sont ordinairement protégées par des signaux électriques spéciaux, au moyen desquels les gardes échangent les avis réciproques d'arrivée et de départ des trains et ma-nœuvrent les disques-signaux de manière à empêcher les trains de s'engager entre deux postes dans l'intervalle desquels se trouve déjà un premier train. Divers ap-pareils existent à cet effet.

Néanmoins, il est utile de rappeler, « d'une part, que ces différents signaux accessoires ne dispensent pas des mesures ordinaires de précaution et ne constituent qu'un complément de sécurité »; et, d'autre part, suivant la règle générale, que, « sur tous les points et à toute heure, les dis-positions devront être prises comme si un train était attendu ».

Comme il s'agit dans ce volume exclu-sivement de superstructure, nous n'étu-dierons que les signaux exigeant une installation à poste fixe, nous réservant d'examiner plus tard tous ceux que l'on emploie en exploitation proprement dite.

877. Depuis l'origine des chemins de fer, la question a fait certains progrès. Étant donné, en effet, le développement pris par la circulation des trains sur les lignes françaises, la nécessité d'un sys-tème perfectionné de signaux s'imposait impérieusement.

Le problème est, en somme, assez com-pliqué, car il comporte les différents aspects suivants :

Il faut que les trains soient écartés entre eux d'une manière suffisante pour éviter toute collision et tout accident;

Un train doit être averti du moindre obstacle qu'il peut rencontrer sur la voie qu'il est appelé à parcourir ;

Les stations successives doivent pou-voir communiquer entre elles;

Enfin le mécanicien et même les voya-geurs d'un train doivent pouvoir entrer en communication avec le chef de train qui est dans le fourgon.

878. La première qualité du langage des signaux, c'est d'être clair, précis et surtout simple ; il faut, en effet, que tous les agents, plus ou moins intelligents et plus ou moins lettrés, puissent le com-prendre et lui obéir sans la moindre hési-tation.

Les signaux s'adressent d'ailleurs soit aux yeux, soit aux oreilles; de là, deux catégories générales, les signaux *optiques* les plus employés et les signaux *acous-tiques,*

Pendant longtemps les Compagnies ont eu la faculté de faire usage, sur leurs ré-seaux respectifs, des modes de préserva-tion et des signaux qui leur convenaient le mieux, et les termes les plus nets n'a-vaient pas toujours partout la même si-gnification.

Ainsi le commandement *arrêt* ne signi-fiait pas le moins du monde, excepté à la Compagnie d'Orléans, qu'il fallût s'arrê-ter: au chemin de fer de Paris-Lyon-Médi-terranée, il commandait l'arrêt momen-tané, avec faculté de reprendre sa marche dans certaines conditions; à la Compagnie du Nord, il recommandait simplement au mécanicien de ralentir sa vitesse en mar-chant avec prudence.

On voit aisément les inconvénients que présentait ce manque d'uniformité et il avait frappé, dès 1857, les pouvoirs pu-blics. A cette époque, en effet, une Com-mission d'enquête fut instituée afin d'étu-dier « les moyens de garantir la régularité et la sécurité de l'exploitation des che-mins de fer. » Le rapport de cette Com-mission concluait en formulant le vœu « que les Compagnies adoptent, pour tout ce qui concerne la sécurité publique, une espèce de langue universelle, des signes identiques parlant aux yeux de tous et qui, rapidement compris et appris, même par les personnes étrangères aux che-mins de fer, pourraient prévenir de nom-breux accidents, surtout aux passages à niveau et aux stations.

« En est-il de même lorsque l'on voit sur une ligne un agent au port d'armes, sur une autre un agent déployant un dra-peau blanc, agitant un drapeau vert ou

rouge? Évidemment non, et comme il n'y
a aucune espèce d'avantage et qu'il peut y
avoir des inconvénients à tenir le public
dans l'ignorance des moyens adoptés pour
le sauvegarder du danger, la Commission
émet le vœu que l'Administration ramène
toutes les Compagnies à l'uniformité des
signaux. Cette uniformité aurait encore
un autre avantage qu'il suffit à la Commission de signaler : c'est d'éviter pour
les agents qui passent d'une ligne sur une
autre un noviciat qui n'est pas sans danger pour la sécurité publique.

« Du reste, ce que nous demandons
n'est pas une nouveauté.

« Ainsi, en Angleterre, ce pays de self-
government, les amalgamations nombreuses de Compagnies qui ont eu lieu, le parcours des trains de différentes Compagnies sur la même ligne, la multiplicité
extrême des embranchements, ont amené
les directeurs d'exploitation à une entente
complète en ce qui concerne les règlements des signaux. Les signaux de toutes
les grandes lignes sont aujourd'hui identiques : les trois mots *danger*, *précaution*,
voie libre, c'est-à-dire *arrêt*, *ralentissement*, *marche*, sont traduits partout de
même, d'une manière si tranchée, soit
par les signaux fixes, soit par les signaux
mobiles, qu'il est impossible de les confondre.

« Le *rouge*, le *vert*, le *blanc* sont l'unique
base de ce vocabulaire; la *voie libre* n'est
pas indiquée par l'absence de signaux,
mais par des signaux spéciaux.

« Enfin, pour les signaux faits à la
main, sans aucun objet visible, la disposition des bras des agents est la même,
pour toute l'Angleterre, pour prescrire
l'*arrêt*, le *ralentissement* et la *marche*. »

879. Mais on connaît la puissance que
possèdent en France les grandes Compagnies et la façon habile avec laquelle elles
paralysent le contrôle en donnant à des
ingénieurs de l'État tous les hauts emplois
dont elles disposent. On se heurta à l'i-
nertie et au mauvais vouloir de ces Compagnies, à leur influence sur les bureaux
du ministère et rien ne fut fait. Il fallut
la guerre de 1870 et l'immense trouble
apporté par la multiplicité des signaux
différents d'une Compagnie à une autre,

pour ouvrir les yeux des moins clair-
voyants. De nombreux échanges de matériel et de personnel eurent lieu à
cette époque sur les différents réseaux
et sur tous les points du territoire,
et la plus grande confusion en résulta
de tous les côtés : les agents passant
d'une ligne sur une autre ignoraient en
partie, et souvent complètement, les règlements des signaux de la Compagnie voisine.

On se décida immédiatement à faire une
réforme dans ce sens et un ordre de service spécial fut ajouté dans cette pensée
au règlement du 1er juillet 1874, concernant les transports militaires. Mais on dut
attendre jusqu'en 1882 pour voir la Chambre des députés demander cette réforme
d'ensemble concernant les transports ordinaires en temps de paix. Étudiée et préparée ensuite par le Comité de l'Exploitation technique des chemins de fer et par
le Conseil d'État, on a fini par rendre uniforme le *langage* des signaux par un arrêté ministériel du 19 novembre 1885.

Et encore il ne s'agit là, nous le répétons, que du langage, c'est-à-dire de l'uni-
formisation du sens à attribuer aux apparences ou aux sons. Mais on a laissé aux
Compagnies, sous le contrôle de l'État :

« La structure et les moyens mécaniques
par lesquels on manœuvre les signaux ;

« Les règles suivant lesquelles ils sont
placés et répartis ».

« On ne saurait en effet, dit le rappor-
« teur, M. Picard, sans fermer la porte
« au progrès, réglementer tous les détails
« des dispositions mécaniques ; ce serait
« d'ailleurs une œuvre sans utilité sé-
« rieuse.

« On ne pourrait davantage soumettre
« à des principes absolus, à des formules
« invariables, la répartition des signaux
« sur les diverses lignes ; cette réparti-
« tion dépend notamment du profil et du
« tracé du chemin de fer, ainsi que des
« conditions du trafic. »

Il en est résulté ce qu'on appelle le
Code des signaux, adopté également en
Allemagne, en Angleterre, en Autriche-
Hongrie et en Suisse.

On a cependant laissé en dehors de
toute réglementation :

1° Les signaux très variables et très complexes de manœuvres à la machine dans les gares ;

2° Les signaux d'annonce des circulations extraordinaires qui n'ont qu'une importance secondaire ;

3° Les signaux des cloches électriques de voie unique qui n'intéressent pas directement les agents des trains.

880. En résumé, et depuis longtemps, bien avant toute réglementation, les Compagnies étaient d'accord sur les bases fondamentales suivantes :

1° La voie libre indiquée par la couleur blanche : le train peut conserver sa vitesse normale ;

2° La voie pouvant présenter un obstacle et les trains obligés au ralentissement : couleur verte ;

3° Enfin, voie obstruée et obligation pour le train d'un arrêt absolu : couleur rouge.

Le mécanicien, en voyant un de ces signaux, sait donc immédiatement ce qu'il a à faire.

881. Les signaux les plus simples se font à la main, au moyen de signaux aux couleurs précédentes, renfermés, en dehors du service, dans des gaines de cuir ; la nuit, le drapeau est remplacé par une lanterne, également de la couleur voulue et qu'un agent tient à la main.

Pour indiquer la voie libre, on présente le drapeau entouré dans sa gaine ou la lanterne au verre blanc tourné vers le train ; quelquefois, comme en Angleterre, on se contente d'étendre le bras horizontalement dans la direction de la marche du train.

Le ralentissement est indiqué par le drapeau vert déployé ; la lanterne verte la nuit, ou le bras levé verticalement.

L'arrêt est prescrit par le drapeau rouge déployé, la lanterne rouge ou les deux bras levés au-dessus de la tête.

Nous publions d'ailleurs plus loin l'ensemble des règles fondamentales imposées par le règlement du 15 octobre 1887 et connues sous le nom de Code des signaux.

Signaux mobiles, pétards.

882. Les signaux mobiles sont ainsi nommés parce qu'ils sont faits par des agents circulant sur la voie ou apostés en un point déterminé. Ces signaux sont toujours faits en pleine voie ; ils peuvent être constitués par un objet quelconque : les bras étendus, un drapeau, un guidon pendant le jour et lorsqu'il n'y a pas de brouillard.

Mais, en temps de brume ou la nuit, on emploie des lanternes à feux de couleurs variées et appropriées.

Et dans les deux cas on fait usage de pétards ; ces pétards sont composés d'une enveloppe métallique remplie de fulminate de mercure (*fig.* 801) à laquelle on adapte une petite plaque en métal très mince et flexible. Cette plaque se recourbe aisément à la main et peut épouser le champignon du rail (*fig.* 802). De la sorte la roue de la locomotive, en passant, vient

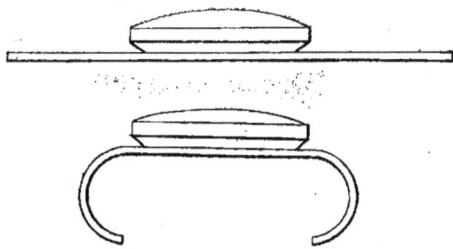

Fig. 801 et 802.

écraser la matière fulminante et déterminer l'explosion qui produit un bruit sec caractéristique (art. 4 à 9 du Code des signaux).

Signaux fixes.

883. Les signaux fixes font l'objet des articles 11 à 19 du code.

Parmi les signaux fixes on distingue : les signaux avancés, les signaux d'arrêt absolu, les signaux de ralentissement, les signaux de bifurcation, les sémaphores, les signaux d'aiguilles.

Les signaux fixes se divisent en outre en deux catégories : ceux qui sont destinés à couvrir les voies et ceux qui indiquent la position des aiguilles.

Ils sont généralement composés d'un

mât invariable et d'un disque ou d'un bras mobile ; par la position qu'occupe cette partie mobile, ils peuvent naturellement fournir plusieurs indications différentes. En général, les signaux à disques n'occupent que deux positions ; les signaux à bras mobiles ou *sémaphores* peuvent en occuper trois.

884. Un point important signalé par l'article 13 est l'emploi d'un poteau indicateur comme *limite de protection du*

disque. Nous avons vu précédemment, dans l'étude du matériel fixe, un type de ces poteaux (*fig.* 431 et 432).

Il faut, en effet, que les signaux soient placés à une distance assez grande du point à protéger pour que le mécanicien ait le temps d'arrêter sa machine avant d'y arriver. Cela dépend naturellement de la vitesse des trains et du profil en long de la ligne. Ainsi il est rare aujourd'hui qu'on place un signal avancé à moins

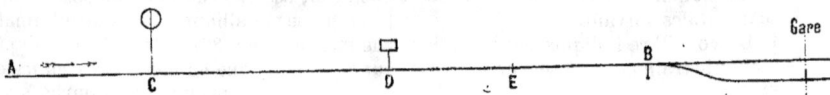

Fig. 803.

de 1 000 mètres d'une gare. Souvent cette distance est portée à 1 200 ou 1 500 mètres, et quand la voie présente une forte pente, la distance doit atteindre 2 000 mètres.

Supposons, par exemple, un train venant de A et s'approchant d'une gare dont la première aiguille d'entrée est en B (*fig.* 803).

En arrivant, le train rencontre en C le disque-signal rond spécifié à l'article 12. Dès que le mécanicien aperçoit ce disque fermé, et du plus loin qu'il le peut, il se rend immédiatement maître de la vitesse de son train, comme il est expliqué au Code, de manière à s'arrêter avant l'aiguille B, jusqu'au moment où on l'autorise à la franchir.

En principe donc, il paraîtrait qu'il dût suffire de donner à la distance BC la longueur voulue pour permettre au mécanicien l'arrêt absolu de son train. Cette distance devant d'ailleurs être calculée au maximum, de manière à prévoir le cas où le mécanicien n'aperçoit le disque rond C que quand il est dessus ; ce cas peut se présenter, non seulement dans les courbes, mais même en alignement droit par une forte pluie, par un temps de neige, par un épais brouillard.

En pratique, cela serait insuffisant : le train arrivant de A doit pouvoir s'arrêter assez avant d'arriver à l'aiguille B pour permettre la manœuvre du plus long train qui puisse sortir des voies de la gare, ce

qui exigerait déjà un allongement BE, variable avec les Compagnies.

Mais, en outre, il lui faut pouvoir lui-même se protéger par derrière contre un train venant de la même direction que lui ; il faut donc ajouter encore à la longueur précédente une nouvelle longueur

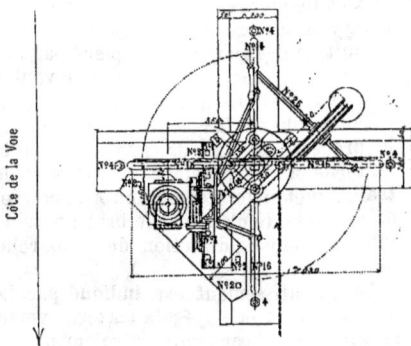

Fig. 804.

DE représentant également le développement maximum des trains en exploitation sur la ligne. En résumé, deux longueurs de train sont à ménager entre l'aiguille B, entrée de la gare, et la limite D de la zone protégée par le disque C ; c'est en ce point seulement qu'il sera prudent de placer le poteau limite de protection. La distance BD varie, suivant les Compagnies, de 400 à 1 000 mètres. La figure 805 donne en élévation un autre type de poteau limite en usage à la Com-

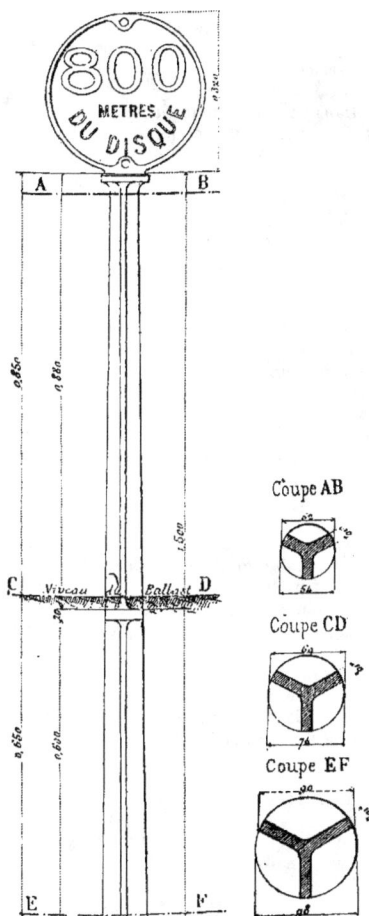

Fig. 805 à 808.

pagnie du Nord ; trois coupes en sont données (*fig.* 806 à 808).

On comprend donc bien maintenant l'utilité de ce poteau limite de protection du disque et la manière de le placer pour permettre le garage d'un train arrivant

dans chaque sens. Il peut arriver que plusieurs trains se suivent dans le même sens : alors l'agent de queue se porte à 1 000 mètres en arrière pour couvrir le train auquel il appartient et fait le signal de ralentissement avec le drapeau vert ou à la main ; en cas de brouillard, il dépose un pétard sur le rail.

Distance de protection.

885. Nous avons dit que les règles observées dépendent du profil de la ligne ; en outre, les chiffres varient suivant les Compagnies. Voici ceux qui sont adoptés sur les chemins de fer de l'État :

Les *signaux d'arrêt à la main* doivent être indiqués :

A 800 mètres sur les rampes de plus de 5 millimètres par mètre ;

A 1 000 mètres sur les rampes inférieures, sur les paliers et sur les pentes de 5 millimètres et au dessous ;

A 1 200 mètres sur les pentes supérieures à 5 millimètres et ne dépassant pas 8 ;

A 1 500 mètres sur les pentes supérieures à 8 millimètres. En outre, sur les rampes de 10 millimètres et au dessus, la distance de protection peut être réduite à moins de 800 mètres en vertu d'ordres de service spéciaux s'appliquant à des parties de lignes déterminées.

Les *signaux de ralentissement* sont faits au moins à 800 mètres du point qui nécessite le ralentissement.

Cette distance est portée à 1 000 mètres dans les pentes supérieures à 10 millimètres ; par contre, elle peut être réduite à 500 mètres sur les rampes supérieures à 5 millimètres.

Code des Signaux.

TITRE PREMIER

DISPOSITIONS GÉNÉRALES

ARTICLE PREMIER. — Sont régis par les dispositions suivantes les signaux échangés entre les agents des trains et les agents des voies ou des gares.

Les règlements spéciaux à chaque Compagnie ne pourront contenir aucune disposition contraire.

Les Compagnies pourront d'ailleurs être

autorisées par le ministre des travaux publics, à employer, à titre d'essai, des signaux autres que ceux qui sont prévus et définis au présent arrêté.

TITRE II
SIGNAUX DE LA VOIE

Section 1. — Généralités

ART. 2. -- Les signaux de la voie, c'est-à-dire les signaux faits de la voie ou des stations aux agents des trains ou des machines sont destinés soit à indiquer la voie libre, soit à commander l'arrêt ou le ralentissement, soit à donner la direction.

Dans tous les cas, l'absence de signal indique que la voie est libre.

Les signaux sont mobiles, c'est-à-dire susceptibles d'être transportés et employés en un point quelconque, ou fixes, c'est-à-dire établis à demeure en un point déterminé.

ART. 3. — Le signal de ralentissement fait à des trains en pleine marche indique que la vitesse effective doit être réduite de façon à ne pas dépasser un maximum de 30 kilomètres à l'heure pour les trains de voyageurs, et de 15 kilomètres pour les trains de marchandises.

Section 2. — Signaux mobiles.

ART. 4. — Les signaux mobiles ordinaires sont faits :

Le jour, avec des drapeaux, des guidons, un objet quelconque ou le bras ;

La nuit, ou le jour par temps de brouillard épais, avec des lanternes à feu blanc ou de couleur;

Le jour, comme la nuit, avec des pétards.

ART. 5. — La voie libre peut être indiquée en présentant aux trains :

Le jour, le drapeau roulé ou le bras étendu horizontalement dans la direction suivie par le train ;

La nuit, le feu blanc.

ART. 6. — Le drapeau rouge déployé tenu à la main par un agent commande l'arrêt immédiat.

A défaut de drapeau rouge, l'arrêt est commandé soit en agitant vivement un objet quelconque, soit en élevant les bras de toute leur hauteur.

Le feu rouge commande l'arrêt immédiat.

A défaut de feu rouge, l'arrêt est commandé par toute lumière vivement agitée.

ART. 7. — Le drapeau vert déployé ou le guidon vert commande le ralentissement.

Le feu vert commande le ralentissement.

ART. 8. — En cas de ralentissements acci-

dentels, comme ceux nécessités par les travaux ou l'état de la voie, un drapeau roulé, un guidon blanc ou un feu blanc indique le point à partir duquel le ralentissement doit cesser.

ART. 9. — Les pétards sont employés pour compléter les signaux optiques mobiles commandant l'arrêt, soit de jour, soit de nuit, lorsque, à raison des troubles atmosphériques ou pour toute autre cause, ces signaux ne pourraient pas être suffisamment perceptibles.

Dans ce cas, on doit placer deux pétards au moins, et trois par temps humide, dont un sur chaque rail, à 25 ou 30 mètres d'intervalle et à pareille distance en avant du signal optique qu'ils complètent.

L'emploi des pétards pour compléter les signaux optiques mobiles commandant l'arrêt est obligatoire lorsque, par suite du brouillard ou d'autres troubles atmosphériques, les signaux optiques ne peuvent être distinctement aperçus à 100 mètres de distance.

ART. 10. — En cas de force majeure, des pétards peuvent être employés isolément et indépendamment des signaux optiques, même en l'absence d'un agent posté pour faire les signaux sur place.

Le mécanicien d'un train qui rencontre des pétards placés dans ces conditions doit se rendre immédiatement maître de la vitesse de son train par tous les moyens à sa disposition et ne plus s'avancer qu'à une vitesse suffisamment réduite pour être en mesure de s'arrêter dans la partie de voie en vue, s'il se présente un obstacle ou un signal commandant l'arrêt. Si, à partir du lieu de l'explosion après un parcours fixé par le règlement de la Compagnie, sans qu'il puisse être inférieur à 1000 mètres, il ne se présente ni obstacle ni signal commandant l'arrêt, le mécanicien peut prendre sa vitesse normale.

Section 3. — Signaux fixes.

ART. 11. — Les signaux fixes de la voie sont :

Les disques ou signaux ronds ;

Les signaux d'arrêt absolu ;

Les sémaphores ;

Les signaux de ralentissement ;

Les indicateurs de bifurcation et signaux d'avertissement ;

Les signaux indicateurs de direction des aiguilles.

ART. 12. — Le disque ou signal rond peut prendre deux positions par rapport à la voie qu'il commande : perpendiculaire ou parallèle.

Le disque fermé, c'est-à-dire présentant au train sa face rouge perpendiculaire à la voie, le jour, ou un feu rouge la nuit, commande l'arrêt.

Le disque effacé, c'est-à-dire disposé parallèlement à la voie, le jour, ou représentant le feu blanc, la nuit, indique que la voie est libre.

Dès qu'un mécanicien aperçoit un disque fermé, il doit se rendre immédiatement maître de la vitesse de son train par tous les moyens à sa disposition et ne plus s'avancer qu'à une vitesse suffisamment réduite pour être en mesure de s'arrêter à temps dans la partie de voie en vue, s'il se présente un obstacle ou un nouveau signal commandant l'arrêt. En tout cas, il ne devra jamais atteindre la première aiguille ou la première traversée de voie protégée par le signal, et ne se remettre en marche qu'après y avoir été autorisé soit par le conducteur chef de train, soit par l'agent de service à la gare ou du poste protégé.

Art. 13. — Le *disque* ou *signal rond* doit être suivi d'un poteau indiquant, par une inscription, le point à partir duquel le signal fermé assure une protection efficace.

Art. 14. — Le *signal carré d'arrêt absolu* peut prendre deux positions par rapport à la voie qu'il commande : perpendiculaire ou parallèle.

Le signal présentant au train, le jour, perpendiculairement à la voie, un damier vert et blanc, et, la nuit, un double feu rouge, commande l'*arrêt absolu*, c'est-à-dire qu'aucun train ou machine ne peut franchir le signal tant qu'il commande l'arrêt.

Le signal effacé, c'est-à-dire disposé parallèlement à la voie, ou présentant, la nuit, un feu blanc, indique que la voie est libre.

Art. 15. — Sur les voies autres que celles suivies par les trains en circulation, le *signal d'arrêt absolu* défini à l'article précédent peut être remplacé, avec l'autorisation du ministre, par un signal carré ou rond à face jaune, présentant la nuit un simple feu jaune.

Art. 16. — Le *sémaphore* est un appareil destiné à maintenir entre les trains les intervalles nécessaires.

Il donne ses indications : le jour, par la position de ou des bras dont il est muni ; la nuit, par la couleur des feux qu'il présente.

Le bras qu'on voit à gauche, en regardant le sémaphore vers lequel le train se dirige, s'adresse seul à ce train.

Le jour, le bras étendu horizontalement et présentant sa face rouge commande l'arrêt ; le bras incliné vers le bas, à angle aigu, commande le ralentissement ; le bras rabattu sur le mât indique que la voie est libre.

La nuit, le sémaphore commande : l'arrêt, par un feu donnant en même temps le vert

et le rouge : le ralentissement, par le feu vert. Le feu blanc indique que la voie est libre.

Le signal d'arrêt du sémaphore interdit la circulation au-delà du poste ou de la station où le sémaphore est placé, sauf autorisation formelle d'avancer, donnée par le chef de station ou par celui qui en fait fonction au poste ou à la station et dans des conditions particulières indiquées au mécanicien.

Art. 17. — Le *disque de ralentissement* peut prendre deux positions par rapport à la voie qu'il commande.

Le signal présentant au train, le jour, perpendiculairement à la voie, sa face verte, et, la nuit, un feu vert, commande le ralentissement indiqué à l'article 3.

Le signal effacé, c'est-à-dire disposé parallèlement à la voie et présentant, la nuit, un feu blanc, indique que la voie est libre.

Des limitations spéciales de vitesse peuvent, dans des cas déterminés par le ministre, être indiquées par des tableaux blancs, éclairés la nuit et portant le chiffre auquel la vitesse doit être réduite.

Des tableaux portant en lettres apparentes, éclairées la nuit, le mot ATTENTION, peuvent également, dans les cas fixés par le ministre, être employés pour indiquer aux agents des trains qu'ils doivent redoubler de prudence et d'attention jusqu'à ce que la liberté de la marche leur soit rendue.

Art. 18. — L'indicateur de bifurcation est formé soit par une plaque carrée, peinte en damier vert et blanc, éclairée la nuit par réflexion ou par transparence ; soit par une plaque portant le mot *bifur*, éclairée la nuit de la même manière.

Ce signal est disposé, sauf autorisation contraire du ministre, de manière à donner constamment la même indication.

Le damier vert et blanc peut être aussi employé comme signal d'avertissement annonçant des signaux carrés d'arrêt absolu qui ne protègent pas des bifurcations.

Le mécanicien qui rencontre, non effacé, l'un des signaux précédents doit se mettre en mesure de s'arrêter, s'il y a lieu, à l'embranchement ou au signal d'arrêt absolu qu'annonce ledit signal.

Art. 19. — Les signaux indicateurs de direction des aiguilles se distinguent :

En signaux de direction, placés aux aiguilles en pointe où le mécanicien doit préalablement demander la voie utile par le sifflet de la machine ;

Et en signaux de position, destinés à renseigner les agents sédentaires sur la direction donnée par les aiguilles, direction que le mécanicien n'a pas à demander par le sifflet de la machine.

Art. 20. — Les signaux de direction des aiguilles, signaux qui ne s'adressent qu'aux trains abordant les aiguilles par la pointe, sont faits par des bras sémaphoriques peints en violet, terminés à leur extrémité en flamme par une double pointe; ces bras sont disposés, se meuvent et sont éclairés la nuit de la manière suivante :

1° Lorsqu'ils sont mus par des leviers indépendants des aiguilles, mais enclanchés avec elles, ils sont placés sur un mât, à des hauteurs différentes, en nombre égal aux directions que peut donner le poste. Le bras le plus élevé correspond à la direction la plus à gauche, le moins élevé à la direction la plus à droite, chacun étant placé de haut en bas, dans l'ordre où se trouvent les directions, en allant de gauche à droite. Les bras ne peuvent prendre que deux positions : la position horizontale indiquant que la direction correspondante n'est pas donnée ; la position inclinée, à angle aigu, indiquant la direction qui est donnée. La nuit, les bras horizontaux présentent le feu violet ; les bras inclinés à angle aigu, le feu vert ou le feu blanc, suivant que l'on doit ralentir ou que l'on peut passer en vitesse.

2° Lorsqu'ils sont mus automatiquement par l'aiguille, le mât ou indicateur juxtaposé à l'aiguille ne présente jamais qu'un bras apparent. Le bras apparent d'un côté, le jour, ou donnant un feu violet, la nuit, indique que la direction correspondant à ce côté est fermée. Le bras effacé, le jour, ou un feu blanc, la nuit, indique le côté dont la direction est donnée. Lorsque plusieurs bifurcations se suivent au même poste, les appareils sont placés dans l'ordre des directions à prendre et leurs indications doivent être observées dans le même ordre.

TITRE III

SIGNAUX DE TRAINS

Section 1. — Signaux ordinaires portés par les trains.

Art. 21. — Tout train circulant de jour, tant sur les lignes à double voie que sur celles à voie unique, doit porter, à l'arrière du dernier véhicule, un signal de queue consistant soit en une plaque de couleur rouge, soit dans la lanterne d'arrière dont le train doit être muni la nuit.

Art. 22. — Tout train circulant de nuit, tant sur les lignes à double voie que sur celles à voie unique, doit porter à l'avant au moins un feu blanc, et à l'arrière un feu rouge, placé sur la face arrière du dernier véhicule ; deux autres lanternes doivent être placées de chaque côté, vers la partie supérieure du dernier véhicule ou, en cas d'impossibilité, de l'un des derniers véhicules ; ces lanternes de côté doivent être disposées de façon à lancer un feu blanc vers l'avant et un feu rouge vers l'arrière.

Cette disposition n'est pas obligatoire pour les trains de manœuvre ayant à effectuer un parcours de moins de 5 kilomètres ; dans ce cas, un seul feu rouge à l'arrière suffit.

Art. 23. — Dans tous les cas où aura été établie, en conformité des prescriptions réglementaires sur la matière, une circulation à contre-voie sur une ligne à double voie, tout train ou machine isolée circulant à contre-voie doit porter : le jour, un drapeau rouge déployé à l'avant ; la nuit, un feu rouge en plus du feu blanc ou des feux blancs de l'article précédent.

Art. 24. — Les trains de marchandises peuvent être distingués des trains de voyageurs par l'adjonction d'un feu vert à l'avant.

Art. 25. — Les machines isolées circulant pour le service dans les gares portent, la nuit, un feu blanc à l'avant et un feu blanc à l'arrière.

Art. 26. — Les machines isolées circulant sur la ligne, hors de la protection des signaux des gares, portent, la nuit : à l'avant, au moins un feu blanc ; à l'arrière, au moins un feu rouge, sans préjudice du signal d'avant spécial au cas de circulation à contre-voie sur une ligne à double voie.

Art. 27. — Les Compagnies peuvent, en se conformant à leurs règlements spéciaux approuvés par le ministre, distinguer la direction des trains ou machines par la position relative assignée aux feux d'avant et par l'addition de feux supplémentaires. Ces feux supplémentaires peuvent être blancs ou présenter toute couleur autre que le rouge.

Section 2. — Signaux du mécanicien.

Art. 28. — Le mécanicien communique avec les agents des trains ou de la voie par le sifflet de sa machine.

Un coup prolongé appelle l'attention et annonce la mise en mouvement.

Aux bifurcations, à l'approche des aiguilles qui doivent être abordées par la pointe, le mécanicien demande la voie en donnant le nombre de coups de sifflet prolongés correspondant au rang qu'occupe la voie qu'il doit prendre, en comptant à partir de la gauche, savoir :

Un coup pour prendre la 1re voie ;

Deux coups pour prendre la 2e voie ;

Trois coups pour prendre la 3e voie ;

Quatre coups pour prendre la 4e voie.

Deux coups de sifflet brefs et saccadés ordonnent de serrer les freins ; un coup bref, de les desserrer.

Section 3. — *Signaux des conducteurs des trains.*

Art. 29. — Le train étant en mouvement, le conducteur de tête communique avec le mécanicien par la cloche ou le timbre du tender.

Un coup de cloche ou de timbre commande l'arrêt.

Art. 30. — Les conducteurs intermédiaires signalent l'arrêt au conducteur de tête et au mécanicien comme aux agents de la voie, en agitant à l'extérieur de leur fourgon ou vigie un drapeau rouge déployé ou un feu rouge tourné vers l'avant.

Le conducteur de tête, sur le vu de ce signal le répète au mécanicien en sonnant la cloche ou le timbre du tender.

Tout agent de la voie qui aperçoit à temps un pareil signal doit faire immédiatement le signal d'arrêt au mécanicien, et, si celui-ci ne l'a pas aperçu, employer tous les moyens à sa disposition pour faire présenter utilement au train le signal d'arrêt par l'agent de la voie ou le poste en avant le plus rapproché, dans le sens de la marche du train.

TITRE IV

DISPOSITIONS SPÉCIALES

Section 1. — *Signal de départ et d'arrêt des trains.*

Art. 31. — L'ordre de départ d'un train est donné au conducteur de tête par le chef de gare ou son représentant, au moyen d'un coup de sifflet de poche. Le conducteur de tête commande à son tour au mécanicien la mise en marche du train, au moyen d'un coup de cornet.

Si le train mis en marche doit être aussitôt arrêté, pour une cause quelconque, le chef de gare en donne le signal par des coups saccadés, et le conducteur de tête sonne la cloche ou le timbre du tender.

Le mécanicien doit, dans ce dernier cas, obéir aux coups de sifflet du chef de gare dès qu'il les entend, alors même que le conducteur de tête ne les aurait pas encore confirmés, comme il vient d'être dit.

Section 2. — *Dispositions particulières au cas d'exploitation sur plus de deux voies principales.*

Art. 32. — Si l'exploitation se fait sur plus de deux voies principales, les signaux destinés à chacune des voies devront être placés au voisinage immédiat et à gauche du rail de gauche de ladite voie, dans le sens de la marche des trains, ou au-dessus de cette voie, à l'exception des sémaphores dont les bras devront être tous placés de façon à être vus les uns au-dessous des autres, les bras les plus élevés s'adressant à la direction la plus à droite dans le sens de la marche des trains ; les bras intermédiaires s'adressant à la direction intermédiaire, s'il y en a une.

TITRE V

DISPOSITIONS TRANSITOIRES

Art. 33. — Les délais dans lesquels les dispositions prescrites par le présent arrêté devront avoir reçu leur complète application seront déterminés, pour chaque réseau, par des décisions ministérielles spéciales.

886. Au chemin de fer de l'Est, l'arrêt est commandé par des signaux mobiles portés en avant de l'obstacle à couvrir aux distances suivantes :

A 500 mètres lorsque la voie est en rampe de 8 millimètres par mètre ;

A 800 mètres quand la voie est en rampe de plus de 5 millimètres ;

A 1 000 mètres lorsque la voie est en palier ;

A 1 200 mètres lorsque la voie est en pente continue de plus de 5 millimètres ;

A 1 500 mètres lorsque la voie est en pente continue de plus de 8 millimètres.

Pour le ralentissement, les distances sont d'au moins moitié de celles qui commandent l'arrêt.

Le disque-signal avancé est placé de façon qu'entre le point d'où l'on peut l'apercevoir nettement et le poteau limite de protection il y ait toujours au minimum :

500 mètres dans les rampes de plus de 8 millimètres ;

800 mètres dans les rampes maximum de 8 millimètres, les paliers et les pentes de 5 millimètres au plus ;

1 000 mètres dans les pentes dépassant 5 millimètres.

887. Au chemin de fer du Midi, la distance entre le poteau limite et le disque est fixée comme suit :

Entre 800 et 1 000 mètres, s'il existe

entre ces limites un point tel que le profil moyen entre ce point et le poteau limite soit en rampe ou en palier.

Entre 1 000 et 1 200 mètres, s'il se trouve entre ces limites un point tel que le profil moyen ne présente pas une pente supérieure à 5 millimètres ;

Enfin, à défaut de ces diverses conditions, à 1 500 mètres au minimum.

Ces distances minima peuvent être augmentées suivant les conditions locales et les besoins, mais il est formellement interdit de les diminuer.

888. Enfin, au chemin de fer d'Orléans, on a adopté 800 mètres, quel que soit le profil, en ménageant simplement la possibilité de voir le signal à 400 mètres avant d'y arriver.

889. *Position des disques.*—Les disques avancés doivent toujours être placés dans le sens de la marche des trains, c'est-à-dire à gauche de la voie qu'ils commandent.

En cas de voie unique seulement ou avec autorisation spéciale, on peut les mettre à droite.

Aucune partie du disque ne doit être à moins de 1m,50 du rail le plus voisin.

Il faut, en outre, autant que possible, que le disque soit visible de son levier de manœuvre, ainsi que de la gare, du quai des voyageurs.

Quant aux feux de nuit, ils doivent être disposés de telle sorte qu'en alignement droit le faisceau lumineux soit parallèle à la voie. En courbe, le disque doit être posé de telle sorte que l'axe du faisceau de rayons lumineux rencontre l'axe de la voie en un point situé à la moitié de la distance entre le disque et le point où on commence à l'apercevoir.

Étude du disque signal avancé.

890. On distingue ordinairement dans un disque signal quatre parties principales :

Le signal proprement dit ;
L'appareil de manœuvre ;
La transmission ;
Le système de rappel.

En Angleterre et en Allemagne les signaux sont le plus souvent des sémaphores

dont le mât a 10 ou 15 mètres de hauteur et porte à sa partie supérieure deux bras plats mobiles autour d'un axe parallèle à la voie ; ce sont de véritables télégraphes. Ces bras sont manœuvrés du bas au moyen de leviers et de tringles de connexion et peuvent prendre trois positions: horizontale, verticale et oblique à 45 degrés. Ces bras ont souvent plus d'un mètre de long et sont, par conséquent, assez lourds à manœuvrer. Aussi, au lieu de les faire pleins, on les construit en lames de persiennes, ce qui a le double avantage d'atténuer l'action du vent et de diminuer leur poids.

Une disposition ingénieuse de M. Treutler a été adoptée pour que ces signaux soient visibles la nuit. Pour cela, l'inventeur a remplacé les lames de persiennes précédentes par des miroirs inclinés alternativement en sens contraire et de quantités variables sur l'axe de rotation. L'inclinaison de ces miroirs est calculée de manière à lancer parallèlement à la voie les rayons lumineux provenant d'une lanterne à double courant d'air placée sur le prolongement de l'axe de rotation. Cette lanterne est d'ailleurs supportée par des montants reliés au mât par des consoles ou des traverses. D'après la position même de ce feu placé dans l'axe de rotation des bras, les miroirs conservent la même inclinaison sur cet axe dans toutes les positions de ces bras. Ces derniers forment donc la nuit deux bandes lumineuses avec lesquelles on reproduit tous les signaux du jour, et cela depuis 100 jusqu'à 1 000 et 1 200 mètres, distance à laquelle ces signaux cessent d'être nettement perceptibles.

Pendant la journée, les signaux ordinaires sont faits au moyen des cadres qui portent les miroirs et qui sont peints en rouge comme dans le signal courant. En modifiant la couleur des feux, on obtient des bandes lumineuses de la couleur voulue pour avoir des combinaisons de signaux.

891. *Signal proprement dit.* — Étant donné les besoins très différents que cherchent à satisfaire les signaux, on comprend qu'il y ait un nombre de types assez grand de ces appareils appropriés à chaque cas. Nous pouvons d'autant moins les examiner tous que les Compagnies possèdent presque toutes un modèle différent pour ces divers types; nous nous bornerons à étudier les principaux, les plus répandus et les plus employés, et, parmi les autres, ceux qui présentent quelque particularité exceptionnelle et intéressante.

Le disque-signal sert, avec le sémaphore, à prévenir toute collision résultant du choc des trains arrivant dans une gare.

Ces disques se plaçaient anciennement à 800 mètres de la station et cette distance était considérée comme suffisante pour obtenir l'arrêt d'un train quelconque; mais, vu les grandes vitesses en usage constamment aujourd'hui et les grandes masses mises en mouvement, cette distance a dû être portée jusqu'à 1 500 mètres. Dans les disques-signaux, le voyant a de 1^m,10 à 1^m,20 de diamètre; il est uniformément porté par un arbre en fer rond de 0^m,04 de diamètre portant dans une crapaudine inférieure, et son centre est à une hauteur au-dessus du rail qui varie de 3^m,50 à 6 mètres.

L'arbre du disque est porté par une colonne en fonte creuse, comme au chemin de fer de Lyon; par un pylône en fers à **I** assemblés comme à l'Orléans, ou par un chevalet triangulaire en fers boulonnés, comme au Nord.

892. *Lanterne.* — La lanterne qui accompagne le disque-signal pour le suppléer pendant la nuit, peut être mobile ou **fixe.**

La lanterne mobile avec le signal présente cet inconvénient que son huile peut être renversée pendant la rotation du disque : elle peut donc s'éteindre ou voir diminuer considérablement la durée de son éclairage et, dans les deux cas, présenter un réel danger pour l'exploitation.

Il est donc préférable d'employer la lanterne fixe ou lanterne *Bataille*. On la place dans le sens voulu pour éclairer la direction des trains arrivants et dans l'angle qui reste à l'abri de la rotation du disque (*fig.* 809). Elle est munie de verres blancs devant et derrière et le disque à l'arrêt vient présenter devant elle un trou rond avec un verre rouge,

de sorte que les rayons qui traversent sont rouges et remplacent, pour le mécanicien arrivant, la vue du disque.

Pour être certain, de la station où se fait la manœuvre, que le disque a bien fonctionné et se trouve bien à l'arrêt, on munit le disque d'un écran latéral E en verre vert ou bleu, qui doit normalement envoyer un feu vert ou bleu quand la manœuvre a été correcte.

En pratique, cependant, la lanterne est un peu plus compliquée que cela; ainsi la voie est souvent courbe et, pour ramener les rayons dans la direction de la station, on fixe au disque des réflecteurs obliques.

Au chemin de fer du Nord on fait usage de lentilles mobiles concentrant les rayons et les ramenant dans la direction voulue

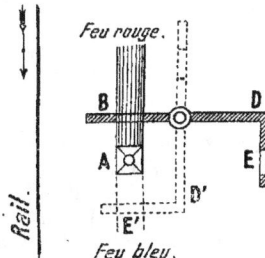

Fig. 809.

par un changement de position sur la face de la lanterne disposée en arc de cercle. On aperçoit ainsi la lumière de la station, quelle que soit la courbure de la ligne.

893. La lanterne mobile est descendue pour être nettoyée et garnie, au moyen de deux poulies fixes sur lesquelles s'enroule une chaîne sans fin portant la lanterne. Afin d'éviter la congélation de l'huile par les grands froids, on y ajoute quelques centièmes de pétrole.

Quand la lanterne est fixe, il faut toujours pouvoir l'amener en bas à portée de la main de l'agent chargé de son entretien; on la fait alors monter ou descendre entre deux tringles verticales qui suffisent lorsque le mât est peu élevé. Dans le cas contraire, on ajoute encore aux tringles une chaîne sans fin comme précédemment.

894. En résumé, dans la plupart des cas, la lanterne est fixée au mât. Au Nord, elle a été longtemps solidaire du disque et placée au centre du voyant. A la Compagnie d'Orléans, la lanterne surmonte le voyant et porte un verre rouge, de manière à projeter un feu rouge dans la même direction que le disque montre son feu rouge, c'est-à-dire au train arrivant.

Cependant la tendance est à abandonner la solidarité entre le disque et la lanterne, à cause des inconvénients que cela présente. Ainsi, au chemin de fer de Lyon, celle-ci est portée par un support glissant sur deux tringles jumelles, solidaires du mât et venant reposer à la partie inférieure sur deux ressorts à boudins qui entourent les tringles. La lanterne est élevée, à l'aide d'une chaîne sans fin, à la hauteur d'un verre rouge serti, au moyen de deux rondelles en caoutchouc, dans une ouverture pratiquée sur le côté du disque.

Signaux de la Compagnie du Nord.

895. La série des signaux employés sur le réseau du Nord est fort simplifiée, ce qui est un avantage sous tous les rapports. Elle se borne à un type de *disque d'arrêt* et un de *disque à distance* servant aussi bien pour la circulation sur les voies principales que sur les voies de service; et, en cas d'application du block système à l'*électrosémaphore* Lartigue, Tesse et Prudhomme.

896. *Disque à distance.* — La Compagnie avait encore, il y a peu de temps, des signaux avancés appartenant à trois types différents :

1° Des disques à deux fils du système employé à l'Orléans;

2° Des disques à un seul fil, avec compensateur Robert;

3° Des disques à un seul fil, à dilatation libre du genre de l'Est.

Le type de l'Orléans à deux fils est aujourd'hui entièrement abandonné par le Nord aussi bien que partout ailleurs; l'Orléans seul persiste à s'en servir. Quant au compensateur Robert, longtemps en faveur, il tend également de

plus en plus à disparaître devant le système à dilatation libre du chemin de fer de l'Est, et le compensateur Dujour. Nous étudierons plus loin ces systèmes de compensation.

On rencontre également encore divers types de voyants avec lanterne fixe ou mobile. Nous décrirons seulement le plus récent, qui sera le plus employé dans l'avenir.

Le disque proprement dit ou, plutôt, le *voyant* (*fig.* 810 et 811) est un cercle en tôle, peint en rouge du côté de l'arrêt et en damier noir et blanc sur la face opposée. Il est fixé sur une fourche qui termine le

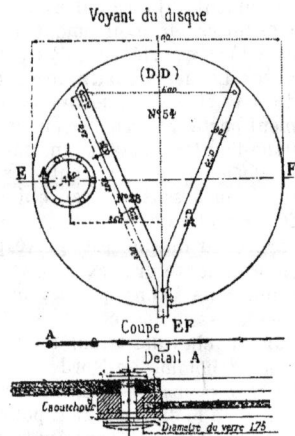

Fig. 810 et 811.

mât de support dont la rotation entraîne celle du voyant (*fig.* 812, n° 54). Le centre du voyant, le jour, et celui de la lanterne, la nuit, se trouvent à 3m,635 au-dessus du sol.

La lanterne est fixe et le disque est percé d'une ouverture munie d'un verre rouge qui vient se placer devant le feu de la lanterne quand le disque est à l'arrêt.

La manœuvre s'opère par le moyen d'un fil de transmission qui s'enroule sur une poulie horizontale fixée au pied du mât du disque (n° 62). Pour éviter les frottements inévitables dans les gorges de poulie, cette dernière est ici un véritable tambour muni simplement à la partie in-

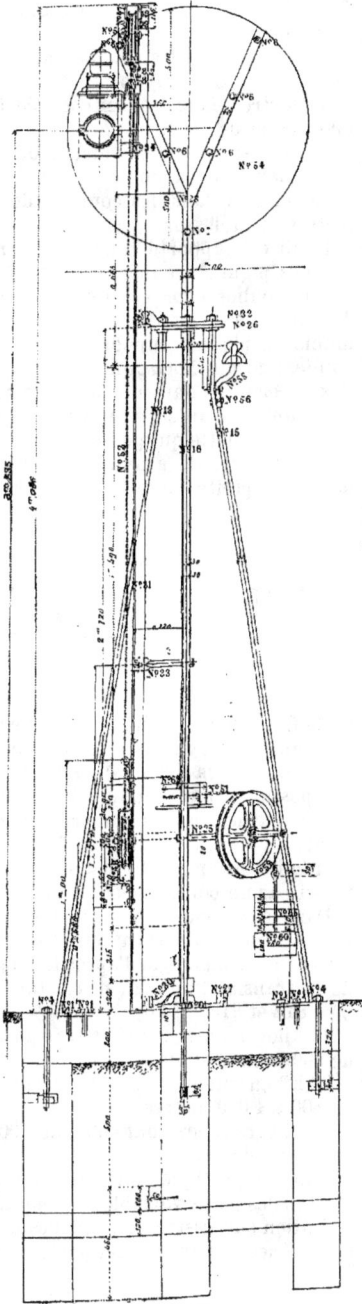

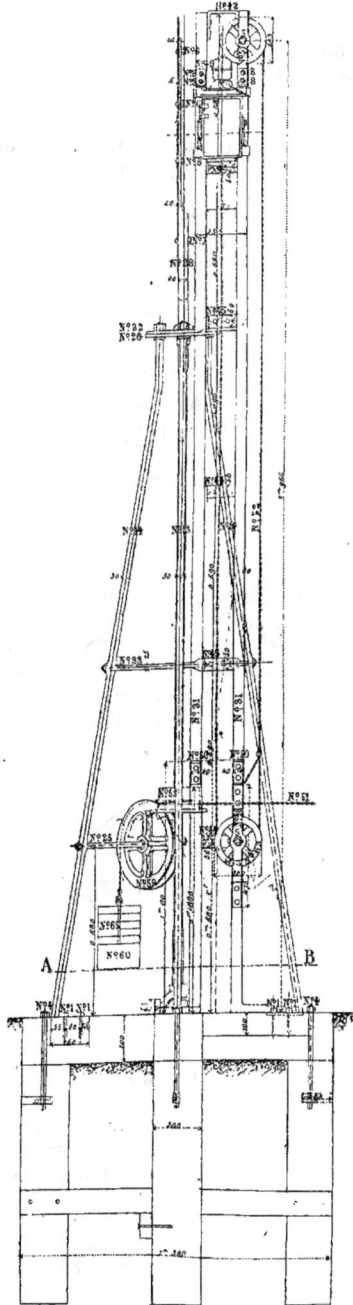

Fig. 812.

Fig. 813.

férieure d'une saillie ou rebord circulaire uniquement destiné à empêcher la chute du fil. La manœuvre du fil entraîne la rotation du mât et, par suite, du voyant, d'un quart de tour, ce qui place le disque à l'arrêt ou à l'effacement. Quand le disque est effacé, sa face rouge est tournée vers l'intérieur de la voie, afin que, dans aucun cas, même en courbe, le mécanicien

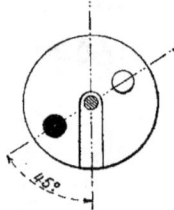

Fig. 814.

ne puisse faire de confusion et croire le disque fermé quand il est ouvert.

Le porte-lanterne est fixé à l'un des brins d'une chaîne qui passe sur deux poulies (n° 63) fixées l'une en haut, l'autre en bas d'un fer en **U** vertical (n° 31). Le

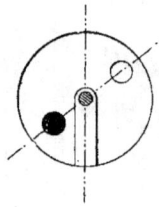

Fig. 815.

tout est monté sur un solide bâtis en bois enterré à 1^m,15 environ dans le sol.

897. Le fil de transmission est en fer galvanisé. Il a un diamètre de 2 millimètres et demi et peut supporter sans se rompre une charge de 56 kilogrammes par millimètre carré de section. On le pose, autant que possible, en ligne droite. Lorsque la voie est en courbe, la pose du

fil a lieu suivant les côtés rectilignes d'un polygone de :

25 mètres dans les courbes au-dessous de 500 mètres de rayon ;

50 mètres dans les courbes de 500 à 800 mètres de rayon ;

75 mètres dans les courbes de 800 à 1 200 mètres de rayon ;

100 mètres dans les courbes de 1 200 mètres et au dessus.

Le fil est supporté tous les 25 mètres par des piquets munis de pitons ou de petites poulies à gorges ; tous les sommets du polygone de pose vu plus haut sont munis de piquets supportant de petites poulies à gorges horizontales. A chaque inflexion brusque dans un plan horizontal, on remplace d'ailleurs le fil par une portion de chaînette qui passe sur une poulie horizontale de grand diamètre logée dans une petite boîte. A tous les points

Pièce K.

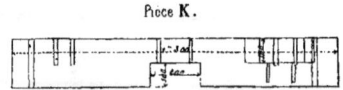

Fig. 816.

où le fil s'infléchit dans un plan vertical, les piquets sont garnis de poulies doubles verticales. A la traversée des voies ou des passages à niveau, le fil passe dans des caniveaux en bois, en briques, en ciment, ou dans des tubes en fonte. A son extrémité au pied du disque le fil est tendu par un contrepoids de rappel.

Dans le système Robert, le fil passe sur une poulie verticale (n° 59) et s'attache à un contrepoids réglé d'après la longueur de la transmission ; ainsi on lui donne (fig. 812 et 813, n° 60) :

18 kilogrammes pour les transmissions de 800 mètres et au dessus ;

20 kilogrammes pour les transmissions de 800 à 1 000 mètres ;

22 kilogrammes pour celles de 1 000 mètres et au dessus.

Dans la pratique, on obtient, suivant les cas, des poids variables à volonté, par l'addition successive de rondelles de 2 kilogrammes sur un premier poids principal servant de noyau, de 12 kilogrammes. Les rondelles sont toutes percées d'un trou sur leur face inférieure et munies d'un goujon sur leur face supérieure; de la sorte, elles ne peuvent pas glisser les unes sur les autres lorsqu'elles sont enfilées sur la tige commune (n° 65).

La figure 814 représente une de ces rondelles avec l'échancrure destinée au passage de la tige centrale; la figure 815 indique la rondelle suivante posée sur la première.

Dans le système à puits, de l'Est, le fil conduisant la manœuvre du disque se prolonge et s'attache à l'extrémité d'un levier coudé dont l'autre branche porte une lentille-contrepoids. La course de ce contrepoids est limitée par un arrêt fixé au bâtis. Dans les deux cas, le contrepoids de rappel a pour effet de tendre le fil, quelle que soit la position du disque, et de le mettre à l'arrêt si le fil venait à casser.

898. *Détail des ferrures et accessoires du disque du Nord.* — Nous ne pouvons donner ici la description des diverses pièces constituant le signal avancé que nous venons d'étudier. Nous nous bornerons à en donner encore le plan (*fig.* 804), coupe et détails (*fig.* 816 et 817), ainsi que la nomenclature complète, avec le nombre des pièces semblables, dans les trois tableaux suivants. (V. page 540)

Disque de la Compagnie Paris-Lyon-Méditerranée.

899. Le disque du chemin de fer de Lyon est une colonne creuse en fonte avec socle, dans l'axe de laquelle se meut une tige verticale terminée par un voyant rond dont une face est peinte en blanc et l'autre en rouge. A la base de la tige se trouve un balancier sollicité d'un côté par un fil de transmission se rendant à la station, et de l'autre par une chaîne fixée à un levier de rappel avec contrepoids.

Généralement, le disque est fermé lorsque ce levier de rappel est abaissé, de sorte que ce signal se met de lui-même à l'arrêt quand le fil de transmission vient à se rompre. A la Compagnie de Lyon, dans

le type que nous décrivons en ce moment, c'est le contraire : le disque se ferme en tirant à soi le levier de manœuvre et, par conséquent, en relevant le levier de rappel, de sorte qu'il y a effacement du signal en cas de rupture des fils. C'est là incontestablement une mauvaise condition.

Le mouvement du disque est limité à 90 degrés au moyen de deux taquets d'arrêt venus de fonte avec le système, l'un à la partie inférieure d'un manchon calé sur l'arbre, l'autre à l'extrémité supérieure de la colonne.

L'extrémité inférieure de l'arbre tourne

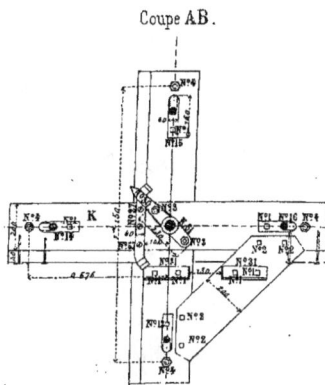

Coupe AB.

Fig. 817.

dans une crapaudine solidaire d'un croisillon à trois branches fixé au soubassement de la colonne par trois boulons. Un chapeau supérieur, placé un peu au-dessus du pivot, empêche l'introduction des cailloux, grains de sable, etc., dans la crapaudine; une ouverture spéciale permet cependant le graissage (*fig.* 818 à 825).

Le verre rouge ménagé dans le voyant pour les feux de nuit a 0^m,405 de diamètre; il est maintenu par deux bagues de caoutchouc serrées au moyen de rondelles en bronze et de quatre boulons.

Le mât est fondé sur un châssis en charpente formé de deux pièces à angle droit de 0^m,40 sur 0^m,20 d'équarrissage.

FERRURES

NUMÉROS des PIÈCES	DÉSIGNATION DES PIÈCES	NOMBRE	POIDS PARTIELS	POIDS TOTAUX
			kil.	kil.
1	Tirefonds fixant les montants et les cornières...........	12	0.1175	1.380
2	» » la pièce d'assise d'une cornière verticale...	4	0.225	0.900
3	Boulons fixant la crapaudine...........................	2	0.450	0.900
4	» avec clavette fixant les traverses.................	4	0.575	2.300
5	» fixant les poulies d'accrochage..................	2	0.140	0.280
6	» » le voyant rond........................	6	0.070	0.420
7	» » »	1	0.080	0.080
8	» » la chape supérieure et l'arrêt..............	4	0.052	0.208
9	» » » »	2	0.046	0.092
11	» fixant l'écran	6	0.020	0.120
13	Montant en fer rond	1	14.320	14.320
14	» »	1	14.320	14.320
15	» »	1	14.320	14.320
16	» »	1	14.320	14.320
25	Axe entretoisant les montants avec rondelle et goupille....	1	2.000	2.000
26	Plateau rond avec douille en bronze....................	1	7.350	7.350
27	Arrêtoir en arc.......................................	1	1.650	1.650
28	Mât à fourche..	1	35.250	35.250
30	Butoir avec clavette..................................	1	2.430	2.430
31	Montants en fer cornière..............................	2	13.440	26.880
32	Support supérieur des cornières verticales.............	1	4.980	4.980
33	» intermédiaire »	1	6.280	6.280
34	Porte-lanterne.......................................	1	6.350	6.350
36	Crochet avec anneau et S.............................	1	0.100	0.100
43	Entretoise supérieure...............................	1	1.400	1.400
44	» intermédiaire.....................	3	0.820	2.460
45	» »	2	0.820	1.640
47	Chape supérieure	1	1.045	1.045
48	» inférieure...	1	1.050	1.050
49	Arrêt supérieur......................................	1	0.270	0.270
50	» inférieur	2	0.280	0.560
51	Chaîne de la poulie..................................	1	1.400	1.400
52	» de la lanterne...............................	1	2.000	2.000
54	Voyant rond...	1	32.000	32.000
55	Console simple pour isolateur........................	1	0.650	0.650
56	Boulons fixant la console............................	2	0.038	0.076
57	Vis fixant l'arrêtoir	3	0.040	0.120
	Total............			201.901

FONTES

59	Poulie de 0.35......................................	1	11.640	11.640
60	Contrepoids...	1	18.060	18.060
61	Crapaudine avec grain en acier......................	1	3.200	3.200
62	Poulie de mât avec piton	1	10.260	10.260
63	Poulies d'accrochage................................	2	1.290	2.580
65	Rondelles du contrepoids	5	5.000	25.000
	Total............			70.680

BOIS

NOMBRE	DÉSIGNATION DES PIÈCES	CUBES PARTIELS	CUBES TOTAUX
2	Pièces de chêne de 1.30 × 0.20 × 0.20............ ..	0.052	0.104
2	» » 1.30 × 0.10 × 0.05........................	0.0065	0.013
4	» » 1.00 × 0.20 × 0.20........................	0.040	0.160
1	» » 0.70 × 0.20 × 0.10........................	0.014	0.014
	Total............		0.291

L'une de ces pièces, placée longitudinalement, supporte également le levier de
rappel.

La lanterne est fixée sur un porte-lanterne en fonte glissant sur deux guidages
verticaux. Une chaîne sans fin, passant

sur une seule poulie de renvoi placée à la
partie supérieure du guidage, sert à faire
monter ou descendre cette lanterne. Les
guides du porte-lanternes sont portés par
une console en fonte boulonnée au socle.
Le choc de la lanterne en bas de sa

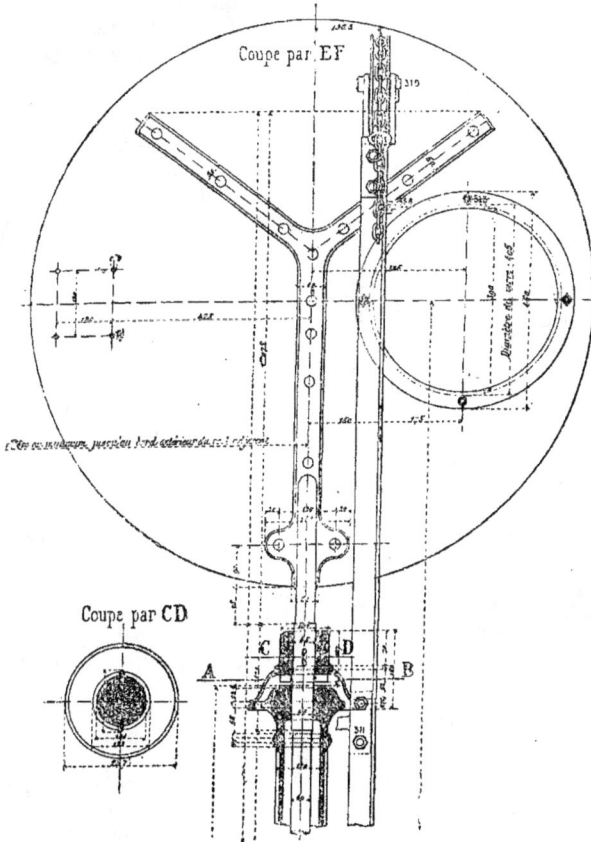

Fig. 818 (haut) et 819.

course est amorti au moyen de deux
ressorts à boudin en acier placés le long
des montants du guidage. .

900. Le type représenté (*fig.* 818) est
le signal à *gauche :* la lanterne est placée à
gauche du mât pour le mécanicien auquel

il s'adresse, tandis que dans le signal à
droite elle est à droite.

Le signal à gauche s'emploie de préférence au signal à *droite* toutes les fois
que la distance réglementaire de 2^m,10
de l'axe du mât au rail adjacent ne peut

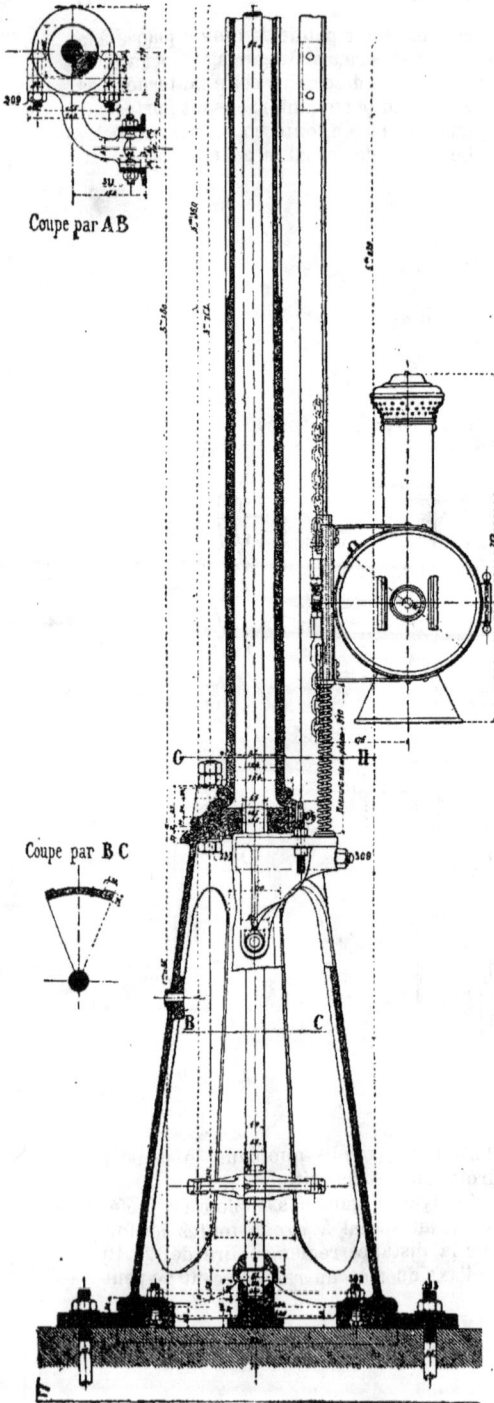

Coupe par AB

Coupe par BC

Fig 818 (bas), 820 et 821.

être observée et qu'on est obligé de la réduire.

Avec le signal à gauche la face rouge du disque est tournée du côté de la voie quand celle-ci est ouverte, tandis qu'avec le signal à droite elle est tournée du côté opposé à la voie.

Les pièces du mât de signal à gauche ne diffèrent de celles du mât de signal à droite que :

1° Par le disque dont la lanterne est reportée de droite à gauche;

2° Par la console-guide de lanterne, le guide de chaîne de la lanterne et le support de poulie de lanterne, qui sont des pièces nouvelles symétriques de celles du signal à droite ;

3° Par le support des guides de lanterne.

La lanterne du signal à gauche est dymétrique, par rapport à l'axe des réflecseurs, de celle du mât du signal à troite.

901. *Disque perfectionné.* — Nous avons dit plus haut que les signaux du type précédent sont accompagnés d'un mouvement de rappel à levier, pour ramener la transmission à faire tourner le disque ; ce mouvement de rappel est quelquefois gênant dans les gares et on peut dans ce cas le remplacer par un contrepoids suspendu à une chaîne passant sur une poulie verticale adaptée au soubassement du signal.

Le support de la poulie est disposé pour permettre de la placer soit à droite, soit à gauche, suivant qu'il s'agit d'un signal à droite ou d'un signal à gauche (*fig.* 826 à 833, signal à droite).

Lorsque la transmission du signal est au ras du sol, elle est reliée au mât par l'intermédiaire d'une poulie calée sur l'arbre. Cette poulie équivaut au balancier du type précédent.

Quand la transmission est aérienne, elle agit sur le signal par l'intermédiaire d'une poulie venue de fonte avec le manchon d'arrêt du disque placé à la partie inférieure du fût.

902. Quand la transmission franchit les voies à une distance très faible du disque, elle peut être reliée à la partie su-

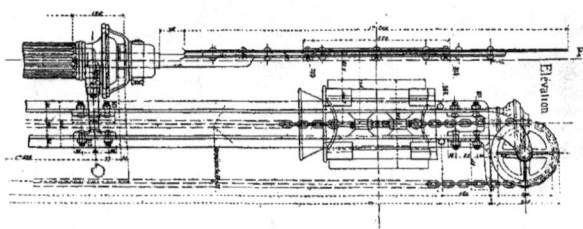

Elevation

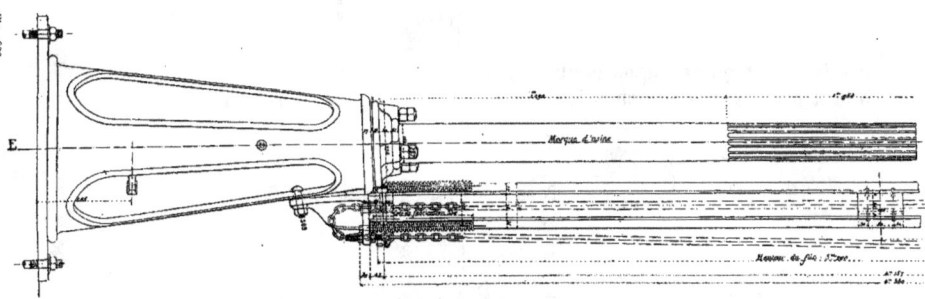

Fig. 832.

E

périeure de ce disque encore au moyen de l'équerre A (coupe AB, *fig*. 826), d'une

retomber sur une grande poulie portée par un poteau de 6 mètres de hauteur, et

Coupe par **G H**

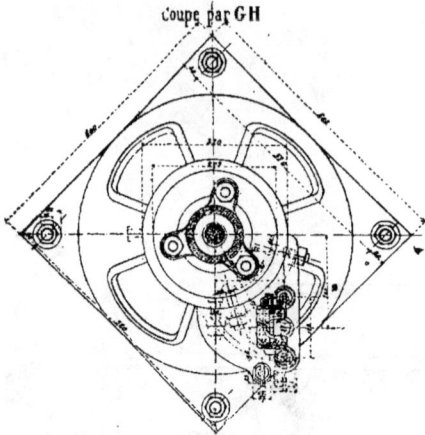

Fig. 823.

manivelle et d'une chape double; mais il faut prolonger la transmission, la faire

Position du disque la voie ouverte

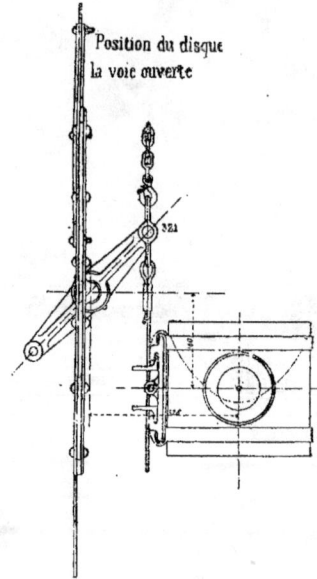

Fig. 824.

Position du disque la voie fermée

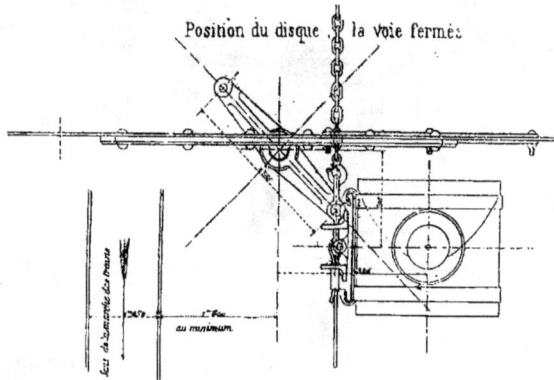

Fig. 825.

la terminer par un contrepoids qui remplace le contrepoids de rappel, car, en conservant le rappel au bas du disque, on

risquerait de tordre l'arbre et même de renverser le disque (*fig*. 833).

Le poteau de 6 mètres de hauteur placé

près du disque devra en être éloigné quand, par exemple, le mât du signal sera placé dans une entrevoie assez étroite obligeant à reporter le poteau dans l'accotement.

Au chemin de fer de Lyon les disques avancés ne sont jamais munis d'appareils à pétards; on les réserve aux disques d'arrêt absolu et aux signaux de manœuvres de gare.

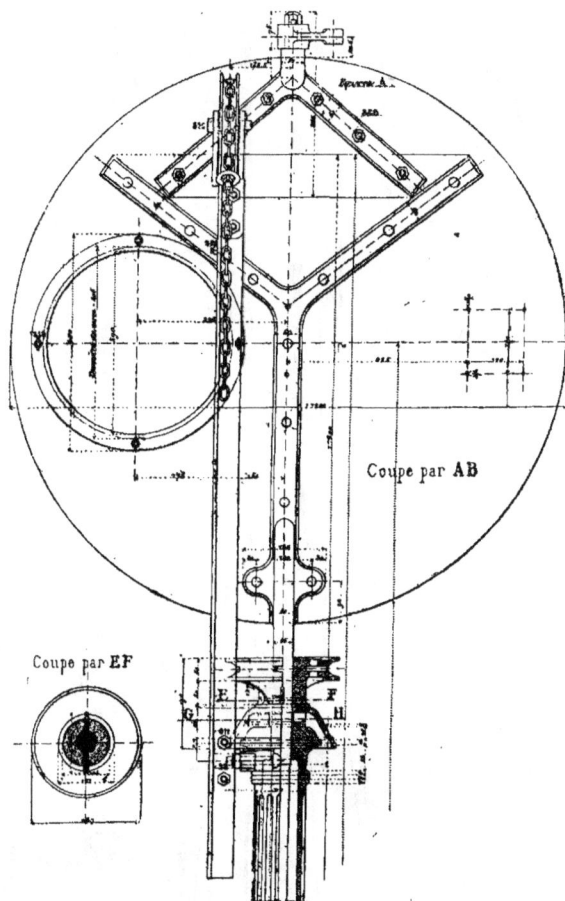

Coupe par **AB**

Coupe par **EF**

Fig. 826 (haut) et 827.

903. A cette Compagnie, avons-nous dit, lorsque le fil du disque vient à se rompre, le disque se trouve *ouvert* au lieu d'être fermé ; cela n'empêche cependant pas les trains de circuler, car on est averti par la cessation d'une sonnerie appelée trembleuse. Il faut seulement envoyer un homme sur place fermer ce disque et prévenir le train. Cela n'est pas sans présenter des inconvénients.

Cependant la Compagnie de Lyon justifie sa manière de faire en disant que le

Coupe par **GH**.

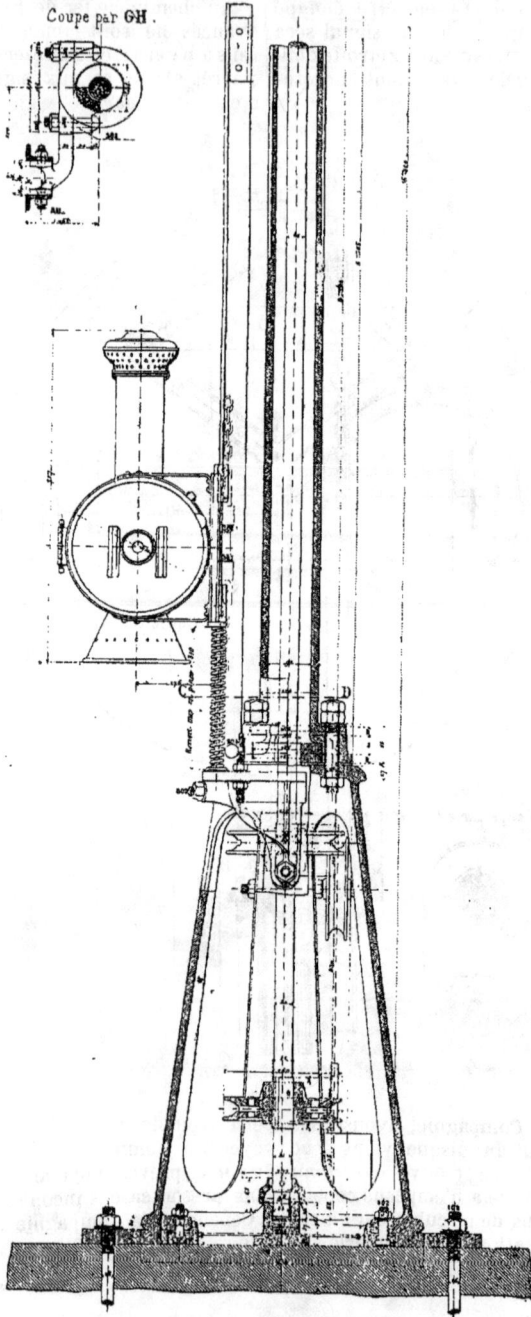

Fig. 826 (bas) et 828.

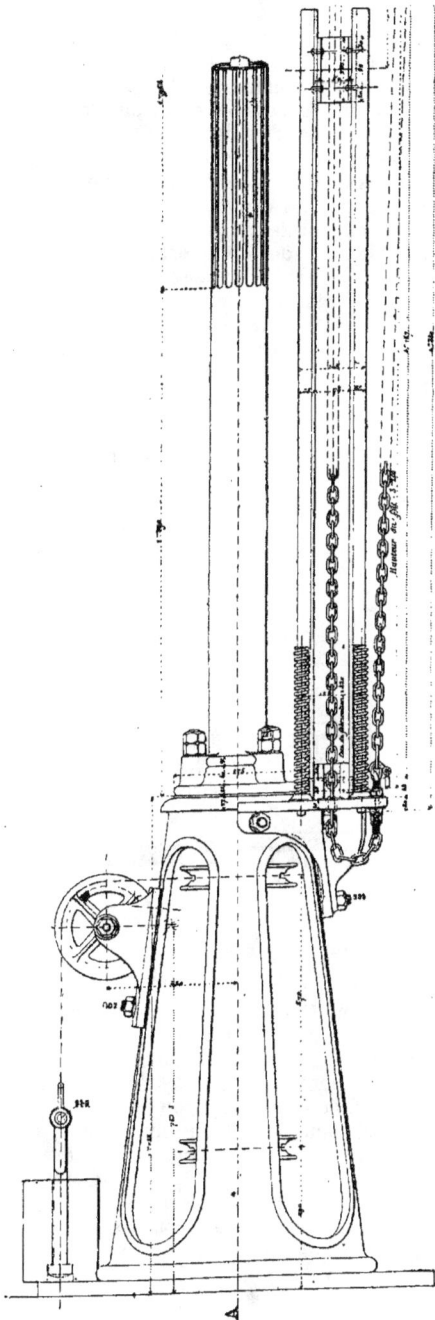

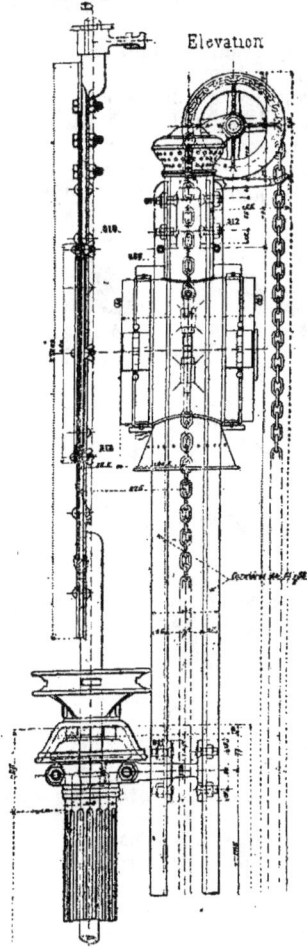

Elevation

Fig. 829.

procédé consistant à rendre du fil pour fermer un disque n'est pas absolument sûr, tandis qu'on est beaucoup plus certain de ce qu'on fait en tirant le levier vers soi et, en outre, on s'aperçoit beaucoup mieux de la rupture d'un fil. Cette manière entraîne d'ailleurs des dispositions différentes dans les détails; mais le système contraire est généralement adopté aujourd'hui, même à la Compagnie de Lyon; on est, en effet, actuellement dans les meilleures conditions grâce au compensateur Dujour puisque le levier de manœuvre et le levier de rappel se meuvent en sens contraire pour une même manœuvre. Nous y reviendrons plus loin.

un voyant rouge ou jaune, muni pour la nuit d'un seul feu rouge ou jaune. Ces disques commandent l'arrêt absolu aussitôt que possible et avant d'avoir franchi le signal, autant que faire se peut. On emploie les signaux à disque rouge sur les voies accessoires, comme celles de sortie des dépôts, toutes les fois qu'il n'en résulte aucune confusion avec les signaux des voies principales. Dans le cas contraire, on se sert du disque jaune.

Ce dernier est donc exclusivement un signal destiné aux manœuvres de gare, comme cela a lieu à l'Ouest et au Paris-

Coupe par CD

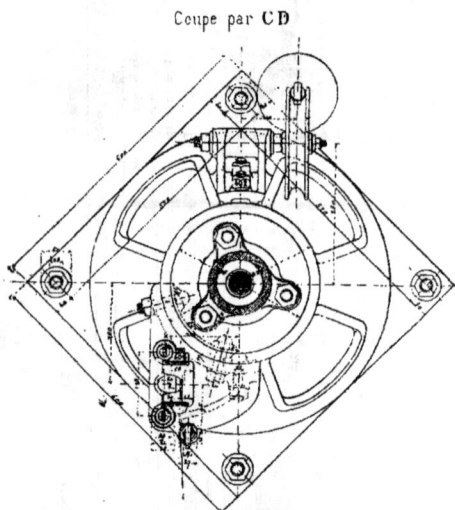

Fig. 830.

Position du disque, la voie ouverte

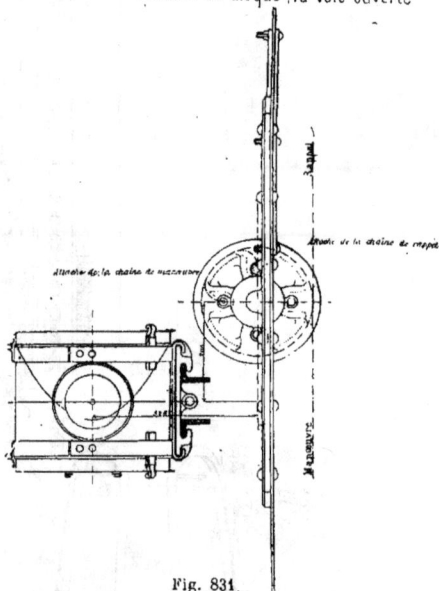

Fig. 831.

Compagnie d'Orléans.

904. On fait usage à la Compagnie d'Orléans des appareils suivants :

Le signal aérien manœuvré à distance ;

Le signal aérien manœuvré à la main, un mât double ;

Le signal jaune ;

L'électrosémaphore.

Les trois premiers portent dans cette Compagnie le nom de *mâts de signaux*; en réalité, ils sont tous trois du même type, comportant un mât en tôle rivée, avec

Lyon - Méditerranée . Lorsqu'il sert à protéger les voies de service contre les trains arrivant des voies principales, il remplace le *disque vert de refoulement* de la Compagnie de Lyon, à la manœuvre près qui se fait en sens inverse, ce qui d'ailleurs est plus logique.

Le refoulement est, en effet, ici autorisé quand le disque est effacé, tandis qu'au chemin de fer de Lyon il s'opère quand le disque présente sa face verte au mécanicien.

La manœuvre à la main se pratique sur les sections très fréquentées, pour les signaux placés près des bâtiments des stations afin de maintenir entre les trains circulant dans le même sens les intervalles de temps obligatoires. Ils jouent donc le rôle de véritables sémaphores.

Au contraire, la manœuvre à distance s'emploie pour les signaux couvrant tous les points dangereux, tels que gares, bifurcations, passage à niveau, etc. Nous ne nous occuperons en ce moment que de ces derniers.

905. *Disque-signal avancé.* — Le disque de la Compagnie d'Orléans est porté par un mât en tôle formé d'un plat vertical muni d'une nervure médiane à

Position du disque la voie fermée

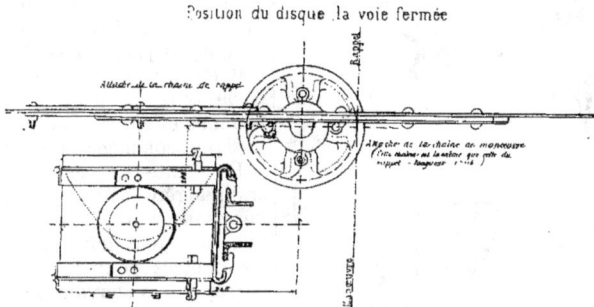

Fig. 832.

laquelle sont adaptés des échelons. Ceux-ci sont destinés exclusivement à l'ascension du personnel chargé de l'entretien de l'appareil (*fig.* 834 et 835). La lanterne est, en effet, mobile avec le voyant : on la monte au moyen d'une chaîne tournant haut et bas sur deux poulies.

La hauteur du signal du sol au centre du voyant est de 6 mètres et peut aller jusqu'à 8 et même 12 mètres. De petits signaux répétiteurs indiquant la position prise à distance par le vrai signal ont une constitution analogue, mais une hauteur ne dépassant pas 2m,50.

La fondation se faisait anciennement en bois et pourrissait vite : on la fait uniformément aujourd'hui en vieux rails ; une fondation de ce genre exige un rail de 5m,50 de long, trois plaques de tôle et quatre boulons d'éclisses de 25 millimètres de diamètre.

Les lanternes placées à la partie supérieure du disque et faisant elles-mêmes signal la nuit portent naturellement deux faces pleines et deux faces vitrées ; ces dernières sont l'une munie d'un verre rouge, l'autre d'un verre bleu.

La manœuvre se fait au moyen d'un levier à deux fils dont la tension normale est maintenue au moyen de tendeurs à vis ; ils ne présentent aucun autre système de compensation. Nous reviendrons d'ailleurs sur ce point dans les chapitres

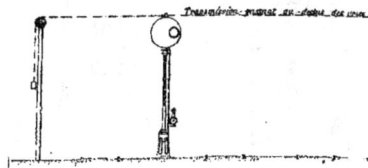

Fig. 833.

suivants en parlant des appareils de manœuvre et des transmissions.

Les fils de transmission sont attachés aux deux extrémités d'un balancier fixé au pied du mât et entraînant sa rotation. Pour les grandes distances, dépassant 2 000 mètres, ce balancier est remplacé par une poulie à gorge dans laquelle passe une chaîne reliant les extrémités des deux fils.

La manœuvre à deux fils de la Compagnie d'Orléans est très simple, mais il y a lieu de remarquer que sur les deux fils il n'y en a jamais qu'un seul qui agit soit pour ouvrir, soit pour fermer le disque. Si ce fil casse, on est dans l'incertitude la plus complète sur le succès de la ma-

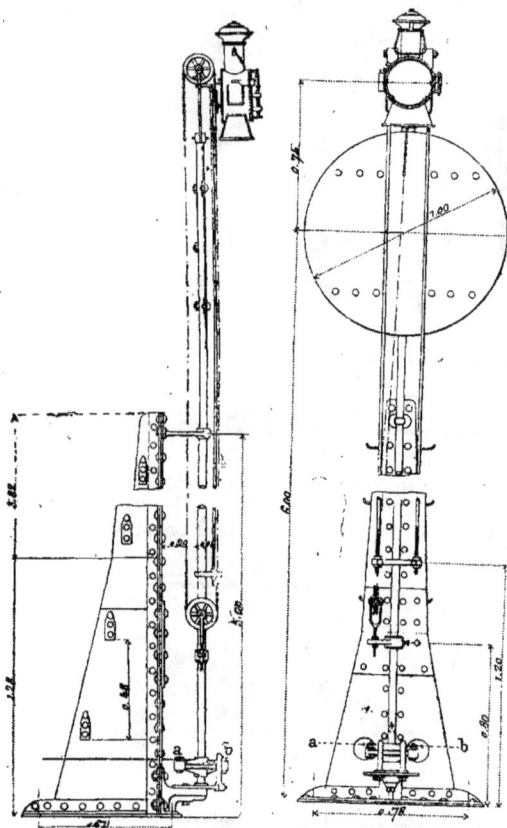

Fig. 834.

Fig. 835.

nœuvre, à moins d'avoir des moyens spéciaux pour s'en assurer, comme la trembleuse, etc.

On peut vérifier la position prise par le disque signal à deux fils au moyen de signaux *répétiteurs*. Cela consiste à placer sur le trajet du vrai signal un second disque plus petit, manœuvré par les mêmes

fils et placé beaucoup plus près du levier de manœuvre. Ce moyen est, en somme, assez imparfait et a été assez rarement appliqué.

906. *Poteau limite de protection.* — Le signal de la Compagnie d'Orléans commandant l'arrêt absolu, le poteau limite de protection n'est ici qu'un surcroît de précaution. Il ne sert qu'à avertir un mécanicien ayant commis la lourde faute de franchir le disque sans s'en apercevoir, ce qui est peu admissible. On le place à 400 mètres au moins du signal avancé et de telle façon qu'il y ait au moins 800 mètres entre ce poteau et le point où le signal commence à être visible.

Il résulte de ces dispositions qu'un train arrêté par un signal avancé doit nécessairement stationner en pleine voie et qu'un agent doit se porter en arrière à 800 mètres pour le couvrir contre les autres trains pouvant arriver. En outre, le signal d'arrêt est maintenu fermé pendant dix minutes après le départ du train. Quelquefois, comme à certains endroits spécialement dangereux, bifurcations, etc., on a placé des signaux spéciaux à 800 mètres en arrière du disque avancé et destinés à couvrir le train arrêté par ce disque. La manœuvre en est faite par l'agent qui se porte à l'arrière pour couvrir le train. Ces signaux portent le nom de *mâts des conducteurs*.

Ajoutons, en terminant, que tous les disques de la Compagnie d'Orléans sont munis de l'appareil avertisseur à pétard que nous verrons plus loin.

Compagnie de l'Ouest.

907. Les signaux fixes à voyant mobile sont les suivants :

Le signal avancé ou à distance pour les gares, les postes d'embranchement et les postes de cantonnement servant à protéger de loin les points dangereux ;

Le signal rouge d'arrêt absolu servant à protéger les mêmes points de plus près ;

Le signal jaune d'arrêt absolu pour l'entrée et la sortie des voies de service ;

Le signal triangulaire pour la communication de poste à poste d'aiguilleur.

Et sur certains emplacements spéciaux :

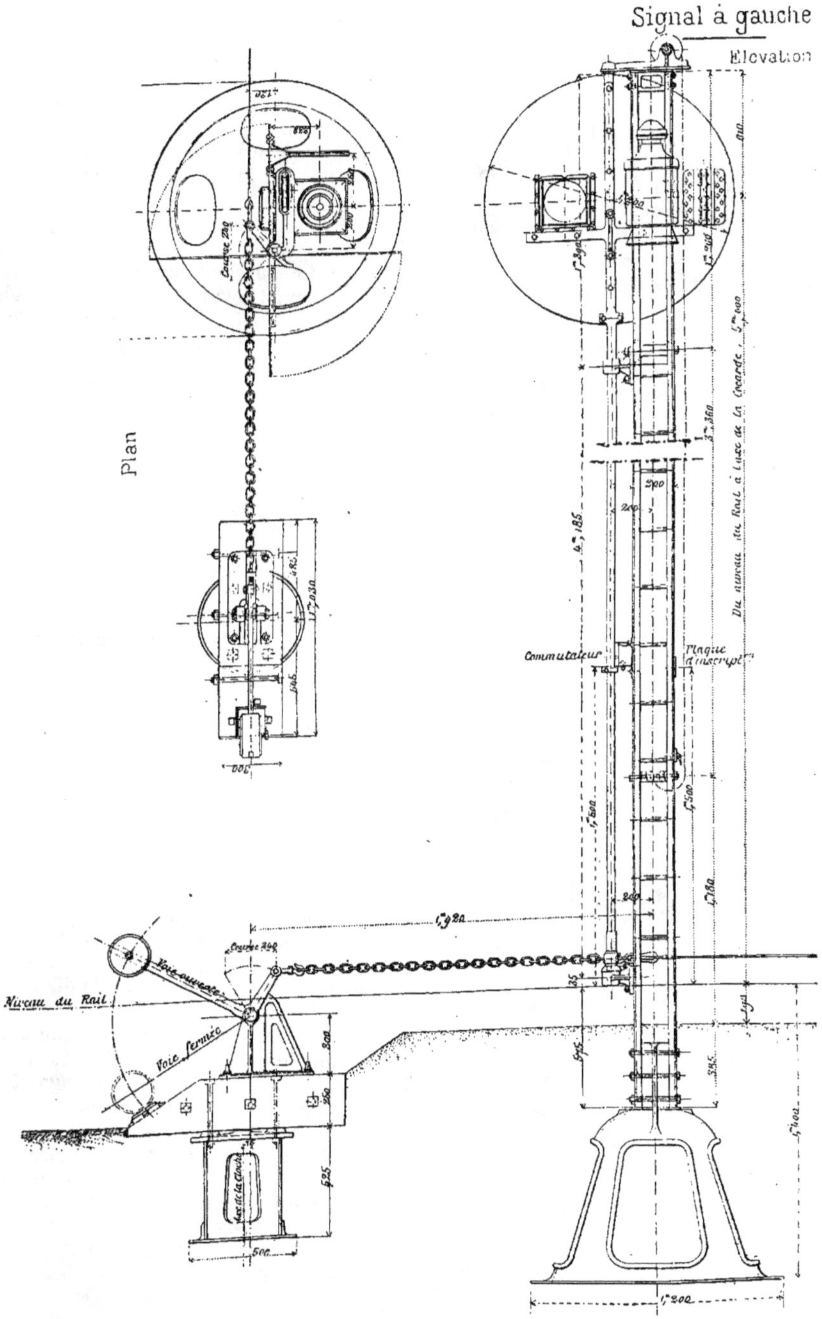
Signal à gauche
Elevation
Plan
Course 240
Commutateur
Plaque d'inscriptⁿ
Du niveau du Rail à l'axe de la Cocarde 5ᵐ600
Niveau du Rail
Voie ouverte
Voie fermée
Course 240
1ᵐ920
1ᵐ200
500

Fig. 836 et 837.

Signal à droite

Elevation

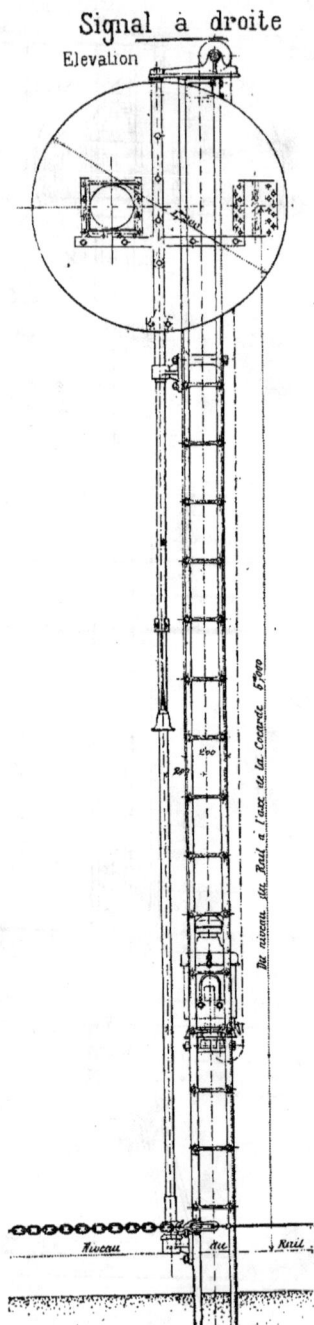

Fig. 838.

Le petit signal rouge d'arrêt absolu ;

Le petit signal jaune d'arrêt absolu ;

Enfin un type spécial de signal avancé et de signal rouge d'arrêt absolu destinés à être établis sous les tunnels.

Nous signalerons encore le signal de cantonnement exclusivement consacré au block-système.

908. *Disque signal avancé.* — Le disque signal de la Compagnie de l'Ouest se compose d'un mât formé de deux montants en fer à U boulonnés sur un socle en fonte et maintenus sur toute leur hauteur à écartement constant par des entretoises en fer. Des échelons sont fixés sur les arêtes des montants d'un côté du mât.

Plan

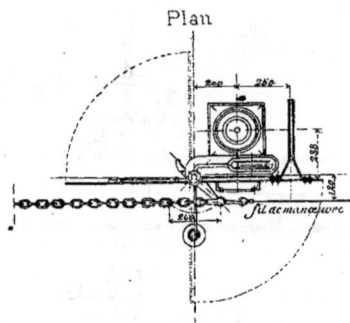

Fig. 839.

La tringle du disque est maintenue par des guides fixés au mât ; elle présente à la partie inférieure un pivot supporté, comme d'ordinaire, par une crapaudine ; à la partie supérieure elle se termine par une croix sur laquelle est rivé un disque rond en tôle de 1m,20 de diamètre (*fig.* 836 à 839).

La lanterne pour les feux de nuit est fixée une fois en place. On peut la monter ou la descendre pour l'allumage et le nettoyage au moyen d'une chaîne sans fin passant sur une poulie placée au sommet du mât. Pour cela, le porte-lanterne en fonte peut s'élever ou s'abaisser en glissant sur les deux ailes des montants qui ne portent pas d'échelons et lui servent de guides ; il porte, en outre, deux ressorts qui viennent passer sur des tampons de choc au moment où la lanterne vient buter à sa partie inférieure sur une pièce spéciale qui lui sert d'appui. La position du porte-lanterne à la partie supérieure, par rapport aux verres rouges du disque, est fixée par des arrêts en fer placés en haut des fers en U du mât. Un cro- | chet, situé à la partie inférieure du mât, sert à arréter la chaîne, pour maintenir la lanterne lorsqu'elle est arrivée à hauteur voulue.

La face du disque commandant l'arrêt est peinte en rouge avec une bordure blanche circulaire de 0^m,05.

Profil

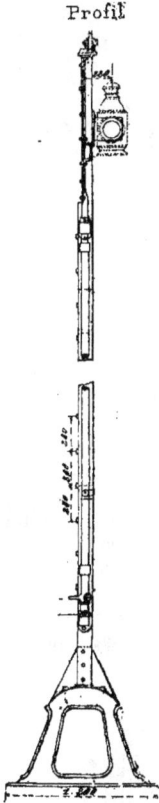

Fig. 840.

Elevation

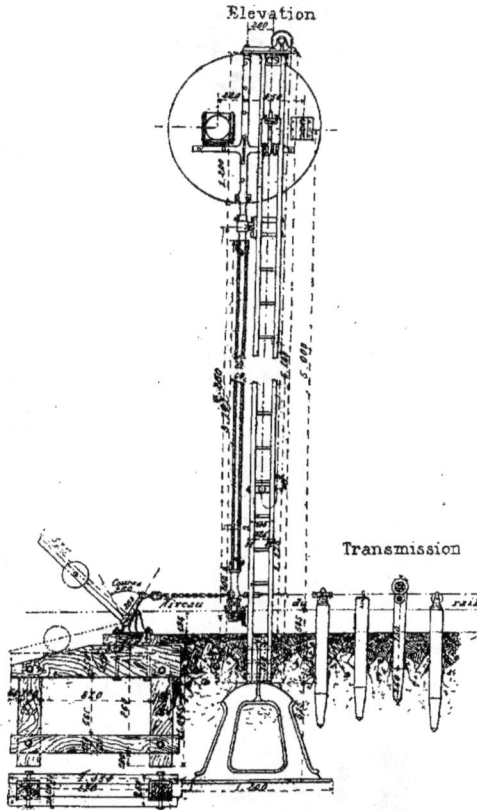

Transmission

Fig. 841.

La lanterne envoie en arrière un faisceau lumineux blanc, qui devient violet grâce à un écrou fixé au disque lorsque celui-ci est fermé.

909. *Signal à distance pour tunnels.* — Il peut arriver que l'on soit obligé de placer un signal à distance sous un tunnel; on comprend que le voyant et toutes les précautions prises pour que le disque fasse son effet de jour sont ici inutiles, puisqu'il est plongé constamment dans l'obscurité. On se contente donc de lui donner les dispositions suivantes:

Un mât vertical en fer est porté à sa partie inférieure par une crapaudine soutenue par une console scellée latéralement dans le mur du tunnel ; il est de plus maintenu vertical au moyen d'un guide placé plus haut à 1ᵐ,80 de la crapaudine et dans lequel il peut tourner librement. A la partie supérieure, ce mât

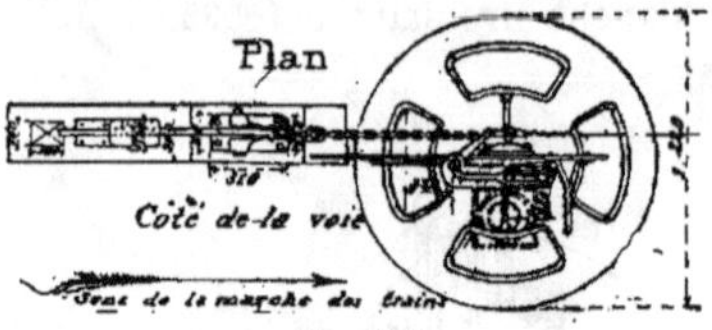

Fig. 842.

porte une lanterne de fortes dimensions indiquant un feu rouge de face et deux feux blancs latéralement. En bas, près de la crapaudine, est calé un balancier ou, plutôt, une manivelle, recevant d'un côté la transmission du levier de manœuvre et, de l'autre, celle du levier de rappel à contrepoids, qui oscille autour d'un axe horizontal scellé dans la muraille. Suivant la position de la lanterne, la voie est ouverte ou fermée comme avec le disque ordinaire.

Mouvement de manœuvre

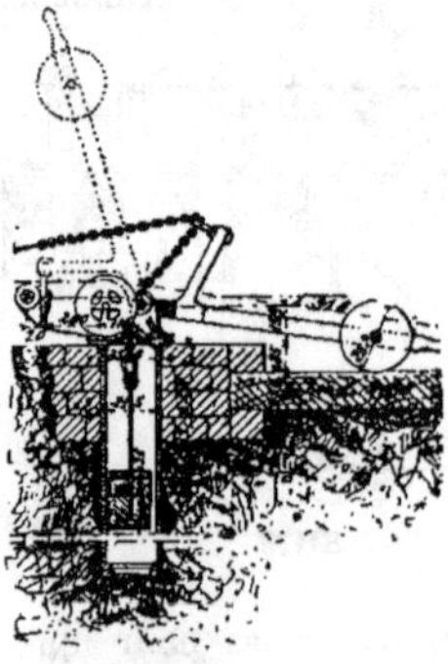

Fig. 843.

On peut de même munir un mât analogue d'un verre vert et obtenir un signal de *ralentissement*, indispensable, par exemple, pour avertir de la présence d'une bifurcation.

Compagnie du Midi.

910. Le mât et le voyant sont tout à fait analogues à ceux que nous avons décrits précédemment pour le chemin de fer de Lyon.

911. La manœuvre est du système Robert, comme à la Compagnie du Nord, avec appareil compensateur de ce type placé au milieu de la longueur de la transmission.

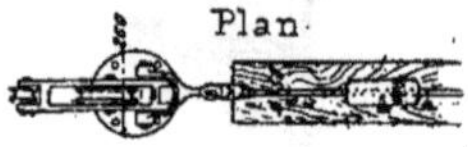

Fig. 844.

Chemins de fer de l'État.

912. Aucun signal fixe n'est manœuvré à la main sur le réseau de l'État.

Les signaux fixes avancés sont :

Le disque rond de couleur rouge et un feu rouge la nuit, pour les trains circulant sur les voies principales ;

Le disque carré rouge et blanc à deux feux rouges la nuit, indiquant l'arrêt absolu également aux trains des voies principales ;

Le disque carré jaune à un feu jaune la nuit, destiné à marquer l'arrêt absolu pour les trains circulant sur les voies de service.

913. *Disque signal avancé.* — Le disque avancé en usage aux chemins de

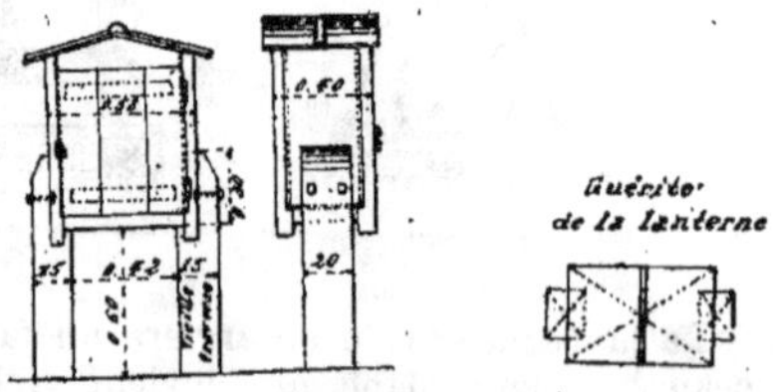

Fig. 845 à 847.

fer de l'État est représenté figure 840 à 847 et se rapproche, par sa construction et ses détails, du type employé au chemin de fer de l'Ouest.

Les figures 843 et 844 montrent le levier de manœuvre avec pince-mailles et puits de compensation type de l'Est, que nous décrirons plus loin. Le signal est ramené à l'arrêt au moyen d'un levier de rappel avec contrepoids dont la chaîne est fixée à l'extrémité du balancier qui entraîne la rotation du disque. Un petit abri pour la lanterne est suspendu à 0ᵐ,60 du sol à côté du mât (*fig.* 845 à 847).

Cette installation complète revient à 833 francs, se décomposant comme suit :

Partie métallique	788 kil.	Prix : 480 fr.	
Transmission	97 —	—	310
Guérite de lanterne. . .	32 —	—	15
Bois	0ᵐ³,315	—	30
		Total. . .	833 fr.

APPAREILS DE MANŒUVRE

914. Nous avons vu dans les différents exemples précédents que le disque est mis en mouvement à distance par un fil dont la manœuvre entraîne la rotation du mât ; de l'autre côté de la transmission, un levier de rappel avec contrepoids tend généralement à faire fermer le disque, c'est-à-dire à mettre sa face rouge normale à la voie. Le fil de transmission est soutenu sur tout son parcours par de petites poulies à gorge à axe horizontal dans les alignements droits et à axe vertical dans les courbes ; ce fil aboutit ainsi à la station à un levier de manœuvre qui, abaissé jusqu'à terre, fait tourner le disque dans un certain sens, généralement l'amène à être ouvert, c'est-à-dire à présenter sa face blanche parallèle à la voie. Si, au contraire, on relève ce levier, c'est le levier de rappel voisin du disque qui fonctionne de lui-même sous l'effet du poids de sa lentille, ce qui ramène le disque à 90 degrés de la position précédente, c'est-à-dire à la fermeture. La course du disque est, d'ailleurs, limitée à ces deux positions extrêmes au moyen de taquets que porte sa tige.

En résumé, et cela est général aujourd'hui, le disque a naturellement tendance à se fermer automatiquement de lui-même, ce qui est une bonne mesure de précaution en cas de négligence d'un agent ou d'accident ; cela est d'autant plus important qu'en France les dispositions sont prises comme si un train était toujours attendu et l'absence de signaux signifie : *voie libre*. En Allemagne, au contraire, la voie est toujours fermée et l'absence de signal indique l'arrêt. Un train ne peut continuer à avancer que si les signaux qu'il a devant lui indiquent une voie libre.

Manœuvre à distance.

915. La manœuvre à distance se fait au moyen de fil de fer galvanisé reliant le pied du disque au levier, et la première difficulté à surmonter est la dilatation ou le retrait de ces fils suivant la température. Comme ils atteignent souvent de grandes longueurs, cet inconvénient pourrait être sérieux si l'on n'y prenait garde ; un relâchement important dû à l'allongement peut, en effet, empêcher la manœuvre du disque ; une contraction énergique peut entraîner la rupture du fil.

A priori, il faut que ces fils soient fabriqués de manière à pouvoir résister au maximum de diminution de longueur auxquels ils sont exposés : dans nos climats, c'est environ 5 0/0 de leur longueur. On les fabrique donc de manière qu'ils puissent faire face au double, c'est-à-dire à 10 0/0 sans se rompre. On peut d'ailleurs, également dans nos climats tempérés, leur donner à la pose une tension telle qu'ils résistent convenablement aux alternances de température en plus ou en moins : c'est une simple question de calcul, et la tension voulue est obtenue au moyen des poids qui en résultent.

Les effets de dilatation ou de contraction que la différence de température peut produire sur une transmission de grande longueur sont très sensibles. Ainsi, pour un fil n'ayant que 500 mètres, les variations de longueur peuvent atteindre

$0^m,366$ de l'hiver à l'été et $0^m,122$ dans une même journée.

Appareil de la Compagnie d'Orléans.

916. Un moyen d'être au moins partiellement à l'abri de cet inconvénient est l'emploi de deux fils pour la manœuvre du disque. Ces deux fils sont attachés au levier, l'un au-dessus, l'autre au-dessous de son axe de rotation, et sur le disque aux deux extrémités d'un balancier horizontal dont la tige du signal est le centre. De cette façon, dans chaque manœuvre du disque, en ramenant le levier en avant ou en arrière, on détermine l'allongement

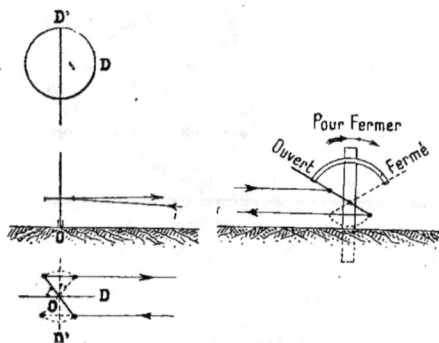

Fig. 848.

d'un fil et le raccourcissement de l'autre, ce qui produit à peu près l'équilibre (*fig.* 848).

Ce système présente cependant, comme nous l'avons déjà dit, un inconvénient : c'est que, si un fil vient à casser, on ignore la position dans laquelle a pu s'arrêter le disque ; or il est très important de ne pas rester dans cette incertitude.

917. Les figures 849 et 850 représentent le levier employé par la Compagnie d'Orléans, la seule qui fasse encore usage de la transmission à deux fils ; ceux-ci, D et E, sont attachés à égale distance de l'axe de rotation du levier, qui est supporté par un plateau métallique, deux taquets extrêmes limitant sa course. Une charpente

enterrée en vieux rails B complète l'ensemble. Le plateau porte les indications : *ouvert, fermé* écrites en toutes lettres.

Le levier a $1^m,285$ de longueur ; il pivote autour d'un axe dont la distance à chacun des points d'attache du fil est de $0^m,13$. Suivant la position donnée aux taquets de butée limitant le mouvement, on peut réaliser pour les fils une course de $0^m,25$ ou de $0^m,40$.

La distance ordinaire des disques de la Compagnie d'Orléans à leur levier de ma-

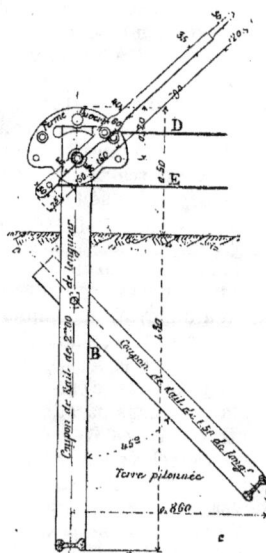

Fig. 849.

nœuvre est de 1 000 à 1 200 mètres. Ce chiffre atteint jusqu'à 1 800 mètres lorsque les abords des gares que les disques doivent couvrir présentent de fortes déclivités et spécialement sur les lignes à voie unique.

Les fils attachés au levier de manœuvre sont supportés par de petites poulies en cuivre de $0^m,03$ de diamètre, dont les axes sont eux-mêmes rivés sur le levier. Leurs extrémités opposées sont fixées de la même façon à la partie inférieure du mât du voyant et la distance du centre de ce mât au centre de chacun des points d'attache des fils sur le levier du pied du disque, est également de 0ᵐ,15 (*fig.* 851).

918. Quant au disque, sa tige descend verticalement le long du mât et se termine à la partie inférieure par un collier portant un balancier à deux bras égaux, à l'extrémité desquels on fixe le fil de manœuvre; ces bras sont arrêtés dans leur course par des taquets (*fig.* 851) et arrêtent en même temps le disque dans les positions limites qu'il doit occuper.

Lorsque la distance est supérieure à

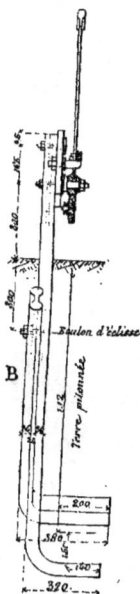

Fig. 850.

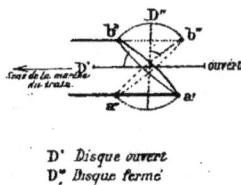

D' *Disque ouvert*
D" *Disque fermé*

Fig. 851.

1 500 mètres, comme lorsqu'on a un signal à faire d'une gare à la deuxième tête d'un tunnel, par exemple, on peut être exposé à avoir des longueurs de fil atteignant jusqu'à 3 000 et 3 500 mètres. Cela présenterait moins de difficulté avec la transmission à un fil, car nous savons que la tension reste constante malgré les variations de température. Mais, avec le système à deux fils, il faudrait resserrer, à chaque instant de la journée, des

tendeurs distribués environ tous les 200 mètres. On obvie à cet inconvénient au moyen de l'appareil de M. *Lestrade*, ingénieur de la Compagnie d'Orléans.

919. Cet appareil repose sur le principe suivant : au pied du mât du disque on remplace le balancier précédent par une poulie à gorge dans laquelle s'enroule une chaîne en fer de 2ᵐ,50 de longueur reliée à ses deux extrémités aux fils de manœuvre; le principe du fonctionnement est que l'effort nécessaire pour faire glisser cette chaîne sur la poulie est beaucoup plus grand que celui qu'exige la rotation de la poulie elle-même autour de son axe, c'est-à-dire, en somme, la rotation du disque.

D'un autre côté, on augmente la course du levier de manière qu'elle soit supérieure à ce qui est nécessaire pour manœuvrer le disque augmenté de ce qu'il faut pour tendre le fil en le supposant dans son état maximum de lâche. En faisant la manœuvre, on commencera donc par tendre ce fil, puis on fera tourner la poulie jusqu'à ce qu'elle soit arrêtée par le heurtoir, et enfin on fera avancer la chaîne sur la poulie. Comme ce dernier effet ne peut se produire qu'après les deux autres, on est sûr que le levier a exécuté sa rotation complète lorsqu'il est à fond de course.

En résumé, dans ce cas, le levier de manœuvre est disposé de manière à fournir une course dont la longueur est proportionnelle à celle de la transmission. Cette course, d'ailleurs, doit toujours être plus grande que l'allongement présumé du fil par la dilatation, de telle sorte que dans toute manœuvre du disque la course fournie par le levier n'entraîne pas seulement le tirage du fil nécessaire pour faire fonctionner le signal, mais encore force la chaîne à glisser dans la gorge de la poulie. On comprend aisément que, dans ce cas, le glissement de la chaîne ne pouvant se produire qu'après la manœuvre complète du mât rend impossible tout mouvement incomplet de celui-ci.

Cette manœuvre est excessivement douce et peut se faire aussi lentement que possible ; de sorte qu'il n'y a plus à craindre les abus provenant de la manœuvre brusque des mâts ordinaires, amenant l'extinction des lanternes qui, à la Compagnie d'Orléans, se meuvent toujours avec le disque (*fig.* 834 et 835).

Manœuvre des disques à un seul fil.

920. Mais, comme nous le savons déjà, la Compagnie d'Orléans est la seule qui ait conservé le disque à deux fils; toutes les autres n'en emploient qu'un seul et ont des appareils de manœuvre et des accessoires appropriés.

Il y a surtout grand intérêt à ce que, devant une rupture du fil, le disque se mette de lui-même à l'arrêt, afin d'éviter à tout hasard un accident; on en est quitte pour aller le rouvrir, mais on est à l'abri de toutes inquiétudes en cas d'arrivée d'un train. Dans ce cas, il est préférable d'opérer la manœuvre au moyen d'un fil unique relié d'un côté au levier et de l'autre à l'extrémité d'un balancier à un seul bras entraînant, comme plus haut, dans sa rotation, celle du disque. A l'opposé du levier de manœuvre un autre levier muni d'une lentille-contrepoids porte un petit bras à angle droit avec sa direction; l'extrémité de ce bras est attachée, au pied de la tige du disque, à un second balancier d'équerre avec celui du fil de manœuvre par une chaînette; de la sorte le contrepoids agit constamment sur le disque et tend d'une manière permanente à le maintenir fermé quand il n'en est pas empêché par la manœuvre du levier

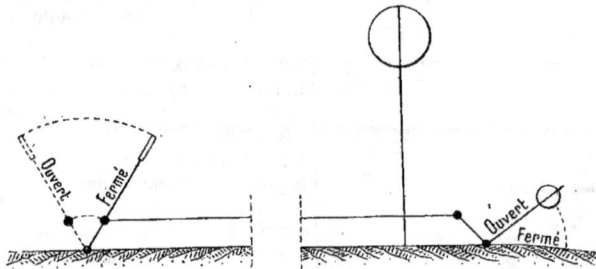

F'g. 832.

à distance (*fig.* 852). Pour ouvrir le signal, on n'a qu'à tirer sur le fil : en rendant la main, il se ferme de lui-même, comme quand le fil vient à rompre. Il faut cependant remarquer que, dans ce cas, il est impossible de donner au fil une tension initiale énergique ; il faut alors employer des appareils spéciaux pour pallier les effets de dilatation cités plus haut. On les appelle compensateurs et nous les étudierons plus loin.

On a d'abord cherché à éviter ces inconvénients au moyen du levier de manœuvre lui-même,

Pour tenir compte de l'allongement du fil sous l'effet de la dilatation, on pourrait commencer par rétablir à l'avance la tension du fil en tirant dessus jusqu'à ce moment ; puis, après seulement, à faire usage du levier ; on comprend tout ce que ce moyen présenterait d'incertain, de délicat et de peu pratique.

L'idée peut venir alors de donner au levier une course un peu plus grande qu'il n'est réellement nécessaire. Cela est assez peu pratique encore à cause de la disposition obligatoire que doivent présenter les leviers. Ceux-ci, en effet, doivent pouvoir être toujours commodément manœuvrés à la main et il est impossible de les enterrer dans le sol à cause des neiges et des gelées qu'il faut redouter dans la mauvaise saison. Il faut donc que le fil soit attaché plus ou moins haut, ce qu'on ne peut faire que dans des limites restreintes, car il faut tenir compte de la force limitée de l'homme chargé de la manœuvre. On ne peut qu'augmenter un peu l'angle de déplacement.

921. On a employé au chemin de fer

de l'Ouest un artifice pour augmenter la course du levier. Il consiste à caler sur le pied de celui-ci à un arc de cercle à gorge dans lequel on force le fil à s'enrouler lorsqu'on tire le levier. Il est clair que l'on gagne ainsi en parcours la différence qui existe entre le chemin nouvellement parcouru, c'est-à-dire l'arc de cercle et la corde correspondante. Ce système n'a pas donné des résultats irréprochables et

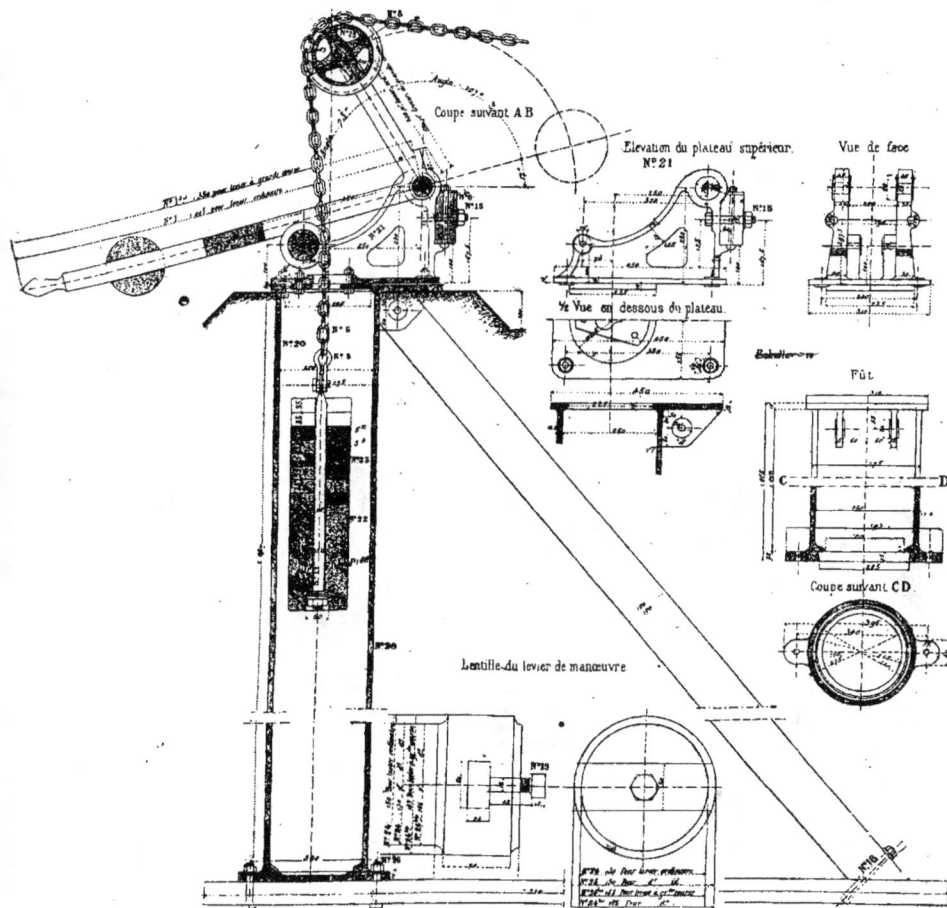

Fig. 853 à 861.

il faut encore régler le fil de temps en temps.

922. Une meilleure solution imaginée par la Compagnie de l'Est consiste à laisser le fil toujours libre de se tendre en plaçant en arrière du levier de manœuvre un contrepoids composé d'une série de rondelles en fonte montées sur la même tige fixée à l'extrémité du fil. Le tout plonge dans un puits revêtu d'un tube en fonte et de 1 mètre à 1^m,50 de profondeur. Il faut avoir bien soin de ne

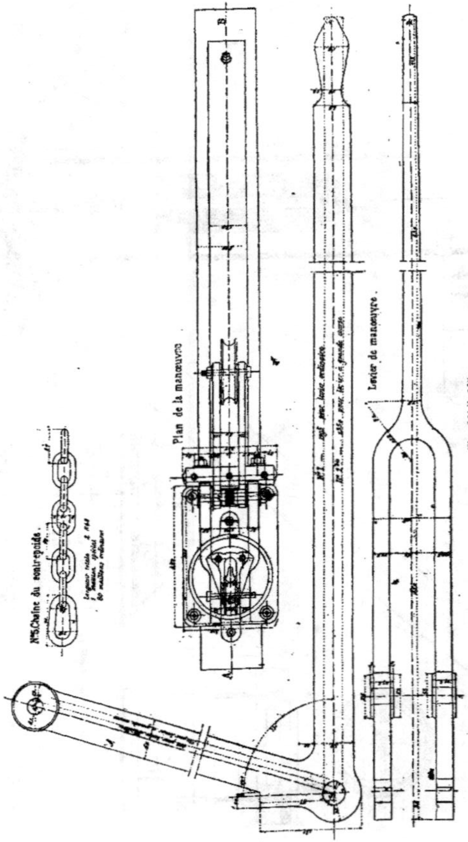

N°3.Chaîne du contrepoids.

Longueur totale   1.845
1 maillon spécial
80 maillons ordinaires

Plan de la manœuvre.

N°1. — ..... pour levier ordinaire.
N°1 bis . — idem, avec le levier à grande course.

Levier de manœuvre.

Fig. 862 à 865.

mettre ce puits qu'à côté du levier de manœuvre afin de bien le surveiller et de le désencombrer s'il est rempli par les eaux, la neige, la glace, les feuille ·, etc.

Appareil de la Compagnie de l'Est.

923. L'appareil de manœuvre, conçu dans cet esprit, est formé d'un levier, coudé (n° 1) (*fig.* 853 à 861), mobile autour

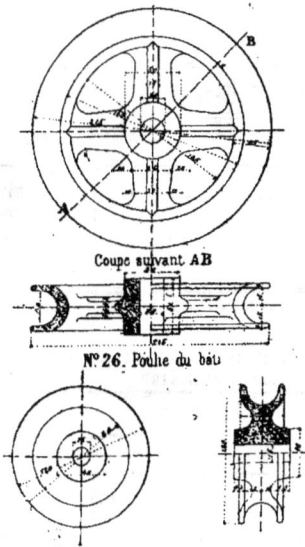

N°25. Poulie du levier.

Coupe suivant AB

N°26. Poulie du bâti

Fig. 866 à 868.

d'un axe dans un plan vertical coïncidant avec le plan de la transmission. A l'extrémité du plus grand bras, ce levier porte une lentille (n° 24) ; à celle du plus petit une poulie (n° 25), sur laquelle s'enroule une chaîne à maillons (n° 5) prolongeant le fil et supportant un contrepoids (n°s 22 et 23) mobile dans un tube vertical en fonte (n° 20) boulonné à la partie inférieure sur un bâti en bois (boulons n° 6). Une jambe de force oblique, boulonnée sur la semelle précédente

(boulons n° 18), donne à l'ensemble la solidité indispensable.

Le contrepoids se compose d'un noyau principal (n° 22) suspendu à la chaîne précitée par un long boulon (n° 11) et surmonté d'un certain nombre de rondelles (n° 23) de 5 kilogrammes chacune. Le nombre de ces rondelles additionnelles croît naturellement avec la longueur de la transmission. La chaîne est réglée de telle sorte que, pour une température de 10 degrés, le contrepoids occupe le milieu de la course dans le puits, le disque étant ouvert.

Quand la voie est libre, le levier est dans la position de la figure 853, le grand bras à terre ; la chaîne glisse alors dans la gorge de la poulie du bâti (n° 26). Mais à voie fermée, le levier redressé de manière à rendre du fil, la chaîne s'engage par un maillon de champ dans une gorge ménagée dans le couvercle du tube, ce qui détruit l'action du contrepoids sur la transmission.

Les figures 853 à 868 représentent les parties principales de cette intéressante installation ; nous y ajouterons (page 562), pour être complet et renseigner de plus près nos lecteurs, l'état des fers, fontes et bois qui entrent dans un appareil de ce genre.

Appareil de manœuvre de la Compagnie de l'Ouest.

924. Le système de manœuvre employé à la Compagnie de l'Ouest varie suivant que le disque se trouve placé à une distance inférieure ou supérieure à 1 000 mètres de celle du levier.

Dans le premier cas, l'appareil de manœuvre comprend un support en fonte à deux piliers, relié au moyen de tirefonds à une charpente de fondation en bois. Ce support reçoit un arbre autour duquel tourne un secteur en fonte mû par un levier muni d'une lentille-contrepoids ; le secteur porte, en outre, un crochet auquel est attachée la chaîne terminant le fil de transmission.

Pour fermer le disque on rend du fil et le rayon avant du secteur vient s'appliquer à terre, tandis que le levier a dépassé la verticale un peu vers l'avant. A voie ou

FONTE

NUMÉROS des PIÈCES	DÉSIGNATION DES PIÈCES	NOMBRE	POIDS	
			PARTIELS	TOTAUX
			kil.	kil.
20	Tube en fonte avec fond	1	181.000	181.000
21	Bâti du levier	1	38.000	38.000
22	Contrepoids	1	38.205	38.205
23	Rondelles du contrepoids	4	5.000	20.000
24	Lentille du levier ordinaire	1	9.000	9.000
25	Poulie du levier	1	3.500	3.500
26	Poulie du bâti	1	1.000	1.000
27	Entretoise du levier	1	0.600	0.600
	TOTAL			291.305
24 bis	Lentille du levier à grande course	1	15.000	15.000

BOIS DE CHÊNE

DÉSIGNATION DES PIÈCES	NOMBRE	CUBES
Taquet 0.305×0.135×0.060	1	0.002470
Contrefiche de 2.40×0.120×0.120	1	0.003460
Traverse de 1.710×0.200×0.060	1	0.020520
CUBE TOTAL		0.057550

NOTA : Dans le cas de l'appareil de manœuvre avec levier à grande course la lentille n° 24 sera remplacée par la lentille n° 24 bis (poids 15k000)

ÉTAT DES FERRURES NÉCESSAIRES A L'INSTALLATION DE L'APPAREIL DE MANŒUVRE A DILATATION LIBRE AVEC LEVIER ORDINAIRE

NUMÉROS des PIÈCES	DÉSIGNATION DES PIÈCES	NOMBRE	POIDS	
			PARTIELS	TOTAUX
1	Levier à fourche ordinaire	1	21.000	21.000
2	Pince-mailles	1	1.800	1.800
3	Chape du boulon du contrepoids	1	0.250	0.250
4	Crochet du fil	1	0.050	0.050
5	Chaîne du contrepoids	1	3.500	3.500
6	Platine du taquet	1	0.550	0.550
7	Boulon du levier	1	1.320	1.320
8	Axe de la grande poulie	1	0.400	0.400
9	Axe de la petite poulie	1	0.250	0.250
10	Boulon de la chape	1	0.100	0.100
11	» du contrepoids	1	2.500	2.500
12	» du pince-mailles	3	0.200	0.600
13	» fixant le bâti au tube	4	0.181	0.725
14	» » la platine	1	0.126	0.126
15	» » le taquet	2	0.450	0.900
16	» » le tube à la semelle	2	0.250	0.500
17	» » la contrefiche au plateau	1	0.375	0.375
18	» » » à la semelle	1	0.750	0.750
19	Vis fixant la lentille sur le levier	1	0.100	0.100
	TOTAL			35.786
1 bis	Levier à fourche à grande course	1	23.110	23.110

NOTA : Dans le cas de l'appareil de manœuvre avec levier à grande course le levier n° 1 sera remplacé par le levier n° 1 bis (poids 23k000).

verte, au contraire, le levier est ramené
en arrière et la tension du fil est obtenue
au moyen du contrepoids dont il est
muni (*fig.* 869 et 870).

L'avantage de ce système est de placer l'axe de rotation très près du sol et, par
suite, la poignée du levier à hauteur
convenable pour la main des agents. En
outre, pour une course quelconque du
levier, il permet de donner une course

Levier de manœuvre

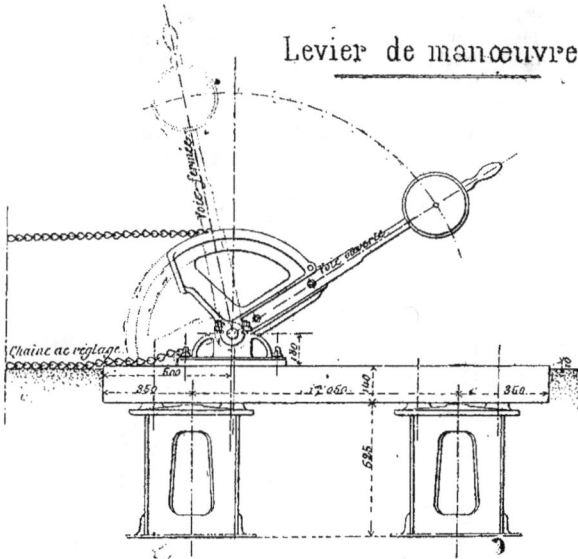

Fig. 869.

de fil égale à la longueur développée de
l'arc sur lequel s'enroule la chaîne.

La position du levier à voie ouverte
varie suivant les mouvements du fil sous l'effet des dilatations ou contractions
dues à la température. En cas de dilata-
tion, en particulier, la position limite du
levier est le sol ; il est donc très impor-

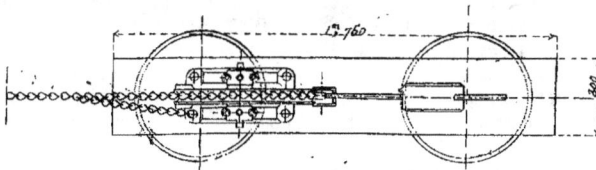

Fig. 870.

tant de régler le fil de manière que cette
position ne soit jamais atteinte, car à partir de ce moment on n'a plus à compter
sur l'allongement du fil et le signal pour-
rait bien donner des indications fausses. A l'autre extrémité, au-delà du disque,
se trouve un levier de rappel simple
avec contrepoids de 20 kilogrammes, qui
touche terre quand le disque est fermé et
se relève à voie ouverte.

Le lentille du levier de manœuvre pèse 30 kilogrammes pour les transmissions dont la longueur varie entre 500 et 1 000 mètres ; ce poids est porté à 40 kilogrammes pour les longueurs de 1 000 à 1 500 mètres.

925. Pour les transmissions dont la longueur dépasse 1 000 mètres, l'appareil précédent n'est plus suffisant ; il faut d'abord employer un appareil compensateur, qui est ici du système Robert, en usage au chemin de fer du Nord ; puis un levier perfectionné formé encore d'un secteur en fonte dont le développement présente les trois quarts de la circonférence.

Ce secteur porte, aux rayons limités où il cesse d'exister, deux leviers à 90 degrés

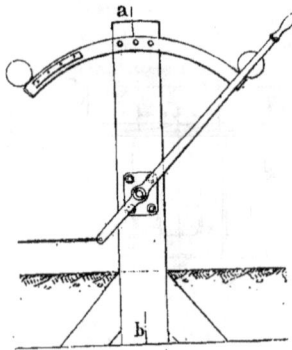

Fig. 871.

l'un de l'autre ; l'un d'eux muni d'une poignée sert à la manœuvre proprement dite ; l'autre reçoit un contrepoids dont la position est variable et peut se régler à volonté ; des goujons placés dans différents trous du secteur et venant buter contre le support fixe qui porte l'arbre de rotation, permettent de limiter la course variable à volonté, d'après les allongements ou raccourcissements de la transmission toujours tendue par le contrepoids Robert. Ce dernier tend d'ailleurs constamment à faire tourner le secteur dans le sens de la fermeture du disque et il suffit de régler convenablement la position du contrepoids du levier *ad hoc* pour équilibrer cet effort

dans la proportion voulue et réduire au minimum le travail nécessaire à la manœuvre.

Appareil de la Compagnie du Nord.

926. A la Compagnie du Nord, on emploie quelquefois le système de l'Est vu plus haut ; mais le plus souvent aujourd'hui on préfère se passer du puits à contrepoids à cause des inconvénients qu'il présente. Le disque lui-même n'est pas muni d'un levier de rappel, mais d'un simple contrepoids qui joue le même rôle. L'appareil permettant la dilatation, ou compensateur Robert, que nous verrons plus loin, est placé au milieu de la distance entre le disque et le levier, suspendu à

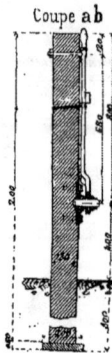

Coupe a b

Fig. 872.

une certaine hauteur au-dessus du sol. Ce sont, dans l'essence, deux poulies sur lesquelles passent les deux moitiés du fil.

927. *Levier de manœuvre.* — Le levier de manœuvre est ici fort simple ; il se compose d'une tige mobile autour d'un axe fixé sur un poteau vertical et dont les positions extrêmes, guidées et fixées par un arc en fer, correspondent à l'arrêt ou à la voie libre. Deux écrous fixent le levier à chaque extrémité et l'empêchent de revenir en arrière ; souvent, en outre, deux petits disques en tôle, l'un blanc, l'autre rouge, placés aux extrémités des curseurs, indiquent la position occupée par le disque et correspondant avec celle donnée au levier (*fig.* 871 et 872).

Levier de la Compagnie de Lyon.

928. A la Compagnie de Lyon, on emploie d'abord un ancien système analogue à celui du chemin de fer de l'Est.

La figure 873 représente le levier avec son puits de tension, le disque ouvert; le disque fermé correspond, au contraire, à la position du levier indiquée en pointillé. Dans la figure 874, le levier et sa

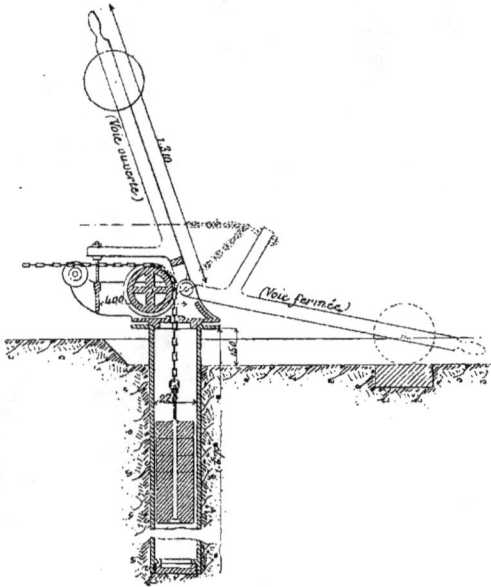

Fig. 873.

lentille sont représentés dans cette dernière position.

Cela posé, n'oublions pas que, dans le système ordinaire du chemin de fer de Lyon, on tire sur le fil pour ouvrir le disque et voyons comment on peut s'y prendre

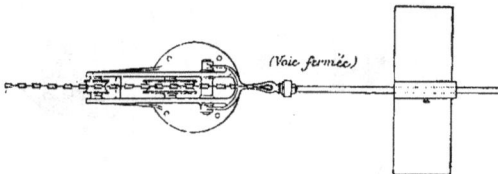

Fig. 874.

pour concilier ce mouvement nécessaire avec l'obligation d'avoir un contrepoids tendeur comme celui qu'entraîne le puits du type de l'Est.

On termine le fil, avant son arrivée au puits, par une chaîne passant sur une poulie, et le levier, par un bras muni d'un anneau spécial ou *pince-maille* perpendiculaire à ce bras et saisissant la chaîne quand on la relève, alors que celle-ci reste libre quand on l'abaisse (*fig.* 875 et 876). Cet anneau présente, pour cela, la forme d'un V fermé.

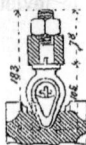 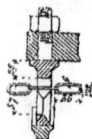

Fig. 875.   Fig. 876.

Le levier de rappel voisin du disque et son installation sont représentés figures 877 et 878.

929. *Levier à arc elliptique.* — Pour faire fonctionner avec certitude un signal à grande distance, il faut pouvoir faire varier dans des limites assez étendues la course du levier de manœuvre. Le levier ordinaire à pince-maille de la Compagnie de Lyon ne s'y prête pas, parce qu'il est sous la dépendance de l'appareil de compensation, à puits, de dilatation du fil.

Mais si l'on emploie un autre système, le compensateur Dujour qui ne se place plus à l'origine de la transmission, on devient libre d'augmenter la course du levier de manœuvre. Il suffit, pour cela, de supprimer le pince-maille et de le remplacer par une pièce en fer percée de

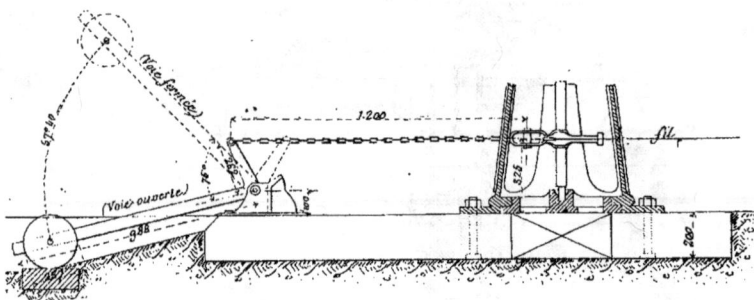

Fig. 877.

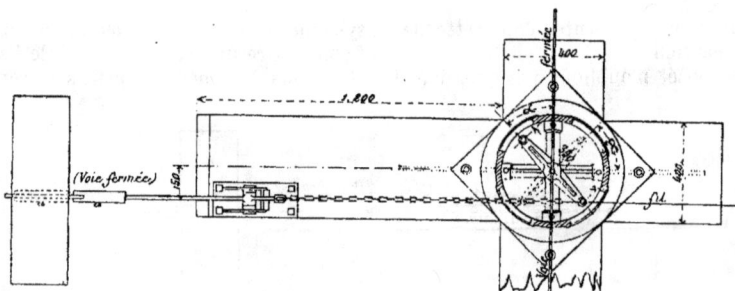

Fig. 878.

plusieurs trous, permettant d'attacher la chaîn de transmission à une distance variable de l'axe de rotation du levier de manœuvre, par suite d'augmenter sa course utile.

Il vaut cependant mieux faire usage du levier à secteur courbe, analogue à celui qu'on emploie depuis longtemps au chemin de fer de l'Ouest. Il se compose d'un secteur de poulie monté sur un support

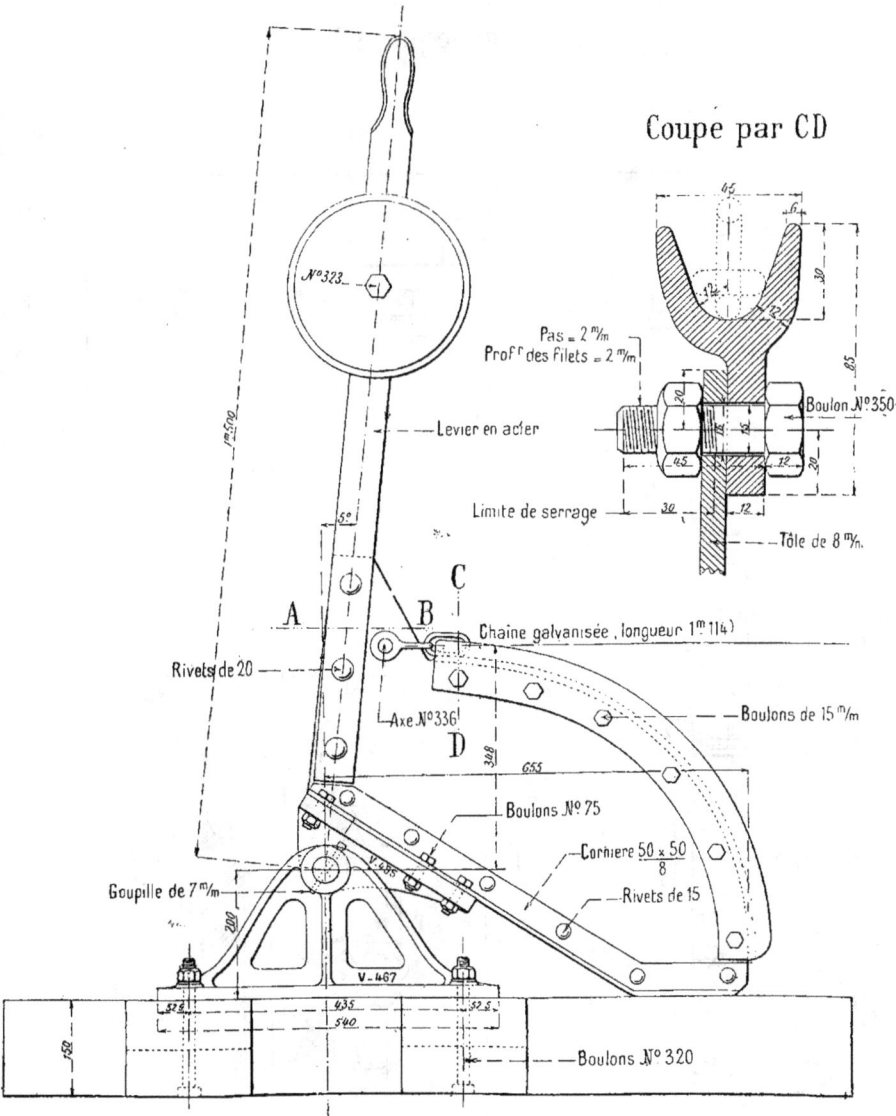

fixé à un châssis en bois. L'appareil est
complété par une tige de 0^m,80 de longueur, | boulonnée au secteur et portant une len-
tille (*fig.* 879 à 881).

Coupé par CD

Pas = 2 ^m/m
Prof^r des filets = 2 ^m/m

N°323

Levier en acier

Boulon N°350

Limite de serrage

Tôle de 8 ^m/m.

C
A   B
Chaine galvanisée , longueur 1^m114)

Rivets de 20

Axe N°336

Boulons de 15 ^m/m

D

655

Boulons N°75

Cornière 50 × 50 / 8

Rivets de 15

Goupille de 7 ^m/m

V-465

V-467

528   435   52.5
540

Boulons N°320

Fig. 879 et 880.

La forme donnée à ce secteur est telle
que, dans chacune des positions du levier | renversé, le moment de la lentille
autour du cercle de rotation, qui va en

augmentant quand ce levier approche de l'horizontale, soit en proportion avec celui que donne la tension de la transmission

agissant sur des bras de leviers de plus en plus grands.

Ce levier présente l'avantage d'agir

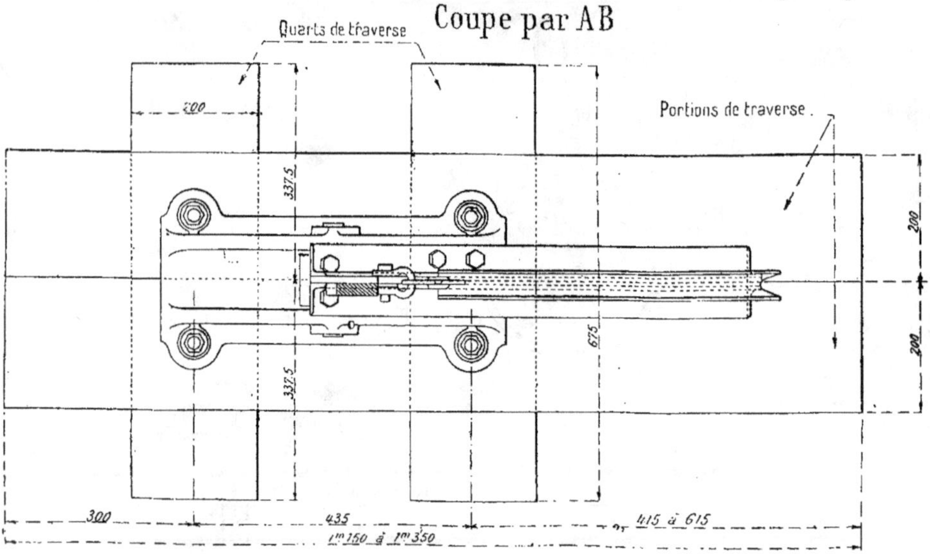

Coupe par AB

Fig. 881.

sur le fil suivant la même direction dans toutes les positions qu'il peut prendre,

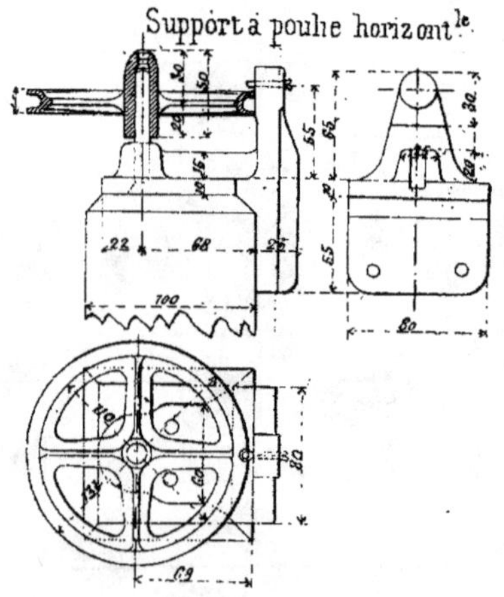

l'ancien levier. L'amplitude de la course

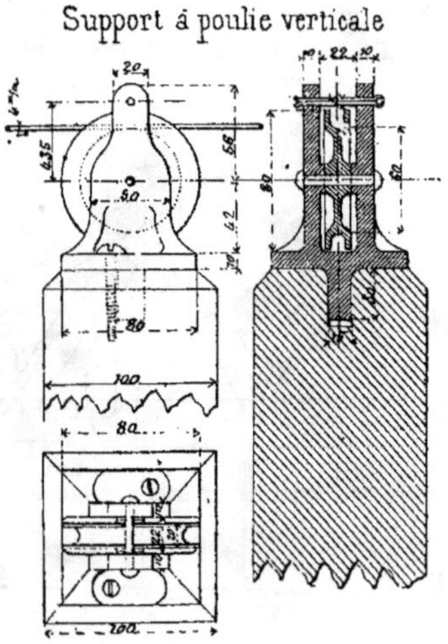

Fig. 882 à 884.

Support à poulie verticale

Fig. 885 à 887.

quelle que soit l'amplitude de son mouvement, résultat qu'on ne peut obtenir avec

est réglée au moment de la pose, suivant

les besoins de la transmission, et elle est limitée par des cales en bois sur lesquelles le secteur vient s'appuyer dans ces positions extrêmes.

On peut faire au sujet de ce levier une remarque importante : c'est qu'il n'y a jamais inconvénient à lui donner un excès de course, tandis qu'il peut y en avoir beaucoup à lui donner une course insuffisante. Dans le premier cas, l'effet produit se borne simplement à détendre alternativement le fil du disque et le fil allant au compensateur au-delà de ce qui serait rigoureusement utile, sans nuire en aucune façon au bon fonctionnement du disque.

930. *Levier de rappel.* — Le support du levier de rappel est fixé sur le même châssis de fondation que le mât du signal ; ce levier ramène le disque parallèlement à la voie quand on lâche le fil de transmission. Sur le grand bras du levier est fixée, au moyen d'une vis de pression, une grosse lentille en fonte. Au petit bras est attachée une chaîne reliée par son autre extrémité au bout du balancier de l'arbre du disque recevant le fil de transmission. Lorsque ce balancier est remplacé par une poulie, nous avons vu précédemment que le contrepoids est composé d'une

série de rondelles suspendues à une chaîne passant sur une poulie verticale. Il n'a donc plus la forme d'un levier.

On voit bien par ces explications et par les figures annexes que le levier de rappel ouvre la voie en s'abaissant, de sorte que le disque n'est pas fermé en cas de rupture du fil ou de dérangement de la chaîne d'attache de la transmission (*fig.* 877 et 878).

Un autre inconvénient de cette disposition résulte de ce que la tension du fil est produite par le poids de la lentille du levier de rappel quand le disque est à l'arrêt. Par suite, si le signal est maintenu un certain temps dans cette dernière position, la température peut changer, la transmission s'allonge et le levier de rappel s'abaisse d'une petite quantité entraînant dans son mouvement une certaine rotation du disque ; celui-ci peut donc ne plus indiquer nettement la voie fermée.

Aujourd'hui, grâce à l'adoption de plus en plus générale du compensateur Dujour, la Compagnie de Lyon s'est rangée à la règle uniforme adoptée par les autres Compagnies et le levier de rappel ferme le disque en s'abaissant.

TRANSMISSION

Fil.

931. La transmission se compose, suivant la distance, d'un fil de fer galvanisé de 0ᵐ,0040 à0ᵐ,0045 de diamètre reposant tous les 15 à 20 et quelquefois 25 mètres sur de petites poulies fixées au sommet de piquets carrés de 1 mètre de long sur 0ᵐ,10 de côté. Le fil est quelquefois recouvert de peinture sauf à l'aplomb des supports.

Les poulies sont verticales lorsque la transmission est en ligne droite et horizontales dans les courbes.

932. *Poulies et supports.* — Les fils sont supportés, avons-nous dit, par de petites poulies en fonte horizontales (*fig.* 882 à 884) ou verticales (*fig.* 885 à 887). Elles tournent autour de tourillons soutenus par de petits supports en fonte fixés sur

des potelets en bois de 0ᵐ,100 d'équarrissage.

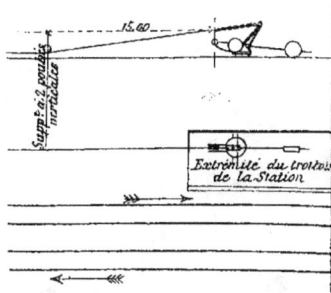

Fig. 888.

La première poulie verticale après le

levier de manœuvre doit être double pour permettre au fil de regagner le niveau courant de la transmission sans laisser

Support à deux poulies verticales

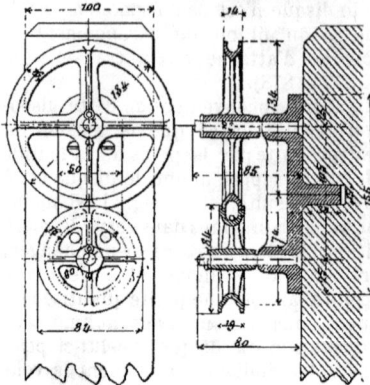

Fig. 889 et 890.

échapper le fil (*fig.* 888 à 890). L'ensemble formé par ces deux petites poulies est

Etrier pour scellement

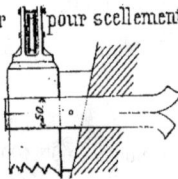

Fig. 891.

alors fixé sur le côté d'un des poteaux précédents.

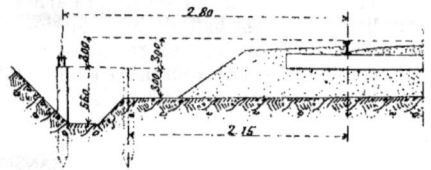

Fig. 892.

Quelquefois le poteau ne peut être enfoncé en terre et on le fixe latéralement à la maçonnerie au moyen d'un étrier (*fig.* 891 et 892).

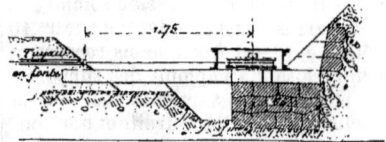

La ligne des supports se pose en remblai le long de la crête du talus de la plate-forme (*fig.* 893), et en déblai au pied du talus au fond du fossé (*fig.* 894), sauf quand la végétation sera un obstacle ; on la place alors en face, en crête du même fossé.

La figure 895 indique l'allure d'une

Fig. 893.

transmission souterraine (passage à niveau, etc.), sortant de la poulie de renvoi dissimulée dans un coffrage, pour entrer dans une conduite en fonte passant sous la voie (*fig.* 896 à 900).

Fig. 894.

Les conduites souterraines sont généralement composées de tuyaux en fonte à emboîtement avec cordon et tulipes.

Les poulies, qui doivent être placées

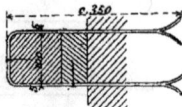

Fig. 895.

tous les 15 mètres quand la conduite est longue, sont logées dans des boîtes spéciales faisant partie d'un manchon fondu exprès (*fig.* 897 à 900).

Boîte en fonte pour transmission souterraine. — Ensemble.

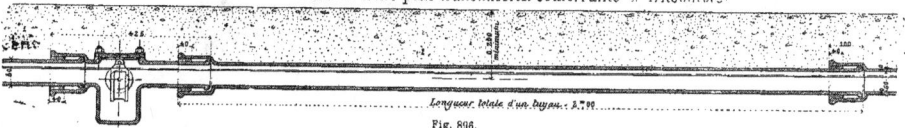

Longueur totale d'un tuyau : 3.™ 90.

Fig. 896.

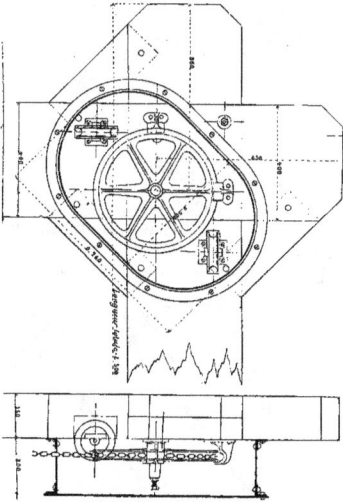

Fig. 901 et 902.

Longueur totale : 1.™ 50.

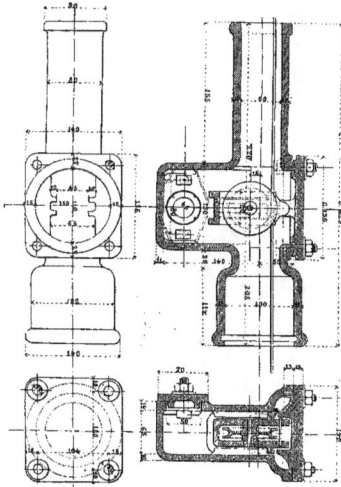

Fig. 897 à 900.

SUPERSTRUCTURE.

Détails de la Boîte en fonte pour transmission.

Les poulies de renvoi importantes (il y en a qui ont 0ᵐ,40 de diamètre à l'intérieur des gorges) sont installées sur un châssis de fondation (*fig.* 901, 902, 903 et 904), renfermées dans une boîte en tôle et munies de deux petites poulies guides (*fig.* 905 et 906), qui supportent la chaîne à l'entrée et à la sortie de la grande poulie. Celle-ci tourne autour d'un pivot sur lequel elle est suspendue au moyen d'une vis. Ce pivot n'est lui-même qu'un boulon traversant le bois de la charpente

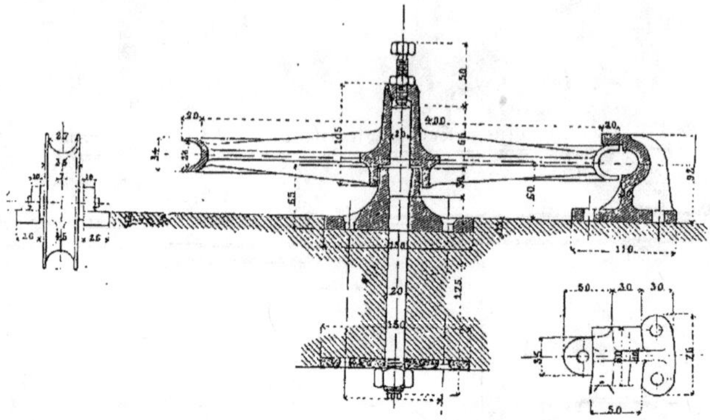

Poulie de renvoi

Fig. 903 et 904.

et qu'on fixe par dessous au moyen d'un écrou (*fig.* 903).

933. Quel que soit le système de poulie employé, le fil vient toujours buter contre un arrêt horizontal ou vertical qui l'empêche de sortir de la gorge de la poulie.

Dans les courbes, et pour empêcher le poid du fil de déverser la poulie qui est horizontale, on donne quelquefois à celles-ci, comme au Nord, une allure inclinée (*fig.* 907 à 910).

Quelquefois ces supports servent à plusieurs poulies et des pièces d'arrêt sont disposées de la même manière que précédemment devant la gorge de chacune d'elles. Seulement, pour qu'elles ne se gênent pas mutuellement, on en fixe les moyeux à des hauteurs différentes. Ainsi les figures 911 à 913 représentent la poulie triple en usage au chemin de fer du Nord.

D'autres fois on emploie une autre poulie voisine de la première et posée dans le même plan de manière que leurs gorges juxtaposées forment un anneau complet. Il est même impossible de procéder au-

trement quand le fil a tendance à s'échapper verticalement, comme nous l'avons vu plus haut, dans le voisinage du levier de manœuvre.

Les poulies et leurs supports sont généralement galvanisés.

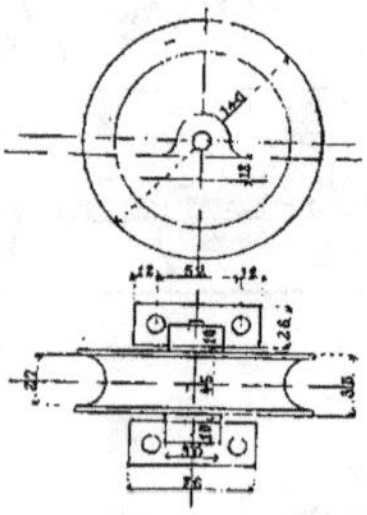

Fig. 905 et 906.

Poulie universelle.

934. Lorsqu'on est obligé d'avoir de très longues transmissions, il ne faut négliger aucun moyen de réduire les frottements des organes à mettre en mouvement. C'est dans cette intention qu'a été adoptée à la Compagnie de Lyon la poulie dite *universelle*.

Les poulies ordinaires verticales employées dans les alignements droits sont celles qui se trouvent dans les meilleures

Élévation de face

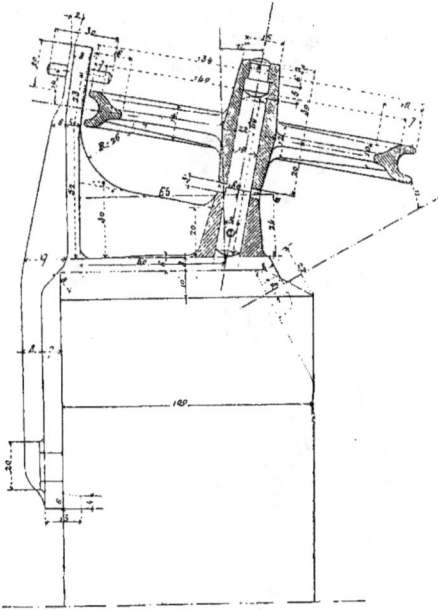

Fig. 907.

Élévation de côté

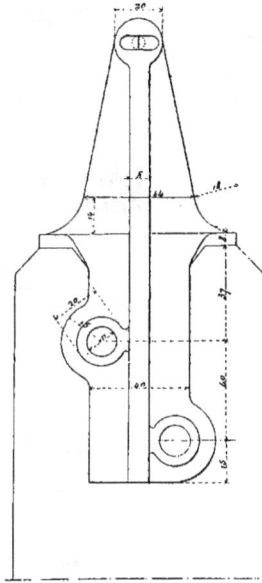

Fig. 908.

Plan

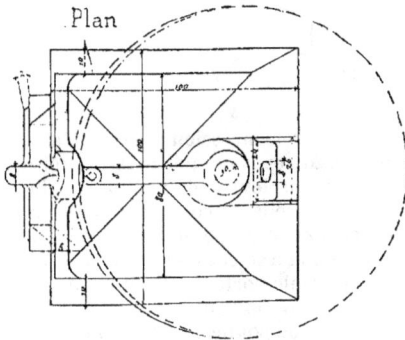

Fig. 909.

Poulie

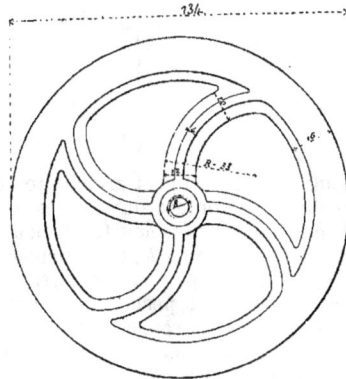

Fig. 910.

conditions. Mais le poids du fil tend à faire déverser les poulies horizontales employées dans les courbes ; il en résulte des frottements qui augmentent la résistance à vaincre pour la manœuvre. D'après les expériences de M. Jules Michel, ces poulies peuvent donner des frottements six fois plus considérables que les poulies verticales.

On a commencé, comme à la Compagnie du Nord, par donner à ces poulies une position un peu inclinée vers le centre de la courbe, ce qui ramène le fil dans la gorge et atténue en partie le mauvais effet précédent. Mais cette inclinaison est forcément constante pour toutes les courbes et toutes les tensions du fil.

Le mieux est évidemment l'emploi d'une

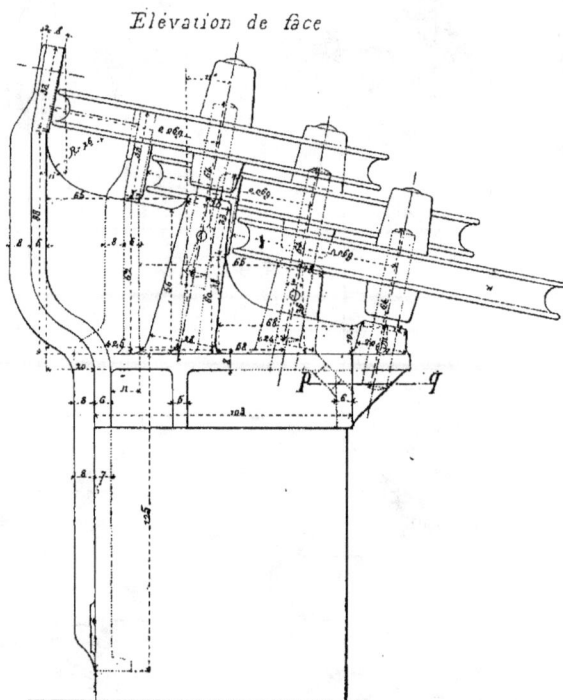

Élévation de face

Fig. 911.

poulie mobile qui peut prendre toutes les inclinaisons voulues suivant les besoins exigés par le fil lui-même. La chape de cette poulie, dite *universelle*, est articulée à un support fixé au poteau par des tirefonds ; cette articulation permet à la poulie de prendre dans les courbes l'inclinaison résultant de son poids, du poids du fil et de la force horizontale due à la tension de la transmission. Cette inclinaison varie né-

cessairement selon que la transmission est au repos ou qu'elle est soumise à l'action du levier de manœuvre. La poulie universelle se comporte alors en courbe comme une poulie verticale tournant sur son axe et non comme une poulie horizontale portant sur un pivot.

935. On peut donc remplacer les deux types de poulies, horizontale et verticale, par le type unique de *poulie universelle*, jouissant des propriétés des deux précédents (*fig.* 914 à 918).

C'est une poulie ordinaire portée par une chape en fer forgé qui est articulée sur un support fixe en fonte. Le tout est galvanisé, excepté l'axe de la poulie et l'arbre-tourillon autour duquel peut osciller la chape. Après la galvanisation, la poulie sur la chape et la chape sur son support doivent présenter assez de jeu pour tourner librement.

Par ce moyen on voit que la poulie peut prendre une position quelconque, depuis l'horizontale jusqu'à la verticale en passant par toutes les intermédiaires. Elle peut donc aussi dans tous les cas obéir à

Elévation de côté

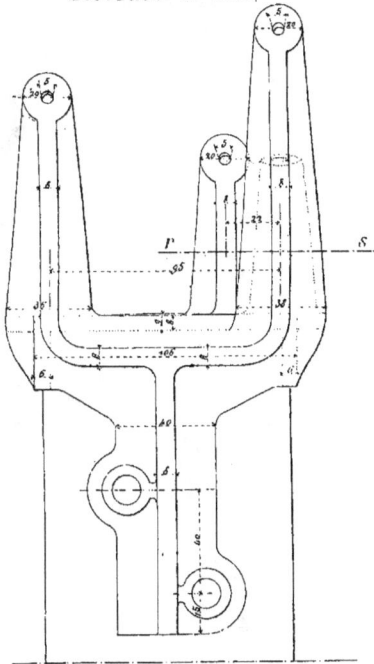

Plan

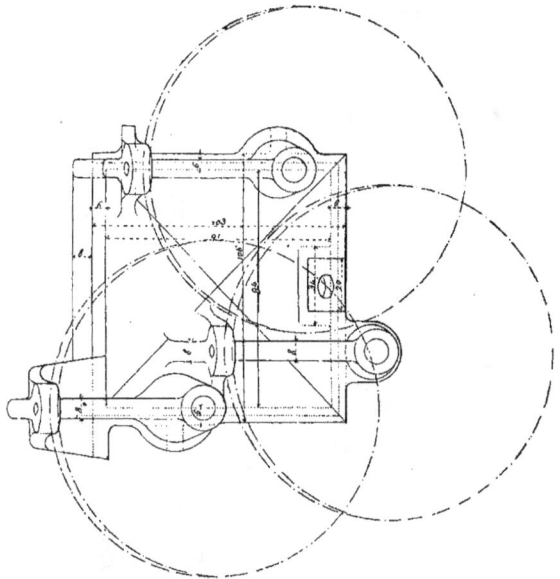

Fig. 912.   Fig. 913.

son poids, au poids du fil de transmission, à la tension produite par la température, les contrepoids ou la manœuvre.

La poulie universelle est adaptée, comme les autres, à de petits poteaux en chêne goudronné de 1 mètre de hauteur et de 0^m,10 sur 0^m,10 d'équarrissage.

On a pu ainsi, à la Compagnie de Lyon, porter à 20 mètres l'espacement des supports anciennement fixé à 15 mètres ; cela ne fait qu'augmenter un peu la flèche du fil entre les deux supports consécutifs et entraîner une augmentation correspondante de la course du levier de manœuvre.

936. La figure 919 donne le schéma d'une installation complète du disque à distance telle qu'elle est pratiquée au chemin de fer de Grande Ceinture de Paris. A droite, le levier de manœuvre à l'extrémité du quai de la station, puis le fil de transmission supporté par des poulies horizontales ou verticales simples ou

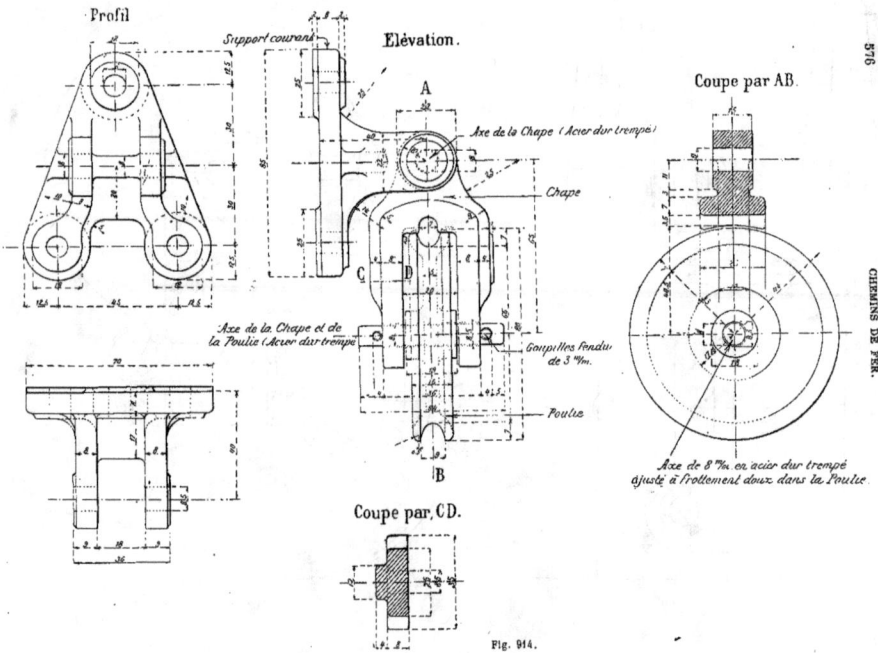

Profil

Support courant

Elévation.

A

Axe de la Chape (Acier dur trempé)

Chape

C D

Axe de la Chape et de
la Poulie (Acier dur trempé)

Goupilles fendues
de 3 m/m.

Poulie

B

Coupe par AB.

Axe de 8 m/m en acier dur trempé
ajusté à frottement doux dans la Poulie.

Coupe par CD.

Fig. 914.

doubles tous les 15 mètres. Le détail de ces poulies fixées à leurs poteaux est indiqué dans les figures 920 à 925.

A l'autre extrémité, le signal à droite ou à gauche, ce qui exige la traversée des voies par des poulies de renvoi dans le premier cas. Enfin, au-delà du disque, le levier de rappel.

Résistance d'une transmission.

937. M. Jules Michel (*Revue générale des chemins de fer*, 5 novembre 1880) s'est rendu compte par des expériences directes, au chemin de fer de Lyon, de l'ensemble des efforts qu'aurait à exercer le levier de manœuvre sur une transmission de 2 400 mètres de longueur, munie d'un compensateur Dujour, que nous verrons plus loin, traversant les voies au moyen de deux poulies de renvoi de mouvement à angle droit et agissant sur un mât de disque soumis à l'influence d'un vent assez violent. Cette évaluation du jeu de la transmission dans les circonstances les plus défavorables était nécessaire pour permettre d'apprécier si les efforts ne dépasseraient pas les limites de résistance des fils de fer ordinairement employés.

D'après ces expériences, on a reconnu que le mouvement de rotation du disque, en supposant la face du voyant soumise à une pression de 40 kilogrammes par mètre carré produite par l'action d'un fort vent, exige une force de 7 à 8 kilogrammes ; sous l'effet d'un vent ordinaire, elle n'est que de 5 à 6 kilogrammes ; en l'absence de vents elle se réduit à 3 kilogrammes ; on peut prendre, comme on le voit, une moyenne de 6 kilogrammes.

Les frottements sur les poulies verticales sont de $1^k,100$ par longueur de 100 mètres, ils peuvent être jusqu'à six fois plus grands sur les poulies horizontales, suivant la tension du fil pendant la manœuvre. On peut admettre que la résistance moyenne d'une transmission est de $1^k,500$ par 100 mètres, soit $0^k,025$ par mètre.

Enfin les poulies de mouvements de renvoi, enveloppées par le fil sur 1/4 de la circonférence, présentent une résistance également variable avec la tension du fil.

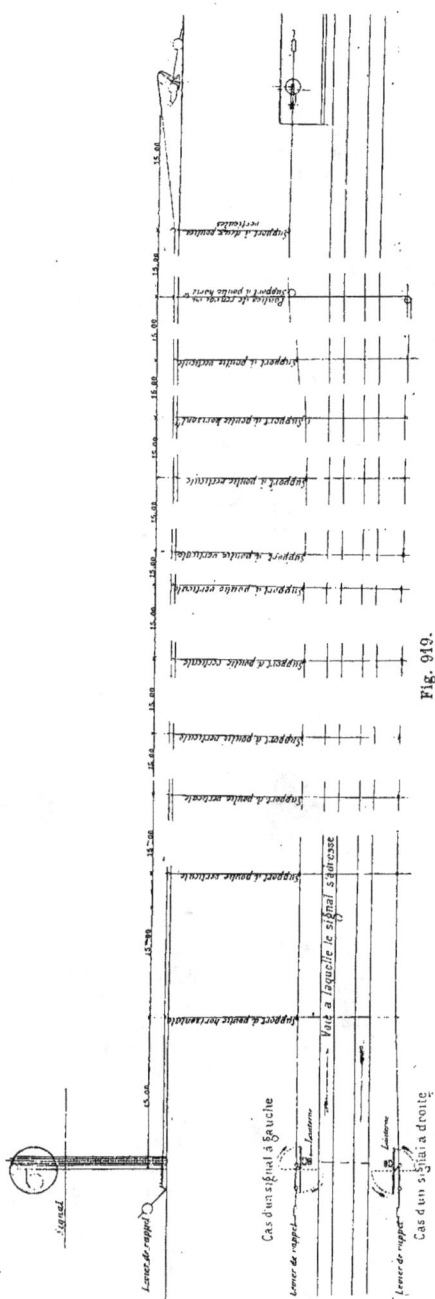

Fig. 919.

Ainsi :

Pour une tension de 20 kilogrammes, le frottement est de 0ᵏ,700 environ ;

Pour une tension de 40 kilogrammes, le frottement est de 1ᵏ,300 environ ;

Pour une tension de 65 kilogrammes, le frottement est de 2ᵏ,200.

938. La conclusion, c'est que dans la pose des transmissions il faut :

1° diminuer autant que possible les courbes ;

2° toujours placer les mouvements de renvoi le plus près possible du signal, quand on est libre de choisir le point où se fera le changement de direction, parce que c'est là que la tension du fil est la moins considérable. On sait, d'ailleurs, qu'en plaçant le mouvement de renvoi en face du signal, une seule poulie suffit pour lui lorsqu'on a été obligé de poser la transmission de l'autre côté des voies ; c'est donc, sous tous les rapports, la disposition qu'on doit préférer quand il n'y a pas d'obstacle absolu qui s'y oppose.

939. En supposant une transmission de 2 400 mètres de longueur avec le compensateur placé à 800 mètres du signal les résistances à vaincre par le

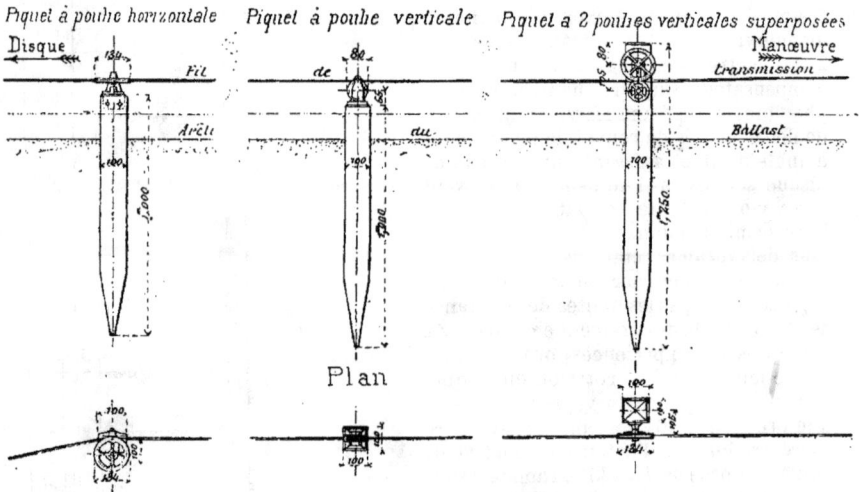

Fig. 920 à 925.

rappel proviennent des frottements du disque, soit 6 kilogrammes, et de 800 mètres de fil à 0ᵏ,015 par mètre, soit 12 kilogrammes. Il peut se trouver, en outre, une ou deux poulies de renvoi soumises à une tension de 20 à 30 kilogrammes et donnant un frottement moyen de 2 kilogrammes.

Le contrepoids du rappel doit donc être porté à 20 kilogrammes au minimum. Il paraît utile de l'augmenter d'environ 5 kilogrammes pour assurer la tension du fil, pour faire obéir le signal plus promptement et enfin pour parer aux défectuosités accidentelles qui pourraient se pré- senter dans la pose des supports de la transmission. Le contrepoids de rappel serait donc de 25 kilogrammes.

De son côté, le contrepoids du compensateur doit être assez fort pour soulever le contrepoids de rappel de 25 kilogrammes et vaincre les mêmes résistances que lui, soit 20 kilogrammes, ce qui donne en tout 45 kilogrammes. Mais, comme il agit sur un bras de levier double, l'effort à produire se réduit à 22ᵏ,500. Le contrepoids compensateur doit de plus ramener le fil allant au levier de manœuvre sur une longueur de 1 600 mètres, ce qui équivaut à une résistance de 24 kilogrammes et enfin vaincre le frottement de deux poulies de l'appareil, soit environ 4^k,500.

Le contrepoids du compensateur serait ainsi de 51 kilogrammes; mais il convient de l'augmenter comme celui du rappel et d'y ajouter 9 à 10 kilogrammes pour rendre les mouvements plus rapides. Son poids serait donc de 60 kilogrammes.

S'il y avait des mouvements de renvoi entre le levier de manœuvre et le compensateur, il faudrait encore ajouter au contrepoids, 2 kilogrammes en moyenne par poulie de renvoi, pour tenir compte de l'augmentation de résistance introduite par cette poulie.

940. Il est facile, d'après ce qui précède, de calculer l'effort maximum à produire à l'origine d'une transmission de 2 400 mètres de longueur pour manœuvrer le signal. Cet effort aura pour objet de soulever le contrepoids du compensateur, soit 60 kilogrammes, de vaincre les 24 kilogrammes de frottement du fil, les 4^k,500 de frottement de l'appareil compensateur et les 4 kilogrammes de frottement des deux poulies de renvoi que nous supposons intercalées dans la première partie de la transmission. L'ensemble de ces résistances s'élèvera à 92 kilomètres 500 environ. Telle est la tension maximum que le fil pourra avoir à supporter pour permettre la manœuvre d'un signal placé à 2 400 mètres du levier de manœuvre. Un fil de fer de 0^m,004 de diamètre placé entre ce levier et le compensateur, travaillera, par conséquent, à moins de 7 kilogrammes par millimètre carré de section.

Entre le compensateur et le disque, dans la seconde partie de la transmission, l'effort maximum est celui qui est nécessaire pour produire le mouvement du fil et du signal, tout en relevant le contrepoids de rappel. Nous l'avons évalué à 45 kilogrammes. En employant dans cette partie du fil de 3 millimètres de diamètre, l'effort qu'il supporte n'atteint pas non plus 7 kilogrammes par millimètre carré de section.

941. Si la transmission n'a qu'une longueur de 1 200 mètres, les résistances du fil diminuent de moitié, les autres

frottements restant les mêmes, sauf pour les poulies de renvoi dont les frottements se trouveront réduits en même temps que les tensions du fil. Dans ces conditions, le contrepoids de rappel devra peser 17 kilogrammes au lieu de 26, et celui du compensateur 40 au lieu de 60. Enfin l'effort au levier de manœuvre ne sera plus que de 57 à 58 kilogrammes.

Ce levier est muni, comme à l'ordinaire, d'une lentille dont le contrepoids fait équilibre à la tension de la transmission et empêche le levier de revenir en arrière quand il a été renversé pour mettre le signal à l'arrêt.

A ce moment, la tension du fil près du levier est reproduite par le poids du compensateur, diminué des frottements de l'appareil et du fil qui le sépare du levier de manœuvre. Si le contrepoids pèse 63 kilogrammes, pour une transmission de 2 400 mètres de longueur, et si on évalue comme ci-dessus les résistances en question à 28^k,500, l'effort qui tend à relever le levier est d'environ 35 kilogrammes. Le fil étant attaché à 0^m,38 de l'axe de rotation, il suffit, pour équilibrer cet effort, de placer une lentille ordinaire du poids de 27 kilogrammes à une distance de 0^m,40 de son axe. Dans la pratique on la fixe à environ 0^m,55 pour avoir un excès de résistance à l'entraînement et en même temps pour diminuer l'effort à exercer par l'agent chargé de la manœuvre au moment où il renverse le levier.

Pour les transmissions de longueur inférieure à 2 400 mètres, on peut rapprocher la lentille de l'axe de rotation du levier, si on le juge convenable, ou employer une lentille plus légère, si la disposition du levier ne permet pas ce rapprochement.

Transmissions suspendues.

942. Les fils de transmission sont, en général, à 0^m,40 ou 0^m,60 du sol. On les remplace quelquefois, comme à la Compagnie de Lyon, par des transmissions à hauteur du disque supportées par de vieux rails plantés en terre.

Les fils ordinaires, établis à peu de hau-

teur au-dessus de la plate-forme, constituent, en effet, une incommodité et quelquefois un danger, surtout la nuit.

Un autre avantage des transmissions,
suspendues est d'éviter un grand nombre
d'angles droits qu'on est obligé de faire
suivre aux fils près de terre ; ces angles
allongent les fils et augmentent notablement la résistance à la manœuvre.

Le fil dans ce cas est fixé, non pas au
pied du disque, comme précédemment,
mais immédiatement au dessous, et quelquefois en crête. Cela est surtout avantageux pour les disques de gare.

Manœuvre électrique des signaux.

943. L'inconvénient dû à la longueur
des fils de transmissions peut être
levé au moyen de la manœuvre du disque
par l'électricité. Cela se pratique depuis
quelques années aux États-Unis, en Autriche, en Suisse. En France, on a craint
jusqu'à ce jour que ces appareils toujours
délicats, placés en plein air, sensibles à
l'influence des orages et confiés à des agents
toujours inexpérimentés, ne pussent fonctionner régulièrement ni rendre les services qu'on attend précisément d'eux.

Ils sont d'ailleurs plus coûteux que les
disques ordinaires et leur prix atteint
aisément 1 500 à 1 600 francs au lieu de
800 francs, prix d'un appareil courant.

Le fil, qui est un conducteur d'électricité,
coûte également beaucoup plus cher que
le fil de fer ordinaire : il faut l'estimer à
environ 0^r,30 le mètre. Un signal électrique placé ainsi à 2 kilomètres d'une gare
revient environ à 2 400 francs. Son entretien est naturellement aussi plus coûteux.
Ces appareils sont donc à éviter quand
on peut faire autrement.

Systèmes de compensation.

944. Nous avons vu précédemment
qu'il y a lieu de se préoccuper de l'allongement et du relâchement du fil de transmission.

On peut employer pour cela de simples
tendeurs fixés de place en place sur le fil,
comme le fait la Compagnie d'Orléans. C'est

le tendeur élémentaire dont on fait usage
dans les clôtures, dans les jardins, etc.
Il se compose d'un étrier muni d'une vis
qu'on serre ou desserre à volonté. Cette
tension est toujours une chose importante
et délicate ; il faut, en effet, qu'elle soit
suffisante pour que les mouvements du
levier soient intégralement transmis au
disque et cependant il ne faut pas dépasser la limite d'élasticité du fil. On arrive
ainsi, à la Compagnie d'Orléans, à obtenir
un bon fonctionnement du système à
deux fils jusqu'à une distance de 1 500

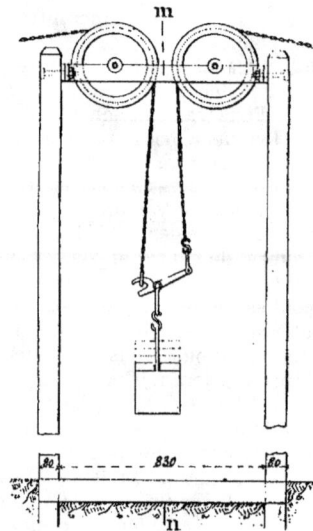

Fig. 926.

mètres environ, au moyen d'un entretien
très soigné.

Les tendeurs de la Compagnie d'Orléans
sont placés environ tous les 200 mètres
et les flèches prises par le fil entre deux
supports consécutifs distantes de 15 à 20
mètres sont excessivement faibles. L'appareil à deux fils fonctionne ainsi très
bien jusqu'à une distance de 1 200 à 1 500
mètres avec un effort modéré, les fils
étant fixés aux deux extrémités d'un balancier placé à la base du disque.

Pour des distances plus grandes, on
substitue à ce balancier une poulie horizon-

tale sur laquelle s'enroule une chaîne en fer qui termine le fil ; il suffit, pour obtenir la rotation du disque, que le frottement du mât sur sa crapaudine soit plus faible que celui de la chaîne sur la poulie.

945. *Compensateur Robert.* — A la Compagnie des chemins de fer du Nord, pour remédier aux allongements du fil on place dans le milieu de sa longueur un appareil spécial destiné à maintenir sa tension.

Plan.

Fig. 927.

C'est le compensateur Robert composé d'un poids suspendu à une fourche; les deux portions du fil aboutissent l'une en queue, l'autre sur une dent, de la fourche après avoir passé sur deux poulies à axe horizontal montées sur une petite charpente spéciale. Le poids peut alors se déplacer verticalement entre les deux montants de la charpente et exercer une tension constante sur les deux moitiés du fil dont l'allongement n'entraîne qu'un résultat, l'ascension ou la descente du poids qui

doit naturellement être suffisante pour

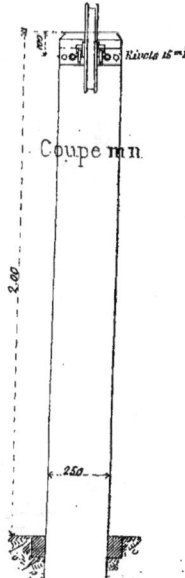

Coupe mn.

Fig. 928.

faire équilibre aux résistances du fil sur les poulies et au contrepoids de rappel.

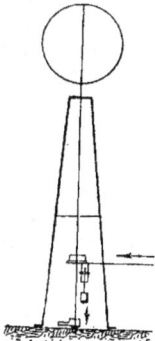

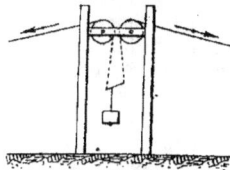

Fig. 929.

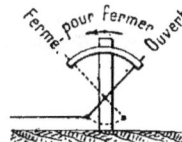

placé à l'extrémité de ce fil (*fig.* 926 à 929).

946. Le poids tendeur de l'appareil

Robert est de 45 à 55 kilogrammes, suivant la longueur de la transmission. Il est composé, comme le poids de rappel vu plus haut, d'un noyau principal de 30 kilogrammes auquel on peut ajouter des rondelles additionnelles de 5 kilogrammes chacune. Dans tous les cas, ce poids doit être supérieur au poids de rappel de manière que le disque se ferme en lâchant le fil du levier de manœuvre.

Avec ce contrepoids, si le fil casse en un point quelconque, le disque se met toujours à l'arrêt. D'après la manière même dont il est suspendu, en effet, si le fil casse entre le contrepoids Robert et le levier de manœuvre, le poids tendeur tombe à terre entraînant avec lui le bout du fil rompu, la poulie se dégageant de l'anneau d'accrochage. Le contrepoids du disque fait seul son effet et commande la rotation à l'arrêt. Si la rupture a lieu dans la seconde moitié, le contrepoids du disque agit *a fortiori* instantanément.

Le système de compensation Robert est d'un entretien assez coûteux, mais il présente sur les systèmes de compensation au levier deux sérieux avantages.

D'abord l'action du poids tendeur est permanente, quelle que soit la position du disque et n'est jamais annulée par l'une de ces positions.

Puis les poids employés peuvent être plus légers, parce qu'on n'a à vaincre, en outre des résistances propres au disque, que les résistances d'une moitié de longueur de fil. Et si l'on emploie des poids aussi lourds que dans les autres ruptures, on peut employer des transmissions d'une plus grande longueur.

Transmissions à grandes distances.

947. L'effort initial au levier croît naturellement avec la longueur de la transmission. En effet, le levier de rappel du disque doit être assez lourd pour vaincre, en retombant. les frottements et l'inertie du fil sur toute sa longueur afin de le ramener en sens inverse du déplacement initial; d'autre part, le levier de manœuvre, qui soulève le contrepoids, en même temps qu'il met le fil en mouvement, doit exercer nécessairement un effort de traction double de celui que produit le levier de rappel. Quand on allonge les

transmissions, on conçoit qu'il arrive un moment où l'effort dépasse les limites de résistance normale des fils de 3 ou 4 millimètres de diamètre ordinairement employés. Les ruptures deviennent alors assez fréquentes et l'on est obligé de réduire la longueur de la transmission.

On a essayé, pour y obvier, d'employer des fils de 5 millimètres de diamètre; mais le poids de ce fil augmente en même temps et il en résulte ainsi un accroissement des frottements compensant, et au delà, l'augmentation de résistance à la rupture. Aussi a-t-on dû y renoncer. On ne peut réussir à allonger les transmissions qu'à la condition de diminuer l'effort nécessaire pour la manœuvre du levier : les fils de 3 à 4 millimètres sont alors bien suffisants et ne donnent aucune rupture.

En résumé, une transmission à grande distance, pour fonctionner convenablement, ne doit pas dépasser 1 600 mètres, en conditions normales. Il y a lieu en outre, de diminuer autant que possible l'effort à exercer pour le mouvement et de donner au levier une course variable à volonté dans de certaines limites.

948. Lorsqu'on aura un fil de grande longueur, on comprend d'après ce qui précède, que l'on obviera aux incertitudes de la manœuvre en fractionnant ce fil en plusieurs parties, entre lesquelles on intercalera des contrepoids supplémentaires. On peut ainsi fractionner à volonté une transmission en parties de plus faibles longueurs, travaillant isolément sous l'action de poids spéciaux. Dans chaque mouvement du contrepoids correspondant, on n'a alors affaire qu'à une longueur de fil, qui est une fraction de la longueur totale. Les résistances du fil ainsi que l'allongement résultant de l'effort de tension et de la diminution des flèches des courbes, dites chaînettes, entre deux supports consécutifs, ne sont, pour chaque appareil de relai, que la fraction correspondante des effets qui se produiraient auprès du levier manœuvrant la transmission tout entière.

Outre l'indépendance des mouvements des deux portions de fil, le relai offre un autre avantage : c'est de permettre de diminuer la tension à laquelle doit être soumis le fil à l'origine de la transmission. Car cet effort augmente depuis le contrepoids de rappel du disque jusqu'au levier de manœuvre ; en ce dernier point il doit être assez énergique pour vaincre toutes les résistances auxquelles le contrepoids fait équilibre et pour soulever le contrepoids lui-même en même temps. Les poids des relais varient donc à mesure qu'ils se rapprochent du levier de manœuvre.

Mais on peut réduire l'effort initial dans la proportion voulue en disposant l'appareil de relais de manière à faire agir le fil du levier de manœuvre sur une poulie de diamètre plus grand que celle à laquelle est attaché le fil allant dans la direction du signal : on en est quitte pour augmenter la course du levier de manœuvre dans la même proportion.

En somme, l'établissement des transmissions à grandes distances est une chose facile par l'adoption d'un certain nombre d'appareils de relais avec poulie de diamètres inégaux ; on devra, en outre, faire usage d'un levier capable de fournir une course correspondant à la fois à la longueur du fil et au déplacement du balancier du disque, multiplié par les rapports des rayons des poulies.

En pratique où la longueur des plus grandes transmissions dépasse rarement 3 000 mètres, il suffit d'un seul appareil de ce genre pour obtenir une bonne compensation ; ces deux portions pourront être alors de 1 500 mètres, en plaçant le compensateur au milieu, et nous savons qu'on est aisément sûr, jusqu'à cette distance, du bon fonctionnement d'une transmission sans relais.

949. Ce relais n'est d'ailleurs pas toujours au milieu de la transmission, ce qui paraîtrait au premier abord le plus naturel, et il y a lieu de chercher d'autres dispositions, car il faut se préoccuper de la dilatation du fil par suite des changements de température et du moyen automatique d'en neutraliser les effets d'une manière simple.

L'emploi d'un relais exclut forcément le système du compensateur d'origine, qui ne peut plus avoir d'action sur la seconde partie de la transmission. Il y a donc lieu alors d'abandonner le poids initial à contrepoids de la Compagnie de l'Est, adopté également par les Compagnies de Lyon et du Nord.

Le besoin de donner au relais des poulies de diamètres inégaux, pour réduire l'effort initial, ne permet plus l'emploi du compensateur Robert, à moins de placer un de ces appareils dans chaque moitié de la transmission, ce qui compliquerait considérablement l'ensemble du système. Il est à remarquer qu'on pourrait cependant faire application, dans le même but du compensateur Robert, en remplaçant une des poulies supérieures par une poulie à deux gorges de diamètres inégaux.

Il a paru plus simple et plus économique de placer un appareil de compensation au relais lui-même, en divisant la longueur de la transmission en deux parties dans le même rapport que les rayons adoptés pour les poulies. Dans ces conditions, on voit aisément qu'un même mouvement angulaire des poulies leur permet d'enrouler ou de dérouler des longueurs de fil proportionnelles aux sections voisines et, par conséquent, justement égales aux résultats de la dilatation.

Le fonctionnement du crochet reliant normalement la petite poulie à la grande dans le compensateur Dujour n'est pas absolument irréprochable et donne lieu à bien des mécomptes. La Compagnie de Lyon, qui avait jusque-là conservé l'effacement du disque en cas de rupture du fil, s'était rangée de l'avis de la majorité et pensait, au contraire, grâce à ce nouvel appareil, pouvoir compter sur une fermeture en cas d'accident. Or, en pratique le fonctionnement indécis du crochet précité n'amène pas toujours ce résultat et nous savons que des perfectionnements vont sous peu, être apportés à l'appareil Dujour afin d'éviter cet inconvénient.

950. Cela posé, le contrepoids à puits pour tendre le fil, ne permet pas d'actionner les transmissions dépassant 1 600 mètres. Or, on est obligé quelquefois d'aller jusqu'à 2 400 et même 3 000 mètres. Voici, dans ce cas particulier, comment s'y prend la Compagnie de Lyon (*fig.* 930).

On distribue sur le parcours du fil un certain nombre de puits de compensation disposés comme suit : trois poulies calées sur le même arbre O reçoivent, les deux premières, les extrémités des tronçons de fils enroulés en sens contraire A et B ; la troisième, la chaîne C d'un contrepoids allant dans le puits D.

De la sorte, les mouvements des fils ont lieu en sens opposés comme l'indiquent les flèches, celles qui marchent ensemble étant AB et A′B′. Dans ces conditions, les résistances et allongements des fils résultant des tensions qu'ils supportent se trouvent réduits dans la proportion du nombre des relais intermédiaires. Bien entendu, le puits voisin du levier de ma-

nœuvre est ici supprimé : le premier relais fait son office.

Tel est le principe élémentaire du compensateur Dujour ; ce dernier, cependant, se complique de diamètres différents à donner aux poulies dans un but déterminé. En effet, la tension qui se produit dans le fil, lorsqu'on fait agir le levier de manœuvre, augmente depuis ce disque jusqu'au levier.

Près du signal, l'effort est une constante composée de la force exigée pour le mouvement de rotation du mât et du levier de rappel, à laquelle il faut ajouter le frottement de rotation des poulies et le glissement du fil, lequel est proportionnel à la longueur de la transmission. On

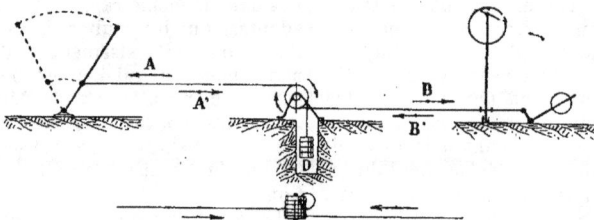

Fig. 930.

réduit aisément ce dernier en attachant au relais, l'extrémité du fil venant du levier de manœuvre à une poulie de diamètre plus grand que celle qui reçoit l'extrémité du fil de disque.

Il y a encore la compensation des effets de dilatation, qu'on obtient très simplement aussi au moyen de l'appareil de relais précédent. Il suffit, pour cela, d'enrouler les allongements produits sur les poulies correspondantes. Or nous venons de voir que ces poulies devaient avoir des diamètres inégaux ; mais, comme les enroulements sont eux-mêmes proportionnels à ces diamètres, il faut, en somme, que l'appareil de compensation soit placé en un point qui divise, proportionnellement à ces diamètres, la longueur totale de la transmission.

Dans le cas d'une transmission de 1 200 à 2 400 mètres, le calcul a démontré que

la position la plus rationnelle du compensateur, de manière à obtenir le minimum d'efforts au levier de manœuvre, devait se trouver à 0,75 ou 0,80 de la longueur totale. Ainsi, pour une transmission de 2 000 mètres, le compensateur doit être placé à :

2 000 × 0,80 = 1 600 mètres.

Pour une longueur de 2 400 mètres, cela donnerait :

2 400 × 0,80 = 1 920 mètres.

Mais en pratique on considère la longueur de 1 600 mètres comme à ne pas dépasser pour conserver un bon fonctionnement.

Dans tous les cas, on a pris coutume de placer l'appareil aux 0,66 de la longueur totale ; pour faire face aux besoins, on a cependant doublé la petite poulie d'une seconde, de diamètre un peu différent.

Compensateur Dujour.

951. Cela posé, ce type de compensateur est dû à l'invention d'un ingénieur de la Compagnie, M. Dujour, le même qui imagina la bascule automatique à a-dran indicateur, si répandue aujourd'hui. L'appareil est disposé comme le précédent, de telle sorte qu'en cas d'avarie le disque se mette à l'arrêt.

Il se compose d'un bâtis A formé de vieux rails et supportant deux poulies B et C, à double gorge et de diamètres différents (*fig.* 931 et 932). La chaîne allant au disque est enroulée sur la plus petite. L'autre, la plus grande, supporte la chaîne du contrepoids de tension ; cette dernière chaîne passe, en outre, sur une troisième poulie D, située à la partie supérieure du bâtis, et supporte, de l'autre côté, le poids tendeur des fils, qui peut aisément ainsi suivre toutes les manœuvres en même temps que la dilatation du fil. La poulie D doit être placée à une hauteur suffisante pour permettre au contrepoids de suivre les mouvements de la transmission sous l'influence de la température ou de la manœuvre du levier.

Les deux premières poulies sont folles sur leur axe commun et rendues solidaires au moyen d'un crochet E monté

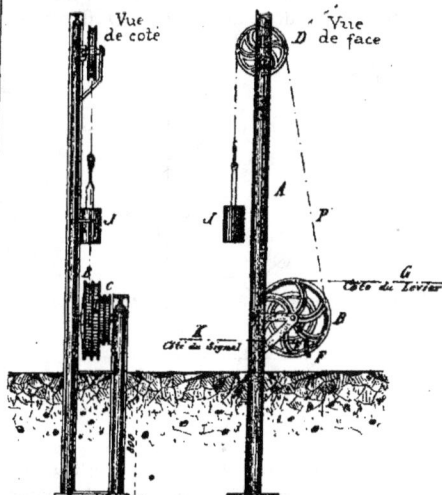

Fig. 931 et 932.

sur un axe fixé à la grande poulie et venant buter, par son extrémité H, sur une

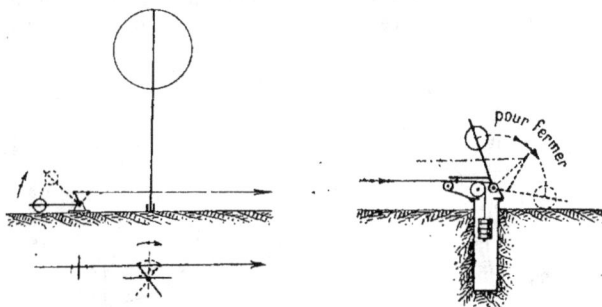

Fig. 933.

saillie I de la petite (*fig.* 935 et 936). La chaîne allant au levier de manœuvre, G, s'enroule sur une des gorges de la grande poulie et vient s'attacher à l'extrémité F de ce crochet. L'autre gorge sert à l'enroulement de la chaîne P du contrepoids J.

La chaîne K de la transmission allant au signal est attachée à l'une des gorges de la petite poulie C.

Les deux poulies B et C rendues solidaires par le crochet E forment un système soumis à trois forces, dont deux, les tensions des deux parties de la transmission, tendent à le faire tourner dans le même sens, tandis que la troisième, la tension du contrepoids J, tend à le faire tourner en sens contraire.

Le prix de l'appareil complet, tel que nous venons de le décrire, est de 100 francs.

On voit que la compensation peut ainsi s'effectuer normalement et sans avoir la moindre influence sur la manœuvre. Et si une rupture de fil a lieu en un point quelconque, il y a en même temps rup-

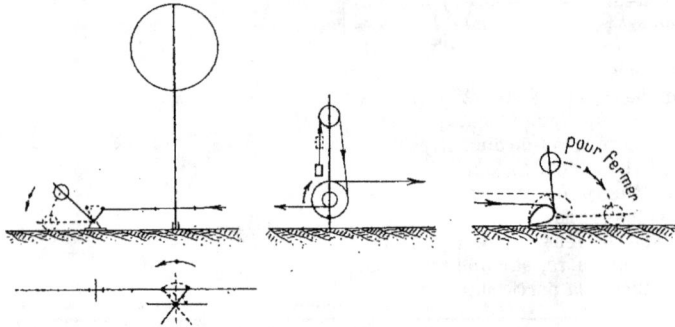

Fig. 934.

ture d'équilibre ; les deux poulies reprennent leur indépendance et le levier de rappel seul agit pour mettre le disque à l'arrêt (*fig.* 933 ancien système, *fig.* 934 nouveau système).

Avec cet appareil, la manœuvre est de beaucoup facilitée et il permet de reculer les signaux à 2 000, 2 400 et même 2 800 mètres du point à couvrir, ce qui

sans un bon système de compensation, serait tout à fait impossible.

Dans les tunnels comme dans les parties de transmission qui passent sous les voies, la température est peu variable et la dilatation du fil insignifiante. Il est nécessaire de tenir compte de ce fait dans la détermination de l'emplacement du compensateur et de calculer sa position en

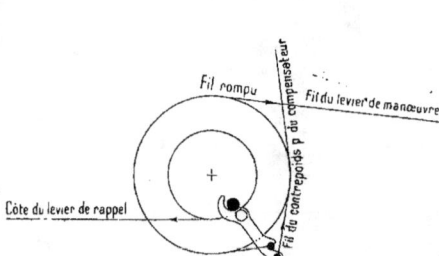

Fig. 935.

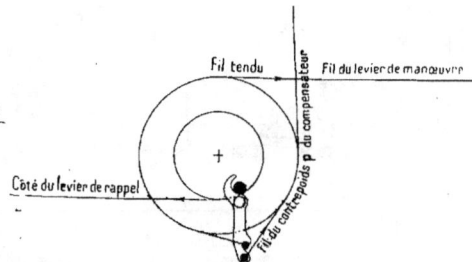

Fig. 936.

faisant abstraction des parties souterraines, comme si elles n'entraient pas dans la longueur de la transmission.

Si, par exemple, un souterrain de 400 mètres se trouve dans la première moitié d'une transmission de 2 000 mètres

de longueur, on la traitera comme si elle n'avait que 1 600 mètres, sauf en ce qui concerne les résistances du fil. On placera donc le compensateur à $0^m,35 \times 1\ 600$ = 560 mètres du disque, tandis que sans le tunnel il aurait dû être à $0^m,35 \times 2\ 000$

= 700 mètres de ce disque. Cette remarque s'applique d'ailleurs également au compensateur Robert.

Cette influence des parties souterraines peut entraîner quelques difficultés dans le réglage de la transmission; il est donc préférable de les éviter toutes les fois qu'on le peut, en plaçant les fils en l'air sur des poteaux au lieu de les faire passer sous terre.

952. La Compagnie du Nord a adopté, depuis quelques années, un compensateur d'un type analogue au compensateur Dujour.

La seule différence consiste en ce que le contrepoids est enfoncé dans le sol dans un tube métallique. On a trouvé certains avantages à ce qu'il soit peu élevé et il peut facilement se placer dans les entrevoies les plus faibles.

SIGNAUX D'ARRÊT ABSOLU

Compagnie de l'Ouest.

953. Le signal d'arrêt absolu présente un ensemble de dispositions analogues à celles des disques avancés. Cependant le voyant est rectangulaire au lieu d'être rond, il est peint en damier rouge et blanc. La nuit, une lanterne spéciale à une seule lampe, mais à deux feux, éclaire deux verres rouges fermant deux ouvertures circulaires ménagées dans le voyant du même côté de l'axe. Le centre de ce voyant est à 5 mètres au-dessus du rail.

En outre, le système de rappel (poulie et contrepoids) est placé sur le mât lui-même; il est actionné par un poids qui se meut verticalement entre les montants du poteau.

Ces signaux sont toujours accompagnés (excepté sur les lignes à voie unique où les trains circulent dans les deux sens) d'un appareil porte-pétards destiné à placer sur le rail le plus voisin de la voie à laquelle s'adresse le signal, deux pétards qui séjournent sur le rail tant que le signal est fermé.

954. Un signal de même forme et de mêmes dispositions est employé dans les voies de dépôts ou de garage des marchandises; seulement il est peint en jaune. La nuit, il présente un seul feu jaune obtenu au moyen d'une lanterne analogue à celle des disques avancés.

Comme construction, ce signal est identique à ces derniers. Il n'a cependant que 4 mètres de hauteur au lieu de 5 mètres et le système de rappel est monté sur le mât comme dans le signal carré rouge.

955. En outre des précédents, un petit signal rouge d'arrêt absolu de 3 mètres de hauteur s'emploie à l'extrémité de certains quais à voyageurs des gares de formation des trains, et sur quelques autres points du réseau que les mécaniciens ne doivent franchir qu'après avoir marqué un arrêt.

Le voyant est toujours en damier rouge et carré; la nuit, il présente, quand il est à l'arrêt, deux feux rouges; pour cela, sur le voyant complètement opaque et plein, sont rivés deux porte-lanternes symétriques par rapport à l'axe; chacun d'eux reçoit une lanterne-falot munie d'un verre rouge de face et de deux verres blancs sur les côtés.

Le mât est fixé au moyen d'une crapaudine et d'un guide en fonte sur un poteau en bois qui porte à sa partie inférieure un axe horizontal destiné à recevoir le levier de rappel. Le fil de manœuvre s'attache sur le mât au moyen d'une manivelle semblable à celle des signaux courants.

956. Enfin, on fait encore usage d'un petit signal jaune d'arrêt absolu sur certaines voies de marchandises et sur les voies spéciales des gares de bifurcation, quand les trains se forment ou s'arrêtent sur ces voies.

Très analogue au précédent, le voyant est encore plus petit; en outre, il est jaune et muni, la nuit, d'une seule lanterne jaune sur la face et blanche sur les deux côtés. La lanterne se meut avec ce disque, comme dans le cas précédent.

957. *Manœuvre des signaux d'arrêt absolu.* — Pour les signaux d'arrêt absolu, la longueur de la transmission est généralement beaucoup plus faible que celle

Elévation
perpendiculaire à la Voie

Elévation
parallèle à la Voie

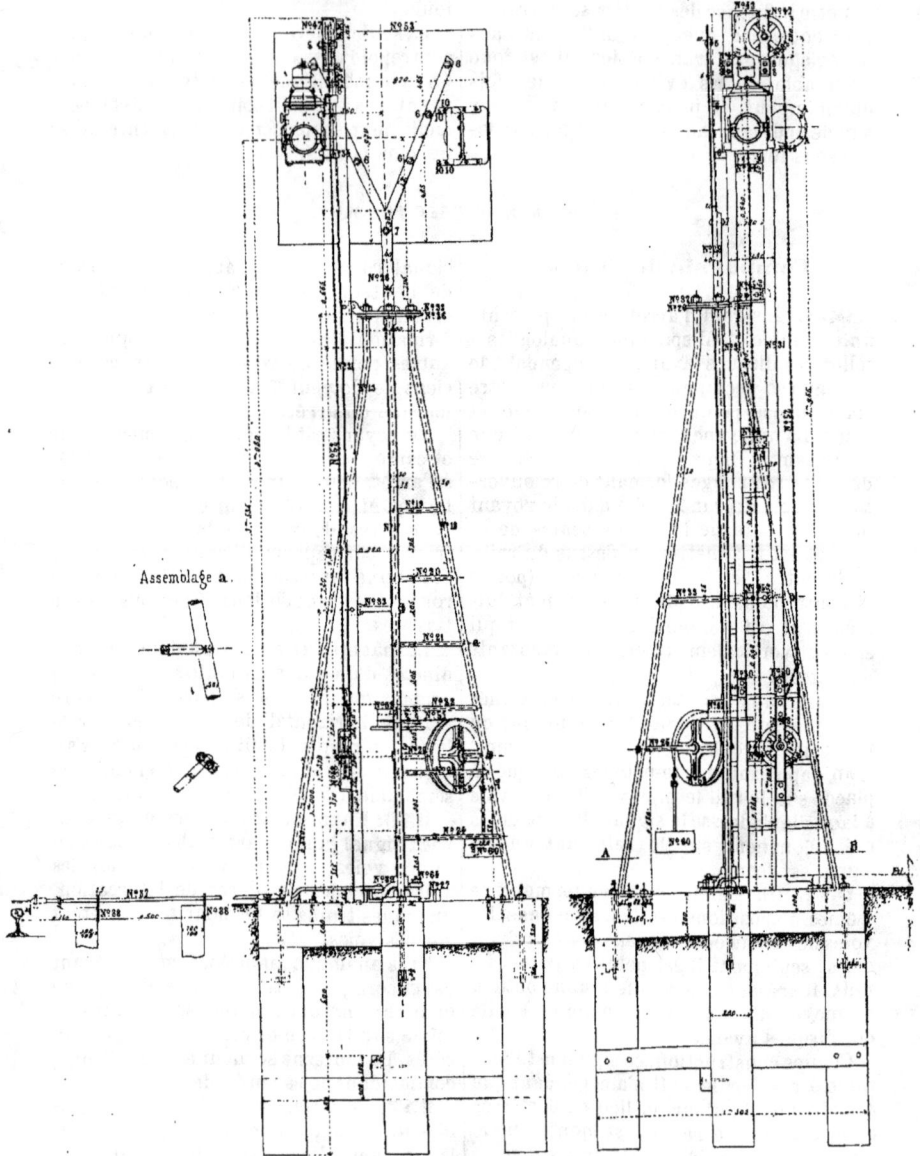

Assemblage a.

Fig. 337.

Fig. 938.

des signaux avancés et dépasse rarement 500 mètres. Leur appareil de. manœuvre exige donc beaucoup moins de complica-tions résultant de l'allongement, de la dilatation, etc.

C'est ordinairement un levier des plus

Plan.

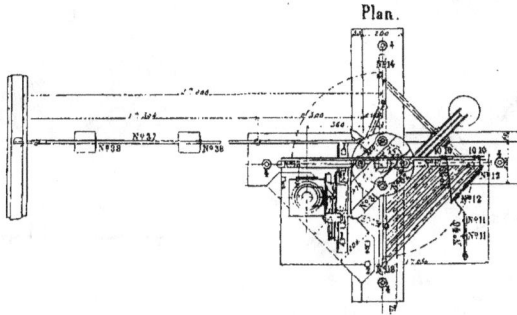

Fig. 939.

élémentaires, un peu recourbé vers le sol et tournant autour d'un axe porté par la distance qui sépare le levier de manœuvre du disque.

Coupe AB.

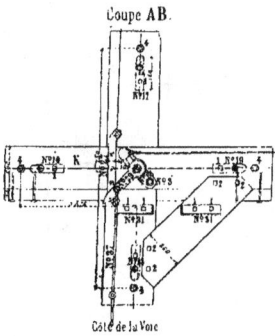

Côté de la Voie

Fig. 940.

Porte · lanterne
Elévation
Coupe CD

Plan

Fig. 942 à 944.

deux paliers latéraux fixés sur une charpente en bois. Ce levier porte un crochet mobile sur lequel s'agrafe la chaîne qui

Pièce K

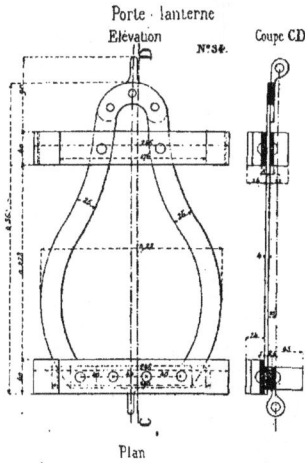

Fig. 941.

termine le fil de transmission et qui permet de faire varier la course du fil d'après

C'est ce qu'on appelle le *type d'Auteuil*.

958. *Signal de tunnel.* — Le signal d'arrêt absolu pour tunnel est analogue

au signal avancé que nous avons vu précédemment pour la même destination. Il
doit seulement être disposé de manière à
présenter deux feux rouges.

Mais, étant donné le peu de place dont

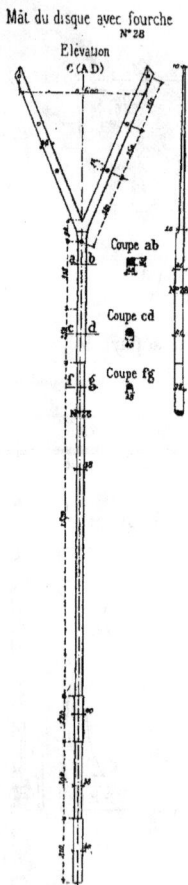

Mât du disque avec fourche
N° 28
Elévation
C (A D)

Coupe ab

Coupe cd

Coupe fg

Fig. 945.

près du mur, mais à des hauteurs différentes.

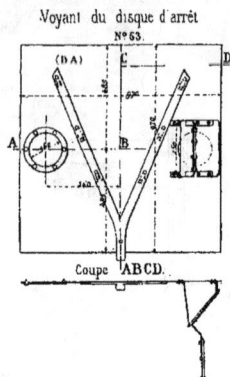

Voyant du disque d'arrêt
N° 53

Coupe ABCD.

Fig. 946.

Deux lanternes à quatre feux, deux
rouges et deux blancs en opposition, sont

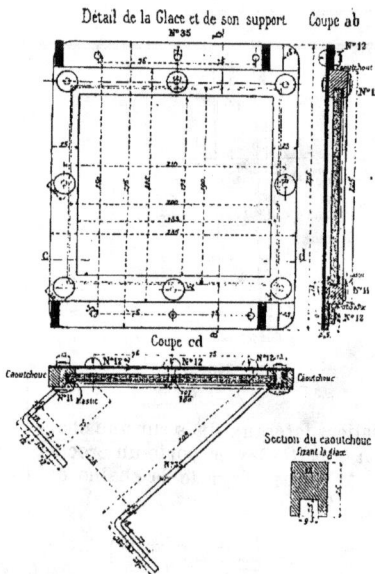

Détail de la Glace et de son support   Coupe ab
N° 35

Coupe cd

Section du caoutchouc
fixant la glace

Fig. 947 à 950.

on dispose en largeur dans un souterrain,
puisque la plate-forme n'a que 8 mètres
entre piédroits, il est impossible de placer
ces feux à côté l'un de l'autre comme dans
les signaux de nuit à l'air libre. On a donc
été conduit à les placer sur le même plan

montées aux sommets de deux mâts pouvant tourner dans des crapaudines scellées
latéralement dans la maçonnerie.

L'une d'elles a son axe à peu près à 2 mètres du rail, l'autre à 2^m,50. Les mâts sont maintenus verticaux au moyen de guidages également scellés dans le mur et dans lesquels ils peuvent tourner librement. Chaque mât est muni d'une manivelle calée près de la crapaudine, et la transmission commune est fixée à leurs extrémités, de manière qu'elles fonctionnent toutes deux en même temps en restant constamment parallèles. Les lanternes, de cette façon, tournent ensemble et présentent au mécanicien deux feux

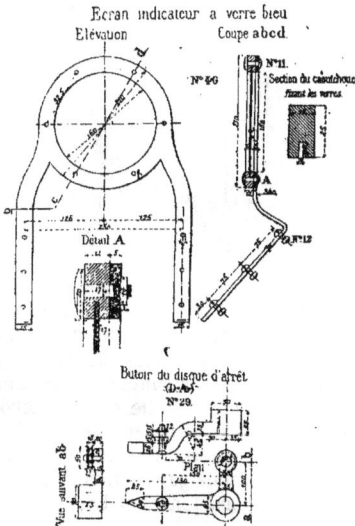

Fig. 951 à 953.

rouges pour la voie fermée et deux feux blancs pour la voie ouverte.

Les deux manivelles sont rendues solidaires au moyen d'une tringle de connexion et la plus éloignée du levier de manœuvre est reliée au levier de rappel qui oscille avec son contrepoids autour d'un axe horizontal scellé dans la muraille. Au contraire, la première manivelle, généralement celle qui correspond à la lanterne la plus élevée, reçoit l'extrémité du fil de transmission.

959. REMARQUE. — Au chemin de fer de l'Ouest, tous les signaux d'arrêt absolu carrés rouges placés sur les lignes à double voie sont munis d'appareils porte-pétards qui doivent être constamment garnis et tenus prêts à fonctionner.

Les disques ou signaux avancés n'en sont ordinairement pas pourvus, excepté sur les signes où se pratique le block-système que nous verrons plus tard.

Enfin, sur les lignes à très grande circulation, comme celles de la banlieue de Paris, on emploie un porte-pétard spécial placé à 200 mètres en avant du signal avancé de chaque gare, et manœuvré par un levier installé au pied du disque.

Compagnie du Nord.

960. Le signal d'arrêt absolu à la Compagnie du Nord a la forme carrée et la peinture en damier est toujours mi-partie

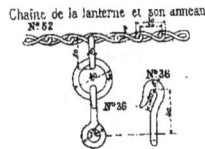

Fig. 954.

rouge et blanche. On l'éclaire la nuit au moyen de deux feux rouges symétriques par rapport au mât, afin de les distinguer des disques avancés qui ne présentent qu'un seul feu. Le voyant est fixé sur une fourche qui termine le mât et son centre est à 3^m,535 au-dessus du rail; il est percé de deux trous ronds munis de verres rouges et placés sur une même ligne horizontale passant par le centre du voyant. Une seule lanterne fixe et ne tournant pas avec le voyant sert d'ailleurs à éclairer ces deux feux rouges (*fig.* 937 à 961).

Pour cela, on hisse cette lanterne en face de l'un des trous au moyen d'une chaîne et de deux poulies comme à l'ordinaire; le feu blanc de face se transforme alors en rouge en traversant le verre voisin. Quant à l'autre, il reçoit la lumière d'un verre blanc latéral de la lanterne, réfléchie au moyen d'un miroir à 45 degrés fixé convenablement au disque. Enfin, la lanterne présente encore à l'arrière un feu blanc qui se transforme en rouge par l'effet d'un autre verre que porte le disque, quand celui-ci est effacé. Dans ce cas, le mécanicien n'aperçoit donc qu'un feu blanc et l'agent de manœuvre du levier un feu rouge ; tandis qu'avec le disque à l'arrêt les agents des trains suivants aperçoivent deux feux rouges et l'aiguilleur un feu blanc.

Le fil de transmission est fixé à l'extrémité d'une manivelle calée sur le mât du

Appareil de manœuvre

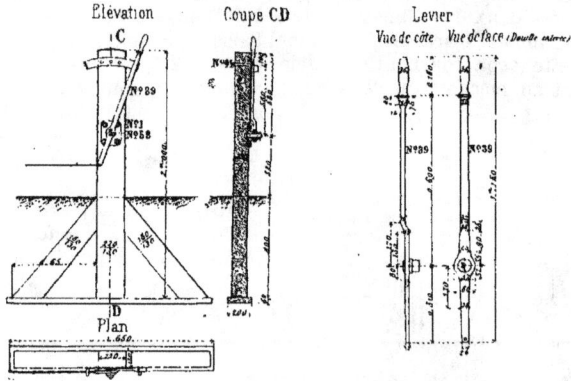

Fig. 955 à 957.

disque ou sur une poulie horizontale ; le rappel est obtenu au moyen d'une chaîne attachée à l'extrémité de la même manivelle ou poulie, munie d'un contrepoids

Arc de cercle

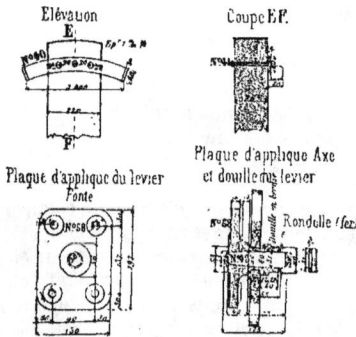

Fig. 958 à 961.

et passant sur une poulie verticale fixée à la charpente du pylône.

Le mât porte à la partie inférieure un butoir se mouvant sur un arrêt en forme d'arc de cercle afin de limiter la course (fig. 954) ; dans les signaux munis de pétards, ce butoir commande une tringle à l'extrémité de laquelle est le pétard qui, par suite et suivant le sens de la manœuvre, s'avance sur le rail ou s'en retire.

Nous donnons page suivante les détails des pièces, fers, fontes et bois constituant ce signal.

961. *Signal d'arrêt à verrou de calage.* — La Compagnie du Nord construit depuis quelques années des signaux d'arrêt munis d'un verrou destiné à les empêcher de tourner sous l'action du vent.

Le disque et le verrou fonctionnent en même temps sous l'action d'un seul et même fil, dont chaque mouvement produit trois effets différents : ouverture du verrou, mouvement du disque, fermeture du verrou dans la nouvelle position du signal.

Compagnie de Lyon.

962. Le disque carré d'arrêt absolu de la Compagnie de Lyon est semblable à

ÉTAT DES PIÈCES NÉCESSAIRES A L'INSTALLATION D'UN DISQUE D'ARRÊT

FERRURES

NUMÉROS des PIÈCES	DÉSIGNATION DES PIÈCES	NOMBRE	POIDS	
			PARTIELS	TOTAUX
			kil.	kil.
1	Tirefonds fixant les montants, les cornières et plaques n° 58.	16	0.1175	1.880
2	Tirefonds fixant la pièce d'assise d'une cornière verticale....	4	0.225	0.900
3	Boulons fixant la crapaudine....................	2	0.450	0.900
4	» avec clavette fixant les traverses...............	4	0.575	2.300
5	» fixant les poulies d'accrochage.................	2	0.140	0.280
6	» » le voyant carré.................	6	0.070	0.420
7	» » »	1	0.080	0.080
8	» » la chape supérieure et l'arrêt...............	4	0.052	0.208
9	» » » »	2	0.046	0.092
10	» » les supports du miroir au voyant..........	8	0.083	0.664
11	» » les caoutchoucs de la glace et des écrans.....	20	0.020	0.400
12	» » les supports sur le réflecteur...............	6	0.0215	0.130
13	Montant en fer rond...............................	1	14.320	14.320
14	» » »	1	14.320	14.320
17	» » »	1	14.320	14.320
18	» » »	1	14.320	14.320
19	Échelon...	1	0.822	0.822
20	»	1	0.993	0.993
21	»	1	1.164	1.164
22	»	1	1.336	1.336
23	»	1	1.507	1.507
24	»	1	1.678	1.678
25	Arc entretoisant les montants avec rondelle et goupille....	1	2.800	2.800
26	Plateau rond avec douille en bronze.................	1	7.350	7.350
27	Arrêtoir en arc...................................	1	1.650	1.650
28	Mât à fourche.....................................	1	35.250	35.250
29	Butoir avec goujon et clavette.....................	1	2.560	2.560
31	Montant en fer cornière............................	2	13.440	26.880
32	Support supérieur des cornières verticales...........	1	4.980	4.980
33	» intermédiaire »	1	6.280	6.280
34	Porte-lanterne.....................................	1	6.350	6.350
35	Support de la glace................................	2	0.675	1.350
36	Crochet avec anneau et S..........................	1	0.100	0.100
37	Tige à pétard......................................	1	2.200	2.200
38	Guide de l'avance pétard...........................	2	0.180	0.360
39	Levier de manœuvre avec douille en bronze...........	1	5.100	5.100
40	Arc de cercle......................................	1	2.000	2.000
41	Boulons fixant l'arc de cercle......................	3	0.125	0.375
42	Axe du levier de manœuvre avec rondelle et goupille.......	1	0.700	0.700
43	Entretoise supérieure..............................	1	1.400	1.400
44	» intermédiaire............................	3	0.820	2.460
45	» »	2	0.820	1.640
46	Écran indicateur...................................	1	1.350	1.350
47	Chape supérieure..................................	1	1.055	1.055
48	» inférieure..................................	1	1.045	1.045
49	Arrêt supérieur....................................	1	0.270	0.270
50	» inférieur....................................	2	0.280	0.280
51	Chaîne de la poulie................................	1	1.400	1.400
52	» lanterne................................	1	2.000	2.000
53	Voyant carré......................................	1	37.500	37.500
54	Vis fixant l'arrêtoir...............................	3	0.040	0.120

Total.. 230.119

FONTES

NUMÉROS des PIÈCES	DÉSIGNATION DES PIÈCES	NOMBRE	POIDS	
			PARTIELS	TOTAUX
			kil.	kil.
58	Plaque d'applique.................................	1	4.100	4 100
59	Poulie de 0^m,35	1	11.640	11.640
60	Coutrepoids....................................	1	18.000	18.000
61	Crapaudine avec grain en acier....................	1	3.240	3.240
62	Poulie de mât avec piton	1	10.260	10.260
63	Poulie d'accrochage	2	1.290	2.580
64	Poulie du butoir................................	1	0.200	0.200
	Poids total.............			50.020

BOIS

NOMBRE	DÉSIGNATION DES PIÈCES	CUBES	
		PARTIELS	TOTAUX
		Mètres cubes	Mètres cubes
2	Pièces de chêne de 1.30 × 0.20 × 0.20..................	0.052	0.104
2	» » 1.30 × 0.10 × 0.05..................	0.0065	0.0130
4	» » 1.00 × 0.20 × 0.20..................	0.040	0.160
1	» » 0.70 × 0.20 × 0.10..................	0.014	0.014
1	» » 2.00 × 0.22 × 0.13..................	0.057	0.057
1	» » 1.65 × 0.20 × 0.05..................	0.016	0.016
2	» » 1.06 × 0.18 × 0.13	0.025	0.050
	Cube total.............................		0.414

celui que nous avons vu précédemment pour la Compagnie du Nord. La face de commande est un damier rouge et blanc ; l'autre est entièrement blanche.

La nuit, le signal présente, comme celui du Nord, deux feux rouges obtenus au moyen d'une lanterne unique, mais moins simplement. Cela tient à ce que la lanterne en usage à la Compagnie de Lyon ne donne pas de feux latéraux.

Pour cela, le voyant est percé, à la hauteur de la lanterne, de deux trous munis, le supérieur, d'un verre blanc, et l'inférieur d'un verre rouge qui donne directement un feu rouge. Le faisceau lumineux qui traverse le trou supérieur se réfléchit une première fois sur une glace a tournée vers le voyant, puis sur la glace a, tournée vers l'extérieur d'où résulte le second feu rouge (fig. 962 à 967).

Pour le point que le signal est appelé à protéger, le signal présente un feu blanc quand il est fermé, et un feu bleu quand il est ouvert.

Face tournée du côté des trains arrivants
quand le signal est à l'arrêt.

Face opposée à celle tournée du côté
des trains arrivants quand le signal est à l'arrêt

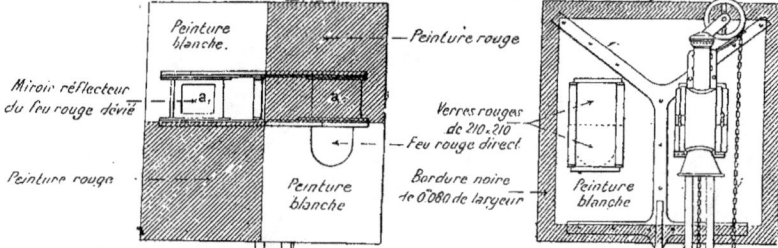

Peinture
blanche.

— Peinture rouge

Miroir réflecteur
du feu rouge dévié

Verres rouges
de 210 . 210
— Feu rouge direct

Peinture rouge

Peinture
blanche

Bordure noire
de 0,080 de largeur

Peinture
blanche

Assemblage du support de l'échelle
avec le support des guides

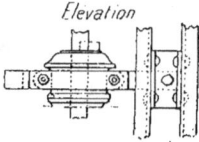

Élévation

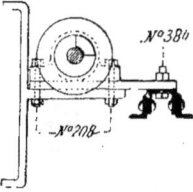

Vue en plan (Signal effacé)

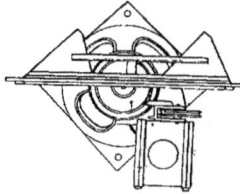

Vue en plan

N° 384

N° 208

Sens de la marche des trains

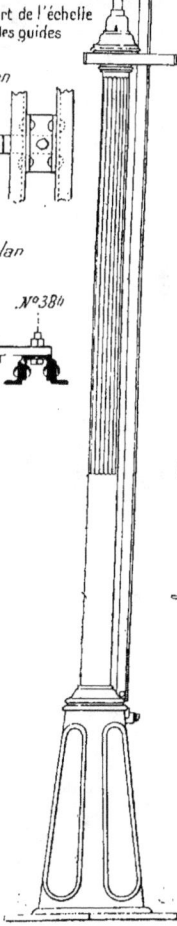

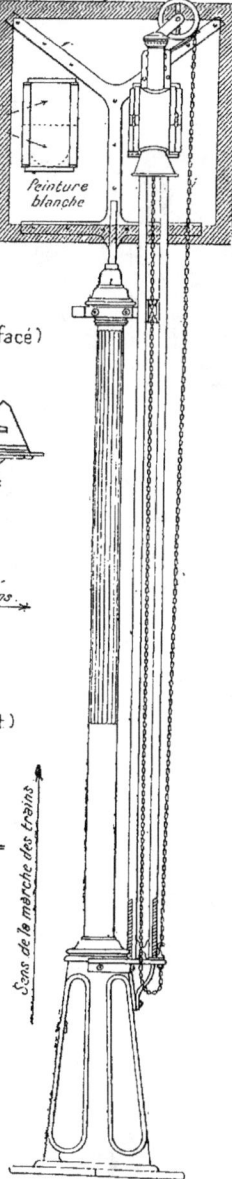

Vue en plan (Signal à l'arrêt)

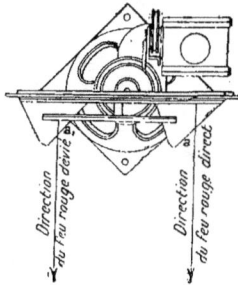

Direction
du feu rouge dévié

Direction
du feu rouge direct

Sens de la marche des trains

Fig. 962 à 967.

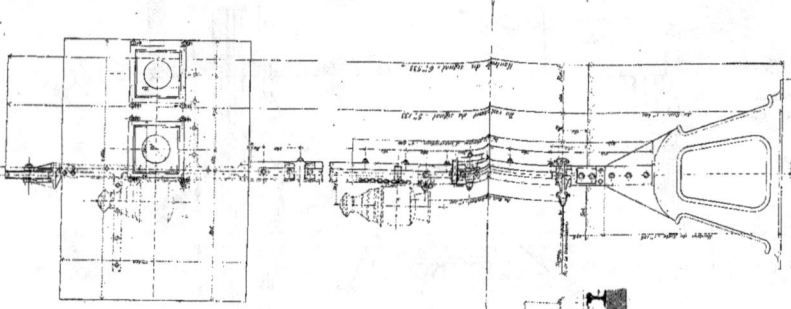

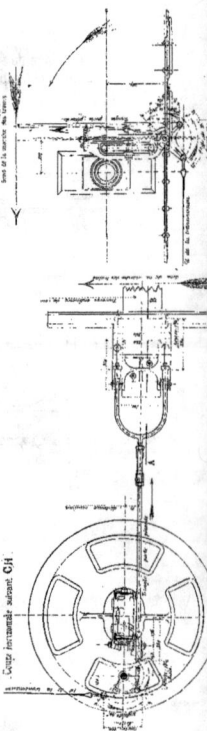

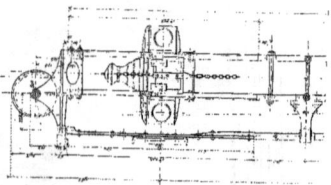

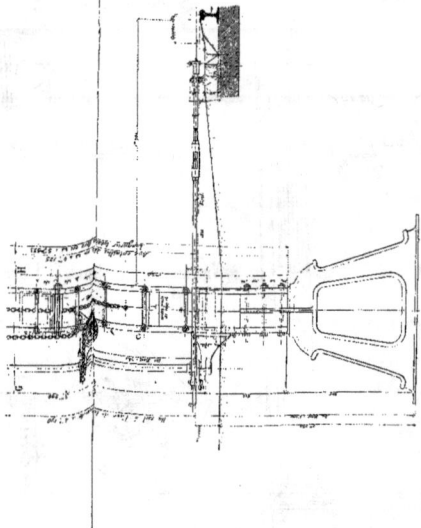

Signal d'arrêt absolu de l'Est.

963. Au chemin de fer de l'Est, le disque d'arrêt absolu, spécialement employé aux bifurcations, est muni d'un voyant rectangulaire rouge et blanc comme à l'Ouest. Le mât est formé de deux fers U en regard l'un de l'autre et réunis par des entretoises en fer formant échelons; la tringle rotative du disque est supportée à la partie inférieure par une console fixée latéralement au mât précédent (*fig.* 968 à 971).

Le mât repose sur un socle en fonte enterré dans le sol et servant de fondation.

La manœuvre s'opère au moyen d'une manivelle calée sur la tringle du disque. De l'autre côté de cette manivelle, le fil est remplacé par une chaîne s'enroulant sur une poulie verticale dont l'axe porte une seconde manivelle. Celle-ci sert à supporter à son extrémité une autre chaîne à laquelle est suspendu un contrepoids de rappel remplaçant le levier ordinairement employé en pareil cas. Ce contrepoids se meut à l'intérieur du mât.

La nuit, un système simple, sans aucune complication de miroirs, une vulgaire lanterne à deux feux, donne les deux feux rouges réglementaires au moyen de deux verres rouges ménagés dans le voyant et derrière lesquels viennent se placer les deux feux de la lanterne. Celle-ci est laissée à la place qu'elle doit occuper au sommet du mât au moyen d'une chaîne passant sur une poulie supérieure.

La course de manœuvre du fil est de 0^m,240; l'angle de rotation, comme toujours, de 90 degrés.

Enfin, le signal est complété par un appareil à deux pétards composé d'une bielle qui présente les deux branches de sa fourche sur le rail et munies de pétards quand le disque est à l'arrêt. Une manivelle solidaire de celle du fil et formant avec elle un véritable balancier de sonnettes commande ce mouvement.

Signal carré de l'Est avec contrôleur.

964. La Compagnie des chemins de fer de l'Est emploie également un signal carré avec appareil de raccordement à plusieurs transmissions. Au point de vue des appareils de manœuvre, ce signal ne présente rien de particulier ; mais il est muni d'un contrôleur destiné à faire voir du poste s'il a bien fonctionné.

Il porte pour cela un verre bleu mobile autour d'un axe horizontal et muni d'un taquet qui rencontre le voyant dans son mouvement de rotation ; le déplacement de ce taquet fait placer le verre bleu devant le feu blanc de la lanterne, alors que le feu rouge est bien visible du mécanicien. Quand, au contraire, le signal est ouvert, le voyant abandonne le butoir et le verre bleu s'abaisse ; le feu blanc reste alors seul visible.

Chemin de fer de l'État.

965. Le signal d'arrêt absolu des chemins de fer de l'État est constitué dans son ensemble comme le signal avancé, d'un type analogue à celui du chemin de fer de l'Ouest.

Le voyant en damier rouge et blanc, suivant les prescriptions du Code des signaux, se meut au sommet d'une tringle verticale fixée par deux supports à un mât voisin formé de deux fers en U reliés par des entretoises (*fig.* 972 et 973). Le centre du voyant est à 4 mètres au-dessus du rail.

Le mât est fondé sur un socle en fonte (*fig.* 984) et le mouvement est donné au voyant au moyen d'une chaîne terminant le fil de transmission et fixée à une manivelle calée sur la tringle montante du disque. Un levier de manœuvre des plus simples, type du Nord (*fig.* 976 à 979), sert à donner ce mouvement : c'est un levier à main monté sur une solide charpente en bois et qui se meut le long d'un arc métallique. Au-delà du disque, un levier de rappel monté également sur une forte assise en charpente, met le disque à l'arrêt quand il est baissé (*fig.* 980 à 982).

La nuit, le signal est donné par une lanterne que l'on monte le long des ailes des fers en U servant de guidage et dont le feu blanc traverse un verre rouge ménagé sur le côté du voyant. Un second feu rouge est obtenu par réflexion au moyen d'un

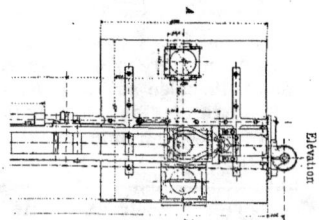

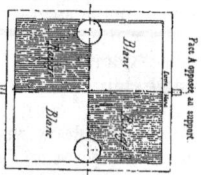

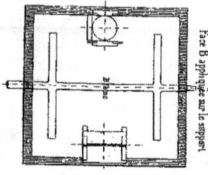

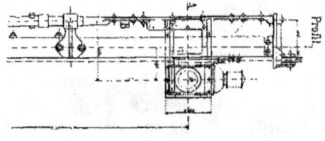

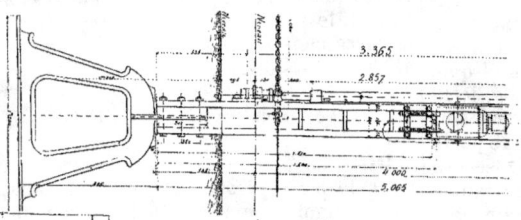

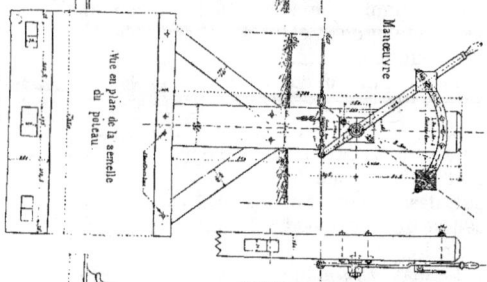

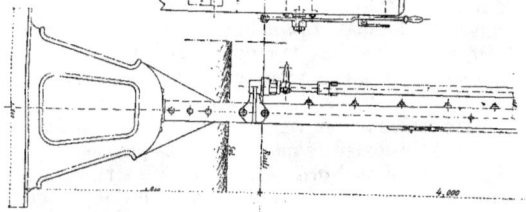

SUPERSTRUCTURE

599

Élévation

Profil.

Manœuvre

Vue en plan de la semelle du poteau

Face A appuyée au support

Face B appliquée sur le support

Blanc

Blanc

Fig. 973 à 978.

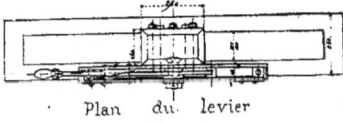

Plan du levier

Fig. 979.

Coupe suivant *AB*

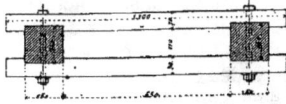

Fig. 980.

Rappel

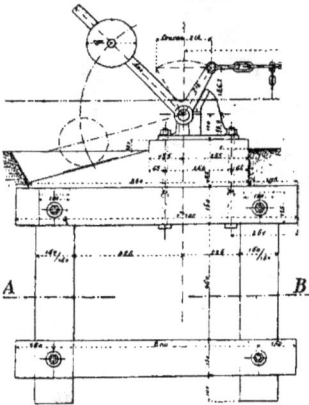

A   B

Fig. 981.

miroir à 45 degrés (*fig.* 974, 975 et 983).

Profil du chevalet

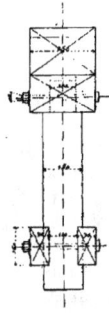

Fig. 982.

Coupe suivant *A B* le disque étant à l'arrêt

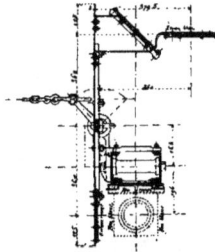

Fig. 983.

Enfin un verre bleu vient se placer devant le feu blanc postérieur de la lanterne,

Plan

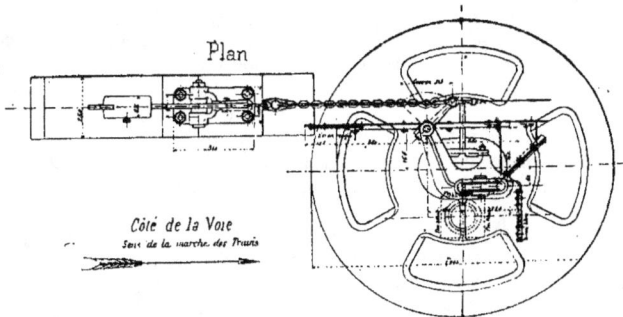

Côté de la Voie
Sens de la marche des Trains

Fig 984.

quand ce disque est à l'arrêt, et avertit la gare que le signal est fermé.

L'appareil complet, sauf bien entendu la transmission, renferme:

Partie métallique, 510 kil. valant   370 fr.

Bois, 0^{m3},384 valant   32

Ce qui remet le prix total à . .   402 fr.

BIFURCATIONS

Signaux de bifurcation.

966. Aux abords d'une bifurcation l'exploitation présente des dangers exceptionnels et exige également des précautions spéciales. Au point de croisement de deux voies qui se coupent il peut, en effet, y avoir rencontre de deux trains et, par suite, grave accident (*fig.* 985).

Les Compagnies, maîtresses de leurs dispositions varient un peu dans la manière dont elles appliquent les signaux à la protection des bifurcations. Voici celle qui est adoptée au chemin de fer du Nord et qui nous paraît une des meilleures.

Lorsqu'on a deux voies qui se rencontrent en se soudant, des trains peuvent arriver de trois directions différentes, savoir :

1° Du tronc commun $\alpha\beta$ pour se diriger sur l'une ou l'autre des voies gauches des deux branches de la fourche A ou C ;

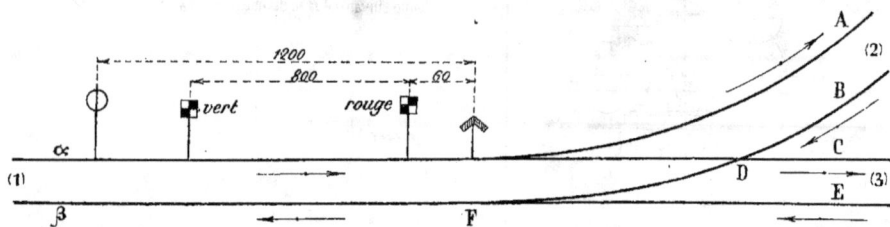

Fig. 985.

2° De la voie droite de la ligne principale prolongée E ;

3° De la voie droite de la bifurcation B.

Un certain nombre de trains peuvent circuler simultanément sans danger ; tel est le cas des trains αA et Bβ, αC et Eβ, αA et Eβ. Il n'y a que deux trains simultanés que l'on ne puisse laisser librement circuler : ce sont αC et Bβ, qui pourraient se prendre en écharpe en D, ou bien Bβ et βE, qui pourraient se croiser à l'aiguille F.

967. Cela posé, voici comment l'on dispose les signaux de protection : ainsi un train venant de 1 sur la voie α rencontre d'abord un signal à distance, disque rond et rouge, puis un indicateur de bifurcation, tel qu'il est spécifié au Code des signaux. Nous rappelons que c'est un damier vert et blanc éclairé la nuit par réflexion ou par transparence ;

ou bien une plaque portant le mot *bifur*, éclairée la nuit de la même manière (*fig.* 985).

Enfin, un signal d'arrêt absolu, à voyant carré rouge et blanc éclairé la nuit par deux feux rouges. Ce signal, qui, à aucun prix, ne doit jamais être franchi, se place à 60 mètres de l'aiguille de branchement, munie elle-même d'un indicateur de direction.

Le signal de bifurcation est à 800 mètres et le disque rond à 1 200 mètres du disque d'arrêt absolu.

La même série de signaux est adoptée sur chacune des deux autres branches 2 et 3.

968. Les trois signaux d'arrêt absolu sont disposés de manière à être toujours normalement à l'arrêt ; il faut les ouvrir pour laisser le passage aux trains ; et, comme il est impossible au même aiguilleur de les ouvrir tous les trois ensemble, | il y a là une garantie qu'il ne pourra

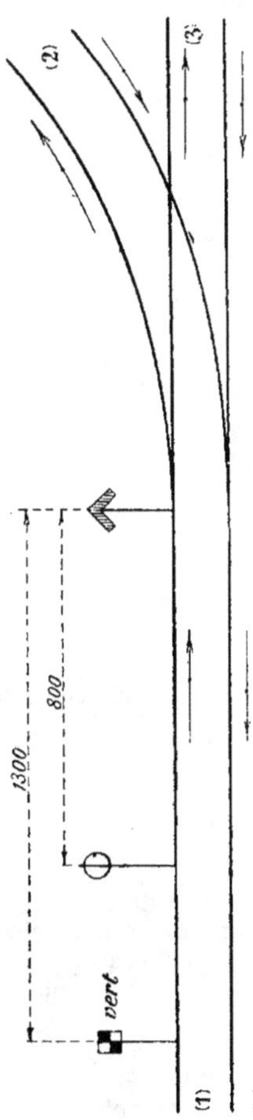

Fig. 986.

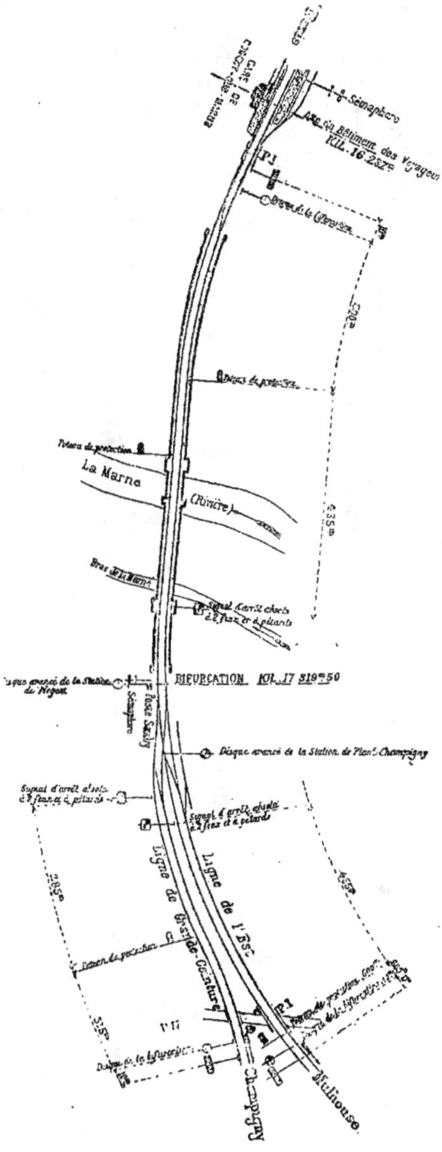

Fig. 987.

passer à la bifurcation qu'un seul train | sont à la portée de la main du même
à la fois. Aujourd'hui tous ces leviers | agent et munis d'un système de verrous

qui ne permet le fonctionnement que d'un seul de ces leviers à la fois. C'est ce qu'on appelle un *enclenchement* et nous l'étudierons plus loin. Ces enclenchements permettent, en outre, d'éviter la gêne qu'apporte sur les lignes très fréquentées le système de précautions ci-dessus, qui, pour ce motif, n'est pas appliqué à l'Ouest ni à la Compagnie de Paris-Lyon-Méditerranée, ces Compagnies se dispensant de mettre les signaux au tronc commun.

969. Au chemin de fer d'Orléans, on simplifie en ne faisant usage que de deux signaux en dehors de l'indicateur d'ai-

guille : un disque rond à 800 mètres et le damier vert et blanc de ralentissement à 1 300 mètres du même point. Il ne faut pas oublier que dans cette Compagnie cette disposition est admissible parce que le disque rouge commande l'arrêt absolu (*fig.* 986).

Les figures 986 et 987 représentent les bifurcations à l'extrémité du viaduc de Nogent-sur-Marne (Est) et de l'Étang-la-Ville à la sortie du souterrain (Ouest), en usage sur le chemin de fer de Grande-Ceinture.

D'une manière générale, on a adopté

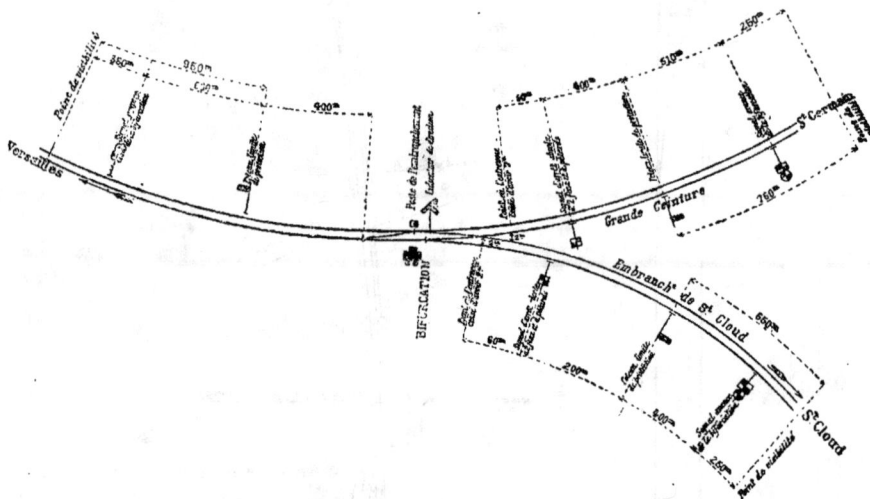

Fig. 988.

sur ce chemin de fer le système de protection en usage sur la Compagnie rencontrée. On voit sur la figure 987 que la Compagnie de l'Est place des disques d'arrêt absolu sur les trois embranchements, tandis que celle de l'Ouest se dispense d'en mettre sur le tronc principal (*fig.* 988).

Le signal employé est du type de la Compagnie de l'Ouest avec levier de manœuvre de celle de Lyon et compensateur Dujour, le disque se mettant à l'arrêt quand le fil vient à casser.

Pour compléter, en passant, les indica-

tions sur ce qui se fait à la Grande-Ceinture de Paris sous le rapport des signaux, nous dirons qu'aux stations on emploie :

Un poteau limite de protection à 400 mètres du point extrême à protéger qui se trouve généralement être une aiguille ou une traversée de voies, quelquefois l'extrémité du quai à voyageurs.

Un disque signal avancé est installé :

A 600 mètres au minimum en avant de ce poteau quand la voie est en palier ou en rampe de moins de 10 millimètres par mètre ;

A 700 ou 800 mètres si elle est en

pente de 5 à 10 millimètres ou de plus de | tion que dans le premier cas le point de
10 millimètres par mètre : avec cette condi- | visibilité du signal doit être à 950 mètres

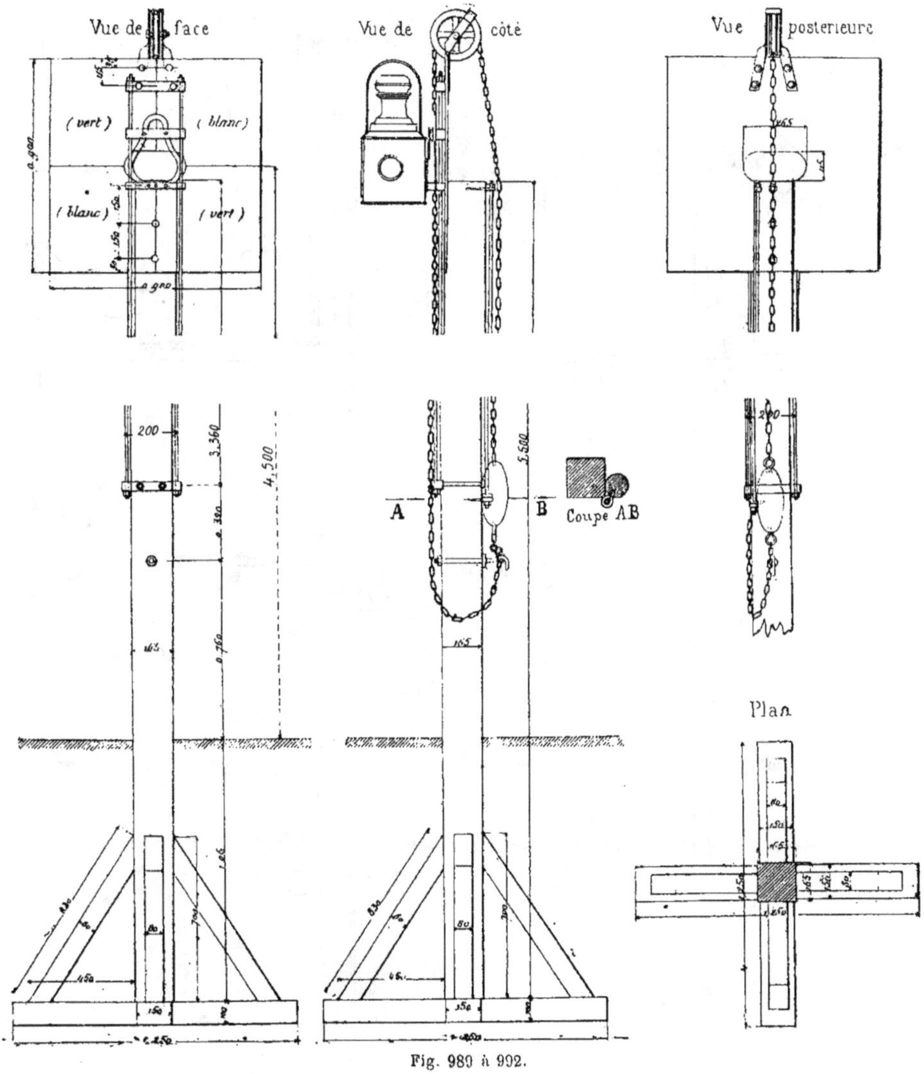

Vue de face   Vue de côté   Vue postérieure

(vert)   (blanc)

(blanc)   (vert)

Coupe AB

Plan

Fig. 980 à 992.

au minimum du poteau limite, et dans le | sumé, dans une bifurcation, on voit qu'il
second cas à 1 150 mètres. | est fait usage de disques avancés, de

970. *Signal de bifurcation.* — En ré- | disques d'arrêt absolu que nous avons

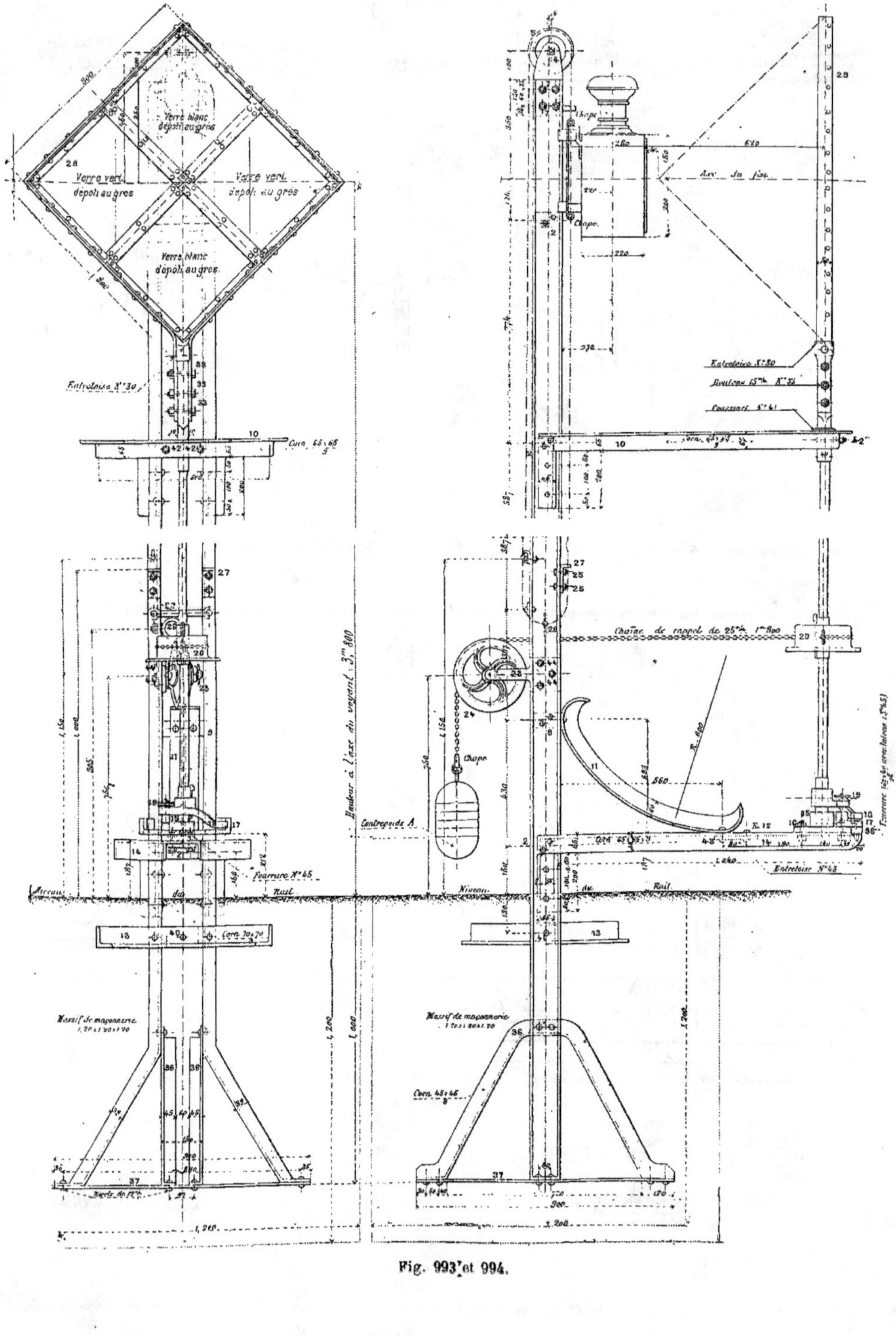

Fig. 993 et 994.

vus précédemment, de signaux d'aiguille que nous verrons plus loin, et enfin de signaux de ralentissement spéciaux.

Ces derniers, d'après le Code des signaux (art. 18), sont formés par une plaque carrée peinte en damier vert et blanc, éclairée la nuit par réflexion ou par transparence, ou par une plaque portant le mot *bifur*, éclairée la nuit de la même manière.

Ce signal est disposé, sauf autorisation contraire du ministre, de manière à donner constamment la même indication.

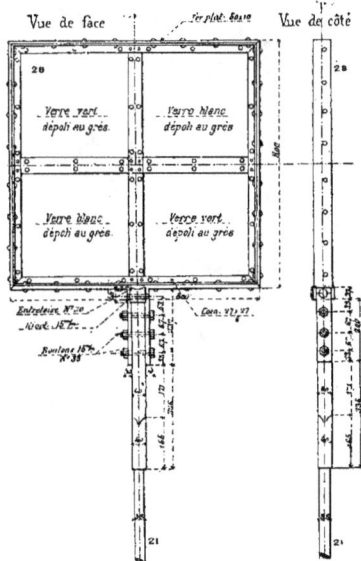

Fig. 995 et 996.

A la Compagnie du Nord, il existe deux types de damier vert et blanc : un indicateur fixe portant l'inscription *bifur*, éclairée la nuit par transparence, et un indicateur mobile en losange qui ne porte pas d'inscription ; il est éclairé par transparence et conjugué avec le signal carré d'arrêt absolu.

Aux Compagnies de l'Est et de Paris-Lyon-Méditerranée, l'indicateur de bifurcation est constitué par une plaque portant le mot *bifur* et éclairée la nuit par transparence à l'Est et par réflexion au chemin de fer de Lyon.

A la Compagnie de l'Ouest et aux chemins de fer de l'État, la bifurcation est annoncée par l'addition au mât du signal avancé, d'un voyant carré en damier vert et blanc. Il est éclairé la nuit par réflexion ; des essais ont été faits à l'Ouest pour l'éclairer par transparence.

Signal de la Compagnie du Nord.

971. Les figures 989 à 992 représentent le signal de bifurcation à voyant vert et blanc en usage à la Compagnie du Nord.

Le mât est un poteau carré (V. coupe AB), le long duquel sont fixées deux longues tringles terminées par des parties filetées, réunies par des étriers et serrées par des écrous. Ces deux tringles servent de guidage à la lanterne qui se monte et se descend au moyen d'une chaîne munie d'un contrepoids et passant sur une poulie supérieure : on arrête la chaîne et en même temps la lanterne dans la position voulue au moyen d'un crochet fixé au mât.

Le voyant vert et blanc est fixe et la lanterne se place en son centre, en l'éclairant par réflexion. Le mât est fondé sur une charpente formée de deux traverses à angle droit, auxquelles il est relié par des jambes de force. La hauteur du centre du disque et de la lanterne au-dessus du rail est de 4m,50.

972. *Indicateur tournant de bifurcation éclairé par transparence.* — On emploie à la Compagnie du Nord, sur les grandes lignes, un signal qui permet d'ordonner le ralentissement à volonté quand on veut laisser franchir par un train une bifurcation annulée. C'est un signal carré en damier vert et blanc, qui peut tourner autour de son axe de manière à venir se placer devant une lanterne très puissante, munie d'un réflecteur spécial, permettant de graduer l'intensité de la lumière en des points différents et de la répartir d'une manière convenable. La lumière est tamisée par des verres dépolis à l'intérieur qui donnent le feu blanc ; un verre vert, également dépoli, donne le feu vert.

Ce signal est assez puissant pour être vu à 400 mètres. Voici d'ailleurs la description sommaire des derniers types adoptés.

Le mât principal qui porte la lanterne (*fig.* 993) est formé de deux fers en U, opposés, reliés par des entretoises, rivés à la partie inférieure sur une plaque de fondation (*fig.* 997 et 998), le tout consolidé par des jambes de force en fer cornière (*fig.* 993 et 994). La lanterne monte le long de ce guidage naturel au moyen d'une chaîne flottante passant à la partie supérieure sur une poulie fixée au haut du mât. Le feu de cette lanterne, correspondant au centre du voyant, est à 3ᵐ,800 au-dessus du rail. La fondation est formée d'un massif de maçonnerie de 1ᵐ,20 cubique.

Le signal lui-même est un carré vert et blanc (*fig.* 995 et 996), ou un losange (*fig.* 994), fixé au sommet d'une tringle pouvant tourner à la partie inférieure dans une crapaudine et à la partie supérieure dans un collet relié au mât précédent par deux cornières. L'écartement des deux mâts ainsi dressés est de 0ᵐ,900 calculé de manière à donner à la lanterne qui éclaire par transparence son maximum d'effet utile.

Le mouvement est donné à distance au signal au moyen d'une chaîne terminant le fil de transmission (*fig.* 997 et 998) et

qui s'enroule sur une poulie horizontale à un seul rebord (n° 20). Le rappel est

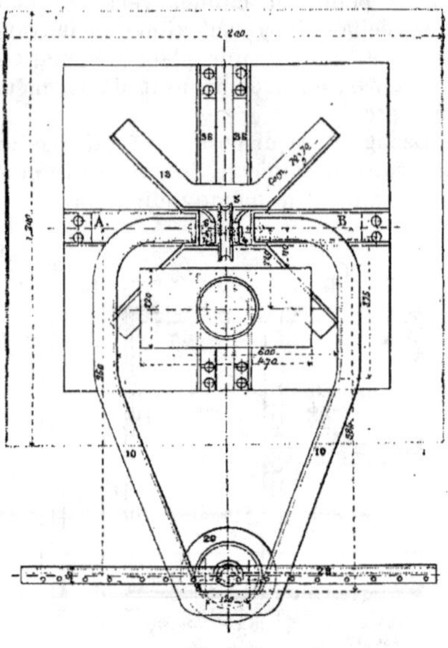

Fig. 997.

formé d'un contrepoids A, suspendu à l'extrémité de la chaîne précédente, après son passage sur une poulie verticale

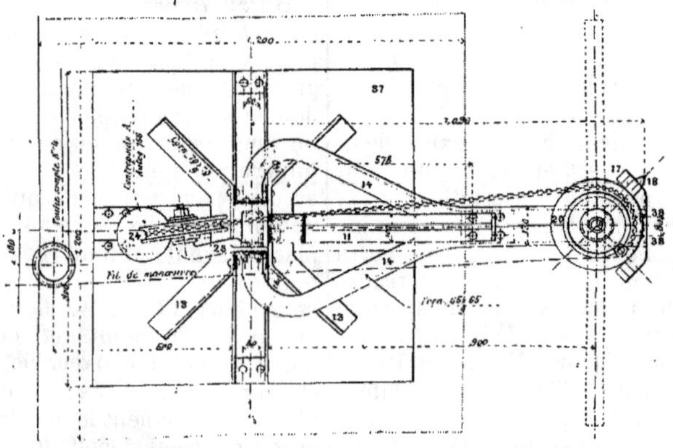

Fig 998.

(n° 24), fixée à deux pattes (n° 23) rivées au mât. Une manivelle (n° 18), calée au pied de la tringle du voyant, vient heurter contre un arrêt (n° 17) et limite le mouvement du signal.

Chemins de fer de l'Ouest et de l'État.

972. A la Compagnie de l'Ouest et aux chemin de fer de l'État, les bifurcations sont indiquées au moyen du disque-signal avancé ordinaire, auquel on adjoint le damier vert et blanc porté par le même mât au-dessous du disque rouge (*fig.* 999 et 1000).

La nuit, ce dernier est éclairé, comme à l'ordinaire, par une lanterne fixe que l'on monte au moyen d'une chaîne passant

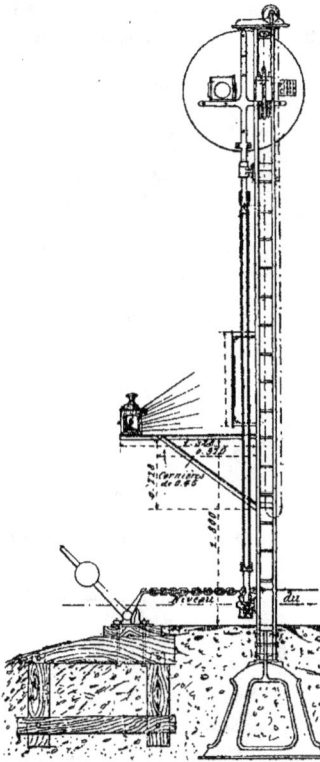
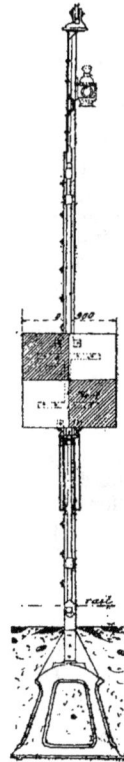

Fig. 999.   Fig. 1000.

sur une poulie placée à la partie supérieure du mât; un verre rouge ménagé dans le disque transforme le feu blanc de la lanterne en feu rouge quand le signal est à l'arrêt.

Quant au damier vert, il est fixe et se présente toujours dans le sens de l'arrivée des trains, perpendiculairement à la voie. On l'éclaire la nuit par réflexion au moyen d'une lanterne à feux blancs posée sur une tablette fixée en-dessous du damier. Le reste : levier de manœuvre du disque rouge, levier de rappel, etc., est identique au type ordinaire du chemin de fer de l'Ouest.

Cette addition au signal ordinaire entraîne une dépense de 40 francs, sans compter la lanterne, qui vaut 35 francs.

SIGNAUX DE GARE

973. En dehors des signaux précédents, nous avons vu déjà qu'on fait usage, dans les gares et pour les manœuvres, d'un certain nombre de signaux spéciaux dont l'adoption est abandonnée à l'initiative des Compagnies. Nous examinerons rapidement quelques types de ce genre.

Nord. Disque de correspondance.

974. En outre des signaux courants de pleine voie, il existe à la Compagnie du Nord de petits signaux de forme ronde ou carrée, uniquement destinés à la correspondance, véritable télégraphie aérienne entre les différents postes d'une gare ou aux abords d'une bifurcation. Les indications, demandes ou réponses sont le plus souvent inscrites sur le voyant. Les leviers de manœuvre de ces disques sont de la plus grande simplicité et analogues à ceux que la Compagnie emploie quand elle fait usage du compensateur Robert. Seulement, ce dernier est toujours ici supprimé, étant donné le peu de longueur des transmissions.

Tous ces disques de correspondance sont munis de sonnettes d'appel destinées à attirer l'attention des agents attachés au poste, dans le cas où ils seraient distraits ou éloignés. Aucun de ces signaux n'est éclairé la nuit, afin de ne produire pour les mécaniciens aucune confusion avec les signaux normaux de la voie.

Compagnie de Lyon. Disque jaune.

● **975.** On emploie également à la Compagnie de Lyon, pour les trains circulant uniquement sur les voies de service, un disque jaune. C'est un signal circulaire identique au signal avancé, mais jaune au lieu d'être rouge et présentant la nuit un feu jaune.

Il commande, pour les trains circulant sur ces voies, l'arrêt absolu tant qu'il est fermé.

976. Lorsque la place manque, ce disque est beaucoup moins élevé que le disque ordinaire ; le centre du voyant est à 2m,85 au-dessus du rail et présente alors des dispositions un peu différentes de celles du disque avancé.

Le mât se compose alors d'un simple trépied en fers plats boulonnés sur une charpente inférieure. La tringle du disque tourne au centre de ce support sous l'influence d'un levier de manœuvre dont le fil est attaché à l'extrémité d'un balancier double (*fig.* 1001 à 1008). Un levier de rappel est relié par une chaîne à l'autre extrémité de ce balancier.

Le voyant est un disque jaune de 0m,600 de diamètre, muni d'une sonnette comme la plupart de ces appareils de gare (*fig.* 1002).

La nuit, une lanterne à feu jaune se fixe au sommet du voyant et tourne avec lui, présentant un feu blanc ou un feu jaune, suivant les cas.

Voici les matières qui entrent dans la constitution de ce signal :

	MAT	MOUVEMENT DE RAPPEL
	kil.	kil.
Fer	80.1	3.8
Acier	» 7	» »
Fonte	6.8	39.1
TOTAUX	87.6	42.9

977. Enfin l'emplacement peut faire tellement défaut que l'on ne puisse placer aucun disque à une certaine hauteur au-dessus des rails. On fait alors usage d'un petit disque jaune placé par terre au niveau du rail (*fig.* 1009). Nous verrons plus loin, en étudiant les signaux d'aiguilles, un type tout à fait analogue appartenant à la même Compagnie.

978. *Disque vert de refoulement.* — Le disque vert de refoulement (*fig.* 1010 à

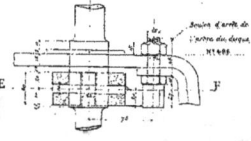

Arrêt de l'arbre du disque
Coupe par C D.

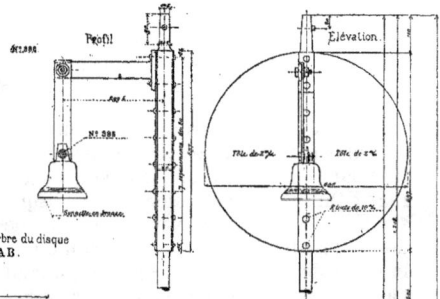

Profil

Élévation

Balanciers de l'arbre du disque
Coupe par AB.

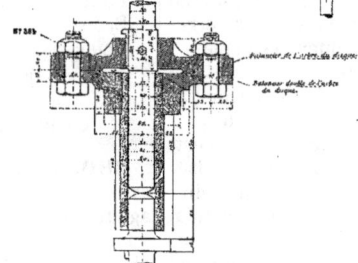

Vue en Plan

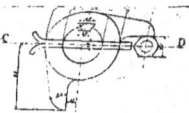

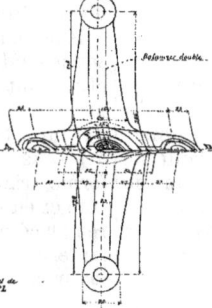

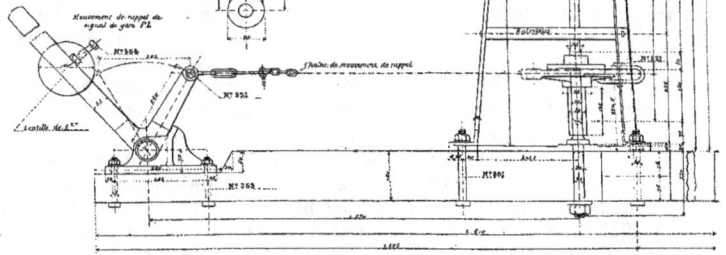

Vue en Plan

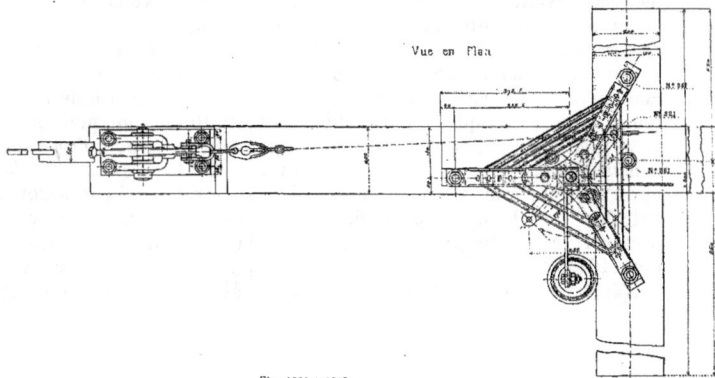

Arbre du disque
Coupe par E.F.

Fig. 1001 à 1008.

1017) sert pour les trains circulant sur les voies principales et qui doivent pénétrer par refoulement sur une voie de garage. On place généralement ce disque sur la voie principale, vers le point que doit atteindre la machine du train ou de la rame de plus grande longueur, quand l'aiguille sur laquelle doit se faire le rehaussement est suffisamment dégagée.

Le voyant est circulaire et peint en vert sur ses deux faces. Il est accompagné, pour la nuit, d'une lanterne qui présente à volonté un feu blanc ou un feu vert.

La manœuvre des trains est autorisée quand le signal est *fermé*, c'est-à-dire quand il présente son disque perpendiculaire à la voie. Au contraire, le refoulement ne peut avoir lieu tant qu'il est effacé ou parallèle à celle-ci.

La nuit, le même mouvement est autorisé par le feu vert; le feu blanc, au contraire, interdit tout refoulement.

979. Ce disque, dans son ensemble, présente la disposition générale du signal avancé de la Compagnie: socle et mât en fonte, lanterne mobile à feux blancs; voyant de

Fig. 1009.

$1^m,20$ de diamètre percé d'un verre vert en face de la lanterne, que l'on monte au moyen d'une chaîne passant toujours sur une poulie supérieure. Mais la nécessité d'indiquer, quand le disque est fermé, un double feu vert a exigé l'adjonction d'un second écran spécial qui vient se placer derrière la lanterne et donne un second feu vert à l'arrière pendant que ce voyant en projette un premier à l'avant (*fig.* 1010 et 1011). Un système d'articulation spécial montre la disposition adoptée (voir les figures 1013 et 1014). En suivant le jeu des mouvements de leviers, on voit que l'écran postérieur s'ouvre ou se ferme en même temps que le voyant. Ainsi la figure 1013 donne la manœuvre de l'écran ouvert en même temps que le disque est parallèle aux voies; on sait que, dans ce cas, le refoulement est interdit. Il est, au contraire, autorisé quand le disque et l'écran, l'un entraîné par le mouvement de l'autre, occupent la position indiquée dans la figure 1014.

L'écran est mis en mouvement par l'ar-

bre du disque au moyen d'une bielle et de deux manivelles; il est monté sur un arbre vertical guidé par deux supports fixés aux guides de lanterne.

Le poids total est le suivant :

Fer.	$164^k,160$
Fonte.	$360,970$
Bronze.	$10,290$
Acier.	$0,660$
Total.	$536^k,080$

Compagnie de l'Ouest.

980. *Signal triangulaire de communication.* — Ce signal ne s'adresse pas aux agents des trains : il sert exclusivement à mettre en communication deux postes d'aiguilleurs d'une même gare; pour ce motif, il suffit donc de le construire avec d'assez faibles dimensions.

Il se compose d'un poteau en bois fondé solidement sur une charpente goudronnée et portant une crapaudine et un guidage permettant la rotation d'un arbre en fer qui lui est parallèle. Au sommet de cet arbre se trouve le disque affectant la forme triangulaire, peint en blanc d'un côté et en noir de l'autre. La nuit, il est remplacé par un feu blanc fourni par une lanterne accrochée sur le disque et se mouvant avec lui. Le mouvement prévu par la consigne du poste est permis quand le disque est effacé et interdit quand il est fermé, c'est-à-dire quand il présente sa face blanche.

Le levier de rappel est monté sur le même poteau en bois qui porte le mât du disque; une sonnette est, en outre, fixée au voyant au moyen d'un ressort et se meut avec lui; elle avertit ainsi les agents intéressés chaque fois que l'on manœuvre le signal.

La distance du sol au centre du triangle du disque est de $1^m,50$; jusqu'au-dessous de la charpente de fondation il n'y a que $2^m,10$. Comme nous le disions plus haut, ce n'est donc qu'un tout petit appareil.

981. *Signal carré jaune.* — Le signal d'arrêt absolu de la Compagnie de l'Ouest, dans l'intérieur des gares, est un disque carré jaune éclairé la nuit d'un feu jaune. Aux bifurcations sur voies accessoires, ce disque est souvent accompagné d'un bras mobile, éclairé la nuit par transparence et sur lequel est inscrit ce mot : *Attention* (*fig.* 1018 à 1021) !

La manœuvre du signal jaune a lieu au

Elévation de face

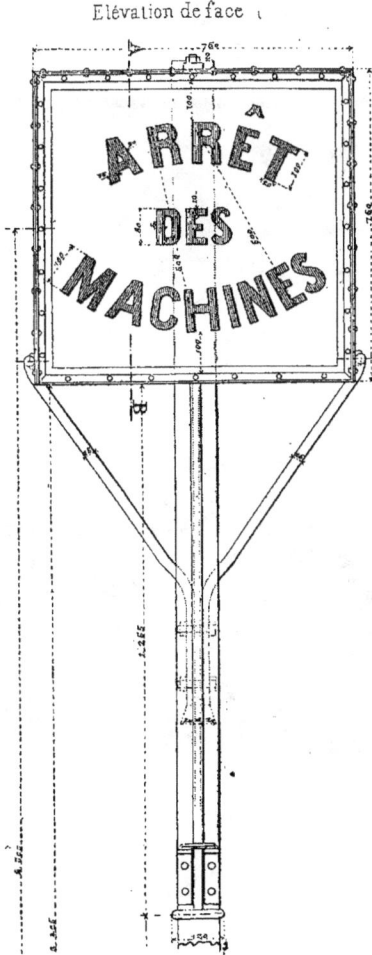

moyen d'une manivelle calée au pied de la tringle du disque, comme d'ordinaire ; le mouvement de rappel est dans l'intérieur du mât : c'est un contrepoids soutenu par une chaîne attachée à l'extrémité d'un petit balancier mobile autour de l'axe d'une poulie verticale ; celle-ci est sollicitée par une autre chaîne passant sur une seconde poulie horizontale calée sur la tringle du disque.

Le signal *Attention!* possède une manœuvre spéciale qui se fait également à distance au moyen d'un fil terminé par une chaîne. Cette dernière passe sous une poulie verticale et va s'attacher au bras mobile qui oscille autour d'un axe horizontal, au moyen d'une poulie faisant équilibre à celle qui porte l'inscription et munie d'un contrepoids. Quand on rend du fil, le contrepoids agit seul et entraîne le relèvement du mot *Attention!* caché le long du mât ; on efface, au contraire, le

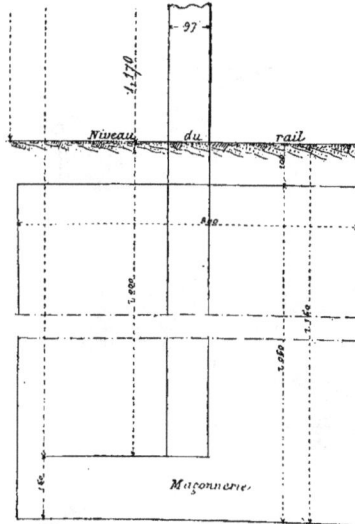

Fig. 1022.

signal en tirant sur le fil et relevant le contrepoids à la partie supérieure.

La nuit, le disque jaune est éclairé par une lanterne que l'on monte en place au

moyen d'une chaîne et d'une poulie supérieure comme à l'ordinaire. Le voyant est percé d'un trou muni d'un verre jaune qui vient se placer devant la lanterne

Coupe par EF

Coupe par CD

Coupe par AB

Coupe par GH

Coupe par IG

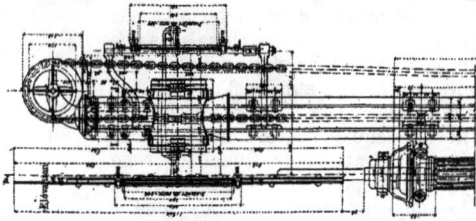

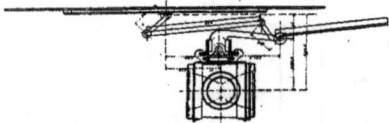

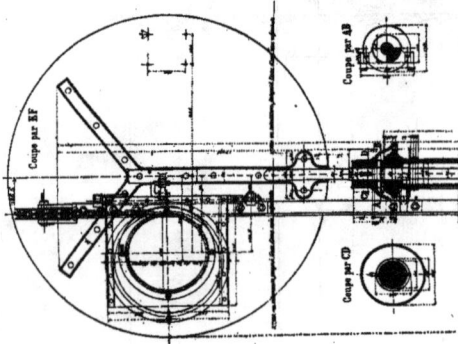

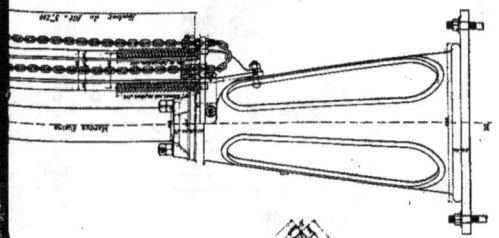

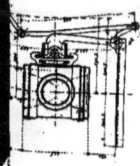

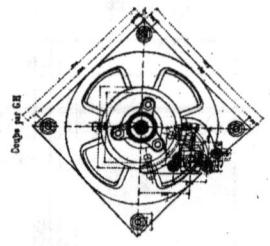

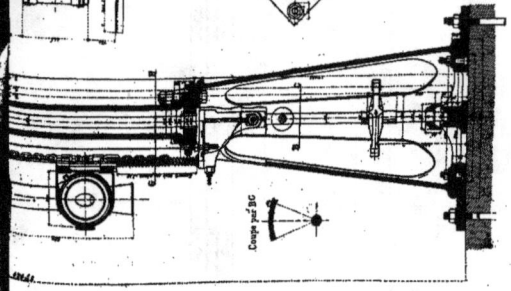

Fig. 1010 à 1017.

quand le disque est fermé. Quant au signal *Attention*! il est en verre dépoli,
éclairé la nuit par transparence. Pour
lcela, une lanterne fixe se place derrière
ui,posée sur une console en fonte fixée au

mât. L'écran, en verre dépoli, est entouré
d'un cadre en bois et se trouve protégé
au repos par une gaîne en tôle.

Le mât et le socle en fonte ressemblent
à tous ceux de la Compagnie de l'Ouest ;

Élévation de Profil.

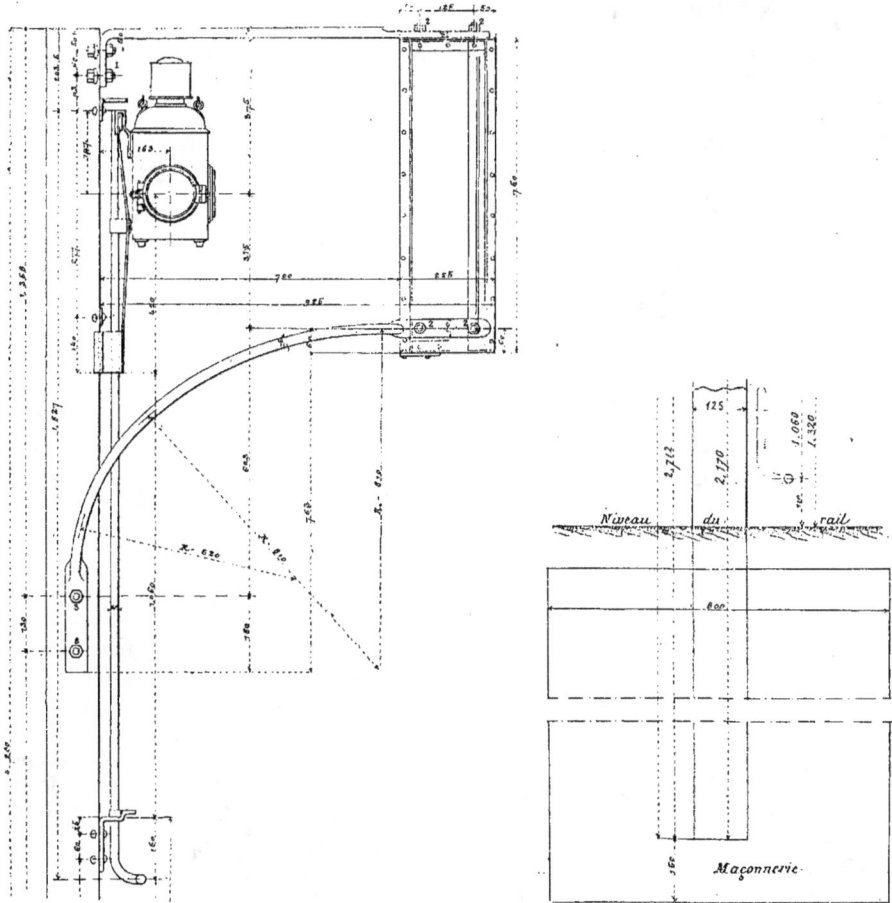

Fig. 1023.

le signal est seulement un peu moins
haut que celui du disque avancé ; il n'y a
que 4ᵐ,18 du niveau du rail au centre du
voyant. Jusqu'au centre du signal *Attention*! il n'y a que 3ᵐ,22.

Nord. Indicateur d'arrêt des machines.

982. Enfin, les Compagnies emploient
généralement dans les gares un indica-

teur fixe destiné à servir de point d'arrêt que les machines ne doivent jamais dépasser. Tel est le cas, par exemple, quand on veut obtenir l'arrêt des trains en un point bien déterminé d'un long quai à voyageurs.

La Compagnie du Nord emploie un indicateur formé d'un voyant en verre double recouvert d'émail translucide et couleur chamois; les mots : *Arrêt des machines* y sont inscrits en lettres d'émail

chocolat. Cet écran, enchâssé dans un cadre en tôle consolidé par de petites cornières, est suspendu à l'extrémité de consoles en fer et d'un bras supérieur fixés à un mât vertical formé d'un rail à patin planté en terre. L'écran transparent est ainsi éloigné et transporté à 0^m,70 du mât qui le supporte, ce qui permet de placer derrière lui une lanterne qui l'éclaire en entier pour le service de nuit (*fig.* 1022 à 1025).

Coupe AB

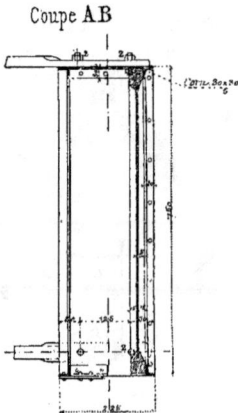

Fig. 1024.

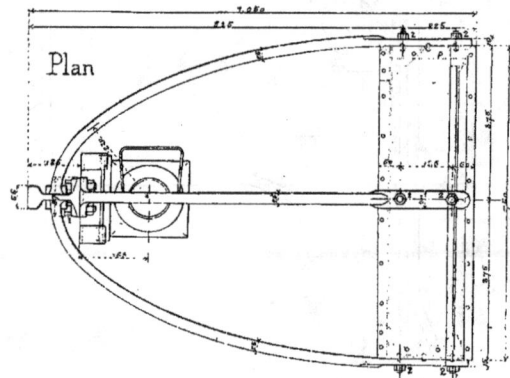

Fig. 1025.

RESUMÉ GÉNÉRAL

983. Pour résumer ce qui précède sur les signaux des voies, et qui pourrait paraître un peu confus dans l'esprit de nos lecteurs, nous condenserons ce qui vient d'être dit dans les lignes suivantes :

1° *Disques d'entrée*. — La Compagnie d'Orléans n'a pas de disque d'entrée, le disque avancé étant en même temps un signal d'arrêt absolu.

A la Compagnie de l'Ouest et aux chemins de fer de l'État, l'addition, au mât du signal, d'un pavillon carré peint en damier vert et blanc est l'annonce d'une bifurcation ou d'une aiguille en pointe, avant laquelle les mécaniciens ont à demander leur direction ; ce pavillon est éclairé la nuit par réflexion. (Des essais

sont en cours à l'Ouest pour éclairage par transparence.) (*Fig.* 1028 à 1030.)

A la Compagnie de l'Ouest, le damier vert et blanc est aussi employé comme signal d'avertissement annonçant des signaux carrés placés en des points où l'arrêt est obligatoire (*fig.* 1028).

A la Compagnie du Nord, les bifurcations sont également indiquées par un damier vert et blanc; il en existe deux types : l'indicateur fixe porte l'inscription *Bifur,* éclairée la nuit par transparence ; l'indicateur mobile en losange n'a pas d'inscription, il est éclairé par transparence et conjugué avec le signal carré d'arrêt absolu (*fig.* 1031).

Aux Compagnies de l'Est et de P.-L.-M.,

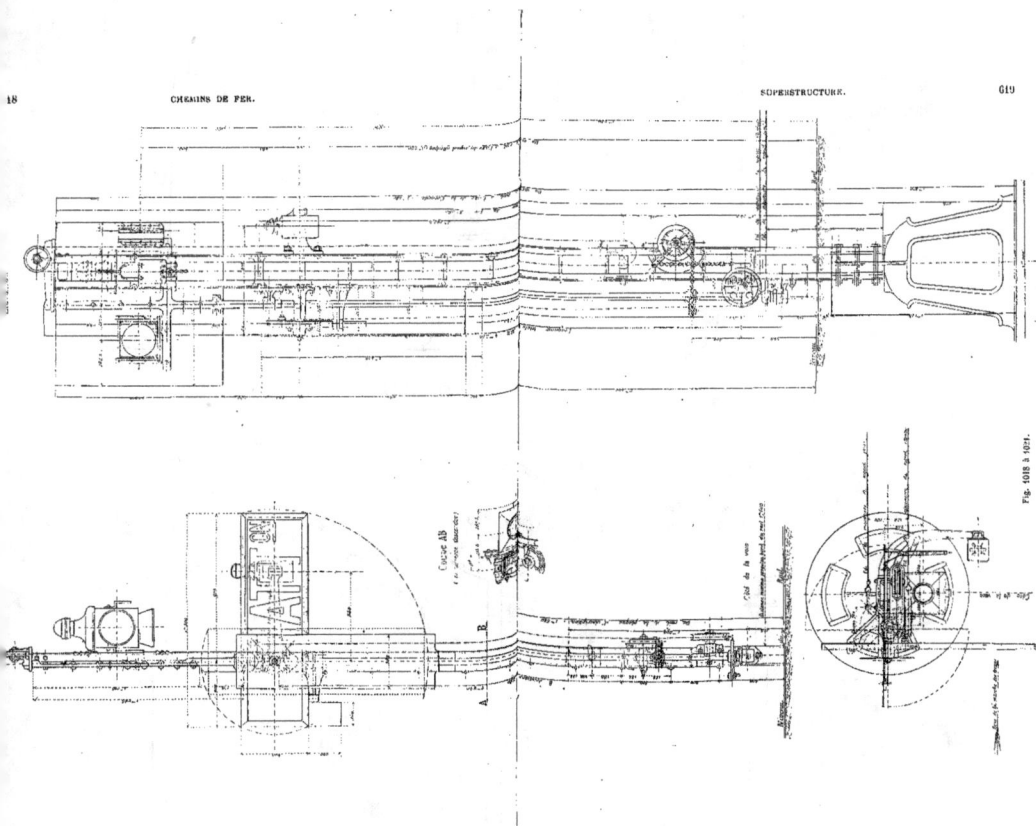

Fig. 1018 à 1021.

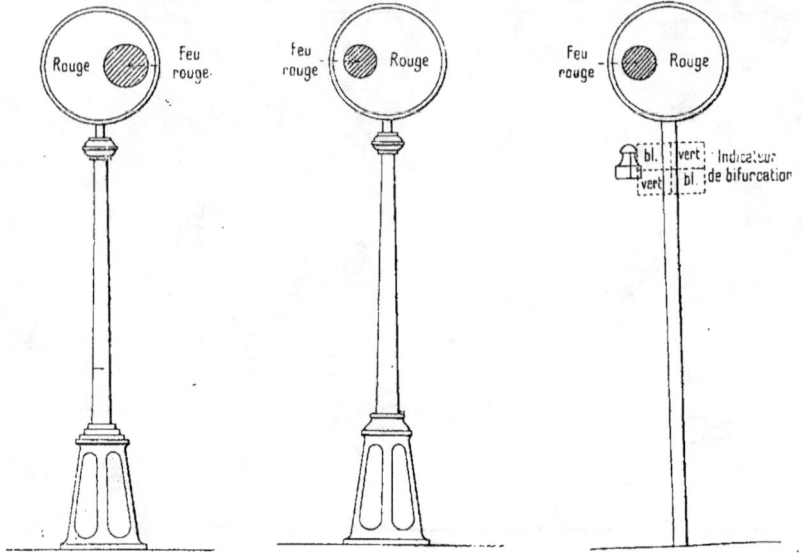

Fig. 1026 à 1028.

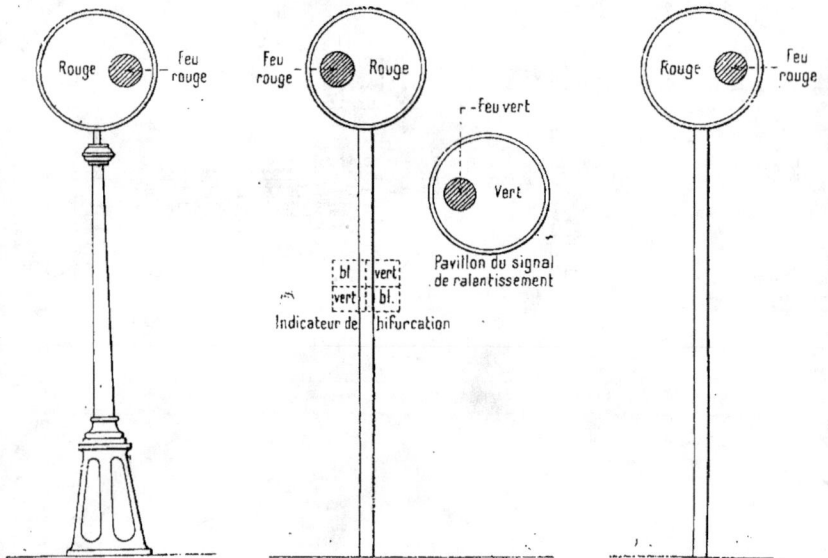

Fig. 1029 à 1031

l'indicateur de bifurcation est constitué par une plaque portant le mot *Bifur* et éclairée la nuit par transparence, à l'Est, (*fig.* 1026) et par réflexion au P.-L.-M. (*fig.* 1029).

En dedans de chaque disque d'entrée, l'origine de la gare est marquée par un poteau de protection, dont la distance au disque d'entrée varie, pour chaque Compagnie, avec le profil de la voie.

984. 2° *Disques intérieurs ou d'arrêt absolu :*

Est. — Voies principales et accessoires :

disque 1 (arrêt absolu aux bifurcations) (*fig.* 1032) ; disque 1 *bis* (arrêt absolu dans les gares) (*fig.* 1033).

Midi. — Voies principales : disques 2 ou 4 ; voies accessoires : disques 3 ou 5 (*fig.* 1034 à 1037).

Ouest. — Voies principales : disques 6 et 6 *bis*, et disque 6 *ter* à deux voyants, employé sur les lignes cantonnées avec les appareils Regnault ; voies accessoires : disque 7 (*fig.* 1038 à 1041).

P.-L.-M. — Voies principales : disque 8 ; voies accessoires : disques 9 ou 10 et dis-

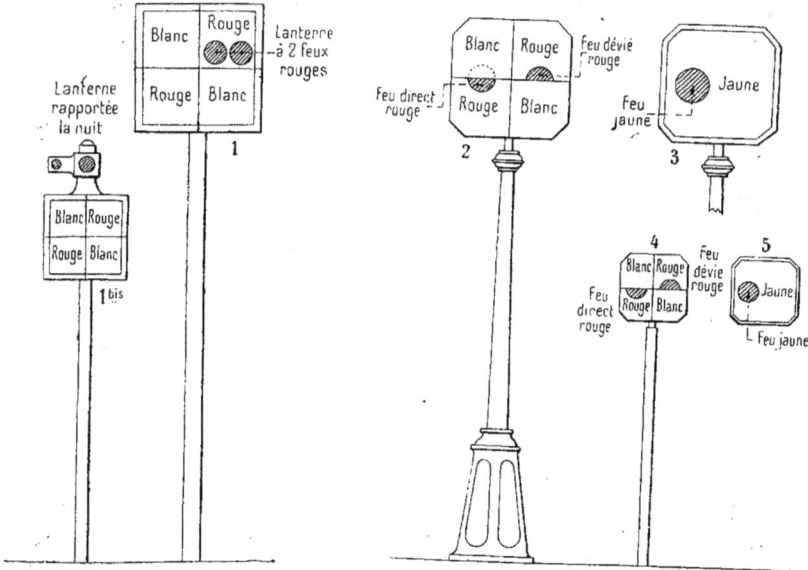

Fig. 1032 à 1037.

que 11, lorsque l'emplacement fait défaut (*fig.* 1042 à 1045).

P.O. — Voies principales : disques 12 ou 13 ; voies accessoires : disque 14 (*fig.* 1046 à 1048).

État. — Voies principales : disque 15 ; voies accessoires : disque 16 (*fig.* 1049 et 1050).

Nord. — Voies principales et accessoires : disque 17 (*fig.* 1051).

Les disques 1 et 6 sont éclairés par une lanterne à deux feux ; tous les autres disques à deux voyants sont éclairés par une lanterne à un seul feu donnant un feu direct et un feu dévié à l'aide de miroirs convenablement disposés.

SÉMAPHORES

985. On emploie surtout des sémaphores pour faire les signaux à distance.

Un sémaphore est un mât vertical portant près de son sommet un bras mobile dans un plan perpendiculaire à la voie.

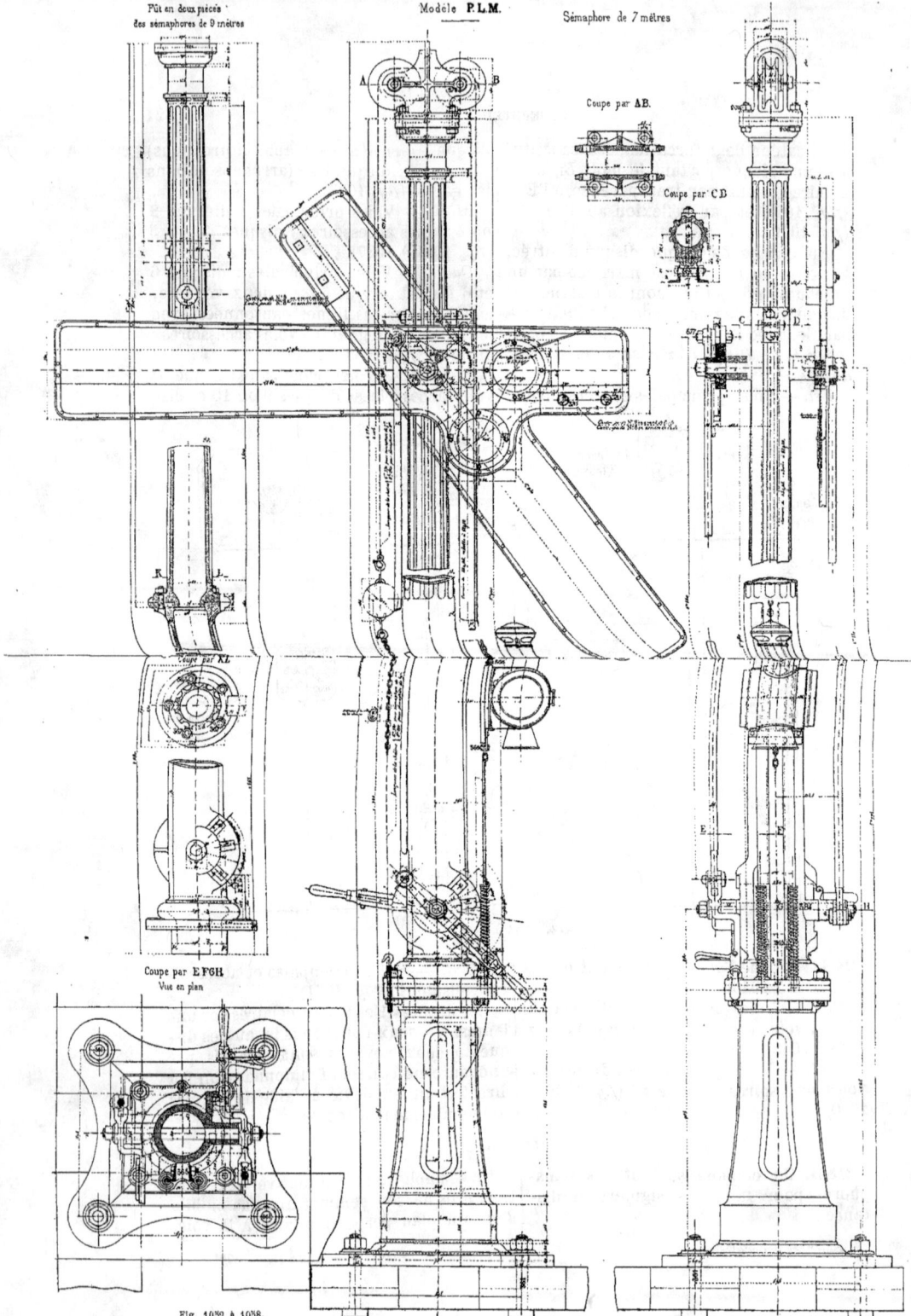

Fût en deux pièces
des sémaphores de 0 mètres

Modèle **P.L.M.**

Sémaphore de 7 mètres

Coupe par **AB**.

Coupe par CD

Coupe par KL

Coupe par EFGH
Vue en plan

Fig. 1052 à 1058.

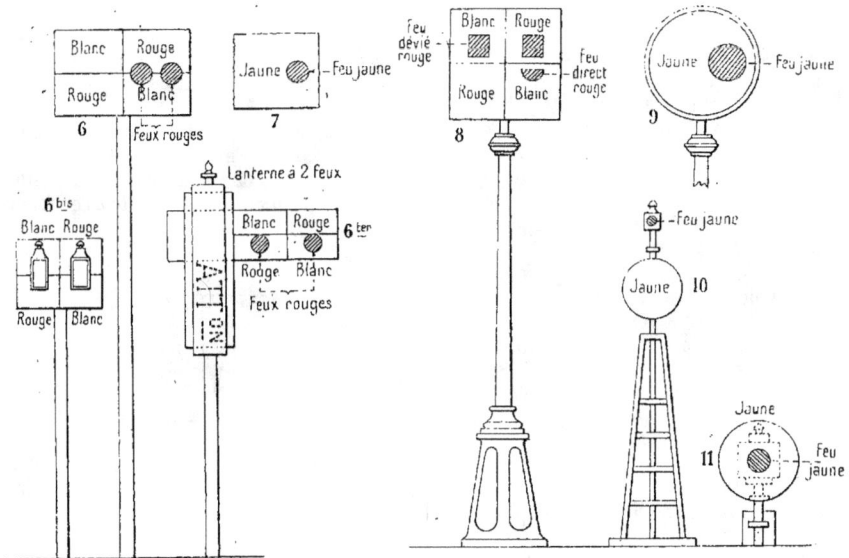

Fig. 1038 à 1045.

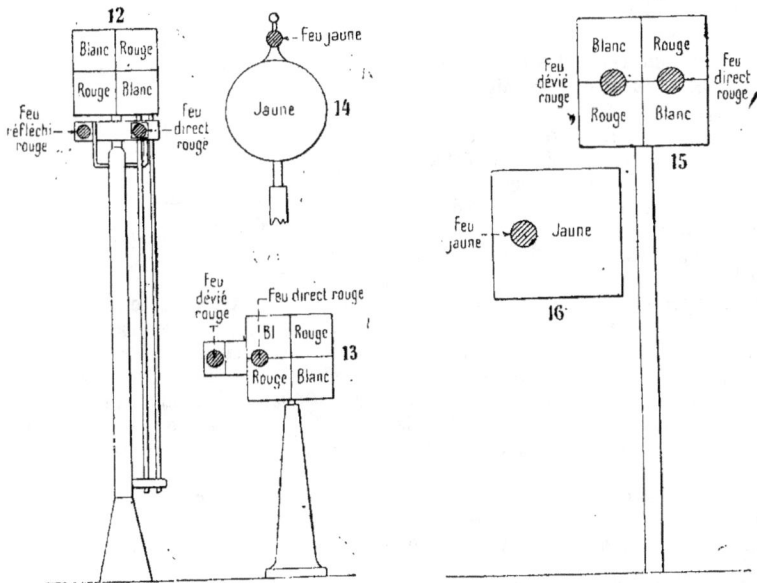

Fig. 1046 à 1050.

La voie est libre lorsque ce bras retombe verticalement le long du poteau : l'arrêt résulte du bras horizontal et normal au mât qui le porte ; enfin le ralentissement résulte de la position moyenne intermédiaire dans laquelle le bras fait avec le mât un angle de 45 degrés.

Le sémaphore est un appareil qui sert le plus souvent à maintenir entre les trains (art. 16 du code) la distance nécessaire ; il peut servir à plusieurs voies principales contiguës et parcourues dans le même sens. Dans ce cas, il peut rester unique, mais porter plusieurs bras superposés ; les bras successifs correspondent aux voies situées à gauche d'un observateur qui s'avance vers le sémaphore et dans un ordre compté à partir du haut. Ainsi le bras le plus élevé s'adresse à la voie la plus à gauche ; le bras immédiatement au dessous, à la voie contiguë à droite de la précédente, et ainsi de suite pour les autres en allant de gauche à droite.

L'article 32 du Code des signaux précise bien ce qui concerne ce genre d'appareil dans ce cas particulier.

987. Le sémaphore à plusieurs ailes, employé par la Compagnie de Lyon aux abords des bifurcations est, à proprement parler, un signal d'aiguilles (*fig.* 1052 à 1058). Chaque bras correspond à une direction déterminée et se trouve relié au moyen de tringles et de leviers coudés situés à la base du mât avec l'aiguille correspondante.

De cette façon, le mécanicien d'un train arrivant est ainsi renseigné à l'avance sur la position de l'aiguille dont il a lui-même demandé la manœuvre, ce qui est fort important.

Nous allons d'ailleurs décrire cet appareil.

988. *Sémaphores de la Compagnie de Lyon.* — Le sémaphore, comme nous l'avons déjà signalé plus haut, est généralement manœuvré à la main et sur place ; dans quelques cas, il est manœuvré par levier et fil de transmission, mais toujours d'un poste situé à très courte distance.

Ce signal s'emploie dans les gares, en pleine voie ou aux bifurcations ; il ne s'adresse qu'aux trains ou machines circulant sur les voies principales. Il est plus spécialement destiné à l'observation de l'intervalle de *temps* exigé entre deux trains consécutifs et aussi à l'intervalle de *distance* entraîné par l'observation du *block-système*. Nous verrons plus tard, en traitant de l'exploitation, en quoi cela consiste.

989. Le sémaphore se compose d'un mât ou colonne en fonte de 6 à 7 mètres de hauteur. A la partie supérieure sont articulés au même axe deux bras en forme

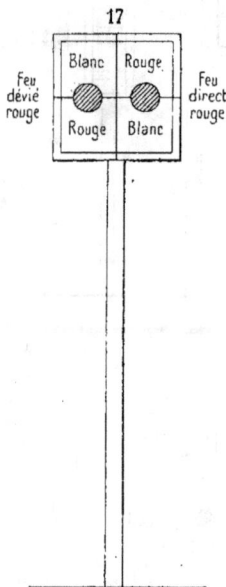

Fig. 1051.

de trapèze de 1m,95 de long sur 300/350 de large sur les faces opposées du mât de signal et de manière à se mouvoir dans des plans perpendiculaires aux voies (*fig.* 1052 à 1058). Le mouvement est donné de la partie inférieure à ces bras au moyen de leviers et de tringles. Ils sont peints en rouge sur la face qui s'adresse aux trains et en blanc sur la face opposée. Lorsqu'un train se dirige vers le sémaphore, le bras qui se présente à sa gauche

SÉMAPHORE À 3 AILES
MODÈLE PM-2

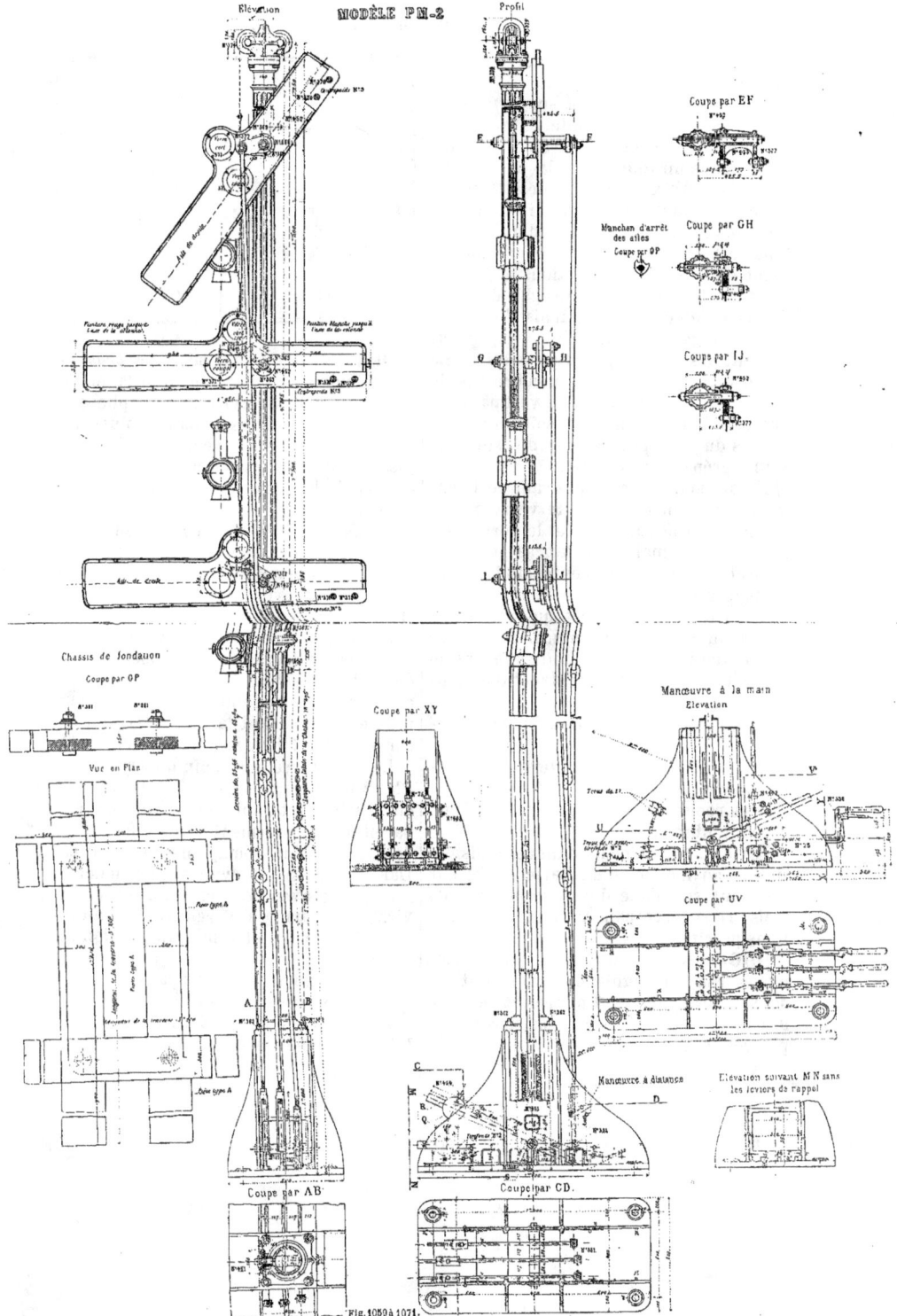

Élévation

Profil

Coupe par EF

Coupe par GH

Manchon d'arrêt des ailes
Coupe par OP

Coupe par IJ

Peinture rouge jusqu'à l'axe de la attache.

Peinture blanche jusqu'à l'axe du tin-coloré.

Aile de droite

Chassis de fondation
Coupe par OP

Vue en Plan

Coupe par XY

Manœuvre à la main
Élevation

Coupe par UV

Manœuvre à distance

Élévation suivant MN sans les leviers de rappel

Coupe par AB

Coupe par CD.

Fig. 1050 à 1071.

est le seul qui l'intéresse et doive attirer son attention.

Entre ces deux bras et sur la face parallèle aux voies on monte, la nuit, une lanterne par le moyen ordinaire d'une chaîne sans fin tournant à la partie inférieure sur deux poulies. Pour atténuer le poids de la lanterne, on munit la chaîne, du côté opposé à l'ascension, d'un contrepoids à boule. La lanterne donne un feu blanc dans les deux directions.

Or, les bras sont percés à égale distance du pivot de deux trous garnis, l'un d'un verre rouge et l'autre d'un verre vert, suivant les signaux à transmettre. Le verre vert est disposé de manière que, le bras étant à 45 degrés, le feu vert paraisse aussitôt. Il faut donc qu'il soit un peu en dehors du bras proprement dit sur une saillie préparée à cet effet.

Ainsi, pour le bras en avant de la colonne, sur notre figure, le verre rouge est sur le bras lui-même et le verre vert sur l'armure; mais, pour le bras situé derrière et dont les mouvements sont inverses de ceux du premier pour la même lanterne, c'est le verre vert qui est sur le bras et le rouge sur l'armure.

Cela tient à ce que, de toutes façons, le sémaphore dicte les instructions suivantes :

Bras rouge horizontal ou feu rouge. — Arrêt.

Bras à 45 degrés ou feu vert. — Ralentissement.

Bras replié verticalement ou feu blanc. — Voie libre.

Les bras sont amenés dans ces trois positions au moyen d'un levier inférieur tournant sur l'axe d'un cercle muni de trois crans correspondant aux trois positions précitées.

990. Les appareils de ce genre employés à la Compagnie de Lyon sont de deux types : celui de 7 mètres et celui de 9 mètres. Les poids des matières employées sont les suivants :

DÉSIGNATION	SÉMAPHORES de 7 mètres	SÉMAPHORES de 9 mètres
Fer....	280	340
Fonte.................	720	890
Acier.................	1	1
Bronze................	9	9
TOTAUX........	1 070	1 240

991. *Sémaphores à plusieurs bras.* — Nous avons dit plus haut que la même Compagnie faisait usage de sémaphores à plusieurs bras correspondant à plusieurs voies successives. Il peut y avoir ainsi jusqu'à six bras étagés sur le même mât et d'après le même principe que précédemment.

Les figures 1059 à 1071 représentent le type à trois ailes, modèle PM. 2, pouvant être à volonté manœuvré à la main ou à distance au moyen de fils ou de transmissions rigides.

Dans le premier cas, la transmission est reliée en S au levier de rappel R muni d'une lentille Q; dans le second, elle est reliée au même point du même levier, mais en supprimant la lentille Q; le raccordement se fait au moyen de la tringle T.

La manœuvre à la main du sémaphore PM. 2 n'est employée que provisoirement et en attendant qu'il soit installé un appareil d'enclenchement à une bifurcation déjà munie d'un sémaphore de ce type. Dans ce cas, si l'on avait à enclencher le sémaphore avec des aiguilles, on se servirait de la tringle T reliée en S' au levier, d'une part, et à la transmission du verrou par son extrémité E', d'autre part.

Nous ne nous étendrons pas davantage sur ces appareils et leur manœuvre, un chapitre spécial devant être consacré plus loin aux enclenchements.

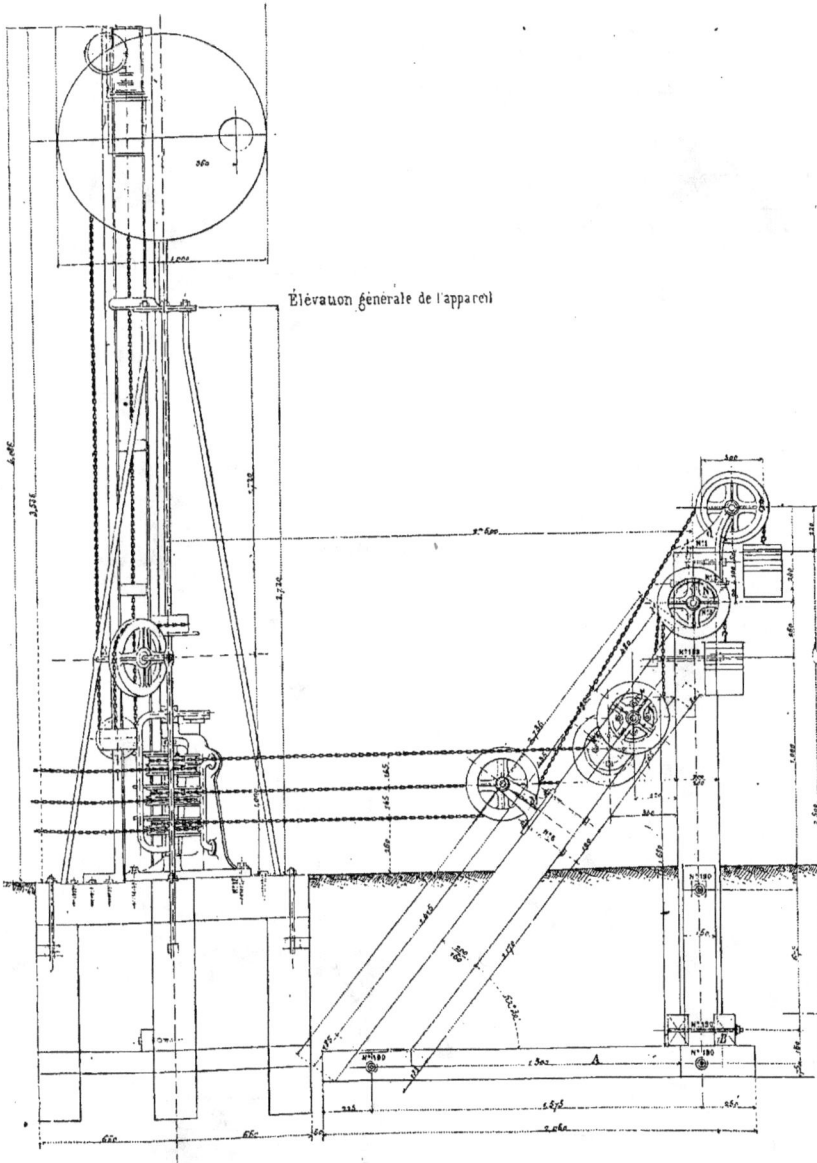

Élévation générale de l'appareil

Fig. 1072.

Vue en plan de l'appareil

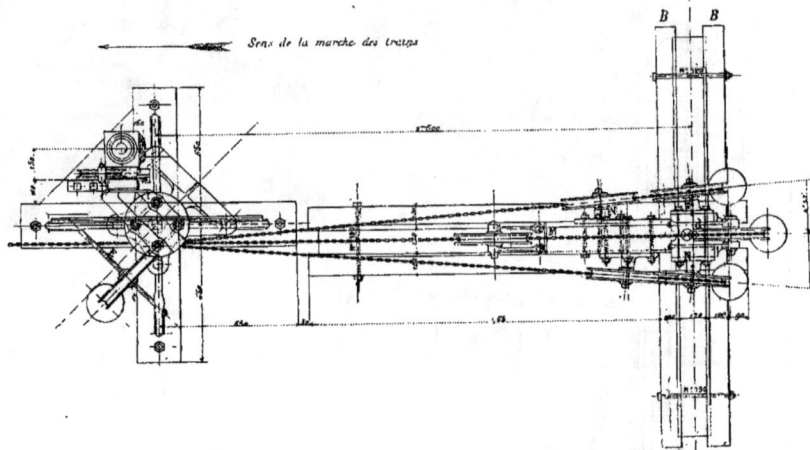

Sens de la marche des trains

B | B

Fig. 1073.

Vue de face de la potence

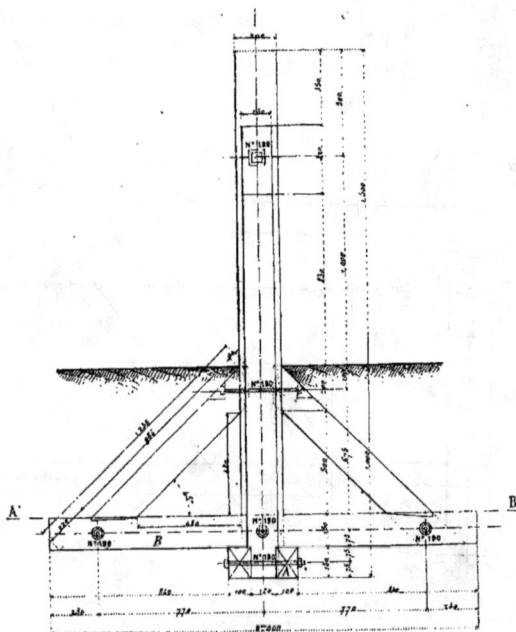

A'
B'

Fig. 1074

SIGNAUX MANŒUVRÉS DE PLUSIEURS POSTES

992. On est assez souvent obligé d'utiliser un disque unique pour protéger plusieurs points différents assez éloignés les uns des autres, et cela dans l'intention de ne pas multiplier à l'infini le nombre des signaux à distance. On est alors conduit à placer en chacun de ces points un levier distinct permettant la manœuvre du disque-signal unique.

Ainsi, dans une gare, on peut avoir à manœuvrer un disque-signal avancé non seulement des bâtiments de la station, mais aussi d'un ou deux autres postes

comment ce résultat a été obtenu à la Compagnie du Nord avec le disque à compensateur Robert.

Compagnie du Nord. Disque à trois transmissions.

993. Le disque est du type ordinaire; quant à la manœuvre, elle s'opère de la manière suivante :

Coupe suivant A'B'

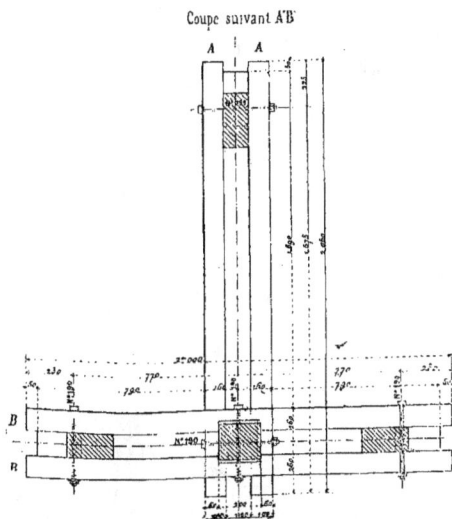

Fig. 1075.

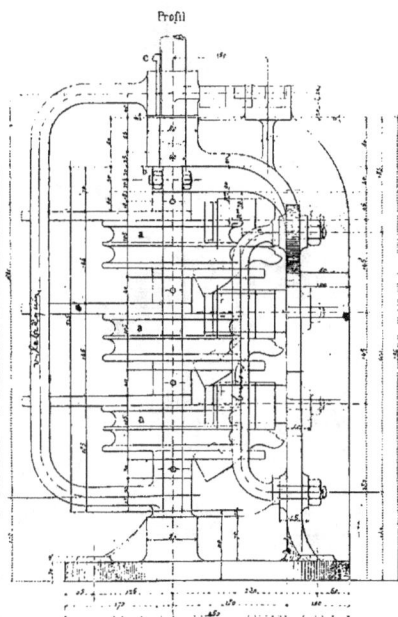

Plan

Fig. 1076.

situés entre celle-ci et son extrémité du côté du train attendu.

La condition fondamentale de cette installation est que le disque à l'arrêt ne puisse être effacé que par celui qui l'a mis à l'arrêt. On comprend qu'il en pourrait résulter sans cela les plus grands troubles et les plus dangereuses conséquences. En un mot, le disque ne doit être effacé que si tous les leviers sont dans la position correspondant à cet effacement. Voici

On cale sur le mât du signal autant de poulies folles qu'il y a de transmissions différentes, trois dans l'exemple qui nous occupe (*fig.* 1072 à 1079).

Chacune de ces poulies porte sur sa face supérieure un taquet qui appuie sur un vilebrequin dépendant du mât et dont la rotation entraîne celle du disque. Sur chacune de ces poulies s'enroule la chaînette terminant le fil de la transmission correspondante; de là, celle-ci passe sur une poulie verticale de renvoi montée sur un poteau en bois et se termine par un contrepoids de tension à rondelles. Chacune des transmissions présente une disposition analogue et au milieu de son parcours est munie, comme d'ordinaire, d'un compensateur Robert.

De la sorte, en cas de rupture de fil, le disque est toujours à l'arrêt et le contre-

correspondante. Un contrepoids de rappel, suspendu à l'intérieur du mât du

Vue postérieure

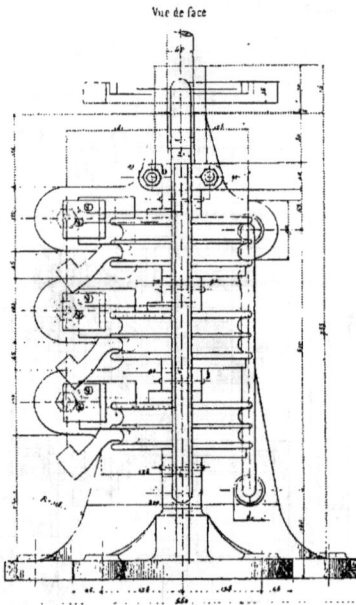

Fig. 1078.

disque, ramène le voyant parallèle aux

Vue de face

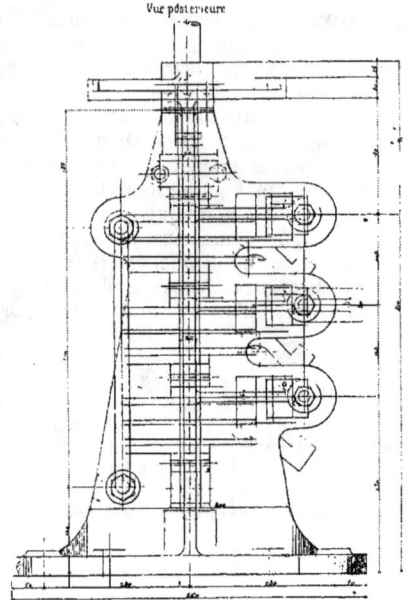

Fig. 1077.

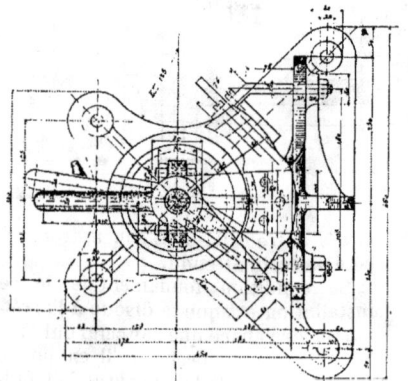

Fig. 1079.

poids de tension descend, en effet, en faisant tourner la poulie correspondante; le taquet de celle-ci heurte le vilebrequin du mât et entraîne la rotation du disque. Lorsqu'il a fait un quart de tour, un butoir vient arrêter le mouvement du vilebrequin.

En résumé, le disque reste à l'arrêt et ne peut être placé dans une autre position tant que l'une quelconque des transmissions est à l'arrêt, car le vilebrequin est maintenu par le taquet de la poulie

voies quand *toutes* les transmissions sont ouvertes, car alors le vilebrequin n'est plus maintenu par aucun taquet et la tringle du voyant tend à revenir à sa position normale.

994. Le contrepoids de rappel, qui ramène le voyant parallèle aux voies, est suspendu à l'extrémité d'une chaîne qui passe sur une poulie verticale montée sur le mât; il doit être naturellement d'un poids inférieur à celui des contrepoids de tension vus plus haut et dont la descente entraîne la mise à l'arrêt du disque.

Il faut cependant remarquer que, si la transmission venait à se rompre entre ce dernier contrepoids et le signal, le contrepoids de ce dernier agirait seul et mettrait le disque parallèle à la voie. On obvie à cet inconvénient en remplaçant dans toute cette région le fil par une chaînette continue, soigneusement et fréquemment examinée, et qui a naturellement beaucoup moins de chance de rompre que le fil ordinaire.

995. Les trois contrepoids de rappel des transmissions sont supportés par une potence en bois dont voici le détail (*fig.* 1072 à 1075):

ÉTAT DES PIÈCES DE LA POTENCE.

NOMBRE	BOIS CHÊNE		CUBES	NOMBRE	BOULONS	
1	Poteau.....	$2^m,500 \times 200 \times 200$	$0^m,1000$	1	Boulon fixant la contrefiche au poteau..................	N° 188
2	Contrefiches dans terre	$1,235 \times 150 \times 150$	0 ,0556	6	Boulons fixant les moises au poteau et aux contrefiches	N° 190
1	Contrefiche.	$2,735 \times 200 \times 150$	0 ,0820	4	Tirefonds fixant l'appareil de manœuvre..................	N° 17
2	Moises B...	$2,000 \times 150 \times 100$	0 ,0600			
2	Moises A...	$2,050 \times 150 \times 100$	0 ,0616	2	Tirefonds fixant le support (d)..	N° 1
				2	Boulons » (d).	N° 2
		Total	0 ,3592	4	» » les supports (N)..	N° 3
				8	» » » (N)..	N° 4
				4	» » » (M)..	N° 5

Compagnie de l'Est. Disque à plusieurs transmissions.

996. La Compagnie de l'Est possède des disques pouvant être mus de deux postes différents au moyen de leviers analogues à ceux des disques à transmission simple. Les choses sont toujours disposées comme précédemment, de manière que le disque mis à l'arrêt par un levier ne peut plus être effacé par un autre; il faut qu'ils soient tous les deux à voie libre.

Compagnie de Lyon. Disque à plusieurs transmissions.

997. On emploie quelquefois au chemin de fer de Lyon un disque à trois transmissions.

Chaque transmission est manœuvrée, comme précédemment, par un levier et aboutit, un peu avant d'arriver au disque, à un levier de rappel avec lentille de contrepoids. Les trois leviers de rappel sont ainsi articulés autour du même arbre, qui leur sert d'axe de rotation. Aux deux extrémités de ce dernier sont calés des balanciers-manivelles reliés par une entretoise en fer, et c'est à l'extrémité de l'un de ces balanciers qu'est fixé le fil allant actionner le disque; ce dernier est luimême accompagné d'un levier de rappel spécial comme d'ordinaire. La tension du fil allant au disque est triplée au moment de la pose au moyen d'un tendeur.

Supposons donc que du poste, on abaisse un levier quelconque; le levier de rappel correspondant couché sur le sol se relève avec sa petite branche qui vient normalement heurter l'entretoise vue plus haut. Il en résulte la rotation des deux balanciers extrêmes d'un angle égal à celui de la manœuvre, et celle de l'arbre sur lequel ils sont calés, par suite la rotation, c'està-dire la fermeture du disque. On voit que pendant tout ce temps les deux autres leviers de rappel, qui sont fous sur l'arbre, n'ont pas fonctionné et ne peuvent le faire que s'ils sont sollicités par leurs leviers de manœuvre.

Une fois le disque fermé, la manœuvre d'un autre levier ne peut le rouvrir, car le levier de rappel correspondant, en se levant, vient simplement heurter l'entretoise des balanciers sans la faire mouvoir.

Le disque ne peut se rouvrir que lorsqu'on a abaissé le dernier levier de rappel encore relevé. Alors son propre levier de rappel agit à son tour et le met à voie libre, comme c'est l'usage avec ce genre de signaux à la Compagnie de Lyon; ce levier, d'ailleurs, n'a à vaincre que les frottements du disque et de l'arbre commun aux trois leviers; il suffit de le munir d'une lentille de 5 kilogrammes placée à 0^m,60 de son point d'articulation.

Au contraire pour les autres leviers, la position des lentilles est déterminée comme d'habitude d'après la longueur de la transmission d'après le tableau suivant, dans lequel on suppose l'adoption de l'ancien système de compensation à contrepoids dans un puits voisin du levier de manœuvre :

TRANSMISSIONS — LONGUEURS	DISTANCE DU CENTRE DE LA LENTILLE A L'AXE DU		CONTREPOIDS dans le tube du levier DE MANŒUVRE
	LEVIER de manœuvre	LEVIER de rappel	
1° FIL DE 0^m,004	mill.	mill.	kil.
Jusqu'à 900 mètres..........................	0.70	0.45	28
De 900 à 1 200 mètres.......................	0.80	0.59	38
De 1 200 à 1 500 mètres.....................	0.90	0.73	48
De 1 500 à 1 800 mètres.....................	1.00	0.87	58
2° FIL DE 0^m,005			
Jusqu'à 600 mètres..........................	0.70	0.45	28
De 600 à 1 000 mètres.......................	0.85	0.62	38
De 1 000 à 1 400 mètres.....................	1.00	0.79	48

On voit qu'avec ce système, les différents postes doivent être individuellement munis de fils présentant tous la longueur de la transmission.

998. Avec les signaux du nouveau type, on peut n'employer qu'un seul fil du signal jusqu'au levier de manœuvre le plus rapproché et raccorder à celui-ci les transmissions des autres leviers de manœuvre. Ce raccordement s'opère au moyen d'un appareil à balancier spécial voisin du levier le plus proche du disque.

Dans d'autres cas, au contraire, il y a intérêt à manœuvrer plusieurs disques du même poste. Le problème a été résolu assez simplement à la gare de Maisons-Alfort, par exemple, à l'aide d'une transmission à balancier de compensation.

Compagnie de l'Ouest.
Disque
à deux et trois transmissions.

999. La Compagnie de l'Ouest a un type de disque à deux et trois transmissions basé entièrement sur les principes précédents exposés pour la Compagnie de Lyon, et de construction très analogue. Nos figures représentent le disque à trois transmissions; pour l'appareil à deux transmissions, le levier du milieu est supprimé et remplacé par une virole en fonte de 50 millimètres de longueur. Les autres accessoires restent entièrement les mêmes (*fig.* 1080 à 1082).

La charpente est protégée, au droit des contrepoids des leviers de rappel, au

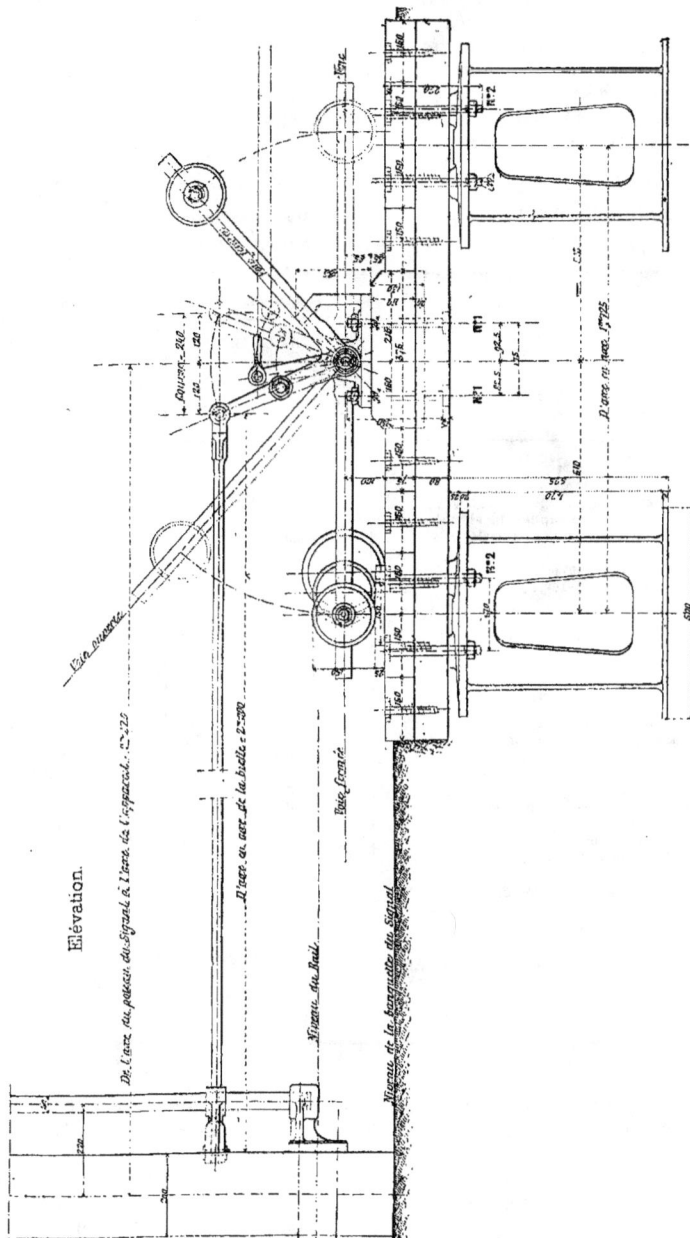

Fig. 108.

moyen de fourrures en bois de 150 × 100 × 25 fixées sur le plancher. Lorsqu'on fait usage de systèmes de tension type Robert, ces contrepoids pèsent 7 kilogrammes; ils sont en fonte de 150 de diamètre sur 65 d'épaisseur. Avec les transmissions commandées par des manœuvres à secteur ordinaire ou du type d'Auteuil, on emploie des contrepoids de 20 kilogrammes.

Le nombre et le poids des pièces nécessaires à cet appareil sont indiqués dans le tableau suivant :

TABLEAU DONNANT LE NOMBRE ET LE POIDS DES PIÈCES D'UN APPAREIL
A DEUX OU A TROIS TRANSMISSIONS

DÉSIGNATION DES PIÈCES	Appareil de rappel proprement dit					
	A 2 TRANSMISSIONS			A 3 TRANSMISSIONS		
	NOMBRE de pièces	POIDS		NOMBRE de pièces	POIDS	
		Partiels	Totaux		Partiels	Totaux
FONTE		kil.	kil.		kil.	kil.
Support des leviers..........................	1	38 900	38 900	1	38 900	38 900
Contrepoids du levier de rappel du signal.......	1	4 000	4 000	1	4 000	4 000
Contrepoids des leviers de transmission..........	1	20 000	20 000	1	20 000	20 000
»　　　　　»　　　　　»	1	7 000	7 000	2	7 000	14 000
Viroles entretoisant les leviers................	2	1 000	2 000	2	1 000	2 000
Viroles remplaçant un levier	1	0 670	0 670	»	»	»
Socles...................................	2	55 000	110 000	2	55 000	110 000
Poids total des fontes......			182 570			188 900
FER						
Arbre des leviers........................	1	5 200	5 200	1	5 200	5 200
Levier de rappel du signal et sa vis...........	1	7 200	7 200	1	7 200	7 200
Bielle de transmission de l'appareil et axes......	1	9 500	9 500	1	9 500	9 500
Manivelle...............................	1	2 200	2 200	1	2 200	2 200
Leviers de rappel des transmissions et leur vis ...	2	8 750	17 500	3	8 750	26 250
Entretoise complète........................	1	3 700	3 700	1	3 700	3 700
Chapes des fils des transmissions et axes........	2	0 500	1 000	3	0 500	1 500
Boulons n° 1 du support....	4	0 800	3 200	4	0 800	3 200
»　　n° 2 des socles......................	8	0 740	5 920	8	0 740	5 920
Tirefonds ordinaires à six pans.................	18	0 330	7 840	18	0 330	7 840
Poids total du fer..........			63 260			72 510
RÉCAPITULATION						
Fonte..			182 570............			188 900
Fer..			63 260.............			72 510
Poids total des appareils.......			245 830.............			261 410

Ce tableau comprend les contrepoids de rappel représentés dans les figures ci-jointes.

Le poids total de chaque appareil variera suivant le poids des contrepoids employés.

Les leviers de rappel correspondant à des leviers de manœuvre à secteur ordinaire sont munis de contrepoids de 20 kilogrammes.

Les leviers de rappel correspondant à des leviers de manœuvre à secteur modifié sont munis de contrepoids de 7 kilogrammes.

Le levier de rappel du signal est, suivant les besoins, muni d'un contrepoids de 7 kilogrammes ou d'un contrepoids de 4 kilogrammes.

DÉSIGNATION DES PIÈCES	NOMBRE de PIÈCES	DIMENSIONS			VOLUMES	
		LONGUEUR	LARGEUR	ÉPAISSEUR	PARTIELS	TOTAUX
		m.	m.	m.	mèt. cube	mèt. cube
Longrines......................	2	1.725	0.200	0.080	0.0276	0.0752
Madriers du plancher	9	0.680	0.150	0.075	0.0077	0.0693
» du support.............	1	0.680	0.375	0.130	0.0332	0.0332
Cube total du bois........						0.1777

En résumé, comme précédemment, la disposition adoptée est toujours telle que, si *un seul* des leviers de manœuvre est à l'arrêt alors que tous les autres sont à voie libre, le disque restera à l'arrêt et ne s'effacera que si *tous* les leviers sont abaissés.

Compagnie du Midi.
Disque à plusieurs transmissions et levier à plusieurs disques.

1000. Il existe au Midi des disques mus par plusieurs postes analogues à ceux de la Compagnie de l'Ouest. Ils sont disposés de manière à se mettre à l'arrêt en cas de rupture d'un seul fil.

On y rencontre en outre un appareil assez ingénieux qui permet la manœuvre de plusieurs disques au moyen d'un levier unique.

Il comprend une série de tringles reliées aux différents fils de transmission et venant toutes aboutir à un fragment de rail courbe qui leur sert de guide et d'arrêt dans la direction du disque. Elles dépassent toutes un peu ce rail du côté du levier et se terminent par un étrier pouvant recevoir un crochet fixé à une chaîne mobile adaptée au levier de manœuvre.

On accroche ainsi à volonté la chaîne à la tringle du disque à manœuvrer, et seul il peut fonctionner, tandis que les autres restent au repos. Un système de poulies à axes verticaux et horizontaux guide la chaîne et lui permet de prendre les déviations correspondantes aux diverses tringles placées en éventail en avant du levier de manœuvre,

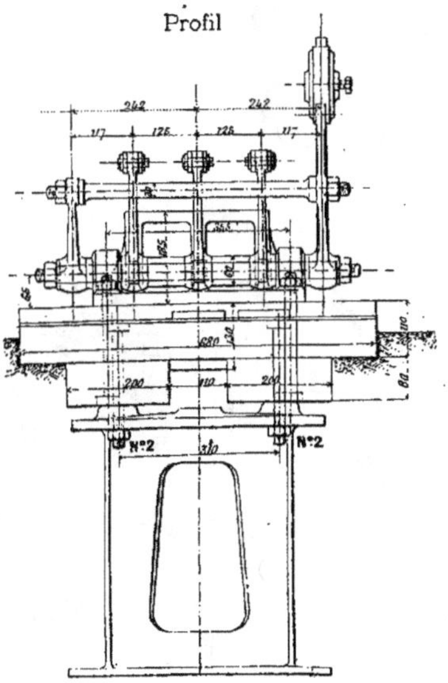

Profil

Fig. 1081.

On voit qu'on est sûr ainsi de n'avoir la manœuvre que d'un seul disque à la fois.

SIGNAUX D'AIGUILLES

1001. Il y a deux sortes de signaux d'aiguilles, les signaux de *direction* et ceux de *position*, comme l'indiquent et l'expliquent les articles 19 et 20 du Code des signaux.

Nous rappellerons que les premiers

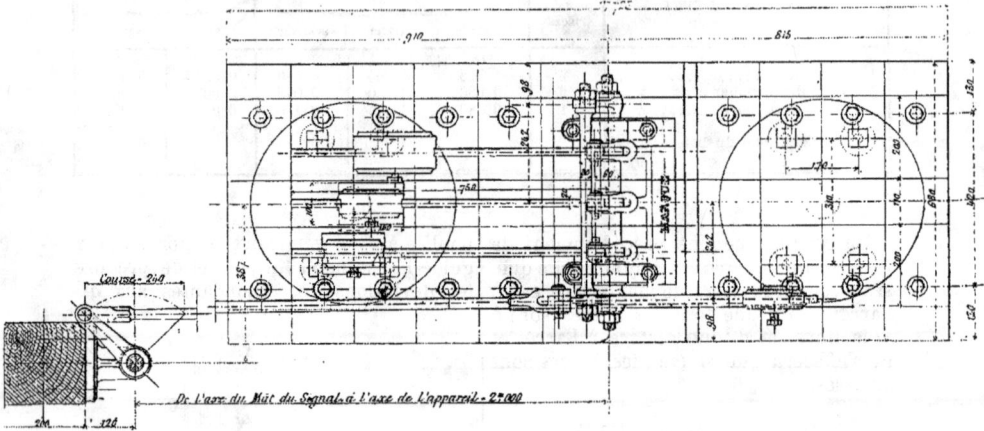

Fig. 1082.

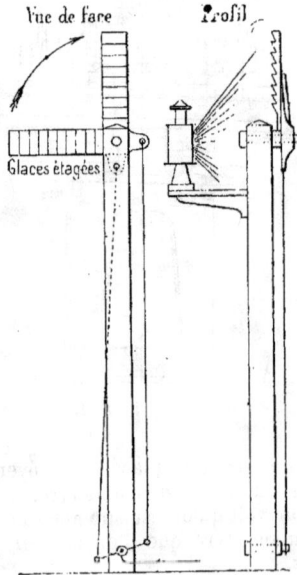

Fig. 1083 et 1084. — Est.

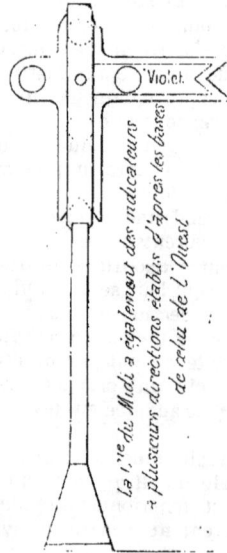

Fig. 1085. — Midi.

s'adressent aux agents des trains abordant les aiguilles en pointe. Les seconds ne s'adressent qu'aux agents sédentaires et les renseignent sur la direction donnée par les aiguilles.

Nous donnerons d'abord un tableau résumé des principaux types employés dans les différentes Compagnies. Nous décrirons ensuite quelques-uns des plus intéréssants parmi ces appareils.

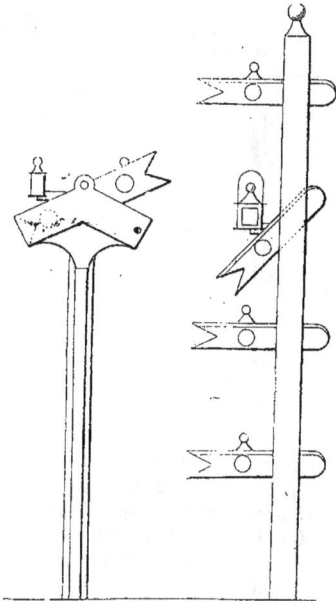

Fig. 1086 et 1087. — Ouest.

1° **Indicateurs de direction**
(*fig.* 1083 à 1092).

1002. Aux *Compagnies du Midi* (de l'*Ouest* pour l'indicateur à deux directions) du *Nord* et aux *Chemins de fer de l'Etat*, le bras apparent, le jour, et le feu violet, la nuit, indiquent la voie fermée. Le bras effacé et le feu blanc indiquent la voie ouverte.

A la *Compagnie Paris-Lyon-Méditer-ranée* (et aux *Compagnies de l'Ouest et du Midi* pour les indicateurs à plusieurs

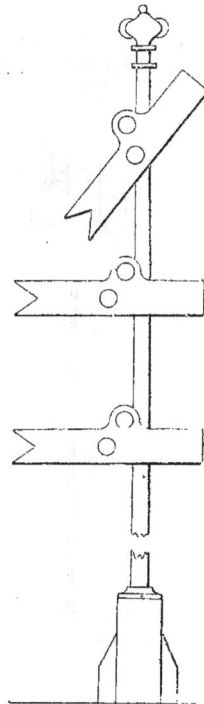

Fig. 1088. — P.-L.-M.

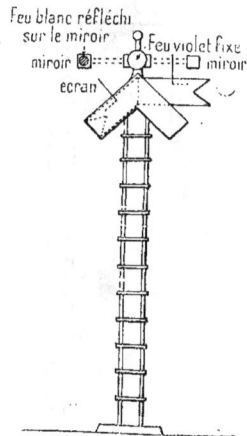

Fig. 1089. — Orléans.

directions), les bras sémaphoriques sont placés sur un mât à des hauteurs diffé-

rentes et en nombre égal aux directions que peut donner le poste d'aiguillages : le bras le plus élevé correspond à la direction la plus à gauche, le moins élevé à la plus à droite. La position horizontale

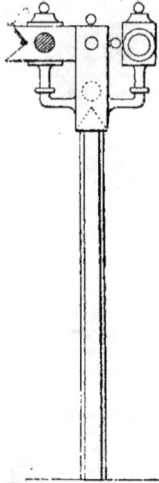

Fig. 1090. — Etat.

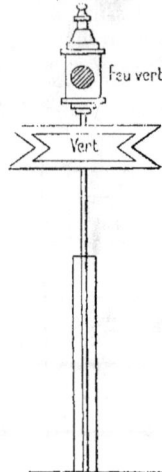

Fig. 1093. — Est.

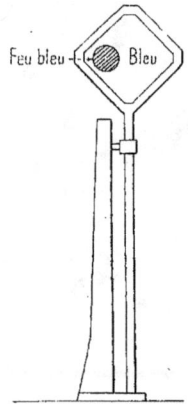

Fig. 1094. — Midi.

indique que la direction correspondante n'est pas donnée, et la position inclinée que la direction correspondante est donnée. La nuit, les bras horizontaux présentent un feu violet, et les bras inclinés un feu vert.

Fig. 1095. — Ouest.

A la *Compagnie de l'Est*, l'indicateur de direction se compose de deux bras en équerre munis de glaces étagées qui reflètent, la nuit, un feu blanc en avant du signal. Le bras placé horizontalement indique toujours la voie qui est ouverte.

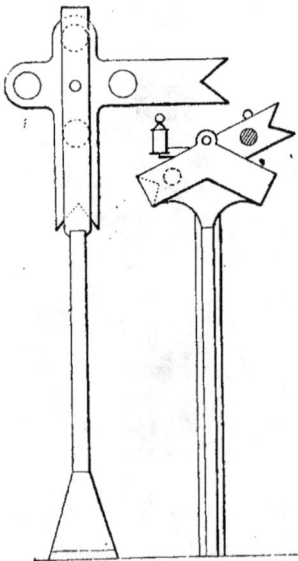

Fig. 1091 et 1092. — Nord.

A la *Compagnie Paris-Orléans*, le *jour*, le bras effacé et, la *nuit*, le feu blanc indiquent la voie *ouverte*.

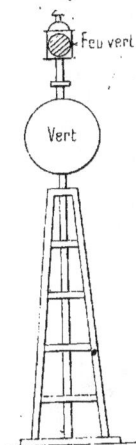

Fig. 1096. — P.-L.-M.

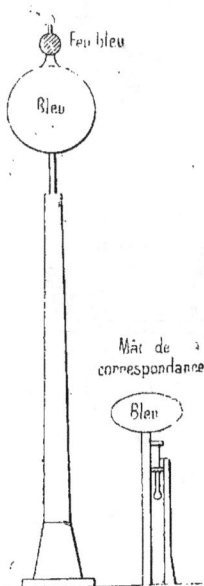

Fig. 1097 et 1098. — P.-L.-M.

Sciences générales.

2° **Indicateurs de position**
(*fig.* 1093 à 1100).

1003. Aux *Compagnies de l'Est, du Midi, de Paris-Lyon-Méditerranée, de Paris-Orléans, du Nord* et aux *Chemins de fer de l'État*, le voyant perpendiculaire à la voie principale, le jour, et le feu de même couleur que le voyant, la nuit indiquent que la voie principale est fermée et la voie déviée ouverte. Le voyant paral-

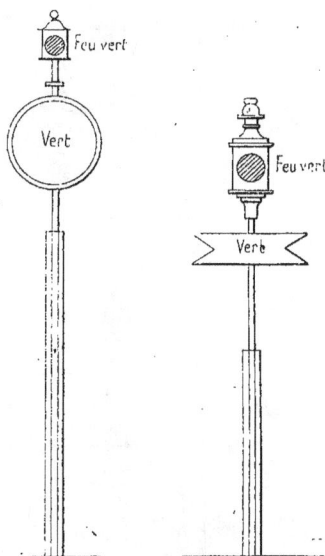

Fig. 1099. — État.   Fig. 1100. — Nord.

lèle à la voie, le jour, et le feu blanc, la nuit, ont une signification inverse.

1004. *Compagnie de l'Ouest.* — Lanterne placée au ras du sol dans l'entrevoie. Lorsque l'aiguille est faite pour la voie déviée, la pointe du < indique la direction donnée. Lorsque l'aiguille est faite pour la voie droite, la lanterne présente en bout, le jour, une face blanche et, la nuit, un feu blanc.

Nous commencerons par étudier la première catégorie, les signaux de direction.

CHEMINS DE FER.

Vue de face.

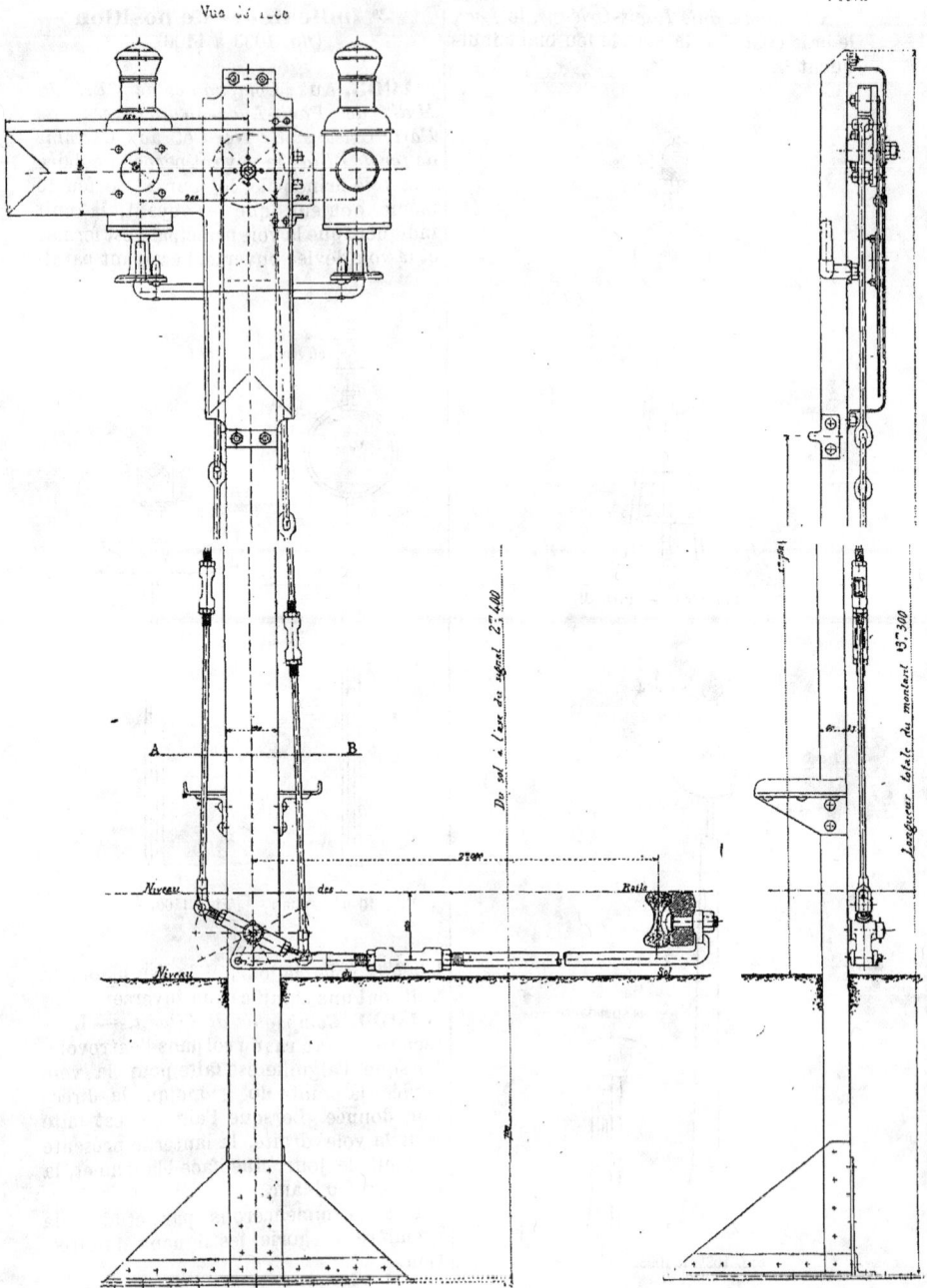

A   B

Niveau   des

Niveau   des   Rails

Sol

Du sol à l'axe du signal 2ᵐ,440

Longueur totale du montant 4ᵐ,300

Fig. 1101 et 1102.

1005. *Compagnie de l'Est (fig.* 1083 et 1084). — Ici, on emploie deux sortes de signaux d'aiguilles : 1° Les *signaux de direction à glace,* spécialement destinés aux bifurcations ; ils se composent de deux bras en équerre éclairés la nuit par un feu blanc ; la voie qui est ouverte est toujours indiquée par le bras qui est horizontal ; ainsi, quand ce bras est à droite du train qui se présente, c'est la voie droite qui recevra ce train, et l'aiguille est faite pour cela ;

2° Les *signaux à flamme,* identiques à ceux du Midi ou du Nord et spécialement destinés aux aiguilles des voies principales prises en pointe dans les gares par des trains circulant dans leur sens normal.

C'est une simple flamme en tôle, peinte en violet, remplacée la nuit par une lanterne à deux feux : blanc et violet. La flamme effacée et le feu blanc indiquent que la voie *droite* est ouverte. C'est au contraire la voie *déviée,* sur laquelle on va s'engager, quand la flamme est en travers ou que l'on voit le feu *violet.*

Ce signal ne donne ici qu'une indication au mécanicien et non pas un ordre d'arrêt, comme cela a lieu, par exemple, à la Compagnie de Lyon.

1006. *Compagnie d'Orléans (fig.* 1089). — A la Compagnie d'Orléans, on n'emploie de signal indicateur de direction qu'aux bifurcations. C'est une simple équerre en tôle dont les deux côtés ont 0^m,55 de long sur 0^m,30 de hauteur et sont peints en violet ; un écran fixe de même forme masque un bras ou l'autre, suivant celui qui est horizontal ; ce dernier indique la direction fermée ne pouvant pas recevoir le train ; de même, le feu violet la nuit. En outre, le nom de la ligne est quelquefois inscrit en gros caractères sur le fond du voyant. Le feu blanc ou la voie effacée indique la voie ouverte.

La nuit, les bras sont remplacés par les feux blanc ou violet au moyen d'une lanterne surmontant l'indicateur.

1007. *Chemins de fer de l'Etat.* — Le signal de direction employé aux chemins de fer de l'Etat *(fig.* 1090) se compose d'un mât en tôle portant à la partie supérieure

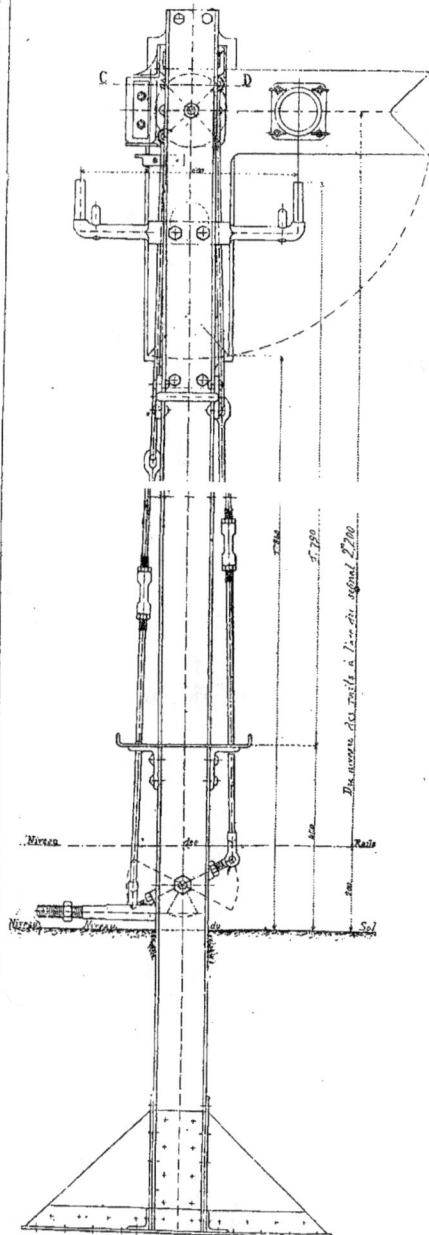

Vue par derrière

Fig. 1103.

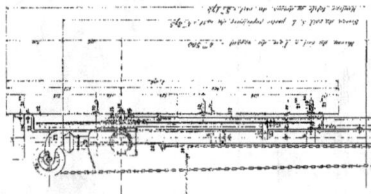

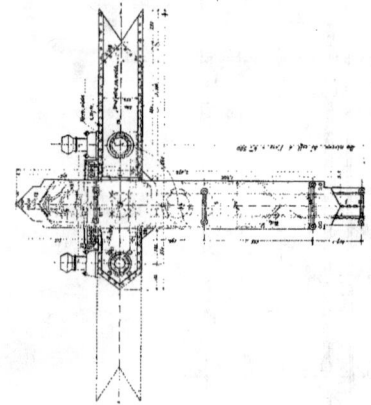

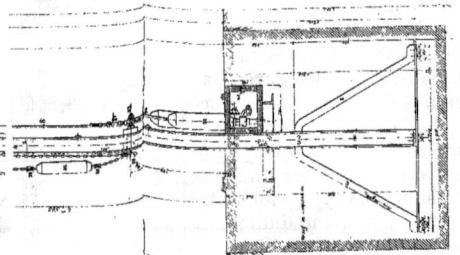

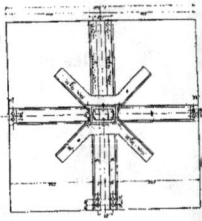

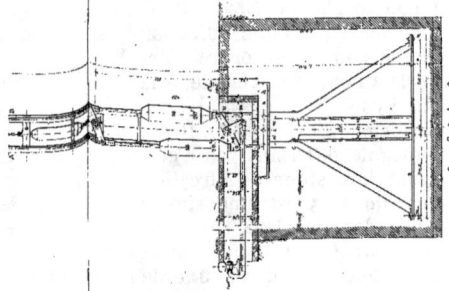

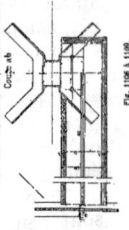

une équerre formée de deux bras dont l'un est masqué par le mât quand l'autre est horizontal (*fig.* 1101 à 1105). Ces bras sont peints en violet suivant la règle exigée par le Code des signaux et remplacés la nuit par des feux violets au moyen de verres violets qui viennent se placer devant des lanternes fixes.

Ils sont manœuvrés par l'aiguille elle-même (*fig.* 1101 et 1104) au moyen

Vue en plan.
Coupe suivant AB.

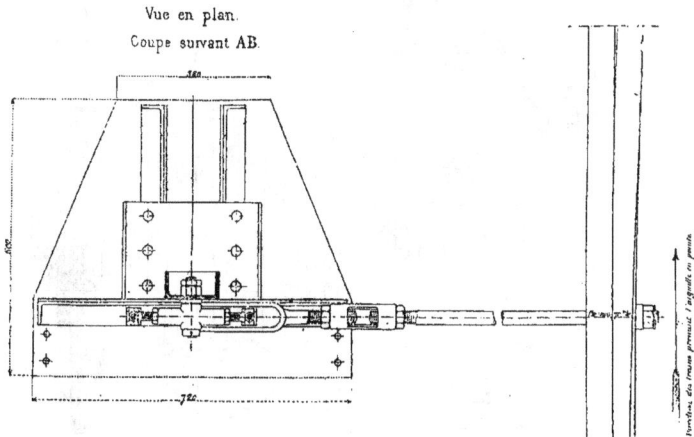

Fig. 1104.

de deux tringles articulées aux extrémités d'un balancier placé au pied du mât. Le bras effacé ou le feu blanc la nuit indique la voie ouverte ; le bras horizontal ou le feu violet, la voie fermée.

1008. *Compagnie du Nord.* — *Indicateur de direction d'aiguille à bras horizontal.* — Cet indicateur, employé à la Compagnie du Nord, se compose d'un mât avec un support pour deux lanternes placées de chaque côté de ce mât. Une équerre, formée de deux bras portant, à leurs extrémités, un verre violet, peut osciller autour de son sommet dans lequel passe un tourillon fixé au mât. Un bras mobile vient se placer du côté opposé à la direction donnée par l'aiguille ; la nuit, grâce à la lanterne qui est derrière lui, il donne un feu violet.

Le mouvement est communiqué par une transmission rigide actionnant les aiguilles. Une disposition spéciale et ingénieuse de contrepoids permet d'arrêter les chocs dus à une manœuvre trop brusque.

Voir les figures 1106 à 1109 pour les ensembles et 1110 à 1120 pour les détails. L'examen de ces figures fort claires et soigneusement cotées nous dispense de toute description de détail.

1009. *Signal de direction du Nord et de l'Ouest.* — 1° *Ouest.* Un poteau vertical

Vue en plan
Coupe suivant CD

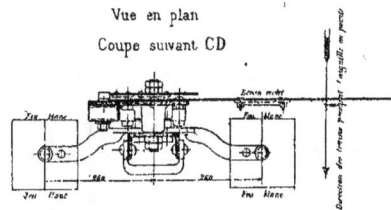

Fig. 1105.

de 3m,22 de hauteur porte, à sa partie supérieure, un écran fixe en tôle, derrière lequel se meut un bras rectangulaire mobile autour d'un axe passant par le milieu de son côté supérieur. Ce bras mobile peut osciller à droite ou à gauche et présenter l'une ou l'autre de ses extrémités à l'é-

cran qui la masque au moyen de deux
tringles articulées à leur partie inférieure
à un balancier conjugué avec l'aiguille
au moyen d'une tige de connexion horizontale.

Le bras mobile est violet, comme l'exige
le Code des signaux. Aux deux extrémités du bras mobile se trouvent aussi des
verres violets qui viennent se placer, la
nuit, devant des lanternes fixes et four-

Assemblage du voyant mobile, N° 18.

Coupe a b c.

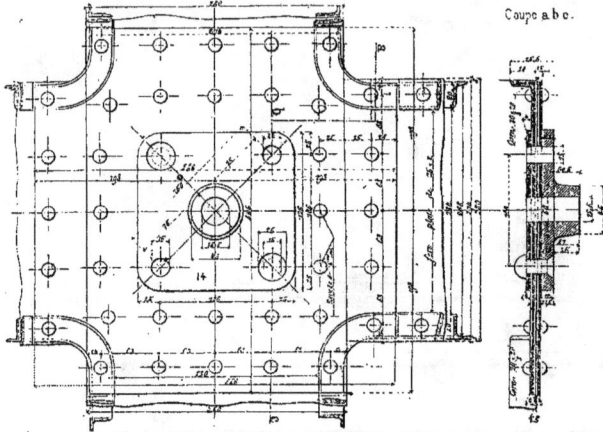

Fig. 1110 et 1111.

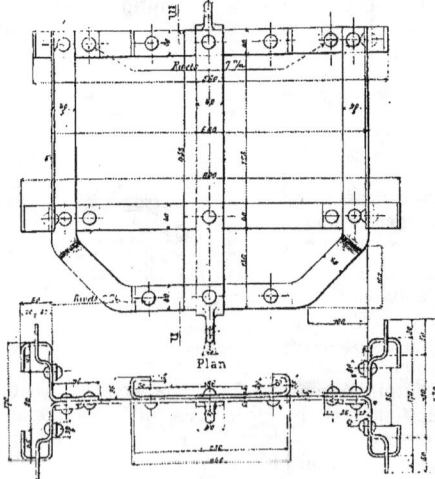

Coupe mn.

Plan

Crochet d'attache, N° 28.
(1 pièce)

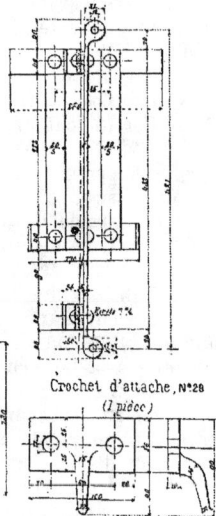

Fig. 1112 à 1115.

nissent un feu violet d'un côté, tandis] fournit le feu blanc qu'elle donne norma-
que de l'autre la lanterne restée visible] lement.

Vue en plan

Anneau d'accrochage n°48 et chaîne du porte lanternes

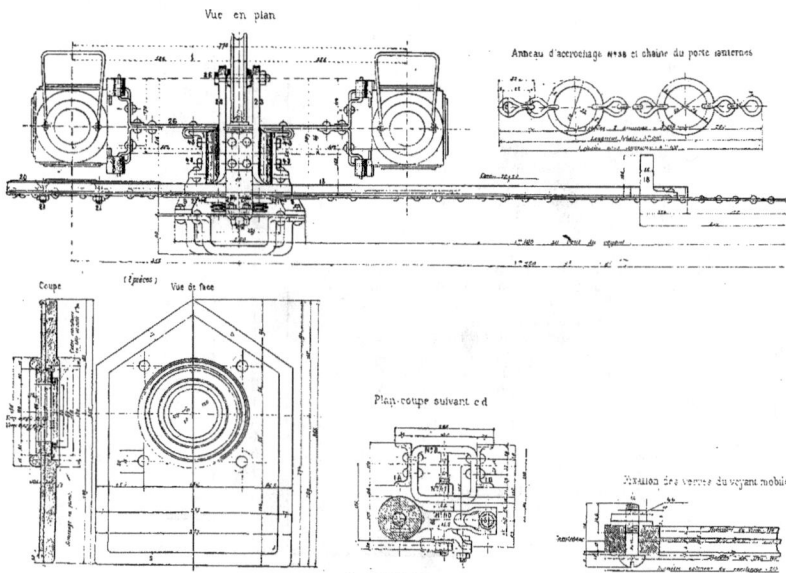

Coupe

(Impériale)

Vue de face

Plan-coupe suivant c d

Fixation des verres du voyant mobile

Fig. 1116 à 1120.

La position du bras relevé indique la voie qui est fermée. Ainsi, dans notre figure, c'est le cas de la voie droite.

1010. L'indicateur de direction du Nord est identique à celui de l'Ouest, sauf pour la hauteur qui est de 4 mètres au lieu de 3^m,22 du sol à l'axe de rotation des bras. La signification du signal est la même dans les deux Compagnies ; c'est toujours la direction qui n'est pas donnée qu'indique le signal (*fig.* 1121 à 1126).

Les tableaux ci-dessous donnent les états des fers, fontes et aciers nécessaires :

ÉTAT DES FERS

NUMÉROS	DÉSIGNATION DES PIÈCES	NOMBRE	POIDS PARTIELS	POIDS TOTAUX
			kil.	kil.
1	Montants en fer U............................	2	66 420	132 840
2	Cornières coudées $\frac{70 \times 70}{9}$	2	7 534	15 068
3	Contrefiches en cornières $\frac{45 \times 45}{8}$	2	9 682	19 364
4	Semelle en tôle de 10 m/m....................	1	112 000	112 000
5	Entretoise simple...........................	7	2 598	18 186
6	Entretoise spéciale..........................	2	5 250	10 500
7	Échelons	5	0 554	2 770
8	Voyant fixe................................	1	19 680	19 680
9	Voyant mobile..............................	1	16 380	16 380
10	Support du voyant fixe......................	2	2 918	5 836
11	Boulons de la douille du voyant mobile........	2	0 148	0 296
12	Butées du voyant mobile....................	2	0 303	0 606
13	Supports de la poulie des lanternes	2	3 967	7 934
14	Arrêt supérieur des lanternes.................	2	0 565	1 130
15	Tringles de transmissions	2	1 550	3 100
16	Porte-lanternes............................	1	10 450	10 450
17	Arrêts du porte-lanternes....................	2	0 310	0 620
18	Œils d'attache des transmissions	2	0 105	0 210
19	Œils avec tendeurs.........................	2	0 160	0 320
20	Té avec ses douilles........................	1	2 400	2 400
21	Tringle de transmission à l'aiguille	1	4 320	4 3°0
22	Axe de la poulie...........................	1	0 219	0 219
23	Axe du voyant et du T	2	1 000	2 000
24	Boulons des supports de la poulie	8	0 380	3 040
25	Chaîne avec 4 chapes et un anneau soudé.......	1	4 906	4 906
26	Boulons A de fixation des verres du voyant.....	12	0 014	0 168
27	Crochet de la chaîne du porte-lanternes........	1	0 450	0 450
30	Boulons des supports du voyant fixe...........	6	0 016	0 096
31	Vis des butées du voyant mobile..............	4	0 020	0 080
32	Obturateur en tôle de 2 m/m	2	4 212	8 424
	Total............			403 384

NUMÉROS	DÉSIGNATION DES PIÈCES	NOMBRE	POIDS PARTIELS	POIDS TOTAUX
	ÉTAT DES ACIERS		kil.	kil.
33	Douille du voyant mobile....................	1	1 632	1 632
	ÉTAT DES FONTES			
28	Contrepoids................................	1	12 000	12 000
29	Poulie pour chaîne de la lanterne..............	1	2 650	2 650
	Total............			14 650

CHEMINS DE FER.

Vue en arrière (côté du porte-lanternes)

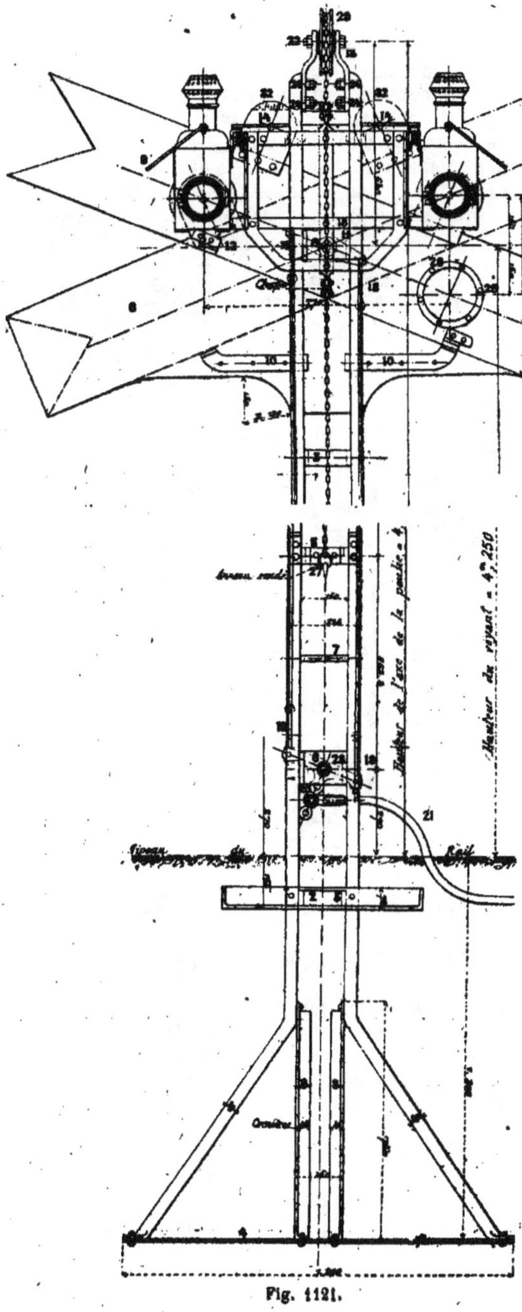

Fig. 1121.

Compagnie de Lyon. — Signaux d'aiguille.

1011. Les signaux d'aiguilles n'ont, au chemin de fer de Lyon, qu'une seule forme : c'est un disque rond pouvant, comme d'ordinaire, occuper deux positions : une perpendiculaire et une parallèle à la voie. Les indications données par ces disques sont les suivantes :

1° *Bifurcation.* — Le disque effacé ou le feu vert donnent les mêmes indications pour la voie de gauche.

le feu blanc indique que la voie située à gauche par rapport à la marche du train abordant l'aiguille en pointe est ouverte ; le disque présente, au contraire, une face verte ou un feu vert perpendiculaire aux voies quand c'est la voie droite qui est ouverte.

Lorsque des trains abordent l'aiguille en talon, le disque effacé ou le feu blanc indique que l'aiguille est préparée pour la voie de droite, et le disque vert fermé

Vue de face

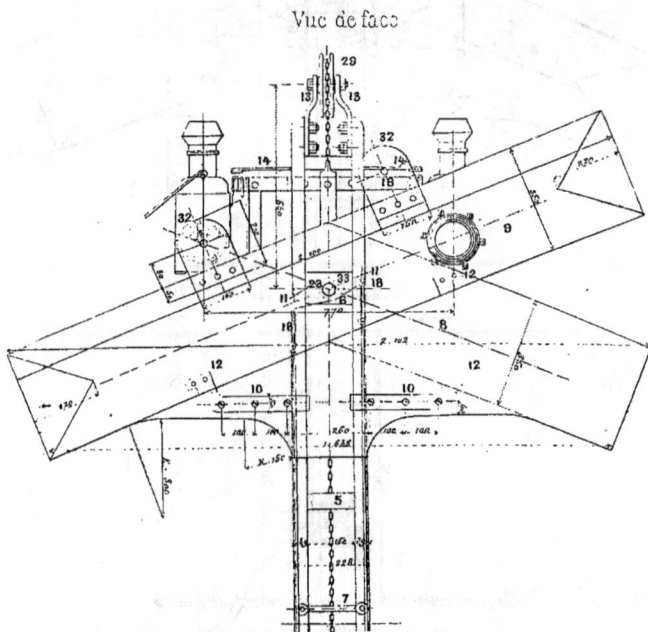

Fig. 1122.

et le feu vert donnent les mêmes indications pour la voie de gauche.

2° *Aiguillage des voies de garage ou de service sur les voies principales.* — Ici le disque est rouge : lorsqu'il est effacé ou présente un feu blanc pour les trains prenant l'aiguille en pointe, la voie principale est ouverte ; dans le cas du disque fermé ou d'un feu rouge, elle est fermée.

Pour les trains prenant l'aiguille en talon, le disque effacé ou le feu blanc in-

dique que la voie principale est ouverte ; le disque fermé ou un feu rouge, que la voie de service est ouverte.

3° *Aiguilles de dédoublement d'une voie unique.* — Le disque employé est rouge ou vert. Lorsqu'il est effacé ou à feu blanc pour les trains allant de la voie unique à la voie double, la voie gauche est ouverte. Le disque fermé ou le feu rouge indique, au contraire, que la voie droite est ouverte.

Pour les trains allant en sens inverse,

c'est-à-dire passant de la voie double à la voie unique, le disque effacé ou le feu blanc indique que la voie de droite est ouverte ; le disque fermé en présentant une face verte ou un feu vert indique que l'aiguille est faite pour la voie de gauche.

On emploie des disques verts analogues pour les points d'entrée des voies latérales aux voies principales sur lesquelles certains trains pénètrent directement. De même pour les points de jonction des voies de tiroir avec les voies de communication aboutissant aux voies principales.

1012. Le disque est à voyant circulaire porté au sommet d'une tringle se mouvant au milieu d'un mât en forme de trépied (*fig.* 1127 à 1137). Le signal est mis en mouvement par l'aiguille du changement de voie. La longueur du col de cygne qui passe sous la voie pour aller rejoindre l'aiguille est réglée à l'aide de deux écrous C (*fig.* 1127) et de la chape de réglage D, de telle sorte que le levier A fasse avec l'axe du changement un angle de 45 degrés. On desserre ensuite les boulons BB' et on fait tourner l'arbre du disque jusqu'à ce que le plan du voyant pour la voie libre vienne rencontrer l'axe de la voie qui aboutit au changement du côté de la pointe des aiguilles à une distance de 100 mètres, du signal.

La nuit, les indications sont données par une lanterne tournante fixée en haut de l'arbre du disque. La hauteur totale du dessus de la charpente de fondation à l'extrémité de la tige porte-lanterne est de 2m,865 ; la hauteur verticale des montants du trépied n'est que de 1m,985. Le diamètre du disque en tôle et formé de deux parties est de 0m,597 verticalement et 0m,600 horizontalement.

L'axe du signal est à 1m,870 de l'axe du rail extérieur de la voie et le col de cygne servant à sa manœuvre est fixé à l'aiguille à une distance de 3m,176 du talon s'il s'agit du changement Paris-Lyon-Méditerranée 2 (*fig.* 1137), et à 3m,150 pour les appareils Paris-Lyon et Paris-Lyon 2 (*fig.* 1136).

Ce signal présente : fer, 100k,594 ; fonte, 7k,100 ; en tout, pour la partie métallique, 107k,694.

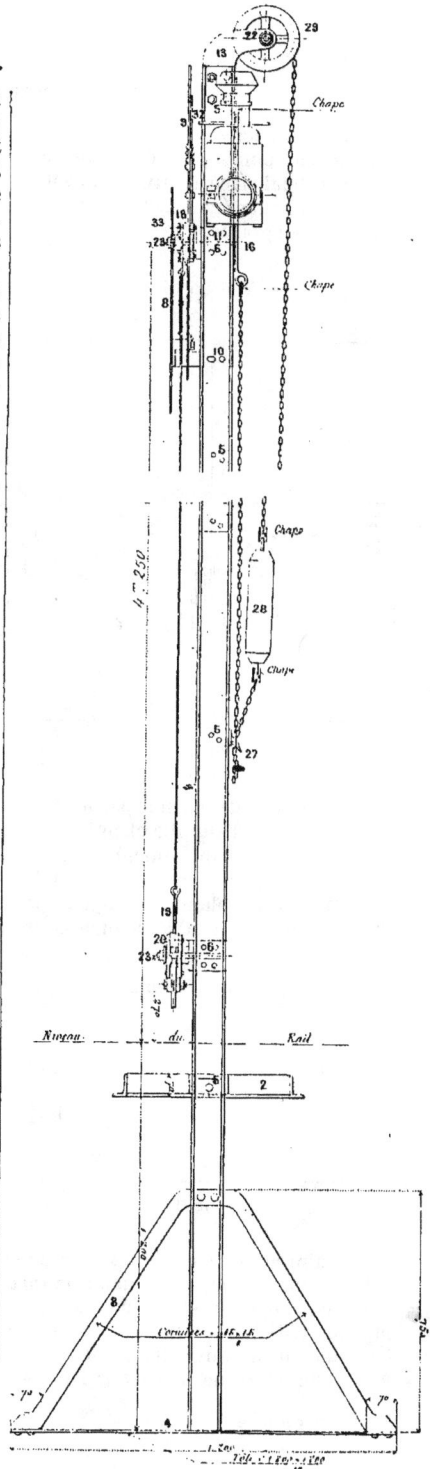

Vue de côté.

Fig. 1123.

1013. *Signal d'aiguille près du sol.* — La même Compagnie fait usage d'un signal spécial placé au niveau du sol et destiné à indiquer également l'approche d'une aiguille en pointe.

rotation dirige son feu à travers une ouverture centrale ménagée dans le voyant.

(28) Détail de l'accrochage du contrepoids du porte-lanterne

Vue en Plan

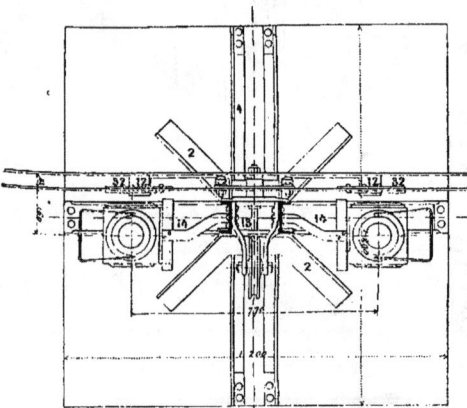

Fig. 1124.

C'est une lanterne mue par le levier de manœuvre de l'aiguille et présentant au train un feu blanc quand l'aiguille est dans sa position normale. Dans le cas contraire, le feu blanc est remplacé par un feu de couleur variable, comme nous l'a-

(1) Fer des montants

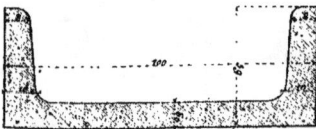

Fig. 1125.

vons vu précédemment (*fig.* 1138 et 1139).

Ce signal s'emploie quand la place manque pour en installer un du type vu plus haut. Il est, comme toujours, mû par l'aiguille même du changement et, la nuit, une lanterne fixée sur l'arbre de

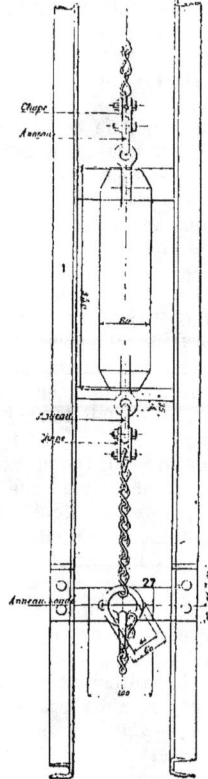

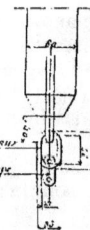

Fig. 1126.

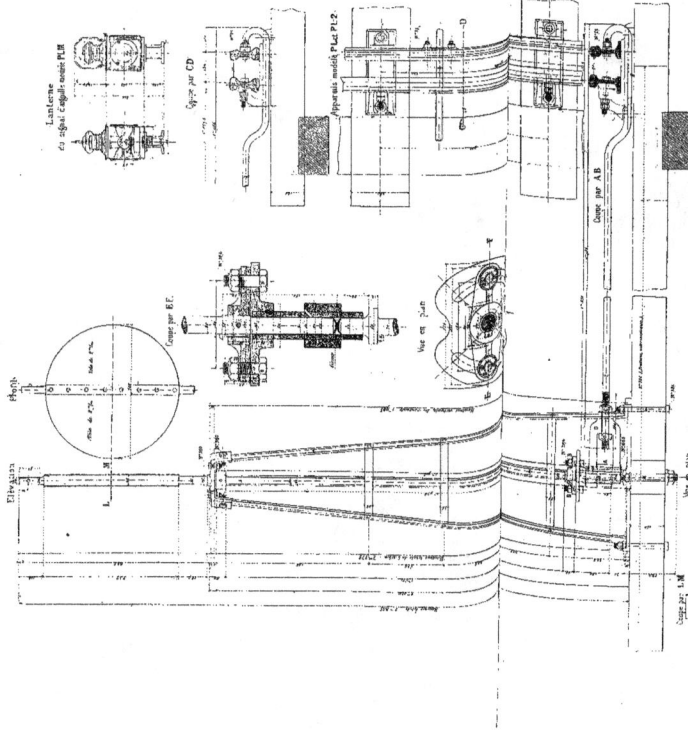

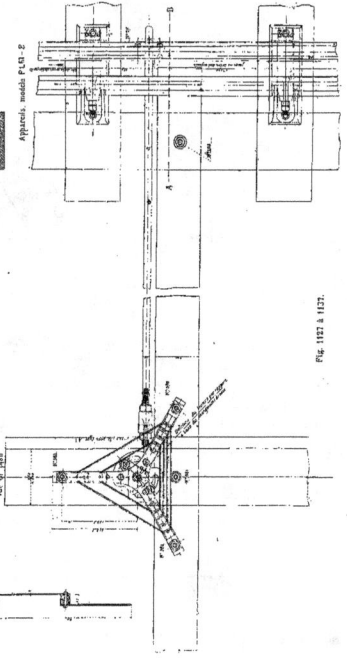

Fig. 1127 à 1137.

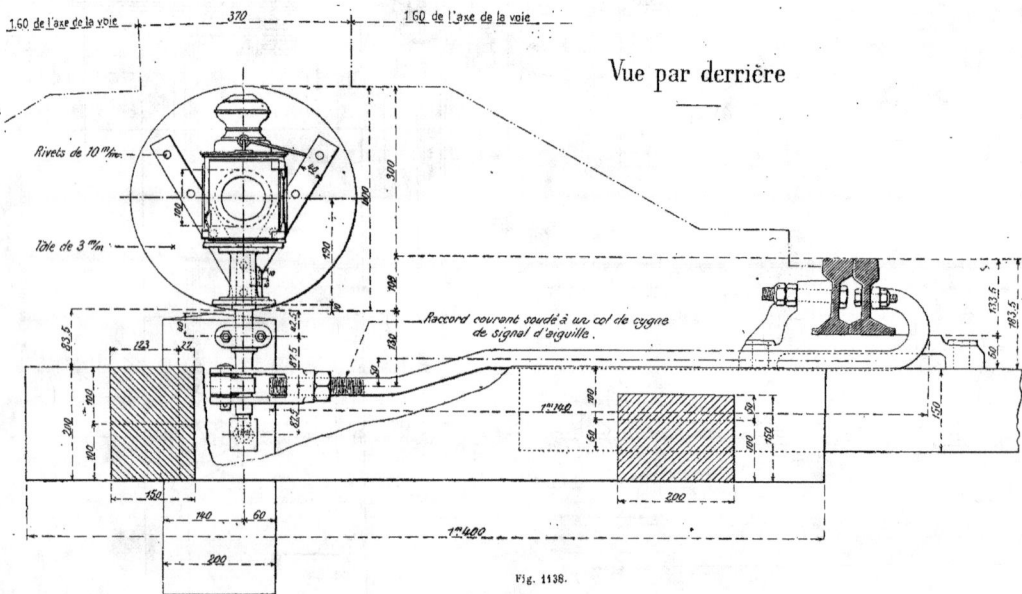

1.60 de l'axe de la voie 370 1.60 de l'axe de la voie

Vue par derrière

Rivets de 10 m/m

Tôle de 3 m/m

Raccord courant soudé à un col de cygne
de signal d'aiguille.

Fig. 1138.

Celui-ci a 0m,400 de diamètre ; il doit présenter son bord à 1m,600 au moins de l'axe de la voie.

Chemins de fer de l'État.

1014. Les signaux d'aiguille sont analogues à ceux du Paris-Lyon-Méditerranée. Ils se composent d'un disque pouvant occuper deux positions, l'une parallèle, l'autre perpendiculaire à la voie. La nuit, une lanterne peut donner quatre feux.

Profil.

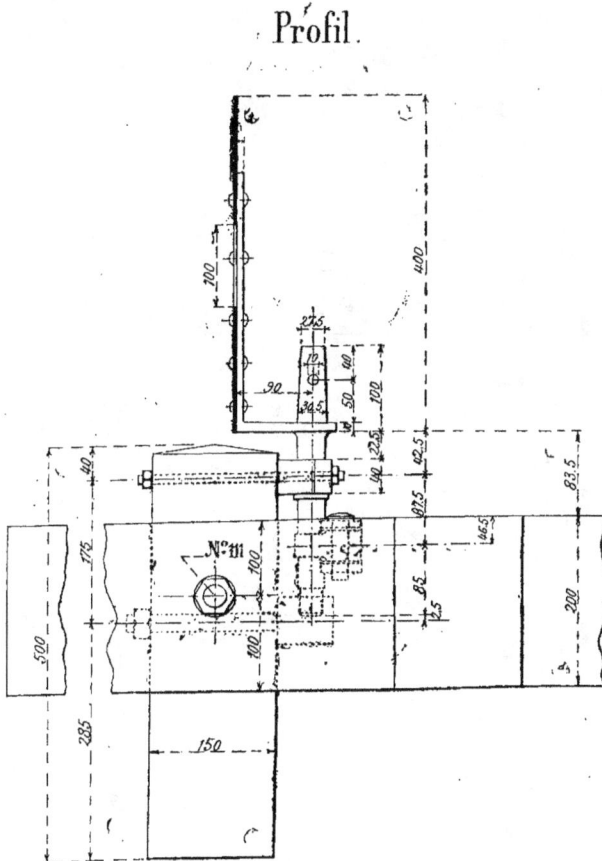

Fig. 1139.

Le voyant est circulaire et surmonté, pour la nuit, d'une lanterne tournante. Le centre du disque n'est pas à plus de 1m,10 au-dessus du rail ; le mât est généralement en bois (*fig.* 1140 à 1142).

Le mouvement est toujours donné au disque au moyen d'une tringle de connexion reliée à l'aiguille du changement par l'intermédiaire d'un col de cygne.

1015. Ces signaux servent aux bifurcations, aux aiguilles des voies d'évitement sur voie principale dans les lignes

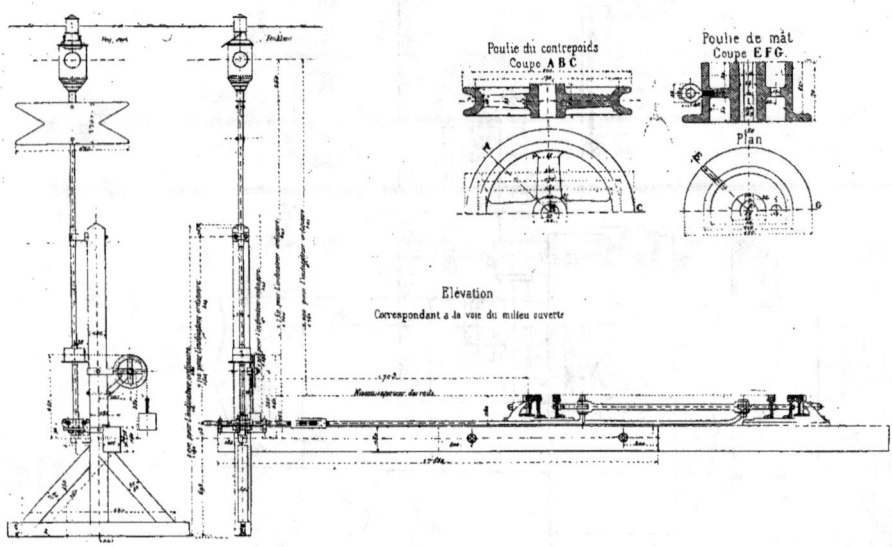

Poulie du contrepoids
Coupe A B C

Poulie de mât
Coupe E F G.

Plan

Élévation
Correspondant à la voie du milieu ouverte

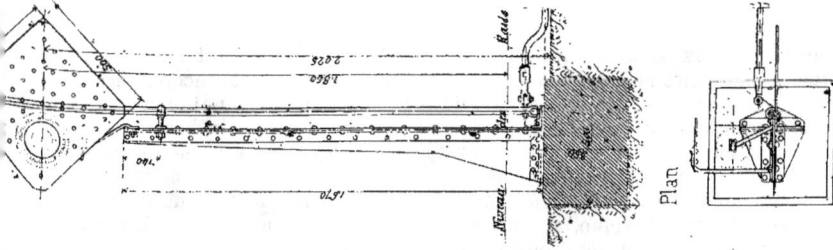

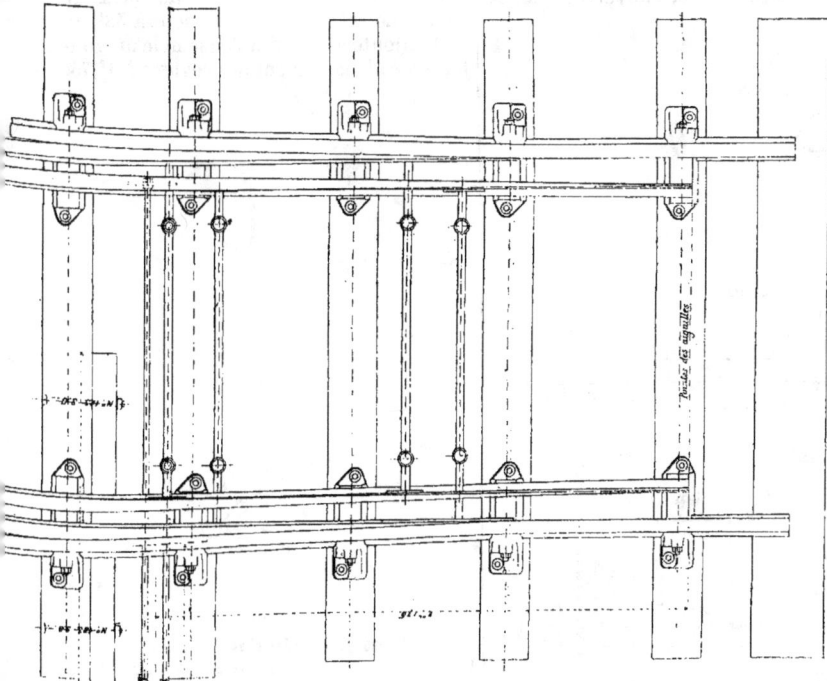

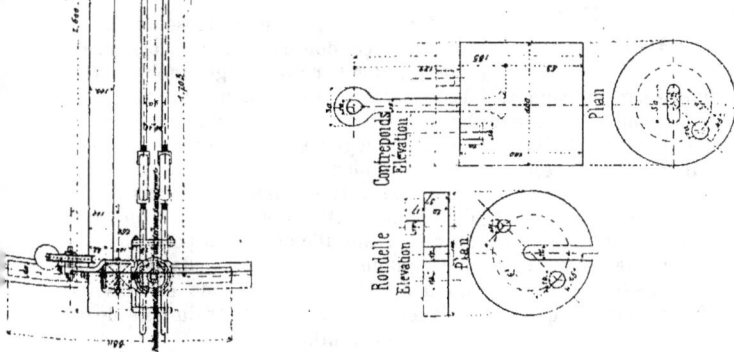

Fig. 1143 à 1155.

à voie unique, et aux aiguilles des voies de service sur les voies principales en général.

Dans le premier cas, le disque effacé le jour ou le feu blanc la nuit indique que l'aiguille est faite pour envoyer le train sur la voie de gauche. Le disque vert fermé ou un feu vert la nuit indique, au contraire, l'ouverture de la voie de droite.

Dans le second cas, l'ouverture sur la

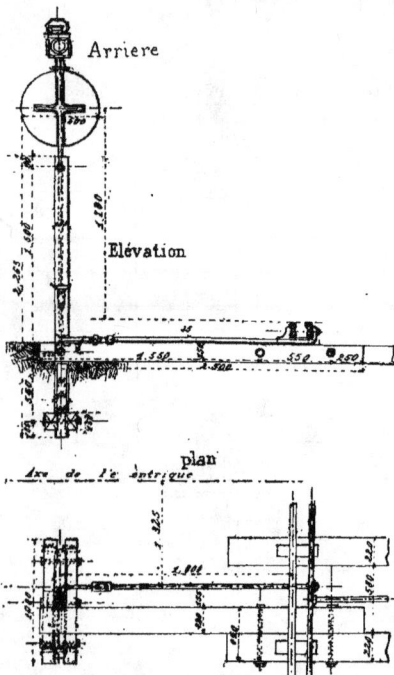

Fig. 1140 et 1141.

voie directe est indiquée par le disque effacé ou le feu blanc. La voie d'évitement est, au contraire, accessible quand le disque vert est fermé ou que le signal présente la nuit un feu vert.

Enfin, dans ce dernier cas, le disque est rouge pour les trains prenant l'aiguille en pointe ; la voie principale est ouverte avec le disque effacé ou le feu blanc ; le disque fermé ou le feu rouge indique la voie de service.

Pour les trains abordant l'aiguille par le talon, le disque est encore vert ; le disque effacé ou le feu blanc indique encore la voie principale ; la voie de service correspond au signal vert fermé ou au feu vert.

1016. La partie métallique de ce signal pèse 42 kilogrammes, et coûte environ 40 francs.

Il entre 0^{m3},146 de bois au prix de 18^f,50. Le prix total s'élève donc à 58^f,50.

On ajoute souvent à l'ensemble un goujon de cadenassement qui revient à 1^f,75.

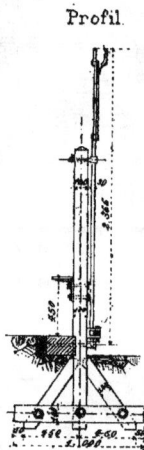

Fig. 1142.

Compagnie du Nord.
Indicateur de position d'aiguille.

1017. Ce signal se compose d'un seul voyant avec double flamme violette, en tôle, montée sur une tringle mobile dans des colliers fixés sur un poteau vertical. La rotation du disque est obtenue directement au moyen d'une manivelle actionnée par la manœuvre de l'aiguille.

Pour la nuit, une lanterne à deux feux, l'un blanc, l'autre violet, est fixée au haut du mât. L'aiguille occupe sa position normale quand la flamme est effacée et que le feu est blanc. La flamme en travers ou le feu violet se montrent du côté de la pointe de l'aiguille.

Les figures 1143 à 1153 montrent l'application de ce signal aux changements à trois voies : la position normale de l'aiguille est toujours indiquée par l'absence de signal ou le feu blanc, et à chacune des deux autres directions que peut donner l'aiguille correspond le signal violet. La voie directe est celle du milieu.

Si la voie directe est celle de droite ou de gauche, on emploie l'indicateur simple pour changement à deux voies, mais en fixant la tige de manœuvre sur la grande aiguille de gauche dans le premier cas, et sur la grande aiguille de droite dans le second.

Cet indicateur s'applique aux entrevoies de 3m,406 et au dessus. On en construit de plus bas pour les entrevoies compris entre 2m,906 et 3m,406.

Le tableau ci-dessous donne la nomenclature des pièces de bois, fers, aciers et fontes employées dans la construction de ce signal :

DÉSIGNATIONS	NOMBRE	POIDS	CUBES
1° BOIS			
Pièces de 2.600 × 0.150 × 0.100	1		0.0390
id. 2.000 × 0.100 × 0.100	1		0.0200
id. 1.030 × 0.100 × 0.080	1		0.0084
id. 0.750 × 0.080 × 0.060	2		0.0072
			0.0746
2° FERS ET ACIERS			
Voyant ou flamme	1	0.500	
Mât avec 2 boulons fixant le voyant	1	11.350	
Manivelle	1	0.510	
Pitons de la manivelle (acier)	2	0.620	
Clefs pour manivelle et poulie	2	0.090	
Crapaudine en fonte avec tige et écrou en fer	1	3.550	
Écrou double ou tendeur	2	4.200	
Glissières	2	4.250	
Tiges taraudées { S avec col de cygne / T avec inflexions	2	16k.850	
Support des glissières avec 2 boulons	1	3.920	
id. de la poulie du contrepoids	1	2.035	
Axe du support de la poulie	1	0.270	
Boulons fixant le support de la poulie	2	0.240	
id. id. le guide du mât	2	0.750	
id. id. la traverse (n° 163 SG)	2	2.500	
S de la chaîne du contrepoids	1	0.040	
Piton de la poulie de mât	1	0.030	
Vis 29/50 fixant le support de glissière	6	0.110	
		51.815	
3° FONTES			
Guide supérieur ou palier	1	2.100	
Contrepoids	1	5.500	
Rondelles	2	1.100	
Poulie du contrepoids	1	1.280	
Poulie de mât	1	3.700	
		13.680	

Lanterne à quatre feux comme à celle de l'indicateur pour deux voies.

Compagnie du Midi. — Signal de position d'aiguille.

1018. Ce signal est un losange de couleur bleue, pouvant tourner autour de son axe vertical. Il est supporté par un mât actionné à sa base par un balancier et une tige reliée à l'aiguille (fig. 1154 et 1155).

La nuit, une lanterne fixe à feu blanc projette un feu bleu à travers le disque muni à cet effet d'un verre bleu.

Enfin, les figures 1156 à 1159 représentent l'appareil de conjugaison d'un disque et d'une aiguille, employé à la même Compagnie du Midi.

Conclusion générale.

1019. On voit, en somme, que la forme des signaux de direction et de position d'aiguille présente une assez grande variété parmi les diverses Compagnies, et deux d'entre elles seulement, l'Ouest et le Nord, ont des types de signaux pour les branchements triples, qui indiquent laquelle des trois voies est donnée par les

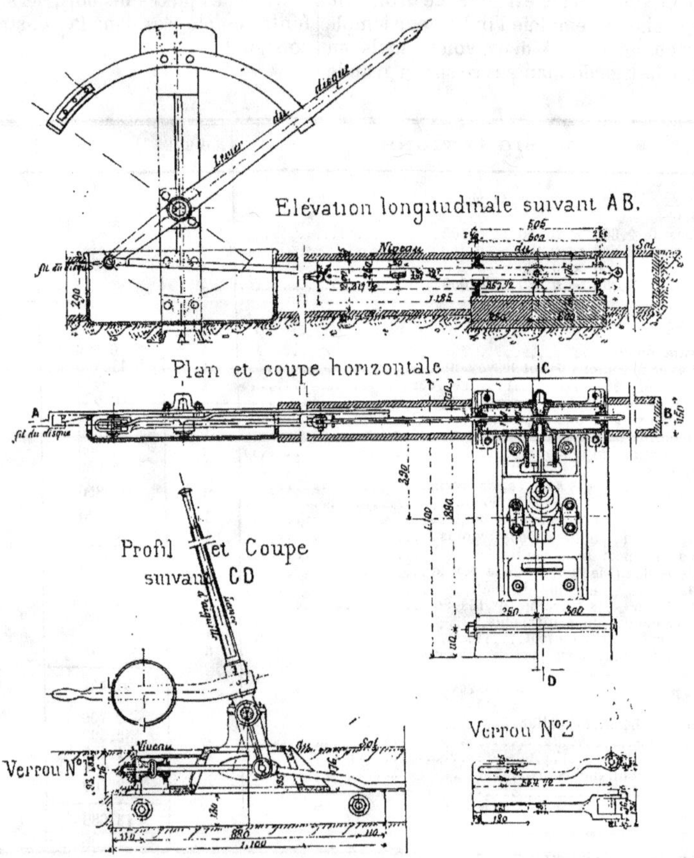

Fig. 1156 à 1159.

aiguilles. Dans les autres, en pareil cas, l'indication donnée par un signal est forcément la même pour deux voies sur trois.

En outre, ces signaux ne donnent pas toujours le même commandement au mécanicien et celui-ci ne peut réussir toujours à savoir sur quelle voie il va s'engager. Il faut reconnaître qu'il est fort difficile également de toujours lui donner cette indication: car il peut être souvent reçu indifféremment sur diverses voies comme cela se présente dans toutes les grandes gares.

DISQUES AUTOMOTEURS

1020. On s'est quelquefois préoccupé, afin d'éviter les funestes conséquences d'un oubli ou d'une étourderie d'un agent chargé de la manœuvre d'un disque, de faire manœuvrer les signaux par les trains eux-mêmes qui peuvent ainsi se couvrir en marche.

Dans cette intention, on a quelquefois établi sur certaines lignes des disques automoteurs qui ferment la voie d'eux-mêmes, par le seul fait du passage des trains : en principe, c'est la roue d'avant de la locomotive qui agit sur une pédale et fait basculer un système de levier entraînant la rotation du disque. Le succès n'a généralement pas encouragé la propagation de ce genre d'appareils, qui peuvent présenter une sécurité trompeuse et dont les avantages ne sont pas très importants.

Ainsi, à la Compagnie du Nord on a successivement essayé, puis abandonné, les disques des systèmes *Miard et Adam, Pignel* et *Moreaux ;*

Sur l'Est les types *Limouse* et *Guillaume*.

Sur le Lyon, le système *Aubine*, imaginé depuis fort longtemps, a été repris récemment avec quelques perfectionnements.

Nous parlerons, au chapitre *Exploitation*, des appareils à contact fixe du système Lartigue et Forest, employés à la Compagnie du Nord.

1021. Les deux objections principales faites contre ces appareils étaient qu'ils se dérangeaient facilement, étant trop délicats, et qu'ils endormaient la vigilance des agents. Cette dernière objection surtout est très sérieuse et peut s'appliquer sans exception à tous les appareils automoteurs : les agents s'en remettent à ces engins de la protection des voies et négligent trop souvent de s'assurer de leur bon fonctionnement.

Mais ces inconvénients disparaissent si les signaux automatiques satisfont aux deux conditions suivantes indiquées par M. Ledoux, rapporteur de la Commission d'enquête de 1879-80 sur les moyens de prévenir les accidents de chemins de fer.

1° Ne point dispenser les agents des manœuvres ordinaires prescrites par les règlements en usage ;

2° Présenter, dans l'agencement des divers organes qui les constituent, des dispositions telles que les dérangements, étant aussi rares que possible, soient signalés d'eux-mêmes aux agents dès qu'ils se produisent et ne puissent entraîner aucune conséquence fâcheuse au point de vue de la sécurité.

Disque automoteur Aubine.

1022. Parmi les appareils étudiés dans l'intention de répondre à ces desiderata, on remarque celui de M. Aubine, employé à la Compagnie de Paris-Lyon-Méditerranée (M. Humbert).

C'est un appareil à pédale actionnée par le passage du train et entraînant la mise du disque à l'arrêt ; le train se couvre donc ainsi de lui-même. Mais, d'un autre côté, la sonnerie trembleuse avertissant que le disque est bien à l'arrêt ne fonctionne que si le levier correspondant a été manœuvré par la gare. On se trouve donc bien dans les conditions exigées pour maintenir le besoin de vigilance des agents.

Voici en principe en quoi consiste cet appareil, qui est installé à une faible distance du signal et sur le trajet de la transmission de manœuvre de celui-ci.

Il se compose d'un arbre vertical A portant deux manivelles superposées B et tournant dans une boîte-abri (*fig* 1160). L'une de ces manivelles est simple et reliée au fil de transmission du côté du levier de manœuvre, et l'autre au fil du côté du signal. Cette dernière manivelle est à douille et porte un plateau circulaire permettant de la rendre solidaire de l'arbre A et, par suite, de la première manivelle. Pour cela, on dispose un petit levier C qui peut osciller dans un plan vertical autour d'un axe traversant l'arbre A, et porte une talon pratiqué pénétrer dans une encoche pratiquée dans le plateau de la deuxième manivelle. Il en résulte que, lorsque ce talon est dans l'encoche, la manivelle devient solidaire de l'arbre A et tourne par conséquent avec lui en même temps que la première manivelle, le levier lui communiquant le mouvement de l'arbre.

Mais si le levier tourne autour de son

axe de manière que le talon abandonne l'encoche, le mouvement de la manivelle à plateau devient indépendant de l'arbre et de la première manivelle.

Cela posé, une pédale D équilibrée par un contrepoids E est placée le long du rail et à l'intérieur de la voie ; elle peut entraîner, en tournant sur son axe, un levier F dont l'extrémité est disposée au-dessous du levier à talon de manière à faire osciller et à faire sortir le talon de l'encoche pratiquée dans la manivelle à plateau.

Quand la première roue de la locomotive a touché la pédale, le levier de rappel du disque G met celui-ci à l'arrêt en entraînant le plateau qui maintient la pédale abaissée et le soustrait, par conséquent, au choc des autres roues du train.

Après le passage du train, le signal est maintenu à l'arrêt par un levier de rappel et il ne peut être effacé que par une manœuvre du levier de la gare. Il faut pour cela que celle-ci agisse sur le levier de manœuvre du disque comme pour mettre le signal à l'arrêt, et qu'ensuite elle relève ce levier pour effacer le signal ; l'appareil automoteur se remet alors dans sa position primitive et la pédale revient faire saillie sur le rail.

1023. La commande du signal peut se faire de deux manières, soit par le train agissant sur la pédale placée le long du rail, soit par un levier de manœuvre placé

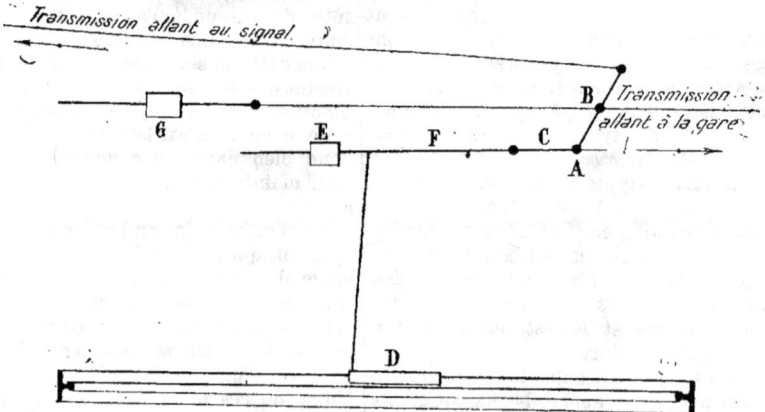

Fig. 1060.

au poste voisin. Le train, en passant sur la pédale, met le disque à l'arrêt ; celui-ci reste dans cette nouvelle position par l'action du contrepoids, et la pédale reste baissée.

Si le poste veut manœuvrer pour mettre le signal à voie libre, il fait mouvoir le levier comme pour le mettre à l'arrêt ; faisant alors la manœuvre en sens inverse, la pédale se relève dans sa première position comme avant le passage du train.

L'appareil porte, en outre, un distributeur de pétards qui viennent se placer automatiquement sur le rail chaque fois que le signal est fermé. Dans l'intérieur de la boîte à pétards se trouve un taquet qui est mû par le signal se mettant à l'arrêt et qui, dans son mouvement de rotation, pousse le pétard sur la voie où il glisse dans une rainure disposée spécialement entre la voie et la boîte. Il porte, en outre, un appendice qui s'allonge par l'écrasement sous le passage de la roue et vient soulever le porte-pétards ; ce dernier peut alors tomber en avant du coulisseau au moment où celui-ci vient reprendre sa position initiale, et l'appareil est prêt à fonctionner de nouveau. Quand l'approvisionnement touche à sa fin, une disposition spéciale fait tinter une sonnerie dans le poste qui commande le signal et avise aussitôt l'agent chargé de la manœuvre.

En résumé, avec cet appareil :

1° Le train se couvre à son passage en mettant le signal à l'arrêt, et celui-ci ne peut être remis à voie libre que par la gare, qui doit préalablement faire la manœuvre de mise à l'arrêt du signal avant de l'effacer ; alors seulement la sonnerie avertisseur du disque fonctionne.

2° La gare peut manœuvrer le signal comme si l'appareil automoteur n'existait pas.

La Compagnie de Lyon a environ huit cents de ces disques automoteurs en service. On en rencontre également sur les réseaux de l'État et de l'Ouest. D'autres Compagnies emploient des appareils analogues dus à MM. Moreaux, Guillaume, etc.

DISQUES SUR POTENCES EN TREILLIS

1024. Il peut arriver, surtout aux abords des grandes gares, que la place manque entre les voies pour y loger les mâts des signaux correspondants. On fait alors usage de potences en treillis métalliques, dont on place le pylône à l'endroit le plus convenable et dont le bras horizontal s'étend par-dessus les voies jusqu'au point nécessaire. On fixe le disque à l'extrémité de ce bras et il peut se trouver ainsi à sa place réglementaire par rapport à la voie qu'il protège.

La transmission peut être à niveau du sol ou aérienne : le contrepoids de rappel est toujours sur la potence. Le bras horizontal de cette dernière est recouvert d'un plancher permettant la circulation et auquel on accède par une échelle.

1025. Il peut arriver que l'emploi de ces potences elles-mêmes soit impossible à cause du manque de place entre les voies pour poser la palée de support. On peut être ainsi exposé à franchir un assez grand espace sans avoir la possibilité de prendre un point d'appui intermédiaire : cela se présente, par exemple, à la sortie des grandes gares de Paris, Saint-Lazare, Nord, etc.

On fixe alors la série des signaux correspondant aux différentes voies, à une véritable passerelle métallique érigée au-dessus des voies à 4m,80 au-dessus du rail ; on circule d'un bout à l'autre au moyen d'un plancher comme sur une passerelle ordinaire.

Potences du chemin de fer du Nord.

1026. Le type courant de potence de ce genre employé au chemin de fer du Nord est représenté dans les figures 1161 à 1163 pour l'ensemble, et 1164 à 1167 pour les détails de la suspension du voyant. Le disque est ici un signal d'arrêt absolu, à damier rouge et blanc. La plate-forme de la passerelle est à 6m,20 au-dessus du rail, et le disque retombe au-dessus de celle-ci de manière que son bord inférieur soit au-dessus de ce rail à la cote réglementaire de 4m,80, exigée par les cheminées des locomotives. Le gabarit de chargement est indiqué plus bas en pointillé (fig. 1161).

Le pylône est formé de quatre montants verticaux ou cornières de 80/80/10 reliés entre eux par des fers plats et des fers à ⊥, les uns horizontaux, les autres en croix de Saint-André. Les deux montants intérieurs, du côté du disque, se courbent à leur partie inférieure et forment console tandis que les deux autres se replient à angle droit horizontalement.

Le disque est fixé à l'extrémité de la potence ainsi constituée d'après la méthode indiquée (fig. 1164). Il est rivé sur une fourche que termine une tringle rotative C pouvant recevoir son mouvement du sol au moyen d'une transmission et de poulies de renvoi horizontales ou verticales d, e, h, f ; le contrepoids de rappel c est suspendu à un fil passant sur une poulie J. Le tout est fondé sur un solide massif de meulière en ciment assis sur béton.

La nuit, une seule lanterne fixe et un miroir à 45 degrés permettent d'éclairer les deux verres rouges réglementaires du voyant.

L'ensemble comporte les pièces suivantes :

Élévation

Vue par bout

Gabarit

	Rouge	Blanc	
Verre rouge			Verre blanc
	Blanc	Rouge	

Niveau des rails

Niveau des rails

Bon Sol

Bon Sol

Plan

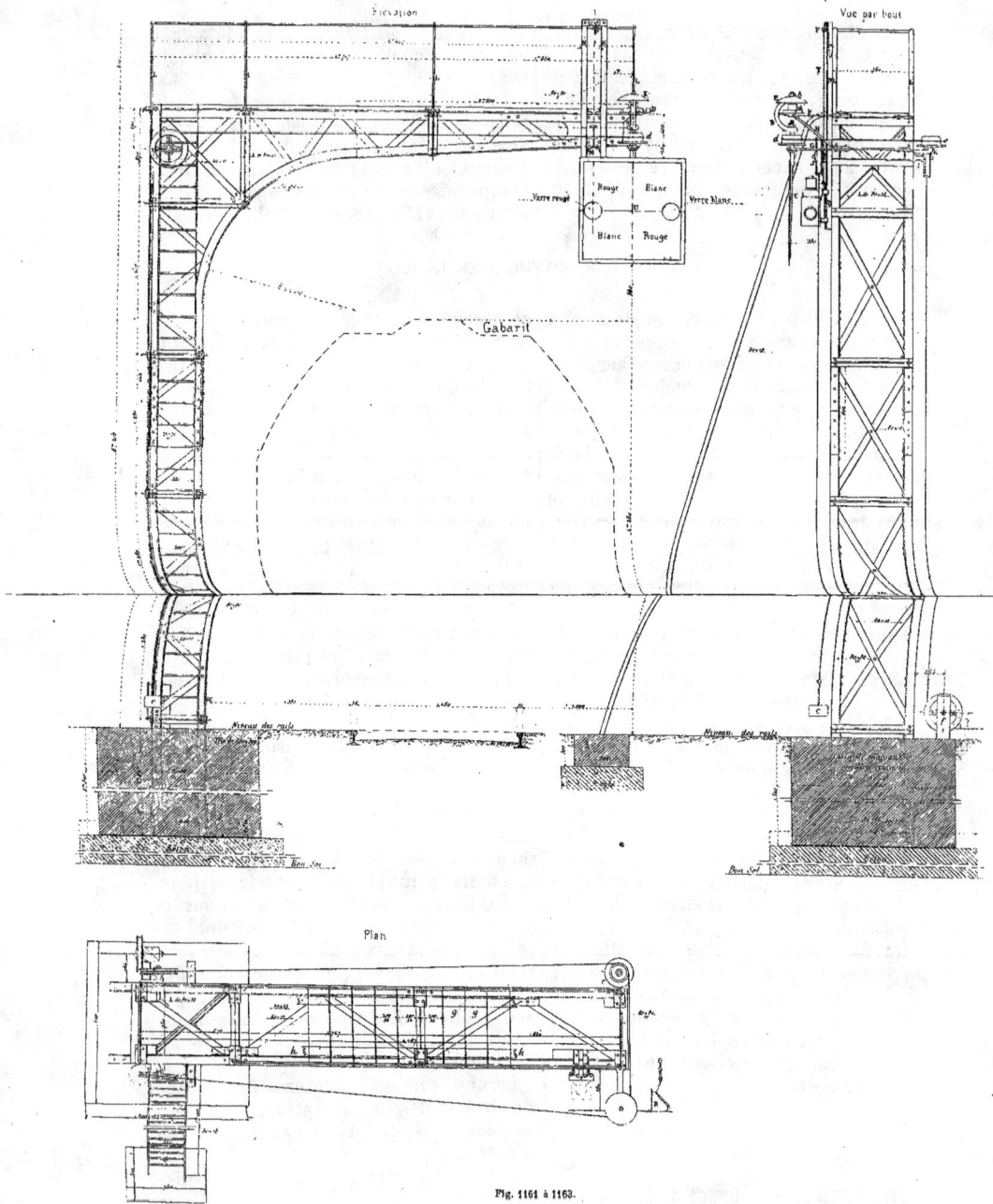

Fig. 1161 à 1163.

CHEMINS DE FER.

ÉTAT DES FERS

SIGNES	DÉSIGNATION DES PIÈCES	NOMBRE	POIDS PARTIELS	POIDS TOTAUX
			kil.	kil.
A	Pivot..............................	1	1.980	1.980
B	Arc de cercle.........................	1	4.800	4.800
C	Fourche............................	1	9.880	9.880
D	Plaque Arrêtoir......................	1	2.700	2.700
E	Chapeau	1	4.300	4.300
F	Support horizontal..................	1	4.020	4.020
G	» avec douille............	1	5.032	5.032
H	» oblique	1	1.603	1.603
I	» de poulie.............	1	3.154	3.154
J	» »	1	3.154	3.154
K	» »	1	4.480	4.480
L	Montant de garde-corps..............	8	2.820	22.560
M	Cornière	4	1.320	5.280
N	»	1	1.380	1.380
O	»	2	11.640	23.280
P	Crochet...........................	1	1.373	1.373
1	Boulon............................	2	0.190	0.580
2	»	1	0.082	0.082
3	»	5	0.096	0.480
4	»	31	0.087	2.697
5	»	1	2.467	2.467
6	»	6	0.070	0.420
7	»	1	0.080	0.080
8	»	8	0.083	0.664
9	»	20	0.020	0.400
10	»	6	0.022	0.132
11	» avec rondelle..............	12	0.146	0.752
Q	Porte-lanterne......................	1	6.350	6.350
R	Support de la glace	2	0.675	1.350
S	Chaîne de poulie	1	2.800	2.800
T	» de lanterne..............	1	0.560	0.560
U	Voyant carré.......................	1	37.500	37.500
	Charpente métallique................			1 369.970
	Poids total.........			1 427.000

ÉTAT DES FONTES

SIGNES	DÉSIGNATION DES PIÈCES	NOMBRE	POIDS PARTIELS	POIDS TOTAUX
			kil.	kil.
a	Crapaudine (avec grain en acier).................	1	3.400	3.400
b	Poulie	3	11.640	34.920
c	Contrepoids.......................................	1	18.000	18.000
d	Poulie de disque..................................	1	10.260	10.260
e	» » (alésée)........................	1	10.350	10.350
	Poids total.........			76.930

ÉTAT DES BOIS

SIGNES	DÉSIGNATION DES PIÈCES	NOMBRE	VOLUMES PARTIELS	VOLUMES TOTAUX
			mc.	mc.
f	Poteau de 0.800 × 0.120 × 0.120...............	1	0.018	0.018
g	Planches de 0.200 × 0.034 × 0.750.............	22	0.005	0.110
h	Tasseaux de 1.750 × 0.080 × 0.054............. » 1.650 × 0.080 × 0.054............. » 0.750 × 0.080 × 0.054.............			0.036
	Cube total......			0.164

Vue de côté

Élévation de face

Coupe AB

Vue en plan

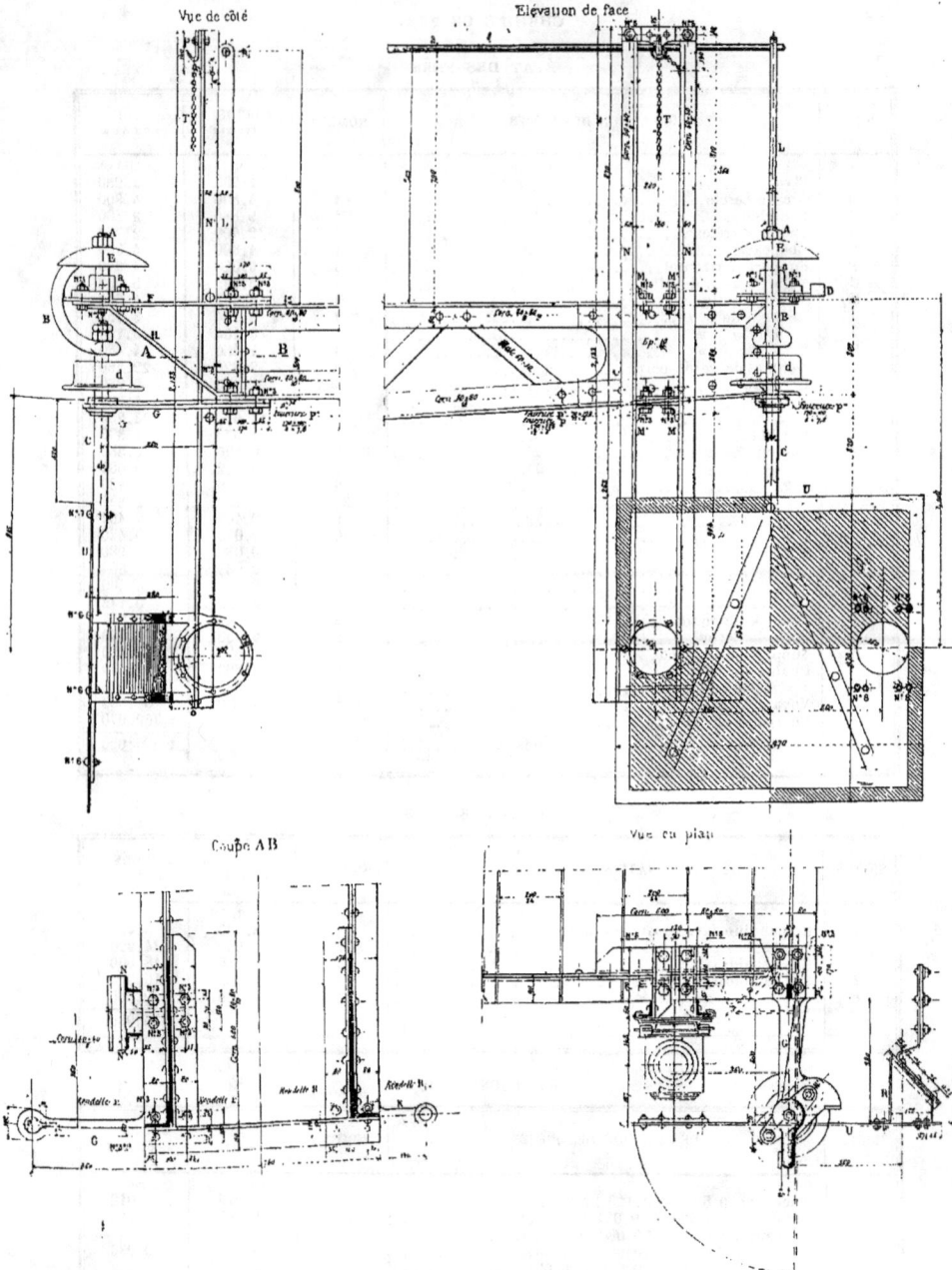

Fig. 1164 à 1167.

Appareils de contrôle du fonctionnement des disques à distance.

1027. Quel que soit le bon entretien d'un signal, il y a toujours lieu de contrôler :

1° S'il a bien fonctionné ;

2° Si la nuit la lumière n'est pas éteinte.

1028. *Disques répétiteurs.* — Nous avons déjà vu précédemment, à plusieurs reprises, qu'on faisait usage dans ce cas de petits disques répétiteurs imitant les mouvements du disque principal. Voici la disposition généralement employée pour déterminer le mouvement de ce second signal, plus près du levier de manœuvre, et indiquant à l'agent si le disque utile a bien fonctionné.

1029. *Appareil Desgoffe et Jacquin.* — Il y a deux manières d'assurer le fonctionnement du disque supplémentaire qui, comme constitution, ressemble à tous ceux que nous avons vus précédemment et doit dans tous les cas être identique à celui dont il est chargé de répéter les mouvements. Ces deux dispositions correspondent au disque à deux fils (Compagnie d'Orléans) ou au disque à un seul fil dont l'emploi est plus général.

1030. Dans le premier cas, la tringle du disque répétiteur est munie d'un balancier près du pied du disque ; aux deux extrémités de ce balancier sont fixés deux doubles crochets en bronze formant par leur rapprochement un anneau fendu, dans lequel passe un des fils de manœuvre pouvant y glisser librement. Ces deux anneaux sont fixés aux deux bras du balancier, chacun au moyen d'un boulon et d'une goupille. Le balancier en question ne peut donc être mis en mouvement directement par aucun des deux fils actionnés du levier de manœuvre.

Mais au-delà du disque répétiteur sont disposés deux serre-fils munis de larges ailettes et qui, heurtant les anneaux précédents peuvent faire tomber le balancier quand ils marchent à reculons, c'est-à-dire en revenant vers le levier de manœuvre. Quand, au contraire, les fils sont entraînés dans la marche en avant, vers le disque principal, ils restent sans effet. C'est ce qui arrive par exemple pour le fil supérieur lorsqu'on met le disque à l'arrêt. Le fil inférieur, au contraire, est tiré dans le même mouvement du côté du levier de manœuvre, son serre-fil vient buter l'anneau correspondant et la bascule du levier en résulte. Le disque répétiteur, qui était ouvert, se ferme donc en même temps que son congénère. Il s'ouvre, au contraire, sous l'effet du mouvement inverse quand on ramène le levier en arrière.

En résumé, le levier de manœuvre n'agit jamais directement sur le disque répétiteur ; celui-ci n'est mis en mouvement que par le fil de retour actionné par le disque principal.

1031. Mais, le plus généralement, la manœuvre du disque a lieu par un seul fil : le mécanisme est alors un peu différent, plus compliqué, et le fonctionnement beaucoup moins sûr. Aussi la Compagnie d'Orléans est-elle la seule aujourd'hui qui fasse usage de disques répétiteurs, dont elle se déclare d'ailleurs très satisfaite. Elle estime qu'ils sont préférables à tous les procédés électriques et les a appliqués d'une manière générale à tous ses signaux de pleine voie.

Nous ne nous étendrons d'ailleurs pas, dans ce volume, sur tout ce qui est application de l'électricité, le réservant pour le chapitre : *exploitation, télégraphie.* Nous nous bornerons à décrire l'appareil élémentaire de sonnerie appelé *trembleuse.*

Sonnerie trembleuse.

1032. La sonnerie trembleuse a été installée, pour la première fois, en 1857, par la Compagnie de Lyon. Depuis, son emploi s'est généralisé dans toutes les autres quand elles emploient la transmission à un seul fil. La Compagnie d'Orléans seule, avons-nous dit précédemment, leur préfère le disque répétiteur.

La trembleuse est particulièrement utile lorsque des obstacles, comme des maisons, etc., empêchent absolument les rayons lumineux de parvenir jusqu'à la gare, ou que la distance à laquelle se trouve le disque est trop grande pour qu'on puisse être certain de ne pas confondre le feu du disque avec d'autres.

C'est une sonnerie qui fonctionne tant que le disque est en bonne position, c'est-à-dire l'arrêt, et cesse son carillon aussitôt que le signal est effacé.

Le principe de la trembleuse est simple : un courant électrique est en relation, d'un côté, avec le timbre et, de l'autre, avec le marteau d'une sonnerie, et la sonnerie fonctionne aussitôt que le courant passe. Le fil amenant le courant au marteau communique avec le poteau du signal au moyen d'un commutateur qui est isolé quand la voie est ouverte, de sorte que le courant ne passe pas ; lorsqu'au contraire le disque est à l'arrêt, le commutateur communique avec le métal du poteau ; l'électricité passe, le marteau trembleur est attiré par le timbre qu'il vient frapper, puis il revient en arrière pour être attiré de nouveau. Ce n'est, en somme, que la sonnerie électrique ordinaire ; elle fonctionne tant que la voie est fermée et informe, par conséquent, si la manœuvre a réussi et si le train est réellement protégé.

Pour cela, la tige du disque porte à sa partie inférieure une lame d'acier flexible qui, le disque à l'arrêt, vient s'appliquer sur un contact et donne passage au courant (fig. 1168).

La sonnerie se met en mouvement jusqu'à ce que le courant soit interrompu, c'est-à-dire jusqu'à ce que le disque soit effacé. Il y a pour cela dix minutes réglementaires au bout desquelles ce disque doit être rouvert, car sans cela la sonnerie marchant ainsi sans discontinuer devient rapidement insupportable pour tout le monde, voyageurs et personnel.

1033. La pile est formée, en général, de huit éléments Leclanché (pile au chlorhydrate d'ammoniaque). On l'installe dans la gare ou au pied du disque, mais dans tous les cas bien à l'abri de l'air et de l'humidité. Pour cela, dans ce dernier cas on la met dans de petits abris en ciment aggloméré, sur des planchettes en chêne à claire-voie enduites d'huile de lin bouillante afin d'éviter les dérivations possibles. Ces piles sont choisies de préfé-

rence, car elles exigent fort peu d'entretien.

Au point de vue de la sécurité, il est de beaucoup préférable de placer la pile au pied du disque comme le fait la Compagnie du Nord, car, si le fil de ligne vient à être coupé, ce trouble est indiqué immédiatement, lorsqu'on met le disque à l'arrêt, par la sonnerie qui ne fonctionne pas. Lorsqu'au contraire la pile est placée dans la gare, ce que l'on est plus tenté de faire au premier abord, par commodité, afin d'avoir les éléments sous la main sans installation spéciale, la rupture du fil de ligne entraîne la fermeture du circuit, et la sonnerie marche, même lorsque le disque est ouvert.

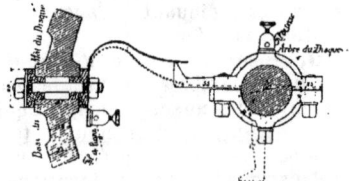

Fig. 1168.

Photoscope.

1034. En dehors de la trembleuse vue précédemment et qui indique si le disque est bien à l'arrêt, il peut être utile, la nuit, de savoir si la lanterne, qui, en somme, remplace le signal, ou plutôt constitue le vrai signal, ne s'est pas éteinte.

Quand le disque est visible du poste qui le manœuvre, aucun appareil n'est indispensable pour cela et la vue suffit. Dans le cas contraire et lorsque le signal est trop éloigné, ou caché par une courbe, etc. il y a lieu d'employer un appareil spécial, comme on le fait au chemin de Lyon ; il porte le nom de *photoscope*.

Ce n'est, en somme, qu'un thermomètre métallique formé d'une spirale de deux métaux juxtaposés horizontalement au-dessus de la flamme. L'extrémité de cette spirale sort de la cheminée et, lorsque le métal est chauffé, décrit un arc de cercle qui lui permet de fermer un circuit électrique dans lequel se trouve la sonnerie ;

en outre, l'appareil est disposé de manière que, lorsque la lanterne est en haut du mât, la sonnerie ne se fait entendre que sous cette double condition que le disque soit à l'arrêt et que la lampe soit allumée. Dans la journée on abaisse la lanterne et on fonctionne dans les conditions de la trembleuse ordinaire. Il suffit de dix à vingt secondes pour produire l'interruption du courant lorsque la lanterne vient à s'éteindre.

En général, les Compagnies se contentent de masquer la lanterne du disque du côté de la gare par un verre bleu quand le disque est ouvert; le feu blanc de la lanterne se démasque, au contraire, quand le disque est fermé et devient visible à la condition qu'aucun obstacle ne s'y oppose.

Thermoscope différentiel Dufeu et Hardy.

1035. On comprend que dans tous les signaux, quels qu'ils soient, qui sont appelés à fonctionner la nuit, il y a un grand intérêt à savoir si la lanterne n'a pas été éteinte.

MM. Dufeu et Hardy ont, depuis longtemps, trouvé la solution de ce problème, par l'emploi d'un thermoscope différentiel composé de deux thermomètres métalliques et placé dans la cheminée de la lanterne: quand le feu est allumé, les deux thermomètres viennent en contact par l'effet de la dilatation et forment un circuit électrique. Si la lanterne vient à

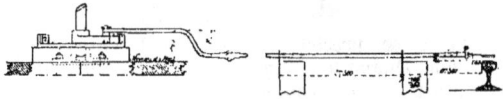

Fig. 1169.

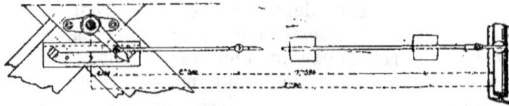

Fig. 1170.

s'éteindre, le courant est interrompu et une sonnerie entre immédiatement en marche.

Appareil à pétard.

1036. Souvent, comme nous en avons vu des exemples précédemment, on double le signal d'un appareil à pétard qui éveille l'attention du mécanicien s'il est distrait, et remplace, la nuit, la lanterne si elle vient à s'éteindre.

Pour cela on adjoint à la tringle du disque une tige horizontale dont le mouvent dans le sens de sa longueur est déterminé par un balancier spécial tournant en même temps que l'arbre du mât. Cette tige porte à son extrémité un pétard

qui vient se placer sur le rail le plus voisin, généralement le rail gauche, quand le disque est à l'arrêt. Si la locomotive dépasse le disque, sa première roue écrase le pétard et le fait détoner. Lorsqu'au contraire le disque est effacé, le pétard est retiré du rail par le mouvement en arrière de la même tringle (*fig.* 1169 et 1170).

1037. Les figures 1171 et 1172 représentent l'appareil porte-pétard employé aux chemins de fer de l'État aux bifurcations, et la disposition spéciale adoptée pour poser les pétards sur les rails de la seconde voie, celle qui est la plus éloignée du disque.

L'appareil complet, fer et bois, revient à 22 francs.

A la Compagnie de Lyon, les disques avancés ne sont jamais munis d'appareils à pétard ; en revanche, on en munit presque tous les disques d'arrêt absolu et quelques disques jaunes, excepté, bien entendu, sur les voies parcourues dans les deux sens comme les voies uniques.

Les appareils sont alors garnis de pétards en tous temps, jour et nuit, par un beau temps comme par un temps de brouillard.

1038. A la Compagnie de l'Ouest, un levier spécial disposé au pied du disque sert souvent à la manœuvre de l'appareil porte-pétard.

1039. *Appareil de M. Lisard.* — A la Compagnie d'Orléans, on emploie aujourd'hui l'appareil à pétard de M. Lisard,

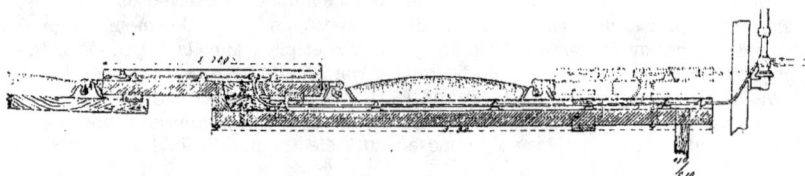

Fig. 1171.

dans lequel les pétards se présentent par couples sur la voie. Quand le train écrase les pétards, un petit disque rouge se lève et peut être vu à distance. Il ne peut être effacé que par l'agent qui remplace les pétards.

Quand le petit disque se lève, deux nouveaux pétards se placent au-dessus du rail ; ce petit disque est relevé par un butoir mis en mouvement par la rotation du plateau porte-pétard.

Emploi des signaux sur les lignes à voie unique.

1040. Les signaux étudiés précédemment s'appliquent aussi bien aux lignes à voie unique qu'aux lignes à double voie et sont fréquemment accompagnés de systèmes spéciaux de protection que nous verrons dans un autre volume ; tels sont, par exemple, les signaux à cloche.

Néanmoins, il y a lieu, sur les lignes à

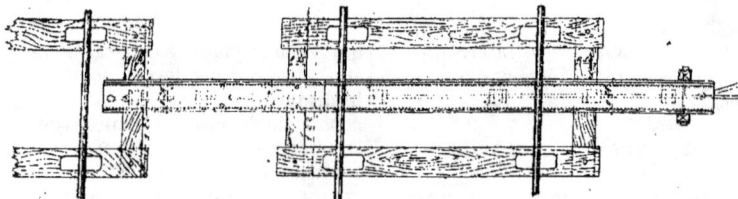

Fig. 1172.

voie unique, de prendre des précautions spéciales afin d'empêcher deux trains circulant à la rencontre l'un de l'autre sur la même voie, de se heurter. Aussi est-il indispensable, lorsqu'on couvre un train soit en gare, soit en pleine voie, de le protéger par des signaux en avant aussi bien qu'en arrière.

En outre et d'une manière générale,

toutes les prescriptions commandées par les signaux sont rendues plus rigoureuses et doivent être plus sévèrement appliquées sur la voie unique que sur la double voie. Tel est le cas de l'arrêt avant la première aiguille d'une gare, par exemple.

1041. *Signaux de ralentissement.* — Comme sur les lignes à deux voies, les signaux de ralentissement sont généralement fixes et de couleur verte, munis pour la nuit d'un feu vert.

Ils prescrivent une vitesse maximum de 30 kilomètres à l'heure pour les trains de voyageurs, et de 15 kilomètres pour ceux de marchandises. Quand, par hasard, des limites supérieures ont été autorisées par le ministre, on en avertit le mécanicien au moyen d'un tableau blanc placé près du signal normalement à la voie. Ce tableau, éclairé pendant la nuit, porte en gros chiffres bien visibles le nombre de kilomètres à l'heure que le mécanicien ne doit pas dépasser.

Aux abords des bifurcations, nous

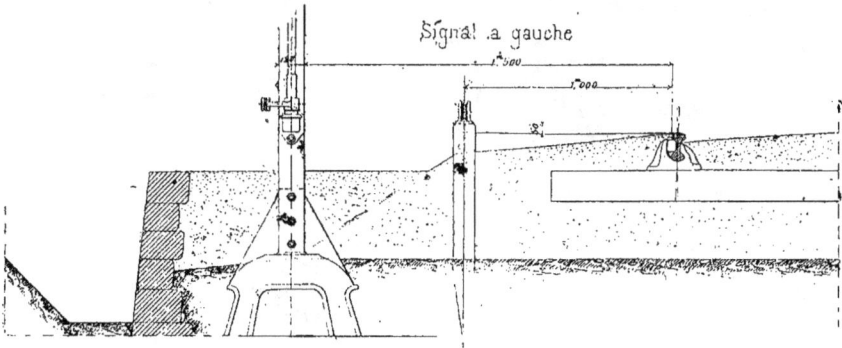

Fig. 1173.

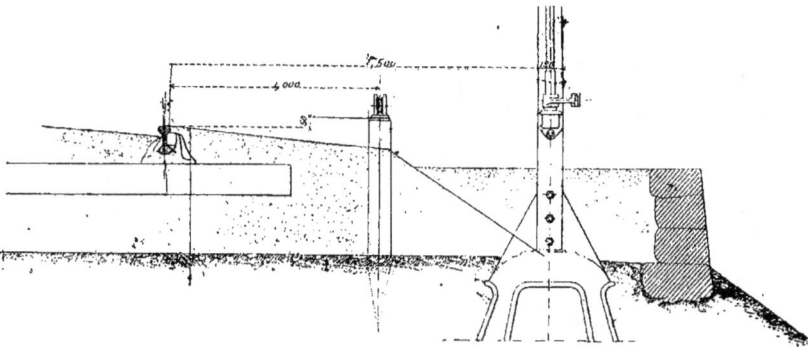

Fig. 1174.

avons dit que le signal de ralentissement est un damier vert et blanc : il est toujours fixe et perpendiculaire aux voies.

Enfin, en certains points particulièrement dangereux on avertit les mécaniciens qu'ils doivent redoubler de prudence, au moyen d'un tableau quelquefois mobile, éclairé la nuit et portant en grosses lettres le mot : *Attention*.

Pose des signaux et de leurs accessoires.

1042. Les signaux se posent toujours de telle sorte que la distance minimum du mât au rail le plus voisin soit de 1m,500 sur toute la hauteur des véhicules. Les poulies qui dépassent peu le rail peuvent être posées à 1 mètre du même rail, c'est-à-dire en crête du talus de la plate-forme du ballast.

La cote de 1^m,50 entraîne l'obligation d'élargir cette plate-forme jusqu'à la crête des terrassements (*fig.* 1173 et 1174). On retient alors le ballast au moyen d'une petite murette.

Ainsi les figures 1173 et 1174 représentent le mode d'installation des signaux employés à la Compagnie des chemins de

Cas d'un signal à droite en déblai

Fig. 1175.

fer de l'Ouest. La figure 1173 montre l'installation en déblai avec un signal à gauche ; la figure 1174, une fondation en remblai, et pour varier, nous avons choisi là, un signal à droite.

1043. Nous rappelons que les signaux à droite sont symétriques des signaux à gauche et n'en diffèrent que par les points suivants :

1° L'entretoise supérieure est une pièce symétrique de celle du signal à gauche ;

2° Les ferrures des châssis du disque et de l'écran doivent être rivées sur le disque du côté opposé, et le disque lui-

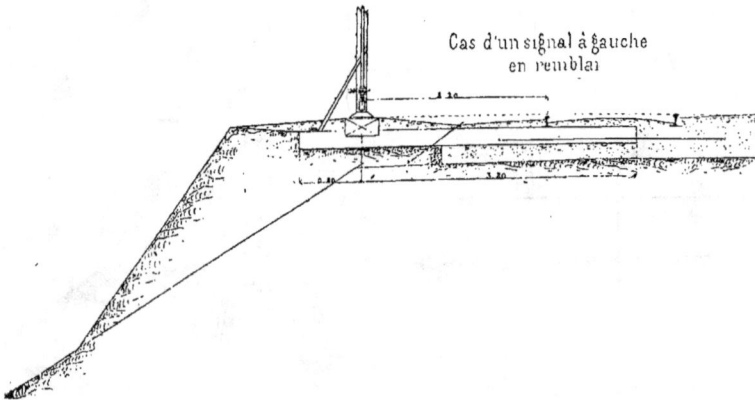

Cas d'un signal à gauche en remblai

Fig. 1176.

même doit être retourné pour être rivé sur le mât ;

3° La manivelle doit être calée à 90 degrés de la position qu'elle occupe pour les signaux à gauche ;

4° La crapaudine et le guide du mât doivent être montés du côté opposé.

De toutes façons, le socle en fonte qui sert d'embase au mât doit être enterré entièrement dans les terrassements inférieurs. Le mât seul doit commencer à affleurer, à sa partie inférieure, dans le ballast.

1044. On comprend que cette manière

de poser les signaux est la plus économique, car elle profite autant que possible
de la plate-forme exécutée pour recevoir
l'assiette de la voie. Mais elle présente
l'inconvénient de placer les disques à une
distance vraiment un peu trop faible du
matériel roulant.

Aussi, au chemin de fer de Grande-Ceinture, le dernier construit aux environs
de Paris et qui a pu profiter des enseignements de tous les autres, on a fixé la distance du mât au rail le plus voisin à
3 mètres.

Les figures 1175 et 1176 représentent,

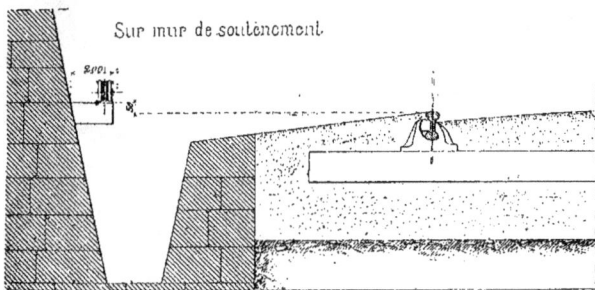

Sur mur de soutènement.

Fig. 1177.

comme précédemment, la pose en déblai
et en remblai d'un disque à droite dans
un cas et à gauche dans l'autre. On voit
que, dans le cas du déblai, le mât se trouve
rejeté entièrement au-delà du fossé, ses
fondations assises sur un petit massif en
maçonnerie; en outre, une chambre spéciale a dû être ouverte dans le talus pour
permettre la circulation autour du signal,
et naturellement cette chambre a dû être
revêtue de murs de soutènement.

Le mât repose sur un sommier assemblé lui-même sur deux traverses d'une
longueur exceptionnelle, 4 mètres, qui
vont, à leur autre extrémité, passer sous
le rail le plus voisin.

En remblai (*fig.* 1176), la disposition
générale est la même, sauf que la murette en maçonnerie qui borde le fossé est
supprimée; l'assise du mât a lieu simplement au moyen du sommier transversal
et des deux traverses vues plus haut.

Le mât se trouve ainsi placé juste au-
dessus de la crête de la plateforme ordinaire du remblai. On comprend que, pour
permettre la circulation autour du signal,
on soit obligé d'établir une petite plate-
forme supplémentaire, ce qui élargit le
remblai, en cet endroit, d'environ 1^{m},50;
on donne au talus supplémentaire corres-

pondant l'inclinaison la plus raide possible en damant, pilonnant et gazonnant
les terres, afin de ne pas dépasser l'emprise
du bornage à la partie inférieure.

Enfin la petite plate-forme supplémentaire ainsi installée pour le disque doit

Tranchée dans le roc

Fig. 1178.

être en dos d'âne, dont le pied du mât occupe la partie haute; de cette façon, l'écoulement des eaux se fait au plus loin du
signal et n'en pourrit pas la charpente
d'assise.

1045. *Pose des poulies.* — Nous avons
vu précédemment (*fig.* 893 et 894) que les
poulies de transmission étaient fixées le
plus souvent à de petits poteaux que l'on
plante en crête du remblai ou sur l'arête
extérieure du fond du fossé.

Mais on ne se trouve pas toujours dans des conditions aussi simples.

Ainsi, la tranchée peut être creusée dans le roc ou bordée d'un mur de soutènement (*fig.* 1177, Compagnie de l'Ouest). On peut employer alors un support de

Sur travaux d'art

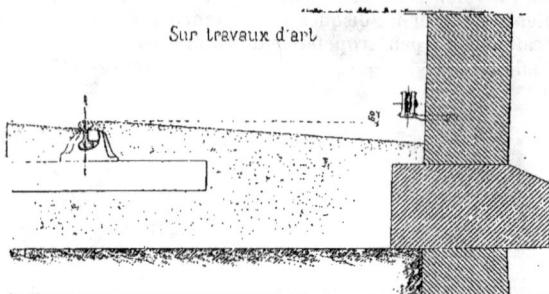

Fig. 1179.

En tunnel

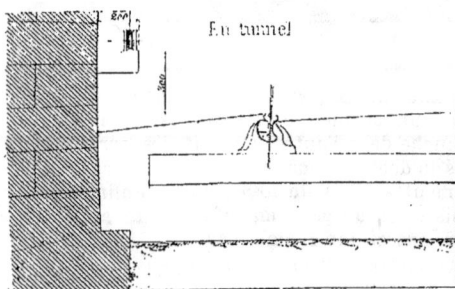

Fig. 1180.

Pose des poulies de support sur viaduc

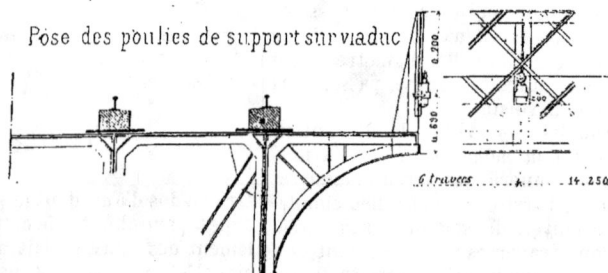

Fig. 1181 et 1182.

poulie horizontal et scellé dans la maçonnerie. Le dessous du support est à 0ᵐ,05 au-dessus du niveau du rail.

Ou bien on peut, dans le même cas, faire usage de l'étrier à scellement vu précédemment (*fig.* 891 et 892), la poulie étant reportée à 0m,30 au-dessus du rail (*fig.* 1178, chemin de fer de Grande-Ceinture de Paris).

La même difficulté peut se présenter sur un ouvrage d'art, pont, viaduc, etc., à garde-corps en pierre (*fig.* 1179, Compagnie de l'Ouest) ou dans un tunnel (*fig.* 1180, Compagnie de l'Ouest).

On revient aux étriers sur les viaducs métalliques, mais, au lieu de les sceller, on les boulonne sur un des montants de la poutre de rive (*fig.* 1181 à 1184, chemin de fer de Grande-Ceinture de Paris).

Dans une tranchée à fossé maçonné ou perreyé, on rejette le poteau au-delà de la maçonnerie (*fig.* 1185, chemin de fer de Grande-Ceinture de Paris).

Enfin, les transmissions souterraines avec leurs poulies à coffres et leurs tuyaux en fonte se posent, les poulies, sur un petit mur en maçonnerie en déblai (*fig.* 1186) sur un élargissement de plate-forme en remblai; et les tuyaux en fonte à emboîtement, comme il a déjà été dit précédemment.

Entretien et surveillance des disques-signaux.

1046. Le bon fonctionnement des disques-signaux dépend surtout de la manière dont on les installe et dont on les sur-

veille : leur entretien, cela s'explique, de reste, doit être particulièrement soigné, car toute avarie qui passe inaperçue peut entraîner les plus graves conséquences.

Comme type d'instruction concernant cet objet, nous citerons la première partie d'une circulaire due à M. Clerc, direc-

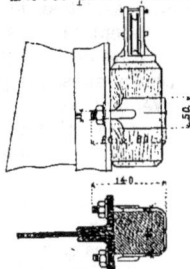

Étrier pour Viaduc

Fig. 1183 et 1184.

teur du service de la voie aux chemins de fer de l'Ouest.

Nous citons textuellement :

1047. 1° *Entretien des disques. Nettoyage et graissage.* — Le nettoyage et le graissage de toutes les parties frottantes des appareils ne doivent rien laisser à désirer.

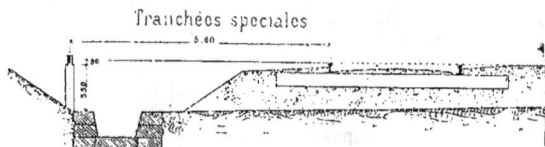

Tranchées spéciales

Fig. 1185.

Les guides et le support du mât de signal, les axes du levier de rappel et de manœuvre et les axes des poulies doivent être souvent visités et graissés d'un peu d'huile après *avoir été nettoyés avec soin.*

L'huile employée au graissage doit être de bonne qualité ; on doit éviter de se servir, pour cet usage, d'huile à brûler, qui ne tarde pas à former un cambouis sec et dur.

Les tringles conductrices de la lanterne doivent être essuyées avec un chiffon gras, pour faciliter le mouvement du porte-lanterne.

1048. *Transmission.* — Les résistances au mouvement pouvant doubler et même tripler lorsque l'entretien est imparfait, on devra visiter fréquemment, et au moins une fois par semaine, la transmission, tant pour s'assurer que les axes

*es poulies sont nettoyés et graissés que
pour examiner si les piquets ne sont pas
ébranlés, et surtout si ceux des poulies
horizontales ne s'inclinent pas par l'effet
de la tension du fil.

On devra s'assurer également que le
fil n'a pas passé entre les poulies et les
goupilles, qu'il ne frotte pas sur les goupilles d'arrêt des poulies verticales; on
vérifiera si les poulies verticales ne tendent pas à se déverser et si les poulies
horizontales ne tendent pas à se soulever
sur leur axe par suite de la pression du
fil; on réparera les poulies qui présenteraient cet inconvénient, et l'on remplacera celles qui ne pourraient être réparées.

Dans le cas où la transmission passera
dans une caisse en bois, on enlèvera les
couvercles placés au droit des poulies
pour visiter la caisse; au moins une fois
par mois, on enlèvera les corps étrangers
qui pourraient s'y être introduits, et l'on
graissera les poulies.

Afin d'éviter l'introduction du sable et
de la poussière par le trou de graissage
des poulies, on bouchera ce trou au
moyen d'une cheville en bois faisant saillie à l'extérieur et pouvant être retirée
toutes les fois que cela sera nécessaire.

On visitera les grandes poulies de traversée et on les graissera avec soin après
les avoir nettoyées; on ne devra jamais
laisser ces poulies à découvert.

On vérifiera fréquemment les attaches
du fil et les attaches aux chaînes : lorsqu'il se produira une rupture de chaîne,
on évitera de réparer la chaîne cassée
avec du fil de fer; on devra la remplacer
ou ressouder le maillon rompu.

On s'assurera que l'eau ne séjourne pas
dans les caisses pour passages souterrains
ni aux approches des poulies de traverses;
des précautions doivent être prises, surtout en hiver, pour assurer l'écoulement
de l'eau.

L'herbe devra être fauchée le long de
la transmission pour ne pas gêner les
mouvements des fils et poulies.

On évitera de faire, à une distance
moindre de 0m,50 de la transmission, des
dépôts de ballast, de matériaux et, en
général, de tout objet qui pourrait gêner
le mouvement du fil.

Les poulies et les fils non galvanisés

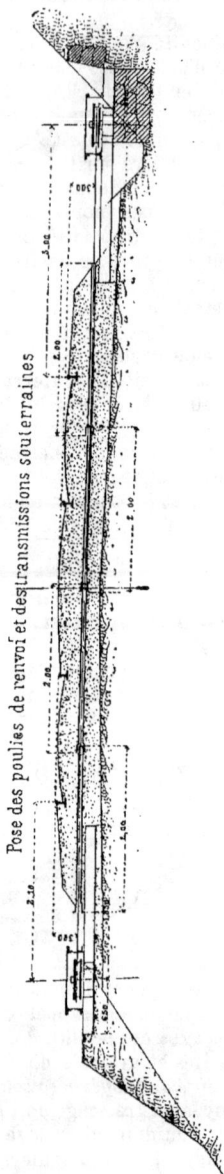

Fig. 1186.

Pose des poulies de renvoi et des transmissions souterraines

devront être repeints aussi souvent qu'il

sera nécessaire, en évitant avec soin d'appliquer de la peinture sur des parties frottantes.

1049. *Levier de rappel.* — La chaîne reliant la manivelle du mât au levier de rappel doit toujours être horizontale ; s'il survenait des tassements ou des mouvements de terrain, on devrait rectifier la position de la charpente du levier de rappel de façon que ce résultat soit obtenu, et que le petit bras du levier porte toujours sur l'arrêt en fonte un peu avant que la voie ne soit ouverte.

Dans le cas où le remplacement de la chaîne reliant le levier de rappel au signal deviendra nécessaire par suite de rupture, ou pour toute autre cause, on aura soin de prendre une chaîne présentant exactement la même longueur que la première : si la longueur était différente, on modifierait la position de la charpente du levier de rappel, jusqu'à ce que les conditions indiquées pour la pose soient remplies.

On veillera à ce que la plate-forme sur laquelle est monté le levier de rappel soit toujours sèche et l'on n'y laissera pas accumuler la neige.

Afin d'éviter l'écrasement du tasseau sur lequel vient tomber le contrepoids du levier de rappel on disposera, au point où tombera ce contrepoids, une plaquette en caoutchouc vulcanisé de 0^m,01 au moins d'épaisseur. A défaut de caoutchouc, on pourra employer trois ou quatre rondelles de cuir superposées.

1050. *Signal.* — Le poteau du signal doit toujours être maintenu bien d'aplomb : les fentes qui pourraient se produire doivent être mastiquées avec soin et le sol doit être réglé de manière que l'eau ne séjourne pas au pied.

Dans le cas où les ressorts d'arrêt du porte-lanterne viendraient à se casser ou à perdre de leur élasticité, on les remplacera facilement en démontant la console en fer qui supporte les tringles conductrices.

On remédiera à l'usure du pivot et de la crapaudine supportant le mât en mettant sous le grain d'acier servant de crapaudine une rondelle en tôle d'épaisseur convenable.

La peinture doit être refaite tant sur le disque que sur les autres parties du signal et du levier de rappel, toutes les fois que cela est nécessaire, en se conformant aux prescriptions détaillées plus haut.

1051. *Levier de manœuvre.* — Le plan supérieur de la charpente devra toujours être maintenu horizontal : la charpente devrait être consolidée sans retard s'il se produisait des ébranlements.

On s'assurera fréquemment qu'il ne manque aucun des tirefonds fixant le support de la manœuvre, ni aucune des goupilles des goujons.

Il est interdit de placer des supports pour soutenir le contrepoids de manœuvre à la voie ouverte ; le levier dans cette position doit être complètement libre et agir sur le fil de toute l'action du contrepoids.

1052. *Réglage de la manœuvre.* — Lorsque le contrepoids viendra toucher le sol, la longueur du fil devra être diminuée ; elle devra être augmentée au contraire si, à la voie ouverte, le levier faisait avec l'horizontale un angle de plus de 45 degrés : on s'exposerait, en effet, dans ce dernier cas, à ce que le signal ne fût qu'incomplètement fermé, lorsque le levier de manœuvre reposerait sur son taquet.

Le réglage s'obtient d'une manière très simple en raccrochant le brin de chaîne, qui est fixé à la transmission, au moyen du crochet terminant la chaînette fixe. On change ensuite le point d'attache du brin de chaîne en ramenant le levier à la position qu'il doit occuper ; enfin, on retire le crochet de la chaînette.

La peinture de la manœuvre devra, comme celle des autres parties de l'appareil, être toujours tenue en bon état.

1053. *Lanterne.* — On devra entretenir le réflecteur dans son poli, à l'aide d'une peau de chamois et de rouge anglais. Il faut éviter de le frotter avec des chiffons durs ou imprégnés de sable.

On ne doit jamais laisser d'huile sur le réflecteur ni sur la cheminée en verre ; cette huile s'altère par la chaleur et produit des taches qu'il est fort difficile de faire disparaître.

Quand on remplit la lampe, il faut avoir soin de l'emplir presque complètement, sans quoi l'air se dilaterait dans le réservoir et ferait couler inutilement dans le godet une certaine quantité d'huile.

On aura soin en allumant la lampe de monter la mèche très bas, afin qu'elle ne fume pas et qu'elle ne charbonne pas. Dans les longues nuits, on recoupera la mèche, s'il est nécessaire, vers le milieu de la nuit, pour maintenir un bon éclairage jusqu'au jour.

Par les très grands froids, on pourra empêcher la lanterne de geler en laissant une certaine quantité d'huile dans le godet du trop-plein et en y mettant une ou deux veilleuses.

En hiver, lorsqu'il gèle, la lampe doit être tenue dans la maison du garde qui est chargé de son éclairage ; elle ne doit être portée au mât de signal qu'au moment de l'allumage.

Le jour comme la nuit, la lanterne doit être levée en place à la hauteur du disque, afin d'éviter qu'elle puisse être choquée par quelque partie saillante des trains.

1054. *Miroirs et écrans.* — Les miroirs réflecteurs et les glaces des lanternes seront nettoyés tous les jours. Les écrans du disque seront nettoyés tous les huit jours ou plus s'il est nécessaire.

1055. *Réparations.* — En général, sauf ce qui concerne les charpentes, on devra éviter de faire faire, sur les lignes, des réparations aux signaux et à leurs ac-

cessoires, et surtout aux lanternes. Toutes les pièces en mauvais état devront être renvoyées à Paris.

. . . .

Au chemin de fer de Lyon, l'agent de la voie chargé de l'entretien du signal et de sa transmission passe tous les jours, autant que possible à la même heure, accompagné du chef de gare ou de son délégué. Tous deux constatent la manœuvre du disque et en consignent le résultat sur un registre spécial.

1056. *Pose et manutention des signaux.* — Voici quelques prix relatifs à la main-d'œuvre nécessaire pour la pose et les manutentions des signaux.

Le chargement ou le déchargement d'un signal à distance, y compris charpente et transmission, revient à 3 francs.

Pour un signal carré d'arrêt absolu, le mécanisme étant moins compliqué et la transmission moins longue, ce prix tombe à 2ᶠ,50.

Dans les deux cas précédents, si le bois est rejeté de la construction et que le signal soit tout en fer y compris les charpentes de fondations, l'ensemble est naturellement beaucoup plus léger et les manutentions s'en ressentent. Le prix précédent tombe alors à 1ᶠ,50.

Pour un signal d'aiguille dont les dimensions et l'importance sont toujours beaucoup moindres que celles des signaux de pleine voie, le chargement ou déchargement complet avec charpente revient à 0ᶠ,60, et, si tout est en fer, à 0ᶠ,45.

ENCLENCHEMENTS

Définitions.

1057. Supposons qu'une voie desservant un embranchement soit reliée à une voie principale, la voie 2 par exemple, à l'aide d'un changement de voie dont les aiguilles sont manœuvrées par un levier A (*fig.* 1187 à 1191). En temps ordinaire, ces aiguilles sont disposées pour assurer la continuité de la voie principale, c'est-à-dire que la position *normale* du levier A

est celle indiquée en trait plein. Un train peut ainsi aller de M vers M′ en toute sécurité.

Lorsqu'on veut, au contraire, permettre à un train de l'embranchement de se diriger sur la voie 2, il faut disposer les aiguilles pour assurer la continuité de cette voie d'embranchement sur la voie 2, en déplaçant les aiguilles, ce qui se fait en manœuvrant le levier A dont la position *renversée* est celle indiquée en traits interrompus (*fig.* 1190). Un train peut ainsi aller de P vers M' également en toute sécurité, mais à la condition qu'on défende à un train venant de M de se diriger aussi vers M'. Cette défense se fait à l'aide d'un signal, manœuvré par un levier S et qui est effacé en temps ordinaire de telle sorte que la position *normale* du levier S est

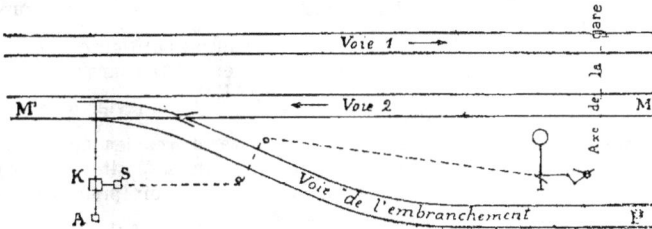

Fig. 1187.

celle indiquée en trait plein. Quand on veut mettre le signal à l'arrêt, on manœuvre le levier S dont la position *ren-*

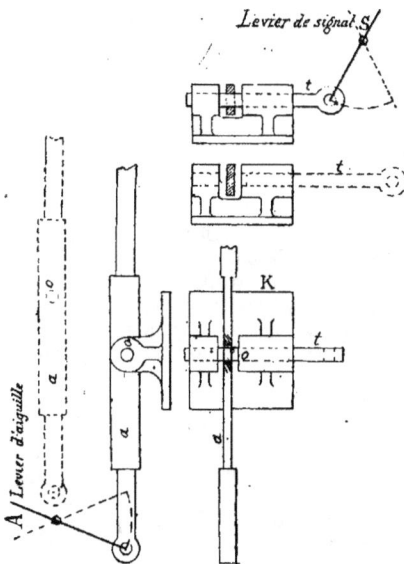

Fig. 1188 à 1191.

versée est celle indiquée en traits interrompus (*fig.* 1188).

Chacun des leviers A et S occupe donc **deux** positions : l'une *normale*, l'autre *renversée*. Pour assurer la sécurité, il faut qu'on ne puisse pas renverser le levier A sans avoir préalablement renversé le levier S. Il faut donc que ce dernier, dans sa position *normale* verrouille (ou *enclenche* comme on dit aujourd'hui) le levier A également dans sa position *normale*.

Cet enclenchement s'obtient facilement en faisant pénétrer une tringle *t*, dépendant du levier S, dans un trou *o* pratiqué dans la partie aplatie à cet effet du col de cygne *a* qui manœuvre les aiguilles par l'intermédiaire du levier A. A la rencontre du col de cygne *a* et de la tringle *t*, un support K assure la position relative de ces deux pièces de telle sorte que la tringle *t* soit à la hauteur convenable par rapport au trou *o*.

De plus, il ne faut pas qu'après avoir renversé d'abord le levier S, puis ensuite le levier A, on puisse remettre le levier S dans sa position *normale*, c'est-à-dire effacer le signal, puisqu'alors un train pourrait s'avancer de M vers M' pendant que les aiguilles n'assurent pas la continuité de la voie principale.

Il faut donc qu'inversement le levier A, dans sa position *renversée*, enclenche le levier S aussi dans sa position *renversée*. Cet enclenchement est réalisé si, en regard de la tringle *t*, le col de cygne *a* ne présente plus d'ouverture *o*, car alors la tringle *t* venant buter contre une partie pleine ne peut se mouvoir et, par suite, empêche qu'on puisse remettre le levier S dans sa position normale.

Tel est le principe des *enclenchements* qui ont pour but de rendre solidaires les leviers des signaux et des aiguilles ou autres appareils de la voie, de telle sorte que les uns ne puissent occuper une certaine position que si les autres ont une position déterminée.

Notations.

1058. Afin de simplifier les écritures et aussi le langage, on a adopté pour les enclenchements les notations suivantes :

Les leviers sont désignés par des lettres ou des numéros qu'on fait suivre des lettres N ou R, selon que les leviers sont dans leur position *normale* ou *renversée*. Ainsi AN indique que le levier A est dans sa position normale, et SR que le levier S est dans sa position renversée.

Un levier est *enclencheur*, quand il en enclenche un autre, qui est alors un levier *enclenché*. Ces conditions d'enclenchement s'indiquent sous forme de fraction ordinaire dont le numérateur est le levier enclencheur et le dénominateur le levier enclenché. Ainsi $\frac{SN}{AN}$ indique que le levier S dans sa position normale enclenche le levier A aussi dans sa position normale, et $\frac{AR}{SR}$ que le levier A dans sa position renversée enclenche le levier S, également dans sa position renversée. Et nous venons de voir précédemment que, dans les enclenchements, la condition $\frac{SN}{AN}$ entraîne la réciproque $\frac{AR}{SR}$.

De même $\frac{1R}{2N}$ indique que le levier n° 1 dans sa position renversée enclenche le

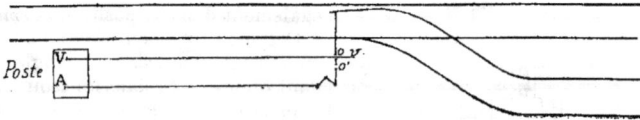

Fig. 1192.

levier n° 2 dans sa position normale, et réciproquement $\frac{2R}{1N}$ indique que le levier n° 2 dans sa position renversée enclenche le levier n° 1 dans sa position normale.

Les enclenchements entre *deux* leviers sont les plus *ordinaires* et les plus fréquents et ceux qu'on vient d'indiquer sont des enclenchements *simples*, c'est-à-dire que le levier enclencheur, dans une de ses positions, normale ou renversée, n'enclenche l'autre levier enclenché que dans l'une *ou* l'autre de ses positions.

1059. L'enclenchement est *double*, quand le levier enclencheur dans *une* de ses positions enclenche le levier enclenché dans l'une *et* l'autre de ses positions.

Ainsi, par exemple (*fig.* 1192), si une aiguille est manœuvrée à une assez grande distance d'un poste d'aiguilleur, il y a intérêt à savoir si l'aiguille occupe bien l'une ou l'autre de ses positions

extrêmes (normale ou renversée) quand on a actionné son levier de manœuvre A.

A cet effet, le col de cygne de cette aiguille porte deux trous o et o', dans lesquels peut pénétrer un verrou v actionné par une transmission rigide et un levier V. Ces deux trous, o et o', sont distants entre eux de la quantité dont l'aiguille doit se déplacer.

Si l'on veut changer la position de l'aiguille, il faut d'abord manœuvrer le levier V de façon à dégager le verrou v du trou o; cela fait, on manœuvre le levier A et, si ensuite l'aiguille occupe bien la position voulue, on peut alors remettre le levier V dans sa position première, car alors il peut accomplir toute sa course, le verrou v pouvant pénétrer dans l'autre trou o' du col de cygne.

Le levier V, dans sa position *normale*, doit donc enclencher le levier A dans sa position *normale* et aussi dans sa posi-

tion renversée. Dans ce cas, la notation $\dfrac{VN}{AN \text{ et } AR}$ représente les enclenchements réalisés.

Dans les enclenchements *doubles*, la réciprocité des enclenchements a encore lieu, mais ce n'est que *pendant la course*, c'est-à-dire quand on passe de la position *normale* à la position *renversée* que le levier A enclenche le levier V, dans sa position *renversée*, ce qu'on peut écrire ainsi :

$$\dfrac{A \text{ pendant sa course}}{VR}.$$

Classification.

1060. On peut réaliser des enclenchements entre deux, trois ou quatre leviers ; on dit alors que ces enclenchements sont *binaires*, *ternaires*, *quaternaires*.

Les enclenchements entre deux leviers sont les plus ordinaires et peuvent être *simples*, *doubles* ou *spéciaux*.

Les enclenchements *simples* sont ceux qu'on a indiqués précédemment, c'est-à-dire ceux dans lesquels le levier enclencheur, dans une de ses positions normale ou renversée, n'enclenche l'autre levier enclenché que dans l'une *ou* l'autre de ses positions.

Les enclenchements *doubles* sont ceux dans lesquels le levier enclencheur dans une de ses positions enclenche le levier enclenché dans l'une *et* l'autre de ses positions.

Enfin les enclenchements *spéciaux* sont relatifs à quelques cas dont il sera parlé plus loin.

Enclenchements Vignier.

1061. L'idée de mettre en relation le levier d'un signal avec celui d'une aiguille dans les conditions indiquées (*fig.* 1187), en faisant pénétrer une tige actionnée par le levier du signal dans un trou pratiqué dans le cól de cygne de l'aiguille, est due à M. Vignier. L'aiguilleur était ainsi dispensé de la préoccupation de ne pas avoir à manœuvrer un levier avant l'autre, puisque cela lui devenait matériellement impossible, et, quand l'ordre voulu dans la manœuvre des leviers était ainsi assuré, la sécurité dans les passages des trains l'était aussi, *pourvu, toutefois, que les mécaniciens respectassent les indications qui leur étaient données par les signaux.*

M. Vignier, qui était ancien menuisier, était entré, en 1837, au chemin de fer de l'Ouest comme simple surveillant de ligne. En 1855, il fit la première application de son système de verrouillage des leviers les uns par les autres et, depuis, ce système s'est généralisé ; il était, en effet, très simple, les pièces en étaient très rustiques, les verrouillages se faisaient sous les yeux de l'aiguilleur et, en cas d'avaries dans l'appareil, un simple forgeron pouvait faire les réparations, ce qui était très important.

Il faut dire qu'à cette époque l'exploitation des chemins de fer n'était pas ce qu'elle est aujourd'hui ; elle était loin d'être aussi compliquée ; la sécurité pouvait être obtenue à l'aide d'appareils simples ne nécessitant que l'adjonction de quelques tringles ou barres aux leviers ordinaires de manœuvre des signaux et des aiguilles. Ces tringles et barres avaient entre elles des relations directes ou, par l'intermédiaire de retours d'équerre, des relations indirectes. Tous les agencements prenaient assez de place en plan.

Aujourd'hui que les leviers enclenchés sont plus nombreux et que la surface est souvent restreinte pour l'installation de l'appareil, il a fallu choisir une autre disposition pour mettre en relation entre eux tous les leviers. Chaque Compagnie de chemins de fer a en quelque sorte sa disposition particulière. Nous allons décrire le type Vignier, de l'Ouest, qui a été étudié par M. Bouisson.

1062. *Enclenchement Vignier, type de l'Ouest* (*fig.* 1193 à 1197). — Tous les leviers sont montés, en général, deux à deux, sur des supports fixés, à côté les uns des autres, à un châssis en bois solidement implanté dans le sol. Ces leviers, distants de $0^m,20$, se meuvent dans des plans verticaux perpendiculaires à leur axe de rotation.

Ils sont de deux sortes : ceux de signaux et ceux d'aiguilles.

Avec les leviers de signaux, en attachant la chaîne en *a* ou en *a'*, on peut lâcher ou tirer le fil de transmission du signal, quand on renverse le levier, et en même temps on fait déplacer vers l'aiguilleur une barre horizontale d'enclen-

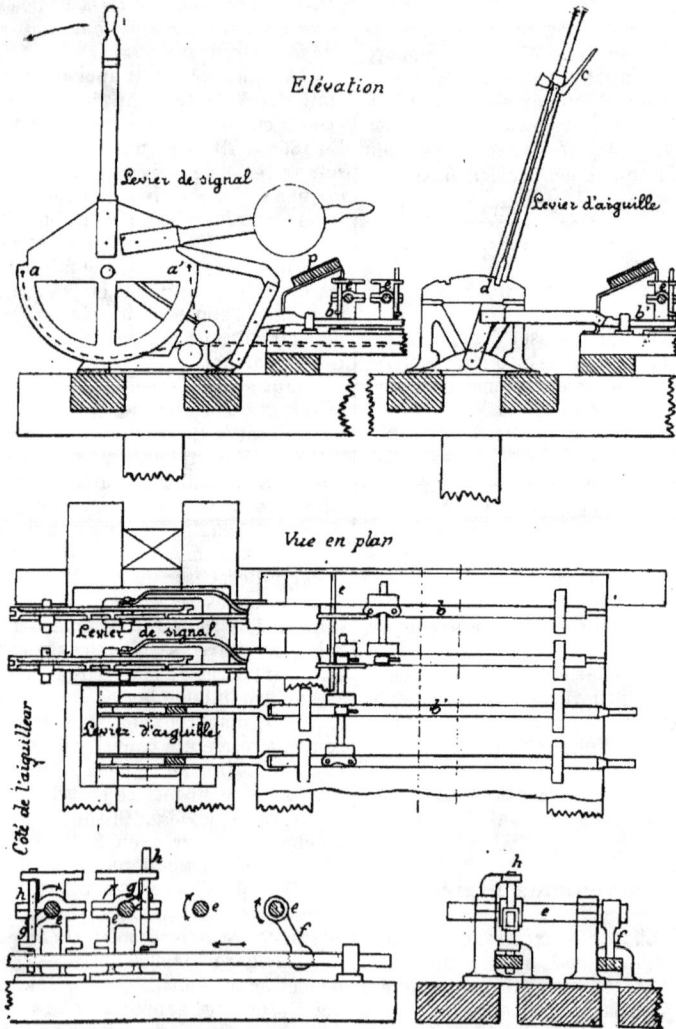

Élévation

Levier de signal

Levier d'aiguille

Vue en plan

Levier de signal

Côté de l'aiguilleur

Levier d'aiguille

Fig. 1193 à 1197.

chement *b* qui est guidée dans son mouvement par deux glissières placées à ses extrémités.

Quand on renverse les leviers d'aiguille, ceux-ci font aussi déplacer vers l'aiguilleur une barre d'enclenchement *b'*, semblable à la précédente *b*.

Pour manœuvrer un levier d'aiguille,

il faut d'abord agir sur sa manette *c*, de façon à dégager un verrou *d* actionné par un ressort (*fig.* 1194); ce verrou maintient le levier dans ses positions extrêmes en pénétrant dans des encoches faites sur son secteur. La barre d'enclenchement *b'* est reliée à la transmission rigide qui va de l'appareil à l'aiguille à manœuvrer.

Toutes les barres d'enclenchement de signaux et d'aiguille sont dans un même plan horizontal. En avant des leviers et dans un plan horizontal supérieur à celui des barres d'enclenchement, sont disposés, à angle droit avec ces barres, des arbres *e* supportés par des paliers (*fig.* 1196 et 1197).

En pratiquant dans une barre d'enclenchement une mortaise dans laquelle on fait pénétrer une manivelle *f* calée sur

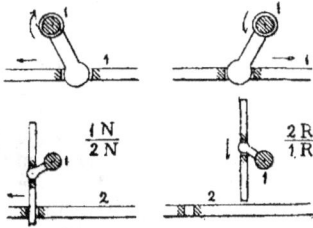

Fig. 1198.

un arbre, le déplacement de la barre fera tourner l'arbre dans le sens indiqué par la flèche. Sur les arbres sont calées d'autres manivelles *g*, qui donnent un mouvement vertical à des verrous *h* placés d'un côté ou de l'autre de l'arbre, de telle sorte que ces verrous montent ou descendent guidés par des supports qui servent en même temps de palier aux arbres.

Les verrous *h*, en s'abaissant, pénètrent dans des trous pratiqués au-dessous d'eux dans les bancs d'enclenchement. Ces verrous *h*, en s'élevant, sortent des trous pratiqués dans les barres d'enclenchement et dans lesquels ils étaient engagés.

En manœuvrant un levier quelconque, sa barre d'enclenchement peut donc donner un mouvement de rotation à un

arbre et cet arbre faire mouvoir au-dessus des barres d'enclenchement de tous les autres leviers, des verrous à l'aide desquels le levier manœuvré sera mis en relation avec tous les autres leviers de l'appareil. On peut, par suite, obtenir

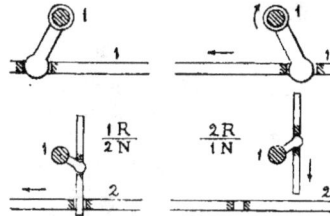

Fig. 1199.

entre les leviers les enclenchements voulus.

Parmi les enclenchements *simples*, on peut ainsi réaliser (*fig.* 1198) $\frac{1N}{2N}$, car le verrou de l'arbre 1, pénétrant dans le trou de la barre 2, empêche tout mouvement du levier 2 et, par suite, on a aussi la réciproque $\frac{2R}{1R}$, car, la barre 2 étant renversée, son trou ne se trouve plus au-dessous du verrou de l'arbre 1 et tout mouvement du levier 1 renversé est empêché.

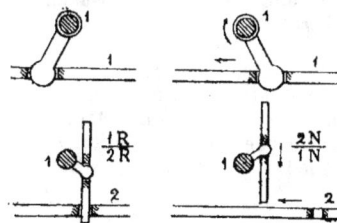

Fig. 1200.

Dans la figure 1199, $\frac{1R}{2N}$, le verrou de l'arbre 1 ayant pénétré dans le trou de la barre 2 empêche tout mouvement du levier 2 et, par suite, on a aussi la réciproque $\frac{2R}{1N}$, car, la barre 2 étant renversée, son trou ne se trouve plus au-dessous du verrou de l'arbre 1 et tout mouvement du levier 1 est empêché.

Dans la figure 1200, $\frac{1R}{2R}$, le verrou de l'arbre 1 ayant pénétré dans le trou de la barre 2 renversée, tout mouvement du levier 2 renversé est empêché et, par suite, on a aussi la réciproque $\frac{2N}{1N}$, car, le trou de la barre 2 ne se trouvant pas au-dessous du verrou de l'arbre 1, tout mouvement du levier 1 est empêché.

Parmi les enclenchements *doubles*, on peut réaliser (*fig.* 1201) $\frac{1N}{2N \text{ et } 2R}$, car le verrou de l'arbre 1 pénétrant dans le premier trou de la barre 2 empêche tout mouvement du levier 2. De plus, si on renverse le levier 1, le verrou de l'arbre 1

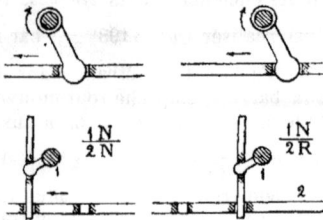

Fig. 1201.

ne pénétrant plus dans le premier trou de la barre 2, on peut renverser le levier 2; et, si alors on remet le levier 1 dans sa position normale, le verrou de l'arbre 1 pénètre dans le deuxième trou de la barre 2 de sorte que le levier 2 est aussi enclenché dans sa position renversée par le levier 1 dans sa position normale.

Dans la figure 1202, $\frac{1R}{2N \text{ et } 2R}$, le verrou de l'arbre 1 ayant pénétré dans le premier trou de la barre 2 empêche tout mouvement du levier 2.

De plus, si l'on renverse d'abord le levier 2, le deuxième trou de la barre se présente en regard du verrou de l'arbre 1, de sorte que, si on renverse ensuite le levier 1, il enclenchera également le levier 2 dans sa position renversée.

1063. Cet enclenchement double de $\frac{1R}{2N \text{ et } 2R}$ peut aussi être obtenu de la manière suivante, qui peut rendre service dans des cas où les enclenchements à réaliser par le Vignier sont nombreux.

Sur la barre 1 (*fig.* 1203) on fixe une petite platine, et sur l'arbre commandé

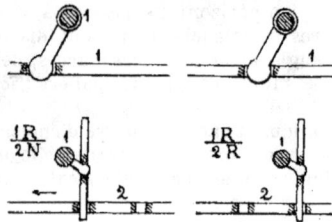

Fig. 1202.

par le levier 2 on cale une manivelle de barre d'enclenchement coupée, comme l'indique la figure. Quand le levier 1 est dans sa position normale, la platine ne gêne en rien le mouvement de la manivelle coupée, et par suite du levier 2; mais, si l'on renverse le levier 1, la platine

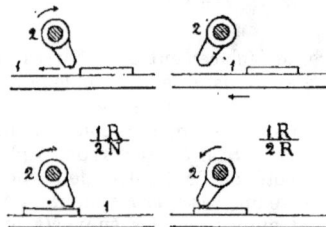

Fig. 1203.

se présente sous la manivelle coupée, et celle-ci ne peut plus se mouvoir ni dans un sens ni dans l'autre, de sorte que le levier 1 renversé enclenche le levier 2 dans chacune de ses positions.

Nous donnerons plus loin différents exemples d'enclenchements *spéciaux* qu'il est possible de réaliser avec ce type d'appareil Vignier.

Dans les diagrammes des enclenchements qui seront figurés ultérieurement, les barres et les arbres d'enclenchement seront projetés dans leurs positions relatives, mais les manivelles des barres d'enclenchement, les manivelles de verrou et les verrous seront supposés rabattus autour de l'intersection de leur plan vertical avec le plan horizontal des barres d'enclenchement.

Afin que l'aiguilleur puisse savoir quels signaux ou aiguilles sont actionnés par ses leviers, on place en regard de ceux-ci, sur une planche *p* (*fig.* 1193), des plaques indicatrices. Chacune de ces plaques est divisée en trois parties : dans celle du milieu est inscrite la désignation du signal ou de l'aiguille ; dans la partie du haut est indiquée la position normale du signal ou de l'aiguille alors que le levier est relevé ; et dans celle du bas, la position du signal ou de l'aiguille quand l'aiguilleur a renversé le levier.

De plus, en haut de chaque levier est placé un numéro d'ordre de ce levier, et au-dessous de ce numéro d'ordre sont parfois inscrits d'autres numéros.

Quand il en est ainsi, les chiffres inscrits sous ceux du numéro d'ordre du levier indiquent que, pour renverser ce levier, il faut commencer par renverser ceux dont les numéros sont inscrits sous le numéro d'ordre.

1064. On remarquera que, dans ce type d'appareil, en même temps qu'on exerce un effort sur un levier pour manœuvrer un signal ou une aiguille, on agit avec le même effort sur les pièces d'enclenchement ; celles-ci ont donc besoin d'être très solides et très rustiques, afin que les arbres d'enclenchement ne soient pas tordus et les barres d'enclenchement faussées si un aiguilleur ma-

nœuvrait par mégarde un levier alors qu'il ne devait pas le faire.

Conditions que doit remplir un appareil d'enclenchement.

1065. Les conditions que doit remplir un appareil d'enclenchement sont les suivantes :

1° L'aiguilleur ne doit pouvoir, à l'aide des signaux dont il dispose, donner passage à un train ou à une machine, pour une direction déterminée, avant d'avoir disposé pour cette direction toutes les aiguilles situées sur leur parcours ;

2° L'aiguilleur, une fois le passage donné, ne doit plus pouvoir modifier la position des aiguilles, sans avoir préalablement changé la disposition des signaux ;

3° L'aiguilleur ne doit pouvoir effacer simultanément plusieurs signaux dont la mise au libre passage, au même instant, pourrait amener une rencontre de trains.

Si toutes ces conditions sont remplies, l'aiguilleur sera ainsi à l'abri de toute responsabilité, et toute rencontre ou collision de trains sera empêchée *en admettant que les mécaniciens observent les signaux qui leur sont donnés.*

Exemples simples de dispositions d'appareils Vignier.

1066. *Premier cas.* — Traversée de deux lignes à voie unique protégée dans chaque direction par un signal normalement à l'arrêt (*fig.* 1204).

Un quelconque des quatre signaux peut être mis à voie libre et, quand il est dans cette position renversée, il doit enclencher les trois autres dans leur position normale.

Ainsi, on doit avoir :

$$1° \quad \frac{1.\text{R}}{2\text{N, 3N, 4N}} \quad \text{ce qui implique la réciproque} \quad \frac{2\text{R, 3R, 4R}}{1.\text{N}}$$

$$2° \quad \frac{2\text{R}}{1\text{N, 3N, 4N}} \qquad \text{»} \qquad \frac{1\text{R, 3R, 4R}}{2\text{N}}$$

$$3° \quad \frac{3\text{R}}{1\text{N, 2N, 4N}} \qquad \text{»} \qquad \frac{1\text{R, 2R, 4R}}{3\text{N}}$$

$$4° \quad \frac{4\text{R}}{1\text{N, 2N, 3N}} \qquad \text{»} \qquad \frac{1\text{R, 2R, 3R}}{4\text{N}}$$

et l'appareil Vignier doit réaliser tous ces enclenchements.

Mais il est à remarquer que certains enclenchements des 2°, 3° et 4° sont déjà compris dans ceux du 1°.

Tel est le cas pour $\dfrac{2R}{1N}$ et $\dfrac{1R}{2N}$; par suite, les enclenchements du 2° se réduisent à : $\dfrac{2R}{3N, 4N}$, avec la réciproque $\dfrac{3R, 4R}{2N}$.

De même, $\dfrac{3R}{1N}$ et $\dfrac{1R}{3N}$ du 3° sont déjà compris dans ceux du 1° et $\dfrac{3R}{2N}$ ainsi que $\dfrac{2R}{3N}$ dans ceux réduits du 2°, de sorte que ces enclenchements du 3° se réduisent à :

$$\dfrac{3R}{4N} \text{ et } \dfrac{4R}{3N}.$$

On verrait de même que les enclenchements du 4° sont déjà compris dans ceux du 1° et dans ceux réduits du 2° et du 3° et que, par suite, il n'y a pas à en tenir compte.

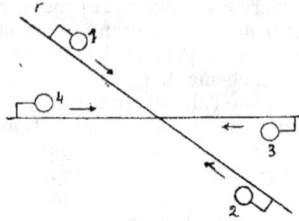

Fig. 1204.

L'appareil Vignier pour présenter toutes les garanties de sécurité devra donc réaliser les enclenchements suivants :

1° $\dfrac{1R}{2N, 3N, 4N}$, ce qui implique la réciproque $\dfrac{2R, 3R, 4R}{1N}$

2° $\dfrac{2R}{3N, 4N}$ » $\dfrac{3R, 4R}{2N}$

3° $\dfrac{3R}{4N}$ » $\dfrac{4R}{3N}$

C'est ce qui aura lieu avec l'appareil représenté figure 1205.

1067. *Deuxième cas.* — Traversée de deux lignes à voie unique, protégée dans chaque direction par un signal carré et par un signal avancé normalement à l'arrêt (*fig.* 1206).

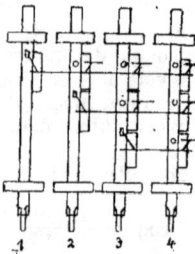

Fig. 1205.

Dans chaque direction, le signal avancé ne doit pouvoir être mis à voie libre sans que, préalablement, le signal carré correspondant n'y ait été mis, c'est-à-dire

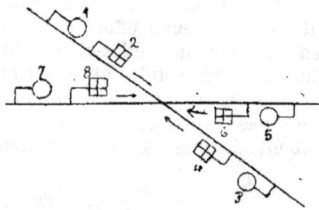

Fig. 1206.

que le signal carré dans sa position normale doit enclencher le signal avancé correspondant également dans sa position normale.

Ainsi on doit avoir les enclenchements :

$$1° - \frac{2N}{1N}, \frac{4N}{3N}, \frac{6N}{5N}, \frac{8N}{7N}, \text{ ce qui implique}$$

les réciproques $\frac{1R}{2R}, \frac{3R}{4R}, \frac{5R}{6R}, \frac{7R}{8R}.$

De plus, un quelconque des quatre si-

gnaux d'arrêt absolu peut être mis à voie libre et, quand il est dans cette position renversée, il doit enclencher les trois autres dans leur position normale.

D'après ce qu'on a vu précédemment, ces conditions entraînent les enclenchements suivants :

$$2° \qquad \frac{2R}{4N, 6N, 8N}, \text{ ce qui implique la réciproque} \qquad \frac{4R, 6R, 8R}{2N}$$

$$\frac{4R}{6N, 8N} \qquad \qquad » \qquad \qquad \frac{6R, 8R}{4N}$$

$$\frac{6R}{8N} \qquad \qquad » \qquad \qquad \frac{8R}{6N}$$

L'appareil Vignier, pour présenter toutes les garanties de sécurité, devra donc réaliser les enclenchements 1° et 2°. C'est ce qui aura lieu avec l'appareil représenté figure 1207.

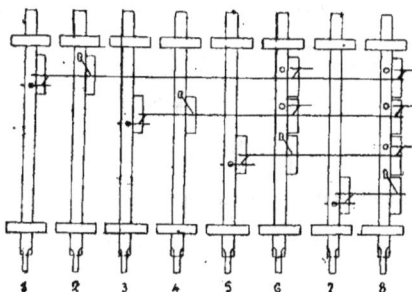

Fig. 1207.

1068. *Troisième cas.* — Traversée d'une ligne à deux voies par une voie unique protégée dans chaque direction par un signal normalement à l'arrêt (*fig.* 1208).

Les deux signaux de la ligne à deux voies peuvent être mis isolément ou simultanément à voie libre et, quand ils sont dans cette position renversée, ils doivent enclencher les deux signaux de la voie unique dans leur position nor-

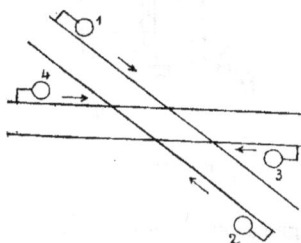

Fig. 1208.

male, tandis qu'un des deux signaux de la voie unique ne peut être renversé sans enclencher l'autre et aussi les deux signaux de la ligne à deux voies dans leur position normale.

Ainsi on doit avoir :

$$1° - \frac{1R, 2R}{3N, 4N}, \text{ ce qui implique la réciproque} \frac{3R, 4R}{1N, 2N};$$

$$2° - \frac{3R}{1N, 2N, 4N} \qquad » \qquad \frac{1R, 2R, 4R}{3N};$$

$$3° - \frac{4R}{1N, 2N, 3N} \qquad » \qquad \frac{1R, 2R, 3R}{4N}.$$

Les conditions du 2°, $\dfrac{3R}{1N,\,2N}$, sont déjà comprises dans les réciproques du 1° et se réduisent par suite à :

$$\dfrac{3R}{4N} \text{ avec réciproque } \dfrac{4R}{3N}.$$

De même les conditions du 3° sont déjà comprises dans celles du 1° et dans celles réduites du 2°, de sorte que les conditions se réduisent à :

$$1° - \dfrac{4R,\,2R}{3N,\,4N}, \text{ ce qui implique les réciproques } \dfrac{3R,\,4R}{1N,\,2N};$$

$$2° - \dfrac{3R}{4N} \qquad\qquad » \qquad\qquad \dfrac{4R}{3N}.$$

C'est ce qui aura lieu avec l'appareil représenté figure 1209.

1069. *Quatrième cas.* — Traversée

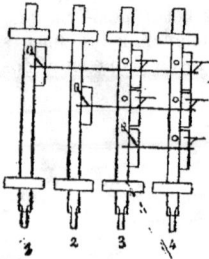

Fig. 1209.

d'une ligne à deux voies par une ligne à voie unique protégée dans chaque direc-

tion par un signal carré et par un signal avancé normalement à l'arrêt (*fig.* 1210).

Les conditions d'enclenchement, qui

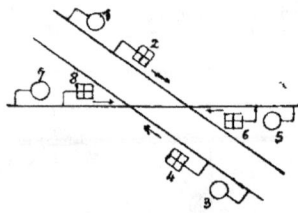

Fig. 1210.

avaient lieu dans le cas précédent entre les signaux 1, 2, 3 et 4, se reproduisent ici entre les signaux 2, 4, 6 et 8, et on a :

$$1° - \dfrac{2R,\,4R}{6N,\,8N}, \text{ ce qui implique la réciproque } \dfrac{6R,\,8R}{2N,\,4N};$$

$$2° - \dfrac{6R}{8N} \qquad\qquad » \qquad\qquad \dfrac{8R}{6N}.$$

Et de plus on a :

$$\dfrac{2N}{1N},\,\dfrac{4N}{3N},\,\dfrac{6N}{5N},\,\dfrac{8N}{7N}, \text{ ce qui implique les réciproques } \dfrac{1R}{2R},\,\dfrac{3R}{4R},\,\dfrac{5R}{6R},\,\dfrac{7R}{8R}.$$

Toutes ces conditions d'enclenchement sont réalisées avec l'appareil représenté figure 1211.

1070. *Cinquième cas.* —Traversée d'une ligne à deux voies par une ligne à deux voies protégée dans chaque direction par

un signal normalement à l'arrêt (*fig.* 1212).
Les conditions d'enclenchement sont les mêmes que dans le troisième cas,

moins les relations entre les signaux 3 et 4, et elles se réduisent à :

$$\frac{1R, \ 2R}{3N, \ 4N},$$ ce qui implique les réciproques $$\frac{3R, \ 4R}{1N, \ 2N}$$

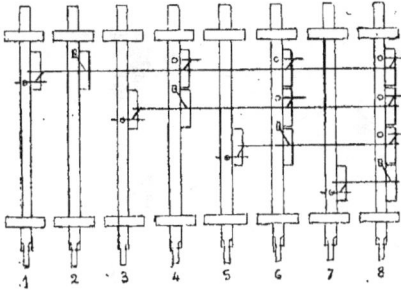

Fig. 1211.

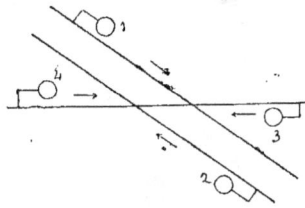

Fig. 1212.

et elles sont réalisées avec l'appareil représenté figure 1213.

1071. *Sixième cas.*—Traversée d'une ligne à deux voies par une ligne à deux voies protégée dans chaque direction par un signal carré et par un signal avancé normalement à l'arrêt (*fig.* 1214).

Les conditions d'enclenchement sont les mêmes que dans le quatrième cas, moins les relations entre les signaux 6 et 8, et elles se réduisent à :

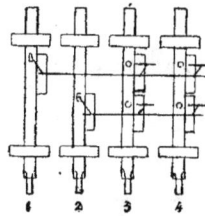

Fig. 1213.

$$\frac{2R, \ 4R}{6N, \ 8N},$$ ce qui implique les réciproques $$\frac{6R, \ 8R}{2N, \ 4N}$$

mais toujours avec celles :

$$\frac{2N}{1N}, \frac{4N}{3N}, \frac{6N}{5N}, \frac{8N}{7N},$$ ce qui implique les réciproques $$\frac{1R}{2R}, \frac{3R}{4R}, \frac{5R}{6R}, \frac{7R}{8R}$$

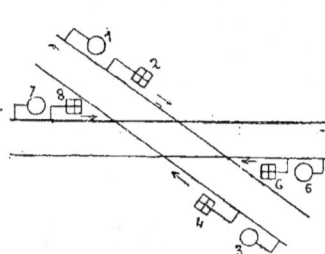

Fig. 1214.

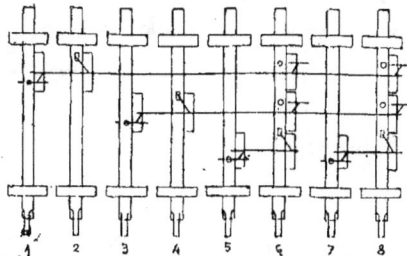

Fig. 1215.

et elles sont réalisées avec l'appareil représenté figure 1215.

1072. *Bifurcation d'une ligne à deux* voies en deux autres également à deux voies (*fig.* 1216). Nous allons donner les tableaux complets des leviers et des

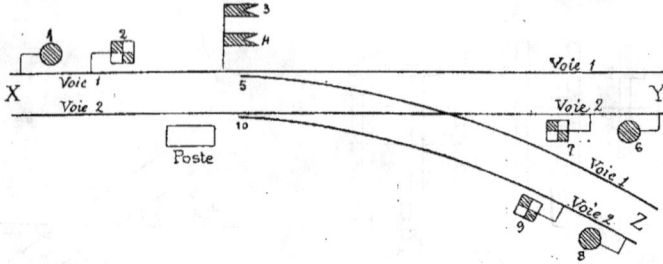

Fig. 1216.

enclenchements, nous réservant d'expliquer ensuite chacun de ces tableaux et la façon de les dresser.

TABLEAU DES LEVIERS

NUMÉROS des LEVIERS	DÉSIGNATION DES LEVIERS
1	Disque rouge dans la direction de X.
2	Signal carré dans la direction de X.
3	Signal le plus élevé du sémaphore s'adressant aux trains ou machines se dirigeant vers Y.
4	Signal le moins élevé du sémaphore s'adressant aux trains ou machines se dirigeant vers Z.
5	Aiguilles de bifurcation des voies (1Y — 1Z).
6	Disque rouge dans la direction de Y.
7	Signal carré dans la direction de Y.
8	Disque rouge dans la direction de Z.
9	Signal carré dans la direction de Z.
10	Aiguilles de bifurcation des voies (2Y — 2Z).

Position normale des signaux et des aiguilles.

1, 2, 3, 4, 6, 7, 8, 9, à l'arrêt.

5, aiguilles disposées pour la voie 1Y.

10, »   »   »   2Y.

TABLEAU DES PASSAGES

NUMÉROS des PASSAGES	DÉSIGNATION DES PASSAGES	LEVIERS à RENVERSER
1	De voie 1X sur voie 1Y	3 . 2 . 1
2	De voie 1X sur voie 1Z	5 . 4 . 2 . 1
3	De voie 2Y sur voie 2X	7 . 6
4	De voie 2Z sur voie 2X	10 . 9 . 8

TABLEAU DES PASSAGES SIMULTANÉS

Nos	1	2	3	4
1	+	»	3	4
2	»	+	»	4
3	1	»	+	»
4	1	2	»	+

TABLEAU DES NUMÉROS DE LEVIERS

Nos D'ORDRE des LEVIERS	NUMÉROS INSCRITS sous les NUMÉROS D'ORDRE	OBSERVATIONS
1	2	Les numéros inscrits sous le numéro d'ordre d'un levier indiquent que, pour renverser ce levier, il faut commencer par renverser ceux dont les numéros sont inscrits sous le numéro d'ordre.
2	3 ou 5. 4	
3		
4	5	
5		
6	7	
7		
8	9	
9	10	
10		

CHEMINS DE FER.

TABLEAU DES ENCLENCHEMENTS

LEVIERS ENCLENCHEURS		LEVIERS ENCLENCHÉS DANS LA POSITION			OBSERVATIONS
NUMÉROS	POSITION	NORMALE	RENVERSÉE	NORMALE OU RENVERSÉE	
1	Renversée		2		
2	Normale Renversée	1		3 renversée et 4 nor- male ou 3 normale et 4 renversée.	
3	Normale Renversée	2 5			2 peut être déclen- ché par4, quoique 3 reste normal.
4	Normale Renversée	2	5		2 peut être déclen- ché par 3, quoique 4 reste normal.
5	Normale Renversée	4 3 . 7			
6	Renversée		7		
7	Normale Renversée	6 5 . 10			
8	Renversée		9		
9	Normale Renversée	8	10		
10	Normale Renversée	9 7			

TABLEAU DES PLAQUES INDICATRICES

1	2	3	4	5
ARRÊT	ARRÊT	ARRÊT	ARRÊT	VOIE 1.Y
Disque rouge Voie 1.X	Carré Voie 1.X	Sémaphore Voie 1.Y	Sémaphore Voie 1.Z	Aiguilles (1.Y — 1.Z)
VOIE LIBRE	VOIE LIBRE	RALENTISSEMENT	RALENTISSEMENT	VOIE 1.Z

6	7	8	9	10
ARRÊT	ARRÊT	ARRÊT	ARRÊT	VOIE 2.Y
Disque rouge Voie 2.Y	Carré Voie 2.Y	Disque rouge Voie 2.Z	Disque rouge Voie 2.Z	Aiguilles (2.Y — 2.Z)
VOIE LIBRE	VOIE LIBRE	VOIE LIBRE	VOIE LIBRE	VOIE 2.Z

1073. Le plan (*fig.* 1216) indique la disposition des voies qui sont protégées dans chaque sens par un signal avancé et par un signal carré d'arrêt absolu.

De plus, dans le sens où l'aiguille 5 est prise en pointe dans la marche normale des trains, un sémaphore à deux ailes a pour but de renseigner le mécanicien sur la position de cette aiguille.

L'aile la plus élevée s'adresse aux trains se dirigeant vers Y, c'est-à-dire vers la *gauche*, et l'aile la moins élevée à ceux se dirigeant vers Z, c'est-à-dire vers la *droite*. La position horizontale de l'aile indique l'*arrêt*, et la position inclinée le *ralentissement*, comme d'ordinaire.

L'aiguilleur attendant un train devant aller de voie 1.X sur voie 1.Y aura abaissé l'aile 3 ; mais si, par suite de changement dans la marche des trains, le convoi arrivant doit se diriger sur voie 1.Z, le mécanicien sera renseigné par l'aile 3 que l'aiguille 5 n'est pas faite pour la direction de son train ; il arrêtera donc celui-ci et l'aiguilleur pourra, en manœuvrant ses leviers, disposer l'aiguille 5 et l'aile 4 pour la direction demandée.

Le *tableau des leviers* indique quels sont les signaux ou aiguilles manœuvrés par chacun des leviers de l'appareil.

Le tableau des enclenchements indique la *position normale* de ces signaux et de ces aiguilles ; les signaux sont généralement à l'arrêt et les aiguilles faites pour la voie la plus fréquentée.

Le *tableau des passages* montre tous les passages de trains qui peuvent s'effectuer dans cette bifurcation. Ils ne sont qu'au nombre de quatre indiqués par le schéma de la figure 1217. Pour donner un passage quelconque, il faut renverser des leviers dans un certain ordre, en commençant par les leviers manœuvrant les appareils les plus éloignés du train arrivant, et en allant ainsi successivement au-devant de ce train. Ces leviers sont indiqués dans la colonne *leviers à renverser*.

Certains passages de trains peuvent se faire simultanément et sans danger, D'après la figure 1217, on voit que le passage 1 peut se faire simultanément avec le passage 3 ou avec le passage 4 et que le passage 2 peut aussi être simultané avec le passage 4.

D'autres passages de trains doivent, au contraire, ne pas pouvoir se, faire en même temps, pour éviter les rencontres et les accidents. Ainsi le passage 1 ne doit pas avoir lieu en même temps que le passage 2 ; ce dernier ne doit pas non plus se faire en même temps que le passage 3 ; et enfin le passage 3 ne doit pas être concomitant du passage 4.

C'est ce qu'indique le tableau des passages simultanés.

L'inspection du schéma de la figure 1217 permet de dresser facilement ce tableau. Il faut pour cela considérer le passage 1 successivement avec les passages 2, 3, 4 ; puis le 2, avec 3, 4, et ainsi de

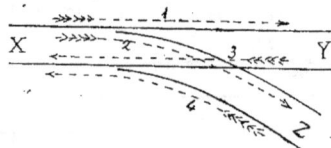

Fig. 1217.

suite, c'est-à-dire un passage quelconque avec tous ceux qui le suivent.

Quand les passages simultanés ne sont pas possibles, on met des guillemets dans le tableau pour l'indiquer.

1074. Le tableau des enclenchements est le plus important.

Pour chaque passage, les leviers doivent se manœuvrer dans un ordre déterminé et il en résulte d'abord certains enclenchements entre ces leviers.

Pour le passage 1, il faudra donc que $\frac{3N}{2N}$, ce qui entraîne la réciproque $\frac{2R}{4R}$, et que $\frac{2N}{1N}$ avec la réciproque $\frac{1R}{2R}$.

Pour le passage 2, il faut que $\frac{5N}{4N}$, ce qui entraîne la réciproque $\frac{4R}{5R}$, et aussi que $\frac{4N}{2N}$ avec la réciproque $\frac{2R}{4R}$, et enfin la condition déjà énoncée pour le passage 1, que $\frac{2N}{1N}$ et par suite $\frac{1R}{2R}$.

Pour le passage 3, il faut que $\frac{7N}{6N}$, ce qui entraîne la réciproque $\frac{6R}{7R}$.

Pour le passage 4, il faut que $\frac{10N}{9N}$, ce qui entraîne la réciproque $\frac{9R}{10R}$, et aussi que $\frac{9N}{8N}$ et par suite $\frac{8R}{9R}$.

Avec ces enclenchements, chaque passage se fera de telle sorte que l'aiguilleur ne pourra manœuvrer ses leviers que dans l'ordre voulu et sans aucune préoc-

cupation de sa part. Tous ces enclenchements sont indiqués sur le tableau.

Il reste à indiquer les enclenchements qui doivent interdire les passages dangereux, c'est-à-dire ceux qui ne sont pas simultanés.

Le premier levier à manœuvrer pour donner un passage est en quelque sorte une *clef* de ce passage. On ne peut faire ce passage sans la manœuvre de ce premier levier ou de cette clef.

Pour que les passages dangereux ne puissent se faire simultanément, il faut donc enclencher entre eux les premiers leviers ou les clefs de ces passages, de telle sorte que l'une des clefs étant manœuvrée (c'est-à-dire que le premier levier étant renversé), elle enclenche les autres clefs

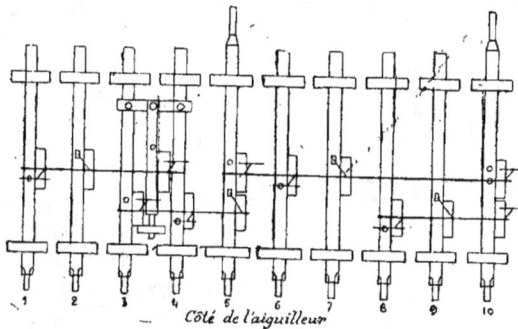

Côté de l'aiguilleur

Fig. 1218.

(ou autres premiers leviers) dans leur position normale.

Ainsi, les passages 1 et 2 ne devant pas être simultanés, il faut que $\frac{3R}{5N}$, ce qui entraîne la réciproque $\frac{5R}{3N}$.

Les passages 2 et 3 ne devant pas être simultanés, il faut que $\frac{5R}{7N}$, ce qui entraîne la réciproque $\frac{7R}{5N}$.

Les passages 3 et 4 ne devant pas être simultanés il faut que $\frac{7R}{10N}$, ce qui entraîne la réciproque $\frac{10R}{7N}$.

Tous ces enclenchements sont indiqués dans le tableau en chiffres plus gros et soulignés pour les distinguer des autres.

On remarquera que 2N est enclenché par 3N et par 4N et que cependant il peut être déclenché par 4 ou par 3, quoique 3 ou 4 reste normal. Il y a là un premier exemple d'*enclenchement spécial*, qui tient à ce que le signal 2 n'est manœuvré que par un levier alors qu'il s'adresse à la fois aux trains se dirigeant vers Y ou Z.

1075. Le Vignier représenté (*fig.* 1218) réalise tous les enclenchements portés sur le tableau et, avec cet appareil, l'aiguilleur ne pourra, malgré lui, donner des passages dangereux; la sécurité sera ainsi complète, *pourvu toutefois*, *nous insistons, que le mécanicien observe les signaux qui lui sont donnés.*

La répartition des arbres et le perçage des barres ayant pour but de réaliser tous les enclenchements portés aux tableaux, ne sont pas absolus.

Il y a plusieurs manières d'arriver au résultat demandé. Ce n'est que par la pratique qu'on obtient la meilleure solution, qui consiste à ne pas trop multiplier les arbres d'enclenchement et, par suite, à ne pas faire des barres trop longues afin d'avoir un appareil n'exigeant pas trop de place.

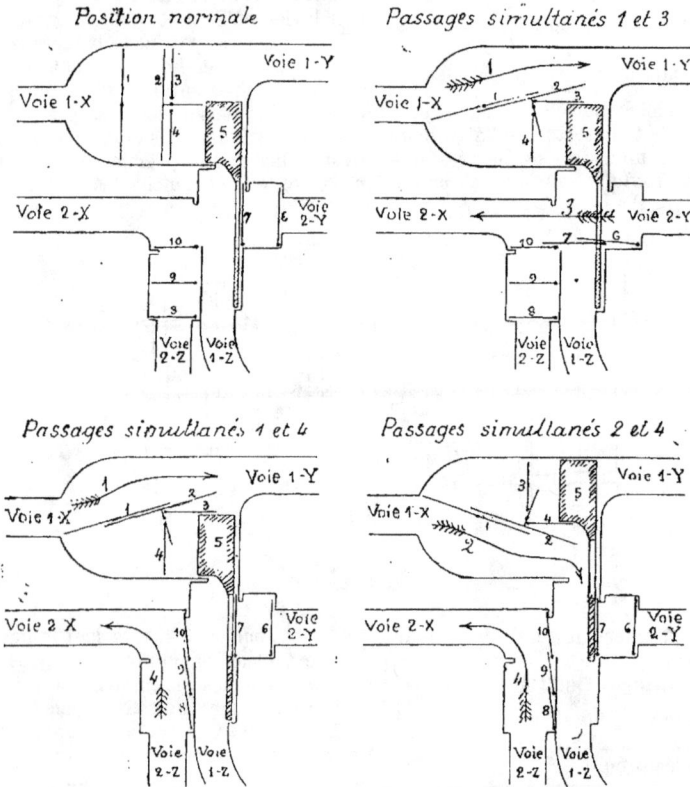

Fig. 1219.

L'enclenchement spécial entre les leviers 2, 3 et 4 est réalisé de la manière suivante. Entre les barres 3 et 4, on en place une autre, dite *barre d'enclenchement spéciale* et qui est actionnée par un balancier articulé sur les barres 3 et 4, de telle sorte que, quand l'une de ces dernières fait sa course entière, la barre d'enclenchement spécial ne fait que la moitié de cette course.

On voit par l'inspection de la figure que 2N est enclenché par 3N ou par 4N, mais que, si on renverse le levier 3 ou le levier 4, la barre d'enclenchement spécial présente son trou au-dessous du verrou de l'arbre 2, et l'on peut ainsi renverser le levier 2. De plus, ce levier 2 renversé enclenche 3R et 4N ou 3N et 4R.

Le tableau des plaques indicatrices donne, pour chaque levier, la désignation de ce levier et la position qu'occupe le signal ou l'aiguille quand le levier correspondant est dans sa position normale ou dans sa position renversée.

Le tableau des numéros de leviers donne les numéros qui sont inscrits sous chaque numéro d'ordre ; ils indiquent que, pour renverser un levier, il faut commencer par renverser ceux dont les numéros sont inscrits sur le numéro d'ordre.

Ces derniers numéros se déduisent assez facilement en consultant la colonne : *levier à renverser*, dans le tableau des passages et aussi en examinant le tableau des enclenchements.

1076. Afin de bien faire saisir la sécurité qu'assure le Vignier établi dans les conditions des tableaux précédents et de la figure 1218, supposons que chaque aiguille

ou signal manœuvré soit une porte tournante ou glissante et que la distance qui

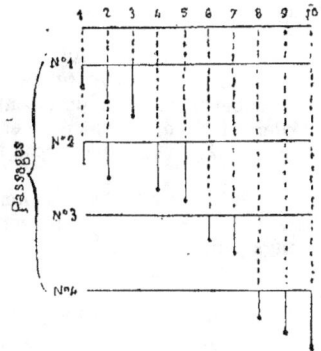

Fig. 1220.

sépare chaque appareil soit une pièce fermée par une de ces portes. Il y aura ainsi plusieurs pièces consécutives qu'il

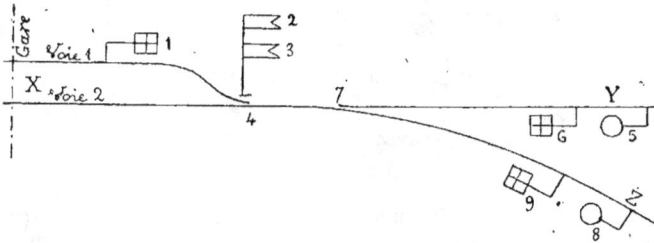

Fig. 1221.

faudra ouvrir successivement dans un ordre déterminé pour donner passage à un train. Une porte maintenue ouverte après une autre devra empêcher cette autre de se refermer, de sorte que les pièces ouvertes dans un certain ordre ne devront pouvoir être refermées que dans l'ordre inverse.

De plus, les différents passages que l'on pourra donner par l'ouverture de plusieurs pièces devront être tels qu'il ne puisse y avoir aucune rencontre possible.

C'est ce qui est représenté par le schéma de la figure 1219 qui reproduit d'abord la position normale de l'appareil interdisant tout passage, puis indique quels sont les passages simultanés qui peuvent se faire en toute sécurité en interdisant tous ceux qui pourraient être dangereux.

Comme il est indifférent de numéroter les appareils dans un sens ou l'autre, il convient de disposer autant que possible ce numérotage de telle sorte que, pour donner un passage déterminé, on n'ait qu'à renverser des leviers qui soient voisins les uns des autres et qu'on aille autant que possible de gauche à droite de l'appareil.

Il arrive, en effet, que, faute de prendre cette précaution, l'aiguilleur est obligé, pour donner un passage déterminé, de renverser, par exemple, successivement les leviers 7, 15, 1, 13, 14. Il lui faut donc aller d'une extrémité à l'autre de l'appareil et, en dernier lieu, il doit renverser le levier 14, compris entre 15 et 13, qui le sont déjà, ce qui n'est pas très commode.

En procédant de la manière recommandée, les arbres d'enclenchement seront moins longs puisque les leviers en relation seront rapprochés les uns des autres.

Le schéma de la figure 1220 indique, pour le cas qui nous occupe, le renversement successif des leviers pour chaque passage, le levier renversé le premier étant représenté par un trait plus long et l'on voit qu'il satisfait aux conditions ci-dessus énoncées.

1077. *Bifurcation d'une ligne à une voie en deux autres également à une voie* (*fig.* 1221). — Il n'y a pas de passages simultanés; dans ce cas, les quatre passages possibles sont ceux indiqués au tableau ci-dessous.

NUMÉROS des PASSAGES	DÉSIGNATION DES PASSAGES	LEVIERS à RENVERSER
1	De voie 1X sur voie unique Y.	7. 4. 2. 1
2	De voie 1X sur voie unique Z.	4. 3. 1
3	De voie unique Y sur voie 2X.	7. 6. 5
4	De voie unique Z sur voie 2X.	9. 8

Pour les passages 2, 3 et 4, afin que les leviers soient renversés dans l'ordre voulu, il faut que :

$$1° - \frac{4N}{3N} \text{ et } \frac{3N}{1N} \text{ avec les réciproques } \frac{3R}{4R} \text{ et } \frac{1R}{3R}$$

$$2° - \frac{7N}{6N} \text{ et } \frac{6N}{5N} \text{ avec les réciproques } \frac{6R}{7R} \text{ et } \frac{5R}{6R}$$

$$3° - \frac{9N}{8N} \text{ avec la réciproque } \frac{8R}{9R}$$

D'après le même principe, il faudrait pour le passage 1 que $\frac{7N}{4N}, \frac{4N}{2N}$ et $\frac{2N}{1N}$ avec les réciproques $\frac{4R}{7R}, \frac{2R}{4R}$ et $\frac{1R}{2R}$.

Mais, si l'on admettait la condition $\frac{7N}{4N}$, on ne pourrait faire le passage 2; il faut donc laisser les leviers 7 et 4 indépendants, mais faire que $\frac{7N}{2N}$ et $\frac{4N}{2N}$ avec $\frac{2N}{1N}$, ainsi que les réciproques $\frac{2R}{7R}, \frac{2R}{4R}$ et $\frac{1R}{2R}$.

Comme il n'y a pas de passages simultanés possibles, il faut que la clef de chaque passage enclenche celles de tous les autres.

Le passage 1 a en quelque sorte deux clefs, les leviers 7 et 4. Pour qu'il ne puisse se faire en même temps que le passage 2 qui a pour clef le levier 4, appartenant déjà au passage 1, il faut que le levier 7 du passage 1 enclenche le levier suivant 3 du passage 2, c'est-à-dire que $\frac{7R}{3N}$ avec réciproque $\frac{3R}{7N}$.

Pour que les passages 1 et 3 ne puissent se faire simultanément, comme le levier 7 est commun aux deux passages, il faudra que $\frac{4R}{6N}$ avec la réciproque $\frac{6R}{4N}$.

Pour que les passages 1 et 4 ne puissent se faire simultanément, il faudra que l'un des leviers 7 ou 4 renversé enclenche

9 normal et, réciproquement, que 9 renversé enclenche 7 ou 4 normal.

Soit donc $\dfrac{7R}{9N}$ avec $\dfrac{9R}{7N}$.

Pour que les passages 2 et 3 ne puissent se faire simultanément, comme leurs clefs 4 et 7 sont indépendantes, il faudra que le levier 4 du passage 2 enclenche le levier suivant 6 du passage 3, ou que le levier 7 du passage 3 enclenche le levier suivant 3 du passage 2. Mais, comme les relations entre les leviers 4 et 6 existent déjà pour empêcher la simultanéité des passages 1 et 3 et que les relations entre 7 et 3 existent déjà pour empêcher la simultanéité des passages 1 et 2, il n'y a pas à en tenir compte à nouveau.

Pour que les passages 2 et 4 ne puissent se faire simultanément, il faut que $\dfrac{4R}{9N}$ avec la réciproque $\dfrac{9R}{4N}$.

Enfin, pour que les passages 3 et 4 ne puissent se faire simultanément, il faut aussi une relation entre les leviers 7 et 9 ; mais, comme elle existe déjà pour empêcher la simultanéité des passages 1 et 4, il n'y a pas à en tenir compte à nouveau.

On voit donc, par cet exemple, que le tableau des enclenchements n'est pas toujours aussi simple à établir qu'on l'avait indiqué pour le cas d'une ligne à deux voies se bifurquant en deux autres aussi à deux voies et que, par suite, on ne saurait donner une *règle absolue* pour dresser ce tableau.

On ne peut que donner des principes généraux, que l'expérience permet seule d'appliquer d'une manière convenable et satisfaisante.

Dans le cas qui nous occupe, les numéros à inscrire sous les numéros d'ordre des leviers seraient les suivants :

N⁰ˢ des leviers	1	2	3	4	5	6	7	8	9
N⁰ˢ à inscrire.............	2 ou 3	4.7	4	»	6	7	»	9	»

Enclenchements spéciaux.

1078. Si, dans un appareil d'enclenchement, un signal distinct commandait chaque passage, les enclenchements entre les leviers d'aiguilles et de signaux seraient *simples*. Mais il arrive parfois qu'un signal s'adresse à plusieurs directions ; en l'actionnant par autant de leviers qu'il commande de passages, les enclenchements seraient encore *simples*.

Soit (*fig.* 1222) un signal carré commandant à la fois un mouvement sur voie 1 et sur voie A.

On peut actionner ce signal par un levier 2 pour autoriser les mouvements sur voie 1 et par un levier 2 *bis* pour autoriser les mouvements sur voie A.

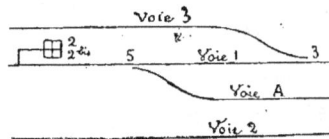

Fig. 1222.

Les enclenchements à réaliser seront alors :

$$\dfrac{2R}{5N \text{ et } 3N} \quad \text{avec la réciproque} \quad \dfrac{5R \text{ et } 3R}{2N}$$

et :

$$\dfrac{5N}{2^{bis}N} \quad \text{avec la réciproque} \quad \dfrac{2^{bis}R}{5R}$$

et ils seront obtenus par des enclenchements *simples* à l'aide du Vignier de la figure 1223.

Le carré peut être mis au libre passage par l'un ou l'autre des leviers 2 et 2 *bis* ; et, quand il en est ainsi, c'est qu'on peut diriger en toute sécurité un train soit sur

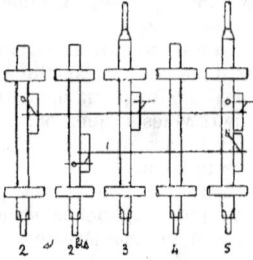

Fig. 1223.

voie 1, soit sur voie A, et dans ce dernier cas l'aiguille 3 reste libre alors que celle 5 est renversée.

En recevant un train sur voie A, on peut donc en même temps en faire partir un autre garé sur la voie 3.

En manœuvrant le carré par un *seul* levier n° 2, il faudrait que $\dfrac{2R}{5N \text{ et } 3N}$ pour assurer les mouvements sur voie 1 et que de plus $\dfrac{2R}{5R}$ pour assurer les mouvements sur voie A. Mais, en renversant 2 après

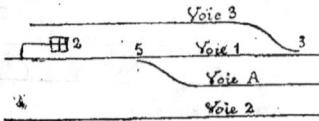

Fig. 1224.

avoir renversé 5, on enclenche en même temps l'aiguille 3 dans sa position normale. En dirigeant un train sur voie A, on ne peut donc plus en faire partir en même temps un autre garé sur voie 3, ce qui pourrait se faire en toute sécurité.

L'économie d'un levier empêche donc la simultanéité de deux passages non dangereux. Par contre, en augmentant le nombre de leviers dans un appareil, la dépense d'installation est plus grande, et, si les leviers sont plus nombreux, il peut arriver que l'on soit obligé de mettre deux

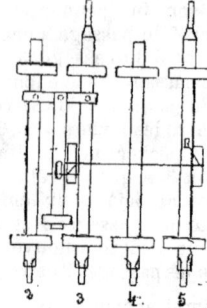

Fig. 1225.

aiguilleurs au lieu d'un pour les manœuvrer : d'où encore un surcroît de dépense.

Les enclenchements *spéciaux* ont pour but d'éviter, dans une certaine mesure, ces accroissements de dépense en n'actionnant un signal (ou une aiguille) que par *un seul levier*, tout en permettant la simultanéité de passages non dangereux ; avec les enclenchements *simples* on ne pourrait réaliser cela qu'à l'aide de *deux* ou *d'un plus grand nombre de leviers*.

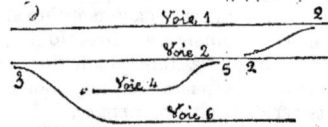

Fig. 1226.

Dans le cas de la figure 1224, il faut faire que $\dfrac{2R}{3N}$, mais pour 5N et réciproquement que $\dfrac{3R}{2N}$ pour 5N.

1079. Cet enclenchement spécial sera réalisé avec le Vignier (*fig.* 1225), en plaçant entre les barres 2 et 3 une barre d'enclenchement spécial actionnée par un balancier articulé sur ces deux barres ainsi qu'on l'a déjà vu précédemment.

Le verrou de l'arbre 5 pénètre dans un trou, non pas circulaire, mais allongé d'une

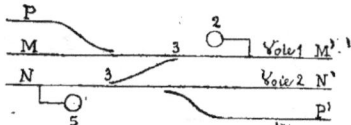

Fig. 1227.

quantité égale à la course de la barre d'enclenchement spécial, course qui est moitié de celle de chacune des barres 2 et 3.

On voit par l'inspection de la figure que, si on renverse 2, et que 5 soit normal, le verrou empêchera de manœuvrer la barre 3 et que, par suite, le levier 3 sera enclenché dans sa position normale.

De même 3R n'enclenchera 2N qu'autant que 5 sera normal.

De plus, si 5 est renversé, le verrou

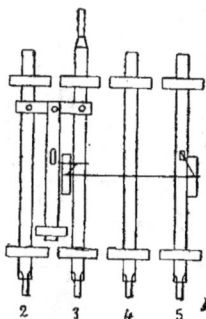

Fig. 1228.

ne pénétrant plus dans le trou, on peut renverser à la fois les leviers 2 et 3.

Le cas serait le même pour la figure 1226.

En renversant le levier 2 commandant la communication des voies 1 et 2, on permet à un train de la voie 1 de passer sur la voie 2 et par suite 2R ne doit enclencher 3N qu'autant que 5 est normal, car si 5 est renversé, le train sera dirigé sur voie 4 et alors l'aiguille 3 devra être libre pour permettre en même temps le départ d'un train garé sur voie 6.

1080. *Deuxième cas d'enclenchement spécial (fig. 1227).* — Le signal 2 commande les refoulements de M' dans les directions de M, de P et aussi dans la direction de N quand on renverse le levier 3 de la communication (1-2). De même, le signal 5 commande les refoulements de N dans les directions de N', de P' et aussi dans la direction de M' quand on renverse le levier 3.

Le levier 2 renversé ne doit enclencher le levier 5 normal, et réciproquement le levier 5 renversé ne doit enclencher le levier 2 normal, qu'autant que le levier

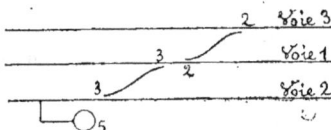

Fig. 1229.

3 est renversé. Et, en effet, si 3 reste normal, on peut sans danger renverser à la fois les leviers 2 et 5.

Cet enclenchement spécial est encore réalisé avec le Vignier de la figure 1228, dont la barre d'enclenchement spécial porte encore un trou allongé d'une quantité égale à sa course, c'est-à-dire à la moitié de la course de chacune des barres 2 et 3.

On voit par l'inspection de la figure que, tant que 3 sera normal, on pourra renverser les leviers 2 et 5, mais que si 3 est renversé et qu'on renverse aussi 2, la barre d'enclenchement spécial aura accompli, en deux fois, une course égale à celle des barres 2 et 3 et que, par suite, le verrou du levier 5 ne pourra plus pénétrer dans le trou allongé.

De même, si 3 est renversé et qu'on renverse aussi 5, il ne sera plus possible de faire le levier 2.

On aura donc réalisé les enclenche-ments :

$$\frac{2R}{5N \text{ pour } 3R} \text{ et réciproquement } \frac{5R}{2N \text{ pour } 3R}.$$

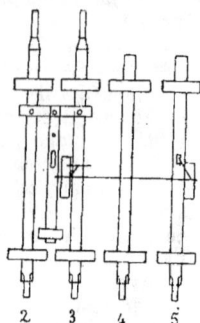

Fig. 1230.

1081. *Troisième cas d'enclenchement spécial* (*fig.* 1229). — Un signal bleu de re-foulement n° 5 commande à la fois les mou-vements sur voie 1, sur voie 2 et sur voie

3. Par suite, pour aller sur voie 1, il faut que $\dfrac{5R}{3R \text{ et } 2N}$ et pour aller sur voie 3 que $\dfrac{5R}{3R \text{ et } 2N}$. Il faut donc que 5R enclenche 2N et 2R; mais cela n'est né-cessaire qu'autant que 3 est renversé.

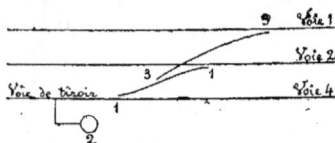

Fig. 1231.

Si l'on renversait seulement pour aller sur voie 2, on enclencherait en même temps 2 normal et on ne pourrait plus renverser le levier 2 pour aller de voie 1 sur voie 3, ce qui peut se faire en même temps sans danger.

Il faut donc que $\dfrac{5R}{2N \text{ et } 2R}$ mais pour 3R.

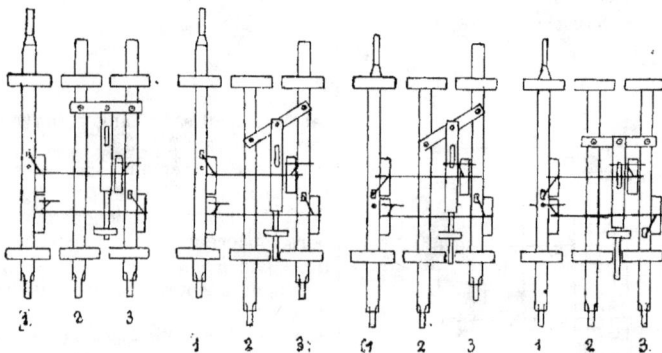

Fig. 1232 à 1235.

1082. C'est ce qui est réalisé par le Vignier (*fig.* 1230). Avec le trou allongé, 5R enclenche 2N pour 3R et avec le trou sui-vant 5R enclenche 2R pour 3 renversé. Et l'on voit aussi que, quand 3 est nor-mal, les leviers 2 et 5 sont indépendants.

1083. *Quatrième cas d'enclenchement*

spécial (*fig.* 1231). — Un signal jaune n° 2, normalement effacé, commande les mou-vements d'une voie de tiroir sur voie 4 et sur voie 1. Les trains peuvent aussi refouler de la voie 1 sur cette voie de tiroir et passer sur cette dernière en provenance de la voie 2.

Il faut d'abord que $\dfrac{2N}{1N}$ avec la réciproque $\dfrac{1R}{2R}$, pour qu'on ne puisse changer la position de l'aiguille n° 1 sans avoir préalablement mis le signal n° 2 à l'arrêt. Mais cet enclenchement ne doit être maintenu qu'autant que le levier n° 3 reste dans sa position normale.

Si l'on veut refouler de la voie 1 sur la voie de tiroir, il faut renverser successivement les leviers n°ˢ 2, 1 et 3. Mais, si l'on veut au contraire aller de la voie de tiroir sur la voie 1, il faut qu'après le renversement de ces trois leviers on puisse effacer le disque jaune n° 2, c'est-

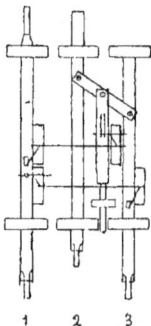

Fig. 1236.

à-dire remettre le levier n° 2 dans sa position normale.

Il faut donc que 1 renversé n'enclenche 2 renversé qu'autant que 3 est normal.

Cet enclenchement est réalisé par le Vignier (fig. 1232).

La figure 1233 indique la disposition du Vignier quand on a renversé le levier n° 2.

La figure 1234 indique la disposition du Vignier quand on a ensuite renversé le levier n° 1.

La figure 1235 indique la disposition du Vignier quand on a ensuite renversé le levier n° 3.

Et, enfin, la figure 1236 indique la disposition du Vignier quand on a remis le

levier n° 2 dans sa position normale pour autoriser le passage de la voie de tiroir sur la voie 1.

1084. *Cinquième cas d'enclenchement spécial (fig. 1237).* — Pour aller de voie 2 sur voie 3, il faut renverser le levier 4, puis le levier 2 ; pour aller de voie 2 sur

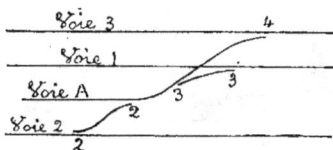

Fig. 1237.

voie 1, il faut renverser le levier 3, puis le levier 2. Il faut donc que $\dfrac{4N}{2N}$, mais que 2 puisse être déclenché par 3, quoique 4 reste normal. De même, il faut que $\dfrac{3N}{2N}$, mais que 2 puisse être déclenché par 4 quoique 3 reste normal.

Le levier d'aiguille 2 joue donc le même rôle par rapport aux deux autres leviers

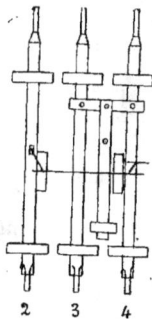

Fig. 1238.

d'aiguille 3 et 4 que le signal carré avec les deux ailes de sémaphore dans le cas de la figure 1218, et le Vignier de la figure 1238 réalise encore les enclenchements voulus entre les trois leviers 2, 3 et 4.

1085. Les enclenchements spéciaux entre trois leviers sont les seuls que l'on puisse en pratique réaliser avec les appareils Vignier.

Si l'on doit réaliser des enclenchements plus compliqués, on pourra le faire de la manière suivante :

Soit (*fig.* 1239) une bifurcation à trois directions protégée par un signal avancé, un signal carré d'arrêt absolu et un sémaphore à trois ailes.

Les ailes 4, 5, 6 doivent, à l'arrêt, en_

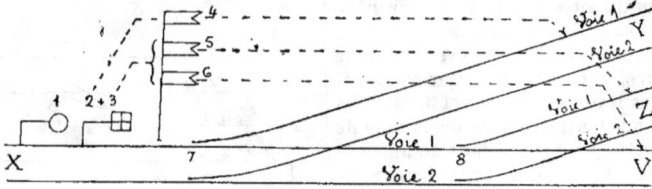

Fig. 1239.

clencher le carré; mais celui-ci doit pouvoir être déclenché par une quelconque des ailes mise au ralentissement.

Dans ce cas, on actionne le carré par deux leviers 2 et 3, le levier 2 en relation avec l'aile 4 et le levier 3 avec les ailes 5 et 6.

Pour aller de voie 1.X sur voie 1.Y, il faudra renverser successivement les leviers 7, 4, 2, 1.

Pour aller de voie 1.X sur voie 1.Z, il faudra renverser successivement les leviers 8, 5, 3, 1.

Et enfin, pour aller de voie 1.X sur voie 1.V, il faudra renverser successivement les leviers 6, 3, 1.

Pour assurer cet ordre dans le renversement des leviers, il faudra réaliser les enclenchements simples $\frac{7N}{4N}$ et $\frac{4N}{2N}$ ainsi que $\frac{8N}{5N}$ et les enclenchements spéciaux.

$$\frac{1R}{(2N \text{ et } 3R) \text{ ou } (2R \text{ et } 3N)}$$

et :

$$\frac{2R}{(5N \text{ et } 6R) \text{ ou } (5R \text{ et } 6N)}$$

C'est ce que donne le Vignier de la figure 1240.

Bien entendu, il faudra réaliser, en outre, les enclenchements qui interdisent la simultanéité de ces trois passages.

Appareils Saxby (*fig.* 1241).

1086. Les appareils d'enclenchements de MM. Saxby et Farmer, ingénieurs anglais, datent de 1856. A cette époque, ces appareils n'étaient guère qu'une va-

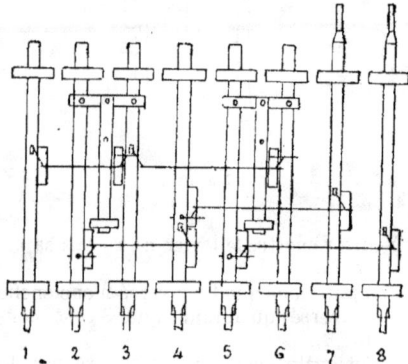

Fig. 1240.

riante du système Vignier. Ce n'est que de 1874 que datent les derniers perfectionnements qu'on leur a apportés.

La disposition suivante est celle adoptée à la Compagnie P.-L.-M.

Tous les leviers sont montés les uns près des autres, à 0^m,160 d'écartement, sur un bâtis en fonte. Ils se meuvent dans des plans parallèles, perpendiculaires à leurs axes de rotation. Ces leviers ont tous la même forme à leur partie supérieure. A la partie inférieure, les leviers d'aiguille sont terminés par une petite branche à laquelle se relie une tringle A qui commande l'aiguille par une transmission rigide, les leviers de signaux

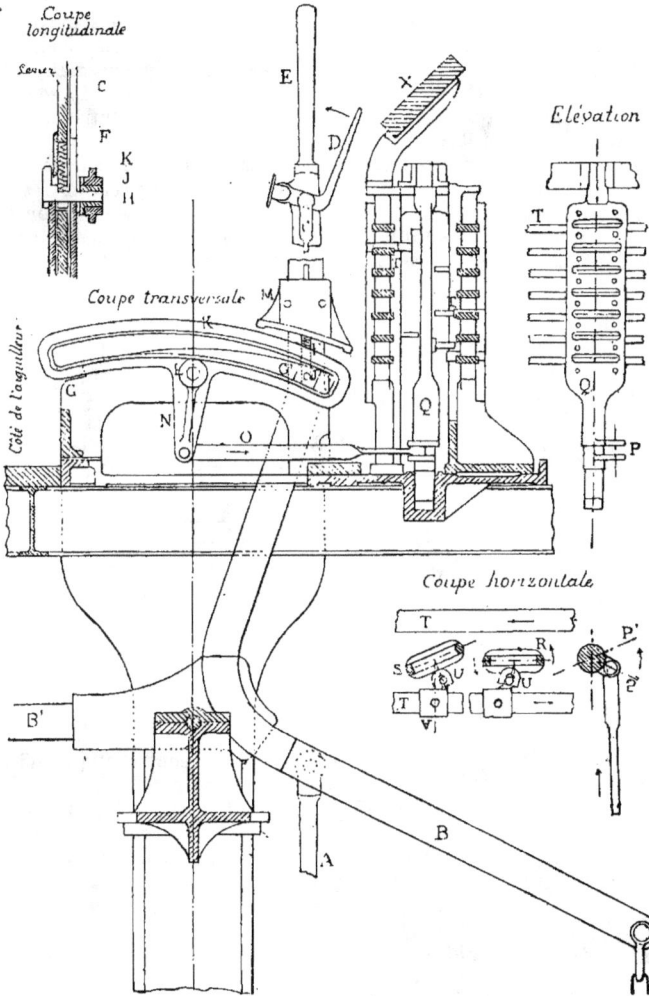

Fig. 1241.

portent deux branches B et B' aux extrémités desquelles on attache le fil qui commande la transmission du signal et sur lesquelles on peut aussi fixer des lentilles en fonte pour faciliter le mouvement des leviers.

Le long de chaque levier est disposée une tringle C qu'on peut soulever en agissant sur la manette D du levier pour la ramener contre la poignée E de ce levier. Cette tringle C est maintenue abaissée par un ressort F qui retient la partie inférieure de cette tringle dans les encoches G, G' pratiquées à chaque extrémité des flasques en fonte entre lesquelles se meut le levier. Ces flasques, à leur partie supérieure, ont une forme circulaire ayant pour centre l'axe de rotation des leviers. Chaque levier est ainsi maintenu fixe dans chacune de ses positions extrêmes. La partie inférieure de la tringle C porte de plus une saillie H qui pénètre dans un coulisseau J, prison-nier dans la rainure d'une coulisse K pouvant osciller autour d'un axe L.

Quand on agit sur la manette du levier et seulement avec l'effort des doigts de la main, la tringle C se soulève, se dégage de l'encoche G' et en même temps la coulisse K, par l'intermédiaire du coulisseau J, oscille autour de son axe L et vient se mettre concentrique à la forme supérieure des flasques. On peut alors, en agissant fortement sur la poignée E du levier, déplacer celui-ci (et la transmission qui en dépend) pour lui faire occuper une position symétrique. Si alors on cesse de presser avec la main sur la

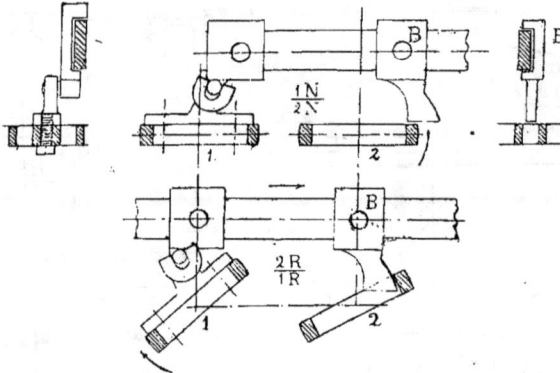

Fig. 1242.

manette D, le ressort F engage le bas de la tringle C dans l'encoche G ; mais, en même temps, la coulisse K, qui n'a pas bougé pendant le déplacement du levier, s'incline à nouveau et prend une position symétrique de celle représentée sur la figure.

Un guide M, porté par le levier, maintient la coulisse fixe pendant le déplacement de celui-ci.

La coulisse K se déplace donc en deux fois, moitié avant le mouvement du levier et moitié après. Elle porte un bras N qui agit sur une bielle O, articulée à l'extrémité d'une manivelle P située à la partie inférieure d'une pièce en fonte Q, qui peut tourner autour de son axe vertical. Cette pièce Q est appelée *gril* par suite des ou-vertures qui y sont pratiquées horizontalement pour donner passage aux taquets dont il sera parlé plus loin.

Quand, donc, on renverse un levier, la manivelle P se déplace en P' et le gril, qui en temps ordinaire est parallèle à l'axe de l'appareil, passe de la position R à celle inclinée S.

En regard des grils et de chaque côté, sont disposées des barres horizontales T soutenues par des galets horizontaux.

Si on fixe sur un gril une fourche d'entraînement U et en regard, sur une barre horizontale, un taquet V dont le bouton s'engage dans la fourche, quand un gril passera de la position R à celle S, il déplacera la barre T dans le sens de la flèche. Si des taquets sont fixés sur cette barre, ceux-ci seront entraînés dans son mouvement et pourront venir se placer en regard des grils des autres leviers pour les empêcher ou leur permettre de tourner et, par suite, pour enclencher ou déclencher les leviers correspondants.

Dans les appareils Vignier, on agit sur les enclenchements en même temps que sur les leviers et par suite ces enclenchements doivent être robustes.

Dans les appareils Saxby, on n'agit sur les enclenchements que quand on n'exerce plus d'action sur le levier et seulement quand on rapproche avec la main la manette de la poignée du levier (ou qu'on abandonne la manette à l'action du ressort F), c'est-à-dire avec un effort faible

1087. Nous allons examiner d'abord quels sont les enclenchements *simples* qu'on peut réaliser avec les appareils Saxby et par quelle forme appropriée de taquets on peut y parvenir.

Avec un taquet B (*fig.* 1242) fixé sur une barre, on réalise l'enclenchement $\frac{1N}{2N}$. Le taquet, solidaire de la barre commandée par le gril du levier 1, est devant le gril du levier 2 et l'empêche de tourner dans le sens de la flèche; par suite, le levier 2 est enclenché dans sa position normale.

Réciproquement, $\frac{2R}{1R}$, car, en renversant le levier 2 après avoir renversé le

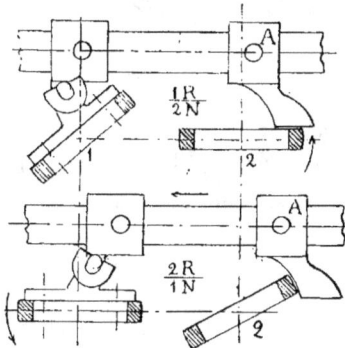

Fig. 1243.

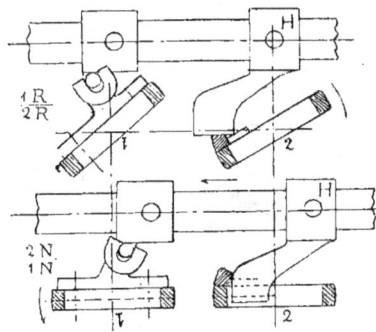

Fig. 1244.

et limité. Les enclenchements peuvent donc être obtenus à l'aide de pièces plus délicates que dans les Vignier. De plus, dans les appareils Saxby, les barres d'enclenchement sont plus nombreuses dans un espace plus restreint et, comme on le verra plus loin, il est possible de réaliser des enclenchements spéciaux entre un assez grand nombre de leviers, ce qui économise dans une assez forte proportion le nombre de ces leviers, tandis que cette économie est assez restreinte dans les appareils Vignier.

Comme dans les appareils Vignier, la désignation des leviers des appareils Saxby est indiquée par des plaques indicatives fixées sur une planche X, en regard de l'aiguilleur.

levier 1, la position inclinée du gril du levier 2 empêche tout mouvement du taquet B dans le sens de la flèche et le levier 1 ne peut être ramené dans sa position normale.

Avec un taquet A (*fig.* 1243), fixé sur une barre, on réalise l'enclenchement $\frac{1R}{2N}$. Le taquet, solidaire de la barre commandée par le gril du levier 1, est amené, quand on renverse ce levier, devant le gril du levier 2 et l'empêche de tourner dans le sens de la flèche; par suite, le levier 2 est enclenché dans sa position normale. Réciproquement, $\frac{2R}{1N}$, car la position inclinée du gril du levier 2 empêche tout mouvement du taquet A dans le sens de la flèche et le levier 1 est enclenché dans sa position normale.

Avec un taquet H (*fig.* 1244) fixé sur une barre, on réalise l'enclenchement $\frac{1R}{2R}$.

Le taquet, solidaire de la barre commandée par le gril du levier 1, est amené, quand on renverse ce levier, après avoir renversé d'abord le levier 2, devant le gril de ce levier 2 et l'empêche de tourner dans le sens de la flèche, c'est-à-dire de pouvoir être ramené à sa position normale.

Réciproquement, $\frac{2N}{1N}$, car, tant que le levier 2 est dans sa position normale, il

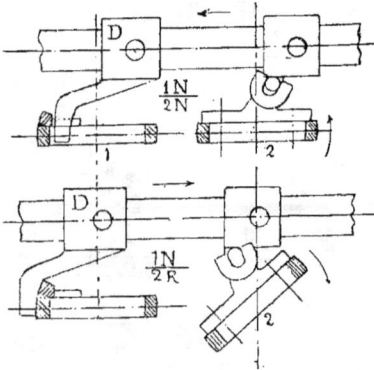

Fig. 1245.

empêche tout mouvement du taquet H et le levier 1 ne peut être renversé.

Afin de bien assurer l'enclenchement du gril 2 renversé par le taquet H renversé, on rapporte sur le gril un buttoir.

1088. Parmi les enclenchements *doubles*, on peut réaliser (*fig.* 1245) $\frac{1N}{2N \text{ et } 2R}$ à l'aide d'un taquet D, solidaire de la barre commandée par le levier 2. Le gril du levier 1 empêche tout mouvement du taquet dans le sens de la flèche et, par suite, $\frac{1N}{2N}$. De plus, si on renverse le levier 1, on peut renverser ensuite le levier 2, et, si après on ramène le levier 1 dans sa position normale, son gril empê-

chera tout mouvement du taquet dans le sens de la flèche et, par suite, $\frac{1N}{2R}$. Comme précédemment, l'enclenchement est bien

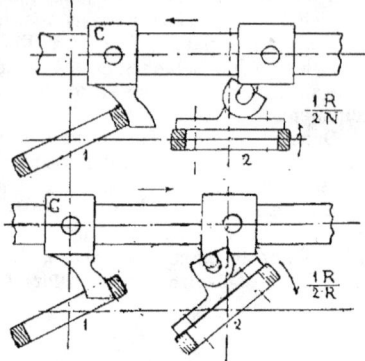

Fig. 1246.

assuré par un buttoir rapporté sur le gril, (*fig.* 1246) $\frac{1R}{2N \text{ et } 2R}$, à l'aide d'un taquet C, solidaire de la barre commandée

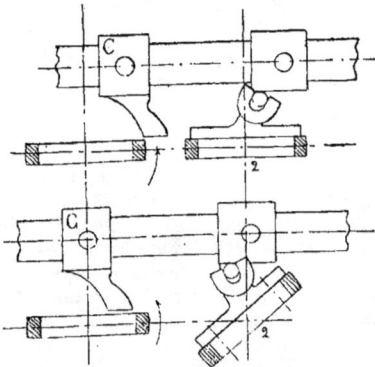

Fig. 1247.

par le levier 2. Ce taquet, quand il est dans sa position normale ou dans sa position renversée, n'enclenche rien, ainsi que le fait voir la figure 1247; mais si on renverse le levier 1, son gril enclenchera le taquet C et, par suite, le levier 2 dans sa position normale et dans sa position renversée, ainsi que le montre la figure 1246

Avec les cinq taquets B, A, H, D, C, on peut donc réaliser les enclenchements simples et doubles qui avaient été obtenus dans l'appareil Vignier décrit précédemment.

1089. Nous allons indiquer maintenant de quelle manière sont réalisés les enclenchements *spéciaux* entre plusieurs leviers.

Supposons le cas d'une bifurcation à quatre directions protégée dans le sens des aiguilles prises en pointe par un sémaphore à quatre ailes (n°s 3, 4, 5, 6) précédé d'un carré n° 2 normalement à l'arrêt.

On sait qu'il faut que $\dfrac{3N,\ 4N,\ 5N,\ 6N}{2N}$, mais que 2 doit pouvoir être déclenché par une quelconque des quatre ailes du sémaphore mise au ralentissement, quoique les trois autres restent dans leur position normale.

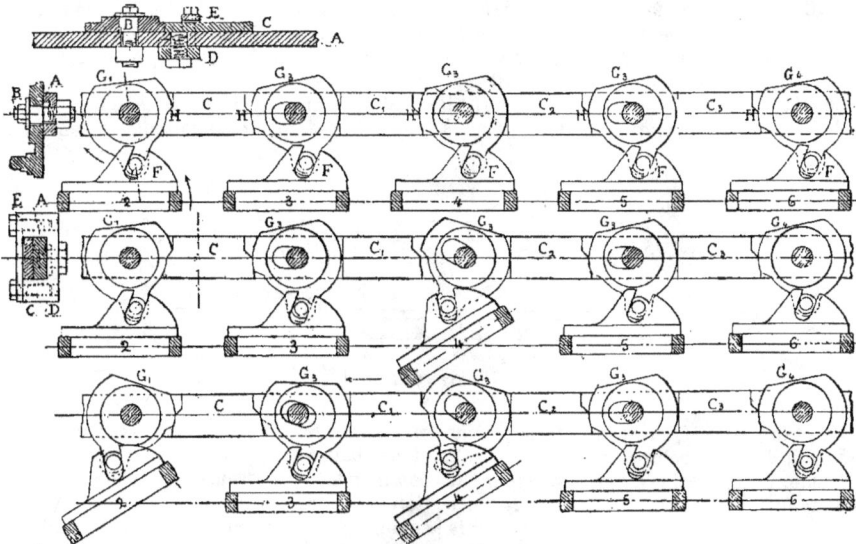

Fig. 1248 à 1250.

Avec l'appareil Vignier, cet enclenchement ne pourrait être réalisé en n'actionnant le carré que par un *seul* levier, tandis qu'avec l'appareil Saxby la chose est possible et de la manière suivante :

Sur une barre fixe A (*fig.* 1248) reposent des taquets G$_1$, G$_3$, G$_4$, qui peuvent osciller autour d'axes B fixés sur cette barre. Entre ces taquets sont placées des platines mobiles C, C$_1$, C$_2$, C$_3$, reposant également sur la barre A. A chacune de leurs extrémités, les platines sont maintenues par un étrier D vissé sur la barre

A et un chapeau E que, pour plus de clarté, on n'a pas projeté dans la vue en plan, mais seulement dans les coupes. Chaque taquet peut prendre un mouvement de rotation autour de son axe par une fourche d'entraînement F fixée sur le gril des leviers 2, 3, 4, 5 et 6.

Les taquets G$_1$, G$_3$, G$_4$ sont découpés suivant deux contours concentriques à leurs axes raccordés entre eux par une partie verticale plane H. Les taquets G$_1$ et G$_4$ ne peuvent qu'osciller autour de leurs axes et sous l'action de leurs fourches d'entraînement seulement, tandis que les taquets G_3 peuvent de plus se déplacer de part et d'autre de leur axe par suite des trous oblongs qui les entourent et bien que leurs fourches d'entraînement restent fixes.

Les platines C, C_1, C_2, C_3 sont découpées de différentes manières de façon à épouser le contour des taquets ou à présenter une partie droite contre leur pourtour circulaire.

Dans le cas de la figure 1248, on voit que, si les leviers 3, 4, 5, 6 sont dans leur position normale, il est impossible de renverser le levier 2, car alors son gril tendrait à faire tourner dans le sens de la flèche le taquet G_1 qui en est empêché par la partie H. Pour que le taquet G_1 puisse tourner, il faudrait que, par la pression qu'il exercerait en H, il fît marcher la platine C de gauche à droite; et l'on voit par l'inspection de la figure que ce n'est pas possible.

Mais, si l'on vient à renverser un quelconque des leviers 3, 4, 5, 6, le levier 4 par exemple, son gril en tournant entraîne sa fourche qui fait osciller le ta-

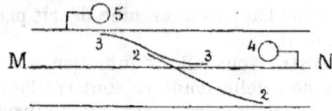
Fig. 1251.

quet G_3 correspondant autour de son axe et lui fait prendre la position indiquée dans la figure 1249, et alors il se produit un vide entre la platine C_1 et le taquet G_3 du levier 4.

Si donc on renverse ensuite le levier 2, son gril en tournant fait osciller le taquet

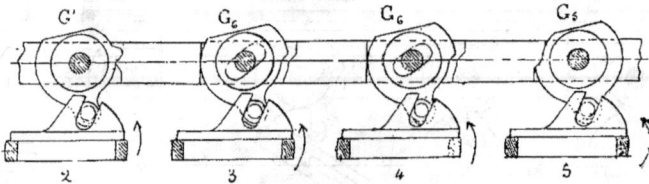
Fig. 1252.

G_1 et la partie H, pressant sur la platine C, fait déplacer celle-ci dans le sens de la flèche. Cette platine C agit à son tour sur le taquet G_3 du levier 3 pour le faire déplacer vers la droite et pousse ainsi la platine C_1 qui vient se mettre en contact avec le taquet G_3 du levier 4.

Le levier 2 a donc été déclenché par le levier 4 et, de plus, on voit que réciproquement le levier 2 renversé enclenche le levier 4 renversé, car, par la position relative des platines et des taquets, on voit qu'il n'est plus possible en agissant sur le levier 4 de ramener son taquet G_3 dans sa position initiale. Il faut pour cela que le levier 2 soit remis dans sa position normale, ce qui produira (fig. 1250) un vide entre le taquet G_1 et la platine C et, par suite, le levier 4 pourra être remis dans sa position normale.

1090. Supposons (fig. 1251) qu'un signal jaune n° 5, normalement à l'arrêt, commande les mouvements dans la direction de N et qu'un signal bleu n° 4 commande les refoulements dans la direction de M. Il faudra pour la sécurité des passages que $\frac{5R}{4N}$, mais seulement si 3 est renversé. De même, il faudra que $\frac{5R}{2N \text{ et } 2R}$, mais seulement si 3 est renversé.

Il est facile de voir, par l'inspection de la figure 1252, que ces enclenchements spéciaux seront réalisés par les taquets G'_1, G_6, G_5 et les platines placées entre ces taquets.

1091. Supposons (fig. 1253) qu'à une bifurcation à trois directions vers N, protégée par un sémaphore à trois ailes n° 1, 2

et 3, les trains puissent arriver de M de trois autres directions commandées chacune par des signaux carrés d'arrêt absolu nos 4, 5 et 6 et que ces signaux soient normalement à l'arrêt.

On sait que chacune des trois ailes du

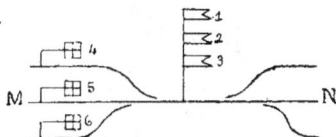

Fig. 1253.

sémaphore doit enclencher dans sa position normale les trois carrés aussi dans leur position normale, de telle sorte qu'on ne puisse effacer un quelconque des carrés sans avoir préalablement mis au ralentissement une quelconque des trois ailes du sémaphore.

Il faut donc réaliser :

$$\frac{1N, \ 2N, \ 3N}{4N, \ 5N, \ 6N}$$

avec la condition que 4N ou 5N ou 6N puisse être déclenché par 1R quoique 2 et 3 restent dans leur position normale, ou par 2R quoique 1 et 3 restent dans leur position normale, ou par 3R quoique 1 et 2 restent dans leur position normale.

Il est facile de voir, par l'inspection de la figure 1254, que ces enclenchements spéciaux seront réalisés par les taquets G_5, G_6, G_7, G_8 et les platines placées entre ces taquets.

Ces quelques exemples montrent suffisamment tout le parti que l'on peut tirer de la combinaison de formes des taquets et des platines pour réaliser d'une manière assez simple, et surtout économique,

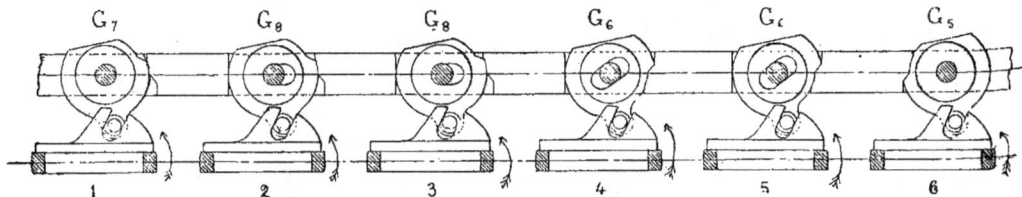

Fig. 1254.

des enclenchements spéciaux parfois assez compliqués.

Transmissions rigides.

1092. En dehors des signaux qui sont manœuvrés par des fils, les autres appareils enclenchés sont actionnés par des transmissions rigides, formées de tubes en fer creux de 6 mètres de longueur et de 34 millimètres de diamètre intérieur, si les transmissions ne sont par trop longues, et de 42 millimètres en cas contraire.

L'assemblage des tringles creuses entre elles se fait à l'aide d'un goujon intérieur et d'un manchon extérieur fileté réunis par des rivets (fig. 1255). Ces tringles creuses sont supportées tous les 2 mètres environ par des supports à poulies (fig. 1256) ou par des boîtes à rouleaux (fig. 1257) qui donnent moins de frotte-

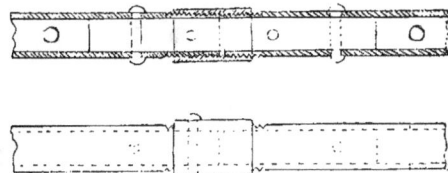

Fig. 1255.

ment et, par suite, facilitent la manœuvre des leviers.

Le raccord des tringles creuses avec les appareils se fait à l'aide d'un axe (*fig.* 1256), d'une chape et d'une vis de réglage clavetée ou mieux rivée sur la

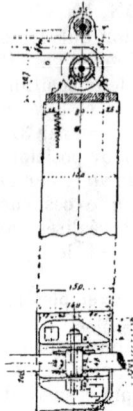

Fig. 1256.

tringle creuse. La vis de réglage est droite ou coudée.

Pour combattre les effets de la dilata-tion, on installe au milieu de la trans-mission un compensateur horizontal

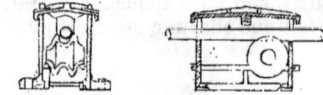

Fig. 1257.

(*fig.* 1259) si on a de la place, et dans le cas contraire un compensateur vertical

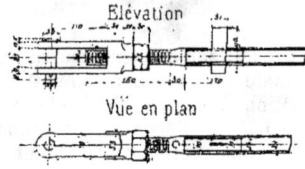

Fig. 1258.

(*fig.* 1260). Les balanciers de ces compen-sateurs sont à bras égaux.

1093. Les transmissions ne sont pas

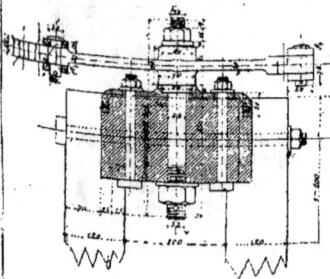

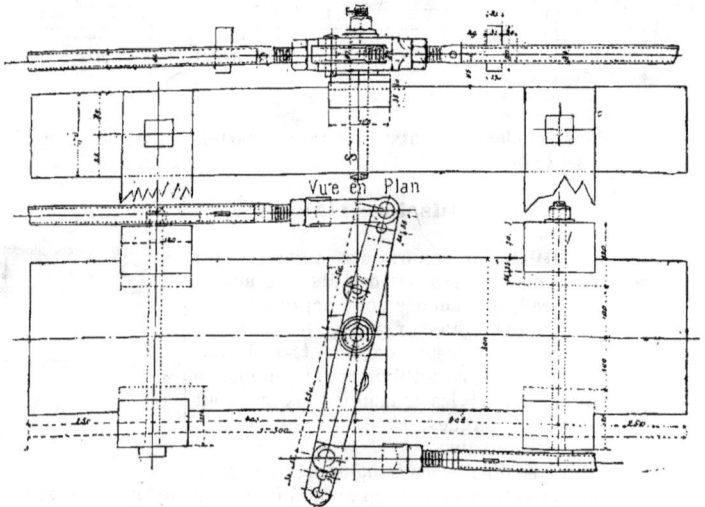

Fig. 1259.

toujours établies en ligne droite, mais suivant une ligne polygonale. A chaque sommet de polygone on place une genouil-lère (*fig.* 1261) composée d'une manivelle

Coupe par ABCDEF

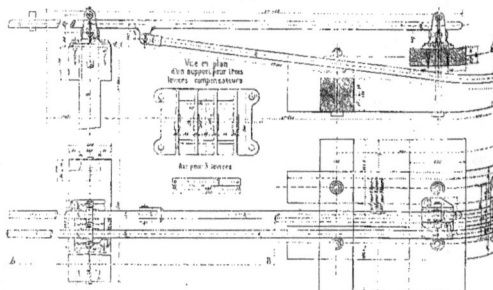

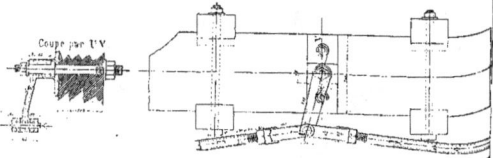

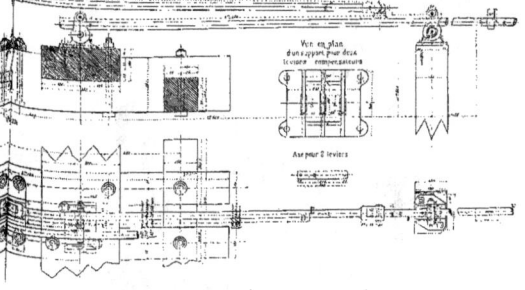

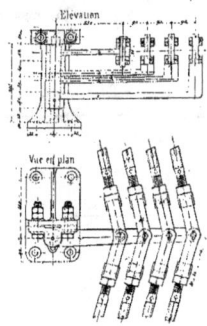

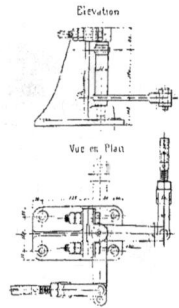

Coupe par ABCDEF

Vue en plan
d'un support pour trois
leviers compensateurs

Vue en plan
d'un support pour deux
leviers compensateurs

Axe pour 3 leviers

Axe pour 2 leviers

Élévation

Élévation

Vue en plan

Vue en Plan

Coupe par UV

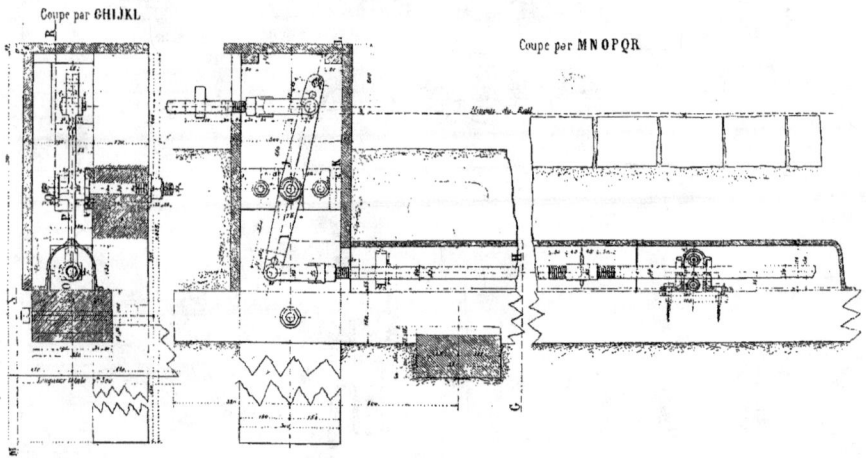

Coupe par **GHIJKL**

Coupe par **MNOPQR**

Fig. 1264.

à l'extrémité de laquelle se réunissent les deux parties de la transmission. La genouillère peut être simple ou servir pour plusieurs transmissions (*fig.* 1262).

Les changements de direction à angle droit se font à l'aide de retours d'équerre ordinaires et, si en même temps il doit y avoir changement de niveau, on fait usage de retours d'équerre dont les bras sont dans des plans différents (*fig.* 1263) et qui peuvent, à l'aide de trous percés à leur extrémité, servir de réglage pour la transmission.

La traversée sous un passage à niveau (*fig.* 1264) se fait à l'aide d'un compensateur vertical.

Comme les efforts sur les transmissions rigides sont parfois assez grands, il faut prendre la précaution de fixer fortement au sol, par un massif en maçonnerie, les châssis qui portent les compensateurs et les retours d'équerre.

Avec des transmissions rigides bien établies, il est possible de manœuvrer des aiguilles placées jusqu'à 400 mètres du poste.

Verrouillage des aiguilles à distance.

1094. D'après ce qu'on a dit précédemment (*fig.* 1192), la position d'une aiguille peut être assurée par un verrou spécial pénétrant dans des trous convenablement disposés sur la tringle qui actionne l'aiguille.

Afin de rendre impossible une modification intempestive des aiguilles, le verrou, pendant son déplacement, fait mouvoir une pédale ou barre de calage (en anglais *locking-bar*) placée contre le rail qui précède l'aiguille du côté de sa pointe.

L'aiguilleur ne doit pas, en effet, changer la position d'une aiguille tant que le train qui passe dessus ne l'a pas dégagée. Si l'aiguille est éloignée du poste, l'aiguilleur ne peut se rendre compte que le train a complètement dégagé l'aiguille. S'il déplaçait cette aiguille pendant le passage du train, il y aurait infailliblement déraillement.

1095. Dans la disposition indiquée

figure 1192, il faut un levier pour l'aiguille et un levier pour le verrou d'aiguille

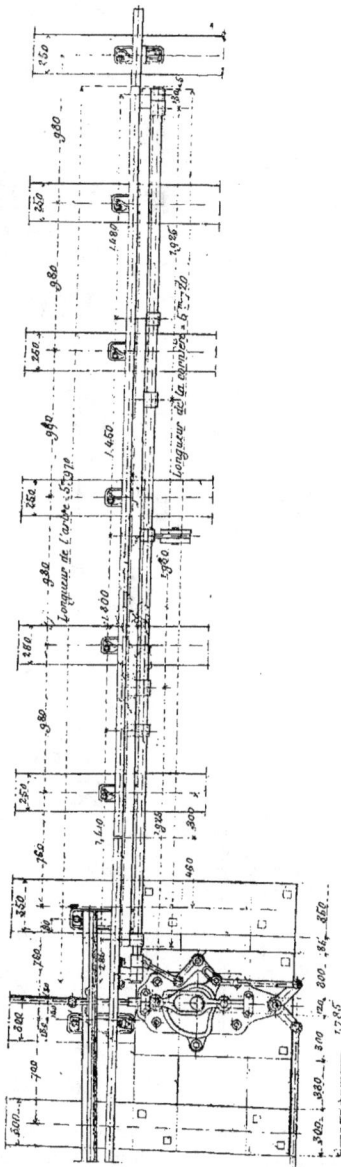

Fig. 1265.

et de plus une transmission rigide à la suite de chacun de ces leviers.

Aujourd'hui, on fait généralement usage d'un seul levier et d'une seule transmission rigide pour verrouiller et manœuvrer l'aiguille ; mais, pour assu-

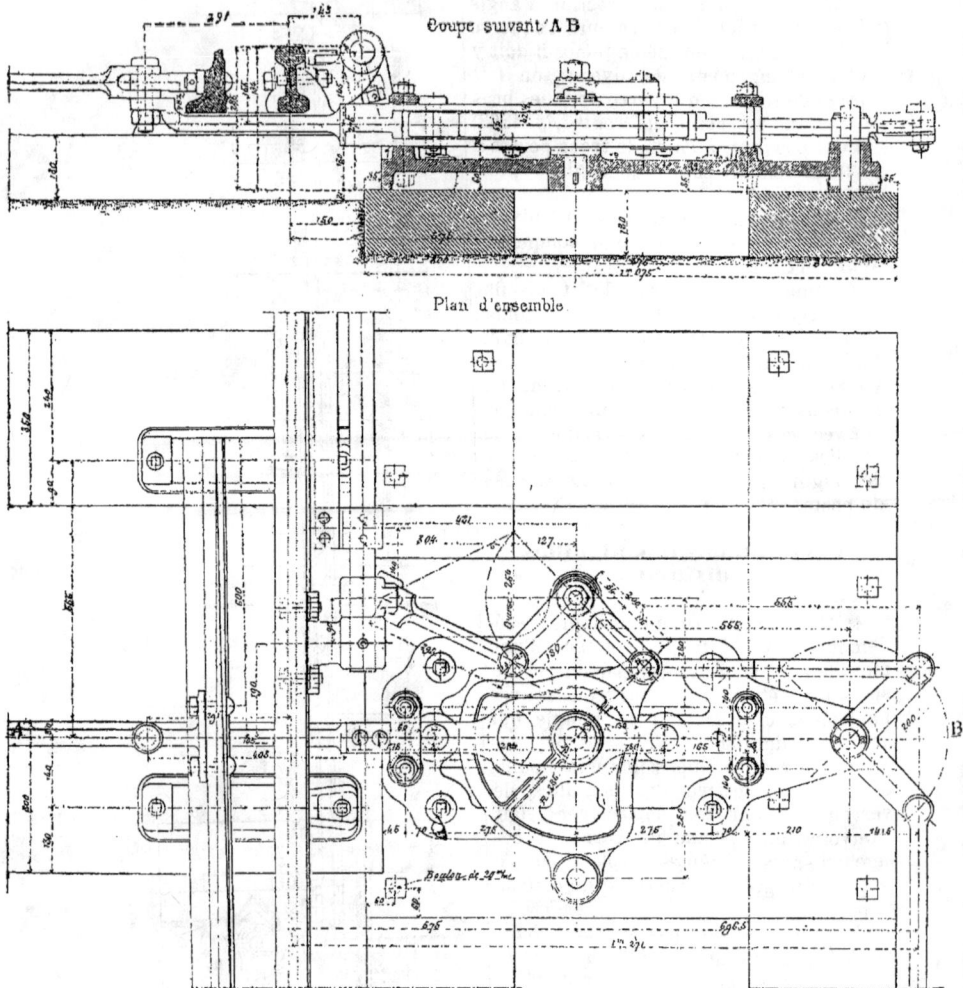

Coupe suivant A B

Plan d'ensemble

Fig. 1266.

rer la sécurité de cette manœuvre, il faut que la transmission rigide soit bien réglée, de telle sorte qu'on ne puisse d'un côté faire passer le levier d'une position extrême à l'autre sans que, d'autre part, l'aiguille n'ait été déverrouillée, manœuvrée, puis reverrouillée.

Il existe pour cela différents types

d'appareils. Nous décrivons ci-après celui qui est adopté par la Compagnie du Midi (*fig.* 1265 et 1266).

Il comprend une came dont le contour extérieur présente deux arcs de cercle de même centre raccordés par deux courbes convenables.

Cette came, mobile autour d'un axe fixe vertical, met en mouvement un cadre sur lequel est fixée la tringle de manœuvre des aiguilles.

La came reçoit son mouvement d'une transmission en fer creux par l'intermédiaire d'un retour d'équerre.

1096. Le mouvement de cet appareil se divise en trois périodes, savoir : le décalage, la manœuvre et le calage de l'aiguille.

Pendant le décalage, la came, n'agissant sur les galets du cadre que par des arcs concentriques, se meut dans ce cadre sans lui imprimer aucun mouvement et l'aiguille reste immobile.

Pendant la seconde période, la came, agissant sur les galets du cadre par une courbe excentrée, lui imprime un mouvement qui se transmet à l'aiguille avec une course égale à la différence des rayons des arcs de cercle.

Pendant la troisième période, la came n'imprime plus aucun mouvement au cadre, son contact avec les galets se faisant, comme pendant la première période, par des arcs de cercle concentriques.

La course de la transmission qui actionne la came est de $0^m,283$. Cette course se répartit comme suit dans la manœuvre de l'appareil : $0^m,063$ pour le décalage de l'aiguille (première période) ; $0^m,157$ pour la manœuvre de l'aiguille (deuxième période) ; $0^m,063$ pour le calage de l'aiguille dans sa nouvelle position (troisième période).

1097. En raison de l'amplitude de la course correspondant au calage de l'aiguille, amplitude assez grande par rapport à la course totale de la transmission, l'appareil de calage permet à l'aiguilleur de reconnaître du poste si, pour une raison quelconque, l'aiguille ne peut pas terminer son mouvement normal.

Dans ce cas, en effet, il n'est pas possible à l'aiguilleur de faire parcourir au levier de manœuvre la course normale correspondant à une manœuvre complète.

1098. L'appareil de manœuvre et calage d'aiguille est complété par une pédale à mouvement rotatif qui reçoit son mouvement de la came elle-même par l'intermédiaire d'une bielle et d'un retour d'équerre. Cette pédale se compose d'une plate-bande en fer régnant le long du rail sur une longueur de $5^m,720$, fixée sur un arbre parallèle armé d'un levier à l'une de ses extrémités et équilibrée par un contrepoids.

La pédale, placée en dehors de la voie, en avant de l'aiguille, est juxtaposée au rail de telle sorte qu'au moment où une roue de véhicule s'engage sur le rail elle se trouve au-dessous de cette roue, et son mouvement est arrêté. Au repos, son plan supérieur est à 8 millimètres en contrebas de la table supérieure du rail. Cette hauteur représente le maximum de la course que peut parcourir la pédale, lorsqu'une roue de véhicule se trouve au-dessous d'elle. Cette course de 8 millimètres correspond à un déplacement de $0^m,0245$ pour la transmission, tandis que le décalage de l'aiguille nécessite une course de $0^m,063$. Le mouvement de la came se trouvant arrêté avant que le décalage ait pu se produire, l'aiguilleur ne peut imprimer aucun mouvement aux aiguilles pendant tout le temps que dure le passage d'un train sur la pédale. Il est ainsi prévenu qu'un obstacle empêche le fonctionnement régulier de l'appareil et il peut prendre les mesures que commandent les circonstances.

Enclenchements à distance.

1099. Quand une aiguille à enclencher se trouve très éloignée d'un poste, la transmission rigide à établir pour la manœuvrer serait d'abord coûteuse, surtout si cette aiguille ne sert que rarement, et de plus l'aiguilleur aurait beaucoup de difficulté à l'actionner.

Dans ce cas, on enclenche cette aiguille à distance à l'aide d'une serrure.

1100. Avec la serrure Annett, installée sur un levier d'aiguille, on ne peut introduire la clef dans cette serrure qu'autant que le levier est maintenu dans sa position normale par un pêne traversant la tringle de manœuvre. En tournant cette clef, on soulève le pêne ; on peut déplacer la tringle de manœuvre de l'aiguille, mais on ne peut plus sortir la clef ; il faut pour cela que le pêne et par suite la tringle de manœuvre soient ramenés dans leur position initiale.

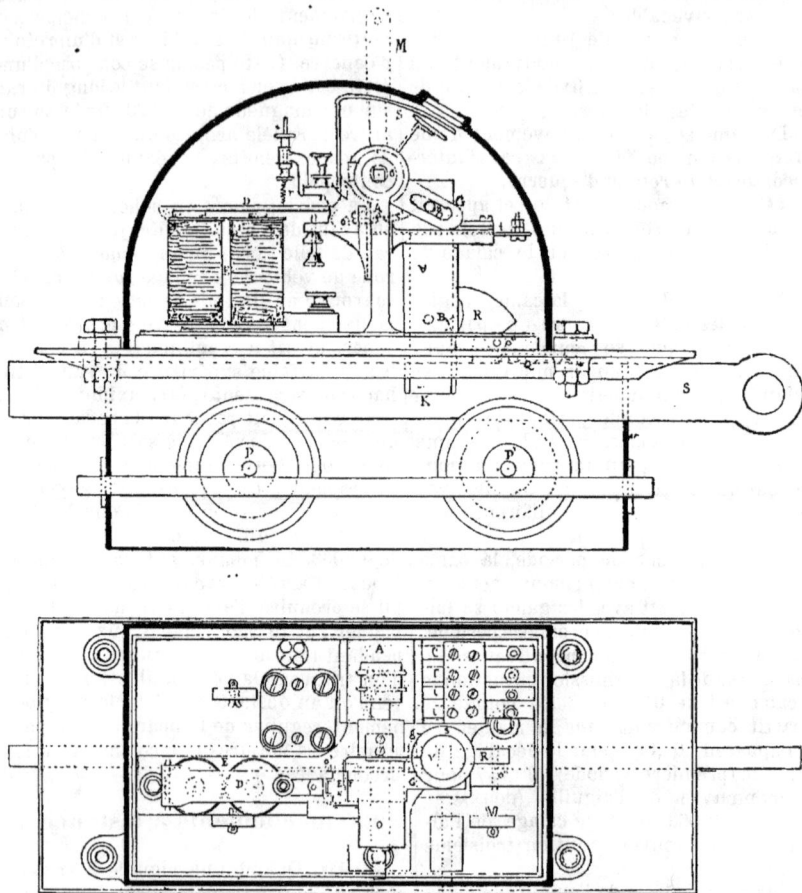

Fig. 1267.

Le chef de service confie cette clef à un agent qui va autoriser des manœuvres sur l'aiguille, et, quand on la lui rapporte, il est assuré que l'aiguille a été replacée dans sa position normale.

Sur une tringle solidaire d'un levier compris dans un appareil d'enclenchement on peut installer une serrure Annett semblable à celle située à distance sur un levier d'aiguille et, ne possédant qu'une clef pour les deux serrures, on ne pourra changer la position d'un des leviers que quand l'autre sera dans une position déterminée. Il y aura donc enclenchement à distance entre les deux leviers et sans transmission rigide, mais il en résultera des allées et venues d'un levier à l'autre pour l'agent porteur de la clef commune aux deux serrures.

Le verrou électrique dont nous allons donner la description a pour but de supprimer ces allées et venues d'un agent entre les deux leviers enclenchés à distance.

1101. *Verrou électrique.* — Le verrou électrique (*fig.* 1267) se compose d'une boîte en fonte dans laquelle peut glisser sur la gorge de deux poulies P et P' une règle rectangulaire en fer S, rendue solidaire de la transmission destinée à actionner les aiguilles. La barre S est immobilisée lorsque le verrou V est tombé dans l'encoche K ; elle est libre, au contraire, lorsque le verrou V est relevé. Ce relevage se fait à la main au moyen d'une poignée M qui provoque la rotation de droite à gauche de l'arbre O et soulève le verrou V grâce à la glissière G et au tenon *g*.

Toutefois, cette rotation de l'arbre O

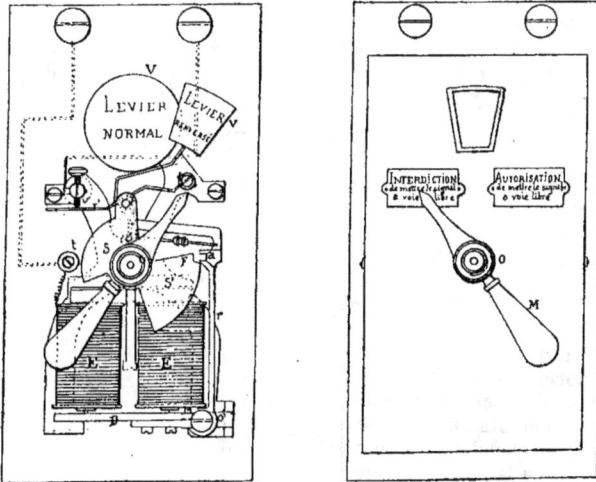

Fig. 1268.

n'est possible que si le doigt d'arrêt N est retiré vers la gauche dégageant la came F. Ce doigt d'arrêt, mobile autour d'un axe O', est rendu solidaire du mouvement de la palette D d'un électro-aimant E. En l'absence de courant, la palette D est maintenue relevée par le ressort à boudin *r* et le doigt d'arrêt N vient s'appuyer contre la came F ; la rotation de l'arbre O est par suite impossible. Si un courant est envoyé dans l'électro-aimant, la palette D est attirée, le doigt d'arrêt N

vient vers la gauche et l'on peut relever le verrou V et manœuvrer le levier.

Le verrou V est d'ailleurs maintenu relevé par le cliquet R, mobile autour d'un axe O″, qui vient s'engager dans l'encoche B par son propre poids sitôt qu'elle se présente et n'est dégagé que lorsque la règle, qui a été tirée par la manœuvre du levier, revient à sa position primitive. En effet, dans ce mouvement en arrière, le talon du cliquet R rencontre un plan incliné Q qui le fait basculer et dégage l'encoche B. Le verrou tombe alors sur la tringle et pénètre par son poids dans l'entaille K ; à son passage et en même temps l'arbre O a tourné de gauche à droite.

Si l'on veut encore manœuvrer le levier d'aiguille, il faut de nouveau agir sur la manivelle M ; afin d'éviter ces manœuvres successives, on peut caler cette manivelle à l'aide d'une clef spéciale.

1102. Mais, pendant toutes ces manœuvres, il ne faut pas que la palette D se relève et, par suite, il ne faut pas qu'on puisse interrompre le courant envoyé dans l'électro-aimant E. A cet effet, sur l'arbre O est fixé un secteur circulaire A, recouvert d'une plaque d'ébonite et portant un contact métallique destiné à relier entre eux des ressorts de contact ll', $l_1 l_1'$. Les ressorts l et l', par exemple, n'étant plus reliés entre eux quand le verrou est relevé, coupent le circuit du courant qui agit sur le commutateur dont dispose à distance le chef de service et au moyen duquel il a envoyé ce courant dans l'électro-aimant E.

Par suite du courant coupé par l'intermédiaire des ressorts l et l', le chef de service ne peut plus agir sur son commutateur et couper lui aussi une seconde fois le courant.

Mais, si le levier d'aiguille est remis dans sa position normale et que le verrou V soit retombé dans l'encoche K, le courant est rétabli, le commutateur du chef de service n'est plus enclenché et celui-ci peut alors interrompre le courant dans l'électro-aimant E ; la palette D se relève, le doigt d'arrêt N vient de nouveau s'appuyer contre la came F et l'arbre O est ainsi immobilisé.

Ce commutateur se manœuvre au moyen d'une navette M (fig. 1268) que l'on peut amener sur l'une ou l'autre des deux indications : *Autorisation* ou *Interdiction*, placées sur le couvercle de la boîte qui le renferme et qui se rapportent soit à un signal, soit à une aiguille selon les cas.

1103. Lorsque la manette est sur *Interdiction*, aucun courant ne passe dans le verrou électrique, qui ne peut être manœuvré ; mais, si l'on amène la manette sur *Autorisation*, la goupille t du

secteur S soulève le ressort r' et le circuit

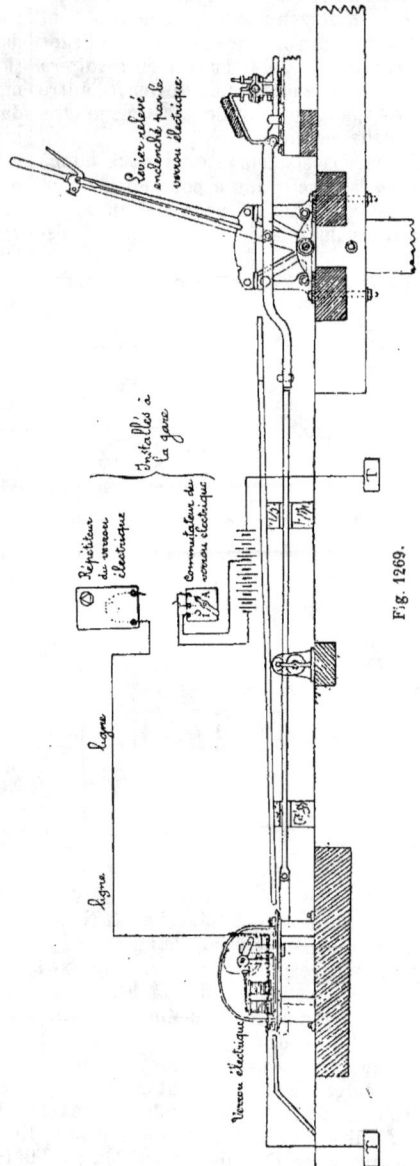

Fig. 1269.

est ainsi fermé. (Voir, fig. 1269, la représentation schématique du courant à travers le commutateur, et le verrou électrique.) La palette D du commutateur est attirée par l'électro-aimant E et, en tournant autour de l'axe O', son autre bras r s'écarte du secteur S', le buttoir a est en regard de l'encoche F de ce secteur S' et n'en empêche pas la manœuvre.

Dans ces conditions, le circuit étant fermé, si l'on manœuvre le verrou électrique, on coupe le courant; dès lors l'électro-aimant E du commutateur du chef de service ne fonctionne plus, sa palette D tombe et le buttoir a pénètre dans l'encoche F du secteur S', de sorte qu'on ne peut plus manœuvrer la manette M. Ce n'est que quand le verrou électrique a été remis dans sa position normale et le circuit refermé dans ce verrou que la manette M redevient libre. En ramenant cette manette sur *Interdiction*, le circuit est de nouveau coupé.

Un voyant rouge, portant l'inscription *Levier normal*, est visible à travers une fenêtre pratiquée sur le devant de la boîte qui recouvre le commutateur, et cela tant que la manette est sur *Interdiction*. Quand la manette est sur *Autorisation*, le voyant rouge est encore visible tant que le verrou électrique n'a pas été effectivement manœuvré. Un voyant blanc, portant l'inscription *Levier renversé*, dont le mouvement est solidaire du levier r, vient masquer le voyant rouge pendant le temps où l'interruption du courant dans l'électro-aimant E, produite par la manœuvre du verrou électrique, a permis la chute de la palette D et l'entrée du buttoir a dans l'encoche F. La vue du voyant blanc indique donc au chef de service que sa manette M est enclenchée par le buttoir a et que, par suite, il doit se dispenser d'agir sur elle pour la ramener sur *Interdiction*.

Le voyant blanc disparaît aussitôt que le circuit est de nouveau fermé et que, par suite, la palette D est de nouveau attirée par l'électro-aimant E.

De même, pour indiquer si on peut agir sur le verrou électrique, une fenêtre est aussi pratiquée dans la boîte en fonte qui l'enveloppe, et par cette fenêtre, on aperçoit soit un voyant rouge, soit un voyant blanc qui donnent les mêmes renseignements que ceux du commutateur du chef de service.

1104. En résumé, ce commutateur remplit donc les quatre conditions suivantes :

1° Il permet d'envoyer un courant dans le verrou commandé et, par suite, d'autoriser la manœuvre du levier correspondant;

2° Il permet d'interdire la manœuvre du levier en interrompant le circuit dans le verrou;

3° Il indique, au point où il est placé, la position réelle du levier commandé;

4° Le commutateur ayant été placé sur *Autorisation* ne peut être remis sur *Interdiction* qu'autant que le verrou commandé enclenche le levier correspondant.

1105. On peut remarquer que ce commutateur-répétiteur du chef de service n'est que la reproduction, sous une autre forme, du verrou électrique.

On peut donc remplacer ce commutateur par un verrou électrique installé sur une tringle solidaire d'un levier faisant partie d'un appareil d'enclenchement; de cette façon, il y aura relation entre ce levier et le levier isolé à distance qui commande une aiguille et qui est déjà aussi muni d'un verrou électrique. Les deux verrous se commandant réciproquement, il y aura par suite enclenchement à distance entre les deux leviers.

De même, il sera possible de relier entre eux deux postes d'enclenchement par un verrou électrique installé sur un levier du premier poste et par un autre verrou électrique installé sur un levier du second poste. De cette façon, l'un des postes pourra empêcher l'autre de permettre des manœuvres susceptibles d'amener des rencontres de trains grâce aux manœuvres que le premier poste aurait autorisées.

Appareils hydrodynamiques pour la manœuvre des aiguilles et des signaux.

1106. Ces appareils, dus à MM. Bianchi et Servettaz, ont été mis à l'essai par les Compagnies des chemins de fer de Lyon, de l'Orléans et du Midi.

La manœuvre des aiguilles, qui est limitée à 300 ou 400 mètres avec les transmissions rigides, peut se faire avec ces appareils jusqu'à 3 000 mètres, tout en conservant la sécurité absolue de leur fonctionnement. Il n'est plus besoin de compensateur pour parer aux variations de température ; l'effort de la manœuvre est réduit au minimum, car les opérations se bornent au déplacement du tiroir de distribution de l'eau sous pression. La voie est débarrassée des transmissions ri-gides ou funiculaires qui l'encombrent et sont souvent dangereuses pour les agents des gares.

Les manœuvres à distance se font à l'aide d'un liquide incongelable (eau additionnée de glycérine ou de savon) soumis à une pression déterminée par un accumulateur.

Le contrôle automatique des opérations prend son origine sur l'aiguille elle-même ; il est donc réel et impératif et sans lui

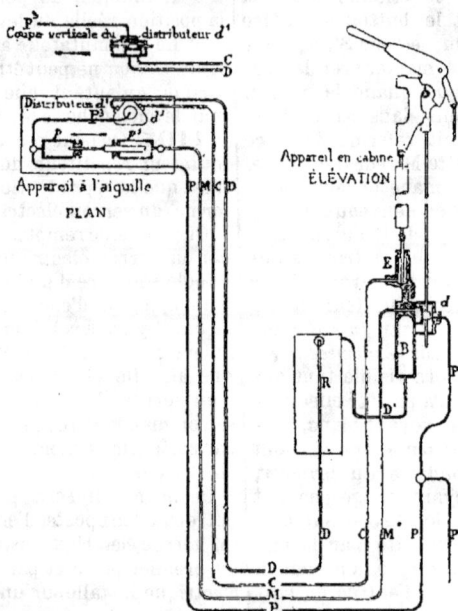

Fig. 1270.

ne peut se terminer la manœuvre, c'est-à-dire les enclenchements dans la cabine.

Les proportions de l'appareil et, par suite, celles de la cabine sont extrêmement réduites. Par comparaison avec les cabines des appareils Saxby, elles sont les suivantes : 60 0/0 en longueur et 17 0/0 en largeur.

L'eau sous pression est renfermée dans des tubes de 14 millimètres de diamètre, enterrés dans des tranchées. De distance en distance, on place des robinets qui permettent de rechercher les fuites d'eau dans les cas très rares où il s'en produit.

1107. Avant de donner la description détaillée de l'appareil, nous allons indiquer par un schéma (*fig.* 1270) les communications hydrodynamiques sur lesquelles repose son fonctionnement, en prenant le cas d'une aiguille. Entre le poste et l'aiguille, il y a quatre conduites, P, M, C, D. La conduite P est en communication constante, par l'embranchement P' avec un accumulateur engendrant une pression de 50 atmosphères. Elle aboutit, d'une part, au distributeur d en cabine, par l'embranchement P², et, d'autre part, près de l'aiguille, au petit cylindre d'un couple de pistons différentiels p, p_1 et par l'embranchement P³ au distributeur d_1. La disposition des tiroirs des distributeurs d en cabine et d_1 près de l'aiguille dans la figure 1270 correspond à la position normale de l'aiguille, et la pression de P, maintenant le piston p à fond de course, se trouve arrêtée sur les tiroirs des distributeurs d et d_1.

Si on renverse dans la cabine le levier commandant le tiroir d, ce dernier s'abaisse de la quantité nécessaire pour mettre en communication, par P¹, la conduite P avec la conduite M, qui aboutit

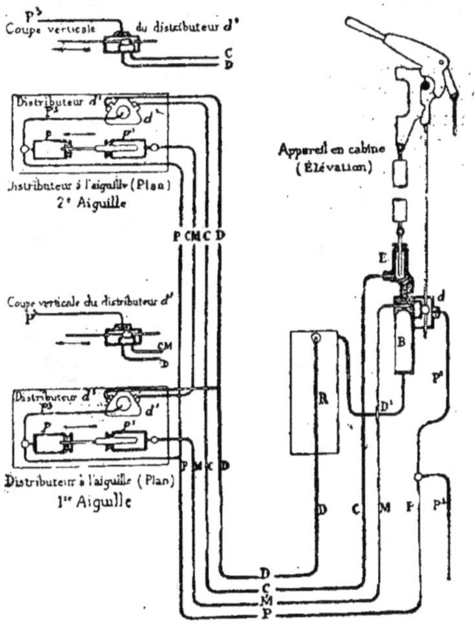

Fig. 1271.

au cylindre du gros piston p'. Il y a donc égalité de pression dans les deux conduites P et M ; mais, comme la section de p_1 est le double de celle de p, la tige commune à ces deux pistons se déplace dans le sens de la flèche et c'est ce mouvement qui est utilisé pour le déplacement de l'aiguille par un mécanisme qui n'est pas représenté sur la figure, mais qui sera indiqué plus loin.

Lorsque l'aiguille est bien amenée dans sa nouvelle position, un organe commandé par le mécanisme en question actionne le tiroir d_1 en le déplaçant dans le sens de la flèche, et aussitôt la troisième conduite C, dite de contrôle, se trouve en communication, par P³, avec P et par conséquent sous la même pression. La conduite C, retournant en cabine, dirige cette pression sous un piston plongeur E qui en se soulevant déplace une came qui avait arrêté le levier de ma-

nœuvre aux trois quarts de sa course. Ce
levier peut alors être amené à fond 'de
course et les enclenchements correspondant à sa nouvelle position peuvent se
faire.

1108. Dans la manœuvre inverse du
levier en cabine, le tiroir d se relève de
nouveau et le levier est encore arrêté
aux trois quarts de sa course sans pouvoir achever son mouvement. Aussitôt
la conduite M est mise en communication,
par l'intérieur du tiroir d, avec la bâche
de décharge B, et par suite, avec le réservoir. R auquel cette dernière est reliée
par le tube D'. La pression constante
de P ramène alors le piston p et, par conséquent, l'aiguille à la position normale
et, comme précédemment, le tiroir d_i sera
déplacé à un moment déterminé, mais en
sens inverse de la flèche, il intercepte
alors la communication de P avec C en
ouvrant au contraire celle de C avec D.
Cette dernière conduite, retournant en
cabine, y aboutit, comme D', au réservoir de décharge R ; le contrepoids du
piston de contrôle E fera donc, à ce moment, redescendre celui-ci et avec lui la
came d'arrêt ; le levier devient libre et
peut être ramené à sa position d'enclenchement primitive.

Lorsqu'il s'agit de manœuvrer deux ou
plusieurs aiguilles par un seul et même
levier, le principe de fonctionnement
reste exactement le même (*fig.* 1271). Les
tubes P et D ont un embranchement à
chaque aiguille, le tube M aboutit à la
première et le tube C à la dernière
aiguille, et une conduite CM relie les
deux aiguilles. En renversant le levier en
cabine, M sera, comme précédemment, en
communication avec P, le piston p^i de la
première aiguille se déplacera et avec lui
l'aiguille, et le tiroir d_i avancera dans le
sens de la flèche au moment voulu et
découvrira la lumière de la conduite
CM.

La pression de P, passant alors dans
CM, ira au piston p^i de la deuxième
aiguille et le même jeu se répétera. Au
dernier distributeur, le tube CM est
remplacé par la conduite C qui retourne
en cabine pour y opérer le contrôle.

Comme on le voit, chacune de ces
aiguilles ne peut fonctionner qu'autant
que la précédente aura parfaitement obéi

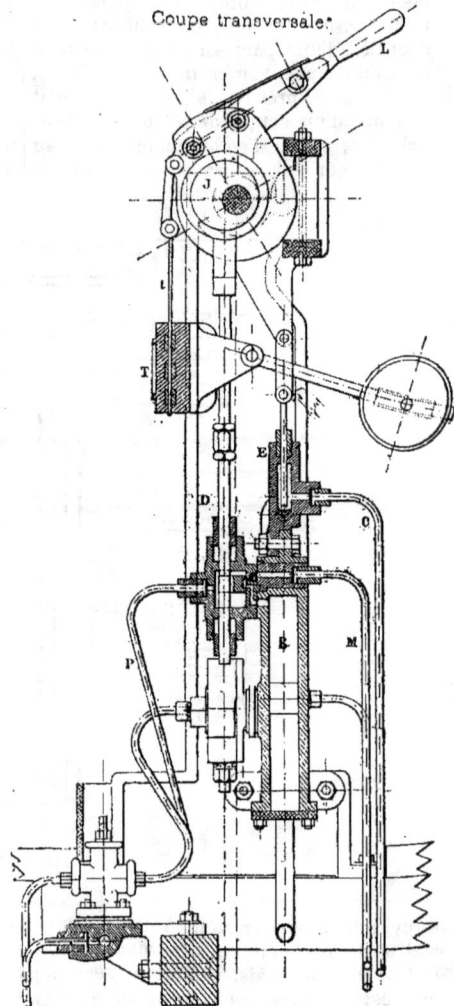

Coupe transversale.

Fig. 1272.

à l'impulsion donnée et aura complètement achevé sa course. Le contrôle en
cabine ne pourra donc se faire que

lorsque la dernière aiguille aura à son tour accompli son déplacement.

D'après ce qui précède, qu'il s'agisse d'une aiguille seule ou de plusieurs

Elévation longitudinale

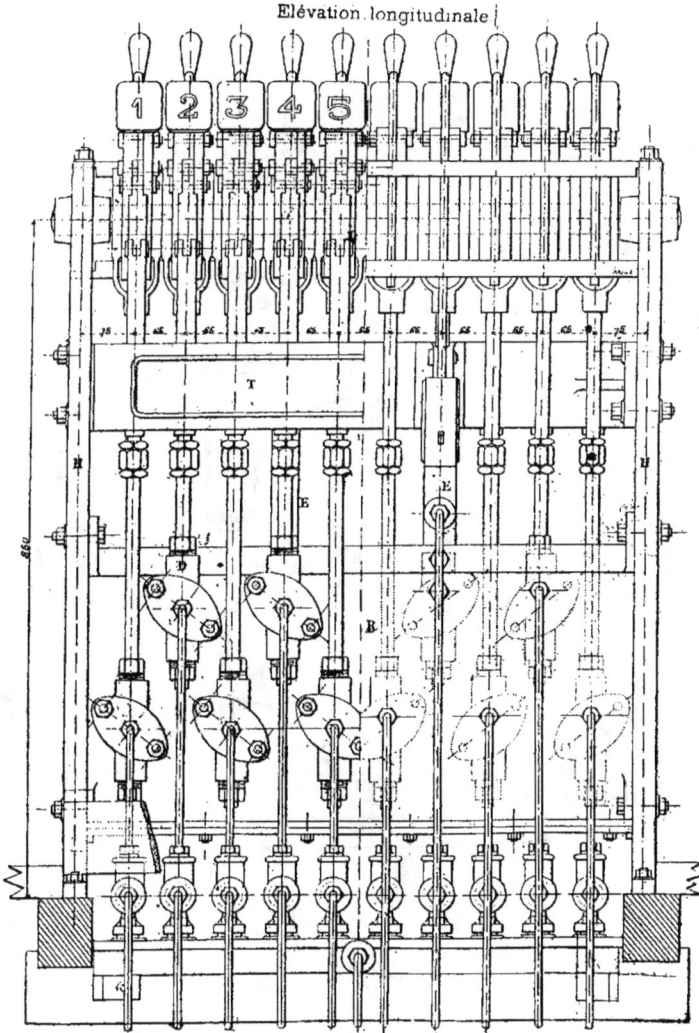

Fig. 1273.

aiguilles, la disposition de contrôle adoptée constitue une garantie réelle et effective du fonctionnement parfait des aiguilles. Le moindre obstacle, em-

pêchant une aiguille de se faire complètement, est ainsi immédiatement signalé
à l'aiguilleur par l'impossibilité où il se
trouve de renverser son levier entièrement et de produire les enclenchements
exigés suivant les cas.

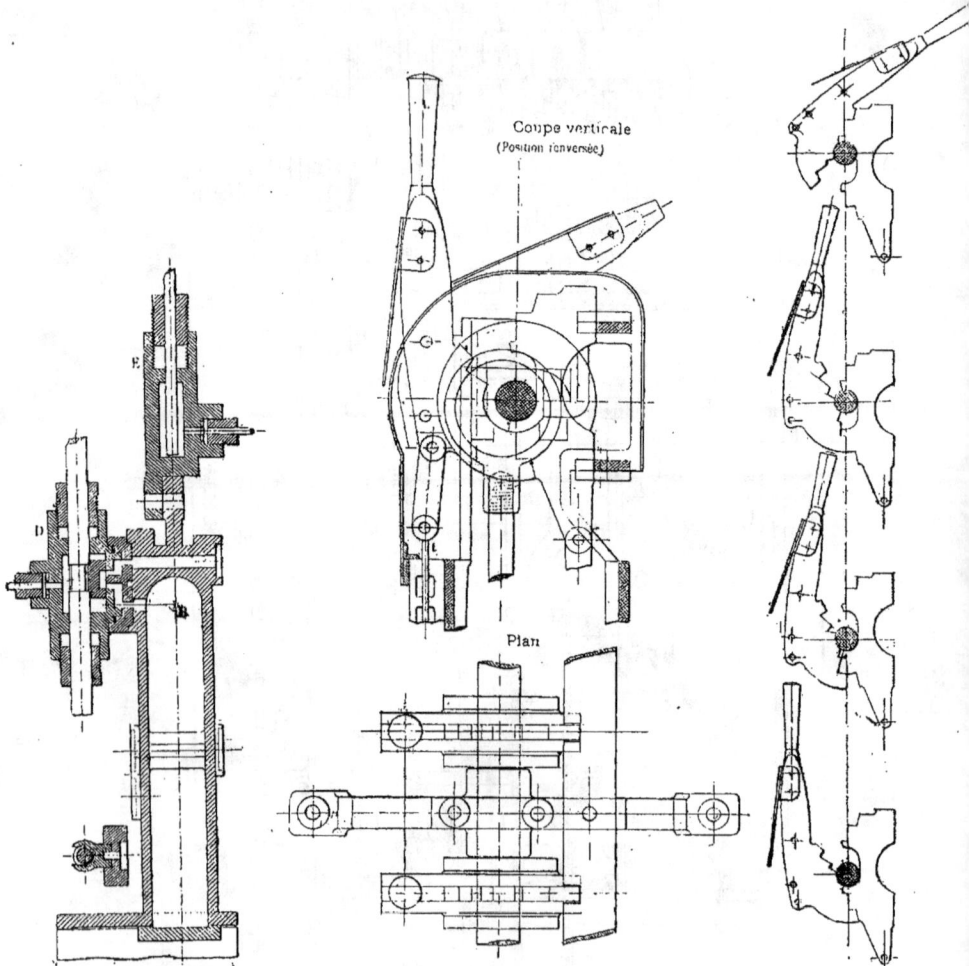

Coupe verticale
(Position renversée)

Plan

Fig. 1274 à 1279.

1109. Les figures 1272 et 1273 montrent l'ensemble d'un appareil de dix leviers, dont huit pour signaux et deux pour
aiguilles. Dans la figure 1273 la partie de
gauche représente l'appareil vu de devant,
la partie de droite montre la vue de derrière. Ces leviers sont alignés à la partie
supérieure d'un bâti HH qui porte sur le

devant la table d'enclenchement T, les distributeurs D et un peu en arrière la bâche B servant de collecteur de décharge. (Le réservoir R, indiqué sur les figures précédentes, n'est pas représenté sur celle-ci.) Au-dessus de la bâche B sont montés, pour les leviers d'aiguille seulement, les cylindres de contrôle E.

1110. La figure 1272 montre la position normale des leviers, inclinés à 60 degrés. Chaque levier commande son tiroir respectif D au moyen de l'excentrique J et actionne en outre une tringle verticale *t* s'engageant dans la table d'enclenchement. La figure 1274 indique la position du tiroir correspondant à la position normale du levier.

1111. La figure 1275 représente en détail un levier d'aiguille avec sa came de contrôle dans la position renversée.

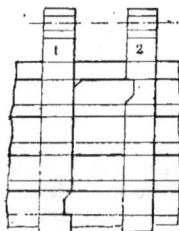

Fig. 1280.

Les figures 1276 à 1279 représentent les différentes phases de son mouvement pour

Coupe transversale

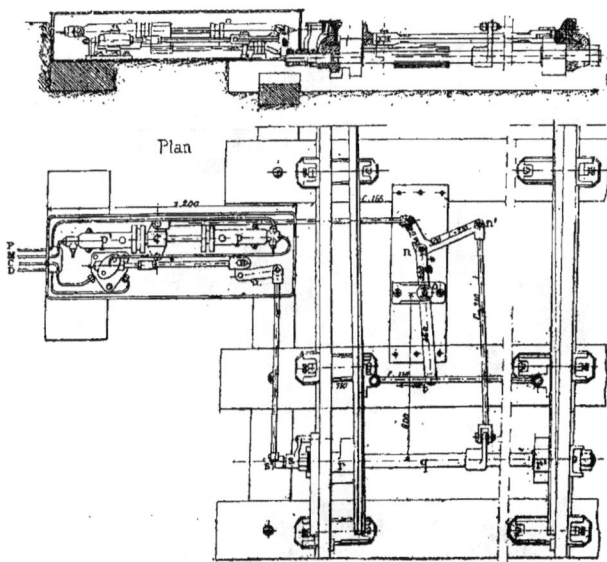

Plan

Fig. 1281.

passer de la position normale à la position renversée.

En se reportant à ce qui a été dit précédemment, on comprendra aisément le jeu du levier pour les deux manœuvres.

Quant aux enclenchements, ils sont réalisés de la manière suivante (*fig.* 1280).

Nous avons dit que chaque levier actionne une tringle verticale *t* s'engageant dans la table d'enclenchement T. Dans la tringle verticale, on pratique une encoche avec partie inclinée dans laquelle pénètre un taquet de même forme vissé sur une barre qui peut glisser horizontalement. Quand on manœuvre un levier, sa tringle *t* en s'abaissant presse par la partie inclinée de son encoche sur la partie correspondante du taquet et le fait déplacer horizontalement ainsi que la barre dont il est solidaire.

Cette barre horizontale porte d'autres taquets, qui viennent par suite pénétrer dans des encoches pratiquées dans les tringles *t* relevées ou abaissées des autres leviers de façon à empêcher tout mouvement de celles-ci et à enclencher leurs leviers dans la position normale ou renversée.

Le nombre des barres horizontales varie avec les enclenchements à réaliser et on

peut en placer en avant ou en arrière des tringles *t*.

Coupes longitudinales

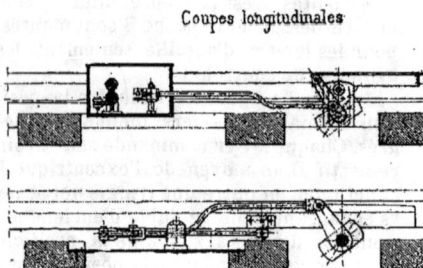

Fig. 1282.

1112. L'appareil qui fait manœuvrer l'aiguille est placé près d'elle, dans une

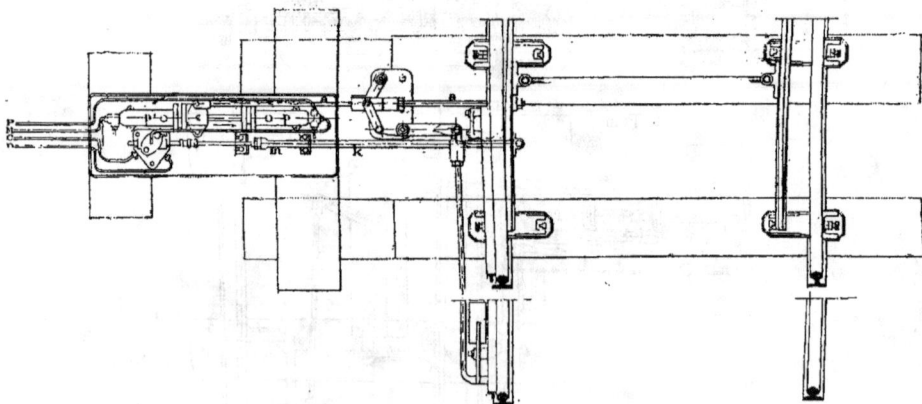

Fig. 1283.

caisse dépassant le moins possible le niveau des rails (*fig.* 1281 et 1282). C'est à cette caisse qu'aboutissent les quatre conduites P, M, C, D. La figure suppose que l'aiguille est munie d'un appareil de calage d'un système quelconque.

Le mouvement des pistons *p*, *p'* se transmet à l'aide d'un bloc moteur *c* fixé sur leur tige commune et qu'un guide cylindrique placé sous cette tige empêche

de tourner. A l'aide d'une bielle, ce bloc *c* agit sur une équerre articulée en *n* à un balancier ayant son centre d'oscillation en *o*. Cette équerre est reliée en outre en *n'* à une bielle commandant l'arbre *q* qui porte à ses deux extrémités les cames *r* et *r'*. Chacune de ces cames cale à tour de rôle l'aiguille dans une de ces deux positions. L'arbre *q* porte en outre à l'une de ses extrémités les manivelles *s*, *s'*, dont l'une actionne la pédale placée le long du rail, et l'autre les organes de commande du tiroir de contrôle. Pendant la première période du mouvement des pistons, le balancier est fixe et l'équerre pivote autour du point *n*, faisant ainsi tourner l'arbre *q* jusqu'à ce que la came qui verrouillait l'une des branches de l'aiguille se soit effacée ; à ce moment, les deux cames *r* et *r'* sont venues s'engager sous l'aiguille et l'arbre se trouve arrêté dans son mouvement ; l'aiguille, au contraire, étant devenue libre et avec elle le balancier, la seconde période du mouvement commence. Le point *n'* est maintenant fixe et le balancier pivote autour du point *o*, entraînant l'aiguille par la bielle *t*. Lorsque, ensuite, l'aiguille est venue

s'appliquer contre le rail opposé, le balancier redevient fixe et le point *n'* mobile, l'arbre *q* tourne de nouveau et la deuxième came se relève, calant à son tour l'aiguille dans cette position inverse. C'est pendant cette troisième période que le contrôle se trouve actionné par sa bielle dont l'extrémité est engagée dans une petite coulisse de l'équerre *v*.

1113. S'il s'agit d'une aiguille non verrouillée et seulement munie d'une pédale qui s'oppose à ce qu'on puisse la manœuvrer tant que les roues d'un véhicule sont engagées sur elle, l'appareil est disposé comme l'indique la figure 1283.

Le mouvement des pistons *p*, *p'* est communiqué à la bielle *a* de l'aiguille et, par suite, au mécanisme de la pédale par le

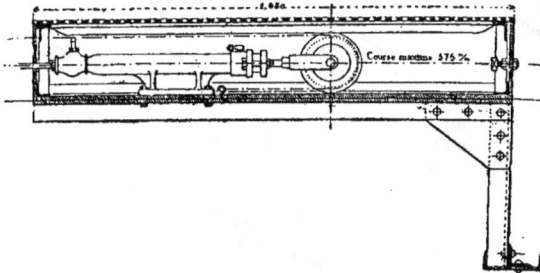

Fig. 1284.

bloc moteur *c*. Le contrôle impératif se fait par l'aiguille directement pendant la dernière période de son mouvement au moyen de la bielle *k*, à coulisse réglable *m*.

Les signaux se manœuvrent soit par pression directe, soit avec transmission par fils. Dans le premier cas, l'eau agit sur un piston plongeur placé au-dessous du signal ; ce piston porte une rainure hélicoïdale et, comme il est guidé dans un support fixe, il imprime un mouvement de rotation au signal et à sa lanterne. Le poids du signal ramène le piston lorsque l'action de l'eau a cessé.

Quand le signal est manœuvré par fils, l'eau agit sur un piston muni d'une poulie mouflée (*fig.* 1284). La course du

piston est assez grande pour assurer une tension constante du fil quelle que soit la distance du signal, ce qui permet de supprimer les compensateurs. Les cylindres de ces pistons peuvent être placés verticalement ou horizontalement et ils sont généralement installés dans la cabine.

La cabine est ordinairement à un étage, dans lequel on installe les leviers. Au rez-de-chaussée on dispose les distributeurs ainsi que l'accumulateur, la pompe et le réservoir. La commande de la pompe est à l'étage supérieur, à portée de l'aiguilleur qui a sous les yeux un indicateur de niveau de l'accumulateur ; il sait, par suite, quand il doit manœuvrer la pompe pour maintenir l'accumulateur en bon état. Si le poste est important, la manœuvre de la pompe se fait par un petit moteur.

La capacité des accumulateurs est de 5, 10 ou 20 litres ; 1 litre peut suffire pour environ dix manœuvres d'aiguilles ou de signaux à commande directe, soit pour quatre ou cinq manœuvres de signaux à commande par fils. En une minute, l'aiguilleur peut refouler 1 litre dans les accumulateurs. Les pertes de liquide peuvent être évaluées à 1 litre par 1 000 mètres de tuyaux et par jour.

FRAIS D'ETABLISSEMENT DE LA SUPERSTRUCTURE

1114. Le système de superstructure se compose de trois branches principales :
1° La voie ;
2° Les gares et stations ;
3° Le matériel accessoire.

1115. 1° *Voie.* — La dépense de la voie est variable avec le prix de l'acier et le type de rail employé, la voie.à double champignon étant un peu plus coûteuse que celle du rail Vignole. Mais dans les futures lignes restant à construire, quand on n'emploiera pas la voie étroite, on adoptera toujours le type le plus économique, à moins de besoins spéciaux. De plus, la ligne sera toujours à voie unique, comme cela a lieu depuis de longues années. On peut donc, dans ces conditions, estimer le kilomètre de voie tout posé à 35 000 fr.

1116. 2° *Stations.* — Les stations sont espacées de 10 kilomètres en moyenne. Avec les voies accessoires et le matériel fixe, aiguilles, etc., le type le plus réduit revient à 50 000 ou 60 000 francs. Pour une voie unique, il y a lieu d'y ajouter une voie d'évitement de 500 mètres, soit 18 000 francs, ce qui fait le prix de la station de 70 000 à 80 000 francs, soit 8 000 francs par kilomètre.

De plus, une station sur trois est de moyenne importance et coûte de 210 000 à 240 000 francs. C'est donc un supplément de dépense de 160 000 francs tous les 30 kilomètres, ce qui donne 5 200 francs par kilomètre, mettons 6 000 francs.

Il y a encore les gares importantes dont la dépense est très variable et qui grèvent les frais kilométriques encore plus que les précédentes, quoiqu'elles soient moins nombreuses. Admettons, de ce chef, par kilomètre une dépense de 8 000 francs.

Enfin, le matériel accessoire : alimentations d'eau, bornes-fontaines (3 000 à 4 000 francs par kilomètre), les râteliers à rail, les poteaux indicateurs de déclivité, etc.; soit de ce chef, par kilomètre, 6 000 francs.

En résumé, la dépense kilométrique d'une ligne à voie unique ordinaire revient à :

Voie.	35 000 fr.
Gares, stations, matériel fixe.	22 000 fr.
Matériel accessoire	6 000 fr.
Total par kilomètre	63 000 fr.

Soit, en chiffres ronds, 65 000 francs.

Pour terminer, nous donnons le tableau ci-dessous du prix de revient de la superstructure des principales lignes des chemins de fer français. Il faut remarquer cependant que le prix des rails, à l'époque où ces lignes ont été construites, était beaucoup plus élevé qu'aujourd'hui, ce qui explique la moyenne sensiblement supérieure à 65.000 francs que présente ce tableau (M. Sévène).

Il s'agit, bien entendu, du prix de kilomètre de voie unique. Le prix de la voie comprend, comme plus haut, toutes les voies secondaires et les appareils fixes des stations.

DISPOSITION DES LIGNES	LONGUEUR	PAR KILOMÈTRE			OBSERVATIONS
		BÂTIMENTS des STATIONS	VOIE	TOTAL	
Compagnie de l'Est (1).					(1) Y compris les dépenses des gares communes.
Blesme à Gray...................	180	28 251	94 388	122 639	Double voie posée sur 70
Vendenheim à Wissembourg......	58	38 780	54 386	93 1.6	kil. 400, dépense comp-
Thann à Wosserlin...............	13	23 386	57 958	81 344	tée ci-contre.
Noyer à Bar-s-ur-Seine..........	29	28 067	52 828	80 895	
Nancy à Gray....................	176	20 227	57 028	77 235	
Metz à Thionville et à la frontière...	46	17 163	57 572	74 735	
Belfort à Guebwiller..	20	19 469	50 237	69 706	
Reims à Metz...................	172	15 377	53 036	68 413	Double voie posée sur 24
Dieuze à Avricourt	22	13 894	52 294	66 188	kil. : dépense comptée ci-
Niederbronn à Thionville.........	95	10 546	51 449	61 995	contre.
Châtillon-sur-Seine à Chaumont....	43	10 060	48 044	58 104	
Chaumont à Pagny-sur-Meuse	95	11 704	44 752	56 456	
Mézières à Hirson...............	55	14 231	40 463	54 694	
Lunéville à St-Dié..............	50	11 293	35 978	47 271	
Châtillon-sur-Seine à Bar-sur-Seine.	32	8 500	34 778	43 278	
Compagnie de Paris-Lyon-Mé-diterranée.					
Chagny au Creusot et à Montceau-les-Mines.....................	54	24 354	62 835	87 189	
Lons-le-Saunier à Mouchard......	49	31 630	51 927	82 957	
Nuits-sous-Rosières à Châtillon-sur-Seine..........................	36	23 625	53 832	77 457	
Bourg à Lons-le-Saunier..........	63	15 329	51 814	67 143	
Mouchard aux Verrières..........	73	17 492	46 858	64 350	
Arc-Senans à Frimois	27	14 180	39 931	54 111	
Compagnie d'Orléans (ANCIEN RÉSEAU).					
Poitiers à la Rochelle et à Rochefort.	158	34 370	59 199	93 659	
Brétigny à Tours................	202	25 340	58 361	83 701	
Savenay à Châteaulin............	243	24 634	55 050	79 684	
Tours au Mans	94	14 638	55 738	70 376	
Auray à Pontivy................	51	12 650	52 000	64 650	
Châteaulin à Landerneau.........	52	9 693	46 750	56 445	
(NOUVEAU RÉSEAU) (1).					(1) Dépenses de gares com-munes non comprises.
Contras à Périgueux	75	30 573	71 925	102 548	La dépense kilométrique est
Tulle à Brives.................	26	49 616	50 807	100 423	augmentée dans de fortes
Montauban à Rodez	201	25 087	69 453	94 540	proportions pour les voies
Limoges à Agen................	239	27 839	61 831	89 220	extrêmes.
Toulouse à Lexas et à Albi........	105	28 155	56 000	84 155	N'est pas comptée ci-contre
Périgueux au Lot................	168	20 614	60 571	81 185	la dépense d'une double
Nantes à la Roche-sur-Yon	75	21 759	55 600	77 359	voie installée sur 98 kil.
Orléans à Gien	61	19 298	51 853	71 151	N'est pas comptée ci-contre
Penne à Villeneuve..............	9	21 578	49 556	71 134	la dépense d'une double
Montluçon à Limoges et Aubusson..	147	18 267	52 516	70 783	voie posée sur 17 kil.
Angers à Niort.................	166	20 123	50 645	70 768	
Orléans à Malesherbes............	58	16 225	51 603	67 828	
Commentry à Gaunat	54	15 759	51 445	67 204	
Cahors à Libos.................	51	19 112	45 686	64 798	
Poitiers à Limoges..............	111	13 184	43 649	56 833	N'est pas comptée ci-contre
Bourges à Montluçon............	100	11 721	41 980	53 701	la dépense d'une double
Tours à Vierzon................	104	13 088	39 654	52 742	voie sur 6 kil. 500.

1117. Nous pensons que les renseigne-ments des tableaux p. 734 et 735 pourront encore intéresser quelques personnes: ils sont relatifs au chemin de fer de Grande Ceinture de Paris, à ligne stratégique exceptionnelle.

UNITÉ D'OUVRAGE.	PRIX			OBSERVATIONS
	LE PLUS ÉLEVÉ	MOYEN	LE PLUS BAS	
	fr.	fr.	fr.	
Hectare de terrains..................	»	19800	»	Ce prix comprend les frais d'actes, de jugements, etc.
Mètre cube de terrassements..........	2.30	1.80	1.30	Y compris transports et sujétions diverses.
Mètre cube de ballast...............	3.68	3.13	2.95	Y compris transports et sujétions diverses.
Mètre cube de maçonnerie de pierre de taille : Ouvrages d'art.	126.75	92.00	80.00	Il a été fait un petit cube en pierre à 7 fr.
Bâtiments.....	112.00	85.50	80.00	
Mètre cube de maçonnerie de moellons piqués, épincés, bruts, meulière, etc. Ouvrages d'art	39.00	28.20	22.00	
Bâtiments.....	35.00	28.50	25.50	
Mètre cube de maçonnerie de briques ..	72.00	60.68	50.00	Ce prix comprend le transport à pied-d'œuvre du matériel et sujétions diverses.
Mètre courant de pose de voie........	1.20	1.03	1.00	Y compris mise en place.
Kil. de fer pour tabliers métalliques....	0.495	0.3969	0.3845	d° d°
Kil. de fonte pour tabliers métalliques.	0.32	0.2626	0.235	d° d°
Kil. de fer pour bâtiments d'habitation.	0.55	0.344	0.30	d° d°
Kil. de fer pour halle à marchandises..	0.53	0.521	0.50	
Kil. d'acier fondu pour rails..........	0.2715	0.26624	0.214	Poids moyen du mètre linéaire 36 k. 965.
Kil. de fer pour selles de joint	0.2185	0.21708	0.210	Poids moyen 2 k. 663.
Kil. de fer pour éclisses.............	0.233	0.19762	0.1889	Poids moyen d'une paire 9k.998
Kil. de fer pour boulons d'éclisses	0.3575	0.34785	0.270	Poids moyen 0 k. 692.
Kil. de fer pour tirefonds............	0.4595	0.45213	0.418	Poids moyen 0 k. 381.
Traverse en chêne de France...	7.02	6.693	6.25	Long. 2m.70. — Larg. 0m.20. — Épaiss. 0m.15. .
Aiguillage à deux voies..............	»	463.56	»	
Aiguillage à trois voies..............	»	710.97	»	
Croisement de 5° 30'.................	»	390.11	»	
Croisement de 7° 30'.................	»	386.13	»	
Traversée de 7° 30'..................	»	600.32	»	
Plaque tournante de 4m,30 de diamètre	»	3366.81	»	Fer 0 f. 48. — Fonte 0 f. 24. — Poids 11000 kilos.
de 5m,25 de diamètre	»	5750.68	»	Fer et fonte 0 f. 33. — Poids 16006 kilos.
de 6m,70 de diamètre	10556.33	9252.17	8600.69	Fer et fonte 0 f. 33. — Poids 22630 kilos.
Grue de chargement (y compris croisillon, élingues, peinture, pose et pavage autour des grues). de 6 tonnes,...	»	6202.27	»	Fer et fonte 0 f. 415. — Poids 12400 kilos.
de 10 tonnes...	»	8770.40	»	Fer et fonte 0 f. 49. — Poids 17600 kilos.
Grue Neveu de 2 tonnes..............	»	1181.86	»	Fer, fonte, acier, plomb et bronze 2 f. le kilo.
Grue hydraulique	»	1240.15	»	
Pont à bascule de 20 tonnes	»	2294.00	»	Poids 5243 k., fer, fonte, acier, bronze 0 f. 437 le kilo.
Signal de gare (y compris tous accessoires pour manœuvre et transmission à 1 200 mètres avec pose)......	»	1161.00	»	
Gabarit de chargement...............	»	135.00	»	Pose non comprise.
Arrêt mobile	»	76.70	»	d°
Heurtoir en vieux rails...............	»	390.23	»	d°
Barrière pivotante en fer de 4m,00.....	»	265.64	»	d°
id. roulante en fer de 4m,00......	»	491.94	»	d°
id. roulante en fer de 10m,00......	»	884.50	»	
Clôture sèche (le mètre linéaire posé)..	2.85	0.792	0.47	Les clôtures courantes ont été payées 0 f. 47. Les clôtures des P. N. ont été payées 0 f. 64. Les clôtures des stations ont été payées 1 f. 28. Les clôtures de la forêt de Marly ont été payées 1 f. 96. Les clôtures de la forêt de St-Germain ont été payées 2f.85.
Haie vive (le mètre linéaire fourni et planté)............................	»	0.20	»	Pose non comprise.
Poteau kil. avec 2 plaques émaillées...	»	24.76	»	d°
id. de courbe avec plaque.........	»	19.79	»	
id. de pentes et rampes avec 2 plaques	»	31.43	»	
id. de défense de descendre des trains avec plaque............	»	126.79	»	d°

Voie.

1118. La voie a été établie en rails Vignole, en acier fondu, du poids moyen de 36ᵏ,965 le mètre courant. Ces rails ont 6 mètres et 5ᵐ,96 de longueur ; ils ont été posés, à joints chevauchés, sur traverse en chêne de France, le joint de la file de gauche étant en retard de 0ᵐ,76 sur celui de droite. Les rails, fixés par des tirefonds,

ont été encochés à leurs extrémités, de façon à reposer et à s'encastrer dans une selle en fer. On a pris soin, en vue de la marche en avant de la voie, de toujours laisser en arrière, lors de la pose, l'espace libre de l'encoche des rails.

Le tableau ci-après fait connaître les éléments constitutifs de 6 mètres de voie simple.

DÉSIGNATION DU MATÉRIEL	QUANTITÉS	PRIX DE L'UNITÉ	PRIX DES QUANTITÉS
		fr.	fr.
Rails (mètres linéaires)........	12	8, 388	100, 66
Traverses................................	7	6, 693	46, 85
Éclisses (paires)...........................	2	1, 967	3, 93
Boulons.................................	8	0, 245	1, 96
Tirefonds...............................	36	0, 1736	6, 25
Selles....................................	2	0, 578	1, 16
			160ᶠ, 81

Soit pour 1 mètre. $\frac{160^f,81}{6} = 26^f,80$

Pose, y compris transport de matériel à pied-d'œuvre . . . . $= 1, 03$

A reporter . . . $\overline{27^f,83}$

Report 27ᶠ,83

Mètres cubes de ballast, 2³ᵐ,21 à 3ᶠ,14 . . . . $= 6, 94$

Prix d'un mètre de voie simple 34ᶠ, 77

DÉPENSE TOTALE DE PREMIER ÉTABLISSEMENT

NATURE DES DÉPENSES	DÉPENSES		PROPORTION
	pour la LIGNE ENTIÈRE	par KILOMÈTRE	POUR CENT
	fr.	fr.	
Personnel et frais généraux (1)........	3 695 100	40 384	6.48
Frais d'acquisition de terrains...................	9 043 700	98 838	15.36
Terrassements et ouvrages d'art	17 803 000	194 568	31.23
Voie et ballastage............................	9 466 700	103 461	16.61
Stations et accessoires..................	3 423 300	37 413	6.06
Exploitation et insuffisance pendant la construction..	606 500	6 628	1.06
A ajouter :	44 038 300	481 292	77.30
	fr.		
Service des emprunts (2)............. 11 911 100	12 935 100	141 586	22.70
Dépenses accessoires et restant à solder. 1 044 000			
Dépense totale	56 993 400 (3)	622 878 (4)	100.00

La Compagnie du chemin de fer de Grande Ceinture ne possède pas de matériel roulant.

(1-2) Les frais généraux et le service des emprunts se sont trouvés augmentés d'une façon sensible par suite des retards éprouvés dans l'approbation des projets. Ainsi, la loi déterminant le tracé entre Villeneuve-Saint-Georges et Palaiseau a été promulguée seulement le 31 juillet 1879.
(3) La différence entre ce chiffre et celui du capital provient de la subvention payée par le Syndicat et de la prévision pour parachèvement de la section stratégique.
(4) Ce prix comprend 8 000 francs de matériel qui reste en approvisionnement.

FIN DU TOME II

TABLE DES MATIÈRES

Tours. — Imprimerie DESLIS Frères, rue Gambetta, 6.

www.ingramcontent.com/pod-product-compliance
Lightning Source LLC
Chambersburg PA
CBHW060544280326
41932CB00011B/1397